정책사상 대계

이 해 영

박영사

서 문

경외(敬畏)한 마음과 호기(豪氣)어린 열정으로 광대무변(廣大無邊)한 정책학의 학해(學海)에 돛을 올리고, 북극성을 좌표삼고 동학제현(同學諸賢)의 가르침에 은혜입어 지금까지 30여 년 성상(星霜)을 순항하고 있는 학인(學人)으로서, 정책사상(Policy Thought: 정책(학)의 본질에 관한 철학적 사고를 이론적으로 체계화하는 정책이론)의 대계(大系)를 감히 제안하고 논의하면서 그것을 학계에 발표한다는 것이 우매한 필자의 학문적 어리석음을 제방(諸方)에 알리는 일임에 틀림없다.

그럼에도 불구하고 필자는 정책학의 학위(Ph.D.)를 받으면서(1990년 1월) 무엇인가 조금 미흡하다고 할까 또는 스스로 만족하지 못한 것이 있었다. 그래서 기회가 되면 필자 자신이 생각하여 이만하면 학위를 가질 수 있다고 자긍(自矜)할 수 있는 정책의 사상이나 철학 분야에 관한 글을 발표해 보겠다고 다짐해 보았다. 어느덧 10여 년의 학습의 세월이 지나가면서 이것 정도면 세상에 공개하더라도 크게 욕되지 아니하겠다는 각오로, 물론 포호빙하(暴虎馮河) 같지만, 스스로에게 약속한 무사(無師)[1]의 학위는 될 것으로 감히 판단하면서 『다차원 정책론: 실체와 적용』을 2001년에 발간하였다[2].

---

[1] 세 사람만 있어도 그 가운데 나의 스승이 있다(삼인행 필유아사: 三人行 必有我師)는 사실을 잊지 않았지만 무사(無師)를 문자 그대로 학위논문의 지도자(mentor)가 없었다는 것을 의미하는 정도로 사용한 것뿐이다. 공자의 과거를 반조하여 미래를 밝힌다는 온고지신(溫故知新)이나, 만물의 이치와 법칙을 스스로 통달했다고 하는 무사자오(無師自悟)의 무사라고 한 것은 분명코 아니다.

[2] 다차원 정책이론은 정책현실이 다차원적이기 때문에 이것을 설명하고 이해하는 정책이론도 다차원적이어야 한다는 전제에서 네 가지(정책결정자와 정책대상자, 정책과정과 정책공간, 정책비용과 정책혜택, 정책목표와 정책수단 등)의 다차원성(multidimensionality)이 상호간에 의존하면서 공존하는 상호교섭의 패러다임으로 설명한 필자의 정책이론이다. 다차원 정책이론에 많은 허점이나 부족함이 있지만 그래도 스스로 약속한 무사학위에의 허점을 조금이라도 보완하고 수정하기 위해서 한국정치학회와 한국정책학회에 총 4회에 걸쳐서 논문을 투고하면서 심사자의 비평을 받을 수 있는 기회를 가지기도 했다. 이 지면을 빌려 동학탁마(同學琢磨)의 자애심으로 가독성이 어려운 글을 읽어주고 부족

그 이후로 어느 때인가 정책학에 관한 3부작(三部作)을 발표해 보겠다는 생각이 간절해지기 시작했다. 다행히도 먼저 출간한 『다차원 정책론』이 3부작의 한 편에 해당된다면 정책을 중심으로 하는 물리적이고 정신적인 정책인과(政策因果)를 균형화할 수 있는 정책균형이론을 공부해 보기 시작했다. 제방의 성원과 조언을 금과옥조로 간직하면서 다시금 10여 년이 조금 되기 전에 『정책균형이론』을 2008년에 출간할 수 있게 되었다[3].

그렇지만 필자 스스로 약속한 3부작의 마지막 편인 정책사상을 공부하고 출판하기까지에는 또다시 10여 년이 넘은 세월이 지나가고 있었다. 물론 필자의 천학(淺學)함이 가장 큰 이유였지만 한국행정학회의 회장직을 수행한 일이나, 정부업무평가위원회의 위원장으로서 대한민국의 국정과제를 중심으로 하는 정부정책의 성과와 가치를 평가하고 발표하는 실무를 경험하면서 정책사상 공부에 집중할 수 없었기 때문일 수도 있었다.

다차원 정책론과 정책균형이론을 공부하고 발표할 수 있는 재정적인 후원을 한국연구재단으로부터 제공받았다. 특히 정책사상 연구의 경우에도 한국연구재단에서 선정하는 생애 한번만 허용되는 우수학자 지원사업(2016년 5월~2021년 4월)에 선정되는 영광을 가지게 되었다. 그래서 동도학자(同道學者)의 자상한 지도와 편달의 큰 은혜에 조금이라도 보은(報恩)해야 한다는 간절한 마음으로 정책사상을 공부하고 집필하게 되었다.

예로부터 도는 허통(許通)으로 그 존귀함이 있고 학문은 무용(無用)으로 그 값을 가진다고 하였다. 언어와 문자를 떠난 도의 세계를 희론(戲論)하는 것은 도의 진정한 가치를 모르는 일이지만, 허공이 다하는 진공(眞空)과 같이 일체를 함유(含有)하면서도 그 체(體)가 한량(限量)없고 끝없는 것으로 도의 경계를 조금이나마 이해한

함을 보완해 주신 분들에게 진심으로 감사의 인사를 올린다.

3) 정책균형이론은 정책을 중심으로 하는 물리적일 뿐만 아니라 정신적인 정책인과(policy causations)의 불균형이 발생되는 원인을 발견하고, 이것을 보편적인 분배의 정의의 실천기준으로 수정하거나 교정 및 보정(補整)하여 정책의 본질적 가치와 목표를 실현한다는 정책이론이다. 제 5장의 균형주의 정책사상은 이와 같은 정책균형이론을 기초로 하고 있다.

다면 학문의 세계도 역시 바람과 물과 공기와 같이 쓰이는 바 없이 활용되는 활유(活有)의 경계를 쓰임 없는 무용(無用)으로 이해할 수도 있을 것이다.

각각의 학문분야에 종사하는 모든 분들은 각 분야의 사상이나 철학을 공부하고 정리하여 발간하는 일을 귀중한 연구활동으로 여긴다고 한다. 이 점에서 본다면 필자는 철없는 학동(學童)에서부터 시작해서 지금까지도(물론 아직도 무명의 학인(學人)에 불과하다) 정책학 분야의 사상이나 철학을 공부하면서 가르칠 수 있는 큰 행운을 가지고 있음에 틀림없다. 더구나 필자가 3부작이라고 이름붙인 정책사상의 큰 줄거리를 연찬하고 정리하여, 물론 논의의 전개나 구성에서 밀소(密疏)가 엉성하고 근간(根幹)이 박약하지만 이것을 학문세계에 공람(供覽)할 수 있다는 사실만으로도 과분한 것임을 잘 알고 있다.

이 책,『정책사상 대계』는 정책학의 학문적인 이론과 실천적인 맥락을 철학적으로 사고하고 이것을 이론적으로 체계화한 것이다. 여기서 철학적 사고가 기초적인 주제어이지만 필자의 철학의 기초이론이나 사상에는 빈약한 지식체계를 노정(路程)하고 있음은 숨길 수 없는 사실이다. 그럼에도 불구하고 국사(國事)를 판단하고 결정하며 실천하는 정치적 책략이고 방책(方策)인 정책을 철학적으로 사고하고 이것을 다섯 가지의 사상인 국가주의와 선도(善導)주의, 균형주의, 현실주의, 물아(物我)주의 등으로 체계화해서 정책학의 지적인 근간을 세워 보고자 노심초사한 것만은 사실이다.

정책사상의 구성과 전개에의 한계나 부족함 또는 잘못됨 등을 회광반조(回光返照)할 수 있는 기회를 만들기 위해서, 즉 바깥세상의 빛을 등지고 자작(自作)의 동굴에 머물지 않기 위해서 제1장의 정책사상을 정의하는 주제에서부터 시작해서 각각의 정책사상을 구체적으로 전개하고 발전시킨 과정이나 내용을 제방의 학술회의에 발표하거나 학술지 등에 게재하면서, 논문 심사자나 토론자들의 귀중한 비평과 편달을 수용하여 필자의 사상체계를 수정하고 보완하기도 했다[4]. 지면을 빌려 가

---

[4] 정책사상의 기초적인 내용과 구성에 관한 연구를 오래전부터 시작하면서 2013년에 "정책사상에 관한 탐색적 연구"를 『한국거버넌스학회보』에 게재하면서 다양한 의견과 비

독(可讀)과 이해에 어려움이 많은, 문자 그대로 졸필(拙筆)을 읽고 지도편달해 주신 심사자, 토론자, 기타 모든 분들에게 깊은 감사를 드린다.

정책은 국가를 중심적인 주체로 하고 있다. 국가중심의 정책세계가 21세기의 소위, SNS혁명 주체세력의 등장으로 상당히 약화되었다고 하지만 여전히 정책은 국가 중심의 독점적이고 우월적인 산물이기도 하다. 이와 같은 국가중심주의(state-centeredness)에 의한 정책은 특히 개인의 자유롭고도 자율적인 판단과 결정에 개입하고 간섭하는 국가개입주의에 의한 정책의 정당성이라는 특성도 가지고 있다. 그러나 국가개입주의의 정당성은 정책의 선(善)을 주창하고 실현할 수 있는 선도(善導)주의 정책사상에서 그 활로(活路)를 찾을 수 있을 것이다.

정책의 선(善)에 의하여 정책사상의 활로(活路)를 발견한 정책은, 정책에 의한 물리적일 뿐만 아니라 정신적인 정책인과의 균형을 유지하고 실천할 수 있는 균형주의의 이상과 비전을 제시하고 실천하는 일들을 맞이하고 있다. 마찬가지로 정책은 또한 실천 중심적이고 현실주의적이다. 따라서 실천적인 지식과 지혜, 판단, 책무 등과 같은 정책의 실천성으로 정책세계의 목적과 희망을 실현할 수 있는 현실주의 정책사상이 뒷받침되어야 할 것이다.

국가가 중심이 되면서 정책의 선을 균형적으로 실천하는 정책의 주재자(主宰者)

판을 수렴하기 시작했다. 그 이후에 정책사상의 구체적인 내용을 2016년 6월의 프랑스 행정학회(Association International the Researches in Management Public)에서 발표하여 유럽학자들의 비평을 수용해 보기도 했다. 또한 정책사상이 국가주의를 시원으로 해서 선도주의, 균형주의, 현실주의, 물아주의 등과 같은 연결고리로 체계화되는 내용을 『태국행정학회보』(Thai Journal of Public Administration)에 발표해서 아시아국가의 정책 관련 학자들의 비평과 의견을 수렴하기도 했다. 나아가 정책사상의 정의에 관한 주제만을 중심으로 다룬 논문을 『정부학연구』에 게재하여(2017년) 다양한 의견을 수렴하여 정책사상의 정의를 수정하고 가다듬을 수 있었다. 특히 정책사상의 기초적인 출발인 국가주의 정책사상을 구체적으로 결정하고 구성하기 이전에 하나의 정책사상이 될 가능성 등을 탐색하기 위해서 『한국행정논집』(2015년)과 『한국정책학회보』(2015년; 2016년) 등에 각각 논문을 게재하기도 했다. 또한 제4장의 선도(善導)주의 연구를 『국정관리연구』(2018년)와 『한국자치행정학보』(2018년) 등에 각각 발표하였으며, 제6장의 현실주의 정책사상의 개념적 구도를 『한국행정논집』(2018년)에 발표하였다. 그리고 제7장의 물아(物我)주의 정책사상을 학계에 알리기 위해서, "물아주의 정책사상의 개념정립에 관한 연구"를 『국정관리연구』(2019년)에 발표하기도 했다.

나 주인공은 인간이다. 정책사상에서 인간이란 무엇인가 하는 인간학을 철학적으로 사고하면서 그의 이론적인 체계를 수립하는 사상이 물아주의라고 할 수 있다. 즉, 인간이 천지만물의 주인공이지만 만물을 착취하거나 지배하는 인간형이 아니다. 인간은 비인간(非人間)과 상호간에 의존하고 교섭하면서 조화로운 정책세계를 실현할 수 있다는 인간중심주의(human-centeredness) 정책사상이 물아주의로 귀결되고 있다. 따라서 국가주의에서 시원(始原)되는 정책사상이 물아주의로 귀착될 수 있는 정책사상에 관한 하나의 큰 틀인 대계(大系)를 설명하는 것이 이 책의 기본 내용이다.

앞서 학문은 무용(無用)으로 그 살길을 찾는다고 했지만 정책의 현실에서 정책사상의 대계가 무엇을 실천적으로 제안하고 제시하여 정책세계를 행복하고 편안하게 할 것인가 하는, 정책사상의 현실적 가치와 존재의 목적에 회의와 의문도 계속될 수 있다. 동시에 문자가 발견된 이후로 수많은 저술이나 훌륭한 문장들이 마치 화려한 꽃잎이 바람에 흩어지듯이, 새들이 지저귀는 아름다운 노랫소리가 귓전에 스쳐지나가는 것과 같은 허망한 일이라고 하면서 이와 같은 일들을 반복하는 후학(後學)들을 보고 슬프다고 할 수도 있다[5].

그럼에도 불구하고 무릇 모든 학문분야에서 사상을 연구하거나 가르치는 일이 매우 중요하다는 것은 틀림없다. 동시에 사상을 정리하고 체계화할 수 있어야 학문의 정체성을 찾을 수 있다는 지적도 타당하다. 따라서 말없이 알아차리고 배우고 가르치는 일에 실증이나 게으름이 없어야 한다는[6] 성현의 회초리와, 동해바다에 익사한 아리따운 아가씨가 검불과 나뭇가지를 물어다가 동해를 메워 더 이상 바닷물에 빠지는 사람이 없기를 소망했다는[7] 옛날 이야기 등에 고무되면서 정책

---

5) 북송(北宋)의 문장가 구양수(歐陽脩: 1007~1072) 선생이 귀향하는 제자에게 지어 준 송별문장의 일부 내용이다(著書之士 多者 至百餘篇 少者 猶三四十篇 其人 不可勝數 而散亡磨滅 百不一二存焉 予竊悲其人 (중략) 草木英華之飄風 鳥獸好音之過耳也)(『古文眞寶』, 後集, 送徐無黨南歸序).
6) "黙而識之 學而不厭 誨人不倦 何有於我哉"(『論語』, 述而).
7) "名爲精衛 其鳴自詨 是炎帝之少女 名曰女娃 女娃遊于東海 溺而不返 故爲精衛 常銜西山之木石 以堙于東海"(『山海經』, 發鳩山).

의 사상을 정리하고 논의하는 소사(小事)가 학문적이거나 실무적으로 세상에 소분(小分)이라도 공헌할 수 있기를 간절히 기원해 보고자 한다.

『정책사상 대계』의 잘못이나 부족한 부분 등을 발견하거나 지적받으면서 다시금 배우고 익히고 정리해서 수정이나 증정(增訂)의 노력을 다할 것을 독자들에게 약속한다. 이것이 제방학형(諸方學兄)의 무량한 학은(學恩)에 보답하는 하나의 작은 일이 될 것이다. 마지막으로『정책사상 대계』를 출판해 주신 박영사 안종만 회장님과 임원들에게 감사의 인사를 지면으로 드리면서 한국연구재단의 우수학자 지원사업으로 대과없이 이 책을 완간(完刊)할 수 있게 되었음에 거듭 감사드린다.

雲皐(운고), 良田(양전)

李 海 盈(이해영) 謹識

2020年 春

차 례

표와 그림 차례

제 1 장
정책사상의 정의

제 **1** 장

정책사상의 정의

정책사상(政策思想)은 정책과 정책학의 본질에 관한 철학적 사고를 정책이론으로 체계화하는 정책학의 지적 근간(根幹)이다. 즉 정책과 정책학의 본질에 관한 철학적 사고체계의 이론을 정책사상이라고 요약할 수 있다. 이것을 세 가지로 구분해서 좀 더 자세히 정책사상의 정의를 설명해 볼 수 있다.

1. 철학적 사고

정책사상은 정책의 본질을 철학적으로 사고하고 설명하는 정책이론이다. 철학적 설명이란 지식이나 이론이 발생된 사상적인 근원을 밝히는 것이다. 즉 정책사상은 정책의 이론과 지식 및 정책에 관한 철학적 사고(philosophical thinking)라고 할 수 있다[1].

---

1) 철학과 사고 또는 사상 등의 용어를 동시에 사용하면서 용어 구분에 의문점이 제기될 수 있다. 보다 자세한 것은 제2장의 정책사상의 내용과 방법에서 설명하기로 하면서,

정책사상 정의에 필요한 것으로, 먼저 사상을 영문으로 표기하는 경우의 'thought'와 'thinking'과의 구별을 지적하고자 한다. 한자를 사용하는 경우에 사상(思想)과 사고(思考)를 구별하여 사용할 때도 있지만 그 사람의 사상체계나 사고체계라고 할 경우에는 구별하지 아니하고 사상과 사고를 동시에 사용하기도 한다. 그러나 '그 사람의 사상이 어떠하다'라고 하는, 즉 이념이 견고화되고 체계화된 것으로 그 사람의 정신세계를 이야기할 때 사고라는 용어를 사용하지 않는다. 마찬가지로 사고하는 것을 사고작용이라고 하지 사상작용이라고 하지 아니하기도 한다. 그렇다고 일반적으로 사상과 사고를 의식적이거나 의도적으로 분명하게 구분하여 개념화 한다거나 현실적으로 사용하는 것은 아니다.

마찬가지로 'thought'와 'thinking'도 분명하게 구분되어 사용된다고 보기 어렵다. 물론 의미론(意味論)으로 'thinking'을 인간이 인지하고 숙지하면서 자신의 경험과 판단에 기초하여 판단하거나 예측하는 과정, 즉 진행으로 이해하는 반면에 'thought'를 'thinking'의 결과로 발생된 생각이나 이념 또는 가치관 등이 체계화되고 정렬된 것으로 이해하기도 한다. 이와 같은 의미론에서 따라서 '사고'를 생각의 계속적인 활동에 해당되는 'thinking'으로, '사상'은 사고에 의한 생각이나 관념이 체계화되거나 정리된 'thought'로 구분해서 이해할 수 있기도 하다.

그래서 『정책사상 대계』에서도 정책사상을 'policy thinking'이라고 하지 아니하고 'policy thought'라고 영역하였다. 왜냐하면 정책사상은 정책(학)이란 무엇인가에 관한 계속적으로 진행된 사상이 체계화되면서 이론화되고 정렬된 것을 의미하는 것으로 이해했기 때문이다. 그래서 정책사상(policy thought)의 정의에서 철학적인 사고는 'thinking'에 해당된다.

그럼에도 불구하고 학술적으로 사상(thought)이나 사고(thinking)를 명확하

여기서는 철학적 사고를 사상의 근원과 형성 및 특성 등을 보편적 지식체계와 원리 및 이념 등으로 탐구하고 설명하는 것으로 일단 이해하고자 한다. 방법론적으로 철학적 사고를 과학적 사고와 반대적인 용어라고 간단히 말할 수 있다. 그러나 사상 또는 사고실험(thought experiment) 등과 같은 방법론에 의하면 철학적 사고를 종합적이고 선험적인 관점에서 다양한 모습의 이론과 지식을 발견하고 정립하기 위한 지식탐구의 방법론으로 이해할 수 있기도 하다(Brown, 2010: 1; Pressley, 2011: 550-551).

게 구분하기는 어렵다. 정책학을 1950년대 초기에 주조하고 탄생시킨 Harold Lasswell도 'thought'와 'thinking'을 구분한다는 입장을 밝히지 아니했다. 단지 정책학이 금방 태동한 시기를 감안하면 그가 정책사상을 'policy thinking'(Lasswell and McDougal, 1992: 725)이라고 한 것만 발견할 수 있다.

그 이외의 정책사상에 관한 연구들도 'policy thought'와 'policy thinking'을 구분한다거나 또는 어의적 입장을 밝힌 것은 없다[2]. 마찬가지로 인근 학문분야의 사상연구도 이와 유사한 경향이지만 일반적으로 'thought' 용어를 많이 사용하고 있다. 그러나 'thought'와 'thinking'을 번역하는 경우에는 이것을 구별하지 아니하고 사상이라고 하는 경우가 많다. 물론 사상을 영역할 경우에는 'thought'를 많이 사용한다[3].

정책사상의 철학적 사고에 관한 논쟁으로 되돌아와서, 정책사상은 정책(학)이란 무엇인가 하는 것을 철학적으로 설명하는 것이라는 정의를 우선 언급하고자 한다. 일반적으로 정책학(政策學)은 정책에 관한 지식과 이론을 학문적인 패러다임으로 체계화시킨 것이다. 그러나 정책학이란 무엇인가 하는 것을 이해하기 위해서는 필연적으로 정책이란 무엇인가 하는 질문에 우선적으로 대답해야 할 것이다(박정택, 2007: 2; Conroy 외 2인, 2008: 171-173; Hale, 2011: 215-218)[4].

---

[2] 정책사상에 관한 연구나 내용이 극히 희소하지만 논문이나 저작물의 제목에서 보면 대체적으로 'policy thinking'(Merelman, 1971; Angelides and Caiden, 1994; Rowlands, 2011; Duleba, 2016; Kirigia 외 2인, 2016)의 용어를 사용하고 있다. 예외적으로 Richard Merelman은 정책사상을 사상(thought)의 구체적 형태로 정의하면서(도덕적 사고, 인과적 사고, 상상적 사고, 청소년이 지키거나 따르고 있는 다양한 사회제도나 관행은 사회문제를 야기할 수 있다는 것을 인식하는 사고 등) 'thinking'을 사상으로, 'thought'를 사고로 이해하기도 했다. 그러나 'policy thought'라고 표제를 붙이지만 분명하게 사상적 입장이나 이론 등을 논의한 경우는 거의 없다.

[3] 사상을 'philosophy'로 영역(英譯)하는 경우도 있다(명성준·홍준형, 2010).

[4] 정책을 철학적으로 설명하거나 탐구한다는 것을 김형렬은 "정책은 철학이다"(2003: 1)라고 했고, 박정택은 "공공활동(public action)의 본질적 사유와 규범사유의 철학하기"라고도 했다(2007: 2). 여기에 더하여 초기의 정치학자인 Marshall Dimock은 "행정은 철학이다"(1958: 1)라고 했다. 이때의 철학이나 철학하기 등은 학문분과의 철학이 아니라 철학적 사고와 사유의 집합으로 통합해서 철학을 이해한 것으로 볼 수 있다. 즉 정책이나 정치 또는 행정의 본질에 관한 근원적인 질문을 사유하고 이것을 이론적 맥락으로 체계화시킨다면 이것이 각 학문분야의 사상이고 철학이 될 수 있다는 주장으로

정책이란 정치적 의사결정의 산물이고 책략이다[5]. 따라서 정책(政策)이란 어의에서도 분명하듯이 정책은 정치라고 할 수 있다[6]. 사실 정책이라는 용어가 학문적이고 현실적으로 널리 사용되기 이전에는 정치와 정책을 구별하지 아니했다. 정치적인 의사결정의 과정이나 결과산물을 정치과정이나 정치제도 등으로 설명하면서 정책, 즉 정치적인 책략으로 분명히 구별하지 아니했다(Dunn, 2018: 31).

그러나 정책이라는 용어가 사용되고 이것이 학문적 분과로 탄생되고 발달되면서 정치적 책략인 정책을 학술적인 용어로 정의하는 정책이라는 용어를 널리 사용하기 시작했다고 할 수 있다[7]. 이와 같은 정책을 설명하고 이해하고자 하는 이론과 지식이 20세기 중엽부터(1950년대) 미국을 중심으로 크게 발달하면서 이

이해할 수 있기도 하다.

5) 정책을 정치적 의사결정이고 책략이라고 정의할 때 한 가지 참고해야 할 것이 있다. 즉 정책이론에서 정치와 정책과의 관계이다. 물론 정치와 정책을 구별하지 아니하는 경우에는 큰 문제가 없겠지만 정책학이 독자적인 학문체계를 발달시키면서 정치와 구별하면서 제기된 것이다. 특히 정치를 수혜자 정치인, 공공의 이해관계의 공정하고도 정의로운 분배와 그의 정당성 등으로 이해하면 정책과 정치와의 관계가 중요한 논쟁으로 대두될 수 있다. 왜냐하면 정치에 의해서 정책의 특성과 방향이 결정되기도 하지만 동시에 정책에 의해서도 정치가 결정되기 때문이다(Schattschneider, 1935: 1-5; Dror, 1971: 123; Anzia and Moe, 2016). 그러나 정책을 정치적인 의사결정이라고 하는 정의에 의문이 제기될 수도 있다. 왜냐하면 정치가 독립적이고 정책은 정치에 종속적인 개념일 수 있기 때문이다. 일반적으로 정책과 정치와의 관계에서 종속과 독립을 전제로 하기보다 정책에 의해서 결정되거나 운명지워지는 정치뿐만 아니라 정치가 정책의 운명을 좌우할 수도 있기 때문이다.

6) 정책과 정치를 동의어(同義語)로 사용할 수 있다는 의미는 아니다. 본질적 속성에서 볼 때 정책은 정치적인 정당성과 합법성을 가진 국가의 공식적인 통치작용이다. 이와 같은 통치작용을 정치라고 이해하면 정책은 곧 정치일 것이다. 물론 정치는 정책보다 상위개념이지만 정치적 통치행위의 과정이면서 그 결과를 정책으로 이해한다면 정책을 정치로 이해할 수 있다는 것이다. 사실 정치나 정책의 개념을 어떻게 이해하고 설명할 것인가 하는 것이 정책사상의 출발점이기도 하다.

7) 정책을 정치와 구별하여 이해하기 시작한 것은 정책학의 근대적 창시자인 Harold Lasswell(1902-1978)이 정책과학(Policy Sciences)을 학문적으로 체계화하기 시작한 때라고 할 수 있다. 그에 의하면 정치는 존경과 경제적 소득, 안전 등과 같은 가치를 주고받는 일과 그에 관한 영향력을 연구하는 것이라고 했다(Lasswell, 1936: 3). 반면에 정책을 당파정치나 부패 등과 같은 부정적인 의미지로 부각되는 정치의 세계로부터 자유로운 개인이나 국가 등의 선택에 관한 것으로 이해하면서(Lasswell, 1951: 5), 이때부터 정책학에서 정책과 정치는 구별되기 시작했다고 할 수 있다. 즉 정치적 이해관계에서 탈피하여 과학적 지식과 이론을 가진 정치적 합리성을 추구하는 도구론적 성격이 강한 용어로 정책을 이해하기 시작했다고 할 수 있다.

것을 학문적으로 체계화한 것이 정책학이다8).

정책이란 무엇인가 하는 것을 정의하고 설명하면서 동시에 정책학을 정의하고 이해하고자 한다면 정책학은 정책의 본질을 설명하는 학문분과이다. 그렇기 때문에 앞서 정책사상을 정의하면서 '정책(학)'이라고 한 이유도 여기에 있었다. 그러나 정책사상은 정책(학)이란 무엇인가에 관한 보다 근원적인 질문인 철학적인 사고에 초점을 두고 있다. 따라서 일반적으로 정책(학)이란 무엇인가 하는 교과서적인 설명이나 정책학사적인 설명보다는 철학적인 사고, 즉 정책이 정치적 책략이기 때문에 필연적으로 의문을 가지게 되는 정책의 주체는 누구이며, 정책은 과연 필요한가, 정책은 정당하고도 적절한가, 정책을 존중하고 준수해야 하는가, 정책의 인과관계는 무엇인가, 정책에서 인간이란 무엇인가 하는 등과 같은 본질적 질문을 철학적으로 사고하는 것이 정책사상이다.

따라서 정책의 본질적 질문에 가장 먼저 대답해야 할 것이 정책에서 인간이란 무엇인가 하는 과제일 것이다. 정책사상을 총결하는 물아(物我)주의 사상(제7장)에서 정책인이나 정책주재자로서 인간을 자세히 설명하고 있지만, 여기서는 인간을 이해하기 이전에 정책의 주체에 관한 질문을 철학적으로 사고하는 문제에 초점을 두고자 한다.

정치적 책략이고 결정인 정책의 주체는 사적인 이해관계나 이익을 중심으로 하는 개인이나 단체 또는 집단은 아니다9). 물론 정치적 이해관계를 중심으로 하

---

8) 일반적으로 통칭되고 있는 정책학은 Lasswell이 1951년에 Daniel Lerner와 공동으로 발간한 『정책과학』(The Policy Sciences)의 제1장, "정책정향"(The Policy Orientation)이라는 글을 발표한 것에서부터 시작되었다고 한다. 그 이전에도 정책의 용어나 연구는 많았다. 특히 일본에서는 1900년대에서도 정책이나 정책이론 등에 관한 저술이나 논문(한 예로서 1908년의 일본사회정책학회 제1회 학술회의)이 발표되기도 했다. 그러나 다양한 정책이론이나 지식을 Lasswell과 같이 학문적으로 체계화하지 못했기 때문에 정책학사에서는 Lasswell의 논문을 정책학의 효시로 보고 있다. 실질적으로 Lasswell이 정책학의 이론과 지식을 광범위하고도 정밀하게 체계화시켰기 때문에 Lasswell정책학을 현재의 정책학의 출발로 잡고 있다.

9) 정책학을 탄생시킨 Lasswell은 공사(公私)를 구별하지 아니하는 용어로 정책(policy)을 사용하기도 했다. 즉 정부정책이나 기업정책, 개인의 정책 등으로도 정책이라는 단어를 사용할 수 있다고 했다(1951: 5; 1971: 2). 그러나 정책학의 이론과 지식이 발달하면서 정책은 공공의 영역인 정부활동이나 국가의 통치작용을 일컫는 일반적인 용어로 정착

는 정당이나 조직이 결정하는 의사결정인 정강(政綱)도 정치적 의사결정이 될 수 있지만 공공의 이해관계를 중심으로 하고 있는 정강이라고 할지라도 아직까지 정치적 의사결정의 결과산물인 정책으로 수용되기 이전의 수준일 것이다. 즉 정치적 책략의 자격을 얻으려면 정치적인 정당성을 먼저 획득해야 한다. 일반적으로 정책에 영향을 받게 되는 시민으로부터 직접적이거나 간접적으로 정책을 결정하고 시행할 수 있는 권한을 정치과정에서 법률적 정당성(legitimacy)으로 확보해야 정치적 정당성을 달성할 수 있을 것이다. 이와 같은 정치적 정당성을 민주주의의 기능과 작용으로 설명할 수도 있다.

그러나 정치적 정당성을 가진 정책이라고 하더라도 실질적으로 정책을 결정하고 시행할 수 있는 정치적 책략의 정당성인 정책의 정당성(policy justification)이 있어야 명실상부한 정책이라고 할 수 있다. 즉 일반적으로 정책 대상자인 시민이 정책을 믿고 준수하며 지지할 수 있어야 정책은 정책다울 수 있다. 누구를 위한 정책이며, 이것이 과연 정치적이고 법률적으로 정당하며, 이것이 공공의 이해관계를 위하여 꼭 필요한가 하는 것에 대하여 개인들의 이해관계에 기반을 둔 시민들이 믿고 따를 수 있는 정책이 되어야 한다는 의미에서 이것을 정책의 정당성이라고 한 것이다[10].

정책의 정치적이고 법률적이며 정책적인 정당성의 주체는 국가(state)이다[11]. 여기서부터 정책에 관한 철학적 사고의 출발점인 국가주의 정책사상이 출

되었다고 할 수 있다. 그래서 서양의 경우에는 정책을 공공정책으로 표기하여 공사에 공통적으로 사용되는 정책과 구별하기도 했다. 또한 정책학을 영어로 'Public Policy'라고 하는 경우도 많다. 특히 정치학(자)의 학문적 입장에서 정책학을 이와 같이 표기하는 경향이 강하다. 때문에 혼동을 경험하게 된 독자들도 많을 것이다. 그러나 한자문화권이 지배적인 동양사회에서 정책(政策)은 정치의 결정으로, 즉 정치는 방책에 달려있다(文武之政 存在方策)(『中庸章句』)는 것으로 이해되고 있다. 때문에 개인적이거나 사적인 의사결정과 정책을 구분하고 있다. 물론 한국공공정책학회나 몇 대학에서 운영하는 공공정책대학원, 공공정책연구소 등이 있기도 하지만 동양사회는 공공정책이라는 용어 대신에 일반적으로 정책이라는 용어를 사용하고 있다.

10) 정당성(legitimacy 또는 justification) 개념을 제3장의 국가주의 정책사상에서, 개인의 자유롭고도 자율적인 결정과 판단에 국가가 정책으로 개입하거나 간섭하는 국가개입주의의 정당성을 설명하면서 자세히 구분해서 설명한다.

11) 국가의 개념은 복잡하다. 또한 국가주의에서도 국가를 이해하고 정의하는 성격이나 범

현하게 된다. 즉 국가를 중심으로(국가중심주의), 국가가 독점적으로(국가독점주의), 개인의 판단과 결정보다 우수하거나 우월하다는 입장에서(국가우월주의), 국가가 개인의 의사결정과 판단에 개입하거나 간섭하는(국가개입주의) 국가주의가 정책사상의 출발점이고 초석이라고 할 수 있다.

정책의 주체가 국가라면 정책의 본질은 국가주의(statism)에 있다. 국가주의에서 국가는 통치작용인 국정과제를 결정하고 실천하는 현실적인 활동의 주체일 것이다. 물론 국가의 정책활동의 과정이나 내용을 기술(記述)하고 분석, 설명하는 다양한 이론이나 방법 또는 지식이 정책학이다. 이것을 학문적인 패러다임으로 체계화하고 정리한 것이 정책학이다. 그러나 정책학으로 정리되고 체계화된 이와 같은 다양한 정책이론과 지식을 국가주의라는 정책사상으로 설명하면서 국가는 어떻게, 어떠한 논리와 방법으로 정당하게 정책을 결정하고 실천할 것인가 하는 철학적 사고에 국가주의는 초점을 맞추게 된다.

또한 국가주의에서 어떠한 권한이나 자격과 능력으로 시민들 스스로가 판단하고 결정할 일들에 개입하거나 간섭할 수 있는가 하는 근원적인 질문에 대답하고 설명할 수 있어야 한다. 물론 구체적인 정책 그 자체의 정당성으로도 설명되기도 하지만, 국가의 개인의 판단과 결정에의 개입이나 간섭을 정당화하는 국가개입주의의 정당성에 관한 철학적 사고가 국가주의 사상이다. 이것이 국가주의가 정책사상의 본류(本流)로 분류되는 중요한 이유라고 할 수 있다.

국가주의를 시발점으로 하는 사상적 본류에 따라서 정책사상은 구체적이고 다양한 원리나 원칙으로 발달될 수 있다. 즉 국가를 중심으로 하는 개입주의에

위에 따라서 대단히 다양하다. 자세한 것은 제3장의 국가주의에서 설명하기로 한다. 여기서는 국가(state)를 법률적이고 정치적인 정당성을 가진 공권력 작용의 주체라고 이해하면서 'nation'이나 'country' 등과 구별하고자 한다. 또한 정부(government)를 공권력 작용을 결정하고 실천하는 정당성을 가진 집단으로 이해하면서 정부와 국가를 구별하지 아니하는 경우도 있다. 그러나 이 책에서는 정부와 국가를 구별하고자 한다 (Robinson, 2013: 562-564). 정부는 국가의 통치작용을 실천하는 집단으로서 입법, 행정, 사법 등과 같은 체제나 제도의 작용으로 설명되고 있다. 이와 같은 의미에서 정부는 'administration'과 유사하다. 또한 독재정부, 민주정부, 귀족정부 등은 정부를 통치유형과 속성에 따라서 구분한 것이다.

따라서 국가는 항상 선(善)하고 정의로울 것인가 또한 그래야 하는가 하는 현실적이고도 당위적인 질문이 계속된다. 만약 국가가 국가 자신만의 이익을, 국익이라고 할 수도 있지만 일단 국가라는 집단의 이익이라고 협소하게 이해한다면, 위해서 시민들을 속이거나 오도한다면 우리는 어떻게 할 것인가, 국가가 부주의하거나 판단능력이나 자격이 부족하든지 또는 예상하거나 의도하지는 아니했지만 결과적으로 시민들의 경제적이고도 정신적인 손실이나 자존감을 손상시킨다면 우리는 어떻게 할 것인가 하는 등의 질문이 국가주의에 따라서 이어지게 될 것이다.

국가는 본질적으로 국가의 이익과, 이때는 국가 전체의 보편적 이해관계에 관한 광의의 의미이다, 시민들의 이익을 위하는 일들을 실천할 수 있는 현실적인 능력이나 자격과 조직을 가지고 있어야 한다. 이것을 예로부터 왕도정치의 이상적인 형태인 위민(爲民)정치, 안민(安民)정치, 명철한 판단과 현명하고도 자애로운 통치자를 추구하는 수기치인에 의한 군자(君子)정치 등으로 설명하기도 했다[12]. 그러나 단순히 앞장서서 이끄는 선도(先導)가 아닌 좋음과 올바름, 정의와 인정과 배려 등과 같은 정책의 선을 실천할 수 있는 선도(善導)주의라는 정책사상이 부상하게 된다.

선도(善導)한다고 하지만 현실적으로 정책을 통한 국가의 정책개입이나 판단이 정당하고도 정의롭기 위해서는, 정책을 결정하고 집행하면서 발생하는 정책인과는 정신적이고 물리적으로 균형되어야 한다. 즉 정책인과를 공정하고도 정의로우며 정당하게 실천할 수 있어야 한다는 원칙을 철학적으로 사고할 수 있는 균형주의라는 정책사상이 계속되게 된다. 마찬가지로 균형주의의 정책인과를 실천하고 실행할 수 있는 사상도 필요할 것이다. 그래서 정책의 실천적인 지식과 지혜, 판단 및 책무 등을 기반으로 하는 정책의 실천성을 철학적으로 사고할 수 있

---

12) 왕도정치라고 하지만 왕권의 권력과 세력을 유지하기 위한 위정(爲政)의 수단으로 백성을 통치의 객체로만 본다는 비판도 있다(유미림, 2004: 67; 박병석, 2014). 그러나 위민사상의 근본인 왕도정치가 한국의 고대국가인 삼국시대부터 시작된 정치사상의 원초적인 형태로서(이기백, 1979: 33-38), 한국정치사상의 중심축이 되고 있음은 사실이다(조원일, 2002; 권정호, 2014).

는 현실주의 정책사상도 따라서 논의하게 된다.

국가주의에서 시작되는 정책사상을 선도주의와 균형주의 및 현실주의 등으로 총결하는, 즉 철학적 사고의 결실에 해당될 사상도 필요하다. 앞서 정책에서 인간이란 무엇인가 하는 문제를 정책사상의 핵심주제라고 하면서 물아주의를 잠시 언급했듯이, 정책의 중심적인 주체이고 관리자인 정책인(政策人) 또는 정책의 주재자(主宰者)인 인간을 중심으로, 인간의 우월적이고 독점적인 정책능력에 의하여 인간과 비인간인 모든 사물에 개입하거나 간섭하는 인간중심주의(human-centeredness)를 철학적으로 사고할 정책사상이 필요하게 된다. 특히 인간이지만 인간이 우주의 지배자이고 착취자라는 부정적인 인간관이 아니라, 인간뿐만 아니라 비인간과 천지만물 상호간의 원만한 조화의 세계를 정책세계에서 철학적으로 설명할 수 있는 물아(物我)주의를 정책사상의 철학적 사고의 귀결로 정립할 수 있을 것이다.

2. 이론적 사고

정책사상의 정의에 관한 두 번째의 것으로, 정책사상은 정책과 정책학의 본질에 관한 이론적 사고(theoretical thinking)라고 할 수 있다. 이론적 사고라는 의미는 철학적인 사고에 의하여 제안되고 발견된 또는 창조된 정책사상을 정책이론으로 정립시킨다는 뜻이다. 정책이론으로 정립하고자 하는 사고이기 때문에 정책학의 본질에도 해당된다. 왜냐하면 정책이란 무엇이며, 정책학이란 무엇인가 하는 등에 관한 본질적 질문을 철학적으로 사고하고 설명하는 정책사상이 정책의 이론으로 정립되고 체계화되어야 정책학의 고유이론이 될 수 있기 때문이다.

정책사상 그 자체가 이론이 될 수도 있다. 그러나 그렇지 않은 경우도 많다. 왜냐하면 철학적인 사고에 의하여 제안되거나 발견되고 창조되는 것은 정책학자나 또는 정책사상가[13])의 개인적이고 사적인 인식이나 가치판단이나 도덕적이고 윤리적인 정향, 세상살이의 경험과 인지능력, 지적 수준이나 정향, 이념(idea 또는 ideology를 통합하는 개념), 현실적인 조건과 상태 등에 관한 정신적인 작용의 산물이기 때문이다(Kroner, 1936: 208; Conroy 외 2인, 2008: 172; Swedberg, 2011: 31-32). 그렇다면 정책사상은 개인적인 것일 수도 있다.

보다 자세한 것은 제2장의 정책사상의 연구방법에서 설명하겠지만 여기서 지적할 것으로, 개인적인 철학적 사고인 사상이 이론적이고 사변적인 비판과정을 거치면서 학문적인 지식체계를 갖출 수 있는 이론으로 구성되고 설계될 수 있다; 물론 정책학자나 정책사상가들의 지적인 능력과 작용을 학문적인 이론체계로 구성하는 일이 그리 간단하지만은 아니할 것이다. 그러나 정책사상의 이론적 사고에 필요한 방법론적 입장에서, 정책의 본질적 특성과 목표 및 추구하고자 하는 가치를 설계하여 실질적으로 정책현장에서 실현하고자 하는 디자인 사고나, 정책서비스나 정책이용자 중심으로 정책결정과 집행에 공동으로 참여하여 정책을 설계하고 구성하고자 하는 참여설계(조창희 외 2인, 2013; Bason, 2014; Mintrom and Luetjens, 2017), 정책결정과정에서 문제정의에 필요한 이론체계(Considine, 2012; Mintrom, 2016) 등은 개인적 수준의 사상을 정책학의 학문적 수준에 의한 사상체계로 전환하여 정책이론을 구성할 방법론이 될 수 있을 것이다.

개인적 수준의 정책사상이 정책학의 학문적 수준의 이론으로 정립될 수 있어야 정책사상이 될 수 있다. 즉 정책(학)의 본질에 관한 개인적이고 사적인 질문과 사고의 결정체가 보편적이고 일반적으로 인정되면서 이론의 적실성을 가질 수

---

13) 정책학자는 일반적으로 정책학을 연찬하는 학문집단의 구성원이라고 할 수 있지만 정책사상가는 누구든지 될 수 있다(그러나 甲男乙女를 의미하는 것은 아니다). 예를 들면 공자나 맹자 등의 정책사상이나 정책학자들의 정책사상, 정치인이나 행정관료의 정책사상 등을 발견하고 설명한다면 이때의 정책사상가는 그 주인공이 될 것이다. 인근 학문에서 사상가를 중심으로 사상연구가 많은 것을 보면, 앞으로 정책사상이 학문적으로 발달하면서 정책사상가를 중심으로 하는 그들의 정책(학)에 관한 사상(이때의 의미는 철학이라고 할 수도 있고 이념이라고 할 수 있다)을 이론적으로 체계화하고 정립할 수 있을 것이다.

있어야 정책사상이 될 수 있을 것이다[14]. 따라서 우선적으로, 개인적인 정신작용의 결과물인 정책사상을 공개적이고 공공적인 정책사상으로 구성하고 정립하는 것을 이론적 사고의 핵심이라고 할 수 있다. 왜냐하면 정책사상은 정책학의 이론이어야 하기 때문이다.

그러나 개인적인 정신작용에 초점을 두고 있는 사상을 보편적이고 일반적인 정책사상으로 어떻게 전환시키고 발전시킬 것인가 하는 것이 문제이다. 이것을 전통적인 과학주의에 집착하거나 한정시킨다면 불가능하다는 것은 주지의 사실이다. 물론 정책현실에서 검증할 수 있는 사실적인 증거나 법률적인 증거, 여론이나 사회조사 등에서 발견되는 증거 등과 같은 증거에 의하여(evidence-based) 정책지식이나 정책이론을 구성할 수 있다. 그래서 '증거없는 정책없다'고 했듯이 (6, 2002: 3; Cartwright, 2009) 증거에 기반을 둔 정책연구가 진행되고 있다(윤영근, 2013; Cartwright 외 2인, 2009; 2012; Stoker and Evans, 2016). 그러나 이와 같은 증거주의가 정책에서 충분히 실현되고 활용되기 위해서는 증거를 생산하고 발견하는 지배적인 이념이나 사상이 있어야 한다는, 소위 '사상없는 증거없다'는 반격과 같이(Hart, 2005: 964), 최근에는 증거주의를 정책의 사상으로 연계하여 전환시키고자 하는 정책연구도 크게 대두하고 있기도 하다(Grant, 2015; Sammut, 2016: 31-35; Kirigia 외 5인, 2016)(제6장의 실천지식 참조). 물론 방법론으로 정신세계의 작용을 물리주의의 법칙으로 설명하고자 하는 환원주의 등도 들 수 있다(제2장에서 설명).

그래서 정책사상의 이론적 사고는 과학적이고 실증적인 좁은 의미의 이론적 사고에만 한정될 것은 아니다. 대신에 개인들의 정신적인 사고의 결과산물로서 검증주의의 이론구성에는 해당될 수 없지만, 논리적 추론이나 판단과 경험에 의

---

14) 정책을 정의하고 형성하기 때문이라고 하는 Karl Marx의 주장을 인용하면, 정책결정자나 집행자들의 생각이나 마음은 곧 국가의 공식적인 생각이고 마음이라고 할 수 있다. 그러나 자율적인 개성과 가치를 가진 개인생활과 공적인 정책활동을 구별할 수 있는 지적영역이나 사회적인 비판이론이 있어야 한다는 지적(Ventris, 2013)도 유의할 필요가 있다.

한 창조된 사상이 보편타당한 것으로 정책학계에서 일반적으로 수용되고 인정되며 통용되는 연성이론(soft theory)에서 본다면 정책사상은 정책이론이 될 수 있을 것이다[15].

물론 아직까지 정책학계에 보편타당하게 인정되면서 수용될 수 있는 학문적인 합의를 거친 정책사상에 관한 이론은 매우 희박하다[16]. 그러나 정책의 본질적 속성과 특징에 관한 철학적인 사고의 결정체를 이론적인 사고로 정리하고 체계화하지 못한다면 정책사상이 되기 어렵다는 것은 사실이다. 이와 같은 맥락에서 정치이론(political theory)을 정치사상으로 번역하고 있기도 하다(민병태 옮김, 1963; 서정갑 옮김, 1977; 이남석·이현애 옮김, 2004). 물론 정치이론을 정치사상으로 번역한 정확한 이유를 밝히지 아니해서 알 수 없지만 아마도 정치사상, 소위 정치(학)에 관한 기본적인 질문에 대한 철학적인 사고라고 생각되고 판단되는 정치이론을 설명하거나 논의하기 때문에 이것을 정치사상으로 번역한 것으로 이해할 수도 있다[17].

정책사상의 철학적 사고에서 간단히 소개한 국가주의나 선도주의, 균형주의,

---

15) 이론형성에서 과학주의(scientism)와 비(非)과학주의는 사회과학의 영원한 논쟁의 과제로 등장하고 있다. 이와 같은 논쟁에 더욱 깊이 관여할 필요성이 없기 때문에 여기서는 생략하지만, 이와 같은 주제를 깊이 있게 찾아보는 것도 자신의 학문적인 안목이나 입장을 심화시키는 노력이 될 수 있을 것이다. 사실 필자도 사회과학도로서 이론과 과학 등의 발견과 창조 및 전달, 이론과 현실의 괴리현상, 이론의 기능과 역할, 간주관주의(intersubjectivity), 인식과학으로서 사회과학의 과학성과 정체성 등의 문제에 관심을 갖고 있으며 몇 편의 논문과 기초적인 학술저서를 출간하기도 했다.

16) 마찬가지로 정치학이나 경제학 및 사회학 등 학문발달의 오랜 역사를 가진 학문분야에서도 보편적 일반이론의 지위를 갖춘 정치사상이나 경제사상, 사회학사상 등은 많지 않다.

17) 대표적인 것으로 George Sabine과 Thomas Thorson의(4판에서는 공저) 『A History of Political Thought』를 『정치사상사』로 번역한 것이나(민병태 옮김, 1963; 성유보·차남희 옮김, 1983), Carl Friedrich의 『An Introduction of Political Theory』를 『정치사상강좌』로 번역한 것(서정갑 옮김, 1977) 등을 들 수 있다. 특히 번역자에 의하면(서정갑 옮김, 1977: 3-5) Friedrich 교수가 자신의 책을 정치사상사 강의의 부교재로 채택하여 학생들에게 큰 인기를 끌면서 아마도 한국에서는 정치사상으로 곧바로 번역된 것으로 볼 수 있다. 실제로 이 책의 내용도 현재의 정치학 개론서와는 다른 자유, 사회정의, 마르크스, 플라톤, 아리스토텔레스, 마키아벨리, 홉스, 루소, 칸트 등의 철학자 및 정치사상가들, 정치적 평등, 권력 등과 같은 주제를 설명하고 있기 때문에 정치사상으로 의도적으로 번역한 것으로 보이기도 한다. 그러나 사상과 이론과의 관계나 정치사상의 개념이 불명확하여 발생된 현상이라는 지적도 있다(김한식, 2004: 57).

현실주의, 물아주의 등을『정책사상 대계』의 중심적인 이론으로 형성하고 정리하는 것이 여기서 정책사상을 정의하는 이론적 사고에 해당될 것이다. 좀 더 구체적으로 예를 들면 국가주의는 정치학이나 인근 학문분야에서 오랫동안 논의되고 연구된 분야이다. 그러나 국가의 구성이나 권력, 시대구분에 의한 국가형성의 특성, 이념이나 사상에 의한 국가의 지배방법, 법률적 구성에 의한 국가의 권력과 지배의 정당성 등은 정치학의 중심적인 이론이고 사상으로 널리 알려져 오고 있다. 동시에 정치철학 분야에서도 국가주의와 개인주의를 비교하면서 국가의 독점적인 권력작용과 개인의 자유와 자치권, 시장경제와 국가독점 등을 광범위하면서도 심층적으로 설명하고 있다.

그러나 정책사상에 논의하는 국가주의는 물론 위와 같은 주제들도 중요한 내용이다. 그러나 정책이라는 본질적 속성인 정치적 이해관계를 국가가 중심이 되어 독점적으로 그리고 우월적으로 개인들의 의사나 판단에 개입하게 된 이유와 그것을 정당화할 수 있는 기준이나 판단 등을 철학적으로 사고한 결과가 국가중심주의, 국가독점주의, 국가우월주의, 정책을 통한 정책개입주의 등으로 국가주의를 이론적으로 체계화한 것이라고 할 수 있다.

3. 체계적 사고

정책사상의 정의에 관한 세 번째의 것으로, 정책사상은 정책(학)의 본질에 관한 철학적인 사고와 이론적인 사고를 체계적 사고(systematic thinking)에 의하여 정책학의 지적인 근간으로 형성하고자 하는 사상이다. 즉 체계적 사고는 정책학의 지적 근간을 형성하기 위한 철학적이고 이론적인 사고를 체계화하는 것이라고 할 수 있다.

국가를 중심으로 독점적이고 우월적으로 개인의 의사결정이나 판단에 정책을 통하여 개입하거나 간섭한다는 사실을 철학적으로 사고하면서 이것을 정책사상 이론으로 체계화하고자 하는 것이 국가주의 사상의 근간이다. 왜 국가주의가 정책사상의 출발점인가 하는 보다 근원적인 질문은 제3장의 국가주의에서 자세히 설명하기로 하고, 정책은 국가 통치행위의 공권력 작용이고 정치의 책략이기 때문에 여기서부터 시작해서 국가주의는 과연 항상 선(善)하면서 우월하고도 정당한가 하는 질문 등이 계속된다고 앞서 논의했다. 그래서 이와 같은 철학적 사고인 국가주의를 선도주의 정책사상으로 계속해서 이론적으로 탐구한다고 했다. 그러나 정책을 통한, 정책에 의한 원인과 결과인 정책인과를 공정하고도 정의롭게 분배하지 못한다면 선도주의가 추구하는 국가중심주의가 현실적으로 실천되기 어렵다. 그래서 또 하나의 정책사상으로 균형주의가 등장하게 된다. 그러나 정책의 지식과 이념 및 사실적이고 가치판단적 증거, 정책의 실천적 지혜와 판단 등과 같은 실천성을 철학적으로 사고하고 이론화하고자 하는 현실주의가 있어야 정책사상도 현실적 정체성을 가진 정책학의 이론이 될 수 있다고 했다. 총결적으로 정책인인 인간과 사물과의 조화로운 상호교섭의 원리에 따르는 인간중심주의의 정책사상인 물아주의를 철학적으로 사고하면서 체계화한다고 했다.

『정책사상 대계』의 구체적인 정책사상을 제2장의 정책사상의 내용과 범위로 설명하면서 자세히 도식화하겠지만 각각의 사상은 독립적으로 철학적인 사고에 의하여 정책(학)의 본질을 설명하면서 이론화되고 있다. 그러나 정책사상이라는 하나의 패러다임인 대계(大系)로 연계시킬 수 있어야 정책사상 대계가 될 수 있을 것이다. 이와 같은 각각의 구체적인 정책사상을 연속하여 연결하면서 대계를 구성하는 것을 일러서 정책사상의 체계적 사고라고 할 수 있다. 마치 지능지수를 측정하는 퍼즐게임이나 낱말 잇기 등과 같은 것이 체계적 사고의 전형이듯이 철학적이고 이론적인 사고에 의하여 개발되고 창조되거나 발견된 정책사상을 하나의 틀인 대계(大系)로 구성하는 기본적인 사고가 체계적 사고이다.

정책사상이라는 전체적인 틀인 대계(大系)를 구체적인 정책사상과 통합적으로 연결시키고자 하는 체계적 사고는 체계사고 또는 시스템 사고(system thinking) 등과 이론적 맥락을 공유하고 있다고 할 수 있다. 보다 정확하게는 시스템 철학(system philosophy)의 맥락을 공유한다고 할 수 있다. 시스템 사고나 시스템 철학을 동의어로도 사용할 수 있지만 시스템 사고라고 하는 용어가 일반적이기 때문에 이것을 간단히 소개하면서 정책사상을 정의하는 체계적 사고를 이해하고자 한다.

시스템 사고에 관한 자세한 것은 제2장의 정책사상의 연구방법에서 설명하겠지만 시스템 사고는 시스템을 구성하는 부분적인 요소를 시스템 전체와 연결시키는 네트워크 사고를 기본으로 하고 있다. 하위체계들이 전체적으로 연계된 시스템은 각각의 부분적인 요소나 체제들이 각자의 기능과 역할을 인지하고 수행하면서도 상호작용의 인과관계로 구성되어 있다; 이것을 시스템사고에서는 인과지도(causal map)라고 한다. 그러나 인과관계가 정체되어 있기보다는 동태적으로 순환되면서, 즉 시스템 다이내믹스로서 전체적인 수준에서 시스템의 통합적인 작용을 조정하고 통제하는 피드백 사고(feedback thinking)가 더욱 중요하다; 그렇다고 시스템 사고가 단순부분의 합이 아니라 구성요소간의 상호작용에 의한 종합적 기능이나 해결책을 보다 중요하게 설명하는 사고 방법론이라고 할 수 있다(장의선, 2007; 박상원, 2015; 최호택·정석환, 2015; Chan, 2015; Stephens 외 2인, 2019).

시스템 사고는 연결망 사고에 따라서 부분보다 전체를 이해하고 설계하는 전체론(holism)을 기본으로 하고 있다. 동시에 각 시스템이 주어진 목적과 장치에 따라서 기계적으로 기능하거나 역할을 하는 기계적 결정론이 아니라 시스템 자체의 기능과 목적 및 자신의 역할을 주변부 환경이나 조건과 끊임없이 상호작용하면서, 스스로의 생존법칙을 지켜가는 존재론이나 인식론 등이 시스템 사고의 중심적인 철학이면서 이론이라고 할 수 있다(Laszlo, 1972: part 2; Rousseau, 2014).

예로서 정책사상의 출발점인 국가주의에서 정책을 통한 국가의 개입주의를 시스템 사고로 설명하면(Dias, 2008; Midgley, 2008; Kiraly 외 2인, 2017), 정책사상은 철학적이고 이론적 사고에서 발견되거나 형성된 사상을 체계화하는 사상이라는 것을 좀 더 구체적으로 이해할 수 있다. 즉 개입주의는 사전에 계획되거나 정량화된 프로그램이고 기계적인 일방통행과 같은 개입사상이 아니다. 대신에 상호간의 이해관계에 의한 정치적 협상과 타협과 존중을 중시하면서 상호간의 소통과 조절에 의한 개입을 중시한다. 동시에 단순히 앞장서서 나를 따르라고 하는 선도가 아니라 전체를 아우르면서 변화와 변동을, 올바르고 참되며 바른 길로 선도(善道)하는 정책의 선(善)을 강조한다. 이와 같은 사상은 시스템 사고의 철학인 전체주의, 상호작용의 연계사상, 체제의 생존과 발전에 관한 존재론과 인식론 등에 기초하고 있다.

그러나 시스템 사고를 정책사상의 체계적 사고 그 자체로 이해하는 것은 무리이다. 정책사상에서 체계적 사고는 부분적이고 개별적인 정책사상을 정책학의 기본적이고 고유한 이론이 될 수 있도록 정책사상으로 연결하고 연계하는 사고이다. 이 점에서 본다면 부분간의 상호작용과 여기서 탄생되는 전체주의의 장점인 체제의 균형과 조화라는 사상과 일치될 수도 있다. 그러나 정책사상은 그 자체가 전체주의가 아니다. 국가주의를 시발점으로 해서 각각의 구체적인 사상이나 이론을 연계하면서 철학적으로 사고하는 정책학의 이론이라는 것이다. 이것을 정책사상을 정의하는 체계적 사고의 특징이라고 할 수 있다[18].

4. 정책사상 정의의 요약

정책사상은 정책의 본질인 정책(학)이란 무엇인가 하는 것에 대한 철학적인 사고이며 이론적인 사고이다. 나아가 이와 같은 사상을 정책학의 지적인 근간으로 형성하기 위한 체계적 사고이다. 이와 같은 정책사상의 정의는 아직까지 정책

---

[18] 한국체계과학학회가 중심이 되어 1997년 제41차 국제체계과학학회 서울학술대회 준비위원회가 발간한 『체계론적 사고와 정치경제학 연구』(1996), 1997년의 『21세기 한국의 국가정책과 체계론적 사고』에서 발표된 다양한 연구도 시스템 사고를 기본으로 하고 있다. 그러나 정책이나 정책사상에 타당하거나 필요한 시스템 사고의 정의나 내용은 밝혀지고 있지 않다(http:kiss.kstudy.com, 검색일: 2017년 2월 13일). 그 이유로 그 당시에는 정책학의 학문적 기반이나 이론이 상당히 약했기 때문일 것으로 이해된다.

학계 등에서 보편적이고 일반적 수준으로 수용되거나 합의된 것은 아니다. 정책 사상을 다양하게 정의하고 이해하는 하나의 시론적인 것에 불과하다. 즉 정책사 상의 정의는 정책학의 기초이론으로 정책사상을 체계화하고자 하는 하나의 조작 적이고 운영적인 수준의 정의(a working definition)에 해당된다.

정책사상의 정의에서 보면 정책(학)에 관한 철학적인 질문이 가장 우선적이 다. 물론 이와 같은 철학적 질문에 다양하게 대답하고 의문을 제기할 수 있지만 정책은 정치적인 책략이라는 핵심적인 사실에서부터 출발해서 정책사상 줄거리 의 대명사격인 국가주의 사상을 제안하고 주창하게 된다.

국가주의는 정치학이나 경제학, 법학(특히 헌법학) 등의 인근 학문분야의 중 심 주제이고 과제이다. 그러나 국가주의가 어떻게 정책과 정책학에 관한 사상, 즉 철학적이고 이론적으로 체계화된 지식이 될 수 있을 것이며, 그 구체적인 내용은 무엇인가 하는 것을 설명하는 것이 국가주의 정책사상의 출발점이라고 할 수 있다.

정책사상을 이와 같이 정의하면서 발생하게 되는 또 하나의 비판이나 질문 으로 정책사상은 제2의 사상(second thought)인가 하는 문제이다[19]. 즉 정책이

---

19) 정치사상이나 정치철학에서도 이와 같은 제2의 사상이라는 논쟁이 있다. 특히 이데올 로기의 종말(the end of ideology; 1950-60년대, Daniel Bell(1919-2011)을 중심으로, 민주주의와 공산주의 등과 같은 정치적 사상대립(냉전)을 종식하고 기술과 인간의 기획능력 및 미래예측 등으로 점진적으로 탈이데올로기적 후기산업주의의 기술과 실 용사상을 중시하고자 하는 논쟁)이나, 역사의 종말(the end of history; 자유민주주의 의 기본적 가치와 자본주의적 시장경제질서에 따라서 세계는 이념이나 분쟁의 갈등을 극복하고 인류는 보편적 질서의 자유와 경제적 질서를 유지해 간다는 논쟁, 대표적으 로 Thomas More, Georg Hegel, Francis Fukuyama 등) 나아가 철학의 종말(the end of philosophy; 다양하게 대립되는 이념과 지식 및 신념 때문에 인간의 본질적 성격 이나 존재의 가치 등에 관한 질문을 이해하고 설명할 수 있는 철학적 이론이나 사상 이 결여되면서 철학은 더 이상 인간존재의 보편성을 설명하기 어려워진다는 논쟁 (Knepper, 2014; Meynell, 2017) 등과 같은 시대적 조류나 학문적 유행에 의한 논쟁 이나 논법들이 등장하고 쇠퇴하면서, 정치사상이나 정치철학도 종언을 맞이하고 있다 는 것이다. 그러나 인간의 정치적 본성과 삶의 현실적 모습에서 인간이 겪고 있는 문 제에 대한 협동적이고 공동체적인 특성을 정치라는 이념이나 제도에서 설명할 때, 정 치학은 인간의 본질에 대답하지 아니할 수 없는 필연적 숙명(unavoidable fatalism)을 가 지고 있다. 따라서 정치사상은 인간이 존재하고 그 생을 영위하는 모습을 숙고하고 사변 하는 사상으로서 제2가 아닌 제1의 철학이고 사상이라는 주장(김한식, 2004; Gutmann, 1919: 87; Gettell, 1923: 209-210)이 정치사상을 성숙시키고 있다고 할 수 있다.

정치적 의사결정이고 책략이라는 본질에서 국가주의를 시작으로 해서 선도주의, 균형주의, 현실주의, 물아주의 등의 사상으로 체계화하는 것이 정책사상에만 고유하거나 독립적인 사상인가 하는 의문이 생길 수 있다. 왜냐하면 국가주의나 기타 사상이 여타 학문에서도 각각의 구체적인 사상이나 철학으로 논의되거나 이론화될 수 있기 때문이다. 특히 철학에서는 현실주의 등이 서양의 분석철학, 인도의 유식철학, 동양의 민본주의 사상 등으로 오래전부터 논의되고 있는 분야이기도 하다. 또한 국가주의는 정치사상이나 정치철학의 대명사이기도 하다.

그러나 정책사상은 정책(학)에서 제1의 사상이고 근본 사상이다(*first* or *proto* thought). 즉 정책사상은 정치사상이나 기타 사회(학)사상, 경제사상 등의 주변부 사상이나 제2중대 사상이 아니라는 것이다. 왜냐하면 국가주의나 기타 사상을 타 학문분야의 사상이나 철학의 주제로 논의할 수 있겠지만, 정책사상에서는 이와 같은 사상들이 정책(학)이란 무엇인가 하는 본질적인 질문과 의문에 대답하고 설명할 수 있는 체계화된 이론이기 때문이다.

정책사상이 정책학의 기본 이론으로 체계화된 것이라고 해서, 소위 과학주의나 구성주의의 방법에 의한 이론인 것은 아니다. 즉 경험에서 인지되고 반복적으로 활용될 수 있는 과학주의적 사고와 판단에 의한 정책지식의 형성과 공유를 정책사상이라고 주장하는 것은 아니다. 앞서 이론적 사고에서도 지적한 바와 같이 정책사상은 사상 그 자체로서의 이론적 정향을 가지고 있다. 즉 정책의 본질을 철학적으로 사고하고 비판하며 진단하고 논의하는 틀로서 정책사상은 정책학이라는 본질적 질문에 대한 정체성(disciplinary identity)과 정책의 현실적 실천성(practicality), 존재의 가치 등을 설명하는 이론이다. 이것을 현실의 사실적 판단과 경험적 진단에 의해서 구성되고 형성되는 과학주의로 설명하거나 평가하기 어려울 것이다.

물론 구체적이고 실천적으로 정책사상은 경험적 이론의 틀 속에서 설명될 부분도 많다. 그러나 동시에 선(先)이론적(*pre*-theoretical) 패러다임에서 정책사상이 보다 비중있게 논의되고 있다. 또한 정책사상은 기존의 다양한 이론이나 논쟁 및 연구들을 검토하고 살피면서 발전할 수도 있을 것이다. 그러나 제1의 근본사상으로서 정책사상은 기존 연구의 패러다임이나 정향을 수집하거나 정리하는 수준을 넘어서서 현재나 미래의 정책(학)이 추구하는 사상적 맥락을 제공할 수 있어야 할 것이다. 그래서 철학적 사고를 이론적으로 체계화하고자 하는 정책사상은 과거지향적이 아닌 미래지향적이며 선험적이고 해석적이라고 할 수 있다. 따라서 이와 같은 정책사상을 어떻게 정의할 것인가 하는 정의의 문제에서부터, 어떻게 활용할 것인가 하는 현실에 이르기까지 다양한 논쟁과 비판이 있을 수 있다. 그럼에도 불구하고 정책사상이 제2의 사상이 아닌 제1의 사상이 될 수 있어야 이와 같은 비판에서 자유로우면서도 정책사상만의 중심적인 주제를 제공할 수 있을 것이다.

제1장에서 정책사상을 정책과 정책학의 본질에 관한 철학적이고 이론적이며 체계적인 사고로 정의하여 보았다. 이에 따라서 제1이면서도 중심적인 사상으로서 정책사상을 어떻게 설명하고(방법에 해당된다), 무엇을(내용에 해당된다) 정책사상이라고 할 것인가 하는 것 등을 제2장에서 순차적으로 설명하고자 한다.

또한 정책사상과 정책사상사와의 차이점을 밝히면서 뒤이어 정책철학과의 차이점도 설명하고자 한다. 특히 정책철학 연구의 범위와 내용 등을 설명하면서 정책사상과의 상호관계 등도 설명하고자 한다. 동시에 이 책의 제목이 『정책사상 대계』이듯이 지금까지 연구되고 발표된 것과 비교하면서 대계(大系)의 의미와 내용도 설명하고자 한다.

그리고 정책사상 연구의 방법론으로 창조적 추론과 논리적 정합성을 중심으로 하는 환원주의, 시스템 사고 및 사고실험 등을 순차적으로 설명하고자 한다. 나아가 정책사상의 중요성을 학문적일 뿐만 아니라 현실적인 적실성 등에 따라서 설명하고자 한다. 마지막으로 정책사상의 연구경향이나 정향 그리고 『정책사상 대계』에서 설명하는 정책사상의 내용과 정의 등을 비판적 입장에서 조금 더 자세히 논의하고자 한다.

정책사상 대계
政策思想 大系

제 2 장
정책사상의 내용과 연구방법

제 2 장

정책사상의 내용과 연구방법

1. 정책사상의 내용

　　정책사상을 정책과 정책학의 본질에 관한 철학적 사고를 이론적으로 체계화
하는 것으로 정의하였다. 특히 정책사상을 체계적으로 정리해서 정책학의 기초이
론으로 정립하는 것이 정책학에서 중요하다고 했다. 그러면 무엇을 정책사상으로
이해하고 설명할 것인가, 즉 구체적으로 무엇을 정책사상이라고 할 수 있을 것인
가 하는 정책사상의 내용과 연구방법 등이 우선적으로 밝혀져야 할 것이다.

　　정책사상의 내용은 다양할 수 있다. 제4절에서 정책사상의 연구경향을 찾아
보면서 기존의 정책사상 연구나 또는 인근 학문의 사상연구를 소개하겠지만, 정
책사상을 다양하게 정의하고 그에 따라서 다양하게 정책사상을 이해하고 있다는
사실을 먼저 지적하고자 한다. 즉 『정책사상 대계』는 철학적이고 이론적이며 체

계적인 사고에 의하여 발원(發源)되는 정책사상의 출발점인 국가주의에 따라서 선도주의, 균형주의, 현실주의, 물아주의 등을 차례로 구성하고 설명하는 것이다. 이것이 정책사상의 구체적 내용이 될 것이다.

제1장에서 정책사상을 정의하면서 간간히 설명하기도 했지만 정책사상은 정책의 본질에 관한 질문에 철학적이고 사변적인 사고로 대답하고 이것을 정책이론으로 체계화하는 것이다. 그렇다면 무엇보다도 먼저 정책의 본질에 관한 질문이 생겨난다. 즉 요점적이지만 정책의 본질은 정치적 이해관계에 관한 의사결정이고 책략이라고 할 수 있다. 이에 따라서 정책의 주체는 국가라는 사실이 제기된다. 그래서 국가를 중심으로 하는 국가주의를 이해하고 설명하는 정책사상의 내용이 시작되게 된다. 모든 경우에 국가가 중심적이라고 할 수 없다. 그리고 개인이나 기업 또는 사조직 등의 의사결정을 정책이라고 할 수도 있다. 그러나 일단 정책을 공공의 이해관계에 관한 의사결정이라고 정의한 것에 한정한다고 앞서 지적하였듯이, 정책은 공공성을 담보로 하는 공식적인 권한과 법률적이고 정치적인 정당성을 가진 국가의 통치작용이다.

정책의 본질적 속성인 국가의 통치와 공권력 작용을 이해하고 설명하는 국가주의는 왜 국가가 중심이 되어 독점적으로 정책을 결정하고 실현해야 하는가 또는 국가만이 유일한 주체인가, 국가는 그러면 항상 현명하고 올바르게 그리고 선(善)하게 정책을 결정하고 실천할 수 있을 것인가 하는 등의 의문이 제기된다. 이에 따라서 국가주의에 관한 철학적 사고체계를 구성해 볼 수 있다. 즉 여기서부터 정책을 철학적이고 사변적으로 사고하는 출발점을 찾을 수 있다. 이것이 국가주의(the policy statism) 정책사상이며 제3장에서 자세히 논의하게 될 것이다.

물론 국가나 국가주의 등을 정치학이나 사회학, 헌법 등에서 복잡하고도 다양하게 설명하고 있다. 그러나 정책사상의 범위에서 본다면, 정책을 통한 개인이나 집단의 자유롭고도 자율적인 결정과 판단에 국가가 개입하거나 간섭하는 국가개입주의와 그의 정당성을 중심으로 국가주의 정책사상을 이해하고자 한다. 이와 같은 국가개입주의를 국가가 중심이 되는 국가중심주의와 국가독점주의 그리고 항상 그렇지는 않지만, 국가는 개인보다 우수하고 합리적이며 선한 결정과 실천을 할 수 있다는 국가우월주의 등으로 설명할 수 있을 것이다. 나아가 경제적 동물인 인간의 약점과 한계를 극복하기 위해서 공통의 이익과 존재가치를 실현하기 위한 공동체를 결성하는 정치적 동물의 감각을 강조하는 공동체주의도 국가주의 정책사상에서 설명되어야 할 것이다.

국가주의에서 출발하는 정책사상은 선도(善導)주의(the principle of policy goodness)의 사상으로 연계되고 있다. 즉 국가는 단순히 정책을 통한 통제나 복지의 제공, 공공의 시설과 기능을 관리하는 소박한 경찰국가나 또는 적극적인 복지국가와 등과 같은 국가주의에서 벗어나서 국가는 무엇이 선하고 공정하며 합리적이고 바람직한 정책인가, 이것이 공동체사회를 위한 최선의 것인가 하는 것 등을 철학적이면서 현실적으로 판단하고 결정하면서 정책을 선도(善導)할 수 있는 정책사상이 필요하다. 즉 국가가 중심이 되어 독점적이고 우월적으로 정책의 선을 극대화할 수 있는 그리고 정책의 선의 결과를 골고루 나누면서 동시에 거두어드릴 수 있는 사상이 필요하다. 이것이 선도주의 정책사상이다. 특히 선도주의 정책사상의 정책의 선(善)을 좋음, 옳음, 정의, 인정과 배려, 전통가치 등으로 자세히 설명하고자 한다(제4장).

정책의 선은 정책의 결정과 실현에 의한 물리적일 뿐만 아니라 정신적이고 심리적인 정책인과(policy causations)를 분배할 수 있는 균형주의 사상으로 보다 실천적인 수준의 정책사상으로 발전할 수 있게 된다. 즉 균형주의(the principle of policy balance)는, 정책을 통한 국가개입주의가 착하고 선한 것은 물론이지만, 현실적으로 정책의 수혜와 비용의 부담이라는 측면에서 정책의 선으로 개념화할 수 있는, 즉 정책의 존재가치를 공정하고도 정의롭게 실천할 수 있는 정책사상이라고 할 수 있다(제5장).

국가개입주의나 선도주의 및 균형주의 사상도 정책의 현실에서, 즉 실천성으로 사상적인 뿌리와 정당성을 가질 수 있을 것이다. 그래서 정책을 통한 실천적 지혜를 발견하고 창조하며 축적할 수 있는, 이론적인 정책사상이지만 정책의 본질적 특성을 현실적으로 실천할 수 있는 사상이 필요하다. 이것을 현실주의 (the principle of policy practicality) 사상이라고 할 수 있다. 현실주의 정책사상은 실용적 사고나 방법을 강조하는 실용주의나 때로는 꿈과 희망을 포함하는 이상이나 그의 현실적 한계나 조화 등을 사변적으로 숙고하는 현실주의(realism) 등과 다르다. 현실주의 정책사상은 정책의 실천적 지식에 기초하면서 정책의 실천지혜와 실천판단 및 실천책무 등과 같은 정책의 실천성을 철학적으로 체계화하는 정책사상이다(제6장).

국가주의와 선도주의, 균형주의 및 현실주의 정책사상은 물아(物我)주의(the principle of mutual interpenetration between policy human and nonhuman) 사상으로 총결될 수 있을 것이다. 물아주의는 정책을 결정하고 창조하면서 동시에 정책을 실현하는 실현자이고 판단자인 인간을 중심적으로 설명하는 인간중심주의(human-centeredness) 정책사상이다. 왜냐하면 인간은 정책세계에서 우월적이고 독점적으로, 인간뿐만 아니라 비인간의 판단과 결정에 개입하고 있기 때문이다. 그러나 인간은 인간만의 이기적 목적이나 존재가치를 위하여 인간 이외의 존재자를 이용하거나 지배하는 것이 아니다. 천지만물의 조화로운 상호교섭의 원칙에 따라서 인간과 비인간을 동등하게 이해하는 인간사상이 인간중심주의가 전제하는 정책사상이라고 할 수 있다. 따라서 물아주의는 정책학뿐만 아니라 정책사상으로서 새로운 이념과 패러다임을 제공하는 발원적인 정책사상이라고 할 수 있다(제7장).

위에서 지적한 다섯 가지의 정책사상은 『정책사상 대계』의 중심적인 내용이다. 물론 각각의 사상은 독립적인 사상체계와 이론을 가지고 있다. 그러나 동시에 국가주의를 출발점으로 해서 선도주의와 균형주의 및 현실주의로 연계되어 발전되면서 물아주의 사상으로 총결되는 정책사상을 하나의 틀인 대계(大系)로 구성할 수 있다. 이와 같은 정책사상의 대계를 <그림 2-1>과 같이 체계화할 수 있다.

<그림 2-1> 정책사상 대계의 체계도

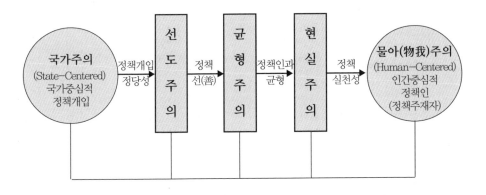

    정책사상 대계도(大系圖)는 국가주의를 시작으로 선도주의, 균형주의, 현실
주의, 물아주의 등 다섯 가지의 정책사상이 하나의 연결고리로 계속되는 것을 보
여주고 있다. 정책을 통한 국가중심주의의 정책개입에서 시작되는 국가주의 사상
이 정책개입의 정당성을 설명하면서 선도주의 정책사상으로 발전되고 있다. 왜냐
하면 정책개입의 정당성은 정책의 선으로 선도될 수 있어야 정책의 본질적 속성인
통치작용의 정당성이 실현될 수 있기 때문이다. 나아가 정책의 선은 정책인과의 균
형에 의한 균형주의에 의한 정책균형을 실현시킬 수 있다고 본다. 동시에 정책은
현실을 기반으로 하고 있다. 즉 현실에서의 정책의 실천성을 철학적으로 체계화할
수 있는 현실주의 정책사상이 필요하게 된다. 이와 같은 정책사상은 인간이 정책세
계의 중심이지만 인간뿐만 아니라 비인간을 포함하는 모든 사물과의 상호간의 교
섭관계속에서 정책이 존재할 수 있다는 물아주의 사상으로 총결되고 있다.
    <그림 2-1>에서 정리한 각각의 다섯 가지의 정책사상의 구체적인 내용
과 기초적인 철학 등을 <표 2-1>과 같이 정리하고자 한다. 이것이『정책사상
대계』에서 구성하고 설명할 정책사상의 내용이 될 것이다.

<표 2-1> 『정책사상 대계』의 정책사상의 내용

	내 용	기 초 철 학
국가주의 (policy statism) (state-centered policy interventionism)	•국가의 개념적 이해 •국가주의의 재조명 •국가중심주의 •국가독점주의 •국가우월주의 •국가개입주의와 정당성	•국가의 개념 •국가주의 •개인주의와 공동체주의 •개입주의 •정당성 •온정주의
선도(善導)주의 (principle of policy goodness)	•정책의 선(善) •좋음, 옳음 •정의, 인정과 배려 •전통가치 •선도주의의 실천이론	•선(善)의 개념적 이해 •선도주의 사상비교 •리더십 •엘리트이론 •계몽주의, 선발자우위론 •정치신학
균형주의 (principle of policy balance)	•균형주의에서의 균형 개념 •정책인과의 균형주의 •정책의 물리적 인과 •정책의 정신적 인과	•균형(balance) 개념의 철학 적 이해 •정책인과론의 철학적 개념
현실주의 (principle of policy practicality)	•정책의 실천성 •실천지식 •실천지혜 •실천판단 •실천책무 •현실주의 정책사상의 비교적 특성	•실천성(practicality) •실천지식, 지혜, 판단, 책무 등의 철학적 이해 •실천철학, 철학하기, 실용주 의 등의 비교적 이해
물아(物我)주의 (principle of mutual interpenetration between policy human and nonhuman)	•인간중심적 정책인(정책주재자) •인간중심주의 •인간독점주의 •인간우월주의 •인간개입주의 •물아(物我)주의: 아와 물의 상호 간의 관계론	•인간이란 무엇인가의 철학적 이해 •물(物), 아(我), 물아(物我) 의 유교, 유기체철학, 포스 트 휴머니즘, 종교사상 등에 서의 철학적 이해

1) 정책사상사와의 차이

정책사상의 내용을 구체적으로 구성하면서 정책사상의 내용에 포함될 수 없
는 정책사상사와 정책철학 등과의 차이점을 지적하여 정책사상 대계를 구성할 정
책사상의 내용을 보다 분명히 제시하고자 한다.

먼저 정책사상(policy thought)과 정책사상사(history of policy thought)를 구별하는 문제이다. 자세한 것은 뒤편의 정책사상의 연구경향에서 설명하겠지만 정책학의 인근 학문 분야인 정치학이나 경제학, 법학, 사회학 등의 사상연구를 보면 일반적으로 사상(思想)과 사상사(思想史)로 크게 구분되고 있음을 알 수 있다. 따라서 정책사상 연구도 이와 같이 구분될 수 있다. 즉 정책이론의 발달과 성숙에 따른 학파들의 정책사상이나 이념 등에 관한 정책사상사와 『정책사상 대계』에서 정의하고 연구하는 정책의 본질에 관한 철학적이고 이론적인 사상을 체계화하고자 하는 정책사상 등으로 구분할 수 있기도 하다.

특히 정책학의 학문적 역사가 오래되어 정책학의 사상에 관한 역사나 내용, 사상가 등이 풍부하고 다양하게 되면 정책사상 연구도 정책학을 학설사적으로 정의하면서(정책학사) 정책사상사로 연구하고 설명할 수 있을 것이다. 정책학자 등의 사상이나 정책학파의 사상, 정책학의 학문적 발달시기나 지역별(국가) 정책학의 발달, 특히 21세기가 시작되면서 제4차 산업혁명과 신종코로나 바이러스의 창궐 등을 경험하면서 주동하고 있는 융복합 학문이나 위기관리 정책사상 등으로 구분하면서 정책사상사를 정책사상으로 연구하고 설명할 수 있을 것이다.

그러나 『정책사상 대계』에서는 정책사상사를 논의하거나 취급할 수 없다. 물론 정책사상사도 정책사상 연구에 중요한 주제이다. 그러나 아직까지 정책사상사를 이론적으로 체계화할 수 있을 정도로 정책학의 학문적 역사가 깊지 않다. 따라서 정치사상사나 경제사상사, 사회학사상사 등과 같이 정책사상사를 설명할 수 있을 정도로 정책학의 학문적 역사가 오래되었다고 할 수 없다.

특히 정책사상사를 이해하기 위해서는 무엇보다도 먼저 정책학의 탄생과 발달에 관한 정책학의 역사 또는 정책학사(history of policy studies)를 먼저 이해해야 한다. 정책학사를 설명하기 위해서는 또한 정책학이란 무엇인가 하는, 정책학의 정의에 관한 것을 정책학의 학문적 정체성 등과 관련하여 이해하는 것이 선행적이다. 정책학은 아니지만 학사를 설명하기 위해서는 당해 학문을 정의하는 것이 우선이라는 지적(Aron, 1965: 7)도 있듯이, 정책학의 정의는 정책학사이면서 동시에 정책사상사의 중요한 부분이다. 왜냐하면 정책사상은 정책학의 학문적 근원에 관한 철학적인 질문을 전제로 하고 있기 때문이다. 또한 정책사상은 정책학의 탄생이나 발달과정, 정책이론의 체계화, 정책학파나 정책학자들의 정책학의 이론이나 학문적인 정향, 이념 등을 주요 연구과제로 취급하고 있기 때문이다.

그럼에도 불구하고 정책학사를 『정책사상 대계』에서 설명하지 아니하는 또한 할 수 없는 이유가 있다. 물론 필자의 학문적 능력에의 한계도 있겠지만 정책학의 학문적 역사가 1950년대 미국을 중심으로 시작되면서, 아직까지 학사를 정립할 수 있을 정도로 학문발달의 시기구분이나 정책이론에 의한 학파의 성립, 정책학자의 정책사상 등을 정립하기 어렵기 때문이라고 할 수 있다. 또한 정책학을 정의하는 것도 개인적 연구정향과 학문적 배경 등에 따라서 매우 다양하기 때문이다.

정책사상 대계에 직접적으로 관련되는 논쟁은 아니지만 정책학의 정의의 문제를 간단히 지적하기로 한다. 정책학의 학문적 역사가 일천한 점도 있지만 정책학을 연구하고 공부하는 집단들이 매우 다양하기 때문에 정책학을 다양하게 정의하고 있다는 사실을 우선 들 수 있다. 그래서 특히 정책학을 처음 공부하는 독자나 전공자가 정책학을 이해하기 어려운 이유도 이와 관련 있기도 하다.

『정책사상 대계』에서는 정책을 공식적인 법적 권위와 자격을 가진 공공집단인 국가의 정치적 의사결정이고 통치작용이라고 정의했다. 즉 정책을 '정치적 책략'이라고 정의하였다. 이것은 전통적으로 정치학이나 행정학 등과 같은 학문적 배경을 가진 학자집단들의 정의에 해당된다고 할 수 있다. 실제로 근대의 미국정책학을 탄생시킨 Harold Lasswell은 정책학을, "공공의 의사결정의 지식과, 의사결정에 있어서의 지식을 추구하는 학문"이라고 정의하면서도 대단히 겸손하게 앞으로 정책학을 연구하기 위한 하나의 조작적인 수준 정도에 불과하다고 했다[1].

---

1) "As a working definition, we say that the policy sciences are concerned with knowledge *of* and *in* the decision processes of the public and civic order"(Lasswell, 1971: 1). 여기서 한 가지 참고할 것으로 Lasswell은 정책학을 'Policy Sciences'라고 명칭하였다. 이것을 정책과학으로 번역하기도 하지만 초기에 Lasswell이 정책학을 주조하고 주창하면서 정책학의 종합과학적(multidisciplinary) 특성(여러 학문분야의 이론과 기술을 원용하고 차용하지만 정책학의 독자적인 방법론적 정향을 강조

동시에 경제학이나 관리과학 등에서는 정책학을 정책대안을 과학적이고 실증적으로 탐색하고 분석하여 최적의 대안을 선택하기 위한 의사결정이라고 정의하고 있기도 하다. 이것은 정책분석을 중심으로 하는 정의에 해당된다고 할 수 있다(대표적으로 1970년 초기의 Edward Quade 등). 즉 이것은 좁은 의미의 정책수단의 합리적인 선택에 관한 결정기술이나 이론이라는 정의에 해당될 것이다.

물론 여러 학자들의 정책학의 정의를 위와 같이 두 가지 정도로 정리할 수 있는 것도 아니다. 그러나 정책이라는 정치적 본질과 동시에 합리적 선택이라는 두 가지의 대표적인 특성을 기준으로 위와 같이 정책학을 정의한 것으로 요약할 수 있다. 따라서 정책학의 정의에서와 같이 다양한 학문적 정향이나 철학 또는 이념 등으로 정책사상을 설명할 수 있다면 이것도 정책사상사의 주요한 연구내용이 될 수 있을 것이다[2].

하는 것)을 반영할 수 있는 정책학의 명칭으로 과학의 복수형(sciences)을 사용한 것으로 보인다. 또한 정책학을 정책과학으로 주장한 것은 정책학이 정치학(Political Science)과 같이, 과학적 이론과 방법론을 갖춘 학문분과라는 점을 강조한 것이라고 할 수 있다. 왜냐하면 그 당시에 그는 행태과학(behavioral science), 즉 과학주의의 경험적 이론과 현실에 기초한 정책이론의 구성과 발전을 고대한 주동자였기 때문이라고 할 수 있다. 그러나 Lasswell의 정책학, 소위 정책과학에 관한 회의적인 논쟁과 미래의 정향 등을 많은 학자들이 의심하고 비판하기 시작하는 2000년대 이후에 오면서(『Policy Sciences』의 2004년, 37권 3/4호의 Lasswell 정책학의 미래에 관한 특집과 2008년 41집 1호의 Lasswell의 재초대 등과 같은 특집을 참조할 수 있다), 정책과학이라기보다 정책을 공부한다는 의미의 정책학(Policy Studies)이 일반적으로 통용되고 있기도 하다. 정책학이 탄생된 미국에서도 'Policy Studies'가 일반적이고 한국에서도 이것이 일반적으로 사용되고 있기도 하다(예: 한국정책학회(Korean Association for Policy Studies). 필자도 정책학 개론서를 출간하면서 2004년 2판까지는 'Policy Sciences'라고 번역명칭을 쓰다가 3판부터(2010년) 'Policy Studies'로 하고 있다. 그러나 정책학이 학문적으로 성숙하고 발달하면 'Policy Sciences'의 정책학의 명칭이 회복될 수도 있을 것이다.

2) 정책사상사의 기초이론에 해당될 것으로 필자는 미국을 중심으로 하는 정책학의 역사를 정책학의 시조로 인정받고 있는 Harold Lasswell의 정책학과 그 이외의 초기의 정책학자들의 정책학으로 설명하기도 했다. 특히 시기적으로 1970년대까지 미국정책학이 크게 발전하는 시기를 정책학운동으로 구분하여 설명하였고, 정책학의 양대 이론인 정책과정론과 분석이론으로 구분하는 학사 등도 설명해 보았다(이해영, 2003b). 특히 한국에서의 정책학사는 대부분 행정학에서 정책학을 연구하고 가르치는 학자집단인 정책학자들을 중심으로 하는 정책학사를 정책이론과 결정이론, 정책사례, 한국정책이론, 정책분석론, 공공정책이론 등과 같이 구분해서 설명하기도 했다(이해영, 2007). 그러나 이와 같은 정책학사는 아직까지 초보적인 수준이기 때문에 정책사상사로 명확히 구분

2) 정책철학과의 차이

정책사상(policy thought)의 내용과 관련하여 정책사상을 정책철학(policy philosophy)과 어떻게 구분할 것인가 하는 것도 설명할 필요가 크다. 즉 정책사상을 정책과 정책학에 관한 철학적 사고를 체계화하는 것으로 정의했기 때문에 이것을 정책철학과 어떻게 구별할 것인가 하는 문제가 제기되는 것은 당연하다.

철학과 사상을 학술적으로나 어의적으로 또는 일상생활 등에서 분명하게 구별하기 어렵다. 먼저 철학(philosophy)을 일반적으로 지혜의 사랑(love of wisdom)으로 이해하고 있지만, 이때의 지혜는 인간의 존재나 가치 및 인식에 관한 지식이나 이론의 통찰력을 의미하기 때문에 단순히 지식과 이론을 좋아하거나 사랑한다는 것은 아니다. 따라서 인간의 존재적 가치나 인식을 인간만이 아닌 비인간 등을 포함하는, 존재하는 모든 사물과 환경 등에 관한 통찰력을 가진 지식, 즉 지혜를 철학이라고 할 수 있을 것이다. 그래서 철학은 모든 학문분야의 사상이 아니라 지혜를 추구하고 이것을 널리 알리고 성숙시키는 지성적 활동이라고 하는 것이 좀 더 본질적으로 철학을 이해하는 것이다.

그러나 학문의 한 분야로 철학이라고 하면 위에서 지적한 통찰력을 가진 지식을 발견하고 구성하며 체계화하여 학문적 정체성을 가진 이론으로 정립하는 것이라고 지칭할 수 있다. 그래서 이것을 이해하고 설명하는 방법론으로 존재론, 목적론, 가치론, 인식론 등을 들 수 있다. 그리고 시대별(중세, 근대 등), 지역별(동양, 서양, 한국 등) 또는 이와 같은 통찰력의 지식을 발견하고 체계화한 철학자 등으로 구분하는 학문의 철학(the study of philosophy)이라고 할 수 있다.

반면에 철학에서 축적된 지식을 논리적이고 일관적인 체계로 정리하고 정렬하는 것을 사상이라고 할 수 있다. 이와 같은 맥락에서 사상은 철학을 포함하는 광의의 개념이라고 할 수 있다. 그래서 철학사상은 지식체계를 가진 학문인 철학

지우기 어려울 수 있기도 하다.

에 관한 이론적 사고의 체계화라고 할 수 있다. 이와 같이 이해한다면 철학사상은 철학에 관한 철학적 사고라는 모순되는 입장을 가질 수 있다. 즉 철학을 또다시 철학적으로 사고한다는 것이 모순적이라는 의미이다.

그러나 철학사상(philosophical thought)에 관한 많은 논쟁들은 철학에 관한 일반적인 연구와 마찬가지로, 국가나 지역 또는 개인 철학자나 사상가들의 철학사상, 즉 철학에 관한 사상을 설명하고 있기도 하다. 그래서 철학사상을 철학에 관한 학문적인 정체성을 가진 이론체계라고 했다. 따라서 철학에 관한 본질적인 질문, 즉 철학이란 무엇인가 하는 것에 관한 다양한 이론들이 철학의 본질을 설명하고 이해할 수 있을 것인가 하는 질문에 초점을 둔 사고체계를 철학사상이라고 할 수 있을 것이다[3]. 그러나 이것을 굳이 철학적 사고라고 하지 아니할 수도 있다.

그래서 철학사상은 철학을 포함하는 광의의 개념이라고 할 수 있다[4]. 그렇다면 정책사상도 정책과 정책학을 포함하는 광의의 개념으로 이해할 수도 있다. 그렇다고 해서 정책학이 정책사상보다 학문적으로 하위에 속한다는 주장은 아니다. 정책사상은 정책학의 본질에 관한 질문을 제기하고 그것을 이론적으로 체계화하는 것이기 때문에 인식론적이거나 이론적으로 정책학을 포함한다는 의미이다. 당연히 학문적 체계나 분류에서 정책사상은 정책학의 한 분과 이론이다[5].

---

3) 이와 같은 관점에서 정치사상을 이해하고 설명한 논리적인 맥락을 한국정치사상학회의 설립취지문에서도 발견할 수 있다(『정치사상연구』 창간호(1996년): 211−213).

4) 철학도 사상이기 때문에 철학과 사상을 병렬적으로 나열해서 철학을 이해하고 설명하면 혼란이나 갈등을 가져올 수 있다. 하나의 예로서 서울대학교 철학사상연구소가 발행하는 『철학사상』의 학술지를 『Journal of Philosophical Studies』로 번역하고 있다. 이와 같은 번역에서 철학(philosophy)과 사상(thought)을 병렬하는 것보다 철학의 사상을 학(學)으로 표기하고자 하는 철학적 고민(물론 이것을 공식적으로 밝힌 것은 없다)을 느낄 수 있다. 그러나 때때로 철학사상이라고 해도 철학과 사상 등을 정의하거나 또는 의미를 부여하지 아니하고 주제나 내용의 본질적 속성에 관한 것을 설명하면서 이것을 철학사상이라고 하는 경우도 많다(귄터 푈트너, 2011; 조원일, 2013; Cogan, 2002). 또한 브라질의 Luis Vita(1973: 532−534)는 철학사상을 철학적 지식의 계몽(knowledge of enlightenment)과 구원(salvation)으로 그 의미를 구체적으로 지적하기도 했다.

5) 정책사상은 아니지만 인근의 정치사상을 연구하기 위한 하나의 틀을 제시한 연구에 의하면 김한식(2004: 55−57)은 정치학에서 사상과 철학의 용어 사용이 문제된다고 했다. 그래서 일반적으로 정치사상을 정치철학과 동일하게 취급하는 경우와, 정치사상을 정치철학과 정치학(그는 정치과학이라고 했지만)을 포함하는 경우, 정치철학을 역사적으로

제2장 정책사상의 내용과 연구방법

특히 철학이라는 용어 그 자체에 부정적인 입장에서 철학이라고 하기보다 사상이라고 하는 것이 더욱 친숙하면서 심금을 울린다는 주장도 있다(최종고, 1987: 35-36)[6]. 또한 서양 용어인 'philosophy'를 어떻게 번역하여 사용할 것인가 하는 것을 크게 고민하지 아니하고 일본학자들이 '철학'으로 번역한 것을 그대로 사용하면서 동양의 한자언어권에서는 그 실체를 찾을 수 없는 용어라고 했다(강희원, 2005: 238, 240)[7].

철학과 사상에 관한 논쟁의 여지는 이와 같이 많다. 그러나 사상을 지혜나 지식이 일관적으로 체계화된 것이라면 이념이란 무엇인가 하는 개념과도 관련하여 철학과 사상 등을 설명할 필요가 있다. 사실 이념과 사상, 철학 등의 용어는 일상적으로 사용하는 사람의 뜻과 의도나 환경에 따라서 다양하게 이해될 수 있다. 뿐만 아니라 학문적으로 이와 같은 용어를 사용하는 연구자들도 자신의 연구 정향이나 목적에 따라서 조작하여 편의적으로 사용하고 있기도 하다(Knight,

---

검토하면서 정치사상이라는 용어를 사용하는 경우 등등이 있다고 했다. 그래서 그는 이와 같은 혼란과 갈등을 방지하기 위해서 정치철학 대신에 정치사상이라는 용어를 통일적으로 사용할 것을 주장하기도 했다. 그 이유는 사상은 철학보다 상위개념이며, 정치사상은 정치의 근본적인 문제뿐만 아니라 현실적인 정치문제도 설명할 수 있기 때문이라고 했다. 또한 정치철학이라고 하면 정치학보다 철학의 한 분야로 정치학을 이해할 수 있기 때문이라고 했다. 이와 같은 주장에서 본다면 정책철학보다 상위의 개념인 정책사상을 이해하기에 도움이 될 수 있을 것이다.

6) 최종고는 "철학은 서양의 '*philosophia*'를 1800년대 후반에 프랑스 학자인 서주조(西周助)가 번역하여 사용한 용어이기 때문에 동양인의 심금을 울리는 말이 아직 못되고, 호적(胡適)이 견지(見地)와 식력(識力)과 이상(理想)의 3자 총칭을 사상이라고 정의하였듯이, 사상이 더욱 더 포괄적이고 그윽한 친근감을 느끼게 하는 말"(최종고, 1987: 35-36)이라고 했다. 그러나 이와 같은 감성적 구분 이외에 그는 사상과 철학에 관한 명확한 차이점을 밝히지는 아니했다.

7) 사실상 철학이란 무엇인가 하는 것보다 철학이라는 용어 그 자체가 과연 올바른 것인가, 즉 서양의 문화와 가치를 반영하고 있는 고대 그리스어인 '*philosophia*'를 '철학'(哲學)(배움에 밝은 이치인 이학(理學)(柳父章(김옥희 옮김, 2011: 54)으로 번역하여 사용하는 것이 타당한가 하는 문제도 있다. 특히 한자문화권인 중국에서는 철학의 'philosophy'를 음역하다가 이학(理學), 성학(性學), 애지(학)(愛智(學) 등으로 번역하기도 했다. 그 이후에 일본학자가 번역하는 철학(哲學)이라는 용어를 따랐다고 했다(김재현, 2016: 39). 그러나 지금은 학문적으로나 일상적으로 큰 저항이나 부담없이 철학이라는 용어를 사용하고 있다. 즉 철학을 전공하는 철학과나 철학자, 철학회 심지어 상업적인 철학관 등과 같은 용어가 일상적으로 사용되고 있다.

2006: 619; Dijk, 2006: 116). 때문에 보편적이고 일반적으로 통용되는 수준으로 사상과 철학 및 이념 등을 구분하기 어렵다는 사실을 알 수 있다.

이념(ideology)도 마찬가지로 여러 가지로 해석되거나 이해되고 있다. 단지 정책사상을 정책철학과 비교하여 그 차이점을 이해하고 설명할 수 있는 수준에서 이념은 믿음, 즉 신념이 지배적이고 지속적으로 고정화된 신념체계(belief system)라고 할 수 있다. 신념은 개인적인 정신세계의 활동이다. 일시적일 수도 있고, 확정된 기간이 있는 것도 아니지만 어느 정도 일정한 기간 동안에 지배적인 것으로 고정화되고 체계화되면 이것을 이념이라고 할 수 있다. 또한 개인적 수준에서의 이념이 사회나 조직 수준의 믿음체계로 전환되면 이것을 개인적 이념과 달리 사회적이고 조직적 이념이라고 할 수 있다. 예를 들면 개인의 자유와 자결에 관한 신념이 체계화되면 이것은 그 사람의 이념이다. 그러나 개인의 수준을 넘어서 사회적이고 집단적인 것으로 전환되면 민주주의나 자유주의 등과 같은 사회적 이념이 될 수 있을 것이다.

이념을 이와 같이 지배적인 신념체계라고 했지만 일반적으로 수용될 수 있는 표준적인 개념으로 정의한 것은 아니다. 왜냐하면 이념은 개인이나 집단의 철학적 사고에 관한 규범적인 개념이기 때문이다. 동시에 생각이나 견해(idea) 등이 체계화되어 현실세계를 경험적으로 설명할 수 있는 하나의 견해론 등으로 설명될 수 있기 때문이다. 또한 시대와 조건에 따라서 끊임없이 변화되는 역사적인 개념 등으로도 설명될 수 있기 때문이다.

또한 이념과 신념을 구별하지 아니하는 경우도 많다. 예를 들면 일반적으로 이념으로 이해하고 있는 자본주의 등을 신념체계로 설명하기도 한다. 특히 사회학이나 정치학 등에서는 정치적이고 사회적인 이념에 관한 연구가 풍부하게 진행되고 있기도 하다. 그래서 이념을 사회적이거나 정치적인 현상을 이해하고 설명하는 개인의 가치관이나 정향 및 선호 등에 관한 판단이나 신념 등으로 정의하기도 한다. 또한 현실적으로 일이나 사건, 국가사업, 행동유형 등에 관한 선호나 찬반 등과 같은 지지와 반대 등을 이분법적으로 측정하면서 이것을 이념으로 설명하기도 한다. 하나의 예로서 정책의 선호에 관한 정치이념이나 정권에 따른 정책의 변화나 차이점, 정책의 유형변화, 정책내용의 가치판단이나 정책과정을 지배하는 사고체계 등을 정책이념으로 설명하기도 한다. 그러나 이와 같은 정치나 사회이념 등의 선행연구가 이념을 매우 다양하게 정의하고 있기 때문에 정책사상과 비교할 수 있는 이념에 관한 개념으로 그 의미를 찾기는 어렵다.

또한 행정학에서 행정이념이나 행정신념에 관한 연구도 오랜 전통을 가지고 있다. 행정이념을 여러 가지로 정의하기도 하지만 일반적으로 행정의 가치판단이나 일의 결정에 필요한 행동기준으로서, 선악이나 시비를 가릴 수 있는 행정윤리적 성격에 관한 것으로 정의하거나 이해하고 있다. 또한 정치이념과 마찬가지로 정책결정자의 행정이념에 따라서 정책과정이나 결과에 상이한 영향을 미친다는 연구도 있다. 그렇지만 행정이념에서도 이념의 정의가 다양할 뿐만 아니라 행정행위의 판단의 정당성이나 타당성 등과 연계하여 설명하지 아니하기 때문에 정책사상을 설명하기에 부족한 점이 있다.

마찬가지로 행정이념이나 신념에 관한 선행연구의 경향이나 전통을 대체적으로 지키고 있는 정책이념 또는 정책신념에 관한 연구도 정책이념을 정책적 이념성향에 관한 신념체계로 설명하고 있다. 구체적으로 정책이념을 측정할 지표로 이슈투표를 연구한 것에서부터, 정책결정자의 행동이나 결정행위에 관한 그들의 인지체계를 정책신념으로 정의하면서 실증적으로 정책결정자의 언어네트워크에서 나타나는 유형으로 정책신념을 분석한 연구, 정책문제의 해결수단이 여러 사람에게 광범위하게 수용되면 이것을 사업의 신념 등으로 설명한 연구 등을 찾을 수 있다[8].

정책사상을 정책과 정책학에 관한 철학적 사고를 이론적으로 체계화하는 것으로 정의한 경우에, 이념은 구체적인 정책사상을 개인이나 집단이 지배적이고

---

8) 정치나 행정 및 정책 등에 관한 이념(ideology)을 설명한 부분은 필자의 선행연구, "정책개입의 정당성 이념논의: 인구정책을 중심으로"(『현대사회와 행정』. (2016). 26(2): 116-117)의 내용을 재구성한 것이다. 그에 관한 다양한 참고문헌 등은 생략하였다.

지속적으로 믿고 있는 신념이 될 수 있다. 이것이 체계화되어 있는가 하는 것은 정책사상의 문제일 것이지만 이념은 지속적인 믿음으로 계속된다는 것에 초점을 두고 있다. 물론 장기적으로 보면 이념과 사상은 큰 차이없이 체계화되고 있다. 따라서 사상은 이념을 포함하는 상위나 광의의 개념으로 파악할 수 있다.

정책철학은 정책이념을 포함하는 개념으로 볼 수 있다. 즉 정책에 지배적인 믿음체계인 정책이념은 정책이나 정책학에 관한 지식과 이론을 통찰하는 정책철학의 한 내용이 될 수 있을 것이다. 즉 민주주의나 공산주의 등과 같은 정치이념이나 민주성이나 능률성 등과 같은 행정이념 등은 정치나 행정 분야에만 한정된 신념체계만이 아니다. 대신에 인간의 지혜를 사랑하고 널리 알리며(계몽) 성숙시키는 일반적인 철학의 한 신념이 될 수 있을 것이다. 그래서 정책철학은 정책이념을 포함하는 개념이라고 할 수 있다.

또한 정책철학은 정책이념 뿐만 아니라 정책의 가치판단과 윤리도 포함될 수 있다. 이와 같은 경우에 정책철학을 정책사상과 비교하여 그 차이점을 이해하기 위해서 일반적인 수준은 아니지만 조작적이고 편의적으로 다음과 같이 정의할 수도 있다. 물론 아직까지 정책철학에 관한 이해나 연구가 초보적이어서 명시적이거나 묵시적으로 정의한 것이 부족하다. 그러나 일단 정책철학을 정책의 본질인 인간의 존엄성을 향상하고 실현할 수 있는 정책의 가치판단과 이념 및 윤리라고 정의해 볼 수 있다.

이와 같은 정의에 따른다면 정책의 결정과 선택에서 무엇이 보다 바람직하고 좋은가 하는 것을 판단하는 정책가치와, 정책결정자나 체제의 도덕적이고 윤리적인 행동강령이나 규범과 같은 정책윤리, 정책의 이상과 목표 등에 관한 사회적이고 개인적인 신념이 체계화된 정책이념 등이 정책철학의 구체적인 내용이라고 할 수 있다.

정책철학을 이와 같이 이해한다면 정책사상은 정책철학의 내용인 정책가치나 윤리 및 정책이념 등을 철학적으로 사고하고 이것을 정책학의 이론으로 체계화할 수 있는 사고의 패러다임, 즉 틀을 설명하는 것이라고 할 수 있다. 예를 들면 국가주의 정책사상에서 정책의 가치판단이 윤리적이고 도덕적으로 타당하고 정당한가 하는 것을 사회도덕이나 사회윤리, 사회가치의 공유 및 확산 등으로 설명할 수 있을 것이다. 나아가 현실주의 정책사상에서 정책이념인 민주주의나 개인주의 또는 능률성 등이 증거에 의한 것인가, 과학적이고 실증적인 이론에 의한 것인가, 아니면 지적인 이념 그 자체가 하나의 실천적인 지혜로서 작용하여 현실의 정책을 사고하고 이해하는 패러다임인가 하는 것 등을 정책사상이 설명할 수 있을 것이다.

정책사상과 정책철학과의 관계에서, 앞으로 두 분야가 발달되고 성숙되면서 각 분야의 이론적 맥락이나 역사성 또는 접근방법 등이 다양하게 발달될 것으로 기대된다. 이와 같은 기대수준에서 정책철학 연구도 풍성하고 활발해지기를 기대하면서 정책철학의 연구범위나 내용 등을 좀 더 설명하고자 한다9).

정책학이 탄생되고 발달되면서부터 철학을 제외한 정책 그 자체만을 연구하고 논의했을 것인가 하는 점에서 정책은 본질적이고도 숙명적으로 철학을 전제로 하고 있다고 할 수 있다. 동시에 철학도 인식의 사유나 방법론적 이론에 고착되기보다 인간사회에서 존재의 가치에 관한 기본적 질문에 대답하고자 노력했을 것이다. 즉 개인의 가치나 이해관계에 의한 선호의 문제이거나 아니면 사회의 생존과 공존의 문제이든지 이것을 해결하기 위한 방법들을 의식적이거나 무의식적으로 철학이 인식하고 있었을 것이다.

따라서 정책은 본질적이고 숙명적으로 철학을 전제로 하고 있다고 할 수 있다. 특히 정책은 철학이라는 주장에서 인류의 존재가치나 또는 국가나 집단, 조직이 설정하고 추구하는 이상이 정책의 중심개념이라는 사실을 인정하지 아니할 수 없을 것이다. 그러나 정책 그 자체가 철학이라는 것이 아니다. 대신에 정책의 목표나 추구하는 가치, 정책의 이념, 구체적 정책프로그램을 지배하는 사상이나 전

---

9) 여기서 설명한 정책철학에 관한 것은 필자의 "정책철학 연구의 필요성과 배경논의에 관한 소고"(『한국정책학회보』. (2016). 19(1)를 재구성한 것이다. 자세한 내용이나 참고문헌은 생략하였다.

제조건 등이 목적론적일 뿐만 아니라 존재론적으로 철학이라는 것을 강조하는 것이다. 그래서 정책과 철학이 병렬된 정책철학에서 정책은 숙명적으로 철학을 내포하고 있다고 할 수 있다.

정책학이 탄생될 때부터 정책사상과 철학을 학술적으로 대표하는 학술지가 출간되면서[10], 구체적 정책문제나 이슈 중심으로 윤리적이고 도덕적인 정책철학에 관한 논쟁의 장을 제공하기도 했다. 여기서 Laurence Tribe(1972)는, 특히 1960년대의 이데올로기의 종말이라는 잘못된 진단으로, 마치 투명성과 중립성 등과 같은 분석의 대상으로 이념을 취급하면서 정책학에서 환원주의의 오류를 범하고 있다고 했다. 즉 정책대안의 결과만을 비교하는 과정상의 오류뿐만 아니라 객관적으로 측정될 수 있는 결과만을 비교하는 내용상의 오류도 동시에 범하고 있다고 했다. 따라서 그는 정책의 질적인 측면이나 가치판단을 외부적이거나 정치적으로 주어진 것으로 취급하면 안된다고 했다.

정책철학은 그러나 정책학의 발달초기부터 중요한 연구주제로 취급되지 못했다. 정치학의 철학은 정치사상사 중심이었다. 행정학도 행정윤리나 공무원의 도덕과 행동강령 중심으로 철학을 연구하지만 정책이라는 국사(國事)의 지배적인 이념이나 가치, 사상 등을 정책철학으로 연구하지 못했다. 특히 행정학이나 정치학의 철학연구에 의존하면서 굳이 별도로 정책철학을 연구할 실용성을 찾을 수 없었다고 할 수도 있다. 대신에 구체적 정책대안을 과학적이고 실천적으로 개발하고, 그것을 활용할 방법과 지식을 추구하는 정책분석의 계량적 이론형성이 정책학의 중심적 연구대상이 되었다고 할 수 있다.

그렇다고 정책철학을 중심적인 과제로 한다고 하더라도 정책철학의 이론적 범위를 어떤 수준으로 설정할 것인가 하는 문제도 그리 간단하지만은 않다. 왜냐

---

10) 대표적으로 1972년에 창간된 『Philosophy & Public Affairs』(년 3회, John Wiley & Sons 출판사에 발간하고 있다), Maryland대학교의 정책철학연구소(Institute of Philosophy and Public Policy)가 1976년에 설립하여 발간한 『Philosophy & Public Policy Quarterly』(현재 발간 없음), 『Philosophy & Public Policy』(현재 발행 없음) 등을 들 수 있다.

하면 정책철학의 이론범위의 설정은 먼저 정책철학의 정의가 선행되어야 하기 때문이다. 동시에 정책철학의 연구방법론이 정립되어 있어야 가능하기 때문이다. 적어도 정책학계에서 널리 통용될 정도는 아니라고 하더라도 정책철학의 정의와 방법론 등이 선행되어야 가능할 것이다.

아직까지 정책철학 연구가 미진한 수준에서 정책철학의 정의나 방법론 등이 통용된 것은 없다. 그러나 정책철학의 이론범위 설정에 필요한 수준에서 다음과 같은 것들을 소개할 수 있다. 앞서도 밝혔듯이 정책철학은 상당히 포괄적이면서도 추상적으로 이해되고 있다. 따라서 정책철학을 굳이 정의하지 아니하고 정책의 사상이나 이념, 추구하는 가치와 이상 등을 통칭하여 정책철학으로 이해하거나 아니면 행정철학이 밝힌 바와 같이 정책윤리나 정책가치, 정책이념 및 정책규범 등으로 연구의 초점에 따라서 정책철학이라고 하기도 한다. 또한 구체적으로 역사적 사건이나 문제를 취급하고 설명하기 위한 원리를 정책철학으로 보기도 한다. 나아가 정책철학이라는 용어를 사용하지 아니하면서도 Lasswell과 같이 실질적으로 정책사상이나 이념으로 설명하고 있기도 하다. 특히 정책사례를 중심으로 정책의 지배적인 이념이나 사상의 근간을 철학적이거나 분석적으로 설명하는 다양한 연구들도 있다. 그러나 한 가지 공통적인 것은 정책철학을 묵시적이거나 명시적으로 정의하지 않고 있다는 사실이다.

한국의 정책철학 연구도 오래전부터 정책철학이라는 용어를 사용하면서(따라서 한국에서 정책철학 용어가 통일적으로 일찍부터 사용되고 있었다고 할 수 있다) 정책의 가치, 즉 정책자원의 공정하고도 정의로운 분배의 원칙을 강조하는 이론을 중심으로 정책철학을 연구하기도 했다. 특히 정책윤리를 중심으로 하는 연구인 정책이 추구하는 목표지향적 특성을 가치판단의 정치나 정책의 개념정의에서 초월적 자아에 의한 가치판단의 중요성, 정책의 선험적 가치분배나 판단기능과 작용, 사실과 가치의 방법론적 쟁점 등을 중심으로 연구하고 있다. 또한 정책사례 중심의 정책이념이나 구체적 정책에서 정책사상과 정책결정자의 정책사상 등의 연구도 넓은 의미에서 정책철학의 이론적 범위라고 할 수 있다.

정책의 윤리와 가치 및 정책이념이나 사상 등과 같은 한국의 정책철학의 연구경향을 미국의 정책철학의 경우에도 찾을 수 있다. 예를 들면 정책결정이나 결정자의 정책윤리, 가치론을 중심으로 하는 정책가치, 정책이념이나 사상 중심의 연구 등으로 정책철학이 다루어지고 있다. 여기에 더하여 미국중심의 정책철학은 미국다운, 즉 미국의 정책사상에 가장 밀접하면서도 현실적인 실천철학의 가능성이 큰 정의론 등으로 발달되고 있다.

　　그럼에도 불구하고 정책철학의 연구수준과 방법 및 내용 등을 설정할 수 있는 선행조건인, 정책철학을 조작적 수준에서나마 정의하지 못한 것이 아쉽다[11]. 정책철학의 다의적 의미를 연구범위로 설정하면서 규범학적 정책가치, 응용윤리학적 정책윤리, 정책이념 그리고 다양한 정책사례에서 지배적인 가치나 또는 추구하는 이념 등의 가치판단 등을 다양하게 정책철학으로 연구했다고 평가할 수 있다.

　　물론 정책철학을 정의하기 쉽지 않다. 왜냐하면 정책철학의 이론범위와 방법론 등과 같은 기본적 전제조건을 제시하면서 정책철학을 정의해야 되면서 아직까지 정책철학 연구가 일천하기 때문에 이와 같은 조건을 만족시킬 만한 수준으로 정의하기 어렵기 때문이었다. 그러나 정책철학의 이론적 범위에 초점을 두면서 정책철학을 '정책의 본질인 인간의 존엄성을 실현할 수 있는 정책의 가치판단과 이념 및 윤리'라고 앞서 필자는 감히 정의하기도 했다. 물론 이와 같은 정의는 아직까지 상당히 자의적이고 수정의 여지가 많다. 그러나 이와 같이 정의한 정책철학에서 정책철학을 정책가치와 정책이념 및 정책윤리를 포함하는 광의의 개념으로 이해할 수 있다고 앞서 지적했다.

　　이와 같은 정책철학의 정의에 따라서 정책철학의 이론이나 연구범위를 정책가치와 정책이념 및 정책윤리 등으로 좀 더 구체적으로 구분해서 이해할 수 있다.

---

11) 예외적으로 정책철학을 정의한 것이라고 확인할 수 없지만 유일하게 Barry Bozeman이 정책철학을 "정책목적을 달성할 가장 바람직한 수단이나 통치목표에 관한 가치의 집합"(1979: 61)이라고 정의한 것을 발견할 수 있다. 그는 정책철학의 이론적 범위를 보호주의, 합리주의, 다양한 이해관계의 균형을 실현할 정부의 사회통합력인 중개주의, 실용주의, 복지국가의 공정한 자원의 분배주의, 관료조직이나 정부기관 그 자체의 존재의 가치인 이기주의 등으로 제시하기도 했다.

첫째, 정책가치(policy axiology)는 본질적으로 가치론의 중심주제이다. 즉 가치론의 철학적이고 인식론적 체계를 정책에서 어떻게 실천적으로 응용할 것인가 하는 것을 설명하는 것이 정책가치의 내용이 될 수 있다. 따라서 정책가치는 정책결정과 선택에서 무엇이 바람직한가 하는 것을 판단할 수 있는 기준이다. 철학 중심의 가치론을 정책사례에 적용하여 정책의 방향과 이상을 실현할 구체적 가치를 제공하는 것이 정책가치의 핵심이다. 즉 가치론의 연구정향과 방법을 정책에 적용할 과제(철학적 접근방법)와, 정책이 본질적으로 추구하는 정책의 가치(정책적 접근방법)를 연계하여 설명하는 것이 정책가치의 중심이론으로 정리될 수 있을 것이다. 이때 연계하는 방법론이나 이론 등은 정책가치론의 또 하나의 이론적 범위가 될 것이다.

둘째, 정책윤리(policy ethics)를 정책철학과 구별하지 아니하는 경우도 많지만 정책윤리는 정책철학의 핵심 영역일 것이다. 정책윤리는 도덕적인 행동강령과 행위규범을 중심으로 하고 있다. 때문에 구체적인 행동규범이 정책이 추구하는 가치판단의 기준이 될 수 있기 때문에 정책가치와 정책윤리를 구별하기 어려울 수도 있다. 그러나 정책윤리는 정책의 인과관계, 특히 정신적 정책인과를 기술적이고 분석적으로 설명하는 분석이나 기술윤리보다는 정책의 선악과 시비 등에 관한 도덕이나 규범윤리 등을 중심으로 하고 있다.

따라서 개인수준에서의 윤리관, 즉 도덕철학에 초점을 둔 행동윤리강령이나 윤리실천의 유형론 등의 실용주의적 접근방법과(대부분 서양 중심의 윤리관이다), 정책담당자나 집행자로서 국익과 공익을 대표하고 실천할 공인의 도덕률이나 윤리적 소명의식, 실천방법으로 군자론(君子論) 접근방법 등을 중심으로 하는 등과 같은 정책윤리의 이론범위를 설정해 볼 수 있다. 또한 실용주의적 접근방법에 의한 정책윤리의 기초이론인 공리주의, 도덕률, 정의론 등을 중심으로 하는 사회정의, 관념철학이나 정신철학에서 인과율 등도 정책윤리의 지적 근간이 될 수 있다. 이와 같은 정책윤리가 정책담담자의 행위나 행동을 윤리적으로 담보할 수 있는 실천윤리가 되면서 더욱더 중요한 정책철학의 실천이론으로 정립될 수 있을 것이다.

셋째, 정책이념(policy ideology)은 정책이 추구하는 이상이다. 이상의 실현은 정책목표 달성과 밀접히 관련되어 있다. 정책목표의 본질은 인간의 존엄성의 실현이며 공공의 이해관계, 즉 공익과 공공성의 극대화를 추구하는 것이다. 따라서 정책이념은 정책윤리나 정책가치 보다 시대적이고 상황적이며 개별적 정책조건에 따라서 다양하게 변화되기 쉽다.

특히 정책이념은 정책에 지배적인 이상이나 사상으로 정책의 신념체계라고 할 수 있다. 그러면 정책이념과 정치이념을 구별할 수 있을 것인가 하는 것도 문제된다. 본질적으로 동양철학에서 유교의 정치 또는 통치이념은 정책이념이기 때문에 양자를 구별할 실익은 크지 않았다. 그러나 서양 중심의 정치이념은 상대적 개념으로서 보수와 진보 또는 중도 등의 이념성향과 민주주의, 사회주의, 민족주의, 공산주의, 자본주의 등과 같은 전통적 이념구도 등으로 설명되고 있다. 때문에 이것을 정책이념으로 설명하기에는 한계가 있을 것이다.

일반적으로 정치이념은 다수의 정치적 신념이나 태도가 지배적인 가치로 정형화된 것이거나 또는 정치담당자의 지배적인 가치정향이라고 할 수 있다. 그러나 정책이념은 구체적인 정책에서의 지배적인 가치정향이다. 따라서 보수나 진보, 민족주의적 성격, 민주주의와 독재주의의 특성 등으로 정책이념을 설명하기에는 한계가 있다. 그러나 정책 그 자체가 아닌 정책의 담당자에 초점을 두면서 그들의 정치이념이 정책이념의 중요한 틀을 형성할 수도 있을 것이다. 때문에 이것을 정책이념으로 설명할 수도 있다.

정책이념에서 또 하나의 중요한 요소는 정책담당자의 종교적 이념성향을 정책이념과 구별하는 문제이다. 실질적인 종(宗) － 정(政) 분리사회에서 종교는 개인의 선택이다. 그러나 이것이 집단적인 힘과 정치적 영향력을 결속하여 정책의 이념으로 전환되면서 정책은 과연 종교로부터 자유로운 정책이념을 추구할 수 있을 것인가 하는 현실적 문제가 발생할 수 있다. 따라서 정책철학에서 종교적 사상이나 이념이 정책의 이념이나 사상과 과연 어느 정도로 조화되면서도 상호간의 불간섭의 원칙을 지킬 것인가 하는 것이 또 하나의 정책이념의 과제가 될 수 있다.

3) 정책사상 대계의 의미

서문에서 '대계(大系)'를 구체적인 정책사상을 상호간에 연계하여 정책사상을 전체적으로 조망하는 '구성의 틀'이라고 했다. 이와 같은 전체적인 구성의 틀 속에서 국가주의를 시작으로 해서 여러 가지 사상이 정책사상이라는 하나의 큰 계통을 가진 체계로 연계되고 있다고 했다.

그러나 대계(大系)를 어의적으로 대략적이고 일반적인 체계로서 비전문가나 초보자에게 해당분야의 기초적인 개념을 소개하거나 설명하여, 당해 학문의 역사적 맥락이나 수준 및 다양한 이론 등을 이해하기 위한 것이라고 하기도 한다(배병삼, 2003: 163). 따라서 대계를 백과사전이나 핸드북 등으로 취급하는 경우도 있다.

그러나 『정책사상 대계』는 정책사상이나 정책학의 백과사전도 아니고 핸드북 수준도 아니다. 지금까지 정책사상 연구는 매우 제한적이다. 물론 구체적으로 국가주의나 현실주의 등에서 정책사상에 관한 논의를 조금 발견할 수 있다(물론 이것도 정책사상이라고 분명히 말하기 어렵지만). 선도주의나 균형주의 및 물아주의 등과 같은 정책사상에 관한 연구는 아직 미지의 세계에 머물고 있다. 앞으로 정책학의 학문적 역사가 깊어지거나 정책사상 연구가 진행되면 정책이론이 축적될 것이다. 그러나 여기서는 정책사상을 전체적으로 조망하고 그 체계를 세우는 것으로 대계의 어의적 개념을 이해하고자 한다.

정책사상이 이론적이고 철학적으로 보다 체계화되고 심도있게 연구될 수 있는 수준으로 발달되기를 기대하면서 현재의 수준에서 정책사상을 정의하고 이에 따라서 정책사상을 구체적으로 연구할 수 있는 하나의 전체적인 틀을 '대계(大系)'라고 할 수 있다. 즉 다양한 사상을 하나의 큰 주제인 정책사상으로 조망할 수 있고 또한 현실적 실천성을 가진 사상으로 이해하고 설명할 수 있는 패러다임, 즉 틀을 구성하는 것을 대계라고 명칭한 것이다. 이와 같은 의도와 뜻을 가진 정책사상 대계를 영역할 때 마땅한 용어를 찾기 어려워서 『The Principles of

Policy Thought』라고 하였다.

지금까지 한국의 인문사회학 분야에서 사상에 관한 저술의 제목으로 '대계 (大系)'라는 용어를 사용한 경우가 다수 있다. 먼저 정책사상과 관련되는 대표적 으로 것으로 성균관대학교 대동문화연구원이 편찬한(1979) 『한국정치사상대계 III』의 <정치·법제사상> 편을 들 수 있다. 여기서 정치사상을 "국가나 민족의 문제해결에 지침을 제공하는 것"으로, 법사상을 "법적 사상에 대해서 사람들이 품고 있는 관념 내지 의식을 말한다"라고 간단히 지적하였다. 따라서 제목은 대 계이지만 위의 주장과 같이 정치나 법의 기초적인 개념이나 학문의 역사와 이론 등을 초보자에게 자세히 설명하는 것이 아니다. 대신에 정치사상을 정치사상사로 설명하는 것처럼 시기별로 또는 사상(실학이나 동학, 위정척사 사상)이나 정치가 (인)의 사상을 다양한 연구자들이 각각 분야별로 설명한 것이다. 동시에 법사상 도 이와 비슷하다. 따라서 이것은 전통적으로 서양의 사상연구를 모형으로 하는 정치사상사나 법사상사라고 할 수 있다. 제II권인 <사회·경제사상> 편(1976) 에서 설명되고 있는 사회사상이나 경제사상도 이와 같은 수준이다.

이보다 앞서 1964년부터 시작해서 1972년까지 고려대학교 민족문화연구 소[12]가 발행한 『한국문화사대계』의 <정치·경제사> 편은 한국의 정치사상사 (정치사상이 아닌 사상사이다)를 법제사 및 당쟁사, 외교사 등으로 구분하여 설명

---

12) 고려대학교 민족문화연구소는 1957년에 설립된 고려대학교 한국고전국역위원회를 1963년에 민족문화연구소로 확대개편한 조직이다. 그 이후, 1997년에 현재의 민족문 화연구원으로 개칭되었다(https://riks.korea.ac.kr. 검색일: 2017년 3월 8일). 민족문화 연구원이 출판한 대계 유형의 저서는 앞서 소개한 『한국문화사대계』와 그의 후속편 인 『한국현대문화사대계』(1974년에 편찬을 시작하여 1980년에 전 5권이 완간되었다) 등을 들 수 있다. '대계'라는 제목을 붙이고 있는 한국문화사이지만 실질적으로 한국 의 학술 전 분야의 역사를 기초로 해서, 한민족의 기원에서부터 시작해서 일본식민지 시대와 개화기 및 1960-70년대의 한국정부와 경제 및 사회, 문화, 법 등에 걸쳐서 한국사를 역사적이고 시대적인 맥락(정치나 경제현상에 대한 역사적 근원을 이해하는 것(김삼수, 1965: 537) 속에서 설명한 대작이라고 할 수 있다. 따라서 지금의 사상연 구나 『정책사상 대계』와 같이 정책사상을 정의하고 이에 따라서 기본적이고 이론적 인 사상연구의 큰 틀을 제공한 것은 아니지만 『한국문화사대계』나 『한국현대문화사 대계』는 그 당시의 한국의 역사 사상을 수많은 전문가들이 총합한 역작이고 명작이 라고 할 수 있다.

한 것도 있다. 마찬가지로 경제사상사를 한국의 사회경제사, 한국의 근대경제발달사, 상공업사, 토지제도사 등과 같은 경제학사 중심의 사상을 설명하기도 했다.

고려대학교 민족문화연구소가 1978년에 편찬한 『한국현대문화사대계』의 <정치·경제사> 편도 한말의 정치외교사, 일제식민지의 통치사와 한국경제사(농민, 농업, 공업, 광공업 등), 독립운동사, 노동운동사, 농민운동사, 일제의 한국정당의 정치사, 19세기 후반부터 20세기 초기까지의 한국의 사회경제사상사, 한국의 민족자본형성사, 일제의 독점자본의 한반도 진출의 역사, 한국의 경제성장사 등을 중심으로 정치와 경제 사상을 설명하고 있다.

이와 같은 대계(大系)의 연구는 한국의 정치사상사나 경제사상사 등이 아직까지 초보적 수준이었기 때문에 정치사상사이든지 경제사상사 등을 정의하거나 또는 그 내용에 관한 이론이나 주장이 아니라 한국의 정치나 경제 사상사를 분야나 제도, 시대, 사람 등으로 구분하여 체계화하고자 하는 목적에서 편찬된 것으로 볼 수 있다. 특히 정치사상사의 경우 고대 민족형성기의 정치이념과 고려 및 조선시대의 정치사상사, 한국의 정치적이고 사상적인 당쟁사(黨爭史), 일제 강점기의 큰 사건 등을 중심으로 한 외교사 등에 초점을 둔 정치사상사라고 할 수 있다. 그 이후에 한국정신문화연구원에서 편찬한『한국사상사대계』(1990)는 역사와 종교, 인문학 등의 다양한 분야의 전문가들이 역시 시기별로, 시대별로, 사람별로 사상을 소개하기도 했다. 그러나 정치나 경제 및 법 등에 관한 사상을 설명한 것은 없다.

가장 최근의 사상에 관한 대계의 연구로 경상북도 안동시 도산면에 소재한 국학진흥원이 2002년에 『한국유학사상대계 II』: <철학사상> (상), (하)편과 2006년에 『한국유학사상대계 V』: 교육사상편, 2008년에 『한국유학사상대계 VIII』: <법사상> 등을 발행한 것을 들 수 있다. 특히 한국의 유학을 여러 학문분야에 따라서 학제간 연구로 진행한 것이 특징이라고 할 수 있다. 즉 시대별로, 유학자별로(대표적으로 퇴계 이황, 남명 조식 등) 유학사상을 여러 연구자들이 철학사상에서 설명한 것이다. 교육사상편에서는 한국의 유학교육의 특징과 성격, 시대별로 유학교육(특히 학교교육이나 과거제도, 조선 중기 사림파의 교육사상, 서원과 서당 교육, 조선시대의 여성교육과 아동교육 등) 사상을 설명하였다. 법사상 편도 이와 같은 맥락에서 시기별 실학이나 서양법의 등장에 의한 유가의 법사상 등과 같은 법제도나 기능의 변천사 등을 설명하였다. 따라서 전체적인 맥락에서 유학이 교육이나 법 및 철학 등의 분야에서 어떻게 발전되고 특성화되고 있는가 하는 것을 설명한 의미에서 대계라고 할 수 있지만 일반적인 수준의 이해에 초점을 둔 사상의 소개나 기초개념을 제시한 '대계'는 아니다. 지금까지 소개한 대계(大系)라는 명칭을 사용한 사상연구를 정확하게 백과사전이라기보다 핸드북의 성격을 가진, 다수의 전문가들의 논문이나 관점을 역사적인 시기나 맥락 등을 중심으로 편찬한 것이라고 요약할 수 있다.

2. 정책사상의 연구방법

제1장에서 정책사상을 정의하면서 그와 관련된 방법론적인 것을 조금 소개하기도 했지만 여기서는 종합적으로 정책사상을 연구하는 방법(론)을 정리하고자 한다. 정책사상을 정책의 본질에 관한 철학적 사고를 이론적으로 체계화하는 정책이론이라고 정의했다. 이때 중요한 방법론으로 먼저 철학적인 사고는 창조적인 추론이나 연역의 방법에 해당된다는 사실을 지적할 수 있다.

그러나 '정책사상의 연구방법'이라는 표제를 붙일 때 상당한 고민이 있었다. 정책사상은 본질적으로 철학적인 사고와 이념에 관한 문제이다. 이것을 어떻게 이해하고 설명할 것인가 하는 방법도 역시 철학적 사고이면서 이념이기 때문에 연구방법은 복잡한 난제임에 틀림없다. 일반적으로 경험적 검증에 의한 과학적 이론형성의 방법만을 정책사상의 연구방법이라고 하는 경성과학(hard science)은 아닐 것이다. 또한 정책학자나 전문가의 이론형성이나 주장 등에 관한 협소한 의미의 연구방법도 아니다.

여기서 한 가지 더 부연하면 일반적으로 방법과 방법론을 크게 구별하지 않고 사용하고 있지만 엄격히 구분해서 이해하는 것도 필요할 것 같다. 즉 방법(method)은 구체적이고 실질적으로 자료를 수집분석하고 해석하며 이것을 체계화하는 계량적이거나 비계량적인 기법이나 도구를 의미한다. 반면에 방법론(methodology)은 방법에 관한 기준이나 가치체계 또는 연구의 전체를 지배하는 이념이나 사상 등을 의미한다. 따라서 여기서 표제를 붙인 연구방법은 엄격히 말하면 방법론에 해당된다.

정책사상 연구방법은 앞서도 이야기한 것과 같이 전통적인 과학주의 방법에 구애받지 아니한다고 했다. 물론 현실의 경험사회인 정책현장에서 정책사상도 이론적인 적실성과 타당성을 가지고 있어야 한다. 그러나 먼저 정책사상을 발견하고 창조할 수 있어야 한다. 이것을 과학주의 방법만으로 설명하고 이해할 수 없을 것이다. 따라서 정책사상의 이론을 형성하는 방법에는 여러 가지의 다양한 방법들이 있어야 한다.

정책사상은 철학적이고 이론적 사고에 의하여 발견되거나 창조된다고 했다. 이때 어떻게, 즉 어떠한 방법으로 할 것인가 하는 것은 일반적인 방법(론), 소위 실험하거나 검증한다는 의미의 방법이 아닌 창조적인 인식작용과 지적활동의 방법이라고 할 수 있다. 이것을 통칭해서 창조적 추론 또는 연역(creative deduction)이라고 할 수 있다. 일반적으로 연역(법)은 명제나 전제를 먼저 제시하고 이에 따라서 구체적인 자료나 증거를 수집해서 전제나 명제를 증명하는 것이다. 그러나 여기서는 정책사상을 발견하고 창조하기 위한 인간의 지적 활동과 인식이 사전에 축적되고 전제된 것으로서 창조적 추론이나 연역(법)의 방법이라고 이해한 것이다.

창조적 연역이나 추론을 중심으로 하는 대표적인 방법(론)으로 환원주의와 디자인 사고, 시스템 사고, 사고실험 등을 소개할 수 있다. 그 이전에 정책사상을 국가주의를 시작으로 하는 다섯 가지로 구체화하게 된 방법과, 국가주의 등과 같이 '주의'라는 접미사를 붙이는 용어 사용에 대한 입장을 정책사상 형성기준에서 밝히고자 한다.

1) 정책사상 형성의 기준

먼저 정책사상을 제안하고 설명하는 논리적인 기준이나 방법에 관한 문제이다. 사실 사상이나 철학에서 방법은 과학주의와 사뭇 다르다. '다르다'는 의미는 현실의 경험사회에서 반복해서 검증할 수 없기 때문에 방법(론)도 다르다는 뜻이다. 물론 다수의 경우에는 사상을 실증적으로 검증할 수도 있다. 예를 들면 민주주의와 공산주의 사상을 구분하는 기준으로 의사결정의 방법과 의사결정자의 행태를 반복적으로 관찰하여 검증할 수 있다. 그러나 본질적으로 무엇이 민주주의이고 공산주의인가 하는 것 등을 구분하고 인식하는 사고작용 그 자체를 검증하기는 어렵다. 또 검증할 대상도 아닐 것이다.

마찬가지로 정책사상을 국가주의 등과 같이 여러 가지 사상으로 설명할 수 있다는 논증적인 구분이나 학술적인 기준은 없다. 없다고 해서 하늘에서 떨어지거나 땅에서 솟아났다는 것은 아니다. 시대적인 순서에 의한 정책사상이나 정책학자나 정책결정자 등을 대상으로 그들의 정책사상 또는 국가나 지역을 중심으로 하는 정책사상(소위 한국정책사상, 동양정책사상 등) 등으로 정책사상을 설명한다면 정책사상의 기준은 시기나 사람, 지역 등이라고 할 수 있다.

그럼에도 불구하고 무엇이 동양정책사상이고 한국정책사상이며 또한 정책결정자의 사상인가 하는 것을 밝히고 설명하는 기준이나 방법을 과학주의로 연구하기 어렵다는 것이다. 왜냐하면 정책사상은 논리적이고 창조적으로 추론하고 연역하는 방법을 기반으로 하는 설명이면서 이론일 수밖에 없기 때문이다. 이와 같은 창조적이고 논리적인 발견과 설명을 할 수 있는 능력이나 준거의 틀 또는 패러다임은 정책학의 다양한 이론과 접근방법, 정책학의 역사, 지역적이고 국가적인 정책 또는 정책학의 특성 등의 이해를 전제로 하고 있다. 특히 정책학의 이론에서도 중심적이고 핵심적인 이론들이 정책사상의 모체가 되고 있다는 것을 발견하고 이것을 사상이론으로 체계화하는 것이, 굳이 이야기하자면, 정책사상을 설명하거나 연구하는 방법(론)이라고 할 수 있다[13]. 그래서 제1장에서 정책사상을 정책과 정책학에 관한 철학적이고 이론적 사고이며 이것을 정책학의 주요 이론으로 체계화하는 사고라고 정의한 것을 다시 생각할 필요가 있다.

또한 정책사상을 정책과 정책학의 본질에 관한 철학적 사고라고 정의하면서 그 본질은, 정책은 정치적 책략이라는 사실에 있다고 했다. 정치적 의사결정이고 방책인 정책의 중심 주체는 국가임에 틀림없다. 그러면 뒤따라서 왜 국가인가, 국가는 과연 정당한 정책의 주체인가, 국가의 정책행위는 선하고 정의로운가, 우리는 항상 국가만을 바라보면서 우리의 운명을 맡겨야 하는가 하는 등의 의문과 회의가 발생하게 된다. 이에 따라서 국가를 중심으로 하는 국가주의라는 이념적 기반을 정책학에 관한 고유하면서도 독자적인 사상인 정책사상으로 발견하고, 재정리하고, 체계화하는 창조적이고(creative) 발견적이며(heuristic) 논리적인 (logical) 인식활동을 하게 된다. 이것을 정책사상의 철학적 사고라고 했다.

이에 따라서 앞서의 정책사상의 내용과 범위를 지적하면서 설명했듯이 국가주의를 시원으로 해서 국가정책의 선을 선도(善導)하는 선도주의와, 정책인과의 균형적인 분배와 정의에 관한 균형주의, 현실적 증거와 지식과 이념 등에 의한

---

13) 정책학의 중심이론(prime 또는 central policy theories)이 그러면 무엇인가 하는 것을 참고적으로 설명할 필요가 있다. 정책학의 중심이론을 소개하기 위해서는 정책사례나 과제를 취급하고 설명할 수 있는 여타의 학문분야가 있음에도 불구하고 정책학이 왜 필요한가 하는 질문에 우선 대답해야 한다. 물론 구체적 정책에 따라서 다양성이 있지만 정책학은 여러 가지 지식이나 방법으로 설명하지 않는 또한 설명할 수 없는 공통적인 정책현상인 정책결정 방법이나 과정, 정책대안의 탐색이나 결정, 이해관계의 조정과 균형의 실천, 정책의 평가나 종결의 방법과 이용, 정책이슈나 문제의 정치적 결정과 권력게임, 정책의 이해관계자들의 민주적 의사결정이나 참여 등과 같은 것을 설명하고 이것을 하나의 학문적 지식체계로 구성하는 것이다. 이것이 정책학의 중심이론이다. 따라서 정책사상은 정책학의 이와 같은 중심이론을 준거 틀로 하고 있다. 물론 정책학의 교과서적 이론인 정책과정이나 정책결정의 모형, 정책분석론 등도 정책학의 중심이론이지만 이와 같은 이론은 정책학뿐만 아니라 여타 학문에서도 중심이론으로 설명되고 있다. 그럼에도 불구하고 정책학의 중심이론이 상당히 결여되어 있다는 지적도 있다(Meier, 2009; Wenzelburger 외 2인, 2019). 그러나 정책학의 중심이론으로 정책학자들을 중심으로 설문조사를 실시하거나 또는 동서양의 정책학 교과서의 내용을 찾아보면 공통적인 정책학의 중심이론으로 정책에서의 정치현상, 정책이론과 민주주의, 정책철학, 정책학의 역사, 정책결정방법과 과정, 정책분석론 등을 찾아 볼 수 있다.

정책의 실천성이 필요하다는 현실주의, 정책세계에서 정책주재자인 인간중심주의에 의한 자연과 만물이 친화되고 공생하는 정책공동체의 실현에 관한 물아(物我)주의 등이 논리적이고 이념적으로 연계되는 정책사상의 인식작용도 철학적 사고라고 할 수 있다. 이와 같은 사고의 기준은 국가주의를 기초로 하는 정책사상을 연결하는 일련의 논리적이고 창조적 추론이며 연역의 과정이다. 물론 이것을 구분하는 기준이나 방법은 정책학의 발달시기도 아니다. 또한 지역이나 국가도 아니며 정책학자 중심의 인간도 아니다. 굳이 그 기준을 찾고자 한다면 정책사상은 정책과 정책학의 본질에 초점을 둔 사상이기 때문에 국가와 인간 중심이라고 할 수 있다.

두 번째로 국가주의 등과 같은 '주의'의 접미사 사용이다. 예로서 국가와 국가주의(이때의 국가주의도 'nationalism' 아닌 'statism'이다)를 분명히 구분해서 이해하고 있다. 제3장에서 자세히 설명하지만 국가는 지리적이고 정치적인 주체를 설명하고 지적하는 명사이다. 즉 대한민국도 국가이며 남아공화국도 국가이다. 반면에 국가주의는 국가를 주체로 하거나 중심으로 하는 통치나 공권력 작용(정책에 한정해서) 등에 관한 이념이나 사상을 지칭하는 이념적이고 철학적 개념이다. 예를 들면 민주국가라고 하면 국가는 국가이지만 민주주의의 이념과 사상을 기반으로 하는 국가란 뜻을 가진 철학적이고 이념적 용어이다.

물론 학술용어 사용에서, 특히 한국의 학계와 같이 '주의'라는 접미사를 과용하거나 남용하는 경우도 있다. 학술적 의미나 내용이 중요하지 아니함에도 불구하고 '주의'를 붙여서 권위를 주장하거나 과장하기도 한다. 그래서 주의라는 단어가 혐오감이나 또는 실증을 유발할 수도 있다. 그리고 서양에서 많이 사용되고 있는 '주의(ism)'과 같이 국가라면 국가의 정당한 역할이나 모범적이고 이상적인 행동을 요구할 주요 개념으로 'ism'을 이해하는 것과도 차이가 있다(Jessop, 2007: 233; Kettunen, 2018: 342−343). 그러나 정책사상을 정책과 정책학에 관한 철학적인 사고라고 정의했다. 때문에 철학적 함의를 가진 국가주의라는 용어를 사용하지 아니하고 '국가'라고만 할 수 없을 것이다. 선도주의나 균형주의, 현실주의, 물아주의 등도 이와 마찬가지이다.

2) 환원주의[14][15]

환원주의는 물리적 세계의 인과이론을 정신세계에까지 그 영역을 확대하여 이해하고자 하는 방법론으로 심리철학이나 정신철학 등에서 오래전부터 정신적 인과관계(mental causation)를 설명하는 방법으로 활용되고 있다. 특히 정신인과는 정신적 특성과 작용이 신체적 행동과 어떻게 인과적으로 연계되는가 하는 것을 설명하는 정신철학의 주요 이론이다. 때문에 정신과 신체의 이원관계 (mind-body dichotomy)를 전제로 하면서 정신작용이 물리적 세계의 인과에 미치는 영향을 설명하고자 하는, 즉 정신적 작용이나 사건을 물리적 세계에서의 인과관계에 의한 인과적 영향력이나 효력으로 설명하고자 한다.

20세기 방법론의 왕자인 물리주의(physicalism)를 기본으로 하면서 정신인과를 물리세계에서 설명하는 서양 중심의 심리철학이나 정신철학의 방법이나 논리적 유형 등을 크게 두 가지로 구분해 볼 수 있다.

첫째, 데카르트(Rene Descartes(1596-1650)의 심·물(心物) 이원론[16]의 전제에서 마음과 정신의 실체와 그의 작용을 구분하는 입장이다. 그래서 정신인

---

14) 환원주의 내용은 필자의 "정책이론에서 정신적 인과관계에 관한 소론"(『한국행정논집』. (2007). 19(3)를 요약하고 재구성한 것이다. 기타 자세한 내용이나 참고문헌 또는 동양 고전의 원전 인용 등은 꼭 필요하다고 판단되는 것을 제외하고 생략하였다.

15) 보다 자세한 것으로 필자의 『정책균형이론』(2008). 경산: 영남대학교 출판부)에서 설명한 실천기준의 정립에 관한 기초이론을 참조할 수 있다. 또한 김재권(대표적으로 『Philosophy in Mind』(2011, 3판), 『Physicalism, or Something Near Enough』 (2005) 등)의 연구도 참조할 수 있다. 특히 심·물이원론을 비판하면서 몸과 마음의 심·신(心身) 일원론(mind-body 또는 brain-mind isomorph 등으로 표기한다)으로서 전체론적 세계관에 의한 정신을 연구하는 한국정신과학학회(정신을 'Jungshin'의 한글 발음으로 영역하고 있다)(www.ksjs.or.kr)의 활동도 참고할 수 있다.

16) 데카르트의 심·물이원론은 마음의 본성에는 물리적 속성이 없는 것이고, 신체는 질량과 관성을 가지고 시공(時空)속에 존재하는 물리적 속성이 있다는 것이다. 이와 같이 양립될 수 없는 두 가지 실체의 문제를 해결하고자 노력한 이론으로 그의 인과관계의 형이상학론을 들 수 있다. 그러나 마음을 물리세계의 밖에 두면서도 물리적 세계에서 작용하는 신체와의 상호작용의 인과관계를 가진다고 하는 그의 이론이 후기 정신철학계에서 큰 비판이 되고 있기도 하다(설민, 2016).

과를 본질적으로 물리적 인과관계의 논증방식과 논리구성으로 설명하고자 하는 환원주의나 비환원주의 방법이 있다.

환원주의(reductionism)에 의하면 이 세상에 존재하는 모든 것은 물리적 요소와 사건과 실체로 구성되어 있으며 또한 있어야 한다는 명제에서 출발하고 있다. 그래서 물리적 세계의 구성요건과 법칙[17]으로 정신적 인과관계를 인정하고 설명하기 위해서는 정신세계의 실체를 물리세계의 실체로 환원할 수 있어야 한다는 주장이다. 즉 정신적 요소나 사건 또는 실체가 인과적으로 효력을 가지려면 정신은 물리적 실체로 환원되어야 한다고 했다.

또한 정신적 속성은 기능적으로 환원될 수 있어야 한다는 기능주의를 주장하고 있으며 정신적 명제나 태도 등을 두뇌 속의 물리적 혹은 기능적 상태와 동일시하고 있다. 따라서 이와 같은 환원주의는 수반논변(supervenience argument)으로 보다 세련된 이론으로 발달하고 있다. 김재권[18]을 중심으로 하는 수반논변은 모든 물리적 인과관계는 오직 물리적 원인과 결과의 관계(인과폐쇄의 원리와 인과적 완전성의 원리)로만 결정되며(과학주의에 의한 결정주의적이라고 할 수 있

---

17) 전통적 물리주의에 의한 인과관계의 법칙은 인과의 폐쇄성(하나의 물리적 사건은 하나의 원인을 가진다), 배타성 또는 완전성(하나의 물리적 사건에는 충분하고 독립적인 원인을 가진다), 시간과 공간의 인접성(모든 물리적 사건은 시간과 공간에서 인지되고 성숙되어야 한다), 시간적 선후관계(원인은 결과에 우선적이어야 한다) 등이다. 이것이 David Hume(1711-1776)의 인과관계의 기본원칙이다(De Pierris, 2002). 물리적 세계에서의 인과관계의 이론적 발달을 Hume과 Auguste Comte(1798-1857), Bertrand Russell(1872-1970), John S. Mill(1806-1873) 등에서부터 시작해서 실증주의 및 본질주의(essentialism), 반증주의(falsificationism), 활동이론(activity theory), 진화론(evolution theory), 실재론(realism) 등으로 자세히 설명한 William Shadish 외 2인의 책(2001)을 참조할 수 있다.

18) 김재권(Jaegwon Kim)은 1987년부터 Brown대학교의 철학과 교수(William Herbert Perry Faunce Professor)로 재직하고 있는 미국의 정신철학계에서 정신적 인과관계와 심신(心身)관계의 핵심적 인물로 활약하고 있는 철학자이다. 그는 1934년 대구에서 태어나 서울에서 불문학을 전공하다가 1955년 도미하여 Princeton대학교에서 철학박사 학위를 받고 미국의 여러 대학에서 연구와 강의를 하다가 2019년 11월에 사망하였다. 미국 정신철학계에서 정신인과나 형이상학 분야에 탁월한 연구업적을 남긴 학자로써, 그의 대표적인 저서인 『Physicalism, or Something Near Enough』(2005, Princeton University Press)와 『Philosophy of Mind』(3판. 2011, Westview Press) 등을 들 수 있다(http://en.wikipedia.org. 검색일: 2020년 5월 29일).

다), 정신적 사건은 물리세계로부터 이탈해서 존재할 수 없다고 했다. 즉 정신속 성은 물리적 속성에 잇따라 발생한다, 즉 수반(隨伴)한다; 따라서 모든 물리적 속 성에 있어서 정신이든 물질이든 이와 같은 두 가지를 동시에 구별할 수 없으면 정신적 속성도 찾아 볼 수 없다는 주장이다(백도형, 2004; 2008; 박정희, 2018).

그러나 일부의 정신적 요소인 느낌이나 감성, 성질 등은 물리적으로 환원될 수 없다. 따라서 정신적 속성을 물리적으로 환원할 수 없으면서도 이것의 인과관 계를 주장한다는 것은 거짓이다; 동시에 실체를 물리적이고 정신적으로 구분하여 정신적 인과관계를 설명하거나 허용할 수 없게 하는 어떠한 논의도 거짓이라는 비 판이 강하다.

예를 들면 비환원주의(non-reductionism)는 정신적 속성은 물리적 속성으 로 환원되지 아니한다(이것을 반환원주의(anti-reductionism)라고 하기도 한 다); 따라서 정신적 세계에 속한 정신적 내용은 물리적 속성과는 구별되는 정신 세계만의 특성을 가지고 있다(이것을 비환원주의라고 하기도 한다); 때문에 정신 세계의 속성을 물리세계의 속성으로 동시에 잇따라 발생되도록 조작적이든지 자 연적으로 환원시킬 수 없다고 했다.

따라서 비환원주의에 의한 정신적 인과관계를 설명하는 방법은 다양하지만 대표적으로 부수현상론(epiphenomenalism)을 들 수 있다. 즉 물리적 사건이 정 신적 사건을 발생시킨다. 반대로 정신적 사건은 아무 것도 발생시키지 못한다. 물 리적 원인에 의하여 정신적 사건이 발생하면 더 이상 아무런 사건도 발생시킬 수 없다는 정신적 속성은 물리적 속성에 부수된 현상이라는 주장이다. 또한 사건은 다른 사건을 유발하지만 이와 같은 현상은 물리적 유형으로 형성되는 경우에만 가능하다. 그러나 물리적 유형이 아닌 정신적 유형으로 형성된다면 사건은 여타 의 사건을 발생시킬 수 없다는 설명이다(Kim, 2011; Lausen, 2014).

정신적 사건이나 속성이 물리적 진행과정에 아무런 유형이나 명목조차도 없 다면 현실적으로 정신적 작용이나 사건이 물리적 사건을 발생시키거나 물리적 과 정에 간섭하고 개입하는 것을 설명하기 어렵게 된다. 이와 같은 문제점을 해결하기 위해서 개입의 원리 또는 교량의 법칙(bridge law) 등이 나타나고 있다.

정신적 사고나 사건이 비물리적 원인이 된다면 이것은 인간의 신경생리학적 과정에 개입하여, 즉 진행되는 인과과정에 개입하여 변화를 유발시킨다는 설명이다. 신경생리학적 개입의 과정을 기폭원인(triggering cause)과 구조원인(structuring cause) 등으로 나누어 설명하기도 한다. 즉 심리적이고 생물학적으로 원인이 촉발되고 유발되어 이것이 결과를 발생시키기 이전에 구조적으로 원인들이 하부조건화 되어 최종 사건을 유발시키게 된다는 설명이다.

교량의 법칙도 유물론에서 본 정신적 인과를 설명한 것이다. 물리적 속성과 정신적 속성에 존재하는 미시적 입자를 전제하고 이와 같은 공통적인 전제가 양 세계를 기능적으로 연결하는 역할을 수행한다는 설명이다. 따라서 연결역할을 수행한다는 것은 결국 정신적 속성을 물리적 속성으로 환원시킬 수 있다는 것이다. 그렇다면 환원주의적 입장이 되는 모순을 범하게 된다.

둘째, 환원주의와 비환원주의에 대응하여 정신과 물질의 관계를 동일시하거나(identity theory) 또는 일원적으로(monism) 설명하여 정신적 인과관계 그 자체의 인과율을 정립하고자 하는 연구방법이 있다. 즉 물리주의의 틀과 범위가 아닌 정신적 인과관계 그 자체를 설명하는 방법이다.

정신적 인과관계를 물리주의의 전제에서 논의하는 환원주의나 비환원주의 또는 다양한 이론들은 실없는 철학적 스캔들을 만들고 있다는 비판을 받고 있다. 일상적이고 상식적 사실인 정신의 자율성과 자유의지를 결정론적이고 물리적 법칙성에 따라서 설명할 수 있다면 이것은 경이로운 일이 될 것이라고 했다. 왜냐하면 인간은 물리적 인과법칙에 따라서 기계적으로 작동하는 타율적 존재가 아니다; 자신의 자유의지에 의한 신념과 사상과 가치에 따라서 합리적 판단과 행위를 하는 자율적 존재이기 때문이다. 따라서 이와 같은 사실을 무시하거나 애써 외면하는 것은 목욕물을 버리면서 어린애까지 버리는 우를 범하는 것이라고 비유하였다. 따라서 물리주의를 공식적이거나 공개적으로 비판하면 진리의 대열에서 낙오한 패잔병 취급을 하는 현대 심리철학의 허구를 지적하기도 했다(김광수, 2003).

환원주의나 비환원주의 등과 같은 마음과 물질의 이원론적 구도에 의한 물리세계의 과학법칙으로 정신세계를 설명하는 입장이 아니라, 심·물(心物) 일원론적 패러다임이라고 할 수 있는 동양의 기(氣)사상이나 연기사상, 유식론(학) 등으로 정신세계의 작용과 법칙을 설명하는 방법도 간단히 지적할 필요가 있다. 즉 서양 중심의 현대과학은 연구방법을 익힌 기술자로서 학문활동을 인격이나 성품에 관한 것이 아니라 인지활동으로 생각하는 술학(術學)이다. 때문에 본질적으로 심물 이원론을 전제로 하는 서양의 심리철학은 정신적 인과관계를 물리주의의 기본 틀에서 탈출하여 설명하기 어렵다. 그래서 마음과 몸의 근원체를 움직이는 기(氣)사상에 의하여 정신작용을 설명할 수 있는 기(氣)사상이 필요하다. 기(氣)는 스스로의 운동질서를 가지고 있다. 따라서 시(時), 즉 때와 정신적 작용과 행위에 의한 인과법칙이나 작용법칙을 설명할 수 있다고 했다.

이와 같은 정신적 인과관계에서 인과관계를 형성하는 업(業: karma)을 설명하는 동양의 유식론이나 연기론 등도 정신적 인과관계의 실체를 이해하고자 하는 방법론적 관점에서 간단히 살펴 볼 수 있다.

유식학(唯識學) 또는 유식론은 삼라만상의 실체를 객관적일 뿐만 아니라 주관적 관점에서 분석하고 기술할 수 있는 것은 마음(心)이라고 보았다. 따라서 마음인 의식을 분석적으로 설명한 불교의 인식론적 사상체계를 정립한 이론으로서 일체는 오직 마음이고, 마음이 없으면 존재하는 것도 없다. 따라서 인식하는 마음의 작용을 통해서 물질을 구분(척:尺)한다고 하는 설명이다. 대표적으로 뒤편에서 사고실험에서 설명한 심동(心動)의 예를 들 수 있다.

좀 더 구체적으로 유식학은 인간이 현상세계를 인식하고 이해하는 것을 여덟 단계의 작용으로 설명하고 있다. 먼저 오감(五感)작용에 의한 다섯 단계로 현상을 이해한다. 눈으로 보고, 귀로 듣고, 코로 냄새를 맡고, 혀로 맛의 감각을 느끼고, 신체의 접촉이나 느낌으로 현상의 상태를 인식하는 것이 일반적인 의미의 감각작용에 의한 이해의 범위이다. 그러나 오감작용에 의한 5식(識)도 그 자체로서는 아무런 의미도 없다. 단지 의식이라는 제6식의 작용이 있어야 비로소 가능하다. 또한 생각하는 것은 개인의 관점이나 경험, 환경과 조건에 따라서 천차만별이다. 인간의 자유의지가 인식의 중요한 방법이라는 뜻이다. 이것을 제7식 또는 말나식(末那識)이라고 한다. '말나'란 사량(思量) 또는 분석이라는 의미이다. 마지막으로 제8식은 아뢰야식(阿賴耶識)이다. '아뢰야'는 숨기고 저장한다는 의미이기 때문이 이것을 장식(藏識)이라고도 한다. 인간의 자유의지는 후천적으로 경험하고 교육받은 것에 따라서 결정될 수도 있지만 선천적으로 다양한 특성과 자질에 따라서 다양하다고 한 것이다.

유식론에 의한 인식작용의 설명은 궁극적으로 깨달음의 수준으로 나아가는 방법과 길을 제시하고 있다. 그러나 정책사상의 철학적 사고체계의 방법론으로 이것을 이해하려면 유식의 작용과정이 연계되는 연기사상도 이해해야 한다. 왜냐하면 연기사상의 근원을 이해하기 위해서는 유식론을 간단하게나마 설명해야 했기 때문이다.

연기론(緣起論) 또는 연기사상은 인간의 인식이 계속적으로 작용하고 있는 것을 다음과 같이 설명하고 있다. 우리가 인식하는 주관적이거나 객관적 사물의 정립은 망상이고 이것은 무명(無明), 즉 밝게 알지 못하는 것이라고 했다. 무명의 작용에 의해서 인간은 현상의 사물을 객관적으로 존재하는 것으로 인식하면서 동시에 선악과 정의, 미추(美醜) 등의 가치판단을 하게 된다. 그리고 어디에, 무엇으로 활용할 것인가 하는 실천 또는 수단적 세계로 인식하게 된다. 이것은 분별과 사량심(思量心)에 의한 생각이라는 것이다. 그렇기 때문에 무명은 시작도 없고 끝도 없는(무시무종:無始無終) 것이지만 모든 인연의 원인작용을 한다고 했다.

무명의 작용에 의한 생각이나 분별과 판단 등은 연기사상의 시작이다. 연기는 인연생기(因緣生起)로서 모든 현상이나 사물은 인연에 의한 결과가 상호간에 의존하는 관계이다. 앞서 무명에 의한 인식도 원인에 의한 결과이다. 이것을 발생시키는 근본적 원천인 무명을 제거하고 단절시켜야 이에 따라서 계속적으로 발생되는 인과관계의 작용을 종식시키고 밝은 세계로 나아갈 수 있다는 것이다.

그러나 정책사상의 철학적 사고의 방법론에서 볼 때 중요한 것으로 무명을 시작으로 하는 현상세계의 인과관계를 열두 가지의 원인과 결과로 설명한 십이연기설(十二緣起說)을 들 수 있다. 즉, 이것이 존재하기 때문에 저것이 존재한다. 그래서 무명, 즉 지금까지의 생각이 원인이 되어 행(行), 즉 업(karma)이 생성된다. 무명의 원인은 생사의 윤회를 반복하면서 쌓아 온 번뇌와 생각 등이다. 이것이 원인이 되어 무명이 존재하게 되고 다시 이것이 원인이 되어 다양한 결과들이 연쇄적으로 인과관계를 맺게 된다는 설명이다.

그래서 사고와 행동이 원인이 되어 식(識)인 마음의 인식작용의 결과가 생긴다. 이와 같은 식이 원인이 되어 명색(名色)인 다양한 모양과 형상에 관한 해석과 이론이 발생한다. 이것이 원인이 되어 6입(六入)인 안이비설신의(眼耳鼻舌身意)의 다섯 가지의 감각기관과 의식이 형성된다. 이와 같은 감각과 의식 작용에 의하여 촉(觸)인 객관과 주관의 인식주체의 활동이 형성된다. 여기에 따라서 수(受)(촉의 작용에 의한 인식활동을 6식이 수용하는 것)가 발생되고 이것이 원인이 되어 애(愛)인 마음에 집착함이 생긴다. 다시 이에 따라서 애착하는 대상을 갈구하는 취(取)가 생기고, 취에 따라서 발생되는 온갖 업이 있게 되는 유(有)가 생성된다. 이것에 따라서 다양한 유형의 생명을 받게 되는 생(生)이 있고, 태어났으니 늙으면서 죽고(老死), 근심과 고통과 슬픔(우비고뇌: 憂悲苦惱) 등이 필연적으로 발생하게 된다. 따라서 이와 같은 인연생기의 근원인 무명(無明)을 역(逆)으로 소멸하면 이에 따라서 연쇄적 인과관계로 연기되는 행(行)과 식(識)과 명색(名色), 육입(六入), 촉(觸), 수(受), 애(愛), 취(取), 유(有), 생(生), 노사(老死) 등이 연계하여 연쇄적으로 없어진다고 설명하였다[19].

그러나 정책사상의 철학적 사고와 연결되어 진행되는 현상을 좀 더 자세히 이해하기 위해서 연기설의 경험세계의 인식작용을 이해할 필요도 있다. 즉 정신

---

19) 십이연기설(十二緣起設)은 불교의 『雜阿含經』 권12에서 설명되고 있다. 그러나 십이연기가 없어지는(멸:滅) 것까지도 지적한 『妙法蓮華經』을 인용하면서(廣說十二因緣法 無明緣行 行緣識 識緣名色 名色緣六入 六入緣觸 觸緣受 受緣愛 愛緣取 取緣有 有緣生 生緣老死憂悲苦惱, 無明滅則行滅 行滅則識滅 識滅則名色滅 名色滅則六入滅 六入滅則觸滅 觸滅則受滅 受滅則愛滅 愛滅則取滅 取滅則有滅 有滅則生滅 生滅則老死憂悲惱滅)(化城喩品) 위의 내용을 재구성한 것이다.

세계에서 반사실적 조건으로 취급하는 이것이 있으면 저것이 있고, 저것이 발생하면 이것도 발생한다. 또는 이것이 없으면 저것도 없으며, 저것이 멸하면 이것도 멸한다고 하는 존재론적 생성의 연기관계를 참조할 수 있다.

이와 같은 연기의 네 가지 일반적 원리(유생무멸:有生無滅)는 시간의 개념을 배제시킨 사건의 인과론적 관계만을 지적한 것으로 원인은 결과보다 선행한다는 사실을 지적하고 있다. 이에 따라서 먼저 약생차즉생피(若生此卽生彼)는 앞의 조건진술의 단순반복이 아니라 추상적 연기법칙을 구체적으로 진술한 것이다. 즉 수동적인 인과의 존재의 법칙에서 생산성의 원칙으로 전환되면서, 인과관계를 존재의 영역에서 생성의 영역으로 발전시킬 필수불가결한 부가원리를 설명한 것이다. 그리고 세 번째의 약무차즉무피(若無此卽無彼)는 반사실적 조건으로 인과의 결정론과 의존성의 법칙을 설명한다. 즉 조건이 있지만 그 조건이 사라져 소멸하는 없음(무:無)의 가능성을 제시한 인과론이다. 그러면서 마지막 네 번째인 약멸차즉멸피(若滅此卽滅彼)는 세 번째의 무조건적 가능성에 대한 수반적 인과관계를 설명한 것이다. 그래서 연기설에 의한 정신작용의 원칙은 정신세계와 물리세계를 이원적으로 분리하거나 고립시키는 것이 아니다. 대신에 물리적 작용과 동시에 정신세계의 작용을 동시에 수반하는, 즉 총체적으로 이해하는 것이라고 할 수 있다.

정책사상에서도 정책의 가치인 정책목표와 이념, 정책의 본질인 정치 등과 같은 인간의 정신작용을, 즉 정책이라는 물리적인 수단과 방법에 의존하는, 소위 보이는 실체(visible identity)로서의 정책을(물론 법령으로 구체화시키지만 그것도 결국 현실세계에서 실천되어야 한다) 현실적으로 구성하는 것은 그리 만만하지 않을 것이다. 이와 같은 이론이나 방법은 정책학의 전통적인 영역을 넘어서는 것이라고 쉽게 대답하고 싶지만 그러나 정책사상을 설명하고 이해하기 위해서는 기초적인 수준일지라도 이와 같은 질문에 대답할 수 있는 이론적인 지식이나 방법이 있어야 할 것이다. 그래서 위의 방법들을 조금 깊이 있게 이해할 필요가 있다고 했다.

결론적으로 환원주의는 인간의 마음과 그의 무한한 세계를 물리세계의 과학주의로 이해하고자 하는 방법이라고 할 수 있다. 그러나 창조적인 인간의 정신세계를 물리적이고 물질적인 방법과 내용으로 이해하기 위하여 환원하기보다는 반대로 일정한 한계와 제약이 있는, 유한한 물질적인 작용의 세계를 무한의 마음의 세계가 먼저 이해하고 그 범위에서 마음의 작용이 과학적인가 아니면 신비적이거나 초과학적인가 하는 것 등을 설명하는 것이 보다 타당할 것 같다. 더구나 정책사상의 방법(론)에서 본다면 정신작용인 정책사상을 물리적 세계로 환원할 수 없는 분야가 많을 것이다. 그래서 반대로 무한한 정책사상을 유한한 물리적인 정책세계를 이해하고 설명할 수 있는 하나의 패러다임이나 원형으로 환원주의를 이해하는 것이 보다 더 타당할 것 같다.

3) 디자인 사고

정책사상에 필요한 또 하나의 연구방법으로 디자인 사고(design thinking)를 들 수 있다. 디자인 사고는 정책결정이 디자인적 사고나 생각에 의한 창조적인 활동이라는 것을 설명할 수 있는 방법이라고 할 수 있다. 즉 건축공학적인 설계과학이나 미학, 산업디자인의 디자인 등과 같이 전문가들의 창조적인 사고가 현실적인 결과물로 전환되어지는 과정이나 전략 및 방법 등을 설명하는 디자인 사고는 정신적인 결과산물인 정책사상을 설명할 수 있는 패러다임으로 이용될 수 있을 것이다.

디자이너의 철학이나 사상, 지식, 개념, 원리, 방법 등은 그들의 영감이나 초과학적 방법으로 설명되고 있다. 그러나 동시에 이것을 과학적인 방법 등과 절차적으로 통합되고 융합될 수 있도록 사고를 체계화할 수 있는 방법도 필요하다. 이것이 디자인 사고의 핵심이라고 할 수 있다(하은아, 2015; Simon, 1996: 111-120; Brown, 2008). 물론 디자인 사고는 과학적이고 분석적인 전통적인 방법과는 차이가 있다. 그러나 문제나 과제에 대한 디자인하는 개인들의 창의적인 활동과 문제해결의 능력이나 지적활동 등을 정책전문가들의 창조적 활동에 적용하여 설명하고자 하는 방법으로 정책대안의 형성이나 집행이론에서도 많이 활용되고 있기도 하다(Mark, 2012; Minstrom, 2016; Micheli 외 4인, 2019)[20].

방법론적으로 디자인 사고는 기본적인 정보와 자료를 분석하고 종합하는 여타의 과학적이고 분석적인 방법과 큰 차이가 없다. 그러나 디자인 전문가에 비교되는 것과 같이 정책전문가의 직관적이거나 자기발견적(heuristic) 방법에 의한 해결책이나 길을 제시하는 방법이라고 할 수 있다. 동시에 정책 대상자나 수혜자의 입장에서 그들의 경험이나 소망 등을 정책결정 과정에 연결시킬 수 있는 방법을 이해할 수 있게 한다. 따라서 정책전문가는 디자이너처럼 목표를 창안하고 생각하며, 과거와는 다른 새로운 유형의 해결방법을 찾고자 하면서 감성과 지각 등과 같은 철학과 이성을 중요시 하게 된다는 설명이 설득력이 있다. 동시에 자신의 철학뿐만 아니라 수요자나 대상자의 이상과 바람 등을 투입시키면서 편협하거나 폐쇄될 수 있는 정책전문가의 사고작용의 위험부담을 줄일 수 있는 방법을 제공할 수 있을 것이다.

그럼에도 불구하고 디자인 사고는 공학이나 설계과학 등에서 발달되고 이용된 방법이지만 정책사상의 한 방법으로 활용될 여지는 아직까지 미지수라고 할수 있다. 왜냐하면 디자인 전문가 개인의 창조성이나 독창적인 해결방법을 강조하기 때문에 현실적으로 정책안을 개발하고 실천하면서 정책수혜자나 대상자의 참여나 그들의 욕망이나 이해관계를 투입하기 어려워지면서 정책결정의 정당성이나 민주성 등이 약해질 수 있기 때문이다. 물론 디자인 사고가 정책결정의 과정이나 실천에 응용되면서 이와 같은 점이 고려되고 있다고 하지만(Howlett, 2014: 188–189; Minstrom, 2016: 392–393) 원칙적으로 디자인 사고는 디자인

---

20) 제한된 합리성에 기초한 만족모형으로 유명한 Herbert Simon(1916–2001)이 1969년에 『The Sciences of the Artificial』을 출판하면서, 의사가 환자를 진단하거나 또는 사회복지와 같은 정책을 만들고 실천하는 등과 같은 정책전문가인 디자이너의 지적 활동을 강조하면서 발전된 방법으로 디자인 사고는 널리 알려져 오고 있다. 특히 디자인 사고나 방법이 1970–80년대부터 설계과학으로 정책학에서 널리 활용되면서 주목을 받고 있다. 이와 같은 내용을 정리하고 정책에서 디자인 사고방법의 적용상의 특징이나 한계 등을 특집으로 정리한 『Policy Sciences』 학술지의 2014년 47집 3권을 참조할 수 있다.

전문가의 전문적이고 지적인 능력과 창의성을 강조하는 방법이기 때문에 한계가 있을 수 있다(Lee 외 4인, 2018).

따라서 정책사상에 적용될 수 있는 방법론으로 디자인 사고는 정책사상가, 특히 현실적으로 정책을 결정하고 집행하는 또는 정책결정자나 정치인의 정책사상을 진단해 보거나, 과거의 정책경험과 실적을 중심으로 하는 정책결정의 전문적인 능력과 창의성 등을 설명하는 방법으로 활용될 수 있을 것이다. 또한 정책사상의 정의에서 본다면 다양한 정책사상을 창안하고 제안하면서 이것을 정책사상의 이론으로 정합시키는 체계적인 사고의 한 방법에 해당될 수도 있을 것이다.

4) 시스템 사고

정책사상을 정책학의 지적 근간을 형성하기 위한 체계적 사고라고 정의한 방법론으로 체계적 사고에 필요한 방법인 시스템 사고(system thinking)를 들 수 있다. 시스템 사고나 철학은 전 학문분야에서 광범위하게 논의되고 있다. 특히 공학이나 통계학 또는 수학 등과 같은 이과학문에서 시스템 사고는 분석적이고 기술(技術)적이며 계량적인 변량처리의 투입-산출 모형론에 초점을 두고 있기도 하다.

일반적으로 사회과학에서 시스템 사고는, 소위 일반체계 또는 체제이론 (GST: General System Theory)을 전형으로 하는 방법이라고 할 수 있다. 그 대표적으로 오스트리아 생물학자인 Ludwig von Bertalanffy(1901-1972)와 미국 정치학자인 David Easton(1917-2014)의 일반체제이론을 들 수 있다. 먼저 Bertalanffy(1969)는 열역학 제2법칙인 엔트로피 개념을 적용하여 생물학뿐만 아니라 기타 사회과학에도 적용될 수 있는 일반체제이론을 제안하였다. 그는 체제는 개체의 유기적인 상호작용에 의하여 각 부분의 단순한 조합을 뛰어넘은 전체성을 가진 유기체(organism)라고 설명하였다.

그러나 Easton(1957)은 이와 같은 체제를 정치학 분야에 적용하면서 좀 달리 설명하였다. 물론 그가 Bertalanffy의 GST를 인용하지는 아니했다. 그러나 정치체제가 환경으로부터 투입과 지지를 계속 받아들이면서 체제의 고유한 기능과 작용인 변환작용을 거쳐서, 환경에 정치적 의사결정이나 정책을 산출하는 투입-전환-산출(input-transformation-output) 모형을 제안하였다. 그는 이것을 정치체제 변동의 기초이론으로 소개하기도 했다. 즉 정치적 엔트로피(체제내의 불확실성이나 무질서의 정도) 함수에 따라서 개방(엔트로피 감소)과 폐쇄(엔트로피 증가) 체제로 정치체제를 설명하기도 했다.

체제이론은 일반적으로 개방 체제이론이다. 즉 체제를 둘러싸고 있는 환경과의 끊임없는 상호작용에 의해서 체제의 존속과 발전을 추구한다고 했다. 이와 같은 체제이론의 기본 철학을 부분보다 전체론, 환경과의 상호작용에 의한 체제 자체의 존재가치를 정당화하고 이것을 신념으로 지키는 인식론과 정태적인 균형론(equilibrium theory), 체제의 부분과 요소의 작용과 기능을 설명하는 구조기능주의(structural functionalism) 등으로 요약할 수 있다. 특히 Easton식의 일반 체제이론이 행정이론에 적용되면서, 체제의 목표와 존립에 대한 합의와 체제의 끊임없는 발전과 성장 그리고 부분과 전체와의 위계질서인 계층제(hierarchy) 등이 행정사상을 설명하는 방법으로 활용되기도 한다(이성로, 2002; Newman, 1972; Mara, 2015).

따라서 체제이론의 기본철학을 가진 시스템사고의 철학인 전체론, 기술결정론, 존재론, 인식론, 구조기능주의 등을 정책사상의 지적인 방법론과 관련하여 간단하게나마 이해할 필요가 있다. 먼저 구조기능주의는 체제의 각 부분과 요소가 각각의 고유한 또는 부여받은 임무(이것을 기능이라고 요약할 수 있다)를 수행하고 실천하는 체제의 위계질서나 서열을 가진 조직구성으로 설명한다. 이와 같은 구조화되고 부품화된 조직구조의 기능은 그 자체가 독립적이고 독자적으로 기능하는 것이 아니라 체제 전체의 목표와 이상과 이념에 따라서 조화되고 조정된다고 하는 전체론(holism)을 주장하고 있다. 즉 체제를 하나의 큰 패러다임으로 설명하는 것이다. 이에 따라서 체제는 유기체와 같이 살아있는 생명체처럼 각자의 고유한 역할과 기능을 수행한다. 이와 같이 생존과 성숙을 추구하는 체제의 존재 그 자체의 가치와 값을 부여하는 것을 존재론으로 보고 있다. 특히 시스템 사고에서는 체제 자체의 생각이나 사상이 존재한다고 했다.

그리고 체제의 지식에 대한 분석과 이론을 하나의 이념이나 가치판단으로 정당화하고 그 범주를 정하는 것을 인식론으로 설명했다. 이와 같은 인식론의 대표적인 것으로 동양의 음양론에서 시스템 사고를 보다 자세히 이해하기도 한다. 예를 들면 주역(周易)의 변화와 변동을 괘(卦)의 변동과 순환관계로 설명하거나 주역의 다양한 괘 자체가 전형적인 체제이기 때문에 음과 양의 순환과 공존, 조화, 안정과 불안정(엔트로피 개념) 등의 개념으로 비교해서 설명하기도 한다 (Chen 외 3인, 2010).

5) 사고실험

정책사상의 연구방법으로 사고실험(thought experiment)도 들 수 있다. 이것을 사상실험이라고 할 수도 있다. 어의적으로 사상실험이 인간의 사상이나 이념에 관한 부정적인 이미지나 또는 병적인 집착 등과 같이 법이나 의학적으로 조사하거나 진단하는 용어로 이해될 수 있다. 그래서 사고실험이라고 일반적으로 명칭하고 있다(김선희, 2016; 황유경, 2016).

사고실험은 사고의 작용이나 내용을 전통적인 실험방법으로 측정하고 설명해 보고자 하는 과학적 방법의 변형이다. 즉 사고의 작용이나 내용의 일관성을 측정하고자 하는 실험집단과 자연적인 상태에서 통제하지 아니하는 통제집단으로 나누어서 실험집단에 대한 사고작용이나 내용을 실험조건으로 적용한 결과와 통제집단간의 차이점을 설명하는 방법이다. 전통적으로 이것은 준(quasi) 또는 사회 (social) 실험이기 때문에 일반적으로 사고실험 방법이라고 하기도 한다.

사고실험 방법은 과학적 사고실험인 반면에 철학이나 윤리학 등에서 사고실험은 철학적 사고실험이라고 하기도 한다. 즉 실험의 조건이나 내용은 인간의 지적활동이다. 때문에 개인적이고 불확실하며 자유스럽다. 이와 같은 자유의지나 감성은 실험조건이 되기 어렵다. 대신에 추상적이고 이상적인 인간의 사고를 논리적으로 종합(synthesis)하거나 선험적(pre-experimental) 방법으로 이해하고 설명해야 한다고 했다. 즉 가설이나 가정을 전제하지 않고 보다 자유로운 실험환경에서 새로운 사상이나 사고를 발견하고 그 범위를 확장하거나 수정할 수 있는 방법을 사고실험이라고 했다. 앞서 과학적 사고실험은 주로 심리학이나 의학(Gendler, 2007), 경제학의 소비자 선택이론(Spangenberg, 2010; Thoma, 2016), 행정학(Pressley, 2011) 등과 같은 분야에서 활용되고 있는 반면에 철학적 사고실험은 문학(황유경, 2016; Egan, 2016)이나 철학(Nimtz, 2010) 등과 같은 인문학 분야에 활용되고 있기도 하다.

사고는 본질적으로 개인적이고 사적인 영역이다. 동시에 창조적인 작용이다. 따라서 물리적인 형상이나 내용을 가질 수 없다. 앞서 환원주의에도 설명했듯이 심리적 작용이 물리세계로 간단하게 환원된다면 다행이다. 그러나 정신세계에는 본질적으로 물질의 세계처럼 가시화되기 어려운 요소들이 많다. 정책사상의 창조적 연역방법에서는 사고실험은 발견되고 제안된 정책사상을 수정 또는 확장하거나 비판적 사고에 의하여 새로운 사상을 형성하기 위한 방법, 좀 더 구체적으로 철학적 사고실험 방법에 적합하다고 할 수 있다. 그럼에도 불구하고 사고실험 방법은 정책사상의 지적인 창조작용을 설명하기에 일정한 한계가 있다.

인간의 창조적 활동에 관한 무한한 가능성과 다양성 등을 좀 더 철학적으로 이해할 수 있는 한 가지 방법을 여기서 간단히 소개할 수 있다. 즉 정책사상의 정신작용인 창조작용을 방법론적으로 이해하는데 도움이 될 수 있을 것이다.

중국 불교의 선사상(禪思想)을 본격적으로 널리 전파하게 되는 참선불교의 소의경전이 되고 있는 『6조법보단경』(六祖法寶壇經)의 저자인 혜능(惠能)(638-713)에 관한 일화이다.

> "혜능이 선종(禪宗)을 펼칠 때 중국 광주(廣州)에 소재한 법성사라는 사찰에 도착해서 쉬어가고 있었다. 이때 당대에 유명한 인종(印宗) 법사가 『열반경』(涅槃

經)을 강의하고 있었다. 마침 바람이 불어 사찰 입구에 꽂아 둔 깃대에서 깃발이 펄럭이는 광경을 보고 어느 한 스님이 '바람이 움직인다(풍동: 風動)'라고 중얼거렸다. 그랬더니 다른 스님이 '아니다; 깃발이 움직인다(번동:幡動)'라고 하면서 서로 간에 옥신각신한 모양이었다. 이와 같은 설전(舌戰)을 가만히 듣고 있던 혜능이 나아가서 '여보게! 바람이나 깃발이 움직인 것이 아닐세! 당신들 마음이 움직인 것이네(심동:心動)'라고 했더니 모두들 잠잠해졌다[21].

바람이나 깃발이 움직이는 물리적인 자연의 현상을 관찰하고 조사한 법칙을 경험세계에서 수없이 증명했기 때문에 우리들은 쉽게 그리고 당연하게 바람과 깃발의 움직임을 하나의 법칙으로 수용하게 된다. 사실 바람이 움직인 것인지 또는 깃발이 움직인 것인지는 이것을 관찰한 사람의 자의적인 판단이고 해석에 관한 일일 수 있다. 바람이 없었다면 깃발이 움직이지 아니했을 것이다. 그러나 풍동은 인간의 눈으로 볼 수 없다. 때문에 깃발이 움직이는 번동을 눈으로 먼저 보고, 풍동과 번동을 판단할 수밖에 없었을 것이다.

그러나 문제는 풍동과 번동을 인식하고 그 작용을 판단하는 주체는 역시 인간의 마음, 즉 정신세계에 있다. 정신적인 작용인 의식에 의하여 풍동과 번동을 인식하지 못했다면 보고도 볼 수 없었고 들어도 들을 수 없었을 것이다. 그래서 '보지 않으면 멀어진다'(거자일소:去者日疎: out of sight, out of mind)라고 하듯이 마음이 물리적인 작용이나 현상을 판단하고 진단하는 우선적인 것이라고 할 수 있다.

그래서 주자(朱子, 朱熹: 1130 - 1200)는 정자(程子)[22]의 말을 빌면서, 공자가 가르친 중(中)은 천하의 정도(正道)이고 용(庸)은 천하의 정해진 이치(정리:定理)라고 하는 중용도 마음에 관한 법(심법:心法)이라고 했다[23]. 실제로 공자도

---

21) "逐出至廣州法性寺 直印宗法師 講涅槃經 時 有風吹幡動 一僧 云 風動 一僧 云 幡動 議論 不已 能 進日 不是風動 不是幡動 仁者 心動"(『悟法傳衣』, 第一).
22) 『대학장구』에서 주자가 정자를 자정자(子程子)(정호:程顥:(1032 - 1085)라고 호칭한 것에 대한 여러 가지 주장이 있다. 그러나 주자가 같은 학파의 존경할 만한 스승에 대한 학문적이고 인간적인 존경의 뜻을 표하기 위해서 '자정자'라고 한 것이라는 주장(윤상철, 2010: 205)이 조금 더 타당할 것 같다.
23) "子程子日 不偏之謂中 不易之謂庸 中者 天下之正道 庸者 天下之定理 此篇 乃孔門傳授

"수신(修身)이란 마음을 올바르게 하는 것이다"라고 했다. 왜냐하면 "마음이 없으면 보아도 보이지 않으며 들어도 들리지 않고 먹어도 그 맛을 알지 못한다"[24]라고 했기 때문이다.

이와 같은 마음의 작용에 따라서 자연의 현상이나 경험사회의 값이나 실체를 이해하게 된다는 또 하나의 비유로 얼룩말의 색깔을 들 수 있다. 얼룩말의 바탕색이 희다고 할 수도 있다. 그 반대로 흑색이 바탕색이라고 할 수 있다. 얼룩말의 색깔을 관찰하는, 즉 눈으로 보는 사람의 주관적인 인식인 마음의 작용에 따라서 동일한 사물일지라도 다르게 인식한다는 것이다.

경험사회에서 반복해서 검증을 거쳐 일반적으로 통용되는 법칙을 찾고자 하는 과학주의는 이와 같은 정신작용을 설명하기 어렵다. 물론 이것을 사고실험이나 창조적인 시스템이나 디자인 사고 등과 같은 여러 가지 방법으로 설명할 수 있다. 그러나 어디까지나 과학주의의 문제점이나 한계를 수정하고자 하는 정도에 불과할 것이다.

정신작용의 창조성이나 자유로운 의지와 감성에 의한 개인적인 판단과 결정 및 지적활동에 관한 방법론을 도학(道學)으로 설명한 것도 있다. 예를 들면 깨달음으로서 학문적 정체성을 찾아야 한다는 주장이나(홍승표, 1999), 연구자 자신과 현실에 대한 깨달음으로서의 연구가 되어야 한다는 주장(한국정치사상학회 설립취지문, 1996) 등을 들 수 있다. 그 깨달음이란 자신과 우주의 만물이 하나임을 자각하고 그것을 즐기는 삶이며, 하나 됨이란 각자의 개성을 각각 고유하게 실현한 결과로 발생되는 화합을 의미한다고 하기도 했다(홍승표, 1999: 444).

과학주의로 표방되는 방법론적인 우월성에 대항하면서 동시에 방법론적으로 정신작용을 설명하기 어렵다는 사실을 깨달음으로 주장하는 심정을 이해할 수 있기도 하다. 특히 과학적인 사실 중심에 의한 한계적 설명이나 방법에 집착하여 학문의 본질을 우회하게 되는 서양 중심의 물리적 계량주의에 대한 안타까운 입

心法"(『中庸章句』)」.

24) "心不在焉 視而不見 聽而不聞 食而不知其味. 此謂修身 在正其心"(『大學』).

장도 이해할 수 있다. 그러나 학문의 세계와 깨달음의 세계는 다르다. 학문은 알지 못하는 미지의 세계를 발견하여 이것을 보편적인 일반이론이나 논리적 일관성을 가진 이론으로 세상에 알리고 계몽하는 분야이다. 또한 각자의 학문영역에 대한 고유한 독자성과 정체성을 설명하는 분야이기도 하다. 이것을 가장 잘 보여주고 체계화할 수 있는 이론이, 적어도 사회과학에서는 사상이론이라고 할 수 있다.

그러나 깨달음은 본질적으로 학문을 포함하는 광의의 세계이다. 동시에 각각의 학문적 영역을 구별하지 아니한다. 깨달음의 세계는 인간과 세상의 만물도 구별할 수 없다. 무엇을 깨닫는다는 그 자체부터가 벌써 깨닫지 못한 미오(迷悟) 또는 불각(不覺)을 의미한다. 왜냐하면 서문에서도 간단히 언급했듯이 깨달음, 즉 도(道)의 본성은 허공과 같이 모든 것을 포함하면서도 동시에 그 본체와 사용은 끝없기 때문이다. 그래서 이것을 허통(虛通)으로 그 존귀함이 있다고 했다.

물론 깨달음을 우주만물이 나와 동체이면서 하나라는 사실로 인식하는 것이라고 주장할 수도 있다. 또한 하나이지만 각자의 역할과 조건과 상황에 따라서 각자는 각자의 신성한, 양보하거나 침해받을 수 없는 존재의 가치를 고유하게 실현하면서 우주의 질서와 원칙에 원만히 조화되어 있다는 주장도 맞다.

그러나 이와 같은 것을 깨닫는 것이 누구인가 라는 것을 분명히 알고, 자각하고 체득(體得)하여 언제나 한결같아야 깨달음이라고 할 수 있다는 것이다. 깨달음은 직접 각자가 체험적이고 선험적으로 증명하여 얻는 것이지(증득:證得) 언어나 문자 등을 논리적이고 이론적으로 분석하고 정합하여 달성할 수 있는 것은 아니다.

동시에 우주와 내가 하나라는 것은 우주와 나를 구별하는 이분법을 전제로 한 것이다. 그러나 내가 우주이며, 우주가 곧 내다. 적어도 깨달음의 본질의 세계에서는 그렇다는 의미이다. 때문에 우주와 나를 구별하고 구분해서 이것을 하나로 인식한다는 것은 도의 세계에서는 본질적으로 깨닫지 못한 것으로 본다. 즉 그 자체가 모순이라는 것이다. 따라서 이것을 깨달음이라고 한다면 이것은 깨닫지 못했다는 것을 알리는 것에 불과할 것이다. 따라서 깨달음의 주체가 누구인지를 분명히 깨닫지 못하면 그 다음의 일들은 진실로 깨닫지 못한 상태에서의 논쟁이고 논리에 불과하다고 할 것이다. 그래서 깨달음은 학문의 세계와는 구별되는 세계로서 인간뿐만 아니라 모든 존재하는 것들(사물과 비인간 등)의 존재 그 자체에 관한 세계이다.

또한 깨달음의 학문을 주장하는 분야에서 인간과 우주만물이 하나이지만 그것이 각자의 역할과 기능에 따라서 원만히 조화되어 있다는 주장을 할 수 있다면 이와 같은 주장은 모든 학문분야에 동일하게 적용될 수 있을 것이다. 그러면 학문분야나 영역의 정체성이나 독자성을 찾을 수 없을 것이다. 따라서 이와 같은 깨달음을 추구한다는 그 주장만이 유일하게 존재하게 되면서 그 이외의 주장이나 이론은 무용지물이 될 수 있다. 그래서 서문에서도 학문의 세계는 무용(無用)으로 그 값을 가진다고 한 것이 아무런 쓰임이 없다는 것이 아니다; 각자의 영역과 세계에 따라서 각양각색(各樣各色)으로 사용되는 것을 표현할 단어나 용어를 찾기 어려워서 부득이 그것을 무용이라고 한 것이다.

학문의 세계는 진리와 진실을 추구한다. 나아가 그것을 보편적 진리와 사실에 관한 이론으로 구성해서 누구든지 활용하고 이용하여 그 가치를 취할 수 있다. 이와 같은 진리와 이론은 영원한 것이 아닐 수도 있다. 시대적인 조건과 상황과 이해관계에 따라서 때로는 무지의 베일에 가려서 본질을 정확하게 알지 못할 수도 있다. 그러나 깨달음의 세계는, 물론 이와 같은 학문의 세계도 널리 보면 전부 다 깨달음의 세계이지만 시대적인 조건이나 상황, 개인적 이해관계 등에 따라서 변화되거나 수정되는 것이 아니라 영원한 진리이고 진실의 세계이다. 단지 깨닫기 이전까지 각자의 이해관계나 지적 능력, 가치관 또는 선호 등에 따라서 다양하고 복잡하게 이해하고 설명하기 때문에 영원히 불변하는 진리와 진실을 알지 못할 뿐이라고 할 수 있다.

3. 정책사상의 중요성

정책사상은 정책학의 기초적이고 중심적인 이론이다. 왜냐하면 정책사상은 정책학의 다양한 이론이나 지식을 정책학의 학문적인 패러다임으로 체계화하여 정책학의 학문적 정체성을 확립하면서 동시에 정책이론의 적실성을 보장하는 정책학의 모체 역할을 하기 때문이다. 이것을 정책학의 학문적 중요성과 정책의 현실적인 적실성에 관한 중요성으로 나누어서 설명할 수 있다.

1) 정책학의 학문적 중요성

정책사상은 정책과 정책학에 관한 본질적 질문을 철학적으로 사고하고 이것을 이론적으로 고찰하여 정책학의 기초이론을 형성하는 것이라고 했다. 즉 정책학의 지적인 근간을 형성하기 위한 철학적 사고를 이론적으로 체계화하는 것이라고 했다. 이와 같은 지적 근간은 정책학에 고유한 이론, 즉 정책이론이 될 수 있다고 했다.

그렇다면 정책학의 지적인 근간을 이루고 있는 정책사상은 정책학의 중심적인 이론에 해당된다. 이와 같은 중심적이고 핵심적인 정책이론은 당연히 정책학의 학문적 정체성(disciplinary identity)에 필수적이다. 즉 정책학의 다양한 이론이나 관련된 학설이나 주장 등이 정책사상으로 정리되고 총결되면서 정책학이라는 고유의 학문세계를 형성하는 중심축 이론을 정책사상이라고 할 수 있다. 비유하자면 공자(孔子)가 덕치(德治)를 강조하면서 수많은 별들이 항상 제자리에 위치한 북극성을 주위로 감싸고 있다고 했듯이[25], 물론 정책사상이 덕치라고 하는 통치이념과는 다르지만 정책사상이 올바르면서도 분명히 정책학의 기초이론으로 정립되어 있다면 이것을 중심축으로 해서 수많은 정책이론이 형성되고 발달될 수 있을 것이다.

---

25) "爲政以德 譬如北辰 居其所 而衆星共之"(『論語』, 爲政).

그래서 초기부터 미국의 정책학을 창립하고 주조한 Lasswell(1970)과 그의 학파들이(Dror, 1970; John, 1970; Brewer, 1974) 다양한 분야의 학문적 배경과 이론을 가진 학군(學群)들로 뭉쳐진 정책학이 독자적이고 고유한 학문적 영역을 가질 수 있어야 한다고 강조했다. 그래서 지식과 실천을 가교하고 통합할 수 있는 문제정향적이고 맥락적이며 종합적(synthetical)으로 활용할 수 있는 정책학을 주창했고 이것을 그 당시에 떠오르는 정책학이라고 하였다.

그러나 초기의 정책학이 과반세기의 세월이 지난 이후에도 계속해서 떠오르고(emerging)만 있을 것인가 하는 비판과 주장이 제기된다고 했다. 즉 아마도 영원히 정책학은 '떠오르다'가 끝날 것이 아닌가 하는 우려와 고백이기도 하다(Brewer, 2017). 왜냐하면 초기의 정책학자들은 학문적인 독자성이나 정체성을 범학제적인 종합과학으로서 문제중심의 실천학문에 초점을 두었기 때문일 것이다. 그리고 대학에서 독자적인 학과를 구성해서 이와 같은 정책학을 교육할 수 있는 교육과정 등(John, 1970)에 초점을 두면서 정책학의 사상이나 이념 또는 철학 등을 크게 중요하게 생각하지 아니했기 때문이라고 할 수 있다[26]. 특히 앞서 정책사상을 정의한 것과 같이 정책학의 학문적인 중심이고 지적인 근간이 정책사상이라는 사실을 깊이 또는 가슴 아프게 생각하지 못했다고도 볼 수 있기 때문이다.

---

[26] 1950－70년대에 정책(학)운동(policy sciences movement)이라고 할 정도로 정책학이 미국에서 폭발적으로 발달할 때 정책사상에 관한 연구가 없었던 것은 아니지만, 좀 더 자세한 것은 뒤편의 정책사상의 연구경향에서 Lasswell이나 Dror, 기타 학자들의 정책사상을 검토하면서 설명하겠지만 정책사상을 정의하면서 체계화한 것이 거의 없다는 사실이다. 참고로 정책학운동은 1950년대부터 1970년대 중반까지 미국에서 Lasswell을 중심으로 하는 정책학, 정확하게는 정책과학(Policy Sciences)에 관한 이론과 논의와 논쟁이 급격히 발표되고 형성되는 시기를 통칭하는 것이다. 이때의 정책학의 이론이 지금의 정책결정 과정을 중심으로 하는 정책과정론과 정책대안을 탐색하고 최적의 안을 결정하는 정책분석론 등의 핵심이 되고 있다. 이것을 정책학의 양대 이론이라고도 한다. 그럼에도 불구하고 정책사상(물론 정책철학이나 이념, 정책윤리 등)에 관한 논쟁과 논의가 매우 희박한 것이 아쉽다고 할 수 있다. 물론 정책학의 학문적 발달이 미숙한 측면도 있다. 또한 정책학의 지적 욕구와 현실적인 활용에 대한 수요가 너무나도 다양하고 급격해지면서 정책과제나 국정의 문제해결에 초점을 둘 수밖에 없었을 것이다. 따라서 사상이나 철학 등을 자연적으로 소홀히 하게 되었다는 것으로 이해할 수 있기도 하다.

단언적이지만 정책학은 영원히 떠오르는 수준에서 끝나지 아니할 것 같다. 왜냐하면 정책학의 기본이론으로서 정책사상에 관한 연구나 주제토론이 21세기가 시작되면서 크게 활발해지고 있기 때문이다. 특히 유교문화권을 중심으로 하는 한국이나 일본, 중국 등에서 정책사상(광의의 정책철학이나 윤리, 이념 등을 포함하는 것) 연구가 활발해지고 있기 때문이다. 정책학이 미국의 학문세계를 뛰어넘으면서 유럽국가(영국이나 프랑스 등)에서도 활발해지고 있다. 특히 정책사상에 관한 논의와 연구가 주류를 형성해 가고 있기 때문이다(정책사상의 연구경향에서 조금 더 자세히 설명한다).

그래서 정책사상이 정책학의 학문적 정체성의 뼈대이론이라는 것을 좀 더 자세히 살펴 볼 필요가 있다. 그래야만 정책학의 기초이론으로서 정책사상의 중요성이 밝혀질 수 있을 것이다. 이에 따라서 정책사상의 연구나 논쟁이 더욱 활발해 질 수 있을 것이다[27].

정책학이 탄생되면서부터 떠오르는 정책학이 그 수준으로 영원히 계속될 것과 같다는 우려와 같이 학문적 정체성에 관한 논쟁이나 의문은 계속되고 있다. 동시에 비판과 절망을 넘어서 정책과학의 다양한 대안적 패러다임이 제시되고 있기도 하다. 특히 미국식 정책학을 수입하고 전수하면서 정책학을 발달시키고 있는 수입국의 입장인 한국이나 중국 및 일본, 기타 세계 여러 나라에서도 미국정책학 그 자체의 정체성뿐만 아니라 각국의 정책현실과 과제에 타당하고 적실한 정책이론을 가진 학문적 정체성을 어떻게 확보하고 발달시킬 것인가 하는 논쟁과 연구가 크게 진행되고 있다.

정책학의 학문적 정체성에서 먼저 정체성 개념도 살펴 볼 필요가 있다. 왜냐하면 정체성은 다양한 분야에서 다의적으로 정의되면서 사용되고 있기 때문이다. 먼저 정체성을 개인과 집단수준으로 구분할 수 있다. 개인수준에서 정체성은

---

27) 학문적 정체성에 관한 이하의 내용은 필자 등의 "한국과 중국 및 일본의 정책학 정체성 비교연구"(『지방정부연구』. (2011). 15(4)를 재구성한 것이다. 필요한 참고문헌만 예시하면서 기타의 것은 생략하였다.

자아 형성이다. 그러나 자아형성의 개인적 정체성은 사회적 관계와 상호작용속에서 진행되고 달성된다. 때문에 사회적 정체성으로 확인되고 발견되어야 한다. 이때 사회적 정체성은 집단적 정체성으로 성숙된다고 할 수 있다.

학문적 정체성은 이와 같은 개인적 수준의 자아가 집단적으로 성숙된 것을 학문적인 응집력이나 결속력 등으로 측정한 것을 의미한다. 예를 들면 독자적인 이론과 연구방법에 따라서 연구주제를 취급하고 설명하면서 학문적 공감대를 형성하는 것이 학문적 정체성의 대표적인 예시라고 할 수 있다. 이와 같은 학문공동체를 중심으로 형성된 학문적 정체성은 경계작업을 통하여 자신의 정체성을 확보하고 통제하게 된다. 즉 과학적이고 전문적인 이론과 방법 등을 가진 학문공동체와 그렇지 아니한 집단을 구별하면서 독자적이면서 차이가 있는 학문영역과 방법 등을 확보하게 된다. 이것이 학문집단을 통제하는 전략적 수단으로 활용되기도 한다. 나아가 학문적 권위를 확대하거나 확장하는 역할도 하게 된다.

학문적 공동체는 그들만의 독특하고도 차이가 있는 연구주제나 대상을 찾고자 하지만 항상 다양한 관점을 가진 학자들에 따라서 긴장과 갈등이 발생하게 된다. 그래서 학문적 이견과 다양성에서 상호간의 협력과 공존을 추구하면서 정체성을 확보해 가게 된다. 특히 방법론을 표준화하면서 이론이나 지식을 축적하거나 또는 이상적 유형이나 공통적인 경계를 발견하거나 표준화할 수 있는 경계대상을 계속 발전시키거나 유지시키게 된다.

정책학의 학문적 정체성도 위와 같은 사회적이고 집단적인 정책학의 독자성과 그 영역을 독점하고자 하는 입장에서 찾아 볼 수 있다. 이것을 세 가지로 구분해서 좀 더 분명히 정책학의 정체성 개념을 이해할 수 있다.

첫째, 독자적이고 독립적인 정책학의 이론체계와 방법(론)을 보유하고 있는 과학적 정체성(scientific identity)을 먼저 들 수 있다. 따라서 정책사상은 정책학에 고유한 독립적인 이론과 이론형성의 방법론을 가지고 있어야 한다. 그렇기 때문에 정책사상을 정의하면서부터 정책사상의 구체적인 내용에 이르기까지 정책학의 고유한 이론이고 영역이라는 것을 항상 강조해 왔다. 또한 방법론적으로 사상에 관한 연구이기 때문에 과학주의가 아닌 창조적 추론과 논리적 정합성의 방법이 중요하다고 했다. 그래서 이것을 환원주의나 디자인 사고, 시스템 사고, 사고실험 등과 같은 연구방법이 정책사상에도 유용할 것인가 하는 것을 설명하기도 했다. 정책사상은 정책의 본질에 관한 정신작용의 산물이다. 이와 같은 정신작용의 결과를 종합정리하여 정책학의 이론으로 구성하는 것이 과학적 정체성의 주요 내용일 것이다.

둘째, 정책학의 독자적인 연구주제나 대상인 경계대상으로 설명하는 것이 경계 정체성(border identity)이다. 경계 정체성은 과학적 정체성을 가진 집단이 독자적인 학문영역과 방법에 따른 경계작업을 가지고 있다는 정체성이다. 동시에 공통적이거나 표준화된 방법이나 이상적인 유형 등과 같은 경계대상을 공유한다는 정체성이다. 정책학의 연구주제나 연구대상이 정책학에만 고유해야 하며 표준화된 연구방법과 정책이론 등을 유형화하여 이것이 정책이론으로 축적되고 있어야 한다.

정책사상은 정책에 관한 사상이다. 즉 정책과 정책학의 본질에 관한 철학적 사고이다. 이것을 이론적으로 사고하고 정리하여 체계화하면서 정책학의 핵심이론(core theory)을 구성하는 것이다. 앞으로 정책학이 더욱 성숙하고 많은 연구들이 축적되면 다양한 이론들을 정책학자나 집단 중심의 정책사상이나 국가나 지역을 중심으로 하는 한국정책사상, 유럽정책사상, 미국정책사상 등으로 정책사상을 설명할 수 있을 것이다. 앞서 정책사상사와 정책사상을 구별하면서 간단히 지적했지만 정책학의 역사에서 따라서도 정책사상을 설명하고 이론화할 수 있을 것이다. 나아가 이것을 정책학의 독자적인 영역과 학문적으로 표준화된 패러다임으로 체계화할 수 있을 것이다.

셋째, 정책학의 과학적 정체성과 경계정체성을 공유하고 있는 정책학자 집단에 관한 집단 정체성(collective 또는 community identity)을 들 수 있다. 일반적으로 집단 정체성을 지리적 단위로 구분하여 미국정책학, 한국정책학, 유럽정책학 등으로 통칭되고 있다. 그러나 이때 한 가지 유의할 것으로 미국정책학이나 한국정책학 등과 같은 지리적 단위가 타 지리적 단위의 정책학자군에 의하여 학문적으로 인정되고 있어야 한다는 사실이다. 그래서 한국정책학의 고유한 이론의 형성, 한국정책학의 현실적 가치성, 한국정책학의 독자적인 학파(특히 학회의 활동) 등과 같은 논의나 논쟁이 끊임없이 진행되고 있는 이유 중의 하나도 이와 같은 집단 정체성을 확보하기 위한 노력이라고 할 수 있다[28].

학문공동체의 정체성이 분명하게 나타나는 것이 지리적이고 공간적인 경계에 따른 국가별 학문정체성이다. 그렇기 때문에 한국정책학, 일본 및 중국 정책학 등이 존재할 수 있게 된다. 물론 각국의 정책학에 공통점이 있지만 동시에 차이점이나 특성도 있다. 이와 같은 차이점이 있다는 것은 각국 정책학의 공간적이고 지리적인 차이뿐만 아니라 문화적이고 역사적이며 인식적 차이도 있다는 것을 의미한다. 그래서 정책학의 집단 정체성은 국경이나 지리적 경계를 구분으로 성립하고 발달되면서 각국의 정책학의 정체성으로 발전하고 있다.

그러나 정책사상이 아직까지 정책학의 집단 정체성을 확립할 수 있을 정도로 발달되거나 성숙되지 못했다. 정책사상에 관한 선행연구를 검토하면서 설명하겠지만 정책사상(정책철학을 포함한다고 하더라도) 연구는 아직까지 출발하지도 못한 실정이라고 할 수 있다. 정책사상이라는 용어 자체도 정책학계나 이론에서 거의 발견되고 있지 못한 실정이다. 정책학을 창도한 Lasswell이 정책사상이라고 했지만 체계화되지 못한 하나의 정책사고(policy thinking)이다. 특히 인간의 존엄성(human dignity) 가치를 중심으로 구체적으로 설명한 것뿐이었다(Lasswell and McDougal, 1992: part III). 그렇다고 Lasswell의 정책사상을 가볍게 취급하

---

28) 한국정책학도 집단 정체성을 확보하기 위하여 한국정책학회를 1992년에 공식적으로 설립하면서 한국정책학의 한국화 또는 토착화 등에 관한 논의와 논쟁을 끊임없이 진행하고 있다. 또한 한국에 고유한 정책이론의 형성과 현실에의 적용이라는 한국식의 정책학을 정립하고 발달시키고자 하는 학문적 독립성도 있다. 특히 한국의 정책학자들은 각자의 학문적 배경과 관심영역에 관계없이 한국의 독자적인 정책이론의 형성과 발전을 가장 중요한 한국정책학의 위치라고 생각할 정도로 학문적 공동체 의식은 매우 강하다고 할 수 있다. 그래서 인근 학문분야에서 사상연구를 보면 이구동성으로 서구 중심의 연구패러다임과 가치관에서 탈피하여 동양이나 한국의 정치, 경제, 사회(학)사상 등을 강하게 염원하고 있는 것도 사상연구에서 집단 정체성의 중요성을 인식하고 있다는 증거라고 할 수 있다.

거나 또는 정책학에서 이것의 가치를 절하하는 것은 아니다.

아직까지 발아수준의 정책사상이 집단적으로 정책사상 그 자체의 정체성을 확립하기 어렵다. 따라서 정책사상이 정책학의 학문적인 정체성을 정립하는데 도움이 되거나 선구자가 되기는 아직까지 어렵다. 특히 한국정책학에서 정책사상 연구나 내용은 초보적이다. 그러나 지리적인 경계인 국가나 지역을 중심으로 하는 정책사상이 발전되면서 그 이론이 축적되면 정책사상은 분명히 정책학의 집단 정체성의 제일 주자가 될 수 있을 것이다. 왜냐하면 정책사상은 정책학의 모체이론이고 근간이론이며 정책의 철학적이고 이론적인 사상체계를 설명한 이론이기 때문이다.

2) 정책의 현실적 적실성(적절성)에 의한 중요성

정책사상은 정책학의 학문적 정체성을 확보하고 담보할 수 있는 정책학의 근간이라고 했다. 이때의 학문적 정체성은 과학적 이론을 갖춘 학문뿐만 아니라 정책학의 고유한 이론과 전문적인 학파를 형성하고 학맥을 구성할 수 있는, 즉 정책학만의 경계를 정립할 수 있는 정체성도 포함된다고 했다. 물론 지역이나 국가 중심의 정책사상이 발달하면서 지역이나 국가 등의 지리적 집단에 관한 집단 정체성도 확보될 수 있다고 했다.

이와 같은 정책학의 학문적 정체성은 정책학의 존재의 가치인 정책의 현실에서 타당하고 적실해야 하는, 즉 정책현실을 설명할 수 있고 이해할 수 있는 수준에도 달려 있다. 정책학은 숙명적이고 생태적으로 국가를 중심으로 하는 공공의 과제나 문제에 초점을 두고 있다. 항상 정책학이 사회의 공공문제에만 매달리고 있는 것은 아니다. 그러나 정책을 결정하고 실천할 수 있는 이론이나 방법론 또는 정책학의 역사나 지역이나 국가의 비교정책, 정책의 이상과 가치와 이념 등에 관한 정책철학, 정책의 본성인 정치와의 관계, 정책리더십 등은 기초이론이고 중심이론으로서 정책학의 존재에의 방점(locus)이 되고 있다.

그럼에도 불구하고 정책학은 이와 같이 구성되고 생성된 정책이론이나 방법들이 정책의 현실을 외면해서는 또한 그 존재의 값을 다할 수 없다. 현실을 등진, 현실과 이론과의 괴리현상(theory-practice dichotomy)은 사회과학의 중요하면서도 영원히 해결되기 어려운 과제이지만[29] 정책학의 존재를 무색하게 할 것이다. 따라서 정책현실을 외면하지 아니한 또한 해서는 안되는 정책학의 학문적 정체성을 기초적이고 중심적으로 확보하는 정책사상은 본질적으로 정책의 현실에서도 그 중요성을 설명할 수 있어야 한다.

이와 같은 논리적이고 필연적인 사실을 정책의 현실인 경제정책의 하나인 이자제한법(법률 제12227호)에서 밝히고 있는 정책사상의 현실적 중요성으로 간단히 살펴 볼 수 있다. 동법 제1조에서 이자의 적정한 최고한도를 규정하면서 경제정의를 실천하는 것이 정책목적이라고 되어 있다. 이와 같은 목적은 화폐시장의 수요와 공급의 법칙에 의한 적정한 이자보다는 공공의 목적인 최고한도의 이자를 강제적으로 규정한 경제 및 사회정책의 사상이고 이념이라고 할 수 있다. 즉 금전적 약자계층을 보호하여 그들의 인간다움인 인간의 존엄성을 지키고자 하는 것이 정책의 목적이고 이념이다. 이와 같은 정책목적이나 이념은 또한 국가가

---

29) 사회과학에서 이론-현실(실제) 이원론은 아마도 영원히 해결되기 어려운 하나의 과제임에 틀림없다. 왜냐하면 사회과학은 자연과학과 달리 개인의 자유의지와 감성을 설명하고 이해해야 하기 때문에 과학적인 경험세계의 실증(實證)만으로 현실을 진단하고 설명할 수 없기 때문이다. 동시에 현실도 끊임없이 변동되고 변화되기 때문이다. 하나의 유명한 일화로 20세기 초 과정철학자이며 수학자인 영국의 Alfred Whitehead(1861-1947)(1929: 4)는 Charles Darwin(1809-1882)의 적자생존론은 과학적으로 검증된 이론이다. 그러나 이것이 인간사회에 적용되는 현실의 세계에서는 수백만 년 동안 변화없이 생존하고 있는 바위가 다윈의 적자생존의 법칙을 가장 잘 지켜가고 있다고 비판하기도 했다. 따라서 정책학에도 이론과 현실의 괴리문제를 조금이라도 줄이면서 정책학의 현실적 중요성을 높이기 위해서는 먼저 정책현실의 다양성과 복잡성을 정확하게 이해하는 것이 우선적이다. 그리고 정책의 현실을 기초로 하여 정책이론이 형성되면서 동시에 현실에서 이론이 검증되고 적용되어야 할 것이다. 때문에 정책이론과 정책현실 그 자체를 분리해서는 이론과 현실의 관계를 이해하기 어려울 것이다. 또한 정책이론은 실천적이며 실용적인 이론이 될 수 있어야 이론과 현실의 괴리현상을 조금씩 극복할 수 있을 것이다. 사회과학에서 현실을 떠나서 이론을 구성할 수 없다. 또한 이론도 현실에서 정당성과 타당성과 실용성을 인정받아야 될 것이다. 따라서 이론은 현실에서 현실세계를 논리적이고 합리적으로 설명할 수 있어야 하며 현실세계의 변화를 예측할 수 있어야 한다. 이것이 실천적 이론이고 실천지혜라고 할 것이다. 정책사상에서 이것을 강조하는 것이 제6장의 현실주의 정책사상이다.

정책을 통하여 개인의 자유롭고도 자율적인 시장의 경제행위와 질서에 개입하고 간섭하는 국가주의의 정당성에 관한 문제이기도 하다. 이것을 국가주의 정책사상이 철학적으로 사고하고 이론적으로 체계화하여 설명할 수 있어야 할 것이다.

또 하나의 예로서 공직자의 근무윤리(work ethics) 등에 관한 정책인 부정청탁 및 금품 등 수수의 금지에 관한 법률(약칭: 청탁금지법)(법률 제14183호)에서도 정책사상의 현실적 중요성을 이해할 수 있다. 공직자에게 부정한 청탁을 하지 아니하는 것은 공직사회의 깨끗함과 신뢰성의 가장 중요한 요소이다. 그럼에도 불구하고 현실적으로 부정한 방법으로 공직자에게 청탁을 하게 된다. 그 원인이나 방법 또는 해야 될 이유 등은 개인적인 이해관계에서부터 조직이나 집단 등에 따라서 다양하고 복잡할 것이다. 특정의 개인이나 집단의 이익을 우선할 수 없는 공직사회에 대한 국민의 신뢰와 지지를 확보하기 위한 정책의 목적은 국가가 정책을 통한 통치작용인 정책 그 자체를 보호하고 보장하기 위한 국가주의 사상이 될 수 있다. 더구나 정책을 통한 국가의 공권력 작용으로서, 사회의 정의와 공정 등과 같은 정책의 선을 실천하는 선도(善導)주의 정책사상이 청탁금지법이 규정한 정책의 현실을 보다 더 잘 설명하고 이해할 수도 있을 것이다. 또한 이 법에서 규정한 다양한 내용과 조건이 현실적인 정책행위의 패러다임이 되는 실천적 지식이나 판단의 지혜를 발견할 수 있는 정책사상인 현실주의도 부정청탁방지법에 의한 다양한 정책의 현실적인 적실성과 타당성을 담보할 수 있는 정책사상이 될 수 있을 것이다.

4. 정책사상의 연구경향

1) 정책학에서 정책사상 연구

정책사상 연구나 이해의 정도는 아직까지 싹을 틔우는 수준이다. 초보적이거나 또는 시작도 하지 못한 상태라고 하는 것이 보다 더 타당한 표현일 것 같기도 하다. 그 이유는 간단하다. 앞서도 간간이 지적하면서 정책학이 학문적인 체계를 갖춘 시기가 1970년대에 Lasswell이 정책학, 보다 정확하게는 정책과학(policy sciences)의 개념과 방법론, 연구내용과 정책지식을 발견하고 축적하는 정향 등을 체계적으로 제시하면서 근대적 의미의 정책학이 시작되었기 때문이다. 그렇게 때문에 인근 학문인 정치학이나 경제학, 법학 등과 같은 비교적 오랜 학문적 역사를 가진 분야의 사상연구와 비교한다는 것 자체가 어불성설(語不成說)이기도 하다.

더구나 정책학의 초기 발달에 해당되는 Lasswell이나 여타의 학자들의 정책학 또는 그의 정책의 사상이나 철학에 관한 연구도 대단히 희박하다. 예를 들면 일반적으로 정책학의 효시로 알려진 1951년의 Lasswell의 "정책정향(The Policy Orientation)"의 글(제1장)에서도, 정책사상(policy thinking이나 thought 또는 philosophy)이라는 용어나 내용은 없다. 마찬가지로 1970년에 그의 정책학을 체계화는 『정책과학서설』(A Pre-View of Policy Sciences)에서도 정책사상이나 철학에 관한 내용은 없다.

이와 동시에 1970년에 창간된 정책학 최초의 전문학술지인 『Policy Sciences』에서도 정책사상(policy thought나 thinking 또는 philosophy)에 관한 논문이나 글을 찾을 수 없다[30]. 마찬가지로 한국의 정책학을 대표하는 한국정책학회가 발행하는 『한국정책학회보』를 포함하는 정책학 관련 학술지에서도 정책사상에 관한 연구내용은 아직까지 거의 발견되고 있지 않다.

정책사상에 관한 연구가 부족한 이유는, 물론 정책학의 역사가 짧다는 것도 있지만 Lasswell을 중심으로 하는 그 당시의 행태과학에 의한 실증적 지식과 기술을 갖춘 정책학을 주장한 사실이나, 절약과 능률을 금과옥조로 하는 행정학 등의 영향에 의하여 철학이나 사상을 중요하게 인식하지 못했다는 점 등을 우선 들 수 있다. 동시에 물리주의의 과학가치론 때문에 규범적 입장에 치중하는 현실의 정책

---

30) 검색어 policy thought, policy thinking, policy philosophy로 학술지 『Policy Sciences』의 1970년(1권 1호)부터 2017(50권 1호)년까지 검색한 결과이다(http://web.b.ebscohost.com. 검색일: 2017년 3월 10일).

결정자를 하급으로 취급하는 경향도 들 수 있다(Pielke, Jr., 2004: 212-213).

한편에서는 근대적 의미의 정책학이 탄생된 미국중심에서 정책결정자들의 철학이나 사상에 대한 무지와 두려움 때문에 정책사상을 등한시 했으며 동시에 철학자도 정책을 크게 고려하지 아니했다는 지적(Kaplan, 1963: 91)도 매우 타당할 것 같다. 특히 제2차 세계대전 이후에 급속하게 발달한 미국정책학의 지적이고 학술사적인 원인에 의하여 정책철학이나 정책사상 연구가 비교적 등한시 되었다고 할 수 있다. 전후(戰後)의 복잡한 사회문제를 해결하기 위해서 체제분석이나 운영연구, 응용경제학 등과 같은 기술적이고 계량적 지식과 이론을 수용하면서 정책학은 윤리적이고 철학적이며 사변적 논쟁이나 논의를 소홀히 하게 되었을 것이다. 동시에 정책학을 연구하는 정치학이나 행정학 등의 주류 학파에서도 정책사상을 주요한 연구분야로 생각하지 아니하면서 정책사상이나 철학은 사회학자나 철학자 또는 사회심리학자 등을 중심으로 하는 비주류 분야에서 간간히 연구되었다고 할 수 있다[31].

정책사상의 연구경향을 살피면서 알 수 있는 것은 사실로 미국정책학의 창시자인 Lasswell이 정책학의 사상이나 체계 등을 가장 많이 고민하고 정리한 것을 발견할 수 있다. 물론 그가 정책학의 학문적 체계를 세우기 시작한 초기인 1950-70년대에 정책사상을 제안하고 발표했는가 하는 것은 분명하지 아니하지만 그의 사후에 발표된 『자유로운 사회를 위한 법리』[32]의 제2권, 3편(무려 400여 쪽

---

31) 미국의 경우라면 미국정책학에서 정책철학이나 정책사상을 중요한 연구주제로 취급하지 아니한 원인을 미국정책학의 모태인 정치학이나 행정학의 입장에서 이해해 볼 수 있다. 즉 우선적으로 미국정책학의 근본 가치는, 물론 Lasswell정책학에 초점을 둔다고 하지 아니하더라도 과학적 지식과 방법으로 정책을 연구하고 설명하고자 하는 것이다(Lasswell, 1951: 3). 이때 과학활동에서 가치나 사상을 어느 정도의 수준으로 취급할 것인가 하는 것은 정도의 차이가 있을 뿐, 본질적으로 객관성과 중립성을 근본으로 하는 경험적이고 실증적 정책연구를 정책과학이 중심으로 했다는 사실은 예나 지금이나 크게 변화되지 않고 있다. 그렇다고 해서 미국에서 정책철학이나 사상 연구가 부진하거나 또는 이론과 지식이 없다는 의미는 아니다. 정책학에서 분석적이고 계량적이며 가치배제적인 정책이론이나 정치이론 또는 정책담론 등이 활발하게 진행되고 있는 반면에 상대적으로 정책철학이나 정책사상은 소외되고 있다는 뜻이다. 정책사상이 소홀히 연구된 원인에 관한 것은 필자의 선행연구("정책철학 연구의 필요성과 배경논의에 관한 소고"(『한국정책학회보』. (2010). 19(1)에서 지적한 것을 요약해서 정리한 것이다.

이나 된다)에서 정책사상(policy thinking)[33]을 광범위하게 정리하고 발표하였다.

Lasswell이 분명하게 정책사상을 정의한 것은 없다. 그러나 그가 가장 중요하고도 심각하게 생각한 인간의 존엄성(human dignity)을 정책학이 추구하는 이상이고 이념이며 존재의 가치라고 보았다. 물론 Lasswell의 정책사상이나 철학을 인간의 존엄성을 포함한 민주주의와 행태주의, 문제해결 중심의 사상, 다양한 학문적 배경과 이론을 정책학에 원용하고 도입하고자 하는 종합과학적 사고, 상황과 조건에 타당하고 적실한 정책이론의 중요성을 주장한 맥락성 등으로 정리할 수 있기도 하다(허범, 2002; Farr 외 2인, 2006; Mattson and Clark, 2011).

정책사상으로 인간의 존엄성이나 민주주의, 맥락성 등도 중요하고도 핵심적이다. Lasswell정책학의 기본사상은 분명히 정책학의 사상이다. 이와 같은 사상은 정책학의 전통적이고 교과서적인 사상으로 주변부나 하위사상이 아니다. 그럼에도 불구하고 『정책사상 대계』에서 이것을 정책사상으로 설명하지 아니하는 이유는 무엇보다도 먼저 다섯 가지(국가주의, 선도주의, 균형주의, 현실주의, 물아주의)의 정책사상에 민주주의나 인간존엄성, 실용주의, 행태주의 등이 융합되어 있기 때문이다.

예를 들면 현실주의는 실용주의나 행태주의 등과 같은 실천사상을 포함하고 있다. 그리고 국가주의는 민주주의를 동시에 설명할 수 있는 사상이다. 왜냐하면

---

32) 『Jurisprudence for a Free Society: Studies in Law, Science and Policy』는 Lasswell이 작고한 이후인 1992년에 1권과 2권으로 출판된 1588쪽이나 되는 대작으로, Yale대학교 법과대학 동료교수인 Myres McDougal(1906-1998)과 공저로 되어 있다. McDougal 교수의 서문에 의하면 Lasswell이 죽기 이전에 거의 출판할 수 있는 수준에까지 완성된 그의 강의안이나 초고 등으로 남겨진 정책사상과 이념, 이론 등에 관한 내용을 이 책에서 정리하였다고 했다. 이 책은 미국정책학 뿐만 아니라 정책학사의 연구에 귀중한 문헌으로 초기 Lasswell정책학과 그의 정책사상과 정책학의 법학적인 기원 등도 알 수 있는 역작이다. 1996년 『Policy Sciences』 29권 1호에서 Ronald Brunner가 자세히 설명한 이 책의 서평이 Lasswell 정책학을 이해하는데 크게 도움이 될 수 있다.

33) Lasswell이 정책사상을 'policy thinking'으로 표기한 정확한 이유는 알 수 없다. 그러나 아직까지 정책학의 초기 발아단계에서 사상을 '사고하기(thinking)' 정도로 겸손하게 표현한 것으로 보인다. 왜냐하면 그가 정책학을 처음 발표하는 그의 책의 제목도 정책학의 '서설(a pre-view)'이라고 표기한 것에서 그의 학문적인 겸손을 느낄 수 있기 때문이다.

정책은 국가의 정치적 책략이면서 미래의 행동노선이라면 오늘날의 현실정치나 맥락에서 민주주의, 즉 절대다수의 이해관계가 공정하고도 신뢰받을 수 있는 방법이나 절차를 존중하지 아니할 수 없기 때문이다. 즉 군주시대나 독재시대의 정책학의 사상인 국가주의로 이해하는 것이 아니기 때문이다.

마찬가지로 물아주의가 인간의 존엄성을 보다 포괄적이면서 현실적으로 설명할 수 있는 하나의 정책사상이라고 할 수 있다. 왜냐하면 물아주의는 인간과 비인간 등과 같은 삼라만상이 상호간에 연계되어 공존의 세계를 형성하고 있다고 설명하기 때문이다. 인간중심주의적(anthropocentric)인 '*Homo Sapiens*'의 사고에서 인간만이 지구촌 사회의 지배자이고 관리자라고 주장하면서 인간 이외의 존재가치를 인정하지 아니하는, 즉 인간만의 존엄성을 주장하지 아니하기 때문이다.

나아가 정책사상에만 고유한 것으로 인간의 존엄성이나 민주주의, 맥락성, 행태주의 등을 주장하고 설명하기에는 한계가 있기 때문이다. 굳이 이것을 설명하고자 한다면 이것을 정책사상으로 제안하는 구체적이고 분명한 기준이나 방법 또는 정책사상을 조작적으로나마 정의하고 이에 따라서 사상을 구분하고 유형화하는 일들이 선행되어야 될 것이다. 마찬가지로 『정책사상 대계』에서 설명하고자 하는 국가주의나 현실주의, 균형주의, 물아주의 등도 타 학문의 사상이나 철학이 될 수 있다. 그러나 정책사상을 정의하면서 이에 따라서 구체적인 정책사상을 제안하고 이것이 하나의 사상체계로 연결되는 방법에 따라서 이와 같은 정책사상을 설명하기 때문에 정책사상에 고유한 사상이론이 될 수 있을 것이다.

둘째, Lasswell은 민주주의와 인간의 존엄성 등을 정책학이 추구하는 최고의 가치이고 목표라고 했다. 이것을 가치체계로 구체화하고 분류하는 것을 그는 정책사상으로 설명하였다(Lasswell and McDougal, 1992: 727-732). 따라서 민주주의, 인간의 존엄성 등을 사상이 아니라 사상이 추구하는 목적이고 존재의 가치로 본 것이다. 그래서 그에게는 정책사상의 목적으로 본 민주주의나 인간의 존엄성 등을 굳이 정책사상으로 취급하거나 설명할 필요성이 크게 없었을 수도 있다.

좀 더 구체적이고 이론적이며 그리고 체계화된 Lasswell의 정책사상은 그가 분명히 정책사상이라는 표제에서 설명하고 논의한 바와 같이 인간 존엄성의 목표에 필요한 가치(values)의 내용과, 그것이 실천되는 절차에 따라서 구분한 가치체계와 공유가치 등에서 찾을 수 있다. 즉 이와 같은 가치를 체계화하고 공유하는 것으로 인간의 존엄성을 정의하면서 가치체계를 여덟 가지로 구분한 것이다. 즉 복리(well-being: 개인의 생명과 자유와 안전의 권리), 애정(affection: 가정과 따뜻한 동지를 구성할 권리), 존경(respect: 모든 인간에 대한 존경과 존중), 힘(power: 정부에 참여하고 법 앞에 평등할 권리), 부(wealth: 사유재산권과 행복추구권), 계몽(enlightenment: 표현과 생각의 자유를 추구할 권리), 기술(skill: 일할 권리, 직업을 가질 권리), 청렴(rectitude: 사상, 양심, 종교의 자유) 등이다[34].

나아가 여덟 가지의 가치체계를 그는 공유가치(shared value)로 자세히 설명하였다. 즉 각각의 가치의 결과물을 평등하게 분배하는 것에 참여하는 분배의 의미와 공유할 수 있는 가치를 확대하거나 확장하는 형성의 의미 등으로 구분하

---

34) Lasswell이 제안하고 설명한 여덟 가지 정책사상에는 어의적 의미로만 이해할 수 없는 구체적인 내용이 많다. 이것이 그의 정책사상의 핵심이다. 그래서 번역하지 아니하고 원문을 제시해서 독자들에게 그의 정책사상의 의미를 정확하게 이해하는데 도움이 되고자 한다. 1. *Well-being*. The Declaration recognizes the right to "life, liberty and security of person" and condemns "torture" as well as "cruel" or "inhuman" treatment or punishment. There is a "right to rest and leisure" and a general right to "social security." 2. *Affection*. The Declaration specifies the "right to marry and to found a family" and to engage in congenial association with others("peaceful assembly and association"). And there is the right to be identified with a national community ("right to a nationality"). 3. *Respect*. The first article affirms that "all human beings are born free and equal in dignity and right." "Everyone is entitled to all rights and freedoms without distinction of and kind." Obviously, there must be no "slavery or servitude," and freedom from attacks on "honor and reputation." 4. *Power*. The Declaration asserts the right to "take part in the government," "to recognition everywhere as a person before the law," and "to effective remedy by competent national tribunals." Criteria of fair trial are enumerated together with a right of asylum. There is a right to "a social and international order." 5. *Wealth*. Recognition is given to the "right to own property" and to a "standard of living adequate for the well-being" of the individual and his family. 6. *Enlightenment*. There is "freedom of opinion and expression" and a right "to seek, receive, and impart information and ideas through any media and regardless of frontiers." 7. *Skill*. Recognized as the "right to work, to free choice of employment," and "to protection against unemployment." Also, "everyone has a right to education" and "to participate freely in the cultural life of the community, to enjoy the arts and to share in scientific achievement and its benefits." 8. *Rectitude*. Affirms "freedom of thought, conscience and religion." "Everyone has duties to the community," and there is no right to destroy the freedom of others(Lasswell and McDougal, 1992: 738-739).

여 설명했다. 또한 여덟 가지의 정책사상을 가치의 분배와 형성에 참여하고 확장하는 공유가치로 설명하였다. 그리고 이것을 사회과정에서, 즉 가치를 구성하고 공유할 수 있는 제도적인 장치를 구성할 수 있도록 이론화하기 위한 방법으로 사례연구나 인과관계, 실험방법 등도 설명하였다. 동시에 공유가치를 구성하고 발전시킬 수 있는 방법과 한계 등도 제시하였다. 하나의 예로서 청렴 가치를 측정할 방법이나 지표로 한 달 동안에 예배에 참여하는 횟수나 일반범죄율 등을, 존경 가치에는 사회계층간의 결혼이나 국제결혼 건수 등을 제시하기도 했다.

　　이와 같은 가치를 인간의 존엄성에 관한 보편적이고 일반적인 공공의 명령, 즉 법령이나 사회규약, 제도 등을 형성할 필요성도 설명하였다. 나아가 정책사상으로 가치를 실현하고 구체화하기 위한 정책대안의 구성방법과 절차 등도 설명하였다. 이것은 현재의 정책분석이나 정책과정 이론에서 보더라도 상당히 진보적이고 구체적이며 예시적이라고 할 수 있다. 그러나 여기서 이것을 자세히 소개할 필요성은 크지 않을 것이다. 그렇지만 그의 정책에 관한 아이디어나 생각 등을 정책학으로 이론화하고 체계화하고자 하는 그의 정열과 천부적인 재능 등을 엿볼 수 있다.

　　Lasswell 이외에 지금까지 정책사상(policy thinking)이라는 용어를 사용한 유일한 연구로, 1970년 초에 Richard Merelman은 청소년들의 정치에 관한 사상(이것을 그는 정책사상이라고 했다)을 제안했다. 그에 의하면(1971; 1973) 정책사상은 정치학에서 찾을 수 없으며 심지어 정치사상에서도 연구되지 못한 용어이다. 그래서 그는 청소년들이 정치문제에 관해서 그들이 생각하고 선호하는 것이 어떻게 형성되었고 그것이 어떻게 평가되고 있는가 하는 것을 조사하기 위하여 정책사상을 도덕적 사고, 인과관계 사고, 창조적 사고, 조직이나 기관의 소속과 관행에 따른 사회화 사고 등 네 가지로 구성하였다. 이에 따라서 이것을 현실적으로 측정할 수 있는 다양한 변수를 조작하기도 했다.

　　그러나 그의 정책사상은 정치문제에 관한 청소년들의 사고의 유형을 측정하기 위한 정도의 논의이다. 따라서 이것을 정책학의 사상, 즉 철학적으로 사고하고 이론적으로 체계화된 정책사상이라고 하기에 한계가 있다. 그럼에도 불구하고 그의 연구는 1970년대 초에 정책사상(policy thinking)이라는 용어를 사용하면서, 정치사상이나 정치학에서 연구나 관심이 희박하다는 것을 지적한 선구적이라고 할 수 있다. 또한 분명하게 정책사상이라는 용어나 입장을 밝힌 것은 아니지만 사회정책에서 정책사상으로 자유주의, 수정자유주의, 사회민주주의, 마르크스주의 등으로 구분한 연구도 있다(안치민, 2003). 그러나 이것은 정책사상이라고 하기보다 사회정책의 재분배 효과인 불평등을 감소시킬 수 있는 사회적 불평등간의 관계를 분석한 것이다.

물론 분명하게 정책사상이나 철학 등의 용어를 사용하지는 않았지만 『정책사상 대계』가 제안하고 설명할 정책사상에 참고가치가 큰 것으로 Yehezkel Dror의 정책학에 관한 그의 이념이나 사상 또는 철학 등을 정리할 필요가 있다[35].

Dror는 Lasswell정책학을 수용하고 존중하지만 행태과학의 과학주의를 너무 엄격히 해석해서 과학적 지식과 방법을 정책에 만병통치약으로 적용해서는 정책학의 이상이고 목적인 인간의 존엄성과 민주주의 등을 실현할 수 없다고 했다. 그래서 정책학도 하나의 학문적인 혁명이 필요하다. 즉 정책학의 존재가치를 바로 잡고 정책이론과 현실에 필요한 철학적인 기초를 세우기 위한 기준과, 성숙되고 진보된 정책학이 되기 위한 원칙[36] 등을 제시하기도 했다.

---

35) Yehezkel Dror(1928-)는 이스라엘 Hebrew대학교의 행정학과 교수로 오랫동안 재직하다가 은퇴한 명예교수이지만 사실상 그의 정책학의 학문적 무대는 미국이었다. 1970년에 『Policy Sciences』 창간호에 "정책과학 서문(Prolegomena to Policy Sciences)"를 기고하면서 Lasswell정책학의 신봉자로서 크게 활동하기도 했다. 특히 그는 그 당시에 행태론에 따라서 유행하는 과학주의의 한계를 인식하고 사회과학에서 인간의 본성과 의지에 관한 새로운 접근방법과 정향이나 이념이 필요하다고 했다. 따라서 이것을 제창하고 선도하는 Lasswell정책학을 존중하면서(Dror, 1971: i) 그는 정책과학 발전에 기여했다고 할 수 있다. 사실 Lasswell 교수가 1970년에 『정책과학 서설』을 출간하기 이전인 1968년에 『정책결정: 재평가』(Public Policymaking: Reexamined)를 출간하였다. 여기서 그가 정책결정의 최적모형(optimal model)을 제시한 것으로 유명하다. 즉 합리성뿐만 아니라 인간의 직감과 판단 등과 같은 초합리성(extra-rationality)을 동시에 고려할 수 있고 나아가 정책결정 체제와 과정 그 자체를 평가하고 진단할 수 있는 메타(meta)정책결정단계를 제안한 것으로 유명하다.

36) "Philosophy of judgment and action as the foundation, together with cognitive studies, rather than philosophy of science; Ultra-rationality as a grounding; Globalization; Broad and long-range estimates of the dynamics of situations; Thinking in terms of interaction

이와 같은 원칙과 기준에 따라서 Dror의 정책사상을 정책결정의 기본을 바로 세울 수 있는 판단철학, 세계화에 대비한 장기적이고 역동적인 상황판단의 능력, 국가흥망의 역사적 분석능력, 마음공부에 의한 정책이론의 개발, 위기관리와 사려깊은 정책행동가의 모델 등으로 정리할 수 있다. 이와 같은 그의 정책사상은 정책학의 이론과 지식을 하나의 생활의 임무로서 수행하고 실천하는 직업인으로서의 사상 등이라고 요약할 수 있다. 이와 같은 Dror의 정책사상은 『정책사상 대계』의 현실주의를 이해하는데 참조될 수 있을 것이다.

2) 인근 학문분야에서의 사상연구

정책사상의 연구경향을 검토하면서 인근학문 분야의 사상에 관한 연구를 참조하면서 그의 공통적인 현상을 네 가지로 요약할 수 있다.

첫째, 사상이나 철학연구는 각 학문분야에 따라서 대단히 복잡하고 다양하다. 동시에 각 학문에서도 사상연구는 연구자의 학문적 정향이나 학문 발달의 정도나 특성 등에 따라서 또한 다양하다는 사실이다. 한마디로 사상연구나 설명은 각인각설(各人各說)이고 천태만상(千態萬象)이라고 표현할 수 있다.

그렇다고 해서 부정적인 것은 아니다. 진리의 광명이 빛나는 세계 그 자체는 하나의 모습이고 일미(一味)일 것이다. 그것이 작용하는 세계는 대상과 조건과 상황에 따라서 다양하고도 복잡한 것이 사실이다. 만약 진리가 작용하고 통용되는 세계가 일상일미(一相一味)라면 그것은 독재적이고 아집적이며 이단적일 것이다. 따라서 각 학문분야의 사상연구도 각 분야의 학문적 특성과 연구자의 연구

---

with dynamic environments; Consideration in terms of rise and decline of nations and success and failure of great enterprises; Thinking—in—history, without being bound by the past; Bad avoidance together with good achievement; Debugging; Focus on grand policies; Policy modality deliberation; Concentration on critical choices within coherent perspectives; Futuribles and grand designs; Structure and institution concerned; Handling of deep complexity; Policy gambling; Value analysis and goal—search up to realistic vision composition; Learning and changing one's mind; Innovation and creativity; Addressing crises decisions; Politics sophisticated but segregated; Fruitful interface with policy contemplation as a diffuse societal process; Meta—policy making concerns; Policy—inputting orientation; Reflexiveness(Dror, 1994: 3−22).

정향과 가치판단 등에 따라서 다양하고도 복잡한 것은 사실이다. 그러나 사상연구의 패러다임에서 철학적이고 사변적이며 이념적이라는 사실을 첫 번째의 공통적인 현상으로 지적할 수 있다.

둘째, 어느 학문분야에 관계없이 한국의 사상연구는 서구 중심의 사상연구의 모형이나 패러다임을 전형으로 하고 있다. 따라서 한국의 사상연구, 즉 한국정치사상, 한국종교사상, 한국교육사상 등에서도 독자적이고 독립적인 개념의 정의나 방법, 이론 등이 상당히 부족하다는 점을 이구동성으로 지적하고 있다는 사실을 두 번째의 공통점으로 발견할 수 있다.

지역이나 국가를 중심으로, 즉 기준으로 하는 사상연구가 많다. 특히 학문발달이 깊어지고 성숙할수록 더욱 그러하다. 한국정치사사상, 동양정치사상, 동양종교사상, 한국종교사상 등이 이와 같다. 물론 사상연구가 한국만의 특징을 밝히고 설명할 수도 있을 것이다. 그러나 본질적으로 사상이론은 각 학문분야의 학문적 정체성을 설명하고 지탱하는 기본적인 골격이고 근간이다. 동시에 사상연구는 학문의 현실적 정당성과 그 가치를 설명하는 각 학문분야의 기초이론이다.

따라서 『정책사상 대계』가 설명하는 정책사상에서 국가주의 등과 같은 사상을 정책학의 독자적이고 고유한 이론으로 정립하고 체계화 하고자 하는 것이 지역을 기준으로 하지 아니하고 있다. 이것은 필자의 연구정향이나 관점에서 정책사상은 어떻게 그리고 무엇을 설명하고 이것을 체계화할 것인가 하는 학문적 입장에 관한 문제이다. 또한 한국의 사상연구나 패러다임이 서구 의존적이거나 종속적인가 하는 학문적 자격지심이나 후진성이라고 하기보다, 아직까지 사상연구의 학문적 역사나 이론축적이 약하다는 정도로 이해하는 것이 보다 더 타당하고 자위적일 것으로 여겨진다.

셋째, 사상을 설명하는 기준이나 준거 틀로서 개인(사상가)을 설명하는 경우에도 각자의 학문적 정향이나 연구자의 연구정향에 따라서 다양하게 설명하고 있다는 사실이 세 번째의 공통점이라고 할 수 있다. 특히 학문적 특성과 성향에 맞추어 인물의 사상을 해석하거나 정리하는 경우가 많다고 할 수 있다.

몇 가지의 대표적인 예로서 동서양을 막론하고 가장 많은 사상연구의 인간 개인으로 등장하는 것이 공자(孔子: 기원전 551 – 기원전 479)이다. 공자에 관한 사상인 공자사상은 그의 철학사상에서부터 시작해서 음악이나 체육사상에 이르 기까지 매우 다양하고 풍부하다는 사실이다[37]. 특히 서양에서는 공자 개인의 정 치나 철학사상(Confucius' Thought)과, 공자를 중심으로 하는 유교사상 (*Confucian* Thought, Confucianism)을 구별하지 않고 공자의 사상을 연구하는 경향이 있기도 하다(Hutton, 2006; Yang, 2016). 그러나 공자의 사상을 이와 같 이 다양하게 구분하는 기준 또는 그의 사상을 정의한 것을 찾기 어렵다. 즉 공자 의 정치사상과 행정사상 또는 법사상을 구별하는 기준은 무엇이며 이와 같은 사 상을 어떻게 정의할 것인가 하는 점 등은 밝혀지지 않고 있다[38].

---

37) 공자의 사상을 일반적으로 유교사상이라고 할 때, 물론 필자는 이 분야에 상당히 문외 한이라는 사실을 전제하면서 공자의 사상을, 좀 더 정확하게는 공자의 생애와 인간, 공자의 저술로 알려진 유교의 주요 경전에 의한 사상 등을 중심으로 하는 사상이라고 할 수 있다(장영백, 2002). 그러나 많은 경우에 각 학문분야의 연구정향이나 패러다임 또는 연구자 개인의 정향 등에 따라서 해석하고 판단하며 논리적으로 전개한 내용 등 이 공자의 사상으로 연구되고 발표된 것으로 이해될 수 있기도 하다. 여기서 한 가지 재미있는 예로서 공자의 사상은 일반적으로 윤리적이고 정치적이며 도덕적인 사상이 라고 이야기하면서 이것을 통칭해서 공자의 철학사상이라고 하기도 한다. 그래서 공자 의 인성, 인(仁)과 덕(德)의 본질의 문제, 교육론, 수기치인론, 하늘과 인간의 천인관 계론, 경제론, 정치론, 유학사상의 제도적 발달 등으로 공자사상을 설명하기도 한다(조 원일, 2013). 한국의 학계에서는 한국공자학회가 1980년에 결성되어 공자의 사상과 인 간 그리고 제도, 유교(학) 등에 관한 다양한 연구들이 발표되는 『공자학』이 발간되고 있다(2017년 현재, 28집). 그러나 『공자학』 논집을 『Journal of the Korean Society of Confucian Studies』로 번역하면서, 역시 공자 개인의 사상과 유교의 사상을 구별하 지 아니하는 경향을 보이고 있다(http://www.gongguja.org. 검색일: 2017년 3월 16일).
38) 공자의 사상을 어떻게 구분할 것인가 하는 문제가 그리 간단하지 않다는 것을 하나의 예로서 설명할 수 있다. 물론 공자사상을 설명하는 것이 공자와 같은 성인이 아닌 범 부의 수준에서는 항상 한계와 어려움이 있다는 것은 먼저 천명하면서이다. 잘 알려진 『논어』 학이 편의 첫 번째 구절인 "學而時習 不亦說乎, 有朋 自遠方來 不亦樂乎 人不 知而不慍 不亦君子乎"에서, '배움(學)'이 공자의 교육사상인가 아니면 세상살이의 멋과 진리를 담론할 수 있는 사상과 경륜을 갖춘 벗(朋)이 찾아오는 공자의 인간관계 사상 인가 또는 공자의 일상적인 생활사상인가 하는 등의 논쟁을 할 수 있다. 공자의 학 (學)은 그냥 배우고 익히는 것이 아닐 것이다. 물론 공자가 제자를 가르치고 훈도해야 하는 입장에서 학습(學習)의 즐거움을 이야기할 수 있겠지만 공자의 근본적인 사상에 서 '학(學)'은 『대학』에서 밝히고 있듯이 곧 도(道)이다. 즉 세상을 위하여 밝은 덕을 밝히고 선함을 실천하는 것이다(大學之道 在明明德, 在親民 在止於至善). 그래서 주자

마찬가지로 한국의 경우에 정약용(丁若鏞: 1762－1836)의 사상에 관한 연구가 유행하고 있다. 그의 정치사상에서부터 시작해서 경제사상, 교육과 인성, 종교사상, 특히 행정개혁, 인사, 지방, 도시 행정, 공직윤리 등과 같은 행정사상, 법치사상, 도덕철학사상 등 전 분야에 걸쳐서 논의되고 있다(http://kiss.kstudy.com). 특히 『다산학』이라는 학술지가 다산학술문화재단에서 발행될 정도로 그의 사상연구가 유행하기도 했다.

　　여기서 한 가지 재미있는 것으로 인물중심으로 사상을 연구한다면 지금 이후의 사상연구가 계속된다면 어느 수준에까지 갈 것인가 또는 후대의 사상연구자들은 더 이상 연구주제나 소재를 발견할 수 없을 것이 아닌가 하는 등의 의심이 생길 수 있다. 공자를 중심으로 하는 공자사상은 유교나 유학사상이기 때문에 연구내용이나 범위가 다양하고 복잡해서 위와 같은 염려가 줄어든다고 하더라도 일반적인 인물의 경우에는 위와 같은 의심이 생길 수도 있다. 특히 공자나 기타 인물의 사상을 일생동안 연구한다면 그 이후의 자신의 사상은 무엇인가 하는 것도 깊이 생각해 볼 일이다.

　　또 하나의 구체적인 예로서 인간 중심의 정치사상을 연구하는 경우에 정치사상을 평생토록 연구하고 공부한 학자(저명함을 떠나서)의 정치사상 또는 정치학사상은 무엇인가 하는 의문이 생긴다. 즉 타인의 정치사상을 오랫동안 연구했지만 막상 자신의 정치사상을 정립하거나 정리하고자 한다면 '그것은 무엇인가'라고 하는

도 『대학장구』에서 온갖 진리를 잘 갖추어 만사에 응하는 것으로(以具衆理而應萬事者也) '학(學)' 즉, 대학(大學)을 설명하고 있다. 여기서 응(應)한다는 것은 각양각색인 세상살이의 순리에 따라서 어긋남이나 불편함이 없이 그들의 뜻과 소망을 원만히 갖추게 하고 이롭게 한다(利樂人間事 또는 爲己之學)는 것으로 이해할 것이다. 또한 공자의 세계에서는 찾아 온 친구와 고담준론하는 그것이 즐거움(樂)이 아닐 것이다. 대신에 군자의 즐거움을 범중엄(范仲淹(989－1052): 북송의 정치인, 시인)이 ＜악양루기＞에서 "세상살이와 천하의 안위를 걱정하다가 마지막에 조금이라도 여유가 있다면 그것을 일러서 즐거움"(先天下之憂而憂 後天下之樂而樂歟)(『古文眞寶』, 後集)이라고 했듯이, 세상을 위하고 편하게 하는 것을 '즐거움(樂)'이라고 할 수 있다. 이것을 알고 실천하는 자인 군자가 세인의 평(評)에 마음을 쓸 수 없듯이 세상을 이롭고 화평하게 하고자 하는 것이 공자의 '낙(樂)'이라고 할 수 있을 것이다. 이와 같은 것을 공자의 철학사상이라고 할 수도 있다. 동시에 공자의 정치사상이나 교육사상이라고 할 수도 있을 것이다.

문제일 것이다. 따라서 사상연구는 연구자 자신의 사상에 관한 연구, 즉 각 분야의 사상을 어떻게 정의할 것인가 하는 과제에서부터 시작해서 사상의 범위와 내용, 방법론, 사상연구의 발전과 성숙, 학문적 정체성 등에 이르기까지 자신의 사상연구를 체계화하고 이론화하고자 하는 사상연구가 더욱 중요하고도 필요할 것이다.

넷째, 각 학문 분야의 사상연구에서 다양한 학문분야의 특성을 나타내는 수식어만 차이가 있을 뿐, 학문의 본질적 속성을 찾고 설명한다고 하는 것으로 각각의 사상을 정의하고 있다는 사실을 발견할 수 있다.

먼저 필자는 정책사상을 정책과 정책학의 본질에 관한 철학적 사고를 이론적으로 체계화하는 것으로 정의하였다. 여기서 '정책과 정책학의 본질에 관한' 이라는 문구를 제외한다면 일반적으로 사상을 철학적이고 이론적인 사고이며 이에 관한 체계화된 사고라고 하는 정의를 어느 학문분야의 사상 정의에도 적용시켜 볼 수 있을 것이다[39].

그럼에도 불구하고 정책사상을 정책과 정책학의 본질을 설명하고 이론화하는 것으로 정의하였다. 특히 제1장과 같이 한 개의 장(章) 전체에 걸쳐서 정책사상의 정의를 논의하고 설명하였다. 물론 필자의 과문한 탓도 있다. 그러나 지금까지 정책학이나 여타 학문분야에서 사상을 이와 같이 깊이있게 그리고 고민스럽게

---

39) 예를 들면 교육사상을 "인간이 교육에 관해 지니고 있는 생각의 총체"(이원호, 1997: 16), 정치사상을 "인간관, 자연관, 신관의 정치적인 상관관계를 인간의 입장에서 논리적으로 전개한 일련의 학적 체계"(김한식, 2004: 60) 또는 "인간의 정치적 삶에 관한 정치에 관한 담론으로 개념화 할 수 있다"(강정인, 2007: 10-11)는 등과 같은 정의를 찾을 수 있다. 그리고 행정사상을 "행정에 관한 철학, 이념 및 기본이론 등을 포함하는 규범적인 생각"(강신택, 2013: vi), "사람들이 행정에 대하여 갖는 견해나 관점 혹은 이론(윤재풍, 2005: 1), 경제사상을 "a statement of the values that direct policy, their origin and order of importance, the economic means of realizing them, and a defense of why the values and means are appropriate"(Grampp, 1965: 128), 법사상을 "법이라든가 정의, 권리 등 법적 사실에 대해서 사람들이 품고 있는 관념 내지 의식을 말한다"(박병호, 1979: 3) 하는 등의 정의도 예시할 수 있다. 이와 같은 정의에서 각 학문분야의 내용을 철학적이고 관념적이며 가치적으로 설명하는 것을 사상으로 정의하는 핵심어라는 사실을 쉽게 찾을 수 있다. 동시에 제7장의 물아주의 정책사상, 특히 정책사상에서 '인간이란 무엇인가'에서 자세히 논의하겠지만 비인간을 포함시키지 아니하는, 인간에 한정하는 사상연구이면서 사상의 정의라는 사실을 여기서도 엿볼 수 있다.

정의한 것을 발견하기 어려웠다.

무릇 학문분야의 사상을 일반적으로 통용될 수준으로 정의하기는 지난(至難)하다. 동시에 사상연구에 관련된 모든 내용을 함축할 수 있을 정도로 사상을 정의하기 어려운 것도 사실이다. 그래서 필자도 하나의 장(章)을 할애하여 정책사상을 정의하였다. 그러나 이것은 어디까지나 필자가 국가주의를 시작으로 하는 다섯 가지의 정책사상을 발견하고 제안하며 설명하기 위한 조작적인 수준에서 정의한 것이다. 그렇기 때문에 많은 사상연구자들도 일반적이라기보다 자신의 연구를 진행하기 위한 패러다임 정도의 수준으로 사상을 정의하고 있는 이유도 이와 같을 것이다.

사상의 정의가 이처럼 복잡하고 어려운 이유는 사상연구나 설명이 복잡하고 다양하기 때문이다. 동시에 다양한 내용을 연구하고 설명하는 연구자나 설명자의 학문적 정향이나 가치관 등에 따라서 사상을 다양하게 해석하거나 설명할 수밖에 없기 때문이다. 그래서 다양한 내용이나 특성을 또한 다양하게 설명하면서 더욱 더 사상을 일반적으로 정의하기 어렵게 하고 있기도 하다.

그렇다고 사상을 정의할 필요가 없다는 것은 아니다. 어디까지나 연구자나 설명자의 일관적인 정향과 진단의 패러다임에 따라서 그에 필요한 범위와 한계를 설정하면서 자신에 맞는, 자신에 어울리는, 즉 학문적으로 설명하고 이론적으로 체계화할 수 있는 자신의 능력과 정향에 따라서 사상을 정의할 수 있으면 될 것 같다. 이와 같은 다양한 정의가 풍성해지고 학문적으로 정밀하고 치밀해지면서 사상연구는 발달하면서 학문의 역사는 깊어질 것이다.

그래서 정책사상 대계에서도 정책사상을 정의하는 문제에 많은 고민과 노력을 기울였다. 동시에 '정책과 정책학의 본질'이라는 문구를 제외하면 여타 학문분야의 사상 정의와 어떻게 차별될 수 있을 것인가 하는 문제도 정책과 정책학의 본질을 사상적으로 설명하고 체계화하고자 하는 사상 정의의 문제에 초점을 두면서 비판적으로 논의하기도 했다.

정책사상을 정의하고 논쟁하는 것은 여타 학문분야의 사상의 정의와 대동소이, 보다 정확하게는 일반적일 수 있어야 할 것이다. 왜냐하면 연구하고 설명하는 대상인 학문분야가 다를 뿐이지 사상을 설명하고 연구하는 것은 동일하기 때문일 것이다. 그럼에도 불구하고 연구자의 연구정향과 패러다임이 다양할 수 있기 때문에 그 다양성을 존중하면 좋을 것이다. 그래서 각 학문영역에서의 사상의 정의는 다양하고 복잡할 수 있다는 사실을 우선 잘 이해하고 수용하는 것이 필요할 것 같다.

정책사상을 정책과 정책학의 본질에 관한 철학적 사고를 이론적으로 체계화하는 것으로 정의하면서 『정책사상 대계』에서는 국가주의를 시원으로 해서 선도주의, 균형주의, 현실주의, 물아주의 등과 같은 정책사상을 연계하고 연결하는 사상의 체계를 구성하였다(<그림 2-1>, <표 2-1> 참조). 물론 이와 같은 다섯 가지 정책사상도 반드시 정책사상에만 한정된 것은 아니다. 여타 학문에서도 국가주의를 사상으로 정립하고 이론적으로 체계화할 수 있을 것이다. 단 정책사상으로서 국가주의는 정책과 정책학의 본질을 사상적으로 설명하고 체계화하는 국가주의이다. 이것을 어떻게 구성하고 진행할 것인가 하는 것은 필자의 고유한 몫이고 영역일 것이다. 이제부터 각각의 사상을 정책과 정책학의 본질을 철학적으로 사고하면서 정책학의 이론으로 체계화할 수 있는 정책사상으로 구체적으로 설명하고자 한다.

제 3 장

국가주의

국가주의

정책은 정치적인 책략이고 방책이다. 정치적인 책략의 결정은 국가의 법령으로 구체화되고 있다. 이때 국가(state)는 정책이 법령화되면 법적 정당성(legal legitimacy)을 가진 정책, 즉 법을 집행하게 된다. 이에 따라서 국가는 정책을 결정하고 실천할 정치적인 대표성과 정당성(political legitimacy)도 가지게 된다.

그럼에도 불구하고 법률적이고 정치적인 정당성만으로 국가의 정책행위를 설명하고 이해할 수 있을 것인가 하는 의문은 계속된다. 왜냐하면 국가는 무엇 때문에 그리고 왜 법을 만들고 시행해서 개인들의 자유롭고도 자율적인 판단이나 결정에 간섭하거나 개입하는가 하는 문제가 남아있기 때문이다. 또한 개인들의 행복이나 복지, 성숙과 발달을 위해서 국가가 개입한다고 하지만 국가가 그만한 능력과 자격이 되는가 하는 의문 등도 계속될 수 있다. 일 백보를 양보한다고 하더라도 국가는 이와 같은 권력이나 힘과 결정권을 독점해도 될 것인가 하는 의문 등이 계속해서 제기되기 때문이다.

국가는 통치행위와 공권력 작용의 주체로서 일정한 조직과 기간 동안에 법률적인 권한과 정치적인 대표성을 가진 정부(government)에게 정책을 결정하고 실행하게 하고 있다. 이것이 과연 타당하고도 정당한가 하는 문제가 발생하기도 한다. 즉 헌법에 의하여 구성되고 해산되는 정부가 과연 국가를 대표하여 정책을 결정하고 실천할 수 있을 것인가 아니면 정부 그 자신의 이해관계를 우선적으로 처리하고 결정한다면 어떻게 할 것인가, 헌법이나 법령의 규정에 의해서 탄생된 정부가 국민이 믿을 수 있을 정도의 국정(國政)의 운영 능력과 자격을 가지고 있는가 하는 등의 질문도 계속된다.

특히 정치적 의사결정에 의하여 선택된 정부를 과연 안심하면서 믿을 수 있을 것인가, 일을 그르치거나 또는 그들만의 배부른 집단으로 타락할 가능성은 없는가, 주권재민의 방법과 이상이 가장 잘 실천되고 있다고 믿고 있는 직접적이고 보편적인 투표와 참정(參政)에 의한 정부라고 하더라도 많은 경우에 정부실패를 경험하고 있지 아니한가 하는 등의 의구심과 회의를 쉽게 떨쳐버리기 어렵다.

국가의 통치행위와 공권력 작용으로 진행되는 정치적 책략인 정책을 신뢰하거나 믿을 수 있다면 이와 같은 의문이나 걱정이 어느 정도 해소될 수 있을 것이다. 이것이 정책의 본질에 관한 철학적인 의문이면서 사고의 출발점이라고 할 수 있다. 나아가 정책학의 이론적 맥락에서 이것을 설명할 수 있고 체계화할 수 있다면 이것을 국가중심의 정책에 관한 철학적이고 이론적인 사고체계라고 할 수 있다. 즉 정치적 책략의 주체인 국가를 과연 믿을 수 있을 것인가, 믿을 수 있도록 하는 정당성은 무엇인가, 믿을 수 있을 능력과 자격을 어떻게 담보할 것인가 하는 등에 관한 철학적 사고가 정책사상의 출발점이고 기원이다. 이것이 국가가 주체가 된 정책의 본질에 관한 철학적 사고이기 때문에 국가주의 정책사상의 출발점이라고 할 수 있다. 따라서 정책사상으로서의 국가이고 국가주의라고 할 수 있다(state and statism as policy thought).

국가와 국가주의에 초점을 두면서 이제부터 조금 더 현실적이고 구체적인 철학적 사고를 진행하고자 한다. 즉 국가는 무엇인가, 어떻게 정의할 것인가, 국가와 사회 및 정부 등을 어떻게 구별할 것인가, 국가의 정책인가 아니면 우리 사회 또는 우리 집단이나 조직의 정책인가 또는 일정한 시기나 사람들에 특정된 정부의 정책인가 하는 등의 철학적 사고를 이해하면서 설명하고자 한다. 따라서 국가와 국가주의를 설명하고 정의하면서 정책사상으로서 국가주의를 사상적으로 체계화할 수 있을 것이다(뒤편의 <그림 3-1> 참조).

1. 국가란 무엇인가?

정책사상으로서 국가주의(statism)를 이해하기 위해서는 먼저 국가를 이해해야 한다. 왜냐하면 국가의 개념적 이해나 정의는 각자의 학문적 영역이나 관심과 연구하는 주제나 분야에 따라서 복잡하고도 다양하기 때문이다. 더구나 국가의 학술적인 정의나 의미가 현실적이고 일상적으로 사용하는 국가의 뜻과 때때로 다르기 때문이다. 또한 한자문화권에서 이해하고 설명하는 국가와 서양문화에서 정의하는 국가의 개념도 다양하기 때문이다. 동시에 한국에서는 영어권에서 구별하고 있는 'nation, country, state'를 통칭하는 '나라'라는 순수한 한글 용어를 사용하고 있기도 하다[1].

국가의 이해와 설명이 다양하고 복잡할수록 국가주의를 정책사상의 기원으로 하고 있는 『정책사상 대계』에서 국가를 어떻게 이해하고 설명할 것인가 하는 것이 더욱 더 중요해지고 있다. 왜냐하면 정책사상은 정책(학)의 본질에 관한 철학적 사고를 이론적으로 체계화해서 정책학의 기본이론으로 정립하는 것이라고 했다. 때문에 이때의 정책사상은 국가를 중심으로 하는 국가주의이고 국가주의는 국가를 중심적인 개념으로 하고 있기 때문이다. 따라서 국가를 어떻게 이해할 것

---

1) '나라'는 학술적이거나 일상적으로 널리 사용되는 용어이다. 김성배(2012: 8)는 나라는 한국인의 일상생활의 공간으로서 정치공동체를 의미하지만 근대적 의미의 국가와 다른 점은 주권사상이 없다는 것이라고 했다. 그러나 나라의 어의적 설명이나 정의 또는 용어 사용의 구체적인 기준 등은 알려져 있지 않다. 그럼에도 불구하고 일상적으로 '나라'는 '우리나라'로 합성되어 사용되면서 민족적이고 역사적이며 전통적인 집단 정체성(group identity)을 은유적으로 강조하거나 표출하는 국가주의 또는 민족주의 등의 어의적 의미를 가진 용어라고 할 수 있다.

인가 하는 것이 국가주의를 설명하고 나아가 국가주의의 정책사상을 이해하고 설명할 수 있는 핵심적인 개념이라는 사실을 익히 알 수 있게 된다.

『정책사상 대계』는 복잡하면서도 다양하게 국가를 이해하고 정의하는 그 자체에 큰 문제가 있다고 보지 아니한다. 대신에 정책사상으로서의 국가, 즉 철학적인 사상체계를 정립할 수 있도록 어떻게 국가를 이해하고 정의할 수 있을 것인가 하는 것에 초점을 두고 있다. 즉『정책사상 대계』에서 국가와 국가주의는 정책사상의 본질적 개념에 해당된다. 때문에 정책세계에 해당될 국가를 철학적으로 우선 이해하고 정의할 수 있어야 할 것이다. 이에 기초해서 국가주의를 사상적으로 설명할 수 있을 것이다. 이와 같이 이해하고 정의한 국가의 개념에 따라서 국가주의라는 정책사상을 정의할 수 있을 것이다.

국가를 철학적이고 사상적인 개념에서 이해하고 정의하기 위해서 우선 한자문화권에서 이해하는 국가와 서양의 영어권에서 설명하고 있는 국가의 정의 등을 기초적인 지식으로 정리할 필요가 있다. 동시에 지리학이나 지정학적으로 이해하는 국가의 개념도 살펴 볼 필요가 있다.

1) 한자문화권에서 국가의 정의

한자를 사용하는 문화권, 특히 유교적 전통과 가치가 지배적인 사회2)에서의 국가(國家)의 개념을 우선 어의적으로 찾아 볼 수 있다3). 한자의 '國家'는 '國'(나라)과 '家'(집)의 합성어라고 할 수 있다. 이것의 근원으로, 맹자가 "일반적으로 천하국가라고 하지만 실제로 천하의 기본은 나라에 있고 나라의 기본은 가에 있

---

2) 국가의 정의와 관련하여 한자문화권이나 유교사회 등과 같은 용어에 잠시 주의할 필요가 있다. 왜냐하면 학술적으로나 일상적으로 사회와 국가, 문화와 국가 등의 개념을 구별해서 이해할 필요가 있기 때문이다. 이와 같은 국가와 사회의 구별 또는 국가의 철학적이고 이념적인 구성요소 등을 서양 중심의 영어권에서 국가를 정의할 때 좀 더 자세히 설명한다.
3) 한자문화권의 중심사상인 유교에서도 국가를 정확하게 또는 분명하게 정의하거나 설명한 것이 없다. 때문에 한자문화권인 유교를 중심으로 국가를 정의한다고 하는 것은 상당히 자의적인 해석이나 또는 부분적일 수도 있을 것이다.

으며 가의 기본은 개인, 즉 주민에 있다"[4]는 것에서 국가를 '國'과 '家'가 합성된 용어라고 하는 주장도 있다(백도근, 1995: 311). 또한『주역』의 "천지 이후에 만물에 발생하였고 만물 이후에 남녀라는 인간이 발생하였으며 인간 이후에 인간의 결합에 의한 가정인 부부, 부부 이후에 아버지와 자식, 부자 이후에 임금과 신하, 군신 이후에 상하, 상하 이후에 법과 예절이 갖추어졌다"[5]라고 하는 설명에서 국가의 개념도 찾아 볼 수 있다. 이것을 가정과 개인을 기초로 해서 국가가 형성되는 것을 설명하는 가족주의 국가관이라고 할 수 있다. 즉 국가는 가족이 외연적으로 확대된 조직이다; 가족과 국가는 하나의 결합원리인 천인(天人)합일 사상에 의한 가족주의 또는 가족국가를 설명하는 개념이라고 할 수 있다(신정근, 2008: 411-414).

가족주의로 국가를 설명하는 것만이 유일하다고 할 수 없다. 대표적으로 춘추전국시대의 사상가인 묵자(墨子)가 주장하는 국가의 형성과 정당성에 관한 것을 들 수 있다. 그는 인간의 태초의 상태를 전제로 하고 있다. 모든 인간은 각자의 이해관계를 최우선 하고 있으며 이것을 이롭다 라고 보았다. 개인의 이익을 극대화하고자 하는 인간은 필연적으로 투쟁하게 된다고 했다. 왜냐하면 한정된 자원을 상이한 능력과 다양한 욕구를 가진 인간들이 앞 다투어 차지하려고 하기 때문이다. 그래서 이와 같은 태초의 혼란과 투쟁을 방지하면서 개인들의 이익과 이해관계를 원만히 조정하고 통제할 수 있는 것을 만들게 된다[6]. 이것이 국가, 만국(萬國) 또는 제후국(諸侯國)이라고 하는 설명이다(손영식, 2016: 197-199)[7].

---

4) "人有恒言 皆曰 天下國家 天下之本在國 國之本在家 家之本在身"(『孟子』, 離婁 上).
5) "有天地然後 有萬物 有萬物然後 有男女 有男女然後 有夫婦 有夫婦然後 有父子 有父子然後 有君臣 有君臣然後 有上下 有上下然後 禮義有所錯"(『周易』, 序卦傳 下).
6) "古者民始生 未有刑政之時 蓋其語人異義 (중략) 是以人是其義 以非人之義 故交相非也 (중략) 不能相和合 (중략) 天下之亂若禽獸然 夫明虖天下之所以亂者 生於無政長 是故選天下之賢 可者立以爲天子 天子立 以其力爲未 (중략) 遠國異土之民 是非利害之辯 (중략) 故書分萬國 立諸侯國君"(『墨子』, 尙同編 上).
7) 묵자의 국가론과 비교하여 17세기에 영국을 중심으로 하는 유럽에서의 사회적 혼란과 내란 및 종교개혁 등에 의한 이데올로기의 갈등 등과 같은 투쟁을 해결하기 위하여, 중앙집권적 절대군주론을 주창한 Thomas Hobbes(1588-1679)의 사회계약설을 들 수 있다. 즉 만인에 의한 만인의 투쟁(*bellum omnium contra omnes*)을 종식시키고 개인

따라서 묵자는 "국가를 통치하는 일에 법칙과 원리가 반드시 필요하다. 그 원칙을 지킬 수 있고 실천할 수 있는 기준은 그러나 부모나 스승과 임금에서 찾을 수 없다. 왜냐하면 그들 중에 인자(仁者)가 적기 때문이다. 그래서 하늘을 기준(법천:法天)으로 해야 한다8)"고 하였다. 따라서 그는 부모와 임금을 국가통치의 기준이 아니라고 했다. 때문에 이것을 가족주의 국가관이라고 할 수 없을 것이다.

국가의 어의적 의미는 또한 한자문화권에서 특별한 의미를 가질 수 있다. 왜냐하면 국가를 정의하고 이해하는 호기심에서도 '國'의 한자어의 의미론이 상당한 흥미를 유발하기 때문이다. 이것을 가장 잘 설명한 것으로 중국의 근대 사상가이고 사학자인 량치차오(梁啓超: 1873 - 1929)의 한자 해석을 들 수 있다. 그에 의하면 중국에서는 '國'을 옛말로 '혹(或)'이라고 했다; '或'을 파자해 보면 통치권을 의미하는 '과'(戈)(창, 무기)와 국민을 뜻하는 '口', 영토를 의미하는 '一'로 구성되어 있다; 그러나 이와 같은 세 가지만으로 그 뜻이 분명하지 못해서 '或'을 큰 입구(口)로 윤곽을 만들어서 위의 세 가지를 일체화시킨 것이 현재의 '國'자라고 설명하였다9).

이와 같은 의미의 '國'자가 한자문화권에서 등장하는 시기는 중국의 춘추시

이 양여(讓與)하거나 동의하는 권리를 지키기 위하여 강력한 중앙집권 집단인 국가가 마치 거대한 괴물과도 같은 'Leviathan'처럼 형성된다는 사회계약설의 입장이다 (Hobbes, 1914: 5장의 인간에 관한 편). 이와 같은 Hobbes의 국가관은 묵자와 같이, 개인의 이해관계에 충실한 이기적 인간주의는 자연 상태에서 본능적으로 투쟁을 연출하게 된다는 전제를 가지고 있다. 따라서 투쟁과 전쟁으로부터 개인을 보호하고 생명을 지키기 위해서 상호간에 계약을 체결하여 국가라는 중앙집권적인 조직을 형성하게 된다는 것으로 요약할 수 있다. 국가의 개념에는 국가는 개인들의 계약의 결과물이라는 서양사회의 계약중심주의, 신성주의, 불가침주의 등을 대전제로 하고 있음을 알 수 있다. 그래서 한자문화권의 가족주의나 신이나 하늘로부터 통치권을 부여받았다고 하는 천명(天命)사상에 기초하는 국가의 형성 등과는 차이가 있다.
8) "治大國 (중략) 然則奚以爲治法而可 當皆法其父母奚若 (중략) 而仁者寡 (중략) 然則奚以爲治法而可 (중략) 故曰 莫若法天"(『墨子』, 法儀). 그럼에도 불구하고 『묵자』의 곳곳에서는 "천하를 통치하는 것이 가정을 다스리는 것과 같고 천하백성을 부리는 것이 한 명의 장부를 부리는 것과 같다"(治天下之國 若治一家 使天下之民 若使一夫)(尙同編 下)라고 하는 가족과 국가 통치의 일맥을 강조하고 있기도 하다.
9) '國'자의 설명은 량치차오가 표의문자인 한자의 뜻을 설명한 후한(後漢) 때의 허진(許愼)의 『說文解字』를 인용한 것이다. 그러나 여기서는 량치차오의 저술인 『飮冰室合集』이나 『說文解字』의 원본을 해석한 김춘남의 논문(1987)의 내용에 따른 것이다.

대 말기나 전국(戰國)시대라고 할 수 있다. 즉 하(夏), 상(商), 주(周) 시대에 천자의 나라인 천하(天下)와 제후의 나라인 '國' 그리고 경대부들의 나라인 '家'가 있었다. 특히 천하나 국(國)들이 통치제제를 갖추기 시작할 때 그들의 영향력을 받고 있던 여러 방(邦)[10]도 각기 읍(邑)을 신설하고 통치조직을 갖추기 시작하였다. 특히 서주(西周) 시대에 국으로 개칭된 읍을 왕실에서 파견된 제후들이 통치하기 시작했다. 즉 제후들의 '國'시대가 전개되면서 수많은 국이 형성되는 춘추시대부터 국이 널리 등장하기 시작했다고 할 수 있다. 그러나 춘추시대 말기에 오면서 제후와 경, 대부들이 각축하는 국과 가의 시대가 되면서 국과 가의 경계나 구분이 어려워졌다. 이때부터 국과 가의 합성어인 현재의 국가(國家)라는 용어가 사용되기 시작했다고 볼 수 있다(중국사상문화사전, 2001: 290 – 291; 이영찬, 2007: 285).

국가의 합성어인 가(家)의 의미도 살펴보는 것이 한자문화권에서 국가를 이해하기 위한 기초지식이 될 수 있다. '가'는 어의적으로 다양한 의미를 가지고 있다. 예를 들면 『한어대사전』에서 '家'의 사전적 의미를 25가지 정도로 나열하고 있다. 그 중에서 국가의 어의 구성이나 의미론에 적절한 것으로 가족이나 가정, 경대부나 그들이 소유하고 있는 채지(采地)나 식읍(食邑), 제후, 조정(朝廷), 국가(國家) 등으로 '家'의 뜻을 규정한 것을 찾을 수 있다. 여기서 주목할 것으로 '가'를 정사를 베푸는 장소이고 위치인 조정이라고 하거나 또는 직접적으로 국가를 지칭한다고 한 것이다. 마찬가지로 『중문대사전』에서도 조정이나 도성(都城), 천자나 태자, 경대부 등과 같은 다양한 의미의 가를 발견할 수 있다. 그러나 여기에는 국가(國家)라는 용어는 없다.

따라서 한자문화권에서 '家'를 두 가지로 요약해 볼 수 있다. 첫째, 남자와 여자의 결혼에 의한 혈연으로 구성되는 부모와 자식, 친인척으로 구성되는 관계를

---

10) 국가를 의미하는 '방(邦)'의 개념이나 정의도 불안정하고 다양하다. 『주례: 注』에서는 큰 나라를 방(邦), 작은 나라를 국(國)이라고 했지만(大曰邦 小曰國 邦之所居 亦曰國 析言之也)(『說文解字』, 2013: 282) 국(國)과 방(邦)을 명확하게 구분하거나 지리적인 영토의 확장에 의한 방(邦)이나 국(國)의 개념을 정확하게 찾기 어렵다는 지적도 있다(『중국사상문화사사전』, 2001: 290).

의미하는 가족이나 가정을 뜻하는 '家'이다. 즉 남녀의 성적 욕망과 종족보존의 본능에 따라서 형성되는 삶의 기초단위로 이해하는 가정이다. 그래서 '가'는 사회조직의 일차적인 혈연집단으로 부부를 중심으로 하는 생활단위를 지칭하는 보통명사라고 할 수 있다.

둘째, 국가를 정의하고 이해하는 수준에서 '가'를 생활단위의 범위를 넘어서는 개념으로 이해할 필요도 있다. 또한 사실적이고 역사적으로도 가가 국가를 구성하는 기초단위로 널리 이해되고 있다는 것도 밝힐 필요가 있다. 먼저 어의적으로 사전에서 가를 국가와 조정을 의미하는 그 자체는 가를 단순히 부부중심의 경제공동체 집단의 의미를 넘어선 개념으로 국사를 논의하고 결정하는 장소나 그의 주체인 통치자와 이것을 합친 개념인 국가 등을 지칭하는 개념이라고 할 수 있다.

이와 같은 의미의 가는 국가를 지칭할 때의 어의적 의미를 보다 잘 나타내고 있다고 할 수 있다. 이것이 유교적 가족주의 국가관을 반대하고 가족이나 가정보다는 일정한 규모와 조직을 가진 통치체제로 가를 이해하는 국가관(장현근, 2000: 24-25)이라고 할 수 있다. 특히 가를 통치체제로 이해하고 있다는 주장의 근거로서 일상적인 용어로, 가문(家門)의 영광이라거나 또는 정치집단의 상하관계를 의미하는 가신(家臣)이라는 용어 등은 가가 전통적으로 정치나 통치단위를 지칭하는 것으로 이해되어 왔음을 알 수 있게 한다. 특히 가가 큰 집단으로 구성되는 씨족이나 부족사회의 통치이념이나 역사, 특히 조선시대에 성씨(姓氏)를 중심으로 하는 집성촌의 씨족 또는 부족사회에서 가는 일정한 지역과 가문의 친인척 권속을 통치하는 조직으로 존속해 왔다는 사실도 알 수 있다(김호동, 2011: 244; 정승모, 2011: 267-268).

유교의 다양한 경전에서도 '家'를 일정한 규모의 통치조직으로 이해하는 것이 많다. 예를 들면 『대학』에서 수신 이후에 가정을 다스리고 그 다음에 나라를 통치한다(수신제가 치국평천하:修身齊家 治國平天下)고 하는 것을 들 수 있다. 즉 일정한 규모의 조직을 가진 가를 통치하면서 습득한 통치역량과 방법이나 기술 등을 익히고 경험하면서 나아가 보다 더 큰 규모의 국가를 다스릴 수 있다는 것을 지적한 것으로 이해할 수 있다. 그렇다고 가가 통치의 연장선에서 국가를 통치한다는 의미는 아니다(이상익, 2003: 95-96; 최영진, 2008: 150-152). 대신에 독립적이고 자치적인 가의 통치 경험과 역할이 국가를 위해서도 가능하고 충분하다는 것으로 이해할 수 있다.

또한 『논어』에서 제 나라의 국왕인 경공(景公)이 정치를 질문하자 공자는 "임금과 신하는 각각의 위치에서 자신이 능력과 역할을 다하고 마찬가지로 부모와 자식도 각자의 고유한 역할을 완수하는 것"(군군신신부부자자: 君君臣臣父父子子)(안연)이라고 한 것에서 보다 더 명확하게 '家'가 국가와 대등한 일정한 규모의 통치조직임을 이해할 수 있다. 즉 국가를 다스리는 요체를 가정에 비유하면서 가정을 통치조직으로 본 것이라고 할 수 있다. 왜냐하면 군군(君君)과 신신(臣臣)의 국가통치를 부부자자(父父子子)의 통치이념이나 역할과 동일시했기 때문이다. 특히, 공자가 정치에 참여하지 아니하는 이유를 묻자 공자는 "부모에게 효도하고 형제간에 우애롭게 지내고 있다; 이것도 정치이다; 때문에 정치를 하지 아니한다고 할 수 없다"[11]라고 했다. 따라서 가가 단순히 가정이 아니라 정치조직이나 통치집단으로도 이해되고 있다는 사실을 알 수 있다.[12]

특히 『주역』에서는 가정을 바르게(正)할 수 있어야 천하, 즉 온 세상도 올바르게(定) 된다고 했듯이[13] '家'를 단순히 친인척 중심의 가정이 아니라 일정한 통치조직으로 보기도 했다[14]. 또한 『맹자』에서 "정치가 어려운 것이 아니다; 다만

---

11) "或 謂孔子曰 子奚不爲政 子曰 書云 孝乎 惟孝 友于兄弟 施於有政 是亦爲政 奚其爲爲政"(『論語』, 爲政).

12) 『논어』 위정(爲政)에서 공자가 답한 내용이, 효(孝)를 중심으로 하는 가족질서가 국가질서의 연장선으로 쉽게 이해될 수 있다는 것을 논리적이고 역사적인 실증자료를 인용하면서 반박한 이상익(2003)의 논문을 소개할 수 있다. 즉 가정의 효제(孝弟)가 정치적 가치이지만 이것이 국가의 기본가치를 전부 반영하고 있다고 하기 어렵다는 그의 주장이다.

13) "父父子子兄兄弟弟夫夫婦婦而家道正 正家而天下定矣"(『周易』, 風火家人).

14) 그렇다고 '國'과 '家'의 통치이념이나 철학 또는 그의 리더십 등이 동일하다고 주장하는 것은 아니다. 왜냐하면 단적으로 군신에는 의(義)이며(군신유의:君臣有義) 家의 중심주체인 부자간에는 의(義)가 아니고 친(親)(부자유친:父子有親)이기 때문이다. 친(親)은 사적인 이해관계의 친소(親疏)이지만 의(義)는 공적이고 공개적이며 집단적인 이해관계의 결정이나 분배에서의 정의나 정당성 등으로 이해되는 개념이라고 할 수 있다

경대부를 지칭하는 대가(大家)를 잘 다루어야 한다. 왜냐하면 그들이 욕구하는 것은 국가도 원하는 것이며 나아가 온 세상이 바라는 것이다[15]"라고 했다. 즉 가가 비록 정치조직의 하위단위이지만 그들의 이해관계를 고려하지 아니하는 '國'은 존재하기 어렵다는 의미이다. 때문에 '家'의 통치조직적인 성격을 쉽게 헤아릴 수 있기도 하다.

한자문화권의 '家'의 어의적 개념이 이와 같이 두 가지로 크게 구분되는 것을 가족주의 개념에서도 찾아 볼 수 있다. 물론 가족주의를 총괄적으로 이해하거나 설명하는 것이 아니라 정책사상으로서 국가주의, 즉 국가를 중심으로 하는 정책의 개입을 통한 국가개입주의를 좀 더 근원적으로 이해하기 위한 범위에서 설명하는 수준이라는 것을 먼저 지적하면서 가족주의를 두 가지로 구분해서 설명할 수 있다[16].

앞서의 혈연에 의한 친족집단의 '家'를 설명하는 것을 가정(家庭)주의라고 할 수 있다. 반면에 일정한 통치체제를 의미하는 가를 가족주의 또는 가족의 가치와 이념이 가족뿐만 아니라 사회적으로 확산되고 공유되는 것으로 보는 가족중심주의나 가족책임주의 등을 가족주의의 개념이라고 할 수 있다.

먼저 가정주의(familialism)는 가정의 삶이나 생활에서 가족구성원의 공동체 정신과 가족공간을 지배하는 정신을 강조하는 가족주의라고 할 수 있다(박선목, 1996; Lynch, 2016). 많은 경우에 가정주의와 가족주의를 구별하지 아니하고 사

(Rappa and Tan, 2003: 90−92; Cheng 외 2인, 2012). 따라서 '가'의 통치이념이나 질서와 윤리를 '국'에 동일하게 적용하기에는 한계가 있다. 그럼에도 불구하고 가족질서와 윤리인 전통적인 효제(孝弟)사상을 국가의 충서(忠恕)사상의 맥락과 일치시키면서 가족 통치이념을 국가통치의 이념과 질서로 연장하여 이해하는 것도(이영찬, 2007: 287; 임현규, 2011: 13) 특히 동양 유교사회에서는 상당한 설득력이 있을 수 있다.

15) "孟子 曰 爲政不難 不得罪於巨室 巨室之所慕 一國慕之 一國之所慕 天下慕之"(『孟子』, 離婁 上).

16) 가족구성원의 의사결정에의 개입과 간섭이라는 가족개입주의는 전통적으로 온정주의에서 설명되고 있다. 그래서 이와 같은 내용을 제4절의 국가개입주의의 정당성에서 온정주의적 개입주의를 설명할 때 논의하기로 한다. 여기서는 일반적인 의미의 가족주의, 즉 가족이 소규모의 정치나 통치집단으로 기능하는 가족주의를 간단히 설명하여서 가족주의적 '家'의 근원을 이해하는데 도움이 되고자 한 것이다.

용하지만 'familialism'의 가정주의는 친인척 중심의 가족구성원의 혈연으로 관계된 가족들의 공통적인 생활공간이며 사회조직의 1차 집단을 의미하는 것으로 이해될 수 있다.

따라서 가족을 기초단위로 하여 가족구성원들의 육체적이고 정신적인 결합에 의하여 하나의 혈연집단을 구성할 때 이것을 가정(家庭)이라고 본 것이다. 이와 같은 가정의 성립은 단순히 부모의 육체적 결합이 아니라 정신적이고 신체적이며 혈연적으로 연계되는 애정과 윤리 등으로 유대(紐帶)되어야 가정이 성립될 것이다. 그래서 가정주의는 부모와 자식간의 질서와 윤리가 필요하다. 나아가 가족구성원의 삶의 자급자족을 위한 경제적인 단위(가족경제)라고 할 수 있다. 그리고 가정의 구성원은 성장과 결혼 및 분가 등으로 새로운 가정을 계속적으로 유대하고 확대해 종족보존과 확산의 역할도 담당하게 된다. 그래서 가정의 존재나 경제 및 성장, 분가 등을 위협하거나 침해하는 것을 일반적으로 가정침해나 가정파탄이라고 하지 가족침해나 파탄이라고 하지 아니하는 이유를 여기서 알 수 있다.

이와 같은 가정유대(family bond)에 의한 가정주의를 크게 네 가지로 요약할 수 있다. 먼저 가정은 부모의 애정결합에 의한 구성체이기 때문에 가정의 사랑(愛)(family affection)이 기초가 된다. 부부의 사랑과 애정에 의하여 양육되고 성장한 자녀들이 결혼하면서 또 다른 가정을 구성할 수 있는 가정확산(family division)도 들 수 있다. 동시에 가정은 육체적이고 정신적인 위생조건과 나아가 생존의 생활공간을 제공하기 위한 가정경제(family economics)의 단위이다. 그러면서도 가정 내의 부모와 형제 또는 기타 구성원간의 위계질서와 가치인 가정윤리(family ethic)도 지켜가고 있다.

반면에, 가족주의(familism)는 가족의 가치와 이념 및 가족제도를 지배와 다스림이라는 사회조직을 중심으로 설명하는 개념이다(임현규, 2011; Hermandez and Bamaca-Colbert, 2016). 가족을 사회적인 집단으로 이해한 것이다. 즉, 가정을 단위로 하지만 가정의 질서와 윤리 및 경제적 공동체의 사상 등이 단순히 가정이라는 공간을 벗어나서 이웃과 사회라는 보다 확대된 공간으로 가정을 설명할 때 이것을 가족주의로 이해한 것이다[17].

가족구성원의 질서와 윤리 및 사상 등을 보존하고 지켜가면서 가족구성원의 이해관계를 극대화하기 위하여 가족구성원들의 의사결정에 개입하거나 간섭하는 것이 정당화될 수 있어야 가족주의는 존재할 수 있게 된다. 그래서 이것을 온정주의적 개입주의로 설명하면서(가족구성원의 의사결정에의 개입만을 의미하는 것은 아니다) 가족주의는 국가 중심의 개입주의를 이해할 수 있는 기초 단위가 된다고 할 수 있다.

가족주의가 가족구성원들의 교육과 성장을 통한 가족 외부의 사회와 연계되면서 가족은 좁은 의미의 가정을 탈출하여 사회적 일차기관이고 제도로서 다양한 기능과 형태를 유지하고 있다. 이와 같은 가족의 기능과 역할을 가족사회화(family socialization)라고 할 수 있다. 예를 들면 가족은 구성원들의 교육과 훈도에 의한 사회적으로 수용되고 용인되는 가치와 윤리 및 사상 등을 학습하고 전수한다. 동시에 육체적이고 정신적으로 성장하고 성숙한 가족구성원은 사회가 요구하고 필요로 하는 인적자원을 제공하면서 사회적 기능을 맡게 된다.

사회화된 가족은 공간적으로나 시간적으로 가정주의의 유대를 넘어서서 가문(家門)이라는 정치적이고 사회적인 조직단위를 만들게 된다[18]. 가문은 '家'의

---

17) 가정주의와 가족주의를 구분하지 아니하고 가족주의를 좀 더 다양하게 이해하면서 양자를 포함하는 개념으로 취급하기도 한다. 예를 들면 경제적 도구로서의 가족주의, 정서적 가족주의, 가족이기주의 등과 사회학 등에서의 가족 구성체와 가족중심의 가치관과 태도에 초점을 둔 가족주의, 가족을 중심으로 하는 다양한 이념(유교의 보편적 가족이념, 서정주의, 개인주의, 도구주의 등)에 따른 가족주의, 문화인류학 등에서의 가족과 종족연구의 가족주의, 경제학에서 소비와 생산주체의 개념으로 하는 경제적 가족주의 등을 들 수 있다.

18) 가문이 가족주의에서 출발하여 정치집단화 하는, 즉 국가의 통치조직을 담당하는 정치세력 집단으로 형성되고 변화되는 것을 역사적 실증과 고증 및 문헌분석을 통하여 재미있게 설명하는 연구들이 한국의 문화사나 고대사, 인류학 등에서 성행하고 있다(예: 안중근 가문의 독립운동과 안창호와 김구 등을 통한 대한민국 임시정부의 참여와, 가문내의 여성독립운동가의 역할(오영섭, 2010), 고려 말과 조선초기의 언양 김씨 가문이 중앙정치에 진출하면서, 소위 가문의 영광을 실현하는 정치적 위상의 달성(김호동, 2011), 지역적으로 울산, 경주, 영천 등지의 토속 성씨를 중심으로 하는 가문의 구성과 지역정치를 장악하는 가문간의 재편과 구조(박종현, 2015). 이와 같은 연구는 가족주의의 정치화나 '家'와 '國'과의 관계고찰이나 국가주의의 근원 등으로 기족주의와의

개념이 하나의 통치조직으로서 '家'가 지향하고 선도하는 가치나 윤리의식, 도덕정신 등을 실천하는 집단이라는 사실을 대외적으로, 즉 사회적으로 인정받는 조직이다. 가문이 동족이나 씨족으로 구성되면서 문중(門中) 또는 종중(宗中)을 구성하게 된다. 문중은 일정한 지역을 중심으로 정치적이고 경제적이며 사회적, 교육적으로 독립단위의 기능과 역할을 하게 된다. 이와 같은 문중은 가족주의의 대명사로 이해되기도 했다.

특히 문중은 문중을 구성하는 가족과 그 구성원들에게 문중의 가치판단과 행동윤리의 강령 등을 강요하여 그들의 의사결정과 판단에 개입하기도 한다. 동시에 문중을 중시하는 다양한 사업을 집행하면서 문중의 결속과 가문의 단결 등을 지시하면서 가족과 구성원들의 경제적이고 사회적인 사업에 참여하게 하거나 규제하기도 한다. 이와 같은 문중이 가족에 개입하게 되는 가족주의의 정당성은 가문의 명예와 자존심으로 정당화되는 경우가 많다. 동시에 문중은 교육과 훈도를 통하여 가족에게 문중 중심의 이해관계에 순응할 것을 바라고 있다(이군선, 2014).

그렇다고 문중의 기초 단위인 가족의 개입주의가 문중보다 약하다거나 다르다는 의미는 아니다. 가족구성원 중에서 부모가 자녀들의 의사결정이나 판단에 개입하거나 간섭하는 것을 온정주의(paternalism)이라고 하는 어의적 근원을 아버지와 같은 혹은 아버지가 아들을 대하듯이 하는 의미의 라틴어의 'pater'에서 찾을 수 있기 때문이다. 그래서 온정주의를 때로는 가부장 보호주의(parens patriae)나 보호주의(patronage), 지도편달(guidance) 등으로도 이해되고 있는 것을 알 수 있다(Feinberg, 1986: 6).

가족주의의 온정주의적 간섭이 국가의 개입주의로 연결된 것은 서양에서는 소크라테스와 플라톤 철학이 정치철학에 유입되면서 시작되었다고 할 수 있다. 그러나 동양 유교사회에서의 국가온정주의에로의 연결은 서양사회보다 더 오래된 실천적이고 역사적 의미를 가지고 있다. 앞서 공자가 정치를 하지 아니한다고

관계 등을 보다 심층적으로 연구할 수 있는 흥미로운 주제가 될 수 있다.

하는 제자들의 질문에 가족관계로 대답한 것에서도 국가와 가족을 분리하여 정치를 생각하기 어렵다는 것을 알 수 있다. 이와 같은 가족주의에서 국가개입주의의 뿌리를 쉽게 발견할 수 있다. 또한 백성을 마치 부상당한 사람과 같이 보살피고 어린아이를 보호하듯이 하는 것이 정치라고 하는 애인(愛人)사상도 가족과 국가의 개입주의의 사상적 원천을 쉽게 알 수 있다.

가족주의는 정치적이고 사회적인 결사체의 역할을 하면서 부모의 효(孝)와 가족구성원들의 위계질서인 효제(孝弟)사상19)이 국가의 충서(忠恕)사상20)으로 연결된다고 하는 것이 전통적인 유교 가족주의의 중심사상이라고 할 수 있다(뤄양, 2009: 105－106; 임현규, 2011: 9－10). 그래서 국가주의는 가족뿐만 아니라 가족의 범위가 사회적이고 가계(家系)적으로 확산된 가문과 문중으로 발달되면서 진행된 가족개입주의를 자연적으로 수용하는 역사적 전통에서 국가개입주의의 사상적 맥락이나 근간을 이해할 수 있다. 동시에 국가가 개인의 의사결정과 판단

---

19) 주자는 『논어』의 학이(學而)를 주석하면서 "부모를 잘 위하는 것이 효이고 형이나 장자를 잘 위하는 것이 제"(善事父母 爲孝 善事兄長 爲弟)라고 했다(『論語集註』, 學而). 이와 같은 효제를 공자는 유교사상의 근본인 인(仁)을 실천하는 기본(爲仁之本與)이라고 했다(『論語』, 學而). 나아가 『대학』에서 "효는 군주를 위하는 것이고 제(弟)는 윗사람을 위하는 것이며 자(慈)는 대중을 위하는 것"(孝者 所以事君也 弟者 所以事長也 慈者 所以事衆也) 이라고 했다. 즉 "효제를 실천할 수 있어야 국가를 다스리고 시민을 가르칠 수 있다"(宜兄宜弟而后 可以敎國人)라고 했다. 따라서 효제가 국가통치의 중심 사상으로 등장하게 된 것을 공자는 다시 "나의 모든 사상과 가르침(이것을 그는 도(道)라고 했다)은 하나로 통하고 있다. 그것을 충(忠)과 서(恕)"(『論語』, 里仁)라고 한 것으로 비추어 보면 효제가 충서의 기본가치임을 알 수도 있다. 그래서 공자는 "정치를 충(忠)(정성과 공적인 마음가짐)으로 해야 되고"(居之無倦 行之以忠)(『論語』, 顔淵), "신하는 군주를 충성으로 섬겨야 한다"(臣事君以忠)(『論語』, 八佾)라고 했으며, "너 자신이 원하지 않는 것을 남에게 강요하지 말아야 한다. 이것이 서이다"(其恕乎 己所不欲 勿施於人)(『論語』, 衛靈公)라고 했다. 따라서 효제를 기초로 하는 가족주의 사상이 사회적이고 공적인 인간관계나 국가통치의 가치인 충서로 귀결되고 있다고 할 수 있다.

20) 공자의 충서(忠恕) 사상과 공자 이전의 충서의 어의적이고 실천적인 개념을 잘 설명한 뤄양의 논문(2009)을 소개할 수 있다. 공자가 충서를 자신의 철학이나 사상을 한마디로 꿰는 것이라고 했듯이 충서를 조금 쉽게 그리고 사회과학적 입장에서 이해한다면 충(忠)은 마음의 중심이 항상 인과 예를 벗어나지 아니하는 것으로 이해할 수 있다. 그리고 서(恕)는 자신의 입장에서 남을 평가하고 판단할 것이 아니라 객관적이고 공정하며 그러면서도 다수의 의지와 판단이 하나의 사회적인 공적인 가치로 전환될 수 있는, 소위 간주관주의(intersubjectivity) 관점에서 공통의 가치를 실천하는 사상이라고 이해할 수 있을 것이다.

에 개입하는 정당성도 가족개입의 정당성에서 그 이유를 찾을 수 있다[21]. 물론 가족개입주의의 정당성은 개인적 이해관계나 문중이라는 조직의 이해관계를 위한 개인주의적 정당성일 것이다(위해의 원칙이나 성숙 또는 감사의 정당성 등). 따라서 사회적이고 공공적인 이해관계를 기초로 하는 국가개입의 정당성(사회적 정의나 선, 공익 등)과 크게 다를 수 있다(자세한 것은 제4절의 국가개입주의의 정당성에서 설명한다).

결론적으로 한자문화권에서 국가는 '國'과 '家'의 합성어이지만 언제 그리고 어디에서 '국가'라는 용어가 현실적일 뿐만 아니라 학술적이고 정치적인 용어로 정착되었는지는 정확하지 아니하다. 그러나 일반적으로 중국의 춘추시대 말기에 '國'과 '家'의 정치적이고 현실적인 경계구분이 어려워지면서 국과 가의 합성어인 '國+家'가 사용되기 시작했다고 할 수 있다.

'國'은 현실적으로 제후들의 지배와 통치력이 증강되면서 방위와 주민과 영토를 의미하는 현재의 국가의 구성요소를 갖추게 되었다. 동시에 부모를 중심으로 하는 혈연조직인 가정주의의 가보다는 사회조직으로서 일정한 규모의 통치조직이고 단위인 가족주의 중심의 가의 개념이 어의적일 뿐만 아니라 현실적으로도 사용되면서 조정이나 국가 또는 제후를 의미하게 되었다. 그래서 동양의 한자문화권에서는 '國'과 '家'가 동시에 오늘날 국가를 의미하는 기능과 역할을 하게 되면서 자연적으로 국가라는 용어가 널리 보통명사로 사용되게 되었다고 할 수 있다.

---

21) 전통적인 문중 중심의 가족주의가 정실주의나 연고주의, 위계질서 중심의 폐쇄적 의사결정과 독선주의, 배타적인 공동체주의 등과 같은 단점이나 문제점을 부각시키면서 자유로운 개인의 의사결정과 판단을 방해하거나 개인의 존엄성을 침해할 수 있다는 지적이나 비판(김동춘, 2002: 94; 이승환, 2004b: 47)(위의 두 글에 의하면 한국의 시민사회의 부정적 측면은 가족주의에 기원하고 있다는 것이 "대다수 학자들의 의견이다"라고 했다)도 유의할 필요가 있다. 그러나 제2장의 정책사상의 연구방법에서도 언급했듯이 가족중심의 개입주의를 사회적이고 문화적이며 역사적 사실로서 진단하고 여기서 국가중심의 개입주의의 정책사상의 기초를 배울 수 있다는, 경험적이거나 발견적 지식(heuristic knowledge)을 얻고자 하는 방법론적 관점에서 가족중심의 개입주의를 설명한 것이다.

2) 서양 영어권에서 국가의 정의

동양사회의 한자문화권에서 이해하는 국가의 개념적 정의는 영어권을 중심으로 하는 서양사회와는 상당히 차이가 있다. 이것이 현재 일반적으로 동서양을 막론하고 국가에 관한 개념의 정의뿐만 아니라 이론적이거나 현실적으로도 국가의 이해가 매우 복잡하다는 증거이기도 하다. 그럼에도 불구하고 국가를 연구하는 국가학 또는 국가주의 등에서도 일반적이고 보편적으로 수용되거나 동의되는 국가나 국가주의의 개념의 정의나 방법론 등을 찾기 어렵다(박상섭, 2008: 16-17; Hindess, 2017: 4-5)[22]. 그래서 자신의 연구정향이나 현안적인 이해관계에 따라서 문자 그대로 다종다양하게 국가를 이해하고 정의하면서 설명하고 있다.

다양하고도 복잡하게 그러면서도 정확하지 못한 상태에서[23] 국가를 정의하고 이해하는 원인을 여러 가지로 찾을 수 있을 것이다. 그러나 결론적이지만 이와 같은 원인이 국가를 복잡하게 이해하거나 또는 난해하게 하는 원인일 뿐만 아니라 동시에 국가를 연구하고 설명하는 국가학이나 국가론(state theory)의 중심적인 주제가 되기도 한다. 따라서 국가론의 중심과제는 역시 다양하게 설명되는 국가를 어떻게 정의할 것인가, 무엇이 국가론의 주제인가, 어떻게 그 주제를 설명할 것인가 하는 등으로 구성되어 있다고 해도 과언이 아니다[24].

---

22) 인문학이나 사회과학에서 보다 정확하고 일반적인 개념을 연구하는 한림대학교 한림과학원(http://has.hallym.ac.kr)의 한국개념사 총서의 하나로, 박상섭이 2008년 출간한 『국가·주권』이 국가 개념을 서양과 동양으로 구분하여 설명하고 있다. 특히 그는 고구려와 고려시대의 삼국사기 및 삼국유사에서 시작하는 한국에서의 국가의 개념과 역사학 초기의 정치학자의 국가연구, 국가학이나 정치학, 헌법학 등의 교과서에서 국가의 이해 등도 서술하고 있다. 특히 한국에서도 국가 개념이 올바르게 이해되고 정의될 수 있어야 한국의 정치학뿐만 아니라 현실정치의 이정표가 될 수 있다고 했다.

23) 국가를 정확하게 정의하거나 설명하지 못한다는 의미는 국가란 무엇인가 하는 현실적 실체(a practical reality)로서의 국가와, 이념적이고 사상적인 관념으로서(an ideal reality) 국가를 정확하게 구분하여 설명하기 어렵다는 것을 반영하고 있다는 주장도 있다(강진웅, 2014: 174). 이에 따라서 국가의 정의에 관한 재미있는 말이 있다. 즉 김주영(2008: 106)은 헌법학이 분류하는 국가의 개념 논쟁을 거칠게 분류해 본다고 했고, J. P. Nettl(1968: 559)은 편의에 의한(convenient) 개념이라고 했다.

24) 국가에 관한 연구를 국가학 또는 국가론이라고 할 수 있다. 그러나 국가학은 국가의

국가의 개념 정의에 관한 문제로 되돌아 와서, 서양사회에서 무엇보다도 국가와 사회를 분명하게 구분할 수 없는 현실적인 이유가 있었다. 즉 국가와 사회와의 불분명한 개념이나 경계(state-society boundary) 때문에 국가의 개념이 분명하게 정립되고 있지 못하다는 사실이다(Nettl, 1968: 559). 더구나 이와 같이 불분명한 국가 개념을 연구하고 설명하는 연구자의 연구목적이나 학문적 정향 등에 따라서 국가를 다양하게 정의하면서 국가 개념은 문자 그대로 정글과도 같다고 지적하기도 했다(Fadakinte, 2013: 551).

따라서 동양사회에서는 국가를 '國'과 '家'의 합성어 정도나 '나라'라는 순수 우리말 또는 부족이나 씨족국가 등과 구분되는 정도로 이해하고 있다. 그러나 서양 영어권에서는 국가를 의미하거나 이와 관련하여 구분해서 이해하고 설명해야 하는 용어가 매우 다양하다. 예를 들면 보편적 의미의 국가를 뜻하는 'state'를 민족중심의 국가를 의미하는 'nation,' 공동체사회라는 의미가 강한 'community,' 지정학적인 민족성을 가진 지역을 강조하는 'country,' 통치집단의 'government,' 조직이나 집단을 의미하는 'group'이나 'institution' 등과 개념적으로나 현실적으로 명확하게 구분하기 어려운 경우가 많다.

서양사회 중심에서 국가를 이해하고 정의하기 위해서는 위에서 지적한 두 가지의 이유를 좀 더 자세히 설명하는 것이 아마도 정글과 같은 국가 개념을 조금씩 그리고 조심스럽게 이해해 갈 수 있는 길이라고 생각된다.

기능과 성격, 국가의 기원과 역사, 국가조직, 철학 등을 국가와 사회에 초점을 둔 것이고 국가론은 국가의 이론에 해당된다고 할 수 있다. 동시에 국가연구를 일본이나 한국 등에서 국가학이나 국가론으로 번역한 것이 문제라고 하는 지적도 있다(김효전, 2008: 67-70; 김성배, 2012: 16). 그러나 국가론이나 국가학은 국가를 중심 주제로 연구하는 정치학의 분과로서 일반적으로 국가론으로 통칭될 수 있을 것이다. 이때의 국가론 또는 국가이론(state theory)은 국가의 사회적 실체와 존재로서의 가치를 역사적이고 현실적으로 탐구하고 국가의 기능과 역할을 설명하는 이론적 성격이 강하다(강진웅, 2014: 174-175; Smith, 1895; Nettl, 1968). 『정책사상 대계』는 정책의 주체로서 정치적 의사결정을 담당하고 실질적으로 정책을 수행하면서 개인의 의사결정이나 판단에 개입하고 간섭하게 되는 국가개입주의에 초점을 둔 국가주의를 정책사상의 근간이고 출발점으로 보고 있다. 따라서 필자는 국가의 정치적 의사결정인 정책의 중심이고 독점자로서 그리고 우월자의 입장이라는 사상적 패러다임을 기초로 하면서 국가를 설명하고 이해하는 것으로 국가론을 국가주의의 기초이론으로 이해한 것이다.

첫째, 국가와 사회와의 관계는 국가나 사회 중 어느 쪽을 중심축으로 해서 설명할 것인가 하는 논쟁이나 논란이 많다. 동시에 국가와 사회의 상호간의 의존관계로 절충하는 입장도 있다. 따라서 서구사회에서 국가와 사회와의 관련성을 먼저 이해하는 것이 다양하거나 불분명한 국가의 개념적 뿌리를 이해하는 기초지식이 될 수 있다.

현실적으로 국가와 사회를 분명히 경계지우기 어려워지면서 국가의 개념이 더욱 어렵게 되고 있는 것도 사실이다. 역사적으로도 나치즘이나 파시즘, 일본제국주의, 국제관계에서 미국의 고립주의로 민족주의적 성향을 강조하는 미국우선주의(America First), 한국의 경제발전을 주도한 국가발전 중심주의 등은 국가가 사회보다 우선적이라는 사상을 지배하게 되었다. 반면에 통치권력인 조직을 부정하거나 무시하는 무정부주의나 노동자계급의 단결과 공동생산에 의한 소박한 시민사회의 혁명과 통치를 주장하는 마르크스주의(Marxism) 등과 같은 극단적인 사상이나 남미나 북유럽의 사회주의, 지구촌 환경이나 인권, 평등 등을 주창하는 시민사회운동이나 세계화 등은 사회가 국가보다 우선적이라고 보고 있다(Riain, 2000; Morev and Kaminskiy, 2013; Botelho, 2014).

서양 영어권에서는 이와 같이 사회와 국가와의 힘의 우월이나 우선에서 대립이나 갈등과 같은 국가와 사회와의 관계(state-society relation)가 현실적이거나 학문적으로 큰 과제이면서 논쟁거리로 등장하면서 국가 개념이 복잡해졌다는 사실을 알 수 있다. 그래서 국가-사회 관계에 의한 국가를 사회중심적 국가론과 국가중심적 국가론의 논쟁 등으로 구분할 수 있었다(강진웅, 2014: 174). 그러나 국가와 사회와의 관계를 현실적으로 분명히 구분하기 어려운 것도 사실이다. 그래서 이와 같은 이론적이고 현실적인 문제점이 국가의 정의를 어렵게 하는 첫 번째의 원인이라고 할 수 있다.

여기서 먼저 사회(society)란 무엇인가 하는 개념정의와 실체를 살펴 볼 필요가 있다. 사회의 정의나 실체도 분명하게 또는 일반적으로 인정되거나 수용되는 것은 없다[25]. 그럼에도 불구하고 사회는 가장 많이 사용되면서도 사회를 지칭

---

25) 사회의 개념을 살펴보면서 한 가지 언급할 것으로 사회를 곧 국가사회로 인식하는 정

하는 내용이나 범위의 범주가 국가보다 더욱 다양하고도 넓다. 그러나 동시에 사회는 국가보다 하위의 개념이나 좁은 의미로도 널리 사용되는 개념이기도 하다.

예를 들면 광의의 사회는 그 지칭하는 범위와 내용이 다양하고 광범위하다. 즉 종교적인 가치와 이념을 공유하는 사회(예: 유교사회)에서부터 시작해서 지역이나 대륙 등을 아우르는 사회(예: 유럽사회), 시대적 구분에 의한 사회(예: 고대사회), 국가의 연합이나 연맹을 의미하는 사회(예: 국제사회), 생산기술이나 방법, 정보의 가치 등의 변화와 변동을 지칭하는 사회(예: 산업사회, 정보사회), 인간의 조건이나 생태적인 변화 등을 의미하는 사회(예: 고령사회) 등과 같이 사회는 이념적이거나 지리적인 속성을 아우르는 광의의 개념이기도 하다.

그러나 동시에 사회는 국가의 영역이나 범위에 관계없이 좁은 의미로 사상이나 이념, 인간관계 등과 같은 관계(關係: 꽌시(*Guanxi*)26)를 중심으로 조직된 집단을 의미하는 경우가 있다. 물론 이와 같은 경우에 사회는 국가의 지리적 경계내

치사회학이나 전통사회학에서는 사회란 무엇인가 하는 질문은 사회학의 정체성에 관한 무모한 또는 직구를 던지는 것과 같은 질문이라고 하기도 했다(천선영, 2001). 그러나 사회의 개념을 본질적으로 이해하지 못하면 구체적인 실체로서의 사회를 알지 못한다는 전제에서 사회를 일상적인 삶의 터전으로서, 이념집단으로서, 문화적인 진화로서, 경험에 의하여 주조된 것으로서, 혈연 본능의 조직규범을 이어가는 것으로서 매우 다양하게 사회개념을 설명하기도 한다. 그럼에도 불구하고 사회 개념은 연구자의 연구에 필요한 범위에서의 정의일 뿐이지 영원한 불변의 정의는 없다는 주장(박명규, 2001: 52; Pepper, 1922: 420−421)이 사회 개념 정의의 어려움을 잘 지적하고 있다.

26) 관계, 꽌시(*Guanxi*)는 중국을 중심으로 하는 동양사회에서 비공식적이고 정이(情利)적인 은혜의 교환에 의한 인간관계를 의미하는 것으로 일반적으로 알려져 있다. 그러나 꽌시는 비판적이고 부정적인 사회결속의 대명사로 사용되기보다 많은 경우에 수직적이고 위계적인 질서를 강조하는, 유교사회에서 사회적인 친교(socialization)와 연결망(networking)과 같은 각 조직이나 집단의 정체성을 확보하는 도구적 기능을 하기도 한다. 동시에 꽌시 개념에는 조직이나 집단의 윤리와 행동강령 및 가치판단의 준거틀을 제공하는 전통적인 도덕률로서 사회적 유대(social bond)의 주요 양식이라는 특성이 강조되기도 한다(최온영, 2007: 263−274; Qi, 2017: 111−113). 동양사회에서 꽌시를 가족중심의 부계사회나 전통적인 가부장제도의 가치를 존중하고 수용하는 보편적이고 자연적인 인간행위의 원칙으로 이해하면서(정하영, 2004: 355−360) 꽌시사회라는 보이지 않는 기준으로서 개인의 행위나 판단에 직간접으로 개입하거나 간섭하는 온정주의로 설명하기도 한다(정연식, 2002; Cheng 외 4인, 2017). 이와 같은 관점에서 국가개입주의의 전형인 온정주의의 개입으로 꽌시를 이해하는 것이 정책사상으로서 국가주의의 이해에 도움이 될 수 있을 것이다.

에 속할 수도 있다. 동시에 이것은 전통적으로 정치적이고 사회적 의미를 지칭하는 사회보다는 단체나 조직(association 또는 group)을 의미하는 경우라고 할 수 있다.

예를 들면 이념이나 사상을 중심으로 하는 학술단체나 종교단체, 동호회 등과 같은 사회는 국가의 경계를 넘을 수도 있지만 많은 경우에 국가내에 속하는 사회이다. 그리고 인간관계 중심의 사회는 친목단체나 동문회, 동창회 등을 들 수 있다. 직업이나 직장 중심의 사회도 좁은 의미의 사회에 속한다. 그러나 이와 같은 좁은 의미의 사회도 지리적으로 국가의 통치범위를 넘어서는 사회가 많다. 특히 인터넷사회나 정보사회, 지식사회 등의 가상사회(virtual society), 스포츠나 환경, 기후변화, 인권 등에 관한 조직사회, 범죄나 테러리즘 등에 관한 국가간의 협약사회 등은 좁은 의미의 사회이지만 활동영역과 구성원은 국가나 지리적 경계를 넘나드는 사회이다.

광의나 협의로 보편적으로 이해되고 있는 사회는 개인의 판단과 결정을 중시하면서 개인주의적 이해관계나 가치관 중심에 따르지만 동시에 관계로 연계되고 귀속되는 집단이나 조직이라고 할 수 있다. 따라서 사회는 국가의 지리적인 경계나 주권통치의 영역에 지배받을 수도 있지만 그렇지 아니하는 경우도 많다. 앞서 예를 든 유교사회의 경우에 유교라는 사상이나 이념이 지배하는 집단은 국가의 범위나 통치력(주권)에 관계없는 사회이다. 마찬가지로 국경없는 의사회 (MSF: *Medecins Sans Frontiers*)(www.msf.org)는 국가의 경계나 통치범위에 관계없이 의료서비스를 제공하는 사회이기도 하다. 그럼에도 불구하고 각 국가를 기반으로 'MSF'를 조직하고 있기도 하다(예: (사단법인)국경없는 의사회 등). 따라서 'MSF'는 국가를 기반으로 하면서도 국가의 경계에 관계없는 사회의 특징을 잘 보여주고 있다.

반면에 국가(state)는 폐쇄적인 지리적 통치영역에서 국적을 가진 주민에 대한 지배권과 통치력인 주권을 행사하는 집단이라고 할 수 있다. 물론 이와 같은 개념은 뒤편에서 설명할 'nation, country, nation-country' 등과 구별되는 'state'의 개념이다. 따라서 국가의 영역과 통치력에 포함되는 사회와 그렇지 아니하는 사회와의 긴장관계가 국가와 사회와의 관계에서 사회중심적 국가와 국가중심적 국가의 논쟁점이 되고 있다고 할 수 있다.

사회중심적(society-centered) 국가는 국가없는 사회(stateless society)에서부터 시작해서(무정부주의가 대표적이다) 국가를 인정하면서도 이념이나 가치판단, 생활양식이나 태도 등에서 국가의 간섭과 개입을 최소화하려는 사회라고 할 수 있다. 예를 들면 사회의 독자적인 정체성과 집단성을 강조하는 사회(예: 조선시대의 양반사회나 씨족사회, 동양사상, 특히 노자의 무위(無爲)사상에 의한 개인주의적 평등과 보편사상을 중심으로 하는 『예기』나 『주역』에서 등장하는 대동(大同)사회[27], 미국 펜실베니아의 독일인 전통마을인 아미시(Amish)나 이스라엘의 전통적인 농업공동체인 키부츠(Kibbutz) 등을 들 수 있다.

이에 반하여 국가중심적(state-centered) 국가는 국가주의자(statist)의 전통적인 주장이나 설명에 해당되는 국가 개념이다. 동시에 정책사상으로서 국가주의(statism)를 설명하는 것과 유사하게 국가를 이해하는 입장이다. 국가주의에 관한 자세한 것은 뒤편에서 설명하기로 하고 국가 중심적 국가는 다양한 용어로 사용되는 국가(nation, state, country, 나라 등)를 통칭한 것이다. 따라서 이것은 법에 의하여 국가의 기능과 역할 및 조직 등을 갖춘 집단으로서 국제관계에서 주체적인 활동 대표체임을 표방하면서, 일정한 영토와 주민에게 독립된 주권을 독점적으로 행사하는 주권과 자율성을 강조하는 국가주의적 개념이라고 할 수 있다.

국가중심적 국가는 국가의 기능과 역할이 20세기를 시작으로 점점 확대되고 광범위해지면서 국가없는 사회는 존재하기 어렵다고 보고 있다. 따라서 사회의 실체와 역할 및 역사적인 전통이나 가치를 인정하지만 국가의 주권과 자율성이 법과 현실에 의하여 인정되고 실천되는 국가를 우선시하면서 유럽을 중심으로 다양한 국가 개념이 등장하기 시작했다고 할 수 있다. 즉 근대서구의 정치사상에서

---

27) 제3절의 정책사상으로 국가주의를 공동체주의와 대비하여 설명하거나 제4장의 선도주의 정책사상에서 공동선의 개념을 설명할 때 동양의 대동(大同)사회나 무릉도원 등을 소개한다.

국가를 절대국가나 입헌국가, 도덕국가, 계급국가, 다원국가 등으로 다양하게 설명한 것을 들 수 있다. 또한 정치사상가나 철학자들의 국가론 등을 설명하면서[28] 국가중심적 국가의 개념이나 기능과 역할, 역사 등을 설명한 것도 있다. 특히 최근에는 2016년 미국대통령선거에서 당선된 Donald Trump의 미국우선주의나 2016년의 영국의 유럽연합(EU) 탈퇴결정(Brexit) 등은 공동체나 사회보다 국가가 중심적이고 우선적임을 보여주는 사건이라고 할 수 있다.

국가의 개념을 이해하기 어렵게 하는 첫 번째의 원인이 국가−사회의 불분명한 관계나 또는 서로간의 갈등적인 이해관계 때문이라는 사실이 서양 중심의 국가에서 많이 밝혀지고 있기도 하다. 이와 같은 갈등이나 긴장관계에 관한 역사적이거나 지정학적 연구 등을 여기서 설명하기에 한계가 있다. 또한 정책사상으로 국가주의를 엮어나가는 과정에서 필요하지도 아니할 것이다. 그러나 한 가지 언급할 것으로 이와 같은 국가와 사회와의 갈등이나 긴장관계를 해결하는 대안으로 민족국가(nation state)를 전형적인 조합으로 제시하는 것을 들 수 있다(Botelho, 2014; Anacker, 2016; Breuilly, 2017). 이것을 국가에 관한 다양한 영어권 용어를 설명할 때 민족과 국가를 구분하면서 설명하기로 하고 여기서는 사회와 국가와의 갈등관계를 민족을 주체로 하는 국가를 구성하면서, 즉 민족국가의 등장으로 이와 같은 긴장관계가 해결되거나 감소되고 있다는 것만을 지적하고자 한다.

민족국가를 국민국가(나종석, 2011, 등)로 번역하기도 한다. 그의 단적인 이

---

28) 플라톤(Plato: BC 428/427-424/423)의 국가 또는 국가론을 중심으로 하는 서양 정치학자나 철학자들의 국가의 이해와 논쟁을 국가주의의 국가 개념에서 소개하고 설명할 필요도 있다. 그래서 국가주의를 설명하면서 플라톤의 국가의 개념이나 논쟁 등을 간단히 소개하지만 기타의 것은 언급하지 않기로 하였다. 왜냐하면 정치사상이나 정치철학의 개론에서는 이와 같은 고전적 설명을 소개할 필요가 있지만 정책사상의 대계를 국가주의를 중심으로 그 체계를 잡고자 하는 『정책사상 대계』는 이와 같은 잡다한(고전을 '잡다한' 것으로 표현해서 무리가 있을 수 있지만 국가주의를 시원으로 하는 정책사상에 한정해서는 사실상 그리 중요하지 않다는 뜻으로 표기한 것이다) 것을 굳이 소개할 필요가 없다고 보았다. 특히 정치사상가나 철학자들의 논쟁을 정리하거나 소개하는 것을 수많은 개론서나 참고도서 및 기타의 연구에서 손쉽게 접할 수 있기 때문에도 여기서는 생략하기로 하였다. 더구나 『정책사상 대계』는 정치사상이나 철학자 중심의 사상이나 철학에 관한 논쟁이나 이해가 아니기 때문이다. 그렇다고 이와 같은 인물 중심으로 국가론을 연구할 가치가 적다는 것은 아니다.

유를 언어와 습관, 제도, 사상, 인종 등과 같은 동일체적인 유전인자가 역사적으로 형성되고 있다고 강하게 믿고 있는 동질집단을 중심으로 국가의 통치권과 주권이 작용하는 것을 강조한 것이라고 할 수 있다. 따라서 민족국가는 언어나 사상, 인종 등의 동질집단을 의미하는 민족을 중심으로 자율적인 주권을 독점적으로 행사할 수 있는 국가라고 할 수 있다.

민족은 사상이나 가치를 중심으로 하거나 또는 문화적인 연대의식이나 판단을 중심으로 하는 사회이다. 따라서 불명확한 지리적 경계나 이념적 다양성에서 발생되는 동질감 등을 대표할 수 있는 민족이 독립적인 주권의 통치권을 행사하는 국가를 만들면서, 사회와 국가와의 갈등적이거나 배타적인 경계의식을 완화시키고 있다고 할 수 있다. 그 대표적인 예로서 유엔(United Nations)은 문자 그대로 민족의 연합이지만 현실적으로 독립국가가 회원국으로 가입할 수 있다. 즉 민족이지만 국가를 구성하고 있는 민족국가가 유엔의 회원국이 될 수 있다. 대신에 국가를 구성하지 아니한 민족은 회원국으로 가입할 수 없다[29]. 이와 같은 것을 보면, 특히 2차 세계대전 이후에 신생 독립국가가 탄생되면서 사회의 복잡한 구조와 이념이 민족국가의 시대(nation−state era)(White, 2004: 51)로 정리되고 있다고 할 수도 있다. 또한 국가와 사회와의 갈등이나 긴장관계의 중재적인 역할로서 정책을 결정하고 실행할 수 있는 정책결정권을 국가와 사회와의 상호작용의 연결망으로 설명하기도 한다(Sabine, 1920). 보다 자세한 것을, 정책사상에서 국가주의를 이해하면서 설명하기로 하고 여기서는 간단히 국가와 사회와의 긴장관계의 연결작용만을 설명하고자 한다.

국가는 사회로부터 완전히 자유로울 수 없다. 동시에 국가는 사회의 부분이면서 전체이기도 하다. 즉 문화적이고 인종적이며 공동가치와 이념에 의존하는 사회에서부터 국가를 중심으로 하는 국가존재의 이념이나 가치관, 필요성, 국가

---

29) 팔레스타인 국가(the state of Palestine)는 민족국가의 형성이 지리적으로 약하기 때문에 유엔의 회원국이 아니라 참관국가(observer state)이다. 마찬가지로 중화민국(타이완)은 민족국가라고 할 수 있지만 유엔총회의 결의에 의하여 중국의 일부로 간주되면서 회원국이 아니다(http://kp.wikipedia.org, 검색일: 2017년 7월 3일).

의 중요성 등을 창조해 가면서 국가의 영역과 활동을 사회에 뿌리내리고자 한다. 이때 가장 중요한 것으로 국가는 정책을 결정하고 실천하면서 사회가 원하고 바라는 것을 충족하거나 수용하기도 한다. 그리고 사회와 상호작용하여 상호간의 공존을 추구하기도 한다.

따라서 국가 대 사회의 긴장이나 갈등을 정책결정과 실천을 통한 상호작용으로 설명하는 것이 정책사상으로서 국가주의에 중요하다. 왜냐하면 과거의 국가의 개념이나 이해의 논쟁은 국가가 지배계급으로서 개인의 자유롭거나 자율적인 판단이나 결정에의 개입이나 침해에 관한 계급국가론이나 입헌국가론 등에 초점을 두었다. 그러나 20세기를 지나면서 국가가 실질적이고 현실적으로 결정하고 실천하는 국사(國事)의 활동이나 작용이 시민들의 일상적인 생활이나 경제적인 부, 사회적 가치나 인간의 존엄성 등에 이르기까지 직접적으로 영향을 미치게 되었기 때문이다. 따라서 사회와의 갈등이 아니라 구체적이고 세부적인 국가의 정책에 따라서 이해관계가 더욱 민감해지면서 사회와의 연결망 속에서 국가를 이해하기 시작했다. 동시에 국가는 개인적인 것보다 사회 전체의 보편적 이익인 국익이나 공공성, 사회적인 정의, 국가의 보존과 방어 등에 관한 영토와 주권의 보장 등을 추구하는 실체가 되기 시작했다.

둘째, 일반적으로 국가(state)[30]를 의미하는 다양한 용어가 사용되면서, 특히 영미권에서 국가의 개념이 상당히 혼란스럽게 되었다고 할 수 있다(Goldie, 2019: 3-4). 이와 같은 다양하고 복잡한 국가 개념이지만 기타의 용어(nation, country, community, government, institution)를 이해하고 정리하기 위한 수준에서, 국가(state)는 일정한 지리적인 영역에서 국적을 가진 주민에 대한 지배적이고 배타적인 권한과 권력을 행사하며 대외적으로 독립적인 주권을 행사하는 집단이라고 일단 정의할 수 있다. 이와 같은 국가의 개념에서 주권적인 독립국가의

---

30) 현재 보편적으로 국가를 의미하는 'state'의 어원이나 어의적 설명은 정책사상으로 국가주의의 이해에 꼭 필요한 것이 아니라서 생략하였다. 이에 관한 자세한 설명은 박상섭의 『국가·주권』의 27-42쪽을 참조할 수 있다. 또한 한국에서 근대적 의미의 국가의 개념형성에 관한 것은 김성배의 논문(2012) 제3장을 참조할 수 있다.

법률적이고 정치적인 정당성(legal and political legitimacy)이 중심적인 주제라고 할 수 있다. 물론 이것은 민족중심주의 국가 개념이 아닌 국가중심주의 국가 개념31)에 의한 주제이다.

국가중심주의에서 국가(state)는 배타적으로 관리하고 통치할 수 있는 일정한 영토에 대한 독점적인 지배권(경제와 정치, 외교, 법률적 지배권)을 행사할 수 있어야 한다. 이와 같은 지배권은 타 국가나 집단의 간섭이나 지배로부터 자율적이고 자유로워야 하는 주권국가이어야 한다. 동시에 지배권과 통치권은 헌법과 법에 의하여 명시되어야 하며, 일정한 영토의 지배내에 거주하고 있는 주민의 정치적 판단과 참여에 의하여 결정되어야 한다. 이와 같은 정치적이고 법률적인 통치행위는 독점적이고 자율적으로 공통의 이익과 목적을 달성할 수 있어야 한다. 이와 같은 국가의 통치권한과 권력은 법과 정치에 의하여 구성되는 정부에 의하여 실천되는 것이 현실이다32). 물론 미국이나 소련, 독일 등과 같이 여러 개의 주(state)가 연합하여 국가를 구성하는 경우도 있다. 그러나 이것은 국가중심주의 국가의 'state'와 다르다.

민족중심주의에서 국가 개념을 정리하면 복잡하게 보이는 다양한 영어권 용어를 구별하면서 조금 더 쉽게 국가를 이해할 수 있을 것 같기도 하다. 먼저 인종이나 언어, 역사, 문화 등과 같은 민족의 정체성과 정당성에 의하여 형성되고 정당화된 국가를 'nation'이라고 할 수 있다. 즉 문화와 인종 및 언어 등과 같은 동질성의 역사를 오랜 세월 동안에 공유하는 집단을 민족이라고 할 수 있다. 따라서 민족은 국가를 구성할 수도 있고 그렇지 아니할 수도 있다. 그러나 20세기 중

---

31) 특히 중국이나 한국에서는 이와 같은 국가중심주의의 국가 개념의 이해를 국가주의자(statist)의 국가 개념으로 이해하고 있기도 하다(Chan and Lai, 2018; Hong, 2019).
32) 이와 같이 정리한 국가(state)의 개념에 관한 참고문헌은 매우 다양하다. 특히 국가를 연구하고 설명하는 대표적인 학문분야인 정치중심의 정치학, 사회중심의 사회학, 인구나 영토중심의 지리학, 헌법이나 법령 중심의 법학, 국가사상이나 통치이념 중심의 정치철학이나 응용철학 등에 따라서 국가개념의 정리에 필요한 다양하고 복잡한 참고문헌을 발견할 수 있다(김항제(2002), J. P. Nettl(1968), George White(2004), Anna Stilz(2011), M.M. Fadakinte(2013). 그러나 여기서 정리한 것은 국가주의라는 정책사상적 입장에서 국가에 관한 개념을 정의한 것이다.

반부터 민족국가 시대가 발달하면서 민족을 대표할 국가를 만들고 국가와 민족을 동일시하면서 민족은 곧 하나의 국가로 널리 인식되고 있다. 따라서 국가라고 하면 가장 먼저 민족국가로 이해될 정도이다.

민족국가의 경우에 일반적으로 하나의 민족에 한 국가(one nation-one state)라고 할 수 있다. 그러나 유럽이나 중국 등에서 전통적으로 다양한 민족, 즉 소수민족이나 소수인종이 복합하여 국가를 구성하는 다민족국가(multination state)가 점점 발달하고 있다. 예를 들면 유럽지역은 전통적인 인류학적 분류에 의하여 언어를 중심으로 인도-유럽족, 슬라브족, 로마족(이탈리아), 게르만족 등 3개 민족집단이 유럽인구의 80퍼센트를 차지하고 있다. 그러나 최근의 중동지역을 중심으로 하는 이슬람 문화권의 분쟁에 의한 이슬람인종이 유럽으로 급격하게 유입되거나[33] 또는 미국을 중심으로 개방적인 이민정책에 따라서 아시아계나 히스패닉계 인종의 확산으로 한 국가에 다양한 민족이 공존하는 현상이 점점 더 확산되고 있다.

특히 중국은 역사적으로 다민족 국가이다. 2000년을 기준으로 중국은 한족(漢族)을 중심으로 하면서 55개나 되는 소수민족으로 구성된 국가이다[34]. 또한 1989년에 구소련이 붕괴되면서 소련연방을 구성했던 소수 민족들이 민족국가를 형성하고 독립하여(발트 3개 국가와 독립국가연합(CIS: Commonwealth of Independent States)의 갈등[35]) 민족국가 시대를 맞이하면서 다민족국가가 오늘

---

33) 20세기에 오면서 유럽지역에 비유럽인종이 급격히 증가되면서 유럽 국가들의 다민족 국가현상이 최근에는 사회적 통합을 통한 국가주의에의 딜레마로 이슈화되고 있다. 특히 21세기 이후의 유럽지역에서의 테러리즘이 증가되면서(영국, 독일, 프랑스 등 전통적인 유럽국가들), 특히 아랍 및 중동지역을 포함한 아프리카인의 급격한 유입, 유라시안(Assyrians, Kurds, Iraqi, Lebanese, Syrian 디에스포라)의 난민정책 등에 의한 다민족으로 혼합되면서 국가와 민족 및 인종간의 정체성이 갈등을 빚고 있다.

34) 2005년 기준으로 한족이 중국의 91.9%의 절대다수를 차지하고 있다(http://en.wikipedia.org, 검색일: 2017년 8월 2일). 중국은 55개(한족 제외)의 공인된 소수민족으로 구성된 다민족국가(multiethnic-state)라고 할 수 있다. 따라서 중국정책학에서도 청명(淸明)시대의 민족정책이나 당 태종, 수 문제 등의 민족정책 등과 같은 전통적인 민족정책을 꾸준히 연구하고 있다. 나아가 개혁과 개방 이후의 다민족국가의 다양한 욕구와 이해관계, 이질적 문화와 가치의 중국화를 목표로 하면서도 각 소수민족의 정체성과 평등 등을 보장할 수 있는 정책에 초점을 둔 연구가 주류를 형성하고 있다(이해영 외 2인, 2011: 335).

날 지구촌에서 큰 줄기가 되고 있음은 사실이다.

지역적으로 시골이나 지방을 의미하기도 하는 'country'는 주권을 행사하고 실천할 수 있는 영토의 개념이 강한 의미의 국가를 지칭하기도 한다. 특히 지리정치학적으로 독립적인 주권을 행사하거나 또는 state의 일부에 속할 수도 있지만 사법권을 배타적으로 실시할 수 있는 능력을 가진 국가를 의미하는 경우도 많다. 예를 들면 영국(United Kingdom)은 잉글랜드, 스코틀랜드, 웨일스, 북아일랜드(아일랜드는 주권국가로 주장) 등과 같은 독립적 주권을 가지지 아니한 'country'로 구성되어 있다. 마찬가지로 덴마크(Kingdom of Denmark)나 네덜란드(Kingdom of the Netherlands)도 주권이 없는 수개의 'country'로 구성되어 있다(http://en.wikipedia.org, 검색일: 2017년 7월 4일).

지역공동체를 의미하는 'community'는 사회 개념과 유사하다. 'Community'는 동질적인 집단이라고 할 정도로 종교나 가치, 자신들만의 정체성 등을 중심으로 하는 무형의 공동체이지만 지리적인 영역이나 장소에 대한 공통적인 동질성을 중심으로 하는 유형의 공동체가 일반적이라고 할 수 있다. 사회 개념과 같이 유럽공동체, 구체적으로 유럽경제공동체(EEC: European Economic Community) 등과 같이 공통의 목적을 실현하기 위한 의사전달이나 교감에 기초한 광의의 공동체에서부터 가족이나 직장, 사회생활 등과 같은 좁은 의미의 공동체도 일반적으로 'community'라고 할 수 있다. 가장 대표적인 예로서 SNS집단의 인터넷공동체, 독일 사회학자인 Ferdinand Tonnies가 분류한 직접적인 이해관계로 연결되는 이익사회인 게젤샤프(Gesellschaft), 혈연적이고 간접적인 이익사회인 게만샤프(Gemeinschaft) 등도 협의의 공동체라고 할 수 있다(http://en.wikipedia.org.).

---

35) 구소련이 해체되면서(1991년) 독립국가연합(CIS)에 가입한 회원 국가는 Armenia, Azerbaijan, Belarus, Kazakhstan, Kyrgyzstan, Moldova, Russia, Tajikistan, Uzbekistan 등 총 9개국이다. Turkmenistan과 Ukraine 등 2개 국은 준 회원국이다. 이들 국가는 주권주의와 군사력 및 외교권을 가지고 있는 국가이다. 그리고 발트 3개 국가(Estonia, Latvia, Lithuania(구소련의 불법적인 점령에 대한 갈등)와 Georgia 등은 CIS에 가입하지 아니하고(러시아와의 갈등) 각자의 민족국가인 독립국가를 선언하기도 했다(http://en.wikipedia.org, 검색일: 2017년 8월 2일).

또한 'community'와 국가와의 개념 구분에서 'community'를 공적인 이해관계인 국익이나 보편적 이익과 행복에 관한 논쟁에 초점을 두는 정치공동체로 설명하는 경우도 있다(김성배, 2012; 전종익, 2014).

'State'의 국가 개념과 가장 혼란스러우면서도 동일한 의미로 이해되고 있는 것이 정부(government) 개념이다. 사실 영어권에서는 'state'와 'government'가 일정한 영토에서 독점적인 권한을 행사하는 정치적인 조직집단이라고 하는 의미에서 동의어로 사용될 정도로(http://en.wikipedia.org.) 국가와 정부를 구별하기 어려운 것이 사실이다(전종익, 2014: 275; Wight, 2004: 276)[36]. 특히 정책사상으로서 국가주의의 현실을 정책개입으로 설명할 때 보다 자세히 설명하기로 한다. 여기서는 국가개입(대표적으로 조성민·양승목, 2005)과 정부개입(이계만·안병철, 2005), 정책개입(전영평·이지은, 2014) 등을 구별하지 아니하고 연구의 편의와 주제에 따라서 국가와 정부를 구별하지 아니하고 중복적으로 사용하면서 국가와 정부가 구별되지 않기도 한다.

뒤편에서 설명할 정책사상으로서 국가의 정의에서 특히 자세히 설명하겠지만 실질적으로 국사(國事)를 담당하고 결정하는 정책결정의 권한과 권력에 초점을 두게 되는 국가중심주의인 국가주의자의 관점에서 국가를 정의하면서, 국가를 정부나 공공관료제 또는 지배계급 중심으로 이해하면서 정부와 구별하지 아니한 것도 사실이다(Thopmson, 2000: 138; Wood and Wright, 2015: 271). 동시에

---

36) 국가와 정부를 구별하지 아니한 것에서 유래되는 서양정치사에서 자주 언급되는 것으로 루이14세(Louix XIV)가 "짐이 곧 국가다"라고 한 것을 들 수 있다(아마도 어린 나이(5세)에 왕위를 이어받아 72년 110일이라는 유럽왕조 역사상 가장 오랫동안 왕권을 유지한 것을 본다면). 그러나 개인적인 이해관계에 의한(왕이나 절대통치자라고 하더라도 그 당시의 정권의 수장일 뿐이다) 가치관이나 판단에 따라서 국가의 운명을 결정할 수 없다는 것을 강조하면서 이것이 자주 인용되고 있기도 하다(Laski, 1935: 24). 유교 중심의 동양사상에서는 국가와 정부(권)의 구분이 통치권한과 국가와의 관계에서 분명히 정립되고 있다. 하나의 대표적인 예로서 순자(荀子)는 "국가는 중책과 중임을 가진 조직이다. 국가를 영원히 존속시킬 수 없으면 국가가 성립될 수 없다. 따라서 국가는 시대에 따라서 새롭게 되면서 탄탄해지며 변화되거나 없어지지 아니한다. 국가의 통치자나 행정이 바뀔 뿐이다"(故國者 重任也 不以積特之不立 故國者 世所以新者也 是憚憚 非變也 改王改行也)(『荀子』, 王覇)라고 했다.

서양정치학의 국가론에서 불분명한 학문적 개념이나 국가개입에 의한 개인주의와의 갈등, 전쟁과 횡포 등과 같은 전제적이고 무정부적인 국가의 전횡 등과 같은 현실적 이유에 의하여 국가의 개념이 정치과정과 제도론 등과 같은 정부론이나 정치체제론 등으로 대체되면서 정부와 국가의 개념 구분이 흐려졌다는 지적도 있다(Child, 2011: 1-3). 더구나 지역적으로 자치권이 분화되거나 통치권한이 분권화되면서 지역국가(local state)의 개념이 등장하게 되었다. 따라서 지역국가와 지역정부(local government)를 동의어로 사용하면서 국가와 정부의 구분이 어려워지기도 했다.

그러나 정부와 국가를 잡동사니 부대에 집어넣어서는 안된다는 Nettl(1968: 563)의 지적과 같이 국가와 정부를 분명히 구별할 가치는 크다(Smith, 1895: 233; Laski, 1935: 25). 즉 국가는 정치제도이고 체제인 정부를 통하여 통치권과 주권을 행사하기 때문에 정부는 국가의 수단적 성격이 반영된 조직이나 집단이다. 즉 정부는 국사(國事)인 정책을 결정하고 집행하는 기관이다. 헌법이나 법률에 의하여 정부의 활동기관과 존재가 결정되는 단기적인 성격의 기관이다. 따라서 국가의 계속성이나 영속성은 정부의 변동에 영향을 받지 아니한다. 정부는 새로운 정부로 계속 교체되면서 국가의 권력작용과 국가존재나 설립의 목적을 달성하는 기관이다. 정부는 국가를 대표할 수 있지만 국가를 교체하거나 부정할 수 없다. 왜냐하면 정부는 독립적인 자치권을 가지고 있지 않기 때문이다. 동시에 정부활동을 비난하거나 비판하는 것은 자유로울 수 있지만 국가에 반대하거나 저항하는 것은 반역죄에 해당된다고 할 수 있다(Flint and Taylor, 2007: 137; Robinson, 2013: 556-557).

마찬가지로 정책사상으로서 국가주의에서 정책을 통한 개입과 간섭행위는 현실적으로 정부 활동이다; 그러나 정부는 국가를 대표하는 일차적이고 중심적인 기관이다; 그래서 정부의 정책개입과 활동을 국가주의, 즉 국가의 정책활동으로 설명하는 것이 타당할 수도 있다. 특히 정부는 헌법이나 법률의 규정에 의하여 항상 변화될 수 있다. 또한 정부의 조직도 변동되면서 한시적이다. 그러나 국가는 변화되기 어렵다. 또한 국가는 영원하다. 때문에 국가주의를 정부주의나 정책주의 등으로 설명해서는 영원한 조직이고 변화되지 아니한 국가주의를 설명할 수 없을 것이다. 이와 같은 국가주의 중심의 정책사상은 현실적으로 어느 한 정부나 기관의 통치작용이나 공권력 행사를 정책결정의 권한과 작용으로 설명하는 것은 아니다. 대신에 변동되지 아니하는 국가의 정책사상을 정부의 운명이나 존폐에 관계없이 설명하는 것이다.

지금까지 지적한 국가 개념의 불분명한 문제나 어려움, 다양성 등은 정치사상이나 철학, 정치지리학, 지리학 등에서 더욱 그러하다. 여기에 더하여 하나 더 부연할 것으로 국가의 개념이 다의적이고 불명확하다는 이유뿐만 아니라 정책사상으로서 국가주의 및 국가를 좀 더 분명하게 이해하기 위한 선행학습으로서 법학에서 국가의 개념을 간단하게나마 살펴 볼 필요가 있다. 왜냐하면 정책은 법령으로 구체화되는 것이 현실이다. 동시에 법령으로 구체화된 정책이 개인의 판단과 결정에 개입하고 간섭하게 되는 정당성의 근원을 법학적 접근방법에서도 찾을 수 있기 때문이다.

법률적 국가 개념도 역시나 복잡하고 다의적으로 이해되고 있다. 특히 국가의 개념을 비교적 자세히 연구하고 있는 분야가 헌법학이다. 그럼에도 불구하고 헌법학에서도 국가에 관한 연구 자체가 부족할 뿐만 아니라 마찬가지로 국가의 개념 정의나 설명이 대단히 어렵다고 실토하고 있다(김주영, 2008: 103). 그래서 하나의 실증적인 연구로 한국 헌법에서 국가 개념의 의미를 찾아보기 위해서 대한민국을 국가로 지칭하는 용어로 보고(김주영, 2008: 117; 전종익, 2014: 274) 내용분석을 시도한 것도 있다. 그러나 여전히 국가와 정부 및 주민공동체를 의미한다는 국민 등을 명확하게 구분하기 어려운 것은 사실이다.

마찬가지로 헌법 이외의 법학에서도 국가와 사회를 구분하는 문제가 있다. 법과 국가연구에서 고전적인 입장인 Hans Kelsen(1881-1973)은 국가도 총체적 개념인 사회에 속한다는 주장을 했다. 즉 국가도 하나의 사회적 실체이며 법의 지배와 질서에 귀속되어야 한다. 따라서 국가는 여러 가지 목적과 권력을 가진 정치적으로 조직화된 사회이다; 때문에 사회적 현상의 총체적인 개념인 사회에 속한다고 보았다(이동희, 2102: 60-61; Kelsen, 2009: 181-189).

그러나 공산주의 국가론의 중심사상가인 마르크나 엥겔스의 계급국가론에서는 본질적으로 국가를 인정하지 아니하면서 국가와 사회의 구분이나 동질성 등이 상당히 혼란스럽게 된 것도 사실이다. 즉 자본가계급이 노동자계급을 경제적으로 착취하면서 발생되는 계급갈등이나 투쟁이 소멸되면 국가가 필요없다고 했다. 그러나 자본가 국가는 추상적인 국가에 불과할 뿐이다. 이와 같은 국가는 인간의 공동체적인 자기결정과 판단에 의한 시민사회가 될 수 없다고 했다(김세균, 1989; Boer, 2019).

일반적으로 법학에서 국가는 헌법을 포함한 국내법적으로 국가를 이해하려고 하거나(통치기구나 권력 독점체제로서 국가, 국가형태와 정부기능의 구분, 국가의 정당성 등) 또는 국제법적으로 개별적인 국가의 다양한 형태와 정치적인 조직 등을 포용할 수 있는 국가의 개념을 설명하고 있다. 그 하나의 예로서 몬테비데오 회의에서 선언된 국제조약상의 국가의 자격에 관한 것을 들 수 있다[37].

요약하면 법학에서 국가의 개념은 헌법을 중심으로 설명하는 것이 일반적이라고 할 수 있다. 즉 국가와 사회를 구분하여 국가의 존립과 개인의 권리와 의무 등과 같이 개인주의와의 관계 등을 설명하기도 한다. 동시에 국가와 사회를 총체적으로 취급하여 국가의 공공성, 도덕적이고 역사적이며 문화적 실체로서 국가의 가치와 윤리적 실체 등을 법학에서 다루고 있기도 하다. 따라서 법학에서 국가의 개념은 주로 19세기 중엽부터 유행한 유럽중심의 실증주의에 영향을 받은 법실증주의 국가관에 따라서 헌법이나 법률에서 규정한 실체로서 국가를 권리주체와 통치권력, 기능과 역할 중심 등을 설명한 것이라고 할 수 있다.

---

37) 1933년에 우루과이 몬테비데오에서 북미 및 남미지역의 19개 국가가 선언한(물론 국제법상 국가의 개념을 규정한 것으로 한계가 있지만) <Montevideo Convention on the Rights and Duties of State>에서 국가의 개념에 관한 제1조를 참조할 수 있다(The State as a person of international law should possess the following qualifications: ⓐ a permanent population; ⓑ a defined territory; ⓒ government; and ⓓ capacity to enter into relations with other states.)(http://en.wikipedia.org, 검색일: 2017년 7월 4일).

3) 정책사상에서 이해하는 국가의 정의

국가 개념의 정글 속에서 국가주의 정책사상을 구성하기 위한 기초지식으로 국가를 정의하는 일도 마찬가지로 정글 속을 헤매는 것과 같을 수 있다. 왜냐하면 국가의 개념 정의가 일견 쉽게 해결될 것 같지만 그렇지 못한 것이 사실이기 때문이다. 더구나 추상적인 개념으로서 이상적인 유형의 국가를 이론적이고 사상적으로 설명해야 한다면 더욱 그러하다. 동시에 실체로서 국가의 기능이나 역할 및 구성방법과 역사적인 전개과정에 의한 국가권력의 변동과 집행방법 등을 사회와의 관계뿐만 아니라, 정부라고 하는 국가 존재의 실천을 가능하게 하는 조직과의 관계에서도 국가가 설명되고 이해되어야 한다면 더욱 그러하다. 동시에 국가는 과연 필요한가, 필요하다면 좋은 국가나 바람직한 국가이어야 하지 않겠는가 하는 규범적 판단에서도 국가를 이해할 수 있어야 한다.

국가는 시대적인 가치나 문화, 인종과 생활방식, 언어 등에 따라서 진화되거나 진보하는 역사적 산물이라고 할 수 있다. 여기에 더하여 인간의 활동과 삶의 방식이나 유형에 의한 국가의 성격이나 유형, 기능과 작용 등은 지리적인 한계와 구분에 제약을 받지 아니할 수 없다. 즉 아무리 국제사회나 세계기구를 중심으로 지구촌사회가 인간들의 생활환경이나 조건으로 변화된다고 하더라도, 특히 현재와 같은 SNS(Social Networking Service(Site) 또는 Social Media) 사회로서 전 지구촌 인간들이 인종과 언어, 문화와 성별, 연령 등에 크게 구애받지 아니할 수 있는 보편적인 세계시민사회라고 하더라도 지리적인 경계나 영역에 따른 국가나 사회 또는 정부의 독자적인 주권과 배타족인 통치권에 예속되지 아니할 수 없는 인간 스스로의 물리적인 한계를 가지고 있다[38].

---

38) 이와 같은 국가론의 한계를 고전적인 두 편의 연구에서 엿볼 수 있다. 예를 들면 1895년에 George Smith는 그의 논문, "국가론"(The Theory of the State)에서 국가의 일반적 정의, 현재의 국가의 정의, 국가의 다양한 정의, 연방국가로서 미국의 특수성, 국가의 역사적 기원, 국가와 정부의 구별문제 등을 설명하였다. 그리고 1935년에 Harold Laski는 『국가론』(The State in Theory and Practice)에서 철학적 개념으로 국

따라서 문화적이고 인종적이며 가치판단적인 차이와 차별에 더하여 지리적인 경계와 한계에 따른 동서양이나 기타 지역, 이와 같은 환경 조건과 양식이 시대적으로 축적되어 온 역사적인 특성 등에 따라서 다양하고도 복잡하게 구성되고 발전된 국가를 하나의 개념 틀이나 패러다임으로 정의한다는 그 자체가 모순일 수 있다. 그래서 국가와 사회 및 조직과 정부기관 등과 같은 복잡한 삶의 순환을 구성하고 있는 현실에서 만인(萬人), 만대(萬代)에 걸쳐서 만상(萬象)의 인간 삶의 방식이나 가치판단, 선악과 정의의 기준 등을 모두 충족할 국가란 이상적으로 존재하기 어려울 것이다. 동시에 현실적으로도 이와 같은 국가는 없을 것이다.

　이상적이고 현실적으로 실체가 없는 국가의 개념을 정의한다는 것은 무리일 수 있다. 그러나 국가라는 확실한 실체가 없음에도 불구하고 현실적으로 유형적인 국가 조직을 구성하고 있다. 이것이 당장 눈앞의 현실에서 정부나 기관으로 이해되면서 설명되고 있다. 더욱이 철학적이거나 정치적이고 법학적으로 국가의 존재나 가치를 설명하고 있다. 이때 각자의 학문적인 영역이나 연구정향 또는 목적에 따라서 국가를 개념화하고 있기도 하다.

　더구나 무엇이 보다 바람직하고 선(善)한 국가인가 라고 하는 사상적 논쟁을 위한 국가 개념을 정립하고자 하는 수많은 그러나 정글과도 같은 연구나 시도를 무시할 수 없을 것이다. 이와 같은 연구나 노력이 국가의 실체를 더욱 더 복잡하게 해서 국가의 본질을 오도할 수도 있다. 물론 현실적으로 국가를 한눈에, 한마디로 이해하기 어렵게 하는 단점도 있다. 그러나 다양하고 복잡하게 설명하고 정의하는 국가가 학문적으로 국가학이나 국가론, 국가주의 등을 보다 풍부하게 심화시킨 것은 사실이다.

　정글과도 같은 국가의 개념을 비판하거나 비난하기보다 정책사상으로서 국가주의를 현실적으로 이해하면서 동시에 규범적이고 철학적 입장에서 국가주의를 정책사상의 시원(始原)으로 설명하기 위해서 정책사상에서 국가를 어떻게 이

　가를 구체적인 제목없이 4개의 절로 구분하여 설명하기도 했다.

해할 것인가, 즉 개념을 어떻게 정립할 것인가 하는 것을 설명해야 하는 것은 이제 피할 수 없게 되었다.

국가의 개념을 복잡하게 이해하고 설명하면서 하나의 돌파구로 국가의 역할과 기능에 초점을 둔 접근방법, 좀 더 정확하게는 국가주의자 접근방법(statist approach)에 의한 국가의 개념을 우선 살피고자 한다. 앞서 국가와 사회의 구분이 국가의 개념을 어렵게 하는 주요 원인이라고 한 설명을 기억하면서 국가와 사회와의 긴장이나 갈등관계를 완화하거나 해결하고자 하는 연결망 또는 국가와 사회의 상호작용으로 정책의 결정과 실천을 지적하였다. 즉 국가가 지배계급으로서 인민을 착취하거나 자유를 억압하는 약탈이나 계급투쟁의 국가 또는 유토피아와 같은 이상적인 관념의 세계에만 존재하는 것이 아니라 국가는 시민들의 이해관계에 직간접적으로 광범위하고 장기적으로 영향을 미치는 정책결정의 주체라는 사실에 초점을 둔 접근방법이다. 따라서 정책의 결정권한의 통치작용으로 국가의 존재와 가치를 설명하고 이해하는 것으로 정책사상에서 국가의 개념을 이해하고자 한다.

이와 같은 정책사상의 국가의 개념을 순자(荀子)의 국가의 통치적인 개념을 설명한 것과 비교해 볼 수 있다. 물론 정확하게 정책사상에서 국가의 개념과는 차이가 있지만 순자는 국가를 다음과 같이 설명했다.

"국가는 천하의 그릇이고 무거운 임무를 가진 것과 같다. 그래서 위치와 장소를 잘 선택해서 온 천하의 무거운 임무를 가진 그릇과도 같은 국가를 잘 놓아야 한다. 험한 곳에 놓으면 국가가 위태롭게 된다. 국가의 갈 길을 잘 선택한 후에 그 길에 따라, 즉 도에 따른 정치를 해야 한다. 길에 오물이 가득하면 막히고 위태롭게 되면 국가는 망한다. 국가를 잘 놓는다는 것은 제후를 봉하여 통치관할을 정비하는 것이 아니다. 어떤 법으로, 누구와 더불어(인재) 국가를 다스릴 것인가 하는 문제이다. 왕도의 법을 따르고 왕자와 어울리는 자를 등용하여 나라를 다스리면 왕도정치가 될 것이다. 반대로 패자와 더불어 패도에 따라서 나라를 다스리면 패도정치가 될 것이다. 패도정치가 되면 나라가 망한다"[39].

---

39) "國者 天下之大器也 重任也 不可不善爲擇所而後錯之 錯險則危 不可不善爲擇道然後道之

정책사상으로서의 국가주의도 패도정치의 국가주의가 아니다; 올바른 사상과(국가주의) 현명하고도 선하며(선도주의) 균형된(균형주의) 그리고 인간과 사물과의 상호교섭의 질서와 철학에 의한 인간중심주의(물아주의)로 연계되는 정책사상을 정립하고 현실적으로 실천하는 것이 정책사상이다. 따라서 현대적 의미의 왕도정치의 국가주의를 순자의 국가의 개념을 인용하면서 좀 더 분명히 이해할 수 있을 것 같다.

국가의 개념뿐만 아니라 '국가란 무엇인가'라고 하는 철학적이고 현실적으로 국가의 소명과 역할이나 유형 등에 관한 연구를 국가론 또는 국가학이라고 했다. 또한 앞서 지적한 바와 같이 국가론은 너무나도 광범위하고 다양하고 복잡하다고 했다. 따라서 국가를 설명하고 그 유형을 밝히는 그 자체만으로도 국가학은 토털 학문(total science)이다(Mitchell, 1991: 78). 그래서 특히 정치학에서는 국가론이 하나씩 분파적으로 분리되는 경향을 보이기도 한다.

몇 가지를 지적하면 국가의 존재가치를 무시하거나 국가중심의 지배와 독점을 반대하는 반국가주의(anti-statism), 국가와 정부를 구별하지 아니하면서 발생되는 정부정책의 실패를 국가의 실패(state failure)로 이해하거나 이론화하는 경향, 국가의 독립적 주권주의를 부정하는 무정부주의 등을 우선 들 수 있다. 그리고 정치체제 개념을 도입하여 국가 개념을 포기하고 그 자리에 통치의 조직인 정부나 정당, 이익집단, 언론 등과 같은 정치제도 중심으로 국가이론이 변경된 것

途薉則塞 危塞則亡. 彼國錯者 非封焉之謂也 何法之道 誰子之與也 故道王者之法 與王者之人爲之 則亦王 道覇者之法 與覇者之人爲之 則亦覇 道亡國之法 與亡國之人爲之 則亦亡"(『荀子』, 王覇). 여기서 국가를 천하의 그릇이라고 한 것을 좀 더 분명히 이해하기 위한 하나의 참고로 『논어』에서 공자가 "군자는 그릇이 아니다"(군자불기:君子不器)(위정)라는 것을 예시할 수 있다. 이때의 그릇은 일정한 용도나 목적에 한정된 존재의 값만을 가진 자가 군자가 아니듯이 국가는 세상의 모든 일을 맡아서 할 수 있고 그 책임이 막중하다(중책(重責), 중임(重任))는 의미로 국가를 그릇에 비유한 것을 이해할 수 있다. 주자도 『論語集註』에서 "그릇은 그 용도가 정해져서 여러 가지로 사용할 수 없다. 그러나 덕을 쌓은 선비인 군자는 다양한 활용(체:體)을 두루 구비했기 때문에 그 사용(용처:用處)이 두루하다. 한 가지 재주나 기예로 특출한 자가 아니다"(器者 各 適其用而不能相通 成德之士 體無不具 故 用無不周 非特爲一才一禮而已)라고 해석하기도 했다.

도 들 수 있다. 그리고 앞서 국가와 사회의 구별에 관한 논쟁이나 연구도 이와 같은 연구의 한 경향이라고 할 수 있다(Judis, 2009; Dunleavy, 2018).

복잡한 국가론의 와중에서 소위, 신국가주의 또는 국가론에의 회귀 등으로 요약될 수 있는 하나의 경향도 있다. 즉 국가의 개념이나 유형 등을 포기하거나 외면하는 것이 아니라 국사(國事)의 결정권한과 권한을 가진 주체로서, 물론 정부와 구별하면서 국가를 설명하고 그 실체를 밝히고자 하는 국가이론을 들 수 있다. 즉 의사결정의 힘을 행사하고 실천하는 국가를 설명하고자 하는 국가론이 전통적인 행정학에서 관료의 역할과 기능으로 설명되거나(Kersh, 2012) 정책의 형성과 결정 및 집행 등과 같은 고전적인 정책이론으로 발달되기도 했다. 특히 국가론으로의 회귀나 신국가주의자들의 가장 큰 관심과 연구의 주류는 역시 국가의 통치작용을 정책권한과 힘으로 설명하는 것이라고 할 수 있다(Sabine, 1920; Jessop, 2007; Krause and Melusky, 2012).

그러나 아쉽게도 정책학에서 국가에 관한 학문적인 수준의 연구나 논쟁은 그 이후로 사실상 사라졌다고 할 수 있다. 1970-80년의 소위, 정책학 운동(policy science movement)이라는 학문적으로나 실천적으로 정책이론이 폭발적으로 발달된 시기를 제외하고 정책학에서 국가 논쟁은 관료의 정책결정과 통치권한의 실질적인 소재가 어디에 있는가(Dahl, 1961; Rourke, 1984; Wilson, 1989) 하는 등으로 조금 발달하다가 거의 자취를 감추고 말았다. 더욱이 한국에서 국가이론이나 국가연구는 정치학이나 철학 등에서 명맥을 이어가고 있을 뿐 행정학의 관료연구나 정책학 등에서 거의 찾아 볼 수 없다. 그 이유는 다양하겠지만 무엇보다도 가장 큰 원인으로, 구체적이고 실천적이며 효과적인 정책대안을 탐색하고 발견하기 위한 실천중심의 과학적 인과관계나 과학주의에 의한 정책분석의 이론과 방법이 정책학의 주류를 형성하면서 국가론과 같은 철학적이고 사상적인 연구는 상당히 경시되었기 때문이다.

정책사상으로 이해하고자 하는 국가의 개념도 위에서 지적한 정책결정의 힘과 권한으로서 국가를 설명하는 국가론의 입장을 지지하고 성원한다. 그러나 이와 같은 국가론은 사상이나 철학적 입장이 아니라 국가론의 논쟁에서 국가를 이해하는 것이 중심적이다. 특히 정책사상으로서 국가주의를 구성하고 정립하기 위하여 국가의 개념을 이해하고 정리해야 하기 때문에 이와 같은 정책결정권으로서의 국가의 개념과 다르다.

국가주의에 설명할 국가는 민족국가(nation-state)나 지역이나 지리학적 제한된 영역을 의미하는 국가(country)라기보다 일정한 영토주권에 의한 주민의 통치집단의 국가(state)를 의미한다고 볼 수 있다. 따라서 정책사상으로서 국가는 독점적이고 우월적인 국가중심의 정책을 결정하고 시행할 정치적이고 법률적이며 행정적인 능력과 자격을 가진 통치집단이라고 국가의 개념을 정의할 수 있다. 이것은 어디까지나 정책사상으로 국가주의를 연구하고 설명하기 위한 하나의 조작적 수준의, 즉 연구에 필요한 범위와 한계를 설정하기 위한 정의(a working definition)에 불과하다.

국가주의의 정책사상의 연구주제나 정향에 따라서 국가의 개념을 이와 같이 정의하는 것이 다양하고 혼란스러운 국가의 개념을 더욱 더 복잡하게 할 여지도 있다. 그러나 일반화된 국가개념이 존재하지 아니하는 현실에서, 더욱이 정책사상이라는 연구주제에 한정된 의미에서 국가개념이 전무한 상태에서 국가의 개념을 연구에 한정된 수준에서나마 정의하거나 개념화하지 아니할 수 없는 연구의 당위성도 있다. 즉 정책사상으로서 국가주의를 출발점이고 발원지로 하면서 앞으로 전개될 여러 가지 정책사상을 논의하고 설명하기 위해서는 국가주의의 핵심 주제어인 국가를 개념화하지 아니할 수 없는 입장이라고 할 수 있다.

앞서 국가주의의 서론에서도 언급했듯이 정책사상으로서 국가주의를 이해하기 위한 기초로서 국가의 개념은 정책의 주체이고 실체인 국가를 정책적으로 (state as policymaking power and authority) 이해하기 위한 것이었다. 이와 같이 정책의 실체이고 주체로서 국가를 이해하고 설명하는 것이 국가주의이다. 제2절의 국가주의에서 자세히 설명하겠지만 이와 같은 국가주의의 주제어는 국가를 중심으로 하는 국가중심주의이다. 국가중심이란 권력이나 자원, 권위 등의 독점이나 우월이 아니라 정책결정과 실행에서의 우월적이고 독점적이라고 할 수 있다.

특히 신생 독립국가나 발전국가 혹은 개발독재라는 별명으로 비판받기도 하는 국가를 이해하기 위해서는 국가중심주의의 국가의 개념을 설명할 필요가 커지고 있다(Park, 2003; Kim 외 2인, 2008; Hunt, 2015). 즉 국가자본주의(state capitalism) 등으로 신생국가의 국가주의를 설명하는 것도 이와 같은 맥락에서의 연구라고 할 수 있다(뒤편의 국가주의에서 자세히 언급한다).

국가의 개념은 국가를 이해하고 설명하기 위한 철학적 개념이라고 할 수 있다. 철학적이라는 의미는 제1장에서 정책사상을 정의하면서 밝혔듯이 정책을 중심어로 하는 국가 개념을 현실적일 뿐만 아니라 정책에 관한 지식과 이론으로 체계화할 때 정책의 본질에 해당되는 것이다. 왜냐하면 정책의 본질에 관해서 의문을 제시하면 국가는 정책의 주체이면서 동시에 국민의 이해관계에 끊임없이 개입하거나 간섭하지 아니할 수 없는 정당성을 가진 개념이기 때문이다. 물론 정책사상에 관한 국가이기 때문에 여기서 정립하는 국가 개념은 정책 개념(policy concept)이기도 하다. 즉 실질적으로 국사인 정책을 결정하고 실천할 법률적이고 현실적 힘과 권한을 가진 집단을 국가라고 한 것이다. 이때 실질적인 정책결정 권한과 작용으로 국가를 이해하기 때문에 국가와 정부를 구별할 필요가 없다고 할 수도 있다. 그러나 일시적이고 한시적인 통치작용이나 공권력 작용이 아니라 정부의 운명이나 존폐에 관계없는 변동되지 아니하는 조직으로서 국가와 정부를 구별해야 한다고 보았다.

그리고 정책에 필요한 기술과 전문성을 가진 통치집단을 국가라고 할 수 있다. 기술적 전문성과 자격에 초점을 둔 국가론이 앞서 관료의 기능과 역할론으로 발달되고 있다고 했다. 그러나 정책사상으로서 국가의 개념은 국가의 이상이나 목적과 존립에 필요한 정책결정과 집행 등의 기초자료나 지식을, 정부나 관료제 등과는 관계없이 독립적이고 영속적으로 축적하는 국가주의적 접근방법을 강조한다고 할 수 있다. 특히 국가의 조세권이나 통계자료의 수집과 분석 등에 관한 법령의 권한은 한시적인 정부의 기능과는 크게 관계없이 진행되고 있다. 그래서 통계(statistics)의 어원이 국가학(science of the state)(Ayto, 2011: 500)에서 유래한 이유를 알 수 있기도 하다.

2. 국가주의란 무엇인가?

국가의 개념이 다의적이고 복잡하면서 이에 따라서 국가주의의 개념도 매우 다양하게 된다. 특히 영어권에서 국가를 의미하는 다양한 용어가 존재하듯이 국가주의도 당연히 'statism'이나 'nationalism[40],' 'governmentalism[41]' 또는 'communitarianism[42]' 등으로 다양하다. 동시에 한자문화권에서 '國'과 '家'의 합

---

[40] 'Statism'과 'nationalism'을 'state'와 'nation'을 구분하는 것과 같은 맥락에서 구분하고자 한다. 즉 언어나 민족, 역사와 문화 등의 동질성을 공유하는 민족집단의 국가를 'nation'으로 이해하기 때문에 주권국가의 배타적이고 독립적인 통치권에 의한 국가주의와 구별할 필요성이 크다(Child, 2011: 1-2). 그러나 민족국가(nation-state) 시대가 오면서 민족을 중심으로 하는 국가와 일반적인 국가를 구별할 수 없는 경우가 많아지고 있다. 그래서 국가주의와 민족주의를 의미하는 'nationalism'이 혼용되어 사용되고 있기도 하다. 특히 한국의 경우에 학술적으로 '국가주의'라는 제목으로 연구문헌을 검색하면(검색사이트(KISS, DBpia) 많은 경우에 국가주의를 'nationalism'으로 번역하는 것을 발견할 수 있다(대표적으로 이나미, 2003, 윤순갑·김명하, 2004, 장용석 외 3인, 2012). 그러나 국가주의를 'statism'으로, 'nationalism'을 민족주의로 번역하여 표기하는 것이 정설이다(김주환, 2010; 백은진, 2015). 특히 일본에서는 국가주의를 일본의 특유한 정신, 예를 들면 명쾌, 순결, 평화, 충의, 상무(尙武) 등과 같은 일본의 고유한 정신론(mentalism)이나 군부 중심의 일본 제일주의를 국가주의로 설명하는 경우도 있다(山本彦助, 1974: 3-5; 夫信, 2013).

[41] 국가와 정부를 구분하지 아니하면서 정부주의(governmentalism 혹은 governmentality)를 정부의 실천적인 활동과 행위에 초점을 두거나(Shoshana, 2011; Ashworth, 2017) 또는 국가를 대표하는 정부의 개인이나 조직에의 개입(government intervention)으로 설명하면서(이계만·안병철, 2005; 김태수, 2015; Shoshana, 2011) 국가주의와 혼용하기도 한다. 그러나 이 책에서는 정부와 국가를 구별해서 이해했듯이, 정부주의를 정부의 활동이나 정부기능 등과 같은 정부론(government theory) (Foucault, 2001; Hindess, 2008; Burles, 2016)의 중심주제로서 국가주의와 구별할 필요가 있다.

[42] 'State'와 'community'를 구분하였듯이 공동체적인 가치와 정신 및 문화적 유산과 관습, 행동양식 등을 강조하는 공동체주의를 국가주의와 구별할 필요가 있다. 공동체주의는 국가를 정치적 공동체(김성배, 2012)나 헌법적인 공동체(전종익, 2014)로 설명하는 경우가 많다는 것도 앞서 지적하였다. 그리고 제3절의 정책사상으로서 국가주의의 재조명에서 공동체주의와 국가주의를 비교할 때도 설명하지만 강제적인 통치권력에

성어로 국가(國家)가 보통명사화 되고 있지만 가족주의에 어원적 뿌리를 가지고 있기도 하다.

정책사상에서 국가를 국가중심주의 접근방법으로 설명한 것을 기억할 것이다. 즉 국가는 국민을 지배하거나 착취하는 계급조직이 아니다. 그렇다고 이상적인 관념의 유토피아 국가도 아니다. 대신에 정부를 통한(수단으로 하면서) 정책을 결정하고 실천하면서 시민들의 이해관계나 의사결정에 영향력을 행사하는 영속적인 통치집단이라고 했다.

이와 같은 국가의 개념은 정책 개념의 범주에 속한다. 즉 국가는 실질적이고 법률적으로 국사에 관한 의사결정의 권한과 집행을 가진 집단이다. 동시에 국가는 기술적인 전문성과 D/B를 축적하고 있는 정책전문성의 집단이다. 그러면서도 정책 개념으로서 국가를 단순히 정책결정의 기관이나 제도를 의미하기보다 철학적 개념으로 이해한다고 했다. 즉 정책의 존재가치와 목표 및 그에 관한 지식과 이론을 국가주의에 의한 철학적 사고체계로 설명한다는 것이다. 그럼에도 불구하고 국가학이나 국가론 등에서 자주 논의되고 있는 구체적인 정책영역이나 분야에서의 활동을 중심으로 설명하는 국가주의 개념(state policy activism)과는 차이가 있다(Krane, 2007; Robey, 2011; Ferraiolo, 2017). 또한 사회세력간의 충돌이나 갈등 등을 조화롭게 정리하고 대응할 역할이나 임무를 가진 사회적 실체로 국가를 이해하는 국가론이나 국가주의를 국가활동으로 설명하는 것과도 차이가 있다(Jensen 외 2인, 1990; Amenta, 1991: 1577; Midgley, 2008: 178).

대신에 정책적이면서 동시에 철학적인 개념에 의한 국가주의를 정책사상으로 설명하고 이해하는 것이 국가주의의 개념 설정에 하나의 주요 전제가 된다. 특히 국가주의가 정책사상의 근원점이고 출발점이라고 했다. 즉 국가가 정책을 수단이나 방책으로 하는 정책 개념을 통하여 국민의 이해관계나 의사결정에 개입

의한 간섭과 주권을 중심으로 하는 국가보다, 자발적이고 자율적인 공동의 목적과 기능을 중심으로 하는 소위, 국가없는 사회(stateless society)의 이념적 정향에 가까운 구분(Bouchard, 2011)이 공동체주의라고 할 수 있다.

하고 간섭하게 되는 원인이나 이유를 정당성으로 설명하면서 이에 따라서 국가중심의 정책사상인 국가주의를 정의할 수 있을 것이다.

1) 정책사상으로서 국가주의의 정의

정책 개념이면서 동시에 철학의 개념인 국가를 정의하면서 이에 따라서 국가주의를 정책사상으로서 다음과 같이 정의해 볼 수 있다. 물론 이와 같은 국가주의의 개념 정의도 국가의 개념과 마찬가지로 정책사상을 이해하고 설명하기 위한 조작적이고 운영적인 수준에 불과하다는 것이다. 즉 국가주의(statism)는 정책을 결정하고 실천할 주체이면서 그 중심은 국가라는 국가중심주의이다(state-centeredness). 나아가 주권을 독립적이고 배타적으로 행사할 권한과 지위를 가진 국가는 국사(國事)인 정책도 독점할 수 있는 국가독점주의이다(state monopoly). 국사를 독점하는 국가는 개인이나 기타 조직 또는 집단보다 일반적으로 정책의 정보와 자료 및 지식을 우월적으로 관리 및 지배하고 있는 국가우월주의(state supremacy)에 기초하고 있다. 마찬가지로 국가는 정책을 통한 개입과 간섭의 원칙을 지키는 국가개입주의(state interventionism)이다.

국가주의를 이와 같이 네 가지의 특성으로 구분하여 정의한 것은 어디까지나 정책사상으로서 국가주의를 개념화하기 위한 것이다. 여기서는 국가주의의 개념 정의를 분명히 그리고 간단히 정리한 것이다. 제3절의 정책사상으로서 국가주의의 재조명에서 좀 더 자세히 설명할 것이다. 또한 여기서 설명하는 국가주의의 네 가지의 구체적 내용은 제7장의 물아(物我)주의 정책사상에서 인간을 개념적으로 설명하고 이해할 때 인간중심주의와 인간독점주의, 인간우월주의 및 인간개입주의 등과 같이 연계되고 있다는 것도 지적하고자 한다.

앞서 지적했듯이 국가주의를 시작으로 하는 정책사상은 물아주의 사상에서 총결된다고 했다. 따라서 국가 중심주의와 독점주의, 우월주의, 개입주의 등과 같은 국가주의는 정책사상에서 인간(human)이란 무엇이며, 왜 인간이 자연과 만물로 통칭되는 비인간(non-human)을 포함하는 정책세계의 중심주체이며 동시에 정책세계에 독점적이고 우월적이며 개입적인가 하는 물아주의 사상을 설명하면서 국가주의에서 시작하는 정책사상을 총결하고자 한다고 했다.

(1) 국가중심주의

국가중심주의는 독점적이고 우월적인 국사의 결정권한과 집행권 및 통치권이 국가에 귀속된다는 것을 의미한다. 이와 같은 정책의 권한과 힘인 정책권 (policymaking power)을 국가를 대표하는 정부가 담당할 수 있지만[43] 정부는 일시적이고 변화되는 기관이다. 따라서 영속적이고 계속적인 국가의 정책활동은 국가중심주의 국가의 고유한 권한이다. 그래서 이것을 국가중심주의(state-centeredness, state-centered theory or orthodoxy)라고 할 수 있다. 왜냐하면 한시적이고 변화적인 정부의 활동으로 영원한 조직으로서 변화되지 아니한 국가의 정책권한을 설명할 수 없기 때문이다. 정부의 존폐나 운명에 관계없이 국사의 결정권과 집행 등을 설명하기 위해서는 국가중심주의 사상이 필요하다. 비록 정책을 통한 국가의 정책개입의 정당성이 때로는 논쟁의 대상이 되기도 하면서 동시에 국가의 실패(state failure)와 같이 정부정책의 실패 등으로 국가중심주의를 비판하면서 반국가주의를 주창할 수도 있다. 그러나 국가를 중심으로 하는 국가중심주의로 국가주의를 정의하면서 정책사상을 이해하는 것이 보다 타당하다 (Gilbert and Howe, 1991; Tweedie, 1994; Taylor, 1996; Jessop, 2007).

그리고 국가중심주의를 국가 자율성(state autonomy)과 구별해서 이해할 필요가 있다. 다양한 사회계급이나 집단으로부터 국가는 구조적으로 자유롭다는 의미의 전통적인 국가론을 설명하는 것이 국가 자율성이다(김동노, 2012; 263-265; 조영훈, 2016: 73-75). 그러나 앞서 정책사상에서 이해하는 국가의 정의에서도 언급했듯이 국가주의적 접근방법인 국가를 정책 개념이라고 하였다.

---

43) 이와 같은 경우를 두고서 정부와 국가를 구별하기 어렵다는 것을 여러 차례 지적하기도 했다.

즉 국사에 관한 의사결정인 정책의 주체이고 실체로서 국가가 중심이 되면서 정책을 독점하게 된다고 했다.

따라서 권위적이고 합법적이며 정치적인 의사결정권의 독점과 우월에 의한 국가중심주의를 국가자율성으로 이해하는 것이 정책 개념으로서 국가중심주의에 보다 타당할 것이다. 예를 들면 수많은 집단이나 계급으로 구성된 사회에서 정책의 목표나 수단, 정책자원의 배분, 정책의 우선순위와 선호 등을 우선적이고 타당하며 적절한 것으로 조정하고 통합하면서 통제할 수 있는 자율성을 국가가 가진다는 의미로 국가중심주의에 의한 자율성의 이해라고 할 수 있다.

그러나 이와 같은 국가 자율성을 세 가지 유형으로 구분해서 설명하기도 한다. 예를 들면 다양한 사회계층이나 집단의 선호보다 국가정책 담당자들은 자신의 정책 우선순위와 선호를 우선적으로 결정하는 제1유형의 자율성, 국가는 다양한 사회계층이나 집단의 선호를 통합적으로 조정할 수 있는 제2유형의 자율성, 국가와 사회는 본질적으로 정책선호에 차이점이 없다; 차이점이 있다면 국가는 정보를 조작하거나 정책홍보 전략 등을 이용해서 그 차이점을 제거해 간다고 하는 제3유형의 자율성을 설명하고 있다(Nordlinger 외 2인, 1988; Berg, 2015). 그러나 사회집단이나 개인적 수준의 이해관계, 교회나 종교적인 이상주의 등으로부터 자유롭고도 분리되면서 독립적인 실체로서 존재한다고 하는 국가론의 한 이론을 국가 자율성이라고 요약할 수 있다.

국가의 정치적 의사결정인 정책권을 국가주의로 설명하는 것을 정치적인 이상주의라기보다 현실주의라고 할 수도 있다. 현실주의라고 하면 정부를 대표 또는 매개로 하여 국가의 존재가치를 실현하는 것이기 때문에 정부중심이라고 할 수 있다. 제4절의 국가개입주의의 정당성을 설명할 때 정부개입도 설명하겠지만 현실적으로 국가중심주의는 정부의 정책중심으로 실행되고 있다는 사실을 잘 알고 있다.

그러나 정책사상으로서 국가주의를 국가중심주의로 설명하는 것과 정책을 통한(물론 정부가 대표해서) 정책개입주의를 구별해야 한다. 또한 국가가 중심이 되는 정책권을 정부개입과 구별하여 설명할 수 있어야 한다. 왜냐하면 정책이나 정부는 유한하고 한시적이지만 국가는 다양하고 수많은 정책을 일시적일 뿐만 아니라 영속적으로 진행하고 유지해야 할 정치적이고 법률적인(물론 헌법을 포함한) 권한과 책임을 가지고 있기 때문이다. 물론 정책의 선이나 공공의 이해관계를 정부를 중심으로 실천할 수 있지만 통치권과 경제권, 집행권(법률 재정권), 책임성 등을 국가가 보유하면서 실천하는 것을 국가중심주의로 이해하고자 한 것이다.

(2) 국가독점주의

국가중심주의는 정책권한의 국가 귀속이다. 때문에 이것을 대외적인 주권국가로서의 주권주의보다는 대내적으로 일반 시민에 대한 배타적이고 독점적인 통치작용, 즉 정책권한의 적용인 국가독점주의(state monopoly)로 이해할 수 있다[44]. 예를 들면 자국민에 대한 또는 국지주의에 의한 국가의 정책권한의 영향력을 받게 되는 시민을 정책의 대상자나 수혜자로 하면서 정책의 결정과 실행에 필요한 자원인 국가의 공직자, 정보와 자료, 국세에 의한 조세 및 지출권한, 국가조직의 결정권 등을 국가가 독점적으로 관리하고 사용하는 국가주의를 국가독점주의라고 할 수 있다.

일반적으로 독점(monopoly)은 시장의 경제질서에서 발생되는 특수성이다. 따라서 독점은 이윤추구를 극대화하는 사람이나 기업이 수요와 공급의 법칙에 따르지 않고 수요와 공급량의 조절에 따라서 가격을 결정하는 경우, 시장진입이 불가능할 정도의 장벽을 치면서 시장의 수요탄력성에 따라서 임의적으로 가격격차를 결정할 수 있다는 등의 특성을 가지고 있다(『경제학대사전』, 2001). 이와 같은 시장경제 독점의 특성은 정책세계에서 발생되거나 허용될 수 없다. 따라서 국가독점주의에서 설명하는 독점은 시장경제에서의 독점이 아니라 원칙적으로 국

---

44) Max Weber(1864-1920)가 "직업으로서 정치(politics as vocation)"에서 국가를 영토내의 합법적인 물리적 힘을 독점적으로 이용하는 인간공동체(a human community that the monopoly of the legitimate use of physical force within a given territory)로 정의하면서(Gerth and Mills, 1948: 78) 국가 힘의 독점을 이야기했다. 그러나 Weber의 국가독점은 정책결정의 권한과 능력이라는 정책권의 독점주의라기보다 법과 행정 및 강제적인 권력을 사용할 수 있는 관료제에 의한 국가독점으로 이해되고 있다(Need, 2016: 64).

가가 독점적으로, 물론 민영화나 거버넌스 등과 같은 예외적인 경우도 있지만 정책을 결정하고 실천한다는 의미이다.

국가독점주의는 공적인 이해관계나 공공자본재 성격의 사회자본이나 생산수단을 직간접적으로 국가가 관리하고 간섭하는 경제적 이해관계가 주종이 되는 국가자본주의와는 차이가 있다. 즉 국가자본주의(state capitalism)를 흔히 국가독점자본주의로 이해하기도 하지만(김수행, 2011) 일반적으로 국가자본주의는 국가의 조세권이나 재정권, 시장경제에의 개입권이나 판단 등을 국가주의의 주요 변수로 강조하고 있다(황영주, 2012; Besley and Persson, 2010). 그래서 국가자본주의는 계획된 국가경제에 따라서 주민의 의사결정을 무시하거나 때로는 그들의 공통적인 이해관계보다 통치계급의 이해관계를 우선시하기도 한다는 국가사회주의와 대비하여 비판될 때 자주 등장하는 용어이기도 하다(Gabriel 외 2인, 2008; Kryshtanovskaya, 2010).

정책사상으로서 국가주의의 특성인 국가독점주의는 국가정책을 통한 경제적 이해관계에 국가가 개입하거나 간섭하는 경우를 의미하기도 한다. 물론 많은 경우에 시장의 경제활동에 국가가 간섭하고 개입하는 것을 경제적 개입주의(economic interventionism)로 구분할 수도 있다. 그러나 국가독점주의는 경제뿐만 아니라 국사의 모든 영역에서, 즉 정책의 전 영역에서 국가가 정책자원을 우선적이고 지배적으로 사용하고 활용한다는 의미이다.

국가독점주의는 국가의 지배계급과 지배정당이 국가권력과 생산수단이나 자원을 독점적으로 통제하고 관리하는 집권국가의 전형인 국가사회주의와도 다르다. 국가사회주의(state socialism)는 생산이나 자원의 국가소유에 의한 국가의 직접적인 간섭과 계획 및 통제라는 국가주의의 전형이다. 즉 경제적인 자원을 포함한 모든 영역의 국가권력을 집중화하는 전형적인 국가주의로서 무정부국가와 대칭될 수 있다. 그리고 공산당과 지배계급의 일당체제에 국가권력을 독점하는 동구유럽이나 (구)소련의 공산주의 국가가 그 전형이라고 할 수 있다(조동문, 2002: 100-101). 따라서 국가사회주의는 공익이나 기타 사회 전체의 공통적인 이해관계를 추구하기 위한 생산과 자원을 집중화하거나 직간접적으로 담당하고 관리하는 국가자본주의와도 차이가 있다(Lane, 2006: 136-138).

또는 국가독점주의는 복지사업을 통한 주민의 삶의 조건이나 행복 및 만족 등을 국가의 독점적인 권한의 영역으로 관리하고 통제하면서 국가지배의 정당성을 복지에 두는 국가복지주의와도 다르다. 국가복지주의(state welfarism 또는 welfare-state capitalism)는 국민의 기초적인 삶의 보장과 행복을 국가가 보장하고 보호해야 한다는 복지주의에 따른 국가의 복지정책의 정당성에 초점을 둔 국가주의라고 할 수 있다. 따라서 국가의 다양한 유형에 관계없이 국가복지를 최우선하면서 국가의 존재가치와 정당성을 민주적이거나 또는 일당지배의 사회주의 방식 등으로 인정받는 것이 중요한 과제이다(정홍모, 2005; Chen, 2002; Bou-Habib, 2016).

그러나 정책사상으로서 국가독점주의는 국가의 일반적인 정책권한의 정당성에 초점을 두면서 복지정책에만 한정되지 아니한다. 국가독점주의를 가능하게 하고 정당화시키는 것이 개인이나 집단 또는 시장의 자유로운 가격질서와 자동조절 기능에 간섭하는 경제적 개입주의로 전통적으로 이해되기도 한다. 자세한 것은 다음의 국가개입주의에서 설명하기로 하고 여기서는 국가독점주의는 시민의 자유로운 경제생활과 활동에 국가의 개입능력과 문제점 등을 설명하는 것 (Hubbard, 2016: 75-77)이 아니라, 국가의 우월적인 정책권한과 역량에 의한 국가독점주의를 설명하는 것이다. 국가자본주의나 국가독점자본주의도 경제적 제1의 지배세력으로서 국가를 지칭하고 있다. 그러나 정책사상으로서 국가주의에서 보는 국가독점주의는 경제를 포함한 국사의 전반에서 실질적으로 주민의 이해관계를 재분배하거나 재구성할 수 있는 정책의 지배적인 권한과 능력을 국가가 독점하고 있다는 것을 설명하는 국가주의 정책사상이다.

(3) 국가우월주의

국가의 우월적인 정책권한을 가능하게 하는 것은 국가가 조직구조나 조세권을 포함한 포괄적인 재정권을 지배하고 있다는 의미보다는, 국가의 실질적인 정책역량(policy capacity)이 어느 조직이나 집단 또는 개인보다 우수하고 우월적이라는 사실에 기초하고 있다는 의미이다. 이와 같은 국가의 독점능력을 국가역량(state capacity)이라고 할 수 있다. 즉, 국가론에서 국가능력을 다양한 사회세력간의 갈등 속에서 국가자원을 국가의 의지에 따라서 활용할 조직과 인적자원의 관리 및 네트워킹 등과 같은 추진능력으로 이해할 수 있다(강병익, 2017; Skocpol, 2008: 110). 혹은 국가간 또는 지역간 군사분쟁을 해결할 수 있는 능력으로 국가능력을 설명하기도 한다(김상기, 2014; Thies, 2010). 또는 국가건설에 필요한 자원동원으로 더 많은 세수(稅收)를 확보하기 위한 지배집단의 대리인과 같다는 약탈국가도 국가능력으로 설명되고 있기도 하다(구현우·우양호, 2012; Bohlken, 2010)[45].

그러나 정책사상으로 국가우월주의의 국가역량을 정책역량으로 이해할 수 있다. 즉 정책역량을 국가가 독점적으로 지배한다는 의미의 국가우월주의라고 할 수 있다. 그러나 정책역량의 개념이나 내용은 다양하다. 즉 정책의 결정과 선택에서의 조직과 환경의 분석이나 환류능력을 의미하기도 하고(Karo and Kattel, 2016), 정책실현에 필요한 정치적이고 분석적이며 운영적인 기술능력이나 자본축적을 의미하기도 한다(Tiernan, 2007; Newman 외 3인, 2013). 또한 정부주의 입장에서 정책의 성패를 공정하고도 정당하게 평가할 수 있는 정책지식의 함량으

---

45) 'Capacity'의 용어에 관한 문제이다. 국가론을 연구하는 정치학 등에서는 국가능력(state capacity)으로 통칭하는 경우가 많은 반면에 행정 및 정책분야에서는 국가나 정부역량 또는 정책역량으로 번역하여 사용하고 있기도 하다. 사실 'capacity'의 일반적인 개념 정의나 내용은 다양하고 어려울 수 있다. 그럼에도 불구하고 'capacity'를 역량으로 번역하면서 상황 변화에의 대응능력이나 효율적이고 효과적인 의사결정 능력 또는 개인의 업무나 리더십 능력 등으로 정리한 김혜정(2006)의 논문을 소개할 수 있다. 물론 능력(ability 또는 숙련도를 의미하는 competence)과 역량의 차이점은 불명확하지만 국가주의 정책사상에서는 능력의 의미를 포함하는 용어로 'capacity'를 역량으로 통일하여 사용하기로 하였다. 또한 제7장의 물아주의 정책사상에서 인간을 정의하면서 능력이나 역량의 접근방법(capability approach)이, 인간이 정책의 주재자이면서 실천자이고 판단자로서의 능력이나 자격을 가지고 있음을 측정하고자 한다는 의미에서 'capacity'와 구별되는 'capability'를 사용하기도 했다(제7장의 <각주 24> 참조).

로 설명하기도 한다. 그리고 공무원들의 정책의 효과성에 관한 인식능력이나 우수한 품질을 갖춘 정책대안을 개발할 능력을 정책역량으로 설명하기도 한다.

국가주의의 특성인 국가우월주의에서 정책역량을 국사의 전 영역이나 분야에서 정책의 권한과 내용을 독점적으로 지배할 수 있는 실질적인 정책결정의 권한과 통치능력(dominant policy capacity)이라고 할 수 있다. 따라서 정책역량에 관한 많은 연구들도 구체적인 사례의 정책분야나 영역에서 국가의 정책결정의 실질적인 능력, 정책성공을 담보할 수 있는 정책기술이나 정책자본, 정치적 지지 등을 중점적으로 논의하고 있다(윤대엽, 2015; 신민철 외 3인, 2016; Robins, 2009). 이와 같은 국가의 정책역량의 독점적인 지위나 역할인 국가독점주의는 국가독점의 판단과 결정이 개인이나 시장경제의 집단보다 우수하고도 우월하다는 국가우월주의(state supremacy) 사상에 그 뿌리를 두고 있다.

국가우월주의는 국가지상주의나 초민족주의 등과 같은 개념은 아니다. 즉 국가의 권력과 존재가 개인의 자유나 권리보다 우월한 지위에 있다고 하는 국가지상주의(박찬승, 2002: 201; 박상섭, 2008: 176), 군사적인 우월한 세력을 배경으로 하는 군국주의적 국가주의(이것을 초국가주의(ultra-nationalism)라고 하기도 한다)(Yamaguchi, 2013), 역사학 등에서 설명하는 개인들의 국가 사랑이나 존경에 관한 국가사상인 국가지상주의(임종명, 2012; 은희녕, 2016) 등과 국가우월주의는 다르다. 즉 국가의 정책적 독점주의를 가능하게 하는 정책의 가치로서의 국가우월주의이다. 시민이나 기타 조직이 어느 정책분야나 영역에서 우월하거나 우수할 수도 있다. 그러나 보편적으로 국가는 정보와 자료를 독점적으로 축적하고 분석하면서 동시에 우수한 기술과 역량을 가진 정부기관과 관료조직을 활용하여, 국사를 비교적 성공적으로 결정하고 마무리 할 수 있는 우수한 능력을 가지고 있다는 의미의 국가우월주의이다.

정책사상으로 국가주의의 특성인 국가우월주의와 비교해 볼 수 있는 개념으로 사법우월주의(judical supremacy)를 들 수 있다. 사법우월주의는 국가주권에서 정의의 원칙을 실현할 수 있는 법률적인 판단과 결정은 그 어떤 판단이나 결정보다 우위에 있다는 설명이다. 비록 의회에서 제정된 법률이지만 또한 이와 같은 법령이 국가정책으로 구체화된 것이지만 최종적으로 정책의 법률적인 정당성(legal legitimacy)은 사법부의 결정과 판단에 의존하고 있다는 사상이다(문광삼, 2015; Hodges, 1958: 101). 이에 반하여 국가우월주의는 국가의 정책권한과 통치권력으로, 정책을 통한 개인적 의사결정에 국가가 개입할 때 그의 정당성(justification)을 확보할 수 있다는 의미의 우월주의이다.

국가우월주의에서 우월성(supremacy) 개념도 다의적이면서도 고전정치학에서부터 논의되고 있기도 하다. 특히 연방국가 또는 현재의 소수의 민족국가 등과 같이 국가 개념에서 주권주의는 필수가 아닐 수도 있지만(McIlwain 1933: 94; Hanna, 2007: 252) 우월성은 필수적이다(Grinin, 2014: 422); 왜냐하면 개인의 판단과 결정보다 국가의 의사결정이 궁극적으로 사회의 정의나 행복을 보다 우수하면서도 효과적으로 그리고 공정하게 실현할 수 있다는 사실적 경험을 보여주고 있기 때문이기도 하다.

그러나 정책사상으로 국가주의의 우월성을 이해하기 위해서는 국가의 정책역량이 독점적이거나 분산적이라고 하는 논쟁보다 정책역량이 우월하거나 우수하다는 것을 정당화시킬 수 있어야 할 것이다. 그래서 다음의 제4절 국가개입주의의 정당성에서 자세히 설명하겠지만 이와 같은 정책의 우월성에 의한 정당성은 국가가 항상 그렇다고 할 수 없지만 보편적이고 일반적으로 국가의 정책권과 통치권한은 선하고 우수하다는 사실에 기초하고 있다.

(4) 국가개입주의

국가가 정책결정과 집행의 중심적인 위치에서 국사를 우월적으로 독점하는 국가주의 정책사상의 특성을 국가개입주의(state interventionism)로 집약할 수 있다. 즉 국가주의가 현실적으로 작용하고 작동하는 사상을 국가개입주의라고 할 수 있다. 국가는 개인이나 단체 또는 조직의 자유롭고도 자율적인 의사결정이나 이해관계에 개입하거나 간섭하게 된다. 물론 일시적이고 한정적인 법률기구인 정부가 국가를 대표하면서 국가의 영속성과 주권적 독립성을 성취하고 보장하기 위하여 다양한 정책을 수단으로 하면서 개입하거나 간섭하게 된다. 따라서 정책을 통한 또는 수단으로 하는 개입이기 때문에 이것을 정책개입(policy intervention)이라고 하기도 한다. 즉 정책이라는 국가 통치행위의 실천적 작업을 정책개입이라고 한 것이다. 정책의 개입이기 때문에 국가주의를 이제 정책 개념으로 보다 구체적으로 이해할 수 있다[46].

국가가 정부를 대표시켜서 정책을 통하여 개입하고 간섭하는 목적이 있다. 즉 국가는 자유롭고도 자율적이며 자신의 이해관계에 충실하고도 합리적인 개인의 판단과 결정에 개입하거나 간섭하는 목적이 있다. 즉 국가의 정책개입은 정의롭고도 정당화되어야 한다. 물론 국사의 결정인 정책은 그 자체로서 정치적이고 법률적인 정당성(legitimacy)을 가지고 있다. 이것이 전제되어야 정책으로서 가치와 위상을 가질 수 있다.

그럼에도 불구하고 정책은 정책현장에서 실천되어야 정책의 가치와 생명을 가질 수 있다. 즉 정책을 인과관계로 하는 정책의 가치와 목적이 성공되어야 하는 정당성이다. 이에 대응하여 시민이나 조직은 정책의 객체로서, 즉 대상자로써 정책이 필요하고도 타당하다는 것을 수용하고 존중할 수 있어야 한다. 이것이 정책개입의 정당성(justification)이다. 이와 같은 정당성이 있어야 정책을 통한 국가의 존재 가치가 실현되면서 국가는 정부와 달리 영속적으로 존립할 수 있다.

이와 같은 정책개입의 정당성은 우선적으로 개인의 이해관계에 따라서 개인적 수준에서 수용되고 용인되어야 한다. 이것을 전통적으로 온정주의적 정책개입

---

46) 정부에 의한 국가의 정책개입을 때로는 정부개입(government intervention)이라고 하는 이유를 이제 알 수 있다. 또한 국가주의를 'governmentalism(정부주의)'으로 표기하는 이유도 이와 같이 국가를 대표하는 정부와 국가를 구별하지 아니하고 설명한 것이라고 할 수 있다. 따라서 많은 경우에 국가개입과 정부 및 정책개입을 구별하지 아니하는 가장 큰 이유도, 물론 이것을 분명하게 밝히지 아니한 이유로서 사상연구이기보다 현실적인 정책사례에서 정부나 국가의 개입 실태를 분석한 실증연구이기 때문이라고 할 수 있다. 그럼에도 불구하고 암묵적으로 국가를 중심으로 하면서 정부가 정책을 결정하고 실천하는 것을 전제로 하고 있다. 따라서 이와 같은 묵시적 전제를 밝히고 설명하는 것이 국가주의에 관한 철학적 사고라고 할 수 있다.

이라고 할 수 있다. 이와 같은 정책개입의 정당성은 온정주의(paternalism)에서 여러 가지로 설명되고 있다. 대표적으로 성숙이나 위해(危害)의 원칙, 감사의 원칙, 공공이익 우선의 원칙 등을 들 수 있다. 이에 반하여 국가주의에서 정책개입의 정당성은 개인주의이기보다 사회적이고 공공적인 수준의 정당성이 되어야 한다. 즉 사회적 선이나 사회정의, 사회평화, 사회건강과 행복, 국가의 보편적 이익 등을 들 수 있다.

　　국가개입주의의 정당성이 실질적으로 국가주의의 철학적 사고를 가장 잘 설명할 수 있는 사상이기도 하다. 여기서부터 시작해서 선도주의나 균형주의, 현실주의, 물아주의 등과 같은 정책사상이 계속해서 발견되고 있다. 그래서 국가주의에 의한 정책개입을 정책사상의 근원(根源)이면서 시원이라고 한 것이다. 이와 같은 것을 제4절에서 정책개입의 정당성으로 자세히 설명할 것이다. 지금까지 설명한 정책사상으로서 국가주의의 개념적 특성을 <그림 3-1>과 같이 요약할 수 있다.

〈그림 3-1〉 국가주의 정책사상의 개념과 정책개입의 정당성

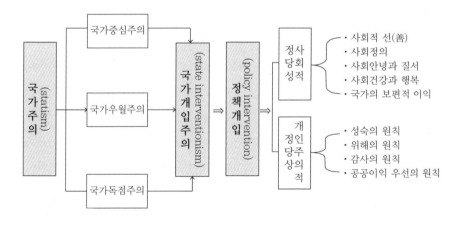

2) 정책사상으로서 국가주의의 실체: 국가개입주의[47)

정책사상의 출발점이고 근원인 국가주의의 개념적 특성으로 정부를 매개로 하거나 대표로 해서 정책을 통하여 개인이나 집단의 의사결정에 간섭하고 개입하는 정책개입을 국가중심주의, 국가독점주의, 국가우월주의, 국가개입주의 등으로 설명하였다. 이것을 국가주의 정책사상의 개념적 구도라고 했다. 이와 같은 네 가지의 개념을 통섭해서 국가주의를 정책을 통한 개인의 의사결정이나 판단에 개입하고 간섭하는 국가개입주의(state interventionism)로 요약하였다. 즉 국가개입주의가 정책사상으로 국가주의의 실체라고 할 수 있다. 그러면 개입주의의 개념적인 문제점이나 다양한 접근방법 등을 설명한 이후에 대표적인 하나의 정책으로 인구정책을 예시하면서 국가개입주의의 현실을 설명하고자 한다.

(1) 개입주의의 이해

개입이나 개입주의 등은 전 학문분야에서 다양하면서도 전통적으로 연구되고 있다. 먼저 철학에서 인과관계의 개입이나 간섭에서부터 시작해서 물리학이나 기계역학, 통계학, 실험설계, 심리학, 경제학, 군사학, 외교 및 국제관계 등에 이르기까지 개입이나 개입주의는 학문분야와 연구자의 연구정향 등에 따라서 다양하고도 복잡하게 논의되고 있다. 그러나 정책사상으로 국가개입주의는 공식적인 권위와 법률적인 정당성을 가진 정책을 통한 국가의 개입을 의미하는 한정된 개념이다.

개입주의를 개념적으로 이해하고 연구하는 방법 등을 논의하기 이전에 개입의 개념을 명확히 할 필요가 있다. 물론 국가주의에 한정된 개입의 개념적 이해이다. 개입은 국가가 통치의 대상자인 개인이나 집단의 자율적이고 자유로운 판단이나 결정에 영향을 미치는 행위이다. 이때의 행위는 정책이기 때문에 일반적으로 정책을 수단으로 하는 정책개입이라고 이해할 수 있다. 그래서 국가개입과 정책개입

---

47) 국가개입주의는 필자의 "정책연구에서 개입주의의 이념적 이해"(『한국정책학회보』. (2016). 25(4)를 재정리하고 수정한 것이다.

또는 국가를 대표하는 정부의 개입 등을 구별하지 아니하는 경우가 많다고 했다.

개입을 때로는 간섭이나 관여 등으로 이해하기도 한다. 특히 영어권에서는 개입을 의미하는 'intervention, interference, involvement, engagement' 등을 개입, 간섭, 관여 등으로 다양하게 이해하고 있다. 더구나 국가가 시장에 개입하여 경제발전을 촉진하고자 한다는 개발주의(developmentalism)를 국가개입주의로 번역하는 경우가 있기도 하다(진달용, 2014).

물론 이와 같은 경우도 정책개입을 국가개입이나 정부개입 등과 구별한 것은 아니지만 정부의 정책을 통한 개인이나 국가 및 기업 등에의 간섭(이종기 외 2인, 2009) 또는 정책관여(김선미, 2003) 등으로 제목을 달고 있다. 그리고 여기서의 정책개입과 반대되는 뜻으로 정책대상자나 수혜자, 정책전문가 등이 정책에 적극적이고 실질적으로 참여하는 것을 정책관여(Weninger and Kho, 2014; Padilla and Fong, 2016) 또는 정책개입(이수범·김남이, 2013; Fisher 외 4인, 2014)이라고 하는 경우도 있다.

일반적으로 개입을 이처럼 다양하게 이해하지만 정책을 통한 개인의 판단과 결정에의 개입이나 간섭을 의미하는 것으로 정책개입[48](policy intervention[49])이라는 용어를 보편적으로 사용하고 있다. 물론 개입을 간섭이나 관여 등으로 달리 표기할 수 있다. 또한 개입을 긍정이나 부정의 의미보다 중립적 의미의 용어라고 하는 주장도 있다(조태린, 2010: 391). 그러나 보다 긍정적 의미를 가진 용어로 개입의 용어를 사용하기로 한다. 왜냐하면 정책연구에서 개입은 긍정상태의 실현

---

48) 학문분야에 따라서 다양한 의미로 개입 용어를 사용하고 있지만 DBpia 학술정보통합 서비스에서 논문제목 검색어로 '정책개입'을 입력하면 4종만 발견된다. 그리고 '정책관여'가 2종이며 '정책간섭'은 없다. 반면에 '정책'을 떼어내고 '개입'을 논문제목으로 검색하면 834종이나 발견되고 '간섭'이 3,503종, '관여'가 1,086종으로 발견된다. 간섭이 많은 이유는 이공학(理工學) 계열에서 사용되는 용어이기 때문이다. 또한 아직까지 정책개입을 논문제목으로 붙인 선행연구 4종도 정부개입의 32종이나 국가개입의 10종보다 매우 적다(www.dbpia.co.kr. 검색일: 2016년 8월 15일).

49) 하나의 예로서 EBSCOhost 학술DB에서 'policy intervention'을 제목으로 검색하면 peer-review 학술저널에서 349종이 발견되지만 'policy engagement'는 126종, 'policy involvement'는 95종, 'policy interference' 5종 등이 검색된다 (http://web.a.ebscohost, 검색일: 2016년 8월 15일).

을 의미하는 경우가 현실적이기 때문이다.

정책사상으로 국가주의에서 개입을, 공적 권위와 법률적 정당성을 가진 주체(국가)가 정책을 통하여 개인의 자유롭고도 자율적인 판단과 결정에 개입하고 간섭하는 것으로 정의해 볼 수 있다. 개입하고 간섭하는 목적이나 형태 및 방법 등은 다양하고 복잡할 것이다. 특히 이와 같은 수준으로 개입의 개념을 이해하면서 발생되는 하나의 주요 주제는 개입의 정당성에 관한 것이다. 이것을 제4절에서 구체적으로 설명할 것이지만 개입은 국가가 주체가 된 정책을 통한 수단적인 개념이기도 하다. 개입 그 자체가 목적이나 존재는 아니다. 그래서 정책에서는 개입의 개념적인 논쟁보다는 정책을 합친 정책개입으로 설명할 필요성이 더욱 크다.

'개입' 개념의 앞에 '정책'을 더한 정책개입은 연구정향과 목적에 따라서 국가개입이나 정부개입 등으로 혼용되면서 현실적으로 정책개입이 국가개입과 동의어로 이해되고 있는 경우가 많다고 했다. 왜냐하면 각각을 구체적으로 정의할 수 없는 연구의 한계도 있겠지만 국가와 정부 및 정책 등을 전통적으로 구분하지 아니한 경향(White, 2004: 3 – 4; Aikins, 2009: 403 – 408) 때문이라고 할 수 있다. 그래서 기존의 선행연구를 보더라도 정부와 국가 및 정책 등을 구분하지 아니하는 경우가 많다. 예를 들면 국가개입을 국가독점이나 국가우월주의 사상에 의한 개입 등으로 설명하기도 한다(Brady and Finnigan, 2014). 또한 공권력 작용을 결정하고 집행하는 정부기능과 작용에 초점을 두는 정부개입으로 설명하기도 한다(이계만 · 안병철, 2005; Wagaman, 2014). 그리고 정책개입이라는 용어를 사용하지는 아니했지만 구체적인 정책을 수단으로 하는 국가의 개입을 연구하기도 한다(최일성, 2011; Henderson, 2015). 그러나 『정책사상 대계』에서는 국가와 정부를 분명히 구분한다고 했다.

정책을 통하여 개인의 의사와 판단에 국가의 간섭으로 정의한 개입을 개인 대 개인의 개입이나 간섭과 개인이나 또는 이웃 국가에 개입하고 간섭하는 것과 같은 두 가지 형태를 구분해서 설명할 수 있다. 먼저 개인이 개인의 일이나 판단에 개입하고 간섭하는 것을 철학이나 심리학 또는 의사결정론 등에서 온정주의

(paternalism)로 설명하고 있다. 온정주의를 가장이 자녀의 일에 개입하고 간섭하는 것과 같은 의미로 가부장주의, 가장주의, 부애주의, 부권주의 등으로 이해하기도 한다. 심지어 상사가 부하에게 따뜻한 정으로 개입하고 간섭하는 정실주의나 연고주의 등으로도 이해되고 있기도 하다. 그러나 온정주의는 개인 대 개인의 간섭과 개입을 설명하는 대표적인 용어라고 할 수 있다. 온정주의적 정책개입은 제3절의 정책사상으로 국가주의를 재조명하면서 자세히 설명할 것이다.

그리고 국가가 타 국가의 결정이나 판단에 개입하는 경우를 들 수 있다. 특히 이와 같은 국가개입은 전쟁이나 국제관계, 외교관계 등에서 많이 발생되며 이것을 국가간의 간섭과 개입 등으로 설명하고 있다. 그러나 정책연구에서는 국가가 개인의 일이나 결정에 개입하고 간섭하는 경우에 초점을 두고 있다. 즉 정책을 결정하거나 시행하면서 개인의 이해관계뿐만 아니라 사회적이고 공공적인 이해관계를 실현하고 담보하기 위해서 간섭하고 개입하는 경우이다. 현실적으로도 국가사업이나 정부판단 등과 같은 공식적인 공권력 작용인 정책을 통한 개입이나 간섭이 일반적이다. 그러나 정책개입의 개념적 정의를 명확히 하면서 연구범위를 정책개입으로 구체화하기 위해서 정부가 아닌 국가의 정책을 통한 국가개입에 초점을 둔다고 했다.

개입의 개념적 정의에 따라서 개입주의(interventionism) 개념도 분명히 이해할 필요가 있다. 개입이나 간섭 등과 같은 용어를 혼용하듯이 개입주의를 간섭주의라고 하기도 한다. 그래서『정책사상 대계』에서도 때때로 개입이나 간섭 또는 개입과 간섭 등으로 표기하기도 했지만 개입이나 간섭을 반복하는 특별한 이유는 없다. 단지 이것이 '개입'의 의미라는 것을 먼저 지적하면서, 공적 권위와 법률적 정당성을 가진 국가가 정책을 통하여 개인의 자유롭고도 자율적인 판단과 결정에 개입하고 간섭하는 것으로 정의한 개입을 철학적 사고로 체계화하는 것을 개입주의로 정의해 볼 수 있다. 이때 철학적 사고란 정책을 통한 공동체가 추구하는 이상이나 목적을 달성하기 위하여 개인이나 조직의 의사결정에 개입하거나 간섭하는 국가개입을 전제로 할 때, 이와 같은 국가개입주의를 국가주의 정책사상으로 이해하기 위한 사고체계에 해당된다는 의미이다. 즉 국가개입주의를 국가주의로 이해하기 위한 철학적 사고의 수준에 해당된다는 뜻이다.

앞서 국가가 독점적으로 정책결정과 실천에 필요한 정보와 자원 및 판단능력을 독점적으로 보유하면서 국가우월주의에 의한 국가중심주의를 설명하였다. 이와 같은 국가중심주의적 국가주의는 정책권과 통치권력이 국가를 실체로 하고 있다고 했다. 따라서 국가의 실체는 정책권(policy power)을 실천하는 것이다. 정책권은 국가에 귀속되면서 독점되고 있지만 국가가 법이나 정치적인 조직으로서 개인이나 집단에 우월하다고 한 것은 아니다. 대신에 공통의 목적과 이익을 보다 선하고 정의롭게 그리고 창조적이면서도 실천적으로 운영할 수 있는 국가능력, 보다 구체적으로 정책역량이 우월하기 때문에 우월주의라고 했다.

따라서 철학적 사고에 의한 개입주의는 국가를 전제로 하는 국가개입주의로 요약될 수 있다. 물론 국가개입주의는 정책이라는 공식적인 권위에 의한 법률적이고 절차적인 정당성을 가지면서 정책이 추구하면서 목표로 하고 있는 정책의 존재가치를 실현하기 위한 개입주의이다. 이와 같은 국가개입주의를 설명하기 위한 개입주의, 즉 개입의 개념을 지배하고 있는 사상에 따라서 개입주의를 보다 심층적으로 설명할 필요가 있다. 이와 같은 개입주의를 철학적으로 세 가지로 구분해서 설명할 수 있다.

첫째, 개입주의를 증거에 기반을 둔 증거주의에 의하여 먼저 이해할 수 있다. 경험사회에서 검증을 거친 검증주의를 주장하는 과학주의와, 검증과 논증을 통한 논리실증주의, 현실적인 실용가치와 덕목에 기반을 둔 실용주의, 비판적 사고와 검증에 의한 비판주의, 정책의 논증방식과 공식을 적용하여 정책주장을 정당화시키고자 하는 정책논증주 등과 같이, 소위 패러다임 전쟁(Bonner, 2003: 77; Greenhalgh and Russell, 2009: 304)이라고 할 정도로 증거주의 논쟁은 다양하고 복잡하다.

그러나 여기서는 먼저 증거의 개념과 범위를 설정하면서 개입주의를 철학적으로 이해하고자 한다. 현실적으로 정책결정자나 체제는 항상 증거를 제시할 것을 요구받는다. 따라서 '증거없는 정책없다'는 격언과 같이 증거는 필수적이다(6, 2002: 3; Cartwright 외 2인, 2009). 이와 같은 증거는 다종다양하지만 개입주의에서 증거는 정책의 개입을 정당화할 수 있는, 즉 정책개입이 정책현장에서 성공적으로 실천될 수 있다는 것을 담보할 수 있는 증거를 의미한다. 그래서 정책에서 증거주의는 정책을 집행하는 현장중심과 상황에 따른 증거의 다양한 해석과 적용 및 정책의 재량권(Boettke, 2012: 38) 등으로 논의되고 있기도 하다.

정책증거를 일반적으로 법적 증거와 사회적이고 공익적인 증거 및 과학적 검증에 의한 증거, 여론이나 사회조사에서 발견되는 증거 등으로 구분할 수 있다(윤건, 2012: 3-4; 윤영근, 2013: 3-5; 이건, 2012: 3-4). 그러나 정책을 통한 개입이나 간섭을 정당화할 수 있는 사실이나 가치판단에 관한 증거가 개입주의의 핵심일 것이다.

개입주의에서 증거를 구분하거나 유형화하는 것도 중요하다. 물론 증거를 철학적으로 활용할 수 있는 증거와 실천적으로 처리할 수 있는 증거, 사실적 증거와 가치판단적 증거 등으로 구분할 수 있다(Cartwright 외 2인, 2009). 그래서 여기서는 사실적 증거와 가치판단적 증거 등의 유형을 비교설명하면서 증거주의에 의한 개입주의의 철학을 사고하고자 한다.

먼저 사실적 증거는 정책을 법률적으로 정당화시키는 법적 증거와[50] 과학적 검증에 의한 자료나 이론에 의한 증거[51] 및 정책현실을 조사하고 정리한 현장자료와 감사 등과 같은 것을 들 수 있다. 반면에 가치판단적 증거로 정책의 정치적 판단이나 결정을 들 수 있다. 나아가 정책의 정치적 지지나 성원에 관한 여론조사 자료나 구체적인 정책수혜자나 대상자의 의견이나 조정에 관한 정책만족도나 반

---

50) 개입주의에서 법적 증거로 정책 그 자체가 법적인 정당성을 가지고 있기 때문에 정책을 통한 개입이나 간섭의 법률적 증거를 들 수 있다. 즉 법률적 증거는 정책개입의 법률적 가능성을 담보할 수 있는 법적 구성요건이나 사실에 관한 증거라고 할 수 있다.
51) 과학적 검증자료나 지식이 개입주의에 보다 중요한 증거가 되고 있다는 연구도 많다(박철현, 2014; Corcoran, 2007). 그러나 순수한 과학적 지식의 증거와 정치적인 이해관계나 과학집단의 자의적인 판단이나 주장 등과 같은 증거를 구별해야 한다는 비판도 있다(Rosenstock and Lee, 2002: 14-18).

응조사[52]), 정책전문가의 자문이나 정책델파이 의견[53]) 등도 가치판단적 증거가 될 수 있을 것이다.

가치판단적 증거에서 정책사상의 철학적 사고의 출발점인 정책이란 정치적 결정이라는 개념과 관련해서 논쟁이 있을 수 있다. 가치판단적 증거는 정책의 존재가치에 관한 증거일 뿐만 아니라 정책을 실현하기 위한 개입주의를 가능하게 하는 구체적 수단이나 방법에 관한 증거일 수도 있다. 특히 정책은 정치적 의사결정이다. 때문에 과학적 증거나 합리적 정당성을 갖는 증거는 개입주의의 현실에서 한계가 있다는 지적도 있다(김대중, 2014; Williams, 2002; Turnpenny 외 3인, 2009). 동시에 가치의 본질적 속성인 주관적이고 추상적인 가치판단에 관한 증거는 사실이나 과학적 증거 등과 충돌되거나 모순될 수 있다. 또한 가치판단의 주체나 상황, 시대적인 조건 등에 따라서 가치판단 증거들이 상호간에 배치되거나 모순될 수도 있다는 것이다(Johnson and Williams, 2011; Little, 2012; Diaz and Drewery, 2016).

또한 개입주의를 철학적으로 설명하기 위한 증거주의에서 정책의 본질적 속성인 정치의 세계에서 증거로서의 타당성과 신뢰성이 문제되는 경우가 있을 수

---

52) 증거기반의 정책에서 일반적인 여론조사나 정책의 만족도나 수혜자의 의견조사 등이 증거가 될 수 있을 것인가 하는 것은 논쟁적이다(이건, 2012; Sundell 외 3인, 2010; Pawson and Wang, 2013). 그러나 가치판단적 증거로 예시한 이유로 여론이나 만족도 조사는, 물론 과학적 객관성에 논쟁과 의심이 있지만 일반적으로 정책개입 대상자나 집단의 생각이나 만족 또는 지지나 소망, 문제인식 등을 집약적으로 정리하고 분석한 자료이기 때문에 이것을 정책에 관한 시민의 판단과 가치정향에 관한 자료로 이해할 수도 있을 것이다.

53) 구체적인 정책에 관한 전문가의 자문이나, 특히 정책델파이에 의한 자문, 정책두뇌집단의 전문적인 의견이나 판단 등이 증거기반의 증거가 될 수 있을 것인가 하는 것도 논쟁의 대상이다(Stone, 2000; French 외 2인, 2002; Sinha and Goudra, 2013: 4-5; Curzon and Kontoleon, 2016). 왜냐하면 정책전문가이지만 자신들이나 집단의 이해관계에서 완전히 자유롭지 못하다거나 전문가 의견이나 판단에 대한 신뢰성이나 자질 등에 의문이 생길 경우가 많기 때문이다(Cartwright, 2009; Sutherland and Burgman, 2015: 317-318). 그러나 정책전문가의 자문의견을 가치판단적 증거로 설명한 이유는 전문가의 의견이나 판단은 본질적으로 정책 그 자체뿐만 아니라, 정책을 통한 개입이나 간섭의 정당성을 사회적이고 공익적인 관점에서 다수의 이해관계를 우선적으로 고려한 자료라고 할 수 있기 때문이다.

있다. 특히 과학적이고 객관적인 증거라는 명확하고도 분명한 기준을 제시하기 어려울 수도 있다. 그러나 이와 같은 기준도 가치판단의 작용으로 인식되는 경우가 많다. 따라서 증거주의는, 특히 가치판단적 증거를 정책의 존재가치에 합당하고 적합하다는 의미에서 개입주의를 철학적으로 이해하는 증거주의라고 할 수 있다.

둘째, 지식주의에 의한 개입주의의 철학적 이해이다. 개입주의를 설명할 수 있는 지식을 정책의 증거에 관한 인과관계의 과학적이고 실증적인 검증에 의하여 형성된 이론의 지식과, 논리적 합리성과 이성적 판단에 의한 지식, 정치적이고 조직적으로 실천될 수 있는 정치적 지식 등으로 구분할 수 있다. 이와 같은 구분에 의하면 증거주의도 지식주의에 포함될 수 있을 것이다. 그러나 증거에 기반을 둔 (evidence-based) 증거주의와, 지식에 기초한(knowledge-backed) 지식주의를 구분하는 이유로 지식을 과학적으로 검증된 지식뿐만 아니라 논리적 사고작용에 의한 판단과 논쟁도 지식이 될 수 있기 때문이다.

먼저 실증적 검증에 의한 지식은 과학주의 지식이다. 개입주의에서 과학적이고 실증적인 지식은 일반적으로 정책의 평가나 인과관계의 검증을 거친 지식이나 이론이 많다. 특히 정책인과(policy causations)에 관한 지식은 원인변수가 되는 정책을 실천하고 집행하여 발생된 결과를 결과변수로 설명하는 정책지식이다. 그 중에서도 정책의 물리적 인과뿐만 아니라 정책이 지향하면서 추구하는 사상과 이념 및 목적 등의 변화와 실천에 관한 인과관계를 밝히는 정신인과도 정책의 개입주의를 설명할 수 있는 정책지식이다. 이와 같은 정책의 정신인과는 정책의 사상적이고 이념적인 존재의 가치를 밝히는 지식이다. 때문에 개입주의의 정당성이나 특성 등을 설명할 수 있는 정책지식이 될 것이다(제5장의 균형주의 정책사상에서 정책인과를 설명한다).

그리고 논리적이고 이성적이며 철학적인 판단과 합리성에 관한 지식이 개입주의를 설명하는 지식주의의 한 항목이 될 수 있다(Rotheram-Borus 외 2인, 2014; Marchi 외 2인, 2016). 이와 같은 지식을 검증하기는 어렵지만 정책의 정신적이고 사상적인 인과관계나 정성적인 정책지식으로서 개입주의의 주요한 가치판단적 지식이 될 수 있다.

또한 정치적 지식이 개입주의의 존재론적 가치를 설명할 수 있을 것이다. 과학주의 지식이나 논리적이고 이성적인 지식이 정책지식의 중심이지만 정책은 정치적 의사결정이고 실현이다. 때문에 과학이나 이성적 추론과 판단에 의한 지식만으로 정책의 정치적인 타당성과 가능성 및 효율성 등을 갖춘 정책지식이 되기 어렵다. 물론 과학적 검증과 논리적 정당성을 가진 지식은 정책에 적절한 지식으로서 정책의 존재가치를 보장할 수 있다고 하더라도 정치적으로 가능하고 유용하며 활용될 수 있는 지식이 될 수 없으면 개입주의를 설명하기 어려울 것이다. 왜냐하면 정책의 수혜자나 시민이 정치적으로 수용하지 않거나 타당하다고 지지하지 아니하는 과학이나 이성의 지식은 정책지식으로서의 가치가 약해지기 때문이다[54].

특히 지식주의의 정책실천적 입장을 설명한다고 해서 이것이 실천적 판단과 적용을 강조하는 실천지식(홍윤경, 2012; Bereiter, 2014) 또는 지식과 도덕을 구분하지 않고 실천적 지식이나 지혜를 통칭하는, 소위 아리스토텔레스의 실천지(*phronesis*)(차미란, 2013; Finnigan, 2015) 등을 의미하는 것은 아니다. 단지 과학주의의 증거나 논증에 의한 지식을 정책의 현장이나 현실에서 다양한 이해관계의 조합과 타협에 의한 연성지식으로서의 타당성을 의미하는 것으로 이해한 것이다(실천지식이나 실천지 등에 관한 자세한 것은 제6장의 정책사상으로서 현실주의를 참조할 수 있다).

셋째, 개입주의도 하나의 사상이다. 그러나 정책을 통한 개입주의를 설명할 수 있는 정책사상으로서 국가개입주의를 이해하기 위한 범위에서 개입주의 사상을 국가주의나 자유주의, 복지주의, 규제주의, 현실주의 등과 같은 사상으로 이해할 수

---

54) 정책지식(policy knowledge)을 정책에 타당하고 적절하며 정책에 관심과 초점을 갖춘 과학적이거나 논리적이며 정치적 지식을 통칭하는 개념으로 이해한 것이다. 반면에 지식정책(knowledge policy)은 일반적인 의미의 지식을 생산가공하고 이용하는 정책의 한 유형이다(한세억, 2010a: 4). 특히 행정에서도 지식의 요구수준과 활용 및 가능성 등에 관한 지식행정(김구, 2005; 하미승 외 3인, 2006)이 많이 논의되고 있다.

있기도 하다. 그러나 개입의 개념을 철학적으로 정리하고 설명한 것이기 때문에 개입주의 사상은 개입을 철학적으로 사고한 이념적 정향이라고 할 수 있다.

앞서 제1장에서 사상과 철학 및 이념 등을 구분하는 문제를 설명했지만 여기서는 일반적이고 보편적인 의미에서 사상이 하나의 이념으로 작용하여 개입주의를 설명할 수 있을 것인가 하는 것을 지적해 보고자 한다. 개입주의를 설명하고 이해하는 철학적 사고로 증거주의와 지식주의를 섬에 비유한 반면에 사상을 강에 비유하기도 했다(Kavale and Mostert, 2003: 191). 따라서 사상은 시대와 조건에 따라서 변화되지만 지식이나 증거는 섬이나 산과 같이 축적된 것을 필요와 조건에 따라서 이용할 수 있는 것이다. 따라서 사상은 강물과 같이 변화되면서 이용하는 조건과 시기에 타당한 것을 설명하고, 그것의 정당성을 주장할 수 있는 철학적 사고의 패러다임에 해당된다고 할 수 있다. 즉 사상에 기초한(thought-based) 개입주의의 정당성이라고 할 수 있다.

그래서 사상은 많은 경우에 증거나 지식의 이용가능성과 방법 등을 제한하거나 조건지우는, 즉 개입주의의 정당성이나 가능성 등이 지식이나 증거가 아닌 사상에 의하여 설명되어 진다는 주장이 대두되고 있기도 하다(Fishbeyn, 2015: 1-2; Grant, 2015: 672-674; Sammut, 2016). 실제로 정책이 결정되는 것도 과학적 지식이나 논리적 논쟁이나 사실적이거나 가치판단적 증거보다도 정책을 지배하는 시대적이고 역사적이며 문화적인 산물인 사상에 의하여 결정되는 경우가 많다. 그래서 증거없는 정책은 없다고 했지만 섬과 같은 증거도 강과 같은 사상에 의하여 활용되거나 사용될 수 없으면 현실적으로 개입주의를 설명하기 어려울 수 있을 것이다. 특히 증거와 지식이 복잡하거나 불충분한 경우 또는 불명확하거나 상호간에 상충되는 경우에는 개입주의를 지배하는 사상이 중요한 변수가 될 것이다(Belfield and Levin, 2005; Mantzoukas, 2007). 그래서 '사상없는 증거없다'(Hart, 2005: 1-3)는 속담과 같이 사상이 개입주의의 정당성과 그 실체를 보다 현실적으로 설명할 수 있을 것이다.

(2) 인구정책에서 국가개입주의의 이해[55]

정책사상으로서 국가주의를 정책을 통한 국가의 개인이나 조직의 의사결정과 판단에 개입하거나 간섭하는 국가개입주의로 설명하였다. 국가의 개입은 정책을 통하여 개입하기 때문에 정책개입으로 대칭되기도 한다. 그러나 정책개입이라고 하면 국가를 대표하는 정부의 정책활동과 구별하기 어렵게 되기도 한다. 그래서 정책개입이라는 용어보다는 국가와 정부를 구별하는 입장에서 국가주의에 의한 국가개입주의라고 하는 것이 개념적으로 보다 분명하다고 했다.

국가주의를 정책사상으로 이해하고 정의하는 입장에서 전통적인 의미의 국가주의와 구별하여 국가주의를 조금 더 자세히 이해하고 설명하는, 소위 재조명해 보기 이전에 하나의 정책사례를 인용하면서 국가개입주의로 정의하는 국가주의를 이해하고자 한다. 즉 다양하고 다종한 정책사례에서 최근의 한국뿐만 아니라 전 지구적으로도 인구의 급격한 감소현상을 해결하기 위한 국가정책, 즉 인구정책을 통한 국가개입주의를 현실적으로 이해해 보고자 한다.

인구정책은 정책을 통한 개입주의의 전형이라고 할 수 있다. 즉 인구정책은 결혼과 출산, 직장과 가족, 육아 등에 관한 변화된 사람들의 가치관이나 개인의 결혼과 출산 및 육아 등과 같은 의사결정에 국가가 개입하고 간섭하는 국가개입주의의 대표적인 사례일 것이다. 특히 정책사상에서, 인구에 관한 개인의 선택과 판단에 개입하고 간섭하는 국가개입주의가 현실적으로나 사상적으로 정당성을 확보해야 하는 현실적 당위성도 인구정책으로 이해할 수 있다.

인구문제에 대한 국가개입주의는 보다 정확하게는 인구변동의 계획과 통제의 정당성을 설명할 수 있어야 할 것이다. 즉 인구수의 증감이나 인구구성비의 변화, 사망과 출산, 이주나 이민 등을 정책으로 계획하거나 조정하면서 인구경쟁력에 의한 국익의 극대화라는 인구정책의 목적과 이념이 국가개입의 정당성으로

---

55) 인구정책을 예시하면서 국가개입주의를 설명한 것은 필자의 "정책개입의 정당성 이념논의: 인구정책을 중심으로"(『현대사회와 행정』. (2016). 26(2)의 내용을 재구성한 것이다.

설명될 수 있을 것인가 하는 문제이다. 더구나 인구정책의 법률적 정당성을 보더라도 한국의 인구정책에 관한 기본법인 저출산·고령사회 기본법(법률 제12449)에서도 저출산의 기본방향의 수립과 추진을 통하여 국가의 경쟁력을 높이고, 국가의 지속적인 발전을 도모해야 한다는 국가개입의 목적(제1조)을 분명히 하고 있다. 이것이 인구정책의 기본적인 이념(제2조), 즉 국가가 인구문제에 개입하고 간섭하게 되는 법적 정당성과 이념에 관한 규정이라고 할 수 있다.

인구에 관한 대부분의 정책은 사실 국가개입주의를 기본으로 하고 있다고 해도 과언이 아닐 것이다. 예를 들면 Thomas Malthus(1970)의 인구증가를 억제할 적극적이고 예방적인 대책을 주장한 인구론이나, 1960년대에 크게 유행한 Paul Ehrlich(1968: 4)이 주장한 바와 같이 세계의 인구는 매 35년마다 배로 증가하여 지구는 서서히 죽어갈 것이라는 인구폭발론[56], 국가나 국제사회를 개발하고 발전시키기 위한 인구통제론(Wittman, 2000; Wang and Zhang, 2018), 국가의 경제발전을 목표로 하는 개발정책으로 국가발전과 사회의 지속적인 성장에 필요한 적정인구에 관한 다양한 정책(김승권, 2006; 김형기·이성호, 2007), 심지어 똑똑한 인구가 국부를 결정한다는 인구지식론(Daniele, 2013), 개인들의 결혼과 출산에 대한 우호적인 가치와 태도를 가질 수 있도록 하는 인구교육(최식인, 2005; 김한곤·서정연, 2012) 등에 이르기까지 국가경쟁력을 제고하기 위해서 인구문제를 국가가 해결하고 결정해야 한다는 국가개입주의가 인구정책의 지배적인 사상이라고 할 수 있다.

특히 전 세계적인 저출산으로 인한 인구의 급격한 감소와 동시에 고령인구의 상대적인 증가현상으로 발생되고 있는 인구문제에 대응하기 위한 인구정책[57]

---

56) Ehrlich의 주장이나 예측과는 정반대로 세계인구가 감소하면서, 조금 머쓱해진 그(2015)는 2000년대에 오면서 잡식성 약탈자인 인간 때문에 지구상의 생명체는 죽어간다고 하는 환경적 감성에 호소하는 입장으로 변화를 시도하고 있다. 그러나 인간 때문에 지구상의 생명체들이 멸종되거나 감소하지 아니하고 더욱 다양하게 번성하게 되었다는 가설이 증명된다면 그때는 우리들도 아마 지구상에 존재하지 아니할 수도 있을 것이다.
57) 대표적으로 저출산·고령사회기본법(법률 제12449호), 고령친화산업 진흥법(법률 제11690호), 남녀고용평등과 일·가정 양립지원에 관한 법률(13932호), 가족친화 사회환

은 인구문제를 개인이나 가족의 자율적인 판단과 결정에 맡겨서는 안된다고 하는, 즉 국가가 개입해야 한다는 국가개입주의를 전형으로 하고 있다. 예를 들면 저출산의 원인을 찾고 저출산율을 과학적으로 예측하고 분석하면서, 이에 대응하기 위한 다양한 정책의 실질적인 효과성 등을 분석하는 과학적 지식과 증거에 의한 국가개입이 유행하고 있다. 그러나 인구문제는 개인의 자유와 자율을 기초로 하는 사생활 영역이다. 그럼에도 불구하고 국가가 출산에 관련되는 개인의 의사결정에 개입하고 간섭하는 것이 정당하다고 하는 것을 국가개입주의가 전제하고 있는 것도 사실이다.

국가개입주의에 의한 인구정책은 전통적으로 국가통치자, 특히 제왕들의 한결같은 국정과제로 널리 알려져 왔다. 우선 왕도정치를 주창하는 맹자(孟子)는 국가의 인구증가의 근본은 일시적이거나 가시적인 대책보다 근원적으로 백성을 위한 왕도정치에 있다고 했다[58]. 묵자(墨子)는 철인이 정치를 한다고 해도 인구를 증가시키기 어렵다고 했다. 그러나 남녀가 적기에(남자 20세, 여자 15세) 결혼하게 되면 인구가 배로 증가될 것이라고 했다[59]. 따라서 결혼적령기에 남녀가 결혼할 수 있도록 해야 한다. 백성을 지나치게 부리거나 세금을 많이 거두어서 백성들이 재물이 부족해서 얼어 죽거나 굶어 죽은 일이 있으면 결혼한다고 해도 자녀를 생산할 수 없다. 이웃나라를 정벌하는 전쟁을 좋아한다면 남자는 징집되

경조성촉진에 관한 법률(제13263호), 경력단절여성의 경제활동 촉진법(법률 제12698호) 등은 국가개입주의 정책사상을 전형으로 하는 정책이라고 할 수 있다.

58) 중국의 춘추전국시대 위나라의 양혜왕이 자신의 선정(善政)에도 불구하고 살기 좋은 자신의 나라로 "이웃나라의 주민이 이주하지 아니하는"(隣國之民 不可少 寡人之民 不可多) 이유를 묻자, 맹자는 "전쟁에서 오십 보나 백 보 달아나는 것을 도주하는 것으로 보면 양자는 같다"(不百步耳 是亦走也, (孟子) 曰 王如知此 則無望民之多於隣國也)(『孟子』, 梁惠王 上)라고 했다. 따라서 왕도정치를 해야 백성이 증가한다고 하였다.

59) 묵자는 구체적으로 20세와 만혼인 40세에 남자가 결혼하게 되면 성왕의 법(남자 20세, 여자 15세에 결혼)보다 평균적으로 10년이 뒤지게 된다. 만약 3년 만에 출산을 한다면 평균적으로 10년 세월에 2-3명의 자식을 더 낳을 수 있는 기회를 놓치게 된다. 따라서 일찍 장가가고 시집가야만 인구는 두 배로 증가될 수 있다고 했다(丈夫年二十 毋敢不處家 女子年十五 毋敢不事人 此聖王之法也 중략 有所四十年處家 以其蚤與晩相覲 後成王之法十年 若純三年而字 子生可以二三人矣 此不惟使民蚤處家 而可以培與)(『墨子』, 節用 上).

어 사망하거나 또는 전쟁기간 동안에 남녀가 만날 수 없기 때문에 자녀를 생산할 수 없다. 더욱이 장사지내는 기간을 단축하고 검소하게 해야 한다. 그래야 백성은 자식을 생산할 정신적이고 경제적 여유를 가질 수 있고 결국에는 인구가 증가된다고 했다.

인구증가의 첩경이 적령결혼이라는 묵자의 주장과 같이, 정약용도 인구문제와 직접 연계시키지는 아니했지만 결혼을 권장하는 정책을 모든 군왕들에게 특별히 당부하기도 했다. 따라서 지방행정 수장은 만혼이 없도록 잘 살피고 관가에서 결혼을 적극 성사시켜야 하며 독신자를 결혼시키는 시책도 마련해야 한다고 했다[60].

그러나 이와 같은 인구증가에 초점을 둔 국가개입주의 정책과 대조적으로 한비(韓非)(BC280－BC233년 경)는 춘추전국시대 말기에 인구과잉이 재난의 근원으로 국부를 잠식하게 된다고 했다. 그러면 백성이 먹거리로 다투게 된다; 따라서 과잉인구를 조절해야 한다고 주장하기도 했다[61]. 그러나 일반적으로 유교사상은 인구증가를 장려하는 국가개입주의의 다산정책을 주장했다고 할 수 있다(박상태, 2004: 175).

마찬가지로 심각한 수준의 초저출산율과 동시에 고령화에 의한 인구구성의 불균형 등을[62] 해결하기 위한 다양한 인구정책들도 인구문제에 개입하고 간섭하는 국가개입주의를 현실적으로 수용하는 경우이다. 예로서 신혼부부를 위한 맞춤형 주택을 지원하거나, 청년고용을 활성화해서 일자리를 제공하여 만혼(晚婚)이나 비혼(非婚) 등을 줄이고자 하거나, 출산에 따른 비용을 직접 지원하거나 육아교육 및 휴직 등과 같은 다양한 사업 등도 개인의 결혼이나 임신 등을 종용하거

---

60) "過歲不婚聚者 官宜成之 勸婚之政 是我列聖遺法 令長之所宜恪遵也 每歲孟春 選過時未婚者 並於仲春成之 合獨之政 亦可行也"(『牧民心書』, 賑窮).
61) "今人有五子 不爲多 子又有五子 大父未死 而有二十五孫 是以人民衆而貨財寡 事力勞而供養薄 故民爭")(『韓非子』, 五蠹).
62) 합계출산율도 1970년의 4.53에서 1980년의 2.83, 1990년의 1.59, 2000년의 1.47, 2010년의 1.23에서 2014년에 1.20, 2018년에 0.978로 감소하고 있다. 그리고 65세 이상의 노인인구가 총인구에서 차지하는 비율이 1970년의 3.1%에서, 2010년에 11.0%, 2014년에 12.7%, 2018년에 14.3%로 증가하고 있다(http://kosis.kr, 검색일: 2020년 1월 2일).

나 강제할 수는 없지만 국가시책에 따라서 우호적으로 변화될 것을 기대하는, 즉 개인의 결혼이나 임신에의 가치관이 변화될 것을 기대하면서 국가가 개입하는 국가개입주의를 실천하고 있다.

따라서 국가개입주의에 의한 인구정책의 정당성은 개인의 인구에 관한 가치관이 정책이 추구하는 목적과 방향에 따라서 실천적으로 변화되어야 가능할 것이다. 앞서 묵자가 주장한 것과 같이 전쟁이 많으면 남자의 사망 확률이 높아지고 동시에 인구를 생산할 시기를 놓치게 된다는 주장은 국가안보 및 전쟁에 관한 국가정책이기 때문에 인구정책에 직접적인 정당성을 제공하기 어려울 수 있다. 그러나 기타의 주장인 적기에 결혼하게 하면 인구가 두 배로 증가한다거나, 세금과 징이나 노역 등과 같은 국가사업 때문에 인구가 증가되지 못한다거나 그래서 맹자는 근본적으로 선정을 해야 이웃 국가의 백성이 모여들고 인구생산이 증가될 것이라는 주장이나, 한비(韓非)나 Malthus를 중심으로 하는 인구학자나 사상가들이 주장했던 과잉인구 때문에 식량이 부족하게 되니 인구생산을 줄여야 한다는 등과 같은 정책의 시행은 국가개입주의에 의한 인구정책의 실천적인 정당성을 강조하는 것으로 이해할 수 있다.

3. 정책사상으로서 국가주의의 재조명

1) 국가주의 대 개인주의

앞서 국가주의를 국가능력이나 정책역량이 국가에 집중되면서 국가의 독점적이고 우월적인 지배와 관리를 의미하는 것으로 정의하였다. 이와 같은 국가주의에서 헌법이나 법령에 의한 법적이고 정치적인 정당성 및 정책의 목적과 이념에 의한 정당성이 주요 주제가 되면서 국가의 정책권한과 정책역량에 초점을 두는 국가개입주의가 국가주의의 핵심이라고 했다.

국가론 등에서는 국가중심의 독점적 지배와 관리가 전반적으로 진행되는 것을 약탈국가나 또는 개발독점국가 등으로 설명하기도 한다. 이에 반하여 국가의 우월적이고도 독점적인 지배나 관리를 무시하거나 인정하지 아니하려는 무정부주의나 반국가주의(anti-statism)도 20세기 전반기부터 유행하기도 한다. 그러나 여기서는 정책사상으로서 국가주의, 즉 국가개입주의를 정책사상으로 재조명하면서 국가주의 정책사상의 실체를 조금 더 자세히 이해하고자 한다.

국가주의는 전통적으로 개인의 자유와 자율권 우선주의(이것을 개인주의로 통칭할 수 있다)와 충돌되거나 상충되는 것으로 많은 경우에 설명해 오기도 했다. 그럼에도 불구하고 결론적이지만 정책사상으로 국가주의를 재조명하는 것은 개인주의와의 갈등이나 긴장관계가 아니라 정책을 통한 국가개입주의의 필연성이나 국가와 개인과의 관계에 의한 국가주의를 정책사상으로 이해하는 것이 현재의 국가주의에서, 특히 정책사상에서 중요하다는 것을 다시금 논의하고 설명하고자 하는 것이다. 이것이 국가주의의 재조명이다.

먼저 전통적인 국가주의 대 개인주의를, 특히 자본주의 시장의 자유방임에 기초한 자유주의와, 시장질서에 국가가 개입하고 간섭하는 국가자본주의 등이 사상적으로나 현실적으로 대립하면서 시장질서나 개인주의에 개입하는 것을 국가주의의 전형으로 이해하고 있기도 하다. 이것을 사상적이거나 현실적으로 자유방임의 시장경제를 지배하는 자유주의(liberalism)와, 시장의 역기능이나 실패 등을 수정 또는 교정하고자 하는 정치적 판단과 수단을 통한 시장에의 개입인 경제개입주의(economic interventionism)로 요약할 수 있다. 그래서 개입주의는 전통적으로 정치적 욕망과 대중의 지지를 바탕으로 자본주의 시장경제 질서에 국가가 개입한다는 사상을 가지고 있다. 왜냐하면 자본주의의 생태적 모순이고 한계인 가진 자에 의한 시장질서와 균형이 파괴되는 현실을 또 다른 가진 자나 집단이 아닌 시민의 투표와 위임에 의하여 성립된 국가가 해결할 것을 시민이 요구하면서 지지하기 때문이다.

그러나 문제는 국가가 시장경제에 개입하고 간섭하여 시장의 역기능이나 문제점을 치유하거나 해결했는가 하는 점이다. 이와 같은 질문이나 문제는 교환의 이익을 향유하면서 사유재산을 축적하고자 하는 인간의 욕망이 존재하는 한 영원히 계속될 것이다. 그러나 시대와 조건에 따라서 시민들이 지지하고 판단하는 수준에서 어느 정도로 최적의 상태에 도달하였는가 또는 성공적이었는가 하는 비판은 계속될 수 있다(윤상우, 2014; Gallas, 2014).

이와 같은 비판의 핵심은 개입주의의 역설로 요약되기도 한다. 즉 시장의 문제를 해결하고자 하는 국가의 개입이나 간섭 그 자체가 실패하고 있는 시장기능을 더욱 악화시키거나 또는 자유로운 시장의 기능을 제한하거나 불안하게 하면서, 개입주의는 자가당착적인 모순을 가진 사상이며 현실적 정치행위라는 비판이다(Ikeda, 1997: 41-42). 더구나 시장에 개입하는 국가가 실패하는[63][64] 개입주의를 비판하면서, 시민이 직접 개입주의의 통치를 담당하거나(self-government), 합의하고 협력하여 통치하고자 하는 거버넌스 통치 등의 욕구가 강해지면서 전통적인 국가주의 사상을 가진 개입주의가 도전을 받고 있기도 하다.

국가개입주의를 비판하는 대표적인 학파로 자유주의 경제사상을 주창하는 Ludwig von Mises(1881-1973)를 중심으로 19세기 말에서 20세기 초에 발달

---

63) 고전경제학이나 정치사상 등에서 설명하는 국가실패(state failure 또는 failed state), 즉 국가존재의 부정 등과 여기서 설명하는 국가실패와는 차이가 있다는 것을 지적하고자 한다. 국가실패도 매우 다의적으로 해석되고 있지만 국가 자체의 존립이나 존재를 부정하거나 와해하는 등과 같은 주권국가의 망실이나 망국(亡國)과 같은 의미가 아니다. 대신에 국가를 대표하는 정책을 통한 국가개입주의가 성공적으로 작용하지 아니하여 발생되는 현상을 의미하는 것으로 이해할 수 있다(Carment, 2003; Ezrow and Frantz, 2013). 정책 그 자체의 가치나 목적이 부당하거나 달성 불가능한 경우 또는 법률적이고 정치적인 정당성이 약하다거나, 정책의 실현에 의한 공공이익과 국가의 존재가치를 실현하지 못한다거나, 정책의 효용이 미미하거나 또는 역효과 등으로 시민의 이해관계를 훼손하는 경우 등에 국가를 믿을 수 있는가, 국가는 누구를 위하여 존재하는가 하는 등(권기헌, 2012; 이종수, 2013)의 국가개입주의에 대한 반감이나 저항 등으로 설명하는 국가실패이다(Hidalgo, 2009; Gay, 2012). 이것을 정책사상에서 국가의 실패라고 이해할 수 있다.

64) 국가실패를 인정하는 아니하고 이것을 정부실패(government failure)라고 하는 경우도 많다. 그 이유는 분명하지 않지만 아마도 국가실패는 주권국가의 실질적인 공권력의 상실(이신화, 2012; 임예준, 2014; Woolaver, 2014)을 의미하기 때문일 것이다. 특히 실패한 개입주의가 국가의 존립이나 존재 그 자체에 대한 부정으로 오해될 수도 있기 때문이다.

한 오스트리아 경제학파를 들 수 있다. Mises는 본질적으로 개인의 주관적인 지식과 선택에 의한 경제적 자유와 개인의 자유로운 판단과 선호에 의한 자유주의 사회를 주장하면서, 생산과 소비활동을 시장질서에 따라서 움직이게 할 수 없는 사회적인 권위와 힘을 사용하는 국가활동으로 개입주의를 정의하기도 했다(Mises, 1929: 3 – 4; Gunning, 2005). 이와 같은 국가를 그는 개입주의 국가라고 했다. 그래서 생산을 국유화하거나 국가가 경제활동을 독점적으로 지배하는 사회주의와 구별해야 한다고 보았다(Mises, 1929: 2; 1998: 9 – 13)[65].

국가개입주의의 사상적 원천은 역시 John Keynes(1883 – 1946)의 재정투자 및 유효수요 등과 같은 거시경제에 관한, 소위 일반이론이라고 할 수 있다[66]. 경제자유주의를 주장하는 Mises와 동 시대의 삶을 산 Keynes는 자본주의 시장경제의 자동조절기능의 불안전 때문에 국부의 공정한 분배와 사회적 평등을 위하여 경제총량의 투자와 통화를 국가가 개입하여 관리해야 한다는 국가개입주의 사상을 제공했다고 할 수 있다(황재홍, 2011; Keynes, 1964: 6장; 12장).

시장경제 이외의 자유주의 사상과 개입주의와의 갈등과 마찰 등은 전통적으로 정치사상이나 철학, 종교[67] 등에 이르기까지 광범위하게 논의되고 있다. 특히

---

65) Mises 이외에도 국가개입주의를 비판하는 학자들이 많지만 그의 사상에 직접적인 영향을 받은 대표적인 학자로 Friedrich Hayek(1899 – 1992)와 Peter Drucker (1909 – 2005) 등을 들 수 있다. Hayek의 경제사상에서만 본다면 그는 경제정책으로 대표되는 사회주의 경제사상을 반대하고 시장의 자유질서를 주장하면서 『The Road to Serfdom』(1944), (Chicago, University of Chicago Press)(여러 종류의 한글 번역서 있음)을 출간하여 개입주의 국가를 비판하였다. 그리고 Drucker는 자율적인 기업과 목표관리(MBO) 등의 개인주의 가치를 주창하였다.

66) Keynes는 Marx 사회주의 경제이론이나 Ricardo, Mill, Marshall, Edgeworth, Pigou 등의 고전학파 경제이론은 일반이론이 될 수 없다고 했다. 왜냐하면 고전적인 경제이론은 경제현실을 설명하기 어렵기 때문이라고 했다. 그래서 이와 같은 경제이론을 배우고 이것을 현실에 적용한다면 이것은 잘못된 길을 가르치는 것이고 또한 재앙이 될 것이라고 했다. 그래서 이와 같은 고전이론과 분명히 구별하기 위해서 자신의 이론을 '일반(general)'이라고 명칭을 붙인다고 했다(Keynes, 1964: 3). 그의 사후 70 – 80여 년이 지난 오늘날, 어떤 경제학자가 Keynes의 경제이론은 경제현실을 잘못 유도하면서 재앙이 될 수도 있다고 비판하면서 이제 자신의 이론이 '일반'이론이라고 주장한다면 무덤속의 Keynes는 어떻게 반응할 것인가.

67) 개입주의에서 또 하나의 큰 사상적 흐름은 종교개입주의이다. 하나의 예로서 서구사회에서 교회의 사회민주적인 참여사상, 특히 복지와 부의 재분배에 의한 사회민주적인

정치적 자유주의와 대칭되는 국가개입주의는 국가나 지역간의 외교적이고 군사
적 개입주의로 연구되고 있기도 하지만 최근에는 국가의 기능과 역할이 커지면서
시민들의 일상적인 생활의 모든 분야에 국가개입주의가 주목을 받고 있기도 하다
(전통적으로 온정주의적 개입주의로 설명되고 있다).

  국가개입주의는 본질적으로 정책을 통한 개입이다. 시장경제 질서를 존중하
는 자유주의자들은 끊임없이 실수하고 실패하는 정책개입을 개입주의의 또 하나
의 역설이라고 공격할 수 있다. 그러나 정책을 통한 개입주의는 국정의 전 분야
에서 계속적으로 진행되고 있다. 특히 시장경제질서에의 개입인 경제개입주의가
가장 많이 논의되면서 최근에는 국가의 복지사업에 의한 개인복지나 집단복지에
의 개입주의도 유행하고 있다. 특히 복지정책을 통한 개입주의가 확장 시행되고
복지사업에 더욱 더 의존하게 되면서 시민들의 개인의 자유와 자율적인 판단과
결정이 무력화되는 현상이 나타나고 있다. 이것이 경제개입주의의 실패나 실수가
아니라고 하더라도 개입주의의 역설이나 역사적 실수라고 할 수 있기도 하다
(Spengler, 1949).

  특히 복지정책을 통한 국가개입주의가 점점 더 확대되는 역설적인 현상을
사회개입주의(social interventionism)로 설명하면서 개입주의의 영역과 실체를
애매모호하게 하기도 한다는 비판도 있다. 즉 개인의 기초생활수준에의 복지개입
이 확대되면서 사회적이고 경제적인 문제의 해결에서부터 건강이나 보건의 문제,
교육이나 훈련과 같은 사회문제, 삶의 질에 관한 노동과 고용, 안전하고 건강한

참여사상이나 복지사상에 따라서 교회는 국가의 개입주의를 전통적으로 정당화시키는
역할을 하기도 했다는 지적이다(Woods, Jr. 2010: xiii). 동시에 종교적 자유주의에 대
한 국가의 개입이나 간섭 등과의 갈등이나 충돌을 발생시키기도 했다는 연구(김진호,
2007; Milton, 2010)도 들 수 있다. 그러나 이 분야는 필자의 지적탐구 능력이나 『정
책사상 대계』의 범위를 넘어서기 때문에 여기서 더 이상 언급하기 어렵다. 단지 교회
중심의 개입주의는 종교적 자유주의와 갈등을 분출하면서, 사회적 약자와 경제적 빈곤
자나 병자 등에 대한 국가의 책무와 역할을 기대하면서 국가개입주의를 사상적으로
지지했다는 것은 사실이다(차정식, 2012). 그리고 현실적으로도 종교개입주의가 이와
같은 다양한 국가사업을 통한 정책적 간섭, 즉 정책을 통한 개입주의를 실천하게 하는
역할을 하기도 했다.

먹거리 문제 등에 이르기까지, 소위 'wellbeing science'(Rogers and Sterling, 2012: 64; Huppert, 2014) 개입주의가 현실로 되어 가고 있다. 그러나 사회개입주의는 구체적이고 가시적인 정책수혜자를 계산하는 개입주의가 아니다. 즉 정책을 통한 개입주의의 공적인 목적과 최종결과를 보다 공정하고도 장기적인 관점에서 공공의 이해관계에 따라서 판단하고 설명하는 개입주의가 아니라는 주장이다(Krause, 2010: 533).

정책사상으로 국가개입주의의 재조명은 역시 국가와 시민(개인)간의 관계로 정리할 수 있다. 국가개입주의에 의한 국가주의는 개인의 자유와 자율을 기초로 하는 개인주의와 대립적이고 갈등적인 관계일 수도 있다. 그러나 국사의 담당자이고 결정자인 국가가 각종 정책을 통한 공공의 이해관계와 사회적 정의의 정당성을 추구하면서, 국가와 개인 또는 시민은 투쟁과 갈등이 아닌 상호공존을 위한 조화와 타협과 공생의 관계를 유지해 갈 수도 있을 것이다. 그래야만 국가도 영속적인 존재의 가치를 지켜갈 수 있을 뿐만 아니라 개인도 궁극적이고도 현실적으로 자신의 고유한 자존(自存)의 가치와 실체를 확보할 수 있을 것이다.

국가개입주의에 의한 정책개입은 정책을 통한 개입이지만 강제적이고 징발적인 개입이나 간섭이 될 수 없다. 즉 정책개입은 정당성을 가지고 있어야 한다는 의미이다. 정당성의 문제는 다음 절에서 자세히 설명하겠지만 앞서 정책을 통한 개입주의를 설명하면서 증거주의와 지식주의 및 사상이나 이념에 의한 개입주의 등을 철학적 사고로 정리하였다. 그러나 여기서 한 가지 더 설명할 것으로 민족주의적 감성에 의한 정책개입도 중요하다는 사실이다.

국가주의와 민족주의는 구별된다고 했다. 그럼에도 불구하고 민족국가(nation-state)가 20세기부터 국가 개념의 큰 맥을 형성하고 있듯이 국가없는 민족은 있을 수 있지만(아프리카 부족이나 팔레스타인, 중국이나 연방국가의 소수민족, 미국의 원주민 민족 등) 민족없는 국가는 없다(물론 다민족 국가도 있다). 따라서 정책개입은 민족의 가치판단이나 관습, 사상적 정향, 사회적이고 문화적인 관습이나 제도, 민족흥망의 역사 등과 같은 민족주의적 색채를 강하게 전달하고 전수하는 정책개입이 국가개입주의의 전형이 되고 있다. 예를 들면 한국의 대일본정책은 고대 한민족의 우월적인 사상과 역사적 반일감정, 문화적이고 사회적인 씨족 양반문화의 자부심과 동시에 경제적인 열등감에 의한 자기모순적인 경우가 많다. 그럼에도 불구하고 한국의 대일본정책에서 경제적 제제나 문화적이고 사회적이며 학문적인 개인의 자유와 영리추구에서 국가개입주의 정책은 쉽게 정당성을 가지기도 했다(예: 2019년의 일본의 한국에의 수출규제정책에 의한 한국의 대응정책).

국가개입주의에 개인(시민)은 쌍방향적인 관계에 있다. 단순히 정책의 개입과 간섭을 수용하거나 허용하는 것만이 아니라 개인은 직접적으로 개입주의에 참여하거나 개입할 수 있다. 즉 헌법과 법률에 의하여 규정된 국가의 제도나 조직및 정책권의 절차나 방법 등을 시민이 수정하거나 변경할 수 있다. 동시에 정부로 대표되는 국가의 정책개입 담당자를 선발하거나 또는 여기에 직접 참여할 수있다. 이와 같은 경우를 두고 '강한 국가-개인 관계'라고 할 수 있다.

반면에 개인은 정책개입의 진행과정이나 실천과정에 참여하거나 개입할 수있다. 국가와 시민이 공조하여 정책을 공동으로 구성하고 형성할 수도 있다. 동시에 정책거버넌스에 의한 정책정보와 지식을 공유하여 국가의 정책을 공동으로 실천하면서 개인은 자신의 이해관계뿐만 아니라 공공의 목적과 이상을 동시에 추구하기 위하여 개입하거나 참여하고 때로는 저항할 수도 있다. 이것을 '약한 국가-시민 관계'라고 할 수 있다. 정책개입을 통한 국가와 개인과의 관계에 의하여 국가개입주의로 대표되는 국가주의를 이해하고 설명하는 것이 국가주의를 재조명하는 핵심이다. 이것을 <그림 3-2>와 같이 요약할 수 있다.

<그림 3-2> 국가개입주의에 의한 국가-개인 관계

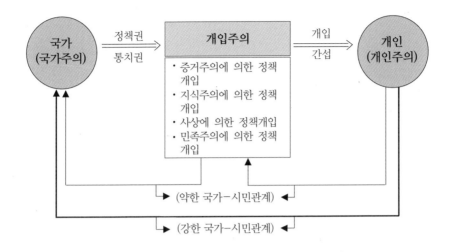

2) 국가주의 대 공동체주의

서양 영어권에서 이해하는 다양한 국가의 개념을 소개하면서 지역중심의 공동체를 의미하는 'community'가 광범위하게 사용된다고 지적하였다. 즉 유럽경제공동체와 같이 공통의 목적을 실현하기 위한 조직체에서부터 시작해서 정치공동체 및 가족이나 사회생활, 취미활동 등과 같은 공동체에 이르기까지 공동체는 다양하다. 특히 정치공동체는 정치적 이해관계를 공유하여 공통의 목적을 실현하고자 하는 정당조직에서부터 국가와 동의어로 이해되는 공동체까지를 아우르는 개념으로 이해되고 있기도 하다(김성배, 2012; 조찬래, 2012).

공동체주의(communitarianism)는 공동체의 설립목적이나 동기, 추구하는 가치나 주장하는 철학과 이념 등을 공동으로 실현하고자 하는 사상이라고 할 수 있다. 따라서 가족이나 친족 및 동호인 단체 등과 같은 개인적 이해관계가 중심이 되는 공동체인 게만샤프(Gemeinschaft) 정도의 수준에서도 공동체의 존재가치를 달성하기 위하여 공동체는 개인이나 조직구성원의 의사결정이나 판단에 개입하거나 간섭하는 경우가 있다. 이와 같은 경우는 국가주의 정책사상과는 달리 개인의 의사결정에 가족이나 조직의 연장자나 멘토(mentor) 등이 개입하거나 간섭하는 온정주의적 개입이라고 할 수 있다.

광의의 공동체는 국가의 개념과 동의어로 이해되고 있기도 하다(전종익, 2014: 275 – 276). 그럼에도 불구하고 국가와 공동체를 구별없이 이해한다면 통치권력 기구이고 조직인 정치세력이나 집단들의 정치적 손익계산에 민감하게 반응하는 국가와 공동체를 구별하기 어렵게 된다. 그러면 국가개입주의는 개입의 정당성보다도 정치적 반대급부의 충족에 우선을 두게 될 것이다. 즉 정치적인 지지와 성원에 대한 보답으로 정책을 마련하고 시행하지 아니할 수 없는, 즉 정치의 시녀나 또는 정치에 포획된 국가개입주의가 되기 쉽다. 따라서 정치적 책략으로 결정된 정책은 국가개입주의의 정책개입과 충돌될 가능성이 크다. 이와 같은 국가개입주의는 당파적 이해관계를 계산하는 당파중심의 국가개입주의가 될 가능성이 크다(Saeki, 2013).

그래서 정책사상으로서 공동체의 정책개입이나 간섭을 설명할 필요성이 크다. 그러나 공동체는 법령과 헌법 및 정치적으로 정당화된 통치권한과 정책권을 가진 국가와 차이가 있다. 즉 공동체가 추구하는 공동의 선이나 목적과 이상이 국가의 것과 동일하다면 국가와 공동체를 굳이 구별할 필요는 없을 것이다. 그러나 일반적으로 공동체는 지역이나 집단 또는 구체적이고 가시적인 공통의 목적을 중심으로 구성된 조직이다. 동시에 조직구성원에 대한 법률적인 강제력이나 구속력이 약하다. 대신에 상호간의 신뢰와 신의에 의한 공동체의 목적과 이상이나 비전을 자발적으로 실천하고 따를 것을 선언적으로 규정하고 있다. 물론 이것도 명시적이거나 묵시적으로 공동체 구성원의 개인주의적 의사결정에 개입하거나 간섭하는 역할을 하게 되기도 한다.

그러나 국가주의를 재조명하는 입장에서 볼 때 공동체의 의사결정과 판단, 즉 공동체의 결정이 국가주의와 충돌되거나 상충되는 관계이다. 공동체주의와 개인주의의 판단과 결정이 조화롭지 못한, 즉 공동체와 개인(시민)간의 갈등이나 긴장관계는 오래전부터 정치학이나 철학 등에서 논의되어 오고 있다. 특히 개인의 자율성과 권리의 우선성을 강조하는 자유주의 정치사상은 공동의 선이나 목적을 우선시하는 공동체주의와의 긴장관계를 전통적인 논쟁거리로 하고 있다(김동노, 2014; Glass and Rud, 2012). 심지어 공동체주의는 개인의 창의성과 자율성을 훼손한다는 지적을 하기도 한다. 그리고 공동체의 불명확한 성격 등에서 빚어지는 공동체의 정체성 문제 등을 학술적이거나 이성적으로 논의하고 정리하기보다 정치적으로 이용하는 용어로 사용된다는 비판도 있다(백종국, 2006).

공동체주의는 문화적이고 역사적이며 사회적인 관습이나 가치관의 산물이기도 하다. 특히 유교사상을 중심으로 하는 동양사회에서의 공동체와 자유우선성과 시장경제질서를 존중하는 자본주의 가치가 지배하는 서구사회의 공동체는 목적이나 구성, 정체성, 추구하는 가치 등에서 차이가 있다. 그래서 서구 공동체는 공통의 목적과(목적론적 공동체) 공동체 구성원들의 정체성(존재론적 공동체)을 강조하는 경향이 강하다(Bang 외 3인, 2000). 반면에 동양사회의 공동체는 가족이나 씨족, 부족 등과 같은 인간관계를 중심으로 하고 있다.

이와 같은 논쟁의 와중에서 개인과 공동체와의 갈등이나 긴장관계를 해소하거나 또는 완화조절하기 위해서 개인이나 조직의 개체를 중심으로 할 것이 아니라 관계를 중심으로 하면서 그 속에서 존재를 찾으면 된다는, 소위 관계존재론을 주장하기도 한다(권용혁, 2014). 또는 독점적이고 우월적인 국가주의의 폐단을 조절하고 동시에 개인자유의 우선에 의한 공동의 선과 목적이라는 공공성을 손상시키는 개인주의의 한계를 보완하는 것으로, 주민자치에 의한 공공서비스를 친밀하게 제공할 수 있는 공동체주의가 필요하다는 주장도 있다(이종수, 2010).

국가주의 정책사상을 재조명하는 입장에서 공동체주의는 공동의 선이나 구성원의 정체성, 공동체의 일체감이나 연대감, 구성원의 행복과 삶의 질 등과 같은 공동체의 존재의 값을 훼손하거나 침해할 수 있는 범위에까지 국가개입주의가 가능할 것인가 하는 질문에 초점을 둘 필요가 있다. 앞서 국가와 개인과의 관계에서 국가의 정책을 통한 지식이나 증거 및 사상에 의하여 개입하는 방법과 이념은 다양할지라도 개인의 가치를 저하시키거나 침해하는 것이 아니라고 했다. 대신에 궁극적으로 그것을 향상시키거나 진보시킬 수 있다는 가능성과 현실성을 전제로 하고 있다. 이것이 개인적인 수준에서 뿐만 아니라 사회적이고 공공적 수준에서 국가개입주의의 정당성으로 설명되고 있다.

마찬가지로 공동체의 정신과 가치를 침해하거나 저해하는 국가개입주의가 아니다. 국가는 공동체의 존재가치, 즉 공동선이나 정체성 등에 개입하거나 간섭하지만 본질적으로 그것을 고양시키는 것이 목적일 수 있다. 뿐만 아니라 수단으로서도 정당하고 정의로워야 한다면 국가주의와 공동체주의는 공존관계를 유지할 수 있을 것이다. 따라서 공동체주의나 자유주의 등을 설명하고 논의하는 주체가 국가주의라는 사실을 알지 못한다면 이것은 공론이나 허상이라고 하는 지적과 같이(최종고, 2003: 351) 공동체주의도 국가주의와의 관계에서 개념을 조금 더분명히 이해할 수 있을 것이다.

그럼에도 불구하고 공동체는 국가와 다르다. 국가는 통치권력과 주권의 영속성과 주민에 대한 배타적인 지배권을 가지고 있다. 동시에 독점적인 정책권에 의하여 국가는 공동체의 의사결정이나 판단과 조직구성 및 관리에 개입하거나 간섭할 수 있다. 이와 같은 국가개입을 공동체의 사회적이고 공공적인 책임이나 도덕, 윤리적인 도덕성, 합법성 등을 보장하고 보호하기 위한 것으로 이해하기도 한다(김동노, 2014; 김인, 2014)[68].

국가개입주의를 재조명하는 입장에서 공동체주의와 국가주의 정책사상을 정책사례에서 비교하면서 설명해 볼 수 있다. 전통적이고 역사적으로 공동체주의의

---

68) 특히 Amitai Etzioni는 1995년에 미국사회학회 회장연설에서, 지역사회(community)의 구성원들이 진실로 바라는 욕구와 욕망에 대응할 수 있는 공동체주의가 미국뿐만 아니라 전 세계의 진보된 역사에서 필요하다고 강조하기도 했다. 전통적인 개인주의의 자율성과 국가나 조직중심의 명령(간섭)간의 균형을 유지하기 위해서는 공동체의 역사적 위치나 타 공동체와의 건강한 연대 등이 중요하다고 했다. 심지어 그는 조세감소와 정치적 정당성의 실기(失機)로 더 이상 복지국가는 사회적 임무를 수행하기 어렵다. 그래서 공동체적 정신인 공공선, 주민의 만족한 삶과 복지, 유대감 등을 실현할 수 있는 공동체가 제3섹터나 탈국가주의(post-nationalism(민족주의가 아님)와 같이 발전되어야 한다고 주장하기도 했다(1996; 2014).

공공성과 공동의 목적을 이해하기 쉬운 저수지관리사업과 이와 대조적으로 강한 국가개입주의에 의한 정책개입의 대표격인 새마을운동에서 공동체주의와 국가주의의 관계를 간단히 설명하고자 한다[69]. 이와 같은 두 가지의 정책사례를 제시한 이유는 새마을운동이라는 국가개입주의의 전형적인 사례와 이와 대조되는 공동체사회의 성격과 특징이 강하게 작용해 오고 있는, 물론 국가개입주의가 비교적 약한 농경사회의 저수지관리사업이기 때문이다.

먼저 공동체주의의 대표격인 한국의 저수지관리를 사례로 들 수 있다[70]. 농경사회에서부터 시작해서 지금까지도 저수지는 한국의 대표적인 공유재산이다. 이것을 국가나 국가를 대표하는 중앙정부나 지방자치 정부가 관리하고 있다. 관리한다는 의미는 저수지의 이용과 보존 등을 책임진다는 것으로 이해할 수 있다, 실질적으로 지방자치단체(지역정부)나 한국농어촌공사 등과 같은 국가기관이 직접적으로 저수지를 관리하기보다 공동체인 농지개량조합을 통한 공동체주의에 의한 관리가 보편적이었다. 물론 벽골제(김제)나 공검지(상주), 의림지(제천) 등과 같은 큰 규모의 저수지와 10만 톤 미만의 소규모의 연못 수준의 저수지를 구분해서 설명할 수도 있지만 한국사회의 저수지는 국가가 직접 개입하기보다 공동체가 자치적으로 관리하는 것이 일반적이었다고 할 수 있다[71].

하나 또는 수 개의 저수지의 관개(灌漑)에 해당되는 혜택지역의 몽리민(蒙利民)이 관리규약을 제정해서 이것을 규칙대로 관리하고 있는 공동체주의를 실천해 왔다는 사실이다. 이와 같은 규약은 문서화되기보다 지역주민들의 합의체 회

---

69) 공동체주의와 국가주의를 비교한 저수지관리 및 새마을운동 등에 관한 내용은 필자의 "정책사상으로서 국가주의의 재조명: 탐색적 연구"(『한국행정논집』. (2015). 27(2)를 재정리한 것이다.

70) 배수호(2019)는 소나무 관리 규약(송계:松契)을 역사적 사료와 자료를 실증적으로 고증하여 한국의 대표적인 지역공동체의 자치규약과 실천방법으로 자세히 설명하였다. 이것도 국가주의이기보다 공동체주의의 대표적인 사례라고 할 수 있다.

71) 한국농어촌공사가 발간하는 통계자료에 의하면 2013년 기준으로 한국의 총 저수지는 17,427개이다. 그 중 한국농어촌공사가 3,377개를 관리하는 반면에 각 지방자치단체(시군구)가 절대다수인 14,050개(80.6%)를 관리하고 있다. 그러나 총 저수지의 87.9%인 15,319개 저수지는 저수량 10만 톤 미만의 소규모 저수지인 연못이다(한국농어촌공사, 2014: 수리시설현황).

의에서 구두로 약속된 관리규약이 대부분이었다. 그러나 그 누구도 이와 같은 규칙을 위반하거나 무시하지 아니했다. 만약 이것을 부정하거나 무시해서 순서나 규칙을 위반하면서까지 자신의 농사를 위해서 관개수로를 조작하거나, 자신의 경작지에 무조건적으로 관개하거나 또는 농사시기를 무시하고 저수지의 물을 수시로 사용하는 경우는 거의 없었다. 아무리 가뭄이 심해서 경작지가 거북이 등처럼 갈라진다고 해도 저수지와 가장 가까운 경작지부터 순차적으로, 즉 높은 곳에서 낮은 곳으로 물이 흐르는 자연의 법칙에 따라서 자신의 순서를 기다릴 뿐 수로를 변경해서 자신의 경작지에 우선적으로 관개하는 부정한 일들은 거의 없었다. 이것은 국가가 개인의 판단과 결정에 직접적으로 개입하거나 간섭한 것이 아니라 지역주민들의 공동체생활의 규약에 의한 것이었다. 이것을 공동체주의의 전형이라고 할 수 있다.

현재에는 저수지의 농경제적 가치가 크게 감소하고 있지만 저수지는 농경사회의 대표적 공유재산이었다. 즉 지역공동체 사회의 가장 중요한 공유재산의 하나였다. 농업, 특히 벼농사가 중요하면 할수록 농사의 풍요를 보장하는 저수지를 축조하고 관리하는 것이 중요한 국가책무의 하나였다. 그래서 중앙집권적 국가체제를 갖추기 시작하는 4세기 후반이나 5세기 초엽부터 농업용 관계 저수지를 축조하고 관리하는 기본책무를 국가가 담당해 오기도 했다(강봉원, 2009: 11 – 13)[72].

이것이 공유재산인 저수지를 관리하고 보존하는 보이지 않은 지역주민들의 자발적인 공동체주의라고 할 수 있다. 따라서 국가개입주의는 지역의 공동체주의의 가치를 존중하면서 최소한에 그쳤다. 자연의 법칙인 물의 흐름의 순서를 따르는 것과 같이, 공동체사회의 가치를 존중하면서 국가의 저수지관리는 공동체의 가치를 추구하는 수준에 한정된 것이었다. 만약 공동체가치를 부정하거나 거역한

---

[72] 농업용 저수지의 축조 시기나 관리 등에 관한 기록을 찾기 어렵다. 일반적으로 큰 규모의 저수지(50만 톤 이상; 예: 김제의 벽골제, 밀양의 수산제, 상주의 공검제, 영천의 청제, 제천의 의림지 등)에 관한 축조나 기타 관리 자료는 제한적으로 발견되고 있지만(강봉원, 2009; 성정용, 2010) 작은 규모의 저수지, 즉 연못에 관한 것은 거의 없다. 이와 같은 소규모 농업용 저수지의 축조와 관리 등에 관한 것은 대부분 구전되거나 묵시적으로 인정된 규약이었기 때문에 기록된 자료를 찾기 어렵다.

다면 힘센 자의 논리에 의한 약육강식으로 공동체는 파괴되었을 것이다. 나아가 개인이나 국가 전체에도 결코 이익이 될 수 없다는 사실을 공동체주의가 실천하고 있었다고 할 수 있다[73].

국가의 저수지관리는 최소한의 범위에서 농경사회의 수자원관리에 국가가 개입하거나 간섭한 경우이다. 즉 저수지의 위치선정을 허가하거나 실제로 저수지를 축조하는 공사비용이나 기타 부대시설물을 정부가 제공하는 정도의 국가개입이라고 할 수 있다. 또한 관개지역이 수개의 마을이나 읍면동 등을 포함하는 대규모의 큰 저수지와 같은 경우에 혜택 지역주민들의 원만한 합의체 구성을 형성하거나 지원하는 정도였다. 그리고 상당히 제한적이지만 저수지 매몰지역의 토지를 수용하거나 보상하는 정도 등으로 국가는 지역주민들의 의사결정과 선택에 영향을 미치거나 개입한 정도이다.

지금까지도 저수지관리는 제한적이라고 할 수 있다. 예를 들면 농업용수를 공급받는 자를 규정하거나 이용요금을 징수하는 등과 같은 수준이다(한국농어촌공사 및 농지관리기금법, 제13, 14, 15조). 이와 같은 저수지나 댐의 각종 재난관리를 체계화한 것도 2008년에 저수지·댐의 안전관리 및 재해예방에 관한 법(법률 제9092호)이 제정된 이후부터이다. 더구나 한국의 저수지는 10만 톤 미만의 소규모가 약 90%를 차지하고 있다. 이것을 연못 또는 줄여서 못이라고 한다. 동

---

73) 한국의 저수지와 같은 공유재산인 숲이나 공원, 목초지, 공유어업지역, 원유생산지 등의 관리방법으로 수혜자 지역의 주민들이 집단행동으로 제도화하고 정착시킨 사례를 연구하여, 2009년에 노벨경제학상을 공동으로 수상한 Elinor Ostrom(1933-2012)의 IAD(Institutional Analysis and Development) 모형도 한국의 공동체사회가 최대한 자치권을 행사하면서 저수지를 관리하는 체제와 제도를 형성해 온 것을 설명할 수 있을 것이다. Ostrom은 공유재산을 국가주의로 설명하기보다 공유재산을 관리하는 제도가 만들어지고 발전되면서 공유재산의 가치를 그대로 유지하여 후세대들에게 보전하여 물려줄 수 있다는, 인간과 환경체제와의 상호작용관계를 설명한 것이다(Ostrom, 2005: 1장). 그러나 한국의 농경사회 주민들이 국가의 간섭과 개입을 최소화하면서(물론 국가 자체의 능력도 허약한 측면이 있었지만) 주민 스스로 공동체주의에 따라서 몽리규약을 만들고 이것을 수천 년 동안 제도화한 저수지관리를 정책학이나 정치경제학, 역사학, 문화인류학 등으로 설명한다면 정책사상 뿐만 아니라 정책 그 자체의 내용이나 속성에 의한 국가주의를 새로이 해석하고 이해할 수 있는 또 하나의 중요한 이론을 제공할 수도 있을 것이다.

시에 연못 수준의 저수지관리에 국가가 실질적으로 깊이 개입하거나 간섭할 필요성이 없는 것이 현실이기도 하다.

농경사회의 저수지 관리정책은 앞서 지적한 바와 같이 공동체주의가 잘 실천되었던 전형이라고 할 수 있다. 공동체의 이익과 선을 위해서 개인의 소유권이나 자유로운 의사결정과 판단은 어느 정도 유보될 수 있었다. 이것이 궁극적으로 개인들의 이해관계에 부합되고 일치될 수 있었기 때문에 공동체주의는 존립할 수 있었을 것이다.

그러나 공동체주의에 의한 저수지관리도 시대적 조건과 상황의 변화에 따라서 현재에는 국가의 개입과 간섭의 범위와 정도가 조금씩 확대되는 경향이 있다. 농업사회가 산업 및 사이버사회로 급격히 전이되면서 소박한 공동체주의도 변화되고 있다는 사실이다. 즉 개인이나 지역에서 벼농사가 더 이상 중요한 경제적 이익을 가져다 줄 수 없는 시대가 되었다. 벼농사 경작면적이 급격히 감소하거나 관개를 필요로 하지 아니하는 타 작물로 대체되거나 농지가 산업용지나 도로, 공원, 택지 등으로 전환되면서 많은 곳의 저수지는 더 이상 중요한 공유재산의 역할을 할 수 없게 되었다. 특히 대도시 인근이나 주변지역의 저수지는 용지 그 자체가 택지나 공공용지 등으로 전환되면서 저수지관리는 과거 농경사회와 달리 크게 변동되었다[74].

변화된 시대적 욕구와 상황에 따라서 저수지는 지역이나 인근주민들의 낚시터나 수상레저 또는 스포츠 활동의 장으로 변화되거나 아니면 인공 호수공원과 같은 역할을 하게 되었다(임충규 외 2인, 2011). 이때의 정책은 저수지의 수질오염을 방지하거나 지역주민들의 삶의 질 향상을 위하여 주변지역을 공원으로 개발하는 것, 낚시허가 면허증을 발급하여 물고기 남획을 방지하는 것 등과 같은 공동체주의라기 보다 개인들의 의사결정과 판단에 개입하고 간섭하는 경향으로 변화

---

[74] 농지개량조합을 중심으로 하는 몽리민들의 자치관리에 국가개입이 증가되면서 지역사회의 중요한 공유재산인 저수지나 수리시설 등의 기능과 역할이 약화되고 있다. 이와 같은 현실에서 저수지관리는 국가개입주의의 현실적 변화를 경험하고 있다고 할 수 있다.

되고 있다. 동시에 제한적 수준에서 홍수조절 역할을 하고 있는 유휴 또는 오래된 저수지 등과 같은 위험 저수지는 태풍과 같은 집중강우나 호우 때의 붕괴를 방지하는 재난관리정책의 대상으로 변화되고 있다. 저수지 숫자가 많은 지방정부는 저수지가 재난관리정책의 중점적인 대상이 되고 있기도 하다[75]. 따라서 국가의 저수지관리에의 개입범위가 다양한 영역으로 확대되고 있다고 할 수 있다.

두 번째로, 국가개입주의로 국가주의를 재조명해 볼 수 있는 전형적인 사례로서 새마을운동을 들 수 있다. 새마을운동은 통치자의 정치철학과 이상을 실천한 정책으로 상당한 정책효과를 달성하고 있었지만 정책이 시행되는 중간에 정치리더십이 상실되면서 정책도 급격히 종결되기도 했다. 즉 새마을운동은 1960 - 70년대의 고 박정희대통령이 구상하고 창안한 지역개발사업이었다. 최고정책결정권자가 정책이념과 이상을 제시하고 동시에 이것을 실천할 수 있는 다양한 방법과 전략 등을 국가가 직접 관리한, 국가중심과 국가독점 및 국가우월주의 사상을 가장 잘 반영하고 있는 국가개입주의 정책의 대표격이라고 할 수 있다(고원, 2006).

새마을운동은 한국전쟁이라는 내전을 겪으면서 급격히 감소한 국력으로 주민들의 경제적 삶의 고통이 심한 시기에[76] 지역주민, 특히 마을이나 동 단위를 지역개발의 중심지로 선정하고 국가가 집중적으로 지원한 정책이었다. 예를 들면 지붕개량사업을 보조하거나 농자재나 농업생산물의 수송에 필요한 마을길을 확장하는 사업, 땔감부엌을 연탄 등을 이용할 수 있는 부엌으로 개조한다든지 통일벼 보급과 같은 농업생산량을 증대할 수 있는 사업, 조경수나 유실수의 확대보급, 제한적이지만 농기계를 보급하면서 농경지 정리사업 등과 같은 경제나 생활환경

---

75) 물론 한국농어촌공사가 농어촌용수 및 수리시설의 하나인 저수지의 유지와 관리를 담당하고 있다. 그러나 물리적으로 각 지방정부에 위치한 저수지가 붕괴되거나 또는 호수공원과 같은 역할을 하고 있는 저수지는 현실적으로 지방정부의 안전 및 재난관리의 주요 대상이 되고 있다. 더구나 저수지·댐의 안전관리 및 재해예방에 관한 법률(법률 제12844호)이 제정되어 실질적으로 재해위험 저수지의 지정과 관리를 지방정부가 담당하고 있기도 하다.
76) 새마을운동이 시행되고 있던 1971년에 남한의 1인당 GNP는 291달러였다(http://kosis.kr. 검색일: 2015년 2월 23일).

개선 등을 중심으로 하는 마을사업이었다(이승훈, 2006).

새마을운동에서 국가개입주의는 공동체주의의 개입이나 간섭과는 크게 차이가 있었다. 국가는 원칙적으로 선(善)하며 국가의 결정이 개인의 판단보다 우월하다는 국가중심주의를 전제하고 있었다. 마찬가지로 마을의 주민들도 자기보다 새마을사업을 담당하는 공무원이나 새마을지도자의 판단과 결정을 우수하다고 믿고 수용하기도 했다. 동시에 현실적으로 경제적 도움과 지원을 제공할 수 있는 마을개발에 국가개입을 적극 수용하기도 했다. 그래서 심지어 새마을사업 시범마을이나 지역으로 선정되기를 바라던 주민들의 입장에서는 새마을사업 그 자체가 삶의 질이나 행복을 향상시키는 중요한 변수이기도 했다.

새마을운동의 정책영역은 도시가 아닌 농어촌이었지만 허약한 재정력을 가진 국가가 마을단위의 사회간접시설을 동시에 전국적으로 시행하기 어려웠다. 때문에 새마을운동은 마을과 마을을 연결하는, 소위 마을간 개발사업을 시행할 수 없는 한계를 가지고 있기도 했다. 예를 들면 한국의 농어촌 마을은 산간과 산골에 집중되는 지리적으로 고립된 위치에 있다. 따라서 마을 내에서 확장된 도로(농로)가 적어도 이웃 마을과 연결될 수 있어야 신작로(지방도로나 국도 등)로 연계되어 농산물을 도시지역으로 이송하여 경제적 부를 창출할 수 있었다. 때문에 마을 단위내의 극대화된 새마을사업의 효과가 이웃과 연계되어 소도시 지역이나 국가로 확대되기 어려운 점이 있기도 했다.

동시에 1970년대부터 급격히 진행된 산업화나 공업화 덕택에 전국을 중심으로 산업 및 공업단지조성 등이 국가성장의 전략정책으로 전환되면서 농어촌 주민들이 산업지역으로 이동하게 되었다. 따라서 새마을운동은 국가정책에서 그 우선순위를 상실하게 되기도 했다. 그러다가 1970년대 말에 최고정책결정권자의 정치적 리더십이 상실되면서 새마을운동의 다양한 사업과 조직은 소멸되기도 했다.

그럼에도 불구하고 새마을운동은 정치적 책략인 정책을 통한 국가개입주의를 실천한 대표적인 정책개입이라고 할 수 있다. 왜냐하면 정치지도자의 정책철학인 잘살기 운동, 숙명으로 받아들이고 있던 가난으로부터의 탈출, 근면한 국민성의 부활 등과 같은 정책철학을 제시하면서 새마을운동은 국가개입주의로서 주민의 일상적인 삶에서부터 경제적인 생산성에까지 영향을 미쳤기 때문이다. 또한 새마을운동의 철학인 잘 살아보겠다는 의지와 정신을 강조하기도 했지만 이것은 주민교육의 목적으로 사용된 것이고, 실질적인 정책주체는 국가가 중심이 되면서 시간적이고 공간적으로 국가중심주의 정책개입의 전형이라고 할 수 있다(정호순, 2007; 소진광, 2020: 401 – 403). 동시에 정책대상자인 주민들도 국가의 정책개입을 적극적으로 수용하는 국가개입주의의 대표적인 사례라고 할 수 있다[77].

3) 동양사상에서 보는 국가주의의 재조명[78]

유교 사상과 문화가 지배적인 동양사회에서의 국가주의는 개인의 자율성과 자율, 권리와 사유재산권의 신성불가침, 시장경제질서의 존중 등과 같은 가치를 핵심으로 하는 서양사회의 국가주의와 큰 차이가 있음은 사실이다. 따라서 국가주의 정책사상의 철학적 사고인 국가주의 사상이 형성된 근원이나 특성 등을 보편적인 지식체계와 원리 등으로 탐구하고자 하면서 동양사상에서 국가주의의 근원적 특성이나 이념을 자세히 살펴 볼 필요가 있다.

동양사회는 역사적이거나 사회적으로 국가주의와 대립하거나 투쟁하기보다 상생의 보완관계를 유지해 왔다는 사실을 우선적으로 지적할 수 있다. 그럼에도 불구하고 사상적으로 동양사회에서도 개인의 이상과 자유 및 자율성을 극대화하고자 하는 이성적 판단과 결정에 국가가 개입하거나 간섭하여, 무엇이 보다 정당하고 선한가 하는 것을 주제넘게 설교하거나 강제하는 국가주의가 발견되고 있다

---

77) 새마을운동이 국가개입주의에 의한 근대화정책이라는 사실을 부정할 수 없다. 그러나 새마을운동을 실질적으로 주도한 새마을운동 지도자들이 마을의 공유재산(예: 마을정미소)을 형성하고 관리하여 축적된 경제적 부를 마을회관 등의 건설사업비로 활용했다는 연구(김영미, 2008), 새마을운동 당시의 주요 일간지의 사설내용을 분석한 결과 새마을운동은 국가가 주도했지만 정책성과와 책임이 주민들에게 귀착되는 주민운동의 성격이 강했다는 연구도 있다(채영택·최외출, 2012).

78) 동양사상에서 본 국가주의의 재조명은 필자의 "정책사상으로서 국가주의의 재조명: 탐색적 연구"(『한국행정논집』. (2015). 27(2)를 재구성한 것이다.

는 주장도 무시할 수 없다(Mulvad, 2018: 635).

특히 고대로부터 통치자의 영향력을 벗어난 무위의 자연적인 삶을 이상형으로 제시하는, 소위 동양식 개인주의가 동양사상에서 국가주의의 대칭으로 익히 알려져 왔다. 예를 들면 백성들은 해 뜨면 일하고 해지면 돌아와 쉰다. 우물 파서 물마시고 밭 갈아서 배 채우니 제왕의 힘이 나에게는 상관없다는 중국 고대의 격앙가(激昻歌)[79]가 곧바로 개인의 자유와 자율에 의한 태평성대의 이상사회를 노래하고 있다. 때문에 통치자의 힘과 권위에 백성이 복종해서 그들로부터 나의 생활을 책임지게 해 달라는 국가주의를 간청할 필요가 없었다는 것이다. 왜냐하면 하늘이 만물을 억지로 만들지 않더라도 스스로 생장하고 땅이 만물을 기르지 않더라도 스스로 자라기 때문이다. 그리고 제왕이 통치하지 않더라도 세상 사람은 자신들의 책임과 판단과 자율에 따라서 받을 만큼의 복과 화를 받으면서 잘 살고 있다는 노자(老子)의 무위(無爲)사상도[80] 개인주의적 평등과 보편사상을 중심으로 하는 대동(大同)사회[81]라는 이상주의를 전형으로 하고 있기 때문이다(조성한, 2008: 139-141; 안성재, 2016: 183).

아마도 이와 같은 무의의 사상을 잘 표현해서 지금까지도 이상향을 지칭하는 무릉(武陵)이나 도원(桃源) 등의 지명이 회자되게끔 한 것이 도연명 (365-427)의 <도화원기>(桃花源記)이다. 즉 현실에서는 가능하지 아니하지만 인간들이 이상세계로 항상 그리워하던 도화원을 만들어서, 이곳을 어느 어부가 우연히 방문한 것을 산문체로 기록한 <도화원기>는 통치자의 영향력과는 관계 없으며 평화롭고 소박한 자족할 수 있는 공동체사회를 찬미한 것으로 유명하다. 이와 같은 공동체사회는 소규모의 농업공동체 사회속에서 자연의 법칙에 따라서

---

79) "日出而作 日沒而息. 鑿井而飮 耕田而食 宰力何有於我哉"(『帝王世紀』).
80) 이것은 노자의 『老子』 또는 『道德經』에서 인용한 것을 쉽게 요약해서 정리한 것이다 ("道常無爲而 無不爲 侯王 若能守之 萬物將自化"(爲政); "道常無名 (중략) 天地相合 以 降甘露 民莫之令 而自均"(辯德).
81) 대동사회는 동양사상에 본 공동체사회의 특성을 간결하면서도 분명하게 보여주고 있 다. 『禮記』 禮運 편에서 묘사되고 있는 대동사회의 특징에 관한 것을 제4장의 선도주 의 정책사상에서 정책의 선의 개념으로 공동선 등에서 자세히 설명한다.

일하면서 쉬고 살아가는 모습에서 국가의 권력작용, 즉 국가개입주의에 크게 영향을 받지 아니하는 공동체를 이상으로 하고 있다고 할 수 있다(이인경, 2013: 48-49)(제4장의 선도주의 <각주 45> 참조)

특히 공동체가 추구하는 이상이나 목표와 개인의 합리적 판단과 효용이 조화되면 앞서 예시한 저수지관리와 같이, 개인의 생존에 관한 농사의 풍작과 경제적 부는 공유재산인 저수지 이용에 관한 공동체가 합의한 규칙을 준수하고 이것을 존중하면 가능했을 것이다. 따라서 공동체와 개인의 이해관계는 국가개입주의에 관계없이 원만히 조정되고 조화될 수 있었을 것이다. 이것이 무릉도원의 이상파들이 주장하는 이상사회의 전형이라고 할 수 있다.

그러나 많은 경우에 이와 같은 소박한 공동체주의가 현실적으로 실현되기 어려운 것도 사실이다. 아니면 이것이 무정부주의의 한 대안이 될 가능성도 있다. 만약 공동체의 이상사회가 실현된다고 하더라고 개인주의가 주장하는 합리적 인간들의 판단과 결정에 의한 또는 무릉도원과 같은 공동체주의가 제시하는 이상향은 현실에서 불가능할 수 있을 것이다. 특히 새마을운동과 같은 사례에서도 마을이라는 소규모 공동체의 이상형적인 개발과 발전을 목표로 했지만[82] 새마을운동은 국가개입주의에 의한 정책으로 주민의 삶의 질에 국가가 개입하고 간섭하여 그와 같은 이상형을 실현한 전형적인 경우였다.

무릉도원이나 대동사회와 같이 개인주의나 소박한 형태의 공동체주의가 국가개입주의의 목표와 이상과 조화된다면 문제는 없을 것이다. 또한 국가가 개인이나 공동체의 결정에 개입하거나 간섭할 필요가 없다면 문제는 간단할 것이다. 그러나 그렇지 않은 것이 일반적이다. 왜 그런가 하는 본질적인 질문은 인간의 본성과 욕구충족 및 인간존재 그 자체에 관한 문제일 수 있다. 그러나 구체적으로 국가개입주의에 의하면 개인이나 공동체사회의 판단과 결정보다 합리적이고

---

82) 최근의 한국의 공동체주의에 의한 마을만들기, 마을공동체 등과 같은 도시형 공동체 또는 마을기업 등과 같은 사회적 기업 등이 조성되고 있지만 공공선이나 상호책임과 협동 및 공동체 이상을 존중하기보다 개인이나 집단의 친밀도나 인지도 등에 의한 친밀공동체의 특성이 강하다(정성훈, 2016: 135-136).

우월하다는 국가우월주의에 의한 국가주의가 현실적으로 통용되거나 지배적인 사상이기 때문일 수 있다.

국가개입주의도 국가의 실패와 같이 항상 선하고 우수하다고 할 수 없다. 또한 국가는 개인보다 선하고 공정하며 비교우위에 있는가 하는 질문에 항상 그렇다고 대답할 수도 없다. 그리고 사회적으로 선하고 공정하며 정의로운 판단을 하는 국가개입주의가 정당화되고 있다는 것을 현실적으로 입증할 수 있어야 국가 개입주의에 의한 국가주의는 존립할 수 있을 것이다. 이에 따라서 국가주의를 재조명하는 실질적인 가치도 매겨질 수 있을 것이다.

특히 동양사상에서 국가개입주의를 부모와 자식과의 관계에서 발견할 수 있다. 이것이 온정주의적 개입사상이기도 하지만 동양사상은 국가와 군주 및 시민이나 백성을 부자(父子)관계로 설명하는 경우가 많다. 부모가 자식보다 항상 똑똑하고 현명하지는 못하지만 자식의 안위와 행복을 위한 결정에 개입하고 간섭하는 온정주의적 간섭이 정당화되듯이 국가도 개인의 판단과 결정에 개입하는 것이 정당하다는 것이다. 왜냐하면 국가는 국민을 낳는다는 생민(生民) 또는 증민(蒸民)사상이 국가개입주의의 사상적 뿌리가 되고 있기 때문이다. 예를 들면 "하늘이 백성을 낳으시고 각각의 사물에 법칙이 있다"라고 했다, 즉 "군왕이 백성을 낳는다"[83]라고 했다. 이것은 통치자인 군왕이 백성의 부모라고 본 것이다. 생물학적 부모가 아니더라도 군왕이 통치하고 지배하는 국민은 치자의 자식이며 이것을 가정의 부모-자식과의 관계로 본 것이다.

또한 하늘과 국가를 하나로 이해한 것이다. 때문에 증민이나 생민은 같은 의미라고 했다(방선주, 1960: 42-43). 그래서 맹자도 "천하와 국가는 하나이며 천하의 근본은 국가이고 국가의 근본은 가정이며 가정의 근본은 개인[84]"이라고 했다. 따라서 국민을 천하의 주인이면서도 국가 통치자의 자식이라고 한 것이다.

---

83) "天生蒸民 有物有則 民之秉彝 好是懿德"(大雅3 烝民); "厥初生民 時維姜嫄 生民如何"(『詩經』, 大雅3 生民).
84) "孟子 曰 人有恒言, 皆曰 天下國家 天下之本 在國 國之本 在家 家之本 在身"(『孟子』, 離婁 上).

동시에 하늘아래 모든 땅은 통치자인 군왕의 땅[85]이라는 왕토(王土)사상도 생민사상을 근본으로 하고 있다(콘도 고이치, 2006; 이한유, 2012: 145). 물론 서양에서도 플라톤 철학에서 주장하듯이, 가족이 국가의 모형이라는 사상이 정치철학에 적용되면서 지식과 아버지와의 관계를 국가와 국민과의 관계로 연결하고 있기도 하다(오성, 2006: 78−79; 夫伯, 2013: 101).

통치자인 군왕이 백성의 어버이라고 하는 것은 국가주의 사상의 근원적 출발점이 되고 있다. 가정에서 자식을 생산하고 양육하며 교육할 때 부모의 친권을 법적으로나 도덕적으로 인정하듯이, 즉 부모가 자식의 의사결정에 개입하고 간섭하는 부권주의를 인정하듯이 마찬가지로 국가가 백성인 생민의 의사결정에 개입하고 간섭하는 것이 정당하다는 것이 동양사상에서 보는 국가개입주의 사상이 되고 있다. 그래서 개인의 선택과 판단에 국가가 개인의 이익을 보장하고 위해를 방지하기 위해서 개입하고 간섭하는 국가행위를 온정주의에서는 부애(父愛)주의나 가장(家長)주의 등으로 혼용하여 이해하고 있기도 하다. 따라서 국가개입주의에 의한 국가의 개입과 간섭은 곧 가정과 국가를 동일시하는 동양사회의 국가주의 사상임을 알 수 있다.

가장주의나 부애주의 사상을 기초로 하는 국가주의는 가장인 아버지와 국가 수장인 통치자의 역할과 자격 및 책임을 근원적으로 동일시하고 있다. 그러나 가장과 국가 수장을 동일하게 본다고 하더라도 가장의 선악과 시비 등의 판단기준이나 설명이 국가 통치자의 경우와 다를 것이다. 가족구성원은 혈연적 관계로서 가장의 판단과 결정의 잘잘못이나 비판보다는 단순히 복종하거나 순종하는 그 자체가 중요하다. 국가의 경우에는 그러나 아무리 생민이나 증민의 백성이라고 하더라도 개인의 이해관계에 국가의 통치행위나 정책권이 조화될 수 있어야 한다. 따라서 국민의 뜻이나 소망과 욕구를 파악하고 실천할 수 있는 군왕의 통치력을 강조하는 군주론(君主論)이 동양사상에서는 국가주의의 중요한 변수가 되고 있다.

---

85) "溥天之下 莫非王土 率土之濱 莫非王臣"(『詩經』, 小雅5 北山).

왜냐하면 국가통치자로서 백성의 어버이 역할을 할 수 있는 역할과 자질을 갖추지 못한 군주의 통치행위의 폐해(弊害)는 가장의 그것과는 비교될 수 없을 정도로 광범위하고 치명적이기 때문이다. 그래서 군왕이 화를 내면 백성의 피가 강을 이루고 어진 정치를 하면 천하무적이라고 했다[86]. 그래서 군왕의 학정은 호랑이에게 물려 죽을 수 있는 나라보다 더 위험하기 때문에 백성이 떠난다고 했다[87].

그렇다면 군왕의 선택권은 생민(生民)인 백성에게 없다. 즉 제왕가문의 선택권은 백성에게 없다는 것이다[88]. 이것은 신의 영역으로 인간이 통제할 수 없다. 그래서 군왕의 권력은 하늘에서 내려왔다는 천명(天命)사상이나 신으로부터 부여받은 왕권의 신수(神授)사상 등에서 통치권의 정당성을 찾을 수밖에 없었다. 그래서 "오직 군왕인 천자만이 복을 짓거나 벌(위협)을 받을 수 있다"고 했다[89]. 왜냐하면 "하늘 아래 그 어느 한 곳도 천자의 영향력이나 통치가 미치지 않는 곳이 없고 그 누구도 임금의 신하가 아닌 사람이 없다. (중략). 그래서 부드럽다고 모두 수용하지 않고 딱딱하다고 모두 뱉지 아니하며 홀아비나 과부도 업신여기지 않고 힘세고 사나운 자도 두려워하지 아니한다[90]"고 할 정도로, 군왕의 절대적 통치권을 가장과는 비교할 수 없을 정도로 신성시하였다.

이와 같은 경우에는 국가개입주의의 정당성뿐만 아니라 가능성은 오직 치자인 군왕의 통치자다운 자질과 능력에 달려 있다. 즉 현명한 판단과 결단력, 백성

---

86) "孔子 曰 仁不可爲衆也 夫國君好仁 天下無敵 今也欲無敵於天下而不以仁 是猶執熱而不以濯也"(『孟子』, 離婁 上).

87) 이것이 『禮記』 단궁(檀弓) 下에 나오는 가정맹어호(苛政猛於虎) 비유이다: "공자가 태산을 지나가면서 한 여인이 슬피 우는 것을 보고 그 이유를 물었다. 그 부인의 시아버지와 남편과 아들이 호랑이에게 물려 죽었다. 그렇지만 이곳을 떠나지 못하는 것은 여기에는 호랑이보다 더욱 무서운 학정(虐政)이 없기 때문이다"(孔子 過泰山側 有婦人 哭於墓者而哀 (중략) 昔者 吾舅 死於虎 吾夫 又死焉 今 吾子 又死焉 (중략) 何爲不去也 曰 無苛政 夫子 曰 小子 識之 苛政猛於虎也).

88) Niccolo Machiavelli의 『군주론』에 의하면 군왕이 되는 하나의 방법으로 세습왕권을 지적했지만(Machiavelli, 1985: 6-7), 세습되기 이전에 군왕 가문에 태어나야 가능할 것이다.

89) "惟辟作福 惟辟作威 惟辟玉食 臣無有作福作威玉食"(『書經』, 周書, 洪範).

90) "溥天之下 莫非王土 率土之濱 莫非王臣"(北山); "人亦有言 柔則茹之 剛則吐之 維仲山甫 柔亦不茹 剛亦不吐 不侮矜寡 不畏彊禦"(『詩經』, 烝民).

을 자식과 같이 사랑하고 보살피는 현자나 성인, 위선자(爲善者)로서의 위정자, 선인(善人)으로서의 통치자 등과 같은 군왕 개인의 자질론에 집중될 수밖에 없었다. 하나의 예로서 자연적 현상인 날씨의 경우에도 "군왕이 엄숙하면 때에 맞추어 비가 오고 정치를 잘하면 때에 맞추어 날이 맑고 오만하면 장마가 계속되고 무질서하면 가뭄이 심하고 조급하면 춥고 도리를 모르면 바람이 심하다"[91]라고 했을 정도로 제왕의 통치력을 중요시 했다.

그래서 통치자로서 군왕의 수기치인(修己治人)을 강조하는 군주론이 국가개입주의 사상의 밑받침이 되었다고 할 수 있다. 피치자인 백성의 입장에서는 군왕을 선택할 권한이나 기회가 없다. 때문에 하늘이나 신으로부터 권한을 부여받은 군왕에게 바랄 수 있는 것은 덕과 자비를 갖추고 형명한 판단과 결정으로 백성을 위하는 위민(爲民)정치를 할 수 있는, 소위 왕도정치를 구현할 수 있는 군왕의 탄생과 치덕(治德)만을 바라 볼 수밖에 없었다. 그래서 무위자연의 이상주의 정치를 주장한 노자(老子)도 통치자의 수신과 덕목을 강조하는 통치현실을 인정하지 아니할 수 없었을 것이다(박승현, 2003: 594).

왕도정치의 근본인 백성의 소망이나 희망과 아픔을 군왕이 함께 해결하고 채워주는 여민동락(與民同樂)이나 안민(安民)정치도 군주론의 맥락에서 국가개입주의의 사상을 요약하고 있다고 할 것이다. 그래서 왕권이 실질적으로 지배하기 시작하는 고대국가에서부터 임금은 아버지요, 백성은 어린아이와 같다고 보았다. 즉 군왕이 군왕답기를 소망하는 안민가(安民歌)가 역대로 끊임없이 불리는 이유가 있었다. 왜냐하면 군왕이 군왕답지 못하다면 백성은 그들의 안위와 행복한 삶을 보장받을 수 없었기 때문이다(신영명, 2010: 71; 황병익, 2012: 194-195).

군주론에 의한 국가개입주의 사상을 실천할 군주의 조건을 대표적으로 율곡(栗谷) 이이(李珥)(1537-1584)는 네 가지로 제시하기도 했다. 즉 정치적 이상주의가 가장 잘 실현된 중국의 고대 삼국(하·은·주(夏殷周)과 같은 시대를 실천하

---

91) "日休徵 日肅 時雨若 日乂 時暘若 日哲 時燠若 日謀 時寒若 日聖 時風若, 日咎徵 日狂 恒雨若 日僭 恒暘若 日豫 恒燠若 日急 恒寒若 日蒙 恒風若"(『書經』, 洪範).

겠다는 통치의지를 분명히 할 것, 군주다운 수신을 할 수 있는 학문, 즉 성학(聖學)을 배워 정성과 정의로운 마음을 다할 것, 공평무사하여 공정한 판단을 할 수 있을 것, 현명하고 어진 선비를 존중하고 그들의 의견을 받들어 국사를 집행할 것 등을 제시하기도 했다. 이와 같은 수신을 한 군왕은 전쟁이나 변란 등을 미연에 방지할 수 있는 지혜와 판단력을 가진 상지(上智)의 군주, 즉 수기치인의 근본인 성실한 뜻과 자세를 가진 군주로서 정의로운 군주가 될 수 있다고 보았다(전세영, 2005: 81－90).

군주론을 일반적으로 공자의 위민 군주론, 맹자의 민본 군주론, 순자의 존군(尊君) 군주론(전세영, 2003: 12), 이것을 종합하는 도덕 군주론(장현근, 2004) 등으로 구분하기도 한다. 그러나 수신(修身)을 한 군왕의 위민정치가 군주론의 핵심이라고 할 수 있다. 따라서 개인의 판단과 선택에 국가가 개입하고 간섭하는 국가개입주의를 국가주의 정책사상으로 재조명하면서 군주론은 국가의 정책권력의 주체로서, 국민의 이해관계와 조화될 수 있을 것인가 하는 문제도 간단하지만은 않다.

동양사상에서 보는 국가주의의 재조명을 요약하면 정책사상의 출발점은 생민 또는 증민사상이다. 군왕이 백성을 낳고 기르기 때문에 생물학적 가족과 같은 혈연적 인간관계를 강조하는 국가주의는 가족주의와 동일하다고 할 수 있다. 즉 국가의 정책개입과 간섭인 국가개입주의가 가족중심의 부애주의나 가장주의와 동일시된다. 자애로운 아버지의 역할을 하는 가장이 자식의 개인주의에 간섭하고 개입하는 것이 정당화되듯이 군왕의 국민의 자유와 자율에의 개입과 간섭도 왕도정치를 실천할 수 있는 군주론으로 정당화된다고 보았다.

무릉도원을 바라는 이상주의는 개인주의의 이상형과 같이 국가주의의 정책개입을 인정하고 싶지 않았을 것이다. 그러나 현실은 요람에서부터 무덤까지 국가주의의 간섭과 개입을 사실로 수용하지 아니할 수 없었다. 이와 같은 현실에서 아버지와 다르지 않는 군주의 자애롭고 현명한 판단과 결정만을 고대할 뿐 별다른 방법을 찾을 수 없는 국가에서 국가개입주의는 부권주의와 동일시 될 수밖에 없었다. 그래서 정책의 수립과 집행에 왕도정치의 안민사상이나 위민정치가 중요하다는 것을 군왕에게 가르치고 교육하고 때로는 강제하는 방법 이외에는 별다른 수단이 없다는 것을 국가주의의 현실로 이해할 수 있을 것이다.

증민사상에 기반을 둔 국가주의 정책사상이 현재의 정책현실에서도 타당하고 설명력이 있을 것인가 하는 것은 상당한 논쟁의 소재가 될 수 있다. 그러나 여기서는 앞서 예를 든 저수지관리와 새마을운동의 사례에서, 증민사상을 중심으로 하고 있는 국가주의를 어떻게 해석할 것인가 하는 시사적인 내용도 찾아 볼 수 있다.

먼저 국가의 역할과 간섭을 천재지변 등과 같은 최소한의 범위로 제한하면서 공유재산인 저수지를 몽리민이 자율적으로 관리하는 공동체주의의 소박한 국가주의는 이상주의에 해당될 수 있다. 즉 소규모의 농경사회를 조직하고 구성원들이 자발적으로 참여하여 저수지 용수를 규칙에 따라서 사용하고 수용하면서, 평화로운 사회를 유지하고 있는 현실에 국가가 굳이 개입하고 간섭할 필요가 없었을 것이다. 이것은 이상적인 국가주의이다.

그럼에도 불구하고 국가는 농경사회의 중심적인 주체로서 저수지를 축소하고 관리하는 것을 주민의 자치에만 의존하기보다 국가가 부모와 같이 국민의 경제적 풍요와 생존에 필요한 공동체 자원인 저수지를 끊임없이 관리해 왔다는 것도 사실이다. 이것이 저수지의 농경적 가치가 크게 감소하고 있는 현재에도 국가는 농어촌개발공사를 통하여 직접적인 관리감독을 맡고 있다. 동시에 각 지방자치단체들로 하여금 소규모의 저수지관리를 직접 책임지게 하고 있다. 여기서 본다면 증민사상과 같은 국가개입주의가 어느 정도 반증되고 있다고 할 수 있다.

반면에 새마을운동은 국가주의의 속성에 충실한 것으로 정책의 이상과 목표를 제시하고 마을단위의 지역민들에게 직접적인 혜택을 제공하는 국가개입주의이다. 통치자인 대통령의 이상적인 지역개발 정치철학과 이념은 새마을운동이라는 정책타이틀로 실천되면서 국가주의는 부애주의와 같은 증민사상으로 증명되기도 했다. 즉 국가가 정책을 결정하면서 정책재원과 수단을 마련하여 마을주민들의 자발적인 참여와 봉사로 마을길도 넓히고, 생활에 불편한 초가집도 개량하고 생산성 높은 통일벼도 재배하여, 국민의 안녕과 행복에 직접적으로 개입하거나 간섭하였다. 이와 같은 국가개입주의는 부모와 자식과의 관계와 같은 사상적 맥락을 가지고 있었다. 지역개발이나 사업이라는 경제적 목적뿐만 아니라 새마을 정신과 철학을 교육하고 때로는 현장에서 훈련으로 체득하게 하여, 현재와 동시에 미래의 인적자원의 개발과 풍요를 목적으로 하는 강한 국가중심의 개입주의 정책이었다.

4. 국가개입주의의 정당성[92)]

정책사상으로서 국가주의의 실체는 국가개입주의라고 했다. 국가를 대표하는 정부가 다양한 정책을 사상적이거나 지식이나 증거에 의하여, 개인의 자율성과 자유우선성에 개입하거나 간섭하는 정책개입을 국가개입주의로 이해한다고 했다. 사실 국가주의가 사상적이면서도 실천적으로 그 존재의 가치를 가지려면 국가는 왜 우리들의 결정에 사사건건 끊임없이 개입하거나 간섭하는가 하는 정당성(justifications)을 증명하거나 설명할 수 있어야 한다고 했다. 사상적으로 마치 부모-자식 관계와 같이 부모가 자식의 의사나 판단에 개입하고 간섭하는 온정주의적 개입주의를 국가개입주의 사상으로 설명하였듯이, 국가주의가 정책사상에 관한 보편적인 지식체계와 이념으로 정립될 수 있는 그리고 정책사상의 근원이면서도 시원이 될 수 있는 핵심요소는 역시 국가개입주의의 정당성이 준비되고 실천될 수 있어야 한다는 사실이다.

국가개입주의의 정당성은 그 자체로서 국가주의의 사상적 기반이 될 뿐만 아니라 동시에 국가주의에서 시발되는 선도(善導)주의나 균형주의, 현실주의, 물

---

92) 국가개입주의의 정당성에 관한 내용은 필자의 선행연구에 기초하여 재구성하면서 수정하고 정리한 것이다. 특히 개입주의의 정당성과 사회적인 정당성에 관한 것은 "정책개입의 사회적 정당성에 관한 기초연구"(『한국정책학회보』. (2015). 24(3)를 수정한 것이다. 그리고 다양한 정책분야에서의 사회적 정당성과 그의 개념적인 조작정의에 관한 것은 "다양한 정책분야에서 본 정책개입 정당성의 현실"(『한국정책논집』. (2015). 15)을 기반으로 하고 있다. 온정주의에 관한 것은 "정책결정에서 온정주의의 이해와 오해"(『한국정책논집』. (2010). 10)를 재구성하고 수정한 것이다.

아주의 등으로 연계되는 정책사상의 중심적인 주제가 되기도 한다. 하나의 예로
서 앞서 간단히 지적했듯이 국가주의를 정당화하게 하는 사회적인 정당성의 한
요소인 공공선이나 행복, 국가의 보편적 이익의 추구 등과 같은 것은 실질적으로
선도주의 정책사상의 다양한 요소인 좋음이나 옳음, 정의 등과 같은 정책의 선의
주요 원천이 되고 있다.

1) 정당성의 개념 정의

국가개입주의의 정당성을 설명하기 이전에 먼저 정당성 용어를 정리할 필요
가 있다. 왜냐하면 정당성이 학문적이고 현실적으로 다의적으로 사용되고 있기
때문이다. 제1장의 정책사상의 정의에서 정당성 개념을 간단히 지적했듯이 그리
고 국가주의를 국가개입주의로 재조명하면서 개입은 정책을 수단으로 하는 개입,
즉 정책개입이라고 하면서 정당성 개념을 간단히 언급하기도 했다.

우선 정책개입에는 정책을 수단으로 하는 목적과 당위성이 있어야 한다. 따
라서 목적이 과연 정당한가 하는 것이 정책개입의 핵심일 수 있다. 대부분의 정
책은 법령으로 구체화되고 있다. 법령으로 규정된 정책개입은 당연히 법률적 정
당성을 가지고 있다. 법률적 정당성은 정책의 목적과 내용이 법령으로 규정되는
입법과정에서 구체화된다(이관후, 2015: 101-102). 그러나 국가개입주의는 입
법과정에서 확정되는 정책개입의 정당성뿐만 아니라 법령으로 제정된 정책이 정
책현장에서 실천될 때의 정당성, 즉 정책목적을 정책현장에서 실천하고 집행할
때의 정당성도 포함된다. 즉 정책의 실질적이고 규범적 가치판단에 관한 정당성
이라고 할 수 있다.

정책이 법령화된다면 그 자체가 이미 법률적으로 정당성을 부여받았기 때문
에 굳이 정책실천의 현장에서 정책의 정당성이 필요한가 하는 의문이 제기될 수
있다. 동시에 정책이 이미 공식적이고 법적 권위와 자격을 가지고 있다면 이와
같은 법률과정은 입법권을 가진 국민의 대표기관인 의회에서 정치적으로 수용되

고 승인된 것이다. 따라서 정책은 그 자체로서 정치적 정당성을 획득하고 있다. 때문에 굳이 정책현장이나 정책규범에서의 정책의 정당성을 문제삼거나 논의해야 할 필요성이 크지 아니할 수도 있다.

그러나 정책 그 자체의 정당성과 국가개입주의에 의한 정책개입의 정당성을 구별할 필요가 있다. 먼저 정당성의 용어를 정리해 보아야 한다. 사실 정당성 (legitimacy 또는 justification) 개념은 복잡하고 다양하게 이해되고 있다. 'Legitimacy'나 'justification'을 분명히 구분하기란 철학적이거나 현실적으로 어렵다. 또한 논란의 여지도 많다[93]. 그러나 일반적으로 법률에 의한 통치행위의 정당성을 'legitimacy'로 이해하고, 사회적 정의의 감정이나 윤리적이고 도적적인 판단작용에 의한 정당성을 'justification'으로 구분해서 이해하고자 한다 (Simmons, 1999: Sadurski, 2006: 377-378). 이와 같은 구분이 일반화된 것은 아니지만 국가개입주의의 정당성을 논의하기 위해서는 필요한 것이기도 하다.

정치철학이나 법학 또는 윤리학, 조직이론 등에서 정당성 개념 그 자체가 하나의 큰 연구주제로 끊임없이 논의되고 있다. 몇 가지 예로서 전통적으로 Max Weber나 Jurgen Habermas 등의 본질적 관심사를 통치나 국가권력 작용의 정당성 또는 진리의 정당화(윤형식 옮김, 2008), 조직생존과 신뢰성 및 효과성에 관한 조직 정당성(배병룡, 2015) 등이라고 할 수 있다.

그리고 다양하게 구분해서 사용하는 정당성을 정책에 관련된 이해관계자를 설득할 수 있는 합리성으로 정의하는 경우가 가장 많다. 그 이외에 정책내용이나 과정에 대한 이해관계자의 동의나 합의에 의한 정당성, 정책가치나 규범에 의해서 유도된 유인의 정당성 등으로 정당성을 개념화하기도 한다.

---

93) 정당성을 'legitimacy'와 'justification' 등과 같이 구분하지 아니하고 혼용하면서 때로는 'justification'을 정당화(미우라 히로키, 2010: 160; Held, 1975: 1)라고 하기도 하였다. 반면에 'legitimation'을 정당화로 번역하기도 한다(이한우, 2016: 400). 또는 'legitimacy'를 정통성으로 번역하기도 한다(김일, 2008: 101). 정책에 관련된 연구에서 정당성을 'legitimacy'로 번역한 것(남상화, 2010: 94-95; 오재록 외 2인, 2014: 113-114)과 'justification'으로 번역 한 것(문태현, 2003: 130; 이민호, 2009: 276) 등으로 크게 대별할 수 있다.

정책 그 자체의 정당성은 정책의 존재에 관한 질문이고 문제이면서 정책의 선험적 전제이고 명제일 것이다. 이와 같은 과제는 정책사상이나 철학 등에서 정책의 가치판단이나 정책과 국가 및 시민과의 권력작용에 초점을 둔 정치과정 등으로 설명되고 있기도 하다. 그러나 정책이 그 자체로서 이미 정치적이고 법률적 정당성을 부여받았다면 정책은 당연히 그리고 필연적으로 정책현장에서 강제되고 실행되어야 한다. 이와 같은 정책실현과 집행을 책임지고 있는 국가의 정책개입의 정당성이 국가개입주의에서 정당성에 관한 중심적인 주제일 것이다.

결정된 정책이 집행되지 못한 정책을 논외로 하더라도 정책의 성공적인 집행을 담보할 정책순응의 다양한 전략이나 방법도 정책개입의 정당성에서 생각해 볼 주제이다. 그러나 정책의 순응과 정책개입의 정당성과의 인과관계는 또 다른 연구주제이지만 정책순응과 정책집행의 전략으로서 사회적 기준과 패러다임에 따라서 개인의 판단이나 결정과 행동에 개입하고 간섭하는 정책수단의 정당성과는 차이가 있다. 정책개입의 정당성은 정치적이고 법률적으로 부여받은 정책 그 자체의 정당성이 과연 정책현장에서도 실천적으로 정당하고 타당한가 하는 것을 국가개입주의에서 철학적으로 그 체계를 세우고 때로는 논증하는 과제이다. 즉 정책을 통한 국가개입이나 간섭이 정책현실에서 정당하게 수용되고 있는가 하는 것을 설명하는 것이다.

또한 정책의 정당성은 국가주의에서 정책권력이라는 공권력 작용을 올바르게 실천하는 정당성이다. 그래서 별도로 정책개입의 정당성을 논의할 필요성이 크지 않을 수도 있다는 비판에 대응하기 위해서도 정책개입의 정당성을 좀 더 자세히 이해해야 한다. 즉 정책문제의 확인이나 설정에서부터 시작해서 타당하고 정당한 정책대안을 설계하고 결정하는 그 자체에서 정책이라는 국가주의의 정당성이 충족될 수 있다. 그래서 정책의 정당성을 논의하는 것 자체가 자가당착의 모순일 수도 있다. 왜냐하면 이미 정당성을 가진 정책을 스스로 부정하고 다시 그 정당성을 새로이 찾거나 부여하고자 하기 때문이다.

이와 같은 비판이나 문제를 해결하기 위해서 정책의 정당성을 정책의 가치와 판단에 관한 규범적 정당성과 정책의 실천가능성으로서의 정당성으로 구분하여 이해하면서 나아가 두 가지의 정당성을 통합하여 정책의 정당성으로 설명할 수도 있을 것이다. 또한 정책과정에서의 민주성을 의미하는 절차적 정당성과, 국민을 위한 정책의 내용적 정당성 등을 구분하여 정책의 정당성을 설명할 수도 있다(Wallner, 2008: 423-424). 그리고 정책개입의 외적 정당성을 확보하기 위해서 설득력이 큰 정책(합리적 정책)을 우선 만들고 여타의 정책과 비교하여 그 차별성을 강조할 수도 있을 것이다. 동시에 헌법을 비롯한 국가통치의 권력작용을 지배하는 가치와 법에 적합한 것으로 정당성을 판단하는 기준을 제시할 수도 있다(Beetham, 2013). 또한 시민의 욕구를 충족시키고 문제를 해결할 수 있는 문제해결 능력이나(Hanberger, 2003: 263; Bovaird, 2014: 2), 정치의 장에서 정책의 도덕성을 이념과 논증으로 그의 우월성을 주장해서 정당성을 챙길 수도 있을 것이다(Atkins, 2010: 409-411). 물론 단순히 정책에의 지지를 정당성으로 볼 수도 있다(Cornwell and Krantz, 2014: 434).

정책개입의 정당성은 개인적인 입장이나 이해보다 일반적인 다수의 이해관계를 고려하는 사회중심적이고 공공적이라는 사실을 예시하는 다양한 연구들도 발견되고 있다. 예를 들면 국가기관이나 지방자치단체, 학교기관 등과 같은 공공기관이 사용하는 언어의 사회적 영향력을 고려하여, 저속하거나 부정확하며 어려운 언어 또는 차별적 언어 등의 사용을 규제하거나 교육하는 언어정책의 개입의 정당성은 공공성을 전제로 하고 있다(황용주, 2011; Bonotti, 2015). 또한 언론매체가 중심이 되는 정부정책의 광고나 홍보효과는 나 자신보다 제3자인 타인에게 상대적으로 더욱 크게 나타난다는 3자 효과(third-person effect)보다는[94] 일반

---

94) 3자 효과는 1983년에 사회학자인 Phillips Davison이 대중매체의 보도나 광고 등에 반응하는 소비자의 행태를 설명하기 위하여 '나보다도 남들(제3자)이 더 많은 영향을 받거나 잘 설득될 것이다'(1983: 3)라는 가설을 검증하면서 알려진 개인적인 행동반응에 관한 이론이다. 그러나 3자 효과의 역작용으로 나타나는 제1자 효과(first person effect)인 타인보다 자신이 보다 바람직하다거나 긍정적인 내용에 영향을 더욱 많이 받게 된다는 것으로 설명하기도 한다(Eisend, 2017: He, 2017). 그러나 3자 효과가 현실적으로 가능하다는 것을 검증하기는 했지만 단순히 제3자가 더욱 민감하다는 것을

적이고 사회적으로 수용되고 지지를 받을 수 있는 정책의 정당성이 크다는 연구 (Cornwell and Krantz, 2014; Hurlstone 외 3인, 2014), 흑인이나 소수자에게만 영향을 미치는 정책사업보다 다문화 가정이나 소수자들의 행동변화와 성숙이 사회적 갈등비용을 줄이면서 사회통합과 정의를 실현할 가능성이 높다는 연구(한승준, 2009; 박종대·박지혜, 2014) 등이 있다. 그리고 개인적인 신체에 관한 사회적 정당성을 주장하는 연구로 아동의 포경수술은 가장의 의사결정이지만 장기적으로 사회적 영향력을 미칠 수 있다는 연구가 있다; 즉 가장의 의학적 또는 윤리적이고 종교적 판단에 의한 결정은 형법이나 사회상규에 의해서도 정당화되기 어렵기 때문에 사회적 정당성을 부여할 국가정책이 필요하다는 연구(민영성·박희영, 2015; Weaver and Vescio, 2015)도 있다.

정책의 절차적 정당성을 정책 자체의 정당성으로 이미 확정된 것으로 이해하면, 정책개입에서의 정당성을 정책의 이해관계자나 일반 시민들에게 정책내용이 수용되거나 용인되는 것이라고 할 수 있기도 하다. 또한 정책 그 자체의 정당성이 아닌 국가주의에 의한 정책개입의 정당성에서 정책은 사회적으로 용인되고 수용되는 국가주의의 정당성이라고 할 수 있다. 따라서 법률적이고 절차적 의미가 강한 'legitimacy'보다 사회적 정의의 감정이나 도덕적 판단작용이 강한 규범적 개념인 'justification'으로 정책개입의 정당성을 정의하는 것이 보다 더 타당하다. 따라서 정책개입의 정당성을 정책의 내용과 목표 및 수단 등이 정책의 존재가치를 사회적으로 정당화할 수 있는가 하는 규범적이고 가치판단적인 것으로 이해하고자 한다(Scheffler, 1954: 180; Held, 1975: 1-2; Atkins, 2010: 409)[95].

지각하는 효과에서 어떤 행위를 선택할 것인가 하는 행위효과를 연결하여 설명할 수 없다는 비판이 제기되고 있다(정성욱, 2002). 따라서 현실적으로 정책개입을 수단으로 하는 국가주의에서 정책대안의 선택가능성이나 정책개입의 정당성에서 이해할 때 국가의 정책개입에 의한 자신이나 제3자, 즉 공중의 다수들이 더 많은 영향을 받으면서 그의 정당성을 인정하게 될 것인가 하는 것은 아직까지 실증적으로 증명되거나 연구되었다고 보기 어렵다.
95) 법적이면서 동시에 정치적인 개념으로 정당성(justification)을 설명한 Virginia Held(1975: 각주 2)가 정당성의 다양한 개념을 요약해서 정리한 것을 여기서 정당성 개념에 꼭 필요하다고 판단되는 몇 가지로 소개하고자 한다: (a) A rule is amended

국가개입주의에서 정책개입의 정당성은 정책의 사회적 목적과 선이나 정의를 위한 정당성에 초점을 두게 된다(Forst and Flynn, 2012: i–iv; Azmanova, 2012). 따라서 정책개입의 정당성은 정책의 수용이나 용인이라는 정책실천과 현장에서의 정당성을 동시에 확보해야 하는 것은 당연하다(Wallner, 2008: 423–426).

국가주의 정책사상으로서 개입주의의 정당성을 따라서 두 가지 차원으로 구분해서 설명해 볼 수 있다. 하나는 개인주의적 정당성으로 요약되는 것이다. 이와 같은 정당성은 개인 대 개인 또는 부모나 연장자, 사회적이고 집단적인 멘토(mentor)나 후견인 등과 같은 관계에서 개인의 자유롭고 자율적인 판단과 결정에 개입하는 온정주의적 개입주의의 정당성에 관한 것이다. 이것은 실질적으로 철학이나 정치사상, 법철학, 실천윤리 등에서 광범위하게 논의되고 있는 주제이기도 하다.

두 번째는 사회적이고 공공적인 정당성이다. 국가개입주의는 공적인 것이다. 물론 개인이나 조직단위 등의 의사결정에 개입하고 간섭하지만 그의 정당성은 공적인 것이다. 그래서 국가주의로서 국가개입주의를 가능하게 하는 사상적 원천이면서도 실천적인 기준은 공공적인 정당성이라고 할 수 있다.

2) 온정주의적 개입주의의 정당성

온정주의적 개입주의의 정당성이란 개인적 수준에서 국가의 정책결정과 실천에서의 정당성을 의미한다. 그 정당성의 수용이나 허용 등의 기준은 개인적 수준에서 결정된다는 의미에서 개인주의적 정당성이라고 할 수 있다. 이것을 온정주의에서 많이 설명되고 있다고 했다. 그래서 먼저 국가개입주의의 정당성을 이

---

if it yields an inference we are willing to accept; an inference is rejected if it violates a rule we are unwilling to amend. The Process of justification is the delicate one of making mutual adjustments between rules and accepted inferences; and in the agreement achieved lies the only justification needed for either; (b) Justifying a statement belief, attitude, emotion, or action is meeting challenging to it; (c) A judgment that a certain action of desire is justified has motivational content. To accept a reason for doing something is to accept a reason for doing it, not merely for believing that one should do it.

해하기 위해서 온정주의를 자세히 설명할 필요성이 있다[96].

(1) 온정주의의 실체

온정주의(paternalism)는 그 자체로서 오랫동안 논의되고 있는 주제이지만 학계나 학자들이 공통적으로 수용하면서 사용하는 온정주의의 개념 규정이나 정의는 아직까지 없다. 그렇다고 해서 온정주의를 이해할 수 없을 정도로 또는 정실주의 등과 같은 의미로 오해할 정도로 복잡한 것은 아니다. 철학적이고 실천적 의미에서 온정주의의 정확한 근거, 즉 온정주의를 정책개입의 현실에서 가능하게 하는 정당성이나, 국가개입주의와 같은 의미의 국가온정주의 또는 온정주의적 정책개입 등을 혼용하면서 온정주의의 개념은 혼란스럽다는 의미이다.

일반적으로 온정주의를 두 가지로 우선 구분할 수 있다. 즉 철학적이고 사상적 의미에서 온정주의를 설명하는 경우이다(philosophical paternalism). 즉 개인의 자유와 판단, 개인적 이해관계에 충실한 선택의 자유에 대한 제한이나 간섭, 인간다운 삶과 복지의 조건, 사회적 정의의 문제 등을 순수철학이나 응용철학 등에서 설명하는 경우이다.

그리고 실천적인 의미에서 온정주의적 정책(paternalistic policy)에 초점을 두는 경우이다. 사상적 의미의 온정주의의 실체를 비록 보편타당하게 일반적으로 정의하기 어렵다고 할지라도, 개인의 자유로운 행동과 판단에 국가가 간섭하거나 개입하는 온정주의의 정당성에 초점을 두고 구체적인 정책에서 온정주의의 실천과 판단 등을 설명하는 분야이다. 이것을 국가온정주의(state paternalism)라고도 한다.

특히 철학에서 정의하는 온정주의는 매우 다양하고 복잡하다. 동시에 철학에서 정의하는 온정주의는 철학뿐만 아니라 응용철학 등에서도 매우 복잡하다. 때문에 여기서는 국가개입주의의 정당성을 이해하기 위해서 온정주의적 정책개

---

96) 온정주의와 그의 개입주의적 정당성 등은 필자의 "정책결정에서의 온정주의의 이해와 오해"(『한국정책논집』, (2010). 10: 23－42)를 재구성하고 보완한 것이다. 필수적인 참고문헌만 밝히고 기타의 것은 생략하였다.

입이라는 현실을 이해하기 위한 수준에 초점을 맞출 수밖에 없다.

오래전부터, 특히 20세기 초기 이후의 현상학적 실천철학이 발달하면서 순수철학에서부터 시작해서 응용철학이나 응용학문의 거의 모든 영역에 이르기까지 다양하게 온정주의가 연구되고 있다. 순수철학 이외에도 자유론이나 자유주의 사상, 국가론, 경제 및 사회복지 사상, 사회정의론, 정치철학이나 법철학, 교육철학, 행정철학, 공중보건 및 의학, 종교학 등 거의 모든 영역에서 온정주의 연구가 진행되고 있다.

그럼에도 불구하고 일반적으로 철학적 수준에서 공통적으로 수용할 수 있는 온정주의를 정의하기 어려운 것이 사실이다. 그래서 온정주의를 연구하는 연구자 숫자보다 더 많은 정의가 난립하고 있기도 하다. 또한 다양한 학문분야에서 연구자의 정향과 연구목적 등에 따라서 다양하게 온정주의를 이해하고 있는 것도 사실이다(Garren, 2006: 340). 그러나 원칙적이거나 이론적으로 일치된 견해에 따라서 온정주의를 수용하기 어렵다고 하더라도 현실적으로 온정주의의 존재를 부정하기는 어렵다[97].

---

97) 온정주의를 철학적이면서도 실천적인 입장에서 개인의 의사결정과 판단에의 개입과 간섭으로 보편적으로 이해하면서 한국에서는 정실주의나 인맥이나 관계 등의 인정주의, 지연이나 학연, 혈연 등과 같은 연고주의 등으로 이해되고 있기도 하다. 물론 학문적인 경우에 소수는 온정주의를 보편적인 의미로 이해하고 번역하고 있기도 하지만(정호표, 2006), 학술적으로나 현실적으로 일반적인 의미의 온정주의와는 다르게 이해하고 있다. 특히 온정주의를 정실이나 연고 또는 사적인 인간관계에 의한 배려나 관대함, 용서 등으로 오해하고 있는 것이 국어사전이나 백과사전에서도 그대로 반영되고 있다. 예로서 네이버백과사전에서도 온정주의를 주로 노사관계에 사용되는 단어라고 하면서 "합리적인 계약관계가 아니라 서로의 정감에 호소하는 노사관계"(100.naver.com, 검색일: 2010년 10월 23일)라고 했다. 국립국어원이 펴낸 표준국어대사전에서 온정주의를 "아랫사람에게 동정심이 있는 태도로 대하려는 생각"(124.137.201.223, 검색일: 2010년 10월 23일)이라고 했고, 야후국어사전에서도 "아랫사람에 대하여 냉정한 이해타산으로만 대하지 않고 원칙을 누그려 뜨려 위안이나 이해와 같은 온정(溫情)으로 대하는 주의"(kr.dictionary.search.yahoo.com, 검색일: 2010년 10월 23일)라고 했다. 한국의 철학사전이나 정치학 또는 경제학 사전 등에서는 온정주의 용어 자체를 발견할 수 없었다. 단지 경제학사전에서 최고경영관리를 설명하면서 온정주의를 번역하지 않고 '패터널리즘'으로 음역하여 괄호로 '가부장제적'이라고만 간단히 지적하고 있을 뿐이다(신태환 감수, 1995: 1218). 이와 같이 온정주의를 잘못 이해하고 있는 원인의 하나로 온정주의에 관한 학문적 수준이 국내의 여타

철학계에서 이해하는 온정주의는 일반적으로 순수철학뿐만 아니라 윤리적이고 도적적인 의미에서 온정주의의 정당성에 관한 연구가 주류를 형성하고 있다. 특히 국가가 개인의 자유로운 판단이나 행위에 어느 정도의 수준으로, 어떻게 간섭하거나 개입하는 것이 도덕적으로 정당하고도 선한가 하는 도덕적 온정주의를 중심으로 하고 있다.

이때에도 무엇이 도덕적으로 정당하고 선한가 하는 것을 구체적으로 제시하는 내용은 다양하다. 그러나 일반적으로 가족이나 타인, 제3자나 국가의 간섭이나 개입에 의하여 수혜를 받게 될 당사자의 정신적이고 신체적인 패악(悖惡)을 방지하거나 또는 도덕적이고 윤리적 인성을 함양하거나 배양할 수 있어야 한다는 것을 설명하는 온정주의를 좀 더 구체적으로 도덕적 온정주의라고 하고 있다. 물론 도덕적 온정주의의 전제인 물리적이거나 도덕적으로 선한 것이 자동적으로 인성의 함양을 통한 개인의 이익에 기여한다고 해서는 안된다는 소위, 개인자유의 원칙을 주장할 수도 있다.

온정주의는 타인이나 가족, 제3자나 국가 등의 간섭이나 개입에 의하여 정신적이거나 물질적으로, 장기적이거나 단기적으로 또는 직간접으로 이와 같은 간섭이나 개입행위를 동의하거나 수용할 수 있어야 한다. 이것을 수혜자가 감사하게 받아들인다는 감사이론(thank-you theory)으로 명칭되기도 한다(Dworkin, 1972).

좀 더 구체적으로 개인의 동의 문제를 살펴보면 본인의 책임과 판단에 의한

학문분야나 연구주제 뿐만 아니라 국외적으로도 낮다는 사실을 우선 들 수 있다. 이와 같은 학술적인 오해가 현실적으로도 온정주의를 정실적 판단으로 이해하게 하는 큰 원인이 되기도 한다. 그러나 한국과 같은 유교문화권이 지배하고 있는 중국이나 일본에서는 온정주의를 비교적 학술적인 수준으로 정확하게 사용하고 있기도 하다. 예를 들면 일본학계에서는 'paternalism'을 온정주의나 또는 부권(父權)주의 등으로 일반사회나 실무에서 번역하기도 하지만 학계에서는 원음 그대로 음역(パターナリズム)하여 사용하고 있다. 그리고 한자인 '溫情主義'로 검색하면 검색되는 논문이 없다(http://ci.nii.ac.jp). 중국의 경우에도 학술적으로 'paternalism'을 부애(父愛)주의 또는 가장(家長)주의 등으로 번역하기도 한다. 그러나 서구의 온정주의 연구를 중국이 학술적으로 수입하고 있지만 온정주의의 일반적 개념과 정의 및 연구내용 등을 중국학계가 심층적으로 수용연구하면서 한국의 온정주의를 혼란스럽게 정실주의나 연고주의, 인정주의 등으로 오해하고 있는 것과는 대조적으로 중국에서는 온정주의에 관한 학술적 개념이나 내용이 일반적으로 통용되는 수준으로 이해되고 있다.

결정이나 행동이 비록 자신에게 위험과 피해, 즉 위해(危害)를 준다고 하더라도 개인이 이것을 묵시적이거나 명시적으로 동의하지 아니하는 경우에, 국가가 간섭하거나 개입하던지 또는 타인이나 제3자가 간섭하거나 개입하는 온정주의가 과연 정당한가 하는 것이 온정주의적 정책개입의 정당성에서 큰 문제일 수 있다. 그 하나의 비판으로, 이것을 굳이 온정주의라고 할 필요가 없다; 대신에 가부장 보호주의(*parens patriae*), 보호주의(patronage)나 지도편달 등으로 설명하면 될 것이다; 그래서 엄격한 의미에서 간섭이나 개입의 주체가 국가이고, 그 대상자가 일반 시민이나 주민의 경우로 한정되는 국가온정주의(state paternalism)가 온정주의의 일반적 현상이고 이것을 설명하는 것이 온정주의라는 주장도 만만찮다.

국가의 간섭이나 개입을 온정주의의 전통적인 뿌리인 부모와 자식간의 관계로 설명할 수 있을 것인가 하는 것은 조금 더 논의가 필요하다. 왜냐하면 부모는 자식의 복지와 이해관계를 위하여 자식의 동의 없이도 그들의 판단과 행동에 자발적이거나 의무적으로 간섭하거나 개입할 수 있을 것인가 하는 문제도 있기 때문이다. 부모의 온정주의적 개입과 간섭도 자식의 교육과 복리, 위해로부터의 방지 및 해방 또는 미숙한 지적인 판단능력과 인지도 등을 보완하거나 보충한다는 명분에서 법적인 친권자 역할을 수행하는 법적 온정주의도 가능하지만, 부모－자식의 생물학적이고 가족적인 인간관계에 기초하여 자식의 동의 없이도 이와 같은 법적 온정주의는 타당하다고 할 수도 있을 것이다. 그러나 이와 같은 법적 온정주의를 국가에 적용한다고 하더라도 정치적이고 도덕적이며 정책적인 온정주의적 개입은 아직 정당화되기 어려울 수 있다.

또한 국가온정주의에서 개입을 받은 측의 동의가 필수적인가, 동의가 있다고 하더라도 온정주의적 간섭과 개입은 부당하다고 할 것인가 하는 점에서 철학계는 상당한 논란과 고민을 계속하고 있다. 더욱이 개인이 충분하고도 합리적인 정보를 가지고 건전한 이성에 따라서 판단하는 동의인가, 물리적이거나 정신적 제약조건에서 강요되거나 또는 어쩔 수 없는 동의인가 하는 등의 논란은 계속되고 있기도 하다.

예를 들면 원천적으로 온정주의를 인정하지 아니하는 소위, 반(反)온정주의자들은 대표적으로 John Stuart Mill(1806-1873)의 경우에, 물론 그는 온정주의라는 명확한 명칭이나 개념을 사용한 것이 아니지만 개인의 자유에 대한 간섭, 즉 온정주의적 간섭을 반대한다는 입장에서 동의 그 자체가 중요한 것이 아니라고 보았다. 즉 Mill(1859(2009): 19-20)의 주장에 의하면 위해의 원칙(harm principle)으로 널리 알려진 것과 같이 개인의 자유의 제한은 자신의 위해 방지를 위해서 명백한 경우에 한한다는 것이다.

그러나 온정주의의 현실을 이해하고자 하는 입장에서 동의가 필수적인가, 묵시적이거나 잠정적인 동의도 명백하게 입장을 밝히는 동의와 같은 것으로 간주할 것인가, 지적인 능력이나 판단이 부족하거나 허약한 경우, 정보와 지식을 소유하지 못하여 동의에 필요한 또는 동의 그 자체를 이해할 수 없는 경우, 위해가 현실적으로 급박하여 동의를 요구할 시간이 없다거나, 불특정 다수인이어서 동의 대상자나 동의의 장소 등을 알 수 없는 경우, 미래의 시간적 여유 때문에 현재의 상태에서 예측한 미래의 결과에 대한 불확실성과 불신 등으로 동의 그 자체를 얻기 어려운 경우 등과 같이 매우 다양하고 복잡하다. 특히 개인의 자유와 신성불가침의 권리에 국가가 간섭하거나 개입하여 개인의 복지와 행복 및 미래의 번영과 발전을 담보한다고 하더라도 개인의 선호에 따라서 현재의 이익과 행복을 최우선한다면 국가는 과연 온정주의를 고집하여 강제할 수 있을 것인가 하는 문제도 있다.

그래서 온정주의에서 동의가 필수적이라는 입장을 경성(hard) 온정주의라고 하고 반대의 입장을 연성(soft) 온정주의로 분류하기도 한다. 또한 Joel Feinberg(1986: 12)와 같이 개인의 선택이나 판단이 자발적이고 자의적인 경우에 국가가 개입하거나 간섭하는 것을 경성 온정주의라고 하기도 하고 비자발적이거나 또는 일시적인 경우를 연성 온정주의라고 부르기도 한다[98]. 이때 자발적이고

---

98) 경성 온정주의를 강한(strong) 온정주의라고 부를 수도 있고 연성 온정주의를 약한 (weak) 온정주의라고 할 수도 있다. 그러나 Feinberg도 『Harm to Self』(1986: 12)에 서 경성과 연성 온정주의를 구분했다. 그러나 강하고 약한 온정주의를 Gerald Dworkin 은 Feinberg의 구분과 달리 설명하고 있다. 즉 Dworkin(1972: 65-66)은 개인의 상태

자의적인 경우를 동의로 볼 수 있는가 하는 논쟁도 있지만(Carter, 1977: 136-139) 동의에 의한 온정주의를 몇 가지로 구분하여 자세히 설명하기도 했다.

예를 들면 온정주의가 개인의 동의없이도 간섭할 수 있다고 한다면, 즉 동의가 항상 온정주의의 충분조건으로 필요하지 않다고 한다면 온정주의에는 문제가 없다. 그러나 동의없는 온정주의를 연성 온정주의와 같이 능력이나 자율성을 가지지 못한 경우의 온정주의와 현존의 문제해결과 복지에 초점을 둔 온정주의, 본인의 책임과 판단이 아닌 경우에 타인에게 손실이나 이득을 발생시키는 온정주의, 복지나 안전에 관한 간섭과 같이 불특정 다수인을 위한 온정주의 등과 같이 구분할 수도 있다. 경성 온정주의는 동의나 찬성 등을 포함한 포괄적 의미에서 개인의 희망이나 소원 등을 고려하지 아니한, 국가가 타인의 결정에 개입하거나 간섭하는 경우이다.

온정주의가 개인의 자유에 대한 간섭이나 강제가 없어도 발생할 수 있다는 논의를 수용한다면(Dworkin, 1972: 80-81), 특히 불특정 다수인의 행복이나 복지의 향상 또는 위해의 예방이나 치유 등과 같은 공공선을 위한 경우에 동의는 불필요하다는 것을 수용한다면 온정주의에서 동의는 항상 충분조건이 될 수 없을 것이다. 그럼에도 불구하고 Ronald Dworkin(염수균 옮김, 2005: 338-339)은 개인의 동의없이 개인의 이익과 행복이나 위해로부터의 방지 등을 위하는, 소위 권력을 행사하거나 간섭하는 자발적 온정주의는 인정되지만 그렇지 아니한 경우, 즉 현재 그들이 생각하기로 자신의 보다 향상된 삶을 위하여 국가나 타인이 강제하는 온정주의를 반대하기도 했다.

또한 온정주의에서 지지(支持)의 문제도 있다. 온정주의적 개입이나 간섭의 이념이나 목적이 개인의 정신적이거나 신체적 상태의 향상에 있다고 하더라도 온정주의적 활동이나 개입의 가치나 값을 개인이 공개적이거나 법률적으로 배서하

를 악화시킬 수 있는 수단을 선택할 경우에 이것을 법적으로 강제하는 것이 약한 온정주의이며 이와 같은 상태가 없이도 개인의 법적 행위를 제한하는 것을 강한 온정주의라고 했다.

거나 지지(endorsement)할 것인가 하는 문제이다. 즉 지지가 필수적이라고 하는 주장에 의하면(Dworkin, 1981) 온정주의의 결과가 정당한 성과를 보장할 수 있어야 한다. 동시에 바람직한 인생을 위한 하나의 부분적인 것이지만 윤리적 진실성도 있어야 한다고 했다; 즉 개인의 공개적 지지는 윤리적으로 진실하고 결과적으로 정당한 경우에 한한다는 입장이다.

그러나 온정주의에서 가장 복잡하면서도 논쟁의 여지가 많은 것이 개인의 자유와 자율에 관한 온정주의의 이해이다. 원칙적으로 온정주의는 자유제한의 원칙(liberty- or freedom-limiting principle) 또는 자율성(autonomy)의 제한에 해당된다. 따라서 온정주의에서 이것을 한마디로 자유와 자율에 의한 결정, 즉 자결(自決)과 온정주의와의 딜레마로 표현하고 있다(Karlsson and Nilholm, 2006: 193). 이것이 온정주의는 기본적인 개인 소유권의 주장과의 대결 및 갈등에 관한 문제로 제기되고 있기도 하다.

자유우선주의, 자유지상주의 또는 자유방임주의, 자유의지론 등을 자유주의(liberalism)로 통칭한다면 자유주의자는 원칙적이고 기본적으로 온정주의적 강제나 통제에 도덕적이고 철학적으로 반대하고 있다. 특히 자유주의의 가장 대표자이면서 고전적인 옹호론자인 Mill(1859; 2009): 19-23)은 그의 『자유론』에서, 비록 그는 온정주의라는 용어를 사용하지는 아니했지만 개인의 행복이나 복지를 위하여 선하거나 좋은 경우라도 그의 의지나 의사에 반하여 권력이나 힘을 행사할 수 없다고 보았다.

Mill의 자유론의 기본전제인 "개인은 자유의지와 완전한 자율권을 가지거나 또는 능력이 부족하거나, 개인의 행위는 자기본위의 판단이나 혹은 타인에 관한 판단이거나, 개인의 표현(의사나 감정, 행동 등)이 참이거나 거짓이든지, 국가의 소극적인 행위는 개인의 자유를 신장하지만 국가의 행위는 자유를 제한한다"는 등은 잘못된 이분법적 논리라고 비판할 수도 있다(Gostin and Gostin, 2009: 216). 그러나 개인의 의사나 동기 등의 유무에 관계없이 능력있는 개인을 보호한다는 것, 즉 개인의 자유에 간섭하는 것을 반대하는 것만은 분명하다.

그럼에도 불구하고 Mill은 또한 두 가지 점에서 온정주의를 정당화시킬 수 있는, 즉 도덕적 정당성의 근원을 제시하고 있는 것도 사실이다. 예를 들면 개인 자신의 목적이나 보다 향상된 지위나 삶을 위하여 동의가 없다고 하더라도 권력의 행사가 가능하다는 것이다[99]. 그리고 위해의 원칙으로 알려진 바와 같이 그의 행동이나 판단이 자신에게 위해가 된다면 온정주의는 정당하다는 것이다. 첫 번째는 능력이나 정보의 부족, 육체적이고 정신적인 미성숙, 혹은 무지 등과 같은 이유에 의하여 개인의 판단이 손상을 당할 때 온정주의는 가능하다는 것이다. 두 번째는 개인이 하고자 하는 일에 의해서 발생된 위해 때문에 자유가 박탈되면 개인의 판단이나 자결 등은 더 이상 충분하지 않고 그들의 의사에 반해서 정당하게 개입할 수 있다는 것이다.

앞서 지적한 바와 같이 개인의 경우가 아닌 타인이나 제3자 또는 일반 불특정 다수에게 위해가 발생하는 경우에만 온정주의가 정당하다는 입장에서 (Feinberg, 1986: 21 – 23), Gerald Dworkin(2005: 305)이 구별하는 바와 같이 타인에 대한 심각한 수준의 공격이야 하고, 법으로 금지된 행위로 타인에게 위해가 있어야 하고, 위해나 공격적 행위가 아니라도 본질적으로 비도덕적인 것을 방지하기 위한 원칙이 있어야 온정주의가 성립될 수 있을 것이다. 이와 같은 의미에서 온정주의를 그 어원이 의미하는 바와 같이[100] 부모나 자식 간의 관계가 아

---

99) Mill이 『자유론』(On Liberty)을 발표할 당시에 그는 온정주의라는 용어를 사용하지 아니했지만 국가주의에 의한 정책권력의 행사를 온정주의의 의미로 이해한다면 이것을 온정주의의 정당성의 근거로 이해할 수 있기도 하다. 그러나 Mill의 자유론이, 자발적으로 노예가 되겠다는 개인의 자유도 자유인가 하는 비판과 함께 이것은 온정주의가 아니라 개인주권의 역설로 이해되기도 한다.

100) 온정주의(paternalism)의 어의적 의미를 보면, '아버지와 같은' 혹은 '아버지가 아들을 대하듯이' 하는 의미의 라틴어의 'pater'에서 유래했다. 그래서 유럽에서는 가부장 보호주의(parens patriae)의 전통적 원칙이 아직까지도 다양한 분야에서 영향력을 행사하고 있다고 했다(Feinberg, 1986: 6). 그러나 아버지와 아들간의 관계가 국가와 국민과의 관계로 연결된 것은 가족이 국가의 모형이라는 소크라테스와 플라톤 철학이 정치철학에 유입되면서 시작되었다고 할 수 있다(Colmo, 2005; Hittinger, 2013). 동양에서 온정주의의 어원은 영어권 사회와 같이 가부장제도나 가족주의(familism) 등에 뿌리를 가지고 있지만 국가온정주의에로의 연결은 서양사회보다 더욱 역사적이고 철학적이며 실천적이다. 즉 "부모에게 효도하고 형제간에 우애롭게 하는 것이 이미

니라 타인, 즉 합리적이고 이성적 판단과 능력을 가진 개인에게도 적용될 수 있다는 의미에서 철학적 이해관계라고 하는 주장(Garren, 2006: 340)도 인정할 수 있을 것이다.

동시에 온정주의와 자율성과의 관계는 개인의 자유의 개념보다 사회적인 관계를 내포하고 있다. 특히 자율이나 자결의 근본 의미는 민주주의, 즉 자신에 관한 의사결정은 본인의 신성불가침의 원칙에 따른다는 입장이다. 동시에 민주주의는 개인의 선택을 존중한다는 것을 기본으로 하고 있다. 때문에 개인은 자신의 운명과 선호를 결정해야 하고 그에 대한 책임도 본인이 가지고 있다. 그러나 동시에 이상적인 자결의 원칙도 현실적으로 사회적이고 제도적으로 작용할 때, 즉 사회적 책임과 몫에 대한 결정과 결과 및 파급효과[101] 등을 고려하게 될 때 온정주의적 간섭과 개입은 불가피하다는 것도 인정하지 아니할 수 없을 것이다.

그러나 온정주의가 개인의 소유권, 즉 물리적인 의미의 소유권만이 아니라 자신에 대한(in themselves) 모든 소유물의 권리를 주장하는 문제와 부딪치면 온정주의와 자율성과의 논쟁은 그리 간단하게 끝날 것 같지 않다. 즉 개인은 한사람의 인간으로서 모든 소유와 힘에 대한 권리를 가지고 있다는 전제조건은 앞서 구분한, 강성이나 연성 온정주의 등을 인정하지 아니할 수도 있을 것이다.

이와 같은 의미에서 Ronald Dworkin(1981)이 자발적 온정주의와 비판적 온정주의를 구분하였지만 근본적으로 온정주의를 반대하는 입장은 아니었다. 즉

정치를 하고 있다"(或 謂孔子曰 子 奚不爲政 子曰 書云 孝乎惟孝 友于兄弟 施於有政 是亦爲政 奚基爲爲政(『論語』, 爲政)라는 공자의 대답과 같이 국가와 가족을 분리하여 정치를 생각하기 어렵다는 것을 알 수 있다. 이와 같은 가족주의에서 국가온정주의의 뿌리를 발견할 수 있다. 앞서 동양사상에서 국가개입주의를 재조명하면서 언급했듯이 백성을 마치 부상당한 사람과 같이 보살피고, 어린아이를 보호하듯이 하는 것이 정치라고 하는 위민(爲民) 또는 애인(愛人)사상도 국가온정주의를 인정하고 있다. 또한 정치의 근본이 백성을 편안하고 행복하게 하는 안민(安民)사상도 국가온정주의의 근본사상이 되고 있음을 알 수 있다.

101) 사회적 책임과 몫에 관한 온정주의 논의는 정의와의 관계로 진행되고 있기도 하다. 특히 John Rawls의 『정의론』에서도 언급되고 있듯이(1999: 219-220), 그가 주장하는 온정주의적 간섭이 간섭당하는 자의 의지와 이성이 없다는 증거를 제시할 수 있어야 한다면 온정주의에서 위해의 원칙이나 자유우선성의 원칙과 충돌될 가능성이 클 수도 있다.

그들이 성취하고자 하는 것을, 즉 이미 원하고 있는 것을 성취할 수 있도록 도와주는 자발적인 것은 개인의 자유의지이며 선호에 관한 것이기 때문에 문제가 없다. 그러나 그들이 현재 생각하기로 앞으로 보다 나은 삶이 될 수 있을 것으로 기대하는 것을 강제하는 비판적 온정주의에는 미래 그 자체의 불확실성과 의사결정의 불확실성, 지식이나 정보의 불완전함, 미성숙 등의 요인 등이 작용하게 될 것이다. 그래서 이것을 강제하거나 강요하는 것은 개인의 자유에 대한 침해이고 자결의 원칙에 위배된다. 따라서 이것은 윤리적 진실성의 문제, 즉 비도덕적이고 비윤리적인 국가행위라고 본 것이다.

이것도 결국 자율성과 개인의 주권, 권리와 이해관계 및 선호, 사회적 책임과 도덕성의 근원 등의 문제와 연결되면서, 온정주의는 개인의 자유주의에 대한 도전으로 간주되기도 한다. 그래서 온정주의를 인정하지 아니할 수 없는 현실에 철학적 이념이 굴복당하는 논쟁으로 변화되고 있기도 하다. 즉 온정주의에서 책임에 관한 철학적 논쟁이 더욱 복잡해지고 있다. 예를 들면 책임이라도 기관이나 개인의 책임 여하에 따라서 온정주의의 이해가 달리질 수 있다. 동시에 책임도 도덕적이고 법적인 임무의 성격인가 아니면 회계적 책임이나 일상적인 생활에서의 책임인가 하는 문제에 이르기까지 그 범위와 영역에 따라서 온정주의가 근거하는 자유나 자율 등의 논쟁이 크게 달라질 수 있다. 그래서 책임 그 자체가 역설이라면 이에 근거하는 온정주의의 철학은 크게 손상되지 아니할 수 없을 것이다.

이와 같이 철학에서 설명하는 온정주의는 매우 다양하고 복잡하다. 동시에 수많은 논쟁과 논의가 있지만 공통적으로 수용될 수 있는 온정주의의 실체적 개념을 발견하기 어렵다. 그러나 철학적 입장에서 온정주의는 개인의 자유와 책임에 관한 개인주의를 중심으로 하면서도 동시에 윤리적이고 도덕적인 사회적 함의를 어떻게 수용하고 설명할 것인가 하는 것을 주변부 이론으로 수용하거나 거절하는 입장으로 크게 나눌 수 있다. 그럼에도 불구하고 철학에서 이해하는 온정주의는 온정주의가 현실에서 나타나고 있는 현실을 외면하기 어렵다는 실천적 함의니 목적을 간과하기도 어려울 것이다. 그래서 David Garren(2007: 59)이 이야기 하듯이 자유주의와 온정주의를 동시에 선택할 수 없다는 주장이 타당할 수 있다. 즉 하나는 정치적 이론과 실천의 영역이라면 또 하나는 도덕적 선택의 영역이기 때문에 어쩔 수 없이 선택의 기로에 섰다고 할 수 있다.

그러나 행동 또는 행태경제학(behavioral economics)[102]을 중심으로 하는 경제적 온정주의, 즉 개인의 자유로운 의사결정을 전제로 하면서도 개인은 국가나 타인의 개입이나 판단에 영향을 받게 된다는 것이다. 즉 남들도 이와 같은 상황에서 이렇게 결정하고 행동한다는 대중조작이나 정부의 정책선전이나 홍보에 의하여 시민은 그들의 의사를 결정하게 되면서 정책지지나 참여에 긍정적으로 영향을 미친다는 가설을 전제로 하는 소비자 의사결정의 한 유형을 설명하는, 소위 넛지이론 또는 넛지개입(nudge theory 또는 intervention)(Thaler and Sunstein, 2009)으로 온정주의적 개입의 정당성을 설명할 수도 있을 것이다.

예를 들면 개인의 자유롭고도 자율적인 의사결정에 국가가 개입하거나 간섭

---

102) 행동경제학 또는 행태경제학으로 번역하지만 일반적으로 행동경제학으로 알려져 있는 'Behavioral Economics'는 고전경제학이 전제로 하고 있는 인간의 선택행위에 의사결정이론을 보완하여, 인간이 항상 합리적이고 이성적인 존재로 선택하지 아니한다는 것을 설명하는 이론이다. 그렇다고 경제적 인간(*homo economicus*)을 부정하는 것이 아니라 심리적이고 경험적인 요인이나 개인적이거나 환경적인 요소에 의하여 인간의 의사결정은 부정형(不定型)적이거나 비합리적이며 비이성적일 수도 있다는 것이다. 그럼에도 불구하고 이와 같은 부정형적인 의사결정이 완전히 예측불가능하거나 설명할 수 없는 것이 아니지만 경험적 사실로서 축적된 기록과 역사에(행동경제학의 용어로 가치함수를 결정하는 준거점, 민감도, 체감도, 손실회피성 등이라고 할 수 있다)의하여 예측가능하다는(prospect theory) 것이다(김진영·신용덕, 2011; Altman, 2006). 특히 국가주의를 중심으로 하는 정책사상에서 본다면 인간의 합리성을 중심으로 하는 의사결정보다는 감성과 경험, 역사적이고 생태적인 환경과 조건에 따라서 인간이 자신의 의사를 결정한다는 것을 전통적인 고전경제학이 설명하기 시작한다는 사실에서, 국가의 개인의 의사결정에의 개입이나 간섭을 정당화하는 사회적이거나 개인적인 정당성뿐만 아니라 사회적인 정의와 행복, 이웃의 복지, 우리들의 행복과 안녕, 국가의 우선적이고 보편적인 이익 등에 따라서 국가주의적 정책개입은 타당하고도 정당해진다는 사실이 범학제적으로 보편화되고 있음을 알 수 있다. 이와 같은 평가의 하나로 행동경제학의 심리적이고 경험적인 의사결정과 이의 예측이론 등을 주장한 Chicago대학교(University of Chicago, Booth School of Business)의 Richard Thaler 교수에게 2017년 노벨경제학상이 수여되었다는 점도 이해할 수 있다.

할 때 굳이 법령이나 행동강령 또는 강제적인 성격의 경제적인 불이익이나 심리적인 압박 등에 의존하기보다 개인의 감성이나 자존심 또는 인간적인 존재의 가치 등을 자극하거나 유인하는 정도의 경고나 유도책 등으로도 정책개입의 목적이나 의도를 달성할 수 있다는 주장이다. 그래서 이것을 연성 온정주의 또는 자유주의를 원칙으로 하면서 부가적으로 온정주의적 개입이나 간섭을 주장하는 온정주의(libertarian paternalism)라고 할 수 있기도 하다(Sunstein, 2013). 그러나 자유주의적 온정주의는 개인의 자발적인 수용과 참여라고 하는 것에 정당성의 초점을 두고 있기 때문에 사회적 동기나 욕구에 따라 참여하거나 정책을 지지하고 그의 정당성을 부여하는 것과는 차이가 있다.

두 번째로, 국가개입주의의 정당성에서 보면 정책에서 설명하는 온정주의가 앞서 철학에서 설명하는 온정주의보다 조금 더 현실적으로 국가개입주의를 설명할 수 있을 것 같다. 즉 철학에서의 온정주의는 개인의 자유와 권리에 대한 간섭이고 제한이기 때문에 어쩔 수 없다고 하더라도 그것을 허용하기 어렵다는 전제를 항상 달고 있다. 반면에 국가개입주의는 온정주의의 현실을 어떻게 수용할 것인가 하는 전제를 항상 가지고 있다. 즉 철학적이고 도덕적으로 온정주의를 수용하기 어렵다고 하더라도 현실에서 온정주의를 피할 수 없다는 사실을 전제하고 있다.

국가개입주의에서 온정주의를 설명하게 되면 그 범위를 국가온정주의로 조금 쉽게 이해해 볼 수도 있다. 따라서 정책결정자들이 과연 개인의 행복과 복지와, 보다 나은 삶을 위하는 온정주의적 정책을 이성적이고 합리적으로 결정하고 집행할 수 있을 것인가 하는 정책결정자의 능력과 자질 및 자격에 초점을 잡을 수도 있다. 그래서 심지어 철학자들도(대표적으로 Feinberg, 1986: 25) 명백하게 현실에서 온정주의적 규제나 간섭을 합리적이고 온당하게 이해하는 것과, 온정주의에의 반감이나 혐오감을 조화시키고 화해시키는 것이 온정주의적 정책에서 해결해야 할 과제라고 하기도 했다. 즉 온정주의가 피할 수 없는 현실이라면 이제 국가개입주의에서 온정주의의 이해는 온정주의적 정책, 보다 구체적으로 국가의 간섭이나 개입 및 규제는 어느 수준에서, 어떤 유형이나 강도로, 어떤 범위와 영역에서 정당화 될 것인가 하는 온정주의적 정책개입의 정당성 문제에 초점이 맞추어 질 수 밖에 없다.

국가개입주의에서 설명하는 온정주의의 핵심은 개인이 자신의 행복과 복지와 선을 위하여 판단하거나 결정할 때 흠이나 잘못이 있다는, 즉 합리적이거나 이성적으로 자신을 위하여 극대화할 수 있는 의사결정을 할 수 없다는 전제를 하고 있는 것은 사실이다. 물론 무엇이 자신을 위한 극대화인가, 내 스스로의 수준과 이성적 판단은 주관적일 뿐이지 객관적으로 국가가 간섭하거나 개입할 것이 아니라는 철학적인 논쟁은 가능하다. 그러나 개인이 혼자만의 개인이 아닌 사회와 집단이라는 국가의 구성원일 경우 개인은 자신의 결정에 만족하는 수준을 어느 정도로 사회적 정의와 복리에 양보하거나 수용해야 할 것인가 하는 현실도 인정하지 아니할 수 없을 것이다.

개인의 결정을 개인의 자유우선이라고 할 수도 있고 개인의 존엄성과 도덕성이라고도 할 수 있다. 동시에 자신은 자신의 이해관계에 가장 철저하고 합리적이라고 하는 개인주의의 대전제를 무시하거나 방해해서도 안 될 것이다. 경제적 합리성을 가진 건전한 이성에 따른 판단과 결정에 국가나 제3자가 개입하거나 간섭하지 아니하는 것이 대원칙이고 이것을 부정할 수 없다. 동시에 개인의 판단이나 결정이 능력이나 정보 또는 지식의 부족 등에 따라서 부정적이거나 불완전하다고 하더라도 개인은 자기 수준에서 스스로 만족한다면(자족:自足) 그것이 원칙이다. 절대적인 기준이나 값으로 개인의 주관적인 선호나 판단의 장단점이나 좋거나 나쁘다고 평가할 수 없다는 원칙도 마찬가지의 전제이다.

그래서 온정주의 연구의 초기에서도 온정주의를 현실적으로 피할 수 없다는 사실을 지적하면서 왜 국가가 간섭하거나 개입하고 있는가 하는 이유를 설명하기 시작했다(Dworkin, 1972: 79-80). 예를 들면 이륜차 운전자는 운행 중에 안전모를 착용해야 한다는 것은 순수한 의미의 국가개입주의에 해당되는 온정주의이다. 동시에 안전모 착용이 공공의무이기 때문이 아니라 자신의 안전과 복리를 위한 착용이라는 점에서만 온정주의적 국가개입이 인정된다고 하는 것은 또 다른 형태의 온정주의로 본 것이다. 그래서 온정주의는 공리주의, 즉 자신의 최대만족의 수준을 합산한 최대다수의 이해관계인가 아니면 자유에 대한 제한의 범위인가, 개인의 의사결정이 과연 어느 수준에서 합리적이고 사회적인가 하는 등의 문제로까지 연결되고 있다. 따라서 정책에서의 온정주의의 실체를 철학에서 보는 실체와 분리하여 설명하기 어려운 것도 사실이다.

그러면 온정주의가 과연 어느 수준이나 정도에서 정당화될 것인가, 즉 국가가 개인의 자유로운 자율적인 합리적인 의사결정이나 판단에 어느 정도로 간섭하고 개입할 수 있을 것인가 하는 문제로 귀결될 수 있다. 이와 같은 정당성도 철학적인 입장에서는 반(反)온정주의지만, 즉 자신뿐만 아니라 타인에게 위해가 된다고 할지라도 온정주의적 간섭을 자동적으로 인정하지 아니하겠지만 국가가 개인의 선택의 자유에 정책수단을 통하거나 정책의 목표나 이념 등에 따라서 합법적으로 개입하거나 또는 개인의 행복이나 복지의 추구를 만족시키거나, 아니면 그것이 비도덕적이고 비윤리적이며 비합리적이고 비경제적이라고 판단해서 간섭하게 된다는 것을 국가온정주의라고 할 수 있을 것이다.

그래서 대체적으로, 물론 모든 정책에서 온정주의의 정당성을 구체화할 수 없지만 원칙적으로 자신의 복지나 이해관계를 극대화할 수 없는 판단이나 선택을 하는 경우, 즉 합리적이고 이성적인 판단이 결여된 상태에 국가개입이 정당하다는 원칙을 들 수 있다. 이와 같은 국가개입주의에서 보는 국가온정주의의 정당성 이면에는 앞서 철학적 온정주의에서 간단히 지적했지만 국가는 개인보다 불편부당하거나 이성적이라고 하는 전제를 가지고 있다. 동시에 국가는 개인보다 더 합리적인 판단의 결과를 예측하거나 계산할 수 있는 장기적이고 광범위한 관점을 가지고 있거나 정보나 지식의 판단이나 해석에서 개인보다 더 유능하고 정확하다는 전제를 가지고 있다. 물론 국가가 개인보다 우위인가 아니면 그 반대가 참인가 하는 주제는 영원한 논쟁거리가 되고 있다. 단 국가온정주의, 즉 온정주의적 국가개입은 개인의 판단과 선택에 윤리적이거나 도덕적으로 또는 적어도 기술적으로 하자가 있다는 전제를 수용한다는 것이다. 만약 이와 같은 전제를 수용하지 아니한다면 이것을 국가개입주의에서 온정주의를 논의할 필요성이라고 할 수 있다.

국가개입주의의 온정주의적 개입을 수용하는 경우라도 항상 국가가 개인보다 비교우위이거나 상대적 장점을 가지고 있다고 주장하기는 어려울 수도 있다. 정책수단이나 정책의 이념과 정신에 개인의 판단이나 선택에 왜 개입하거나 간섭해야 하는가 하는 것이 항상 명기되거나 현시(顯示)되고 있지 않다. 마치 부모가 자식의 의사결정에 개입하거나 관여하면서 항상 부모의 역할이나 책임 등을 말하지 아니하듯이 국가도 개인의 결정에 개입하면서 국가의 판단력과 정보력이 항상 우수하고 정당하다는 것을 명시하고 있지는 않다.

특히 개인의 결정이나 판단이 사회 전체적으로 그 영향이나 결과를 야기하는 경우, 물론 이와 같은 결과나 영향이 반드시 선하거나 긍정적이어야 하는 것만은 아니지만 불행히도 부정적이거나 해악한 경우에 국가는 수수방관할 수 없다는 전제이다. 동시에 개인의 수준에 한정된 경우이지만 분명히 자신의 행복이나 복지 및 인간의 존엄성 등에 부정적인 결과를 초래하는 경우에도 이것은 개인의 자유나 자신만의 소유에 관한 문제이지만 국가는 간섭하거나 개입하여 부정적인 것을 방지하거나 치유해야 한다는 전제이다.

그럼에도 불구하고 국가개입주의의 온정주의적 개입을 정권이나 정치적 이해관계를 조장하거나 선전하는 정치적인 포퓰리즘(populism)과 구별해야 한다[103]. 국가개입주의는 구체적 정책대상자나 정책집단의 이해관계를 사회적으로

---

103) 온정주의와 마찬가지로 학계와 실무계 등에서 일반적으로 수용할 수 있는 포퓰리즘(populism)의 정의는 없다. 1967년에 영국의 런던정치경제대학에서 유럽중심의 40여 명의 학자들이 모여서 포퓰리즘을 정의하고자 시도해 보았지만 결론은 실패하고 말았다. 대신에 역사적이고 지리적이며 사상적 편향이나 정치적이거나 심리적 사건이나 경우에 따라서 각 지역이나 학자들 간의 다양한 정의를 수용한다는 입장으로 정리하였다. 그러나 현실적으로는 포퓰리즘을 대중의 욕망이나 항의를 수용하는 대중의 인기에 영합하는 정치로 이해하는 경향이 강하다. 특히 한국의 학계에서도 소수의 경우를 제외하고 포퓰리즘을 영어 음역 그대로 사용하거나 민중주의나 대중인기영합주의 또는 대중영합주의 등으로 이해하고 있기도 하다. 또한 서울의 사당동지역 철거민 재건축을 설명하면서 민중운동을 포퓰리즘으로 설명하기도 했으며(Thomas, 1996: 28), 한국을 포함한 동아시아 국가에서 시민의 정부불신에 의한 민족주의적 포퓰리즘을 주장하기도 한다(Kimura, 2007: 277). 특히 한국학계에서 포퓰리즘의 이해는 상당히 혼란스럽다. 혼란스럽다는 그 자체도 이해하지 못할 정도로 한국학계나

종합하면서 최적의 상태를 달성하고자 한다. 이때의 최적의 상태는 개인적인 단순집합의 경제적 이해관계의 총합만이 아니라 사회정의의 기준인 공평하면서 균형된 배분의 사회적 총합의 달성을 의미한다. 때문에 국가개입주의의 온정주의는 정치적인 패(political trump)(Gostin and Gostin, 2009: 215)나 포퓰리즘이 아닌 사회적으로 공정하고 정의로운 수준에서 국가의 개입과 간섭을 정당화할 수 있어야 가능할 것이다.

특히 국가개입주의의 온정주의의 실체는 민주주의라고 하는 다수결의 원칙이나 대중에게 유행되는 것이 민주적이고 풀뿌리라고 하는 선동적인 실체와 구별된다. 국가온정주의는 간섭의 주체인 국가나 간섭의 대상자인 개인이 동의하지 아니하는 법적 규정이나 규칙에 의한 강제적인 성격인 경우에도 정당화 될 수 있어야 한다. 동시에 사회정의나 윤리 및 도덕의 원칙에도 타당해야 한다. 현재의 이해관계가 손상당한다고 하더라도 미래의 관점에서 현재를 희생할 수도 있을 것

현실이 알고 있는 대중인기나 대중욕구의 영합주의는 포퓰리즘을 잘못 번역한 것을 수수방관하거나 또는 편승한 것에 불과하다; 그래서 포퓰리즘 담론은 한국학계의 정신분열이라고 직설적으로 비판하는 것에서부터 인기영합주의로 포퓰리즘을 해석하는 것은 국적불명의 편의적 용법이고 이와 같은 번역의 의미가 있는 포퓰리즘은 없다고 하기도 했다(홍윤기, 2006: 8-10). 그러나 한국은 한국의 포퓰리즘 현상을 설명하는 것일 뿐 굳이 우리의 학계가 정신분열에 취해있다고 자아 비판할 필요는 없을 것 같다. 왜냐하면 국가나 사회의 개별적이고 구체적이며 특이한 정치적 현상을 포퓰리즘이라는 패러다임으로 설명하고 있기 때문이다. 예를 들면 미국은 1880년대부터 시작된 미국농부들의 정치적 결속에 의한 급진주의를 포퓰리즘으로 설명했고 구소련도 러시아혁명 당시의 국민의 욕구와 지지에 대한 지식인들의 정치적 활동을 러시아포퓰리즘으로 설명했거나 불가리아의 농민운동, 아르헨티나의 페론대통령의 인기영합적 독재주의, 드골이나 모택동의 정치적 인기주의 등을 포퓰리즘으로 설명하는 것, 파시즘이나 모택동 사상(Maoism) 등을 포퓰리즘의 핵심개념으로 취급하고 있는 연구 등에서 볼 때 굳이 우리만이 우리를 비하할 필요는 없다고 본다. 따라서 연구자들의 연구목적과 정향에 따라서 포퓰리즘을 다양하게 조작적으로 정의하는 현실에서 외부적으로 유입되는 갈등이나 영향과 저항을 적당한 선에서 수용하여 정책을 결정하는 현실을 설명할 수 있는 하나의 개념으로 포퓰리즘을 이해할 수도 있을 것이다. 즉 경제적인 곤란과 핍박을 벗어나기 위한 시민의 저항이나 불만 등을 국가주의가 수용하는 특성과, 다수 대중이 지지할 수 있는 정책을 결정하는 특성 등으로 종합할 때 경제적인 이해관계를 중심으로 대중의 뜻과 여론이나 지지를 수용하여 정책을 결정하는 것으로 국가개입주의에서 포퓰리즘을 이해할 수도 있을 것이다(필자의 "정책 포퓰리즘과 온정주의적 정책의 균형"(『한국정책연구』. (2012). 12(2)의 내용을 정리한 것이다).

이다. 동시에 일반시민들이 찬성하지 아니한다고 해서 가부나 투표로 결정하는 것이 아니라 보다 많은 정보와 능력과 경험과 자료를 가진 정책결정자의, 물론 항상 선하고 정당하며 올바르다고 단정할 수 없지만, 개입과 간섭이 사회적으로 수용되어야 하는 것이 국가온정주의의 실체이다.

마지막으로 국가개입의 정책결정체제나 제도가 온정주의적 간섭에 의하여 개인의 행복과 복지를 증장시킬 지식을 소유하고 있는가 하는 질문도 난제임에 틀림없다. 어느 경우에 그렇지 않다고 주장할 수 있다. 특히 정책결정자는 개인의 선호의 극대화의 진실을 확인할 수 있으면서 동시에 개인들의 선호에 의한 의사결정에 관련된 인식적이고 현실적인 한계나 편견 등도 확인하면서 보이지 않는 부정적인 결과를 예측할 수 있어야 한다는 전제를 제시한다면 이와 같은 주장은 타당할 수도 있다.

그러나 국가개입에 의한 국가온정주의는 항상 부모가 선하고 정당하며 무결하다고 보장할 수 없는 것과 같다고 할 수 있다. 특히 정책은 시대적이고 환경적이며 사건적이다. 무한한 변화와 변동을 통하여 정책의 생명과 목적을 수정하거나 승계하면서 변동하고 있다. 그렇다고 정책은 항상 변해야 한다는 것은 아니다. 대신에 정책은 구체적인 현장에서 최선의 이해관계를 성취할 수 있는 창조적이고 신축적인 성격을 가지고 있다. 정책의 비용과 효과 등과 같은 정책인과의 균형주의도 필요하다(제5장 균형주의). 따라서 대중의 유행적인 이해관계를 대변하는 포퓰리즘이나 정치적 투표에 의하여 다수결로 결정되는 대중민주주의와 국가개입주의의 온정주의는 차이가 있다.

(2) 온정주의적 개입주의의 정당성

국가개입주의에서 온정주의를 이해하고 설명한 것을 기초로 하여, 왜 국가의 정책개입은 온정주의 정책에서 정당성을 가질 수 있는가 하는 것을 네 가지로 구분할 수 있다. 물론 다음에서 설명할 것으로, 보다 큰 사상적 뿌리는 공공적이고 사회적인 정당성이지만 국가개입주의에 의한 국가주의의 정당성도 이와 같은 개인주의에서 설명하는 온정주의의 정당성에 의존하고 있기도 하다.

첫째, 성숙의 원칙(principle of maturity)에 의한 국가온정주의, 즉 온정주의적 개입주의의 정당성이다. 개인의 능력이나 정보의 부족 또는 육체적이고 정신적인 미성숙 혹은 무지 등과 같은 이유에 의하여 개인의 판단이 손상을 당할 때 국가는 개인의 의사결정과 판단에 개입하고 간섭하며 이것을 정당한 것으로 수용한다는 것이다. 이것이 성숙의 원칙이다. 물론 모든 정책분야에서 성숙의 원칙이라는 정당성을 구체적으로 명시하기는 어렵지만 원칙적으로 자신의 복지나 이해관계를 극대화할 수 없는 판단이나 선택을 하는 경우, 즉 합리적이고 이성적인 판단이 결여된 상태에 국가가 개입하는 것이 정당하다는 것이다.

예를 들면 개인의 의지가 박약하여 장기적이거나 현존의 급박한 현실에서 합리적이고 이성적인 결정을 할 수 없는 경우, 경험이나 정보가 부족하여 현실적으로 무엇이 자신에게 가장 최선의 결정이고 선택인가 하는 것을 알지 못하는, 소위 무지의 소산이거나 근시안적인 판단의 경우, 감성적이거나 감정적인 결정으로, 분명히 잘못되거나 비합리적이고 비이성적임을 알고 있지만 습관적이거나 또는 감정적으로 결정하는 경우, 무엇이 자신이 선호하는 것인지를 알지 못하는 경우, 즉 기술적인 정보나 자료가 부족하여 특히 복잡한 기술과 정보를 이해하거나 이용할 수 없는 경우 등을 들 수 있다.

둘째, 개인은 자신의 책임과 판단으로 하는 결정이나 행동이 자신에게 위험과 피해인 위해(危害)가 발생할 경우에 국가는 개입하고 간섭하여 위해를 예방하거나 치유해야 한다는 원칙이다(principle of harm).

예를 들면 스스로 노예가 되고 싶다는 결정이나 자신의 결정이나 행동에 따라서 선의의 제3자나 사회에 부정적이거나 해악을 초래할 경우, 분명히 그와 같은 개인의 행동과 판단이 불행과 잘못으로 진단되거나 그 결과를 알 수 있는 경우, 어린이나 기타 장애인과 같이 정신적이고 육체적 판단능력과 자료가 원천적으로 봉쇄된 경우, 극도의 피로감이나 공포감에서 강제적으로 결정하는 상황 등에 따라서 개인은 자신에게 위해가 된다는 사실을 알았거나 또는 몰랐다는 것에 관계없이 국가가 개입하게 된다는 원칙이다.

셋째, 감사의 원칙(thank-you principle)은 정책개입에 의해서 정신적이거나 물질적으로, 장기적이거나 단기적으로 또는 직적접이거나 간접적으로 이익을 받거나 받을 수 있는 경우에 개인이나 수혜자가 이것을 감사하게 받아들이는 원칙이다. 감사원칙도 실제로 수혜자가 명시적이거나 묵시적으로, 의식적이거나 무의식적으로 또는 강제적이거나 자발적으로 동의하거나 찬성하든지 또는 공개적으로 지지해야 정당성이 발생될 것이다. 물론 개인이 감사의 원칙에 동의하거나 찬성한다고 하더라도 이것이 간섭이나 개입당하는 개인의 감사(感謝)를 전제로 하거나 확보할 수 없으면 국가개입주의는 도덕적으로 정당하지 못할 수도 있다.

넷째, 공공이익 우선의 원칙이다. 개인의 결정이나 판단이 사회 전체적으로 영향이나 결과를 야기하는 경우, 특히 불행히도 부정적이거나 해악한 경우에 국가는 수수방관할 수 없다는 원칙이다. 동시에 분명히 개인의 행복이나 복지 및 인간의 존엄성 등에 부정적인 결과를 초래하는 경우에도, 이것을 개인의 자유나 자신만의 소유에 관한 문제에만 한정할 것이 아니라 국가는 개입하여 부정적인 것을 방지하거나 치유해야 한다는 원칙이다.

국가개입주의에서도 개인의 자유와 판단이 국가보다 우선적이라는 개인자유 우선성의 원칙을 반대하는 것은 아니다. 단지 제한적으로 개인의 자유와 창조, 자율성, 평등한 인간의 본성 등에 국가가 개입하여 최소한의 공공의 이익을 보장하는 것으로 국가개입주의를 이해한 것이다. 이것을 윤리학이나 철학 등에서는 자유주의적 평등주의(liberal egalitarianism)라고 설명하기도 하지만 근본적으로 개인자유의 우선성의 원칙에 따라서 발생되는 공공의 이해관계에 국가가 개입하는 것을 전제로 한 것이다. 그러나 국가중립주의(state neutrality)는 특정집단이나 개인의 이해관계가 보편적이고 일반적일 경우, 즉 어떠한 선악과 시비도 판단하지 아니하는 공정하고도 불편부당하다고 주장할 수 있지만 국가개입주의의 정당성이 확보된 경우에는 국가가 항상 중립이라고만 할 수 없을 것이다.

개인은 선천적으로 부여받았거나 후천적으로 획득한 지식과 정보와 능력에 따라서 자신의 운명과 행복과 진로를 결정하고 판단하며 그 책임도 개인의 것이며 그 결과도 개인의 몫이다. 국가가 여기에 개입하거나 간섭해서 나 자신의 운명을 좌지우지 할 필요도 없고, 해서도 안된다. 따라서 국가개입주의의 정당성은 없다고 주장할 수도 있다.

그러나 이와 같은 개인자유의 전제를 훼손하지 아니하는 범위에서 국가는 공공의 이익을 위하거나, 외부의 적을 퇴치하거나 또는 개인적으로 미성숙하거나 상황적인 어려움이나 조건의 열악함 때문에 개인 스스로의 안위와 안전과 행복을 방치하는 경우 등에 개입해야 하는 것은 사실이고 정당하다는 것이 공공이익의 원칙이다. 즉 개인의 자율적 결정이나 판단에 국가가 끊임없이 강제적이든 개인의 자발적이든, 개입하거나 간섭하여 개인의 이익과 보호뿐만 아니라 공공의 이해관계를 보호하거나 증가시키는 것이 국가주의의 본질이다. 국가의 설립과 존재의 가치는 개인의 보호보다도 사회나 국가구성원 전체의 이익을 보호하고 발견하는 것이 국가개입주의의 온정적 정당성에 관한 사상이다.

극단적인 개인주의인 자신만의 욕망과 욕구에 탐욕스러운 개인의 판단과 결정은 결국에는 그 개인의 이익도 보장할 수 없게 된다. 왜냐하면 만인에 의한 만인의 투쟁상태를 가져오기 때문이다. 그러면 절대다수의 개인은 스스로 노예가 되거나 또는 노예와 같은 주종관계의, 경제적이고 신분적인 예속상태를 자본주의 시장에서 경험한 바도 있다. 이것을 사전에 예방하고 대응할 수 있는 것은 다수의 힘으로 선택하고 결정한 공권력을 가진 국가일 뿐이다. 그래서 국가의 판단과 행위인 정책에의 복종과 순응이 결국 우리들 자신의 행복과 자유를 보장하고 지킬 수 있다는 암묵적 약속을 믿고 있다. 이것이 국가개입에 의한 온정주의의 정당성으로 작용하고 있다.

3) 국가개입주의의 사회적(공공) 정당성

(1) 사회적 정당성

온정주의적 국가개입은 개인의 이해관계를 실현하거나 성숙하고자 하는 정당성을 중심으로 하고 있다. 물론 공공이익의 우선이라는 정당성도 있지만 이 경우에도 사적 이해관계의 투쟁을 조정하고 예방하여 개인의 복리와 행복을 보장하고자 하는 국가개입주의의 원칙을 지키고 있다. 따라서 국가개입의 공공의 목적인 공공의 선이나 정의, 질서와 안녕 등을 위한 사회적 정당성과는 차이가 있다.

물론 개인의 성숙이나 이해관계의 해결이 사회적 정당성의 기초단위가 된다. 동시에 마찬가지로 개인의 자유와 자율성이 개인의 행복과 복리의 전제조건이 될 수 있다. 그러나 이것이 온정주의적 개입에 의한 사회적인 공공성에 의한 정당성으로 연결되어야 국가개입주의의 정당성으로 작용할 것이다. 따라서 국가개입주의를 정당하게 하는 원칙은 개인중심의 온정주의적 정당성뿐만 아니라 사회적이고 공공적인 특성과 조건을 곧바로 설명하고 이해할 수 있는 수준의 정당성에 더욱 해당된다고 할 수 있다.

왜냐하면 정책은 개인적인 이해관계의 해결과 판단에 개입하기도 하지만 사회적 산물로서 공공의 이해관계에도 개입하기 때문이다. 물론 전통적으로 온정주의는 개인의 판단과 결정은 개인적 이해관계에 충실하고 있다는 합리적 개인을 전제로 하고 있지만 정책을 지지하거나 수용한다는 의미의 국가개입주의의 정당성은 개인적인 입장이나 이해보다 일반적인 다수의 입장을 생각하는 사회중심적이라고 할 것이다(Etzioni, 1968: 2-3; MacIver, 1973: 73-76; McWilliams, 2006: 1-2). 따라서 공공의 목적이나 이익, 공통의 선, 사회적인 정의나 안녕과 질서, 사회적 건강과 행복 등과 같은 공공성에서 정책의 정당성을 설명할 수 있어야 국가개입주의는 사상적으로 존재할 수 있게 된다.

개인중심주의에 의한 온정주의적 정책개입의 정당성이 아닌 국가개입주의의 정당성은 보편적 이해관계에 의한 사회나 시민들이 수용하고 용인하는 정당성이 될 수 있어야 할 것이다. 앞서 정당성을 정의하면서 정당성은 규범적인 가치판단 개념이라고 했다. 동시에 정책을 통한 국가개입이 정책현실에서 실천적으로 정당하고 타당한가 하는 실천개념이라고도 했다. 나아가 국가개입주의에 의한 국가의 공권력 작용인 통치행위의 정당성도 될 수 있어야 한다고 했다. 이와 같은 국가개입주의에 의한 정책의 정당성을 판단하는 기준은 다양할 수 있다. 그러나 국가 개입주의 정책사상의 철학적 사고에 해당될 수 있는 주요한 기준으로 사회적 선 과 사회정의, 사회 안녕과 질서(사회평화), 사회건강과 행복, 국가의 보편적 이익 인 국익(國益) 등을 제안할 수 있다. 동시에 이와 같은 정당성은 특히 사회적인 공공선이나 사회정의, 사회평화 등은 제4장에서 논의하게 될 선도주의나 기타 정 책사상의 중심적인 내용이 되기도 한다. 그래서 이와 같은 용어의 정의나 구체적 인 준거기준 등은 관련되는 정책사상에서 자세히 설명하기로 한다.

개인주의의 온정주의적 이해관계를 충족시키거나 또는 행복과 안전을 보장 하거나 위해를 방지하고 무지를 극복하기 위한 국가개입주의의 정당성 그 자체도 장기적인 관점에서 보면 사회적이고 공공적이 될 수 있다. 그러나 국가개입의 사 회적인 정당성은 정책의 추구하는 가치가 현재의 정책현장에서 사회적이고 공공 적이라는 사실을 판단할 수 있고 또한 충족될 수 있어야 한다는 전제에서의 정당 성이다. 그래서 국가개입주의의 개입의 정의에 따라서 사회적 정당성을 정의하면 서 이것을 정책현실에서 이해하고 설명할 수 있는 수준으로 각각의 정당성을 측정 가능하도록 조작할 수도 있어야 한다고 했다. 하나의 예로서 개인적인 수준이 아닌 사회적 수준의 선(善)을 철학적 사고로 정의하면서 동시에 이것을 정책개입의 정 당성을 측정하고 판단할 수 있는 실증적인 개념으로 구성하는 경우를 들 수 있다.

여기서 제안한 정당성 이외에도 다양하게 사회적 정당성의 기준을 제안할 수 있다. 동시에 이와 같은 정당성이 망라적이고 총체적일 수도 없다. 왜냐하면 구체적 정책분야나 정책영역에서 사회적으로 수용되거나 인정되는 정당성은 다 양하기 때문이다. 또한 국가개입에서 수용되고 지지되는 사회적 정당성이라는 공 공지식으로 현실의 경험사회에서 응용하고 그 가능성 등을 실천할 수 있는 구체 적인 요건이나 방법 등은 다양하기 때문이다. 따라서 여기서는 국가개입주의의 공공적인 정당성의 규범적 속성과 실천적인 구성요소 등을 설명하고자 한다.

이와 같이 설명하는 정당성의 요건이나 구성요소 등에는 법치주의나 입헌정 치 등의 헌법적 가치와 민주주의, 공익 등은 포함되지 아니했다. 국가개입은 정책이 법령으로 제정되어 현실적인 집행권한과 자격을 가지면서 개입하는 경우가 대부분이다. 동시에 법령의 형식으로 정책내용이 구체화되어야 정책의 존재가치를 가질 수 있다. 따라서 정책이 법령화될 때 그 내용 뿐만 아니라 정책과정도 국가의 통치행위로서 법치주의에 따라야 한다. 따라서 국가개입의 사회적 정당성도 법률적이고 사실적인 정당성을 전제로 해야 한다고 앞서 지적했다.

그러나 정책이 법령화되는 과정이나 절차에서의 법치주의를 준수하는 것이나 헌법의 기본정신과 내용을 위배해서는 안된다는 것 등은 국가개입주의 그 자체의 정당성이라기보다 정책의 내용과 절차 및 정책평가에서 법적 정당성(legal legitimacy)에 관한 문제라고 할 것이다. 즉 국가개입의 정당성이 사회정의이든지 또는 사회적 선이나 건강과 행복 등 어떤 것이라고 하더라도 법령인 정책 그 자체로서 법적으로 정당화되고 선언된 것이면 국가 공권력의 권위와 지배권한을 가진다. 그래서 사회적 정의의 감정이나 윤리적이고 도적적인 판단작용을 중심으로 하는 국가개입의 정당성에서 굳이 법적 정당성을 명시해야 할 필요성은 없을 것이다. 특히 법령 형태의 정책은 당연히 그리고 절차적으로 법적 하자나 문제점이 없었을 것이다. 이것은 동시에 최상위법인 헌법의 가치나 기준에 어그러지지 아니했을 것이다.

그리고 정책결정의 과정이나 정책의 목적 및 내용 등도 민주주의의 가치를 손상하지 아니해야 정책으로서 최종적으로 채택되고 결정될 수 있을 것이다. 그렇다고 별개로 국가개입주의의 정당성 기준으로 민주주의를 주장하거나 채택하지는 아니했다. 즉 정책을 통한 민주주의를 실천하고 발전시키는 정책가치나 규범으로서 민주주의는 타당하겠지만 시민의 행동과 판단과 결정에의 정당성으로서의 민주주의라는 독자적 기준을 수용하기는 어려울 것이다. 이와 같은 의미에서 보면 자유와 평등 등과 같은 민주주의의 기본가치도 마찬가지로 구체적으로 정책개입의 사회적 정당성을 판단하는 하나의 측정수단은 될 수 있다. 그러나 그 자체로서 국가개입주의의 정당성의 준거기준이 될 필요성은 크지 않을 것이다.

그렇다고 민주주의나 법률적이고 헌법적 가치, 자유와 평등 등이 국가개입주의의 정당성에서 중요하지 아니하다거나 무시해도 된다고 하는 것은 아니다. 단지 국가개입의 사회적 정당성을 판단하고 설명할 수 있는 준거기준으로 민주주의나 법적 정당성, 자유와 평등 등을 재론하거나 재결정해야 할 필요성이 적다는 의미이다. 즉 민주주의나 헌법적 가치, 자유와 평등 등은 모든 국가개입주의의 기본적인 가치이다. 때문에 군이 정당성의 기준으로 설정할 필요성이 적다는 뜻이다. 즉 정책에는 이미 민주주의와 헌법적 가치가 내재되어 있고 절차적으로도 검증을 거친, 즉 충족된 상태이기 때문에 군이 국가개입주의의 정당성으로 재검토할 필요성은 없다는 의미이다.

또한 정책은 사적인 이익이나 이해관계를 추구하고 달성하는 것이 아니라 공공의 공통된 이해관계나 공익(公益)을 도모하고 있다. 따라서 법적인 정당성이나 민주주의 등과 같이 국가개입주의에서 공익도 모든 정책개입에 해당되는 보편적인 정당성이다. 때문에 별개로 정당성의기준으로 제시해야 할 필요성은 크지 아니할 것이다. 아래에서는 이와 같은 다섯 가지의 사회적 정당성의 판단기준을 자세하게 설명하였다.

첫째, 사회적 선(善)을 정확하게 정의하고 그에 따라서 이것을 현실적인 정책개입의 정당성으로 측정하기란 쉽지 않다. 선(善)을 그 자체의 최고 목적인 최고선으로 이해할 수 있고(전재원, 2009: 352; Brannmark, 2009: 338), 의무론에서 윤리적이고 도덕적 행위나 판단의 정당성을 의무지우는 것(이상형, 2012: 226; Solovyov, 1918)으로도 이해할 수 있다. 나아가 선과 같은 고도의 추상적 개념을 정의하고자 하는 것 자체는 잘못이라고 자연주의 오류(naturalistic fallacy)를 주장하기도 한다. 즉 정의할 수 없는 것을 정의하고자 하면 더욱 더 그 본래의 개념적 가치를 올바르게 이해할 수 없게 된다는 주장이다(한상기, 2015; Walsh, 2008). 그래서 철학이나 정치학, 윤리학 등에서 선의 정의는 매우 복잡하고 다양하며 또한 부정적이다(제4장의 선도주의에서 자세히 설명한다).

국가개입주의의 정당성으로서의 사회적 선을 제시하면서 이것을 현실적으로 측정하거나 이해하기 위한 개념조작도 쉽지 않다. 왜냐하면 사회적이고 공공적인 선은 추상적이고 관념적이며 구체적 사건이나 사례에 따라서 그것을 선으로 판단하거나 인식하는 것이 다양하기 때문이다. 또한 선은 개인적일 뿐만 아니라 상대적인 개념이기 때문이다. 따라서 절대적으로 선악을 구별할 기준이나 방법도 없다. 정책이 추구하는 목표나 가치 또는 정책의 기본이념이나 철학이 공공적인 선을 지향하고 있는가 하는 것도 마찬가지로 추상적이고 가치판단적이다.

그럼에도 불구하고 국가주의의 정책개입인 국가개입주의는 현실적으로나 선언적으로 사회적으로 건강하고 건전한 윤리나 도덕 또는 공유하고 있는 가치판단 등을 추구하고 목표로 하고 있는 것은 사실이다. 물론 사회적 선도 시대적 조건과 장소적 상황에 따라서 변화될 수 있는 상대적인 것이다. 때문에 절대적인 유일선이나 최고선을 정당성으로 고집할 수만 없다. 그러나 국가개입주의는 사회적인 규범이나 약속 또는 도덕적 양심과 윤리적이고 이성적인 판단에 따라야 한다. 동시에 이것이 사회적으로 용인되고 수용되어야 하며 도덕과 양심과 윤리에 부합되어야 한다는 사실을 제시할 수 있어야 사회적 선은 정당성의 기준으로 작용할 수 있을 것이다.

그래서 여기서는 사회적 선의 구성요소로 사회도덕과 사회윤리 및 사회가치의 공유와 확산 등을 제시할 수 있다. 즉 도덕과 윤리라는 사회적 가치를 공동의 선으로 공유하고 이것을 확산하여 건전한 사회공동체를 지속하고 유지하는 하나의 의무론적 개념으로 파악할 수 있다. 물론 이와 같은 사회적 선을 정책현장에서 실천하고 달성할 수 있어야 국가개입주의는 정당화될 수 있다는 전제에서이다.

마찬가지로 사회도덕도 정확하게 정의하기 어렵지만 사회적인 이념과 가치, 문화와 권위, 원칙 등을 존중하고 이것을 실천하는 하나의 의무론적 개념으로 볼 수 있다. 여기에는 사회적 규범이나 약속, 원칙, 관습, 정의 등을 준수하고 실천하는 실천덕목을 구체적인 구성요소로 파악해 볼 수 있다.

사회윤리도 어려운 개념이지만 합리적이고 이성적인 행동강령이나 윤리강령 등을 규정하여 개인이 아닌 사회적인 공공행위의 선악과 시비 등을 판단하는 정당성 기준으로 볼 수 있다. 이와 같은 사회윤리를 윤리강령이나 행동강령 또는 정책

책임주의, 공공행위의 윤리판단 기준을 구체적으로 제시한 정책의 공공성, 부정부패를 방지하거나 제거하기 위한 내용(내부고발 포함) 등과 같은 구성요소를 만들면서 사회윤리의 복잡한 개념을 국가개입주의의 현실적인 정당성으로 제안할 수 있다.

그리고 윤리적이고 도덕적인 사회가치를 다수가 추구하는 공통의 이상과 가치로 공유하고 이것을 확산하여 건전한 사회공동체를 형성하고 유지하고자 하는 것도 사회적 선의 중요한 덕목일 것이다. 따라서 민주주의나 자유, 정의, 평등, 환경가치, 공공성, 합리성 등과 같은 가치를 공유하거나 지지 및 확산하는 것도 정당성을 정책현장에서 구체적으로 찾아 볼 수 있는 국가개입주의의 정당성이 될 수 있다.

둘째, 정의란 무엇이며 또한 사회정의란 무엇인가 하는 본질적 질문을 탐구하는 연구는 다양하고 복잡하다. 이와 같은 근원적인 질문에의 논쟁은 제4장의 선도주의 정책사상이나 제5장의 균형주의 등에서 자세히 취급하기로 하고 여기서는 국가개입주의의 정당성을 사회정의로 구성하기 위한 철학적인 사고라는 정도로 설명하고자 한다.

우선 사회정의를 공정한 질서와 규칙에 의한 성실한 사회적 가치나 규범으로 이해할 수 있다. 동시에 보편타당한 원칙에 의하여 공정한 기회나 참여가 보장될 수 있고, 국가구성원으로 사회적 존재가치를 알 수 있는 권리나 또는 개인적 가치를 발전시키고 성숙시킬 교육이나 훈련 등을 받을 수 있는 권리 등에 관한 철학적이면서도 실천적인 것이 사회정의의 핵심일 것이다. 마찬가지로 신체적이거나 경제적 또는 어떠한 조건과 기준에 의하여 부당하게 차별받지 아니하거나 이와 같은 차별을 시정하고 수정할 수 있는 공정한 기회를 가질 수 있는 것도 사회정의일 것이다.

사회정의를 소통과 분배로 요약할 수 있을 것이다. 분배는 공정하고도 가치있는 공공자원의 나눔이라고 할 수 있다. 소통은 물리적일 뿐만 아니라 정신적으로 상대를 이해하고 존중하는 의사전달이고 수용이라고 할 수 있다. 따라서 국가개입주의의 사회적 정당성으로 사회정의를 공공자원의 균등한 분배와 기회의 공정성, 차별과 역차별의 균형 및 소통과 배려 등으로 구성요소를 현실화시켜 볼 수 있다.

공정하고도 균등한 분배로서의 사회정의를 분배의 정의로 이해하면서 동시에 전통적인 이상사회를 지향하고 있다는 것으로도 이해할 수 있다. 이것은 역시 차별에 의한 차별적 분배로 널리 이해되고 있다[104]. 그러나 차별을 수정하고 교정하기 위한 분배의 정의에 의해서 발생되는 역차별도 역시 국가개입의 정당성 기준이 될 수 있다. 이와 같은 사회정의를 구성하는 구체적인 요소로 세대간, 지역간, 성별 차별제거 뿐만 아니라 역차별에 의해서 발생되는 불균형의 시정이나 정보나 지식의 공유에 의한 알권리 및 교육과 훈련을 받을 권리 등을 고려해 볼 수 있다. 또한 사회정의에는 보편타당한 원칙과 질서에 의한 국정에의 참여나 참정(參政)의 공정한 기회뿐만 아니라 접근할 수 있는 기회 등이 보장되는 기회의 정의도 포함될 수 있다.

그러나 기회나 자원의 공정하고도 균등한 분배나 기회의 정의도 사회적이고 경제적이며 구성적(교육이나 지역, 성, 연령, 직업, 정보화 능력 등)인 불평등이나 불균형과 소외를 제거하고자 하는 적극적이며 실천적인 노력인 소통이 보장되고 실천될 수 있어야 국가개입주의의 정당성으로 작용할 수 있을 것이다. 이와 같은 소통노력에 의한 사회적 유대를 형성하고 공공의 목표와 선을 추구하는 사회는 인간의 존엄성과 가치를 존중하는 배려사회가 될 수 있다[105]. 물질적일 뿐만 아

---

104) 동양사상에서 차별적인 분배의 정의를 구체적이면서 명료하게 지적한 것이 많지만 대표적으로 예(禮)를 통하여 악(惡)한 인간의 본성을 순리에 맞게 수정해야 한다는 성악(性惡)사상을 주장하는 순자(기원 전 298－238)의 지적을 다음과 같이 인용할 수 있다; "군주는 예를 실천하고 제도화할 수 있는 법제와 직분을 만들어야 한다. 귀천과 상하를 분명히 차등하고 지혜와 어리석음 등의 능력에 의한 응분의 몫을 배당해야 하며 일에 따라서 사람을 배치하고(인사) 그에 따른 마땅한 보상과 녹봉을 결정해야 한다. 이와 같이 하면 국가와 가정을 평화롭게 할 수 있다. 이것이 도를 실천하는 것이다"(故先王案爲之制禮義以分之 使有貴賤之等 長幼之差 智愚能不能之分 皆使人載其事 而各得其宜 然後使穀祿多少厚薄之稱 是夫群居和一之道也)(『荀子』, 榮辱).

105) 더불어 살아가는 공존사회(coexistence society)를 실천한다는 의미로 설명하는 배려사회(care society)가 김수동(2011: 25)은 『논어』에서 "덕과 교양을 갖춘 사람들이 사는 사회는 외롭지 않고 반드시 좋은 이웃이 있게 마련"(德不孤 必有隣)(里仁)이라는 공자의 가르침을 인용하면서 전통적인 한국사회의 전형이라고 했다. 마찬가지로 서양사회에서 전통적으로 개인주의적 자유와 창의에 의한 개인적 성취와 동기를 강조하면서 사회적 인간관계에서 타인의 입장에서 이해하고 보살피는 배려정신이 부족하다는 지적도 할 수 있다. 그러나 본질적으로 배려의 원칙은 서양종교와 박애정신의 근

니라 정신적 안정과 행복 및 사상과 이념을 초월하는 기회와 선택 등의 다양성을 인정하고 존중하는 배려사회는 더불어 살아가는 공존사회를 실천하는 사회이고 사람을 사랑할 수 있는(애인:愛人)[106] 윤리적으로 건강한 사회일 것이다. 여기서는 국가개입주의의 정당성은 확보되기 쉬울 수 있다.

셋째, 국가의 형성초기부터 국가개입의 정당성은 기초적인 사회의 질서유지와 안녕의 보장과 같은 사회평화(societal peace)에 있었다. 외부세력이나 위협으로부터 국가를 보위하고 국민의 생명과 재산 등을 지키는 것은 국가주의의 일차적 존재가치였다. 동시에 왜 국가는 시민의 자유와 자율에 개입하고 간섭하는가 하는 근원적인 정당성을 제공하는 원천으로서 시민의 생명과 안전이 보장되는 평화로운 사회가 되기도 했다.

더구나 한국사회는 경제적이고 물질적으로 국가발전이 급속하게 진행되면서 파급된 경제적 위기나 재난, 이념이나 사상간의 갈등과, 정치적 포퓰리즘에 의한 사회적 안전망의 파괴, 성별이나 지역 등의 이원론적 분파 또는 분리주의, 남북으로 분단된 국가를 유지하면서 발생되는 국가안보나 통일에의 다양한 방법론 등에서 발생되는 갈등과 부조화, 극단적인 집단이익의 표출 등을 통제하고 조정할 사회적 권위와 가치의 상실 등과 같은 해결하기 어려운 사회적 문제를 가지고 있다. 이와 같은 사회문제를 해결하고 조정할 국가의 정책개입인 국가개입주의의 정당성은 일차적으로 사회의 안녕과 질서이며 사회적 갈등과 부조화 등을 평화적

본적인 가치기준이 되고 있다는 주장(Glenn, 2000; Wilhelm and Bekkers, 2010)도 현재의 상황에서는 타당하다고 할 수 있다.

106) 동양사상에서 애인(愛人)사상은 유교의 인본주의의 근본이 되고 있다. 물론 공자의 애인사상을 유교 고전의 일부 내용만으로 그 전체를 이해하기 어렵지만 그 핵심적인 것으로 "대국을 다스리는 국사에 신뢰성이 있어야 하고 재정을 절약하여 널리 백성을 사랑할 수 있어야 하며 백성에게 일을 시키되 시기와 때에 맞아야 한다"(道千乘之國 敬事而信 節用愛人 使民以時)(『論語』, 學而)는 지적을 들 수 있다. 여기서 애인의 '人'을 좁은 의미로 백성과 대조되는 관리로 해석할 수도 있을 것이다(박종연 옮김, 2006: 30). 동시에 "만인을 사랑하게 되면"(汎愛衆)(『論語』, 學而) 그들이 선함과 착함과 군자다움의 길로 나아갈 수 있도록 하는 것이 진정한 사랑이라고 보았다(子曰 愛之 能勿勞乎)(『論語』, 憲問). 그러나 공자는 "오직 인자(仁者)만이 이와 같은 애인사상을 실천할 수 있다"(子曰 唯仁者 能好人 能惡人)(『論語』, 里仁)라고 했다.

으로 해결하는 사회평화라고 할 수 있다.

국가개입주의의 정당성으로서 사회평화는 전쟁과 폭력, 테러리즘, 갈등과 투쟁 등으로부터의 해방을 관리하는 국가나 또는 인종, 지역, 세대간의 평화라는 의미가 아니다. 대신에 국가개입주의의 정책을 정당화할 수 있는 사회질서와 안녕은 주민들이 믿고 향유할 수 있는 수준의 사회평화에 달려있다. 즉 갈등과 폭력과 투쟁보다는 상호간의 신뢰와 조화에 의한 사회질서와 조정에 의한 사회안녕이라고 할 수 있다.

따라서 사회의 안녕과 질서의 기준에 의한 구체적인 정당성을 외부세력이나 위협으로부터 안전한 사회를 유지할 수 있는 경제적이고 사회적 안정망을 유지하는 사회안전, 탈법이나 불법, 위협적인 행동이나 가혹행위나 조건 등을 방지하거나 제거하여 사회의 질서를 유지하는 것, 사회적 갈등이나 부조화 또는 집단간의 극단적인 이해관계의 표출로 인한 사회적 갈등과 충돌을 예방하고 해결하여 공동체사회의 평화를 달성하는 것과 같은 구체적 요소를 찾을 수 있다.

또한 집단이나 지역 및 직능단체 등의 극단적인 이해관계의 표출을 원만하게 조정하고 해결하여 공동체사회가 추구하는 평화를 달성하는 요소도 제안할 수 있다. 그러나 사회평화는 사회적인 갈등이나 부조화 등을 국가개입주의의 정당성으로 설명한 것이다. 따라서 반전운동이나 여성평등, 인권이나 환경정의, 종교의 평화운동, 핵실험이나 파병반대 등의 평화운동(peace movement)이나 국가나 지역, 인종간의 전쟁과 투쟁을 예방하고 해결하고자 하는 사회정의의 패러다임이나 학문적으로 전쟁과 갈등 등으로부터의 자유로운 방법과 이론 등을 설명하는 평화학(peace studies)[107] 등과는 차이가 있다.

---

107) 평화를 일반적인 수준으로 정의하기는 어렵지만(Stephenson, 2017: 138) 평화연구 또는 평화학(peace study)은 2차 세계대전 이후에 영국을 중심으로 국가간의 전쟁과 폭력 등을 방지하고 예방하고자 하는 사회정의 운동의 새로운 패러다임으로 등장하였다(Meyer, 2016). 그리고 UN의 결성과 활동으로 지구촌사회의 항구적인 평화운동이 세계의 신질서의 중심으로 자리잡기도 했다. 그러나 현재는 국제사회를 폭력과 살생으로 위협하는 테러리즘과 신종 바이러스의 출현, 인종간의 갈등에 의한 인종주의적 분쟁(중동이나 아랍권)으로 평화학의 초점이 상당히 혼란스럽게 변화되고 있다

넷째, 사회평화를 국가개입주의 일차적이고 기초적인 정당성 기준이라고 한다면 사회 건강과 행복은 보다 적극적이고 능동적이며 복리기준의 정당성이라고 할 수 있다. 하나의 예로서 국가는 왜 자살하고자 하는 시민의 판단과 결정에 개입하여 자살을 방지해야 하는가, 우리는 왜 자살하고자 하는 이웃을 보살피고 돌보아야 할 의무가 있는가 하는 등의 정책개입의 정당성은 사회공동체 구성원들의 행복과 건강을 국가가 보장하고 보호해야 하기 때문이다. 즉 개인들의 생명가치를 스스로 판단하고 결정하는 것은 개인의 고유한 기본권이지만 개인은 사회구성원으로서 건강하고도 행복한 역할을 해야 할 공동체의 책임도 있다. 여기에 국가가 강제적으로 개입하는 것은 국가의 의무이고 책무일 것이다. 국민은 행복을 추구할 권리를 가진다고 헌법(제10조)에 보장하고 있는 것은 국가는 국민이 행복을 추구할 수 있는 정책을 실시하고 실천해야 한다는 책무를 지우고 있다는 의미이기도 하다. 이것이 국가개입주의의 적극적이고 능동적인 정당성의 기준이라고 할 수 있다.

이와 같은 사회적 건강과 행복의 정당성 기준으로 세 가지 요소를 찾아 볼 수 있다. 먼저 개인의 건강과 행복이 사회적 건강과 행복의 근원적 구성체이며 원천이지만 개인의 것과는 관계없이 독립적으로 존재하는 국가개입주의의 정당성을 부여할 수 있는 하나의 기준으로 사회 자체의 건강함도 있다. 즉 사회공동체를 구성하는 구성원들의 이익과 이념이 공정하고도 평등하게 대표되면서 표출될 수 있는 사회, 경제적인 소득과 부의 불균형이나 불평등을 해결하고 조정할 수 있는 사회, 교육이나 자기개발의 공정한 기회를 가질 수 있는 사회 등은 개인의 능력과 노력에 대한 공정한 대가를 보장할 수 있는 사회로서 건강한 사회이다.

그 다음으로 사회행복, 즉 살기 좋은 사회의 정당성 기준도 구성할 수 있다.

(Cook-Huffman, 2002; Mason, 2002). 학문적으로 평화학은 국가나 시민간의 전쟁이나 갈등과 폭력을 방지하고 예방하며 관리할 수 있는 접근방법이나 이론을 연구하는 것으로 발달되고 있다(Dar, 2017). 전쟁이나 폭력으로부터의 자유로운 또는 상호간에 신뢰하는 유익하고 건전한 방법의 사회평화도 강조하지만, 국가개입주의의 정당성으로 사회평화는 국가의 존재가치를 훼손하거나 침해할 경우나 우려가 있을 때 국가는 정책행위를 수단으로 하여 평화로운 사회의 질서와 안녕을 추구하는, 소위 국가내의 사회적 질서의 유지라는 측면을 강조하는 것이다.

우선 살기 좋은 사회는 사회구성원 개인의 존엄성과 가치가 보장되고 실현되는 사회이기도 하지만 사회체제나 작용의 본질이 좋은 사회라고 할 수 있다. 즉 경제적이거나 직업 및 교육이나 지역 등에 따른 차별이나 불평등이 없는 사회, 세대간의 공정한 기회가 보장되는 사회, 능력과 실력 중심에 따라서 사회적 보상과 결실이 실현되는 사회, 문화와 사상과 가치의 다양성이 수용되고 존중되는 사회 등이 좋은 사회일 것이다.

마지막으로 사회건강과 사회행복 등은 만인의 평등사상을 기초로 하면서 지위와 역할과 능력 등의 다양성을 인정하고 존중하는 상호존중도 사회행복을 담보할 수 있는 중요한 정당성의 하나라고 할 수 있다. 동양사상, 특히 한국의 통치원리의 근본사상에 해당될 부자관계(환인－환웅)와 군신관계(환인－백성) 등의 통치사상인 상호존중이 주체성 사상으로 국가정책의 최고의 원리가 되고 있기도 한다.

다섯째, 국가의 보편적 이익이 국가개입주의의 정당성 요소가 될 수 있다. 개인의 이익이 아닌 공공의 이익과 그의 보호가 정책개입의 정당성으로 중요하게 논의되기 시작한 것은 자본주의 시장질서가 교란되는 시장실패부터라고 할 수 있다. 실질적으로도 국가주의는 국가와 시장과의 세력관계에서 국가가 시장질서에 개입하고 간섭하는 경제개입주의(economic interventionism)가 중심이 되어 왔다고 앞서 국가주의의 고찰에서 지적했다. 시장의 자유롭고도 자율적인 보이지 않는 손과 같은 자동조절의 시장기능에 따라서 건전한 부(富)와 자본이 창출된다면 국가는 시장질서에 개입하거나 간섭할 필요가 없다. 그러나 자본과 자유와 창의와 개인적 욕망을 중심으로 작용하는 시장의 건전한 분배와 생산 기능에 문제가 발생될 때 이것을 개인들의 경쟁원리와 욕구충족에만 맡겨둘 수 없는 현상도 발생하게 된다.

그러면 이것을 누가 수정하고 바로 잡을 것인가 하는 문제는 경제개입주의의 핵심적인 과제이다. 그래서 국가는 중상주의적 이념을 중시하여 시장의 자동조절작용을 기대했지만 시장은 빈익빈 부익부를 기반으로 더욱 더 탐욕스러운 자본가계급을 탄생시키면서 보편적 인간의 이해관계를 보장한다는 시장의 본질적 가치가 훼손되는 것을 경험하게 되었다. 이와 같은 실패를 치유하고 조정할 책무가 국가의 기본임무가 되면서, 물론 많은 경우에 국가도 실패를 경험하기도 하지만 국가가 시장의 기능에 개입하고 간섭하여 자본주의의 분배와 생산의 기능을 유지할 수 있도록 하는 명분을 가지게 되었다고 볼 수 있다.

마찬가지로 국가개입주의가 반드시 국가의 시장실패에의 개입만, 즉 경제개입주의에만 한정되는 것은 아니다. 집단이나 개인간의 불균형적인 이해관계를 조정하여 상호공존의 질서와 가치를 추구하는 국가개입도 정당성의 중요한 기준이 될 수 있다. 동시에 지역의 특수성이나 특산품 및 지역산업 등에 한정되는 경우에도 정책개입은 정당화될 수 있다. 왜냐하면 지역중심의 경제적 이해관계나 발전이 국가 전체의 균형발전과 국익에 중요한 변수가 되기 때문이다.

이와 같은 국가의 보편적 이익의 정당성 기준을 구체적으로 지역사회의 보편적 이익을 공유하는 지역이익과, 물론 극단적인 지역이기주의에 의한 경제적 이해관계는 제외하고서 성별이나 직업별, 연령별, 세대간이나 이념간의 집단구성원들의 보편적 이익과 집단정체성 확보를 위한 집단이익, 보편적으로 국가의 경제적 이익이나 기타 국익 등은 구체적인 정당성의 기준이고 요소라고 할 수 있다.

지금까지 설명한 다섯 가지의 사회적 정당성과 그의 규범적이고 실천적인 기준 또는 요소 등을 <표 3-1>과 같이 요약해서 정리하였다. 이것을 기준으로 해서 일곱 분야의 정책영역을 대표하는 각 분야의 정책인 법령을 예시하면서 국가개입주의의 정당성을 조금 더 실천적으로 설명하고자 한다.

〈표 3-1〉 사회적 정당성의 규범적, 실천적 요소(기준)

	규범적 개념	실천적 개념
사회적 선	• 사회도덕: 사회적 이념과 가치, 문화, 권위, 원칙 등에 대한 존중과 실천	• 사회적 규범과 약속, 원칙, 관습, 정의, 가치의 준수 • 사회적 덕목의 실천의무
	• 사회윤리: 합리적이고 이성적인 행동강령의 규정, 공공행위의 선	• 윤리강령, 행동강령의 규정과 실천책임

	악과 시비 등의 판단기준	• 공공행위의 윤리적 판단기준 설정 • 부정부패의 방지(내부고발 보호) • 윤리강령(행동강령) • 부정부패 방지·제거 • 공공성 보장
	• 사회가치의 공유 및 확산: 다수가 추구하는 공통의 가치와 이상을 공유하고 확산	• 민주주의, 자유, 정의, 평등, 환경, 공공성, 합리성 등 공유가치의 확산 • 사회적 공유가치의 확산, 공유, 지지
사회 정의	• 공공자원의 균등한 분배	• 국가예산의 지역별, 사업별 공정·평등한 배분 • 공정한 사회간접시설(공공시설)의 확충 • 지역균형발전 추구 • 지역별, 사업별 국가예산배분 • 공평한 SOC 확충
	• 기회의 공정성: 보편타당한 원칙에 의한 국정참여 및 공정한 접근 기회의 보장, 불균형 해소	• 공정한 국정참여 기회의 보장 • 국가 및 공공정보의 공정한 접근과 이용 • 국정참여, 참정 보장 • 공정한 정보공개 • 알권리 • 교육·훈련 등의 권리
	• 차별과 역차별의 균형: 성별 및 세대간 경제적 차별이나 사회적, 정부간, 지역적 차별을 균형화하거나 역차별을 시정하고 조정하는 균형작용	• 세대간, 지역간, 정보, 성별 차별 제거 • 역차별에 의한 불균형의 시정 • 역차별 시정 및 적극적 조치
	• 소통과 배려: 사회적, 경제적, 구성적(직업, 지역, 성) 불평등과 소외를 제거하는 소통노력과 인간의 존엄성과 가치를 추구하는 사회정의	• 사회적, 경제적, 구성적 편견과 무지의 해소 • 인간존엄성의 보장과 신장 • 소득, 교육수준, 지역, 성별간의 무지와 편견 해소와 소통 • 약자·소외자의 경제적, 심리적 다 함께 운동
사회평화	• 사회 안전: 외부세력이나 경제적, 물리적 위협으로부터 안전한 사회	• 불순·불온단체의 사회불안 선동이나 조작 등에의 대응 • 경제적 위기나 재난 등 사회안전망 설치 • 이념·사상 등 극단주의의 위협과 선동 등의 방지·제거 • SNS, 가짜 뉴스 등을 통한 사회 파

		괴의 방지 및 치유 •역병 등으로부터 안전한 사회
	• 사회질서: 다양한 불법, 탈법, 위협, 가혹 행위나 조건의 제거 및 방지를 통한 사회의 질서유지	•불법, 탈법 단체 등의 불법이나 위협 행위의 방지 •거리 교통질서 유지 •홈쇼핑 등 불법·위법 상거래 행위 단속 • 금융사기 방지 • 안전한 거리통행 및 공공시설 관리 • 안전하고 편안한 교통질서유지 • 건전한 상거래(전자 상거래 포함)
	• 사회평화: 사회적 갈등과 투쟁 등의 평화적 해결과 조정	• 집단이익이나 이념의 극단적 표출에 의한 사회갈등의 해결 •공동체 평화의 달성 •공동사회의 이상추구
사회 건강과 행복	• 사회건강: 공동체 구성원의 이익과 이념이 공정하고 평등하게 대표되고 표출되는 사회; 경제적 소득의 불균형과 불평등의 해소, 능력과 노력의 공정한 대가가 주어지는 사회	• 경제적 불평등 해소 • 수도권과 비수도권 교육 및 취업 불균형의 해소 • 세대간 공정한 직업선택과 취업기회의 보장 • 능력과 실력중심 사회 • 경제적 불평등지수 개선 • 취업과 사회공헌 • 능력중심 인사 및 채용 • 사생활보호
	• 사회행복: 살기 좋은 사회	• 결혼·출산 등 사회발전 기본조건 충족 • 과도한 게임, 자살 등을 방지하는 사회 • 과도한 사교육 방지에 의한 건전한 공교육 및 가족경제 실현 • 출산장려, 자살방지, 해외이민, 사회범죄 등에 관한 목표와 달성방법 • 불법 사교육 방지 및 공교육 육성
	• 상호존중: 만인의 평등사상과 동시에 각자의 역할과 지위에 의한 차이(다양성)를 인정하고 존중하는 사회	• 법적, 사실적 평등주의 • 문화, 사상, 가치, 이념 등의 다양성을 수용하는 사회 • 평등주의 추구와 실천 • 건강한 다문화사회 추구

국가의 보편적 이익	• 지역이익: 지역의 경제적 공유이익, 지역개발이익, 지역보존 및 차별이익의 실현	• 지역공단설치 및 개발이익 • 지역보존이익 • 지역특산품 개발이익 • 지역산업 및 공단지정과 개발 • 지역의 유·무형문화재, 자원보존 • 지역특산품 개발이익
	• 집단이익: 성별, 직업별, 연령별(세대간 포함), 이념간 집단구성원의 경제적 이익과 집단정체성 확보에 의한 집단이익	• 집단간 경제적 이익 및 정체성 확보 노력 • 집단간 이익 대표 • 집단정체성 확보에 의한 경제적 이익(예산, 구성원)
	• 보편적 이익: 보편적으로 국가의 경제적 이익(경제질서, 경제블럭 등)이나 국익의 달성	• 국가 경제적 이익 • 외교안보, 국익 • 기후나 환경 보전 이익 • 문화콘텐츠산업 이익 • 스포츠산업 이익 • 기타(에너지, 정보 등) • 경제협약(예: FTA, 지역경제협력 공동체) • 외교안보 동맹, 다자간 협약 • 기후·환경협약이나 조약 등 가입 체결 • 한류문화 개발과 확산 • 세계스포츠 시장 진출 및 이익창출

(2) 사회적 정당성의 실천적 이해

국가개입주의의 사회적인 정당성을 구체적인 정책에서 실천적으로 발견하는 것도 개입주의의 정당성에서 중요한 일이다. 앞서 개입주의의 정당성을 정의하면서 정당성은 규범적인 개념일 뿐만 아니라 정책현실에서의 실천적 가치를 발견할 수 있는 개념이라고 하였다. 이에 따라서 공공성에 의한 다섯 가지의 국가개입주의의 정당성은, 물론 완벽한 의미의 조작적 수준에 의한 측정은 아니지만 다양한 정책분야를 선별하여 각각의 정책분야에서의 정당성의 실천적 개념을 설명할 수 있다.

<표 3-1>에서 정리한 사회적 정당성의 규범적이거나 실천적인 기준이나 구성요소에 따라서 국가개입주의의 사회적 정당성을 구체적 정책분야에서 측정

할 정책대상을 복지정책, 노동과 산업정책, 의료 및 보건정책, 교육정책, 경제정책, 과학기술정책, 사회정책 등으로 구분하여 선별해 보았다. 물론 국가개입주의 정책을 여러 분야로 구분하고 정리할 수 있지만 이와 같이 일곱 개 분야로 정리한 것은 개입주의 정책을 그 내용별로 분류한 것이다. 특히 노동과 산업정책을 하나의 분야로 정리한 것은 산업에 노동분야를 포함시켜서 분류한 것이다. 사회정책을 국민의 안전, 여가, 스포츠, 취미 생활 등과 같은 시민의 일상적인 생활과 관련된 정책으로 분류해서 복지정책과 구분하였다. 국방이나 외교 및 통일 정책 등의 정책은 본질적으로 국민의 자유로운 의사결정에 개입하고나 간섭하는 성격이 아닌 국가방위나 존립 등에 관한 정책이라서 제외하였다.

각각의 정책분야에서 대표적인 정책개입을 각각 세 가지로 선정하였다. 각 정책분야별로 다양하고 복잡한 정책이 있지만 정책분야를 대표할 정책으로 법령화되어 있는 구체적 법령을 법제처 소속의 국가법령정보센터(www.law.go.kr)의 법령집을 참조하였다.

구체적인 법령의 내용으로 사회정책에는 자동차관리법(법률 제12472호), 성매매알선 및 행위의 처벌에 관한 법률(약칭 성매매처벌법, 제12349호), 자전거이용 활성화에 관한 법률(약칭 자전거법, 제12844호) 등을 선택하였다. 그리고 과학기술정책에는 생명윤리 및 안전에 관한 법률(약칭 생명윤리법, 제12844호), 정보통신망 이용촉진 및 정보보호 등에 관한 법률(약칭 정보통신망법, 제13014호), 중소기업 기술혁신 촉진법(약칭 중소기업기술혁신법, 제13315호) 등을 추출하였으며 경제정책에는 기업구조조정 촉진법(법률 제12663호), 경제자유구역의 지정 및 운영에 관한 특별법(약칭 경제자유구역법, 제12959호), 이자제한법(법률 제12227호) 등을 선택하였다. 교육정책에는 학교급식법(법률 제11771호), 사립학교법(법률 제13224호), 학원의 설립·운영 및 과외교습에 관한 법률(약칭 학원법, 제13120호) 등을, 의료·보건정책에서는 먹는 물 관리법(법률 제13164호), 가축전염병 예방법(법률 제12806호), 응급의료에 관한 법률(제13106호) 등과, 노동·산업정책분야에선 게임산업진흥에 관한 법률(약칭 게임산업법, 제12844호), 최저임금법(법률 제 11278호), 근로자직업능력 개발법(약칭 직업능력개발법, 제13042호) 등, 복지정책분야에서는 아동복지법(법률 제12844호), 긴급복지지원법(법률 제12934호), 국민기초생활 보장법(법률 제12933호) 등을 참조하였다.

첫째, 사회정책분야에서 국가개입주의의 정당성이다.

사회정책인 자전거법은 제1조의 목적에서 밝힌 바와 같이 "이용자의 안전과 편의를 도모하고 이용의 활성화에 이바지한다"고 하면서 이용자의 안전에 초점을 둔 법이다. 그래서 정책개입의 정당성은 우선적으로 사회질서와 사회안전이라고 판단할 수 있다. 특히 자전거 이용으로 인한 개인적 안전뿐만 아니라 건전한 자전거문화를 통한 대중교통이나 기타 자전거전용도로의 이용, 지전거사고 등을 총합적으로 규제하고 간섭하는 것이 중요한 정당성이라고 할 수 있다.

그리고 시민의 경제적 부담을 제거하기 위해서 공영자전거 운영사업을 실시할 수 있도록 했다. 따라서 경제적 불평등 지수를 개선하면서 사회건강을 추구하는 정책개입의 정당성도 발견할 수 있다. 그러나 이 법의 제·개정 이유에서 밝힌 바와 같이 기본이념은 자전거이용을 활성화해서 심각한 출퇴근 교통난을 해소하면서 동시에 과밀교통체증 등에서 발생될 공해발생을 감축하여 대기오염을 줄이고자 하는 시민의 건강과 행복추구가 주요한 정책개입의 목적이라고 할 수 있다. 그러면서도 자전거 이용자들이 자동차 통행이나 보행자 등에게 방해나 위해가 되지 않도록 하는 남에 대한 배려를 강조하는 사회정의의 정당성도 발견할 수 있다. 즉 자전거이용을 확대하고 활성화하지만 대중교통과 연계하여 대중교통의 보조수단으로서 일상적 대중교통에 방해가 되어서는 안된다는 소통과 배려의 사회정의도 자전거 이용정책의 국가개입주의의 정당성이 되고 있다.

성매매처벌법의 사회적 정당성은 법령내용이나 제·개정이유, 법령 제안이유 및 회의록 등의 내용분석에서 보면 제한적임을 발견할 수 있다. 왜냐하면 성매매의 성격과 정의 등이 상당히 정의하기 어려운 사회문제로 인식되고 있기 때문이다. 그러나 일반적으로 이 법이 제정되기 이전에 윤락행위방지법(법률 제7196호, 2004.3.22. 폐지됨)이 한국사회의 성에 관한 국가정책으로 개인의 성생활에 관한 자유에 개입하고 간섭하고 있었지만 성매매처벌법은 성매매를 알선하거나 유인하는 등의 공급자와 중간매개체를 차단해서 성을 중심으로 하는 인신매매를 국가가 처벌하여 건전한 성문화를 강조하는 사회윤리라는 정당성을 찾을 수 있다.

동시에 성매매피해자를 처벌하지 아니하는 원칙을 제시하여 사회적 약자계층의 권리와 권익을 보호한다는, 즉 성(姓)과 노동의 복합적 사회구조에서 성의 약자를 보호해야 한다는 사회정의(적극적 조치)의 정당성을 찾을 수 있다. 그러나 성은 개인의 자유와 행복추구 및 사생활에 관한 것이지만, 이것을 매매하면서 발생하게 될 건전한 사회윤리와 도덕실천을 방해하거나 훼손하는 것을 방지할 국가의 의무로 규정하고 이에 따라서 국가정책으로 개입하는 것이 정당화되고 있지만 이것이 법령의 내용이나 제정 제안 등에 구체적으로 명시된 것은 없다.

사회정책에서 세 번째 법령인 자동차관리법은 1980년대 후반부터 자동차의 급격한 증가에 따라서 도로운송차량법(1962년 제정)을 개명(改名)한 것으로서, 자동차의 안전과 성능 등에 관한 국가적 관리기준과 절차 등을 정하여 자동차의 운행 등으로부터 발생할 사건과 사고로부터 보편적 국가이익을 지키는 것이 우선적인 국가개입주의의 정당성이라고 할 수 있다. 특히 이 법의 제정목적이 공공의 복리를 증진하는 것으로 명기되고 있고(법 제1조) 동시에 비상사태나 극심한 교통체증 등의 경우에 공공의 목적을 위하여 자동차의 운행을 제한하는 경우(제25조) 등을 명시하고 있다. 때문에 보편적 국가이익이 정당성이라고 할 수 있다. 물론 이때의 공공의 목적을 사회적 건강과 행복이라고 할 수 있고 사회건강이나 행복 및 상호존중의 정당성과는 차이가 있을 것이다.

그 이외의 자동차관리법의 정당성의 기준으로 자동차관리(제작자와 소유자 등)와 운행질서 등의 사회질서라는 기본적 가치에 따라서 국가는 개인의 사유재산인 자동차의 관리나 운행 등에 개입하고 간섭할 수 있다는 것을 찾을 수 있다. 동시에 개인이나 가계에 재산상 큰 비중을 차지하는 자동차의 매매 등의 건전한 상거래질서를 유지하기 위한 사회질서의 정당성도 찾아 볼 수 있다.

둘째, 과학기술정책에서 국가개입주의의 정당성이다.

먼저 생명윤리법으로 약칭되는 이 법의 기본적 가치는 생명공학의 과학기술정책에서 인간의 존엄성을 강조한 것이다. 그래서 생명윤리법의 정책영역은 사회나 의료보건 등과 같은 사회정책이지만 과학기술정책으로 선정한 이유는 생명윤리, 즉 인간생명체의 복제나 유전자식별 등에 관한 신기술의 발달방향과 제도 등을 국가정책으로 규제하거나 조정하는 내용이 중심이 되기 때문이다. 즉 생명윤리보다 생명공학의 육성과 발달에 초점을 둔 정책이라고 할 수 있다.

따라서 생명윤리법은 인간의 생명을 연구할 때 존엄의 가치를 침해하거나 또는 인체에 위해함을 방지하고 예방하여 국민의 안전(사회안전)을 지켜야 한다는 가치를 가지고 있다. 나아가 인간성과 인권, 복지 등의 공통적인 사회가치를 공유하고 확산하는 기준을 제시하면서 인간을 연구하는 연구자의 합리적이고 이성적인 행동윤리(예: 사람과 동물간의 체세포 핵 이식행위 등의 금지(제21조)(사회윤리) 등을 국가의 생명윤리에 대한 국가개입주의의 정당성으로 제시하고 있다고 할 수 있다.

또한 생명윤리법은 인간복제를 엄격히 금지하고 있다(제20조). 따라서 인간존엄성이라는 기본가치뿐만 아니라 사회적으로 존중하고 실천하는 사회도덕을 정책개입의 정당성으로 제시하고 있다. 특히 연구대상자의 건강할 권리 및 그들의 유전자나 개별식별정보 등을 보호하여 사회적 안녕과 발전의 기본조건이나 헌법의 생명권 등을 충족하고자 하는 사회건강도 정책개입의 정당성이 되고 있다.

정보통신망법의 정책개입의 정당성의 주요 기준은 먼저 성이나 연령, 지역, 경제적 조건 등의 차별을 극복하여 컴퓨터와 스마트폰 등으로 대표되는 정보통신망의 이용을 촉진하고자 하는 정보격차의 적극적 시정조치라고 할 수 있다. 동시에 정보통신망의 이용으로 쉽게 유출되거나 악용될 수 있는 개인의 사생활정보 등을 보호하는 사회건강도 들 수 있다.

이 법을 제정할 초기인 1980년대 후반에는 전산망, 즉 컴퓨터와 관련 산업 등의 개발과 보급 등을 촉진하여 정보화 사회의 기반을 구축하여 국가경쟁력 강화나 국가선진화라는(1987년 신규제정 이유) 보편적 국가이익, 특히 경제적 이익을 추구하는 것이 정당성의 기준이 되었다. 그러나 당시의 전산망보급확장과 이용촉진에 관한 법률이 2001년에 현재의 정보통신망법으로 변경되면서 정보산업의 국가경쟁력 촉진 등과 같은 국가의 보편적 이익이라는 정당성의 기준이 정보통신산업 진흥법(법률 제9708호)에 적용되면서 변화되기도 했다.

특히 정보통신망법으로 변경될 때의 주요 이유는 급격히 발달한 인터넷서비스 산업에 따른 정보통신서비스 이용자의 개인정보를 보호하면서 동시에 인터넷상의 음란이나 폭력물 등으로부터 청소년을 보호하는 것이었다(2001년 제·개정이유). 따라서 정책개입의 정당성 기준에서 볼 때 미래의 건전한 인적 자원을 육성하고 보호해야 할 국가의 의무인 사회안전을 들 수 있다. 개인정보의 보호는 사생활보호라는 가치에 해당되기 때문에 사회건강이라는 정당성도 파악할 수 있다.

중소기업기술혁신법에 의한 국가의 중소기업에 개입하고 간섭하는 정당성이다. 국가는 우수한 기술혁신능력을 보유한 중소기업을 집중적으로 육성해서, 특히 중소기업이 개발 및 보유하고 있는 산업기술의 불법적인 유출(산업스파이)을 방지하여 국가의 보편적 이익을 추구하기 위한 정당성을 충족시킨다고 할 수 있다. 그러나 시장의 생산경제 질서에 국가가 개입하고 간섭하는 보다 구체적인 정당성은 생산 및 산업 기술력에서 대기업 등과의 경쟁에서 발생하게 될 비교열위를 극복하기 위한 중소기업 연구개발사업의 확충 및 효율화 등과 같은 적극적 조치라고 할 수 있다. 중소기업은 기업경쟁력의 주요 변수인 기술혁신과 개발에의 기회비용이 대기업에 비하여 높기 때문에 기술개발에 투자할 수 없을 것이다.

셋째, 경제정책에서 국가개입주의의 정당성이다.

먼저 이자제한법은 개인들의 경제적 신용척도에 따라서 화폐의 사용에 대한 값을 결정하는, 화폐시장에 국가가 직접 개입하는 것으로 사회적이고 경제적 약자를 보호하는 사회정의(이 법 제1조의 경제정의를 의미한다)를 실천하기 위한 것이다. 특히 경제적인 약자계층에게 부과될 과도한 이자를 제한하여 건전한 상거래질서를 유지하면서도(사회질서) 동시에 사회적이고 경제적인 불평등 계약 (예: 이자의 최고한도, 복리약정제한 등)을 미연에 방지하고자 하는 적극적 조치 등이 국가가 화폐시장에 개입하고 간섭하는 정당성이 되고 있다.

또한 이 법의 제·개정이유에 의하면 사채업자의 고금리이자로 인한 영세 자영업자와 저소득층 시민들의 금융거래의 부담을 경감하여 그들의 최소한의 건 전한 경제생활을 보장하고자 하는 사회적 안전장치를 마련하는 것이라고 할 수 있다. 특히 이 법은 고금리에 의한 일반 서민들의 사회적이고 경제적인 어려움과 고통이나 피해를 해결하여 외부의(즉, 고금리의 사채시장과 물리적이고 심리적 강제) 경제적 위협으로부터 이들을 보호해야 한다는 사회안전도 이자제한법에 의 한 정책개입의 정당성이 될 수 있을 것이다. 동시에 이자제한법에 관한 국회 법제 사법위원회의 회의록에 의하면(제265회 국회임시회, 2007년 3월 2일: 제6호: 70-73) 경제관련 정부부처의 장관이 아니라 법무부장관이 참석하여 이자제한법 의 성격과 목적 등을 설명한 것을 볼 때, 이자제한법은 사회정의와 질서라는 정당 성을 가진 사회정책으로도 볼 수 있을 것이다.

기업구조조정 촉진법은 2001년에 제정되어 2015년까지 효력을 가지는 일 몰정책의 대표적인 사례이다. 기업구조조정인 워크아웃 시장충격을 최소화하여 채권금융회사의 채권만을 대상으로 신속한 구조조정을 실시하여 부실기업을 정 상화하고, 관련 협력업체 및 상거래투자자 등의 경제적 약자를 보호하면서 금융 시장의 안정성을 유지하고자하는 목적을 가진 법령이다(2014년, 제정이유). 따라 서 건전한 상거래보장이라는 사회질서의 정당성을 찾을 수 있다. 동시에 워크아 웃 등 기업의 구조조정에 의한 사회적이고 경제적 약자를 보호하면서 경기활성화 라는 적극적 조치의 사회정의를 실현하고자 하는 정당성도 발견할 수 있다. 그렇 지만 한시적인 기간 동안에 채권금융회사의 채권만을 대상으로 하는 구체적이고 제한적인 정책대상자로 한정하고 있다. 때문에 보편적 국가이익을 위하는 정책개 입이라기보다 협력업체나 상거래투자자 등의 경제적 이익에 한정된 집단이익이 정당성이라고 할 수 있다.

경제자유구역법은 특별법으로서 외국인 투자기업의 경영환경개선과 동시에 투자자들의 생활환경 개선이라는 구체적이고 명확한 목표를 가지고 있다. 물론 장기적인 국가경쟁력(동북아 비즈니스 중심국가(2003년, 제정이유)나 외국인 투자촉진법 등)에서 보편적 국가이익이라는 정당성도 인정된다. 그러나 이 법에서 구체적인 목적이 명시되고 있기 때문에 외국인 투자기업이라는 특정집단의 이익이라는 정당성을 우선적으로 찾을 수 있다. 경제자유구역법이 외국인 투자기업과 국제신도시 개발 등에 초점을 두고 있지만 구역 내 국내기업의 입주를 촉진할 다양한 방법이나 외국기업과의 경쟁력 제고 등을 통한 국내경영환경의 균형적인 발전도 중요하다는 것도 있다.

그리고 경제자유 구역의 지정과 개발계획, 개발사업 시행자(개발이익의 지역재투자 의무 포함) 등을 지방자치단체가 중앙정부에 요청할 수 있도록 해서, 외국인 투자기업을 지역에 유치하면서 지역과 기업 및 중앙정부의 통합전략을 실천하여 지역균형발전이라는 경제적 이익을 균등하게 분배하고자 하는 정당성도 발견할 수 있다.

넷째, 교육정책에서 국가개입주의의 정당성이다.

학교급식이 교육활동이나 내용의 하나인가 아니면 학생들의 건강과 행복이라는 복지정책에만 한정될 것인가 하는 것은 교육과 복지의 전통적인 이념논쟁의 하나이다. 그러나 학교급식도 학교생활이며 교육활동이라고 하는 전제에서 교육정책으로 분류하여 학교급식법에 의한 국가개입주의의 정당성을 발견할 수 있다.

학교급식법에 의하면 급식경비(식품비)는 학부모부담원칙, 즉 수익자부담으로 하고 급식에 필요한 시설이나 설비비 등은 학교설립경영자 부담원칙(법 제8조)으로 하고 있다. 따라서 원칙적으로 무상급식이 아니기 때문에 학교급식을 무상교육의 한 활동으로 보기 어렵다. 그러나 국가나 지방자치단체 등도 학교급식이나 시설 등의 경비를 부담하거나 지원할 수 있도록 규정하고 있다. 그래서 학교급식은 교육활동의 하나이며 따라서 급식부담에 관계없이(특히 결식학생의 지원) 신체적이고 정신적으로 건강하게 누구든지 교육을 받을 수 있는 권리를 보장하는 기회의 공정성이 학교급식법의 정책개입의 정당성이라고 볼 수 있다. 또한 급식시설이나 식재료, 영양관리 등과 같은 식품의 품질과 안전 등을 확보하기 위하여 국가가 개입하도록 규정하고 있기 때문에 사회안전의 정당성도 찾을 수 있다.

그럼에도 불구하고 학교급식법이 교육정책이 아닌 복지정책의 성격도 가지고 있다. 학교급식법을 제정할 당시의 이유에서(1981년, 제정이유) 복지국가를 지향하면서 학동들의 건전한 심신의 발달을 위한 영영급식을 한다는 원칙을 천명하고 있다. 그래서 단순히 가난으로부터 탈출이 아닌 건강한 사회라는 기본적인 이념과 철학에 따라서 급식을 실시한다는 원칙에서, 학교급식의 국가개입주의는 사회건강이라는 복지차원의 정당성도 발견할 수 있다.

학원법은 사교육시장인 학원이나 교습소 등의 설립과 운영 등에 국가가 적극적으로 개입하고 간섭하는 법이다. 따라서 불법적이거나 비윤리적 학원운영을 규제하고 방지하면서 공교육의 건전한 발달을 도모한다는(사회행복) 명백한 정당성의 기준을 가지고 있다. 학원의 설립운영은 본질적으로 교육이지만 시장경제활동이다. 여기에 국가가 개입하는 이유는 교육이라는 공공재의 생산과 공급이기 때문이다. 사교육서비스는 교육가격을 지불할 수 있는 경제적 계층에만 한정된 것이다. 그래서 교육서비스의 가격과 조건 등의 시장에 국가가 개입하고 간섭하여(특히 교습비)(법 제 15조; 18조) 과다한 경제적 부담을 제거하여, 경제적 약자들도 사립학원이 제공하는 교육서비스를 제공받을 수 있게 한다는 경제적 능력에 의한 교육기회의 불평등 제거라는(차별과 역차별의 균형) 정당성도 있다.

특히 이 법은 1989년까지 존속한 사설강습소에 관한 법률(1961년, 법률 제719호)에서 규정한 과외금지조치를 완화하여 다양한 학습욕구 충족이라는 가치를 제시했지만 경제적 능력에 따른 교육의 차별성을 완화하겠다는 보다 더 적극적인 국가개입주의의 정당성을 밝히고 있다고 볼 수 있다. 마찬가지로 그 이전까지 금지된 경제적 약자인 대학생의 과외교습을 허용한 것도(1989년 일부개정 이유) 교육과 경제의 차별과 역차별을 시정하겠다는 적극적 조치의 기준이라고 할 수 있다.

또한 학원법은 교육시장에 관한 규제이고 간섭이다. 때문에 국가는 일정한 교육환경과 시설기준 등을 설치할 것을 강제하고 있다. 동시에 학원운영자나 교습자, 강사(외국인강사 포함) 등의 결격사유나 자격 등을 밝혀서 교육자로서의 최소한의 기본적 자격이나 조건을 제시하는 윤리규정(사회윤리)의 정당성도 있다. 더구나 학원의 운영이나 교습비 등에 관한 정보를 공개하게 하여 국민의 알 권리를 보장하는(법 제 15조의 2) 기회의 공정성 기준도 있다.

사립학교법의 개입주의의 정당성 기준은 학원법에서 정한 교육시장인 사교육시장의 정책개입의 정당성보다 더욱 복잡하다. 즉 자율적 책임과 판단에 의한 자주성을 강조하면서 동시에 학교법인의 설립에 의한 사립학교만이 국가가 직접적으로 제공해야 하는 교육서비스를 책임지게 하여(공공성)(법 제1조; 1981년 일부개정 이유) 미래의 인적자원의 개발과 육성에 의한 국가발전이라는 보편적 국가이익의 정당성을 찾을 수 있다. 특히 학교법인 이사회의 기능과 권한 및 책임 등을 상세히 규정해서 재단법인으로서 교육을 담당하는 대표기관의 공공성을 강조하고 있다. 그래서 국가가 직접적으로 사립학교의 교육과 시설을 경제적으로 지원하고 감독하게 하고 있다(법 제2장, 제6절).

특히 교육을 담당하는 교원의 자격이나 임면 및 복무 등에 관한 윤리적이고 도덕적인 실천강령과 규정을 제시하여 사회도덕과 사회윤리의 정당성도 제시하고 있다. 동시에 교원의 자격과 신분을 보장하는 수준을 국·공립학교의 교원의 자격에 관한 규정을 준용하거나(법 제55조), 교육공무원법에서 정하고 있는 신분 및 사회보장(제4장 제2절)이나 교원의 당연퇴직 사유에서 국가공무원법의 적용(법 제57조) 등을 지키도록 해서, 교육담당자의 사회적 책임과 동시에 학교법인으로부터의 부당하거나 불법적이며 위협적인 영향으로부터 이들을 보호하고자 하는 사회안전의 정당성을 발견할 수 있다.

다섯째, 의료보건정책에서 국가개입주의의 정당성이다.

먼저 먹는 물 관리법은 수돗물을 직접 마시지 못하는 생활환경에서, 끓이기나 기타 첨가물이 없는 상태의 생수를 마시고자 하는 일반 다수의 공공욕구에 대응하여 다양한 유형의 생수들이 시판되는 물 시장에 정부가 생수의 품질과 관리, 다중 공공시설의 정수기 이용과 관리 등에 개입하고 간섭하는 정책이다. 이때 안전하고 깨끗한 생수의 건전한 상거래를 유지하는 것이 우선적인 정당성이라고 할 수 있다.

먹는 물 시장에 국가가 개입하는 경우에도 먹는 물의 무차별적인 개발이나 남용을 방지하면서 수질의 보존(법 제2장), 샘물보전구역의 설정(법 제3장), 수질 개선 부담금제도(법 제31조), 환경영향조사(법 제13조 등) 등과 같은 환경적 가치를 유지하려고 하는 사회가치의 공유 및 확산의 정당성도 있다. 동시에 먹는 물 시장의 다양성을 발달시키면서 동시에 소비자의 선택폭을 확대해서 염지하수, 해양침층수 등과 같은 상품개발과 시판을 통한 지역경제의 활성화에 기여할 수 있도록 하는 지역이익이라는 정당성도 있다.

가축전염병 예방법은 1960년대 초에(법률 제907호) 한국에서 낙농 및 축산업을 개발하고 발전시키기 위한 법으로 축산농가라는 집단이익을 보호하는 것이 정책의 정당성이었다. 그러나 한국의 축산업이 밀집형 사육형태로 발전되면서 소나 돼지 등에서 발견되는 구제역이나 조류 인플루엔자 등과 같은 강한 전염성을 가진 질병이, 특히 2000년대 이후에 국내외적으로 확산되면서 한국의 축산업은 큰 경제적 손실을 경험하게 되었다.

동시에 가축전염병으로 인한 축산가공품이나 육류 등을 해외시장으로 수출할 수 없게 되는 시장위축을 방지하기 위해서 국가가 직접 가축전염병의 예방과 차단에 개입하였다(예: 가축사육시설의 폐쇄명령(법 제 19조), 가축 등의 이동중지명령(제19조 2항), 살처분 명령(법 제20조) 등). 또한 축산 청정지역을 유지하여 축산농가의 경제적 이익을 보호하면서(집단이익) 국제 육류시장에서 경쟁력을 확보하기 위한 보편적 국가이익을 추구하는 정당성도 중요하다.

한국의 가축시장은 전통적으로 소규모 자영업 중심이었다. 그리고 소나 말 등이 농사나 농산물 운송 등의 중요한 수송역할을 담당하면서 농업사회의 상징적 존재물이었다. 그러나 육류소비와 시장이 크게 확대되면서 국가가 직접 가축시장에 개입하게 된 것이다. 그래서 가축질병예방법은 의료보건정책 중에서도 가축의 질병관리를 통한 가축산업의 보호라는 두 가지의 중요한 목적을 가진 정책으로서 국가개입주의의 사회적 정당성을 찾을 수 있다.

응급의료에 관한 법은 응급의료서비스를 국가가 제공하는 공공성을 가장 큰 정책목표로 하고 있다(2002년 개정이유). 따라서 국가는 국민의 생명과 안전을 보장하고 보호해야 한다는 공공성이라는 사회가치의 공유와 확산이 정책개입의 주요 기준이라고 할 수 있다. 따라서 응급의료의 권리(국내 체류 중인 외국인 포함)를 선언하고 있다(법 제3조). 동시에 이와 같은 응급환자에 대한 신고 및 협조의 의무를 모든 국민에게 부과하고 있으며(법 제5조) 응급의료를 거부하고나 기피하지 못하도록 하고 있다(법 제 6조). 특히 이와 같은 공공성을 재정적으로 담보하기 위해서 도로교통법에 의한 법칙금의 20%에 해당되는 금액을 응급의료기금에 출연하도록 하고 있기도 하다(법 제20조 2항).

응급의료행위의 공공성은 사회윤리적인 정책개입의 정당성을 가질 수 있다. 즉 응급의료기관이나 지역응급의료 기관의 지정과 응급의료사의 자격과 업무지침, 구조 및 응급처치에 관한 교육, 응급의료 종사자의 중대한 과실을 제외한 환자의 사상에 대한 면책규정(법 제63조), 선의에 의한 일반시민의 인명구조 활동을 법으로 보호하고 있는 것 등은 응급의료의 당사자나 관련자 등의 합리적이고 이성적인 행동강령에 관한 규정이다. 이것은 공공행위의 선악과 시비를 분명히 판단할 수 있는 기준을 제시하는 것으로 국가개입주의의 정당성이 될 수 있다.

여섯째, 노동 및 산업정책에서 국가개입주의의 정당성이다.

노동이나 산업정책을 구별하기보다 여기서는 노동과 산업이 복합된 정책영역에서 국가의 정책개입의 정당성을 찾으려는 것이다. 이와 같은 대표적인 법령으로 먼저 게임산업법을 들 수 있다. 이 법이 제정된 가장 주요한 이유는 게임산업의 전문인력 양성이다(법 제5조). 따라서 사회적이고 경제적 부가가치가 큰 게임산업을 통한 국가의 부를 창출할 전문인력의 수요와 공급을 분석하고 이에 타당한 인적 자원을 개발하고자 하는 공공자원의 균등한 분배라는 사회적 정당성을 가지고 있다.

또한 게임산업이라는 차세대의 핵심적인 문화산업을 발전시켜서 보편적인 국가이익을 실현하고자 하는 정당성도 있지만, 사행성게임 및 청소년들의 과다한 게임몰입이나 중독 등과 같은 사회적 부작용이나 문제를 해결하기 위해서 국가가 게임문화나 산업에 직접 개입하는 사회행복의 정당성도 있다.

최저임금법의 가장 큰 정당성으로 사회적이고 경제적 약자를 보호하여 그 차별을 제거하고자 하는 사회정의를 들 수 있다. 특히 최저임금수준을 결정할 때 소득분배율을 고려해야 한다는 것은(법 제6조) 근로자의 최소한의 인간다운 생활 보장의 수준을 넘어서서, 사회계층의 경제적 소득격차를 줄이기 위한 것으로 (2009년 개정이유) 차별과 역차별의 균형이라는 사회정의의 정당성 기준이다.

그러나 법령에서 구체적으로 제시된 내용이나 법 목적 등을 보면 저임금 근로자의 최저수준의 임금을 국가가 임금시장에 직접적으로 개입하여 보장하고자 하는 근로가치의 공정성과 사회공헌이라는 사회건강의 정당성도 찾을 수 있다. 물론 국가도 근로자의 생계비나 유사근로자의 임금 및 노동생산성 등을 고려하여 사업에 종류별로 최저수준의 임금을 결정하지만(법 제4조) 최저임금 이상의 임금 을 지급하도록 규정해서 근로약자의 경제소득의 불평등을 제거하면서 동시에 사 회공동체 구성원의 이익이 공정하고도 정당하게 대표될 수 있도록 하는 사회건강 의 정당성도 중요하다.

직업능력개발법은 1999년에 제정된 근로자직업훈련촉진법을 개정한 것이다. 즉 2005년에 지식경제와 평생학습사회에서 사업주의 직업능력개발훈련 뿐만 아 니라 근로자 자신들이 자발적이고 자율적인 다양한 직업능력을 개발하여 자신들 의 노동생산성을 향상시켜야 한다는 목적에 따라서 근로자직업능력개발법(법 제 7298호)으로 개정되었다. 따라서 사업주가 중심이 된 직업훈련을 국가가 강제하 고 조정해서, 즉 소득과 교육수준 등에 따른 무지와 편견을 해소하여 보다 인간 다운 삶을 보장하기 위한 소통과 배려라고 하는 국가개입주의의 정당성을 찾을 수 있다. 동시에 이 법에서 근로자들의 생애에 걸쳐서 자신의 잠재적인 소질과 자질을 스스로 개발하고 교육하고 훈련한 기술과 직업능력과 노력에(법 제4조) 대한 비용의 지원뿐만 아니라(법 제2장) 공정한 대가를 받을 수 있도록 하는 사회건강 이라는 정당성도 추가되었다고 할 수 있다. 특히 직업능력개발법 제5장에서 기능 대학(학위과정)을 설립하여 직업능력을 개발하거나 훈련하고자 하는 근로자나 잠 재적 근로자의 교육이나 훈련을 받을 권리를 국가가 보장하고 있다. 때문에 근로 의 공정한 기회를 국가가 제공하는 기회의 공정성이라는 정당성도 찾을 수 있다.

일곱째, 복지정책에서 국가개입주의의 정당성이다.

복지정책의 대표적인 것으로 일반적 복지뿐만 아니라 복지위기상황에 처한 긴급지원 대상자의 위기관리를 동시에 해결하고자 하는 한시법인 긴급복지지원 법을 들 수 있다. 이 법은 2006년에 제정된 복지정책으로 경제양극화 현상과 이 에 따른 자살이나 이혼 등과 같은 사회적 문제가 심각해지면서 국가가 소득의 상 실이나 질병 등과 같은 위기상황을 겪고 있는 모든 국민에게 금전이나 현물 또는 의료서비스, 주거 및 교육 등을(제9조) 제공하는 정책이다. 따라서 이 법에서는 공동체사회가 추구하는 사람을 살리는, 희망과 용기를 주는 건강과 평화의 이상 을 실현하기 위한 국가개입주의의 정당성을 우선 찾을 수 있다. 특히 친지나 이 웃 또는 지인 등과의 사적인 사회안전망에 의존할 수 있는 전통이나 관습 등이 변화되면서(2015년 개정이유) 긴급지원대상자는 국가에 점점 더 의존할 수밖에 없다. 이와 같은 현실적 당위성에서 최소한의 인간의 존엄성과 가치를 보장해야 한다는 소통과 배려라는 국가개입주의의 정당성도 발견할 수 있다.

국민기초생활 보장법은 한국의 대표적인 빈곤퇴치 정책의 하나이다. 따라서 저소득 국민이나 영세 도시빈민, 실업자 등의 빈곤가구별 지원정책으로(2000년 제정이유) 경제적 소득의 불균형과 불평등을 해소하고자 하는(사회건강) 정책개입 의 정당성이 우선적이라고 할 수 있다. 특히 건강하고 문화적인 생활을 유지하기 위한 필요한 최소한의 경제적 최저생계비를 지급한다는 것도(제2조 6) 경제적이고 물리적 위협으로부터 국민의 생존권을 보장하는 사회안전의 정당성에 해당된다.

그러나 정부가 기초생활을 지원하고 보장하는 사회안전의 정당성에만 그치는 것이 아니라 기초생활대상자들이 경제적으로 자립하고 자활할 수 있는 기회를 제공하기 위한 다양한 사업(예: 취업 및 창업, 직업교육, 생업자금 융자, 고용촉진, 자활기금 등)(제2장의 2)도 실시하고 있다. 즉 경제적이거나 신체적 또는 사회적으로 불리한 조건에 의하여 자신의 능력과 자격을 개발할 수 있는 기회를 상실한 자에게 다양한 직업훈련이나 교육 등을 받을 수 있도록 하는 기회의 공정성도 국민기초생활 보장법의 중요한 정당성의 하나라고 할 수 있다.

기회의 공정성과 같은 기준으로 신체적이고 경제적으로 불리한 조건을 노동시장에서 극복해야 하는 정책역설(policy paradox)이 복지정책의 중요한 내용이고 이것은 상생정치의 실천이라는 지적(사득환·박상진, 2013)도 개입주의의 사회적 정당성에 큰 의미를 부여할 수 있다. 특히 2014년에 개정된 법에서도 최저생계비 수준의 소득을 가진 계층은 지원받을 수 없는 복지 사각지대를 보완한 것이다. 따라서 일할수록 유리한 급여체계를 마련한 것으로 기초생활보장을 근로와 연계하는 정책개입의 정당성이라고 할 수 있다.

마지막으로 아동복지법은 한국의 아동정책을 총괄적으로 결정하고 시행하는 기본법령이다. 1960년대에는 보호자가 아동을 건강하게 출산하거나 양육할 수 없는(유실, 유기, 이탈 등) 경우에, 국가가 대신하여 아동복지를 담당하여 출산과 아동의 건전한 양육 등을 통한 사회적 행복과 건강(사회행복)을 지키는 정책개입의 정당성이 우선적이었다. 그러나 1980년대에 오면서 국가가 보호해야 하는 요보호 아동뿐만 아니라 일반적으로 유아기 아동[108]의 인격이나 특성, 능력 등을

---

108) 아동복지법에서 규정하고 있는 아동은 자신이나 부모의 성별, 연령, 종교, 사회적 신분, 재산, 장애유무, 출생지역, 인종 등에 관계없이(제2조 ①) 18세 미만인 사람으로 규정하고 있다(제3조 1). 따라서 청소년보호법(법률 제12699호)에서 청소년을 19세 미만자로 규정한 청소년과 아동의 정책대상자나 영역이 중복 또는 동일할 수 있다. 그러나 청소년보호법의 정책영역은 청소년을 유해한(약물이나 음란물, 유해업소 등) 환경으로부터 보호하고 구제하고자 하는, 보다 구체적이기 때문에 18세 미만의 일반 아동의 포괄적 복지에 포함된다고 할 수 있다. 동시에 영유아보육법(법률 제12619허) 에서 영유아를 6세 미만의 취학 전 아동을(제2조 1) 대상으로 규정하고 있다. 따라서 실질적으로 아동복지법의 주요 대상은 6세 이후부터 일반적 의미의 청소년(만 13세

개발하기 위하여 아동복지법으로 개정하였다(법률 제3438호). 따라서 미래의 인적자원을 건강하게 양육하고 보호할 국가의 의무를 규정한 것으로서 국가개입주의의 정당성은 국가의 보편적 이익을 추구하는 것으로 확대되었다고 할 수 있다.

그 이후에 아동에 관련된 사회문제가 다양해지면서(예: 아동 성폭력, 어린이 유괴 및 살해, 포괄적 범위의 아동학대(아동학대범죄의 처벌 등에 관한 특례법의 제정(2014년, 법률 제12341호), 아동복지법에서는 아동을 대상으로 하는 불법이나 탈법적인 행위 또는 비윤리적이고 비도덕인 행위나 활동을 방지하고 제거하여 (제3장) 건전한 사회질서를 유지하고 실천하고자 하는 정당성이 더 큰 비중으로 등장하고 있다. 따라서 아동복지법에서 일반적 의미의 행복이나 건강 등과 같은 구호복지보다는 사회문제로부터 아동을 보호하고 양육하는 아동의 권리와 안전에 관한 국가의 책무를 강조하면서 정책목적과 수단이 변동되었다고 할 수 있다.

이상부터 19세 미만까지)이 되기 이전의 아동이라고 할 수 있다.

정책사상 대계
政策思想 大系

제 4 장
선도주의

제 **4** 장

선도주의

선도(善導)주의는 국가개입주의의 정당성을 정책의 선(policy goodness)의 구성과 실천으로 연결하는 정책사상이다. 즉 개인이나 집단 또는 조직의 자유롭고도 자율적인 결정이나 판단에 국가가 개입하거나 간섭하는 정당성이 선도주의 정책사상으로 연계되어야, 국가주의는 정책사상의 근원적 출발점일 뿐만 아니라 독점적이고 우월적인 국가중심주의의 정책사상으로 체계적으로 이해될 수 있을 것이다. 물론 개인적이거나 사회적이고 공공적인 정당성은 그 자체로서 충분히 국가개입주의를 설명하고 지지할 수 있다. 그러나 개인의 성숙이나 위해의 방지 뿐만 아니라 사회적 선이나 사회정의, 사회평화 및 사회건강과 행복, 국가의 보편적 이익 등과 같은 사회적 정당성을 판단하고 결정하는 기준이나 요소는 그 자체로서 고정불변한 것이 아니다. 때와 장소와 시기와 사례에 따라서 이와 같은 기준이나 구성요소는 가변적으로 다양하게 변화될 수 있다.

그래서 국가개입주의의 정당성은 선도주의에서 정책의 선(善)의 근원들이 설명되어야 국가주의 정책사상이 선도주의 정책사상으로 계속해서 연결되는 정책사상의 대계를 구성할 수 있을 것이다. 마찬가지로 정책의 선을 철학적 사고체계로 설명하는 선도주의는 절대적인 선에 의한 강제적이고 일방적인 선도사상이 아니다. 시대와 조건, 시기와 장소, 구체적인 사례 등에 따라서 다양한 이해관계의 입장이 천칭(天秤)되고 조정되는 균형주의 정책사상으로 연계되고 있다. 물론 균형주의도 현실주의 및 물아주의 정책사상으로 연계되어 정책사상의 대계를 구성하게 되는 것은 당연하다.

선도주의(the principle of policy goodness)는 국가개입주의를 정당화하는 정당성을 정책의 선으로 보다 구체적으로 설명하면서 이에 따라서 국가주의를 선도(善導)하는 사상이라고 할 수 있다. 따라서 선도주의에서는 무엇보다도 정책의 선을 개념적으로나 실천적으로 이해할 필요가 크다. 이에 따라서 정책의 선을 실천하고 실행하는 선도의 실천적인 개념도 찾을 수 있을 것이다. 동시에 정책사상으로서 선도주의를 전통적인 리더십이나 엘리트이론, 계몽주의, 선발자 우위론, 정치신학 등의 선도(leading)사상과 비교하여 설명하면서 정책사상의 특징을 철학적으로 사고할 수 있을 것이다. 나아가 선도주의 정책사상을 정책현장에서 실천할 수 있는 실천론으로 좋은 국가에 의한 좋은 정책과, 정책을 창안하고 주창하면서 동시에 정책리더의 수신과 정책결단력 등을 설명하는 정책리더십 등을 제안하면서 설명할 수 있다.

선도주의 정책사상은 그러나 절대적인 개념의 선이나 선도를 전제로 하지 아니한다. 예로부터 널리 알려져 오고 있는, 자신을 가르치기보다 남을 가르치기 쉽다거나 좋아한다는 것과 같이 선도주의 정책사상이라고 해서 남을 가르치거나 인도하고자 하는 것만은 아니다. 왜냐하면 동서와 고금을 막론하고 뭇 성현들은 군자다운 품성과 전문적인 분야의 능력과 자질을 함양한 이후에 세상에 나설 것을 말하고 있다. 굳이 자신을 수양하고 집안을 다스린 이후에 나라를 통치하거나 온 세상을 평화롭게 한다는 수신론을 간직하지 아니더라도 주체가 국가이거나 개인 또는 집단이나 조직이라고 할지라도 선도하고자 한다면, 적어도 정책사상에서는 정책의 선과 선도의 이론적인 개념이나 선도의 실천적인 방법 등이 국가를 중심으로 하는 정책개입의 주체와 객체와의 상호간에 수용되어야 한다.

더욱이 선도주의는 국가주의 정책사상에서 연계되는 정책사상이다. 따라서 선도주의 정책사상은 국가의 정책개입이나 간섭이 절대적이거나 영원불변한 것이 아니라고 설명한다. 정책의 선을 상대적이고 조건적인 것으로 이해하면서 정책의 선에 의하여 국가개입주의가 정당하고도 타당하다는 사실을 철학적으로 체계화하고자 한다. 이것을 실천하는 선도주의의 실천론도 고정된 것이 아니라 정책의 욕구와 환경에 따라서 다양한 양태의 선도의 유형이 있다고 본다. 즉 선도의 객체와 주체는 필요와 조건에 따라서 그 위치와 역할을 변화시킬 수 있다고 본다.

그래서 국가주의에서 출발하는 정책사상이 선도주의의 정책의 선에 의해서 지지되고 논증되면서, 균형주의와 현실주의 등과 같은 균형적이고도 실천적인 개입주의를 계속해서 발굴하게 된다. 마지막으로 정책사상은 물아주의 사상으로 총결된다. 따라서 선도주의 정책사상은 정책의 선을 중심으로 하는 철학적 사고체계를 정책이론으로 구성하고자 하는 정책사상 대계의 하나의 사상이다.

1. 선(善)의 개념적 이해

선도주의가 정책의 선(善)을 선도(善導)하는 정책사상이라면 먼저 선의 개념을 철학적으로 사고하면서 체계적으로 설명하여야 할 것이다. 선의 개념을 이해하고 설명하기 이전에 먼저 선도주의에서 정책의 선(policy goodness)에 관한 개념이다. 따라서 좋은 정책(good policy)이라고 할 때의 좋음(goodness 또는 betterness)과 선(善)은 구별된다는 것을 지적하고자 한다. 자세한 것은 제2절의 정책의 선과 선도주의의 개념을 정의하면서 논의하기로 하고 우선 여기서는 정책의 선은 정책의 본질인 선(善)에 관한 철학적 사고체계로 설명되는 개념이라고 할 수 있다. 반면에 좋은 정책은 구체적인 정책에서 정책의 선이 실천적으로 갖추어져 있으며 동시에 이것이 정책현장에서 실천되고 있다는 의미의 좋음에 해당된다. 따라서 좋음은 정책의 선의 한 구성요소라고 할 수 있다. 따라서 정책의 선은 좋은 정책을 판단하고 결정할 수 있는 선에 관한 구성요소이며 변수라고 할 수 있다. 좋은 정책은 정책사상을 실천하는 좋은 국가에서 실천적으로 정책의 선이 실천되기 때문에 선의 실천, 즉 선도의 실천적인 내용에 해당된다고 할 수 있다.

선(善)의 개념적 정의나 이해는 복잡하고 다양하다. 특히 선은 주관적인 판단과 인식작용에 의한 도덕적이고 윤리적이며 가치적인 개념이다. 또한 관습과 질서 및 인간 사회에 대한 집단적 성격을 가진 개념이다. 때문에 지역이나 인종 및 역사적 경험이나 제도 등에 따라서도 다양한 개념으로 이해되고 있다. 그리고 도덕적 개념이면서도 또한 본질적인 가치의 개념으로서 선 그 자체의 고유한 속성을 가진 개념이다(intrinsic goodness)(Kraut, 2010; Smith, 2010). 그리고 상황과 조건에 따라서 선을 이해하고 정의하는 것이 상대적일 수도 있는 외적인 개념(extrinsic concept)이기도 하다(Smith, 1948; Baylis, 1952; Korsgaard, 1983)

그래서 선과 같은 단순용어이면서도 도덕적인 판단에 관한 선을 자연과학의 개념과 같이 정의하고 분석하고자 하면 자연주의 오류(naturalistic fallacy)를 범하게 된다는 논쟁이 오래전부터 철학계를 중심으로 진행되고 있기도 하다. 즉 선은 그 자체로서 본질적인 의미의 개념일 뿐 경험세계에서 현실적으로 검증하거나 증명할 수 있는 것과 같은 과학적 용어가 아님에도 불구하고 이것을 현실세계에서 검증하고자 하는 오류를 범한다는 주장이다(자세한 것은 서양철학에서의 선의 개념에서 설명한다).

그럼에도 불구하고 선을 학문적 수준이나 또는 연구의 목적이나 조건 등에 따라서 지금까지도 개념적이고 어의적으로 설명하면서 이해하고 있는 것도 사실이다. 특히 윤리적이거나 교육적인 목적이나 내용에서는 선을 대칭적인 개념인 악(惡)과 대비하거나 또는 선과 악을 하나의 보통명사인 선악(善惡)의 개념으로 설명하거나 개념화하고자 하는 것도 사실이다.

정책의 선에 의한 선도주의 정책사상은 국가개입주의의 정당성을 판단하고 결정하는 사상이다. 물론 국가주의는 법률적이고 정치적이며 사회적인 정당성을 획득하였지만 국가우월주의와 독점주의에 의한 국가개입주의의 정당성을 정책의 선으로 지지하고 논증하는 사상이다. 따라서 국가개입주의의 정당성을 정책의 선을 철학적으로 설명하고 체계화하는 선도주의 사상으로 연계하고자 하는 것이 선도주의 정책사상의 가치이고 목적이라고 할 수 있다. 이와 같은 의미에서 정책의 선은 정책이라는 수단에 관한 국가개입주의의 정당성을 철학적으로 이해하는 하나의 실천가치적 개념에 해당된다고 할 수 있다.

이와 같은 전제를 제시하면서 정책의 선을 정의하고 이해하기 위해서 먼저 동양사상과 서양철학에서 전통적으로 선을 정의하고 이해한 것을 비교해서 설명해 보고자 한다.

1) 동양사상에서 선의 개념

동양사상에서 선은 유교사상의 중심적인 개념으로 설명되고 있다. 그 중에서도 전통적으로 인간의 본성에 관한 질문으로 인간의 성품은 본질적으로 선하다는 성선설(性善說)과, 인간의 본질적 바탕은 선한 것이 아니라 자신의 욕구충족과 이기적 목적에 따라서 행동하고 판단할 뿐이라는 성악설(性惡說)이 대립하면서 동양사상에서 선은 단순히 어의적으로 선하다(the good, goodness), 착하다(good-natured), 좋다(the better, betterness), 즐겁다(the pleased, pleasure)는 등과 같은 개념에서 도덕적이고 윤리적인 개념으로 진화 또는 발전되기도 했다. 물론 선이 존재론적으로 좋음을 뜻하는 절대적인 개념인 자연적 또는 존재론적 선으로서 동양사상의 중심 주제가 되고 있기도 하다(이기훈, 2015; 김태윤, 2017; Back, 2018).

첫째, 존재론적 선은 본질적으로 좋다는 사실을 찬탄하거나 또는 일이나 역할, 기능 등을 잘 해낸다는 의미(양:良), 길(吉)하다거나, 아름답다(가:佳)는 등과 같은 개념에 해당된다고 할 수 있다(김철호, 2006: 84; 설문해자, 2013: 438). 예를 들면 인간의 모습이나 상태 또는 물건이나 사물의 기능 등이 최고의 상태로 진행되거나 그 역할을 다하고 있는 것을 전통적으로 선이라고 표현하기도 했다.

그래서 노자(老子)는 선의 기능과 역할을 물에 비유하여 설명하기도 했다. 즉 선은 물과 같다고 했다(상선약수:上善若水). 선을 물과 같다고 하는 노자의 비유는 사실상 물의 본질적 속성이면서 동시에 물의 기능과 역할에 초점을 두고 선을 설명한 것으로 볼 수 있다. 즉 만물을 이롭게 하면서도 낮은 곳에 처하여 자신의 존재가치를 표출하지 아니하기 때문에 다툼이나 투쟁이 없다는 것으로 물에 비유하여 선을 설명한 것이다. 그래서 노자는 물과 같은 정치를 하면 모든 일들이 원만히, 적절히, 적기에 이루어진다고 했다[1]. 특히 동양사상에서는 물에 비유하여 도(道)나 도의 존재론적 가치를 설명한 것이 많다. 대표적으로 불교사상에서도 보살도를 실천하는 역할과 가치를 물과 같다고 비유했다[2].

선도주의에서 선도 물과 같은 기능과 역할을 할 수 있는 존재론적 가치를 가질 수 있는 선, 즉 본질적으로 정책 그 자체가 선하다거나 또는 이익을 창출할 수 있다거나, 사회적이거나 공공적인 정의에 해당된다거나 하는 등과 같이 정책의 선을 표방하거나 표출하면서 타 존재의 가치와 충돌되거나 갈등을 유발하거나 또는 다툼의 여지를 제공하지 아니하는 것으로 이해할 수 있다. 그럼에도 불구하고 정책의 선이란 무엇인가 하는 본질적인 질문에의 대답으로 물과 같다고 해서는, 즉 물처럼 항상 낮은 자세로 만물을 이롭게 한다고만 해서는 선도주의의 사상적인 기초가 될 수 없다. 왜냐하면 정책의 선은 물과 같지만 사회적 정의나 좋음, 공존의 가치와 배려 등과 같은 정책이 공통적으로 선하다(좋다, 훌륭하다, 타당하다, 우수하다 등)는 존재론적 가치를 사상적으로 설명하고 체계화할 수 있어

---

1) "上善若水 水善 利萬物而不爭 處衆人之所惡 故幾於道. 居善地 心善淵 與善人 言善信 政善治 事善能 動善時 夫唯不爭 故無尤"(『老子』, 易性).
2) 불교사상에서 도(道)의 무의(無爲)적 성격이나 실천의 보살도 정신 등을 물에 비유하여 설명한 것이 많다. 그 대표적인 것으로 "고뇌와 번뇌에 갈등을 겪고 있는 중생의 갈증을 해소하고, 인간의 몸을 구성하는 4대 요소(지·수·화·풍:地水火風)는 물이지만 물이 본질적으로 각 요소를 생성하고 충만하게 한다"(除飢渴等無量過患 定能長養諸根四大)(『稱讚淨土佛攝受經』(傳中將姬, 2011)는 비유를 들 수 있다.

야 하기 때문이다.

그래서 맹자(孟子)가 "선한 사람은 믿을 수 있는 사람이다. 이때의 선은 그 믿을 수 있는 사람이 하고자 하는 것(가욕:可欲)이다. 왜냐하면 믿을 수 있는 사람은 선을 충분히 실현할 수 있는 사람"이기 때문이라고 했다. 그래서 맹자는 계속해서 이와 같은 "선이 충실한 것은 아름다움이며 선이 아름답게 실현되는 것은 위대(大)하다; 위대함이 조화를 이룰 때는 성스러움이고, 인간의 지식으로 이와 같은 성스러움을 쉽게 알 수 없을 때를 신기함"이라고 했다[3]. 따라서 가욕(可欲)은 단순히 욕구나 욕망이 아니라 아름다움과 위대함과 성스러움을 갖춘 믿을 수 있는 인간이 하고자 하는 것이다. 그래서 이것을 선이라고 했다. 왜냐하면 맹자가 사람의 지력(知力)으로 성스러움을 알거나 또는 모르는 경계를 넘어선 것을 신(神)의 경지로 표현한 것을 보면 선도 신과 같은 개념으로, 단순히 하고자 하는 것으로만 이해하기는 어렵기 때문일 것이다.

맹자의 선은 선의 존재론적 개념을 밝히기 위해서 선인(善人)의 존재적 가치를 설명한 것이라고 할 수 있다. 선인의 존재적 가치는 결국 선이라는 실체적인 가치를 실천하는 인간의 모습이다. 이에 비유하여 선의 본질적이고 존재론적 가치를 설명한 것인 인간에게 존재하는 보편성(안외순, 2009: 453)으로 해석할 수 있다. 그럼에도 불구하고 맹자는 여기서 머물지 아니하고 보편성으로서 선을 충실히 실천하는 인간성에 기초하여 성선설이라는 도덕적이고 윤리적인 선을 자세히 주장하기도 했다(뒤편에서 설명한다).

이에 반하여 순자(荀子)는 물론 도덕적인 선의 개념으로 사람의 본성은 악하다고 했지만 일반적으로 선이란 "올바른 이치와 공평한 다스림(정리평치:正理平治)이다. 이에 반하여 악은 치우치고 삐틀어지며 어그러지고 어지러운 것(편험패란:偏險悖亂)이다. 이것이 선악의 구분이다"[4]라고 했다. 따라서 선은 존재론적

---

3) "善人也 信人也 何謂善 何謂信 曰 可欲之謂善 有諸己之謂信 充實之謂美 充實而有光輝之 謂大 大而化之之謂聖 聖而不可知之之謂神"(『孟子』, 盡心章句 下).
4) "凡古今天下之所謂善者 正理平治也 所謂惡者 偏險悖亂也 是善惡之分也已"(『荀子』, 惡性).

으로 올바름인데 반하여 악은 그러하지 못하다는 것을 대조하여 지적한 것이다. 물론 선과 악을 구분하는(선악의 구분에 관한 것은 뒤편에서 조금 더 자세히 설명한다) 간단한 논리로, 순자는 인간의 본성이 악하다는 성악설을 주장하기 위한 전제적 개념으로 선을 제시한 것이라고 할 수 있다.

그러나 정책의 선과 관련하여 이해한다면 역시 선은 올바름, 즉 정의라는 것을 천명하고 있다고 할 수 있다. 그러나 순자가 설명하는 정(正), 즉 이치에 타당하고 다스림에 정당하면서 공평하다는 것은 사람의 본성이 이와 같지 않기 때문에, 즉 악하기 때문에 선이 존재할 당위성이 있다는 주장이다[5]. 즉 성왕이나 예의가 필요한 것과 같이 선을 지키고 실천할 수 있는 기준으로서 선의 존재적 가치를 강조한 것이라고 할 수 있다.

둘째, 도덕적이고 윤리적인 개념으로서 선은 인간의 본성이 선하다거나 악하다고 하는 논쟁을 시발점으로 하는 유교사상의 근간이 되고 있다. 먼저 공자(孔子)가 설명하는, 특히 『논어』를 중심으로 하는 선의 개념을 살펴 볼 필요가 있다. 그러나 사실 『논어』에서는 구체적으로 선을 개념적으로 설명한 것은 없다. 단지 선과 행동 및 선의 실천을 선도(善道)라고 하거나 선행(善行) 또는 선하지 못한 불선(不善) 등으로 언급할 뿐이다(시모사다 마사히로, 2012: 289−292).

구체적으로 보면 선을 실천할 수 있는 사람은 선인(善人)이다; 선인은 굳건히 인(仁)을 지키면서 악이 없는 사람이라고 했다[6]. 그러나 이와 같은 선인은 현실적으로 찾아보기 어렵다. 때문에 일정한 기준에 따라서 행동하는 사람(항자:恒者)이 있으면 가(可)하다고 했다[7]. 만약 "선인이 국가를 다스리면 사회적 질서를 파괴하거나 백성의 목숨을 빼앗은 것과 같은 잔혹하거나 악한 일들이 없을 것이

---

[5] "今誠以人之性 固正理平治耶? 則有惡用聖王 惡用禮義矣哉? 雖有聖王禮義 將曷加於正理平治也哉?"(『荀子』, 惡性).

[6] "張子曰 善人者 志於仁而無惡"(『論語集註』, 述而).

[7] "子曰 善人 吾不得而見之矣 得見有恒者 斯可矣 亡而爲有 虛而爲盈 約而爲泰 難乎有恒矣"(『論語』, 述而). 여기서 항자(恒者)는 위에서 예시된 세 가지(없으면서 있는 체, 비었으면 가득한 체, 적으면서 많은 체)를 하지 아니하는 질박한 자질과 말을 할 수 있는 사람이라고 했다(善人有恒者 以質言)(『論語集註』, 述而).

다. 선인이 백성을 가르치면(효제충신:孝悌忠信), 권농:勸農), 무예 등) 그들이 국가를 위기(전쟁 등)에서 구할 수 있을 것"8)이라고 했다.

따라서 공자에게서 선은 일정한 행동기준을 실천하는 사람의 도덕적이고 윤리적인 항목이라고 할 수 있다. 보다 구체적인 것으로 "부지런히 도덕을 수양하며 학문을 게을리 하지 아니하고 의에 따라서 행동하고 실천하는 것, 선하지 않음을 알면 이것을 고치는 것"9)이나, "선행을 보면 즉시 스스로에 비추어 부족함이 없는지를 살피고 불선(不善)을 보면 끓는 물을 조심하듯이 하는 것"10) 등과 같은 선의 실천적 모습을 대표적으로 찾을 수 있다.

그러나 역시 도덕적이고 윤리적 선의 대표적인 개념은 성선설(性善說)과 성악설(性惡說)로 대비된다고 할 수 있다. 먼저 성선설에서 선의 개념은 맹자로 대표되고 있다. 결론적이지만 맹자의 선은 우리들이라는 공동체의 존재를 지키고 유지하는 의미에서 공동선(common good)의 맥락이라는 점(정용환, 2005: 24)을 먼저 지적할 필요가 있다. 물론 맹자 이외에도 동양사상에서의 선은 국가를 전제로 하는 공동체적 가치를 강조한 개념이지만, 공자나 노자 등의 선은 우선적으로 개인 수준에서의 선의 수양과 개발 및 수신의 의미를 강조한 경향이 강하다고 할 수 있다. 그러나 맹자의 성선설은 익히 알려진 우물에 빠지려는 아이의 비유에서 시작되듯이11), 인간의 본성 자체가 우물에 빠진 아이를 불쌍히 여겨 차마 지나치지 못하는 마음(불인지심:不忍之心)이나 그것을 측은이 여기는 마음(측은지심:惻隱之心) 등과 같이, 물이 아래로 흐르듯이12) 인간의 선한 심성이 본질적

---

8) "子曰 善人爲邦百年 亦可以勝殘去殺矣"(子路); "善人 敎民七年(敎民者 敎之以孝悌忠信之行 務農講武之法)(『論語集註』); "亦可而卽戎矣"(『論語』, 子路).
9) "子曰 德之不修 學之不講 聞義不能徒 不善不能改 是吾憂也"(『論語』, 述而).
10) "孔子曰 見善如不及 見不善如探湯"(『論語』, 季氏),
11) 사람이라면 우물에 빠지려는 아이를 보고 놀라거나 측은해 한다. 이와 같은 마음은 보상이나 인간관계의 명예나 친분 때문이거나 또는 아이의 울음소리를 잠재우려는 것이 아니다. 유아를 불쌍히 여겨 차마 그냥 지나치지 못하는 마음과 측은해 하는 마음이라는 고사이다(今人乍見孺子將入於井 皆有怵惕惻隱之心 非所以內交於孺子之父母也 非所以要譽於鄕黨朋友也 非惡其聲而然也(『孟子』, 公孫丑章句 上). 맹자의 유명한 사단(四端)이 여기서 유래되고 있다.
12) 맹자는 고자(告子)와의 논쟁을 예시하면서 물길은 트는 곳에 따라서 흐르듯이, 사람의

으로 내재되어 있다는 성선설로 이해한 것이다.

따라서 맹자는 인간의 본성인 선을 추구하고 따르지 아니한다면 "사람이 아니다(非人), 즉 인간으로서 기본적인 자질과 양심을 가지지 못한 금수와도 같다. 그럼에도 불구하고 악한 사람이나 통치자가 있는 것은 본질이 악한 금수와 같아서가 아니라 선성(善性)의 기본인 측은하게 여기는 마음(측은지심:惻隱之心), 부끄러워하고 미워하는 마음(수오지심:羞惡之心,13)), 사양하는 마음(사양지심:辭讓之心), 시비를 분별할 수 있는 마음(시비지심:是非之心) 등을 발현시키지 못했기 때문이라고 했다. 왜냐하면 인간이 가지고 있는 네 가지의 기본적인 마음인 측은한 마음에서 어짐(인:仁)이 시발되고, 수오(羞惡)의 마음에서 의로움이, 사양의 마음에서 예의가, 시비의 마음에서 지혜가 발현될 수 있기 때문"이라고 했다14).

나아가 맹자는 이와 같은 네 가지 마음에서 출발하는 "인의예지(仁義禮智)는 타인에게서 받았거나 또는 훈련된 자질이나 타고한 재질이 문제되어서가 아니다. 대신에 마치 인간이 사지(四肢)를 가지고 있는 것과 같이 이것은 본질적인 것

본성이 선이나 악이 아니라 후천적인 조건과 노력에 따라서 달라진다는 것을 비판하면서 "물의 흐름이 동서의 방향으로 정해진 것은 아니지만 물이 위에서 아래로 흐르듯이, 인간의 선한 본성도 물이 아래로 흘러가는 것과 같이 선한 본성이 없는 사람은 없다"(水信無分於東西 無分於上下乎 人性之善也 猶水之就下也 人無有不善)(『孟子』, 告子章句 上)라고 했다.

13) 수오지심(羞惡之心)에서 미워하는 마음(오심:惡心)은 단지 남의 잘못이나 흉허물 또는 나와 뜻을 같이 하지 아니하는 입장에서 남을 미워하는 것이 아니다. 공자가 지적했듯이 오직 인자(仁者)만이 남을 미워하거나 좋아할 수 있다. 왜냐하면 인자만이 사심(私心)없는 공정심이 있기 때문이라고 했다(惟仁者 能好人 能惡人(『論語』, 里仁). 구체적으로 공자는 싫어하거나 미워하는 경우로 "자주색을 붉은 색이라고 하거나 저급한 음악이 아악(雅樂)을 문란하게 하거나 입이 날카로운 자인 악리구(惡利口)가 나라를 망치게 하는 것(子曰 惡紫之奪朱也 惡鄭聲之亂雅樂也 惡利口之覆邦家者)(『論語』, 陽貨) 등을 들었다. 나아가 공자는 군자도 미워하는 것이 있느냐는 제자들의 질문에 "남의 허물이나 악을 말하는 자, 아랫자리에서 윗사람을 비방하거나 헐뜯는 자, 용기만 있고 예의가 없는 자, 과감하지만 고지식한 자를 미워한다"(子曰 有惡 惡稱人之惡者 惡居下流而訕上者 惡勇而無禮者 惡果敢而窒者"(『論語』, 陽貨)고 했다. 또한 제자의 대답을 빌려 "어깨너머로 들었거나 살핀 것을 안다고(知) 여기는 자, 불손함을 용감하다고 하는 자, 남의 허물이나 비밀 등을 들추어내는 것을 정직하다고 하는 자를 미워한다"(惡徼以爲知者 惡不孫以爲勇者 惡訐以爲直者)(『論語』, 陽貨)고 했다.

14) "惻隱之心 仁之端也 羞惡之心 義之端也 辭讓之心 禮之端也 是非之心 智之端也 人之有是四端也 猶其有四體也"(『孟子』, 公孫丑章句 上).

이다. 단지 선성(善性)을 생각하지 못했거나 또는 그것을 충분히 발현시키지 못했기 때문일 뿐이라고 했다. 마치 재주를 발휘할 수 있음에도 불구하고 그것을 구하지 아니하는 것과 같다"[15]라고 했다.

그래서 존재론적인 선의 개념에서도 설명했듯이 맹자는 선이란 본성이 선한 본질에서 하고자 하는 가욕(可欲)으로서, 개인적 욕망과 이기적 쾌락이 아니라 본성이 충만하고 찬란하게 표출되며 조화로움을 달성할 수 있는 경지에서 하고자 하는 것이라고 했을 것이다. 따라서 맹자의 선은 개인주의적 본성에 의한 절대적 가치를 개인적으로 수련하고 수양하는 것보다 사람과 사람과의 관계에서 아름다움과 찬란함과 조화로움이 선으로 실현되는, 즉 공동선의 입장이라는 사실을 확인했다고 할 수 있다.

그러나 순자는 맹자의 인간의 본성이 선하다는(인지성선:人之性善) 주장을 정면으로 부정하면서 직설적으로 사람의 본성은 악하다(인지악성:人之惡性); 선하다고 하는 것은 거짓이라고 했다. 왜냐하면 "사람은 태어나면서부터 이기적이고 미워하고 질투한다. 귀와 눈 등과 같은 오감작용은 맛있고 아름답고 좋은 것을 추구하면서 음란하게 된다. 이와 같은 태생적인 성품을 인간이 따르기 때문에 필연적으로 투쟁이나 혼란과 폭력이 발생하거나 남을 해하거나 남의 것을 훔치게 된다. 때문에 법과 스승에 의한 교화와 교육에 의해서만 예의와 도가 생길 수 있고 사양하는 마음이 생긴다. 그래야 합리적인 이치에 귀결되어 다스릴 수 있다"[16]라고 했다.

따라서 순자는 맹자가 주장한 인간의 본성이 선하다는 것을 인간의 본성과 후천적으로 수양하고 노력하여 인간다움이 되게 하는 작위(作爲)를 구분하지 못

---

15) "孟子曰 乃若其情 則可以爲善矣 乃所謂善也 若夫爲不善 非才之罪也; 仁義禮智 非由外鑠我也 我固有之也 弗思耳矣 故曰 求則得之 舍則失之 或相倍蓰而無算者 不能盡其才者也"(『孟子』, 告子章句 上).

16) "人之性惡 其善者僞也 今人之性 生而有好利焉 順是 故爭奪生而辭讓亡焉 生而有嫉惡焉 順是 故殘賊生而忠信亡焉 生而有耳目之欲 有好聲色焉 順是 故淫亂生而禮義文理亡焉 生而有耳目之欲 有好聲色焉 順是 故淫亂生而禮義文理亡焉; 故必將有師法之化 禮義之道 然後出於辭讓 合於文理而歸於治"(『荀子』, 惡性).

한 것이라고 비판하였다. 즉 "인간의 본성은 하늘로부터 타고난 것이다. 이것은 배우거나 노력해서 변화되는 것이 아니다. 단지 인간이 인간답게 되는 것은 성인이 만든 예와 도를 배우고 익혀서 되는 것이지 본성적으로 타고난 것은 아니다"[17]라고 했다.

순자는 이와 같이 천부적인 성품을 다시 정(精)과 욕(欲)으로 구분하였다. 즉 "정은 성품의 본질적 바탕이며 욕은 정의 반응이다. 인간의 본능에 의한 감각작용이나 의식작용 그 자체가 성품이며, 정은 본능적 성품이 외부적인 경계에 따라서 희로애락이나 싫어함과 하고자 함(욕:欲) 등과 같은 감정이 유발되는 것"[18]이라고 했다. 물론 정(精)이나 호불호(好不好) 등과 같은 감정으로 반응하는 인간의 생리적 욕구 등을 욕(欲)으로 설명할 수도 있다(서세영, 2017: 84). 그러나 순자는 포괄적으로 성품과 정, 욕을 구분하면서도 성(性)으로 일반화되고 있다고 했다. 왜냐하면 "배고프면 밥을 찾고 추우면 따뜻하고자 하며 힘들면 쉬고자 하는 것이 인간의 성정"이라고 했기 때문이다[19].

순자는 인간의 악한 성품을 바로 잡고 인간다움을 실현하기 위해서는 "마치 굽은 나무를 불로 찌거나 댈 나무로 고정시켜야 곧은 나무를 만들 수 있고 무딘 쇠를 숫돌에 갈아야 날카로워지듯이, 반드시 스승과 법이 있어야 악한 본성이 바르게 되고(正) 예와 의를 갖춘 후에야 다스려질 수 있다"[20]고 보았다. 즉 인간의 악한 본성이 교육되고 교정된 후에야 인간의 조건과 능력을 다할 수 있다는 그의 주장은 앞서 선의 존재론적 가치에서, 올바른 이치와 공평한 다스림(정리평치:正理平治)의 정(正)과 치(治)로 선을 도덕적이고 실천적으로 다시금 강조한 것이라고 할 수 있다.

---

17) "凡性者 天之就也 不可學 不可事禮義者 聖人之所生也 人之所學而能 所事而成者也 不可學 不可事而在人者 謂之性 可學而能 可事而成之在人者 謂之僞 是性僞之分也"(『荀子』, 惡性).
18) "性者 天之就也 精者 性之質也 欲者 精之應也 以所欲爲可得而求之,""性之好惡喜怒哀樂 謂之精 精然而心爲之擇 謂之慮 心慮而能爲之動 謂之僞"(『荀子』, 正名).
19) "今人之性 飢而欲飽 寒而欲煖, 勞而欲休 此人之性情也"(『荀子』, 惡性).
20) "故枸木必將待檃栝烝矯然後直 鈍金必將待礱礪然後利 今人之性惡 必將待師法然後正 得 禮義然後治"(『荀子』, 惡性).

맹자나 순자와 같이 인간성품의 선과 악을 대칭적으로 주장한 것과는 조금 다른 입장이 있다. 대표적으로 주희(朱熹: 1130－1200), 즉 주자(朱子)의 절대적인 선인 지선(至善) 개념을 들 수 있다. 주자는 순수(純粹) 선(善)이라는 용어를 사용하면서 지극한 절대적인 표준으로서의 선을 선악의 상대적인 개념이나 대립을 초월하는 그 자체로서 존재론적으로 설명했다고 할 수 있다(김철호, 2006: 86). 그래서 주자는 "선의 뿌리, 즉 선근은 상대가 없는 선이며 다양한 선이란 상대적인 것이다. 상대가 없다는 것은 마음의 발로이며(심언:心言) 상대적인 것은 선의 실천(사언:事言)에 관한 것"[21]이라고 했다.

따라서 주자는 선을 존재론적인 개념으로서 인간행동과 그에 따른 모든 선을 판단하고 진단하는 표준적인 것으로 지선(至善)이라고 했다. 동시에 이것을 실천하는 인간의 행동에 관한 선은 상대적으로 악과 대립되면서 실천되는 선으로서 도덕적이고 윤리적인 것으로 구분하였다.

> "본성으로서 선은 선악의 선이 아니다. 이것은 근원적인 선과 선악의 상대적인 흐름속의 도덕적인 선을 구분한 것일 뿐 다른 것이 아니다. 단지 현실적으로 발현되는 것인가 그렇지 아니한가 하는 것으로 구분한 것일 뿐이다. 발현되기 이전의 선은 선 그 자체인 지선이며 발현되어 선악으로 대비될 때는 이미 선악 등과 같은 선이다. 선이 발현된다는 것이 이미 선이 아닌 불선(不善)이 혼합된다. 따라서 선이란 궁극적이고 본원적인 것이 발현된 것이다. 무위를 근본적인 선이라면 성품이 발동한 이후에는 선과 악이 구별되기 때문에 성선의 선이나 성악의 선은 자가당착이고 모순이다. 그래서 학자로서 의문을 품지 아니할 수 없다"[22].

---

21) "善根 無對之善也 衆善者 有對之善也 無對者以心言 有對者以事言"(『朱熹集』, 券40, 答何叔京).

22) "性善之善 非善惡之善 熹竊謂極本窮原之善與善惡未流之善非有二也 但以其發與未發言之有不同耳 蓋未發之前只有此善 而其發爲善惡之善者亦此善也 旣發之後 乃有不善以雜焉 而其所謂善者 卽極本窮原之發耳 叢書所謂 「無爲之時 性動之後」者 旣得之矣 而又曰 「性善之善非善惡之善」 則熹竊恐其自相矛盾而有以起學者之疑也"(『朱熹集』, 券37, 與郭沖晦).

이와 같이 주자는 선을 본질적인 것과 도덕적인 것을 구분하지 아니했지만 발현 또는 발동되기 이전의 선과 그 이후의 선을 이원적으로 구분하여 설명했다는 특징이 있다[23].

주자의 지선(至善), 즉 절대선의 개념에 따라서 논의해 볼 가치가 있는 것으로 선을 대표하는 절대적인 선이나 최고선에 관한 것이다. 물론 서양철학에서 최고선에 관한 논쟁은 고대의 희랍철학에서부터 시작해서 아리스토텔레스(Aristotle), 데카르트(Descartes), 칸트(Kant) 등으로 다양하다(서양철학에서 선(善)은 뒤편에서 설명한다).

먼저 아리스토텔레스는 행복을 최고선이라고 했다. 왜냐하면 선의 최종적이고 존재론적인 목적은 절대적인 것이다; 이것이 존재하기 때문에 선을 실천하면서 존경한다. 이와 같은 절대적인 가치를 가진 목적은 행복이다; 그래서 최고의 선은 행복이고 스스로의 만족과 이상이라고 했다(전재원, 2009; 박재주, 2015: 4-5; Gurtler, 2003; Bartlett, 2008). 그리고 데카르트는 인간의 의지와 노력에 의한 인간본성의 최고의 완전함은 행복이며 이것을 최고선으로 보았다. 즉 덕의 완벽한 실천의지와 노력의 완성을 최고선이라고 한 것이다(이재훈, 2017: 32; Brissey, 2015).

특히 칸트철학에서 최고선을 덕과 행복이 일치하는 것, 즉 선한 행위에서 행복이 보장되는 것이라고 요약할 수 있다(강성율, 2017: 3; Bubbio, 2013;

---

23) 주자의 선악(善惡)사상을 좀 더 자세히 논의하고 설명하기 위해서는 그의 이(理)와 기(氣) 사상을 접목해야 하지만, 여기서는 정책의 선을 국가개입주의의 정당성을 실천가치적인 개념으로 이해하고자 했기 때문에 생략하였다. 물론 필자의 주자철학에 대한 제한적 지식과 이해도 있었음을 밝힌다. 단지 주자는 선의 존재론적 개념인 인간성품의 선을 인정하면서도 현실적으로 나타나는 불선(不善)의 양상을 어떻게 설명할 것인가 하는 문제를 모든 사물의 존재론적인 가치와 법칙을 의미하는 이(理)와, 여기서 현실적으로 발현되는 인간성품인 기(氣)에 따라서 다양하고도 차별적이다; 그래서 맹자는 성의 선(善)만을 이야기했지만 인간성품이 인간마다 차별적이고 다양하게 나타나는 현실을 설명하지 못했기 때문에, 즉 기를 설명하지 아니했기 때문에 한계가 있다고 한 주자의 주장은(孟子設性善 他只見得大本處 未設得氣質之性 (중략) 孟子只論性 不論氣 便不全備(『朱子語類』, 4券) 인간의 성품에서 본질적인 선과 불선과 악 등이 혼재하는 현실을 실천적으로 이해할 수 있게 하는 논쟁이 될 수 있을 것이다(성지연, 2004: 157-161; 김철호, 2006: 91-93).

Walla, 2015: 731). 칸트의 최고선은 물리적 행복을 포함하면서 동시에 신의 세계에서 가능한 종교적인 행복(이것을 정복(淨福)(강지영, 2008: 220; 백종현, 2012: 50) 또는 하느님의 은총판단(김진, 2001: 4)이라고 하기도 한다) 까지도 약속될 수 있어야 한다고 보았다. 그래서 선도주의 정책의 선에서 볼 때 칸트의 최고선의 실천적인 가능성이 제시된 것이 또한 흥미로울 수 있다. 즉 도덕적인 수행과 실천을 통한 마음의 혁명을 거쳐야 하고 선을 지향하는 끊임없는 노력, 이와 같은 인간의 실천노력과 의지를 인정하는 초월자의 은총이 있어야 가능하다고 한 것(김진, 2001: 5; 최소인·정제기, 2017: 469) 등을 들 수 있다.

칸트의 최고선은 최상의 선(행복이 보장되지 아니한 도덕적인 선)에서 신의 전지전능한 힘과 은총으로 행복이 보장되어야 가능하다는 것으로 최고선과 최상선을 구별해서 설명하였다. 그러나 정책의 선에서 최상선은 인간의 의지와 노력에 의한 도덕적인 실천의 선으로 이해할 수 있다. 반면에 최고선은 종교적인 영적 세계에서 존재하는 초월적 선의 세계라고 할 수 있다. 이것을 불교에서 깨침의 세계에서 선과 악을 구별할 수 없는 불이(不二)의 열반의 행복으로 설명할 수도 있을 것이다(김진, 2001). 따라서 정책사상은 정책의 현실을 초월하는 이상적인 신의 세계를 상정하지 아니하기 때문에 칸트의 최고선의 개념이 정책의 선으로서의 실천적인 의미는 제약적이라고 할 수 있다.

칸트철학의 최고선인 덕과 행복의 일치를 선과 악의 인과응보에 기초한 "선한 사람에게 복을 주고 악한 사람에게 화를 내린다(복선화음(福善禍淫), 즉 "하늘은 항상 일정하지 아니해서 선을 지으면 상서로울 것이며 악을 지으면 온갖 재앙이 있게 된다"[24]는 『서경』의 사상으로 설명할 수 있다. 예를 들면 칸트의 최고선은 곧바로 정의라고 할 수 있다. 왜냐하면 현실세계에서 선과 악의 인과관계가 분명하게 일치한다면 이것은 곧 현실세계에서 정의가 실현되기 때문일 것이다. 그래서 공자도 "하늘에 죄를 지으면 빌 곳이 없다, 즉 용서받기 어렵다"[25] 라고

---

[24] "天道 福善禍淫"(商書; 湯誥); "惟上帝不常 作善 降之百祥 作不善 降之百殃"(『書經』, 商書); 伊訓).

했다(이상익, 2002: 28).

이와 같은 최고선의 논쟁에서 역시 지선(至善)을 주장한 주자(朱子)가 대표적이라고 할 수 있다. 하늘에 죄를 지으면 용서받기 어렵다는 현실세계에서의 최고선에 관한 공자의 지적에 주자는 "천은 곧 이(理)이며 이를 거스르면 하늘에 죄를 짓는 것과 같다. 아랫목 신이나 부엌 신들에게 빌면서 지은 죄를 면하려고 하는가"[26]라고 했다. 따라서 이(理)가 곧 지선의 기본이념이고 표준이라고 했다.

이것을 주자는 『대학장구』에서 "지선은 사물의 근본적인 법칙이며 당연한 도리"[27]라고 했다. 나아가 "대학의 도, 즉 모든 학문의 본질적인 법칙은 백성을 위해서 세상의 진리와 이치를 올바르고 명백하게 탐구하고 밝혀서 종국적으로 지선을 추구하는 것이다"[28]라고, 『대학』이 제시하는 지선을 이와 같이 구체적으로 설명하기도 했다. 즉 주자는 선(善)을 좋음(好)으로 정리하면서 지극한 선인 지선(止善)은 마땅히 가장 좋음(극호:極好)이라고 했다. 따라서 주자에서의 지선은 항상 최고를 주장하는 도덕적이고 실천적인 선이라고 할 수 있다(김철호, 2006: 93-94). 왜냐하면 주자는 "열 가지 일에서 아홉 가지가 선하지만 단 한가지만이라도 미흡하다면 이것은 지선이 아니다, 즉 지선은 가장 좋은 것(최호처:最好處)이다"[29]라고 했기 때문이다.

그러나 전통적인 유가사상의 선이나 최고선 또는 지선의 개념은 상대적이고 제한적이며 대칭적인 것이라고 할 수 있다. 따라서 선과 불선(不善), 최고선 등을 구별하는 것을 부정하는 노자(老子)의 주장도 선도주의 정책사상의 선의 개념적

---

25) "獲罪於天 無所禱也"(『論語』, 八佾).
26) "天卽理也 其尊無對 非奧竈之可比也 逆理則獲罪於千矣 豈媚於奧竈 所能禱而免乎 言但當順理 非特不當媚竈 亦不可媚於奧也"(『論語集註』, 八佾).
27) "至善 則事理當然之極也"(『大學章句』).
28) "大學之道 在明明德 在親民 在止於至善"(『大學』); "言 明明德 新民 皆當止於至善之地而不遷 蓋必其有以盡夫天理之極, 自新 新民 皆欲止於至善也"(『大學章句』).
29) "凡曰善者 固是好; 至善 猶今人言極好"(『朱子語類』). 주자의 주요 저술에서 지선의 개념을 다양하게 정리한 것도 주자의 선의 이해에 도움이 될 수 있다. 예를 들면 지선의 개념을 딱 좋은 것(흡호처:恰好處), 매우 좋은 것(극호처:極好處), 가장 좋은 것(최호처:最好處), 100% 좋은 것(십분시처:十分是處), 100% 단정적으로 좋은 것(십분단정흡호:十分端正恰好) 등을 들 수 있다(김철호, 2006: 94; 김도일, 2014: 294).

이해에서 꼭 필요하다. 왜냐하면 정책의 선을 철학적으로 사고하고 정리한 선과 불선 및 악, 선악(善惡) 등의 개념을 상대적이고 가변적인 것으로 이해하면서 나아가 정책의 선과 불선의 인과관계를 균형적으로 판단하고 결정하는 균형주의 정책사상과 연계되어야 하기 때문이다. 마찬가지로 선도주의에서 선의 개념과 선도를 주창하는 정책사상은 현실의 실천적인 지식이나 지혜와 판단 등으로 연계되어야 한다. 이것이 현실주의 정책사상이다. 또한 이와 같은 정책사상은 정책공동체의 주체인 인간과 비인간은 상호간에 교섭하면서 공존한다는 실상을 설명하는 물아주의로 귀결될 수 있어야 한다. 특히 선과 악의 차별적 개념이나 절대적인 선과 악의 존재 등은 만물이 상호간에 연계되고 의존하는 물아주의 정책사상에서 총섭적인 개념으로 재정립되고 재형성될 필요가 크기 때문이다.

따라서 선과 악의 차이를 규정하여 개인적이고 사회적으로 선과 악, 불선 등을 이분법적으로 재단(裁斷)하고자 하는 절대적이고 완벽한 단정적인 선의 개념을 부정하거나 인정하지 아니하는 노자의 선 개념을 좀 더 이야기할 필요가 있다. 즉 노자의 상대적인 선과 악 등의 개념이 조금 더 정책의 선의 철학적 사고에 필요하다는 뜻이다. 앞서 설명한 것과 같이 노자는 선 또는 최고선(노자는 이것을 상선(上善)이라고 했다)은 물과 같다고 한 것도 역시 물의 본성이 선과 악을 구별하거나 상대화하는 것이 아니다; 조건과 양태에 따라서 변동적이며 가변적이라는 것을 상징적으로 설명한 것이라고 할 수 있다. 그래서 노자는 상대적인 선의 개념을 다음과 같이 설명했다.

"모든 사람들이 선이란 선하다고만 알고 있다. 이것은 벌써 선하지 아니한 불선(不善)이다. 왜냐하면 유무(有無)나 어렵거나 쉬운 것, 장단(長短), 고하(高下), 소리와 메아리 등은 상대적인 것이며 전후의 사정이나 조건에 따라서 상호간에 연계되어 발생되는 것이기 때문이다. 따라서 성인은 무위(無爲)로 일을 처리하고 무언(無言)의 가르침을 행하며 만물을 생성하고도 말하지 아니하며 생(生)하게 하고도 소유하지 아니하며 함(위:爲)이 있지만 그것을 믿고 의지하지 아니하며 공을 이루었으나 그것을 취하지 아니한다. 이와 같이 취하거나 마음에 두지 아니하기 때문에 또한 없어지거나 잃어버리지도 아니한다"30).

　　노자의 무위에 의한 선 사상은 한마디로 도(道), 즉 깨달음의 상태에서 성인
이 선과 악을 현실적으로 인식하고 실천하는 세계라고 할 수 있다. 왜냐하면 노
자는 "도는 만물의 오묘한 원리이다. 선한 사람뿐만 아니라 선하지 아니한 사람
도 지켜야 할 보배이다. 선하지 아니하다고 해서 어찌 버리겠는가. 도는 구하면
얻을 수 있고 죄를 면할 수 있게 한다고 하지 아니했는가. 따라서 도는 온 세상에
서 가장 귀한 것이다"31)라고 했기 때문이다. 이와 같은 도의 작용을 무위(無爲)
라고 했지만, 하지 아니하는 무작위(random)나 아무 일도 꾀하지 아니하는 것이
나 또는 허무주의나 염세주의, 비관주의 등은 아니다. 대신에 만물을 위하여 각고
의 노력과 위함으로 항상 행(行)하지만 행한다는 그 자체도 마음에 두지 아니하
는 물과 같지만 물은 영원히 물인 것과 같다는 의미에서 무위라고 한 것이다.
　　이와 같은 노자의 무위의 선(善) 사상은 사실상 깨달음이다. 이것은 불교철
학의 공(空)사상에서도 설명되고 있다32). 단지 근원적으로 노자는 무위도 실체가

---

30)　"皆知善之爲善 斯不善已 故有無相生 難易相成 長短相形 高下相傾 音聲相和 前後相隨
　　是以聖人處無爲之事 行不言之敎 萬物作焉而不辭 生而不有 爲而不恃 功成而弗居 夫唯
　　弗居 是而不去"(『老子』, 養身).
31)　"道者萬物之奧 善人之寶 不善人之所保 美言可以市 尊行可以加人 人之不善 何棄之有 故
　　立天子 置三公 雖有拱璧以先駟馬 不如坐進此道 故之所以貴此道者何 不曰 以求得 有罪
　　以免邪 故爲天下貴"(『老子』, 爲道).
32)　불교철학에서 공사상(空思想)은 『금강반야바라밀경』(약칭, 금강경)에서 가장 잘 설명
　　되어 있다. 물론 이것은 불교를 사상적 관점에서 정리하고 해석하는 경우에 한정된다.
　　실질적으로 불교사상은 수행의 방법론적 다양성을 철학적이고 이념적으로 구분하고
　　정리한 것이다. 그러나 불교의 진리의 상태 또는 깨달음의 상태를 지칭하는 "아뇩다라
　　삼먁삼보리(阿耨多羅三藐三菩提)도 아뇩다라삼먁삼보리가 아니라 깨달음의 본질적 실
　　체를 언어와 문자로 말한 것 뿐이다"(『金剛經』, 23, 淨心行善分)라고 했다. 단도직입적
　　으로 "이와 같은 깨달음을 얻은 후에 온 세상의 중생을 제도하고자 하면 그것 자체가
　　이미 아뇩다라삼먁삼보리를 올바르게 깨닫고 실천하고자 하는 자, 즉 보살(菩薩)이 아
　　니다. 왜냐하면 모든 중생은 이미 제도(濟度)되어 있고 한 중생도 제도할 것이 없기
　　때문이다. 모든 중생을 제도한다는 것은 나와 중생의 세계를 구분하는 이분법적 착각
　　에 의한 환상이다. 이것은 삼라만상의 적멸의 상태인 아뇩다라삼먁삼보리를 모르는 것
　　과 같다"(『金剛經』, 17, 究竟無我分)고 하는 내용은 공사상을 가장 잘 지적한 것이라
　　고 할 수 있다.

없다고 보았다. 그러나 공사상은 상대적인 선과 불선을 불생이고 불멸이라고 설명하면서 무위라고 가칭(假稱)했을 뿐이다(김성철, 1996: 122-123). 때문에 선도 생각하지 아니할 진데 하물며 악을 생각하거나 염두에 둘 리가 없었을 것이다(불사선 불사악:不思善 不思惡)(蔡仁厚, 2008: 121-122). 불교에서는 선악의 상대적인 관념의 세계를 초월할 수 있어야 깨달음의 세계에 들어갈 수 있다고 보았다. 그럼에도 불구하고 깨달음에만 안주하거나 집착하는 것이 아니라 때와 조건에 따라서 항상 선과 악의 현실세계를 위하여 일하고 힘쓴다. 그럼에도 불구하고 그것 자체도 마음에 둘 수 없어야 선과 악이 조화되는 세계에서 진정한 의미의 깨달음이 실천된다고 보았다[33].

그러나 노자의 무위사상이나 공사상에 초점을 두는 불교철학은 성인(聖人)이나 깨달은 사람인 각자(覺者)의 사상이고 행동지표이며 인생관이다. 정책의 이상이나 현실의 세계는 깨달음의 세계도 아니고 성인만의 세계도 아니다. 정책사상으로서 선도주의는 깨달음의 세계로서만 그 가치를 향유할 수 없을 것이다. 따라서 보편적 인간으로서 절대다수의 이해관계를 대표하고 선도할 수 있는 정책의 선, 즉 좋은 정책을 판단하고 결정할 수 있는 선이나 최고선을 성인(聖人) 세계의 선이나 도로서 설명하고 판단하기에는 현실적으로 한계가 있다. 그럼에도 불구하고 선과 악을 상대적인 개념으로 인식하면서 선악의 결과나 공로에 스스로 포획되거나 구속되지 아니하는 선, 물과 같은 선을 최고의 선으로 설명한 노자의 사상, 불교의 공사상 등은 현실적 맥락에서 정책의 선을 철학적으로 사고할 수 있는 요소가 될 수 있기도 하다.

---

33) 선악의 조화에서 선의 최고의 상태를 지선(止善)이나 최고선, 최상선 등으로 명칭하는 것을 불교의 실상사상을 설명하는 『묘법연화경』(妙法蓮華經) 서품에서 언급한, "초선(初善) 중선(中善) 후선(後善)"과 비교해 볼 수 있기도 하다. 즉 시간적으로 과거와 현재 및 미래뿐만 아니라 공간적으로도 모든 조건과 상태에서 항상 좋음(善)이 될 수 있는 것을 처음과 중간 및 마지막에도 한결같이 선하다고 한 것(世尊 演說正法 初善 中善後善 其義深遠 其語巧妙 純一無雜 具足淸白梵行之相)으로 이해할 수 있다.

2) 서양사상에서 선의 개념

서양사상에 선의 개념은 유교철학을 중심으로 하는 존재론적 의미의 선이나 도덕적이고 윤리적 의미의 선의 개념에서 몇 가지 차이점을 가지고 있다. 물론 정책의 본질인 선에 관한 철학적 사고인 선도주의 정책사상에 한정된 논의이기는 하지만 서양철학은 본질적이고 존재론적으로 선을 현실의 경험사회에서 정의하거나 측정할 수 없다는, 즉 자연주의 오류라는 강한 입장을 견지해 왔다고 할 수 있다. 이 점에서 본다면 유교사상의 선이나 절대적 선(최고선, 지선) 등은 사변적이고 도덕적이며 윤리적이고 훈도(訓導)적이라고 할 수 있다. 따라서 경험적 관찰과 증명의 대상이 될 수 없다는 자연주의 오류를 주장하는 서양철학의 선의 개념과 일맥상통한다고 볼 수 있다.

또한 유교사상에서 선은 통치자를 중심으로 하는 선과 현실의 정치세계에서 백성을 위한 선의 정치, 즉 선정(善政)의 기초이념으로 선을 설명하고 있다. 동시에 절대적 의미의 선의 존재론적 가치를 성선(性善)과 성악(性惡)으로, 선의 본질을 경험적 증명보다는 논리적이고 사변적인 형이상학으로 설명하는 것이 특징이라고 할 것이다. 그렇다면 역시 서양철학에서도 통치자의 이념이나 사상으로서 선, 특히 플라톤(Plato)의 철인정치인 최선자(最善者) 국가와 같은 개념을 들 수 있다. 즉 이상국가로서 완전한 국가를 실현할 수 있는 이성을 갖춘 정치인과 통치계급이 공적인 헌신과 건강한 심성을 가진 조화된 지도자로서, 사회정의의 철학을 구현하고자 하는 국가 또는 국가주의에서 곧 선으로 이해되기도 했다(서영석, 2010: 41-42; 한상수, 2011: 159; Kaye, 1941: 440-441). 왜냐하면 최선자 국가에서 철학자는 선을 알고 그리고 선을 실천할 수 있기 때문이라고 했다(강성훈, 2008: 166).

일반적으로 서양사상에서 선은 매우 다의적으로 설명되고 있는 것은 사실이다. 그러나 이와 같은 다양한 내용을 역시 동양사상에서의 선과 마찬가지로 크게 존재론적 선과 도구적이고 기능적이며 윤리적 선 등으로 구분해서 요약할 수 있다.

첫째, 존재론적인 선은 선 그 자체의 관한, 있는 그대로의 진실함이나 좋음의 대명사로 이해된다(Smith, 1948; Baylis, 1952; Smith, 2010; Crane and Sandler, 2017).

예를 들면 영국 철학자 George E. Moore(1873－1958)(1903: 9－11)는 선을 어의적 의미로 정의하는 그 자체는 실천적으로나 현실적으로 바람직하지 않다; 왜냐하면 선은 선으로서 사물의 최종적인 것이기 때문이라고 했다. 따라서 선을 자연과학의 개념과 같이 현실적으로 검증하여 설명하고자 하면 자연주의 오류(naturalistic fallacy)를 범한다는 그의 분석철학적 인식론은 『윤리학 원론』(Principia Ethica)에서 처음으로 주장된 것이다. 그에 의하면 선과 같은 가치판단의 개념을 분명히 정의하거나 확인할 수 없다. 확인하거나 정의할 수 없는 개념을 분석하거나 그의 속성을 논의하는 것은 그 자체로서는 타당할 수 있겠지만 그것을 정의할 수 없음에도 불구하고 굳이 정의하고자 하는 것은 모순이라는 주장이다. 즉 어떠한 구성요소나 가치로 선을 분석할 수 없다. 단지 행위나 일들이 좋다고 할 수 있을 뿐이다. 마치 노란색이 빛에 의하여 다양한 형태의 색깔을 나타내듯이 선도 마찬가지이다. 선하다고 하면 그에 따라서 파생되는 다양한 형태의 선도 가능하다고 했다. 그래서 선에 관한 윤리학은 선하다고 하는 것에 속하는 여타의 모습이나 자질과 내용 등을 설명하고 발견하는 것이라고 했다.

철학의 경우에도, Moore는 선의 구성요소나 자질 및 내용 등을 설명하는 것을 선을 정의하는 것으로 잘못 이해하고 있다고 했다. 이것은 사실상 선과 다른 것이 아니라 절대적으로 선과 같은 것일 뿐이라고 했다. 마치 사람들에게 노란색이란 무엇인가 하는 것을 설명할 수 없고 단지 노란색의 물체를 보여주면서 이것이 노란색이라고 말할 수 있을 뿐인 것과 같다고 했다. 선은 자연적 산물이 아니라 비자연적 속성체(non－natural property)로서 경험적이거나 과학적으로 검증될 수 없다. 즉 자연과학의 영역에 속하지 아니한다고 했다. 따라서 가치와 판단개념인 선을 마치 자연적 속성체인 것과 같이 현실의 경험사회에서 검증하기 위해서 측정이 가능하도록 선의 개념을 정의하는 것은 자연과학의 대상을 개념화하고 측정하여 그것을 증명하고자 하는 것과 같은 오류를 범하고 있다고 했다. 요약하면 자연주의의 오류를 주장한 Moore는 선은 단순히 선일 뿐이라는 절대적 개념으로서 선을 주장했다고 할 수 있다.

그러나 Moore의 주장을 비판하는 입장도 만만찮다. 먼저 선의 절대적인 속성을 발견한다는 것이 불가능할 뿐만 아니라 그것을 발견했다고 해도 일반적으로 수용되기도 어렵다는 비판(Savery, 1937)에서부터 시작해서 자연주의 오류를 논증하고자 하는 것은 그 자체로서 분석의 역설과 같은 수수께끼(일종의 오류)에 불과하다는 비판(임일환, 2009), 가치개념인 선도 하나의 자연적 속성체에 불과하다는 주장(Tredwell, 1962), 노란색을 감각적으로 판단하고 구분할 수 있는 것과 같이 선도 감각적으로 지각하고 설명할 수 있듯이 감각적 판단의 선과 인식적인 가치판단의 추론에 의한 선을 구별할 수 있어야 한다는 지적(한상기, 2015; Allchin and Werth, 2017) 등 다양하다.

그럼에도 불구하고 서양철학에서 선의 존재론적 의미를 좋음의 형이상학적 속성으로 요약해서 설명하기도 한다. 예를 들면 좋음의 존재(being better)는 본질적 속성이며 선의 존재(being good)에만 한정되지 아니한다. 따라서 개별적이고 구체적인 대상으로서 선은 구체적으로 비교할 수 있는 속성에 따라서 결정된다. 비교하기 때문에 서열이 발생하지만 서열은 목적론적 함의를 가진다. 즉 좋음과 그 반대로 비교되는 대상의 상대적인 차이라고 하였다(Brannmark, 2009: 238).

선을 좋음의 대명사로 설명하기도 하는 서양철학에서 좋음('betterness'나 'goodness'를 구별하지 아니하는 입장에서)을 책임전가적 방법(BPAG: Buck-Passing Account of Goodness)으로 이해해 보기도 하였다. 앞서 지적한 자연주의 오류에 의한 선의 존재론적 개념, 즉 선은 선일 뿐이라는 주장이 정당하고도 온전하려면 선을 구성하는 하위요소나 하위개념들이 실천적으로 완전해야 한다. 그러나 현실적으로 그렇지 못하다는 주장이다(성창원, 2016; Rowland, 2016: 202-215; Beerbohm and Davis, 2017: e73-e76). 따라서 선의 본질적 개념 속성을 자연과학적 개념과 같이 증명하기도 어렵지만 인식론적 하위개념으로 남김없이 제공하기도 어렵다는 논쟁을 동시에 이해할 수 있을 것 같다.

둘째, 자연주의 오류의 논쟁을 포함한 존재론적인 의미의 선의 개념은 도덕적이고 윤리적이며 도구적 입장에서 선을 설명할 때 많은 논란이 제기되기도 한다. 따라서 존재론적인 선을 가치판단적 개념에서 무엇을 위한 선인가 하는 선의 외부적이거나 내부적 영향의 판단, 즉 선의 대상과의 인과관계의 판단작용을 설명하는 목적론적이거나 윤리적 의미의 선으로도 설명될 수 있어야 한다는 주장도 서양철학에서는 대단히 중요해지고 있다. 즉 도덕적이고(Knovitz, 1936: Korsgaard, 1983) 도구적(Tulloch, 1958: 318; Baker, 2017) 선의 개념이라고 할 수 있다.

특히 플라톤의『국가론』(The Republic)에서 소크라테스가 구분한 세 가지의 선의 개념을 보면 그 자체로서의 바람직한 선, 즉 존재론적 선이 있다, 즉 그 자체뿐만 아니라 결과도 바람직하고 가치 있는 것으로서 선이 있다. 그리고 유익하고 즐거운 결과를 가져올 수 있는 선 등이 있다고 했다. 그렇다면 선을 도덕적이고 윤리적인 선이라고 할 수 있다. 이와 같은 도덕적 선을 지키고 실천할 수 있으면 인간은 곧 행복할 수 있고 그 이외의 선은 인간의 행복을 반드시 보장해 주지 아니한다고 보았다(이영문, 1994: 107; Callard, 2017).

도덕적 입장의 선의 개념이 때로는 좋음이나 올바름 또는 공정성 등으로 논의되기도 한다. 여기서는 선도주의 정책사상에서 선의 철학적 개념을 이해하기 위한 수준인 좋은 정책을 판단하거나 결정할 수 있는 구체적인 선의 구성요소나 변수에 관한 범위에 한정하여 간단히 언급하고자 한다.

먼저 좋음(betterness)은 앞서도 지적했듯이 좋다(being good)는 그 자체의 의미에서 아름답다, 정의롭다, 정당하다 등과 같은 본질을 설명할 수도 있다. 그러나 동시에 수단적이고 도구적으로 훌륭하다, 효과적이거나 효율적이다, 잘 맞거나 어울린다 등을 설명하기도 한다(Handfield, 2014; Carlson, 2016). 따라서 정책의 선으로서 좋음은 정책의 선을 구성하는 요소들, 정책의 내용이나 수단 등이 정책목표와 존재를 가치있게 할 수 있다는 의미로 이해할 수 있다. 물론 이것은 실천적 추론이다. 왜냐하면 선을 개념으로 하는 선도주의 정책사상이 제6장에서 설명할 현실주의 정책사상과 논리적이거나 현실적으로 연계되어야 하기 때문이다.

옳음(rightness)[34]은 행위나 판단에 대한 윤리적이고 도덕적으로 정당하고도 선하다는 주관적인 가치정향을 우선한다. 동시에 주관적이고 개인적인 옳음이 사회적이고 객관적인 옳음으로 연계될 것인가 하는 것은 어려운 문제이다. 그러나 옳음이란 행위나 판단이 그 자체로서 뿐만 아니라 결과로서도 선하다는 의미로 이해될 수 있다. 그럼에도 불구하고 옳음이 곧 선이 될 수 없을 것이다. 즉 옳음과 선의 인과관계에 의하여 옳음이 선으로 이해되고 실천적으로 수용될 수 있을 때 옳음은 선의 구성요소가 될 수 있을 것이다(Leon, 1933; Bahm, 1947).

그리고 선의 개념적 이해에서 보면 공정성(fairness)에도 두 가지의 전제조건이 필요하다고 했다. John Rawls(1975)에 의하면, 선의 기초적인 이해와 조건 및 개념에 의해서 모든 사람은 불공정하게 취급되지 아니한다는 약속과 믿음이 있어야 한다. 그리고 이와 같은 약속이나 신념 등은 인종이나 사상, 남녀노소, 경제적이거나 지식의 차이 등에 관계없이 보편적이고 일반적으로 받아들여지고 있어야 한다고 했다. 이것이 Rawls의 공정으로서 정의의 원칙으로 자세히 설명되고 있지만(뒤편에서 정의를 설명할 때 조금 더 자세히 지적한다) 주관적인 도덕성이나 가치를 가진 선은 보편타당한 선으로 사회적으로 수용되고 상통되어야 하며, 이에 따라서 누구든지 공정하게 취급되고 차별받지 아니해야 한다는 것을 강조한 것이라고 할 수 있다.

요약하면 서양사상에서 어의적으로나 실천적이며 도덕적으로 선은 매우 다

---

34) 올바름 또는 옳음에 해당되는 'righteousness'는 심리적이면서 종교적인 의미에서 신의 뜻과 의지에 따라서 개인의 주관적인 판단과 가치정향이 종교적인 계율이나 주장, 교리 또는 정치적인 이상, 상급자나 부모의 명령이나 바람 등에 일치되거나 합치되는 의미로 이해되는 경우가 많다(신학이나 종교학, 가정교육학, 윤리학 등). 따라서 일반적인 의미의 선을 설명하는 옳음은, 물론 주관적이거나 객관적인 옳음이 구분될 수 있지만(Olsen, 2018: 417) 행위나 판단이 그 자체로서 뿐만 아니라 결과로서도 선하다는 의미의 'rightness'의 용어에 해당된다고 할 수 있다.

양하게 이해되고 있지만 이것을 크게 두 가지로 정리하였다. 즉 선은 그 자체로서 선이며 절대적이고 본질적이라는 것이다. 그렇다고 본질적인 선이 아리스토텔레스나 칸트의 최고선의 개념과 합치되어야 하는 것은 아니다. 동시에 절대적인 선의 구성요소나 변수들을 현실적으로 남김없이 확인하고 정의할 수 있는 책임을 누구에게 전가해야만 하는 것도 아니다. 그래서 인간의 본성이 선한가, 악한가 하는 등과 같은 동양철학적인 고민과 논쟁 등은 비교적 약하지만 서양에서 선은 물질적인 자연주의자들이 주장하는 것과 같은 과학적 검증의 대상이 될 수 없는, 즉 형이상학적인 존재의 가치를 가지고 있다는 것으로 요약할 수 있다.

그리고 선을 도구적이며 목적적으로, 즉 바람직하고 유용하며 합목적적으로 설명한 것이다. 즉 본질적으로 선하기도 하지만 동시에 유익하고 바람직하며 효과적이어야 한다는 도구론적 가치로 선을 설명한 것이다. 가치있는 선은 도덕적이고 윤리적으로 주관적인 선뿐만 아니라 사회적이고 객관적으로 선한 결과를 담보할 수 있어야 한다는 설명이다. 이것이 앞서 지적한 좋음이나 옳음, 공정성 등과 같이 다양하게 선의 개념을 이해하고 있다고 정리할 수 있다.

선도주의 정책사상의 핵심적인 주제인 정책의 선을 설명하기 위한 범위에서 선의 개념을 이해하면서 여기서 간단하게나마 언급해야 할 몇 가지가 있다. 먼저 선이라고 하면 그 상대적인 개념인 악(惡)이 존재하게 마련이다. 이것은 선과 악을 대칭적으로 이해하는 수준이라고 할 수 있다. 앞서 보았듯이 선의 개념을 직접적으로 본질론과 도덕론 등으로 매우 다양하게 설명하지만 동시에 선의 상대적인 개념인 악을 밝히고 설명하면서 그와 대칭적으로 선을 이해할 수도 있다는 것이다.

현실적으로 선에 관계없이 악은 악 그 자체로서 존재하고 있다는 전제에 따른다면 정책의 선의 구성요소나 변수를 파악하고 설명하면서 정책의 악도 설명하고 밝혀야 할 것이다. 그러나 선의 대칭적인 개념인 악을 이해하면서 선의 본질적이거나 도덕적인 개념을 설명한 범위에서, 즉 선을 보다 분명하게 이해하고자 하는 수준에서 악의 개념을 간단히 설명하고자 한다.

먼저 노자(老子)는 무위사상을 전개하면서 선과 악은 상대적이다; 그래서 선과 악 그 자체에만 집착하는 것을 경계하기도 했다. 왜냐하면 선은 물과 같기 때문이라고 했기 때문이다. 동시에 악은 아름다움(美)의 반대적인 개념이면서 선이 아닌 불선(不善)이다. 그러나 선과 악은 상대적인 것이라고 했다. 노자의 선악의 상대개념은 이것이 존재하면 저것이 있게 마련이라는 불교사상의 연기법(緣起法)으로도 쉽게 이해될 수 있다.

또한 주자(朱子)는 선을 선이라고 생각하면서 알고 있다면 이미 불선(不善)이 존재하고 있다고 했다. 때문에 선과 악의 차이를 알 수 없다고 다음과 같이 이야기했다.

"천하의 도에는 선과 악 두 가지뿐이다. 그러나 선악의 근원을 파악하면 선은 천명이 부여하는 바의 본질적 가치이고 악은 인간의 물욕으로서 발생되는 더러운 것이다. 이것이 인간의 상성(常性)이다. 선에 악이 없다고 한다면 인간의 본심을 모르는 것이다. 따라서 인간은 물욕의 사리사욕에 어두워서 선악을 진실로 구분하거나 알지 못한다. 선의 본질을 모른다면 선을 좋아한다고 할 수 없다"35).

마찬가지로 순자(荀子)의 성악설에 의하면 결국 선과 악도 그가 주장하는 올바른 이치와 평등한 다스림(정리평치:正理平治)의 근원을 설명하기 위한 것일 수도 있다. 그 하나의 예를 들면 "인간의 본성은 악하다. 부정하고 다스리기 어렵다. 그래서 예로부터 성인은 통치자인 임금을 앞세워 군림하게 했고 예와 의를 밝혀서 교화했으며 법을 바르게 제정해서 다스렸으며 형벌을 무겁게 해서 악을 금하게 했다. 이와 같이 천하를 다스리면서 선(善)에 일치하도록 했다. 이것이 성왕들의 통치"36)라고 했다. 이것은 악한 본성을 가진 인간을 다스리는 선의 존재

---

35) "天下之道二 善與惡而已矣 然揆厥所元而循其次第 則善者天命所賦之本然 惡者物欲所生之邪穢也 是以人之常性 莫不有善而無惡 其本心莫不好 善而惡惡然 既有是形體之累而 又爲氣稟之拘 是以物欲之私得以蔽之 而天命之本然者而 不得而著 其於事物之理 固有曹然 不知其善惡之所在者 亦有僅識其粗而 不能眞知其可好可惡之極者 夫不知善之眞可好 則其好善也"(『大學或問』, 六章).

론적 가치를 악의 개념에 그 초점을 맞추어 설명한 것이라고 할 수 있다.

이에 반하여 서양철학에서는 선의 대칭이나 대비가 아니라 악은 악 그 자체로서 존재한다는 입장이 강하다. 즉 악을 굳이 선이라는 반사의 거울을 비추어가면서 설명할 것이 아니다; 악은 실질적이고 현실적으로 존재하는 악이고 선은 또 하나의 다른 개념이라는 것이다(김선욱, 2007; 장왕식, 2009; Siwek, 1951: 22-23). 이와 같은 입장은 『서경』의 "도에 순하면 길하고 역하면 흉하다. 이것은 그림자나 메아리와 같다. 따라서 하늘의 도는 선한 사람에게 복을 받게 하고 악한 사람에게 화를 내린다, 즉 복선화음(福善禍淫)이다"[37]라고 하는 지적과 맥을 같이 한다고 할 수 있다. 즉 도의 순행을 선으로, 도의 역행을 악으로 볼 수 있으면 선과 악은 각각의 그림자와 메아리를 가지고 있는 것과 같다고 할 수 있다(이상익, 2002: 29).

특히 국가주의 정책사상에서 정책개입의 정당성이 확보되려면 정책은 정책의 선 그 자체로서 뿐만 아니라 정책의 진행과정에서 발생되는 피해나 폐악, 부작용 등과 같은(이것을 정책의 악(policy evil)이라고 한다면) 정책의 악이 별개로 설명되고 논의되어야 할 필요성도 있을 것이다. 예를 들면 나치독일의 유대인 학살사건인 홀로코스트(Holocaust)는 독일 국가주의 정책이지만[38] 정책 그 자체가 본질적으로 악하다. 여기에 더하여 정책의 집행은, 즉 행정과정이나 내용은 선과 악의 구분이나 또는 거짓과 진실의 상대적인 분별보다는 국가에 대한 보다 구

---

36) "人之惡性 故古者聖人 以人之性惡 以爲偏險而不正 悖亂而不治 故爲之立君上之執以臨之 明禮義以化之 起法正以治之 重刑罰以禁之 使天下皆出於治 合於善也 是聖王之治而禮義之化也"(『荀子』, 惡性).

37) "惠迪吉 從逆凶 惟影響"(虞書, 大禹謨); "天道 福善禍淫."(『書經』, 商書, 湯誥).

38) 홀로코스트(Holocaust)는 히틀러(Adolf Hitler)의 나치 독일정부(나치 당)의 명령으로 독일군부들이 유럽의 독일점령지나 독일 등에 산재한 4,200개 정도의 집단수용소, 게토, 강제수용소 등에 수용된 유럽지역 6백만 명 정도의 유럽거주 유태인을 집단적으로 살해한(genocide) 대규모 인종학살사건의 대명사이다. 어의적으로 홀로코스트는 화재에 의한 생명이나 재산의 희생을 지칭하던 용어였지만(Petrie, 2000: 31), 특히 1985년에 프랑스에서 개봉된 Claude Lanzmann 감독의 영화, '소하'(Shoah)(나치 학살사건의 기록영화) 이후에 이 용어를 역사가들이 홀로코스트로 번역하여 사용하면서 유태인 학살사건의 대명사격으로 알려지고 있다(https://en.wikipedia.org, 검색일: 2017년 10월 8일).

체적인 표현으로 통치자나 명령자에 대한 충성으로 평가되었다고 할 수 있다(전선숙 외 2인, 2012; 최성철, 2017; Adams, 2011).

이와 같은 정책의 악은 근원적으로 정책의 선에 의한 선도주의의 정책사상이 아니라 본질적으로 악이라고 할 수 있다. 이와 같은 정책의 악은 정책의 잘못이나 실패(policy wrongdoing 또는 failure)라기보다 본질적으로 사악한 정책사상과 목표를 가진 정책의 악의 전형이라고 할 수 있다(Calder, 2013; Liberto and Harington, 2016).

정책은 끊임없는 환경의 변화에 대응하면서 정책 그 자체가 변화와 변동을 겪게 마련이다. 이와 같은 과정에서 발생되는 부작용이나 예상하지 못한, 생각하지 못한 잘못이나 실패를 그 자체로서 정책의 악이라고 할 수 없다. 단지 정책의 잘못이나 실패를 의도적으로 유도하거나 또는 그것을 교정하거나 보정하고 치유하고자 하는 정책균형의 노력을 하지 아니한다면, 즉 악순환 된다면(변창흠, 2013) 이것은 정책의 악의 편이다. 즉 결과적으로 정책의 악을 무시하거나 방치하면서 정책결과와 원인과의 도덕적이고도 사회적인 정의를 배반한 것으로서 정책의 악이 될 수 있을 것이다[39].

대표적으로 홀로코스트 등은 정책의 악 그 자체가 될 수 있다. 그러나 아리스토텔레스나 칸트 등과 같이 인간의 성선과 성악이 결정된 것이 아니라 개인의 자유의지와 도덕적인 노력에 따라서 선과 악을 각각 창조한다고 하지만 선의 결핍이 곧 악이라는 주장에서 볼 때(이정은, 2008; Sanford, 2017) 선과 악은 역시 양면성을 가진 개념이라고 하는 점을 부인하기 어렵다(천병돈, 2005; Calder,

---

[39] 이와 같은 논쟁은 정책사상에서 균형주의의 실천이론으로 논의되어야 할 분야이다. 그래서 제5장의 균형주의 정책사상의 실천철학으로 이와 같은 것을 정책인과의 분배의 정의의 실천에서 설명하고 있기도 하다. 동시에 정책을 수단으로 하는 정책의 원인과 정책의 영향이나 실현에 의한 결과인 정책인과에서 불균형이 발생된다면 이것을 수정하거나 보정하고 치유할 철학이나 이론 및 실천방법이 필요하다는 것이 필자의 『정책균형이론』의 핵심적인 주장이기도 하다. 또한 정책의 악순환 그 자체가 곧바로 정책의 악이라고 하기는 어렵다. 단지 악순환의 정책인과가 사회적 정의나 공공성 등을 계속해서 침해하거나 훼손한다면 정책의 악으로 설명하거나 진단할 수 있을 것이다.

2013). 정책의 선과 정책의 악이 본질적으로 구분되거나 분리된 것이라기보다, 물론 예외적으로 정책의 악이 그 자체적으로 존재할 수 있지만 정책의 악순환과 같이 의도하지 못한 실수나 실패, 잘못으로 인하여 정책의 악이 될 수 있다. 그럼에도 불구하고 본질적으로 정책은 선한 사상이나 이념과 철학을 전제로 선한 결과를 추구하는 것이 일반적이다. 그래서 선도주의 정책사상은 선과 악을 개념적으로 이원화하기보다 정책의 선의 속성과 변수를 설명하면서 그것을 기준으로 또는 반면교사(反面敎師)나 회광반조(回光返照)와 같은 의미로 정책의 악을 이해하는 수준이다.

그렇다고 선과 악을 대비하여 천하에는 선과 악 두 가지뿐이라는 입장은 아니다. 또한 항상 선이 절대적이고 최상인 지극한 선으로만 존재한다는 입장도 아니다. 정책의 선은 도덕적인 입장에서 심리적이거나 사상적인 선이나 선한 행위만을 주장하거나, 무위사상과 같이 선과 악의 상대적인 개념을 초월하는 도학(道學)에 집착하거나, 선은 물과 같기 때문에 만물을 포용하면서도 본질은 전혀 변하지 아니한다는 등과 같이 순수하면서도 절대적인 선인 지선(至善)을 주장하는 입장도 아니다.

대신에 순자(荀子)의 정리평치(正理平治: 올바른 이치와 평등한 다스림)와 같이 정책사상으로 선도주의는 정책의 선을 실천하고 실행하기 위한 실천적인 개념을 철학적으로 사고하고 이해하면서 이것을 체계적인 이론으로 정립하고자 하는 것이다. 따라서 정책의 선은 정책의 악을 전제로 하면서 대조되거나 대비되는 개념은 아니다. 정책의 선과 악은 양면적일 수 있다. 정책의 선은 하늘이 부여한 인간의 본성이 선하거나(성선:性善) 악하다고(성악:性惡) 하는 이원적 고착개념을 전제로 하는 것도 아니다. 무엇이 훌륭하고 좋은 정책인가 하는 것을 판단하고 결정하면서 실천할 수 있는 선도주의 정책사상의 정책의 선으로, 선의 개념을 이해하면서 악의 개념도 다양하고 복잡하다는 것을 지적할 뿐이다.

그래서 동서양을 막론하고 선과 악의 상대적이고 조건적인 개념을 이해하기 위해서 선과 악을 선악(善惡)이라는 개념으로 설명하기도 한다. 특히 유교사상에서부터 시작해서 지금까지도 선과 악의 이원론적 상대개념을 대비하여 설명하면서 하나의 대명사인 선악으로 이해하고 있기도 하다(Weller and Wu, 2017: 48). 그래서 선악과(善惡果)라는 용어에 익숙하기도 하다. 이와 같이 선과 악을 분리시키지 아니하면서 선악 판단의 준거기준으로 유교사상은 일반적으로 어진 마음(인심:仁心), 양심 또는 예(禮) 등을 들고 있다.

예(禮)를 공자(孔子)는 선과 악 등과 같은 상대적인 판단과 행위들을 조화롭게 하는 것이라고 했다. 그러나 조화만 강조하다보면 한편으로 치우쳐 선악의 판단이 어렵게 되거나 오히려 그 반대현상이 나타나게 된다. 이때에는 반드시 예로서 조화되어야 한다. 즉 선과 악을 절제하고 조심해야 예의 현실적 실천인 조화에 이를 수 있다고 했다[40]. 그리고 순자(荀子)는 "예(禮)란 사람의 욕구나 욕망을 충족시키는 것이다. 그러나 인간이 구차하게 살고자 하면 반드시 죽게 되고 구차하게 이익만을 찾는다면 손해를 보게 될 것이다. 나태하고 안락만을 원한다면 위태롭게 된다. 따라서 이와 같이 인간의 감성이나 본성이 작용하는 것들이 예(禮)로 하나가 될 것 같으면 감성이나 본성에 따라서 행동하고 판단하는 것과 같이 두 가지를 동시에 얻을 수 있다. 예(禮)가 아닌 감성이나 본성으로 하나가 되면 두 가지를 동시에 잃어버리게 된다"[41]라고 했다. 그래서 그는 예를 기준으로 성인의 예를 가르치고 익혀야 인간이 인간답게 된다고 했다. 즉 이것을 선과 악의 동시적 대명사인 선악의 기준으로 해석할 수 있다.

그러나 선도주의 정책사상에서 선악을 굳이 하나의 개념으로 파악하기보다 정책의 선을 구성하는 요소를 설명하기 위한 대명사로 이해하고자 한다. 즉 선악

---

40) "有子曰 禮之用 和爲貴 先王之道 斯爲美 大小由之 有所不行 知和而和 不以禮節之 亦不可行也"(『論語』, 學而); "承上文而言 如此而復 有所不行者 以其徒知和之爲貴 而一於和 不復以禮節之 則亦非復禮之本然矣 所以流蕩忘反 而亦不可行也"(『論語集註』, 學而). 위의 내용은 여기서의 『論語』와 『論語集註』의 원문을 혼합하여 필자가 요약하여 쉽게 풀어 쓴 것이다.

41) "故禮者 養之 故人苟生之爲見 若者必死 苟利之爲見 若者必害 苟怠惰偸懦之爲安 若者必危 苟情說之爲樂 若者必滅故人一之於禮義 則兩得之矣 一之於情性 則兩喪之矣"(『荀子』, 禮論).

이 아닌 선을 내세우면서 선의 개념적 이해에 초점을 두고 지금까지 선을 설명하였다. 따라서 절대적인 선악 개념은 선도주의에서는 정책의 선을 밝히고 주창하며 이에 따라서 국가주의의 정책개입의 정당성을 설명하기에 부족하다고 보았다. 『서경』의 복선화음(福善禍淫)이나 선악의 인과응보 등은 도덕적이고 윤리적인 실천의 힘을 강조한 것이다. 그러나 선도주의 정책사상은 선악의 통합적 개념이 아니다. 대신에 정책의 선은 정책 그 자체의 정당성뿐만 아니라 정책을 원인으로 해서 발생되는 정책결과와의 인과관계의 정당성을 설명하고 주창할 수 있는 이론적이고 실천적 개념이다. 그래서 선과 대비되는 악이나 정책의 악 등을 여기서 별도로 정책의 선과 대비하여 더 이상 자세히 설명할 필요성은 없을 것이다.

3) 공동선, 공공선, 일반의지, 정의 등에서 선의 이해

선의 개념적 이해에서 정책의 선의 구성요소나 변수를 발견하고 주창하기 위한 필수적인 또 다른 개념이 필요하다. 즉 선은 선이지만 개인적 수준이나 도덕적이고 윤리적 수준의 선만이 아니라 사회적이고 공공적이며 집단적인 선, 즉 공공의 선이나 공동선, 일반적으로 수용되고 허용되는 사회적 정의나 일반의지 등에서 선을 이해하고 설명할 필요성이 크다. 왜냐하면 선도주의 정책사상에서 정책의 선은 개인적이기 보다 공공적이기 때문이다.

첫째, 공동선(共同善, 公同善, common good)[42]을 정확하게 또는 일반적으

---

[42] 공동선(共同善)을 한자로 '公同善'으로 표기하기도 한다. 즉 다함께의 '공(共)'을 공적 영역의 '공(公)'으로 표기하는 이유는 전통적인 유교사상에서 공 개념을 지배권력의 공(公)과 다중의 공(共)을 동시에 의미하는 복합개념으로 보았기 때문이다(이승환, 2004: 178). 그러나 유교사상에서 공(公)(public)과 공(共)(common) 개념의 구분을 설명한 연구에 의하면(장현근, 2010) 공(共)은 공유나 공용의 의미이다. 예로서 인(仁)과 예(禮) 같은 기본 이념은 공으로서 공동체사회에 통용되는 지배적인 규범으로 이해되고 있다. 반면에 공(公)은 사사로움의 사(私)나 가족적 의미의 가(家)에 반대되는 국가나 군주의 영역을 의미하면서 국가주의의 기본 개념으로 사용되고 있다고 했다(백완기, 2007: 3; 김도영·배수호, 2016: 255-258). 따라서 공(公)은 법과 정치조직이나 제도로 정착되었고 공(共)은 공동체의 규범이나 질서 등의 법치주의로 발전되었다고 할

로 통용되는 수준으로 정의한 것은 아직까지 없다. 여기서는 선도주의 정책사상에서 정책의 선을 구성하고 밝히고자 하는 입장에서 공동선은 공동체 사회에서 일반적으로 수용되고 통용되는 선으로 이해할 수 있다. 선이기 때문에 존재론적 의미의 선뿐만 아니라 도덕적이고 윤리적인 선의 개념도 동시에 가지고 있다. 물론 선이면서도 최고선이나 절대적인 선인 지선(至善)과 같이 공동선에서도 앞서 선의 개념을 설명한 것을 그대로 대입해서 이해할 수 있다. 즉 공동체의 선이며 또한 최고선이 될 수 있다. 옳음이나 정의, 좋음, 인정과 배려 등과 같은 정책의 선을 공동체에 적용하면서 정책의 선을 창안하거나 지지하며 실천할 수 있다.

여기서 한 가지 지적할 것이 있다. 공동체의 선은 최고선이나 절대적인 선이 아닐 수도 있다는 것이다[43]. 또한 공동체는 국가나 공적 영역에만 제한적인 개념이 아닐 수도 있다는 것이다. 즉 공동체는 공통의 이익과 존재의 가치를 추구하는 다양한 집단이나 조직, 물론 국가도 포함되지만 가족 등을 아우르는 개념으로 이해할 수도 있다는 것이다.

공동선을 동양사상에서 가장 잘 표현하면서 이해하고 있는 것으로 대동사회(大同社會)의 개념을 들 수 있다. 『예기』에서 대동사회를 다음과 같이 묘사하고 있다.

"천하는 개인이나 집단이 아닌 공공을 위하여 존재한다. 현명하고 능력있는 자를 선발하며 신뢰하고 화목을 강설한다. 사람들은 남의 부모나 자식도 자신의 부모와 자식으로 생각했다. 노인이 편안하게 생을 마치게 하고 청장년이 일할 수 있게 하며 어린이는 성장할 수 있도록 한다. 장애인을 위한 복지가 있다. 모든 남자는 각자의 응분에 해당되는 직업이 있다. 여자에게도 돌아갈 곳(남편이

수 있다. 그러나 지배계급이나 영역의 공(公)이 공정성이나 공평성 등과 같은 윤리적이고 도덕적인 개념으로 확장되면서 공동의 공(共)과 중복개념으로 사용되고 있다는 설명도 있다(이승환, 2004: 175; 김경희, 2012: 34; 김우진, 2015: 380-381).
43) 공동선은 공동체의 최고선으로 정의되었다고 주장할 수도 있지만(황희숙, 2016: 71) 선과 최고선 등을 일반적으로 통용되는 수준으로 구분하여 정의하기 어렵다. 때문에 굳이 공동선을 최고선이라고 할 필요는 크지 아니할 것 같다.

나 의지할 곳)이 있게 한다. 재화를 낭비하지 아니하며 독점하지도 아니한다. 힘들여 노력하고 애쓰지만 그것이 자신만을 위한 것은 아니다. 따라서 모략이나 간사한 꾀를 낼 수 없고 도적이나 난적도 없다. 때문에 대문을 항상 열어 둘 수 있다. 이것이 대동(大同)이다"[44].

대동사회는 지금과 같이 사적인 이윤추구나 편안함, 나와 가족만의 이해관계가 아닌 공동체 사회의 공통의 이익과 존재를 중요시하는 사회로서 공동체의 안녕과 행복, 누구든지 차별받지 아니하는 평등한 사회를 묘사한 것이라고 할 수 있다. 특히 천하는 '공'(公 또는 共)을 위하여 존재한다는 것을 정치적인 지배계층을 상징하는 군왕을 중심으로 하는 통치집단이나 개인이나 가족 등과 같은 집단의 사적 영역이 아니라 공적 영역이고 패러다임이라는 사실을 천명하는 것으로 이해할 수 있다(이승환, 2004a: 175; 권정안·복대형, 2018: 358-359). 그래서 공공사회는 본질적으로 누구든지 평등하게 자신의 능력이나 자질과 조건을 발휘할 수 있도록 하면서 각자의 위치에서 각자의 본분을 다할 수 있도록 하는 사회라고 할 수 있다. 이와 같은 사회의 선이 공동선의 내용이고 속성이라고 할 수 있다.

대동사회의 이상적인 유형으로 전래되고 있는 것이 소위, 무릉도원일 것이다. 즉 대동사회가 주장하는 평등하면서도 공정한 사회의 선이 실천될 수 있는 이상적인 사회로서, 도연명(陶淵明)(365-427)은 <도화원기>(桃花源記)에서 공동체의 이상적인 생활을 노래하였다. 즉 무릉도원의 이상파들이 주장한 사회적 공동체의 삶을 다음과 같이 노래했다.

"우리들은 자유로운 결정과 판단에 따라서 부지런히 농사지으며 해가 지면 쉰다. 가을에 곡식을 거두지만 왕의 세금 따위는 필요없다. 아이들은 흥겹게 노래하고 뛰놀며 노인들은 서로들 기쁘게 만난다. 기쁘고 즐겁기 그지없으니 아등

---

44) "大道之行也 天下爲公 選賢與能 講信修睦 故 人不獨親其親 不獨子其子 使老 有所終 壯有所用 幼有所長 矜寡孤獨廢疾者 皆有所養 男有分 女有歸 貨惡其棄於地也 不必藏於己 力惡其不出於身也 不必爲其 是故 謀閉而不興 盜竊亂賊而不作 故 外戶而不閉 是謂大同"(『禮記』, 禮運).

바등 세상사는 지혜를 짜내고자 굳이 애쓸 필요가 있겠는가"[45].

도연명은 농경사회의 이상향을 추구했지만 공동체의 공동선에 해당될 것으로 국가의 강제적인 정책개입이나 간섭이 없는 자치에 의한, 자급자족에 의한 주민자치의 선이라고 할 수 있다. 그러나 이와 같은 무정부주의적인 또는 비현실적 공동체의 선 등은 정책개입을 통한 국가주의의 정책의 선에서 설명되거나 또한 그에 해당되기 어렵다.

대동사회가 표방하는 공동선은 공동체의 이익을 의미하는 공익(public interest)이나 공공선(public good)과 구별된다. 공공선을 설명하면서 보다 자세히 지적하겠지만 공공(the public)은 사적 분야(private sector)와 구분된다. 즉 공공의 이해관계를 실현하고 실천하는 장으로 공공을 이해할 수 있다. 따라서 공동(the common)은 공과 사 분야를 포함하여 구성원들의 민주적이고 평등한 인간의 존엄성에 기초하여 합의한 공동체의 이해관계를 의미한다. 따라서 공동선과 공공선을 구별할 수 있다(김경희, 2012: 35; 이종민, 2017: 233).

동시에 공동선은 저수지나 공원, 인터넷, 사회간접자본 등과 같은 자연적이거나 인공적인 공유자산(common-pool resources)과도 구별된다. 공유자산은 타인의 이용 권리와 편익에 위배되지 아니하는 범위에서 자유롭게 언제든지 이용하면서 그 편익을 향유할 수 있는 공동체의 유무형의 자산이다(Ostrom, 2005: 79-80). 그러나 공동선은 공유자산 그 자체나 편익이 아니다. 공동체의 공유자산을 보다 평등하고 평화롭게 그리고 최대한의 보존가치를 유지하면서 공동체의 이해관계에 합당하고도 타당하게 추구하는 이념이나 사상이라고 할 수 있다[46].

---

45) "相命肆農耕 日入從所憩 桑竹垂餘蔭 菽稷隨時藝 春蠶取長絲 秋熟靡王稅 秋熟靡王稅 荒路暖交通 鷄犬互鳴吠 俎豆猶古法 衣裳無新製 童孺縱行歌 班白歡遊詣 草榮識節和 木衰知風厲 雖無紀歷誌 四時自成歲 怡然有餘樂 于何勞智慧"(『陶淵明集』, 桃花源記).

46) 공동자원, 공유자원, 공유자산 등으로 번역하기도 하는 공유자산의 관리방법을 연구하여 2009년에 노벨경제학상을 Oliver Williamson 교수와 공동으로 수상한 Elinor Ostrom(1933-2012)도 공유재산을 관리하는 제도를 유지하고 발전시키면서 공유재산의 가치를 보전하여 후세대에게 물려주어야 한다는 환경중심의 공유자산 가치를 주장하였다(Ostrom, 2005). 즉 공유자산의 가치를 보존하여 세대간의 평등한 부담과 편익

이와 같은 공동선은 정책의 선으로 선도주의 정책사상에서 필요할 것이다. 왜냐하면 공유자산의 공동체적 이해관계의 선을 추구하면서 보전하거나 향상시킬 공동선의 개념과 속성을 발견하고, 이것이 국가나 공공조직의 정책개입의 정당성을 확보할 수 있는 선도주의 정책의 선이 될 수 있기 때문이다.

따라서 공동선은 공사에 관계없이 공동체 구성원들의 공동으로 합의된 원칙과 절차에 따라서 추구하는 존재론적인 선일 뿐만 아니라 윤리적이고 도덕적인 선을 포함하는 개념이라고 할 수 있다. 따라서 선도주의 정책사상에서는 일반적으로 정책은 국가나 공공조직을 의미하기 때문에 국가나 공공조직이 공동체로서 추구하는 선으로 공동선을 대입해서 이해할 수 있다. 구체적으로 정책의 선으로서 대동사회에서 묘사된 것과 같은 개인적 성숙과 발전, 평등하면서도 능력과 자격에 따른 공평한 취급, 인간의 기본적인 존엄과 가치의 실현 등과 같은 것은 공동선의 구성요소나 속성이 될 수 있을 것이다.

전통적으로 공동선을 경제적 공동선과 정치적이고 사회적 공동선으로 구분할 수도 있다. 제3장의 국가주의에서 정책을 통한 국가개입주의의 정당성, 그 중에서도 규범이면서도 실천적 입장에서 사회적 선을 제시하기도 했다. 즉 사회적 선을 사회도덕(사회적인 공통의 이념과 가치나 원칙 등의 존중과 실천)과 사회윤리(합리적이고 이성적인 행위나 공공행위의 선악시비의 판단기준), 다수가 추구하는 공통의 가치와 이상을 공유하고 그것을 확산하는 사회가치의 공유 등으로 구체화해서 설명하였다. 여기서 사회도덕이나 윤리도 공동선으로서 선도주의 정책사상에서 정책의 선이라고 할 수 있다.

특히 사회가치의 공유와 확산이라는 사회적 선은 윤리적이고 도덕적인 사회가치를 다수가 추구하는 공통의 이상과 가치로 공유하면서 이것을 확산하여 건전한 사회공동체를 형성·유지하고자 하는 사회적 선의 중요한 덕목이라고 했다.

을 향유해야 한다는 논의는 공동체의 공유자산의 본질적 목적과 존재가치를 유지해야 한다는 선도주의적 입장의 한 내용이 될 수 있을 것이다(제3장의 국가주의의 <각주 73> 참조).

따라서 규범적이고 윤리적일 뿐만 아니라 정치적이고 경제적인 공동체의 공동가치도 포함되는 사회가치를 공유하거나 지지 및 확산하는 사회적 선은 국가개입주의의 정당성을 넘어서서 정책의 선으로서 선도주의를 구성하는 공동선의 중요한 변수가 될 수 있을 것이다.

경제적인 공동선은 동양사상에서도 잘 설명되고 있다. 물론 유교철학에서의 공동선은 대동사회와 같은 이상향을 실천하기 위한 왕도정치의 본질적 요소이지만, 안민과 위민을 위한 국가주의의 정책은 경제적인 공동선인 균등하고도 공정한 경제적 자산(이:利)의 분배라고 한 것은 사실이다. 그러나 경제적 이해관계의 공동선인 이(利)의 근본은 역시 덕(德)과 의(義)라고 했다[47]. 즉, 올바르면서도 응당한 대가와 보상 기준으로 공동체사회를 유지하면서 성장발전시킬 수 있는 기본덕목인 예(禮)에 합당해야 왕도정치는 실현된다고 보았다(박재술, 2005: 140; 김도영 · 배수호, 2016: 267-268).

대표적으로 공자는 "모름지기 국가나 가정을 다스리고자 하면 적음(국부나 기타) 보다는 균등한 분배를 걱정해야 하며 가난보다는 안녕을 걱정해야 한다. 균등하면 가난이 없고 화합하면 적음이 없다. 안녕하면 국가나 가정이 위태롭지 않다"[48]라고 했다. 그래서 보다 구체적으로 맹자는 일반주민은 항산(恒産)할 수 있어야 덕과 의(義)를 실천하고자 하는 항심(恒心)을 가질 수 있다고 했다. 따라서 일정한 경제적 자급자족의 생산능력을 가질 수 있도록 하는 토지제도(정전제: 井田制)나 조세제도(균부:均賦) 등의 중요성을 역설하기도 했다[49].

---

47) "德 義 利之本也"(『春秋左傳』, 僖公27).
48) "丘也聞 有國有家者 不患寡而患不均 不患貧而患不安 蓋均 無貧 和無寡 安無傾"(『論語』, 季氏). 『論語集註』에서 여기서의 과(寡)를 국민의 수가 적다고 했지만(위민소:謂民少) 일반적으로 인구수 보다는 국부(國富)의 경제적 의미로 해석하는 것이 보다 현실적이라고 할 수 있다.
49) "無恒産而有恒心者 惟士爲能 若民 則無恒産 因無恒心 苟無恒心 放辟邪侈 無不爲已"(『孟子』, 梁惠王 上). 여기서 맹자는 오직 선비인 군자만이 항산(恒産)에 관계없이 항심(恒心)을 지닐 수 있다고 했다. 왜 맹자는 일반 시민은 안 되고 선비만이 그럴 수 있다고 했을까? 하는 것을 맹자의 왕도사상과 오늘날의 인터넷 사이버사회의 정치철학과 비교하여 논의해 보는 것도 학술적으로나 현실적으로 중요한 주제일 수 있다.

물론 분배의 정의와 같은 의미의, 능력이나 자격과 조건에 따른 응분의 몫을 주장한 순자의 분배론도 절대적 배분이 아닌 상대적이고 조건적임을 강조한 것이다(자세한 것은 제5장의 균형주의의 정책인과의 분배의 정의에서 설명한다). 그리고 균등한 또는 조화로운 이(利)도 올바르고 정의로움에 맞아야 한다. 동시에 빈부와 같은 경제적 이해관계도 합당한 이치와 올바른 규범과 예(道)에 따라야 한다고 한 공자의 지적50)도 공동선으로 경제적 선의 규범적이고 윤리적 특성을 강조한 것이다.

경제적 공동선은 전통적으로 경제사상에서 논의되는 주요 주제로 등장하고 있다. 특히 2014년의 노벨 경제학상을 수상한 프랑스 경제학자 Jean Tirole의 시장질서론이 주목받으면서, 국가를 중심으로 하는 정책개입(주로 경제정책)을 정당화하는 이념이나 사상으로서 공동선은 공동체의 인간이 공유하고 열망하는 가치나 올바름, 선 등에 관한 인간존재의 값을 판단하고 결정하는 주요 변수로 설명되고 있다(Tirole, 2017: introduction).

그러나 경제적 공동선을 현실적으로 실천하는 문제에서 개인적인 이해관계의 단순 공통분자나 분모가 공동선이 아니다. 대신에 공공선택론(제5장의 균형주의 정책사상의 특성에서 경제학의 균형론과의 차이점을 참조)이나 사회선택론(social choice theory)51) 등에서 설명하고 있는 개인적 이해관계의 사회적 극대화나 최적의 선택 가능성을 모색하는 것이다. 따라서 경제적 공동선은 정치적이

---

50) "見利思義"(憲問); "富與貴是人之所欲也 不以其道得之 不處也, 貧與賤是人之所惡也 不以其道得之 不去也"(『論語』, 里仁).
51) 사회선택론(social choice theory)은 개인의 효용과 선호와 우선순위 등을 집합적인 함수로 총합하여 사회적 의사결정(social decision)을 도출하고 그 작용과 기능을 설명하는 정치경제학이나 공공선택론 등과 같은 주요 이론이다. 특히 아리스토텔레스 이후부터 유럽을 중심으로 본격적으로 논의되기 시작한 사회선택론의 학술적 역사와, 1950년대의 미국의 경제학자이며 수학자이고 정치학자인 Kenneth Arrow(1921−2017)의 불가능성 정리(impossibility theorem)(개인적 효용과 개인의 주권을 집단적으로 순서화할 수 있는 모든 조건을 만족시킬 수 있는 사회적 선호의 순서를 만들기는 불가능하다)가 발표되면서 초기 사회선택론이 의사결정론의 한 이론으로 정치화(精致化)되는 것 등을 자세히 설명한 Amartya Sen의 논문(2012)이 사회선택론의 이해에 도움이 될 것으로 보인다.

고 사회적인 공동선과 교감하고 있다고 할 수 있다. 즉 공공선택론이 주장하는 개인적 이해관계의 정치적인 교환을 가능하게 하거나, 사회선택론이 설명하는 개인적 선택행위를 집단적 선호의 순서로 변환할 수 있다는 논의에서 본다면 정치적이고 사회적 정당성(정책개입의 정당성이라고 할 수 있다)을 확보할 수 있는 공동선이라고 할 수 있다(Duke, 2017; Zamagni, 2017).

반면에 정치적 공동선은 동서양을 막론하고 정치사상에서 주요 주제로 항상 논의되고 있다. 서양의 정치사상에서는 공동선을 법치주의나 국가주의의 궁극적인 것으로 설명하고 있다. 즉 개인적이거나 공공적인 이해관계의 이해의 수준을 넘어서는, 사회적인 공동체의 도덕성의 기본이라고 하고 있다(김진선, 2016: 339－340; Diggs, 1973: 283－284). 그리고 유교사상에서의 정치적 공동선은 여민동락(與民同樂), 즉 군왕이 백성과 더불어 고락을 함께 한다면 정치를 쉽게 할 수 있다고 한 맹자의 지적과 같이 국가주의의 공동선의 기본원칙을 밝힌 것으로 볼 수 있다. 그래서 맹자는 백성들의 즐거움과 고통을 군주의 즐거움과 고통으로 생각하고 대응한다면, 즉 천하의 모든 사람들과 같이 즐기고 함께 근심하면서도 군주의 역할을 못했던 통치자는 지금까지 아무도 없었다고 했다[52][53].

서양에서는 백성과 더불어 고락을 같이 한다는 의미에서 공동선을 찾기 보다는, 즉 공동선을 정의(justice)나 일반의지 등과 구별해서 이해해야 한다는 주장(Lutz, 2002; Sluga, 2014: 3－4; Hoipkemier, 2018: 547)이 없는 것은 아니지만 전통적으로 공공의 이해관계나 일반의지, 정의[54], 균등하고도 안락한 복지

---

[52] "今王與百姓同樂 則王矣"(『孟子』, 梁惠王 下).

[53] "樂民之樂者 民亦樂其樂 憂民之憂者 民亦憂其憂 樂以天下 憂以天下 然而不王者 未之有也"(『孟子』, 梁惠王 下). 『맹자』의 낙이천하 우이천하(樂以天下 憂以天下)를 북송(北宋)시대의 정치사상가인 범중엄(范仲淹: 989－1052)은 "천하를 올바르게 할 근심과 걱정은 항상 먼저 하고, 그나마 조금이라도 그 사이에 즐거움이 있다고 하더라도 가장 나중에 즐기겠다"(先天下之憂而憂 後天下之樂而樂歟)라고 구체적으로 설명하기도 했다(『古文眞寶』, 後集, 嚴先生祠堂記).

[54] 많은 경우에 공동선과 정의(justice)의 구별이나 관계에 관한 논쟁을 발견할 수 있다. 그 중에서도 요점적으로 지적한 것의 하나로, Hans Sluga(2014: 3)는 John Rawls가 주장하는 기본적인 선(primary good)으로서 정의는 하나의 제한된 공동선일 수 있다. 즉 사회생활에서 어떤 형태로든지 상호간에 부담이나 빚을 지고 있다는 전제에서 정

의 실현 등과 같은 공동체가 공유할 수 있는 가치의 수혜나 배분 등으로 설명해 오고 있다(맹주만, 2012: 333－342; Rawls, 1999). 그래서 공동선의 구체적인 요소인 정의나 일반의지 등은 뒤편에서 정책의 선의 구성요소를 설명할 때 언급하기로 한다. 그렇다고 공동선과 정의 및 일반의지나 복지 등을 구별하지 아니한다는 것은 아니다.

공동선은 정의나 일반의지 등의 개념과는 구별되는 것으로 보고자 한다. 즉 공동체 구성원들의 원만한 합의와 자유로운 의사의 결정과정과 그 결과에 대한 암묵적이면서도 명시적인 동의에 의한, 공동체의 공통적인 이해관계를 공유하면서 지켜가는 것으로 이해하고자 한다. 그렇다면 정의나 일반의지, 복지의 실현 등은 공동선의 한 구성요소가 될 수 있을 것이다. 동시에 정의나 일반의지 및 복지도 공동선에만 해당되거나 구속되는 것이 아니라 개인적이거나 공동체적으로 사회의 핵심적인 가치로서 침범하거나 깨트려서는 아니되는 도덕적이고 윤리적인 구속력과 사회적 강제력을 가진, 즉 정당성을 가진 규범적 가치라고 할 수 있다.

둘째, 공공선(public good)을 우선 공동선이나 공익(public interest) 등과 구별하면서 설명하고자 한다. 먼저 공동선은 앞서 설명했듯이 공동체의 선이며 최고선으로서 정의나 좋음, 올바름, 인정과 배려 등과 같은 정책의 선을 공동체에 적용하고 실천하는 것으로서 공공선을 포함하는 광의의 개념으로 설명했다. 그러나 공공선은 공적 영역에서의 선이다. 선도주의 정책의 선에서 공동선은 공공정책에 한정된 선이라고 할 수 있다. 즉 정책은 공적 영역에서 올바르고 정당하며 공통의 이해관계에 부합되는 것으로 공동선을 이해할 수 있다.

공동선의 대표적인 것으로, 동양사상의 이상적인 사회였던 대동사회의 선은 공동체의 선으로서 최고의 선이나 절대적인 선이 될 수 있었다. 그러나 이와 같

의는 공동선을 찾아가는 하나의 구성요소가 될 수도 있다고 하였다. 이와 같은 비판의 핵심은 공동선이란 무엇인가 하는 것을 정의의 개념으로 설명하기에 한계가 있다는 것을 주장하는 논쟁의 줄거리라고 할 수 있다.

은 공동선은 공공의 분야에서도 일반적으로 수용되고 실천될 수 있는 선이 아닐 수 있다. 하나의 예로서 대동사회가 추구했던 이상적인 분배에서, 왕의 조공이나 세금과는 관계없는 경제적 분배는 그 공동체에서는 선일 수도 있지만 통치자의 공적인 분야에서는 선이 아닌 악이나 불법적일 수 있다. 왜냐하면 조세제도를 부정하는 것은 공동선은 될 수 있지만 공공선은 될 수 없기 때문이다.

정책의 선에서 공동선은 사적인 이해관계의 선(善)을 동시에 설명할 수 없기 때문에 공공선보다는 그 범위가 제약적이라고 할 수 있다. 그래서 동양사상에서 공동선을 공동체의 규범적 질서와 도덕가치인 예(禮)라고 하였다. 이와 같은 예는 덕(德)과 더불어 동양정치의 근본이념이고 통치철학이었다. 그래서 공자는 "덕으로 정치를 하고 예로서 질서를 지킨다면 백성들이 스스로 부끄러움을 느끼면서 자신의 품격을 지킨다"55)라고 했다. 이것은 공동체사회의 예나 덕이 공동선의 기본적인 구성요건이라는 것을 잘 알려주고 있다고 할 수 있다.

반면에 공공선을 개인이나 가족, 동호단체나 조직, 부족이나 문중 등의 사적 공동체가 아닌 공적 단위에서의 질서와 규칙을 의미하는 법(法)의 선으로 이해하기도 한다(장현근, 2010: 33 – 36; 김우진, 2015: 380). 그래서 통치자는 공(公)으로서 사적인 이해관계나 사사로운 정을 제거할 수 있어야 백성들이 진심으로 마땅히 통치에 순응한다56) 라고 보았다. 그래서 동양사상에서는 한비자(韓非子 또는 韓非)를 중심으로 하는 법가사상에서 공공선의 법사상이 강조되고 있음은 잘 알려져 있다.

특히 서양 정치사상에서는 유일하면서 최고의 선을 추구하는 목적론적 입장에서 정치의 본질적 선은 공공선을 추구하고 실천하는 것이라고 했다. 그래서 아리스토텔레스 이후 통치자인 군주나 제왕의 선정(善政)지표는 군주 자신의 이익이나

---

55) "道之以德 齊之以禮 有恥且格"(『論語』, 爲政). 여기서 도(道)를 주자는 앞장서서 인도하는 것이라고 했다(道 猶引導 謂先之也)(『論語集註』). 이것은 선도주의의 선도(善導)의 개념에도 해당될 수 있다. 제3절의 선도주의의 개념을 설명할 때 이것을 언급한다.

56) "以公滅私 民其允懷"(『書經』, 周官). 이것은 관료들이 직책을 공경스럽게 수행하고 명령을 신중히 해야 한다고 하면서(欽乃攸司 愼乃出令), 공(公)으로서 사적 관계를 없애야 백성들이 진심으로 따른다는 것에서 공사를 구분한 것이다.

욕구가 아닌 공공의 선이라고 하였다(김경희, 2012: 35－36; 박치환, 2014: 3－5).

그렇다고 공공선이 개인들의 사적인 올바름이나 좋음 등이 단순히 집적되거나 총합된 것은 아니다. 대신에 공공(公共)에 본질적으로 존재하는 선이 있다고 해야 정책의 선으로서 가치가 있을 것이다. 개인주의적 집합이 아닌 공공선은 공공의 존재의 가치와 이것을 지키고 발전시키며 공적인 이익을 창출하고 분배할 수 있는 옳음이나 좋음이라고 할 수 있다.

공공선은 사익(私益)과 대별되는 공익(public interest)과 구별되지 않고 이해되기도 한다. 그러나 공익은 공공의 이익인 이해관계이다[57]. 반면에 공공선은 공공의 선으로서 단순히 이해관계나 이득의 총량이 아니라 공공영역에서 존재론적이면서도 도덕적으로 옳음이나 좋음, 정당한 것, 상호간의 인정과 배려 등과 같은 보이지 않는 규범과도 같다(배병삼, 2013: 99－100). 그래서 맹자는 인간의 본성이 선하다고 했다. 순자는 그들의 본성은 악하지만 교육과 훈육으로 제어될 수 있는 순수지선(純粹至善)의 존재를 주장했다. 나아가 노자는 공공의 선을 물과 같은 작용적인 측면으로 설명하기도 했다.

특히 공자는 이해관계인 이(利)에 집착하면 소인이다; 의로움(義)을 깨닫고 실천하는, 현대적 의미의 공공의 선이나 공동의 선을 위해서 일한다면 군자라고 했다. 이때의 이해관계를 주자는 인간들의 개인적 정리나 이해관계에 의한 욕구

---

57) 공익(公益)을 정확하게 또는 일반적으로 수용될 수 있는 수준으로 정의하기는 어렵다. 공익을 연구하는 입장에서는 연구자의 연구범위와 목적에 따라서도 다양하고 폭넓게 조작적으로 정의하여 현실적으로 공익의 개념이나 작용을 설명하거나 측정하기도 한다(김병섭, 2016). 그럼에도 불구하고 절차적으로나 실체적으로 일반적인 대중이 바라고 추구하는 공통적인 이해관계나 욕망이 공익으로 알려지고 있다. 그러나 여전히 일반적인 대중의 실체는 무엇인가, 사적 이익을 추구하는 개인들의 이해관계와 완전히 그리고 별개의 공공적인 것이 과연 존재하는가, 한다면 어떻게 분명히 그리고 항상 구분할 수 있을 것인가, 공공을 앞세워 개인적 이해관계를 은폐하거나, 법적이고 도덕적이며 사실적인 책임을 전가하는 것은 아닌가, 특히 공직사회에서 공익이 과연 공정하고도 공평한 것인가, 공(公)을 국가주의의 통치작용이나 권력행위로 이해하는 경우에, 특히 동양사회에서 사익에 충실한 개인은 공익의 훼방자인가, 공익은 국가주의의 정책개입을 정당화하는 개념적 도구로 악용되고 있지는 아니한가 하는 등등의 물음과 주제에 관한 다양하면서도 전통적인 연구와 논쟁이 지금까지도 계속되면서 아마도 영원히 계속될 실천적이면서도 철학적인 과제의 하나가 되고 있다.

나 욕망이고 반면에 의(義)는 하늘의 마땅한 이치라고 했다58). 왜냐하면 공자는 소인들은 혜택만을 항상 바라기(탐하기) 때문에 그리고 개인적 이해관계에서 발생되는 혜택인 이(利)를 추구하기 때문에 인간관계나 사회생활에서 원망이 많아진다고 진단했다. 그래서 군자(어진 사람이나(인자:仁者) 지식인(지자:知者)을 포함한다면) 유교의 최고덕목이고 가치 기준인 인(仁)을 깨닫고 활용하여 백성을 편안하게 하거나 이롭게 할 수 있다고 보았다59).

셋째, 일반의지(general will)를 정책의 선을 이해하고 그 개념적 구성요소를 발견하기 위한 또 하나의 선의 범주에 해당되는 개념으로 설명할 수 있다. 일반의지는 루소(Jean-Jacues Rousseau: 1712-1778)의 사회계약론의 중심주제이지만 국가중심주의의 정책사상이나 정치철학에서 구체적으로 일반의지가 미치는 영향이나 중요성 등을 논의한 것은 희박하다. 루소의 일반의지의 핵심을 세 가지로 요약할 수 있다. 즉 공공의 선이나 이익이 존재해야 한다; 그렇지만 일반 시민은 무엇이 공공의 선이나 이익인가 하는 것을 항상 정확하게 판단하는 것은 아니다; 일반 시민들은 그들을 대표하는 기관을 통하여 자신들의 공공의 선과 이익의 실체를 확인하고 선호하고자 한다. 이것이 그들이 믿을 수 있는 가장 유일한 방법이라고 했다(오수웅, 2017: 139-140; Williams, 2005; Thompson, 2017).

선도주의의 정책의 선으로서 루소의 일반의지를 주민의 뜻과 의지가 일반적으로 수용되고 통용될 수 있는 공동체적인 것이며 합의된 것으로 이해할 수 있

---

58) "子曰 君子 喻於義 小人 喻於利"(里仁); "義者 天理之所宜 利者 人情之所欲"(『論語集註』, 里仁).

59) "仁者 安仁 知者 利仁 子曰 君子懷德 小人懷土 君子懷刑 小人懷惠 子曰 放於利而行 多怨"(『論語』, 里仁). 여기서 안인(安仁)과 이인(利仁)을 인(仁)에서 편안하고 인(仁)을 이롭게 한다는 것과 같이 직역할 수 있다. 그러나 공자의 위민사상의 본질에서 본다면 인자가 단순히 인을 깨닫고 실천해서 자신만이 편안하기를 바라지 않고 온 백성이 편안하게 되기를 기원했을 것이다. 마찬가지로 인자 정도의 수신과 도덕을 함양하지는 못했지만 지식인들도 자신의 이해관계만을 위해서 인(仁)을 활용하거나 이용하는 것이 아니라, 공공(백성)의 이해관계를 위해서 인(仁)을 이용하는 것으로 이해한다면 그들도 군자라고 할 수 있을 것이다.

다. 집단적 의사결정을 할 수 있는 공동체의 이상형은 국가였다. 따라서 법률과 정의와 도덕에 따라서 국가의 공공이익을 합의하여 형성하고 결정하는 일반의지는 시민의 판단과 선호에 기초를 두면서 동시에 누구에게든지 보편적으로 적용되는 일반적이고 보편적인 것이었다.

국가가 중심이 되는 국가주의의 정책개입을 통한 정책의 선이라는 정책사상에서 루소의 일반의지는 앞서 설명한 공동선이 될 수 있을 것이다. 그러나 일반의지가 추구하는 목적이나 의도는 공동선이 될 수 있지만 일반의지가 곧 공공선이라고 하기는 어렵다. 왜냐하면 공동선의 목적과 가치는 일반의지가 추구하는 하나의 목적일 뿐이다. 그리고 일반의지를 판단하고 결정하며 실천하는 과정이나 주체는 본질적으로 정치적 합의의 과정이나 심의결정을 필요로 하기 때문이다(오근창, 2013: 69－69; Sreenivasan, 2000: 547)[60].

정책의 선이란 정책의 목적이나 수단과 결정과정이 본질적으로 선한 것을 의미한다. 때문에 일반의지로서, 즉 집단적 의사결정의 집합체로서 공공의 선과 동시에 집합적 선을 도출하고 합의하는 과정과 방법이 일반적으로 선하다, 즉 올바르고도 좋다고 할 수 있다면 정책의 선으로서 변수나 구성요소가 될 수 있을 것이다. 물론 일반의지를 단순한 집합적 산출체와 구별되는 실체적인 정당성을 가지고 있다고 이해하기도 하지만(김영욱, 2017: 33) 일반의지는 사상적으로 별다른 특징이 없다; 또한 집단적 의사결정의 하나의 양식이나 내용만을 일반의지라고 할 수 없다; 그래서 일반의지는 틀릴 수 있다는 등의 지적(김영욱, 2017: 30－31; Anderson, 2011)에서 본다면, 선도주의의 정책의 선으로서 일반의지는 공동선이나 정의, 공공선 등과 구별되는 실체가 잘 잡히지 않는 개념인 것도 사실이다.

---

60) 오근창(2013: 70－71)은 일반의지가 될 수 있는 이와 같은 심의결정의 제한조건을 네 가지로 요약하였다; ①심의주제는 온전히 일반적이어야 한다; ②심의결과는 공동체 구성원에게 평등하게 적용되어야 한다; ③공동체 구성원 모두는 이와 같은 심의과정에 참여해야 한다; ④심의 참여자들은 심의 의안에 대한 정확한 정보를 가지고 오로지 자신의 의견과 판단만을 말해야 한다.

넷째, 정의(justice)가 선도주의 정책사상의 정책의 선에 필요하고도 중요한 개념인가 하는 문제이다. 정의를 어떻게 이해하고 설명할 것인가 하는 정의(正義)의 정의(定義)는 정치사상을 필두로 해서 사회과학의 사상연구에서 힘들고도 중요한 과제로 항상 대두되고 있다. 또한 동서와 고금에 걸쳐서 인종, 성별, 연령, 세대, 가족, 직업, 지적이거나 경제적 능력 등에 이르기까지 무엇이 정의인지 정확하게 그리고 항상 인지하고 생각하지는 아니하지만, 공사에 관계없이 판단이나 결정 또는 갈등해결의 지표나 기준으로 정의의 개념이 활용되어 왔다는 사실은 변함이 없다. 그러나 선도주의에서 정책의 선으로서 정의를 논의할 때, 과연 정의의 기준과 조건에 맞는다고 하면 이것이 항상 그리고 필연적으로 정책의 선이 될 수 있는가, 즉 정책의 선에서 정의는 선인가, 역으로 선은 정의인가 하는 것이 논의의 핵심이다.

정책의 선은 정책개입을 통한 국가개입주의를 정당화시킬 수 있는 좋은 정책의 구성요소이며 변수라고 한 것을 상기한다면 정책의 선은 정의보다 포괄적인 개념이라고 할 수 있다. 일반적으로 선은 앞서 그 개념을 동서양의 사상에서 설명한 바와 같이 절대적이고 최선의 선(지선, 순수지선, 절대선, 최고선, 최상선 등과 같이 다양한 용어가 있지만)을 추구하는 것이다. 선은 본질적으로 올바르고 정당하며 좋은 것을 판단하고 진단할 수 있는 규범적 개념이고 추상적인 인식 개념이다. 자연과학의 개념과 같이 증명하거나 검증하기 어렵지만, 선험적이고 경험적으로 인간의 존재의 값을 실현하거나 상승시킬 수 있는 도덕적이고 윤리적인 가치를 가진 형이상학적 개념이기도 하다. 그래서 선을 물과 같은 존재로 설명하면서 선을 도의 수준으로 설명한 것이다. 물론 선에 대칭적인 악이 있고 선과 악이 동시에 공존하는 선악의 통합 개념도 있다. 또한 선을 설명하고 인식한다는 것은 필연적으로 악을 동시에 생각하고, 악의 존재가 있어야 선도 존재할 수 있다는 것을 마치 빛과 그림자를 비유하듯이 설명하기도 했다.

정의는 이와 같은 선을 구성하는 한 요소로서 선의 하위개념이라고 할 수 있다. 그러나 정의가 선을 포용하는 상위개념이라고 주장할 수도 있다. 대표적인 예로서 John Rawls(1999: 6; 10; 450)와 같이 공정으로서 정의는 공동체사회가 추구하는 공동선과 구별되는, 모든 사회나 조직에서 사회정의(social justice)로서 최고의 가치를 가진다고 역설할 수 있다. Rawls는 그의 정의의 개념과 원칙들이 선의 개념보다 우선적이고 포괄적이라고 보았다. 그래서 정의의 원칙이 실천되면 선도 동시에 실천될 수 있다는 사상을 가졌다고 할 수 있다(이민수, 2011: 266; Rawls, 1999: 347-348).

그럼에도 불구하고 공정성으로 담보되는 정의가 항상 선인가 하는 것은 의문이다. 즉 공정하다고 해서 그 공정의 조건이나 내용이 무엇인가 하는 것은 남겨두고서라도 그것이 항상 선이 될 수 없는 경우도 많다. 극단적으로 부정한 집단과 공동체가 공정성을 가진 사회정의를 실천한다고 하더라도 이것은 선이 될 수 없는 경우와 같다. 즉 약탈국가의 정의가 선이 될 수 없는 경우와 같다고 할 수 있다.

정책의 선으로서 정의를 설명하기 위해서는, 즉 선의 하위개념으로 설명하기 위해서는 정의의 유형과 공정한 분배를 통한 정의의 개념을 조금 더 자세히 살펴 볼 필요가 있다. 먼저 정의의 구체적 하위개념이나 실천수단으로서 분배의 정의, 절차의 정의, 상호간의 정의, 정보정의, 영역정의, 교정의 정의 등으로 구분한 것을 들 수 있다[61].

먼저 절차의 정의(procedural justice)는 절차적 정당성이나 정확성에 의한 자원의 분배를 의미하면서 분배의 정의의 내용을 공유하거나 또는 보완하는 것으로(Thorpe, 2018: 162-163) 이해할 수 있다. 특히 Rawls(1999: 73-77)는 절차의 정의를 순수한 절차의 정의로서 정의로운 결과를 실현시킬 수 있는 절차나 불편부당한, 공정한 체제를 형성하고 실행하는 것이라고 하면서 분배 절차에서의 문제와 잘못을 교정하는 것이 중요하다고 했다. 특히 선도주의의 선도(善導)에서 이해한다면 공정한 분배의 결과의 실현에 의한 정의보다도 정책의 결정과 실천과정에서의 정의(절차의 정의)가 더욱 중요할 수 있을 것이다.

---

61) 정의의 유형과 공정한 분배로서의 정의에 관한 설명은 필자의 『정책균형이론』(2008), 경산: 영남대학교출판부)의 제4장 2절, 분배의 정의의 내용을 수정하고 정리한 것이다.

그리고 정보정의(information justice)이다. 즉 공정한 분배인 정의에서 그 분배의 결과나 과정에서, 정책이 정확하고도 타당하며 믿을 만한 완전하고도 시기적절한 정보를 사용하였는가 하는 의미에서 정보의 정의가 중요할 것이다 (Johnson, 2016: 28). 그러나 이와 같은 정보정의도 정보를 사용하고 제공하는 상호간의 관계적 정의의 한 부분으로 작용할 수 있다는 지적(Au and Leung, 2016: 132)도 유의할 필요가 있다.

세 번째의 유형으로 상호간의 정의(interpersonal justice)를 들 수 있다. 정의의 실천에서 분배의 결과뿐만 아니라 분배의 과정에서 상호간에 존중과 존경 그러면서도 의지와 필요 및 환경적 제약 등에 따라서 각자의 분배의 몫과 과정에 반응하는 정도의 조정, 도덕과 예절 등과 같은 비물리적인 정신적 요인을 강조하는 정의의 유형을 상호간의 정의라고 할 수 있다(전성표, 2006: 101; Game and Crawshaw, 2017: 280). 특히 상호간의 정의는 공동체 선인 공동선이나 공공분야의 최적점인 공공선의 실천적 유형으로 중요할 것이다. 물론 정의론의 대표자인 Rawls도 공정한 분배의 정의도 사회적 협력과 화해를 통하여, 가장 중요한 사회적 산물인 자존심을 공정하고도 능률적인 생산체제를 통하여 분배할 수 있을 때 달성될 수 있다고 했다. 이와 같은 사회는 질서가 정연하게 갖추어진 민주사회이며 정치적 자유주의에 의한 배경정의가 실현되는 사회라고 했다[62]. 그는 이 것을 상호작용과 협력에 의한 분배의 정의를 상호주의의 원칙으로 설명하기도 했다(Rawls, 2001: 77).

마지막으로 교정의 정의(corrective justice)가 있다. 이것은 아리스토텔레스가 평등 규범을 대표할 가치로 분배와 교정의 정의를 구별하면서부터 정의의 한 유형으로 논의되고 있다. 즉 잘못이나 불법에 대한 응분의 대가를 지불해야 하는 부정적 의미의 정의라고 할 수 있다(Brickhouse, 2014: 187; Cohen, 2016).

---

62) Rawls는 배경정의로 절차적 배경정의(procedural background justice) 등과 같은 용어를 사용하고 있다(Rawls, 2001: 52-53). 그러나 그는 분배의 정의를 실천할 절차로서 사회적 가치와 질서 및 민주주의, 상호간의 존중과 자존심 등이 기초가 된 사회를 강조하기도 했다.

그러나 유교사상에서는 전통적으로 재물에 대한 각자의 응분의 몫을 보장하는 것을 분배의 정의로 그리고 시시비비의 정확한 판단에 따라서 잘못을 저지르지 않도록 하는 것을 교정의 정의로 해석하고 있기도 하다. 즉 서양의 분배의 정의에 해당되는 것을 재물에 대하여 각자의 몫을 보장함이라고 했고, 교정의 정의를 시비의 판단과 잘못을 범하지 않도록 하는 것으로 설명하기도 했다(이상익, 2006: 42).

그리고 공정한 분배로서 분배의 대상이나 절차에 관한 문제도 있다. 분배의 정의에서 가장 먼저 Rawls(1999: 53)의 정의의 원칙인 차등의 원칙(difference principle)을 들 수 있다. 즉 사회적이고 경제적 불평등은 기회의 공정한 평등 전제에 의한 사회적 최열자(最劣者)의 최대편익이 전제되어야 한다는 그는 정의의 원칙으로 최악의 결과를 비교해서, 그래도 그 중에서 가장 우수한 대안을 선택할 수 있다는 최소극대화의 규칙(maximin rule)을 제안하기도 했다.

따라서 서양의 분배의 정의론은 교정 또는 수정이나 시정도 분배의 정의의 중요한 항목으로 제시하고 있다. 예를 들면 Rawls(1999: 76)는 각자의 장단점에 관한 상호간의 협력과정에서 분배의 교정이 절차의 정의에 필요하다고 했다. Robert Nozick(1974: 152−3)은 분배의 정의의 한 원칙으로 교정의 원칙(principle of rectification)을 제시하였다. 즉 획득의 원칙과 획득한 소유물 이전(移轉)의 원칙에서 발생된 불의에 관한 실질적 정보를 사용하여 이와 같은 원칙에서 발생된 잘못을 교정하는 원칙이 필요하다고 했다. 이와 같은 수정이나 교정에 의한 분배의 정의보다 좀 더 광의의 개념으로, Iris Young(1990; 15, 173−174)은 사회정의를 논의할 출발개념으로 구조적이고 제도적이며 정치적 문화와 가치의 소산인 지배와 억압을 제거할 수 있고 치료할 수 있는, 집단에 의한 의식적인 사회정책을 강조하기도 했다[63].

_____

63) Rawls(1999: 3)도 정의는 사회제도의 제일의 덕(德)(virtue)이라고 했지만 공정성으로서 정의를 합리적 인간에 의한 사회계약과 민주주의, 상호간의 존중과 자존심 등이 기반이 된 사회에서 평등한 이념이라고 강조했다. 반면에 Young(1990: 37−38)은 사회구조적으로 차등(差等)의 현실에서 상호간의 주고받은 계약은 더욱더 사회적 불평등을 심화시킬 수 있다는 점을 강조하기도 했다. 따라서 착취나 소외, 무기력, 문화적 제국주의, 폭력 등과 같은 사회환경에서 자신의 기술과 능력을 활용하거나 배울 수

또한 분배의 정의에서 어떻게 분배할 것인가 하는 과정이나 절차, 제도 또는 원칙들도 중요하지만 무엇을 분배할 것인가 하는 분배의 대상에 관한 것도 중요하다. 실질적으로 분배의 정의를 정책의 선의 구성요소에서 본다면 분배의 대상이 분배의 과정이나 원칙보다도 중요할 수 있다. 즉 무엇을 나눌 것인가 하는 것을 정책에서, 즉 정책의 구체적 내용을 어떻게 결정하고 집행하여 실천할 것인가 하는 것과 같다고 할 수 있다. 이때의 기준이 분배의 정의라면 분배의 내용도 원칙과 마찬가지로 중요할 것이다.

먼저 분배의 내용은 경제적 자원이다. 경제적 물질이지만 소유나 기회 또는 능력과 자원이 아니라 소득이 중심적인 분배의 대상일 것이다(Ryan, 1916: 1). 이와 같은 경제적 자원분배에 가장 많은 관심과 논의를 한 것이 경제학, 특히 후생경제학이다. 수요나 욕구에 의한 경쟁관계에서 희소한 경제자원을 공정하게 분배하는 방법과 기술 또는 원칙들을 제시하는 논의가, 특히 파레토(Pareto) 최적론이나 비용-편익분석론 등을 중심으로 진행되어 왔다. 그러나 경제학은 인간 상호간의 효용이나 선호 등을 비교적으로 판단하지 않고 경제자원의 공정한 분배를 경제후생함수로만 설명하는 경향이 강하다. 따라서 경제자원의 공정한 분배가 결정된 상태를 누구도 타인의 상태를 질투하지 아니하는 분배의 정의가 실현된 것으로 보고 있다.

공정한 경제적 분배의 정의를 정치사상으로 아마도 가장 잘 설명한 것으로 순자(荀子)의 사회적인 분업과 직분에 의한 차등의 분배에 관한 고전적 설명일 것이다. 순자는 이것을 공동체의 선인 공공선이라고 하기도 했다.

없도록 하는 제도적 과정 또는 타인과 상호작용하여 자신의 위치와 입장을 교환할 능력을 제도적으로 방해하는 억압, 자신의 행동을 결정할 수 있는 참여를 제한하고 봉쇄한 제도적 조건인 지배 등을 해결할 차등의 정치를 주장하기도 했다. Young도 학술지 인터뷰에서 Rawls의 정의의 원칙이나 Walzer(1983)의 분배사회 등과 같은 분배의 정의가 너무 강조되면서 실질적으로 정의의 기본적 내용이나 구조적 모순 등이 소홀히 설명되는 것이 문제라고 했지, 자신이 새로운 정의의 원칙이나 원리를 제안하는 것은 아니라고 했다. 그래서 Young은 자신의 입장을 반이론(anti-theory)이라고 하기도 했다(Sardoc and Shaughnessy, 2001: 96).

"인간의 욕심은 한계가 없다. 이것을 다 수용할 수 없는 세상이다. 그래서 국가
는 예의나 법이나 분수를 마련하고 귀천의 등급과 어른과 아이의 차이와 똑똑
한 사람과 어리석은 사람, 능력있는 사람과 없는 사람 등의 차이를 두면서 이에
따라서 각자의 직분에 합당한 일을 맡게 하였다. 이와 같은 차이에 따른 일과
직분이 있어야 녹봉의 균형이 있게 되고 여러 사람이 모여 사는 공동체사회는
화합될 수 있다[64]. 이와 같은 차등적인 분배를 예(禮)로서 다스리면 임금과 신
하, 귀천이나 어른, 어린아이, 일반 서민에 이르기까지 예로서 국가를 융성하게
할 수 있다. 이와 같이 되어야 모든 사람들이 스스로 살피고 반성하며 자기 직
분에 충실하게 된다. 모든 통치자들이 이것을 실천하는 이유가 여기에 있다"[65].

경제적 분배의 정의에서 정의가 도덕적이고 윤리적이며 정치사회적 개념이
라는 사실을 잘못 인식했다는 사실이 지적되면서(Holt, 2017; Rosen, 2018), 분
배의 대상은 경제만이 아니라 비(非)경제적 대상도 중요하다는 것이 또한 오래
전부터 사상분야에서 논의되고 있다. 그래서 분배는 경제자원도 중요하지만 권
력과 부, 소유와 기술 및 능력, 기회, 참여, 인간 존엄성의 실현성과 가치 등과
같은 가치판단적이고 윤리적이며 형이상학적 내용을 공정하게 분배하는 것도 중
요하다는 것이 정치사상에서부터 시작해서 종교철학에 이르기까지 다양하게 논
의되고 있다.

물론 Rawls도 분배의 대상으로 주요한 사회재화(primary social goods)를
지적했다. 즉 경제적 재화의 복지분배만이 아니라 합리적 인간으로서 평등한 자
유인을 개인과 비교해 볼 때 기본적 권리와 자유, 이동과 직업선택의 자유, 권위
와 책임을 지키고 담당할 수 있는 힘과 특권, 소득과 재산, 자존심 등을 정의롭게

---

64) "夫貴爲天子 富有天下 是人情之所同欲也 然則從人之欲 則勢不能容 物不能贍也 故先王
案 爲之制禮義以分之 使有貴賤之等 長幼之差 知愚能不能之分 皆使人載其事 而各得其
宜 然後使慤綠多少厚薄之稱 是夫羣居和一之道也"(『荀子』, 榮辱).
65) "上莫下致愛其下 而制之以禮 上之於下 如保赤子 政令制度 所以接之之人百姓 君臣上下
貴賤長幼 至於庶人 莫不以是爲隆正 然後皆內自省以謹於分 是百王之所同也 而禮法之樞
要也"(『荀子』, 王霸).

분배받을 기대를 하고 있다고 했다(Rawls, 2001: 58 – 59; 172). 또한 개인의 기본적 능력과 재능에 따라서 이와 같은 재화의 상대적인 평가는 신축적이지만 그래도 중요한 것으로 개인의 가치에 따른 목적을 충족시키는 자존심이 가장 중요한 사회재화라고 했다(Rawls, 1999: 386).

그러나 Amartya Sen(1985)은 복지와 재화의 중간 개념으로 능력이 분배의 중심적인 대상이라고 했다. Nozick(1974: 151)은 합법적으로 가질 수 있는 것의 획득(acquisition)이라고 했으며, Ronald Dworkin(1981: 283 – 345)도 복지가 아니라 개인이 가용할 수 있는 자원과 책임이라고 하기도 했다. 나아가 Michael Walzer(1983: 8 – 9)도 인간사회는 분배사회이지만 이와 같은 주요 사회재화를 구체적으로 제시할 수 없다고 했다. 왜냐하면 구체적인 분배의 상황에서는 이와 같은 추상적 개념을 적용하기 어렵고 분배의 기준이나 방법은 사회적 선이 아니라 선 그 자체로서 본질적인 것이라고 했다. 즉 시대에 따라서 정의로운 분배인가 아닌가 하는 사회적 의미는 변화된다고 했다. 따라서 어떤 재화를 분배할 것인가 하는 것은 단지 어떤 기준과 방법에 적합한 영역에서만, 즉 분배는 때와 장소와 기준 등에 따라서 자율적이어야 한다고 보았다.

분배의 제1차적인 대상과 관심은 경제이고 물리적 자원이다. 그러나 평등한 인간으로서 자신의 위치와 존엄성을 침해당하거나 파괴당하면서도 물리적 조건만을 공정하게 분배받는다고 해서 정의, 즉 사회정의는 실현될 수 없을 것이다. 이점에서 Young(1990; Hayward, 2017)이 제시한 억압과 지배를 제거할 수 있는 사회제도와 구조 및 의사결정력과 절차, 참여 등과 같은 제도적 맥락이 중요하다는 주장이나, Walzer의 사회적 선을 분배의 기준과 방법으로 활용해야 한다는 논쟁 등이 선도주의의 정책의 선에 의하여 정책개입의 정당성을 확보하고 설명할 수 있는 보다 근접한 논의라고 할 수 있다.

2. 정책의 선(善)의 개념적 이해

선도주의 정책사상에서 '무엇이 선(善)이고 선도(善導)이며 선도주의인가' 하는 등을 개념적으로나 어의적으로 설명할 차례이다. 사상연구에서 일반적으로 수용될 수 있는 수준은 아니라고 하더라도 적어도 정책사상으로 선도주의를 이론적이고 실천적으로 체계화할 수 있는 철학적 수준에서 선을 개념적으로 이해하면서, 이것을 바탕으로 해서 이제 선도주의 정책사상으로 정책의 선을 개념적으로 이해하고 그의 구성요소를 설명하고자 한다. 이에 기초해서 다음 절에서는 정책사상에 한정된 조작적 수순이지만 선도주의를 정의할 것이다.

정책의 선의 개념적 이해는 선도주의 정책사상에서 정책의 선을 구성할 수 있는 선(善)의 개념적 요소나 변수를 개념적으로 정리하는 것이다. 앞서 선을 개념적으로 이해하고 정의하면서, 철학이나 사상 및 도덕윤리학 등에서부터 좋은 정치나 좋은 정책 등과 같은 현실적이고 응용적인 과제에 이르기까지 선은 다의적이고 복합적이며 구체적이라고 했다. 마찬가지로 정책의 선은 선도주의 정책사상을 정의하고 구성하기 위한 선의 철학적 사고이다. 국가주의의 정책개입에서 시작해서 정책에서의 선을 철학적으로 사고하고 이것을 이론적으로 체계화하는 것이 정책의 선의 개념적 이해에 해당된다고 할 수 있다.

따라서 정책의 선으로서 선은 철학적 사고이면서 동시에 정책이라는 수단과 방책을 동원하는 국가주의의 정책개입 현실에도 필요한 실천적 개념이다. 그래서 앞서 선의 개념을 동서양의 철학사상을 중심으로 검토하고 정리한 것을 기반으로 하면서 국가개입주의의 정책현실을 설명할 수 있는 정책의 선의 개념을 설명할 필요성이 크다고 했다. 여기서 선을 정의한다고 하지만 다양하고 복합적인 정책의 선의 개념과 내용을 정리한다고 하는 것이 보다 더 정확한 표현일 것 같기도 하다.

정책의 선에서 선(善)은 국가중심 및 우월주의, 독점주의 등의 국가개입주의

를 정당화하면서 동시에 정책의 존재의 가치를 실현할 수 있는 규범적이고 가치
판단적 개념이다. 그래서 제3장 4절에서 국가개입주의의 정당성으로 사회적 선을
사회도덕과 사회윤리 및 사회가치의 공유와 확산 등으로 체계화하기도 했다. 이와
같은 사회적 선도 정책의 선으로 정책의 존재가치를 실현할 수 있는 선이다. 그러
나 정책의 선은 사회적 선보다 광의의 개념이며 선험적이라고 할 수 있다. 왜냐하
면 사회적 선은 정책개입의 사회적 정당성에서 '사회적'이라는 점에 초점을 두었
기 때문이다. 사회적이라는 의미는 공공적이라는 의미이다. 선의 개념에서, 앞서
공동선을 설명할 때 지적하였지만 사회적 공동선에 해당되는 개념이라고 할 수
있다. 물론 사회적 선의 공유와 확산으로 사회적 선이 단순히 정책개입의 정당성
에만 한정되는 것은 아니지만 공동선으로 정책공동체의 선에 초점을 둔 것이다.

　　정책의 선에서 선의 개념을 정책의 존재가치를 실현하는 규범적이면서도 실
천적인 개념으로 정리하면서 이와 같은 선의 구성요소나 변수로 좋음(goodness
또는 betterness), 옳음(rightness), 정의(justice), 인정과 배려(recognition and
care), 전통가치(traditional value) 등과 같은 것을 찾아 볼 수 있다. 이와 같은
선의 구성요소나 변수가 정책의 선에만 한정되거나 또는 고유한 것만은 아니다.
모든 학문이나 실천영역에 공통적으로 해당될 수 있는 선의 내용이고 변수이다.
그럼에도 불구하고 선도주의 정책사상에서 정책의 선으로 어느 정도로 조작적 수
준이지만, 정의할 것인가 하는 것이 선의 개념적 요소의 정리에 해당된다.

　　동시에 이와 같은 구성요소들이 선도주의의 정책의 선을 구성하는 완전한
것도 아니다. 수많은 다양한 요소들도 가능할 것이다. 또한 각각의 구성요소들의
구체적인 내용이 중복되거나 상충될 수 있다. 그러나 정책의 선을 철학적으로 사
고할 수 있는 기본적이고 필수적인 요소로 이것을 선택한 것이다. 그 선택의 기
준은 선험적이고 사유적이다. 경험적 객관세계에서 이와 같은 구성요소를 선택하
게 된 기준을 찾기 어렵다. 앞서 자연주의 오류에서 지적한 것과 같이 검증할 수
없는 것을 굳이 검증하고자 하는 것이 개념의 본질적 속성을 잘못 이해하게 하거
나 오해하게 할 수 있듯이, 이와 같은 선의 구성요소를 발견하고 설정할 수 있는

실증적 기준을 찾기는 불가능하다.

선도주의 정책사상의 실천론에서 자세히 설명하겠지만 하나의 실천적인 기준으로 좋은 정책으로, 좋은 정부가, 좋은 정치를 실현하고자 하는 국가개입주의에서의 정책의 선이라고 할 수 있다. 이것이 국가주의를 중심으로 하는 정책사상의 주요 전제에 해당된다. 이에 따라서 정책의 선의 구성요소를 사고하면서 체계화할 수 있는 개념의 판단작용이 정책의 선을 선택한 기준이라고 할 수 있다. 이와 같은 개념 판단은 국가주의에서 시작되는 정책사상으로 선도주의에서 선의 개념을 검토하고 정리하면서 정책의 선은 충분하고도 완전한 것은 아니지만 적어도 이와 같은 개념들로 구성되어야 한다는 전제를 기반으로 하고 있다.

선도주의에서 선의 개념들이 각각 타 개념과 완전히 그리고 온전히 구분되거나 분별될 수 있는 것은 아니다(Rowland, 2016: 201). 하나의 예를 들면 옳음의 개념이 전제되면 좋음이 될 수 있다. 그 반대도 참이다. 또한 앞서 정의의 개념을 검토하면서 정의를 옳음이나 좋음과 같은 의미로 이해하고 설명하기도 한다고 했다. 마찬가지로 정책의 선으로 정의와 옳음 및 좋음을 같은 의미로 설명할수 있다. 존경과 사랑도 좋음이나 옳음의 기본가치가 될 수 있고 역시 그 반대도참이라고 할 수 있다. 그러나 정책의 선의 각각의 구성요소들의 기본적인 속성이나 특성은 다를 수 있다. 자세한 것은 각 구성요소를 설명하면서 논의하기로 하고 옳음이 항상 정의이거나 좋음이 될 수 없다. 또한 그 반대도 가능하다. 정의는 존경과 사랑의 대상이 될 수 있지만 정의가 항상 존경과 사랑을 의미한다고 하기어렵다. 물론 그 반대도 그렇다.

이와 같은 사고적 논쟁의 구분이나 방법도 역시 선도주의 정책사상을 조작적으로 정의하면서 이에 따라서 국가개입주의에 의한 정책개입의 정당성을 정책의 선으로 정립하기 위한 수준과 범위내에서 진행한 것이다. 일반적 수준의 철학이나 논리, 기타 정치사상이나 또는 철학사상 등에서, 여기서 선택하고 설명하는 정책의 선의 구성요소들이 다양하면서도 다르게 조작적으로 설명되거나 이해되고 있다는 사실을 발견할 수 있을 것이다. 그럼에도 불구하고 선도주의에서 선의 개념 구성의 선택기준이나 전제를 먼저 제시하면서 그리고 선의 철학적이고 개념적 사유를 정리하고 검토한 것에 기초하면서, 각각의 구성요소를 선도주의의 정책의 선을 개념적으로 이해하고 정의할 수 있는 범위에 한정하면서 다음과 같이 논의하고자 한다.

1) 좋음

좋음을 'betterness'와 'goodness'로 구별할 수 있다는 입장에서(Carlson, 2016: 213) 정책의 선은 정책 그 자체가 좋아야 한다, 즉 좋다는 것을 비교적 관점에서 좋음(betterness)을 먼저 생각해 볼 수 있다. 국가개입의 정책이 좋다는 것은 존재론적으로 정책의 가치와 목적과 실천수단 등이 비교적 관점(시간적이고 지리적이며 공간적으로)에서 더 우수하다는 것이다. 동시에 정책과정이 보다 공개적이고 개방적이며 이해관계자나 전문가, 다수의 일반시민이 참여할 기회를 보장하면서 민주적 질서와 절차에 따르면서 동시에 법률이 정하는 절차적 정당성(due process)을 가지고 있다는 의미이다. 따라서 정책이 좋다는 것은 본질적으로 순자(荀子)가 말한, 올바른 이치와 공평한 다스림을 할 수 있는 정책이 될 수 있다, 즉 존재의 가치를 가질 수 있다고 할 것이다.

비교적 관점에서 좋다는 정책의 선은 선 그 자체가 고유한 속성을 가진 개념이듯이 정책 그 자체는 좋음(goodness)이라는 절대적이고 본질적 선의 속성을 가지고 있다고 할 수 있다. 즉 좋음은 비교적 좋음으로만 충분할 수 없다. 또한 좋음은 객관적이고 과학적으로 정책의 현실에서 경험적으로 검증하거나 증명할 수 없는 비자연적인 요소나 속성을 가지고 있다. 따라서 선은 낮은 곳에 처하면서도 만물을 이롭게 하는 물과 같다는 노자(老子)의 비유와 같이, 정책의 좋음은 정책 그 자체가 뭇 정책의 표준이나 기준으로 작용하여 정책의 값을 각각 실현할 수 있도록 하는 것이라고 할 수 있다. 이것을 일러서 정책의 선이 작용하여 좋은 정책(good policy)이 만들어지고 실천되는 것이라고 할 수 있다.

정책의 선으로 이와 같은 좋음을 공자의 군자불기(君子不器)에 비유해서 이해할 수 있기도 하다. 군자불기는 하나의 목적이나 가치를 충족하면서 좋음을 달성하거나 지키는 것이 아니다(제3장 국가주의의 <각주 39> 참조). 대신에 정책의 선으로서 좋음은 천명(天命)이 부여하는 사물의 근본법칙이고 당연한 이치(즉 사이당:則事理當)라고 하는 주자의 선의 설명과 같이, 정책에서 가장 좋은 것(최호처:最好處)의 전형이고 패러다임이라고 할 수 있다. 물론 최호처와 같은 좋음의 선을 구성하는 하위개념들을 남김없이 밝혀내기 어렵지만 책임전가적 방법(BPAG)이 주장하듯이, 인간의 본성이 선하기 때문에 하고자 하는 가욕(可欲)과 같다는 맹자의 선은 정책의 선으로서 좋음의 상징이 될 수 있을 것이다. 또한 좋음의 선을 덕과 행복이 일치하는 칸트철학의 최고선과 같이, 정책의 존재의 덕이 정책의 실현으로 인한 행복과 그 값이 같아지는 것으로 이해할 수도 있다. 이것을 일러서 아마도 아리스토텔레스가 이야기한 행복이 최고선이라고 하듯이 정책의 선에서 좋음은 종국적으로 행복의 개념과도 연계될 수 있을 것이다[66].

정책의 선으로 좋음은 단순히 정책의 효과나 효용의 총량이 극대화되는 경제적 집합체 개념은 아니다. 개인들의 경제적인 이해관계의 총량과 균등한 분배는 경제적 공동선이다. 균등하고 공정한 경제재화의 분배는 공정으로서 정의의 제일의 조건이기도 하다. 그래서 공자도 국부의 총량보다 균등한 분배인 개균(蓋均)이 국정의 요체라고 하기도 했다.

그러나 정책의 선의 요소인 좋음은 경제적 이해관계의 이익추구(이:利)가 의

---

66) 정책의 선의 좋음과 관련하여 행복(happiness) 개념을 연계하여 설명하는 것도 필요할 것 같다. 그러나 정책의 선의 구성요소로 행복을 좋음과 구별하거나 분리하여 설명하지 아니하였다. 왜냐하면 행복 그 자체의 개념 정립도 다양하지만 선도주의 정책사상의 선 구성요소로 행복을 논의하게 되면 논쟁의 범위와 한계를 설정하기 어렵기 때문이다. 이 점에서 유승무(2009)의 행복 개념과 우창빈(2013)의 행복을 추구하는 행복정책에 관한 논의가 도움이 될 수 있다. 또한 필자는 공동선으로 대동사회의 이상형을 설명하였지만 행복한 삶이 좋은 삶(good life)이라고 대동사회를 설명하기도 한다(이찬, 2016). 동시에 전통적인 정치사상은, 특히 고대 정치사상의 전형인 아리스토텔레스의 정치와 행복 등을 끊임없이 논의하고 있기도 하다(대표적으로 박성우, 2005; 전재원, 2012a; Mirus, 2012).

로움(의:義)에 합당해야 한다는 공자의 공공선의 주장과 같다고 할 수 있다. 나아가 정치적 공동선으로 여민동락(與民同樂)과 같은 선이다. 즉 정책의 주체로서 정책을 통한 국가개입주의를 실현하고 동시에 정책의 선을 확보해야 하는 선도주의에서 보면 선은 좋음이라는 존재의 가치를 실천적으로 실현시킬 수 있는 철학이라고 할 수 있다. 천하의 일들을 근심하고 걱정하면서 그래도 조금의 여유가 있다면 마지막으로 백성과 더불어 정책의 혜택을 향유한다는 철학은 정책의 선으로서 좋음의 기본 사상이라고 할 수 있다. 이와 같은 더불어 하는 좋음이 사실상 정책의 선을 선도하는 선도주의의 핵심적인 사상이라고 할 수 있다.

2) 옳음

상대적이고 비교적인 좋음이 절대적인 의미의 좋음과 구별되지만 정책의 선으로서 이와 같은 두 가지의 좋음도 그 자체로서 항상 선도주의 정책사상의 정책의 선이라고 할 수 없다. 따라서 좋음(betterness and goodness)은 또 다른 선의 구성요소인 옳음(rightness)의 개념과도 연계되어 있다고 해야 할 것이다 (Krasevac, 2003: 535). 연계된다는 의미는 정책의 선의 개념적 구성요소들을 독립적으로 정의하지만 선도주의 정책사상으로서 선은 이와 같은 요소들이 복합된 개념이라는 의미이다.

앞의 <각주 34>에서 'rightness'의 옳음과 'righteousness'의 옳음 또는 올바름을 구분하였듯이 정책의 선에서 옳음은 종교적 신비주의나 계몽주의적 경험주의, 이성에 근거한 올바름 등과는 다르다. 선도주의의 특성을 계몽주의와 비교하면서 자세히 설명하기로 하고 대비적으로 옳음은 동양사상의 정민(正民)이나 정명론(正名論)의 정치사상에서 정(正)의 개념에 해당된다고 할 수 있다. 유교사상에서 정치는 백성을 바르게 하는 것(正民)이고[67], 이것을 실천하는 통치주체는

---

67) 공자의 정치사상에서 백성을 바르게 하는 것을 공자는 다음과 같이 자세히 설명하였다. 즉 일반적으로 이름은 그 떳떳함인 의(義)를 함축하고 있다. 의는 예에서 나오고 예는 정치를 행(체현:體現)하는 것이다. 정치는 백성이 자신의 이름에 따라서 소명과

수기치인에 의한 정민을 실천하여 백성의 행복과 안위를 달성할 수 있어야 자신의 존재의 값을 할 수 있다는 의미의 정명이다. 따라서 정민과 정명의 정(正)은 옳음의 기본사상이라고 할 수 있다. 물론 피치자인 백성의 경우에도 자신이 처한 위치와 역할에서 자신의 이름값을 다할 수 있는 것 또한 옳음의 기초이다[68].

따라서 정책의 선으로서 옳음을 정책이 추구하는 목적과 철학이 정책의 명칭과 부합되는 것으로 이해할 수 있다. 정책을 수단이나 매개로 하여 개인이나 집단의 이해관계의 의사결정과 판단에 개입하거나 간섭하는 국가개입주의의 정당성은 우선적으로 법률적이거나 정치적으로 정당해야 한다. 이에 따라서 정책의 가치와 목적이 창안되고 주창되며 선언될 수 있다. 정책가치와 목적은 그 정책의 명칭을 그르치지 아니해야, 즉 따라야(순:順) 한다는 것이 정책의 선의 옳음이라고 할 수 있다. 그래서 정책의 명칭과 정책의 가치와 철학이 순열(順列)되는 것을

역할을 다하게 하는 것이다(정이정민:政以正民). 이와 같이 정치를 하면 백성이 국가의 정책을 수용하고 따른다. 그렇지 못한 정치를 하게 되면 난리가 난다고 했다(夫名以制義 義以出禮 禮以體政 政以正民 是以政成而民聽 易則生亂)(『春秋左傳』, 桓公 2年).

68) 이름값이라는 정명론(正名論)은 공자가 지적한 자신의 이름(군주나 신하 및 모든 사람)을 올바르게 하는 것이라고 할 수 있다. 이것은 정치사회적인 신분과 계급의 정치 질서에 관한 정치이론(이장희, 2003: 75)이기보다 인간의 본질적 역할과 자격을 자신의 뜻과 의지에 따르지만 예와 의를 합한 인(仁)과 계합(契合)해야 한다는 것으로도 이해할 수 있다. 그래서 공자는 "정치를 묻는 제나라 군왕(景公)에게 모든 사람은 자신의 이름값을 분명히 하는 것"(齊景公 問政於孔子 孔子 對曰 君君 臣臣 父父 子子)(『論語』, 顏淵)이라고 했다. 나아가 "정치를 한다면 무엇을 가장 먼저 하겠느냐는 자로의 질문에 공자는 정명, 즉 반드시 이름값을 하겠다"(子路 曰 衛君 待子而爲政 子將奚先 子曰 必也正名乎)(『論語』, 子路)라고 대답한 것에서도 정명이 정치의 기본이면서 인간사회의 기본질서이고 법칙임을 알 수 있다(『論語集註』, 顏淵 편에서 주자는 "人道之大經 政事之根本也"라고 했다). 역시 배우는 자에게 끊임없는 호기심이 많다. 그래서 자로가 다시 정명의 방법을 묻자 공자는 "군자는 자신이 알지 못하는 것을 궁(宮)의 문을 걸어 닫듯이 함부로 말하지 아니해야 한다고 하면서, 그 이름이 바르지 못하면 말이 이치에 맞지 아니하고 말이 불순하면 일을 성사시킬 수 없다. 일이 실패하면 질서나 아름다운 문화(예락:禮樂)가 흥하지 못하게 된다. 그렇게 되면 사회질서를 바로잡을 형벌이 현실적으로나 법치주의 등의 이상과 괴리되면서 백성은 수족을 어디에 두어야 할지 모르게 된다, 즉 어떻게 처신해야 할지 모르게 된다. 따라서 군자가 정치적이거나 사회적 직위나 명함(이름)을 갖게 되면 말이 이치에 맞아야. 하며 그 말에 따라서 실천해야 한다. 그래서 군자는 그의 말에 구차함이 없어야 한다"(君子 於其所不知 蓋闕如也 名不正 則言不順 言不順 則事不成 事不成 則禮樂不興 禮樂不興 則刑罰不中 刑罰不中 則民無所錯手足 故 君子名之 必可言之 言之 必可行也 君子於其言 無所苟而已矣)(『論語』, 子路)라고 했다.

옳음이라고 할 수 있다.

그래서 공자는 이와 같은 옳음을 삿되거나 거짓된 꾀나 속임수가 없는 것이라고 했다. 즉 이름에 따른 그 이름값이 매겨지고 그것에 따라서 옳음이 있게 된다고 한 것이다. 좀 더 구체적으로 공자는 그 이름이 올바르지 못하면 그에 따른 말이 순하지 않고(즉 이치와 논리에 어긋나고) 그렇게 되면 일이 실패하게 된다고 했다. 따라서 정책을 마련하고 가치를 실천하기 위한 정책의 명칭은 그 자체로서도 중요한 값을 가지고 있다고 할 수 있다. 즉 존재의 값을 가지는 것이라고 할 것이다. 그러나 이것을 실천할 수 있는 정책의 내용과 수단이 그 명칭에 조화되거나 맞지 아니한다면, 아무리 훌륭히 그리고 적절하게 정책을 실행한다고 해도 그것은 이미 실패한 정책이다. 왜냐하면 근원적으로 정책의 목적이나 내용과 실천수단이 맞지 아니하기 때문이다. 그래서 앞서 좋음에서 인용했듯이 순자의 올바른 이치와 공평한 다스림도 좋음의 속성이면서 동시에 정책의 선으로 옳음의 내용이라고도 할 수 있다. 아마도 옳음이 먼저 되면 좋음도 정책의 선으로 좀 더 쉽게 실천적으로 이어질 수 있을 것이다.

그래서 정책의 선으로 옳음은 정책의 명칭과 정책의 내용이 순열되어서 고유한 정책가치를 실현할 수 있는 정책의 선의 구성요소라고 할 수 있다. 이와 같은 옳음으로서의 선은 상당히 교육적이고 윤리적이라고 할 수 있다. 이와 같은 속성을 공자는 선이 아닌 불선(不善)을 대하면 끓는 물과 같이 조심해서 자기의 행동거지에 부족함이 없어야 한다고 했다. 이에 반하여 순자는 인간의 본성이 원래 악하지만 윤리적이고 도덕적인 교육과 훈육을 통하여 예와 도가 생긴다고 했다. 따라서 스승과 법이라는 옳음(rightness)이 있어야 악한 본성이 교정되면서 올바른 다스림과 통치를 할 수 있게 된다고 했다(Hurka, 2010: 58-59).

옳음을 서양사상에서는 정책의 악의 반대적인 개념으로 이해하기도 했다. 앞서 홀로코스트와 같은 악한 정책은 정책의 실패나 잘못이 아니라 정책가치와 목표, 이념 및 수단 등이 본질적으로 악한 것이다. 그러나 정책의 악을 치유하거나 교정하여 정책의 명칭에 타당하고 올바른 정책가치로 대체하고자 하는 노력과 방향은 정책의 선으로서 옳음이라고 할 수 있다. 그리고 옳음으로의 정책의 선은 공동체가 추구하고 있는 일반적으로 수용되거나 통용되는 수준이 될 수 있다. 동시에 공자가 지적한 바와 같이 개인의 사사로운 이해관계에만 집착하는 소인의 옳음이 아니라 하늘의 이치와 소명을 받드는 의로움을 실천하는 군자의 선이나, 공적인 이해관계나 사사로움을 제거하는 법치주의 전통 같은 공공선을 옳음이라고 할 수도 있다.

3) 정의

정의(justice)가 곧 선인가 아니면 선이라야 정의가 될 수 있는가 하는 문제는 선의 개념적 이해에서 자세히 설명했듯이 매우 논쟁적이다(이민수, 2011: 263; Perkins, 2004: 137; Bradley, 2012: 243). 정의와 선을 어떻게 정의(定義)할 것인가 하는 수준에서 정의가 선의 상위개념인가 또는 상호간에 조화될 수 있을 것인가 하는 선과 정의의 원칙이나 이론 등에 관한 논쟁이 쟁점이라는 것이다. 대표적으로 Rawls의 정의의 원칙이나, 칸트의 덕과 행복이 일치하는 최고선, 선은 천명(天命)이 부여하는 본연적 것이라는 주자의 천명설 등은 선과 정의를 구분하는 이원론적 분석을 제안하거나 제시한 것은 아니지만 선의 입장에서 정의를 설명한 것이라고 할 수 있다. 즉 선의 존재론적 가치와 실천적인 가능성을 정의의 모습으로 설명한 것이다[69].

그러나 선도주의 정책사상에서는 정의를 정책의 선의 하위개념으로 보았다. 개인적 수준에서의 정의도 물론 선도주의에서 중요하다. 이때의 정의는 진실과 천명을 지키는 양심의 자유와 성의(誠意)라고 할 수 있다. 그러나 선도주의에서 정의는 사회적이고 공공적인 정의이다. 이와 같은 정의는 절차적이고 법률적인

---

69) John Rawls(1999: 347)는 개인의 가치를 선으로, 사회적이고 공동체의 가치를 정의로 구분하면서 개인의 가치인 선과 사회 공동체의 정의가 조화될 수 있는 하나의 이론적인 패러다임으로 정의의 원칙을 제시했다고 할 수 있다. 보다 자세한 것은 그의 『정의론』 제7장, '합리성으로서의 선'(goodness as rationality)을 참조할 수 있다.

정당성이나 정확성에 기초가 되는 개념이다. 동시에 이와 같은 정의는 시장경제의 질서를 유지하면서 자유로운 사회의 민주적인 결정과 과정을 사회적으로 공인하고 약속할 수 있는 정보와 의사전달이 가능해야 할 것이다. 그러나 무엇보다도 개인적 진실과 양심의 자유에 의한 정의와, 공동체의 정의가 상호간에 일치되고 조화될 수 있어야 이것을 선도주의 정책의 선에서 정의라고 할 수 있을 것이다.

정책의 선의 정의는 정책개입을 통한 국가주의의 정책결정과 실현이 개인적 수준뿐만 아니라 사회적이고 공공적인 정의에 충족되는 것이라고 할 수 있다. 자원이나 권력, 지식과 정보, 권위와 가치 등이 공정하게 분배되어야 정의가 실현될 수 있다. 그러나 공정하고도 균등한 분배에만 한정되는 정의는 정책의 선에서 정의의 개념에 부족하다고 할 수 있다. 불공정하거나 불평등한 분배의 대상, 즉 경제적이거나 비경제적인 자원뿐만 아니라 인간의 존재의 가치에 관한 정의, 즉 자존심, 가치판단, 양심의 자유, 기회의 보장, 자아발견과 성숙 등과 같은 보이지 않은 개인적이거나 사회적 가치가 불공정하다면 이것을 공정하게 배분하고자 하는 적극적 의미의 정의가 정책의 선에서 설명하는 정의라고 할 수 있다.

공정하고도 균등한 가치나 자원의 분배에 의한 정의는, 물론 순자나 Rawls의 차등의 분배정의와 같이 능력이나 조건과 직분에 의한 차등적인 배분과 접근을 전제로 해야 하는 것은 당연하다. 공자도 조건과 때에 따른 국부의 공정하고도 균등한 분배가 국가발전의 토대라고 했다. 그럼에도 불구하고 정책의 선으로서 정의는, 앞서 Young이 주장하는 것과 같이 사회적이고 구조적인 불평등이나 불리한 조건, 정치적이고 경제적인 지배구조 등과 같은 제도적인 불평등이나 억압과 차별 등을 제거 또는 치유하고자 하는 정의에 보다 더 가깝다고 할 수 있다.

정책은 자원이나 기회와 권력, 능력과 지식을 단순히 공정하게 분배하는 것만을 추구하는 것을 이상적인 정의라고 하지 아니한다. 더 나아가 이와 같은 자원의 공정한 분배를 방해하거나 저해하는 요소나 절차, 제도 및 과정 또는 철학적이고 이념적인 판단 등을 제거하거나 수정하면서, 공정한 분배 그 자체뿐만 아니라 그것을 달성하는 과정과 이념이나 사상도 공정하고 균등하게 할 수 있도록 정책은 결정되고 실천되어야 한다고 본다. 이것이 선도주의 정책사상에서 정의를 정책의 선으로 개념화한 것이다. 이와 같은 정의에 의한 정책의 선을 실천할 수 있다면 국가개입주의의 정책개입은 정당화될 수 있을 것이다. 따라서 선도주의 정책사상에서 정책의 선으로서의 정의는 자원의 공정한 분배와 그것을 실현할 수 있는 공정하고 균등한 정책사상이라고 할 수 있다.

4) 인정과 배려

인정(認定)과 배려라는 선도주의의 정책의 선의 구성요소를 다음과 같이 설명할 수 있다. 먼저 인정은 남과 나의 고유한 정체성을 상호간에 존중하면서 침해하거나 방해하지 아니하는 것이다. 세상의 모든 것들의 존재하는 방법이나 살아가는 모습, 생각하고 판단하는 것 등이 다양하고 복잡하다. 그의 다양성이나 복잡한 것 그리고 특별하면서도 특이한 것 등을 있는 그대로 살피고 받아들이는 것이 인정이다. 더불어 사는 세상, 즉 헤겔이 주장하는 간주관주의적 인정론(intersubjective recognition)을 사실적일 뿐만 아니라 사변적으로 이해하고 이것을 천명으로 수용하는 것을 인정(recognition)의 중심적인 개념으로 이해할 수 있다(목영해, 2002: 46; Wilhelm and Bekkers, 2010: 12-13; Stewart, 2018).

그리고 배려(consideration 또는 care)는 이와 같은 인정을 실천하는 실천 사상이라고 할 수 있다(Dodds, 2007). 세상 만물의 다양성과 복잡함을 인정하고 수용하는 그 자체만으로 정책의 선의 구성요소가 되기 어렵다. 제7장의 물아주의 정책사상에서 인간과 자연 등의 만물에 그 고유한 존재의 가치가 동등하고도 평등하다는 사상을 자세히 설명하겠지만 여기서는 일단 인정의 사상이 배려의 실천 철학으로 정책의 선의 기초가 된다는 사실만을 논의하기로 한다.

인정과 배려의 실천철학은 공자의 충서(忠恕)와 『대학』의 혈구지도(絜矩之道) 및 맹자의 여민동락(與民同樂) 사상 등으로 대표될 수 있다. 먼저 공자는 자신의 사상의 핵심은 충서(忠恕)라고 했다[70]. 이를 받아서 주자는 충(忠)을 자신의 입장에서 마음과 정성을 다하는 것이고 서(恕)는 자신의 입장과 판단을 유보(추:推)하는 것이라고 했다. 또한 정자(程子)의 말을 빌려서 서(恕)를 자신의 입장을 미루어 만물(제3자)에 미치는 것(추기급물:推己及物)이라고 했다[71]. 『중용장구』에서 주자는 보다 실천적으로 충서가 공자의 중심사상이지만 실천하는 것은 어렵지 않다. 왜냐하면 자신이 하기를 원하지 아니하면 남에게도 하지 아니하면 된다고 했다[72]. 그러나 선도주의의 선도(善道)사상과 같이 올바르고 좋은, 정의의 길로 나아가게 하는 것이 충서의 목적이라고 공자가 지적했듯이[73], 정책의 선의 구성요소인 인정과 배려에서 보면 남의 존재의 가치와 동시에 자신에 대한 배려가 실천되면서[74] 정책의 선에 의한 국가개입주의는 정당화될 수 있을 것이다.

인정과 배려의 두 번째의 유교사상은 혈구지도(絜矩之道)이다. 즉 『대학』에서 공자가 수신한 군자가 세상을 다스리는 방법으로 제시한 사상을 주자가 『대학장구』에서 요약한 사상이 혈구지도이다. 즉 자신의 가치와 판단으로 남을 평가하

---

70) "子曰 參乎 吾道 一以貫之 曾子曰 唯 出 門人問曰 何謂也 曾子曰 夫子之道 忠恕而已矣"(『論語』, 里仁). 그러나 『論語』 衛靈公 편에서 공자가 "자공이 평생토록 행동으로 지켜야 할 말씀을 묻는 제자에게 서(恕)라고 했다; 내가 원하는 것이 아니면 남에게도 강요해서는 안 된다"(子貢 問曰 有一言而可以終身行之者乎 子曰 其恕乎 己所不欲 勿施於人)라고 하는 것을 인용하면서 공자의 도의 중심어는 충서가 아니라 서(恕)라고 주장하기도 한다(안효성, 2004: 113). 이것을 아마도 행동하는 실천의 도로서 공자가 서(恕)를 강조한 것으로 이해하면 충과 서가 합쳐진 충서(忠恕)가 공문(孔門)의 중심사상이기도 하다.
71) "盡己之謂忠 推己之謂恕.推己及物 恕也"(『論語集註』, 里仁).
72) "忠恕 違道不遠 施諸己而不願 亦勿施於人"(『中庸章句』).
73) 물론 공자가 교우관계에서 충(忠)을 이와 같이 지적했지만(子貢 問友 子曰 忠告而善道之)(『論語』, 顔淵) 본질적으로 충은 정책의 선으로서 정의를 다함께 추구하는 입장의 선도(善導)는 아니지만, 선한 길로 인도하는 것(善道)으로 선도주의의 실천적 내용이 될 수 있을 것이다.
74) 김수동(2011: 8)은 배려의 개념을 나와 동시에 남을 위한 배려로 구분하여 설명하였다. 즉 나에 대한 배려는 뿌리적이고 독립적이며 캐릭터를 중시하면서도 보이지 않은 부분이고 현실적 자아의 완성을 위한 품성이나 학문의 수련과 자기이해라고 했다. 반면에 남을 위한 배려는 가지적이고 상호의존적이면서 인성에 의한 보이는 부분이고 윤리적 자아의 형성을 위한 경청과 질문 및 타인의 이해라고 하였다.

거나 비판해서는 안 된다는 인정과 배려의 사상이 군자의 실천철학으로 정립된 것이라고 할 수 있다.

> "군자는 윗사람에게서 경험해보면서 이것을 내가 싫어했다면 더 이상 아랫사람에게 그렇게 해서는 안 된다. 마찬가지로 아랫사람들이 싫어한다면 이것으로 윗사람을 섬겨서도 안 된다. 앞사람들이 싫어했다면 뒷사람에게 그렇게 해서는 안 된다. 마찬가지로 뒷사람들이 싫어한 것을 앞사람들에게 강요해서는 안 된다. 오른 쪽의 사람들이 싫어한다면 왼쪽 사람들에게 강요해서도 안 된다. 마찬가지로 왼쪽 사람이 싫어한다면 오른쪽 사람에게 그렇게 해서도 안 된다"[75].

이것은 상호간의 인정과 배려의 기본적인 행동철학이라고 할 수 있다. 선도주의 정책사상의 실천론에서도 설명하겠지만 선도라는 것이 절대적인 최고의 선이나 가치라고 하더라도 인정과 배려를 기초로 하는 사상이다. 그렇지 않고 나를 믿고 무조건 따르라고 하는 리더－추종자를 구분하는 이원적 리더십이나 과학적이고 객관적인 증명과 자료를 증거로 하는 이성적 활동의 계몽주의, 초월적인 신의 존재와 가치를 정치화하면서 신의 뜻과 의지라는 것을 강조하는 정치신학 등의 사상과 선도사상은 다르다(자세한 것은 제3장의 선도주의 정책사상의 비교적 특성에서 설명한다).

그리고 맹자의 여민동락(與民同樂) 사상은 국가주의의 공공선이라고 할 수 있다. 즉 통치자가 피치자와 동고동락(同苦同樂) 해야만 천하를 얻을 수 있다는 실천사상이다. 이것이 군왕의 왕도정치를 실현하는 사상이다. 그래서 맹자는 동고동락의 사상을 다음과 같이 설명했다.

> "천하를 통치하고자 하면 국민의 지지를 받으면 즉시 천하를 얻게 된다. 백성의 지지를 받으려면 백성의 마음을 얻어야 한다. 백성의 마음을 얻으려면 그들의

---

75) "所惡於上 毋以使下 所惡於下 毋以事上 所惡於前 毋以先後 所惡於後 毋以從前 所惡於右 毋以交於左 所惡於左 毋以交於右 此之謂絜矩之道"(『大學章句』).

욕구와 소망을 취합해서 실현시키면 된다. 백성이 싫어하는 것을 하지 말아야한다. 바로 이것이다"[76].

여기서 백성의 마음이나 지지, 소망 등은 개인적인 것이라기보다 집합적으로 총합된, 공동체사회인 국가의 공공의 선과 이익의 실체를 확인하고 선호하는 것이라고 할 수 있다. 이것을 루소는 일반의지로 설명했다는 것을 앞서 지적했다. 그러나 공통의 선이거나 공공의 이익 또는 선이라고 하더라도 일반적인 선이라면 선도주의 정책의 선의 내용이 될 수 없을 것이다. 왜냐하면 상호간의 인정과 배려에 의한 선도가 필요하다는 것을 맹자는 자신의 잣대로 남을 함부로 평가하거나 판단해서는 군자가 될 수 없고(혈구지도:絜矩之道) 따라서 천하도 얻을 수 없다고 강조했기 때문이다. 이와 같은 혈구지도를 완성한 군왕의 통치를 선도주의 정책사상에 대입하면 선도주의를 실천하는 좋은 정부나 좋은 국가와 같은 의미라고 할 수 있다. 즉 국가주의를 시원으로 하여 연계되는 선도주의, 균형주의, 현실주의, 물아주의 등의 정책사상의 실천이 보장되는, 특히 국가개입주의에 의한 정책의 선의 선도주의적 실천이라고 할 수 있다.

여민동락이나 혈구지도의 중심적인 개념은 '함께' 또는 '더불어' 등이라고 할 수 있다. 함께한다는 것은 자타의 정체성을 존중하면서 방해하지 아니한다는 상호간의 인정이 있어야 가능하다. 그러나 인정에만 한정되는 것이 아니다. 다양성과 특이성을 조건과 장소에 따라서 고려하고 수용한다는 배려의 사상으로 연계되어야 한다. 그래야 통치자인 왕은 백성과 함께 정치를 할 수 있을 것이다. 이때의 정치는 물론 국가중심주의의 정책을 통한 국정운영과 실천이라고 할 수 있다.

여민동락의 수준보다는 개인적이지만 좀 더 적극적인 사상으로 <각주 53>에서 소개한 맹자의 낙이천하 우이천하(樂以天下 憂以天下)와, 범중엄의 "가장 먼저 천하의 일을 근심하고 걱정하면서도 조금의 여분이 있다면 그 즐거움을 누

---

76) "得天下有道 得其民 斯得天下矣 得其民有道 得其心 斯得民矣 得其心有道 所欲與之聚之 所惡勿施 爾也"(『孟子』, 離婁 上)

린다"(先天下之憂而憂 後天下之樂而樂)라고 하는 사상도 인정과 배려에 의한 실천사상이라고 할 수 있다. 세상의 일들을 근심한다는 것은 정책과제를 발굴하고 논의하면서 정책의 선을 실천하고자 하는 국가주의 정책사상의 전형이다[77]. 이와 동시에 세상의 즐거움이란 것은 정책의 성공적인 실천과 완수에 의한 정책의 이름값에 따라서 정책이 추구하는 가치나 목표 등을 실천한다는 것이다. 이것이 선도주의 정책사상에서 인정과 배려라고 하는 정책의 선의 구체적인 내용일 뿐만 아니라 선도(善導), 즉 정책을 통한 국가개입주의의 정책사상을 실천하는 것이라고 할 수 있다.

인정과 배려는 정책의 선에서 공동선과 공공선으로 대표될 수 있다. 특히 유교사상은 공동선으로 천하는 개인이나 집단이 아닌 공공을 위하여 존재하며 그와 같은 사회를 『예기』에서 대동사회라고 하였다. 따라서 공공의 영역과 패러다임을 중시하는 대동사회는 통치자와 피치자 등과 같은 정치적 계급사회이지만 누구든지 각자의 위치에서 각자의 역할과 본분을 충분히 발휘할 수 있는 사회라고 할 수 있다. 따라서 각자의 다양성과 다원성 등을 인정하고 그것이 실현될 수 있도록 배려하고 고려하는 사상이 뒷받침되어야 가능할 것이다. 또한 공동선인 이(利)의 근본도 덕과 예라고 하였듯이 인정과 배려는 덕과 예를 실천하는 실천사상이라고 할 수 있다. 그래서 공자도 사람을 잘 사귀면서 오래도록 공경하는 것이 중요하다고 했다[78]. 또한 배려와 인정의 실천은 곧바로 외롭지 않고 좋은 이웃이 있는 것과 같다고 했다[79]. 인정과 배려는 나와 남을 이분법적으로 구분하기보다 제7장의 물아주의 사상에서도 설명하겠지만 정책주체이고 주재자로서 정책

---

77) 유교사상에서 천하를 근심한다는 것의 대표적인 것으로 공자가 지적한 "덕을 닦지 않거나 학문을 익히지 않는 것, 의로움에 나아가지(지키지) 못하는 것, 착하지 아니한 불선을 고치지 못하는 것 등이 나의 근심"(子曰 德之不修 學之不講 聞義不能從 不善不能改 是吾憂也)(『論語』, 述而)이라고 한 것을 들 수 있다. 이것은 정책의 선으로 인정과 배려에서 세상의 올바른 이치와 선을 지키면서 자신의 수신을 개을리 하는 것을 근심하는 것이라고 할 수 있다.

78) "善與人交 久而敬之"(『論語』, 公冶長).

79) "子曰 德不孤 必有鄰"(『論語』, 里仁).

인은 인간뿐만 아니라 비인간 등 삼라만상의 사물과 상호관계하고 있다는 사실을
수용하고 인정하는 사상과 같다고 할 수 있다.

5) 전통가치

선도주의 정책사상에서 정책의 선의 구성요소로 전통가치(traditional values)
는 가치가 역사적으로 지속되면서 공동체 사회의 공동선이나 공공선 또는 일반의
지 등과 같은 개념으로 고착화된 것이라고 할 수 있다. 동시에 법률적이거나 강
제적인 구속력은 없다고 하지만 도덕적이고 윤리적인 시비 등에 사회적으로 개입
할 수 있는 가치라고 할 수 있다. 때문에 전통가치는 사회정의의 개념으로도 이
해될 수 있다.

따라서 전통가치는 사회적인 판단과 선호에 대한 보편적이면서도 일반적으
로 수용되면서 바람직하거나 중요하다고 간주되는 신념이나 믿음체계로, 세대에
걸쳐서 전승되거나 계승되는 것이라고 할 수 있다(이남인, 2017: 63; Nazam
and Husain, 2014: 411; Taormina and Shaminov, 2016: 199). 즉 선악이나 시
비, 정의와 불의, 좋음과 나쁨, 바람직함과 배척 등의 판단기준이나 인식의 기준
또는 바로미터라고 할 수 있는 가치로서 세대를 통하여 사회적 관습이나 제도 및
문화 등으로 이어지면서 체계화된 가치라고 할 수 있다. 이와 같이 관습적이고
문화적이며 사상적으로 전승되는 전통가치는 정책의 선의 구성요소로서 정책의
선악과 시비 및 정의, 바람직함 등과 같은 정책의 선을 진단하고 재단하는 역할
을 하기도 한다(Sunk 외 3인, 2017).

전통가치는 공동체의 문화적이고 역사적이며 사상적인 신념체계로 유전된다
고 할 수 있다. 물리적이고 생물학적인 유전이 아니라 사상적으로 세대간에 걸쳐
서 전달되고 수용되는 것이다. 그래서 전통가치는 사상적인 신념으로서 쉽게 변
화되기 어려운 보존가치(protected value)로서 때로는 공동체에서 신성시되기도
한다. 그래서 보전되는 전통가치가 여타의 신념이나 사상과 모순되거나 충돌되지

아니한 수준으로 지속되고 수용되면 전통가치는 정책의 선을 구성하는 하나의 가치체계를 형성하게 된다. 이와 같이 체계화된 가치에 순응하고 이것을 수용할 수 없는 정책의 선은 선도주의 정책사상의 선이 되기 어려울 것이다.

전통가치에 대한 도전과 거부 때로는 이것을 부정하면서 새로운 가치를 발견하고 형성하고자 하는 탈전통가치(post-traditional value)가 후기전통사회의 이념으로 부각되고 있기도 하다(한상진, 2003; Giddy, 2014). 탈전통가치는 전통주의(traditionalism)에 대한 도전이다. 전통주의는 전통가치에 대한 강력하면서도 강제적으로 때로는 집단적으로 교육하거나 세뇌하여 도덕적인 질서와 윤리의 지배구조를 지키고자 하는 정치적인 의미의 보수주의라고 할 수 있다(신유섭, 2007: 121; Duckitt and Bizumic, 2013: 841). 그러나 선도주의의 정책의 선으로서 전통가치는 세대간에 전수되고 수용되는 지배적인 사상이 제도화된 일관적인 사상이라고 할 것이다.

전통가치는 모든 공동체에 존재하고 있다. 따라서 전통가치의 사상적 우열이나 존재의 가치는 공동체의 일반의지나 선 등과의 내적인 일관성에 달려 있다. 동시에 외적으로도 그것을 보존하고 지키면서 공동의 선이나 이익을 판단하고 진단하는 사상이나 이념이 될 수 있는가 하는 실천적인 현실에서 정책의 선으로서 전통가치의 가능성이 달려 있을 것이다.

하나의 예로서 한국의 전통가치를 찾아 볼 수 있다. 한국사회의 전통가치를 물론 다양하게 논의하고 분류할 수 있지만 한국인과 한국사회라는 공동체에서 일반적인 신념으로 체계화된 대표적인 가치라고 할 수 있다(김숙자·김현정, 2012; 이상호 외 2인, 2016).

특히 군왕과 인간관계에서의 충(忠)이나 가족관계의 효(孝)가 대표적인 전통가치라고 할 수 있다. 즉 상하의 위계질서, 권위주의, 가족중심의 가족주의와 가계주의, 씨족의 성씨(姓氏)를 중심으로 하는 문중(門中) 또는 문벌주의 등을 들 수 있다. 그리고 의(義)와 예(禮)의 전통가치로 인간관계에의 의리와 명분, 예의 준수와 수행으로 인한 도덕적인 인간상, 체면이나 눈치 등을 긍정적으로 수용하는 사회가치, 정(情)과 친소(親疏)를 중시하는 온정주의[80], 연고주의, 서열중심주의 등을 들 수 있다. 그리고 학문적 인격수련과 도덕교육 등에 의한 교육중심주의, 도덕과 학문의 숭상 등도 들 수 있다[81].

물론 이와 같은 한국의 전통가치가 완전한 것은 아니다. 그리고 그 내용과 의미가 상호간에 배타적일 수도 있다. 동시에 전통가치와 대비되는 현대적 의미의 가치와도 중복되거나 상호교차할 수 있다[82]. 그러나 유교사상을 뿌리로 하는 한국사회의 전통가치는 정책의 선에서 주요한 내용이 되고 있음은 사실이다. 특

---

80) 이것은 한국식으로 이해하는 온정주의일 뿐이다. 학문적으로 일반적인 의미의 온정주의는 국가나 개인 또는 제3자가 타인의 판단과 결정에의 개입과 간섭의 개입주의를 의미한다. 자세한 것은 국가개입주의의 정당성을 온정주의와 비교하여 설명한 제3장의 국가개입주의의 정당성을 참조할 수 있다.

81) 유교사상과 문화를 간직하고 있는 한국뿐만 아니라 유교사상을 중심으로 하는 아시아 국가, 특히 일본이나 중국 및 동남아시아의 국가들에서도 여기서 지적하는 유교사상이 전통가치로 체계화되면서 지배적인 행동가치로서 선도주의의 정책의 선의 내용이 될 수 있을 것인가 하는 것도 흥미로운 연구주제일 것이다. 그러나 지금까지의 연구내용을 간단하게 검토해 보면(김영평 · 정인화, 2004; 배수호 외 2인, 2016: 277 – 285) 가족주의나 연고주의, 서열주의 등과 같은 유교사상은 전통가치로서 주요한 행동기준이 되고 있음을 알 수 있다. 그러나 이와 같은 전통가치가 신세대를 중심으로 그 중요성이 점점 감소되고 있다고 하기도 했다(박희봉 외 2인, 2008). 물론 중국의 전통가치로서 근면, 정직, 자존(自存) 등이라고 하지만(Ye 외 3인, 2018) 꽌시(quanxi)나 정치관료주의 등과 같은 전통가치가 투명성이나 실적주의 등과 같은 가치와 충돌되기도 한다고 했다(Di Hu and Mingus, 2013). 또한 일본에서도 법치주의에 의한 기업규제가 일본의 유교적 전통가치와 좋은 관계를 유지할 것으로 보았지만 현실에서는 충돌되는 부분이 많다고 했다(Satryo 외 2인, 2017).

82) 적어도 한국사회에서 전통가치와 대비되는 현대적 가치가 무엇인가 하는 것도 상당히 논쟁적일 수 있다. 그리고 일반화된 가치로 체계화된 것을 발견하고 정립하기도 어려울 수 있다. 그러나 일반적으로 세계가치조사(WVS: World Values Survey)(1981년에 비영리조직인 세계가치조사연합(World Values Survey Association)이 스웨덴의 스톡홀름에 설치되어 현재 100개 국가에서 개인의 가치와 신념의 탐색과 변동 등을 조사하여 그의 정치적이고 사회적인 영향력을 발표하고 있다(www.worldvaluessurvey.org)에 의하면(World Value Survey(WVS) Wave 7), 현대적 가치로 법치주의에 대한 믿음, 지하경제와 관련된 폭력이 없음, 민주주의의 신념과 신장, 탈물질주의, 비폭력사회, 비인종주의, 국가간 자본과 대학교육의 신뢰, 젠더의 정의, 환경주의, 군사와 스포츠 지지 등을 들 수 있다(Tausch, 2016: 57). 그리고 1990년대에 세계가치조사(WVS)의 데이터를 개인 수준과 국가 수준에 따라서 요소분석한 바에 의하면 후진국(pre – industrial society)의 전통가치는 남성 중심의 정치경제생활, 가족과 종교생활의 중요성, 부모의 존경, 성(性)에 대한 관용의 정도가 약하다는 특징이 있는 반면에 선진국은 후진국가와 상당히 반대되는 경향의 전통가치를 가지고 있다고 했다(Inglehart and Baker, 2000: 23 – 24).

히 정책의 이념과 철학 및 목적이나 수단 등에서 전통가치가 부정되거나 또는 상충되는 경우에 국가개입주의의 정당성이나 국가주의 자체가 위기에 부딪칠 수 있다. 특히 선도주의 정책사상에서 정책의 선인 정책의 옳음이나 좋음, 정의, 인정과 배려 등도 전통가치를 존중하면서 그 가치를 발현할 수 있을 것이다.

전통가치를 정책의 선의 구성요소로 설명하면서 구체적인 정책이라고 할 수 있는 장사(葬事) 등에 관한 법률(제15269호)로 정해진 장사정책을 간단히 예시할 수 있다. 즉 시신이나 유골을 매장하는 묘지의 시설을 법으로 규정하고 있다. 국가는 묘지의 설치와 그에 관련된 시설(상석, 비석 등)의 면적이나 규모 등을 법으로 규정해서(제18조) 개인이나 문중의 자유로운 의사결정에 간섭하고 있다. 따라서 개인이나 관련 공동체는 법령을 준수해야 한다. 그러나 묘지나 장지 등의 설치에 관한 국가의 정책개입이 현실적으로 얼마나 정당한가 또는 현실적으로 과연 실천되고 있는가 하는 것은 유교식 장사문화의 전통가치인 효와 가족주의, 문중주의 등과 충돌되거나 또는 이것을 부정해서는 정책의 선의 내용이 되기 어렵다. 특히 이와 같은 것을 정책의 선으로 한다면 선도주의의 정책사상에 타당하지 아니할 수 있다. 따라서 장사에 관한 국가법령인 장사(葬事)정책이 정책의 결과에 의한 또는 정책의 진행과정이 공동체의 선과 일반의지를 실현할 수 있다고 하더라도 가족중심이나 씨족 또는 문벌중심의 문중주의 등과 같은 전통가치를 부정한다면 정책의 선으로 수용되기 어려울 것이다[83].

---

83) 이와 같은 주장을 뒷받침할 수 있는 하나의 통계자료를 들 수 있다. 한국인은 일반인 뿐만 아니라 전문가(윤리학 전공자)도 전통가치가 사회발전에 중요한 역할을 한다고 보았다(5점 평균에 일반인은 3.79, 전문가는 3.80). 또한 시민의식 발전에 가장 도움이 되는 정신문화로 충효정신을 꼽기도 했다(일반인은 37.1%, 전문가는 21.5%)(박병기 외 2인, 2013).

3. 선도(善導)주의의 정의

정책사상으로서 선도주의의 사상적 특징과 실천적인 방법 등을 제안하고 설명하기 위해서는 적어도 정책사상에 한정된 범위 내에서 선도주의를 정의할 필요성이 크다. 그래서 선도주의를 정의하고 그 특성을 구체화시키기 위해서 선과 정책의 선의 개념을 동서양의 사상을 기반으로 하면서 비교적 자세히 설명하였다.

정책사상에서 선도(善導)주의를 'the principle of policy goodness'로 번역하였다. 특히 선도(善導)를 'precursor'로 영역하기도 했다. 즉 다양하고 풍부한 경험이나 학식과 정보를 가진 선각자, 선구자, 전임자, 전조(harbinger)나 전령(herald) 등과 같은 의미로 'precursor'를 이해할 수 있다. 이것을 행동심리학에서 비행(非行)을 대체할 수 있는 대리자나 안전지킴이(safer) 정도로 이해하고 있기도 하다(Heath and Smith, 2019). 그러나 종교적으로 'precursor'는 선각자(先覺者)로서 미래를 예측하면서 올바른 길을 제공할 수 있는 방법 등을 선험적인 체험이나 깨달음으로 알면서 후행자를 지도하고 선도(善導)하는 사람으로 알려져 있기도 하다(Yelle, 2006; http://en.wikipedia.org.) 또한 선도주의의 정책사상적 특성을 리더십과의 차이점으로 설명할 때 자세히 지적할 것이지만 맹자의 선지자(先知者)나 선각자(先覺者)가 후학을 지도하는 것을 'precursor'라고 할 수 있다. 특히 교육이나 교정, 경찰 분야에서는 올바른 길이나 사상을 가질 수 있도록 다양한 프로그램을 시행하는 것을 선도사업(guidance program)이라고 해서 선도를 선의 길로 유도하고 인도하는 것으로 설명하고 있기도 하다.

일반적인 정책분야에서는 이것을 정책안내(policy guidance), 개선, 지침, 행정지도 등으로 명칭하기도 한다(한승연, 2008; 김규환, 2016; Zhu and Gao, 2017). 하나의 예로서 공공기관의 갈등예방과 해결에 관한 규정(대통령령 제26928호)에서, 공공기관의 갈등을 예방하거나 관련된 갈등을 해결하기 위하여 갈등관리심의위원회나 갈등조정협의회를 설치하도록 하고 있다. 심의위원회나 협의회 등의 구체적인 활동이나 기능에는 조금씩의 차이는 있지만 잠재적인 갈등을 방지하거나 예방할 수 있는 조치나 수단뿐만 아니라 현안적인 갈등을 해결할 방법 등을 제안하거나 실천하게 할 수 있다. 이와 같은 활동이 정책안내나 개선 또는 지침의 대표적인 경우라고 할 수 있다.

선도주의에서는 'precursor'를 정책의 선을 주창하고 선창하는 의인화된 무명체로 이해하고자 한다. 그러나 선도주의라는 정책의 선에 관한 철학적 사고체계를 정책이론으로 정립하는 정책사상이기 때문에 철학적 사고에 초점을 두면서, 선도주의를 정책의 선의 원칙으로 그 내용을 직역할 수 있는 'the principle of policy goodness'로 영역하기로 하였다. 따라서 선도주의를 정책의 선을 철학적으로 사고하는 정책이론이라고 할 수 있다. 정책의 선(policy goodness)은 정책의 본질적 속성인 선(善)에 관한 철학적 사고를 체계화하는 것이다. 그와 같은 철학적 사고의 구체적인 구성요소나 변수로 좋음과 옳음, 정의, 인정과 배려 및 전통가치 등을 앞서 자세히 설명하였다.

국가주의를 중심으로 하면서 그 출발점을 가진 정책사상을 국가주의에 이어서 선도주의를 먼저 제시한 이유로, 제2장의 정책사상의 내용과 연구방법에서 지적했듯이 정책을 수단이나 방책으로 하는 값싼국가 또는 착취국가, 억압국가, 패도국가 등과 같은 국가개입주의가 아니라는 것을 사상적으로 분명히 할 필요성이 있기 때문이다. 즉 무엇이 좋고 올바르며 정의로운가, 무엇이 자타의 정체성과 존재의 가치를 상호간에 인정하고 배려하는 공동체의 선과 의지인가, 역사적이고 문화적으로 신념가치나 체계로 정립된 전통가치와 정책의 선은 조화되고 존중되는가 하는 등을 진단하고 설명할 수 있는, 즉 국가개입주의의 정당성에서 연계될 수 있는 정책사상은 패도나 착취의 국가주의 사상이 아니라는 것을 분명히 할 수 있기 때문이다.

따라서 앞서 정의한 선도주의의 정의의 특성을 구체적으로 정책의 선과 공동체사회의 선 및 물(水)에 비유하는 정책의 선 등 세 가지로 정리하고자 한다.

이와 같이 정리한 선도주의를 선이나 선도 개념 등을 주제어로 하는 리더십, 엘리트이론, 계몽주의, 선발자 우위론, 정치신학 등과 비교하여 선도주의의 정책사상적 특성을 다음의 제4절에서 자세히 설명한다.

1) 정책의 선(善)

선도주의는 정책의 선을 선창하고 주창하는 정책사상이다. 그러나 단순히 앞장선다는 것이 아니라 정책의 선, 즉 좋음이나 옳음과 정의, 인정과 배려, 전통가치 등과 같은 정책의 선(善)을 주도적으로 발견하고 창도하면서 국가중심의 정책개입주의의 정당성을 설명하는 정책사상이다.

정책의 선을 선도(善導)하기 때문에 일반적으로 리더십이나 엘리트 이론의 앞장선다는 선(先:leading)의 개념과 혼동될 수 있다. 자세한 것은 제4절에서 다양한 이론과 선도주의를 비교하면서 설명하겠지만 선도주의의 앞장 개념은 '나를 따르라' 등과 같은 통치자와 피치자간의 계약이나 선민사상이 아니다. 대신에 정책사상으로 체계화된 정책의 선을 실천하기 위해서 필요한 경우에 모범을 보이면서 정책의 선을 실천해 가는 선창자의 입장에서의 선도(善導)이다.

마치 공자가 "세 사람만 있으면 반드시 내가 배울 수 있는 스승이 있다. 선자(善者)를 따르고 불선(不善)한 사람을 보면서 나와 남의 잘못을 고칠 수 있다"[84]라고 한 것과 같은 선도사상이다. 또한 일승(一乘)의 불교사상을 설명하고 있는 『묘법연화경』에서 발견되는 일화에서 선도의 사상을 이해할 수도 있다.

---

[84] "子曰 三人行 必有我師焉 擇其善者而從之 其不善者而改之"(『論語』, 述而). 여기서 스승은 물론 선자(善者) 뿐만 아니라 불선자(不善者)도 스승이다. 삼인(三人)에 나도 포함되어 있다. 그 중에 두 사람이 모두 선하다면 더욱 좋겠지만 한 사람이 선하다면 그가 나의 스승이 될 수 있다. 동시에 나머지 한 사람이 악하다면 그 악한 것을 보고 나의 흠허물을 고칠 수 있게 된다. 따라서 그도 나의 스승이다. 물론 두 사람 모두가 악하다고 하더라고 그것을 보고 나의 흠허물이나 불선(不善)을 고칠 수 있으면 두 사람 모두 나의 스승이 된다. 따라서 어느 선택적인 사람만이 스승이 아니라 내가 선하고자 하면 모두가 스승이 될 수 있을 것이다. 이것을 주자는 『論語集注』에서 지적하기도 했다.

"수많은 사람이 진귀한 보배를 찾기 위해서 길을 나서면서 보배가 있는 곳에 당도할 수 있는 곳을 잘 알고 있는, 즉 길을 안내할 수 있는 도사(導師)가 인도하는 여정을 시작했다. 가는 도중에 길이 험난하고 위험하여 많은 사람이 피로에 지치고 두려움에서 떨면서 뒤돌아 가기를 주장하였다. 따라서 도사는 그들의 심신의 피로와 공포를 그냥 무시하거나 또는 강제적으로 계속 여정을 강행하지 아니하였다. 여행자들이 지치고 피로한 심신을 회복하고 재충전할 수 있도록 따뜻하고 편안한 휴식장소와 시간을 제공해서, 물론 도사는 사전에 경험하여 이 여정에 대한 많은 정보를 가지고 있었다, 지친 사람들의 불만과 원성을 해결하면서 동시에 다시 보물을 찾고자 하는 용기와 결의를 다지게 한 이후에 계획된 그들의 일정을 계속했다. 그래서 마침내 진귀한 보물이 숨겨진 목표된 장소에 도착해서 보물을 발견할 수 있었다[85]).

보물을 찾고자 하는 백성들을 이끌고 앞장서는 도사는 단순히 앞장서는 것만이 아니다. 일정을 사전에 계획하고 준비하는 주창자로서 중간에 발생하게 될 문제들을 해결할 수 있는 능력과 지혜를 가진 선도자일 것이다. 선도자는 옳음과 좋음 등을 알고 있으면서 동시에 자신의 판단과 지식에만 의존하는 것이 아니라 피곤하고 지친 백성의 안위와 고통을 인정하면서 그들의 불신과 불만을 배려하는, 즉 동고동락을 실천할 수 있는 선도자이다. 따라서 선도주의에서 정책의 선을 주창한다는 것도 이와 같은 선도자의 비유와 같다고 할 수 있다.

선도주의는 정책의 선으로 정책의 정당성을 실천하고 확보하는 국가주의 사상에서 시작되는 두 번째의 정책사상이라고 했다. 특히 정책의 선인 옳음을 설명하면서 정민(正民), 즉 백성을 바르게 하는 것이라고 했다. 정민의 정(正), 옳음이 정치의 기본이다. 그래서 공자도 정치는 정(正)(정자정야:政者正也)(『논어』, 안

---

85) 종교적 내용이나 문장 등을 제외한 일화(逸話)의 한자 원문을 다음과 같이 요약할 수 있다("若有多衆 欲過此道 至珍寶處 有一導師 聰慧明達 善知險道 通塞之相 將導衆人 欲過此難 所將人衆 中路懈退 白導師言 我等 疲極 而復怖畏 不能復進 前路猶遠 今欲退還, 導師; 而作是念 以方便力 於險道中 化作一城; 今此大城 可於中止 隨意所作 若入是城 快得安隱 若能前至寶所 爾時導師 知此人衆 旣得止息 無復疲捲 汝等 去來 寶處在近")(『妙法蓮華經』, 化城喩品).

연), 즉 옳음이라고 강조했던 것이다. 그 옳음의 방법으로 공자는 "도를 지키지 아니하는 백성을 사형에 처하면서 법치주의를 강조하는 정치를 묻자, 정치란 사람을 죽이고 하는 것이 아니다. 정치하는 치자들이 스스로 선하고자 하면 백성들은 선하게 된다. 왜냐하면 군자의 덕은 바람과 같고 소인인 백성의 덕은 풀과 같다. 풀은 바람 부는 되로 흔들린다"[86]라고 했다. 물론 솔선수범이다. 그래서 "직접 실천하여 백성에 앞장서면 그들이 따르지만 말만 하게 되면 백성도 그 말에 시비곡절을 논쟁하게 된다"[87]라고 했다.

앞서 선의 존재론적 개념을 설명하면서 인간의 본성이 선하다는 성선설(性善說)의 맹자는 "선이 마치 물길과 같아서 동서의 어느 방향으로 정해진 것이 아니라 그 흐름을 트는 곳으로 간다고 하는 고자(告子)의 주장에, 맹자는 그렇지만 물이 위에서 아래로 흐르는 본성과 같이 사람의 본성도 물과 같아서 사람도 선하지 않는 사람이 없다"[88]라고 하는 논쟁에서 보면 선도주의의 선을 그 흐름이 정해져 있지 아니한 물과 같다고 이해할 수 있다. 단지 정책의 선으로 좋음이나 옳음의 사상체계를 정책으로 정립해서 국가개입주의에 따라서 선도하는 것이 중요하다고 할 수 있다. 인간의 본성이 선하거나 악하다는 주장보다는 물길 따르듯이, 바람 부는 되로 풀이 흔들리듯이, 여민동락과 동고동락의 선을 주장하고 실천하는

---

86) "季康子 問政於孔子曰 如殺無道 以就有道 何如 孔子對曰 子爲政 焉用殺 子欲善 而民善矣 君子之德 風 小人之德 草 草上之風 必偃"(『論語』, 顔淵).
87) "以身敎者 從 以言敎者 訟"(『論語集註』, 顔淵).
88) "告子曰 性猶湍水也 決諸東方則東流 決諸西方則西流 人性之無分於善不善也 猶水之無分於東西也, 孟子曰 水信無分於東西 無分於上下乎 人性之善也 猶水之就下也 人無有不善 水無有不下"(『孟子』, 告子章句 上). 물의 본성은 동서남북이나 상하(上下) 등으로 정해진 것이 없다. 물론 높은 곳에서 낮은 곳으로 흐르듯이 사람의 선한 본성이 물과 같이 높은 곳에서 낮은 곳으로 향한다고 하는 맹자의 주장은 물의 본성과 사람의 본성을 비유할 수 있는 동질(同質)이나 동성(同性)이 없기 때문에 형식오류(formal fallacy)를 범했다고 할 수 있다. 또한 물과 같은 물리적 실체를 사람의 성품과 같은 선험적인 형이상학으로 비유하는 것은 자연주의 오류를 범하고 있다고 할 수 있다. 그래서 물의 비유는 선도주의의 세 번째 정의에 해당되는, 선은 물과 같다는 노자(老子)의 설명이 논리적이거나 실천적으로 보다 타당하다고 할 수 있다. 노자의 무위사상의 도의 실천을 물에 비유하여 간결하면서도 특징적으로 설명한 배수호·한준섭(2012)의 논문이 물(水) 사상의 정리에 도움이 될 수 있을 것이다.

것이 선도주의 정책사상이다.

일상적인 예를 하나 들면 정책의 선으로 전통가치를 지적했듯이 들판에서 일할 때 앞장서는 아낙이나 일꾼들이 피로감이나 또는 지루함 등을 씻고, 공동으로 일하는 공동작업의 능률과 생산성을 높이기 위해서 노래를 부르거나 재미있는 농담 등을 하면 다른 일꾼들이 따라 부르는 것과 같은 농가월령가의 선창을 들 수 있다. 또한 상여를 매고 나갈 때 상여꾼들이 선창하는 자의 상여진혼곡을 동시에 따라 부르면서 힘들고 거친 상여 길을 헤쳐 나가는 것과 같다고 할 수 있다. 이것은 마치 근로현장에서 장인이나 팀장 또는 숙련된 조교가 앞장서서 시범 (demonstration)을 보인 후에 이것에 따라서 해야 한다고 하는 것과 같다.

선도주의의 정책의 선은 좋음이나 옳음을 전제로 한다. 앞서 선의 개념에서도 설명했듯이 덕으로 정치를 하고, 예로서 질서를 지키는 정(正)의 정치를 한다면 백성은 자신의 품격을 스스로 지킨다고 했다(『논어』, 위정). 따라서 군자는 남의 장점이나 아름다움, 즉 좋음을 가르치고 권장하여 일을 성공시키고 남의 단점이나 악을 이용해서 사람을 망치게 하지 아니 한다[89]라고 하는 것 등이 선을 덕이나 예와 같이 철학적인 사상으로 체계화하는 것이라고 할 수 있다. 이것이 선의 존재론적 가치에서 지적했듯이 순자(荀子)의 예와, 이를 갖춘 이후에 공평하게 통치한다는 정리평치(正理平治) 사상과 상통한다고 할 수 있다.

선도주의를 실천적인 입장에서 유교사상의 군자의 도(道)의 실천에서도 그 특성을 찾을 수 있다. 예를 들면 "군자는 공손한 행동거지와 윗사람에 대한 존경의 태도, 백성을 은혜로이 보살피고 보호하면서 의롭게 국사를 맡아야 한다"[90]는 공자의 군자의 행동수칙, 즉 공무원의 행동강령과 같은 것을 들 수 있다. 그래서 군자는 선도주의 정책의 선의 주창자로서 "언제나 부지런하고 최선을 다하여 직

---

89) "子曰 君子 成人之美 不成人之惡"(『論語』, 顔淵).
90) "有君子之道四焉 其行己也恭 其事上也敬 其養民也惠 其使民也義."(『論語』, 公冶長). 특히 여기서 양민(養民)을 주민의 경제적인 복지나 직업 및 교육, 양육 등과 같은 기초적인 복지수준이 아니라 예(禮)를 양(養)이라고 했듯이(故禮者 養也)(『荀子』, 禮論), 인간다운 성품과 본성을 지키고 선악을 판단할 수 있도록 하는 성인의 도와 덕을 가르치고 익히게 하는 것으로 이해하면, 선도주의의 정책의 선의 정의에 보다 타당한 해석일 것 같다.

무를 정성스럽게 수행하면서 백성들에 앞장서서 일하지만 게으르지 않는 것"[91] 등을 강조했다. 이렇게 선도주의를 실천하면 "가까운 사람들이 기뻐하고 멀리 있는 사람들이 따라 온다, 즉 이웃나라의 백성이 선정의 나라로 오게 된다"[92]라고 해서 정책선도의 결과를 공자는 분명히 제시하기도 했다.

2) 공동체사회의 선(善)

정책의 선의 구성요소로 설명한 인정과 배려가 여기서 두 번째의 선도주의를 정의하게 할 수 있는 철학적 사고라고 할 수 있다. 이와 같은 선도주의의 정의적 특성을 앞서 설명한 인정과 배려의 실천철학으로 유교의 충서(忠恕), 혈구지도(絜矩之道), 여민동락(與民同樂) 등의 사상과 같이 자신의 판단과 결정이 유일하고도 올바르며 선하다고 해서는 선도주의의 정책의 선의 사상이 되기 어렵다는 것을 다시금 이해할 수 있다.

특히 백성과 더불어 동고동락하는 다함께 철학의 본보기로 앞에서 설명하지 못한 맹자의 비유를 찾아 볼 수 있다. 맹자는 제(齊)나라의 선왕(宣王)에게 "세상에 유행하는 음악(대중가요)을 그가 좋아한다고 하자 혼자서 음악을 즐기는 것보다 여러 사람과 더불어 음악을 즐기는 것이 더 좋다. 특히 많은 사람과 함께 하는 것이 더욱 즐겁다"[93]라고 하였다. 물론 왕도정치를 음악에 비유하여 설명한 것이지만 통치자인 왕이 백성과 더불어 즐거움을 향유할 수 있다는 인정과 배려의 사상이 중요하다는 것으로 이해해 볼 수 있다. 마찬가지로 옳음과 정의 및 좋음도 인정과 배려를 속성으로 하는 선도주의의 정책의 선으로 세상에 열려있어야 할 것이다.

그래서 천하의 일을 먼저 근심하고 걱정하는 낙이천하 우이천하(樂以天下 憂以天下)(『맹자』, 양혜왕 하)와 같이 백성을 위한 열려있는 마음에서 그들의 아

---

91) "子路 問政 子曰 先之勞之 請益 曰 無倦"(『論語』, 子路).
92) "問政 子曰 近者說 遠者來"(『論語』, 子路).
93) "曰 獨樂樂 與人樂樂 孰樂 曰 不若與人 曰 與少樂樂 與衆樂樂 孰樂 曰 不若與衆"(『孟子』, 梁惠王 下).

품과 고통을 함께하면서 공동체의 선을 실천하고자 하기 때문에 군자는 항상 평정하면서도 너그럽다고 공자는 지적했다[94]. 열려있다는 모습에서 한 가지 재미있는 소재로 한국 KBS방송국의 열린음악회 프로그램이 클래식 음악과 대중가요의 장르의 경계에 열려있기 때문에 많은 시청자들로부터 오랫동안 사랑을 받고 있다고 할 수 있다(이주연, 2011: 990−91).

다함께 하는 선도주의 정책사상의 뿌리는 역시 인간본성의 평등과 안락에서 그 누구도 타인의 것을 부정하거나 탈취할 수 없다는, 즉 항상 존경하고 존중해야 한다는 옳음의 사상을 기초로 하고 있다. 또한 정책의 선으로 정의(正義)를 설명하면서 지적하였지만 정책의 자원이나 기회 또는 능력이나 지식의 공정한 분배도 중요하지만 이것을 실천할 수 있는 사상적이고 이념적이며 절차적인 옳음이 정책의 선에서 더욱 중요한 것이다.

그래서 이것을 한마디로 공자는 가장 가까이 그리고 언제든지 생각하고 있는 자신의 욕구와 가치에 비추어 타인의 욕구와 가치를 성취하게 하는 능근취비(能近取譬)라고 했다. 즉 공자는 내가 서고자 하면 먼저 남을 서게 해야 하며, 내가 출세하거나 영달하고자 하면 먼저 남을 그렇게 해야 한다. 이와 같은 사상이 곧 인(仁)을 실천하는 방법이라고 했다[95]. 또한 앞서 충서사상에서도 지적했듯이 자신이 하고 싶지 않다면 남에게도 하지 말아야 한다(기소불욕 물시어인: 己所不欲 勿施於人)(『논어』, 위령공)는 지적과 같은 것이 선도주의의 두 번째 속성을 설명할 수 있는 철학적 사상체계라고 할 수 있다.

여민동락이나 능근취비, 낙이천하 우이천하, 혈구지도나 충서 등과 같은 사상을 기초로 하고 있는 대동사회를 지향하면서 공동체의 선이나 공공의 약속과 뜻을 존중하는 일반의지에 의한 인정과 배려 등과 같은 선도주의의 정의(定義)에

---

94) "君子 坦蕩蕩"(『論語』, 述而). 주자는 이것을 정자(程子)의 말을 빌어서 "마음이 넓고 크게 열려있다(심광체반:心廣體胖)"라고 했다(『論語集註』).

95) "夫仁者 己欲立而立人 己欲達而達人 能近取譬 可謂仁之方也已"(『論語』, 雍也). 공자는 이것을 인(仁)으로 설명했지만 유교사상에서 인(仁)은 선(善)을 포괄하는 광의의 개념이기 때문에(정병석·엄진성, 2011: 5; 이철승, 2015: 228) 여기서 선도주의의 정의에 의한 두 번째 내용으로 인용하였다.

서 발견되는 두 번째의 내용을 동행(同行)으로 요약할 수 있다. 학술적인 개념이나 사상적인 체계 등에 관한 것은 미흡하지만 일상적으로 동행은 널리 사용되는 개념이다. 특히 빨리 가려고 하면 혼자 가고 멀리 가려면 함께 가라는 격언과 같이, 동행은 선행자나 후행자를 구분하는 이분법적인 사고가 아닌 다함께의 공존과 공감주의를 기초로 하고 있다.

선도주의 정책사상의 특성으로 동행이 그러나 모든 것을 해결하는 만병통치약은 아니다. 특히 달걀을 한 꾸러미에 담지 말라는 격언과 같이, 목표나 이념이 상반되거나 갈등적인 정책에서 정책의 선을 동행(同行)하려고 하면 더욱 더 갈등적일 수 있다. 특히 민주주의에서 개인적 가치나 판단의 다양성과 자율성, 자유와 평등 등과 같은 기초적인 인간의 존엄성을 존중해야 하는 정책이나(Grimm and Leininger 2012; Muasher, 2013), 인기가 없는 정책이지만 옳음이나 좋음의 사상적 가치에 의한 공동선이나 공공선을 실천해야 하는 정책 등의 경우에 (Lehane, 2008) 동행하는 선도주의는 위험하면서도 국가주의의 성공적인 정책사상이 되기 어려울 수 있다[96].

그러나 동행으로 앞서 다함께 노래하고 노동하는 경우를 소개한 것과 같이, 공통의 일을 공동체의 선으로 발현시키면서 정책의 목표와 가치를 동참하여 성취하고자 하는 현실적인 실천개념으로 동행을 이해한다면 선도주의의 정의에서 발견되는 동행사상도 이해할 수 있기도 하다. 여기에 해당될 하나의 재미있는 예로서 조선시대의 제22대 군왕인 정조(正祖)(1752－1800)가 창덕궁의 내원을 신하들에게 개방하였다. 그래서 신하들과 동행 산책하면서 국사를 논의하고 그들의 정책제안과 평가를 수용하면서 실질적으로 국사에 동참시켰다. 왜냐하면 군신동락(君

---

96) 아직까지 정책사상이나 이념 또는 목표 등에서 동행(同行)을 주제로 하고 있는 연구가 부족해서 여기서 동행사상을 자세히 소개하기 어렵다. 그러나 몇 가지 예로서 다문화 교육정책의 하나로 한국인으로 동화시키기 위한 동화주의 정책에서 다양성을 있는 그대로 인정하면서 동행하는 교육정책이 필요하다는 연구(김태형, 2017), 환경주의와 생태윤리학의 동행(조은수, 2011; 배석원 옮김, 2001), 프랑스의 생명공학산업에서 과학적 가치와 사실적 판단에 의하여 예산이 배정되지 아니하는, 즉 동행되지 아니하는 경우(Durand 외 2인, 2008) 등을 들 수 있다.

臣同樂)을 실천하여 왕권을 강화할 수 있다고 판단했기 때문이다. 이것이 대표적인 임금과 신하의 동행(군신동행:君臣同行)의 경우라고 할 수 있다(김준혁, 2017).

또한 동행의 사상적 기초로서『중용장구』에서 군자의 도를 비유적으로 설명한 것을 들 수 있다. 즉 "먼 곳을 가려면 반드시 가까운 곳에서부터 출발해야 한다. 또한 높은 곳을 오르려면 반드시 낮은 곳에서부터 시작해야 한다"[97)]라고 했다. 여기서 동행이라는 용어를 직접 사용하지는 아니했지만 여러 사람이 동시에 공감하는 공존의 사상으로, 먼 곳을 목표로 삼으면 자신에게 가까우면서 오르기 쉽고 낮은 곳에서부터 시작해야 한다는 것을 지적한 것으로 볼 수 있다. 그래서 군자는 단순히 앞장서는 지도자가 아니라 자신의 처지와 위치에서 가장 가까운 이웃이나 일가친척 등을 아우르고 화합하는 선도자라는 사실을 인식하는 것이 중요하다고 주자는 주석을 달기도 했다[98)].

다함께의 정책의 선을 주창하는 선도주의를 리더십이나 엘리트이론 등과 비교하면서 자세히 설명하겠지만, 동행을 사상적인 기초로 하는 다함께는 앞장서는 선행자와 뒤따르는 추종자나 후행자를 이분법적으로 구분하지 않는다. 전통적인 리더십은 리더와 추종자의 이원관계를 전제로 하지만 선도주의는 리더의 역할을 하는 선도자가 언제든지 후행자의 입장이 될 수 있다고 본다. 동시에 후행자도 선도자가 될 수 있다. 물론 앞서의 군왕의 예나 대동사회의 여민동락 등은 절대적인 왕권의 통치체제에서 군왕들의 왕도정치, 즉 도와 예에 의한 선정(善政)을 실현하기 위한 사상이고 교훈이다. 이것이 개인적 가치와 존엄과 자율성에 의한 국가주의를 중심으로 하는 정책개입의 정당성을 결정하는 주요 사상으로 작용하기 어려울 수도 있다.

다함께의 선도주의는 리더—추종자를 항상 고정적인 것으로 생각하지 아니한다. 때문에 왕도정치의 선정뿐만 아니라 공존과 공감을 기초로 하는 일반의지

---

97) "君子之道 譬如行遠必自邇 譬如登高必自卑"(『中庸章句』, 15章).
98) 계속해서 처와 자식, 형제 등과 같은 가장 가까운 사람들과의 화합과 화목 등을 주자는 다음과 같이 지적하였다: "人能和於妻子 宜於兄弟如此 則父母其安樂之矣 子思引詩 及此語 以明行遠自邇 登高自卑之意"(『中庸章句』, 15章).

나 인정과 배려에 의한 국가개입주의의 정당성 등을 설명할 수 있는 정책사상이라고 할 수 있다. 그래서 앞에서 선도주의에서 정책의 선의 구성요소를 동양사상적 입장뿐만 아니라 시장의 경제질서에 기초하는 개인주의적 존엄과 가치를 공동체의 선이나 공공의 선으로도 설명하였다.

3) 물(水)에 비유하는 선도주의

인간의 본성이 선하다는 맹자와 고자간의 물(水)을 비유로 하는 논쟁은 여울물의 흐름(단수:湍水)과 같다고 하면서도 물길은 트는 곳에 따른다는 것이다. 그러나 선은 물과 같다(상선약수:上善若水)는 노자의 비유는 물의 본질적인 성품이나 기능을 선으로 설명한 것이다. 그래서 존재론적으로 선을 설명하면서 물은 만인이 싫어하는 낮은 곳에 처하면서도 만물을 이롭게 하지만 다투지 아니한다고 했다. 다투지 않기 때문에 물의 본성과 작용을 도라고 했다. 그래서 노자는 물과 같은 선을 실천하는 방법도 설명하였다. 즉 "삶은 땅과 같이 선하고 마음은 연못과 같이 선하고 세상의 인간관계는 인(仁)을 실천하듯이 좋아야 하고 말은 믿음이 있고 정치는 선정이어야 하고, 사업을 능히 잘 해야 하며 움직일 때는 그 시기에 잘 부합해야 한다. 왜냐하면 물은 오직 다투지 아니하기 때문에 허물이나 잘못이 없다고 했다(원문은 <각주 1> 참조).

물과 같은 선의 개념에 의한 선도주의 정책사상도 역시 국가주의의 정책개입으로 인한 투쟁이나 다툼과 시기질투 등과 같은 정책의 속성을 전제로 하지 아니한다. 즉 정책은 그 자체로서 좋음과 옳음, 공정한 분배, 인정과 배려 및 전통적 가치 등을 선도하고자 한다. 때문에 정책 그 자체가 악이거나 허물을 가진 것은 없다(물론 악한 정책인 경우도 있지만). 자신의 특성이나 자질을 상실하지 아니하면서도 물은 그의 본성적 작용과 기능에 따라서 다양하게 활용되는 것과 같이 그래서 물은 영원히 물이듯이 정책도 영원히 정책이다. 다양한 이념과 목적을 가진 정책이지만 그 본질적 역할과 기능은 물과 같이 만물을 이롭게 하고자 한다.

또한 물이 때와 조건에 따라서 그 역할이 부정적으로 변할 수 있듯이(홍수나 해일 등등), 정책도 때와 조건에 따라서 정책의 역작용이나 부작용 등으로 인간의 존재의 가치를 침해하거나 훼손할 수 있다. 그러나 정책의 본질이 그렇게 결정되거나 구성된 것이 아니라 정책환경과 조건에 의하여 때로는 홍수나 해일과 같은 작용을 할 수도 있다는 것이다. 이것에만 초점을 두면 정책은 실패하거나 잘못된 정책일 수도 있다.

일반적으로 국가를 중심으로 하는 선도주의 정책사상은 이와 같은 정책실패나 잘못을 부정하거나 인정하지 아니하는 것은 아니다. 이와 같은 문제점이 발견되면 이것을 치유하거나 교정하는 새로운 정책을 계속해서 결정하고 실천하고 있다. 마치 맹자가 선인(善人)을 믿을 수 있다고 했듯이 또한 믿을 수 있는 사람들이 하고자 하는 것을 선이라고 했듯이, 선인이 하고자 하는 것이 완성되고 실천되는 것은 아름다운 것이고 이것을 위대하다고 했다. 그러나 위대한 것들이 조화를 이룰 때를 성스럽다고 했지만 인간세상에서 이와 같은 아름다움과 위대함 및 성스러움 등을 잘 알지 못하기 때문에 우리는 흔히 이것을 신기함으로 이야기해 버린다고 하였다(원문은 <각주 3> 참조).

마찬가지로 선도주의도 정책의 존재가치를 믿고 잘 실천하고자 한다. 그러나 실천되는 정책은 국가개입주의를 정당화하면서 공동체의 선과 목적을 달성할 수 있어야 한다. 그것이 위대하거나 또는 사소한 것에 관계없이 정책은 추구하는 가치와 목적을 달성하고자 한다. 추구하는 목적과 가치가 본래적으로 악(惡)이고 불선(不善)인 것은 없다. 단지 정책의 실천적인 조건과 환경에서 인간의 실수나 또는 악용이나 무지 등에 의한 부작용일 뿐이다. 이것을 주자(朱子)의 주장에 의하면 사물의 존재론적 법칙인 이(理)가 인간의 성품인 기(氣)에 따라서 다양하고도 차별적인 선과 불선 등의 현상을 나타낸다는 설명이다. 따라서 주자는 이와 같은 불선과 악의 현실을 어떻게 설명할 것인가 하는 것이 관건이라고 했다(원문은 <각주 22> 참조). 마찬가지로 정책의 현실에서 악이나 불선 등을 설명하고 분석하는 이론이나 방법은 다양하다. 그러나 이것을 정책의 선을 요소로 하는 선도주의 정책사상이나 국가주의 등에서 설명하지 아니할 뿐이다.

이와 같은 의미에서 인간의 본성이 선하다는 맹자의 성선설이 물과 같다는 물의 본성과 일맥상통할 수 있다. 그러나 다시 노자의 주장으로 되돌아가면, 세상 사람이 선이라고 하면 이것은 벌써 불선(不善)이다. 왜냐하면 선과 불선은 상대적인 것이기 때문이라고 했다(원문은 <각주 30> 참조). 노자는 이것을 무위(無爲)의 세계인 도(道)로 설명했지만 정책은 현실적으로 정책의 가치와 목적을 실현하면서 존재의 값을 증명해야 한다. 즉 국가주의의 정책개입이 선하고 아름답고 정의로우며 공통의 이해관계에 적합하다는 것을 실증할 수 있어야 한다. 이것을 철학적인 사고로 체계화하여 정책이론으로 정립하는 것이 정책사상이다. 이것을 실천하여 실증하는 것은 또 다른 이론이나 방법과 패러다임에 의한 정책이론으로 정립되어야 할 과제이기도 하다.

앞서 선과 대비되는 불선 또는 악은 그 자체로서 존재한다는 서양철학이나 또는 천하에는 선과 악 두 가지만 존재한다, 즉 선은 천명이 부여하는 본질인 반면에 악은 인간들의 욕망과 욕구에 의한 것이라는 노자의 주장에서 보면, 홀로코스트 정책 등과 같은 물질이나 명예 등에 의한 탐욕스런 인간의 욕망에 의한 악한 정책이 본질적으로 존재할 수 있다. 또한 인간생명이 희생된다는 명백한 사실인 악을 전제로 하면서도 전쟁을 결정하거나 타인이나 타국의 자본과 이익을 약탈하거나 탈취하는 침략을 결정하기도 한다. 따라서 선도주의의 정책의 선의 구성요소나 개념으로 이것을 어떻게 철학적으로 설명할 것인가 하는 것도 주요한 과제일 수 있다.

선도주의를 물과 같다고 정의한 것은 물의 기능이나 역할에서 물은 때때로 부정적이고 악한 역할을 하기도 한다. 동시에 물의 기능이나 작용을 악(惡)하게 이용하는 인간들의 잘못이나 실수 또는 의도된 목적 등에 따라서 물은 악의 편이 되기도 한다. 그러나 물은 그 본성에서 만물을 생장시키고 순환시키면서도 조금도 자신의 본성이나 기능을 선악의 기준으로 변화시키거나 변질시키지 아니한다. 단지 물의 역할만을 보면서 현상적으로 발생되는 현실에서 인간들이 선과 악으로 판단하고 결정한 것뿐이다.

마찬가지로 악한 정책이나 그것이 악순환되는 정책은 본질적으로 악으로 구성된 것은 아니다. 정책의 이념과 목적에서 악을 전제로 한 것도 아니다. 단지 인간들의 물욕(物欲)과 탐욕에 의하여 노자의 지적과 같이, 정책이라는 수단을 악의 재물로 삼으면서 인간의 본질적인 가치인 자유롭고도 평등한 판단과 결정에 개입하여 악의 결과를 실현시킨 것이다. 이와 같은 정책은 선도주의가 설명하는 정책사상의 대상은 아니다. 동시에 환경적이고 시대적인 조건이나 변수에 따라서 악한 정책으로 탄생되고 결정된다면 이것을 실천하는 정책의 실행은 악의 결과를 가져오게 된다. 그렇지만 선도주의 정책사상은 영원히 악한 정책으로 남는 것이 아니라 악을 제거하거나 수정해서, 정리평치(正理平治)와 같이 세상의 올바른 이치와 법칙에 따라서 악한 정책의 어그러짐과 어지러운 것(편험패란:偏險悖亂) 등을 다스리는 것과 같다고 할 수 있다. 그래서 정책의 선의 구성요소로서 옳음과 좋음, 정의, 인정과 배려 등을 선도주의의 사고체계로 설명한 것이다.

　　물이 영원히 물인 것과 같이 정책도 영원히 정책일 뿐이라고 앞서 지적하였다. 정책 그 자체가 악이거나 선일 수 없다. 정책의 추구하는 가치와 목적이 선악의 경계를 넘나들 수 있다. 그러나 정책이라는 본질에서 보면, 인간이 창조한 공동체의 대명사인 국가가 중심이 되면서 정책을 통하여 시민들의 의사결정과 판단에 개입하거나 간섭하는 근원적인 정당성이 정책의 선을 실천하는 선도주의에 있다는 것을 정책사상으로 체계화하는 것이다. 마치 사람이 도(道)의 활용이나 범위를 확장하고 활성화하는 것이지 도가 사람을 그렇게 할 수 없다는 공자의 지적과 같이[99], 정책 그 자체가 아니라 사람이 정책의 선과 악의 범위를 결정하고 확정한다. 때문에 선도주의 정책사상은 정책의 목표에 의한 결과를 악으로 규정한다고 하더라도 악을 위한 정책이 될 수 없다는 것을 선도하는 사상이다. 동시에 정책의 악순환이 진행된다면 그것을 단절시키거나 수정할 수 있는 실천적인 지혜와 지식, 판단이나 책무 등을 철학적으로 탐구하고 그것을 정책사상의 이론으로

---

99) "子曰 人能弘道 非道弘人"(『論語』, 衛靈公).

체계화하는 것이다.

이것을 공자의 군자불기(君子不器)로 요약할 수 있다고 앞서 지적했다. 즉 군자는 물과 같이 다양한 이해관계나 조건 등을 시와 때에 따라서 적절히 조정하면서 그의 역할이 당파간 소속이나 친인척 등과 같은 인간관계에 얽매이지 아니하는 것으로 군자불기를 이해하였다. 따라서 공자는 군자의 가르침에는 차별이나 구분이 없다고 하였다[100]. 이것을 주자는 "인간의 성품은 선하다. 그러나 선악의 다양한 유형이 있는 것은 사람의 기질과 습관으로 말미암은, 즉 물든 것이다. 그렇지만 군자의 가르침을 따르면 모두가 선으로 돌아 올 수 있다. 때문에 선악의 차이나 악의 구분을 재차 논의한다는 것은 부당하다"[101]라고 해석하였다.

선도주의도 정책의 선악, 즉 악하고 나쁜 정책과 선하고 훌륭한 정책을 구분하여 선한 정책만을 사상적으로 체계화하고자 하는 것은 아니다. 정책의 선은 선과 악의 이분법적 구분에 의한 상대적인 것이 아니다. 정책은 본질적으로 물과 같이 각각의 기능과 역할에서 정책의 악이 발생될 수도 있다. 또한 악한 정책으로 계속해서 실행될 수도 있다. 동시에 선한 정책이지만 정책환경과 조건 및 실행하는 인간에 의하여 악한 정책으로 변화될 수도 있다. 그렇다고 선도주의 정책사상은 이와 같은 정책을 무시하거나 부정하는 것은 아니다. 오히려 좋음과 옳음, 정의와 인정과 배려, 전통적인 가치와 같은 정책의 선의 구성요소를 발견하고 설명하면서 사상적인 체계를 수립하고자 하는 것이다. 물론 악한 정책을 폐기하거나 수정하면서 정책가치와 목표, 이념, 수단적 방법 등을 선의 축으로 변환시켜야 한다면 선도주의는 그의 실천과제를 제안하고 방법을 논의할 수 있다. 그래서 제4절에서 선도주의의 실천론으로 좋은 국가에서 좋은 정치와, 좋은 정부를 매개로 하여 좋은 정책을 실현하는 실천론과 좋은 정책을 실천할 수 있는 정책리더십 등을 설명하기도 한다.

---

100) "子曰 有敎無類"(『論語』, 衛靈公).
101) "人性皆善 而其類有善惡之殊者 氣習之染也 故 君子有敎 則人皆可以復於善 而不當復論其類之惡矣"(『論語集註』, 衛靈公).

4. 선도주의 정책사상의 비교적 특성

선도주의 정책사상을 정책의 선을 주창하고 선창하는 선도(善導)사상이라고 했다. 동시에 정책을 통한 공동체의 선과 정의 및 옳음, 좋음 등을 다함께 주창하면서 발견하고 실천하는 사상이라고 했다. 특히 선도주의는 국가가 중심이 되어, 국가의 우월적 지위와 역할에서 독점적으로 정책을 결정하고 실천하는 국가개입주의를 정책의 선으로 그의 정당성을 확보할 수 있어야 한다는 전제에서 국가주의를 시원으로 하는 두 번째의 정책사상이라고 했다.

이와 같이 정의한 국가주의에서 출발하는 선도주의 정책사상을 전통적인 리더십과 엘리트이론 및 계몽주의와 선발자 우위론, 정치신학 등과 비교하면서 선도주의의 사상적 특징을 설명하고자 한다. 물론 정책의 선과 관련된 다양한 이론이나 논쟁들을 비교할 수 있지만 선도주의라는 정의된 내용과 비교될 수 있는 대표적인 전통 이론들을 중심으로 한 것이다. 그렇지만 여기서 선도주의와 비교하는 이와 같은 이론들을 심층적으로 검토하면서 비판적으로 논의한 것은 아니다. 단지 선도주의의 특성을 비교해서 부각시킬 수 있는 선행이론의 검토 수준이라는 점을 사전에 밝힌다[102].

---

102) 이와 같은 선행이론을 선정한 기준은 정책의 선과 같은 구성요소가 주제어로 되어 있는 이론이라고 할 수 있다. 물론 선(goodness 또는 betterness)이나 선도(先導) 또는 선행(先行, 善行) 등에 관한 철학이나(앞서 선의 개념을 검토하면서 소개한 연구나 기타의 대표적인 연구로 이상목, 2014; 홍성민, 2016; Baz, 2008 등), 사회과학에서 (대표적으로 박문성, 2011; Barasch, 2014; Pakaslahti, 2016) 다양한 연구를 발견할 수 있지만 정책의 선을 선도하고 실천하고자 하는 선도주의의 정책사상을 비교하여 설명할 수 있는 이론적이고 사상적인 패러다임이나 모델, 즉 선행이론이 되기 어려웠다. 특히 철학이나 실천윤리학 등에서도 선(善) 뿐만 아니라 선도(善導)의 개념이나 특성을 종합적인 하나의 사상이나 이념으로 논의한 것을 발견하기 어려웠다. 앞으로 이와 같은 연구들이 진행되면 선도주의의 정책사상적 특징에 보다 유용한 선행연구나 선행이론으로 검토될 수 있을 것이다.

1) 리더십과의 차이점

리더십(leadership)[103]의 실체를 정확히 그리고 일반적으로 이해하고 설명하기는 어렵다. 왜냐하면 리더십은 현실적으로 존재하면서 분명하게 작용하고 있는 실체이지만 이것을 어떻게 설명하고 이해할 것인가 하는 것은 연구자나 이해자의 수준에서 매우 다양하고도 복잡하기 때문이다. 리더십을 선(善)이나 그의 구성요소들과 같이 과학적인 실증개념으로 현실에서 조작하고 검증하기 어려운, 소위 자연주의의 오류의 대상과 같은 추상적인 개념이지만[104] 지금까지도 일반적으로 리더십과 그의 작용적인 실체를 매우 다양하고 복잡하게 설명하고 있는 것은 사실이다.

그래서 리더십 연구나 설명은 오랫동안 진행되고 있음에도 불구하고 아직도 무엇이 리더십인가 하는 것을 일반적인 수준으로 정의하면서 그 실체를 밝히지 못하고 있다고 자학적인 비판(홍성태, 2011)도 항상 대두하고 있다. 그래서 리더십을 각자의 학문적 영역이나(행정리더십, 정치리더십, 경영리더십 등등) 분석의 대상자(주로 리더 개인이나 직위나 직함 등등) 또는 사상적이고 이념적인 성향에 의한 연구(군자리더십, 종교리더십, 셀프리더십, 도덕리더십 등등) 등과 같이 다양하게 취급하고 있다.

리더십 연구나 설명이 다양하고 복잡하다는 것은 리더십의 실체를 정확하게 이해하고 설명하는 일이 어렵다는 사실 때문이다. 그렇다면 리더십을 이해하고

---

103) 리더십에 관한 것은 필자의 『정치지도자의 정책리더십』(2003, 서울: 집문당)의 제2장의 내용을 요약하고 수정한 것이다. 관련되는 참고문헌은 리더십의 이해에 필요한 기초적인 것을 제외하고 생략하였다.
104) 자연주의 오류를 피하려고 리더십을 선험적이거나 때로는 신비주의적으로 설명하고자 하는 다양한 연구도 리더십의 실체를 부분적으로 설명한 것일 뿐 리더십의 실체를 일반적으로 이해하고 설명한 것은 아니다. 왜냐하면 리더십을 실천하는 리더들의 개인적인 특성이나 초인간적인 요소 등을 설명하고자 하거나 리더 개인들의 신비주의적인 자질, 특히 카리스마 등을 리더의 역할과 리더십의 조건 등으로 분석하고 있기 때문이다.

연구할 수 없는 분야인가 아니면 장님 코끼리 설명하듯이 영원히 그 실체의 본질을 인간은 이해할 수 없는 분야인가 하는 비관적인 입장이 대두될 수도 있다. 즉 리더십은 각자의 연구관점과 패러다임에 따라서 그들이 이해하고 설명할 수 있는 것만 묘사할 수 있을 뿐이지 리더십이라는 전체적이고 전반적인 실체를 이해하지는 못할 것인가 하는 의문은 계속되고 있다.

그러면서도 또한 역설적인 것으로 리더십연구가 지금까지도 끊임없이 계속되고 있다는 사실이다. 이것은 또한 리더십연구에서 무엇을 의미하는가 하는 것으로 리더십의 실체를 이해하는 중요한 단서가 될 수 있다. 그렇지만 리더십을 선도주의와 비교해서 선도주의의 특성을 설명하고자 하는 수준에서 몇 가지로 정리할 수 있다.

첫째, 리더십의 실체는 개인적인 것인가 아니면 조직이나 집단의 상황과 조건에 따른 조직적인 것인가 하는 문제이다. 리더십의 실체가 개인적인 것이라면 리더십과 리더를 구별할 필요가 없을 것이다. 리더(leader)와 리더십(leadership)을 구별할 것인가 아니면 동의어로 사용할 것인가 하는 문제는 리더십이론에서도 논쟁이 많다. 그러나 리더는 리더십을 실천하는 자연인 개인이나 집단을 의미하며 리더십은 리더(개인이나 집단)의 행동, 행위, 자격, 자질, 활동 등(물론 상황적인 조건이나 환경에서)이 경험적으로 귀납된 내용뿐만 아니라 논리적으로 추론된 이론이나 패러다임이라고 할 수 있다.

둘째, 리더십이란 선천적으로 부여받은 자질이나 능력인가 아니면 필요와 조건에 의해서 후천적으로 훈련되고 배울 수 있는 기술이고 자질인가 하는 문제이다. 리더십은 선천적으로 부여받은 자질이고 기술이며 특징적인 요소를 가진 심리적이고 응용적인 개인의 성향과 성품이라는 사실을 전혀 인정하지 아니할 수 없다. 그러면서도 리더십은 후천적인 교육과 훈련을 통해서 습득할 수 있는 기술이고 능력이라는 것도 사실이다. 그래서 리더십은 선천적일 뿐만 아니라 후천적인 자질과 조건이 겸비된 것이기 때문에 리더십의 실체를 어느 한 측면에서만 이해할 수 없을 것이다.

셋째, 리더십의 관계에 관한 것으로 리더십에 대응하는 팔로십(followership)과의 관계이다. 전통적으로 리더십은 리더와 추종자(부하)의 이원적인 구분관계(leader－follower dyadic relation)에서 리더십의 실체를 설명하고자 했다. 특히 리더의 행태와 자질 또는 리더십을 행사할 상황과의 관계에서 리더에 초점을 두었다. 즉 리더를 주(主)로 하고 그에 평등하게 대응하는 반려자가 아니라 리더십의 실존을 가능하게 하는 의미에서 팔로십을 설명하는 리더를 중심으로 하는 이론이다.

리더십이 성공적으로 진행되기 위해서는 그에 대응되는 추종자가 있어야 한다. 또한 추종자가 리더에 얼마만큼 반응하고 순응(順應)하는가 하는 점에서 리더십의 조건이 결정된다. 때문에 이것을 간과해서는 리더십의 실체를 설명할 수 없을 것이다. 이와 같은 대표적인 이론으로 리더와 추종자의 교환이론이나 자질론, 변혁적 거래이론, 리더와 추종자의 상호관계 또는 공유하는 리더십 등과 같은 리더십의 기초이론을 들 수 있다. 동시에 셀프리더십이나 윤리적이고 도덕적인 리더십이론에서는 리더－추종자의 이원관계를 전제하지 아니하고 상관관계나 상호관계 등을 강조하기도 한다.

넷째, 이론적일 뿐만 아니라 실천적으로도 리더십의 정의에 관한 난제(難題)가 있다. 다양하고 복잡한 리더십이론이 존재하듯이 리더십의 정의도 매우 복잡하고 때로는 혼란스럽기까지 하다. 왜냐하면 리더십을 정의하는 것은 연구자의 연구정향이나 가치관, 연구방법, 연구목적 등이 복잡하고 다양하기 때문이다. 심지어 리더십을 정의하지 아니하는 경우도 매우 많다. 그래서 리더십을 어떻게 정의할 것인가 하는 것도 문제이지만 실제로 리더십을 정의한 것도 이것을 평가하거나 구체화할 기준이나 준거의 틀이 없다는 점도 또한 문제이다.

리더십의 정의와 관련하여 리더십과 관리(management)를 학문적으로나 현실적으로 어떻게 구별할 것인가 하는 문제도 있다. 일반적으로는 리더십과 관리를 같은 의미인 동의어로 사용하지는 않지만 경영학이나 관리학 등에서는 상당부분 리더십과 관리의 이론적이고 기술적인 요소를 공통적으로 취급하고 있는 것도

사실이다. 그러나 리더십은 미래 지향적으로 무엇을 할 것인가 하는 목표와 도전
의 방향을 설정하고 이것을 성취하기 위해서 기존의 조직적인 계층관계나 권위적
인 관계보다는 리더와 추종자의 쌍방적인 영향이나 의사전달이나, 기타 비공식적
이며 수평적인 관계를 중심적으로 설명하고자 한다. 반면에 관리는 주어진 목표
와 문제를 능률적이고 효율적으로 수행할 과제에 초점을 두면서 현상을 안정적으
로 유지하기 위한 조직의 권위와 계층관계, 공식적이고 수직적인 의사전달을 중
심으로 하는 관리전술적인 측면을 논의하고 있다.

다섯째, 다양하고 복잡한 현실과, 이것을 설명하는 다양하고도 복잡하면서
상당히 혼란스러운 리더십의 연구나 설명이 학문적일 뿐만 아니라 현실적으로도
필요한가 라는 의문이 제기되기도 한다. 사실 리더십이론 만큼이나 그 앞에 다양
한 수식어가 붙은 것도 드물다. 따라서 리더십의 현실이나 또는 설명하고자 하는
분야에 따라서 수많은 종류(유형)의 리더십이론들이 있다. 그러나 그들의 공통적
인 것은 무엇이며 나아가 각 분야의 특징적인 것은 무엇인가 하는 것은 리더십에
서 또한 피할 수 없는 현실적인 과제가 되고 있기도 하다.

리더십이란 근본적으로 인간의 가치와 신념에 관한 사상이지만 철학적인 체
계를 가진 이론으로 정형화되어야 할 필요성이 매우 크다. 이 점에서 리더십과
선도주의 정책사상의 사상적 체계를 동시에 비교해서 이해할 수 있는 기준이 생
긴다. 즉 인간의 가치와 판단 등을 철학적 사고로 이해하고 설명하는 것이 그 기
준이라고 할 수 있다. 이와 같은 기준을 적용하면서 선도주의의 특성을 리더십과
비교하여 다음과 같이 부각시켜 볼 수 있다.

첫째, 선도주의는 정책의 선을 주창하고 창도하는 선도(善導)의 사상을 철학
적으로 사고하고 체계화하고 있다. 그러나 리더십은 명백하게 옳음이나 정의, 좋
음, 인정과 배려, 전통가치 등과 같은 정책의 선을 지칭하지 아니하고 있다. 물론
앞장선다는 개념의 선도(先導)를 중심사상으로 하고 있다.

여기서 선도주의를 리더십과 비교하면서 군자리더십을 소개할 필요가 있다. 왜
냐하면 군자리더십의 군자의 특성이 정책의 선의 특성과 비슷하기 때문이다. 그래

서 순자(荀子)는 군자리더십의 특성에 해당될 수 있는 것을 다음과 같이 지적했다.

> "군자는 자신에게는 똑바른 먹줄로 그의 법도를 심판하지만 남에게는 설(秚: 활
> 을 구부리게 하는 물건)을 사용하듯이 한다. 자신을 먹줄과 같은 법도로 헤아리
> 기 때문에 충분히 천하의 규칙이나 법칙이 될 수 있다. 동시에 세상 사람을 설
> 과 같이 대하기 때문에 능히 너그러이 용서할 수 있다. 그래서 많은 사람들을
> 활용해서 천하의 일을 성취한다"105).

그렇다면 군자리더십은 정책의 선인 옳음이나 정의와 같은 특성을 가지고
있다고 할 수 있다. 천하의 일을 성취하는 것이 곧 군자리더십의 최종적인 목표
이고 효능(efficacy)이라고 할 수 있다. 그래서 군자리더십은 스스로 노력하여 군
자다운 인격을 완성하는 셀프리더십이다. 예나 덕과 같은 유교적 최상의 가치를
실천하면서 수신의 기초인 호학(好學)으로 자애롭고도 공정하며 겸손과 절제, 너
그럽고 편하며 의연함 등과 같은 리더십의 자질을 갖춘 것을 군자리더십으로 이
해할 수 있다(류수영·이경묵, 2009: 214; 장영희, 2017: 131－135). 이와 같은
군자리더십의 특성을 맹자의 인간의 선한 본성에 의한 4단심(四端心: 측은히 여
기는 마음, 부끄러워하는 마음, 사양하는 마음, 시비를 분별할 수 있는 마음)이나,
순자의 예와 의를 갖춘 후에 다스린다는 정리평치(正理平治) 등으로 요약하기도
한다(전병술, 2010).

또한 군신관계가 아닌 상하관계의 군자의 리더십을 순자는 다음과 같이 요
약하였다. 즉 "윗사람으로서 아랫사람을 친밀하게 대할 줄 모르고 아랫사람으로
서 윗사람을 비난하기를 좋아하는 사람들은 반드시 곤궁하게 된다"106)라고 했다.
그러나 이와 같은 군자리더십은 상하(上下)의 인간관계의 질서와 규범 등을 강조
하는 것으로 선도(善導)라고 하기는 어려울 것이다.

---

105) "故君子之度己則以繩　接人則用秚　度己以繩　故足以爲天下法則矣　接人用秚　故能寬容
　　因求以成天下之大事矣"(『荀子』, 非相).
106) "人有三必窮　爲上則不能愛下　爲下則好非其上"(『荀子』, 非相).

군자리더십을 선도주의에서는 정책의 선과 같은 덕(德)과 예(禮) 및 의(義)를 닦고 실천하는 군자를 선각자 및 선지자라고 할 수 있다. 따라서 정책의 선을 구성요소로 하는 선도주의와 같다. 그러나 정책의 선은 인간이 주체이지만 군자의 선과 같은 것은 아니다. 군자리더십은 군자라는 인간의 품성이나 자질, 선을 실천하고 향도할 수 있는 선덕과 행동지표를 설명한 것이다. 반면에 선도주의 정책의 선은 정책이라는 비인간화된, 정책이 추구하고 설정하는 가치와 목표의 선이다. 따라서 이와 같은 정책의 선을 실천하고 실행하는 것은 군자일 수도 있고 그렇지 아니할 수도 있다. 또는 비인간적 요소나 절차에 의한 인간성이 배제되어 있는 제도나 조직기구 및 과정일 수도 있다. 더욱이 물아주의 정책사상에 의하면 인간뿐만 아니라 비인간을 포함할 수도 있다(자세한 것은 제7장 참조). 따라서 선도주의는 정책의 사람이 아니라 정책 그 자체의 선인 정책의 선을 구성요소로 해서 국가개입주의를 선도(善導)하는 것을 설명하고자 하는 것이다.

둘째, 선도주의는 공동체사회의 공공의 목적과 이해관계인 공동선이나 공공선을 다함께 발견하고 주창하여 실천하고자 하는 다함께나 동행 사상을 전제로 한다. 반면에 리더십은 리더-추종자의 이원관계를 전제로 하는 리더와 추종자의 구분에 의한 리더에 초점을 두는 이론이다. 따라서 선도주의에서 강조하는 다함께나 동행(同行) 사상을 리더십에서 찾아보기 어렵다.

또한 군신관계의 군자리더십을 맹자가 리더와 추종자의 정치권력의 관계로 잘 설명하기도 했다.

> "하늘이 백성을 이 땅에 내릴 때 선지자(先知者)가 후지자(後知者)를 깨우치게 하고 선각자가 후각자를 깨우치게 한다"[107]; 임금이 신하를 자신의 수족(手足)과 같이 취급하면 신하는 군주를 자신의 복부나 심장과 같이 여기게 된다. 신하를 견마(犬馬)와 같이 취급하면 신하는 군주를 길가의 사람과 같이 본다. 신하

---

107) "天之生斯民也 使先知覺後知 使先覺覺後覺"(『孟子』, 萬章章句 下).

를 흙이나 티끌과 같은 하찮은 존재로 취급하면 신하는 군왕을 도적이나 원수와 같이 대할 것이다"[108].

이와 같은 군(君)과 신(臣)의 이원관계를 전제로 하는 군왕의 리더십은 왕도정치를 주창하고 실천하는 것이 최고의 목표이고 이상이다. 그러나 어디까지나 군(君)-신(臣)간의 신분적인 리더-추종자의 분리를 명제로 하고 있는 것은 사실이다.

선도주의는 정책의 선이 왕도정치를 수행할 수 있는 이념이고 사상이 될 수 있지만 이것을 국가주의의 전유물로 보지 아니한다. 물(水)과 같은 선인 정책의 선을 선도주의 정책사상으로 실천하는 그 자체가 중요하다. 정책의 선이 특정한 정책이나 국가개입주의의 정당성에만 한정된 것은 아니다. 선도주의는 국가중심주의를 주창하고 선도하지만 그 실천하는 정책의 주체나 대상자를 이원적인 분리나 구분관계로 보지 아니하고 다함께의 공존의 관계를 중시한다(이것이 물아주의 정책사상으로 연계된다). 그래서 좋음이나 정의 등도 공동체의 공공의 선이나 이익이어야 하고 일반의지와 같아야 하며 전통가치와도 충돌되거나 갈등을 빚지 아니하는 정책의 선임을 설명하는 것이다.

셋째, 선도주의는 정책의 선을 주창하고 선도(善導)하지만 정책의 선이 물과 같은 기능과 역할을 하듯이 시간이나 조건과 양태에 따라서 무궁무진하게 대상에 순응하면서도 자신의 존재론적 가치를 변경하거나 상실하지 아니하는, 즉 물과 같은 존재로 정책의 선을 설명하면서 이해하고자 한다. 따라서 옳음이나 정의, 좋음, 인정과 배려, 전통가치 등과 같은 정책의 선이 정책을 통한 국가개입주의의 정당성의 근원이라는 것을 선도주의에서 설명하고 있다.

유교사상의 주요한 철학적 사고인 군자는 단순한 기계적인 존재와 같지 아니하며, 물과 같은 존재로서 그 기능과 역할이 제한적이지 않다는 군자불기(君子不器)로 군자리더십을 설명할 수 있다. 그러나 선도주의의 정책의 선은 물과 같

---

108) "君之視臣如手足 則臣視君如腹心 君之視臣如犬馬 則臣視君如國人 君之視臣如土芥 則臣視君如寇讎"(『孟子』, 離婁章句 下).

이 정책의 존재의 가치와 목적을 실현하면서 국가개입주의의 정당성을 실천하고 담보하지만 정책의 선은 영원히 정책의 선인 것과 같은 작용과 기능을 한다는 것이 선도주의의 사상적 특성이다.

리더십의 역할과 기능은 물과 같지 않다. 리더와 추종자의 관계는 리더십의 영향, 즉 단순한 직위의 권위에서부터 법적으로 부여된 명령이나 지시와 결정권에서 개인적이고 심리적이며 도덕적인 영향력 또는 반대급부 등을 제시할 수 있는 힘에 이르기까지 복합적이고 개별적이며 구체적이라 할 수 있다. 그래서 리더십은 개인적인 목적이나 이해관계를 추구하기 위한 리더십에서 조직이나 집단의 목표를 구축하고 이것을 달성하기 위한 리더십, 조직이나 사회 그 자체의 목표나 생존에 대한 우호적이고 조화로운 환경이나 분위기를 조성하는 리더십 등과 같이 매우 다양하다.

2) 엘리트이론과의 차이점

엘리트이론(elite theory)[109]는 일정한 지배계급이나 계층을 설명하는 사회이론이다. 특히, 일정한 세력과 권위를 가지고 공식적이거나 비공식적으로 사회나 개인의 의사결정이나 판단과 행동에 영향력을 행사할 수 있는 집단이나 개인을 엘리트라고 정의한다면, 물론 엘리트를 일반적으로 통용될 수준으로 정의하기는 어렵지만 통치계급이나 지배계층으로 엘리트를 이해하고 설명하는 것이 일반적이라고 할 수 있다.

통치나 지배계급이나 계층으로서 엘리트는 본질적으로 상대적인 개념이라고 할 수 있다. 마치 리더십이 리더와 대칭되는 추종자의 팔로십(followership)을 상대적으로 대칭하여 설명하듯이 엘리트도 비(非)엘리트인 다수의 대중과 구별되는 개념으로 이해되고 있다. 엘리트가 정치사회의 선도자와 같이 정치적이거나

---

109) 엘리트이론은 필자의 "지역엘리트의 개념과 연구방법"(『영남정치학회보』. (2006). (17)을 요약하면서 수정한 것이다. 참고문헌도 재정리하였다.

경제적, 사회문화적, 이념적이거나 학문적인 세력과 권력을 가지면서 물리적이거나 사상적으로 또는 체제적으로 개인이나 사회의 의사결정이나 판단에 영향력을 행사하는 하나의 사회적이고 정치적이며 사상적인 실체라고 할 수 있다. 그래서 엘리트를 정치, 사회, 경제, 문화, 학문, 사상 심지어 지역사회에 한정되는 지역 엘리트 등과 같은 다양한 명칭을 사용하여 설명하기도 한다.

엘리트이론을 이와 같이 이해하면서 앞서 선도주의와 비교하여 그 특성을 이해하기 위해서 리더십을 소개하였지만 리더십과 엘리트이론을 구별하기 어려운 것도 사실이다. 리더도 본질적으로 자신의 영향력을 추종자나 기타 제3자에게 행사하여 자신이 의도한 목적이나 사상과 방향으로 선도(leading)하고자 하기 때문이다. 마찬가지로 엘리트도 비엘리트, 소위 다수의 일반적 대중이나 집단 또는 개인에게 명시적이거나 묵시적으로 영향력을 행사하고자 한다.

그러나 일반적으로 리더십은 구체적이고 가시적이며 제한적인 목적과 방향을 명시적으로 행사하고자 하는 것이 특징인 반면에 엘리트이론은 엘리트라는 일정한 사회계층의 군집을 형성하여 간접적이거나 비명시적으로 영향력을 행사하는 것을 설명하는 것이 특징이라고 할 수 있다. 그래서 엘리트도 역시 사회나 조직 및 개인 등의 의사결정이나 자율적인 판단이나 행동 등에 영향력을 행사하지만 직접적으로 개입하거나 간섭하는 수준이라기보다 본보기나 감화 또는 추종하는 등과 같은 간접적인 영향력을 행사한다고 할 수 있다.

그래서 학식이나 덕을 겸비하면서 사회적이고 정치적이며 지역적으로 지배계급의 위치와 직위를 가지고 있는 집단을 엘리트라고 할 수 있다. 이와 같은 엘리트를 통치와 권력 및 제도라고 하는 사회적이거나 정치적인 개념과 밀접한 관련을 가진 개념이다. 그래서 엘리트는 통치개념과 불가분의 관계를 가지고 있다. 모든 엘리트가 직간접으로 통치하는 것은 아니지만 엘리트를 잠재적으로 통치할 수 있는 능력과 자질 및 물리적인 조건과 사회적이고 조직적인 구조를 가진 계층이라고 할 수 있다.

또한 엘리트는 정치적인 권력을 정점으로 해서 정보와 학식과 다양한 경험과 인간관계, 경제적 영향력 등과 같은 혼합된 권력을 중심으로 하는 지배계층이라고 할 수 있다. 이와 같이 형성되는 엘리트를 사회조직의 제도적 산물로 이해할 수 있다. 즉 엘리트라는 존재의 가치를 가지고 있지만 이것이 사회적으로 연계되어 일정한 조직수준에서 권력과 영향력을 행사할 수 있는 제도적인 장치가 마련되어 있지 못하면 지배계층으로서 엘리트가 될 수 없다. 따라서 엘리트는 제도가 만들어 내는 인위적인 계층이나 영향력 집단인 반면에 리더는 엘리트 위치에서의 계층일 뿐만 아니라 누구든지 리더와 추정자의 이원적인 관계를 형성하면서 자연발생적으로 그의 영향력을 행사하는 엘리트라고 할 수 있다[110].

엘리트는 상대적인 개념이기 때문에 반(反)엘리트(anti-elite) 이론도 무시할 수 없는 실정이다. 특히 다원주의(pluralism)를 대표로 하는 다원론자들은 엘리트가 지배적인 통치계급이나 축이 아니라고 한다(Stookey, 2008: 923). 대신에 다양한 이해관계와 사상적인 정향을 가진 다양한 계급이나 세력집단이 상호간에 공존의 이해관계를 형성하면서 사회적 통치작용을 하게 된다고 강조한다. 특히 공동체 사회에서는 소수의 지배계층인 엘리트가 절대권력을 독점할 수 없다; 다

---

110) 엘리트와 유교사상에 의한 군자나 또는 조선사회의 지배계층을 일반적으로 지칭하는 양반계급과의 관계이다. 물론 자세한 것은 관련되는 다양한 문헌을 쉽게 찾을 수 있다. 여기서는 군자와 엘리트 및 양반(兩班)(문신과 무신을 중심으로 하는 관료계급의 구성계층)과의 관계만을 간단하게 언급하고자 한다. 본질적으로 군자나 양반은 엘리트이다. 그러나 군자는 존재하지만 항상 통치조직이나 집단의 지배계급은 아니다. 학식과 덕망을 갖춘 수기치인을 한 사람은 누구든지 군자가 될 수 있다는 개방적인 개념이다. 그러나 엘리트는 일정한 지배계층을 의미하는 집단 개념이다. 따라서 군자는 자신의 이념이나 사상을 남에게 강요하지 아니하며(君子無所爭)(『論語』, 八佾), 자신의 어리석음이나 무능력 등을 걱정하지만 자신을 알아주지 아니하는 세상을 걱정하거나 원망하지 아니한다(君子病無能矣 不病人之不己知也)(『論語』, 衛靈公); 人不知而不慍 不亦君子乎)(『論語』, 學而). 그럼에도 불구하고 군자는 능력이나 자질과 역할이 한정적이거나 제한적이지 아니한(군자불기:君子不器 또는 주이불비:周而不比), 천하의 일을 먼저 근심하고 걱정하는 위민사상의 본보기를 실천하는 엘리트라고 할 수 있다. 그러나 엘리트이론에는 이와 같은 사상이나 이념체계가 없다. 나아가 양반은 엘리트와 매우 유사한 개념이라고 할 수 있다. 양반은 일정한 경제적인 지배력과 지역을 중심으로 통치성격을 추구하는 지배계층이기 때문에 현재의 엘리트를 지칭한다고 할 수 있다(이혜령, 2016: 79). 그러나 군자가 정치집단화되면서 이것을 양반계층이라고 하는 경우가 많다. 동시에 양반이 군자가 될 수 없다는 것도 아니다. 왜냐하면 군자의 덕과 예와 의를 갖추고 실천한 양반도 있기 때문이다.

양한 이해관계자들의 연합과 협상에 따라서 이들을 대표할 다양한 집단이나 그룹이 형성된다. 그래서 양보와 타협으로 공동체의 공공의 선이나 목표 및 가치들을 추구하게 된다고 하였다.

엘리트이론에서 또 하나의 논쟁거리는 민주주의와의 관계이다. 엘리트이론은 국가주의의 정책결정과 집행을 설명하는 이론이 되기 쉽다. 그렇다고 여기서 제안하고 설명하는 국가중심주의에 의한 정책사상이라기 보다 국가의 정책결정권을 엘리트가 독점하면서 일반 다수를 중심으로 하는 선이나 공통의 이해관계보다 엘리트 자신들의 이해관계를 우선적으로 고려하고 실천하는 독점적인 지배세력에 의한 국가주의를 의미한다. 반면에 민주주의는 근본적으로 엘리트주의와 반대되는 다원주의를 사상적 기초로 하고 있다. 특히 다수결의 원칙에 의한 투표의 정당성을 강조하는 민주주의는 엘리트의 선제적이고 독점적인 지위나 역할을 인정하기 어려울 수 있다. 그럼에도 불구하고 모든 구성원들의 이해관계가 항상 공정하고도 평등하게 그리고 올바르게 반영되고 실천되고 있는가 하는 현실에서 민주주의와 엘리트주의는 조화와 상생의 길을 찾고 있는 것도 사실이다.

엘리트를 설명하고 그의 실체를 밝히기 위한 다양한 접근방법이나 이론들이 정치사회학이나 기타 여러 학문분야에서 발달되고 있다. 요약하면 정치학을 중심으로 하는 고전적 접근방법은 역시 소수의 권력엘리트의 존재와 영향력을 설명하고 있다. 반면에 심리학이나 교육사상 등에서는 사회적이고 조직적으로 성공할 수 있는 능력에 초점을 두는 심리적 접근방법이 유행하고 있다. 또한 조직적 접근방법은 지배와 피지배의 계층과 이들의 조직행태(급부와 반대급부 등) 등으로 엘리트를 설명하기도 한다. 그리고 경제적 접근방법은 사회를 통제하고 지배할 수 있는 생산의 주요 수단에 영향력을 행사할 수 있는 계층(경제인, 관료제 등)을 엘리트로 설명하기도 한다.

엘리트이론과 리더십을 정확하게 그리고 구체적으로 구분하기 어려운 입장에서도 엘리트 이론은 사회적이고 정치적이며 조직적인 지배자나 지배계층이론으로 많이 연구되고 있다. 왜냐하면 엘리트는 눈에 보이는 가시적이고 물리적이며 현안적으로 개인이나 집단의 판단과 결정에 개입하거나 간섭하는 것은 아니지만, 그들의 의사결정에 지배적인 영향력(dominant influence)을 행사하고 있기 때문이다. 여기서 본다면 엘리트이론과 선도주의 정책사상을 비교해서 선도주의의 사상적 특성을 밝혀 볼 가능성과 필요성이 크다고 할 수 있다.

첫째, 엘리트도 개인이나 집단의 의사결정이나 판단에 영향력을 행사하는 것은 사실이지만 지배적인 여론이나 감화 또는 주창 등에 의한 간접적이고 우회적으로 영향력을 행사한다. 반면에 선도주의는 정책의 선을 주창하고 창도하면서 이것을 정책의 가치와 목표로 전환하여 적극적이고 직접적으로 개인의 의사결정이나 판단에 개입하거나 간섭하고자 한다. 물론 엘리트도 사회의 지배계급이나 계층으로서 선도(善導)할 수 있지만 선도주의와 같이 사상적이고 이념적인 체계에 의한 선도(善導)라기 하기 어렵다[111].

경제적이거나 사상적이고 학문적으로 일정한 집단을 형성하고 있는 엘리트가 국가주의의 정책개입의 담당자나 주체가 되어, 그들의 정책이념이나 가치를 정책으로 전환하거나 환원해서 개인주의의 판단과 결정에 개입할 수 있다. 그러나 엘리트이론은 엘리트가 형성되고 구성되는 과정이나 엘리트의 실체를 판단하고 확인하는 문제, 지역이나 집단을 중심으로 실질적으로 엘리트의 영향력 정도를 평가하거나 진단하는 것 등에 초점을 두고 있다. 그래서 국가개입주의의 정책의 정당성 등을 설명하기 어렵다. 대신에 적극적이고 직접적이며 공권력 중심의 개입주의를 설명하는 국가주의에 의한 선도주의 정책사상은 엘리트나 비엘리트 또는 반(反)엘리트 등을 구별하기보다 정책의 선을 정당화하는 이론이라고 할 수 있다.

둘째, 엘리트이론은 리더십과 달리 명백하게 영향력을 행사하는 엘리트와 일반적인 다수 대중을 의미하는 비엘리트 등과 같은 이원론적 구분을 전제로 하

---

111) 이 점에서 온정주의적 개입주의(paternalistic interventionism)와 선도주의의 개입주의를 보다 분명히 이해할 수 있다. 엘리트이론에도 온정주의적 개입주의의 사상이 있다. 그러나 온정주의는 보다 구체적이고 분명하게 개인의 판단이나 결정에 개입하거나 간섭하는 것을 지칭한다(자세한 것은 제3장의 국가개입주의의 정당성을 참조할 수 있다). 따라서 온정주의적 개입주의를 엘리트의 영향력으로 설명하기는 어려울 것이다.

지 않고 있다. 따라서 리더십과 차이가 있다. 선도주의 정책사상도 물론 선행자와 후행자를 구분하는 이원론을 취하지 아니하지만 공동체의 선이나 이익과 일반의 지와 정의 등을 위한 공동선이나 공공선 등을 주창하고 선도하는 공동체사회를 지향한다. 그러나 엘리트이론은 이와 같은 명백하고 분명하게 공동체 중심주의를 표방하고 있지 아니하다. 물론 엘리트가 사회적 정의나 옳음, 좋음 등을 주창하고 선창할 수 있다. 그러나 어디까지나 개인적 수준이나 또는 지역적이고 집단적인 수준에 한정된다. 이에 반하여 선도주의는 구체적이고 분명하게 공동체사회를 위한 정책의 선을 주창하고 선도한다는 점에서 엘리트이론과 차별되고 있다.

3) 계몽주의와의 차이점

계몽주의(enlightenment)를 일반적인 수준으로 정의하기 어렵다. 동시에 유럽중심의 문화권에서 논의된 것이지만 계몽주의는 국가나 지역에 따라서 다양한 의미로 해석되거나 실천되고 있기도 하다. 그러나 계몽주의의 주제어는 서구중심의 물리주의와 과학주의를 추구하는 사상, 보다 정확하게 지적인 사고체계를 가진 사상이지만 사고의 한 흐름이라고 할 수 있다(백훈승, 2008: 170; Siskin and Warner, 2011: 281). 즉 인간의 합리적 인식과 추론의 능력을 이성(理性)으로 정의하면서 동시에 이와 같은 이성이 무지와 혼돈의 세계를 계몽(啓蒙), 즉 밝힐 수 있는 빛과 같다고 주장하는 계몽주 또는 계몽사상이라는 용어가 사용되었다. 특히 사회와 현상에 대한 무지와 편견을 종교적 이념이나 윤리적 의무, 도덕 등과 같은 형이상학적 수단이나 개념에서 탈피하여 과학적이고 합리적인 검증으로 현실에서 실천될 수 있는 합리성과 실천주의를 강조한 사상이다. 따라서 계몽주의는 17-18세기의 로마 가톨릭교회의 권위와 권력에 대한 도전과 거부로 발달된 사상이라고 할 수 있다(Israel, 2006: 523-524).

특히 계몽주의는 학문적으로 이성과 논리적 추론을 전제로 하는 수학이나 경험적 검증과 반증에 의한 과학세계를 추구하는 물리학 등과 같은 합리주의적이고 경험주의적 방법을 중시한다. 즉 진리와 법칙이 인간의 존재의 값을 상승시키면서 이성의 세계와 융합하여 조화될 수 있다는 사상적 기반을 가지고 있다. 그래서 당시에는 과학적 방법과 검증에 의한 새로운 세계를 열어갈 수 있다는 과학혁명을 신봉하였다. 그래서 과학과 철학의 위대한 동맹이 계몽주의의 핵심적인 사상이 되었음은 부인하기 어렵다(최종렬, 2004: 132-134; 박상현, 2015: 286).

계몽주의는 인간의 이성이 바탕이 된 사회를 교회, 특히 가톨릭교회의 권위와 인식방법을 거부하는 반(反)신학주의로 설명되기도 한다. 여기서 출발하여 계몽주의는 경험적인 지식과 이론이 신학적이고 형이상학적인 도덕학이나 미학보다 우월하다는 믿음을 가지고 있었다. 따라서 계몽주의자들은 과학적 지식과 법칙에 의한 기술이나 의학 등과 같은 개인주의적 세속주의를 열정적으로 추구했다. 또한 사회를 통치할 질서와 제도로 법치주의를 강조하면서 유럽사회의 개혁이나 혁명 등과 같은 주요한 사건에의 사상적 기초역할을 하기도 했다(조명래, 2002: 174-175; Grumley, 2019).

철학적 입장에서 보면 계몽주의의 대표적인 주창자는 칸트라고 할 수 있다. 칸트는 앞서 선(善)의 존재론적 개념에서 지적한 것과 같이, 덕과 행복이 일치하는 최고선은 물리적 행복뿐만 아니라 신의 은총과 같은 종교적인 행복도 약속한다고 했다. 이와 같은 최고선을 실천할 인간의 노력과 실천할 의지와 같은 마음의 혁명이 필요하다고 했다. 이것을 칸트의 신정론(神正論)이라고 한다. 즉 신의 존재는 최고선의 실현에 필요한 절대적인 조건으로 필연적 명제라고 하였다. 따라서 인간은 계몽, 즉 인간으로서의 존재의 가치를 마땅히 실현할 미성숙의 단계로부터 탈출하는 것이 우선적이라고 보았다. 성숙한 이성적인 개체인 인간은 그들의 지성을 공공의 영역으로 확대 사용해야 하며 그에 대한 책임과 의무도 가져야 한다. 이와 같은 인간의 이성은 자유로운 개인의 믿음과 의사소통이나 교환 등과 같은 계몽의 상태에서 완성될 수 있다고 보았다(Cronin, 2003: 2-5; Westphal, 2016: 145-148).

그러나 계몽주의가 퇴보하면서, 즉 역사적인 사건(역사주의)이나 물리적인 경험과 검증이 만능이 될 수 없다는 과학주의를 의심하고 비판하면서 반(反)계몽주의(anti-enlightenment)나 대항계몽주의(counter-enlightenment) 등이 등장하기도 했다. 특히 계몽주의 운동과 주창에 의한 인간의 이성적이고 합리적인 판단을 중시하는 사상적 이상주의에 의하여 발생된 공산주의는 수많은 인간을 굶주리게 하는 역사의 질곡을 만들었다. 또한 세계전쟁을 전후로 나치정권이 홀로코스트와 같은 과학적 인종주의(scientific racism) 정책을 집행하면서 사악한 국가개입주의의 전형을 연출하기도 했다(Gray, 2006: 56).

또한 종교나 도덕학 심지어 미학 등과 같은 합리적인 이성보다는 감성적인 공감에 초점을 두는 전통적인 철학이나 신학 등은 계몽주의가 인간의 상상력을 파괴하면서 신화를 해체한다고 비난하였다. 즉 상상력이나 신화는 그 자체로서 이미 계몽이다. 왜냐하면 신학이나 철학은 선험적 증명을 전제로 하지 아니하지만 인간의 존재의 가치를 위한 자유와 믿음, 보편적 인간성에 대한 존중 등을 실천적으로 신봉하고 있기 때문이라고 했다(Linker, 2005; Schmidt, 2015). 마찬가지로 과학주의의 과신에 의한 과학 이외의 실천적이고 이성적인 가치인 인간의 본성, 심리적이고 사유적인 창조체계 등을 자연주의의 편견과 고집으로 통제하고자 하는 계몽주의는 그 자체가 모순이라는 주장(김진, 2009: 150-151; Cohen, 2010) 등으로 반계몽주의의 선도적인 역할을 하였다고 볼 수 있다.

반(反)계몽주의의 비판과 대항에도 불구하고 유럽을 중심으로 하는 17-18세기의 시대적인 흐름인 하나의 사조(思潮)로서 종교의 권위적인 지배나 신화[112], 미신 등과 같은 지나친 감성주의에서 탈출해서 보편적 원리와 자유에 의

---

112) 동양사상에서도 서구에서와 같이 계몽주의와 신화와의 논쟁과 같은 것이 있을까 하는 호기심의 하나로 賴錫三(2016)의 논문을 소개할 수 있다. 여기서 그는 장자(莊子)의 하늘의 뜻과 이치는 인간세상과 다르다, 즉 자연의 이치만 알고 인간은 모른다는 천인불상승(天人不相勝)을 인용하면서, 인간은 하늘의 뜻인 신화를 과학적이고 이성적인 계몽주의로 환원할 수 있다고 주장하였다. 그러나 장자의 중심사상인 물아일체(物我一體)에서 보면 주관적이고 이기적인 자아의 경계를 초월하는 무기(無己)사상(예: 도의 경지에 있는 사람은 무기(無己)이며 정신이 초탈한 경지에 있는 사람은 공적을 의식하지 아니하며 성인은 자신의 이름을 모른다, 즉 의식하지 아니한다)(至人無己 神人武功 聖人無名)(『莊子』, 逍遙遊)은 신화나 계몽주의 등과 같은 사유의 세계

한 이성적 합리주의를 신뢰한 계몽주의 때문에 철학과 과학의 만남으로 인한 인간 역사의 진보를 이룩한 것은 사실이다. 특히 과학기술과 응용의 과학혁명의 시대를 거치면서 정보와 통신의 인터넷혁명에 의한 21세기의 지배적인 사고나 철학체계로 계몽주의는 회귀하고 있다는 주장도 살펴 볼 필요가 있다. 즉 방법론적 과학주의와 합리적 인간의 이성에 의한 이상과 관용 등과 같은 지식의 작용과 축적은 프랑스 혁명으로부터 시작되는 인류 역사의 인간성 회복과 자유와 민주주의에의 축이 될 수 있었다는 주장(O'Brien, 2010: 1426–1427; Brunkhorst, 2010: 153–154) 등을 주의할 필요가 있다.

신이나 종교 등과 같은 신화(myths)로부터 인간성의 회복을 주창하는 계몽주의와 정책의 선을 주창하는 선도주의와의 차이점을 다음과 같이 몇 가지로 정리할 수 있다.

첫째, 계몽주의와 선도주의 정책사상은 존재론적으로 인간의 본성을 회복하고자 하는 공통적인 사상을 가지고 있다. 그러나 계몽주의는 신의 절대적인 힘이나 종교적인 권위, 미신 등으로부터의 탈출 등을 강하게 전제하면서 인간성, 즉 이성의 회복을 주창하였다. 반면에 선도주의는 신이나 종교 등으로부터의 탈출이라는 것을 전제하지 아니한다. 전제하지 아니한다는 표현보다는 본질적으로 정책의 선을 전제로 하기 때문에 이와 같은 전제에서 해방되어 있다고 하는 것이 보다 정확할 것 같다.

선도주의는 옳음과 정의 및 좋음, 인정과 배려, 전통가치라는 정책의 선을 개념적으로 정의하면서 그 범위를 한정하고 있다. 그러나 정책의 선은 존재론적이면서도 도덕적이고 윤리적으로 국가개입주의를 정당화하는 가치를 가지고 있다. 즉 국가의 정책을 통한 통치작용이 정책의 선을 위한 것인가 하는 것을, 정책 그 자체의 본질적인 선(善) 뿐만 아니라 정책의 실현을 통한 선의 실현과 가치로 주창하면서 창도하고 있다. 그러나 계몽주의는 선이나 자유 등과 같은 인간존엄

에서 벗어나는 도의 경계를 설명한 것이다. 이와 같이 동양사상은 신화나 신비와 계몽주의의 과학과 이성 등을 조금 더 재미있게 설명할 수도 있을 것이다.

성의 본질적 가치를 현실 경험사회에서 검증하여 과학적 지식으로 축적되어야 힘과 영향력을 가진다고 하였다. 이것은 자연주의적 물리세계에 한정된 좁은 의미의 선도주의에 해당된다고 할 수 있다. 왜냐하면 선도주의도 과학적 지식과 경험주의를 부정하거나 배척하는 것은 아니다; 정책의 선을 위한 것이면 국가를 중심으로 하는 공동체의 최고의 선으로 수용하고 활용하고자 하기 때문이다.

둘째, 반(反)계몽주의가 주장하듯이 계몽주의는 인간의 이성이 선험적이고 본래적이라는 사실을 경험주의로 설명하면서 계몽주의도 역시 신화로 회귀한다는 비판을 받고 있다. 이것은 선험적 명제를 경험적 명제로 전환하는 것이 불가능하며 불필요하다는 것을 믿지 아니하는 것 자체가 신화라는 것이고 이것을 고집하면 결국 계몽주의도 신화와 같다는 비판이다.

선도주의는 국가개입주의를 시작으로 진행되는 두 번째의 정책사상으로 정책의 선은 신화도 아니며 미신도 아니다. 그렇다고 과학만이 정책의 선인 것은 더욱 아니다. 신화와 미신뿐만 아니라 과학을 포함한 인간의 지식과 경험 및 가치판단이 정책의 옳음이나 정의의 구성요소가 될 수 있는가 하는 것에 초점을 둔 사상이다. 따라서 선도주의는 국가개입주의로 인한 개인뿐만 아니라 조직이나 단체 또는 국가 그 자체의 공동체의 공공의 선이나 일반의지 등을 실현하는 사상적 체계를 구성하는 것이다. 때문에 가톨릭교회로부터의 자유로운 지식체계를 구성하고자 하는 계몽주의(이것을 세속주의라고 할 수도 있다)와 다르다. 선도주의의 현실적 주창은 정책을 통한 개인이나 조직의 자유롭고도 자율적인 의사결정이나 판단에 적용하여 그의 정당성을 부여받기 위한 수단적 성격으로 정책의 선을 이해한다. 왜냐하면 정책의 선은 정책의 목적이나 가치로 명시되어야 하고 실현되어야 할 가치이지만 국가개입주의의 정당성에, 선도주의는 그 정당성을 정책의 선에서 설명하고 이해하는 사상적 체계이기 때문이다.

셋째, 역사적 사건을 시대적인 맥락에서 이해하는 역사주의에서 계몽주의를 비판하고 대항하는 것은 역사적 인과관계에서 보면 조금 약할 수 있다. 즉 나치 정권이나 공산주의 역사와 계몽주의의 사상적 영향과의 인과관계를 실증적으로 검증하기 어렵다. 때문에 역사주의가 비판하는 계몽주의를 전적으로 수용하기 어려울 수 있다. 그럼에도 불구하고 계몽주의는 유럽 중심의 낡은 사고체계로서 공동체사회의 선이나 공공의 이익 등과 같은 최고선이나 이념을 설명하기 어려운 것은 사실이다.

선도주의는 이와 같은 비판으로부터 자유롭다. 왜냐하면 정책의 선은 문화적이거나 지리적인 범위에 한정될 수 없다. 동시에 정치적 이념이나 전통적인 가치에도 한정되지 아니한다. 정치적 이념으로 민주주의만이 최고선이라고 주장하지 아니한다. 왜냐하면 정치적 이해관계가 공통적인 선으로 공동체에서 수용되고 배려되는 가치로 판단되면 이것은 정책의 선이 될 수 있기 때문이다. 또한 정치적 이념으로 민주주의나 다수결, 참여주의 등이 아직까지 정책을 통한 국가주의에서 신뢰받은 선으로 인식되고 있기 때문이다. 동시에 인간의 역사진보와 사상적 발전과 혁명으로 미래의 정책의 선으로 수용될 수 있는, 즉 미래의 정치적 이념을 현재에 발견하기 어렵기 때문이다.

마찬가지로 전통가치가 정책의 선으로 중요한 요소하고 한 것은 지역적이거나 인종적이며 집단적인 전통의 가치를 존중하고 세대간이나 지역간의 상호배려와 공존의 선을 실천하기 위한 것이다. 지역이나 인종 및 집단의 전통가치를 모든 정책에의 보편적이고 일반적인 전통가치로 주창하는 것은 아니다. 구체적이고 현장적인 정책에서 그 때 그 장소에서, 그 사람들이 전래적으로 신뢰하는 선을 전통가치로 정책의 선이라고 한 것이다.

4) 선발자 우위론과의 차이점

제2절에서 정책사상으로서 선도주의의 개념을 설명하면서 선도를 'precursor'로 번역할 수도 있지만 철학적 사고체계인 선도주의 전체를 의미하는 'the principle of policy goodness'로 영역한다고 했다. 이에 따라서 선도주의를 정책의 선을 철학적으로 사고하고 체계화해서 국가개입주의를 정당화하고 실천

하는 정책사상이라고 정의한 것을 기억할 것이다. 이때 'precursor'와 유사한 개념으로 선발자(first-mover)와 그의 우위론(advantage)을 들 수 있다. 선발자 우위론은 정책의 선을 창도하고 주창하는 선도자(善導者)와 차이가 있지만 선도주의의 특성을 비교적 관점에서 조금 더 분명하게 이해할 수 있는 하나의 이론이나 패러다임은 될 수 있다.

선발자 우위론(FMA: First-Mover Advantage)[113]은 선발자는 초기시장을 선점하면서 발생되는 이익을 가지게 된다는 경영이론이면서 경영전략이기도 하다. 즉 초기시장을 선발적으로 점유하면서 생산자원이나 정보와 기회를 통제하여 비교우위를 점할 수 있다는 시장전략이론으로 발달된 것이다(Yada 외 2인, 2008; Nishida, 2017). 선발자 우위론의 경영은 상품과 시장가치에 대한 기술적 우위를 점하고 있어야 한다. 즉 시장을 선점하는 기술수준에서 여타의 경쟁사를 확실히 추월하거나 리드할 수 있어야 한다. 그리고 시장이 활성화되기 이전까지 선발자의 상품을 생산하고 유통시킬 수 있는 자원을 비교우위에서 확보할 수 있어야 한다. 즉 보다 저렴한 비용으로 생산하고 유통할 수 있는 자원을 확보해야 한다는 것이다(Suarez and Lanzolla, 2008).

또한 시장 소비자들의 선발자 상품이나 서비스에 대한 충성심을 확보해야 선발자 우위가 있다고 본 것이다. 시장은 항상 불확실하다. 때문에 소비자들은 선택한 브랜드의 유행가치에 의한 자부심과 만족감을 가질 수 있어야 한다. 그래서 후발상품이나 서비스가 시장에 진입한다고 해도 소비자들이 계속해서 선발자의 것을 선택할 수 있는, 즉 눈길을 잡아두는 광고나 기타 부가서비스 등을 제공할 수 있어야 한다는 것이다. 그래서 후발자들이 선발시장에 진입하는 것을 막을 수 있어야 한다는 주장이다.

---

113) 'First-Mover Advantage'를 때로는 시장선점우의(임형록·신유형, 2010), 선점효과(이영찬, 2005) 등으로 번역하기도 하지만 경영이나 시장이론에만 한정되지 아니한 보편적 이론으로 가능하다는 의미에서, 특히 선도주의와의 비교에 보다 적절한 용어로서 선발자 우위론이라고 하였다. 물론 학술논문 검색에서도 선발자 우위가 일반적이다(KISS, DBpia 등).

그러나 선발자 우위론의 약점으로 그 우위가 발생되는 방법이나 이유 등을 정확하게 설명하고 있지 않다는 사실이다. 즉 시장에서 선발자 이익이 발생되는 시점이나 또는 이것을 확인할 수 있는 마케팅 이론이나 체크 포인트를 찾기 어렵다는 것이다. 그래서 마케팅 전략으로 선발자 우위에서 발생되는 이익의 최적 시기나 때를 결정하기 어렵다는 비판이 있다(Song 외 2인, 2013; Ruiz-Aliseda, 2016). 선구자는 외롭다는 격언과 같이 선발자는 선구자이다. 선구자는 실패에 대한 두려움이나 부담을 항상 가지면서 시장을 개척해야 한다. 그럼에도 불구하고 기술우위나 소비자의 충성심 등을 확보할 수 있는 생산 기술개발이나 마케팅 홍보 등이 조직적으로 뒷받침되지 아니하면(Jensen, 2003; Gomes 외 2인, 2016) 선발자 우위가 열위(劣位)로 변화될 가능성도 크다는 것이다.

선발자가 항상 비교우위를 점하는 것은 아니다. 선발자의 우위를 가질 수 있지만 동시에 미지의 시장에 대한 정보와 기회를 충분히 살릴 수 없는 경우에 시장의 선점과 독점이 실패할 수도 있을 것이다(Rebdelein and Turkay, 2016). 특히 소비자의 다양한 기호나 변덕스런 선택의 범위에 다양하게 대응할 수 없는 경우, 시장진입의 시기가 맞지 아니하여 시장선점에 실패하는 경우, 기술역량이 부족하여 시장에서의 기술리더십(technological leadership)을 발휘할 수 없는 경우, 선발자의 기술과 상품가치, 마케팅 노하우(know-how) 등의 정보를 시장에서 독점적으로 통제하지 못하는 경우, 선발자의 경영전략이나 기술과 시장노하우 등을 뒤편에서 학습하고 선발자의 실수나 실패에서 시장선점의 방법을 획득하는 후발자가 오히려 시장의 우위를 점하게 될 수도 있다는, 즉 무임승차자가 발생할 수 있다는 후발자 우위론(second-mover or past-mover advantage)도 현실적인 경영전략으로 설명되고 있다(Kopel and Loffler, 2008; Short and Payne, 2008).

선발자 우위론은 경영학이나 시장이론에 제한적으로 논의되고 있지만 최근에는 정치학이나 정책분야에서도 선발자의 우위나 불리한 점 등을 논의하기 시작했다. 예를 들면 미국대통령은 권력분립에 따라서 제도적이고 법적인 제한된 영향력과 권위를 가지고 있다. 그러나 의회나 법원 또는 행정부보다 국정에서 대통령이 선발자의 우위를 점하기 위해서는 의회의 지지나 대통령직으로서 소속정당의 통솔력, 시민의 국정지지도 등과 같은 정보와 집합적인 의사결정 등에서 우위를 선점할 수 있다는 연구도 있다(O'Brien, 2017). 또한 북한의 정치적이고 군사적인 불안 등의 국내문제에 중국이 개입하거나 간섭하는 것은 선발자의 우위보다 불리함(disadvantage)이 더 크게 작용할 수도 있다고 보았다(Synder and Draudt, 2015). 또 하나의 재미있는 사례로 이름을 이탤릭체로 표기하는 지원자가 선발자 우위를 가지기 어렵다고 하기도 했다(Barbera and Coelho, 2018).

선발자 우위론에서 선발자(first-runner)의 위험부담이나 실패의 가능성 등과 같은 부정적인 요소도 있지만 이것을 극복하거나 해결하면서 시장에서 상품이나 서비스 등을 선점하는 생산이나 마케팅의 의사결정자라고 할 수 있다. 선발자는 선구자로서 미래를 개척하고 주창하는 리더십의 판단능력 및 결단력 등과 같은 일반적인 의미의 리더십의 자질 뿐만 아니라, 조직적인 홍보나 기술개발 및 지원정책 등과 같은 환경적인 요인을 계속 확보해야 하는 시장개척자의 책무도 가지고 있다고 할 수 있다. 그러나 정책사상으로 정책의 선을 주창하고 창도하는 선도자라고 하기 어렵다. 따라서 선도주의와의 차이점을 다음과 같이 지적할 수 있다.

첫째, 선발자 우위론의 선발자는 선구자라고 할 수 있다. 그러나 시장을 중심으로 이윤추구의 사적 영역에서의 선구자이고 선도자이다. 따라서 선발자 우위는 정책의 선과는 관계가 없다. 정책을 통한 공동체의 선이나 일반의지 및 인정과 배려에 의한 정의의 실현 등과 같은 선도주의의 실천이 아니라, 시장에서의 이윤의 극대화를 위하여 선발자의 모험이나 위험을 감수하면서 시장경쟁에서 승리하고자 하는 가치를 실현하고자 한다.

그럼에도 불구하고 선발자는 자신의 비교우위를 시장에서 선점하기 위해서 선도자나 선각자의 능력을 갖추면서 노력을 하고 있는 것은 사실이다. 동시에 정책을 주창하고 선창하듯이 자신의 비교우위를 홍보하면서 끊임없는 기술개발 등으로 소비자의 판단과 결정에 개입하거나 간섭(이때에는 영향력이라고 하는 것이

보다 정확할 것 같다)하고자 한다. 그러나 목적과 가치에서 선도주의와 다르다. 때문에 선발자 우위론의 선발자의 선(善)에 관한 가치판단을 정책의 사상이라고 하기 어렵다. 선발자는 시장에서의 비교우위에 의한 시장선점과 이익창출이라는 목적을 실현하기 위한 가치판단을 하게 된다. 여기에 타당하고 정당해야 그들에게 선, 즉 최고선이 될 수 있다.

둘째, 선발자 우위론은 시장의 우위뿐만 아니라 열위나 약점이 될 수도 있다는 것을 알리고 있다. 선발자의 우위가 실패하거나 실천될 수 없을 때 후발자에게 그 우위를 넘겨야 하는, 즉 시장질서의 법칙을 따라야 한다. 마찬가지로 정책사상으로 선도주의도 정책의 선을 실현할 수 없을 때, 즉 국가가 중심이 되어 정책을 통한 국가개입주의의 정당성을 확보할 수 없는 경우도 있다. 특히 정치적이고 집단적인 이해관계에 함몰되어 정책의 선이 아닌 당파적 선이나 집단가치를 주창하거나 선창하게 되면 선도주의는 실패하게 된다. 즉 악한 정책이나 실패하는 정책의 악순환이 발생하게 되기도 한다.

선발자 우위론은 시장의 질서와 법칙에 순응해야 하지만 선도주의는 결국 국가주의의 실패에 의한 정책의 실패나 정부의 실패 나아가 악정(惡政)에 의한 약탈국가나 전제국가 등과 같은 정치적 심판을 받게 된다. 유권자의 정책판단과 진단이 선정(善政)에 의한 국가주의의 성공을 보장할 수 없지만 많은 경우에 투표에 의한 정치심판으로 선도주의의 정책의 선이 정당화될 수 없는 경우도 있다. 그래서 선발자 우위론은 시장법칙에 순응하는 것이 중요한 반면에 선도주의는 다수결이라는 투표에 의한 정치질서에 순응해야 한다.

셋째, 앞서 대통령(미국)의 선발자 우위론을 소개했듯이 정책의 최고결정권자가 주창하고 선창하는 정책의 선을 실현하는 선도주의는 선발자의 우위를 현재의 정치질서와 조직에서 선점하기 쉬울 수도 있다. 이것은 시장에서 선발자가 기술개발과 홍보전략 및 시장정보에서 확실한 비교우위를 점할 수 있는 경우와 같다. 그러나 시장에서의 선발자는 항상 비교우위를 확보하기 어렵다고 했다. 마찬가지로 대통령을 중심으로 하는 정부정책에서도 대통령의 정치적 지지와 인기도 및 대중 지지도, 당파정치에서의 수장의 리더십 등과 같은 역할에 따라서 선발자 우위를 지킬 수도 있지만 대통령 개인의 리더십이나 정치적 감각에 의한 지지도의 변화에 따라서 선발자 우위를 확보하기 어려운 경우도 많다.

시장질서와 정치질서가 다르듯이 선발자 우위의 선발자는 소비자의 기호와 선택에 의존하게 되고 정치질서의 선발자는 유권자의 심판에 의존하게 된다. 유권자들이 정책의 선을 올바르고 정당하며 정의롭다고 판단하고 결정하는 것과 소비자의 선택과 판단에 따른 선발자 우위를 심판하는 것은 본질적으로 차이가 있다.

5) 정치신학과의 차이점

정치신학(political theology)은 신학적 신념과 가치체계가 국가주의 사상의 전형이 되어야 한다는 유럽사회, 특히 독일이나 영국을 중심으로 하는 신학중심의 정치사상이다. 기독교의 종교적 교리나 원리는 현실의 정치원리나 행동기준을 설명할 수 있는 선악의 패러다임이라는 것을 주장하는 신학에 의한 정치학의 설명원리라고 할 수 있다(Desmond, 2015: 93; Gourgouris, 2016: 145).

특히 선도주의 정책사상의 특성을 계몽주의와 비교하여 설명하면서 인간의 이성에 기초한 합리성과 과학적 검증과 실증에 의한 과학주의와 결합하는 계몽주의가 종교의 권위적 지배나 신화 및 미신 등과 같은 감성주의로부터 인간성의 회복을 주창하면서, 종교 중심의 사회가 아닌 과학과 이성 중심의 사회로 전환될 것이라고 보았다.

그러나 현실적으로 서구 중심의 이성과 합리주의가 보편적인 사고체계로 인식되고 있음에도 불구하고 종교적 영향력이나 신자 수는 세계적으로 감소되기보다 증가되었다. 특히 왕이 신의 대리자이면서 왕권의 절대적 권력을 추구하는, 소위 왕권신수설(王權神授說: the divine right of king)[114]이 정치학이나 신학 등

---

114) 왕권신수설은 왕의 통치권은 세속적인 절차나 방법에 의하여 정당화되는 것이 아니라 신의 뜻과 의지에 의해서 주어진 것으로 설명한다. 이것은 절대주의 국가의 이념으로 15-16세기의 유럽국가에서 유행된 정치사상이라고 할 수 있다. 그러나 영국이

에서 더 이상 등장하지 아니함에도 불구하고 종교적 영향력과 세력은 더욱 강화되고 있다고 할 수 있다.

특히 정치신학에 대한 새로운 관심과 도전이 최근에도 계속되고 있기도 하다(김영아, 2014: 42). 정치적 사건이면서도 이념적으로 계몽주의의 역사적 산물인 공산주의의 붕괴와 자본주의적 시장경제질서의 부패와 실패, 서구중심의 민주주의가 세계역사를 지배하는 패러다임이 되기보다 중동지역을 시발로 하는 이슬람세계의 도전과 테러리즘, 종교문제에 기인되는 인종간의 전쟁과 갈등, 기존의 정치질서에서 배제된 소외계층의 불만과 민주적 질서에의 도전 등이 종교적 갈등으로 파급되면서 정치와 종교의 분리원칙이 퇴보하고 있다. 이에 따라서 종교의 원리와 교리에 충실하고자 하는 정치신앙인들이 공개적으로 자신들의 신앙을 정치철학의 사상으로 신봉한다고 하는 정치적 포퓰리즘도 많아지고 있다(Philpott, 2007: 508; Bergem and Bergem, 2019: 186).

따라서 개인적인 신앙의 분야인 사적 영역과 공동체의 이해관계의 결합과 조합에 의한 최고선을 추구하고자 하는 공공분야를 구분하는 근대적 합리주의가 정치신학으로 도전을 받기 시작했다고 할 수 있다. 왜냐하면 정치신학은 종교는 더 이상 개인적 사생활에 관한 것이 아니라 공공분야의 사상적 토대가 될 수 있다고 보았기 때문이다. 단적인 예로서 정치인들의 공적인 신앙고백이나 공적 지위를 종교적 권위에 바친다는 고백 등과 같이[115] 종교적인 신앙을 국가주의의 정책결정과 판단에 요구하기도 했다(이성림, 2016: 45).

법치주의에 의한 통치이념은 국가의 최고법인 헌법에 명시화되어 있다. 한

나 프랑스 등의 거듭되는 내전으로 인한 혼란의 시기에 통치권자인 왕정의 신성함을 주장한 왕권신수설은 프랑스혁명이나 민주주의의 발전 등으로 19세기를 거치면서 단명한 정치사상이라고 할 수 있다(김춘식, 1996: 28; 이종근, 2014).

115) 미국대통령 취임식이 예배로 시작해서 성서에 손을 얹고 취임선서를 한 후 축복기도로 마무리되는 경우, "수도 서울을 하느님께 바친다(봉헌)"(*OhmyNews*, 2004.7.4.), "주님이 우리에게 OO시를 주신 것"(법보신문, 2017.9.7), "OO시를 성시화하겠다"(*OhmyNews*, 2004.11.11.) 하는 것 등을 들 수 있다. 정치인의 공개적인 신앙고백은 종교적 신앙과 교리가 그들의 정치적 판단과 결정에의 선악을 판단하는 기준으로 작용하면서 이것이 정치신학으로 세속화되는 대표적인 사례라고 할 수 있다.

국의 경우에도 정교분리(政敎分離)를 선언하고 있다(제20조 2항). 동시에 누구든지 자유롭게 종교를 가질 수 있지만(제20조 1항) 그에 따라서 차별이나 불평등 등을 받지 아니한다(제11조 1항) 라고 규정하고 있다. 현실적으로 헌법에서 신의 존재나 종교적인 권위나 힘을 명백하게 배척하거나 부정하고 있다. 그러나 헌법의 해석학이나 헌법의 제정이나 개정 등의 과정에서 과연 종교는, 특히 기독교를 중심으로 하는 신학에서 자유로웠는가 하는 것은 의문이라는 주장도 있다(함재학, 2016: 180).

왜냐하면 근대적 의미의 정치신학은 독일 나치정권과 정치적이고 사법적인 밀접한 관계를 유지한 독일정치학자 Carl Schmitt(1888−1985)의 『정치신학』(political Theology)이 발표되면서 시작되었다고 할 수 있기 때문이다. 그는 "국가주의의 주요 이론은 신학의 개념과 가치가 세속화된 것이다. 따라서 신학의 사상과 조직구조는 국가이론으로 편입된 것이다"(김향 옮김, 2010: 54−55)라는 정치신학을 주창하면서 종교의 화신이 국가이며 신학에 의한 국가중심주의를 주장하였다(이성림, 2016: 46; Rae, 2016).

근대적인 정치신학이 현대의 신학에서는 크게 세 가지의 유형으로 발달하고 있다. 즉 독일이나 영국 중심의 정치신학과, 제3세계 중심의 해방신학, 한국을 비롯하는 미국 등의 공공신학으로 분파되고 있다(서창원, 2010: 68−79). 먼저 정치신학은 교회를 중심으로 하는 신앙에 대한 정치적이고 사회적인 맥락을 설명하는 신학 중심의, 소위 십자가 신학과 같은 정치이론이라고 할 수 있다. 그리고 해방신학은 서구자본주의의 팽창주의 정책에 의한 민중들의 경제적이거나 정치적인 억압과 착취로부터 해방을 기독교의 구원사상으로 설명하는 한국의 민중신학, 흑인신학, 여성신학 등과 같은 부류라고 할 수 있다. 반면에 공공신학은 기독교의 교리가 개인의 사생활에 관한 것이 아니라 공공적이라는 전제에서 다양한 사회적 악이나 부정과 부패, 비도덕 등을 그리스도의 이름으로 비판하고 심판할 수 있다는 사회복음운동과 같은 공적 책임을 강조하는 신학의 사회학이라고 할 수 있다.

서구의 기독교사상을 중심으로 하는 정치신학은 신학을 정치학의 이론으로 체계화하고자 하는 특성을 가지고 있다. 반면에 유교사상에서의 정치신학은 『주역』(周易, 易經)을 중심으로 하는 천명사상에 뿌리를 두고 있다고 할 수 있다(김춘식, 1996; 서창원, 2005). 왜냐하면 유교사상은 본질적으로 하늘(天)과 대지(地) 사람(人)은 하나라는 천인합일(天人合一) 또는 삼재지도(三才之道) 사상을 중심으로 하고 있기 때문이다(정병석, 2005; 김수일, 2011).

삼재지도(三才之道) 사상은 하늘을 절대권력을 발생시키는 주체로 보았다. 즉 땅은 통치의 영역으로 생산과 성장의 중심 터전이다. 사람은 통치대상자이면서 동시에 하늘의 절대권력인 천명(天命)을 수여받은 자이다. 그래서 통치자는 천명을 위임받아 정치를 한다. 때문에 천명에 순종해야 한다. 그 구체적인 천명은 역시 애민(愛民)과 덕치(德治) 사상이라고 할 수 있다. 즉 사람을 사랑하는 정치는 덕(德)의 통치에서만 가능하다고 보았다. 그래서 천명을 거스른 군왕은 하늘의 재앙과 저주를 받게 되면서, 통치자의 자격과 능력을 상실하게 된다는 것을 강조한 것이다.

그래서 『주역』에서는 "천명인 하늘의 뜻으로 인간의 천성을 각각 부여하고자 했으며 음양(陰陽)으로 하늘의 도(옳음, 정의, 좋음 등)를 정립하고, 인간의 삶의 터인 땅의 도를 부드러움과 강함으로 정립하면서 인(仁)과 의(義)를 사람의 도로 세웠다"[116]라고 했다. 또한 『시경』에서 하늘이 인간 세상을 관찰한 이후에 천명을 내렸다고 했다[117]. 왜냐하면 맹자는 "하늘은 백성들의 눈과 귀를 통하여 보고 듣기 때문"이라고 했다[118].

이것을 좀 더 구체적으로 지적한 것으로 제3장의 국가주의에서 천지만물 이후에 남녀와 부부와 부자(父子)가 있게 되고 그 이후에 군신관계가 발생하게 된다고 하는 가족과 국가의 천인합일 사상에 따라서 국가의 개념을 설명한 것을 들

---

116) "昔者聖人之作易也 將以順性命之理 是以立川之道曰陰與陽 立地之道曰柔與剛 立人之道曰仁與義"(『周易』, 說卦傳 2章).
117) 중국 주나라 초기의 일로서 문왕(文王)이 천명을 받들어 통치하는 것을 찬탄하는 시의 한 구절인 "天監在下 有命既集"(『詩經』, 大雅, 大明)을 인용한 것이다.
118) "天視自我民視 天聽自我民聽"(『孟子』, 萬章章句 上).

수 있다(원문 제2장 국가주의의 <각주 5> 참조). 즉 군신관계를 지배하는 것은 예(禮)와 의(義)이며 이것은 인간의 도를 지적한 것과 같다고 했다.

그러면 '무엇이 인이나 예 또는 의(義) 인가' 하는 것이 천인합일을 중심으로 하는 유교식 정치신학의 핵심이라고 할 수 있다. 인과 의나 예는 유교사상을 핵심적으로 설명하는 주제어이지만 그것을 통칭하는 하나의 단어는 역시 도(道)라고 할 수 있다. 따라서 음양이 있고 강하고 부드러운 것과 인의(仁義)는 하늘의 뜻일 뿐만 아니라(천명:天命) 동시에 인간 세상을 지배하는 중심적인 사상이고 법칙이라고 할 수 있다. 그래서 유교의 정치신학은 종교적 신앙을 정치적 판단과 가치결정에의 주요한 법칙으로 적용하고자 하는 서양의 기독교신학의 정치신학과 다르다. 대신에 신의 절대적 선이나 권위를 전제하지 아니하고 천명과 인간의 뜻이 일치하기 때문에 도로서 통치하는 정치신학이라고 할 수 있다. 그래서 동양 사상에서는 이것을 도(道)의 정치학이라고 하기도 한다. 따라서 종교의 정치학인 정치신학과는 차이가 있다.

정치신학을 신의 절대적인 선이나 권위가 정치적인 의사결정의 판단이나 기준이 될 수 있다는 기독교신학의 중심이라고 요약할 수 있다면 여기에 초점을 두면서 선도주의의 정책사상적 특성을 다음과 같이 비교할 수 있다.

첫째, 정치신학은 신의 절대적인 선과 권위를 신봉하는 것이지만 선도주의는 신이나 종교 등의 절대적인 권위나 선 등을 전제로 하지 아니한다. 물론 정책의 선인 옳음이나 좋음, 정의, 인정과 배려, 전통가치의 보존과 존중 등의 사상이 신의 절대적 선이나 종교적인 교리나 주의, 주장 등을 전적으로 배척하거나 불신하는 것은 아니다. 특히 종교적 신앙이나 신학의 가르침과 같은 선에 대한 존중이나 존경이라고 하기보다 전통가치에 종교적 선악이나 가치판단 등이 융합되어 있다면 이것이 정책의 선의 구성요소로 선도주의의 사상체계나 철학이 될 수 있다.

마찬가지로 정책의 선의 구성요소를 『정책사상 대계』에서 제안하고 설명하는 옳음이나 정의, 좋음, 인정과 배려, 전통가치의 존중과 실천 등으로 구체화한 것을 앞서 유교사상인 천명사상의 도(道)로 이해해도 큰 무리가 없다고 했다. 그러나 정책의 선을 실천하는 정책사상으로 선도주의는 서양의 기독교의 종교적 교리와 권위를 정치의 질서로 판단하면서 설명하고자 하는 정치신학과는 차이가 있다.

그렇다고 유교의 천(天) · 지(地) · 인(人) 합일의 삼재(三才)의 도를 선도주의 정책사상으로 신봉하여 정책의 선으로 국가개입주의의 정당성을 주장하거나 발견하고자 하는 것은 아니다. 단지 하늘과 사람의 합일사상이 주장하는 도가 구체적으로 음과 양(천지만물이 대칭적으로 구성되어 작용하고 있다는), 강(剛)과 유(柔)(천지만물이 부드러움과 강함으로 조화되어 있다는) 등을 기초로 하면서 인간 세상의 인과 의로 실천되고 있다는 존재론적인 사실을 정책의 선을 제안하고 구성하는 요소들의 철학적 사고체계에 필요한 사상으로 수용한 것뿐이다.

둘째, 정치신학의 등장배경과 관련하여 비교해 보는 선도주의 정책사상의 특성이다. 정치신학은 계몽주의적 반란과 동시에 세계적으로 종교라는 이름으로 진행되는 테러리즘이나 폭력이 증가되는 이유가 무엇인가, 왜 정교분리가 법치주의의 명백한 원칙임에도 불구하고 정치인들은 자신들의 정치적 판단과 결정을 종교적 교리나 신앙으로 정당화하려고 하는가 하는 등의 의문을 설명하고자 했다. 그러나 단순히 초기의 절대왕권을 정당화하거나 또는 기독교 중심의 원리와 신앙이 무슬림 등의 타 종교와의 분쟁과 갈등 등을 설명하고자 하는 신학적 정치학은 그의 학문적 위상을 확보하기 어렵게 되어 가고 있다(Philpott, 2007; Parietti, 2017).

이와 같은 신학 중심의 정치신학의 학문적 편협성은 선도주의 정책사상에서 큰 의미를 제공할 수 없을 것이다. 정책사상은 국가개입주의에서부터 시작해서 인간과 비인간의 상호교섭에 의한 인간중심주의로 총결되고 있다[119]. 즉 국가의 절대적 권위와 통치작용이 정책을 수단으로 하면서 정책의 선을 실천하여 국가개입주의의 정당성을 사상적으로 설명하고자 하는 국가주의 등의 정책사상이다. 이와 같은 정책사상은 사상적이고 이념적으로 계몽주의적 이성과 과학의 결합에 의

---

119) 서구 중심의 환경철학이나 인류학 등에서 주장하는 인간은 절대적 착취자나 지배자라는 개념의 인간중심주의(anthropocentrism)가 아니라 인간이 정책세계의 중심적 주체 또는 주재자(主宰者)라고 하는 인간중심주의(human-centeredness)이다. 자세한 것은 제7장의 물아주의 정책사상에서 설명한다.

한 국가의 힘의 우위나 독점, 절대적인 통치권의 신성불가침에 의한 국가독점, 하늘의 뜻에 의한 명령인 천명(天命)으로 사람과 땅을 독점적으로 지배하고 통치한다는 것을 전제하지 아니한다.

선도주의는 유교사상의 천인합일(天人合一)을 수용할 수 있다. 단지 하늘과 땅과 사람이 계급이나 이념에 의한 분파적인 것이 아니라 인간의 존재가치를 위한 통치의 이념으로 천명 또는 도를 정책의 선의 구체적인 요소나 내용으로 재정립할 수 있다고 설명하면서 천명사상의 철학을 수용할 수 있다고 했다. 따라서 선도주의에서 정책의 선은 특정 종교나 교리의 절대적이고 무조건적인 선과 다르다. 물론 종교적 사상이나 이념이 정책의 선과 공통될 수 있다. 그러나 정책의 선은 보편적이고 일반적 의미에서 선도주의의 정책의 선을 주창하고 창도하면서 국가개입주의의 정당성을 지지하고 판단하는 철학적 사고체계인 것이다.

셋째, 정치신학은 학문적 연대감이나 네트워크, 방법론적 공유 등과 같은 특정 학문으로서의 정체성 비판을 받으면서도, 특정 이슈나 문제보다 인간의 생명가치에 초점을 두면서 범국가적으로 활동영역을 넓혀 가고 있다. 특히 종교인구의 계속적인 증가에 따라서 정치신학은 신의 절대적 존재가치보다 종교적 이념과 방향을 정치학의 한 이론과 방법론으로 정립하고자 하면서 유럽 중심의 과거의 정치신학과 거리를 두고 있기도 하다(Lloyd and True, 2017: 540).

반면에 정책사상의 선도주의는 정책학의 기초이론으로 공공정책의 결정과 실현에서 정책의 선을 주창하거나 선창하는 철학적 사고체계이다. 더욱이 국가주의를 시발점으로 하는 정책사상이다. 동시에 정치학이나 행정학 등과 같은 인근의 학문분야에 비교하여 정책학의 사상연구가 아직 초보적이기 때문에 선도주의의 정책사상은 『정책사상 대계』에서 논쟁될 수 있는 제한적 이론일 수도 있다.

그럼에도 불구하고 정책사상으로 선도주의는 정치신학이 지향하는 특정 종교적 교리나 또는 천명사상과 같이, 물론 이것을 인간의 본질에 관한 도 사상으로 수용한다고 하더라도 종교적이거나 지역적으로 편협된 사상은 아니다. 정책이라는 현실적인 통치의 장(場)에서 국가가 중심이 되는 정책의 결정과 실천이 정책의 선으로 구체화되면서 국가의 정책개입주의를 정당화시킬 수 있는 철학적 사고를 체계적으로 논의하고 이론화 하는 것이다. 따라서 정책사상으로서의 선도주의는 종교나 국가, 지역이나 사상 등의 경계에 제약되지 아니하면서 정책의 선을 철학적으로 체계화하여 정책이론으로 구성하고자 하는 정책사상이다.

5. 선도주의 정책사상의 실천론

선도주의 정책사상을 정책의 현실에서 실천하는 문제는 정책의 선을 중심으로 하는 국가개입주의의 정당성을 설명하고 확보할 수 있어야 되는 경우라고 할 수 있다. 즉 옳음이나 좋음, 정의, 인정과 배려 및 전통가치 등으로 설정되고 구성된 정책의 선에 따라서 정책의 목표이면서 동시에 수단으로서 국가개입의 정당성을 판단하고 결정할 수 있다는 사상적 체계를 수립하는 것이 선도주의 정책사상이다. 이에 따라서 정책개입의 정당성이 개인적이거나 사회적으로 정당화될 수 있도록 해야만 정책사상으로서 선도주의는 실천되고 있다고 할 수 있다.

선도주의 정책사상의 실천론은 구체적인 정책현실과 정책내용에 따라서 다양하게 논의될 수 있을 것이다. 그러나 정책의 선(policy goodness)을 실행할 수 있는 실천적인 개념을 정립하는 것이 중요하다고 앞서 전제했듯이 마찬가지로 선도주의의 실천론은 정책의 선을 철학적으로 사고하고 체계화해서 이것을 정책사상의 한 이론으로서 정책학의 학문적 정체성을 확보할 수 있는 주요 이론으로 발전시킬 수도 있어야 할 것이다. 그래서 선도주의의 실천론은 정책현실에의 지침이나 안내, 지도(guidance)의 역할을 할 수도 있지만 보다 중요한 것은 정책사상의 철학적 사고체계를 위한 실천론이 되어야 한다는 점이다.

국가주의를 중심으로 하는 일반적인 수준의 실천적인 철학적 사고는 제6장에서 자세히 논의하게 될 현실주의 정책사상이다. 현실주의 정책사상은 실천적인 지혜와 지식이나 판단 및 책무를 중심으로 하는 정책의 실천성을 철학적 사고로 체계화하는 것이다. 여기에 따라서 선도주의의 실천론도 당연히 현실주의 정책사상의 사고체계에 적합해야 하고 그의 체계적 이론에도 정합(整合)되어야 한다.

선도주의 정책사상의 실천론은 그러나 정책의 선을 중심으로 하는 실천이론이라고 할 수 있다. 물론 정책의 선을 중심으로 하는 사상적 실천론도 다양하게 전개될 수 있다. 그러나 정책의 선을 현실적으로 실천하면서 국가개입주의의 정당성을 확보하여 정책사상을 하나의 실천론적 관점에서 설명할 수 있는 미시적 실천론이라고 할 수 있다. 이와 같은 실천론으로 첫째, 정책사상은 국가주의에서 기원되고 있기 때문에 좋은 또는 선한 국가(good state)가 전제되어야 좋은 정책(good policy)이 실현될 수 있다는 실천론을 제시해 볼 수 있다. 좋은 정책의 결실을 맺기 위한 좋은 국가의 정책의 선을 실천할 수 있는 매개체는 역시 그때, 그 장소에서의 정책개입을 실현하는 좋은 정부(good government)가 좋은 정치(good politics)를 할 수 있어야 할 것이다. 왜냐하면 정책은 정치적 의사결정의 산물이기 때문이다.

앞서 선도주의를 정책의 선을 주창하고 선창할 수 있는 선도(善導)사상이라고 정의하였듯이 두 번째의 선도주의의 사상적 실천론으로 정책의 선을 경험적 지식과 선험적 지혜를 가진 선도자의 정책리더십의 실천론을 들 수 있다. 물론 전통적인 리더십과의 차이점에서 리더-추종자의 이분적인 구분에 기초를 둔 리더십이 아니라, 물과 같은 속성의 정책의 선을 선창하고 주창할 수 있는 리더십으로 정책리더십을 선도주의의 실천론으로 제안할 수 있을 것이다.

1) 좋은 국가와 좋은 정책의 실천론

앞서 정책의 선을 정의하면서 간단히 언급했듯이 선도주의 정책사상의 실천론으로 좋은 국가(good state)는 국가주의를 중심으로 하는 정책사상을 철학적일 뿐만 아니라 현실적으로 실천할 수 있는 국가역량이나 능력을 가진 국가라고 할 수 있다. 물론 정책사상은 국가주의에서 발원되는 선도주의와 이에 따라서 계속 논의될 균형주의, 현실주의, 물아주의 등을 포함하는 사상이다. 또한 앞서 제3장의 국가주의에서 국가의 정의 자체도 상당히 복잡하고 다양하다고 했다. 따라서 복잡한 국가의 정의에 따른 좋은 또는 선한 국가의 정의는 더욱 복잡하고 다양할 것이다.

좋은 국가(good state) 또는 선한 국가에 관한 사상적이거나 현실적인 논의나 주장은 복잡하다. 그러나 사상적이거나 이론적인 체계를 정립하면서 좋은 국가를 정의하거나 실증적으로 논의하는 것은 더욱 드물다. 아마도 좋은 국가를 사실적이거나 사상적으로 하나의 개념으로 연구하기보다 국가에 관한 논의 그 자체가 좋은 국가라는 철학적인 당위성을 대전제로 하고 있기 때문이라고 할 수 있다(Northrop, 1942: 310).

이와 같은 몇 가지의 연구로 21세기의 좋은 국가에 대한 시민들(한국인)의 인식조사에 의하면 신뢰할 수 있고 일할 가치가 있는 국가, 살맛나는 국가와 행복한 국가, 자녀를 위한 국가 등을 제시하기도 했다(이도희·유영설, 2017). 그리고 서양의 고전적인 정치철학을 검토하면서 좋은 국가는 서구의 개인주의적 권리와 자유 및 다수결의 원칙에 의한 민주주의를 실천하는 서구식 세계주의라고 하는 글도 소개할 수 있다(Lawler, 2005). 그러나 동양사상에서는 좋은 국가를 명시적으로 지적하거나 논의하기보다 좋은 정치, 즉 선정(善政: good politics)을 설명하는 것이 보편적이다. 그럼에도 불구하고 선도주의 정책사상의 실천론으로 좋은 국가를 위와 같이 정의하면서 좋은 국가의 선행연구나 논쟁을 자세히 취급할 수 없지만 그래도 간단하게나마 좋은 국가의 개념적 논쟁이나 어려움 등을 언급할 필요는 있다. 마찬가지로 뒤쪽에서 설명할 좋은 정치나 좋은 정부, 좋은 정책도 이와 같은 수준에서 요약해서 정리한 것이다.

특히 국가주의적 접근방법에서 좋은 국가의 개념이 국가 개념과 같이 논쟁적이다. 때문에 무엇이 선한, 좋은 국가인가 라고 하는 사상적이거나 이념적인 논쟁은 국가론을 중심으로 해서 정치사상이나 기타 사상연구에서 핵심적인 주제이다. 또한 정책사상 대계와 같이 하나의 정책 개념(policy concept)으로, 물론 논쟁적이고 시론적인 수준이지만 국가의 정책역량을 지배하는 국가주의로 국가를 정의하고자 할 때 좋은 국가는 좋은 정책의 역량을 가진 국가라고 정의해 볼 수 있을 것이다.

따라서 정책사상의 사고체계에 의한 정책을 통한 통치작용에서 국가능력을 충분히 실천할 수 있는 국가를 좋은 국가라고 할 수 있다. 이와 같은 정의는 정책 사상의 선도주의의 실천론으로 『정책사상 대계』에 한정되는 조작적인 수준이다. 제3장의 국가주의 정책사상에서 국가주의의 정의의 문제를 설명한 부분으로 되 돌아가서, 국가역량(state capacity)을 실질적으로 국사인 정책을 실천하고 수행 할 수 있는 정책역량을 지배적으로 행사할 수 있는 힘이라고 했다. 그리고 정책 역량은 실질적인 정책의 권한과 통치능력, 즉 지배적인 정책능력(dominant policy capacity)이라고 했다. 그래서 순자(荀子)가 국가는 무거운 책무를 가진 (중임:重任) 천하에서 가장 중요한 그릇과 같기 때문에 국가의 역할과 조건 및 역 량 등을 확실히 결정해서 국가를 운영해야 한다고 한 것을 다시 인용해 볼 수 있 다(제3장 국가주의 <각주 39>).

이와 같이 연역적으로 정책역량을 국가능력으로 정의하면서도 좋은 또는 선 한 국가를 사상적이고 이념적이면서도 현실적으로 정의하거나 설명하기 어렵다. 그렇지만 국가를 정책의 결정권한과 권위를 공식적으로 행사할 수 있는 주권의 주체이며 통치작용으로 정의한다면, 좋은 국가는 이와 같이 정의된 국가를 운영할 수 있는 정책의 전문성과 동시에 정책사상이 제안하고 제시하는 철학과 이념을 수행할 수 있는 통치집단이라고 하는 논리적인 귀납을 만들어 갈 수 있을 것이다.

좋은 국가를 국가주의의 정책역량을 가진 국가라고 한다면 좋은 국가는 귀 결적으로 좋은 정책을 만들고 실천하여 정책을 성공시킬 수 있는 국가라고 할 수 있다. 즉 좋은 국가는 좋은 정책의 주재자로서 좋은 정책을 실현시킬 수 있는 국 가라고 할 수 있다. 따라서 좋은 정책은, 앞서 선도주의 정책사상의 서론에서 지 적했듯이 정책의 선인 옳음이나 좋음, 정의, 인정과 배려 및 전통가치 등과 같은 구체적인 정책의 선으로 구성되고 실천되는 정책이라고 할 수 있다.

그러나 좋은 국가와 마찬가지로 좋은 정책(good policy)에 관한 개념이나 내용 등도 상당히 주관적일 뿐만 아니라 현실적으로 다양하게 정의될 수 있다. 좋은 정책이란 무엇인가 하는 것은 주관적인 판단과 감성에 관한 특성을 가진 개념이다. 모든 정책은 결과론적으로 좋은 정책을 추구하고 있지만 정책의 결정과정이나 진행과정 또는 잡행과정에서 좋은 정책을 판단하고 결정하기 어려울 수 있다.

특히 정책을 집행하거나 실행하는 것을 좁은 의미의 행정작용이나 과정으로 설명하고자 하면, 좋은 또는 선한 행정(good administration)이란 무엇인가 하는 것과 관련된다. 그러면 좋은 정책은 다의적이고 논쟁적이며 이념적인 개념이 될 수밖에 없을 것이다. 한국행정학회가 2015년 하계학술대회의 주제로 좋은 행정을 논의하면서 좋은 행정의 개념을 좋은 정부와 관련하여 논의하였지만 개념적인 정의를 할 수 없다고 했다. 마찬가지로 사회후생적인 경제적 개념에서 좋은 행정을 정의해 보기도 했다. 또한 행정법의 법치주의 원칙에 의한 좋은 행정인, 모든 사람은 자신의 업무에 관하여 유럽연합의 조직, 기관, 기타의 부서에 의하여 공평하고도 정당하게, 적절한 기간 이내에 자신의 업무를 처리해 줄 것을 요구할 권리를 유럽연합(EU) 기본권헌장에 보장하고 있기도 하다(박진완, 2017: 22).

또한 한국정책학회가 2007년과 2017년에 좋은 정부, 좋은 정책, 새로운 정부와 좋은 정책이라는 학술회의 주제를 제시하였다. 그러나 좋은 정부에 관한 사상적 기반을 제공하기도 했지만 좋은 정책에 관한 이론적이거나 사상적인 개념 등을 시도한 논쟁이나 방법 등을 발견하기 어려웠다. 그리고 좋은 정책의 조건을 제시하기도 했지만 일반적으로 성공적인 정책에 필요한 전제조건이나 내용에 관한 것이라고 할 수 있다.

정치와 정책을 구별하지 아니하는 전통적인 정치학에서 정치가 좋은 정책을 발견하고 확인할 수 있을 것으로 보고 있다. 그러나 정책결정자나 담당자들이 비록 합리적인 정책의 결정에 필요한 지식과 정보를 가지고 있다 할지라도 정책결정 그 자체가 어려운 일이다. 더구나 무엇이 좋은 것인가 하는 것을 섣불리 판단하기 어렵다. 때문에 좋은 정책을 개념적으로 구성할 수 없을 뿐만 아니라 찾을 수도 없다고 한 체념적 연구도 있다(Callander, 2011). 마찬가지로 좋은 정책은 좋은 정치와 밀접한 관련성이 있다. 왜냐하면 학문적이거나 현실적으로 정치와 정책을 분명하게 구분할 수 없는 사상연구의 전통에서 좋은 정치와 정책도 구별하기 어렵기 때문이다.

『정책사상 대계』에서는 정책과 정치를 구분하면서 좋은 정책을 본질적으로 정책의 선을 실천할 수 있는 철학적 체계를 가진 정책으로서, 현실적으로 그의 정당성을 확보할 수 있는 정책이라고 조작적 수준에서 정의해 보기도 하였지만 물론 잠정적이다. 즉 정책사상 대계에서 선도주의의 정책사상을 실천하는 실천론에 초점을 두면서 좋은 정책은 국가주의에 의한, 즉 좋은 국가에 의한 정책의 선이 실현되는 정책이라고 정의해 볼 수 있다. 물론 정책의 선이 실현되는 선도주의 뿐만 아니라 균형주의나 현실주의, 물아주의 등과 같은 정책사상이 정책으로 실현되는 정책임은 당연하다.

좋은 국가에서 좋은 정책이 귀결된다는 관계를 원인과 결과에 의한 인과관계로 규정하거나 설명할 수도 있다. 그러나 그와 같은 과학적이고 실증적인 것을 정책인과(policy causations)의 균형을 설명하는 제5장의 균형주의 정책사상에서 자세히 논의하기로 하고 여기서는 좋은 정책에 의한 정책의 현실적인 결과와의 정책인과가 아니라 좋은 국가의 정의된 결과가 좋은 정책으로 귀결될 수 있어야, 조작적으로 개념을 정의한 좋은 국가와 좋은 정책이 정합될 수 있다는 뜻으로 설명한 것이다.

좋은 국가에서 좋은 정책이라는 논리적 귀납을 얻을 수 있지만 그러나 현실적으로 조금 더 복잡한 과정을 살펴 볼 필요가 있다. 즉 선도주의 정책사상의 실천론이나 실천철학으로서 현실적인 진행과정을 파악해 볼 필요가 있다는 것이다. 먼저 국가와 정부를 구분하는 것은 정설이다. 사실 좋은 국가는 추상적이고 관념적이며 이상적이다. 왜냐하면 국가는 영속적인 독립된 주권의 주체로서 일정한 영토와 사람을 독점적으로 지배하고 통치하면서 공동의 이해관계인 국익과, 국가의 품격인 국격(國格) 등을 유지하고자 하지만 이것을 실천하는 것은 당시의 국사를 담당하고 책임지고 있는 정부이다.

정부는 다양한 방법과 절차에 따라서 구성되고 형성될 수 있다. 그러나 국가의 일, 즉 국사를 실천할 수 있는 현실적인 권력기관으로서 법률적일 뿐만 아니라 정치적인 정당성(이때에는 'legitimacy' 개념이다)을 가지고 있어야 한다. 물론 비합법적이면서도 정치적인 정당성을 가지지 못한 정부도 있지만 정책사상에서의 정부는 국가를 대표하는 한시적인 권력기관과 작용의 주체로서 법률과 민주주의에 따라서 결정된 정부를 의미한다.

합법적이고 정치적인 정당성을 갖춘 정부이지만 정책사상에서의 정부는 국가주의에서 시작되는 다양한 정책사상에 충실한 정부, 즉 좋은 정부(good government)를 상정하고 있다. 그러나 좋은 정부를 사상적이거나 이론적으로 정의하거나 개념화하기도 다의적이고 논쟁적이다. 동시에 정치이론이나 사상, 정부학, 행정학 등에서 좋은 정부의 사상적인 기초나 철학 등을 활발하게 논의하고 있기도 하다 (Lewis, 2017; Kibblewhite and Boshier, 2018).

특히 플라톤에서부터(철인의 왕이 통치하는 공익을 추구하는 정부 등) 시작해서 로크, 마르크스, 베버, 다니엘 벨과 사회자본론까지(국가 공동체의 사회자본을 형성하고 공동체의 이익을 추구하는 정부), 정치철학자의 사상정향에 따라서 좋은 정부와 반대적으로 나쁜 정부의 개념을 사변적으로 정리한 연구나(박희봉, 2013), 좋은 정부가 단순히 지식정부가 아니라 지성적인 정부라고 하는 주장(한세억, 2010b), 좋은 정부가 추구해야 할 신뢰와 민주주의의 가치정향을 정책지향에서 분석하고 판단한 연구(이덕로 외 2인, 2017), 좋은 정부의 의제를 구체적으로 제시하는 사례(멕시코 정부가 제시하는 것으로 정직하고 투명한 정부, 전문적이고 질 높은 정부, 디지털정부, 규제개혁정부, 저비용 정부 등)(한세억, 2010b: <표 1>), 캐나다에서 좋은 정부는 좋은 행정에 달려있다는 요약 (Lewis, 2017), 한국행정학회가 2015년에 기획논단으로 좋은 행정을 위한 좋은 정부의 주제를 제공하면서(『한국행정포럼』, 151: 겨울호) 다양한 논쟁을 유도한 것 등도 있다.

또한 좋은 정부의 조건으로 경제적인 효율성, 분권화, 책임성 등을 제시하면서 창발적 정부가 결국 좋은 정부라고 제안하면서도 좋은 정부는 시대와 국가에 따라서 다양하기 때문에 일반적으로 개념화하기 어렵다는 주장(Andrews, 2010) 등도 찾을 수 있다. 따라서 좋은 행정이나 좋은 정책을 실천할 수 있는 사상적인 체계를 가지면서 동시에 좋은 정책에 의한 좋은 국가주의를 실천하는 정부를 좋은 정부라고 정책사상 대계에서는 이해하고자 한다.

따라서 국가이지만 좋은 국가에서 좋은 정책을 만들고 실천할 수 있듯이 좋은 국가란 현실적으로 좋은 정부가 국가의 정책을 담당하는 공식적이고 합법적인 기관으로서 정책을 수행하고 실천할 수 있어야 가능할 것이다. 그래서 정책의 선에 의한 선도주의의 정책사상으로 안내되고 지도를 받으면서 국가를 중심으로 하는 정책을 통한 정책개입이 정당화될 수 있어야 좋은 정부는 가능할 것이다. 이 때의 정책은 이제 좋은 정부가 실천하는 정책의 정당성을 갖춘 정책일 것이다. 즉 'legitimacy'의 정당성을 기반으로 해서, 'justification'의 정당성을 동시에 충족시킬 수 있는 정부는 정책사상에서 보는 좋은 정부가 될 수 있을 것이다. 이와 같은 경우에 좋은 정부를 좋은 국가와 구분하지 아니하고 설명할 수도 있을 것이다.

좋은 정부를 현실적이고 시대적으로 좋은 국가를 대표하는 대명사적 성격으로 설명하면서 논리적일 뿐만 아니라 현실적인 중요한 연결고리를 하나 발견할 수 있다. 즉 좋은 정치(good politics)이다. 좋은 국가를 의미하는 선국(善國)이나 좋은 정책의 선책(善策) 또는 좋은 정부의 선부(善府) 등과 같은 학술적이거나 일상적인 용어는 없다. 그러나 좋은 정치를 의미하는 '선정(善政)'은 일반화된 용어이다. 그래서 선정은 때로는 좋은 국가나 정책 및 정부 등을 통칭하는 개념으로 이해될 정도로 포괄적인 개념이기도 하다(송혜진, 2012: 218; Etzioni, 1991: 551-552).

좋은 정치, 즉 선정(善政)은 동서고금에 걸쳐서 학문적이거나 일상적으로 많은 관심과 주제어가 되고 있다. 왜냐하면 선정은 곧 국민들의 좋은 삶과 좋은 사회를 보장할 수 있는 중요한 하나의 변수로 작용하고 있기 때문이다(안외순, 2009: 442). 물론 통치자인 군왕의 조세권이나 권력 등과는 관계없는 무릉도원을 공동체주의의 이상향으로 실천하겠다고 했지만 현실적인 정치작용으로부터 자유로운 개인이나 조직은 없다. 그래서 유교사상의 시조인 공자도 정치는 바른 것(正)이라고 강조한 것이나 이와 같은 바른 정치를 할 수 있는 개인으로 군자의 수기치인(修己治人)을 강조한 이유를 알 수 있다.

바른(正) 정치는 곧 선한 정치이며 좋은 정치이다(Niebuhr, 1943). 이와 같은 정치는 백성을 바르게 한다, 즉 선정에 의한 백성의 삶의 질과 행복을 보장할 수 있다고 한 것이다(정이정민:政以正民). 맹자(孟子)도 공자의 기본 사상인 인과 의를 실천하는 인정(仁政)을 왕도정치의 이상적 목표로 제시하면서 좋은 정치는 백성과 더불어 고락을 함께하는 것(여민동락:與民同樂)이라고 했다. 맹자의 왕도 정치인 여민동락과 같은 선정을 실천한 통치자 중에서 하나의 대표적인 예로서 조선시대의 세종의 선정 이념과 방법을 『세종실록』에서 발견할 수 있다.

> "백성은 나라의 근본이다. 정치는 이와 같이 백성을 보살피고 기르는 것이다.
> 후생(복지)이 나라의 변할 수 없는 근본이면서 급선무이다. 그래서 과덕한 본인
> 이 군왕이 되어 왕조의 후임자로 조석으로 두려워하고 공경하면서 어린 백성을
> 안전하게 보호할 것을 항상 생각한다"[120].

나아가 노자(老子)의 통치하는 바 없이 다스리는 무위이치(無爲而治) 사상도 좋은 정치인 선정의 표본이라고 할 수 있다. 왜냐하면 노자는 무위의 통치를 도의 통치라고 했기 때문이다. 가장 좋은 선은 물과 같다고 했듯이 물이 본질적 가치를 조금도 손상하지 아니하고 만물의 생장과 성숙을 도와주는 본질적인 기능과 역할을 하듯이 정치도 물과 같은 작용과 역할을 하는, 즉 무위의 정치가 최고선에 의한 선정이라고 노자는 다음과 같이 이야기했다.

---

120) "王若曰 民惟邦本 政在養民 厚民生以固邦本 爲國之先務也 惟予寡德 嗣守丕基 夙夜祇
懼 思欲懷保小民)"(『世宗實錄』, 12년(1430년) 庚戌 閏12月 9日(乙巳).

"도는 항상 무위이지만 무의로 작용하지 아니하는 것이 없다. 만약 통치자가 이와 같이 할 수 있다면 만물은 스스로 생성하고 변화할 것이다. 이와 같은 조화의 속에서도 욕망이 발동한다면 이름붙일 수 없는 도의 이름(통나무)으로 진압할 것이다. 이름이 있을 수 없는 통나무(도)는 동시에 욕망도 없다. 욕망이 없으니 마음이 안정되고 고요해 진다. 이때에는 무위의 통치와 같이 온 천하(공동체사회)가 스스로 안정된다"121).

이와 대조적으로 순자는 법률적인 통치로서 선정을 다음과 같이 논하였다.

"하늘의 덕, 천덕(天德)과 하늘의 이치인 천명(天命)에 따르는 제왕의 정치는 현명한 자를 등용하면서도, 흉악한 자는 교화를 기다리지 말고 처벌하며 정치 이전에 백성들을 교화해야 한다. 의식주 등을 국가가 철저히 보호해야 하지만 재주와 행동이 시국에 반하는 자를 용서없이 사형에 처해야 한다"122).

물론 공자가 "군자는 통치의 법을 중시하지만 소인은 그 혜택만을 바란다"123)라고 하는 것만을 인용한다면 순자의 법치주의를 지지한다고 할 수 있다.

나아가 서양의 정치사상에서 직접적으로 선정의 방법이나 조건 또는 선정의 개념 등을 밝힌 것이 드물지만 선정은 정치사상가나 철학자의 한결같은 주제였음은 당연하다. 그래서 좋은 정치를 국가나 정부 및 법치 등으로 구체적으로 제시한 것은 대단히 풍부하다. 그러나 정책사상 대계에서는 좋은 정치를 유교사상의 정치적 온정주의나 완전주의 등과 구별하면서 정치적 의사결정이고 판단인 정책을 정책의 선에 따라서 실천하면서, 국가개입주의의 정당성을 설명하고 증명할 수

---

121) "道常無爲 而無爲爲 侯王若能守之 萬物將自化 化而欲作 吾將鎭之 以無名之樸 無名之樸 夫亦將無欲 不欲利靜 天下將自定)"(『老子』, 爲政).
122) "請問爲政 曰賢能不待次而擧 罷不能不待須而廢 元惡不待敎而誅 中庸民不待政而化; 官施而衣食之 兼覆無遺 才行反時者 死無赦 夫是之謂天德 是王者之政也"(『荀子』, 王制).
123) "君子 懷刑 小人 懷惠"(『論語』, 里仁).

있는 국가주의에 의한 정치를 좋은 정치라고 정책사상 연구답게 이해하고자 한다.

선도주의 정책사상에서 이해하는 좋은 정치인 선정(善政)은 국가개입주의를 실천하는 좋은 국가를 대표하는 좋은 정부와 더불어 좋은 정책을 만들어 내고 결실을 맺게 하는 징검다리의 역할을 한다고 할 수 있다. 정치사상사나 기타 정치이론에서 설명하는 좋은 정치인 선정은 앞서 설명하였지만 정책사상 대계의 선도주의에서는 선정을 정책의 선을 실천하는 정치라고 할 수 있다. 좋은 국가의 국가역량은 좋은 정책을 결정하고 실천할 수 있는 정책능력이라고 했다. 이와 같은 정책능력은 좋은 정치, 즉 선정(善政)이 전제되어야 가능할 것이다. 왜냐하면 정책과 정치를 어의적이거나 현실적으로 구분하기 어렵기 때문이다.

정치는 정책을 결정하고 실천할 수 있는 국가의 중심적인 의사결정의 주체 (polity)로써 국가주의의 정치적 책략인 정책을 발견하면서 만들고 실천하면서 민의(民意)에 따르고 있다. 동시에 정책은 정치적인 의사결정의 결과 산물이다. 그래서 정치적 결정의 정당성을 현실적으로 실천하면서 역시 국민의 뜻과 의지와 욕구를 충족시키고 있다. 따라서 정치와 정책을 구분하거나 분리해서 이해하기 어려운 것을 앞서 정책사상의 정의나 국가주의 등에서도 자주 지적하였다.

좋은 정치가 선행되지 아니하고서는 좋은 정책을 기대하기 어렵다. 특히 선도주의 정책사상에서 좋은 정치인 선정은 좋음이나 옳음, 정의, 인정과 배려 및 전통가치 등과 같은 정책의 선을 실천하고자 하는 사상적인 정향을 가지고 있다고 했다. 이와 같은 정책의 선은 정책을 통한 국가개입주의의 정당성으로 판단되어야 한다. 즉 국가가 중심이 된 국가주의의 정책개입이 현실적으로 정당하다는 것은 정치의 장이 아닌 정책의 세계에서 판명되고 지지를 받아야 된다는 것이다. 이와 같은 정당성의 결정이나 판단과 지지는 곧바로 정치의 세계로 연계될 수 있다. 그래서 좋은 정책은 좋은 정치를 전제로 해야 한다고 한 것이다. 물론 좋은 정치의 시대적이고 현실적인 주체는 역시 국가의 통치권력을 정치적이고 법적 정당성을 부여받은 좋은 정부라고 하는 것은 앞서 지적하였다.

지배적이고 독점적인 정책역량이 국가역량이기 때문에 좋은 국가는 좋은 정책의 역량을 가지고 있다고 할 수 있다. 좋은 정책의 역량은 좋은 정치에서 정당성(legitimacy)을 부여받은 좋은 정부의 역량에 달려 있다. 좋은 정치와 좋은 정부가 실질적으로 국가주의의 정책개입의 정당성(justification)을 확보하고 판단할 수 있는 중심적인 주체이고 담당자이다. 그래서 선도주의의 정책의 선을 실천하고 그것의 정당성을 확보할 수 있는 정책은 실천적으로 좋은 정책으로 귀결됨을 알 수 있다. 이와 같이 좋은 국가에서 좋은 정치와 좋은 정부를 매개로 하여 좋은 정책이 사상적으로 체계화되고 실천될 수 있는 구도를 <그림 4-1>과 같이 요약해서 정리할 수 있다.

<그림 4-1> 선도주의 정책사상의 실천론: 좋은 국가와 좋은 정책

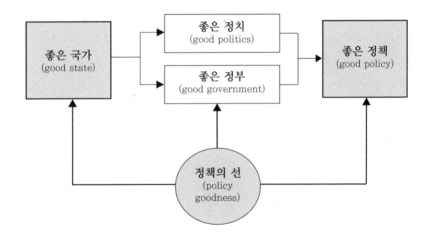

2) 정책리더십의 실천론

선도주의 정책사상의 두 번째 실천론으로 정책리더십 이론을 들 수 있다. 왜냐하면 정책리더십은 정책의 선을 주창하고 창도하는 선도(善導)사상을 철학적인 사고체계로 공유하고 있기 때문이다. 물론 아직까지 정책리더십이 정확하게 정의되거나 보편적으로 통용되고 있는 수준은 아니지만 일반적으로 이해되고 있는 리더십과 차이가 있다. 즉 정책을 수식어로 사용하는 전통적인 리더십의 또 다른 버전이라고 비판할 수 있지만 필자가 정책리더십의 패러다임인 자정모형(self-purification model)을 제안하면서 정책리더의 자기관리에 의한 정책이 추구하는 목표나 가치, 우선순위 등을 주창하고 선도하는 정책리더십으로 설명하였다. 이것이 선도주의 정책사상에서 정책의 선과 같은 사상적 체계를 중점적으로 설명하고 있기 때문에 선도주의의 실천론으로 제안한 것이다[124].

정책리더십이 아직까지 일반적인 통용의 수준으로 정의하거나 연구된 것은 아니지만 그의 실체는 정책리더에 초점을 둔 리더십 패러다임이라고 할 수 있다. 보다 구체적으로 정책리더의 수신(修身)인 자기정화, 즉 자정(自淨)이 정책리더십의 핵심적 주제어라는 전제에서 출발하고 있다. 정책리더십은 문제나 목표를 단순히 주어진 것으로 보지 아니한다. 적극적이고 능동적으로 정책문제와 목표를 창조하거나 창안하는 리더십이다. 따라서 리더십의 실체는 과업중심적이지만 과업을 제안하고 발의하며 창도하고 주창하는 선도(leading)의 리더십이라고 할 수 있다.

정책리더십은 정책환경과 가치의 외부변수를 고려하여 목표와 문제를 창조적이고 실천적으로 설정하며, 목표와 문제를 위한 정책수단을 이해관계자와 담당자의 참여를 보장하여, 정치적으로 원만하게 합의하여 개발하고자 하는 특성을 가지고 있다. 그리고 정책수단의 우수성과 우선순위를 주창하고 정책실현에 필요한 자원을 동원하여 정책대상자의 지지와 동원을 유도하고 형성할 수 있는 정책리더의 선도적인 역할을 강조하는 리더십이라고 할 수 있다.

정책리더십은 정책리더의 내적 수련인 수신에 초점을 두면서 정책리더십의 주체를 분명히 하고 있다. 즉 정책리더십의 주체는 정책리더라는 사실이다. 정책리더라고 해서 정책결정자만을 의미하는 것은 아니다. 정책결정자만이 정책리더

---

124) 정책리더십에 관한 것은 필자의 『정치지도자의 정책리더십』(2003). 서울: 집문당)과 "정책리더십의 접근방법으로 자정모형의 가능성탐색"(『한국정치학회보』. (2005). 39(2) 등을 선도주의 정책사상의 실천론으로 수정하고 재정리한 것이다.

라고 한다면 정책대상자나 정책참여자 또는 정책분석가는 정책현실에서 리더십의 주체가 될 수 없다. 그러나 정책결정자가 정책결정력이나 결단력을 실천할 수 있는 경우에는 정책리더가 될 수 있다. 그렇기 때문에 정책전문가나 정책대상자, 참여자도 정책의 결정력이나 실행력, 분석력, 조정력 등을 실천할 수 있으면, 즉 정책리더의 수신의 노력을 하는 한 그들도 정책리더가 될 수 있다고 본다.

정책리더십은 과제나 목표를 단순히 주어진 것으로 보지 아니한다. 적극적이고 능동적으로 정책문제와 목표를 창조하거나 조합하는 리더십으로 설명한다. 따라서 리더십의 실체는 과업중심적이지만 과업을 제안하고 발의하며 나아가 창도하고 주창하는 역할을 하는 것이다. 이와 같은 과정에서 다양한 이해관계자의 의견충돌과 갈등을 평화적이고 원만하게 해결할 정치적 과정과 전략을 구상하게 된다. 또한 우선순위를 결정하고 필요한 자원과 지지를 동원하면서 최종적으로 정책을 결정할 수 있는 힘을 행사하는 리더십이다.

동시에 실제로 정책이 추구하는 이상이나 가치 및 목표 등을 정책개입의 실천과정에서 성공적으로 실현할 수 있는 정책의 참여자, 자원, 시행자, 환경, 기술, 정책대상자의 이익과 손익관계 등을 조정하고 통제하여, 원만하게 합의된 상태로 최대의 정책효용을 민주적이고 도덕적이며 윤리적으로 정당하게 창출할 수 있는 것이 정책리더십의 특징이다. 그렇기 때문에 정책리더십은 국가개입주의의 정당성에 초점을 둔 선도주의의 실천론으로 가능할 것이다.

이와 같은 특성을 기본으로 해서 정책리더십을 조작적 수준에서 다음과 같이 정의해 볼 수 있다. 즉 정책의 목표와 사상의 이념에 따라서 정책과제를 창조적이고 실천적으로 설정하며 이해관계자의 참여를 보장하고 정치적으로 원만하게 합의하여 정책수단을 개발하는 리더십이다. 따라서 정책수단의 우수성과 우선순위를 선도하면서 정책실현에 필요한 자원을 동원하여 정책대상자의 지지와 동원을 유도하고 형성할 수 있는 정책리더의 수신에 기초하는 리더십이라고 할 수 있다.

이와 같은 정책리더십의 개념적 정의는 전통적인 리더-추종자 이원론을 전제로 하는 리더십의 자질론이나 상황이론 등으로 설명할 수 없는 리더십의 특성을 강조한 것이다. 앞서 선도주의와 전통적인 리더십의 차이점을 설명하면서 정책의 선을 선도하는 것이 선도주의의 특징이라고 하였다. 특히 리더와 추종자의 동행(同行) 사상이나 군자리더십이 강조하는 왕도정치의 리더십과도 선도주의는 차이가 있다고 했다. 왜냐하면 선도주의는 물과 같은 속성과 자질을 가진 정책의 선을 통하여 정책개입의 정당성을 주장하기 때문이라고 하였다.

물론 정책리더십도 전통적인 리더십의 한 유형으로 시작되면서 논의되었지만 자정모형을 개발하고 구체화하기 위한 개념으로 리더십을 설명한 것이다. 그래서 선도주의와 전통적인 리더십의 차이점을 고려하면서 동시에 전통적인 리더십과 정책리더십과의 차이점을 리더십의 패러다임에서 정책리더십은 리더−추종자를 이원적으로 구분하지 아니한다. 따라서 정책리더의 자기정화에 의한 정책의 결정능력과 결단력 및 윤리성 등을 정책현실에서 실천하는 리더십이다.

정책리더십은 정치와 정책과의 필연적인 관계를 고려한다. 그러나 정치과정에서 다양한 이해관계의 협상과 타협 또는 정치적인 힘을 행사하여 정치적으로 정당하고 타당한 리더의 행동이나 판단, 자질 또는 특정한 정치지도자의 리더십을 설명하는 정치리더십과는 차이가 있다는 것을 밝히고자 한다. 전통적으로 정치리더십(political leadership)은 공식적인 정치적 직위나 비공식적이지만 정치적으로 대중의 인기를 받고 있는 정치지도자의 리더십 행태나 자질, 유형, 특징 등을 설명하고 있다. 그래서 지금까지도 정치리더십은 정치과정에서의 특징적 인물의 리더십을 설명하는 경우가 많다.

동시에 정책리더십은 행정관료의 정책집행이나 행정직인 실천 등을 설명하는 관료중심의 행정리더십과도 차이가 있다. 왜냐하면 행정리더십은 관료리더십을 중심으로 국가사업이나 문제에 실질적이고 현장적인 책임과 조직이나 제도를 존속하고 보존하는 역할을 수행하면서 동시에 사업의 구체적 내용을 일과(日課) 중심으로 결정하고 집행하는 일상적인 과업중심의 리더십이기 때문이다.

정책리더십을 정책리더의 수신한 능력과 정책을 선도할 수 있는 자원과 지지의 동원과 형성으로 정의한 것을 현실적으로 설명하거나 연구할 수 있는 접근방법으로 여러 가지를 들 수 있다. 예를 들면 정책기업가(policy entrepreneur) 접근방법으로 혁신적인 정책가치와 아이디어를 창조적이고 개혁적으로 개발하고 정책을 설계하며 실제의 정책과정에서 이를 혁신과 개혁으로 실천하는 것을 강조하는 것을 들 수 있다(이동규, 206; Anderson, 2018).

접근방법으로, 정책사업을 효과적으로 추진하고 성공시키기 위해서 관련되는 정책분야의 담당자나 외부 전문가들에게 이들의 자질과 역량을 충분히 발휘할 수 있도록 필요한 권한과 힘과 자원을 제공하는 정책촉진자를 설명하기도 한다(Ferrera, 2017). 이에 반하여 정책창도(policy advocacy) 접근방법은 정책의 중요성과 효과성을 정책결정자나 대상자 모두에게 설득하고 정책을 수행할 조직을 형성하며 적극적으로 자신의 정책가치를 주도할 수 있는 능력을 강조하고 있다(Garrison 외 2인, 2017). 정책리더를 정책선도자, 정책세터(policy setter), 정책창도자, 정책대변자, 정책교육가 등으로 달리 표현하는 것도 정책창도 접근방법의 한 유형이다.

이와 같은 접근방법도 전통적인 리더십 모형이나 패러다임과는 달리 정책리더의 선도적 역할을 설명할 수 있다. 그러나 정책리더십의 자정모형은 정책리더들의 자정(自淨)에 의한 수신(修身)의 도덕성을 향상시키고 윤리성에 의한 정책의 선도를 강조하는 접근방법이라고 할 수 있다. 앞서 리더십과 선도주의의 차이점을 지적하면서 군자리더십을 간단히 언급하였지만 스스로 노력하여 군자다운 인격을 완성하는 셀프리더십이 군자리더십의 특징이다. 따라서 자정모형도 군자와 같은 정책리더의 수신을 강조하고 있다. 그러나 군자리더십은 군신관계나 상하관계의 이분법적 구분을 전제로 하고 있지만 자정모형은 본질적으로 리더-추종자 관계가 아닌 선도주의 정책사상과 같이 리더와 추정자의 평등이나 동행(同行) 사상을 강조하는 리더십 접근방법이라고 할 수 있다.

자정모형에서 자정(自淨)은 정책리더의 능력과 자질과 기술을 스스로 습득하고 학습하며 연마하는 것을 의미한다. 동시에 무엇을 위한 그리고 누구를 위한 자정인가 하는 것도 분명히 할 수 있어야 한다. 나아가 선도주의 정책사상의 실천론을 위한 자정이라고 한다면 정책의 선을 실천하고 실행하기 위한 자정이라고 할 수 있다. 물론 군자의 수신에 해당될 수도 있다.

자정모형의 핵심은 정책리더 스스로의 자기정화의 노력과 관리라고 할 수 있다. 정책리더십은 정책과제를 창조적이고 선도적으로 정립하고 정책의 이해관계자와 정책대상자 그리고 담당자들의 참여와 합의에 의해서 결정되는 일들을 원만한 정치적 관계로 정립할 수 있어야 한다고 했다. 뿐만 아니라 정책리더십에는 정책현장에서 정책을 실현하기 위해서 지지와 참여를 동원하고 유도할 수 있는 선도(先導)의 능력과 자질이 중요하다고 보고 있다.

자정모형은 정책리더의 자정기능을 할 수 있는 세부적인 실천 덕목(德目)을 여섯 가지로 구체화해 볼 수 있다[125]. 첫째, 자아진단(self-diagnosis)이다. 정책리더 자신의 개인적인 자질이나 성격, 특성, 교육이나 근무경력, 장단점, 전문분야의 위치, 능력 등에 관한 객관적인 분석노력을 선행하는 일이다. 뿐만 아니라 정책결정의 조직이나 정책환경에서 차지하는 계층상의 위치나 권한과 책임 그리고 정책분야의 연계성 등을 정확하고 분명하게 진단하는 일이다. 자아진단은 리더가 정책분야의 전문성과 경력, 일에 대한 결정력과 성실성 등을 총체적으로 스스로 진단하고 그의 성공 가능성이나 확률 등을 먼저 파악하는 것을 강조하는 덕목이라고 할 수 있다.

둘째, 자율(self-regulation)이다. 외부적이고 조직적인 통제보다 리더 스스로가 정책의 중요성과 목표와 자원동원의 가능성과 외부의 지지 등을 파악하여, 정책의 성격과 분야 등에 자기진단의 내용을 기본으로 해서 통제하는 일이다. 자기통제이기 때문에 정책리더의 자유의지와 자율결정이 중요한 요소이다.

셋째, 자결(self-determination)이다. 자신의 권한과 책임과 능력과 자격의 범위 내에서 일을 진행하고 결정할 수 있는 덕목이다.

---

125) 자정관리의 실천덕목은 동양사상의 기본적인 윤리덕목에 해당될 수 있다. 나아가 국가정치와 리더십의 기본 덕목이 될 수 있다. 이것을 정책리더십의 주체인 정책리더가 자신을 관리할 수 있는 항목으로 결집하여 정책분야에 응용한 것이 자정관리의 여섯 가지 덕목이라고 할 수 있다.

넷째, 자기적합(self-adaptation)을 들 수 있다. 정책의 성격과 분야와 조건에 따른 정책리더 자신의 개인적인 전문성과 경력, 경험, 능력, 자질 그리고 조직계층상의 위치 등을 파악하여 정책리더로서의 역할을 수행할 수 있을 것인가 하는 것 등을 판단하는 덕목이라고 할 수 있다.

다섯째, 자아실현(self-actualization)이다. 정책리더의 경험과 리더십의 수행이 자신의 존재를 개인적으로 뿐만 아니라 조직적이고 사회적으로 실현할 수 있을 것이다. 그렇다고 정책리더가 자신의 개인적인 목표를 달성하거나 아니면 개인적인 욕심을 실현한다는 것은 아니다. 정책리더의 자아실현은 정책리더로서의 역할과 자격을 충분히 그리고 만족스럽게 수행했을 때 자신의 존재가치를 정립한다는 의미의 자아실현이다.

여섯째, 공심(public mind)이다. 정책리더십은 개인이나 조직 또는 특정 단위의 집단이익이나 조건을 실현하는 것이 아니다. 대신에 좁게는 정책대상자의 이익과 혜택을, 넓게는 사회나 국가 또는 인류 전체의 이익과 행복을 실천하는 것이 정책리더십의 공심(公心)이라고 할 수 있다.

정책리더십은 이와 같은 여섯 가지의 자정 덕목을 기초로 해서 정책결정력이나 결단력을 향상시킬 수 있다고 설명한다. 마치 수신을 한 군자를 국가의 울타리이며 담장이고 성벽이라고 했듯이[126] 윤리성과 도덕성을 가진 정책리더는 정책의 도덕성을 확보할 수 있는 원천이다. 이에 따라서 자정의 정책리더의 정책결정력을 구체적으로 네 가지 정도로 요약할 수 있다.

첫째, 정책리더의 지각결정력(sense-making)을 들 수 있다. 단순한 의사결정이 아니라 무엇이 바람직하고 필요한가 그리고 무엇이 인간존재의 실현에 타당하고 적절한가 하는 의사결정의 본질을 결단하고 결정할 수 있는 정책결정자의 능력을 의미이다.

둘째, 정책리더의 정책분석력과 논쟁 능력이다. 정책현실을 이치에 맞게 이해

---

126) "价人維藩 大師維垣 大邦維屏 大宗維翰 懷德維寧 宗子維城 無俾城壞 無獨斯畏"(『詩經』, 大雅, 生民).

하고 나아가 정책의 이해관계자나 대상자 또는 일반적인 정책추종자의 뜻과 목적을 이해하면서 이를 정책에 접목시킬 수 있는 정책분석력이라고 할 수 있다. 장기적이고 광의의 목적과 비전을 정책메커니즘에 접목시킬 수 있고, 정책리더 자신의 감정이나 추종자나 기타 정책리더와의 관계를 합리적이고 이성적으로 처리할 수 있는 감성리더십(어용숙·김묘성, 2017; Yan, 2010)도 자정관리에 의한 정책분석력이라고 할 수 있다.

셋째, 정책리더십의 실질적인 정책집행력이다. 정책을 실현시키는 중요한 분야가 정책현장에서 정책을 실현시키는 것이다. 정책을 실현시킬 수 없으면 정책은 실패한다. 정책이 성공적으로 집행되어야 실제로 수신을 한 정책리더십의 효능이 실현되었다고 할 수 있다.

넷째, 자정관리를 통하여 정책의 윤리기준과 도덕성이 향상되면 정책의 조화를 달성할 수 있는 능력이 향상될 것이다. 정책리더십의 종국적인 목적은 정책에 관련된 정책의 비용과 혜택을 조화롭게 정리하여 정책을 원만하게 종결하면서 동시에 정책을 성공적으로 실시하여 정책효용을 향상시키는 것이다. 따라서 리더십에는 이해관계자와 참여자 및 추종자의 입장을 오케스트라의 지휘자가 조정하여 조화시키는 것과 같은 능력이 필요하듯이 자정관리를 통해서 조정하고 통합할 수 있을 때 정책은 조화될 것이다.

자정관리에 의한 정책리더의 결정력이 정책결단력(policy determination)으로 종합된다고 할 수 있다. 결단력은 필요한 때와 장소에서 필요한 결정을 적절하면서도 조화롭게 결정하고 추진할 수 있는 힘이라고 할 수 있다. 결단력이 정책을 선도하고 주창하면서 정책의 가치를 실현시킬 수 있는 핵심적인 요소이다. 정책리더십은 우유부단하거나 용두사미 식의 정책결정에서 탈피하여 조화와 공존의 원만한 리더십을 행사하면서도 현실적으로 시기와 조건, 장소에 따라서 필요하고도 충분한 정책조건을 실현할 수 있는 정책리더의 능력과 자질을 강조하고 있다. 이와 같은 결단력이 정책의 선을 주창하고 실현할 수 있는 선도주의의 실천철학의 중심적인 주제어가 될 수 있을 것이다.

이와 같은 하나의 사상으로 공자의 배움에 관한 것을 들 수 있다. 즉 "배우기만 하고 사고하지 아니하면 고집불통과 같이 된다(망:罔). 반대로 생각만 하면서 배움이 없으면 위태롭다[127)"라고 했다. 그 배움의 본질적 성격을 정자(程子)는 "박학(博學)하고 자세하게 의문을 가지며 신중하게 생각하고 선악이나 시비를 분명하게 판단하며 배운 것을 명철하게 실천하는 것이다. 이것을 하나라도 폐기하면 배움이 아니다[128)"라고 했다.

공직자나 정책전문가로서 정책리더의 일반적인 학문적 소양이나 정책결정과 실행에 필요한 전문적인 지식이나 기술을 배우고 익힌(학습:學習) 것이 그 자체만으로 충분하지 않다는 것을 공자가 익히 강조한 것이라고 할 수 있다. 정자가 말한 바와 것과 같이 전문적인 기술과 지식을 현실적인 가능성이나 윤리적이고 도덕적인 가치판단 등을 할 수 있는 정책능력이라고 한다면, 이것은 선도주의의 정책의 선의 실천적인 것이 될 수 있을 것이다. 즉 정책개입을 통한 정책의 정당성을 현실적이거나 이론적으로 깊이 사고하고 그것의 문제점과 장단점 등을 파악하고 결정하면서 정책리더로서 분명한 자기입장의 판단을 가지고 정책을 신중하면서도(신:愼) 견실하게(독:篤) 실천할 수 있다면 이것이 선도주의 정책사상의 실천론이 될 수 있을 것이다.

일상적으로 정책의 결정자나 집행자는 정책의 성공을 통한 자기발전이나 자아를 실현하기보다도 조직에서의 승진이나 명성의 획득, 정치적인 당파주의에 승리하는 것 등에 더 많은 관심과 이해관계를 가지게 된다(전선숙 외 2인, 2012: 265-266). 그래서 정책을 통한 국가개입주의의 정당성보다는 정책의 실천으로 당파적이고 조직적이며 때로는 개인적 이해관계를 추구하기도 한다.

그러나 정책리더십의 결단력은 선도주의 정책사상에서 밝힌 바와 같이 정책의 선, 즉 정책을 통한 정책가치와 목표의 실현에서 무엇이 좋고 올바르며 정의인가, 무엇이 공동체사회의 공공의 선이나 이익을 위한 것인가, 다양성과 차이점

---

127) "子曰 學而不思則罔 思而不學則殆"(『論語』, 爲政).
128) "程子曰 博學審問愼思明辯篤行 五者 廢其一 非學也"(『論語集註』, 爲政).

을 어떻게 인정하고 배려할 것인가, 전통가치의 본질적 선이나 바람직함은 무엇인가 하는 것 등을 판단하고 결정하는, 정책의 선을 주창하고 선창하는 철학적 사고체계라고 할 수 있다. 이와 같은 철학적 사고체계는 정책리더의 자정에서 출발된다고 설명할 수 있다. 그래서 선도주의 정책사상의 실천론으로 특히, 자정의 덕목에서 발현되는 정책결단력을 기반으로 하면서 정책의 선을 선창하고 주창하며 창도할 수 있는 정책리더십을 선도주의의 실천론으로 설명한 것이다.

정책리더십의 자정모형을 선도주의 정책사상의 실천론으로 설명한 것을 <그림 4-2>와 같이 요약할 수 있다.

〈그림 4-2〉 선도주의 정책사상의 실천론: 정책리더십의 실천구도

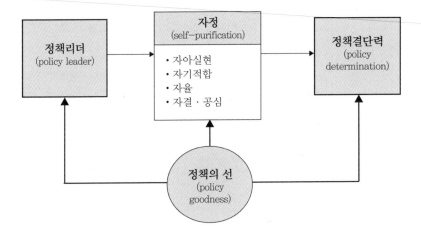

정책사상 대계
政策思想 大系

제 5 장

균형주의

제 **5** 장

균형주의

정책사상은 정책의 본질에 관한 철학적 사고를 체계화하고 이론화하여 정책학의 학문적이면서도 실천적인 중심이론으로 자리매김하는 것이라고 하였다. 이와 같은 정책사상은 국가주의를 시원(始原)으로 해서 선도주의 및 균형주의 등과 같은 일련의 사상으로 연결되면서 하나의 틀인 대계(大系)로 구성되어 있다고 했다.

국가주의 정책사상은 통치권한과 정책권을 독점적으로 소유하고 있는 국가독점주의 및 국가우월주의에 의한 개입주의를 중심으로 하고 있다. 즉 국가개입주의가 국가주의 정책사상으로 재조명되면서 국가는 왜 자유롭고도 자율적인 개인이나 집단의 의사결정과 판단에 개입하거나 간섭하는가 하는 것을 정당성으로 설명한다고 했다. 이와 같은 정당성은 그 자체로서 국가개입주의를 정당화시키거나 존재를 인정하는 것이 아니라 국가의 정책결정이나 판단과 실현은 좋음과 옳음, 정의, 인정과 배려, 전통가치 등과 같은 정책의 선에 의하여 정당화되는 선도주의 사상에 의존하고 있다고 했다. 즉 국가를 대표하는 정부정책을 통한 국가개입주의는 무엇이 정당하고 선하며 바람직한가, 누구를 위한 국가의 정책개입이며, 그 목적과 수단은 정의롭고도 올바른가 하는 등의 정책의 선을 실천하고자 하는 선도주의 정책사상에서 국가개입주의는 계속적으로 정당성을 가진 정책사상의 근원이 된다고 했다.

선도주의에 의한 국가주의 등과 같은 정책사상은 균형주의 정책사상에서 조금 더 자세히 철학적으로 사고하면서 그의 이론적 체계를 세워갈 수 있다. 예를 들면 온정주의적 정책개입의 정당성인 성숙의 원칙이나 감사 및 위해의 원칙 등은 개인적 이해관계의 충족과 만족에 초점을 둔 것이다. 개인이 정신적이거나 육체적이고 사회적으로 성숙할 수 있다면, 물론 개인의 동의나 지지에 관계없이 국가는 개인의 판단과 결정에 개입할 수 있다고 했다. 이때 개인적 수준의 감사나 성숙, 만족 또는 위해를 제거하는 그 자체만으로 국가개입주의 정당성은 충분하다고 할 수 없다. 물론 필요의 조건은 되겠지만 국가개입주의의 정당성은 공공이익의 우선이라는 또 하나의 개인적 정당성과도 충돌되거나 갈등하지 아니해야 할 것이다. 그래서 공공이익의 우선의 원칙도 제시되고 있다.

마찬가지로 국가개입주의는 사회적 선이나 정의 및 행복과 평화, 국가의 보편적 이익이라는 사회적이고 공공적인 정당성이 필요조건의 수준으로 논의되었다. 사회적 정당성을 갖춘 국가주의를 선도주의 정책사상에서 무엇이 좋음이며 옳음이고 정의인가 하는 등의 정책의 선의 기준과 요소에 의해서 밝혀지면서, 실질적으로 정책을 결정하고 실천할 수 있는 정책권한과 통치능력을 지배적으로 행사할 수 있는 정책역량에 따라서 국가능력이 결정된다. 때문에 좋은 국가는 좋은 정부 및 좋은 정치에 따라서 좋은 정책을 결정하고 실천할 수 있다는 선도주의 정책사상의 실천론이 필요하다고 했다.

국가개입주의를 중심으로 하는 국가주의가 선도주의 정책사상으로 보다 구체화되고 현실화되었지만 정책사상으로서 균형주의(the principle of policy balance)는 이론적일 뿐만 아니라 현실적으로 정책개입에 의한 정책인과의 정당성과 동시에 선도주의에서 설명한 정책의 선이 물리적이고 정신적으로 균형되어 있는가 하는 것을 철학적으로 사고하고 설명하는 것이다. 즉 사회적 정의와 사회적 선, 사회평화와 행복 등이 국가개입주의의 정당성의 규범적이고 실천적인 기준이고 요소이다. 동시에 정책개입이라는 현실적 국가행위인 통치작용에 의한 정책인과, 즉 정책과 그 결과와의 원인관계는 정책의 비용과 혜택, 정책의 목표와 수단, 정책의 선악과 시비, 정책의 정의와 불의 등과 같은 다양한 요소들이 서로 간에 충돌되지 아니하고 조화되면서 균형을 잡고 있는가 하는 것 등을 균형주의 정책사상에서 철학적으로 사고할 필요성은 매우 크다고 할 것이다.

국가개입주의의 정당성과 선도주의 정책사상의 정책의 선의 실현 등은 그 자체로서 각각 분리되거나 유리되어 있는 것이 아니다. 대신에 균형주의 정책사상에 따라서 상호간에 원만히 조화되어 있다는, 즉 균형되어 있다는 사실을 물리적이고 정신적으로 설명하는 것이 균형주의 정책사상이다. 즉 균형주의 정책사상은 정책사상 대계(大系)에서, 앞서의 국가주의와 선도주의의 사상이나 개념 등을 물리적이고 정신적으로 균형화(balancing) 하는 것을 회고(回顧)적 관점에서 설명하고자 한다. 동시에 국가주의와 선도주의에서 구체화된 정책사상의 체계와 이론적 사고 등이 현실주의와 물아주의 등과 계속적으로 체계화되고 이론화될 수 있는 철학적 사고도 제공하는 정책사상이다.

정책사상을 정책의 본질에 관한 철학적 사고를 이론적이면서도 체계적으로 정립하는 정책학의 핵심이론이라고 정의하였다. 따라서 정책사상으로 균형주의는 정책사상 대계를 연결하는 중간다리로서, 국가주의와 선도주의 정책사상에 의한 국가정책의 현실적인 정책인과가 실천지식과 지혜 및 판단과 책무 등의 정책의 실천성을 설명하는 현실주의 정책사상(제6장)의 사상적인 기초를 제공할 수 있을 것이다. 나아가 인간과 비인간 상호간의 관계에 의한 인간중심주의적 물아주의 정책사상에서도(제7장) 인간과 사물과의 관계를 물리적일 뿐만 아니라 정신적인 균형사상을 제공하게 될 것이다.

균형주의 정책사상을 철학적 체계를 가진 정책이론으로 정립하기 위해서 먼저 무엇이 균형인가 하는 균형의 개념부터 논의하고자 한다. 철학적 사고로 정립된 균형 개념을 여타의 여러 분야나 학문에서 이해하고 있는 균형(balance 또는

equilibrium) 개념과의 차이점 등을 밝히면서 정책사상으로서 균형주의의 특성을 설명하고자 한다. 나아가 균형주의 정책사상의 실천이론으로서 국가의 정책개입의 원인과 그 결과에 의한 정당성의 실현 및 국가개입주의에 의한 분배의 정의의 실현 등을 실천적으로 체계화 하고자 한다. 마지막으로 인구정책에서 균형주의 정책사상을 이해해 보고자 한다[1].

1. 균형주의 정책사상에서 균형의 개념

1) 균형의 개념

정책사상으로서 균형주의를 이해하기 위해서 먼저 '균형(balance)'의 개념을 설명하고자 한다. 균형은 물리적일 뿐만 아니라 정신적인 개념을 다함게 포함하고 있다. 따라서 정책사상으로서 균형주의는 정책의 물리적이고 정신적인 인과관계를 동시에 고려하고 천칭(天秤)[2]하기 때문에 균형도 물리적이고 정신적 균형을 동시에 의미하는 개념이라고 할 것이다.

한글에서 균형(均衡)이란 단어가 하나로 표기 되고 있다. 먼저 사전적 의미의 균형을 "어느 한 쪽으로 치우치거나 기울지 않는 고른 상태"(『우리말 큰사전』)라고 정의하고 있다. 이와 같은 개념은 아마도 정적인 상태의 균형을 의미하는 영어의 'equilibrium'에 해당될 것이다. 그리고 'balance'를 저울과 같은 천칭(天秤)으로 번역하는 경우도 있다(『과학백과사전』).

영어권에서 균형(balance)의 어의적 개념은 보다 다양하고 복잡하다. 먼저 옥스퍼드 영어사전에서는 균형을 "중심축에 따라서 자유롭게 움직이게 할 수 있

---

1) 제5장의 균형주의 정책사상은 필자의 『정책균형이론』(2008), 경산: 영남대학교 출판부)를 기초로 하여 수정하고 재구성한 것이다. 관련되는 참고문헌이나 자료 등을 보완하였다.
2) 천칭(天秤) 또는 천평칭(天平秤)으로 알려진 저울은 저울대에 매달린 두 개의 저울판이 평형을 이룰 때, 즉 좌우의 균형으로 두 물체의 무게가 같다는 반비례 원칙을 이용한 기구이다.

는 비교형량의 장치"라고 했다. 그리고 "다양한 세력간의 균형(equilibrium)을 생성해 내는 조건이나 절차" 또는 "수입과 지출, 부채와 자산 등의 총액의 회계적인 일치와 조정" 등을 균형이라고 했다. 또한 역학이나 기계에서는 방향과 힘을 가진 벡터(vector)의 합이 영(0)인 상태, 즉 수축력과 이완력의 합이 영이 되어 움직이지 아니하는 정적인 상태라고 정의하고 있다.

이와 같이 균형은 힘의 균형에서부터 사람 신체의 균형(심리적 균형이나 인지균형 등 포함), 일과 삶에서의 균형, 수입과 지출의 균형, 기계구조 역학에서의 균형, 게임이론에서의 균형, 수학연산에서의 균형, 타이어의 균형, 발레(ballet)에서 무용수의 몸무게 중심의 균형, 체조선수들이 사용하는 평균대(balance beam)의 균형, 물건의 무게를 측정하는 저울의 균형 등에 이르기까지 물리적일 뿐만 아니라 정신적 용어로 다양하게 이해되고 있는 개념이기도 하다.

정책사상으로 균형주의를 이해하기 위한 범위에서 보더라도 균형 개념을 물리적이고 체제적 측면에서의 균형뿐만 아니라 정신적이고 감성적 측면에서 이해할 필요가 크다. 먼저 정신적이고 감성적 측면에서 균형은 안정된 상태(stability)나 균형(balance)을 유지하거나 창출할 수 있는 능력과 자질에 관한 문제, 즉 균형감각(sense of balance)에 초점을 두고 있다. 그래서 이것을 사전적 의미에서 "모든 요소를 고려하여 균형을 유지하는 상태(on balance)"라고 이해할 수 있다 (https://en.oxforddictionaries.com). 그러나 행정적 의미에서는 분산된 행정기능이나 제도 및 행위 등의 반대적이고 대립적인 입장을 조정하는(Dimock, 1958: 28-29) 생명체의 길항(拮抗)작용(antagonism)과도 같이 이해되고 있기도 하다[3].

심리적이고 정신적 상태에서 모든 요소를 고려하는 균형은 합리적 판단과

---

3) 20세기 초기의 미국정치학자 Marshall Dimock(1903-1991)은 행정철학을 행정의 주요 활동을 통합하기 위한 신념과 현실체계라고 정의하면서 그의 주요 개념으로 성장, 균형, 전략, 리더십, 동기부여 등을 제안하였다. 특히 여기서 그는 균형을 행정제도 중심의 길항작용(balancing countervailing factor)이라고 하는 소위, 전통적인 힘의 균형으로 설명하였다(1958: 1-6). 특히 그는 1950년대의 행태주의에 집착하는 실증적 미국행정학에서 행정은 기술이 아니라 철학이라고 주장하여 행정학에 철학적 사고를 강조한 선구자로 꼽히고 있다.

원만한 행동의 기본이 된다. 즉 균형을 만들고 유지할 수 있는 균형감각 (balancing sense)을 의미한다. 균형감각에 따라서 국가주의 정책사상에서부터 진행된 정책개입의 정당성이나 정책의 선을 선도하고 실천하는 선도주의 정책사상 등과 연계될 수 있는 정책사상의 균형점을 발견하고 유지할 수 있을 것이다.

정신적 균형상태에서 합리적 의사결정과 판단을 할 수 있는 것이 균형감각의 핵심이다. 정신과 감정의 균형상태가 달성되어야 합리성을 얻을 수 있다. 물론 정신세계의 진행과정인 균형감각의 실천과 작용을 물질세계에서와 같이 명백히 구분하기 어렵다. 정신세계의 균형상태도 외부의 물질적이고 정신적 자극과 투입을 중요한 요소로 받아들인다. 따라서 균형감각을 어느 한 편에 치우치거나 또는 편협되지 아니하면서도 사물의 본질을 이해할 수 있는 인간의 능력이라고 할 수 있다.

균형감각에 의한 균형 개념은 변증법적 상대개념인 시비, 물질과 정신, 주객, 고저장단, 유무, 선악, 정의와 불의, 질서와 무질서 등의 한계에 따라서 행동하고 판단하는 것이 아니다. 이것은 현상세계를 이원적으로 구분하는 훈련된 습관이고 패러다임이다. 본질적인 측면에서 보면 위에서 지적한 상대적인 개념들이 대립되면서도 상호간에 원만히 조화되어 있을 것이다. 상대를 의지하면서 자신의 독자적 본질을 드러내지만 이것이 어느 한 쪽에 흡입되거나 소멸되는 상태가 아니라 균형을 유지하고 있다고 균형 개념을 이해하는 것이 균형주의 정책사상이다.

어느 한 쪽이나 양변에 치우지지 않는 고른 상태이면서 실천적으로는 안정된 심리상태에서 합리적이고 이성적 결정과 행동을 할 수 있는 균형감각이 균형 개념에서 중요하다. 이와 같은 균형감각의 이해는 유교의 중도(中道) 또는 중용(中庸) 사상과 상통할 수 있다4).

먼저 『중용』에서 중용이 실천윤리의 가장 중요한 덕목으로 설명되고 있다. 즉 희로애락(喜怒哀樂)의 표현과 사용을 되도록 절제하고 인간 마음의 평정 상태에서 행복을 추구하는 것을 중용이라고 했다. 보다 구체적으로 중(中)이란 편벽

---

4) 유교사상에서 균형 개념은 필자의 "유교사상에서 본 정책균형의 본질"(『행정논총』. (2006). 44(2)을 재구성한 것이다.

되거나 치우치지 않고 넘치거나 모자람이 없는 것이다. 용(庸)은 평상적인 상태라고 했다. 또한 희로애락의 마음을 발생시키지 아니하는 것이 중(中)이다. 그러나 이와 같은 마음을 발생시키지만 모든 사물의 이치와 윤리에 타당한 것을 화(和)라고 했다. 따라서 중(中)은 천하의 근본이고 화(和)는 평상적 상태인 도의 세계를 실천하는 것이라고 했다. 그래서 중(中)과 화(和)를 현실적으로 실천하고 이를 현실세계에서 마음대로 활용할 수 있으면 천지의 모든 사물과 모습이 제자리를 찾게 되고 만물이 성장하고 발전하게 된다. 즉 정상의 상태에서 천지와 만물은 조화된다고 했다[5].

이와 같은 중화(中和)를 실천할 수 있는 능력과 자질을 가진 자는 군자(君子)이고 그렇지 못하면 소인이라고 했다. 때문에 개인적 수준에서 중용을 실천할 수 있는 능력과 자질을 교육하고 훈련하는 수기(修己)를 강조하고 있다. 물론 이와 같은 중용의 최후의 길은 언어나 논리의 세계가 아니라 각자 깨달음인 도의 세계이다. 즉 공문(孔門)인 공자의 도를 논의하는 학파)에서 전수해 오는 마음의 법(심법:心法)이라고 했다[6].

이와 같은 실천적 어려움이 있는 중용의 세계를 맹자는 중도를 실천할 수 있는 사람을 바라지만 그렇지 못한 경우에, 즉 중도의 실천자는 못되지만 그래도 뜻은 높고 크면서 진취적이지만 실천력이 부족한 사람(광자:狂者)이나, 불의(不義)를 행하지 아니하며 부끄러움을 알면서 본분을 지키는 자(견자:獧子) 등을 차등으로 이야기했다[7]. 그러나 일반적으로 정상적인 균형상태에서 합리적 판단과 이성적 결정을 할 수 있는 개인적 자질과 능력의 수준인 정신세계를 유교의 중용사상이 강조하고 있다.

중화(中和)에서 균형이 이루어지는 것을 음양설(陰陽說)로 설명하기도 한다.

---

5) "中者 不偏不倚無過不及之名 庸 平常也 喜怒哀樂之未發 謂之中 發而皆中節 謂之和 中也者 天下之大本也 和也者 天下之達道也 致中和 天地位焉 萬物育焉"(『中庸』).
6) "子程子曰 不偏之謂中 不易之謂庸 中者 天下之正道 庸者 天下之定理 此篇 及孔門傳授心法 子思恐其久而差也"(『中庸章句』).
7) "孟子曰 孔子 不得中道而與之 必也狂獧乎 狂者進取 獧者有所不爲也 孔子豈不欲中道哉 不可必得 故思其次也"(『孟子』, 盡心 章句 下).

국가와 구성원인 국민과 사회, 조직과의 균형이 완성된 상태를 이상주의적 국가인 덕치(德治)와 무위(無爲)가 어우러진 조화의 국가 등으로 설명한 것이다. 제7장의 물아주의 정책사상에서 물아(物我)의 상호관계에서 조금 더 자세히 설명하겠지만 균형은 견제와 협조를 통한 쌍방의 균형이며 상호간의 자율적이고 독립적인 자율성과 동시에 상호의존의 상태에서의 균형을 의미한다고 이해할 수 있다. 물론 이와 같은 중화의 균형이 깨어질 때, 이것을 균형의 상태로 되돌려 놓을 수 있는 사상도 균형주의 정책사상에서는 매우 중요하다. 이것을 음양론은 좌우상하가 이끌어 주고 도와주어야 천기(天氣)와 지기(地氣)가 조화될 수 있다는, 즉 음양의 묘(妙)를 달성할 수 있다고 했다(김충렬, 2004: 20 - 22; 김미영, 2016: 174 - 175)[8].

정신적이고 감성적인 정상의 상태에서 균형감각을 유지하거나 창출할 수 있는 군자의 능력과 자질을 유교의 수신론(修身論)이 강조하고 있다. 따라서 유교사상은 수신(修身)한 군자의 중용이나 중도의 상태에서 균형은 달성될 수 있다고 보고 있다. 그래서 『중용』에서 "오직 군자만이 중용을 체화(體化)하여 행할 수 있고 소인은 안된다. 왜냐하면 군자는 시중(時中)을 알고 실천하기 때문이며 소인은 헛되이 망령되게 행동하면서 경계하거나(기:忌) 두려워함(탄:憚)이 없기 때문[9]"이라고 하는 이유가 바로 여기에 있다. 그래서 공자도 "군자는 편벽되거나 치우치지 않지만, 즉 중용이지만 소인은 그렇다고 했다[10]. 그러나 선천적 신분에 관계없이 누구든지 군자의 조건, 즉 수신을 하면 군자가 될 수 있다는 의미에서 군자는 카스트제도와 같은 신분계급과는 다르다(김종식, 2003: 200 - 201).

---

8) 음양을 하늘과 땅의 두 가지 기운의 조화라는 의미에서 역시 변증법적 이분법으로 설명하는 것(김충렬, 2004: 21(각주 12)이라는 지적도 있다. 음양 그 자체가 하나의 조화로운 과정으로 진행되는 과정론을 강조한 것으로 이해할 수 있다. 그러나 음양은 동양사상에서 만물의 조화, 즉 균형의 상대적인 입장을 설명하는 것으로 음과 양, 하늘과 땅의 조화가 분리되기보다 각각의 처중양변(處中兩邊)의 상태에서 조화되어 있다는 사실을 강조하는 것으로 이해하는 것이 보다 더 타당할 것 같다.

9) "仲尼曰 君子 中庸 小人 反中庸 君子之中庸也 君子而時中 小人之反中庸也 小人而無忌憚也"(『中庸』).

10) "子曰 君子 周而不比 小人 比而不周"(『論語』, 爲政).

군자 수신론에 의한 균형 개념의 핵심은 군자의 균형감각을 활용할 수 있는 실천덕목에 있을 것이다. 만약 국사(國事)의 담당자로서 정책을 결정하고 관리할 수 있는 군자는 정책의 본질을 파악하고 분석할 수 있어야 한다. 즉 구체적 정책 수단이나 프로그램 등을 정책목표와 관련하여 균형되게 마련하고 시행할 수 있는 능력과 자질이 요구될 것이다. 이와 같은 균형, 즉 중용의 상태에서 국사를 담당하는 것이 중요하다는 사실을 특히 『서경』에서 백성과 더불어 중도의 길을 가는 것이라고 했다. 즉 일반 백성들의 마음은 불안하고 도심(道心)을 구하는 일이 적다. 따라서 국가 지도자는 오직 정신을 하나로 모아 성실하게 중도의 길을 지켜야 한다고 했다[11].

그리고 노자(老子)는 수신한 군자들이 국가정책을 결정하고 시행하여 균형된 사회를 형성하는 방법을 활대에 활줄을 메우는 장궁(張弓)에 비유하기도 했다.

"높은 쪽은 억누르고 낮은 쪽은 추켜올리고 부족하면 보태고 남으면 덜어내는 것은 하늘의 도이다. 이것은 모든 조건을 보편적으로 조화시킬 수 있는 상태이다. 그러나 사적인 이해관계에 몰입하여 국가의 균형된 국익과 사회의 조화를 외면하는 인간무리의 도는 하늘의 도와 반대로 모자라면 더욱 덜어내서 그것을 넘치는 곳에 보태 주는 것이다"[12].

그렇기 때문에 『중용』에서 "노나라 애공(哀公)이 공자에게 정사(政事), 즉 국사를 묻자 정책을 잘 결정하고 시행하는 것이며 여기에는 정책을 담당할 사람, 즉 인(仁)과 덕(德)을 겸비한 수신한 군자가 있어야 정사를 성공시킬 수 있고 군자가 없으면 정사가 끊어진다"라고 했다[13]. 그래서 중용의 덕을 실천할 수 있는

---

11) "民協于中 (중략) 人心 惟危 道心 惟微 惟精惟一 允執厥中"(『書經』, 大禹謨).
12) "天之道 其猶張弓與 高者抑之 下者舉之 有餘者損之 不足者補之 天之道 損有餘而補不足 人之道則不 然 損不足以奉有餘"(『老子』, 天道). 따라서 노자의 무위정치인, 위무위 즉 무불치(爲無爲 則無不治)를 만물의 조화로운 상태나 자연과 사물의 순리적 이치와 조화에 따라서 정치를 한다는 것으로 이해할 수 있다. 때문에 이것은 천도(天道)를 강조한 것이라고 할 수 있다.
13) "哀公 問政 子曰 文武之政 布在方策 其人存 則其政舉 其人亡 則其政息."(『中庸』).

균형감각을 가진 정치를 "군(임금)은 군답고 신하는 신하답고 백성은 백성답게 하는 것"으로 공자가 비유하였다[14]. 즉 '답다'라는 것은 자신의 위치에서 해야 할 일을 평상의 상태에서 균형되게 실천할 수 있다는 의미이다. 그래서 "자신의 위치와 직위에서 타당하고 적절한 정책을 준비하고 결정할 수 있는 사람이 군자다. 따라서 군자는 항상 이와 같은 본문을 잊지 아니한다"[15]라고 했다. 또한 "군자는 국사를 해치는 편벽된 말이나 간사한 말, 책임을 회피하는 말(정보) 등에 현혹되거나 속지 않는다"고 했다. 때문에 항심(恒心), 즉 "편벽되거나 치우치지 않는 일정한 마음의 상태를 유지한다"고 했다[16].

그리고 『주역』에서, 항심의 항(恒)을 "강한 것이 위에 있고 부드러운 것이 아래에 있으며 천둥과 바람이 서로 함께하고, 온순하면서도 동태적이고 강하고 부드러움이 함께 서로 상응하는 것이 일시적이 아니라 계속되는 것"이라고 해서 역시 중도사상을 설명하고 있다. 즉 땅의 도(곤도:坤道)와 하늘의 도(건도:乾道)를 순리로 수행할 수 있는 그러면서도 유연하고 움직임이 강하고, 고요하면서도 덕이 사방에 미칠 수 있을 때 중도의 덕인 중덕(中德)이 실현된다고 했다. 따라서 이와 같은 중용의 도와 덕을 구비할 수 있을 때를 동인(同人)이라고 했다. 즉 동인의 상태에서는 하늘의 뜻에 계합(契合)할 수 있고 인간문명을 밝히는 일을 행할 수 있다고 보았다. 그러나 동인의 상태를 실천할 수 있는 것은 역시 군자만이 할 수 있다고 했다[17].

특히 정책주체인 군자가 균형감각을 유지하지 못하고 편벽되거나 사사로운 감정에 지배당해서 안된다는 것이 유교사상의 중심을 점하고 있다. 그래서 공자

---

14) "齊景公 問政於孔子 孔子 對曰 君君臣臣父父子子"(『論語』, 顔淵).
15) "子曰 不在其位 不謀其政, 曾子曰 君子 思不出其位"(『論語』, 憲問).
16) "何謂知言 曰 詖辭 知其所蔽 淫辭 知其所陷 邪辭 知其所離 遁辭 知其所窮 生於其心 害於其政 發於 其政 害於其事,"(公孫丑章句 上); "無恒産而有恒心者 惟士爲能 若民 則 無恒産 因無恒心 苟無恒 心放辟邪 侈 無不爲已"(『孟子』, 梁惠王章句 上).
17) "彖曰恒 久也 剛上而柔下 雷風相歟 巽而動 剛柔皆應 恒"(雷風恒); "文言曰坤 至柔而動 也 剛至靜而 德方 (중략) 坤道 其順乎 承天而時行"(坤爲地); "彖曰 同人 柔得位 得中 而應乎乾 曰 同人 (중략) 乾行也 文明而健 中正而應 君子正也 唯君子 爲通天下之志"(『周易』, 天火同人).

도 정공(定公)이라는 노나라 임금에게 "임금 역할하기도 어렵지만 신하 역할을
하기도 쉽지 않다"[18]라고 하는 세인의 말을 인용하여 군왕의 어려움을 지적했다.
그래서 "오직 천자만이 복을 짓거나 벌(위협)을 받는다"[19]는 『서경』의 지적은 군
자의 중용에 의한 균형감각의 중요성을 한마디로 요약한 것이라고 할 수 있다.
왜냐하면 "하늘아래 그 어느 한 곳도 임금의 땅(王土사상)이 아닌 곳이 없고 그
누구도 임금의 신하가 아닌 사람이 없다; 그래서 부드럽다고 모두 다 수용하지
않고 딱딱하다고 모두 다 뱉지 않으며 홀아비나 과부도 업신여기지 않고 힘세고
사나운 자도 두려워하지 않는다"[20]라고 했기 때문이다.

그래서 『주역』은 이것을 한마디로 요약하여 "대군, 즉 군왕이라야 마땅히
중용을 행할 수 있다"[21]라고 했다. 중용의 도를 실천할 수 있는 대군은 윗자리에
위치하지만 천자나 군왕으로서 자연과 사람의 질서에 순응하고 겸손하다. 중용의
도로서 천하의 여론이나 그들의 욕구와 이해관계를 살피고 관찰해야만 국사를 수
행할 수 있다고 했다[22]. 때문에 『서경』에서 조화로운 자연현상도 국가를 다스리
는 군왕이 천도를 따르고 중도를 실천하면 가능하다고 했다. 예를 들면 "군왕이
엄숙하면 때에 맞추어 비가 오고 정치를 잘하면 때에 맞추어 날이 맑고 오만하면
장마가 계속되고 무질서하면 가뭄이 심하고 조급하면 춥고 도리를 모르면 바람이
심하다"[23]고 했듯이, 자연의 조화 현상을 치자(治者)인 군자의 중용적 균형감각
에 비유하여 설명하기까지도 했다.

이것을 뒤집어서 이해하면 군왕과 신하가 자신에게 주어진 역할을 제대로
하는 것이 어렵다고 하지만 이와 같은 국사의 어려움을 잘 알고 있다면 의도하고

---

18) "人之言曰 爲君難 爲臣不易"(『論語』, 子路).
19) "惟辟作福 惟辟作威 (중략) 臣無有作福作威"(『書經』, 洪範).
20) "溥天之下 莫非王土 率土之濱 莫非王臣"(北山); "柔亦不茹 剛亦不吐 不侮矜寡 不畏彊
    禦"(『詩經』, 蕩).
21) "象曰大君之宜 行中之謂也"(『周易』, 地澤臨).
22) "象曰大觀 在上 順而巽 中正 以觀天下 (중략) 象曰風行地上 觀"(『周易』, 風地觀).
23) "曰休徵 曰肅 時雨若 曰乂 時暘若 曰哲 時燠若 曰謀 時寒若 曰聖 時風若 曰咎徵 曰狂
    恒雨若 曰僭 恒暘若 曰豫 恒燠若 曰急 恒寒若 曰蒙 恒風若"(『書經』, 洪範).

목적한 대로 국사를 진행할 수 있고 이에 따라서 정책을 성공시킬 수 있다[24]는 『서경』의 지적이 타당할 것 같다. 단지 어렵다고 두려워 할 것만이 아니라 두려움과 방자함(경박함)의 양자의 입장에서 중용의 실천적 능력을 발휘하는 것이 중요하다고 할 것이다. 그래서 다시 "치우치거나 편벽되거나 어느 당파에 기울지 아니하는 균형감각에 의해서 국사를 결정해야 왕의 길이 평탄(탕탕:蕩蕩)할 것이고 평정하며 쉬울 것이다(평평:平平). 그리고 반(反)하지 않고 기울어지지 아니하면, 즉 정의롭고 형평하면 왕도는 곧고 바를 것"[25]이라고 했다. 물론 군왕이 사사롭고 편벽된 생각에서 벗어나 음과 양, 바람과 비, 어두움과 밝음 등과 같은 균형에 따라서 다양한 조건을 조화시킬 수 있도록 할 수 있는 참모나 관료(군신)의 노력이 중요하다는 지적도 있다[26].

그렇지만 더욱 중요한 것은 정책주재자로서의 균형감각이 선행되어야 할 것이다. 그렇지 않다면 신하들이 국사의 보고서나 분석론을 아침에 올렸다가 저녁에 그 화(禍)를 당하여 교체당한다는 전철[27]을 밟게 되는 일이 많다는 것은 동서고금의 사실이다. 그래서 군왕이 균형감각을 상실한 상태에서 결정하는 국사의 결과는 호랑이보다 더 무섭다고 회자된 것이다[28].

불교사상은 중용을 중도 또는 중론, 중관 등으로 표기하고 있으나 일반적으

---

24) "日后克艱厥后 臣 克艱厥臣 政乃乂 敏德."(『書經』, 大禹謨).
25) "無偏無黨 王道蕩蕩 無黨無偏 王道平平 無反無側 王道正直"(『書經』, 洪範). 이것을 공자는 "군자는 평탄하고 넓고 너그럽다"(坦蕩蕩)(『論語』, 述而)라고 했다. 이것을 보면 군왕은 곧 군자이어야 된다는 것으로 이해할 수 있다.
26) "歲功成者 何謂也 四時之吏 五行之佐 宣其氣矣 聖人不言而百姓親 萬邦寧者 何謂也 三公論道 六卿 分職 張其教矣 是知君逸於上 (중략) 六氣不和 災眚薦之 願避位以禳之"(『古文眞寶』, 後集, 待漏院 記).
27) 이와 같은 비유는 초나라 굴원(屈原)이 간신들의 질투에 참소되어 멀리 유배당하자 우수에 젖은 서정시, "아침에 말을 더듬을 정도로 조심스럽게 진언했다가 저녁에 교체된다"(謇朝誶而夕替)에서 온 것 이다(『古文眞寶』, 後集, 離騷).
28) "공자가 태산을 지나가다가 한 여인이 슬피 우는 이유를 묻으니 시아버지와 남편이 호랑이에게 물려 죽었다고 했다. 그러면 여기를 떠나면 될 것이 아닌가 하고 물으니 여기에는 호랑이는 있지만 가혹 한 정치가 없기 때문에 떠날 수 없다고 한 것을 공자가 제자들에게 비유적으로 이른 말이다"(『禮記』, 檀弓 下)(원문은 제3장 국가주의의 <각주 87> 참조).

로 중도(中道)라고 통칭하고 있다. 중도는 어의 그대로 중간(the middle way)이 아니다. 양변에 치우지지 아니하면서도 동시에 양변의 입장을 원만하게 조화시킨 상태를 의미한다[29]. 이와 같은 의미에서 보면 중도는 치중화(致中和), 즉 조화와 화합의 극치를 이룬다는 의미와 같다. 다시 말하면 『주역』에서 지적하는 것과 같이 중용에 의한 화합의 상태를 '순수하면서도 밝고 정확하다'(중정순수:中正純粹)[30]라고 한 것과 같다.

중도는 근본적으로 변증법적 이원론의 상대주의에 의한 양변의 극단을 버리고 가운데(中) 입장을 취한다. 그러나 이와 같은 이변처중(離邊處中)을 기하학적 의미의 상대개념으로 중간에 선다는 것으로 이해해서는 안된다. 중간의 입장을 취한다는 것은 양변을 부정하는 것이 아니다. 왜냐하면 중간이란 가장자리(변:邊)가 존재하는 것을 상정했을 경우에만 성립되는 상대적인 개념이기 때문이다. 또한 중간이나 양변을 중도에서는 모두 영원불변한 것이 아니라 조건과 상황에 따른 일시적이라고 본다. 이것을 중용에선 수시(隨時)로 이해한다. 그리고 불교철학에서는 수의(隨宜) 또는 수순(隨順)이라고 해서 시간과 공간의 조건과 상황에 따라서 합리적이고 타당한 입장을 취한다는 의미이다. 따라서 중도는 양변이나 또는 중간 중에서 어느 하나를 선택한다는 것은 아니다.

그러나 양 가장자리의 극단을 버린다는 것은 결국에는 양변이 완전히 서로

---

29) 중도(中道)를 영어로 표기하는 방법에서도 동서양의 차이를 어느 정도 짐작할 수 있다. 예를 들면 중도(中道)라는 한자어의 의미를 그대로 번역할 경우에 'the middle way'라고 할 수 있다. 이 경우에는 중도의 본질적 의미가 잘못 전달될 가능성이 크다. 즉 이것도 아니고 저것도 아닌 중간의 입장이라는 의미의 평이한 용어를 구사하여 중도를 널리 알리고자 하는 의도는 바람직하나 중도의 잘못된 의미가 전달될 가능성이 크다. 따라서 서양에서는 중도를 철학적이거나 수학적 의미의 황금률(golden mean), 황금분할(golden section), 중심주의 철학(centrist philosophy) 등으로 이해하기도 한다. 그러나 중도 또는 중용의 철학적 어원을 정확히 밝히는 경우에, 'Madhyamika' 또는 'Madhyamika philosophy'라고 번역하는 것이 보다 타당하다. 사실 영어권에도 중도를 학술적으로 번역할 때는 'the middle way' 대신에 'Madhyamika philosophy'로 통일하고 있다(Loizzo, 2006: 101). 이것은 용수(龍樹)의 『중론송』을 산스크리트어로 'Madhyamika-sutra' 또는 'Mulamadhyamakakarika'라고 한 것에서부터 시작하면서 고유명사를 따서 중도를 'Madhyamika'로 영어화 한 것으로 볼 수 있다.
30) "乾乎 剛健中正 純粹精也"(『周易』, 乾爲天).

통할 때 가능하다. 예를 들면 위에서 지적한 변증법적 상대의 세계인 시(是)와 비(非), 물질과 정신, 객관과 주관, 고저장단, 너와 나, 유와 무, 선과 악, 정의와 불의, 질서와 무질서 등은 동일한 것이 아니면서도 동시에 하나가 될 수 있는 세계, 즉 둘이 아닌 불이(不二)의 세계를 형성할 수 있을 때 중도의 실천방법이 될 수 있다. 따라서 치우치거나 모자람이 없는 그러면서도 현실적으로 이변(二變) 또는 양극(兩極)의 세계를 때와 조건에 따라서 적절하게 조정하여, 시간과 공간에서 가장 합리적이고 이성적 판단을 할 수 있는 덕(德)의 실천기준으로 작용시킬 수 있을 때 양변의 세계는 조화될 수 있을 것이다[31].

마찬가지로 중도의 세계도 역시 논리와 논쟁의 세계가 아니라 중도를 실천할 수 있는 사람들의 마음의 평정과 이를 달성하기 위한 수신(修身)의 영역이다. 그렇기 때문에 균형감각의 현실적 발현은 중도를 실천할 수 있어야 가능하다. 물론 완벽한 의미의 종교적 깨달음이나 득도의 상태 또는 군자의 이상형을 실현하는 것은 아니다. 그러나 몸과 마음이 정상의 상태에서 합리적이고 이성적이며 치우침없이 사물의 이치와 일의 내용을 판단하고 결정하여 이를 실천하는 것이 균형감각의 특성이다.

중도나 중용의 실천적 내용은 현실적으로는 다양한 정보나 자극과 스트레스 등에 따라서 시간과 공간에서 심리적 정상상태인 균형을 유지하는 것에 달려 있다. 이것은 오랜 훈련이나 연습, 경험에 의해서만 달성될 수 있다. 이때의 상태에서 진행된 판단과 결정은 객체와 주체 등의 이원적인 요소로 결합된 것이 아니라 시간과 공간 및 사물의 진행상태에 따라서 합리적이고 원만한 것이다. 이것이 심리적이고 감성적 균형의 실천일 것이다(Feldman, 2003; Metcalf, 2004). 이것을 정상상태에서의 균형감각(sense of balance 또는 balanced sense)이라고 할 수 있다.

심리적 균형감각은 본질적으로 개인, 즉 정책균형에 관한 정책담당자 개인

---

31) 이것을 주자는 평상(平常)의 이치, 즉 균형감각이 일상적으로 실천되는 상태 또는 마음의 평정과 안정의 상태라고 해석하였다("君子之所以爲中庸者 以基有君子之德 而叉能 隨時以處中也 小人之所以反中庸者 以其有小人之心 而又無所忌憚也 蓋中無定體 隨時而 在 是乃平常之理也")(『中庸章句』).

의 훈련과 교육 및 경험 등을 일차적 속성으로 하고 있지만 정책담당자들의 행위 판단과 결정은 개인적 산물이 아닌 사회적이고 공공적인 것이다. 때문에 개인적 이고 사적인 영역에 해당되는 정책담당자의 균형감각을 정책사상으로 체화(體化) 시키는 것이 중요하다.

균형감각으로 판단하고 결정한다는 것은 사회조직이나 단체에서 자신의 위치와 기능, 역할 등에서 타인의 입장이나 역할과의 원만한 조화를 달성할 수 있어야 가능할 것이다. 이와 같은 상태를 일반적이고 보편적 조화라고 할 수 있다. 그리고 조직과 사회에서 자신의 비율인 일과 힘, 비교나 주제 및 논리의 판단 등의 비중을 정합시키고 조정시킨 원만한 관계의 조화이다. 따라서 균형은 개인적 수준의 균형감각에서부터 시작해서 공적이고 사회적 수준에서 타인과의 공존을 추구할 수 있는 보편적 조화를 달성하는 것이다. 물론 이것은 선도주의 정책사상의 실천론에 해당될 수 있기도 하다. 동시에 제6장에서 자세히 논의하게 될 현실주의 정책사상의 실천적 지식과 지혜 등의 실천방법에 해당될 수도 있다.

균형주의 정책사상에서 균형의 개념을 물리적이고 체제적인 측면에서도 이해할 수 있다. 앞서 균형 개념의 다양성을 소개하면서 언급했지만 천칭의 무게중심의 균형이나 평균대에서의 체조선수의 균형, 다양한 요소나 체제가 형평이나 올바른 상태를 유지하고 있는 균형, 물건의 밸런스를 맞추는 기계적 의미의 균형 등으로 균형을 이해할 수 있다고 했다. 이와 같이 조화된 상태로서 힘의 균형 (balance of power)이나 생명체의 생태적 균형 등을 자연의 균형(balance of nature)이라고 한다(Walter, 2008; Simberloff, 2014).

그러나 물리적이고 체제적인 균형이라고 하면 체제나 조직 또는 생명체의 정상상태의 유지를 의미하는 균형(equilibrium)과 차이가 있다. 정상상태의 균형은 이원적 요소들이 상호간에 교감하면서 일시적으로 균형을 이루는 정적인 상태의 균형이라고 할 수 있다. 예를 들면 정상분포곡선이나 수요와 공급의 곡선이 만나는 점에서 결정되는 시장가격의 균형은 'equilibrium'의 균형을 의미한다.

정상분포곡선(normal distribution curve)은 조물주가 만든 것이다. 이때 조물주가 만들었다는 의미는 인위적 작용이 아닌 자연적 상태에서 인간을 포함한 삼라만상의 존재질서는 정상적으로 분포되어 있다는 뜻이다. 즉 중간 수준이 다수를 차지하면서(물론 확률적 의미이다) 양(兩) 꼬리에 해당되는 극단을 차지하는 부분은 소수이고 소량이다. 정상분포곡선은 평균값(mean, $\overline{X}$)을 중심으로 정확하게 대칭되고 있다. 때문에 양 극단의 값이나 내용, 즉 차지하는 부분은 같다. 이와 같은 정상상태(normality)의 분포에서 조직이나 사회 또는 체제, 심지어 개인의 마음(선과 악, 사랑과 증오, 호불호(好不好) 등의 양 극단)까지도 균형(equilibrium)되어 있다고 할 수 있다. 마찬가지로 수요와 공급의 곡선이 교차하는 한 점에서 결정되는 시장가격과 시장의 물량은 영원한 균형이 아니라 그 당시의 그 조건에서 일시적으로 균형된, 즉 정체된 상태를 설명하는 균형이다. 마치 평균대 위의 체조선수가 균형을 시현하듯이 또는 천칭의 저울대가 양변으로 치우치지 아니하는 균형과 같다고 할 수 있다.

그러나 이와 같은 균형은 일시적이고 과정적이며 영원하지 못하다. 또한 균형되어 있기보다 불균형되어 있는 경우가 많다. 예를 들면 자연의 정상상태에서 볼 때 정상분포에서의 숫자나 양이 가장 적은 분포를 차지해야 할 양극에 오히려 집중되어 있기도 한다. 특히 수요와 공급도 불균형된 경우가 더욱 많다.

정책사상으로 균형주의에서 균형 개념은 물리적이고 체제적인 일시적 상태의 균형(equilibrium)을 동태적이고 복합적인 개념으로 이해하는 것이다. 시장기능이나 정상분포에서의 불균형의 상태를 조물주가 제시하고 있는 정상의 분포상태인 원상(原狀)을 회복시키는 것과 같다고 할 수 있다. 원칙적으로 정상분포는 조물주의 작품이기 때문에 그가 할 일이다. 그래서 이것을 자연의 상태로 되돌아가는 것, 즉 자연의 균형이라고 할 수 있다.

한 예로 한 무리의 인간이 모인다면 키 큰 사람과 작은 사람, 잘난 사람과 못난 사람, 똑똑한 사람과 멍청한 사람, 잘 사는 사람과 가난한 사람 등등의 상태는 조물주의 작품이라서 정상의 분포를 가지고 있다. 그런데 일시적으로 정상분포가 아니라고 하더라고 자연적 상태가 진행되거나 또는 시간과 장소가 변화되면서 자연적으로 정상상태(normalacy)를 회복하게 된다.

그러나 사회나 조직, 심지어 개인의 마음까지도 자연적인 정상상태로 항상 되돌아 간다고 보장할 수 없다. 마음의 경우에 사랑에 상처를 받았다면 증오와 사랑의 감정의 불균형이 정상상태로 되돌아가기까지 세월이 약이라고 하듯이 오랜 세월이 필요하다. 그러나 이와 같은 마음의 평정, 즉 중도나 중용의 상태도 가만히 앉아서 하염없이 세월만 보낸다고 되는 것은 아니다. 세월이 약이라고 하는 것은 외형적으로 보이는 균형상태일 뿐이다. 이와 같은 균형상태를 달성하기 위해서 당사자는 사랑의 열병을 앓는다고 하듯이 인고의 노력과 수신이 필요하다. 즉 사랑과 증오의 양 극단의 감정을 중화(中和)하면서 어느 한 편으로 치우치거나 모자람이 없는 평정의 상태를 회복하기 위한 노력이 필요하다.

그렇다고 사랑과 증오의 양극을 무시하거나 인정하지 아니하는 것은 아니다. 사랑과 증오에 관련된 수많은 조건과 요소를 보편적 조화의 상태로 회귀하려는 노력이 필요하다. 그렇지 않고 'the middle way'처럼 사랑도 아니고 증오도 아닌 중간, 즉 아무런 감정과 의식이 없는 무중력의 상태라고 하는 것은 아니다. 중용에서 때와 조건인 수시(隨時)에 따라서 합리적 판단을 한다고 하듯이 그리고 중도에서 양변을 부정하고 긍정하는 것이 동시에 진행되어 어느 한 편에도 기울지 않는다고 하는, 사랑과 증오의 감정을 다스리고 교정하며 치유하는 능력이 중도의 실천이라고 할 수 있다.

마찬가지로 사회적이고 제도적인 불균형도 조물주가 균형화시킬 수 없다. 물론 궁극적으로는 불균형이 자연적으로 정리될 수 있지만 인위적이고 조작적 요인에 의하여 발생된 불균형을 자연적으로 조물주가 항상 균형화시켜 주지 않는다. 이와 같은 불균형을 방치하면 체제나 제도 또는 심지어 인간도 더 이상 자신의 기능을 유지하고 활동할 수 없는 상태를 맞게 된다. 마찬가지로 일시적으로 균형된 상태가 영원히 계속될 수도 없다. 왜냐하면 모든 것은 끊임없이 변화하고 있기 때문이다. 만약 그대로 있다면 이와 같은 균형은 죽은 상태의 균형, 즉 피가 돌지 않고 물이 흐르지 않는 상태와 같은 정체성(homeostasis)의 균형(Dufficu,

2017: 47)이 되기 쉽다.

때문에 다양한 불균형을 조작한 주체들이 불균형을 시정하고 교정하여 균형으로 이동시켜야 한다. 이것이 국가개입주의의 정당성이 선도주의를 넘어서서 균형주의로 설명되어야 하는 하나의 전제라고 할 수 있다. 즉 국가의 정책개입으로 불균형된 정책을 균형화시킬 수 있는 다양한 정책을 다시 결정하고 시행하여 정상적인 균형상태를 만들고자 한다. 이것이 균형주의 정책사상에서 보는 균형의 적극적이고 동태적 개념의 시작이다.

예를 들면 정상분포곡선에서 연출되는 다양한 불균형을 정상적인 분포곡선의 균형으로 되돌려 놓아야 한다. 그리고 수요와 공급이 균형될 수 있도록, 즉 시장의 자동조절기능이 작동될 수 있도록 해야 한다. 이와 같이 다양한 요소와 조건을 시간과 공간 및 활용의 정도에 따라서 균형(비록 일시적인 것이지만)을 계속적으로 균형화시켜 간다는 것이 균형주의 정책사상에서 중요한 개념이다. 즉 정상분포곡선의 균형에 따라서 일시적이고 정태적인 균형(equilibrium)을 동태적이고 복합적인 균형(balance)으로 이동시키는 것이 국가개입주의에 시작하는 정책균형사상의 필요성이다.

정책환경이나 사회적이고 역사적이며 관습적 차이나 특성에 따라서 발생되는 다양한 불균형을 일시적으로 균형시킬 수도 있다. 예를 들면 보수적 정책철학을 기본으로 하는 정책과 진보주의 정책은 진보와 보수와의 중간(이것도 아니고 저것도 아닌 중도 노선의 중간이라는 뜻이 아니다)이 아니라 진보와 보수와의 강도가 어느 한 쪽에 치우치지 아니할 수 있는 정상상태의 균형을 달성할 수 있다. 그러나 이와 같은 균형이 사회 전체적으로 진보와 보수의 양극을 중심으로 하지만 진보와 보수 어디에도 종속되거나 매몰되지 않고 현실적으로 진보와 보수를 활용하면서, 각자의 조건과 상태를 조화시킬 수 있는 균형(중용이나 중도의 균형일 수 있다)을 달성할 수 있을 때 이것을 'equilibrium' 아닌 'balance'의 균형이라고 할 수 있다. 이와 같은 균형은 자연적으로 달성되는 것이 아니다. 국가주의에 의한 정책개입의 정당성과 선도주의, 균형주의 등의 정책사상의 실천으로 가능하다는 의미이다.

국가주의의 정책개입에 의한 이와 같은 균형의 개념을 맹자가 비유적으로 잘 설명했다. 즉 나만을 위한다는 생각의 극단적 사고나 천하를 유익하게 하겠다는 극단적 생각이나 행동은 이기주의일 뿐이다. 그렇다고 중간에서, 즉 중간을 취하거나 잡고 있는 것이 중용이나 중도가 아니다. 중(中)에서 수시(隨時)의 노력이 동시에 없으면 극단을 고집하는 것과 같다고 했다. 이것을 무권(無權)이라고 했다. 저울질을 하지 않는 것과 같이 가운데(中)를 잡고서 이것을 고집하여 시간과 공간의 조건에 따른 조건을 활용할 줄 모른다면 양극의 하나를 고집하는 것과 같다고 했다. 따라서 극단적인 생각과 행동에는 양극의 고집뿐만 아니라 중간을 고집하는 것도 포함되며 이것이 모든 일을 그르치게 한다고 했다[32]. 이와 같은 저울질에 비유하는 균형의 개념을 『주역』은 칭물(稱物)이라고 했다. '높은 산이 낮은 평지에 의존하는 것과 같이 풍부한 곳에서 모자라고 가난한 곳으로 배분하여 물건을 저울질 하듯이 공평하도록 하게 하는 것'[33]이라고 했다.

균형주의 정책사상으로 동태적이고 복합적 개념의 균형을 수요와 공급의 법칙을 예로 들면서 좀 더 자세하게 이해할 수 있다. 수요와 공급 곡선이 만나는 균형은 시장에서 수요와 공급이 균형되는 유일한 점이다. 따라서 시장은 항상 자동조절기능에 따라서 수요와 공급이 넘치거나 모자라지 않는, 즉 초과수요나 초과공급이 발생하지 않는 상태의 균형(equilibrium)을 유지하고 있다.

그러나 이와 같은 균형은 일시적이고 한시적이다. 인간의 능력과 지식이 발달하거나 생산기술이 발달하면서 인간은 끊임없이 수요와 공급을 확대하여 보다 풍요로운 삶을 추구하고 있다. 만약 하나의 균형점에서 항상 수요와 공급이 균형된다면 그 균형은 정체된 것이다. 수요와 공급의 법칙에서 균형된 가격과 공급량은 일정한 시기와 조건에 의한 것일 뿐 수요자의 기회와 선호의 변화, 생산기술

---

32) "孟子 曰 揚子取爲我 拔一毛而利天下 不爲我 墨子兼愛 摩頂放踵利天下 爲之 子莫執中 執中爲近之 執中無權 猶執一也 所惡執一者 爲其賊道也 擧一而廢百也"(『孟子』, 盡心章句 上).
33) "地中有山 謙 君子 以 裒多益寡 稱物平施"(『周易』, 地山謙).

과 방법의 변화, 수요량과 공급량 그 자체의 변화, 외부환경에 의한 수요와 공급의 변화에 따라서 끊임없이 움직이고 있다.

따라서 실질적으로 시장경제에서는 성장(양적이나 질적이든지)이라는 일정한 유형에 따라서 동태적으로 변화하면서 균형을 추구하고 있다. 이와 같이 변형되는 균형점은 시장가격인 물가를 최소한의 수준으로 유지하면서, 소비자들이 보다 풍요롭게 그리고 최소의 비용으로 더 많은 다양한 재화와 서비스를 향유할 수있는 시장의 공급량을 극대화시키는 성장기의 균형이라고 할 수 있다. 동시에 생산자의 경우에는 기술발달이나 인지(人知)의 발달로 생산비 증가를 크게 의식하지 아니하고서도 생산량과 질을 증대하고 확대하면서 시장에서 형성되는 가격상승분 보다도 더 많은 이윤을 창출할 수 있다.

물론 현실적으로 이와 같은 이상적인 균형성장은 어렵다. 그러나 인류의 역사가 발달하면서 실제로 이와 같은 성장 덕분에 과거 생활과는 다른 차원의 경제생활을 하고 있다. 그러나 시장의 균형가격이 변화되지 않은 하나의 균형점에서공급만 무한히 확대되는 경우나 또는 공급량의 증가보다 더 큰 시장가격의 상승에 의한 균형이 형성되는 경우에는, 비록 수요와 공급에서 균형을 형성하였다고할 수 있지만 이와 같은 균형은 비현실적이다. 그리고 시장가격의 상승에 의한균형도 성장에 지불해야 할 비용이 과도한 물가상승으로 이어지면서 경제의 성장잠재력을 상실시킬 수 있다.

시장에서 형성되는 균형은 시장의 자동조절기능에 따라서 달성되는 것이다. 끊임없는 노력과 일정한 제도적 장치인 시장정책을 발동시켜야 가능하다. 즉 보다 나은 삶을 위한 상품생산의 노력과 기술을 발달시켜야 한다. 이것의 원동력은풍부한 창조력과 교육훈련이다. 이것은 국가주의의 정책을 통한 개입으로 진행된다. 마찬가지로 생산현장에서 기술의 적용과 다양한 방법을 도입한 생산능력과질의 향상을 위해서 생산자도 노력해야 하지만 국가는 산업 및 경제정책으로 시장의 실패나 또는 과점이나 독점 등과 같은 경제적 부(富)를 독식하는 현실을 방지하면서, 공정하고도 정의로운 부의 분배를 실천하기 위해서 시장경제질서에 개입하거나 간섭하게 된다. 이것이 정책개입으로 설명될 수 있는 균형주의 정책사상에서의 균형(balance) 개념의 핵심이라고 할 수 있다.

2) 균형주의 정책사상의 개념

정책사상은 정책의 본질에 관한 철학적 사고이다. 이것을 체계적으로 정리하여 정책학의 중심이론으로 정립할 수 있는 이론적 사고체계라고 정의하였다. 그리고 앞서 균형주의 정책사상에서 균형의 개념을 정적인 상태의 일시적이고 단일 균형이 아니라 복합적이고 동태적으로 진행되는 것이라고 정의하였다. 이때 진행되는 균형은 자연적으로 얻어지는 것이 아니다. 대신에 정책을 통한 국가개입에 의하여 균형을 계속 유지할 수 있을 때 현실적으로 성취할 수 있다고 했다.

균형주의 정책사상은 이와 같은 균형을 달성하고 유지하기 위한 정책개입에서 발생되는 정책인과의 불균형을 교정하거나 수정하며 보정(compensating)하는 정책사상이라고 할 수 있다. 이와 같은 균형주의 정책사상을 세 가지로 요약하여 설명할 수 있다.

첫째, 균형주의 정책사상은 정책균형을 동태적(動態的) 개념으로 설명한다. 즉 정책이 고정되어 있거나 정체된 목표를 실현하는 경우보다 일반적으로 항상 움직이면서 변화되고 있는 목표를 실현하는 동태적 개념으로 이해하고 있다. 특히 정치적 이해관계의 속성에서 정책은 유동적이다. 움직이는 정책에서의 균형도 유동적이다. 따라서 정책개입에 의한 정책의 이해관계의 인과관계가 지역간이나 이념간, 사회계층간에 불균형적으로 분포(分布)되거나 배분되었다면 이것을 수정하고 교정할 수 있는 적극적이고 능동적인 국가개입에 의한 정책균형을 유지하고자 한다.

동태적 균형이라고 해서 아무런 질서나 규칙 또는 방향도 없이 무감각하거나 또는 불균형적이라는 의미는 아니다. 대신에 그러한 움직임과 변화를 주도하고 그 속에서 중심을 유지하면서 균형을 잡고 있는 중심축이 있다는 것을 설명하는 균형이다. 이때를 동태적 상태에서의 균형이라고 할 수 있다. 이것을 사상적으로 설명하면서 현실적으로 정책개입을 통하여 균형을 달성하고 그것을 유지하고자 하는 것이 균형주의 정책사상이다.

그러나 정책을 통한 정책인과나 또는 정책 그 자체의 변화보다는 균형주의의 초점은 사회적이거나 정책간의 관계에서 정상적 상태가 아닌 불균형의 상태를 방지하고 수정하여 정책균형을 달성하기 위한 적극적 개입주의에 있다. 또한 정책을 실천한 이후에 발생된 불균형도 적극적으로 치유하고 교정하고자 하는 균형주의이다. 마치 정상분포곡선이 어느 한 시점이나 공간에서 정체된 것이 아니라 무정체(無定體)이듯이 수시(隨時)나 수의(隨宜)에 따라서 정상분포의 균형점이 달성될 수 있다고 본다. 그러나 이와 같은 균형점이 개별적으로 작용하는 것이 아니라 여러 가지 균형점이 조화된 것과 같이 균형주의 정책사상에서 균형을 다양한 조건과 요소가 조화된 상태의 균형으로 설명하고 이에 따라서 국가의 정책개입의 실천적인 수준과 방법이 결정된다는 의미이다. 물론 이때에도 개입의 정당성이나 이것을 선도하는 정책의 선 등은 균형점에 따라서 움직인다, 즉 실천될 것이다. 이와 같은 내용을 다음의 제3절에서 전통적인 의미의 세력균형론이나 경제학의 비용－편익분석의 균형이론과 비교하여 자세히 설명할 것이다.

둘째, 균형주의 정책사상은 복합적인 균형이 집합하는 균형개념을 전제로 하고 있다. 때문에 연속적이고 다차원적인 정책개입에 의한 균형을 강조하는 정책사상이라고 할 수 있다. 앞서 균형 개념을 설명하면서 일시적이고 조건적 균형(equilibrium, homeostasis 또는 stability)은 단일균형이라고 했다. 대표적으로 체제이론과 같이 체제가 환경에서 생존하기 위해서 투입과 지지를 받아 자신의 고유한 기능과 역할작용에 의하여 산출물을 배출 또는 제공하면서, 환경과의 끊임없는 유기적 상호작용으로 정상의 상태에서 유지하는 균형은 단일균형이면서 일시적이다. 마찬가지로 시장에서 수요와 공급의 균형점은 수요와 공급이라는 한 조건과 시간에서의 일시적 균형이다. 또는 정상분포곡선이 평균값을 중심으로 양극에서 대칭하는 균형은 시간과 장소 및 조건이라는 일시적이고 단일적이다.

그렇지만 균형주의 정책사상의 균형은 이와 같은 균형들이 연속적이고 복합적으로 진행되어 균형 조건과 내용이 일상적으로 조화된 균형을 설명하고자 한다. 즉 시장의 수요와 공급이 연속적이고 복합적으로 진행되면서 균형성장곡선 위에서 형성되는 수많은 균형점이 합쳐진 집합개념의 균형이다. 정상분포곡선이 양극에 따라서 진행되면서 다양한 조건과 시기에 조화되는 정상의 상태에서의 균형이다. 왜냐하면 정책의 인과관계에 의한 정책현실은 정책의 수요와 공급, 수혜와 비용, 정책결정자와 대상자, 정책과정과 공간 등과 같은 다양한 차원들이 복합적으로 작용하고 있다[34]. 따라서 정책균형에서는 소수의 균형이 아니라 수많은 균형이 연속하여 진행되는 상태의 균형이다. 때문에 이와 같은 균형을 유지할 수 있는 균형화의 작용을 철학적 사고로 체계화하는 것이 균형주의 정책사상이다.

균형주의에서 복합균형이라고 해서 게임이론의 복수(複數)균형과는 다르다. 게임이론에서는 복수균형(물론 이때에도 'equilibrium'이다)이 존재하기 때문에 합리주의자들이 선택하는 균형점 또는 해결은 하나밖에 될 수 없다. 그래서 이 점을 선택하는 한, 동일한 효용을 가지게 된다는 의미의 복수균형(Munck, 2001: 175-176; Bezemer, 2012)과 차이가 있다.

물론 게임이론도 다양한 이해관계를 가진 게임 참여자들이 게임에서 자신이

---

34) 이와 같은 다차원 정책이론(multi-dimensional policy theory)은 필자의 『다차원 정책론: 실체와 적용』(2001), 서울: 법문사)의 출판으로 주창된 정책학의 기초이론이다. 즉 정책현실과 정책이론의 괴리 또는 불일치 현상이라는 정책학뿐만 아니라 사회과학의 영원한 딜레마 현상을 서양의 이분법적 변증법으로 접근하여 설명하는 한계점이나 문제점을 수정하고 보완하고자 하는 전제에 따라서 정책결정과정과 정책공간, 정책결정자와 정책대상자, 정책목표와 정책수단, 정책비용과 정책혜택이라는 네 가지 차원의 각각 대칭적인 성격의 다차원성을 설명하는 정책이론이다. 따라서 대칭적인 다차원성이 이분법적으로 정책결정과 정책현실에 작용되고 실천되는 것이 아니라, 각각의 다차원성은 상호간에 독자적이고 독립적인 영역과 질서와 이론을 가지고 있지만(상호상즉: 相互相卽) 동시에 상호간에 의존하면서 각각의 존재의 가치를 밝히고 있다(상호의존: 相互依存); 또한 이와 같은 의존적 성격의 다차원성이 서로간에 장애나 방해되는 존재가 아니라 각각 반대적이고 대칭적인 성격이지만 정책현실이나 실제에서 원만히 상호간에 조회되고 있는 상태를 설명하는(상호교섭:相互交涉) 정책이론이다. 이와 같은 다차원성은 정책이론과 현실의 괴리의 폭을 좁히거나 또는 상호간에 조화될 수 있다는 것을 설명하는 정책이론이다. 정책의 다차원성을 동양사상의 중도(中道)나 화엄법계(華嚴法界) 사상을 응용하여 설명하였지만 이와 같은 사상은 제7장의 물아(物我)주의 정책사상에서 인간과 사물과의 관계를 철학적으로 사고하는 사상이 되기도 한다.

선택할 최적의 합리적 조건을 기술하거나 예측하여 게임 딜레마에 빠지지 아니하려고 노력한다. 이때의 전략이 하나의 부분 게임에 적용된다면 모든 부분 게임에서도 적용되는 균형(nash equilibrium)을 달성한다는 전제도 가지고 있다(Ungureanu, 2017). 그리고 게임의 규칙을 지켜야 하는 사회현상에서 규칙이 변화된다고 항상 게임 참여자에게 유인구조를 유발하거나 게임에서의 균형점을 변화시킬 수 없다는 주장도 타당하다(이창환, 2011).

그러나 앞서 지적한 것과 같이 다차원의 정책현실에서 하나의 균형은 다차원의 이해관계에 타당한 균형이 될 수 없다. 균형점이라고 하더라도 일시적이고 조건적일 뿐이다. 따라서 마음의 평정이나 평상의 상태에서 합리적 판단과 결정을 할 수 있는 중용과 중도 사상에서 설명한 바와 같은 균형의 개념은 다양한 이해관계에 의한 정책의 인과관계를 일시적으로 균형화시키는 것이 아니다. 대신에 조건과 시기의 변화에 따라서 계속적으로 정책을 통한 국가개입주의를 정당화시키듯이, 그리고 정책의 선에 의하여 정당화되듯이 균형주의는 끊임없이 복합적이고 동태적인 균형점을 찾고자 한다.

물론 균형주의에서도 게임을 하는 사람과 같이 자신의 주관적이고 내면적 세계에서 추구하는 정보와 전략 등의 실수에 의하여 균형을 잘못 인식할 수도 있다(Squintani, 2006: 618-619). 그러나 게임처럼 정책은 시간과 장소에 일시적이지 못하다. 때문에 연속적으로 진행되는 정책결정의 과정에서, 중용과 중도에 의한 균형감각이 강조하듯이 끊임없는 수신과 동시에 막고 비추는 차조(遮照)가 동시에 진행되면서 무정형의 수시(隨時)를 발현시켜야 한다. 때문에 균형주의에 의한 정책은 스스로를 수정하고 교정할 수 있다. 이것이 장기적으로 진행되면서, 만약 하나의 정책균형에서 실수했다고 하더라도(특히 시장실패와 같이) 계속되는 정책개입으로 치유될 수 있는 균형점을 찾으면서 정책인과의 조화를 달성하고자 한다. 만약 이것이 불가능하다면 균형주의 정책사상이 이론적으로나 현실적으로 존재하기 어려울 것이다.

셋째, 정책사상으로서 균형주의는 균형감각(sense of balance)에 의한 정책개입의 정당성을 실천할 수 있다는 사실을 전제로 하고 있다. 균형감각은 앞에서도 지적했듯이 연속적이고 복합적으로 진행되는 정책개입 과정에서 물리적이고 사상적인 균형을 계속적으로 유지할 수 있는 힘이라고 했다. 이와 같은 균형감각은 중도나 중용의 상태와 같은 균형감각을 사상적 기초로 하고 있다고 했다. 즉 균형감각은 양극이나 양변에 치우치거나 편협된 이원적 상대주의를 극복하면서 현실적으로 양변을 다양한 조건에 따라서 조화로운 상태로 이해하는 합리적이고 이성적 판단과 결정을 할 수 있는 마음의 평상의 상태라고 했다. 때문에 균형감각이 연속적이고 복합적으로 진행되는 정책과정이나 실천에서 끊임없이 유지될 수 있는가 하는 것을 설명하는 것이 정책사상으로서 균형주의의 실천적 내용이 될 것이다.

균형의 개념을 설명하면서 중용이나 중도의 상태가 결국에는 마음의 수련에 관한 법(심법:心法)이고 깨달음의 세계(득도:得道)에 관한 것처럼 어려울 수 있다고 했다. 특히 공자도 이와 같은 어려움을 다음과 같이 이야기했다.

"천하국가를 공평히 다스리고 관직이나 녹봉을 사양할 수 있거나 칼날을 밟고 지나갈 수는 있지만 중용을 능히 행하기 어렵다. 중용을 누구든지 잘 실천할 것 같지만 그러나 의로우면서 어질고 티끌만한 사욕도 없는 자만이 실천할 수 있다. 지혜와 인(仁)과 용기를 실천하기는 어렵다고 하지만 막상 쉬울 수 있다. 그러나 중용의 실천은 쉬울 것 같지만 현실적으로 어렵다"[35].

중용이나 중도의 실천의 어려움 속에서도 쉬운 것이 있을 수도 있다. 쉽다는 것은 산수풀이와 같은 쉬운 것이 아니라 마음의 평정과 평상의 상태를 실천하는 일이기 때문에 쉽다고 할 수 있다는 것이다. 즉 자신에게 귀속(歸屬)되거나 기속(羈束)되지 아니하면서 수신(修身)을 한다는 뜻에서 본다면 실천적으로 쉬울

---

35) "子曰 天下國家 可均也爵祿 可辭也 白刃 可踏也 中庸 不可能也"(『中庸』); "至於中庸 雖若易能 然 非義精仁熟而無一毫人欲之私者 不能及也 三者(智仁勇) 難而易 中庸 易而難"(『中庸章句』).

수도 있다는 것이다. 또한 쉽다는 것은 중도의 실천 그 자체가 쉬운 것이 아니라 이론적이고 논리적으로 중도의 세계를 설명하는 것이 쉽다는 의미이다. 그래서 중도를 통달한 군자가 이것을 현실적으로 체화하지만 여기에서 정체되거나 몰입되지 아니하고 현실적으로 실천할 수 있어야 중도의 실천이라고 할 수 있다. 이 것은 마치 정책을 결정하고 시행하면서 최고의 아름다운 경지, 즉 조화의 상태를 추구할 수 있다는 『주역』의 비유36)를 지적하면 중도의 실천적 의미를 조금 더 실천적으로 이해할 수 있다.

특히 균형주의 정책사상은 균형감각을 중도나 중용의 이론적 해석보다 실천적이고 실용적 관점에서 이해하고자 한다. 즉 보편적인 합리적 수준에서 국사(國事)를 결정하면서 문제와 잘못 등과 같은 불균형이 발생되지 아니하도록 하는 사전(事前)적 정책사상이기도 하다. 그러나 국가주의의 정책개입이 항상 공정하고 선하며 정의롭고 바람직하지 아니하듯이 정책개입에 의한 불균형이 발생된다면 이것을 수정하고 교정하면서 새로운 균형상태를 계속적으로 유지하거나 달성하고자 하는 실천적인 정책사상의 특징을 가지고 있다.

2. 균형주의 정책사상의 실천적 사고

균형주의의 정책사상을 현실적으로 실천할 수 있는 철학적 사고체계로 정책인과와 분배의 정의 등을 들 수 있다. 물론 균형주의 정책사상을 현실에서 실천할 수 있는 실천지식이나 방법론 등은 다양하고 복잡할 것이다. 동시에 그에 관한 사고체계도 다양할 것이다. 그러나 균형주의 정책사상을 철학적으로 사고하면서 그의 사상적 체계를 수립할 수 있는 사고체계로 정책인과와 분배의 정의 등을

---

36) "군자가 중도의 이치를 명확히 통달에서 자신이 처할 정확한 그 자리에 있다. 따라서 그 빛이 사방에 퍼진다. 중도에서 일을 하니 지극히 아름답다"(君子 黃中通理 正位居體 美在其中 而暢於四支 發於事業 美之至也(『周易』, 坤爲地).

제시하고자 한다. 물론 정책사상 대계의 현실적 실천성에 관한 철학적 사고의 기본 틀은 제6장에서 설명할 현실주의 정책사상이다.

1) 정책인과

균형주의의 정책사상의 사고체계로 먼저 정책의 인과관계, 즉 정책인과 (policy causation)를 우선 제시할 수 있다. 정책인과가 현실적으로 분배되는 문제와 각각의 인과들의 상호간의 관계 등을 철학적으로 고찰하고 이해하기 위해서는 정책인과를 먼저 정의해야 한다. 특히 근원적인 것으로 정책의 인과관계를 현실의 경험사회에서 검증되는 물리적 인과관계(physical causation)만으로 설명해서는 정책사상으로 균형주의의 실천론에 한계가 있을 것이다.

정책은 정책정신(policy mind)에 의해서 살아 움직이는 생물과 같다. 정책은 물리적으로 고정된 실체나 사건이 아니다. 국가주의에 의한 정책개입에서도 정책정신은 정책현실에서 끊임없이 도전받고 수정되면서 정책의 목표를 달성하게 된다. 객관적이고 경험적 사실로만 인식하고 검증할 수 있는 정책의 물리적인 인과관계로만 설명해서는 정책개입의 사상적 목적과 정신을 이해하기 어렵다. 그래서 정책의 정신적 인과관계인, 정책정신에 의한 정책의 결과 등을 정책현장에서 이해하고 설명할 수 있는 정책의 정신적 인과관계(mental causation)도 중요하다. 따라서 정책의 인과관계를 과학적이고 실증적인 물리적 인과관계와 동시에 심리철학이나 동양사상에서 설명하는 정책의 정신적 인과관계 등을 설명하는 정책인과의 개념을 자세히 정의하면서 균형주의 정책사상의 실천적인 사고체계로 정리하고자 한다.

(1) 정책의 물리적 인과관계

정책의 물리적 인과관계란 일반적으로 과학주의(scientism)에 의한 인과관계이다. 이와 같은 인과관계에도 두 가지 측면이 있다.

첫째는 정책 그 자체의 독립변수적 성격에 따라서 발생되는 시간적 순차(順次)에 종속되는 결과의 인과관계이다. 즉 정책이 존재하는 시간적 선후에 따라서 정책의 효용이나 성과가 발생되는 원인과 결과와의 관계이다. 정책이 원인이 된 후에 발생된 결과와의 상관관계의 유형으로서 정책 그 자체에 의한 정책성과와의 관계를 실증적으로 분석하는 인과관계이다. 이것을 일반적으로 정책의 수단과 정책목표와의 인과관계로 설명할 수 있다. 이때 정책의 인과관계는 구체적이고 경험적이어야 하며 이것을 현실적으로 증명하고 설명할 수 있어야 한다.

두 번째는 정책의 비용부담과 그에 따른 정책의 혜택이나 효용과의 원인과 결과의 상관관계를 과학적이고 실증적으로 분석하는 인과관계이다. 정책 그 자체보다는 정책을 형성하고 결정하게 된 원인과 비용 중심의 개념으로 정책의 인과관계를 확인하는 것이다. 이와 같은 정책의 인과관계는 정책 그 자체를 동인(動因)으로 하는 직접적인 상관관계라기보다는 정책사업이 제3의 매개변수가 되면서 발생되는 인과관계라고 할 수 있다. 여기에는 정책의 형성과 결정 또는 시행에 필요한 비용이나 부담이 먼저 제공되고 그에 따라서 정책사업이 존재하고 시행되어 정책혜택이 발생되는 시간적인 선후관계가 분명한 인과관계도 있다. 그리고 정책비용이나 부담과 혜택 등이 상당히 중복적이면서도 혼재하여 진행되는 시간적이고 공간적 순서 등을 분명하게 구별하기 어려운 인과관계도 있다.

이와 같은 두 가지 유형의 정책의 물리적 인과관계를 설명하는 정책이론이나 지식은 풍부하다. 단지 여기서는 균형주의 정책사상의 철학적 사고에서 정책의 물리적 인과관계의 개념을 세 가지로 정리할 수 있다.

첫째, 정책 그 자체나 정책결정의 비용과 부담이라는 조건이 시간적으로 선행되어야 정책결과나 성과가 발생되는 관계를 설명하면서 양(兩) 관계의 불균형을 균형화하는 것으로 균형주의에서 정책균형을 설명할 수 있다.

예를 들면 정책의 존재에 의해서 항상 그리고 유일하게 정책의 성과를 결정한다면 정책과 정책성과(영향)와의 인과관계는 필요하다고 충분한 동시조건을 만족하게 될 것이다. 그렇지 않다면, 즉 정책의 인과관계가 일시적인 필요나 부분적 전제조건으로 존재한다면 이것은 필요조건 정도의 약한 인과관계일 것이다. 그리고 정책이 존재하면서 항상 충분한 수준으로 정책결과를 발생시킬 수 있다면 충분조건의 인과관계일 것이다. 따라서 정책환경의 영향이나 기타 다양한 조건과 변수에 의한 영향과 순수한 정책의 영향력 등을 구별하여 정책의 타당성과 존재의 가치 등을 설명할 수 있을 것이다. 이것이 일반적인 물리적 의미의 정책의 인과관계이다.

그러나 정책혜택이나 비용과의 인과관계의 개념을 이해할 때 다음과 같은 사실도 중요하다. 즉 정책개입에 의한 부분적인 사업으로서 기타 제3의 변수가 되는 정책이나 환경조건과 결합하여 정책혜택을 발생시키는 필요조건이었는지, 아니면 정책 그 자체로써 충분하고도 독립적으로 정책혜택을 발생시키는 충분조건이었는지 또는 유일하고도 완전한 그리고 필요하고도 충분한 동시의 조건이었는지를 설명할 필요성이 크다. 이러한 기초 자료나 정보가 있어야 정책개입의 인과관계나 정책비용에 의한 혜택의 인과관계 등에 관한 정확한 정보를 확보할 수 있을 것이다. 이와 같은 정보와 지식에 관한 것은 균형주의에서 이해하는 정책인과의 주요 개념이다.

둘째, 현실적으로 정책의 인과관계를 정확하게 계산하거나 설명하기는 쉽지 않다. 즉 정책에 소요된 비용이 정책이라는 매개변수를 통해서 얼마만큼의 정책혜택으로 구체화되었는가 하는 사실 등을 정확하게 밝히는 일은 상당히 어려운 과제이다. 왜냐하면 정책의 영향범위나 기간 등은 정책평가나 정책의 비용과 편익분석이 전제로 하고 있는 것과 같이 개인적이거나 또는 사적 분야의 사업보다는 매우 다양하고 복잡하기 때문이다. 그러면서도 동시에 정책개입에 의해서 필연적이고 충분하게 정책의 부담과 혜택 등을 경험적이면서 논리적으로 확인해야만 정책의 인과관계를 정립할 수 있기 때문이다. 뿐만 아니라 인과관계에는 개인적인 수준뿐만 아니라 구체적인 정책에 관련된 집단이나 구성원 전체, 세대간, 지역간 또는 사회나 국가 심지어 국가간의 수준에서 결정되기도 한다.

그렇다고 정책비용과 혜택을 정확하게 확인하고 정의하여 계산하는 것만으로 정책비용과 혜택이 자동적으로 균형될 수 없을 것이다. 정책개입에 의한 정책의 균형주의는 적극적이고도 능동적으로 정책비용과 정책혜택의 불균형과 불평등을 형평화하고 균형화하고자 한다. 정책 승자와 패자와의 관계가 아니다. 정책에 의하여 혜택을 받게 될 정책혜택과 정책비용 부담과의 인과관계를 계산해서 이를 수정하고 보상할 수 있어야 균형주의 정책사상에서 균형은 계속적으로 달성된다고 보고 있다.

셋째, 정책의 인과관계를 정책현실에서 경험적으로 검증하고 확인할 수 있어야 한다는 과학주의도 균형주의의 전제가 될 수 있다. 정책사상에서의 현실이나 실천의 개념 등은 제6장의 현실주의 정책사상에서 자세히 설명하겠지만 인과관계의 유형에 관계없이 과학적 인과관계는 정책에 의한 결과와 성과를 실증(實證)하고자 한다. 이것이 정책의 물리적 인과관계의 전형이다. 물리세계에서 발생되는 시간의 선후관계에 따라서 정책이 시간적으로 선행되면 정책결과가 발생되는 관계이다. 그러나 시차(時差)에 따라서 정책의 인과관계는 다양하게 변화될 수 있다. 즉 물리주의에 의한 인과법칙의 주요 원리의 하나인 시간의 선후관계에서 원인이 되는 선행(先行)변수뿐만 아니라 결과가 되는 후행(後行)변수도 시간의 흐름에 따라서 변화된다는 사실도 정책의 인과관계에서 설명할 수 있어야 한다. 왜냐하면 정책은 살아 움직이는 생물과 같기 때문에 정체된 시간이 아닌 동태적 시간에서 정책의 생명주기에 따라서 전혀 다른 결과를 발생시키기도 하면서, 필요한 결과에 전혀 다른 원인이 필요할 수도 있기 때문이다(정정길, 2002; 홍성수, 2016; Swinburne, 2014)[37].

시간의 선후관계 이외의 물리적 인과관계에는 폐쇄성, 즉 하나의 물리적 사건은 하나의 원인만을 가진다는 원칙이 있다. 그리고 하나의 물리적 사건에는 충

---

37) 전통적 인과법칙에서 시간은 대단히 중요한 개념이다. 시간적 순서(time order)에 의한 인과의 성숙정도나 차이 등을 동시인과(simultaneous causation)나 다차원 인과(multi-dimensional causation)(시간과 공간, 위도, 경도, 고도 등) 등으로 설명되고 있기도 하다. 그리고 동적이고 정적인 개념에 의한 물리세계의 분석과 시간에 관한 비결정론적 입장과 이에 대한 대안적 접근방법 등의 인과론도 참고할 만하다(Huemer and Kovitz, 2003).

분하고도 독립적인 원인이 되는 배타성이나 완전성의 원칙, 모든 물리적 사건은 시간과 공간에서 인지되고 성숙되어야 한다는 시간과 공간의 인접성의 원칙 등이 있다(Sprague, 2013; McCall, 2017)[38].

균형주의 정책사상의 실천적 사고에서 보면 정책에서의 물리적이고 과학적 인과관계는 정책 그 자체의 존재의 실증적 가치를 결정할 수 있는 기초자료가 될 수 있다. 그리고 정책의 타당성과 실천가능성 등이 현실적으로 증명된다면 이와 같이 정책이 실행되면서 발생되는 정책결과와 영향을 정책의 실행에 필요한 다양한 비용과 부담 등과 비교하면서 형량(衡量)할 수 있을 것이다. 이때 불균형이 발생된다면 이것을 사후적이든지 아니면 정책의 시행 이전에도 보정하고 수정하고 교정할 새로운 정책을 시행하게 된다. 이와 같은 연속적 과정에 필요한 정책인과의 철학적 사고가 필요한 것이다. 그렇지만 우선적으로 정책의 과학적 인과관계를 정확하게 분석하고 설명하는 것도 균형주의 정책사상의 기초이론으로 필요하다.

(2) 정책의 정신적 인과관계

정책의 정신적 인과관계는 물리적 인과관계와 달리 정책정신에 의한 인과관계를 철학적으로 사고하는 개념이다. 따라서 정책이라는 사상적 원인이 정책의 실현결과에 미치는 인과의 영향력을 설명하고자 한다. 그러나 심리철학이나 과학철학 분야에서도 아직까지 정신인과에 관한 이론과 개념 등이 다양하게 논의되면서, 특히 정책에서의 정신인과는 잘 알려지지 못한 분야이다. 때문에 여기서는 정신적 인과관계의 개념적 쟁점을 설명하면서 정책에서의 정신인과의 전제조건 등을 지적하여 균형주의 정책사상의 실천적 사고로 제안하고자 한다[39].

---

38) 특히 제2장의 정책사상의 연구방법인 환원주의(reductionism)를 설명하면서 물리주의의 전통적인 인과관계의 법칙을 조금 자세히 지적하였다(<각주 17>).
39) 필자의 제한된 이해의 범위와 능력 때문에 여기서 설명하는 정신적 인과관계에 관한 내용이나 토론에는 오류나 잘못이 있을 수 있다. 정신인과를 평생토록 연구하는 제방의 선학들에게 지면으로 양해를 구하면서 잘못이 발견되면 수정하겠다. 필자가 알고 이해한 범위 내에서 정책에서의 정신적 인과관계의 기초적인 사상 등에 초점을 두고 정신인과의 철학적 원칙을 이해한 것이라는 사실을 밝히고자 한다. 그래서 필자가 이

정책에 의한, 정책을 위한 인과관계를 실증적으로 분석하는 과학적 인과관계는 정책균형을 담보할 수 있는 기준으로 활용될 수 있다. 그러나 정신적 인과관계는 정책현실에서 이와 같은 과학적 인과관계를 윤리적이고 도덕적 책임성이나 가치 등과 같이 철학적으로 설명하는 인과관계이다. 따라서 과학적 인과관계를 수량적이고 실증적으로 해석하면서 동시에 정책에 의한 인과관계의 영향이나 타당성, 신뢰성, 책임성과 윤리, 실천성(practicality), 정책선도의 정당성 등을 설명하는 것이 정신인과이다. 이와 같은 정신인과를 서양의 심리철학에서 설명하는 것과 동시에 동양사상에서 설명하는 정신인과로 구분하여 설명하고자 한다.

첫째, 서양철학에서 설명하는 정신인과이다.

정신인과는 물리세계나 경험세계에서 검증이 가능한 인과관계가 아니다. 정신세계의 사상이나 철학, 신념, 의도, 소망(희망), 가치판단, 추구, 이념 등이 현상세계에서 진행되고 발생된 결과와 그 결과가 물리적이거나 또는 정신적이든 원인-결과 관계를 논증(論證)하는 것이다. 때문에 이와 같은 정신적 인과관계는 물리주의와 과학주의가 주도하고 있는 서양 중심의 학문세계에서는 크게 발달되지 못하고 있다는 점을 쉽게 이해할 수 있다.

그러나 물리세계에서의 인과론을 정신세계로까지 그 영역을 확대하여 이해하고자 하는 심리철학이나 과학철학 등과 같은 서양사상은 다양하고 진지하게 정신적 인과관계를 설명하고 있다. 그러나 이와 같은 연구들의 핵심주제인 정신적 인과관계의 본질은 정신적 특성과 작용이 신체적 행동과 어떻게 인과적으로 연계되는가 하는 것을 설명하는 것이다. 때문에 정신과 신체의 이원관계(mind-body dichotomy 또는 dualism)를 전제로 하면서 정신작용이 물리적 세계의 인과에 미치는 영향을 설명하고자 하는 것이다. 즉 정신적 작용이나 사건을 물리적 세계에서의 인과관계의 영향력이나 효력으로 설명하고자 하는 것이다 (Kim, 2011: 7장; Engelhardt, 2017: 31-33).

해하고 정리한 정신인과의 내용에 필요한 참고문헌이나 자료를 일일이 제시하기 보다 구체적 사안이나 내용에서 꼭 출처를 밝혀야 할 경우에만 참고문헌 등을 밝혀 두었다. 물론 보다 자세한 논의는 필자의 『정책균형이론』(2008)의 제4장을 참고할 수 있다.

따라서 정신적 인과관계를 설명하는 서양 중심의 심리철학의 방법이나 논리적 유형은 본질적으로 20세기 정신철학의 왕자인 물리주의(physicalism)를 근본으로 하면서 정신적 인과관계를 물리세계에서 어떻게 처리하고 설명할 것인가 하는 이론이다(Walter and Heckmann, 2003: v; Moore, 2017: 20). 특히 데카르트(Rene Descartes)의 심·물이원론(心物 二元論)[40]의 전제에서, 마음과 정신의 실체와 그의 작용을 구분하는 입장이다. 이에 따라서 정신적 인과관계를 물리적 인과관계의 논증방식과 논리구성으로 설명하고자 하는 환원주의와 비환원주의의 입장으로 나뉘어지고 있다[41].

환원주의(reductionism)에 의하면 이 세상에 존재하는 모든 것은 물리적 요소와 사건과 실체로 구성되어 있으며 또한 있어야 한다는 명제에서 출발한다. 따라서 물리적 세계에서의 인과관계의 구성요건이나 법칙과 원칙으로 정신적 인과관계를 인정하고 설명하기 위해서는 존재하는 정신세계의 실체를 물리세계의 실체로 환원할 수 있어야 한다는 주장이다(Kim, 2005; Lausen, 2014). 즉 정신적 요소나 사건 또는 실체가 인과적으로 효력을 가지려면 정신은 물리적 실체로 환원(還元)되어야 한다.

그러나 일부의 정신적 요소인 느낌이나 감성, 성질 등은 물리적으로 환원될 수 없다. 따라서 정신적 속성을 물리적으로 환원할 수 없으면서도 이것의 인과관계를 주장하는 것은 거짓이다. 동시에 실체를 물리적이고 정신적으로 구분하여 정신적 인과관계를 설명하거나 허용할 수 없게 하는 어떠한 논의도 거짓이라는 입장도 있다. 이와 같은 비환원주의 또는 반환원주의에 의하면 정신적 속성은 물리적 속성으로 환원되지 아니한다. 따라서 정신적 세계에 속한 정신적 내용은 물리적 속성과는 구별되는 정신세계만의 특성을 가지고 있다고 했다. 따라서 비환원주의자들이 정신적 인과관계를 설명하는 방법은 좀 다양하다. 예를 들면 정신

---

40) 데카르트의 심·물이원론에 관한 구체적인 것은 정책사상의 연구방법을 설명한 제2장의 <각주 16>을 참조할 수 있다.
41) 환원주의 및 비(非)환원주의에 관한 자세한 것은 제2장, 제2절의 정책사상의 연구방법에서 자세히 설명되어 있다. 여기서는 그 내용을 간단히 요약해서 정리한 것이다.

적 무법칙에 의한 일원론(mental anomalous monism), 즉 정신적 사건과 물리적 사건은 인과적으로 상호작용하지만 정신적 사건에는 물리적 사건을 설명하는 것과 같은 엄격한 인과의 법칙이 존재하지 아니한다는 주장이다. 따라서 물리적 사건과 정신적 사건의 인과관계에 양자를 포섭하는 인과법칙이 있어야 한다고 보았다(Gavaler and Goldberg, 2017; Moore, 2017).

조금은 조심스런 입장에서 근본적으로 정신의 자율성이나 자유의지, 존재의 가치 등에 찬성하면서 현대 물리주의 심리철학이 깊은 반성을 해야 한다고 하면서도 이와 같은 철학적 스캔들에 빠지게 된 이유를 자세히 논증할 필요가 있다는 입장도 있다(윤보석, 2003; Caso, 2016). 또한 물리주의에 의한 결정론 그 자체를 논박하는 수준을 넘어서서, 즉 경험적이고 실증적으로 논박할 가능성이 희박하다면 물리주의 심리철학에, 즉 결정론적 물리법칙에 지배받는 세계에 예속될 운명이 아니겠는가 하는 솔직한 심정을 밝히기도 한다(김환석, 2011; 손정희, 2016).

둘째, 물리주의를 단순히 비판하는 입장을 넘어서서 동양철학의 기(氣)사상이나 연기(緣起)사상 등으로 정신적 인과관계나 인과법칙을 논의하는 정신인과 이론이 있다. 마음과 몸의 근본을 주체하는 기(氣)사상에 의한 인과법칙과 모든 현상이나 사물의 인연과 결과는 상호간에 의존하는 관계로 설명하는 연기사상 등을 들 수 있다. 즉 동양사상에 의한 정신인과는 물리적 인과의 현상을 상호간에 연기되는 기(氣)나 정신작용에 의한 인과관계로 설명하고자 한다.

자세한 것은 제2장의 정책사상의 연구방법에서 설명한 연기론(緣起論)이나 제4장의 선도주의 정책사상에서 주자의 성악설을 설명하면서 간단하게 지적한 사물의 존재론적 가치와 법칙인 이(理)와 현실적으로 발현되는 인간의 성품인 기(氣)를 참고할 수 있겠지만(제4장의 선도주의 <각주 23>) 균형주의의 철학적 사고에 관한 정신인과를 좀 더 구체적으로 설명한다. 정책에서 인간의 존엄성과 본질에 관한 철학적 사고를 체계화하고 이론화하는 것이 정책사상이라고 정의한 바와 같지만 대부분의 정책이론은, 특히 미국을 중심으로 하는 행태과학의 과학주의에 의한 실증적 이론과 지식의 정책학은 정신적 인과관계를 설명하거나 언급하지 아니하고 있다. 그래서 앞에서 소개한 심리철학에서의 정신인과 및 동양사상에서 발전된 정신적 인과관계를 전제로 하면서 균형주의 정책사상의 철학적 사고작용인 정신인과를 설명할 필요성이 크다고 했다.

정신적 인과관계는 정신적 특성과 작용이 신체적 행동과 어떻게 인과적으로 연계되는가 하는 것을 설명하는 것이다. 때문에 정신과 신체의 이원적인 관계를 전제로 하면서 정신작용이 물리적 세계의 인과에 미치는 영향을 설명하고자 한다. 그렇다면 이와 같은 정신적 인과관계가 실질적이고도 현실적으로 정책의 물리적 인과관계에 영향을 미치는가 또는 미쳤는가 하는 문제를 먼저 해결해야 균형주의에서 정신적 인과관계를 논의할 수 있을 것이다.

정책은 본질적으로 의도적이고 목표 지향적이다. 자연발생적인 정책은 없다. 정책을 결정하고 집행하는 일련의 일이나 사건은 정책이라는 수단적 가치를 동원하여 정책이 이상적으로 지향하는 목표나 가치를 완성시키기 위한 것이다. 즉 정책이 존재하게 되는 가장 중요한 근원은 정책사상에 의한 정책목표의 형성과 확인이다. 이에 따라서 연속적으로 정책과정이 진행된다. 즉 정책인식과 목표에 의해서 정책수단을 준비하고 선택하며 이것을 정책현장에서 집행하고 집행된 정책의 결과나 효과, 성과 등이 발생되면서 정책의 인과를 진단하고 판단하게 된다.

그렇다면 정책은 그 자체가 추구하는 이상과 비전 및 가치를 가지고 있다. 이와 같은 정책의 이상과 비전 및 가치를 철학적 사고로 체계화하기 위해서는 정책의 물리적 세계에서의 인과관계를 먼저 구성해야만 가능하다. 동시에 정책의 정신은 정책의 결정과정과 결과에 영향을 미치게 된다. 이것을 실현하는 것은 물리적이거나 또는 비(非)물리적이든지 정책이라는 수단을 통하여 원인이 된 결과를 발생시키게 되고 이에 따라서 구체적 정책의 인과관계를 과학적으로 검증하게 된다. 때문에 정책의 정신은 정책의 물리적 인과관계에 실질적으로 영향을 미친다. 그러나 이와 같은 영향의 인과관계를 물리적으로 검증할 수 없다는 주장은 과학주의에 의한 인과관계에 제한된 논의이다. 그래서 정책정신의 정책목표에의 인과관계를 비과학적이고 신화이며 허구이고 환상에 불과한 미신(superstition)이라고 주장한다면 이것은 물리주의에 의한 인과관계의 폐쇄성의 원칙만을 강조하는 것이다(양은석, 2002).

따라서 정책사상이 정책의 실천적 행위에 의한 정책결과에 인과적 효력이나 영향력을 행사한다는 전제를 충족시킨다면 정책의 정신적 인과관계를 다음과 같이 정의해 볼 수 있다; 정책결정은 본질적으로 정신적 사건(mental events)이고 일(affairs)이다. 정신적 사건의 결과인 구체적 정책을 집행하고 실천하여 발생되는, 즉 국가의 정책개입의 결과를 정책 그 자체를 독립변수로 하는 인과관계로만 설명해서는 정책의 본질적 속성인 정책사상을 이해할 수 없다. 따라서 본질적으로 정신적 사건이고 일(사:事)인 정책은 정책의 원인과 결과와의 정신적 인과관계를 논증적으로 설명하는 것이라고 할 수 있다.

정신(心)과 물질(物)의 관계에 의한 정책의 인과관계를 크게 네 부분으로 나누어 볼 수 있다. 먼저 정책 그 자체가 원인으로 정책의 실현을 통한 정책의 결과를 발생시키는 전통적 의미의 인과관계인 물질 대 물질(물물:物物) 인과관계이다. 이것이 물리적 인과관계의 핵심이다. 이것은 사실 존재론(fact ontology)에 의한 사건인과로서 사건 대 사건 또는 일(affairs) 대 일의 인과관계이다. 수단이나 도구로서 정책이 원인이 되고 정책의 결과가 발생되는 인과관계라고 할 수 있다.

그러나 두 번째 부분은 정책의 정신을 원인으로 하여 정책이 결정되고 형성되는 것, 즉 정책 그 자체가 이제 결과가 되거나 정책의 정신적 원인이 되면서 정책의 실현이나 결과를 발생시키는 정신 대 물질의 심·물(心物) 인과관계이다. 이것은 정책을 결정하는 정책주체가 행위자이면서 이들이 주장하고 의도하거나 목표하는 것이 정책정신으로 유형화되거나 아니면 정책에 끊임없이 개입하여 정책의 결과를 실천하는 원인으로 작용하는, 소위 행위자-의도 관계로서의 인과관계라고 할 수 있다(이좌용, 2006: 173; Poveda, 2017).

이때 행위자인 정책결정자나 정책주체의 정신인 정책이념이나 사상이 물리적이어야 한다는 주장은 더 이상 의미가 없다. 단 정책주체의 정신이 주관적이라는 독특한 심성(心性)의 작용을 어떻게 설명할 것인가 하는 것이 핵심이다. 이와 같은 심성작용의 인과관계를 전통적 인과관계인 물리주의가 주장하는 법칙과 요건에 합치되어야 한다고도 주장한다면 이것은 본질적으로 정신적 인과관계를 부정하는 것으로서 더 이상 논의할 여지가 없다. 그러나 정책주체의 정신적 작용과 속성에 의한 정책의 결정과 실현 등을 인과관계로 논의하고자 한다면 이제 이것을 어떻게 설명할 것인가 하는 것이 정책의 정신적 인과관계의 핵심이다.

세 번째는 정책주체와 정책의 정신과의 심·심(心心) 인과관계이다. 정책 그 자체가 독립변수로 작용하여 정책실현이라는 결과를 발생시키는 것을 물리주의의 인과법칙으로 경험할 수 있고 판단할 수 있다. 그러나 이때 정책을 창안하고 제안하면서 집행하고 수정하는, 즉 정책의 목적이나 사상을 실현하는 정책개입의 주체가 있다. 정책은 하늘에서 떨어지거나 땅에서 솟아나는 것이 아니다. 정책개입 주체의 창의적인 문제해결의 인식작용과 노력에 의해서 정책은 창조되고 주조되는 것이다. 정책을 만드는 사람, 조직, 집단 등등의 정신적 작용의 결과산물이 정책이다. 이와 같은 정책이 때로는 유형적인 모습을 가질 수도 있다. 그리고 무형적 산물로서 인간의 심리상태의 변화와 변동을 유발하거나 고착시킬 수도 있다.

그래서 정책개입의 주체는 정책정신의 주재자이다. 정책의 정신, 즉 정책의 이상과 의도, 목표, 철학 등을 생성하고 생산한다. 이것이 위에서 지적한 구체적 정책을 산출하는 정책의 정신이다. 이때 정책주체와 정책정신은 순수한 의미의 정신적 인과관계의 구성요소이다.

네 번째는 정책개입 주체와 정책 그 자체나 또는 정책의 결과와의 심·물(心物) 또는 심·심(心心) 인과관계이다. 정책개입의 주체는 심·심(心心) 인과관계의 중심체이지만 정책의 인과관계는 계속적 진행과정에서 발생되는 정책에 의한 원인과 그 결과와의 관계이다. 때문에 정책주체는 정책 그 자체를 현실적이면서 유형적으로 구체화시켜야 한다. 동시에 정책개입은 정책의 실현결과를 평가하고 환류하면서 정책을 수정하거나 변동시킬 수 있다. 따라서 정책개입은 정책을 형성하면서도 계속된 정책의 결과에 대한 주관적이거나 객관적인 판단을 하게 된다.

때문에 정책개입의 주체는 본질적으로 정신적 인과관계의 원인이 되지만 정책이나 정책결과는 물질적 속성을 가진 물리세계의 사건이나 일이 될 수 있다. 이것은 정책의 물리적 결과산물이다. 이때에는 정책주체의 정신세계와 정책결과의 물리세계와의 심·물(心物) 인과관계가 형성된다. 그러나 정신적이고 무형적 정책이나 또는 심리적 만족이나 행복, 삶의 질, 인간의 성숙, 인간의 존엄, 정책의 선 등은 비유형적이면서도 정신적이고 철학적 사변의 범주에 해당된다. 이것을 정당성으로 하는 국가주의의 정책개입이나 그의 결과는 정신세계의 속성을 가지고 있다. 이때에는 정책개입 주체와 정신과의 심·심(心心) 인과관계를 형성하게 된다.

(3) 정책인과에 의한 균형주의 정책사상의 실천

정책의 본질에서 보면 정책은 인간의 정신작용의 결과산물이라고 할 수 있다. 따라서 정신작용에 의한 정책이 물리세계의 정책과 어떻게 연결되고 영향을 미치고 있는가 하는 것을 철학적으로 사고하는 것이 균형주의 정책사상의 실천적 과제이기도 하다. 또한 정책의 정신적 사건과 일들이 정책의 결정이나 실현에 인과적 영향이 있다는 상식적 믿음과 지식을 어떻게 설명하고 인정할 것인가 하는 것도 균형주의 정책사상에서 실천적 사고의 주요한 과제이기도 하다.

특히 국가주의 정책개입의 인과적 책임성과 도덕성을 물리적 인과만으로 설명할 수 없기 때문에 정책의 선(善)이나 정책의 균형작용 등과 같은 정책의 본질에 관한 철학적 사고인 정책사상은 정책의 정신적 인과관계를 실천적으로 설명하고자 한다. 이와 같은 전제를 제시하면서 균형주의 정책사상의 실천적 중요성을 다음과 같이 지적할 수 있다.

첫째, 일반적으로 정책의 인과관계 지식이란 경험적 검증을 거친 제한된 범위에서 과학적 지식을 추구하는 것이었다. 그래서 이와 같은 인과관계를 검증하기 위한 정책모형을 개발하고 이것을 적용하여 정책지식을 축적하였다. 물론 과학적 방법이 아닌 담론이나 논쟁, 논리적 추론 등에 의한 정책이론도 크게 발달하고 있다. 그러나 정책지식이나 정책판단을 찾기 위한 인과모형이 물리적 범위에 한정되면 국가주의의 정책개입 주체의 창조적 기능과 활동영역을 설명하기 어려워진다. 이것을 지금까지 익숙하게 발달된 물리주의에 의한 정책의 인과모형으로 설명하는 것도 대단히 중요하고 힘든 일이었다. 그렇다고 이와 같은 정책지식을 창출하는 과학적 경험방법이 정책학에서 맞지 않거나 또는 비실용적이거나 학술적 가치가 없다고 하는 것은 아니다.

그러나 물리주의에 의한 정책의 인과모형의 한계나 문제점 등을 외면하거나 무시해서는 정책사상으로서 균형주의를 설명하기 어려워진다. 예를 들면 정책의 물리적 인과관계의 실증은 가능하지만 동태적 시간의 변화에 의한 원인과 결과와의 변화과정을 어떻게 인식하고 관찰할 것인가, 정책결정이나 실행현장에서 정책의 물리적 인과관계를 과연 인간이 완벽하게 조작하거나 통제할 수 있을 것인가, 아니면 단지 제3자의 입장에서 관찰하고 인식할 뿐인가, 정책의 목적과 의도를 어떻게 판단할 것인가 하는 등과 같은 정책결정자나 집행자 또는 정책주체들의 사상정향 등에 관한 실천적인 질문에 균형주의 정책사상은 대답할 수 있어야 한다.

때문에 정책의 정신적 인과관계인 정신과 물질 및 정신과 정신과의 인과관계로 철학적으로 사고하고 그것을 체계화하는 것이 정책인과를 실천적으로 사고하는 균형주의 정책사상의 핵심과제이다. 즉 정책주체의 정신인 정책의 정신적 작용을 물리적 속성으로 환원시킬 수 있을 것인가, 만약 가능하다면 심리철학에서 주장하는 환원주의를 균형주의 사상은 원용할 수 있을 것이다. 그러나 환원이 불가능하다면, 정책의 정신적 속성을 부정하기보다 정책의 정신과 정책의 물리적 속성을 이원적으로 구분하면서, 독자적으로 정신적 인과관계의 균형을 균형주의 정책사상은 실천적으로 설명할 수도 있을 것이다.

또한 연기론에 따라서 물질과 정신의 이분법적 구분이 아니라 물리적 존재와 정신적 인식의 인과를 총합(總合)하는 차원에서 정책의 정신적 인과관계를 설명할 수도 있다. 정책의 정신과 정책의 물질 사이를 구분하는 인과관계도 개체적(個體的)으로 필요하지만 사건이나 일로서 정책의 존재는 정책주체의 정신 속성에 의한 정책의 인식이 시간적 선후관계 뿐만 아니라 동시적 수반관계로서 계속적으로 진행되고 있다. 이와 같은 의미에서 인간의 정신세계를 구체적으로 분석하고 각각의 정신작용이 물리세계와 연결되는 양태를 설명하는 유식사상이 정책의 정신적 인과의 필요성을 정책사상의 가능성 차원으로 끌어 올릴 수도 있을 것이다.

균형주의 정책사상에서 보면 정신적 인과관계는 정책주체의 정신작용에 의한 정책의 의도나 목표, 동기와 철학이 정책현실로 구체화되는 정책결과와의 관계가 중요하다. 물리적으로 형상화되고 경험되는 정책세계에서의 비용과 효과, 주체와 객체, 목표와 수단 등이 균형되는 것도 중요하지만 정책의 정신세계에서 정책주체와 결정되고 선택된 정책, 이와 같은 정책에 의한 정책의 실현결과의 도덕적 판단, 윤리적 정당성, 정의 등과의 균형적 사상체계도 또한 중요하다. 그래서 정책개입 주체의 균형감각을 중용의 덕을 갖춘 수신의 세계에서 마음의 평정으로 설명하는 이유가 바로 정책의 정신적 인과관계를 강조한 것이다.

둘째, 앞서 균형주의를 이해하기 위하여 균형의 개념을 정의하면서 정책사상으로서 균형주의는 복합적인 균형이 연속적으로 집합하는 복합균형이라고 했다. 이와 같은 복합균형의 균형주의를 실천하기 위해서도 정책의 정신적 인과관계의 실천적 사고가 필요할 것이다.

물리적일 뿐만 아니라 정신적 인과관계에서도 다(多)변량을 가정하고 측정하는 다차원 인과관계 이론과 측정방법이 발달하고 있다(Scheines, 2002; Kroedel, 2008). 이와 같이 다양한 변수를 측정하는 것은 계속적인 복합균형을 현실적으로 이해하고자 하는 것이다. 따라서 정책의 결정과정과 공간을 시공(時空)에서 복합하여 설명할 수 있고, 정책주체를 결정자와 분석가 중심이 아닌 정책대상자와의 정책공유로 설명하거나 정책목표와 수단을 이분법적인 원인－결과 또는 수단－목표가 아니라 정책존재와 정책인식의 인과관계로 설명하는 것, 정책의 비용과 혜택을 단순 비교형량할 것이 아니라 비용과 혜택의 비화폐적이고 비계량적 가치를 균형의 패러다임에서 논의할 수 있을 것이다. 즉 복합균형의 균형점에서 정책의 정신적 인과관계를 설명할 수 있을 것이다.

국가주의의 정책개입의 주체는 정책을 이용한 정책결과를 실현하기 위한 균형철학을 가지고 있어야 한다. 즉 정책과 그의 물리적인 실현 결과인 물·물(物物)의 인과관계는 정책의 물리적 속성을 설명할 뿐 정책의 정신적 속성을 설명하기 어렵다; 정책정신이 정책으로 완벽하게 전환되거나 환원될 수 있다는 가정을 참(true)이라고 한다면 문제는 간단하다. 그러나 환원될 수 없는 정신적 속성이 존재한다면 이것을 설명할 수 없는 정책의 물리적 인과관계는 정책이론의 절반이론(half-theory)[42]에 불과할 것이다. 절반이론이라면 정책학은 학문적으로나 실천적으로 불균형적이다. 물리적 정책가치를 설명할 수 있는 정책이론을 정신적 정책인과로도 설명할 수 있어야 정책사상으로서 균형주의는 가능할 것이다.

셋째, 특히 동양사상에 의한 정책의 정신적 인과관계가 정책사상의 균형주의에 관한 실천적인 사고철학이 될 수 있을 것인가 하는 문제이다. 일반적으로 인과론은 서양 중심의 물리주의에서 정신작용의 물리적 가능성이나 또는 정신 그 자체의 중요성 등을 강조하는 정도의 수준으로 발달되고 있다. 그러나 동양사상의 유식론이나 연기론 또는 기(氣)사상 등은 인간의 정신세계에서의 인과관계를 설명하는 이론이다.

현재의 인간 세계는 물리적 형상과 행위를 중심으로 하는 색(色) 또는 경계(境界)의 세계이다. 색은 고정된 실체가 있는 것이 아니라 변화와 변동을 거듭하는 것이 특징이다. 동시에 색의 중심에는 인간의 욕구와 욕망이 지배하고 있는 욕(欲)의 세계이기도 하다. 이것은 물리주의가 지배하는 세계로서 '물리적인 것이 아님은 아무것도 없다'는 주장을 하게 된다(Jaworski, 2016: 183). 반면에 인간세계는 인간들의 정신적 속성과 작용에 따라서 물리세계의 색과 욕을 주체적으로 형성하고 변화시킬 수 있는 무색계(無色界)의 세계이기도 하다. 이때에는 '마음 이외에 한 물건도 없다'(심외무일물:心外無一物)라는 주장도 가능하게 된다. 즉

---

42) 정책의 정신적 인과관계를 논의하는 그것만으로 절반이론이 아닌 완전한 이론이라고 하는 주장은 아니다. 절반이론(half theory)이란 과학적으로 정립된 용어라기보다는 일상적 의미의 용어이기도 하다. 즉 모든 것을 다 알고 이해하는 것이 아니라 어느 한 부분만을 이해하는 범위에서 성립된 이론이라는 의미이다. 그래서 심지어 John Keynes(1883-1946)도 자신은 경제현상의 절반정도만 이해하면서 그가 이해하지 못한 부분을 애써 무시했다는 지적(Marris, 1999)도 음미해 볼 만하다.

정신세계가 물리세계를 지배한다는 주장을 하게 할 수도 있다.

물리적인 것이란 서양 중심의 물리주의의 원칙이다; 반면에 마음 이외에 한 물건도 없다는 것은 정신세계에 초점을 둔 동양의 정신철학, 특히 유식론 등의 핵심 사상이다. 이와 같은 논쟁의 중간에서 정책학은 이제까지 20세기에 승리한 물리주의의 인과이론에 따라서 정책이론과 방법론을 형성해 왔다. 그러나 반세기 정도의 물리적 과학주의에 의한 정책이론의 발달에 힘입어 또한 동양의 정신철학 들이 주장하는 정신세계의 원칙들이 단지 신학이나 종교 등에서 주장하는 지혜나 깨달음의 세계가 아니라, 정신적 활동의 결과인 정책에서도 정책의 인과관계를 물리적으로 뿐만 아니라 정신적으로도 설명할 수 있다는 실천적 사고체계를 발견 하게 된다면 균형주의 정책사상과 등과 같은 정책이론은 크게 발달할 수 있다.

정책학에서 서양 중심의 물리법칙만이 아니라 동양사상의 정신인과를 정책 세계에서 철학적으로 사고하고 체계화하는 균형주의 등과 같은 정책사상이 발달 되어야 한다. 특히 정책개입 주체의 정책정신에 의한 정책의 다양한 심·물(心物) 또는 심·심(心心)의 인과관계를 정신의 체계적 작용과 체(體)로 설명하는 유식 론이나, 정신과 사물의 인과적 연기를 설명하는 연기사상 등을 균형주의 정책사 상은 매우 유의할 필요가 있을 것이다. 왜냐하면 인간 세계는 물리주의만으로 설 명될 수 없는 정신적 작용의 세계이기도 하다. 특히 사회과학에서 인과법칙을 물 리주의에 의한 물리적 결과에는 물리적 원인만이 존재한다는 폐쇄성으로만 설명 할 것이 아니라 인과는 정신과 물질이 다원적이고 다양하다는 복합적 인과법칙을 이해한다면(Gerring, 2003; 2017; Kroedel, 2018)[43], 이것을 사상적으로 체계화 할 수 있는 정책의 정신인과 및 이에 기초하는 인과관계의 균형주의를 설명할 가 능성은 매우 커질 것이다.

넷째, 정책의 인과관계를 물리적 법칙으로 설명하고 기술해서는 국가개입주

---

43) John Gerring(2003; 2017)은 인과관계 논쟁에서 설명해야 할 기준으로 물리적 원칙뿐만 아니라 인과관계의 전제가 작용하는 세계에 대한 지식(coherence and correspondence), 인과구조의 설명(explanation of causal mechanism), 이해의 명료성(intelligibility), 적절 성(relevance), 혁신(innovation), 비교(comparison) 등을 제시하기도 했다.

의의 정당성이나 정책의 선에 의한 선도주의 정책사상 등을 설명하기 어렵다. 특히 균형주의 정책사상에서 실천철학으로 활용될 수 있는 정책균형의 중심적인 다변량을 찾기 어려울 것이다.

정신적 인과관계에서도 인과의 책임성을 강조하는 주장에 우선 주목할 필요가 있다. 예를 들면 특히 법학이나 의학 분야에서는 인과의 물리적 조건만이 아닌 인과에 대한 법적이고 도덕적이며 사실적 책임성을 중요한 법칙으로 설명하고 있다(Peaslee, 1934; Ozonoff, 2005; Broadbent, 2011). 동시에 사회과학에서도 인과의 책임성을 중요한 인과법칙으로 정립하고자 하는 연구에 의하면 사회현상에 대한 인과적 설명이나 검증에는 도덕적이고 윤리적 정당성에 대한 책임성이 원인변수에 당연히 포함되어야 한다고 주장한다. 그래서 인과법칙을 설명하기 위한 변수의 선택 그 자체는 도덕적 판단이라고 했다. 개인의 신념이나 가치, 판단과 선택에 의한 인과는 이제 도덕적이고 윤리적으로 그 사회적 정당성을 가질 수 있어야 한다, 즉 사회적 인과의 효력을 설명할 수 있어야 한다는 주장이다(Little, 2001; Picinali, 2016).

현실적으로 물리적 인과와 정신적 인과를 동시에 설명하기 어려운 점을 인정하면서도 이것을 극복하기 위한 하나의 방법으로, 물리적 인과론과 인간의 도덕적 책임성을 양립시킬 수 있는 확장된 인과이론을 주장하기도 한다(Clayton, 2004). 또한 물리적인 인과와 정신적 것을 분리하여 고립시켜 취급할 것이 아니라 정신과 물리적 인과를 총체적으로 설명할 수 있는 연기사상에 의한 인과론(김미숙, 2002)도 이와 같은 인과관계에서 보면, 국가개입주의나 정책의 선에 의한 정책의 정당성을 설명할 수 있는 정신적 인과론에 의한 균형주의의 실천적 사고가 될 수 있을 것이다. 따라서 국가주의에 의한 정책개입의 정당성과 정책의 선에 의한 선도주의의 선도(善導)가 정당하고 정의로워야 한다면 정책주체의 도덕성이나 윤리적 책임 등에 관한 정책균형의 인과관계를 설명하는 균형주의 정책사상이 실천될 수 있어야 한다.

정책주체의 정신적 인과관계의 책임자(기관)로써 결정하고 집행하는 정책의 정당성을 인과적으로 설명하고 기술할 수 있는 하나의 예를 들 수 있다. 성(性)의 불법적 매매현상이라는 사회적 문제를 해결하기 위해서 2004년부터 시행되고 있는 성매매특별법(성매매 알선 등 행위의 처벌에 관한 법률, 약칭 성매매처벌법) 이후의 정책의 파급효과를 인과지도로 분석하기도 했다. 즉 몇 개의 독립변수와 종속변수간의 단선적 인과관계분석이 아니라 성매매에 관련된 인과관계 시스템의 역동적 현상을 이해하기 위한 전체적인 인과 순환지도 또는 환류상태를 설명한 것이다(정석환·주영종, 2005; 김주희, 2015). 그렇지만 이것은 성매매특별법에 의한 정책이라는 체제의 동태적 성격을 물리적 인과법칙으로 설명하고자 했다.

여기에 더하여 국가개입주의 정당성이나 정책의 선에 의한 선도주의의 정당성인 사회적 정의의 실현, 양성평등권의 실현, 성매매에 의한 범죄사회와의 연계에 따른 사회 평화와 행복 등과 같은 정책정신도 정책개입의 정당성으로 작용하는 것을 인과지도에서 설명될 수 있어야 할 것이다. 동시에 성매매 현장에서 성매매특별법이 규정한 법의 집행과 정의의 실천, 집행담당자나 집행기관의 인간적 가치와 규범의 판단, 구체적이고 개별적 성매매 사건에서 인과와 성매매라는 사회적 일탈행위에 대한 통제, 인간의 자유와 행복추구 권리와의 갈등현상에 대한 정신적 인과관계, 사회경제적 고용시장의 왜곡현상, 성매매 당사자들의 이성적 판단과 감성적 판단과의 갈등적인 인과, 사회적 악의 해방구로서 성매매 시장의 순기능과 역기능, 매춘의 역사와 인간의 심리철학 등의 옳음, 자유로운 삶의 추구 방식의 다양성에서 오는 성매매에 의한 개인적 효용의 인정과 배려, 그런 팔자는 어쩔 수 없다는, 소위 운명론적 담론, 음주와 기녀문화라는 사회문화적이고 전통적인 가치 등(이경재, 2009; 이나영, 2015)과 같은, 물리적 인과지도로는 설명할 수 없는 정신적이고 감성적이며 판단적 인과를 총체적으로 인식하고 개념화하여 성매매방지 정책의 개입주의와 정책의 선의 인과관계를 검증하거나 설명할 수도 있어야 한다. 이것을 철학적으로 사고하고 실천하는 정책사상의 이론이 균형주의 정책사상이다.

2) 분배의 정의

(1) 분배의 정의의 개념

분배의 정의 그 자체에 관한 실천적 관심과 논쟁은 인류의 공동체 역사가 시작되면서부터 진행되었다. 특히 분배의 정의에 관한 실천기준이나 개념 또는 분배의 정의를 실천해야 할 철학적이고 종교적 논쟁은 실제로 태곳적부터 대두되었다. 마찬가지로 학문적 관점에서도 분배의 정의를 논의하고 연구한 역사는 대단히 깊다. 그러나 일반적으로 정치철학이나 실천철학의 영역에서는 분배의 정의에 관한 논쟁의 기원을 아리스토텔레스나 플라톤 또는 아담 스미스의 분배의 정의에 관한 논의로부터 시작된다고 보고 있다. 따라서 적어도 200년 이전부터 분배의 정의가 학문적으로 중요한 논쟁의 대상이 되고 있었음을 알 수 있다 (Fleischacker, 2004: 1; Frohlich, 2007: 250).

그 이후로 18세기의 계몽주의와 19세기의 공산주의 공동체 사상, 유럽을 중심으로 하는 공리주의와 사회복지의 이상주의, 20세기의 사회정의에 의한 분배의 정의, 특히 John Rawls의 실천적 정의론 등을 중심으로 분배의 정의가 집중적으로 설명되고 있다. 그러나 동양적 관점에서 분배의 정의에 관한 학문적이고 실천적 관심과 연구는 아마도 서양의 역사보다도 더욱 오래된 것으로 보인다. 유교의 정명(正名) 사상이나 공자의 예(禮)사상 등은 정치철학적으로 분배의 정의에 관한 중요한 논의의 출발점이 되고 있다.

적어도 한국에서는 근대적 의미의 서구철학과, 특히 Rawls를 중심으로 하는 정치적 개인주의와 사회정의론이 1970년대 이후부터 소개되면서 서양 중심으로 발달하는 분배의 정의를 비판하면서도 한국적 관점에서 수용하는 입장에서 분배의 정의를 논의하고 있기도 하다. 그래서 앞서 정책의 선에서 정의를 공동선의 실천기준이라고 한다면 분배의 정의를 국가의 정책개입에 의하여 발생될 또는 발생된 결과뿐만 아니라 정책을 결정하고 수정하는 계속적 정책과정에서 정책인과의 대상을 사회적으로 원만하고 조화롭게 나누어 가지는 방법과 절차라고 이해해 볼 수 있을 것이다.

정책인과는 정책의 물리적 인과관계나 정책의 이상과 목표에 의한 정신적 인과관계를 동시에 종합적으로 설명하는 개념이라고 했다. 따라서 정책인과에서 확인된 내용을 어떻게 공동의 선과 정의에 따라서 정의롭게 분배할 것인가 하는 이론과 방법론이 균형주의 정책사상에서 분배의 정의로 설명되어야 할 부분이다.

잠정적이거나 묵시적이든 다양한 정책에 관한 분배론도 정책의 비용과 부담을 공정하고도 정의롭게 나누어 가질 수 있어야 한다는 사실을 전제로 하고 있다. 이것을 직접적으로 논의하고 그 기준을 제시하기 보다는 당연하고도 명백한, 사실적이고 가치적이며 도덕적 전제에 따라서 정책에서의 정치나 민주주의, 선택이론, 정책가치론 등으로 다양하게 설명할 수 있을 것이다.

이와 같은 명백하고도 당연한 가치와 사실의 전제를 굳이 논의해야 할 필요성이 있는가 하는 비판과 의문이 제기될 수 있다. 그러나 정책사상으로서 정책인과의 분배의 정의에 관한 실천론은 아직까지 정책학이나 기타 학문에서 설명되지 못한 분야이다. 특히 정책사상에서 분배의 정의를 설명하는 것이 미약하기 때문에 이론적일 뿐만 아니라 실천적으로도 논쟁의 여지는 많다.

그러나 구체적으로 분배의 정의와 관련된 것은 아니지만 균형주의 정책사상의 실천적인 사고의 정립에 도움이 될 수 있는 분배의 정의에 관한 기존의 다양한 이론이나 논의도 실질적으로 분배의 정의를 이해하는데 도움이 될 수 있다. 간단히 요약하면 지역간의 불균형을 균형적으로 조정하고 조화시켜 지역격차와 차별을 해소하여 균등한 국토의 이용과 효율을 추구하고자 하는 지역균형이론, 조직목표와 개인 목표간의 조화로운 양립과 동일성을 추구하여 조직유기체로서의 조직생존과 발전을 설명하는 조직균형론 등도 분배의 정의에 관한 이론이 될 수 있다.

또한 힘의 물리적 균형을 국제관계나 동맹관계 및 노사관계의 균형 등에 적용하여 설명하는 세력균형론과, 자본주의의 진행에 의하여 자본의 축적으로부터 발생된 경제적 모순과 갈등, 이에 따라서 발생되는 사회적 생산과 소비의 불균형이 사회적 제도와 노력에 의하여 매개되고 조절된다는 조절이론, 개인주의에 의한 과다한 경쟁과 이에 따라서 필연적으로 발생되는 갈등과 불균형을 국가가 어떻게 사회 전체의 이해관계에 따라서 조정하고 조화시킬 것인가 하는 코프라티즘(corporatism), 정책조직에서 다양하게 분화된 정책활동을 특정한 목적이나 정책의 우선순위에 따라서 정렬시키고자 하는 정책조정론 등도 균형주의 정책사상에서 분배의 정의를 설명할 수 있기도 하다. 그러나 이와 같은 균형이론들은 정책균형의 동태적 개념과 복합적 균형으로서 계속적인 정책의 수정과 교정, 새로운 정책의 구성과 재구성, 정책에 의한 자원과 기회의 불균형에 대한 보정과 조정 등의 실천이론으로서 정책인과의 분배의 정의를 설명한 것은 아니다(자세한 것은 제3절의 균형주의 정책사상의 비교 특성 참조).

정책균형에서 분배의 정의와 가장 가까운 입장에서 Iris Young(1949-2006)이 제시한 분배의 정의에 관한 논의를 들 수 있다(1990: 15-24). Young은 사회적 정의를 공평하고도 정당한 분배로만 보는 것은 잘못된 것이다; 따라서 분배 그 자체가 아니라 분배를 결정하는 생산양식이라고 할 수 있는 사회적 구조와 제도적인 맥락, 의사결정의 절차와 힘, 분업, 문화 등과 같은 요소가 분배를 결정한다; 때문에 지배와 억압이 사회적 정의를 논의하는 출발점이 되어야 한다고 했다.

본질적으로 사회적 가용자원과 기회의 정의로운 분배를 중심적인 실천개념으로 하고 있는 정책에서 본다면 Young의 주장대로 사회적 정의는 그 결과에 초점을 둔 분배만이 아니라 분배를 결정하는 구조적이고 제도적이며 의사결정의 문화에 대한 차이와 맥락을 이해하는 것이 중요하다는 논쟁일 것이다. 그러나 정책이라는 국가의 공식적 의사결정에서 발생된 또는 발생될 수 있는 불의(不義)를 계속적으로 수정하고 교정하면서 정책균형을 달성한다는 원칙을 제시한다면, 물론 Young도 분배가 중요하지 않다거나 또는 기존의 분배이론을 대체할 수 있는 새로운 이론을 제안하는 것은 아니라고 했지만(1990: 16), 분배 대신에 지배와 억압이라는 개념으로 사회적 정의의 실천을 주장할 필요는 없을 것이다.

(2) 균형주의와 분배의 정의

국가개입주의의 정당성은 정책의 선에 의한 선도주의에서 그 길을 발견할수 있었다. 그러나 선도주의만으로 국가주의 정책개입의 정당성이 충족되거나 완성된다고 하기 어렵다. 정책사상으로서 균형주의, 즉 정책의 물리적이고 정신적인 인과의 총합적인 균형작용에 의한 정책인과가 어떻게 분배되고 나뉘는가 하는, 분배의 정의(distributive justice)[44]에 따라서도 국가개입주의나 선도주의 정책사상은 실천적으로 가능할 것이다.

정책의 최종적인 가치는 국가중심의 보편적 이해관계의 실천에 의한 개인의 행복과 만족의 극대화로 진행되겠지만 사회적이고 공공적으로 정의롭고 형평하게 분배되지 못한다면 각 개인의 만족이나 평등의 극대화는 실현되기 어렵다. 특히 개인간의 정책비용과 혜택이 불균형되어 있다면 사회적이고 공공적인 분배의 정의뿐만 아니라 개인의 만족도나 감성판단과 취향 등에 따른 개인적 분배의 정의도 균형되어야 한다.

분배의 정의는 전통적 의미의 사회진화론 또는 적자론(適者論) 등이 주장하는 정의와 다르다. 사회적자론은 자격이나 조건, 능력과 기회 등의 제약요인에 의

---

44) 'Distributive justice'의 한국어 번역 용어는 통일되어 있지 못하다. 예를 들면 연구자의 편의에 따라서 분배적 정의, 배분적 정의, 분배 또는 분배정의 등으로 다양하다. 마찬가지로 일본에서도 분배적 정의나 배분적 정의 등으로 번역하고 있다 (http://ci.nii.ac.jp, 검색일: 2017년 8월 15일). 그러나 여기서는 'distributive justice'를 분배의 정의로 통일하여 사용하고자 한다. 또한 정의(justice)와 공평성 또는 공정성 (fairness) 등을 같은 의미로 사용하여 분배공정성으로 번역하여 사용하고 있기도 하다 (고종욱·서상혁, 2003: 118; 이용규·정석환, 2007: 10). 물론 논의에 따라서 공정성을 좀 더 포괄적 개념으로 볼 수도 있다(이용규·정석환, 2007: 10, <각주6>). 그러나 필자는 공정성과 정의를 구분하여 정의는 공정성을 포괄하는 개념으로 보고자 한다. 사실 후생경제학에서 공정성을 정의의 한 기준으로, 복지 개념과 충돌되는 현상을 피하면서 파레토 최적과 같이 자원할당(allocation)의 방법인 질투하지 않음(envy-free)과 동의어로 이해하고 있기도 하다(Daniel and Parco, 2005). 그러나 Rawls(2001: 50)도 주장했듯이 공정성으로서의 분배의 정의는 전통적인 공리주의 관점에서 본 자원의 최적할당이 아니라, 사회정의로서 상호간에 인정과 배려에 의한 조화를 달성할 수 있는 수준에서 자원의 분배와 재분배에 의한 공정성을 의미한다.

하여 발생된 불평등이나 불공평, 불이익 등은 적자생존의 원칙에 의한 것이다; 때문에 개인이나 사회는 상호간에 최대한 선의(善意)에 따라서 공정한 경쟁을 할 수 있는 제도와 규칙과 과정을 설정할 수 있으면 그 자체로서 최소한의 사회적 정의는 달성된 상태라고 보고 있다. 따라서 이와 같은 사회진보의 과정에서, 특히 과학적 객관주의에 의한 이론과 기술을 독점하면서 발생되는 개인적이고 사회적인 불균형을 정치적인 이상주의나 또는 진보주의의 이념에 따라서 약자와 피치자 계층을 돌보거나 그들의 한계효용을 향상시키는 것이 사회정의의 실천이라고 하는 이론이다(Rawls, 2001; Marciano, 2007). 물론 이와 같은 사회정의론도 균형주의 정책사상의 이론이 될 수 있다.

또한 자유경제의 원칙에 따른 사회적인 파레토 최적상태인 타인이나 타 집단의 복지를 희생하지 아니하고서는 더 이상의 사회적인 행복이나 복지를 달성할 수 없는 상태를 유지하는 그 자체만으로도 분배의 정의의 기준이 될 수 있다. 즉 파레토 최적상태 그 자체는 정의의 기준이 될 수 없지만 역설적으로 최적의 상태가 아닌 상황에서는 최적의 상태를 달성하고자 노력하기 때문에 이것도 분배의 정의의 한 기준이 될 수 있을 것이다(Hansson, 2004).

그러나 분배의 정의는 강자가 약자를 돌보고 제도나 체제의 작용이나 구조적으로 발생되는 불균형을 균형화시키는 그것만으로 분배의 정의가 달성된다고 보기 어렵다. 하나의 예로서 맹자(孟子)는 흉년을 당한 지역주민을 풍년을 맞이한 지역으로 이주시키거나 미처 이주하지 못한 주민에게 식량을 지원하여 가난을 면하게 하는 것은 소극적이며 미봉적인 대책이라고 했다. 때문에 이것이 왕의 선정(善政)에도 불구하고 백성이 증가되지 아니하는 이유하고 했다[45]. 따라서 이것은 소극적인 의미의 파레토 최적상태를 달성하려는 균형주의라고 할 수 있다.

그러나 균형주의 정책사상은 여기에 더하여, 제7장의 물아주의 정책사상에서

---

[45] "梁惠王 日 寡人之於國也 盡心焉耳矣 河內凶 則移其民於河東 移其粟於河內 河東凶亦然 察鄰國之政 無如寡人之用心者 鄰國之民不加少 寡人之民不加多 何也 孟子對日 (중략) 王無罪歲 斯天下之民至焉"(『孟子』, 梁惠王章句 上).

자세히 설명하게 될 인간이 정책의 중심이라는 인간중심주의(human-centeredness) 사상을 전제로 하고 있다. 나아가 인간중심주의는 인간의 존엄성 가치에 관한 공정하고도 정의로운 분배의 정의가 달성될 수 있어야 실천적으로 가능하다고 본다. 물론 분배의 제일차적 정의는 경제적인 정의의 달성이다. 또한 최대다수의 최대행복이나 개인의 이해관계나 효용을 극대화하고자 하는 공리주의 정의도 분배의 정의의 한 방법론이다. 그러나 여기에 더하여 무엇이 보다 바람직하며 올바른 것인가, 무엇이 보다 선하며 좋은가, 무엇이 보다 공평하며 평화적인가, 무엇이 보다 사회적으로 정의롭고 실천적인가 하는 분배의 정의도 중요하다.

따라서 균형주의 정책사상은 분배의 정의를 달성하기 위한 방법으로 정책불균형의 문제점을 교정하고 수정하며 치유하면서 계속해서 보정(補正)하는 복합적이고 동태적인 균형사상을 강조하고 있다. 뿐만 아니라 사전(事前)에 정책의 전과정에서, 정책의 이해관계를 정상상태로 환원할 수 있는 균형감각을 분배의 정의의 실천에 의한 균형주의 정책사상의 핵심적인 개념이라고 앞서 설명했다.

현실적으로 모든 정책은 사회적 자원과 기회를 실질적으로 분배하거나 재분배하고 있다. 이와 같은 분배나 재분배에의 기준이나 절차 등은 다양하지만 정책은 본질적으로 사회가 가용할 수 있는 자원을 최적으로 활용하여, 사회구성원들이 정당하고도 정의롭고 공평하다고 인정하면서 수용하는 수준의 정책개입의 정당성을 요구받고 있다. 특히 정책에 관련된 이해관계가 복잡하고 다양해지면서 이것에 관련된 분배의 정의는 점점 더 복잡하고 다양하게 된다. 따라서 복합균형에 의한 균형주의와 같은 정책사상을 더욱 필요하게 될 것이다.

더구나 한국사회의 경우에는 사회적 자원의 공정한 분배의 정의에 관하여 전통적으로 서양에서 논의되고 있는 다양한 이론이나 방법론 등을 현실적으로 적용하기 어려운 경우가 많다. 즉 계약이 우선적인 관점이나 시장경제활동의 자동조절기능에 의한 자본주의식 조정 또는 개인의 자유로운 경쟁을 통한 실적과 업적에 의한 자유주의적 조정, 정치적 다원주의의 질서와 절차에 의한 자원의 당파적 분배, 최대다수의 최대행복을 추구하는 공리주의적 조정 등과 같은 분배의 정의에 관한 전통적 사상이나 이론은 한국사회가 추구하는 분배의 정의를 설명하기 어려울 수 있다. 따라서 역사적이고 전통적으로 수기치인(修己治人)에 기초한 통치자 중심의 절대권력의 통치권에 의한 사회자원의 분배를 수용한 한국사회의 전통과 가치, 옳음과 좋음, 인정과 배려 등과 같은 정책의 선의 선도주의를 실천하면서 동시에 이것이 정책인과의 분배의 정의에 어울릴 때 균형주의 정책사상의 실천이론이 될 수 있을 것이다.

이와 같은 하나의 논쟁을 소개할 수 있다. 즉 정의를 분배와 과정의 정의로 분리하여 실증적으로 측정한 연구에 의하면(전성표, 2006) 적어도 한국사회에서는 어떻게 재화를 분배하는 것이 공평한가 하는 점에 있어서 보편적 여론이 형성되어 있다고 믿을 만한 근거를 발견할 수 없었다고 했다. 나아가 공정성으로서 정의를 인식하는 한국인의 정의관은 서양인과 다르다는 사실 그 자체보다도 온정주의와 같은 더욱 복잡한 기준에 근거하고 있을 것으로 추론할 수 있다고 하기도 했다. 더욱이 1980년대의 조사에 의하면(이종은, 1985) 적어도 한국사회에서 분배의 정의는 최소한의 생활수준을 국가가 보장해 줄 것을 요구하는 복지로서의 분배관이 강하다. 때문에 이것을 사회동태적으로 이해해야 한다고 했다. 보다 구체적으로 John Rawls의 분배의 정의관이 한국의 정치문화에서는 타당하지 않다는 실증적인 결론을 도출하기도 했다. 동시에 Rawls의 분배의 정의가 한국의 민주정치의 구조와 과정에 많은 영향을 미치고 있다고 하는 서양 중심의 정의론을 수용하는 입장이 있기도 하다(장동진, 2006).

동서고금을 막론하고 한정된 사회적 자원을 공평하고 정의롭게 나누어 가지는 것은 어렵다. 물론 분배는 공정하면서 타당하고 정의로워야 한다. 그러나 역사적이고 문화적으로 사회나 집단이 수용하고 허용할 수 있는 공정하고 정의로운 분배의 기준과 절차는 다양하다. 서양사회에서는 시장중심에 의한 개인의 업적과 자질 중심의 또는 자유로운 계약조건과 상황에서 공정한 경쟁을 통한 분배의 정의를 강조하고 있다. 반면에 한국사회는 공동체 중심의 사회에서 수장의 결정에 의한 온정적이고 때로는 정명론(正名論)에 의한 강제적 분배가 정의롭게 수용되거나 수용되어야 하는 역사와 문화적 배경을 가지고 있다.

이와 같은 현실에서 분배의 정의에 관한 서양에서 발달된 다양한 이론과 방법론 보다는 공동체 중심의 유교문화에 의한 국가중심주의와 인간중심주의의 정책사상을 현실적으로 실천할 수 있는 정책인과의 분배의 정의를 정책균형으로 설명하는 균형주의 정책사상이 보다 실천적이라고 할 수 있다. 참고로 여기서의 인간중심주의는 서양철학이나 환경이념이 강조하는 만물의 지배자이고 착취자라는 인간중심주의(anthropocentrism)가 아니다. 인간뿐만 아니라 비인간을 포섭하는 정책세계의 주체적인 정책인(政策人)이라는 인간중심주의(human-centeredness)이다. 자세한 것은 제7장의 물아주의 정책사상을 참조할 수 있다.

(3) 분배의 대상과 정책인과

균형주의 정책사상에서 분배의 정의에 관한 패러다임은 정책의 본질에 관한 실천적 사고체계에 해당된다. 즉 균형주의에 의한 정책균형의 실천적 개념으로 분배의 정의를 설명한 것이다. 그래도 분배의 정의는 본질적으로 추상적 개념이다. 때문에 실천적 관점에서 정책인과의 분배에 초점을 둔 개념으로 조금 더 자세히 설명하고자 한다.

균형주의 정책사상에서 분배의 정의를 정책개입에 의한 정책인과를 사회적으로 원만하고 조화롭게 나누어 가지는 방법과 절차라고 했다. 이와 같은 경우에 분배의 대상은 정책인과라고 할 수 있다. 즉 무엇을 분배할 것인가 하는 분배의 대상은 정책의 물리적이고 정신적인 인과를 공정하고도 정의롭게 나누어 가지는 것이다. 따라서 실질적으로 정책인과를 배분하는 균형주의를 분배의 정의로 논의한다면 분배의 대상이 분배의 과정이나 원칙보다도 중요할 수 있다. 즉 무엇을 나눌 것인가 하는 분배의 대상은 정책인과의 구체적 내용을 어떻게 나눌 것인가 하는 것과 같을 수 있다.

먼저 무엇보다도 먼저 분배의 내용은 경제적 자원에 관한 정책에서 발생되는 원인과 결과와의 산물이다. 이것은 전통적으로 경제적 물질이지만 소유나 기회 또는 능력과 자원이 아니라 소득 중심적이었다(Ryan, 1916: 1). 경제의 분배에 가장 많은 관심과 논의를 한 것이 경제학, 특히 후생경제학이다. 즉 수요나 욕구에 의한 경쟁관계에서 희소한 경제자원을 공정하게 분배하는 방법과 기술 또는 원칙들을 제시하는 논의가, 특히 파레토 최적론이나 비용-편익 분석론 등을 중심으로 진행되어 왔다. 그러나 경제학은 인간간의 효용이나 선호 등을 비교적으로 판단하지 않고 경제자원을 공정하게 분배할 수 있는 일반균형론을 설명하고 있다. 따라서 경제자원의 공정한 분배가 결정된 균형상태를, 경제학에서는 누구도 타인의 상태를 질투하지 않을 때 분배의 정의는 실현되고 있다고 했다(Mualem, 2014).

경제학의 분배의 이론은 공정성을 도덕적이고 윤리적이며 정치사회적 개념이라는 사실을 잘못 인식했다는 사실이 오래전부터 지적되면서(Rescher, 2002: ix; Frye, 2016) 분배의 대상은 경제만이 아니라 비경제적 요인도 중요하다는 것이 또한 철학이나 정치학, 사회학 등에서 다양하게 제시되어 왔다. 그래서 분배는 경제자원도 중요하지만 권력과 부, 소유와 기술 및 능력, 기회, 참여, 인간 존엄성의 실현 등과 같은 가치판단적이고 윤리적이며 형이상학적 요소, 즉 정책의 정신적 인과관계를 공정하게 분배하는 것도 더욱더 중요하다는 논의는 아리스토텔레스 이전부터 또는 초기의 종교철학에서부터 논의된 것이다.

이와 같은 논의에서 가장 주목할 것으로 Rawls가 제시하는 분배의 대상인 제1의 사회재화(primary social goods)에 관한 것을 소개할 수 있다. 그는 분배는 복지의 분배만이 아니다; 합리적 인간으로서 평등한 자유인은 개인과 비교해 볼 때, 기본적 권리와 자유, 이동과 직업선택의 자유, 권위와 책임을 지키고 담당할 수 있는 힘과 특권, 소득과 재산, 자존심 등을 정의롭게 분배받을 기대를 하고 있다(2001: 58-59, 172). 또한 개인의 기본적 능력과 재능에 따라서 이와 같은 재화의 상대적 중요도는 신축적이다(2001: 175); 그래도 중요한 것은 개인의 가치에 따른 목적을 충족시키는 자존심이 가장 중요한 사회재화라고 했다[46]. 동시에 Amartya Sen(1985)은 복지와 재화의 중간개념으로 능력이 분배의 중심대상이라고 했고 Robert Nozick(1974: 151)은 합법적으로 가질 수 있는 것의 획득이라고 했다. Ronald Dworkin(1981)도 복지가 아니라 개인이 가용할 수 있는 자원과 책임이라고 하기도 했다.

물론 분배의 가장 중요한 대상과 관심은 경제이고 물리적 자원이다. 그러나 평등한 인간으로서 자신의 위치와 존엄성을 침해당하거나 파괴당하면서도 물리적 조건만을 공정하게 분배받는다고 해서 분배의 정의는 실현될 수 없다. 이 점에서 Young(1990: 20−1)이 제시한 억압과 지배를 제거할 수 있는 사회제도와 구조 및 의사결정력과 절차, 참여 등과 같은 제도적 맥락이 중요하다는 주장은 정책을 통한 구조와 제도 및 맥락의 수정과 교정이라는 정책인과의 균형을 강조하는 균형주의 정책사상에 중요하다고 했다. 따라서 균형주의에서 분배의 정의는 정책을 통한 정의의 실현이다. 때문에 굳이 Rawls 등이 구분하는 분배의 대상을 구체화하기보다 Michael Walzer(1983: 8)의 주장처럼, 정책이라는 시간적이고 공간적 조건에서 정책개입에 의한 정책의 인과관계를 대상으로 한다고 하는 것이 보다 타당할 것 같다.

개념적이고 사전적 의미에서 분배의 정의를 개념적으로 정의할 수 있고 그의 원칙이나 대상을 제시할 수 있지만 복잡한 정책의 현실에서 분배의 정의를 실천하기는 대단히 어렵다. 특히 국가개입주의에 의한 자원과 기회를 공정하고도 정의롭게 분배해야 하는 본질적 기능과 역할을 수행하는 균형주의 정책사상에서 분배의 정의를 실천하기는 쉽지 않을 것이다. 그래서 사상적으로 분배의 정의를 현실적으로 실천할 수 있는 분배의 대상에 초점을 둔 정책인과의 분배, 즉 공정하고 정의로운 정책균형의 발견과 유지라는 균형주의 정책사상이 중요할 것이다.

물론 정의나 분배의 정의를 개념적으로 설명하는 것도 다양하고 복잡하지만

---

46) Michael Walzer(1983: 8−9)는 이와 같은 제1의 재화를 구체적으로 제시할 수 없다고 했다. 왜냐하면 구체적인 분배의 상황에서는 이와 같은 추상적 개념을 적용하기 어렵고 분배의 기준이나 방법은 사회적 선이 아니라 선 그 자체로서 본질적인 것이며, 시대에 따라서 정의로운 분배인가 아닌가 하는 사회적 의미도 변화된다고 했다. 따라서 어떤 재화를 분배할 것인가 하는 것은 단지 기준과 방법에 적합한 영역에서만, 즉 분배는 반드시 때와 장소와 기준 등에 따라서 자율적이어야 한다고 보았다.

추상적이고 관념적이며 다분히 형이상학적 개념인 분배의 정의를 정책인과의 분배의 정의로 실천해야 한다면 그의 원칙과 기준을 설정하고 정립하는 것도 쉽지 않을 것이다. 그렇다고 해서 이것이 불가능하다는 의미는 아니다. 인류 사회는 분배를 중심으로 하는 사회이다. 균형주의 정책사상은 자원과 가치를 공유하거나 나누고 교환하는 기준이나 절차, 방법, 주체 등이 복합적으로 균형점을 찾는다는 사실을 강조할 뿐이다. 동시에 균형주의 정책사상에서 정책인과의 분배의 정의가 사회주의적 공산물의 분배나 공동체주의가 주장하는 공유의 의미를 강조하거나 또는 자유주의에 의한 평등한 개인의 합리적 합의에 의한 보편적인 도덕원칙이나 규칙만을 주장하는 것도 아니다.

정책사상으로 균형주의에서 정책인과를 분배의 정의의 대상으로 설명하는 것은 정책인과의 공정한 분배가 국가개입주의에 의한 정당성이나 정책의 선에 의한 선도주의를 현실적으로 가능하게 한다는 사실을 강조한 것이다. 정책인과에서는 정책의 결과나 과정뿐만 아니라 정책의 비용과 혜택을 분명하고도 정의롭고 공평하게 나누어 가질 수 있어야 한다고 본다. 과학적이고 물리적인 정책의 인과관계를 기준으로 하면서도 정책철학의 실현과 가치의 판단에 관한 정신적 인과관계 등을 분배의 정의의 대상이 될 수 있어야 한다고 본다. 특히 정책의 결정과정과 결과 또는 정책 그 자체와 정책주체 등의 물리적이거나 정신적인 부담이나 혜택을 어떻게 분배할 것인가 하는 사실과 이와 같은 분배의 결과를 상호간에 인정하고 배려하면서, 전통가치에 의한 옳음과 좋음 등을 실천할 수 있는 정책의 선에 따라서 정책개입의 정당성이나 선도주의의 정당성은 결정된다고 보고 있다.

정책은 본질적으로 사회자원을 이용하거나 활용하고 소비한다. 그러나 이와 같은 활동이 그 자체로서 종결되는 것은 아니다. 정책이 추구하는 이상과 목적에 따라서 그리고 정책개입의 정당성에 따라서 더욱더 부가가치를 가질 수 있는 사회자원으로 환원하여 분배하는 역할을 하기도 한다. 이때 분배를 어떻게 할 것인가 하는 것이 정책인과의 공정한 분배인 분배의 정의의 실천이다. 정책의 비용이나 부담 측면과 그 반대적 현상인 정책의 효과나 효용, 혜택 등을 복합적이고 동태적인 균형으로 계속적으로 유지하고 달성할 수 있어야 한다. 이것이 사회적일 뿐만 아니라 개인적으로도 용인되고 허용되는 것을 국가개입주의의 정당성으로 설명했다. 그리고 정책의 선을 중심으로 하는 선도주의 정책사상으로도 설명했다.

3. 균형주의 정책사상의 특성

1) 정치학이나 사회학 등의 균형이론과의 차이점

정책사상으로서 균형주의와 균형의 개념을 설명하거나 정의하면서 전통적으로 정치학이나 사회학 등에서의 균형이론과의 차이점을 밝혀서 균형주의 정책사상의 특성은 보다 구체적으로 설명해 볼 수 있다.

① 세력균형론(balance of power)은 세력인 힘(power)의 물리적 균형을 국제관계나 동맹관계 및 노동자와 사용자 관계 등에 적용하는 균형이론이다. 특히 국제정치나 외교정책 및 국제관계 등에서는 세력균형론이 주요한 선행이론으로 정착되고 있다. 세력균형론의 핵심은 이익이나 이해관계가 아닌 세력의 개념을 중심으로 하고 있다(김관옥, 2016: 5-6; Wu, 2018: 786). 때문에 힘이나 세력의 정확한 내용을 이해할 필요가 있다.

힘을 물리적 힘과 비물리적(정신적이고 문화적이며 사상적 의미에서) 힘으로 구분할 수 있으며 힘은 곧 영향력(influence)이라고 할 수 있다. 이처럼 힘과 영향력을 중심으로 힘의 역학적이고 동태적인 사회관계를 설명하는 것이 세력균형론의 핵심이다. 따라서 전통적이고도 대표적으로 힘은 다양한 방법(대표적으로 설득이나 통제, 강제, 정신적이고 사상적 지배 등)으로 타인에게 영향력을 행사하는 것(Dahl, 1984: 24)이라고 정의할 수 있다[47].

---

47) 세력 또는 힘(power)을 정의하는 것도 대단히 복잡하고 어려운 일이다. 그러나 여기

세력이나 힘은 그 자체로서 존재하기보다 관계로 존재해야 그의 본질이 밝혀질 수 있다고 하기도 한다. 즉 조직이나 개인 또는 국가간의 관계에서 세력이 존재한다는 것은 힘을 현실적으로 체현(體現)시킬 관계, 즉 이것을 미국정책학의 선구자인 Harold Lasswell(1948: 10)은 사회적 관계에서 주고받는 관계로 정의하면서 힘(power)이 세력균형론의 중심변수로 등장하기도 했다.

세력이 균형된 상태(power balance 또는 power parity)에서만 관계는 안정된 상태에서 미래의 상황을 규칙적으로 예측할 수 있고 이에 따라서 관계를 지속시킬 수 있다는 것이 세력균형론의 근간이다(김계동, 2001: 346; 이진영, 2016; Fritz and Sweeney, 2004). 세력이 균형된 상태가 계속되면 관계가 계속되지만 체제의 변동이나 기술발달 또는 관계 그 자체의 변화에 의해서 세력의 불균형, 즉 세력의 분배구도에 이상이 발생되면 세력은 새로운 균형점을 찾아 이동하게 된다. 이때 국가간의 세력균형론에서는 각 국가들이 힘을 추구할 때 자동적으로 세력간의 균형이 달성된다는 주장과, 역사적 기록에서 볼 때 의도적이고 의식적으로 세력균형을 유지하고자 하는 정책을 시행하지 않는다면 세력불균형이 보편적인 현상이 될 수 있다고 설명하기도 한다.

일반적으로 세력균형론에서는 국가개입으로서 세력균형을 유지하고 조정하는 적극적 방법을 이야기하고 있다. 하나의 예로서 전쟁이나 국가비상사태의 경우에는 국가간의 세력을 비교적 정확하게 측정하면서 균형을 유지할 수 있지만

서는 세력균형론과 나아가 균형주의 정책사상을 이해하기 위한 범위 내에서 대표적으로 Robert Dahl(1915-2014)의 정의를 참조하였다. 그러나 그도 세력의 정확한 개념이 어렵다고 보면서 세력과 영향력(influence), 권위(authority), 통제(control) 등이 정치학계에서는 같은 의미로 이해되고 있다고 했다(1984: 20). 그래서 그는 세력을 이해하는데 세 가지의 오류(誤謬)(유일한 하나의 집합체로 이해하려는 오류, 힘과 자원을 혼동하는 오류, 힘과 보상 및 박탈과 혼동하는 오류)(1984: 20-22)가 있다고 지적하면서 세력은 결과를 발생시키는 원인이라고 했다. 그래서 그는 세력을 영향력의 한 수단으로 보면서 힘이라는 용어 대신에 영향력을 자세히 설명하였다. 동시에 세력이 실제로 행사되는 관계에서 3차원으로 설명하는 이론들도 세력균형을 이해하는데 도움이 될 수 있다. 대표적으로 John Gaventa(1980: 3-32; Gaventa and Martorano, 2016)는 B를 제압하는 A의 세력과, A에 대항할 수 없는 B의 세력, B의 도전에 대한 A의 대응이라는 세 가지로 세력을 정의하면서 각각에서 1차 및 2차, 3차 차원의 세력의 실질적 행사관계를 자세히 설명하기도 했다.

(직접적인 반대연합의 형성에 의한 균형과 상호간의 경쟁에 의한 균형), 평화 시기에는 세력의 측량이 어렵다. 그래서 국가간의 세력균형은 불확실하면서도 비현실적이고 부적합한 상태로 진행되면서 국가간이나 지역간 또는 동맹간에도 정확한 세력의 균형점을 찾기 어렵다. 때문에 국가나 지역동맹은 국가이익이라는 목표에서 세력 균형점을 찾기보다는 세력을 극대화할 수 있는 국가개입을 선호하게 된다. 그러면 균형상태보다 불균형상태가 지속되는, 즉 전쟁이나 테러리즘, 파괴 등과 같은 일들이 발생하게 된다는 지적이다. 이와 같은 세력의 불균형에 의한 국제관계의 균형론은 주권국가의 안정에 필수적 요인이라고 지적하면서, 역사적으로 한국을 예로 들면서 설명하기도 했다(Morgenthau, 1993: 183－193).

국제관계의 지속적인 세력의 불균형상태를 방지하기 위해서는 독립된 국가간의 도덕적이고 규범적 합의와 이를 지키고 유지하려는 의지와, 구체적인 국가개입의 프로그램이 중요한 요소라고 역설하면서 세력균형을 사회적 균형(social equilibrium)으로 설명하기도 한다. 따라서 사회적 균형에서 설명하는 국가간의 세력불균형이 다반사라면 이것을 균형점으로 조정하면서 계속 균형을 유지할 수 있는 방법으로 분할(分割)통치, 보상, 군비증강 및 동맹, 연합형성, 전쟁, 평화유도의 전략, 세력균형의 평행 축(균형자), 분할과 보상, 조정 등을 제시하기도 했다(Morgenthau, 1993). 또한 근본적으로 힘이 센 편에는 힘을 줄이고 약한 편에는 힘을 실어 주는 균형화 방법을 제시하기도 했다[48].

---

48) 세력균형화 방법으로 다양한 것들이 지적되고 있지만 대표적으로 일곱 가지를 요약해서 나열할 수 있다(김계동, 2001: 348－349): ①분할통치(divide and rule): 강한 힘을 가진 반대편을 약화시키거나 잠재적 경쟁력을 분산시키기 위해서 상대를 분할하거나 내부적 분리정책을 취하여 경쟁국가를 약화시키는 방법이다. ②보상(compensation): 전쟁이나 천재지변 등에 참여한 승리국가나 연합이 영토나 물리적이고 인적 자원 등을 보상받는 방법이다. 따라서 균등한 분배를 통하여 상당기간 동안에 힘의 균형을 유지하고자 하는 전략이다. ③군비증강(armaments): 강대국이나 약소국의 전통적 방법이지만 과다한 군비증강은 국내자원의 불균형으로 국력의 과잉지출 때문에 전체적 수준에서 세력균형에 부정적 효과가 발생할 수 있다. ④동맹(alliances): 지역이나 이념에 따라서 다수의 국가들이 연합이나 연맹 또는 동반관계 등을 형성하여 군사적 힘의 균형을 집단적으로 유지하는 방법이다. ⑤개입(intervention): 군사점령 이후의 합법적 통치방법(신탁통치나 점령통치)이나 또는 비밀기관을 이용하여 공격적이거나 방어적으로 국가의 정책을 변경시키면서 자국(自國)의 세력균형에 유리하도록 조정하는

그러나 정치학이나 국제정치에서의 세력균형론은 국제정치나 국제관계 또는 외교정책을 설명하는 주요 이론으로서 균형주의 정책사상의 균형이론과는 몇 가지 점에서 차이가 있다.

첫째, 세력균형론은 일시적이고 정적이며 단일균형(equilibrium)이다. 반면에 균형주의는 복합적이고 동태적이며 계속적 작용에서 균형감감이라는 중도적 균형을 기본철학으로 하고 있다. 따라서 세력균형론은 우선적으로 세력(power)을 물리적이거나 영향력을 변동시키는 힘이라는 일반적 의미의 힘으로 이해하면서도 균형을 정확하게 정의하지 아니하고 있다(Vlaicu, 2003: 1). 그래서 심지어 균형(equilibrium)을 'balance'의 균형과 동의어로 본다고 하면서 'equilibrium'의 내용을 간단하게 설명할 뿐이었다(Morgenthau, 1993: 183). 때문에 세력균형론을 'balance of power'로 표기하면서도 무엇이 균형(balance)인가 하는 것을 정확하게 개념을 조작하거나 정의하지는 아니했다.

둘째, 세력주체는 세력의 불균형을 적극적으로 치유하고 보정하기 위한 다양한 방법을 제시하기 때문에 세력균형론은 균형주의 정책사상에 시사하는 바가 있다. 특히 정책 그 자체의 불균형을 사전적으로 조정하고 수정하며 이를 치유하고자 하는 적극적 수단으로서 균형정책을 강조하는 시사점을 들 수 있다. 그러나 세력균형론은 이와 같은 보정수단과 정책을 결정하고 수행하기 위한 정책개입의 균형에 관한 기본철학이 약하다는 약점이 있다. 즉 세력균형을 유지하면서 다양한 조건과 변수가 조화되는 상태인 이원론의 중화(中和)를 설명하지 못하고 있다. 때문에 현재의 국제관계나 외교정책의 정치현상의 진행을 설명할 뿐이지 규

방법이다. 물론 요인암살 등의 극단적 공격방법이나 테러 등의 보편적 방법을 이용하기도 하지만 현재에는 주권국가의 이해관계를 존중하면서 정치적 영향력을 증대하기 위한 개입방법을 많이 사용한다. ⑥완충지대(buffer zone)의 설치방법: 지정학적으로 강대국의 세력충돌의 완충지역의 역할을 할 수 있는 국가(한국이나 폴란드, 스위스 등)를 설정하여 각 편이 영향력을 행사할 수 없도록 하는 방법이다. ⑦영향권의 형성(alliance): 세력균형의 가장 보편적 방법으로서 경제적이고 문화적이며 군사적으로 자국의 영향권을 형성하여 국가정책이나 군사정책에서 자국의 이해관계를 극대화하기 위한 방법이다. 그러나 이 방법의 실질적 효력은 장기적으로 진행되기 때문에 위에서 지적한 여러 가지 방법을 병행하면서 이것을 기본으로 하는 전략을 취하고 있기도 하다.

범적이고 가치판단적 관점에서 균형의 조화와 균형감각을 철학적으로 사고하는 균형주의 정책사상과는 차이가 있다.

셋째, 세력균형론도 세력의 불균형이 균형화되는 방법을 설명하고 있다. 그러나 균형화의 작용과정을 설명하는 것이 아니라 균형화의 방법이나 전략만을 제시하고 있다. 그리고 오랫동안의 이론적 발전에도 불구하고 과거 20세기 중엽까지 냉전시대의 군사적 세력이나 이해관계 등을 주된 변수로 설명했다. 때문에 현재의 사이버공간에서 진행되는 4차 산업혁명시대의 국가간의 세력균형 또는 전통적 국가에 한정될 수 없는 국경없는 기업(아마존, 알리바바, 구글 등)에 의한 국가간 세력균형을 무의미하게 하는 경제현실 등과 같이 지리적이고 정치적이며 사상적으로 국가의 경계가 불명확해지는 21세기를 설명하기에는 한계가 있다. 반면에 균형주의 정책사상은 중도나 중용사상에 의한 균형개념이나 균형감각 등을 사상적이면서도 실천적으로 국가주의 정책에 작용하여 설명하는 정책사상이다.

② 균형주의 정책사상과 일반체제이론과의 차이점이다. 일반체제이론은 연구에 따라서 다양하고 복잡하게 발달되고 있다. 대표적으로 경제현상을 설명하기 위한 경제체제의 균형분석(equilibrium analysis)은 경제학의 금과옥조와 같은 이론으로서 경제현상이 일정한 조건하에서 정상상태를 유지한다는 기초이론으로 설명되고 있다. 앞서 수요와 공급의 법칙에서 생성되는 일시적이고 정태적 의미의 시장균형도 경제체제를 일반균형이론으로 설명하는 대표적인 것이다.

또한 사회학에서 사회를 구성하는 다양한 체제를 설명하기 위한 체제(계)이론은 Talcott Parsons(1902-1979)를 대표로 하고 있다. 그는 사회체제를 구성하는 요소들이 균형(이때에도 'equilibrium'이다)을 이루고 있는 상태를 설명하기 위해서 자연과학의 작용과 반작용의 법칙, 관성의 법칙 등과 같은 이론을 원용하여 설명하였다. 즉 사회체제의 계속적인 상호작용과 체제를 구성하는 한 요소가 변화되면 그에 대응하는 반작용으로 변화하면서 상호간에 교환되면서 균형을 회복하게 된다(항상성의 원칙). 이와 같은 균형회복은 경제학에서의 정태적 균형체제와 달리 끊임없이 상호간에 항상성을 유지하려는 동태적 균형이라고 설명했다 (Parsons, 1951: 1장). 그리고 신(新)체제이론으로 Nicolas Luhmann을 중심으로 하는 일반체제이론은 사회체제와 인간체제의 유기체적 복합성이 상호간에 의존하면서 동시에 확대되거나 축소되는 조건과 과정을 설명하면서 이와 같은 복합성이 자동생산을 통해서 계속적으로 체제의 균형을 형성하여 사회질서에 융합된다고 하기도 했다(송형석·쾨르너, 2014).

조직이론에서는 경험주의와 기술주의에 따라서 조직구성 체제간의 상호작용 관계를 중점적으로 설명하는 균형이론이 있다. 즉 다양한 체제의 공통적인 요인인 동형(同型)구조(isomorphism)를 설명하고자 하는 이론으로서 체제과학과 체제공학, 체제철학(체제의 존재론과 인식론 및 가치론 등) 등으로 세분화되고 있다(조직균형과의 차이점에서 조금 더 설명한다). 즉 경험적으로 관찰가능하고 분리하여 설명할 수 있는 다양한 요소들을 인과관계의 상호의존성을 가진 유기체적 생명체제와 생명이 없는 무기체제 등으로 구분하여 설명한 체제의 균형이론이다.

일반적으로 체제이론은 자연과학뿐만 아니라 사회과학의 모든 영역에서 범학제적 설명방법의 하나로 발달하고 있다. 특히 개별적 분과 학문분야에 공통적으로 적용되고 설명될 수 있는 일반이론으로서 경험사회의 일반적 현상을 분석하고 이것을 설명할 수 있는 일반이론으로 발달하고 있다. 보다 구체적으로는 공식적인 수학이론이나 장(場)이론 등으로 발달되는 일반체제이론과 경험과학적 공학연구의 체제공학이론, 사이버체제의 이론을 의사결정에 응용하는 운영체제(OR: Operation Research), 경영과학이 중심이 되는 체제기술, 전체적 접근방법과 존재론 등을 강조하는 체제철학 등으로 복잡하게 발달하고 있다.

여기서는 균형주의 정책사상과의 비교적 관점에서 정치현상을 체제이론으로 설명하는 David Easton(1917-2014)의 일반체체이론을 언급할 필요가 있다. 물론 그가 구체적으로 정책분야를 설명한 것은 아니지만 정치체제의 균형을 설명했기 때문에 간단히 살펴 볼 필요가 있다. 그에 의하면(1957: 383-400) 일정한 사회적 기능과 역할을 하고 있는 체제가 외부환경으로부터 생존과 기능에 필요한 자원을 받아들여서(투입), 이를 체제의 독특하고도 유일한 방법으로 소화하고 변형 및 가공하고 변화시켜서(변형), 체제의 가공물, 즉 최종산물로 외부환경에 제공한다는(산출) 이론이다. 이때 중요한 것은 체제 스스로의 생존과 목표달성을 위해서 끊임없이 외부환경으로부터 자원을 받아들이고 이를 이용해서 또 다른 체제가 자신이 생산한 생산물을 이용할 수 있도록 하는 체제의 균형기능이다. 따라서 체제는 수많은 타 체제와의 상호관계에서 스스로의 정상상태인 균형을 유지하려고 한다는 사실이다. 이때 체제의 정상상태를 일러서 체제는 균형(equilibrium)되어 있다고 한다. 균형체제는 하나의 생명체로서 타 체제가 제공하는 생산물을 자신의 입장에서는 투입물로 받아들이고 이를 이용하여 체제의 고유기능에 의한 생산물을 산출하여 자신의 위치와 힘과 권위와 생산력을 끊임없이 계속 유지시키려는 부단한 노력에 의해서 이루어지는 균형상태라고 할 수 있다.

그러나 일반체제이론은 균형주의 정책사상과는 몇 가지 점에서 차이가 있다.

첫째, 체제이론에서의 균형은 단일(單一) 균형이론이다. 체제가 외부환경에 적응하기 위해서 유기체로서 정상의 상태인 균형을 유지하여 자신의 위치와 힘과 권위와 생산력을 끊임없이 유지할 수 있는 능력의 균형이론이다. 그 대표적인 것이 경제현상을 설명하는 수요와 공급의 균형이론이라고 할 수 있다. 따라서 체제이론은 일대일(一對一)의 균형으로서 체제 상호간의 경쟁에 의한 사회적 균형이론이면서도 물리적 현상의 균형을 사회현상에 적용하여 설명한 균형이론이기도 하다.

그러나 균형주의 정책사상의 균형은 복합(複合)균형이다. 복합균형이란 단일체제나 제도가 아니라 정책개입에 의한 정책결과를 판단하고 실천할 수 있는 복수의 접점에서의 균형이다. 따라서 정책결정자는 복수의 균형점에서 정책을 선택할 수 있는 여지를 가질 수 있다. 때문에 균형주의는 정책에 의한 불균형을 수정하고 교정하며 보정하는 적극적인 개념의 균형이다. 그러나 체제이론의 균형은 승자와 패자의 힘의 세력균형을 유지해서 계속적인 경쟁상태를 유지하고자 하는 균형이론이다.

둘째, 균형주의 정책사상은 국가의 정책개입이 사회 전체적으로 보다 타당하고 정의로우며 보다 만족할 만한 균형을 달성할 수 있을 것인가 하는 점에 초점을 두고 있다. 따라서 국가정책에 의해서 비용이나 혜택의 분배방법이나 실질적인 혜택과 비용에서 절차나 내용으로도 공정하지 못하다거나 불평등하다면 이를 보상하고 교정하면서 수정하는 균형 개념이 핵심이다. 그러나 체제이론의 균형은 환경과의 적응능력과 생존능력을 유지하는 균형이론이다.

셋째, 체제이론에서의 균형개념은 'equilibrium'이고 정책균형이론에서의 균형은 'balance'의 개념이다. 'equilibrium'과 'balance'의 개념적 차이점을 앞서 자세히 설명했지만 근본적으로 체제이론의 균형은 일시적이고 정태적이다. 물론 Parsons의 사회체제이론과 같이 체제가 상호교환 작용으로 궁극적으로 균형을 이룩하는 것은 정태적 균형이 아닌 체제의 질서정연한 변동과정으로서 동태적 균형인 사회체제의 행위자 중심의 상호작용을 강조하기도 했지만, 균형주의에서 설명하는 연속적이고 복합적 작용으로서 균형과는 차이가 있다. 그리고 사회체제 행위자의 상호작용도 중용이나 중도를 실천하는 균형감각을 가진 행위자라는 분명한 주체를 설명하는 균형이론은 아니다. 더구나 체제이론에서의 균형은 정상상태에서의 균형이지 정상상태가 아닌 이상상태의 상황이나 조건에서 균형을 지속적으로 유지하고 달성하는 과정으로서 균형을 설명할 수 없다.

③ 균형주의 정책사상과 조절이론과의 차이점이다.

조절이론(regulation theory)은 1970년대 후반부터 프랑스와 독일 등 유럽에서 마르크스주의 경제이론을 비판하면서 발전된 균형이론이다. 즉 자본주의는 그 자체의 구조적 모순과 갈등에 의하여 역사적으로 필멸(必滅)한다는 것을 비판하면서 동시에 신고전학과 경제학의 일반균형이론인 시장의 자동조절의 기능과 작용에 의하여 경제의 생산과 소비 및 자본과 노동은 사회체제적으로 균형을 유지하면서 시장경제는 발전한다는 것을 비판하면서 발달하기 시작한 이론이다. 그러나 아직까지도 조절이론은 하나의 완성된 이론체계가 아닌 발달의 단계에 있는 연구방법의 한 수준이라고 할 수 있을 정도로(정국헌, 2004: Skrypietz, 2003: 170) 조절이론은 경제학 분야와 정치학이나 사회학 분야에서 각각 설명하는 내용이 다르기도 하다. 더욱이 조절이론이라는 용어가 영어권에서 번역되면서 원래의 프랑스를 중심으로 하는 조절이론의 본질이 상당히 잘못 전달되어 영어권 독자들에게 혼동과 잘못을 주게 되었다는[49] 조절이론의 핵심주창자의 한사람인 Robert Boyer(1995: 1)도 크게 우려할 정도로, 조절이론은 이론발달의 초기단계에 있다.

조절이론에 의하면(Boyer, 1995: 13-20) 자본주의는 생산과 소비 및 재생산이라는 시장구조의 체제속에서 체제의 일반적 균형을 유지하듯이 때로는 불균형과 시장의 실패 등을 경험하면서도 이와 같은 불균형과 실패를 치유하고 조정하는 조절의 방법을 통하여 생존해 가고 있다. 이와 같은 자본주의의 시간적이고 공간적인 역사적 진행과정을 분석하고 설명하기 위해서 축적체계(regime of accumulation)와 조절방법(mode of regulation)의 핵심개념을 제시했다.

축적체계란 자본주의는 위기와 안정이 연속적으로 교체되면서 발달한다는 전제에서 시장중심의 자본주의가 발달되면서 생산과 소비가 항상 동일한 조건과 환경에서 발생되지 않는다. 생산기술과 양식의 변화와 소비자의 기호와 선택의 변화 및 일반적 사회환경의 변화에 의해서, 물론 상당한 기간에 걸쳐서 진행되지만 시장경제의 자본주의는 생산과 소비가 재구성되고 재배치되면서, 즉 재생산이라는 조절과정을 거치면서 균형을 달성하고 있다. 특히 생산주체의 과잉착취나 노동자 계급의 투쟁, 소비자의 변덕 등과 같은 자본주의의 피할 수 없는 갈등과 모순이라는 불안정속에서 균형을 유지하고 있다는 설명이다.

불안정속에서의 균형은 일시적이기 때문에 축적체계를 상대적으로 안정시키

---

49) '조절'의 프랑스어를 영어로 번역할 때 적당한 용어를 찾을 수 없는 것이 문제이기도 하다. 그래서 동음어인 영어의 'regulation'으로 번역되면서 조절(regulation)이 영어권의 규제(regulation)와 혼동되기도 했다. 그러나 조절의 사전적 의미는 운동이나 행위의 과정이나 결과 등을 일정한 규칙과 법칙에 따라서 정리하고 조정하는 것이라고 했다(정신동 옮김, 1991: 32). 이 번역서도 Boyer의 프랑스어 원서를 일본어로 번역된 것을 다시 한국어로 번역했다. 때문에 번역과정에서 조절이론의 원천적 주장이 잘못 전달되었을 수도 있었을 것이다.

면서 끊임없이 자본주의의 생태적 모순과 갈등을 조정하고 환경조건에 적응할 수 있는 재상산은 조절양식과 방법에 의존하게 된다는 지적이다. 따라서 조절방법은 축적체계내에서 경제의 생산과 소비주체들이 시장질서와 국가사회의 전체적 규범과 질서를 존중하여 생산과 소비라는 재생산 구조의 균형의 조건에 적합하도록 하는 제도적 형태나 구조, 사회적 네트워크, 규범과 일반화된 관습 등이다. 보다 구체적인 조절방법으로 화폐 및 신용관계, 임금네트워크, 경쟁유형, 국가의 간섭과 규제, 국제체제에서의 위치 등도 지적하고 있다.

조절방법 때문에 자본주의는 시장실패와 자본가와 노동자와의 계급갈등, 생산과 소비의 불균형 등과 같은 구조적 모순과 생태적 불안정을 국가라고 하는 사회적 제도와 틀 속에서 조정하고 통제하면서 불안정하지만 그러나 장기적으로 마르크스 학파가 주장하듯이 종말을 고하지 않고 발전하고 있다고 했다. 즉 조절이 의미하듯이 자본주의가 진행되면서 자본축적으로부터 발생된 경제적 모순과 갈등 이에 따라서 발생되는 사회적 생산과 소비의 불균형이 사회적 제도와 노력에 의해서 매개되고 조절된다는 이론이 중심이다(구춘권, 2004; 2008).

여기서 국가가 경제현상과 시장조건에 개입하고 간섭하는 정도에 따라서 자유방임적 국가시절에 자본주의 시장경제가 외부세력에 의하여 붕괴되지 아니할 수 있을 정도의 조절방법인 경쟁적 조절방법과 국가가 적극적으로 시장경제의 질서에 개입하고 간섭하면서 시장경제의 기본계획과 활동을 다양한 국가정책으로 조절하는 독점적 조절방법 등이 있다. 특히 2차 세계대전 이후에 전승국가인 미국이 중심이 되면서 자본가와 노동자의 갈등과 모순을 최소화화여 자동생산과 대량생산을 통하여 산업화에 의한 국부를 축적할 수 있었다는 포드주의(Fordism)[50]가

---

50) 포드주의(Fordism)는 미국에서 시작된 산업혁명의 대명사로 대량생산과 대중소비사회를 달성했던 자본주의의 역사적 발전을 설명하는 이론이다. 자본가의 잉여착취에 의한 자본축적과 이에 대항하는 노동자계급의 투쟁이 아닌 자본축적을 적극적으로 확대 재생산하여 대량생산이 가능하고 여기서 발생된 이윤을 임금상승으로 지불하면서 노동자에게도 부의 기회를 제공하게 되었다. 이와 같은 재생산 과정에 이들을 참여시키고 그들의 권리를 보장하면서 자본주의는 발달하게 되었다는 것이다. 포드주의는 과학적 관리론의 창시자인 Frederick Taylor(1856-1915)의 20세기 초반의 과학적 관리

나타나면서 조절이론에 미국식 이념과 가치가 접목되었다.

조절이론은 마르크스 경제학의 구조적 모순이론(자본축적에 의한 자본주의가 붕괴되지 아니하고 계속적으로 성장하는 문제), 폴란드 경제학자 Michael Kalecki(1899 – 1970)의 거시경제이론(케인즈의 완전고용과 경제성장 및 사회정의 등을 자본가와 노동자 계급에서 설명하는 경제이론), 아날학파(the Annales school)(역사서술에서 행태과학적이고 종합과학적 접근방법을 강조한 1940 – 50년대의 프랑스의 역사연구학파) 등에 상호 영향을 받았다고 했다. 그리고 보다 구체적으로는 경제학의 사회구조적 축적이론이 조절이론에 직접적으로 영향을 미쳤으며 포드주의에는 지리경제이론이, 축적체계에는 라틴아메리카의 개발이론이, 구조위기의 역할론에는 국제정치체제와 위기에 관한 정치분석론이 상호간에 영향을 미쳤다고 했다. 그리고 조절이론에서 국가와 경제간의 다양한 역할의 조합에는 코프라티즘과 거버넌스 유형이, 다양한 유형의 조정에는 제도사회학의 이론이 상호간에 영향을 주고받았다고 요약하고 있다(Boyer, 1995: 16 – 20; Renault, 2007).

조절이론에서의 균형과 균형주의 정책사상의 균형과의 차이점을 세 가지로 설명할 수 있다.

첫째, 조절이론의 균형이론은 경제학의 일반균형이론을 전반적으로 대체할 수 있는 이론형성에 초점을 두고 있다(정신동 옮김, 1991: 34). 즉 시장경제의 생산과 소비의 일반균형의 질서에서 단기적으로는 시장실패와 자본축적의 비도덕성과 잉여가치의 지나친 착취에 의한 노동자 계층과의 갈등과 마찰을 빚고 있지만, 장기적으로 마르크스 경제이론이 주장하는 자본주의 체제가 붕괴되는 것이

론(SM: Scientific Management) 노동과정의 과학적 분석인 시간과 동작에 관한 연구, 분업의 원리, 능률성과 체계적 상품생산 등)을 이론적 기초로 하고 있다. 특히 2차 세계대전 이후 미국의 힘이 국제적으로 확대되면서 경제논리에 의한 포드주의가 미국의 영향력을 받게 되는 국가로 전이되었다는 현상을 주변부 포드주의(peripheral Fordism)로 설명하기도 한다. 그러나 선진국 경제의 종속이론과 미국 내에서도 과학적 관리론이 비인간적이고 때로는 냉혈한 이윤의 착취이론으로 비판되면서(bloody Taylorism) 후기포드주의(post – Fordism)가 대두하기도 했다(Holmwood, 2011; Gilbert and Goffey, 2015).

아니다. 재생산과정에서 다양한 조절방법을 사용하면서 시장의 실패요인을 수정하지만 노동자의 생산참여와 잉여가치의 사회적 환원을 통하여 상호간에 인정되는 범위에서 불안정하지만 그 속에서 균형을 유지하고 발전한다는 것이다.

이와 같은 불균형 속에서의 균형을 유지하는 자본주의를 설명하고자 하는 조절이론도 경제학의 일반균형이론을 대체하려고 한다고 하지만, 실제로 일반균형론이 설명하지 못했던 분야인 시장실패의 관리와 자본과 노동의 관리를 추가하여 설명하는 균형이론의 한 내용이라고 할 수 있다. 조절이론의 균형은 시장에서의 수요와 공급이 교차하는 곳에서 시장가격과 생산량이 결정되고, 이것은 조절방법을 적용하여 달성될 수 있는 불균형 가운데에서의 균형이라는 설명이다.

조절이론의 균형은 시장경제에서의 균형(equilibrium)을 전통적 경제학의 일반균형이론을 수정하고 보충하는 개념이다. 이와 같은 균형을 달성하기 위해서 시장의 자동조절의 기능만을 믿을 수 없고 사회적이고 경제적인 다양한 조절양식을 적용하여야 시장의 균형은 달성될 수 있다는 논지이다. 이 점에서 조절이론은 자본주의 발전에 대한 기계적이고 기술결정론적 설명이 아니라 경제와 정치 및 사회문화 등의 비경제적 요인을 통합적으로 설명하려는 이론이라고 할 수 있다(이선미, 2002: 29-30). 그러나 균형이론의 관점에서 조절이론은 전통적 경제학의 일반체제의 균형론의 수정이론에 불과하다고 할 것이다. 이와 대조적으로 균형주의 정책사상은 장기적으로 자본주의가 발전하는 시장의 균형이 일시적이 아니라 복합적이고 동태적이다. 따라서 이와 같은 균형(balance)은 일시적이며 단일적 의미의 균형(equilibrium)과 다르다.

둘째, 균형 개념에서도 차이가 있지만 조절이론과 균형주의 정책사상의 가장 큰 차이점은 정책균형의 주체에 관한 명확한 개념과 설명이 있는가 하는 점이다. 조절이론은 조절방법을 제시하면서 경제와 국가간의 다양한 조합(組合)(configuration) 방법을 설명하고 있다. 그러나 조절개념에서 국가는 시장실패나 자본주의의 모순과 마찰을 수정하고 조정하는 경제정책의 사회적 주체로 작용하고 있지만 어디까지나 자본주의의 경제적 구조속에서 조절방법을 주관하는 기관으로 작용하고 있다.

조절이론에서 국가의 역할을 재구성하면서 통합국가론적 입장에서 자본주의 역사발전의 개방성을 개념화하고 이를 실증적으로 연구한 조절이론의 재구성론자 등이 등장하면서, 조절이론에서도 국가의 역할과 국가와 정치와의 관계를 설명하려고 한다는 지적도 있다(이선미, 2002: 40). 그러나 이와 같은 조절과정에서 조절의 주체가 명확하지 않다는 비판이나 조절이론이 다양한 조절방법을 설명하면서 국가의 역할을 정확하게 분석하지 못했다는 비판도 제기되고 있다.

따라서 균형주의 정책사상과 여기서 분명한 차이점을 발견할 수 있다. 즉 정책사상으로서 균형주의는 국가개입주의가 중심이고 국가정책을 담당하는 정책주체의 균형감각을 전제로 하고 있다. 정책개입에 의한 정책비용과 효과 등의 정책성과를 객관적이고 과학적으로 측정하려는 정책의 인과관계도 균형주의의 기준이지만 정책에서 발생될 또는 발생된 불균형을 국가가 적극적으로 교정하고 수정할 수 있어야만 정책은 균형되면서 성공할 수 있다는 점을 강조하고 있다. 이와 같은 정책균형을 연속적이고 동태적으로 계속 유지할 수 있어야 국가개입주의의 정당성이 확보될 수 있다고 했다. 나아가 정책불균형을 균형시킬 정책주체의 균형감각을 정신적이고 감성적 측면에서의 균형과 물리적이고 체제적 측면에서의 균형감각이 체화되는 것도 설명하고 있다.

셋째, 조절이론에서는 조절을 곧 재생산으로 보고 있다. 즉 자본의 축적과 노동의 참여 등으로 자본주의가 재생산과정을 진행하면서 장기적으로 균형을 달성한다고 설명하고 있다. 이와 같은 조절이론의 지배적 철학은 역시 변증법적 이원론이다. 즉 구조주의적 관점에서 국가의 제한적 역할과 이념을 중심으로 하고 있다.

여기서 균형주의 정책사상은 이원론인 헤겔식의 변증법적 역사발전이나 구조주의와는 근본적으로 입장을 달리하고 있다. 균형주의 정책사상에서 균형은 정책개입의 주체인 국가주의에 의한 균형감각을 전제로 하지만 동양사상의 중도나 중용사상에 기초하고 있다. 따라서 중도사상은 정(正)과 반(反)의 합에 의한 새로운 정의 개념정립이 아니다. 정과 반 그 자체를 부정도 긍정도 하지 않으면서 동시에 수용하는 총체성을 중시하고 있다. 따라서 균형주의는 현실에서 균형이라는 이상의 상태를 설정하는 것이 아니라 정책현실과 정책균형을 총체적으로 설명하고자 한다. 그리고 여기서 발생되는 현실의 불균형을 교정하는 전략이나 실천기준 등을 제시하면서 균형의 중도사상을 강조하는 균형이론이다.

④ 균형주의 정책사상과 코프라티즘과의 차이점이다.

코프라티즘(corporatism)은 2차 세계대전 이후에, 물론 유럽을 중심으로 1800년대부터 코프라티즘을 제안하고 연구하였지만 전승국인 미국을 중심으로 경제성장과 사회발전을 주도한 주체들을 집중적으로 연구하고 설명하고자 하는 패러다임으로 발전하고 있다. 따라서 사회적으로 다양한 이해관계 집단의 사회적 조화를 강조하는 이론으로서 개인주의에 의한 과다한 경쟁과 이에 따라서 필연적으로 발생되는 갈등과 마찰, 불평 등을 국가가 어떻게 사회 전체의 이해관계에서 조정하고 조화시킬 것인가 하는 것을 설명하는 이론이다.

그러나 코프라티즘은 Lasswell(1902-1978)을 중심으로 하는 실천적이며 구체적 정책문제의 해결이라는 종합과학적 접근방법에서, 국가의사의 결정과학을 행태과학적으로 연구하는 정책학과는 접근방법을 달리한다. 그래서 정책학보다는 조금 늦게 1970년대와 80년대에 미국뿐만 아니라 유럽, 특히 북유럽을 중심으로 국사(國事)의 결정에 다양한 이해관계를 조율하는 거버넌스 이론을 접목하면서 사회적 안정과 조화를 달성하고자 하는 이론으로 발달되고 있다(Kjaer, 2017).

코프라티즘도 앞서 설명한 프랑스와 독일 등의 유럽국가에서 발달된 조절이론과 그 맥을 같이 한다고 할 수 있다. 왜냐하면 조절이론은 주로 경제학적 측면에서 자본주의 경제가 장기적으로는 비록 불균형적이지만 시장의 기능과 역할에 부족한 그리고 필연적으로 발생되는 마찰과 갈등을 해결하고 조정하는 조절방법과 자본의 축적체계를 설명하는 이론으로, 역시 사회갈등과 불균형을 조정하면서 조화와 균형을 달성하는 과정과 방법을 설명하는 이론이기 때문이다.

그러나 코프라티즘의 정확한 용어와 실체에 관하여 아직까지도 논쟁의 대상이 되고 있다. 특히 코프라티즘의 이론적 뿌리를 사회적 권리와 의무를 자율적으로 지키면서 전체 사회의 안정과 질서를 유지하기 위해서 전문 직능집단간의 참여와 타협을 강조하는 중세 유럽의 장원제도와, 파시즘(Fascism)이나 나치즘(Nazism) 정권과 같이 자신들의 정책의 정당성을 획득하면서 정치적 지배를 강화하기 위한 국가주의에 두고 있다는 지적도 있다(정병기, 2004: 325; Chen, 2018).

이것은 코프라티즘의 이론적 근원을 미화(美化)할 수도 있다. 왜냐하면 국가의 개념이 정립되면서 동서고금을 막론하고 국가의 정책개입을 정당화하면서 각 층의 다양한 이해관계와 목소리를 조정하면서 화합이나 질서를 유지하는 것이 국가유지의 제일의 법칙이기 때문이다. 그렇기 때문에 아시아의 고대 국가들, 특히 유교 이념과 철학을 기반으로 하는 중국이나 한국 등의 아시아 왕조국가들의 이상은 자율적 집단의 소국가나 변방국가와의 정치적 조화나 왕권내에서의 권력 갈등과 마찰을 최소화하여 정권을 안정시키는 것이 국가의 목적이었기 때문이다.

코프라티즘을 특히, 한국에서는 전문적 학술용어로 번역하는 것까지도(조합주의로 번역소개하기도 하지만) 논의의 대상이 되고 있지만 여기서는 균형주의 정책사상과 비교하여 균형을 어떻게 설명하고 있는가 하는 점에 초점을 두고 코프라티즘을 간단히 소개하고자 한다. 코프라티즘의 본질은 국가를 중심으로 하는 사회의 조화를 설명하는 것이다. 이와 같은 설명방법으로 먼저 Philippe Schmitter(1979: 7-48)는 다원주의와 비교하면서 코프라티즘을 다양한 이해관계를 조정하는 체제로 설명하고 있다.

Schmitter에 의하면 다양한 이해관계의 공식적 연합이 증가하면서 이에 따라서 상이(相異)한 이해관계에서 갈등과 마찰이 확대된다. 이것을 해결할 전문적이고 행정적 기술과 정보를 가진 과두집단이 결과적으로 등장하게 된다. 그러면 지역적이고 당파적 대표성이 약해지면서 국가의 정책은 이해관계에 따라서 세속적으로 형성되게 된다고 했다. 그러나 다원주의와 코프라티즘은 이해관계의 구조적 차이점과 다양성을 인식하고 여기에 대응하는 정치적 해결책을 달리 제시하고 있다. 즉 다원주의는 다양한 이익집단의 수평적인 확장과 공식적이고 수직적 팽창을 상호경쟁관계로 조정하면서 기계적으로 강제되는 균형의 전환을 강조하는 입장이다. 반면에 코프라티즘은 이해관계 집단의 양적인 조정 자체부터 시작해서 이익집단을 수직적으로 계층화하면서 보완적인 상호의존성을 강조하여 각각의 이익집단들이 유기체적으로 사회전체에서 상호간에 의존하는 기능적 조정을 강조하는 것이 다르다고 했다.

한편 Gerhard Lehmbruch(1979: 53-61)는 대규모의 조직체계를 구축한 이익집단들이 상호간에 각자의 이해관계를 서로 공유하면서 의존하고 있다고 보았다. 이것이 이해관계의 갈등과 적대적인 욕구가 양립될 수 없다고 주장하는 마르크스학파와 다른 것이다. 따라서 케인즈 거시경제이론의 균형모형으로 이익집단의 사회적 동반자정신을 강조하여 상호간에 공존하는 코프라티즘을 제시하기도 했다고 했다.

최근의 코프라티즘의 연구로, 코프라티즘을 거시적으로 정의하는 초기의 Schmitter나 Lehmbruch에서부터 미시적이고 구체적 분야에서 정의하는 다양한 논자들의 주장을 파악한 Alan Siaroff(1999: 177)의 설명을 들 수 있다. 즉 코프라티즘의 이상적 형태를 노동자와 사용자간의 기능적 구조와 집중화 등의 경제적 이상형을 제시하여 고도 자본주의와 민주주의 체제에서는 국가와 중앙집권적 세력을 가진 사용자와 노동자가 국가경제를 조정하고 협력하여 체계적으로 관리하는 것으로 설명하기도 한다(구춘권, 2006; 이선, 2006). 그러나 코프라티즘과 정책사상으로서 균형주의의 균형과의 차이점과 다음과 같이 요약할 수 있다.

첫째, 코프라티즘의 실질적 주체는 국가이다. 국가는 이익집단의 대표자들을 국가정책에 참여시키고 그들의 갈등적 이해관계를 조정하고 협의하여 국사를 결정하고 이를 정책으로 결정하게 되면 이익집단의 대표자는 그들 구성원들에게 자신들의 이해관계의 조정내용을 설득하고 통제하면서 국가정책의 실질적 집행에 참여하게 된다고 본다. 이때 정책의 주체인 국가와 사익을 추구하는 이익집단 대표자들은 공사(公私)간에 밀접한 상관관계를 구성하게 된다. 이것이 때로는 자신들의 이익을 우선시하는 독점엘리트 그룹으로 성장하기도 한다(박인숙, 2003: 114).

그렇다면 코프라티즘은 국가정책의 결정이나 집행보다는 엘리트의 담합과 협력에 의한 국가권위주의의 정책결정을 정당화시키면서 사회적으로 추구하는 조화와 조정은 실제로 대중의 이익과 선호를 반영한 조화와 균형이 아니라 엘리트 계층의 이익대변의 조화라고 하는 비판을 면하기 어렵다. 예를 들면 노동자와 사용자 및 국가를 대표하는 정부의 3자간의 협력과 조정에 의한 유기체적 협력관계에서 달성되는 사회의 조화와 균형은 국가의 정책개입의 균형이 아니라 이익집단의 이해관계의 협상과 거래에 의한 정치적 조정이고 타협일 것이다.

균형주의 정책사상과의 차이점에서 보면 정책균형은 균형의 주체를 분명히 한다는 점이다. 특히 국가주의 정책사상은 국가중심주의를 전제로 하고 있다. 나아가 국가개입은 정책주체의 균형감각에 의한 정책의 인과관계를 판단하고 이에 따른 불균형이 존재한다면 이것을 조정하거나 수정하고 교정하여 정상의 정책으로 균형을 실현한다는 설명이다. 이와 같은 정책균형을 달성하기 위해서 국가주의의 정책개입자의 균형감각을 중시했고 이것으로 중도사상이나 유교의 수신론에 의한 기초철학을 제시했다.

그러나 코프라티즘에 의한 사회적이고 정치적 교환관계에 의한 사회적 조화는 합리적이고 전체적 수준에서, 국가이익과 이에 동반되는 비용과 효용의 과학적 인과관계에 의한 정책균형을 설명하기 어렵다. 또한 코프라티즘에 의한 사회조화를 강조하면 대중의 인기와 여론을 대표한다는 이익집단 대표자의 이해관계에 국가정책이 함몰되면서 또는 다양한 이익집단이나 시민단체, 전문집단 등의 정책협의에 의한 협의체중심이 민주주의의 이름으로 오용되면서, 정책균형을 위한 비용과 효과 및 정책결정의 조화와 조정 및 집행의 가능성 등을 무시하는 무정부상태를 연출하게 될 수도 있다. 이것이 남미를 중심으로 하는 코프라티즘과 포퓰리즘의 대중정치의 결과에서 증명되기도 했다. 한국에서도 시민단체와 이익집단의 이익주장과 협의에 정책이 함몰되면서 다양한 이해관계의 조정이나 수정에 의한 정책균형을 실현할 수 없는 현실을 발견하기도 했다.

균형주의 정책사상은 대중의 이해관계를 내세우면서 자신들의 입장과 선호를 중시하는 코프라티즘과 동시에 이들에 의하여 협력되고 협의된 정책은 사회적으로 조화를 추구할 수 있다는 국가개입의 정당성을 포퓰리즘으로 설명한다면, 일시적이고 단편적인 정책균형을 달성할 수 있지만 복합적이고 동태적인 정책균형을 계속적으로 달성하고 유지할 수 없다는 점을 분명히 하고 있다.

둘째, 코프라티즘은 사회의 조화와 균형을 강조하고 있지만 구체적으로 정책에 의한 조화와 균형이 무엇인가 하는 점을 설명하지 않고 있다. 나아가 조화와 균형의 개념도 분명하지 않다. 일반적으로 조화와 균형을 체제나 구조의 안정으로 이해하고 있지만 이것은 균형주의의 균형과는 크게 차이가 있다. 안정은 정체된 일시적 균형의 결과일 수 있다. 또한 불균형되면서도 안정될 수 있다. 마치 묵시적 사회계약처럼 이해관계를 현재화하지 않고 시기와 방법을 논의하고 있는 경우와 같이 정치적 교환이 진행될 때는 균형이 달성될 수 있다.

그러나 균형주의 정책사상은 무엇보다도 균형과 정책균형의 개념을 분명히 정립하면서 이에 따라서 국가의 정책균형에 필요한 기준과 방법을 제시하고 있다. 때문에 정책균형을 계속적인 진행 개념으로 파악하면서 단일적 균형이 아니라 복합적으로 진행되는 균형으로 이해한다. 그리고 이와 같은 균형은 사회적으로 조정되고 수정될 때 달성되는 것이지 단순히 이익집단 대표자의 이해관계가 대표되거나 반영된다고 해서 유기체적으로 정책균형이 달성된다고 주장하지 아니한다.

셋째, 코프라티즘은 국가권력의 통치전략으로 정권의 정치적이고 사회적 정당성과 사회적 지배를 정당화 할 수 있는, 특히 국가 코프라티즘의 형태로 발전했다는 지적(정병기, 2004: 325)에서 국가개입주의 등을 철학적으로 사고하고 설명하는 균형주의와 차이가 있다. 균형주의는 정책의 비용과 효과에 관한 정책인과와 이것을 정의롭게 분배하여 균형을 계속적으로 달성하고자 하는 동태적 균형이론이다. 이와 같은 정책균형이 국가의 정책개입을 정당화한다거나 정책 그 자체를 합리화하는 것이 아니다. 대신에 정책균형은 계속되는 균형과정이며 (on-balance) 복합적인 균형으로 일시적 균형과 불균형을 수정하고 교정하는 정책 그 자체를 중시하기 때문이다. 때문에 정책균형에 의해서 균형이 달성되었다는 의미는 정책의 인과관계의 불균형을 균형시키기 위한 국가정책을 계속적으로 실천한다는 의미이다. 따라서 균형주의는 국가개입주의의 정책사상으로 정책개입의 균형을 설명하고 그 실천방법을 제안하는 정책사상이다.

2) 정책학의 균형이론과의 차이점

정책사상으로서 균형주의 뿐만 아니라 정책균형 등에 관한 연구나 실천방법론 등은 아직까지 미미한 실정이다. 그러나 균형주의 정책사상과 관련되는 정책균형에 관한 논의를 찾을 수 있다. 예를 들면 지역정책의 균형, 정당과 민주주의의 관계, 가족이나 보건정책, 참여정책, 인터넷에서 사생활보화와 정보공개의 균형 등을 들 수 있다. 이것을 균형주의 정책사상과 비교하면서 균형주의의 특성을 설명하고자 한다.

① 정책균형에 관한 대표적 것으로, 미국 보수진영의 공화당과 진보진영의 민주당이라는 양당제도를 중심으로 하는 선거에서 유권자들의 투표행태를 분석하여 각 정당의 구체적 정책을 지지하는 시민들의 선택은 정치적 균형을 달성하고 있다는 정책균형모형(policy balancing model)(Fiorina, 2003)과 이것을 적용한 다양한 연구를 들 수 있다(Born, 2000; Mattei and Howes, 2001).

정책균형모형은 유권자들의 이념과 지역별 정당선호 및 공화당과 민주당으로 양분되는 정부구성에서 실제로 유권자들의 투표는 각 정당간에 균형적으로 배분된다는 것을 증명하였다. 또한 정책균형모형을 이용하여 1972년부터 1996년까지 미국 대통령선거에서 나타난 정책균형을 증명한 사례연구 등은 정치적인 이념의 양극화 현상에서도 유권자들이 선호하고 결정하는 정책은 정책이념간에 균형적이라는 사실을 증명하기도 했다.

정책균형모형은 선거에서 나타나는 시민의 정책선호의 균형으로 정책사상으로서 균형주의에서 국가정책의 균형을 설명한 것은 아니다. 예를 들면 미국의 민

주당과 공화당의 정책균형의 정도를 평가하기 위해서 정책＝q(행정부정책)＋(1
−q)(입법부 정책)(단 0＜q＜1) 이라는 간단한 함수식을 제시하여 양당제도하에
서 의회의원들의 정책선택과 행정부의 정책결정의 균형점이 여러 가지라는 사실
을 증명하였다(Fiorina, 2003). 그러나 균형주의 정책사상은 정책의 결과와 원인
의 균형만이 아니라 정책의 진행과정에서의 다양한 이해관계의 균형과, 정책이 독
립변수로서의 정책균형을 스스로 조정할 수 있는 정책균형이라는 복합균형을 설
명하는 정책사상이다.

　　정책균형모형과 관련하여 여기서 좀 더 설명이 필요한 것으로 분할정부론
(divided government theory)을 찾을 수 있다[51]. 분할정부는 대통령 제도를 시
행하는 국가의 고유한 현상이다. 즉 선거에 의해서 행정부의 권한을 획득한 대통
령의 소속정당이 입법부인 의회(국회)의 다수정당이 되는 경우에는 통합정부
(unified government)이다. 반대로 의회의 다수정당이 대통령이 소속한 정당이
아닌 타 정당이 되는 경우에 입법부와 행정부의 권한을 대통령과 의회정당이 각
각 분할하는 분할정부가 된다. 한국의 경우에는 여소 야대, 즉 여당은 대통령이
소속된 정당을 장악하고 야당은 국회를 장악하는 경우이다.

　　그러나 중요한 것으로 분할정부를 구성하게 된 원인과 그에 따라서 진행되
는 결과를 설명하는 것이다. 그래서 선거를 중점적으로 연구하는 정치학계에서는
왜 분할정부가 발생했는가 하는 것을 설명하고 있다. 앞서 정책균형모형도 이와
같은 유형의 설명이다. 동시에 분할정부에 의한 의회와 행정부의 대립 때문에 의

---

51) 'Divided government'를 분점정부라고 하기도 한다(장훈, 2001). 그러나 정확한 의미
　　에서 보면 행정부를 지배하는 대통령과 그가 소속한 정당이 아닌 야당이 입법부의 의
　　회를 지배하면서 정책적이거나 정치적으로 상호간에 견제하면서 균형을 유지하는 상
　　태를 의미한다. 때문에 분점은 정확한 의미가 아닐 것이다. 대신에 분할정부나 또는
　　대통령과 의회의 권력을 서로 다른 정당이 지배하는 양분정부라고 하는 것이 보다 더
　　타당하다. 분점이라는 용어는 중앙의 중심기관을 중심으로 주변의 다양한 기관이 배치
　　되는 상태를 이르는 용어이다. 실제로 국어사전에서도 분점을 "본점이나 지점에서 나
　　누어 따로 벌인 점포"(우리말 큰사전)라는 의미로 정의하고 있다. 또한 'divided
　　government'의 반대현상을 'unified government,' 즉 행정부의 수장이 된 대통령이 소
　　속된 정당이 입법부의 다수정당이 되는 현상을 통합이나 단점정부라고 번역할 수도
　　있다. 때문에 여기서는 분할정부라고 했다.

회와 행정부가 국가정책에 정치적으로 갈등을 만들거나 감정적으로 국사를 처리하는 경우에는 조화로운 국정운영과 정책결정을 어렵게 한다는 연구(장훈, 2001; 강승식, 2006)도 정책균형에서는 중요한 지적이다.

그러나 분할정부는 미국식 민주주의인 대통령제하에서는 보편적 현상이다. 한국에서도 1987년의 민주화 이후에 나타나는 중요한 정치변화이다. 때문에 분할정부 그 자체가 대통령과 국회의 정치적 마찰에 의한 국정운영의 장애요인이 아니라 여당과 야당의 정당정책과, 대통령과 국회의 정치조화의 기술과 방법을 개선하는 것이 중요하다는 지적이 우세하다(이명남, 2002). 마찬가지로 미국에서도 분할정부가 행정부나 입법부에 구체적이고도 분명하게 정책사항이나 의사결정에 영향을 미친 인과관계의 사실을 확인하기 어렵다는 지적(Hughes and Carlson, 2015)도 상당한 설득력을 가지고 있다. 이와 반대로 분할정부의 원인은 미국의 유권자가 합리적으로 판단하여 대통령과 의회의 권한을 분할하여 정부의 균형을 유지하도록 투표하는 것이 아니라 의회선거의 전략과 후보자의 인물과 선거자금 등의 변수에 의해서 부차적으로 발생된 현상이라는 설명도 있다(Farhang and Yaver, 2016; Lacy 외 3인, 2019).

분할정부의 원인이나 결과를 논의하면서 균형주의와 관련해서 본다면 아직까지 분할정부에 의해서 국가정책이 의회와 대통령의 정치적 견제에 의해서 정체되거나 파행적으로 진행된다는 결론을 짓기 어렵다. 그리고 왜 시민은 분할정부를 선택하는가 하는 점도 선거이론에서 좀 더 심층적이고 실증적으로 설명할 필요가 있다. 단지 주권자인 시민들이 대통령과 의회 어느 한 편이 정부권력을 독점하여 정책을 독점적이고 불균형적으로 결정할 위험을 방지하기 위해서 분할정부를 합리적으로 선택했는가 하는 사실은 중요하다. 더구나 분할정부의 정책결정과 구체적 입법내용이 정치적 균형인 분할정부에 의해서 균형되고 있는가 하는 점도 한국의 경우에는 보다 더 구체적이고 사실적으로 설명할 필요가 있다.

균형주의 정책사상에서 본 분할정부와 정책균형모형 등은 단순히 시민들의 투표선택에 의한 균형이면서 정치적 견제와 균형의 결과에 관한 것일 수 있다.

때문에 국가정책 그 자체의 결정과정이나 영향에 의한 비용과 효과, 목표와 과정, 정책대상자와 결정자 등의 이해관계에 관한 균형이나, 여기서 발생될(또는 된) 불균형을 적극적이고 사전적이며 동태적으로 수정하고 보정하는 의미의 균형이론과는 차이가 있다. 또한 분할정부의 균형은 행정부의 권력을 장악한 대통령과 입법부 권력과의 정치적 균형(political equilibrium)이지 구체적 정책결정이나 정책 그 자체의 균형은 아니다. 따라서 정치권력의 구조를 일반 시민들이 어떻게 구성하는 것이 정당간의 정치게임을 균형있게 할 것인가 하는 것을 설명하고자 하는 이론이다. 그럼에도 불구하고 균형 개념을 사용하고 있지만 과연 유권자들이 합리적이고 합목적적으로 대통령과 의회의 정치적 권한과 정책결정의 힘을 균형적으로 형성하기 위해서 투표를 행사하고 있는가 하는 것은 여전히 의문이다. 그러나 정책균형은 정책 그 자체의 독립적 특성과 변수에 의한 정책영향이나 정책비용, 정책결정 과정에서의 참여나 비참여 등의 문제를 구체적으로 설명하는 균형이론이다. 때문에 분할정부가 비판받고 있는 유권자의 합리적 투표행위라든가 정치적 균형 등과 같은 논쟁의 여지는 정책균형이론에는 없다.

분할정부의 정책균형모형 이외에 정책균형에 관한 논의가 거의 없는 실정이다. 그러나 부분적으로 정책성공이나 정책실패 또는 정책설계, 정책신뢰나 정책갈등 등을 설명하는 곳에서 정책균형의 중요성을 간간히 지적하고 있는 연구가 있다. 먼저 국가정책을 불신하는 여러 가지 요인 중에서도 정책의 불균형(이것을 'mismatch'라고 했지만 그 의미는 불균형이다)이 가장 중요하다고 했다. 즉 정책에 의하여 발생될 재정적이고 사회적 정책비용과 효과뿐만 아니라 세대간의 비용과 효과의 공정한 분담 등에 의한 불균형, 정책성공과 실패를 평가할 수 있는 시간적 요인에 따라서 정책의 결과에 대한 영향과 이를 정책과정에 환류시키는 시차(時差)에 의한 불균형, 정책담당자의 능력과 자질에 대한 기대의 불균형, 정치공약과 정책실제와의 괴리에 의한 불균형 등이 정책불신의 원인이라는 설명이다(김상돈, 2007; Fox and Allee, 2005). 특히 정책의 비용과 효과의 불균형을 균형화시키는 것이 정치와 정책의 중심이론이다. 때문에 국가정책에서는 누가 비용을 부담하고 이에 대응하며 누가 혜택을 받게 되는가 하는 기본적 데이터와 정보를 제공하는 일이 중요하다는 주장은 항상 제기되고 있다(Giest, 2017).

정책성공과 실패에 관한 논의에서 복합균형을 정책성공의 한 조건으로 설명한 것이 있다. 정책이 성공할 것인가 아니면 실패할 것인가 하는 요인 중에서도 경제적 요인에 초점을 두고 네 가지(신뢰성, 합리적 기대치, 구축효과(crowding out), 복합균형) 개념적 분석도구에 따라서 각종 경제정책을 분석한 복합균형의 개념이다. 복합균형은 균형의 개념에서 설명한 바와 같이 연속적이고 동태적 의미에서 균형화노력의 과정에서 발생되는 균형이다. 물론 이와 같은 명확한 개념을 설정하지는 아니했지만 동일한 상황에서도 다양한 정책결과가 발생되는 것을 설명할 수 있는 개념으로서 정책은 여러 가지의 가능성있는 균형적 결과에 따라서 결정될 수 있다. 그렇지만 이것이 정책성공을 담보할 수 있는 것은 아니고 단지 다양한 결과의 진행범위에 따라서 정책결정자가 어느 분야에서 어느 균형을 선택할 것인가 하는 과제이다. 여기에 따라서 정책의 일관성과 정책목표가 실현될 수 있다는 설명이다(Galzer and Rothenberg, 2001: 1－8).

균형(balance) 개념을 중시하여 조직이나 제도의 변화를 관리하는 기본전략으로 균형화의 기술을 제시한 연구도 있다. 즉 조직을 구성하고 있는 요소를 연계시키고 균형화시키는 일이 단순히 물리적 관리작업으로서 기술적 모형을 적용하고 통제하는 일보다 더욱 중요하다고 보았다. 따라서 각각의 분야를 타 분야와 관련하여 일의 균형을 추구하면서, 한 분야의 변화와 그의 결과에 따라서 타 분야의 변화와 결과 및 전체 조직구조에 미치는 영향을 분석하는 일이 중요하다고 했다. 이와 같은 균형기술이 조직의 변화과정을 관리할 시간과 에너지를 집중하는 리더들의 핵심으로서 변화의 조건과 여건을 제시하고 그에 따른 지침을 마련하여 변화에 필요한 적절한 자원을 제공하고 다양한 조직정책이나 활동, 메시지 등을 조화시키면서 구성원들의 문제를 예측하고 확인하고 표출시켜서 비판적 여론과 인식에 대응할 준비를 갖추게 하는 것이라고 보았다.

이와 같이 균형의 중요성과 실천적 과제를 제시하고 있다는 사실이 중요할 수 있다. 그러나 균형주의 정책사상에서 보면 균형 개념을 연구목적과 과제에 따라서 조작하거나 또는 균형의 동태적 과정을 설명한다면 이것이 현실적으로 정책성공이나 실패에 어떻게 작용하고 있는가 하는 점, 특히 복합균형으로서 정책결정자의 선택문제 등을 깊이있게 제시하지 못한 결점이 있다. 그럼에도 불구하고 균형의 중요성, 특히 정책이나 사업의 결과나 과정에서의 균형, 직접적으로 균형감각이라고 표현하지는 아니했지만 균형감각 등의 중요성을 지적한 설명이라고 할 수 있다.

그리고 구체적인 정책사례연구로서 정책균형이란 용어를 사용한 연구를 보면 가장 많이 발견되는 것은 경제학 분야의 균형(이때의 용어는 'balance'가 아니라 'equilibrium'이다) 용어이다. 예를 들면 화폐정책이나 화폐의 공급과 수요의 균형정책이나 재정분야의 예산균형, 고용에서의 완전고용과 물가상승과의 균형 등 고전적인 경제정책 분야에서 정책균형이라는 용어를 사용하고 있다.

그렇지만 사례연구로서 정책균형에 관한 이와 같은 선행연구를 연구분야나 연구방법 또는 연구내용 등으로 분류하여 정리할 정도는 아니다. 때문에 균형주의 정책사상에 도움이 될 수 있는 몇 가지 사례를 예시할 수 있다. 먼저 지역산업정책에서의 공공분야와 사분야간의 동반관계의 형성에 따른 공·사간의 균형을 강조한 연구를 들 수 있다(Svensson, 2001). 그리고 미국의 산림정책(서부 버지니아의 Monongahela 국립산림)을 엘리트모형으로 설명한 연구가 있다. 즉 산림자원에 관한 기술적이고 과학적 전문지식과 경험을 가진 산림 관련 엘리트의 정책결정방법은 기술중심적이지만 산림지역의 주민이나 일반 시민들 또는 공공단체나 환경단체 등은 생활환경적이고 자연친화적 삶의 터전으로서의 산림가치를 주장하는 가치중심적이다. 따라서 이와 같은 엘리트모형과 참여모형간의 균형점을 어떻게 찾을 것인가 하는 문제를 제기하면서 결국에는 어느 모형이 지배하는 것이 아니라 정책결정의 전체 과정에서 기술과 가치의 균형된 관점을 유지하는 것이 중요하다고 보았다(Steelman, 2001). 또한 산림자원을 이용하는 개인 소비자로서의 산림의 소비(깨끗한 공기, 맑은 물, 아름다운 환경, 목재의 이용 등)에 의한 경제적이고 심리적 효용의 만족수준과 일반적 산림자원을 사용하게 되면서 사회적 수준의 산림보존과 개인적 소비에 의한 만족간의 균형을 어떻게 조화시킬 것인가 하는 사례(Goetzel, 2000) 등을 들 수 있다. 그러나 이와 같은 사례들도 어떻게 균형된 관점을 유지할 것인가 하는 방법이나 이론 등에 관한 구체적 내용을 설명하고 있지는 않다.

기타 다양한 연구로서 인터넷시대의 사이버사회에서 어려운 문제의 하나로 대두되는 정보의 안정성과 사생활의 보호를 어느 수준에서 균형을 맞출 것인가, 특히 직장에서 직원들의 개인적 정보이용이나 활용과 이를 공적인 수준에서 조정하고 통제할 방법과의 균형 등의 문제를 제기한 연구(Glover, 2002), 디지털 정보가 일상적으로 편리하고 다양하게 이용되면서 동시에 개인의 사생활보호가 침해될 위험요인이 증가하면서 양자의 균형을 취할 방법으로 법률적(저작권)이고 기술적 방법(익명성이나 프로토콜의 형태) 등을 제안하기도 했다(이남용, 2004).

② 정책사상으로서 균형주의와 가장 밀접한 정책이론으로 정책조정론을 들 수 있다. 정책의 갈등현상을 통합하고 조정하는 정책조정론(policy coordination)은 균형주의에서도 중요하다. 정책조정은 정책조직에서 다양하게 분화된 정책활동을 특정한 목적이나 정책의 우선순위에 따라서 정렬시키는 것이다. 이때 정책활동을 정렬시킨다는 의미는 정책의 갈등요인이 발생된 이후에 갈등관계를 사후적으로 조정하고 해결한다는 것이다. 특히 정책담당기관이나 부처간에 정책의 갈등이나 이견(異見)이 발생할 경우 이것을 통합하고 정리하는 작업이다. 따라서 대부분의 정책조정에 관한 연구는 정책갈등이 발생된 원인이나 정책기관이나 정책부처간의 이해관계를 조정하는 제도나 조정과정 또는 법률적인 조정체계 등을 설명한 것이다(유종상 · 하민철, 2010; 문세영 외 3인, 2012).

또한 정책조정은 보다 상위의 정책목표에 대한 다양한 하위목표를 관리하는 활동이다. 따라서 목표관리에 의한 정책조정은 정책통합(policy integration)과 함께 논의되면서 국내정책보다는 국제정책이나 외교정책 또는 정책의 목표갈등

요인이 다국적으로 연계되는 국가정책에서 정책조정의 통합이론으로 발달하기도 한다(성지은·송위진, 2008; Candel and Biesbroek, 2016).

정책조정론에서는 정책갈등과 정책목표라는 두 가지 변수를 중요하게 설명하고 있다. 첫째, 정책갈등(policy conflict)에 의한 정책조정론은 갈등이 발생하게 될(또는 된) 원인과 양태 등을 설명하면서, 정책갈등을 정책과정에서 역기능적 측면과 순기능적 요인으로 설명하면서 역기능적 현상을 극복하고 정리하는 방법으로 정책조정의 방법을 제시하기도 한다(윤태웅·임승빈, 2012; 강응만·김태룡, 2013). 특히 정책담당자의 개인적 차원에서의 갈등보다 정책기관이나 체제간의 갈등을 정책지향과 목표 및 정책현실의 인식차이와 정책기관의 관할 권한에 의한 갈등, 정책결정의 규칙과 일상적인 방법 등의 차이에서 발생한 정책갈등의 조정을 설명하기도 한다.

이와 같은 정책조정의 방법을 갈등관리의 한 방법으로 설명하기도 하지만(정정화, 2002) 일반적으로 정책갈등에 의한 정책조정의 방법으로 협력으로 문제를 해결하고자 하는 통합이나 정책담당자의 차원에서 대인적 갈등해결로서 순응하는 방법, 경쟁과 게임에 의한 지배, 회피, 협상과 타협의 정치적 논리에 의존하는 방법(이창원·전주상, 2003: 4), 제3자의 개입에 의한 화해나 중재조정의 방법(김도희, 2013) 등을 제시하고 있다. 그리고 정책기관이나 조직수준에서는 동종유형의 정책업무를 한 부서에 통합시킨다든지 정책지침이나 목표를 사전에 통일시키고 정리하는 방법, 정책과정에서 정보와 자료를 공유하여 의사전달을 원활하게 하는 방법, 조직구성원들의 자발적 참여와 의지에 의한 정책조정, 감독기관이나 상급기관의 조정역할이나 제3기관으로서 정책조정 통합기구나 조직에 의한 정책조정의 방법, 법률이나 행정규정의 절차에 의한 강제적 형태의 정책조정 방법 등 다양한 수단과 방법이 사용되고 있다.

이와 같은 정책조정의 필요성을 좀 더 확실하고 타당성이 있으며 설득력 있는 정책을 결정할 수 있고 다양한 정책수단을 유기적으로 통합하여 정책비용을 최적화하기 위해서, 특히 정책을 현장에서 집행하는 과정에서 발생될 현장갈등을 사전에 조정하거나 통합하여 원활한 정책시행으로 정책을 성공시켜야 할 것 등으로 설명하고 있다(이송호, 2001: 71-72). 정책갈등에 의한 정책조정은 구체적 정책사례를 중심으로 진행되고 있다. 그 중에서도 특히 환경분쟁이 심화되면서 환경갈등에 의한 정책조정이나 사회갈등과 사회통합의 방법으로 정책조정의 중요성 등의 사례연구가 많이 발견되고 있다(윤경준 외 3인, 2010).

그리고 정책목표에 의한 정책조정론이다. 원천적으로 정책문제를 다양하게 인식하고 분석하면서 정책주체간에 차이와 갈등이 발생하게 된다. 이와 같은 차이점이나 갈등을 조정하기 위해서는 공통적으로 추구하는(또는 할 수 있는) 정책의 목표나 가치를 제시하면서 다양한 문제인식과 수단을 조정하고 통합시킬 수 있다. 그래서 많은 경우에 정책조정을 여러 조직주체가 상호의존적으로 관련된 정책을 결정하거나 집행할 때의 일관성과 통일성을 확보하는 과정이라고 할 수 있다. 따라서 추상적인 가치보다 구체적이고 관리적인 경우에 정책조정은 쉽게 이루어질 수 있지만 정치적이거나 이상적인 경우에는 정책목표나 가치 그 자체에 대한 인식의 차이점 때문에 정책조정은 어려워질 수 있다.

목표에 의한 정책조정은 목표관리(MBO: Management By Objectives)에서도 설명되고 있다. 즉 정책목표를 달성하고 실천한 집행기관의 독립성이나 자율성과 분권화를 강조하는 목표관리는 정책의 성과, 즉 목표를 달성하는 정도나 효과성을 측정하면서 다양한 수단의 통합을 강조하기 때문에 정책조정론에서도 중요하게 취급하고 있다. 따라서 정책조정을 정책의 목표관리에 의한 우선순위를 설정하면서 이것을 실현한 다양한 정책수단을 보완하거나 대체하는 일련의 분석적 활동으로 정의할 수 있다(김판석·권경득, 2000; 박영강 외 2인, 2004).

따라서 정책조정은 조직 전체의 목표를 중심으로 하위체제나 수단이 유기체적으로 연계되면서 의사전달과 정보의 유통을 원활히 하여 조직활동을 조화시키거나 조직의 균형과 생존능력을 향상시키는 역할을 하게 된다. 그리고 구체적이고 개별적 조직활동이나 목표달성의 수단을 계층적으로 정렬·배합시키면서 정책비용을 최소화하여 조직생산성을 향상시키면서 조직의 발달과 균형을 이룩할 수 있다는 설명이다.

정책조정론은 다양한 이해관계를 정책목표나 정책의 우선순위 또는 제3자의 개입이나 중재에 의하든지 아니면 정책조직의 상위계층이나 상위체제에서 하위체제의 다양성을 일관성 있게 통합하려는 것이 핵심이다. 이와 같은 정책조정론은 네 가지 점에서 균형주의 정책사상과의 차이점을 발견할 수 있다.

첫째, 정책조정론도 정책조정의 이익(합리적 결정에 의한 정당성의 확보나 민주적이고 자발적 참여에 의한 정책응집력의 확보, 정책집행의 순응력 증대)을 극대화하면서 동시에 조정비용(갈등조정의 시간과 기회비용, 조정에서 패자의 반발과 사기 저하, 하위체제의 독립성 저하 등)을 최소화하여 조정의 순이익을 극대화하고자 하는 기본철학을 가지고 있다(Gieve and Provost, 2012).

이것은 균형주의 정책사상의 실천적 사고에 해당될 정책의 인과관계의 정립에 관한 것과 같다. 그러나 정책조정에서의 비용이나 이익관계는 거래비용의 개념인 상호간의 대차대조나 비교우위의 한계분석이다. 정책사상으로서 균형주의에서 비용과 혜택은 그 원인과 과정에서 도덕적이고 규범적 정당성을 확보하는 사회적 교환분석이고 규범분석이다. 이때에는 정책의 인과관계를 기초로 해서 이것을 전체적 수준에서 모든 조건을 고려하여 균형되게 조화시키는 수정과 보정을 논의하는 수준으로 확대되고 있다.

둘째, 정책조정론에서 전체 사회의 통합이나 사회관리의 방법은 광의의 정책조정 개념을 전제로 하고 있다. 정책조정은 사회 전체적으로 발생되는 이념이나 계층, 지역 또는 특정 정책에 대한 이해관계의 갈등이나 찬반 등을 사회의 목적이나 나아가 사회체제의 정상적인 균형을 달성하기 위한 정책의 조정으로 보고 있다. 따라서 사회체제의 불균형을 균형화시키고자 하는 입장에서는 균형주의와 맥을 같이한다고 할 수 있다. 그러나 사회통합에 의한 정책조정론도 일반체제이론에 기초를 두고 있다. 때문에 복합균형에 의한 불균형의 적극적인 수정과 보완 및 보정을 방법으로 하는 균형주의 정책사상과는 다르다.

셋째, 조정과 통합은 본질적으로 힘이나 권위, 자원 등에서 우위를 점하는 자의 강제적 결정방법이 중심이다. 때문에 조정 이후에도 갈등관계는 계속될 수 있다. 또한 정책목표와 수단과의 관계도 항상 유동적이다. 때문에 수단과 목표를 연계하는 상호의존성만으로 정책조정이 달성되기 어렵다. 반면에 균형주의는 정책주체의 균형감각을 중심으로 하고 있다. 균형감각은 정책주체의 중용이나 중도사상에 의한 수신론 등을 기본철학으로 하면서 다양한 조건들이 복합적이고 연속적이며 동태적 상태에서 진행되는 균형을 제어하는 개념이다. 따라서 힘이나 지위의 고하 등의 권위에 의한 강제적 조정이 아니라 불균형의 갈등과 원인을 사전에 방지하면서 동시에 그것이 사후적으로 문제가 되면 이것을 교정하고 치유하는 수단과 방법의 구체적 정책도 고려하는 이론이다.

넷째, 정책조정론은 정책갈등이나 정책목표의 관리가 중심이면서 정책이나 구체적 프로그램을 설명하기보다 정책결정의 체제나 제3자에 의한 조정의 방법과 절차 또는 조정과정 등을 설명하고 있다. 그러나 균형주의 정책사상은 정책 그 자체에서 발생될 정책의 비용과 효과 및 영향의 불균형이나 정책이 진행되면서 발생하게 될 이해관계의 불균형을 사전 및 사후에 평가하고 이것을 균형화시키는 동태적 활동을 설명하는 이론이다. 따라서 균형주의는 총체적 접근방법을 강조하는 반면에 정책조정은 체제적이고 미시적 조정을 강조하고 있다. 특히 균형주의는 조정된 정책이라도 정책 그 자체가 진행되면서 발생시킬 정책영향과 산출의 이해관계나 이것을 분배하는 실천철학으로 정책인과의 균형과 분배의 정의 등을 제시하고 있다.

③ 정책급변론을 정책사상의 균형주의와 간단히 비교하여 볼 필요도 있다. 정책급변론 또는 정책분절론(policy punctuation model)은 Frank Baumgartner 와 Bryan Jones(1993) 등이 정책의제를 설정할 때의 정책변동을 다원주의에 의한 점진적 변화가 아니라 장기적으로 정책은 급변하면서도 균형을 달성하고 있다는 사실을 1990년대 이후의 미국의 다양한 정책사례(원자력발전, 도시문제, 흡연, 미국연방정부의 예산 등)에 적용하여 설명한 이론이다.

정책급변론에 의하면 장기적으로 정책과정은 비교적 안정되면서 점진적 변화를 경험하고 있다고 본다. 그러나 정책간에 서로 경쟁적으로 균형을 유지하고 있지만 외부의 환경적 요인이나 내부적인 정치변동이나 이미지와 가치의 변동에 의해서 정책은 급변하게 된다. 비교적 소규모의 정책변동은 정책주체들이 자신의 정책영역을 독점하고 있거나 혹은 정책의 하위체제들이 서로간에 정책을 독점하기 위해서 경쟁하는 경우이다. 이것을 정책의 연속성이라고 보았다(Fagan 외 2인, 2017).

그러나 정책이 국가 전체의 수준에서 재조정되거나 정치적 압력이나 급격한 외부환경의 변화에 의해서 정책수단과 문제해결의 방법을 변화시켜야 되는 대규모의 정책변화를 정책급변이라고 했다. 그러면서도 균형을 설명하는 이유는 장기적으로는 국가정책을 정치제도의 투입과 산출이론으로 설명하면서 정책산출의 비용부담과 증가에 의한 마찰이 정치제도에 증가되면 그에 따라서 결정되는 정책은 점점 더 급격하게 변화된다. 이와 같은 과정에서 정책주체들은 자신들의 정책전문성과 자율성을 지속시키면서 발달된 기술이나 정보통제력 덕분에 점점 더 자신들의 정책분야인 이슈영역을 독점하게 된다. 그러면 정책독점을 지속할 하위체제를 구성하고 외부의 지지와 영향을 지속적으로 유지하기 위해서 시민을 참여시키는 전략을 취하게 된다. 이와 같은 정치제도적 구조에 의해서 정책균형(policy equilibrium)을 유지할 수 있다고 보았기 때문이다. 그러나 균형주의 정책사상과는 몇 가지 점에서 차이가 있다.

첫째, 정책급변모형의 기본명제는 정책변동이다. 정책변동을 지금까지의 다원주의적 점진적 방법으로 설명할 수 없는 분야를 장기간에 걸친 정책의 급변을 설명하고 있다. 그러면서도 정책은 장기간에서 정치제도와 이념에 따라서 정책을 독점할 수 있는 정책세력이, 특히 공공관료조직과 정치제도에 존재하기 때문에 급변하지만 균형된다는 전제이다.

이와 같은 장기간의 정책균형, 특히 급격히 변화되면서도 어느 일정한 시기에는 안정된 균형을 유지한다고 하는 사실을 미국이나 영국 등에서 실증적으로 검증하고는 있지만(John and Bevan, 2012; Kwak, 2017) 균형주의의 균형

(balance)의 개념과는 다르다. 균형주의 정책사상의 균형은 정책 그 자체뿐만 아니라 외부적 환경변수에 의해서 정책의 비용과 효과, 즉 정책의 실현에 의한 정책의 불균형을 설명하면서 처방적이고 규범적 입장에서 이와 같은 불균형을 시정하고 교정할 수 있는 적극적 의미의 개념이다. 때문에 정책급변론이 주장하는 정책이 변화하는 동안에 발생되는 일시적이고 한정적 의미의 균형(이것이 비록 'equilibrium'이거나 'stability' 또는 'stasis'이든지)과는 차이가 있다.

둘째, 정책급변론이 설명하는 장기간에 정책이 급변하지만 균형을 유지하는 것을, 굳이 정책급변이라고 할 것이 아니라 오랜 세월의 기간이기 때문에 정책은 스스로 학습하여 자신의 위치에서 자신의 살길을 찾아가는 과정으로 이해하면 될 것이 아닌가 하는 비판을 하듯이(Dunn, 2018: 53-54), 정책이 급격하게 변화하는 것과 정책의 균형을 동시에 설명하기에는 한계가 있다. 왜냐하면 정책변동의 진행과정을 장기간에 걸쳐서 관찰하면서 일정한 기간에는 정책주체의 정책독점 현상에 의해서 정책이 안정적이라고 하는 것을 정책사례에서 검증하고 실증한다고 하지만 그리고 일정한 결론을 이미 도출하고 이것을 검증하고자 하는 연역적 접근방법을 취하고 있지만 내부적으로는 그와 같은 결론을 도출하기 위한 질료오류(material fallacy)를 범하고 있다고 할 것이다.

그래서 합리적 정책결정의 진행과정보다는 검증이 어려운 비합리적 정책과정에서의 정책급변의 상태와, Herbert Simon의 인간의 인식능력의 한계를 인용하면서 비합리적 정책과정은 순간적 균형이 아닌 급변적 균형을 산출한다는 사실을 미국 연방정부의 학교예산을 사례로 제시하고 있다(Robinson, 2004). 그러나 정책 그 자체뿐만 아니라 정책의 인과관계에 의한 정책균형을 설명하기는 어렵다.

셋째, Jones(1994: 174-175)가 주장하는 다원주의적 정책균형과 포퓰리즘적 정책균형, 균형주의의 정책균형 등과의 차이점을 설명할 필요도 있다. 그에 의하면 구체적 정책분야나 영역에서 정책결정의 하위체제들이 주어진 법령과 예산 및 기득권 세력과 이슈 네트워크 등에 의하여 구체적 정책분야에서의 균형, 즉 국지적인 균형을 유지하고 있다; 이와 같은 지역균형이 국가나 사회 전체적인 이해관계나 정책선호와 일반적으로 조화를 이룬다면 다수의 정책선호와 구체적 정책이 조화되는 포퓰리즘적 정책균형(populist policy equilibrium)은 달성될 수 있다고 했다. 그래서 정책결정의 체제산물인 지역균형은 대단히 다양하고 복잡하지만 외부의 영향요인이나 간섭 또는 압력에 의하여 새로운 정책으로 변동 또는 이동되기 이전에는, 즉 새로운 갈등과 마찰이 발생하여 정책의 하위체제 주체들이 움직이기 이전에는 상당한 기간 동안에 정책은 안정을 유지할 수 있다. 이것을 다원주의적 정책균형이라고 보았다.

이와 같은 정책균형도 정책의 산출과 결과의 일반체제이론의 한 내용으로, 체제의 안정과 균형이 유지되는 한 정책의 균형도 달성된다는 입장이다. 또한 정책결정의 체제는 다수의 이해관계와 정책선호, 대중의 변화에 대한 압력과 새로운 관심이 집중되어 정책을 변동시켜야 하는 단계에 이르기까지는 정책영역이나 지역은 안정적으로 정책을 유지하고 운영할 수 있다고 본다. 이와 같은 정적(靜的)인 상태의 정책결정의 체제균형이 대중의 인기나 지지에서 발생된 포퓰리즘적 균형일 수도 있다. 또한 다양한 하위체제들이 균형을 유지하면서 전체적인 다원주의적 균형을 유지할 수도 있다.

그러나 문제는 정책의 영향이나 효과에 의한 정책균형이 아닌 정책결정의 체제균형이론이라는 점이다. 따라서 정책급변론은 정책의 결정체제 그 자체의 균형이나 이해관계의 일시적 균형이 아니라 정책의 결과산물에 의한 정책효용, 즉 정책비용과 혜택, 정책결정자와 대상자간의 균형, 정책이 추구할 수 없었던 또는 무지했던 분야를 수정하는 분배의 정의를 실현하고자 하는 적극적 의미의 정책균형을 설명할 수 없다.

3) 경제학의 균형이론과의 차이점

① 경제학의 균형이론의 대표격인 비용 – 편익분석(B/C분석: benefit – cost analysis)과의 차이점을 지적해서 균형주의 정책사상의 특성을 조금 더 자세히

이해할 수 있다. B/C분석은 후생경제학의 응용이론으로 발달되면서 공공분야에서 의사결정의 기법으로 현실적으로 크게 이용되고 있다. 후생경제는 개인의 문제가 아니라 사회적이고 공공의 문제이기 때문에 각 개인의 선호나 효용을 사회전체의 선호나 우선순위로 전환시키는 일이 중요하다(김성준·오정일, 2012: 1부). 여기에 필요한 대표적 이론이 파레토 최적이론(Pareto Optimality)이다[52]. 그러나 개인의 최적상태에서 사회적 파레토 최적상태를 구성할 수 있어야 한다. 즉 어느 한 부분의 효용이나 가치를 손상시키지 아니하면 타 부분의 효용을 증대시킬 수 없는 최적의 선택상황을 만들 수 있어야 한다는 뜻이다.

B/C분석은 사회적 최적상태를 달성하기 위한 편익(benefit: *pros*)과 비용(cost, *cons*)을 개인적 수준이 아닌 사회적이고 공공의 수준에서 평가하는 대표적 방법이다. 이와 같은 B/C분석을 진행하기 위한 일반적 절차와 원칙으로 정책사업의 총비용에 대한 총 편익을 비교해서 어느 정책대안이 가장 많은 순편익을 제공할 수 있을 것인가를 결정하는 기법이다. 구체적으로 설명하면 정책의 여러 가지 사항 중에서 그 사업을 시행할 초기의 비용이나(여기에는 매몰비용도 포함) 기타 관련 비용과 유지비용 등을 총비용으로 계산(물론 사회적 비용과 비화폐적 비용도 최대한의 합리적인 방법으로 화폐적 비용으로 계산하려고 노력한다)해서 먼저 그 사업에 필요한 총비용을 계정한다.

이와 반대로 총 효과, 즉 총편익이란 정책사업에 의해서 발생될 모든 효과(비화폐적이고 사회적인 것을 포함)를 화폐편익으로 계산해서 총비용과 총효과의 차이점이 가장 크게 발생되는, 즉 한계편익을 극대화할 수 있는 정책을 선택하는 것이다. 물론 사업규모가 크고 장기적이라면 비용과 편익을 현재의 가치로 환산

---

52) 파레토 최적상태(Pareto Optimality 또는 Optimum)는 19세기 말경 이탈리아 경제학자이며 사회학자였던 파레토(Vilfredo Pareto)(1848-1923)가 제시한 공리주의적인 경제이론이다. 즉 한 사람의 행복이나 만족을 향상시키기 위해서는 더 이상의 사회적인 재화와 용역을 사용할 수 없고 단지 다른 사람이 향유하는 행복이나 만족을 그 만큼 손상시켜야 가능하다는 이론이다. 따라서 파레토 최적상태에서 사회나 제도는 일반체제이론에서 보듯이 능률성에 기초한 균형상태(equilibrium)를 유지하고 있다는 일반균형이론의 한 내용이다(Smol'yakov, 2010; www.en.wikipedia.org, 검색일: 2017년 8월 15일).

하는 할인방법이 동원되기도 한다. 또한 일정한 비용의 제약이 있다면, 즉 사용해야 할 정책비용이 제한된 예산액으로 결정되어 있다면 이 범위 내에서 한계비용과 한계편익이 동등해지는 사업규모를 결정할 수 있다.

국가의 공공정책에 B/C분석을 이용할 때는 위에서 설명한 바와 같이 간단하지 않다. 정책의 영향은 국가나 인류사회의 전 범위에 해당되기도 하고 정책효용이 발생될 시간적 범위가 대단히 복잡하다. 그리고 대부분의 정책비용은 정책을 집행하면 그 비용은 복구할 수 없는 매몰비용이 된다. 더구나 국가정책의 비용과 편익(효과)을 정확히 계산한다는 그 자체는 신화일 수 있다. 왜냐하면 경제현상에서 보이지 않는 손이 존재하여 시장가격과 공급이 결정되듯이 정책에도 보이지 않는 정치현상과 가치판단이 존재하여 정책의 비용과 편익이 결정되기 때문이다. 그 대표적으로 정책담당자나 분석가의 문화적이고 인지적이며 윤리적 가치판단과 성향을 과학적이고 객관적으로 분석할 수 없기 때문이다.

때문에 B/C분석은 정책의 비용과 편익의 화폐적 인과관계의 정보를 제공하는 것일 뿐 국가정책의 의사결정 그 자체에 관한 정보를 제공할 수 없다. 그리고 현재에서 정책의 값을 분석한 것으로, 과거나 미래(물론 할인율이나 가중치의 부여 등과 같은 기법이 있지만)의 값을 개발하거나 창조하는 수준의 정보를 제공할 수 없다. 때문에 B/C분석은 정책규정에 따라서 발생될 가치와 사회의 전체적 입장에서의 선호에 관한 정보를 제공하기 어렵다.

B/C분석이 공공분야에 응용되기 시작한 역사를 간단히 소개할 필요도 있다(Cecof and Viscusi, 2015). 미국의 경우 B/C기법이 발달하게 된 배경에는 1902년 강과 항만에 관한 법(River and Harbor Act)이 제정되면서 미국 육군공병단이 시행하는 연방정부의 지출사업에 상업적 비용과 편익을 계산해야 하는 규정이 있었다. 또한 1936년 홍수통제법(Flood Control Act)이 제정되어 공공사업(특히 댐의 건설과 관개사업)의 비용과 편익을 평가하게 되면서부터 현실적으로 B/C분석이 1930년대의 경제공항 동안에 크게 발달하게 되었다.

1940년대에는 미국의 연방예산국(Bureau of Budget)(1970년 Nixon 행정

부 때 정부조직개편으로 현재의 OMB(Office of Management and Budget)가 중심이 되어 예산편성지침에 B/C분석의 활용을 지시하면서 발달하게 되었다. 1950년대에는 Rand연구소가 중심이 되어 B/C분석이 발달하였다. 그리고 Lyndon Johnson행정부가 성과주의 예산(PPBS: Planing – Programming – Budgeting System)을 전 연방정부에 확대시행하면서, 1960년대에는 B/C분석기법이 가장 활발하게 적용된 시기라고 할 수 있다. 그러다가 Jimmy Carter행정부 때 영기준 예산제도(ZBB: Zero – Base Budgeting)가 시행되면서 B/C분석의 한계와 문제점 등이 비판되기도 했지만 국가사업을 비용과 편익의 인과관계로 계량적이고 체제적으로 비교하는 방법의 기본원칙이 중요한 정책분석 기준으로 활용되기도 했다.

B/C 분석은 공공분야에서 현재의 가치기준에서 어떤 정책이 가장 효율적이고 효과적인 것인가 하는 것을 판단하는 계량적이고 체제적이며 한계분석(한계비용과 한계편익의 개념)을 중심개념으로 하고 있으면서 지금까지 다양한 분야에서 정부사업이나 프로그램에 광범위하게 활용되고 있다. 그러나 균형주의 정책사상과는 두 가지 점에서 큰 차이가 있다.

첫째, B/C분석은 정책사업의 비용이나 편익을 누가 어느 집단이, 무엇 때문에, 언제, 어떻게, 무엇을 받을 것이며, 만약 이것이 정의롭고 타당한가 하는 것을 설명할 수 없다. 물론 시간적 문제를 해결하기 위해서 할인율 방법을 사용하거나 정책대상자의 주관적 판단이나 선호의 만족도 등을 해결하기 위해서 가중치를 부여하는 방법을 이용할 수 있으며 미래의 불확실성을 비용과 편익에 계산하기 위해서 민감도분석이나 위험분석 등을 병행할 수 있다. 그러나 근본적으로 B/C분석은 비용과 편익의 분배의 문제에서, 무차별곡선에 해당되는 모든 점들(실제로 정책에서는 다양한 정책대안과 행동프로그램이다)의 효용은 차이가 없다고 하는 입장이다.

그러나 균형주의 정책사상은 바로 이와 같은 점을 설명하고 이것을 실제의 정책현실에서 교정하고 수정하려는 것이다. 특히 정책비용이나 편익을 어느 계층에서 왜 부담하고 향유해야 하는지, 이때 공평하고도 타당하게 분배되었는가 하는 것을 설명하고자 하는 것이 핵심이다. 때문에 균형주의는 무엇보다도 어떤 정책을 어느 규모에서, 얼마만큼의 사업비용으로, 최대의 효용을 창출한다는 일반 방정식의 등식(等式)을 기초로 하는 것이 아니다. 대신에 정책비용과 혜택에 대한 불만이나 불균등, 불평등과 문제점 등이 있다면 이를 수정하고 보정할 수 있어야 정책은 균형될 수 있다는 사상에 초점을 두고 있다.

둘째, B/C분석이 정책의 인과관계를 시간적 범위에서도 장기간에 걸쳐서 발생되는 비용과 편익을 계산하기 위해서 노력하고 있다. 이것은 균형주의 실천철학인 정책의 인과관계를 정립하는데 중요한 이론으로 기여하고 있다. 그러나 장기적인 비용과 편익을 현재가치로 환산하려는 노력을 한다 해도 정책비용과 편익의 미래세대에 대한 값을 현재에 구체적으로 설명할 수 없다. 또한 정책혜택이나 효용에서 무임승차자 현상도 설명할 수 없다. 특히 국가정책에 의한 개인적이고 집단적인 이해관계의 갈등현상을 비용편익의 분석은 설명할 수 없다. 또한 외부적이고 간접적인 영향이나 비용부담 등도 구체화하기 어렵다. 물론 정책에 의해서 발생되는 비용과 혜택의 유형을 다양하게 마련해서 외부비용이나 효과의 항목 등으로 포함시킬 수도 있지만 그것만으로 정책의 균형은 달성되기 어렵다.

정책사상의 균형주의는 비용-편익분석의 문제점과 한계점을 수정하거나 교정하기 위한 정책을 제도적으로 시행하면서 동태적 균형을 계속적으로 유지하고자 한다. 즉 정책의 전 과정에서 다양한 이해관계를 균형화하고자 하는 것이다. 따라서 균형주의는 정책의 전후관계의 맥락을 강조하고 있다.

② 균형주의 정책사상을 정책학뿐만 아니라 정치경제학 등에서 널리 알려진 공공선택론(public choice theory)과의 차이점으로도 설명할 필요성이 크다. 공공선택론은 합리적 경제인으로 판단하고 선택하는 경제이론을 공공분야의 공공재의 선택에 도입하여 공공기관, 특히 관료의 행위와 의사결정을 설명하고자 하는 경제이론이다. 그렇다고 순수 경제이론이라기보다 시장실패에 의한 정부의 역할을 어떻게 규정하고 설명할 것인가 하는 국가재정학에 뿌리를 둔 이론이다. 그

렇기 때문에 정치와 경제의 상호연관성을 미시적으로 설명하기 위한 정치경제학 분야로 발달하고 있다(김성준, 2012: 1장; Lemieux, 2015: 23).

공공선택론은 1960년대부터 미국에서 발달되었다. 특히 1950년대 이후의 미국경제가 세계경제로 성장하면서 경제성장과 발전의 이론과 실천전략을 미국의 공공분야에 적용하면 공공정부도 경제분야와 같은 성과를 이룩할 수 있다는 실천철학이 있었다. 특히 미국의 연방정부나 주 정부의 공공관료제는 서구유럽이나 중국을 중심으로 하는 아시아 관료제와 같은 역사와 경험이 없었다. 때문에 경제학의 중심이론인 합리적 소비자 선택이론과 의사결정을 공공분야에 적용하여 설명하면 공공관료의 합리적 결정과 성과를 고전적인 관료제 이론과는 달리 미국식의 독자적 방법으로 설명할 수 있다고 믿었다(김성준, 2012: 6-7; MacLean, 2011: 46-48).

특히 1986년에 노벨 경제학상을 수상한 James Buchanan과 Gordon Tullock(1962) 등이 공공선택론을 집중적으로 발달시켰다. 또한 게임이론과 사회적 최적이론 및 투표이론 등의 수리모형과 정치선택을 설명하는 공공선택론의 다양한 이론도 있다. 그리고 공공행정분야에서 공공선택론의 철학적 기초를 연구하면서 헌법적 질서를 강조하는 이론도 있다. 그러나 공공선택론의 공통적인 기본 전제는 방법론적 개인주의와 경제인 및 교환으로서 정치 등이다.

공공선택론이 방법론적 개인주의가 강조하는 것은 합리적으로 자신의 이익을 극대화할 수 있는 의사를 결정하는 개인을 중심으로 하고 있다. 이들의 선호와 선택을 존중하는 것이 공공선택론의 기본 입장이다. 개인은 자신의 이익을 중심으로 합리적 결정과 판단을 하면서 이와 같은 결정에서 발생될 효용과 이윤을 극대화하려는 전략을 취한다. 자신이 소유한 정보의 수준에 따라서 다양한 대안을 선택하지만 기존의 법과 질서의 범위 내에서 합리성을 추구하는 특성을 가지고 있다.

또한 경제인으로서 사익을 추구하는 개인주의적 인간이 자신의 이익을 극대화할 수 있는 최적의 행동을 한다는 전제이다. 사회행위에서 자신의 효용가치를 화폐가치로 환산할 수 있는 경제인이 공공선택론의 중심이다. 따라서 개인의 사익을 추구하는 경제인으로 분류할 수 없는 공공관료의 경우에도 공공선택론은 공익을 추구하는 것이 아니라 자신의 이해관계를 극대화하는 경제적 인간의 맥락에서 설명하고 있다. 때문에 공공선택론에서는 공익과 사익의 관계를 설명하지 아니할 수 없다. 그래서 방법론적 개인주의와 경제인을 공공선택론에서 사익접근방법이라고 하고 공통의 선이라고 하는 공익을 정치교환의 논리로 설명하는 공익적 접근방법으로 구별하기도 한다.

공공선택론에서 교환으로서 정치를 조금 더 이해할 필요가 있다. 경제인의 선택행위를 정치에서는 투표의 선택행위로 설명하는 것이다. 따라서 정치행위의 대표격인 투표에서도 거래행위를 하는 당사자들의 이익이 증가될 수 있기 때문에 정치교환이 가능하다고 본다. 그렇지만 정치교환에서 발생되는 효과는 공동체에 속하는 모든 사람에게 비용과 효과(외부효과나 무임승차자 문제)를 발생시키기 때문에 공익추구라고 하는 사실을 전제로 하고 있다.

그러나 경제인인 공공관료나 정치인의 선택행위가 항상 공익을 추구하는 것이 아니라 개인적이거나 집단적 이해관계를 추구하는 현상도 보편적이라면 이것을 설명할 수 있는 이론도 필요하다는 것이다. 그래서 공익을 추구하는 방법으로 다수결원칙에서 절대다수가 지지하는 대안이나 중간값을 취하는 해결책만이 유일한 것이 아니다. 대신에 다양한 선호와 이해관계가 소용돌이치는 정치의 장(場)에서는 규범적 공공선택이론으로서 일정한 헌정질서와 사회적 규범이나 가치판단의 정치적 최적수준을 모색하는 방법도 중요하다는 것이다.

공공선택론에서 강조하는 경제적 선택과 합리적 경제인을 균형주의 정책사상과 비교하면서 다음과 같은 차이점을 찾을 수 있다.

첫째, 공공선택론은 우선 개인의 만족과 효용을 경제학의 소비자 행동이론으로 설명한다. 때문에 개인의 효용과 만족이 어디에서 유래되었으며 효용이 어느 지점에서 사회 전체적으로 타당하고 합리적인가 또는 효용과 만족에 대한 비용을 누가 부담할 것인가 하는 점 등을 설명하기 어렵다. 물론 공공선택론적 접근방법을 정치적 비용과 편익과 같은 비경제적 요소를 고려하여 총체적인 비용과 편익을 계산하면 정책결정과정에서의 정책주체의 선택과 판단을 설명할 수도 있을 것이다. 또한 경제인의 최적행위를 사회적 최적행위로 설명할 수 있으면 결국 개인의 효용의 최적점들이 총합되어 사회 전체의 공익의 최적점을 구할 수 있다는 사회최적론도 가능하다.

균형주의 정책사상은, 물론 개인의 정책효용을 기초자료로 활용하지만 사회 전체적으로 정책효용이나 그에 대한 정책가치의 원인이 어디에 있으며 이것이 불공평하거나 부당하다면 수정하고 보완할 수 있는 이론과 방법을 강조하고 있다. 공공선택론에서는 개인을 중심으로 그들의 신성한 효용극대화의 행동원칙을 강조하지만 그들이 항상 전체의 이익과 조건이 아닌 개인적이고 미시적 이해관계에 초점을 둔다. 때문에 사회 전체적인 불평등과 불균등이나 부당한 원인과 결과를 고려하기 어렵다. 그래서 균형주의는 개인의 선호와 선택 때문이거나 아니면 공공의 공식적 선택과 결정 때문에 사회적 불평등과 불균등이 발생되는 정책의 현실을 분석하고 그것을 사후적으로 수정하고 교정하는 새로운 정책을 강조하면서 사회적 균형을 강조하는 입장이다.

둘째, 공공선택론은 정책비용과 혜택에 의한 사회적 분배의 정의나 형평을 설명하기 어렵다는 점도 지적할 수 있다. 즉 국가개입주의에 의해서 발생된 정책편익이나 효용을 어떻게 조정하고 균형화시켜야 사회 전체적으로 불균형된 자원을 올바르게 분배할 수 있을 것인가 하는 점을 설명하기 어렵다는 것이다. 그래서 공공선택론의 주창자인 Buchanan(1996: 3)도 민주주의의 수단인 다수결의 원칙과 진행방법이 잘못 이해되면서 정치적 균형이 존재할 수 없다는 점만 강조되었다고 비판하면서 다수결주의자의 균형도 설명해야 한다고 했다.

그렇지만 균형주의에서 균형은 'equilibrium'이 아닌 'balance'의 균형이다. 그리고 더욱 중요한 것은 앞서 설명한 정책개입에 의한 분배의 실천철학으로 균형주의는 정책의 사회적인 대응기준이나 절차, 사회적인 합의의 상태 등을 설명하기 때문에 공공선택론과는 차이가 있다. 특히 정책개입에 의한 비용과 편익이 사회 전체적으로 용인되고 받아들여질 수 있는 최적의 상태를 강조한다. 이와 같은 최적상태는 개인이 아닌 사회 전체에서 유지되어야 한다는 점을 강조한다.

4) 기타 균형이론과의 차이점

균형주의 정책사상을 비교하여 설명한 정치학이나 경제학, 정책학의 균형이론과 달리 구체적인 분야의 균형이론이라고 할 수 있는 지역균형이론과 조직균형이론 두 가지를 대표적으로 선정해서 그 차이점을 간단히 설명하고자 한다.

① 다양하고 풍부하게 연구되는 지역균형발전의 균형이론을 우선 들 수 있다. 지역간의 불균형을 균형적으로 발전시켜 지역격차와 차별을 해소하면서 균등한 국토의 이용과 효율을 추구하고자 하는 것이 지역균형발전론이다. 특히 지방자치시대가 진행되면서 지역을 중심으로 하는 지방정부의 분권과 균형발전이 지역균형발전의 주요한 내용으로 등장하고 있다.

예를 들면 노무현정부에서 국가균형발전위원회가 설치되면서(2003년 4월) 시역의 중점적 발전과 지역자치의 역량을 강화하는 지방분권과 연계하여 국가, 즉 국토의 균형적 발전을 추구하여 소외된 지역주민의 삶의 질을 향상시키고 그들의 소외감을 해소하여 국가 전체의 경쟁력을 극대화할 수 있는 전략에 초점을 두었다. 이와 같은 전략에 따라서 균형발전의 추진을 지역 대학과 지역의 산업체 그리고 지방자치정부가 공동으로 지역혁신체계를 구축하고 각 지역의 특성과 장점을 극대화하여 지역의 특성화된 발전을 추구하는 전략산업 등을 육성하고자 했다. 중앙정부는 각종 법령이나 제도를 개선하고 도입하여 실질적으로 각 지역이 중심적이고 주도적이 될 수 있는 지역균형발전의 비전을 제시하였다(성경륭, 2003).

여기서 각종 법령이나 제도는 실질적으로 지역균형발전에 관한 국가정책이다. 국가의 균형발전과 지역분권의 추진을 위한 노무현정부의 특별법인 국가균형발전특별법(법률 제7061호,. 2004년 1월)과 지방분권특별법(법률 제7060호, 2004년 1월), 신행정수도의 건설을 위한 특별조치법(법률 제7062호, 2004년 1월) 등이 제정되어 지역균형발전의 정책사업을 제시하였다. 특히 지방분권특별법은 5년이라는 한시법으로(2009년 1월까지)[53] 지방자치단체와 유사하거나 중복되는 업무기능을 가진 특별지방행정기관을 정비하고 지방교육 자치제도를 개선하며 지방자치경찰제를 실시하고, 지방정부의 실질적 예산관리 능력과 재정을 건전하게 확충하는 방안 등을 주요 사업으로 제시하였다(양영철, 2004: 11 - 13).

국가균형발전특별법은 지방정부가 지역사업을 주도하면서 중앙정부가 지원하는 중앙 - 지방간의 협력체계를 중심으로 혁신체계를 구축하고, 지역전략 산업을 육성하며 지방 대학의 육성과 지역정보화 촉진 등을 자율적으로 추진하는 목적을 제시하였다. 그리고 국토의 상생적 발전을 도모하기 위해서 균형발전사업을 추진하여 지역간의 불균형을 균형적으로 조정하고자 하였다. 사업의 추진방법과 평가 및 심사 기능 등을 강화하는 내용이 중심이 되었다(한표환, 2004: 8 - 10).

신행정수도 건설을 위한 특별조치법이나 이를 대체한 행정중심 복합도시건설 특별법 등은 경제적이고 인구적이며 사회정치적으로 수도권 집중에 의한 지역의 불균형을 해결하기 위한 특별법이다. 지역적으로는 충청남도의 공주와 연기 지역에 새로운 수도를 건설하는 것을 목적으로 제정된 법이다. 비록 헌법재판소에서 위헌(違憲) 결정을 받았지만 실질적이고 정치적으로 신행정수도를 건설하여 수도권의 과밀을 완화시키면서 지역간의 균형발전을 도모하는 국가정책을 시행하였다(이병규, 2015: 50 - 52).

지역균형발전에 관한 이론이나 사례연구는 다양하고 풍부하다. 그러나 균형과 정책균형의 개념정립에 관한 범위에서 보면 지역균형의 균형이론은 대체적으로 일반균형(general equilibrium)이론이다. 동태적이고 복합적이며 균형감각을 중심으로 하는 균형(balance) 이론은 아니다. 때문에 지역균형이론은 대표적으로 구체적인 국가정책에서 발생되는 각 지역의 혜택과 비용을 대차대조하여 지역균

---

53) 당시의 지방분권특별법(제7060호, 2004년)은 현재의 지방분권특별법(약칭, 지방분권법; 제16888호 2020년)과 다른 법이다. 그러나 현재의 지방분권법도 2004년 당시의 법을 근간으로 하고 있다.

형의 지침을 제공하는 이론으로 발달되고 있다. 이와 같은 혜택과 비용을 비교하여 지역간의 불균형이 발생되면 불균형의 원인과 유형, 불균형의 정도나 강도 등을 객관적이고 과학적으로 측정하고 이를 시정하고 수정하는 방법을 연구하는 것이 지역균형이론의 핵심이다.

지역간의 불평등이나 불균형의 원인과 그 정도와 과정을 설명하면서 이제 어떻게 하면 이와 같은 불균형을 균형화시킬 것인가 하는 점이 지역균형이론에서도 중요하게 취급되고 있다. 이와 같은 대표적 방법으로 지역분권을 들 수 있다. 분권과 균형발전이 하나의 수단적 보완관계도 있지만 부정적 관점에서 국토의 전반적 균형개발과 효율성의 문제점이나 지역격차가 심한 상황에서의 분권은 오히려 지역불균형을 악화시킬 수도 있을 것이다. 그러나 지역의 일과 사업을 지역의 특성과 조건에 따라서 결정할 수 있는 능력과 조건을 제시하는 지방자치의 분권이론이라면 분권은 지방자치의 존립근거가 될 수 있다. 실천적으로도 어느 특정 지역의 집중적 개발과 발전에 의한 지역불균형에 대한 분산적 균형발전을 요구할 수 있을 것이다(이승종, 2003).

지역균형발전론도 지리적이고 공간적 지역간에 경제활동이나 유·무형의 문화적 시설과 사회간접자본 등과 물리적 격차나 공공행정이나 문화가치, 인적 자본, 사회환경 등과 같은 보이지 않은 사회적이거나 개인적 격차를 해소하는 것을 설명하고 있다. 지역불균형이 해결되면 인간다운 삶의 질을 평등하게 유지할 수 있고 나아가 지역갈등과 이에 따라서 표출되는 사회적 갈등을 해결하여 전체적으로 공간정의의 실현에 의한 국토의 조화로운 발전을 추구할 수 있을 것이다(배준구, 2017; 소진광, 2018).

이것은 균형주의의 주요 관점이고 또한 목표이기도 하다. 그러나 정책사상으로서 균형주의는 동태적 과정에서 복합적 균형을 계속적으로 추진하는 국가개입주의의 균형사상이다. 그리고 규범적 관점에서 정책주체의 심리적이고 이론적이며 현실적 균형감각에 의한 정책결정과 정책의 실현을 중심으로 하고 있다. 때문에 구체적이고 개별적 정책이 발생시키게 될 또는 발생시킬 결과나 영향에 의한 불균형을 정책주체들이 중심이 되어 수정하고 교정할 수 있는 수단과 방법에 초점을 둔 이론이다. 지역균형이론에서 보듯이 지역간의 불균형 그 자체도 중요하지만 불균형을 발생시킨 정책의 인과관계를 찾아내어 균형화시키는, 즉 균형을 실천할 수 있는 철학적 지식과 방법 등을 강조하는 것이 지역균형이론과의 차이점이라고 할 수 있다.

② 지역균형이론 이외의 대표적 균형이론으로 조직균형론(organizational equilibrium)을 들 수 있다. 조직균형이론도 근본적으로 조직활동의 일반균형이론이다. 때문에 일반균형이론이나 비용-편익 분석론과의 차이점을 설명하는 것과 중복되기 때문에 간단히 설명하고자 한다. 조직균형이론은 고전조직이론으로, Chester Barnard(1886-1961)와 그 뒤를 이은 James March, Herbert Simon(1916-2001) 등이 중심이 되어 발달된 이론이다.

조직균형이론은 조직을 하나의 유기체로 본다. 즉 조직은 자신의 고유한 목표와 이를 달성하기 위한 다양한 기능과 역할을 수행하는 하나의 생명체이다. 따라서 조직의 목표달성에 공헌하는 개인들의 공헌과 이에 대한 반대급부로 조직은 각 개인들의 공헌에 대한 값을 지불하고 계속적으로 활동할 수 있도록 하는 유인과의 균형, 즉 대차대조표 상에 적어도 동등하다는 것을 조직균형이라고 하였다. 따라서 조직이 존속하고 균형적으로 성장하기 위해서는 적어도 유인과 공헌이 같거나 또는 유인이 공헌보다 증가해야 가능하다는 조직에서의 동기이론이다 (March and Simon, 1958: 84-88).

조직균형은 이와 같이 조직을 구성하고 있는 개인들의 주관적이고 내적인 목표나 효용의 만족추구와 조직이라는 고유한 생명체의 조직목표가 조화되고 일치되어야 가능하다고 본다. 이와 같은 조직목표와 개인목표는 적어도 상호간에 양립하거나 동일성이 있어야 조화와 통합될 수 있다. 그와 같은 통합의 방법으로 교환모형(조직목표와 개인목표를 교환할 수 있는 영역을 확대), 사회화모형(개인목표를 조직목표에 이동), 수용모형(조직목표를 개인목표로 이동) 등을 제시하기도 했다(Barrett, 1970).

특히 Barnard(1938: 57-61; 244)에 의하면 그의 기본 이론은 조직의 협력체계의 능률과 효과성이다. 그는 조직균형의 개념보다는 협력 개념을 중심으로 했다. 즉 외부적 환경에 의한 조직의 협력체계를 관련시키고 나아가 내부 조직구성원의 만족을 충족시키고 배분하는 일들이 조직협력의 생존조건이라고 보았다. 이와 같은 조직협력의 두 가지 조건은 협력목표의 달성인 조직의 효과성과, 조직구성원의 개인동기의 만족인 능률성이라고 했다. 조직이 이와 같은 능률성을 달성할 수 있는 능력을 균형이라고 보았다. 따라서 그는 능률성과 균형을 같은 의미로 설명하였다. 즉 협력의 능률성은 계속적인 생산활동과 동시에 이것을 상황의 변화에 따라서 어떻게 분배할 것인가에 달려있다고 했다. 따라서 Barnard의 균형 개념은 조직협력을 확보할 능률성에 초점을 둔 것이다. 비록 그의 조직협력 이론이 조직균형이론의 발전에 많은 영향을 미쳤지만 실제로 그의 조직론에서 균형이라는 단어나 개념은 중심이 아니었다[54].

그 이후에 Simon(1997: 140-150)은 조직구성원들이 조직으로부터 제공받는 경제적이거나 비경제적 유인에 대한 만족도는 그들의 욕구수준과 관련되어 있다고 보았다. 균형이라는 아이디어를 Barnard에게서 얻었다고 한 Simon은 조직균형은 조직이 제공하는 유인의 효용과, 구성원이 공헌하는 공헌이 균형되기보다는 구성원의 욕구수준과 유인수준이 균형되어야 한다고 균형론을 수정하기도 했다.

그러나 조직은 자신의 목표를 달성하고 이를 성장·발전시키기 위해서 계속해서 변화하고 있는 불안정한 조직환경과, 동태적으로 변화되는 조직 구성원들의 욕구수준과 만족도 정도에 따라서 정적인 의미의 체제균형이 아닌 동태적이고 신축적으로 움직이는 균형을 강조하기도 했다. 그러나 무엇보다도 일반체제의 균형

---

54) Chester Barnard는 조직균형이라는 용어를 사용하지 아니했다. 단지 조직협력의 체계로 조직이 생존하는 조건으로 능률성의 능력을 균형(물론 'equilibrium'의 개념이지 'balance'의 균형개념과의 차이나 조직적 정의 등은 없다)이라고 했다. 따라서 그의 조직균형이론은 그 이후의 학자들(특히 Simon이나 James March 등)에 의하여 체계화된 것이라고 할 수 있다. 그 하나의 증거로 Herbert Simon(1997, 4판: 141, <각주 1>)이 균형(equilibrium)에 관한 아이디어를 Barnard에서 얻었다고 한 것을 들 수 있다.

이론이지 정책균형이 강조하는 동태적 균형화의 균형(balance)과는 차이가 있다. 또한 조직과 개인간의 목표와 이를 달성하는 관계에서의 균형의 개념은 구체적인 정책과제에 의한 정책의 인과관계의 균형이 아니라, 비용과 편익과의 균등개념에 의한 균형이다.

균형주의 정책사상은 정책주체의 균형감각이라는 규범적 개념을 전제로 하는 가치판단에 따라서 정책과 정책 및 정책의 다차원적 요소간의 복합균형을 중심으로 하는 정책이론이다. 물론 조직균형에서도 조직의 유인과 개인의 공헌을 균등화하기 위한 다양한 방법이나 프로그램, 즉 정책을 마련하고 실천할 수 있어야 한다고 했다; 자극이나 일반적 유인방법, 설득 등을 전통적으로 제시하고 있다. 그러나 조직균형이론은 구체적으로 조직의 정책이나 의사결정으로서 각각의 정책에 의하여 발생될 정책의 비용과 효용(효과, 산출)에 대한 조직과 구성원들에게 미칠 영향의 균형을 설명하기에는 한계가 있다.

4. 인구정책에서 이해하는 균형주의 정책사상[55]

균형주의는 물리적일 뿐만 아니라 정신적인 정책인과의 계속적인 균형작용을 철학적으로 설명하는 정책사상이다. 특히 국가개입주의에 의한 정책의 정당성을 확보하기 위해서 정책인과의 실천적 사고에 기초해서 정책균형을 연속적으로 유지하고자 하는 정책사상이다. 이와 같은 균형주의 정책사상을 최근에 전 세계적으로 문제되고 있는 인구의 급격한 증감이나 성(性)별 또는 연령별 인구구성 비율의 심각한 불균형에 관한 인구정책을 예로 들면서 조금 더 현실적으로 이해하고자 한다.

---

55) 필자의 "균형주의 정책사상에서 이해하는 인구위기"(『대한정치학회보』. (2017). 25(1) 의 내용을 수정한 것이다. 필수적인 참고문헌 이외에는 생략하였다.

1) 인구문제의 실체

인구문제는 인류사회의 영원한 숙제이기도 하다. 동시에 인구문제는 지극히 개인의 삶과 철학에 관한 개인주의 사상이 지배하고 있는 영역이다. 그렇지만 국가는 인구문제에, 즉 인구의 생산과 재생산의 자율적이고 자유로운 개인의 판단과 결정에 끊임없이 개입하거나 간섭하고 있기도 한다. 이것이 인구정책이다. 이와 같은 인구정책은 균형주의 정책사상으로 타당할 것인가, 즉 왜 국가는 개입해야 하며(정당성), 무엇을 나누고 가져야 인구정책에 의한 정책의 인과를 공정하고도 정의롭게 분배할 수 있을 것인가 하는 철학적이면서도 이념적이며 동시에 실천적인 사고체계를 설명하는 것이 인구정책에서의 균형주의 정책사상이다.

인구의 급격한 증감이나 성(性)별 또는 연령별 구성비율의 심각한 불균형을 위기로 진단하고 이것을 해결하기 위해서 인구정책을 제안하고 평가하는 일들이 고대국가에서부터 시작해서 지금까지도 계속되고 있다. 이것은 인구위기를 정확하게 정의하거나 인구문제의 본질적 속성을 제시한 것이라기보다 그 시대의 인구수의 증감현상이나 연령이나 성별의 구성비가 불균형된 것을 국가적이거나 세계적인 차원에서 인구위기로 진단한 것일 수도 있다.

따라서 인구위기의 정의나 인구문제의 진단은 과거의 인구수나 구성비를 기준으로 현재의 것을 비교평가하여 인구의 수가 크게 증가하면 인구폭발이라고 하기도 했다(Ehrlich 1968, i; Lam 2011, 1231). 그 반대현상이면 이것을 인구위기나 인구절벽 등으로 불렀다(Cooper 2014, 179-180). 또한 적정의 인구규모란 경제적인 일정 수준의 성장이나 증가를 계속 추구할 수 있는 인구의 양적 구성을 전제로 하고 있다(김승권, 2006). 이와 같은 인구론에 국가를 유지하고 발전시키기 위한 인적 자원의 중요성을 정치적으로 강조하는 인구정치론(population politics)이 가세하면 고대국가에서부터 지금까지 인구문제를 위기나 폭발 등과 같은 감성적인 수준으로 대응해 오기도 했다.

인구위기를 설명할 수 있는 사상, 보다 구체적으로 인구문제를 해결하기 위한 국가개입주의의 정책사상을 우선 논의해 보고자 한다. 인구의 수가 급격히 증가된 때에는 농경사회나 산업사회를 중심으로 하는 노동력이 중요한 변수로 작용하였을 시기였다. 따라서 조혼이나 다산은 경제적이고 사회적인 힘의 원천이기도 했다. 때때로 팽창하는 인구수를 줄이기 위해서 국가는 적극적으로 개인의 결혼과 출산의 의사결정에 개입하거나 간섭하기도 했다.

그러나 지금은 인구의 노동가치가 급격히 감소하고 있다. 대신에 인간 개개인의 창조적이고 독립적인 존재의 값이 중요한 변수가 되고 있다. 따라서 남녀는 결혼이나 출산보다 자신의 인간다움의 가치를 향상시키는 일에 몰두하면서 인구수는 감소하고 있다. 이와 같은 인구감소를 해결하기 위하여 국가는 과거와는 정반대로 개인의 결혼과 출산의 의사결정에 적극적으로 개입하거나 간섭하고 있다. 따라서 인구의 수나 구성비에 관계없이 국가는 계속해서 인구주권에 개입하거나 간섭하고 있다. 이것이 국가개입주의의 전형적인 정책이라고 할 수 있다.

특히 균형주의 정책사상은 인구위기의 진원지인 결혼과 출산에 관한 다양한 이해관계를 개인들이 결정하는, 즉 결혼과 만혼(晩婚) 또는 비혼(非婚), 출산과 출산율 등에 관한 균형된 감각에서 의사결정의 산물이라는 것을 설명하고자 한다. 즉 인구증감은 시대적인 조건과 변수에 따른 개인들이 집합적으로 모여 사는 우리사회의 균형노력의 결과일 수 있다는 주장을 하고자 한다. 그럼에도 불구하고 국가는 이와 같은 개인주의적 의사결정에 지금까지도 개입하거나 간섭하고 있는 것이 현실이라는 사실에도 주목하고 있다. 인구정책의 정당성과 정책인과의 정의로운 분배에 의한 정책의 성패에 관계없이 일반적으로 국가는 끊임없이 간섭하고 있다. 그래서 인구정책을 국가개입주의의 전형이라고 한다.

일반적으로 인구론에서는 일할 수 있는 인구수의 감소와 동시에 일할 수 없는 또는 하기 어려운 인구수의 증가에 의한 것을 인구위기, 노령인구나 초저출산에 의한 인구절벽 등으로 구분하기도 한다. 이와 같은 인구위기를 국가가 존립의 문제로 인식하게 되면서 국가주의의 정책개입은 등장하기 시작했다고 할 수 있다.

인구수에 의한 사람의 개체 수가 변동한다는 본질적인 문제에는 인간의 인위적인 노력이나 작위에 의해서 해결되기 어렵다는 사실이 전제되고 있다. 즉 국가를 구성하고 경제를 운영하는 주체인 정부의 뜻이나 의도에 따라서 인구가 감소하거나 또는 증가하기 어렵다는 것이다. 특히 인간을 지배하는 신이나 또는 절대자가 존재해서 인간의 의지와 뜻이 아닌 신의 뜻대로 때로는 신이 심술궂게 인구수를 증감시키는 것이 아니라는 사실이다. 결국 인간 개개인을 지배하는 사상이나 이념 또는 가치관에 의하여 자신의 후속세대를 계속해서 증가시키지 아니하면 인구수는 감소하게 된다. 즉 결혼이 인생에서 필수적인가 하는 의문이나 회의심이 크면 클수록 남녀가 성적으로 결합하여 자녀를 생산할 수 있는 원초적인 기회가 줄어들게 된다. 결혼과 출산에 관한 개인들의 가치관이 지배적인 이념이나 사상의 사회적 흐름(주류)으로 형성되면 이와 같은 사회적 주류의 가치관이나 이념에 개인들이 반발하거나 역행하기보다 수용하게 된다. 이와 같은 인구에 관한 사상이 인간의 인구에 관한 의사결정을 지배하게 된다.

또한 인구 구성비의 심각한 불균형, 즉 노령인구의 급격한 증가와 그에 반비례하여 청소년 및 유아인구의 급속한 감소현상인 인구문제를 위기나 재앙으로 진단하고 이것을 해결하기 위한 다양한 인구정책을 국가는 실천하고 있다. 그러나 인구는 인위적이거나 작위적인 국가의 사업이나 노력만으로 해결되는 것이 아니다. 그럼에도 불구하고 인구불균형을 재앙이나 위기로 진단하면서 그 해결책을 찾고자 하는 것이 인구정책의 숙명이기도 하다.

전통적으로 인구론이 제시하고 있는 인구 과잉현상을 방지하기 위한 다양한 이론과 실천빙법, 특히 중국의 한 자녀 갖기 정책이나 한국의 인구정책을 인구변화의 방향이나 사상적 흐름에서 본다면 과연 성공적이었는가 하는 의문은 계속된다. 인구정책에 의한 인구변화가 범세계적으로 성공적이라고 주장하기도 한다(Demeny 2011; Lam, 2011). 그러나 Thomas Malthus(1766－1834)가 주장하였듯이(1970) 기하급수적으로 증가한 지구촌의 인구 중에서 식량부족으로 아사한 인구는 많지 않았다. 또한 1960년대부터 Paul Ehrlich는 지구촌 인구는 폭발

한다고 수량적으로 지적하였지만(1968, 4) 그때의 인구수에 비교하면 현재의 인구는 폭발하지 아니했다. 오히려 감소했다. 또한 묵자(墨子)는 남녀가 적기에(남자 20세, 여자 15세) 결혼하게 되면 인구가 배로 증가하게 될 것이라고 했다(원문은 제3장의 국가주의 <각주 59> 참조). 그러나 20대나 10대에 결혼하는 조혼이 크게 감소했다. 결혼한다고 해서 반드시 출산과 연계되는 것도 아니었다.

인구문제의 기본적인 개념인 결혼이나 출산, 육아 등에 관한 지배적인 사상은 과거의 농경사회나 산업사회 및 서비스 사회에서부터 현재의 컴퓨터 기술에 의존하는 사회로 오면서 크게 변화되고 있다. 몇 가지 예로서 인구를 생산할 수 없는 동성결혼(same sex marriage)이 합법적인 시대적인 현상이 되고 있다. 동시에 인구를 재생산할 수 없는 만혼이나 비혼 등의 통계가 점점 더 증가하고 있다. 또한 결혼을 했다고 하더라도 출산에의 관심이나 이해관계가 줄어들고 있다. 특히 결혼으로 형성되는 가정과 일과의 관계, 가족경제 등을 고려하면서 출산율이 크게 떨어지고 있다. 이것을 개인이나 사회의 문제나 위기 또는 재앙이라고 하기보다 하나의 사회적 흐름과 변동의 산물로 이해할 필요가 있기도 하다(Blangiardo and Rimoldi 2013; Kristinsson and Juliusson, 2016)[56].

결론적으로 19세기와 20세기를 거치면서 농경사회와 산업사회 및 서비스사회 또는 컴퓨터 산업사회에서 4차 산업혁명시대 등으로 변천되면서 인간의 수와 가치 등이 크게 달라지고 있다는 점이다. 시대적인 당시의 인구 구성비에 의한 적정 인구 수의 가치와 패러다임이 현재에도 타당하거나 신뢰하기 어렵게 되어가고 있다는 사실이다. 따라서 이것을 인식하고 판단하는 것이 인구문제에서 균형주의 정책사상으로의 전환이라고 할 수 있다. 그렇다면 지금의 인구 구성비의 심각한 불균형이나 경제활동 인구수의 급격한 감소를 위기나 재앙이라기보다 하나의 사회현상으로 이해하면서 인구정책의 인과관계를 정신적일 뿐만 아니라 물

---

56) 인구변동을 시대적인 흐름의 결과라는 주장에서 볼 때 상당히 흥미있는 것으로 기후변동과 같은 자연적인 변화가 고대 중국의(1600년에 1899년까지) 인구변동의 원인이 되었다는 역사적 실증연구(Lee and Zhang, 2013)도 소개할 수 있다.

리적으로 균형화할 수 있는 철학적 사고가 필요할 것이다.

인구문제는 인구경제학이나 생산주체의 문제이기도 하지만 정치의 문제이기도 하다. 즉 정치의 정당성은 주민에 의한 대표성을 얼마만큼 확보할 것인가 하는 민주주의의 기본원칙인 주권재민과 다수결의 원칙에 따르고 있다. 그렇기 때문에 '대중은 힘이다'(Chang, 2015, 35; Edelman, 2016: 203)라고 할 수 있다. 이때 대중은 인구이다. 즉 숫자로 값을 매기는 인구이다. 그래서 정치를 인구수 게임이라고 하기도 한다(정만희 2012, 118; Patriarca, 2003: 424). 인구수의 게임이라는 의미는 인구수의 증감을 조절하거나 통제하기 위한 국가개입주의로 대표되는 인구정치와는 다르다(Wigley 2012: 442－443; Greenhalgh, 2018: 721).

정치의 주체는 정치의 객체인 인구수에 동서고금을 막론하고 민감하게 반응해 왔다[57]. 왜냐하면 인구는 그 자체로서 국가의 조세나 각종 부역을 담당하며 전사로서 전쟁을 승리로 이끌 수 있고, 공무를 담당하게 하여 통치작용을 실천할 수 있었기 때문이다. 더욱이 대표자의 선거는 기본적으로 인구수에 기초한 지역구 선거이다. 때문에 큰 지역이라고 하더라도 인구의 숫자가 적다면 대표권이 허약하게 된다.

인구의 수에 의한 보편적 평등선거를 통한 선거혁명이 인구의 값을 크게 상승시킨 것은 사실이다. 마찬가지로 지금과 같이 인구 구성비의 위기뿐만 아니라 절대적 인구수의 감소에 의한 위기도 보편적 다수결의 원칙에서 보면 정치에의 위기로 이해될 될 수 있기도 하다. 예를 들면 각 지역이나 지방자치단체마다 인구수를 증가시키기 위한 치열한 경쟁을 하고 있는 것도 선거에 의한 통치권력의

---

57) 고대로부터 국가통치자들이 정치와 인구와의 관계를 통치작용으로 어떻게 이해하고 실천했는가 하는 것을 연구하는 것도 재미있는 주제가 될 수 있다. 그 하나의 예로서 맹자(孟子)는 양혜왕(梁惠王)이 자신은 정치를 잘 한다고 자부함에도 불구하고 이웃 나라의 인구는 줄지 않고 자국의 인구도 증가되지 아니하는 이유를 물었다. 맹자는 단지 인구수가 중요한 것이 아니라 백성이 생업에 종사하여 행복하게 살 수 있도록 하는 것, 즉 백성이 산 사람을 부양하고 죽은 자를 장사지내는데 아무런 불만이나 유감이 없는 왕도정치의 시작(養生喪死無憾 王道之始也)(『孟子』, 梁惠王章句 上)이 중요하다고 했다. 이것은 인구증감에 민감한 통치보다 백성을 편안하고 행복하게 할 수 있는 왕도정치를 비유적으로 설명한 것이라고 할 수 있다.

위기를 피하고 지역정치의 존속을 목적으로 하고 있기 때문이다.

그러나 균형주의 정책사상은 다수가 힘이 아니라고 본다. 인간과 또는 비인간 등과의 상호작용의 힘(Milinski, 2016)을 주요 변수로 설명하고자 한다. 이때의 인간과 인간과의 상호작용에는 인간뿐만 아니라 기술의 진보와 발달에 의한 인간존재의 향상이나 환경과의 상호작용도 포함될 것이다. 나아가 인간과 비인간, 즉 인간작용을 대체하는 로봇이나 사물인터넷의 연결망, 사이버공간의 실체 등과의 상호작용도 인구감소에 의한 정치의 세계를 지배하는 하나의 새로운 사상적 패러다임이 될 수 있을 것이다. 이것을 균형주의 정책사상으로 이해하고 설명해 볼 수 있다. 물론 물아주의 정책사상에서도 인간과 비인간의 관계에 의한 조화의 세계를 정책사상으로 설명하기도 한다.

2) 인구정책에서 이해하는 균형주의 정책사상

인구위기를 극복하기 위하여 국가는 인구의 절대적인 숫자나 성별 또는 연령별 구성비를 적정하게 유지하기 위해서 끊임없이 다양한 사업이나 정책을 시행하고 있다. 그러나 인구문제는 본질적으로 위기라기보다 인간을 포함한 모든 존재하는 것들의 정상적인 구성비를 유지하고자 하는 개인적이고 사회적인 균형감각의 산물이라고 할 수 있다. 특히 지구촌사회에서 인간 개체만이 급속하게 증감(增減)할 수 없을 것이다. 수많은 타 개체와의 균형된 상태에서 인간은 존재할 수 있을 것이다.

그럼에도 불구하고 인간사회는 정치적이고 경제적인 목적과 사상에 따라서 인간의 개체수를 증가시키거나 또는 억제하기 위한 부단한 노력을 기울이고 있는 것도 사실이다. 특히 국가의 이해관계나 목적에 따른 전제조건을 제시하고 여기에 오차나 편차 또는 불균형이 발생된다고 판단되면 이것을 인구위기로 진단하기도 한다. 그래서 이것을 해결하기 위한 다양한 방법과 수단을 사용하는 정책개입은 인구문제에서는 전형적인 국가주의 정책이 되고 있기도 하다.

그러나 인구에의 개입이나 간섭을 의미하는 국가개입주의가 인구의 증감현상을 국가의 이익이나 목적에 따라서 조절하거나 조작했다고 증명하기 어렵다. 왜냐하면 인구문제는 본질적으로 개인의 사생활에 관한 문제이다. 동시에 개인들도 마음내키는 되로 인구를 재생산하고 양육하며 교육할 수 없는 자연적인 한계를 가지고 있기 때문이다. 그래서 이와 같은 인구의 재생산에 관한 문제를 자연주의 사상으로 설명하기도 한다.

자연주의(naturalism)는 학문문야나 사상적 정향에 따라서 복잡하고 다의적으로 해석한다. 심지어 자연주의를 물질주의(materialism)와 같은 형이상학적 자연주의 사상으로 이해하고 있기도 하다(Baker, 2017: 333). 그러나 여기서는 인구에서의 자연주의 사상(population naturalism)이다. 즉 인구문제를 설명하는 존재론적 입장에서 인구현상은 신이나 국가의 개입과 목적에 의한 산물이 아니다. 대신에 기초적이면서도 원초적인 개인의 자유와 자율적인 판단과 선택에 관한 문제이며 그 결과라고 하는 사상이다(Phillips 외 2인, 2010). 물론 전통적으로 생물학적인 자연도태나 사회정치적 자유주의 및 경제적 개인주의 등과 같은 이념들이 인구정책의 자연주의 사상의 기초이론이 되기도 했다. 특히 인구의 자연주의 사상은 인구가 국가통치의 대상이나 경제적인 생산수단이 아니라 인간관계의 연결망 속에서 자신의 가치를 지켜가는 하나의 사회적 실체라고 보았지만, 생물학적 자연도태의 진화론을 중심으로 오래전부터 인구학에서 자연주의가 논의되어 왔다(Wilson, 2014).

인구에 관한 자연주의 사상은 출생률과 사망률에 따른 인구의 변화는 인간이 거역하거나 통제할 수 없는 자연의 법칙에 의하여 결정된다고 보았다. 물론 인간은 성적 유희나 쾌락만이 아닌 자신의 의지와 노력에 따라서 인구를 재생산할 수 있지만 이와 같은 노력은 최종적으로 자연의 선택에 맡겨질 수밖에 없다. 즉 인간은 자신이 태어남도 모르면서 동시에 자신이 죽는(을) 일도 모르기 때문에 사회적으로도 이와 같은 자연적인 생성소멸의 현상을 생존의 법칙으로 수용해야 한다고 보았다. 따라서 인구문제는 생물학적 현상에서 비롯되는 사회문제이다. 세상에 태어나서 죽고 지리적으로 이동하면서 자연적으로 해결되는 것이다. 국가를 중심으로 하는 정부의 정책으로 출생과 사망 및 인구의 이동을 조절하거나 규제하고 통제해서 그 사회가 경제적이고 영토적인 적정한 인구를 항상 유지하기 어렵다는 것이다.

이와 같은 진화론적 자연주의 사상은 17-18세기의 이상주의에 기초하고 있기도 하다. 즉 인간은 자신들의 무절제한 욕정과 성정(性情)을 스스로 다스리고 제어할 수 있다. 그래서 과도한 인구증가나 팽창 등과 같은 문제는 원초적으로 발생되지 아니할 것이다. 동시에 인간이 성정을 조절하지만 그러나 태어나는 모든 인간은 각자의 몫을 받아서 태어나기 때문에 굳이 출산율을 조절하거나 인간의 생존에 국가가 개입하고 간섭할 필요는 없다. 따라서 작위적인 정책으로 개인의 성정에 개입하고 간섭하여 인구문제를 통제하거나 해결하고자 하는 정책은 불필요할 뿐만 아니라 그 정당성도 희박하다는 것이다.

사람이 태어나고 죽는 생로병사는 성장소멸의 자연법칙에 순응하고 있다. 누구든지 예외일 수 없다. 그러나 문제는 인간이 스스로 태어날 수 없다는 사실이다. 즉 부모의 작위적이거나 무작위적인 생산의지와 노력에 의해서만 가능하다. 자살을 제외하고 전쟁이나 사건, 사고 또는 자연적인 노화의 진행에 의하여 죽은 일도 자신이 스스로 조절할 능력이 없다는 사실이다. 이와 같은 자연적인 인구현상을 자연주의 사상이 강조하고 있다. 따라서 인구문제는 자연적인 질서와 조절법칙에 맡길 수밖에 없다. 단지 인간은 자신의 생명을 자신이 생각하고 추구하는 바람직한 것으로 진화시키거나 발전시킬 수 있다. 이와 같은 진화나 발전을 움직이는 생각이나 동인(動因)이 자신의 유전적 소질이나 자질이 되어서 후세에 영향을 미치게 될 것이라는 확신이나 믿음이 있는 것은 아니지만, 부모로부터 물려받는 나에 대한 모든 결정과 책임을 나의 소유권이며 고유한 권리인 주권으로 인식한다는 것이 자연주의 사상의 핵심이다(이해영, 2016: 123-125).

인구의 자연주의 사상은 인간의 계획된 활동이나 또는 국가를 중심으로 하는 강제적인 간섭이나 개입에 의하여 인구의 증감이나 구성비가 결정된다고 보지 아니한다. 또한 인구에 관한 개인의 주권을 설명하지만 개인들이 마음대로 출산과 사망을 조절하거나 통제하기도 어렵다고 본다. 모든 인간이 결혼한다고 해서 출산을 보장받을 수 있는 것도 아니다. 또한 출산된 자녀들이 모두 다 생존하여 가정을 구성한다고 할 수도 없다. 남녀의 성비를 인간의 욕망이나 뜻에 따라서 조절하기도 어렵다. 때로는 원하지 아니하는 출산도 있다. 따라서 인간의 재생산은 자연의 선택에 영향을 받게 된다는 사실을 강조하는 사상이 자연주의이다. 그래서 인구문제는 인간의 애정이나 사랑에 의한 결합 그리고 출산이라는 생물학적 현상에서 출발하지만, 인구의 구성비나 인구수의 증감은 국가가 인위적이고 작위적으로 그 목표와 방향을 정해서 결정할 수 없는 자연의 선택이라는 사상이다(Muller 외 2인, 2000; Austerlitz and Heyer, 2018).

이와 같은 자연주의 사상에 의하면 인구문제를 인간의 의사결정이나 주권과는 관계가 없는, 즉 인간의 잘못이나 판단의 미숙함 또는 인간의 이기적인 탐욕이나 쾌락주의 등과 관계없는 것으로 인구문제를 이해하기 쉽다. 따라서 인구문제는 인간의 문제가 아니라 자연의 선택의 문제로 그 책임을 전가하는 오해를 가져올 수 있다. 동시에 인간의 존엄성과 이성적인 판단이나 작용의 한계를 성급히 인정해 버리는 나약한 인간상을 정당화시키는 사상이 될 수도 있다.

그러나 앞서 지적했듯이 인간과 별개로 또는 인간을 지배하는 보이지 않는 절대적인 신이나 조물주가 존재하여 인간을 지배하고 통제하는 것이 아니다. 절대 다수의 인간의 판단과 결정이 결집되고 축적되면서 이것이 하나의 지배적인 이념이나 보편적인 사상의 흐름으로 형성될 때 이것이 인구에 관한 정책사상이 될 수 있다고 했다. 즉 인간들의 상호작용과 판단이 사회적인 가치관으로 형성되어 인간 사회를 지배할 보편적인 사상이 될 때 인구문제에 관한 사상으로 이해될 수 있을 것이다.

인구현상은 국가주의의 인구정책에 의한 산물이기도 하다. 그러나 더욱 중요한 것은 인간의 생명체가 스스로의 생존과 존재가치를 지켜가는 자연적이면서도 정상적인 균형작용의 결과가 인구현상이라는 것이다. 따라서 이것을 인간, 특

히 국가가 나서서 위기라고 섣불리 판단하거나 또는 이것을 극복하고자 할 것이
아니라 이와 같은 인구문제에 인간 사회, 즉 개인이나 국가는 어떻게 적응하고
대응할 것인가 하는 국가주의 대 개인주의, 자연주의 대 개입주의 등과 같은 정
책균형을 살피고 이해하는 것이 균형주의 정책사상의 실천적 사고이고 과제라고
할 수 있다.

인구를 국가가 지배하고 통치하는 통치의 대상이거나 경제적인 생산수단이
아니라 인간들의 상호간의 연결망 속에서 자신의 값을 발견하고 지켜가는 사회적
인 실체로 이해하는 인구사상을 균형주의 정책사상이 설명하고자 하는 것이다.
좀 더 구체적으로 균형주의 정책사상을 인구문제에 적용하여 인간과 인간과의 상
호작용과 인간과 비인간과의 상호작용의 연결망으로 설명할 수도 있다.

첫째, 인간과 인간과의 상호작용에 의한 균형주의 정책사상을 설명할 수 있다.

인간은 인간관계에서 존재의 본질이 밝혀지고 동시에 이것을 지켜갈 수 있
다. 만약 영원히 로빈슨 크루소처럼 살아갈 수 있다면 인간관계의 상호작용에 의
한 연결망속의 인구문제를 설명하고자 하는 균형주의 사상은 필요없을 것이다.
인간은 지구촌의 많은 생명체와 같이 개체 하나로 자신의 후속세대를 재생산하기
어렵다. 물론 단일개체로 증식하는 생명체도 있다. 또한 체세포 복제기술이나 인
간복제의 기술이 진보하면 단일개체로 증식될 수 있다. 그러나 현재까지 윤리적
이거나 기술적으로 이것은 불가능한 일이다. 따라서 인간은 인간과의 관계망을
형성하면서 남녀가 결혼하여 정확히 반반씩의 자신의 특성과 자질의 유전인자를
후대에 전달하면서 인구를 재생산하고 있다.

균형주의 인구사상의 출발점은 남과 여로 구성되어 있는 인간들의 조건을
전제로 한다. 즉 남녀의 육체적 결합에 의한 태생이 인구이다. 항상 모의 태반에
만 의존하는 것은 아니지만 이와 같은 태생의 조건을 갖추지 아니하면 인간은 태
어날 수 없다. 태생이기 때문에 남녀의 결합이라는 인간과 인간과의 관계를 필요
로 하고 있다. 그렇다고 남녀가 결합한다고 해서 임신이나 출산이 보장되는 것도
아니다. 동시에 남녀관계가 존재한다고 해서 원하는 성비를 얻을 수도 없다. 이것

은 조물주의 작용이고 신의 영역이다. 그렇다고 신이 마음대로 하는 것은 아니다. 신도 진리에 예속되어 있다. 즉 자연법칙인 정상의 분포곡선에 따르고 있다.

예를 들면 성비가 정확히 반반은 아니지만 인간과의 결합에 의하여 인간을 재생산할 수 있을 정도로 남녀의 구성비는 지켜지고 있다. 물론 전쟁이나 성(姓) 우월주의에 의한 인위적인 성비조작 등과 같은 작위에 의하여 어느 정도로 성비 구성은 영향을 받을 수 있다. 그러나 장기적인 인구구성비에서 보면 남녀의 구성은 인간관계를 형성하여 재생산의 기능을 충분히 할 수 있도록 되어 있다.

또한 정신적이고 육체적인 조건이나 능력 등과 같은 인간의 조건도 정상분포곡선을 유지하고 있다. 시대와 상황에 따라서 이와 같은 것들이 조금씩의 차이는 있지만 이것도 그 시대와 조건에 가장 타당하게 적응할 수 있는 하나의 조건일 수 있다. 동시에 인구의 수가 어느 시기나 조건에 증가하거나 감소하는 것도 그 시대와 조건에 적합한 인구개체의 변화일 것이다. 국가나 또는 외부적인 힘이나 영향력을 가진 집단의 작용에 의한 것만은 아니다. 따라서 인구의 증감을 균형주의로 설명하는 이유도 어느 시기나 조건에서는 인구의 개체 수가 증감될 수 있다고 보기 때문이다. 단지 이와 같은 현상을 인간이 지배하고 통치하고자 하는 입장에서, 즉 과거의 기준에서 볼 때 지금의 인구수가 많다거나 적다고 판단하는 것뿐이다. 그러나 지금 현재의 기준에서 보면 인구수는 증감이 아니라 정상상태의 균형작용의 결과일 수 있다. 이와 같은 균형작용을 계속해서 유지하면서 다양한 복합적 요인에 의한 정상의 상태를 지켜갈 수 있는 인구정책을 균형주의 정책 사상이 철학적으로 사고하고 설명하고자 한 것이다.

인구경제론은 과거에 향유하던 부와 지위 및 경제적 기준 등과 비교해서 현재 또는 미래의 인구의 수와 노동의 가치가 증감되었다는 것을 설명하고 이것을 적정규모의 인구이론으로 정립하고자 한다. 인구정치도 과거의 수준에서 국가의 구성원을 계속적으로 유지하거나 증가시키면서 국부성장이나 사회발전 등을 설명하고 있다. 때문에 개인들의 인구재생산의 의사결정이나 주권에 개입하거나 간섭하고자 한다. 만약 이와 같은 과거 기준에 의한 목적이나 기준이 없다면 현재의 수준에서 인구수나 인구의 구성비를 이해하는 것이 보다 더 중요할 것이다. 그러면 인구문제에서 인구정책의 균형감각을 찾을 수 있을 것이다.

또한 노령인구가 급속히 증가되면서 이들을 부양할 경제활동인구가 부족하고 따라서 국가경제는 위축된다고 한다. 그리고 정부의 노년층 인구를 위한 지출비용이 증가하여 조세부담과 예산활동이 제약될 수 있다. 그러나 이와 같은 인구위기는 단기간의 일시적인 위기일 수 있다. 왜냐하면 현재의 과속한 노령인구는 일반적으로 한 세기 이내에 감소하게 된다. 이에 따라서 과거에 급격히 감소된 경제활동인구가 노령화될 때 노인인구의 구성비는 낮아질 것이다. 만약 계속해서 후속세대가 감소해 간다면 그 비율은 계속해서 노년층으로 기울어질 것이다. 그러나 이와 같은 세대교체의 활동은 적어도 수 세기에 진행될 것이다.

따라서 이와 같이 감소한 인구수도 인구에 관한 사회적인 균형작용의 산물일 수 있다. 인간의 개체수를 줄이면서 동시에 타 개체와의 비율을 조절하여 균형을 맞추고자 하는 인간사회의 균형작용일 수 있다. 그럼에도 불구하고 타 개체가 인간을 지배하거나 또는 인간이 지구상에서 소멸된다고 하는 것은 이와 같은 균형주의를 비관적인 입장에서 비판하거나 또는 낮아지는 출산율을 경고하는 정치적 계산에 의한 통치집단의 정책홍보일 수 있다.

호모 사피언스(*Homo Sapiens*)인 인간이 지구상에서 살아 온 인구증감의 역사적 기록을 보면 인간이 지구에서 소멸되거나 또는 인구가 증가하여 지구가 폭발하는 일들은 없었다. 빙하기에 인간의 숫자가 크게 줄었거나 또는 전쟁을 전후하여 세계인구가 감소했다든지, 인구폭발로 통칭되는 20세기 초기의 지구상의 인구 숫자 등은 그 당시의 시대적인 조건과 때에 나타난 현상이었다. 이와 같은 통계적인 사실은 인간이 과거의 통치목적이나 방법, 경제적인 수준 등과 비교해서 현재의 인구 수준을 인구폭발이나 인구절벽으로 진단하고자 하는 기초자료로 이용되었던 것 뿐이다.

인간과 인간과의 상호작용은 남녀의 결혼과 출산을 조절한다. 이때 조절한다는 것은 국가가 개입하거나 간섭하여 조절하는 것이 아니다. 동시에 신의 뜻과

의지에 인간이 순종하여 조절되는 것도 아니다. 대신에 인간들의 상호작용에 의한 인구의 조절인 것이다. 이와 같은 인간과 인간과의 상호작용의 균형감각을 계속적으로 형성하고 유지할 수 있는 정책이 인구정책이며 이것을 균형주의 정책사상으로 설명할 수 있다는 것이다.

인간과 인간과의 상호작용에 의한 균형주의는 정책균형에 의한 정책인과를 실천적으로 사고하고 있다. 즉 남녀 상호간의 원만한 합의에 의한 결혼과 출산의 결정은 동태적으로 진행되는 결혼생활의 결과산물이다. 물론 물리적이거나 의지적인 비혼이나 또는 출산가능성이 저하될 만혼이나 기타 혼인 등도 결혼생활자인 인간 대 인간의 상호작용에 의한 균형작용의 산물일 수 있다. 동시에 결혼을 했지만 출산을 지연시키거나 인위적으로 하지 아니하고자 하는 경우 또는 출산할 수 없는 경제적이거나 정신적, 물리적 조건 등도 결혼생활의 균형작용의 결과일 수 있다. 이와 같은 남녀의 인구주권적 판단에 의한 결혼과 출산에 의한 인구의 수는 인간과 인간과의 상호작용에 의한 균형주의의 가시적인 결과라고 할 수 있다.

특히 현재를 기준으로 하는 인구의 규모나 적정인구의 비율 등을 과거의 기준을 적용하여 과밀이나 과소로 진단하거나 평가한다면 그것은 균형주의 정책사상에 위배될 수 있다. 균형주의에 위배된다는 것은 인간과 인간과의 상호작용의 결과를 부정하거나 또는 의심한다는 것으로도 해석될 수 있다. 이와 같은 의심이나 부정은 국가나 또는 제3자가 남녀의 결혼과 결혼생활의 출산 등에 부당하게 또는 비윤리적으로 개입하거나 간섭하게 될 빌미를 제공하게 될 수도 있다는 의미이다. 이것은 국가주의 정책개입이 아니다. 동시에 선도주의 정책사상에 의한 정책의 선에 의한 정당성에 관한 문제도 아니다.

때문에 결혼과 출산 등에 관한 균형주의적 의사결정을 지배할 수 있는 다양한 조건이나 환경을 국가주의의 인구정책으로 어떻게 실천할 것인가 하는 것은 인구정책에서 중요한 이슈일 것이다. 또한 이와 같은 인구정책의 집행조건과 내용이 인간과 인간과의 상호작용에 의한 균형주의적 의사결정에 영향력을 행사했는가 또는 할 것인가 하는 것 등은 인구정책의 정책인과의 출발점이 될 것이다.

인구사상으로서 균형주의는 인간과 인간과의 상호작용이 균등하고 평등하며 원만하다는 대칭적 관계를 전제로 하고 있다. 물론 뒤편에서 설명할 인간과 비인 간과의 상호작용도 대칭적이지만, 특히 인간과 인간과의 상호작용은 일방적이거 나 편파적이며 불평등한 관계가 아니다. 쌍방의 주권과 조건을 상호간에 원만히 수용하면서 이에 따라서 결정된 의사결정이 출산이고 인구라는 것이다. 즉 남녀 가 각각의 입장에서 자녀를 가지거나 또는 가지지 아니하고자 하더라도 이것을 인간과 인간과의 균형작용에 의한 원만한 관계로 설명하는 사상이다. 동시에 이 와 같은 인구결과를 정책인과의 균형작용으로 설명하는 것이 균형주의 정책사상 의 핵심이다.

둘째, 인간과 비인간과의 상호작용인 인간과 기계나 기술의 상호작용 또는 인간과 동물과의 상호작용에 의한 인구정책의 균형주의를 설명할 수 있다. 인간 과 인간과의 상호작용에 의한 균형주의는 과거의 기준으로 현재의 인구를 과잉이 나 과소 등으로 판단하거나 비판하기 어렵다는 사상적 기초를 제공할 수 있다고 했다. 마찬가지로 인간과 기계나 기술과의 상호작용도 인간의 존재가치, 즉 인간 개인의 값을 상승시키면서 단순한 인구 숫자에 의한 인구위기를 비판할 수 있을 것이다. 인간은 도구를 이용하면서 인간의 존재가치를 급격히 상승시킨 것은 사 실이다. 특히 컴퓨터로 대칭되는 기계와 기술을 활용하면서 인류는 일상의 생활 을 혁명적으로 변화시키고 있다. 가장 가까운 예로서 다양한 유형으로 이용되는 로봇이 인간의 노동집약행위를 대체할 수 있는 대체수단으로 등장하고 있다. 심 지어 바둑게임과 같은 인간두뇌의 창조적이고 비판적이며 임기응변적 활동도 로 봇이 대체하고 있기도 하다.

그러면 사랑과 애정이 전제되는 결혼도 과연 인간 대 비인간, 즉 인간과 기 술이나 기계와의 상호작용으로 가능할 것인가 동시에 출산의 영역도 기계나 기술 이 대신할 수 있을 것인가 하는 문제가 있다. 먼저 인간복제가 기술적으로 가능 하다고 하더라도 윤리적이고 도덕적이며 법적으로 불가능하다면 인간을 재생산 할 수 없을 것이다. 시험관 베이비도 인간복제가 아닌 불임을 해결하기 위한 의

학기술과 인간과의 상호작용으로 한정될 것이다. 그리고 기계나 기술과의 사랑이나 애정은 인간관계의 것과는 다를 것이다.

기술이나 기계와 인간과의 상호작용을 인간의 값을 상승시키는 수준에서 이해한다면 이와 같이 상승된, 즉 평가절상된 인간은 기술과 기계에서 얻어진 잉여시간과 노동력을 개인의 편의적인 영역이나 시간으로 이용할 수 있을 것이다. 이때의 인구의 값은 인구의 숫자에 의존하던 시대의 값과는 비교될 수 없을 정도로 클 것이다. 때문에 과거의 인구수나 인구의 생산력(노동생산성)을 기준으로 해서 현재의 인구증감을 재앙이나 위기로 진단하거나 판단할 필요는 없을 것이다. 국가의 인구정책에의 개입은 이와 같은 인간의 가치를 상승시킬 수 있는 정책인과의 균형을 연속적이고 복합적으로 유지하고 발달시킬 수 있도록 하는 것에서 그 정당성을 찾을 수 있을 것이다.

값이 크게 높아진 인간은 농업사회나 공업시대와 같이 인간을 재생산하는, 즉 결혼이나 출산 등과 같은 결정이나 판단을 반복하지는 아니할 것이다. 인간의 노동을 대체할 대체기술은 풍부하고 다양하다. 인간의 여가와 창조행위의 가치를 부가시킬 기술수준이 높아지고 있다. 때문에 굳이 과거의 패러다임에 따라서 인간을 재생산하는, 즉 출산율을 따르지 아니할 것이다. 이것이 인간과 기술과의 상호작용에 의한 상생의 효과라고 할 수 있다.

이와 같은 상생효과를 인간이 무시하기 어려울 것이다. 왜냐하면 인간은 자신의 값을 가장 높이는, 즉 한계효용을 극대화하는 의사결정을 하게 될 것이기 때문이다. 이것이 개인적 수준에서의 균형주의 정책사상의 또 하나의 전제이다. 기계와 기술과의 상호작용에 의한 인간의 가치를 현실적으로 활용하거나 이용하여 자신에게 가장 합리적이고 이성적인 방법으로 결혼과 출산율을 결정하는 인간은 자신의 이해관계를 동태적으로 해결하고자 하는 균형감각을 가지고 있다. 이와 같은 균형감각에 의한 결정의 산물인 현재의 출산율이나 인구의 수는 균형주의에 의한 인구에의 의사결정의 결과라고 할 수 있다. 동시에 이와 같은 개인적 수준의 균형감각의 산물을 사회적으로 조절하고 조정할 수 있는 수준으로 맞추는 것을 균형주의적 정책개입의 정당성이라고 할 수 있다.

그리고 인간과 동물과의 상호작용(HAI: Human‒Animal Interaction)에 의한 균형주의 정책사상도 찾아 볼 수 있다. 아직까지 HAI연구가 인구문제나 인구사상으로 연계된 것은 없지만 개와 인간의 상호작용에서 질병의 치료와 도움, 장애인의 도우미, 마약이나 기타 범죄활동 예방에의 투입, 이동수단의 동력 등과 같이 인간의 값을 상승시키고 있다. 특히 나들이 도우미 개는 인간의 노동력을 대체하기도 한다. 동시에 인간관계의 소원함에서 발생되는 적적함이나 외로움을 달랠 수 있는 반려 동물은 후속세대의 역할을 대체할 수도 있다. 그리고 기타 동물과의 상호작용으로 인간의 이동수단이나 여가, 스포츠 등으로 활용하는 경우에도 인간의 값을 상승시킬 수 있다.

인간과 동물과의 상호작용은 인간의 노동력을 대체하거나 혹은 인간 그 자체를 대체하면서까지 인간의 값을 상승시키게 될 것이다. 그러면 인간은 상승된 자신의 값에 따라서 효용을 극대화하고자 하는 합리적인 의사결정을 결혼이나 출산에도 적용할 것이다. 따라서 과거와 같이 인구의 수가 힘이고 경제력의 원천이며 보고(寶庫)라고 하는 사상은 더 이상 지배적일 수 없다. 대신에 현재의 인간의 값에 따라서 이성적인 판단과 합리적인 결정을 우선시 하는, 즉 경제적이고 비경제적인 조건과 상태를 조합하고 조정하는 균형감각에 의한 균형주의 사상에 따라서 인간은 인구에 관한 의사를 결정하게 될 것이다. 이때에 인구수가 문제되는 것은 아니다. 인구 그 자체의 값을 중요한 기준으로 적용하여 국가적이고 사회적으로 인구에 관한 다양한 정책균형을 설명하는 것이 중요할 것이다.

제 6 장
현실주의

제 **6** 장

현실주의

1. 현실주의 정책사상이란 무엇인가?

1) 현실주의 정책사상의 필요성

정책사상은 정책의 본질에 관한 철학적인 사고를 이론적으로 체계화하는 것이라고 하였다. 즉 정책(학)의 본질을 철학적이고 사변적인 사고로 설명하는 것을 정책이론으로 체계화는 것을 정책사상이라고 했다. 이것을 정책학의 사상이론으로 구성하는 것이 정책사상 대계의 중심적인 내용이라고 하였다.

정책의 본질에 관한 철학적인 사고의 출발점은 국가에 있고 이것을 국가주의로 설명하였다. 왜냐하면 정책은 독점적이며 우월적인 국가의 통치행위의 작용이기 때문이라고 하였다. 정책사상으로 국가주의를 시원으로 하면서 계속해서 제4장에서 선도주의, 제5장에서 균형주의 정책사상 등을 제안하고 그 구체적 내용을 설명했다.

국가주의에서 출발하여 선도주의와 균형주의에 의한 정책사상 이론은 동시에 정책의 현실에서 철학적인 뿌리와 정당성을 가질 수 있어야 한다. 정책사상의 현실적인 사고체계로 정책의 현실에서 실현할 수 있는 실천적 지식과 지혜를 발견하고 실천적인 가능성과 정당성을 판단하거나 결단할 수 있는 실천성(practicality)을 중심으로 하는 현실주의에 관한 정책사상이 이제 또 하나의 원칙으로 등장하게 된다. 이것이 현실주의(the principle of practicality) 정책사상의 기본 과제이기도 하다.

정책사상으로 현실주의는 현실과 경험세계의 현재의 가치나 실천적 방법론을 강조하는 실용주의나 인간의 인식이나 개념 등과는 관계없이 사물은 독자적으로 존재한다고 설명하는 리얼리즘 등과 다르다. 동시에 철학의 실천과 교육을 위한 실천적인 지식과 지혜를 철학적으로 성찰하고 설명하면서 이론적 체계를 형성하고자 하는 실천철학과도 차이가 있다. 또한 철학적이고 사변적인 이론을 논리적 연역이나 분석적 귀납의 세계에서 벗어나서 현실에 적용하면서 때로는 교육해야 한다는 철학실천이나 철학하기, 일상적인 생활에서 철학적 지식과 이론을 실천적으로 적용하고자 하는 철학상담 등과도 차이가 있다. 그렇다고 정책사상으로 현실주의는 좋음과 옳음, 정의, 인정과 배려 및 전통가치 등과 같은 선도주의에서 설명한 정책의 선을 도덕적이고 윤리적으로 교육하거나 상담하고자 하는 도덕철학이나 윤리철학의 입장인 것도 아니다.

현실주의 정책사상은 정책을 통한 국가개입주의의 정당성이나 정책인과의 균형주의에 기초하여 정책의 실천적인 지식과 지혜에 의한 정책의 실천성(policy practicality)을 철학으로 사고하고 그의 체계를 이론적으로 체계화하고자 하는 것이다. 정책의 실천성을 정책의 현실에서 조명하고 그의 사상적인 체계를 수립하고자 하는 것이 현실주의 정책사상이다. 즉 국가주의를 시작으로 하는 선도주의와 균형주의, 정책사상으로 인간과 사물의 공존세계의 조화의 법칙을 설명하는 물아주의 등과 같은 정책사상의 실천성을 논의하는 것이다. 따라서 현실주의 정책사상은 사상연구나 이론의 큰 약점이 될 수 있는 이론과 현실(실제)이 분리된다는 전통적인 비판을 인식하면서, 정책사상 대계의 실천적 입장을 철학적으로 체계화하고자 한다.

『정책사상 대계』에서 이와 같은 사상적인 전제를 가지고 있는 현실주의 정책사상의 개념을 구체적으로 정의하거나 개념적인 구도를 제안하고 설명하기 이전에 정책사상에서 현실주의의 필요성을 세 가지로 설명할 수 있다.

첫째, 정책사상의 실천적 사고(practical thinking)가 필요하기 때문이다.

정책사상은 이론적 유희나 해석학적 논쟁의 산물이 아니라는 것을 현실주의 정책사상이 보다 분명히 설명하고 체계화할 수 있어야 한다. 정책사상을 정책의 본질적 속성과 존재에 관한 철학적인 사고를 체계화하는 것이라고 정의하였다. 정책의 본질적 속성과 존재의 가치는 정책을 실천하고 실현하는 것이다. 정책 그 자체로서만 존재하는 것도 정책의 상징성이나 명목적인 이념 등을 제시할 수 있다. 그러나 동시에 정책은 정책현실에서의 도구적이고 수단적인 성격으로서 이념화된 정책목표나 가치를 실현해야 한다. 그래야만 정책의 존재의 값을 다할 수 있게 된다. 따라서 현실주의 정책사상에서 실천적 사고의 필요성이 먼저 제기되는 이유도 바로 여기에 있다.

정책사상은 철학적인 사고체계이지만 이와 같은 정책사상이 정책현실에서 어떻게 실행될 수 있을 것인가 하는 과제에 초점을 두는 것을 실천적 사고라고 할 수 있다(Broadie, 1986; Castaneda, 1990: Muller, 2018)[1]. 정책사상을 정의

---

1) 현실주의 정책사상에서 실천적 사고(practical thinking)는 매우 중요한 개념이다. 자세한 것은 제3절에서 실천철학과 현실주의 정책사상을 비교하면서 설명하기로 한다. 여기서는 현실주의 정책사상의 필요성으로 실천적 사고는 정책사상을 현실의 관점에서 실천할 수 있는 이론적 체계에 초점을 둔다는 것으로 이해하고자 한다. 즉 Jozef Muller(2018: 150)나 Hector-Neri Castaneda(1990: 274-275) 등이 제시하는 기관(인간도 포함)이나 제도를 분리하지 아니하면서 실천적인 사고와 의도적인 행동을 정합시키는 개념으로 실천적 사고를 이해하고자 한다. 전통적으로 행동을 위한 이성적 추론(reason for action)이라는, 소위 아리스토텔레스 학파의 실천지혜인 'phronesis'에 의한 실천철학적 사고보다 칸트 학파나 흄 학파 등이 주장하는 현실적용에 필요한 이론적 사고체계를 실천적 사고로 이해한다고 하는 것이(Broadie, 1986: 70-71; Setiya, 2004: 377) 현실주의 정책사상의 필요성으로 실천적 사고를 이해하는 것에 보다 더 가깝다고 할 수 있다.

하면서 정책사상의 방법론으로 시스템 사고와 사고실험을 제2장에서 설명하였다. 전체론적 입장에서 시스템의 구조와 작동에 관한 투입과 산출이라는 인과중심의 방법을 강조하는 시스템 사고나, 과학적인 실험에 의한 사고작용의 인지를 설명하는 사고실험 등은 선험적이면서도 창조적인 정책사상의 대계를 설명하기에 한계가 있다고 하였다. 이와 같은 한계를 역시 실천적인 사고를 할 수 없는 방법론적 제약점으로 이해하였다.

앞서 정책의 실천성 개념을 언급했다. 우선 실천성은 일반적이고 추상적인 정책사상을 현실적인 활용이나 적용의 지식으로 환원하는 것이라고 할 수 있다 (자세한 것은 다음의 현실주의 정책사상의 개념구도에서 설명한다). 그래서 정책사상의 방법론으로 환원주의에서 설명하듯이, 사물을 이해하고 설명하기 위한 경험적 인과관계의 지식을 사물의 본질에 관한 철학적인 논리로 재구성하거나 또는 실험실 내에서의 실험이론과 그의 진행에 관한 과정이론을 현실적인 실천의 방법과 논리로 재구성하는 것과 같은 환원주의적 사고(Demopoulos, 2003; Edwards, 2003; Waters, 2008)가 정책사상의 실천적 사고의 한 예라고 할 수 있다.

정책사상에서 현실주의를 제안하면서 이와 같은 실천적 노력을 실천탐구로 설명할 수 있다. 실천적 탐구에 관한 자세한 것은 현실주의 정책사상과 실천철학을 비교하면서 설명하기로 하고 여기서는 정책사상으로 현실주의가 필요한 것을 정책사상 대계에서 실천적 사고가 필요하다고 하는 것으로 일단 이해하고자 한다. 즉 현실주의 정책사상은 정책결정이나 정책환경, 특히 정책결정권자나 정책분석관 등의 정책행위에 직간접적으로 영향을 미치거나 안내 또는 지도할 수 있다는 것을 이론적으로 설명하고 체계화하는 실천적 탐구의 필요성이다.

나아가 국가주의를 중심으로 선도주의나 균형주의, 물아주의 등과 같은 선험적이면서도 논리적이고 때로는 정책의 인과관계(특히 균형주의 정책사상에의 정책인과와 같이) 등에 관한 정책사상의 철학적이거나 이론적인 지식체계를 실천적으로 추론하고 그의 실천적인 가능성과 방법 등을 논쟁하면서, 정책현실에서 정책사상의 실천적인 타당성을 확보할 수 있는 논리, 즉 실천논리(practical logic)를 개발하고 구성하는 것(김종석, 2017; Spielthenner, 2007)도 현실주의 정책사상의 방법론적 필요성이라고 할 수 있다. 이와 같은 방법론은 현실주의의 실천철학으로 논리적 체계를 구성할 수 있기도 하다. 그래야만 정책사상은 철학적인 사변이나 선험적인 논리구성이라는 비판을 극복할 수 있을 것이다. 동시에 정책학의 본질적 가치인 정책현실에 필요하고 적합한 학문적 지식과 이론체계를 가진 학문이라는 정체성을 확보할 수도 있을 것이다.

이와 같은 정책사상의 실천적 사고를 실천탐구로 요약할 수 있다(Wallace, 1969: 435). 그렇다고 정책현장에 필요한 도구나 기술과 같은 현실주의 방법이나 기법이 아니라 정책사상의 실천성을 철학적으로 체계화하는 하나의 정책사상으로서 현실주의의 개념과 구도를 제안하고 밝히는 것이다. 정책사상을 철학적인 사고를 이론적으로 체계화는 것으로 정의하였듯이 정책사상이라는 정책학의 중심이론이 체계화되어야 정책학의 학문적인 정체성이 담보될 수 있다는 의미이다. 그래서 어느 학문분야보다도 정책학에서 정책사상은 아직까지 초보적인 수준이지만 정책의 본질적 특성과 존재에 관한 가치를 설명하는 정책의 사상이론이 더욱 필요할 것이다.

이와 같은 정책사상 이론은 정책의 현실성을 무시하거나 또는 이론적 논쟁에만 함몰되어 정책학이 탄생되고 발전되는 기본 철학이고 이념인 실천성을 가볍게 여길 수 없을 것이다. 그래서 현실주의 정책사상은 철학적 사고의 이론적 체계를 실천성을 주제어로 논의하면서 정책사상으로서의 이론적 맥락을 구성할 필요성을 제안하고 있는 것이다.

둘째, 정책사상은 이론과 현실의 이분법적인 사고체계가 아니라 실천성에 의한 이론-실제의 조화(실천성)를 강조한다는 사상체계임을 밝혀야 할 필요성이다.

정책학도 여타의 사회과학과 마찬가지로 이론과 현실 또는 실제와의 조화의 문제를 깊이 있게 다루고 있다. 특히 현실에서 정책의 존재의 가치를 실현하고자 하는 실천주의 중심의 정책학은 구체적인 정책과제나 해결책에 관한 분석적이고 해석적인 이론이나 기술 또는 방법 등을 설명하고 있다. 동시에 정책철학이나 이념 등에 관한 사상체계라고 할 수 있는 정책사상의 이론도 정책의 현실에서의 적실성이나 가능성 등을 무시할 수 없다.

물론 정책사상은 정책학의 제2의 사상이 아닌 제일의 사상이고 이론이다(제 1장 <각주 19> 참조). 따라서 이론을 우선시 하는 경향이 강하다. 소위 이론이 먼저이고 현실적인 실천과제는 그 다음이라고 할 수 있다. 왜냐하면 정책의 본질에 관한 철학적 사고체계를 이론으로 구성하는 것이 정책사상이고 그의 핵심적 과제이기 때문이다. 물론 철학적 사고체계가 정책현실을 무시하거나 도외시한다는 것은 아니지만 사변적이고 논리적인 요소에 의한 정책의 본질을 사고하고 그것을 체계적인 이론으로 구성하기 때문에 이론 중심적이다.

제2장의 정책사상의 내용과 연구방법에서 정책사상의 학문적이고 현실적인 중요성을 설명하면서 정책사상은 본질적으로 정책현실에서 이론적인 근거와 논쟁의 방법을 설명해야 한다고 했다. 이와 같은 정책사상의 이론구성은 정책의 현실을 바탕으로 타당하고 적실해야 하는 것은 당연하다. 동시에 철학적 사변과 논쟁에 의한 논리적으로 정리되고 체계화된 정책사상은 실천성의 개념과 판단에서도 타당해야 한다. 즉 현실주의 정책사상은 정책현실에서 정책사상을 증명하거나 검증하고자 하는 과학에만 한정될 수 없기 때문에 현실적인 타당성과 정당성 및 적실성을 어떻게 판단할 것인가 하는 실천성(Baumol, 1965; Graffy, 2008)을 중심적인 주제어로 설명해야 할 것이다.

하나의 예로서 제5장의 선도주의에서 정책의 선을 개념적으로 구성하고 그의 요소들을 설명한 것을 들 수 있다. 이때 선(善)의 개념을 굳이 과학적으로 분석하고 정리하여 현실에서 검증할 수 없음에도 불구하고 이것을 과학적으로 설명하고자 한다면 자연과학과 같은 좁은 의미의 개념으로 선의 개념을 잘못 또는 부족하게 이해하게 되는 자연주의 오류가 발생한다고 했다. 그래서 정책현실에서의 실천성을 일단 현실적인 타당성과 적실성을 포함하는 광의 개념으로 잠정적으로 이해한다면 어떻게 판단하고 설명할 것인가 하는 것도 마치 정책의 선을 설명하는 선도주의의 실천적 사고와 그 맥을 같이 한다고 할 수 있다.

또한 제7장에서 설명할 물아(物我)주의 정책사상도 인간중심주의에 의한 인간과 비인간과의 관계성을 철학적으로 사고하는 정책사상이다. 따라서 만물의 영장인 인간만이 우주의 중심이라는 편협된 사고를 비판하면서 정책현실에서 사물과의 조화로운 상태를 실천성의 개념으로 설명하는 정책사상의 예로서, 특히 제7장 제4장에서 치산치수 정책을 설명한 부분을 참조할 수 있다.

동서와 고금에 걸쳐서 이론과 현실과의 괴리현상이나 그것을 극복하거나 좁히기 위한 다양한 논쟁이나 방법 등이 수없이 진행되고 있다. 대표적으로 칸트(Immanuel Kant: 1724-1804)는 1793년에, 소위 "이론과 실체(theory and practice)"로 알려진 논문에서, 물론 제목처럼 "상식에서 말하면 이론적으로는 정확할지 모르지만 실제에서는 무용지물"인 것이 많다고 했다. 따라서 실천이 따르지 못하게 되는 근본적인 이유를 칸트는 판단부족이라고 했다. 즉 추상적인 이론이지만 이것을 현실에 적용하여 설명하고자 하는 이론의 발견자나 구성자들이 자신만의 새로운 원칙을 찾고 이것을 완성시키지 못한 판단부족 때문이라고 했다(Kant, 1996: 279-281).

여기서 현실주의 정책사상의 실천성에 관한 중요한 하나의 주제어로 이론의 판단, 즉 이론의 현실적인 가능성과 실천성을 판단한다는 판단 개념을 찾을 수 있다(제2절의 정책의 실천판단에서 자세히 논의한다). 물론 칸트는 도덕적 자율을 본질로 하는 보편타당한 인간의 의지와 존엄성이라는 목적 자체를 본질로 하는 인간의 절대적 가치라는 정언명령을 인식하는 것이 실천판단이라고 했지만(임미원, 2001: 162; 김은희, 2018: 98; Engstrom, 2012: 59), 실천적인 규칙의 총합으로서 실천지식을 인식하는 판단도 중요하다고 했다(O'Neill, 2007: 156-157). 즉 실천적인 '규칙'이 어떻게 실천적인 '지식'으로 가능할 것인가 하는 것을 판단하는 것은 현실주의 정책사상에서도 이론구성을 실천성으로 판단하고 정리할 필요성에 관한 주제어이다.

지금까지 수많은 논자들이 이론-실제의 이원론(theory-practice dichotomy)을 설명하면서 이론과 실제(현실)와의 조화를 제안하고 있다. 대표적으로 칸트는 이론을 실천규칙의 총합이라고 했다(1996: 279). Alfred Whitehead(1861-1947)는 추론기능을 실천이라고 했다(1929: 37). 물론 현실주의 정책사상의 필요성을 이론과 현실(실제)의 구분이나 또는 조화의 논쟁 속에서 간단히 설명하기는 어려울 것이다. 그렇지만 정책사상의 대계를 구성하면서 정책사상은 추상적 이론이나 철학적 사변의 늪 속에서 허우적거린다는 비판을 면해야 한다. 즉 정책사상은 문자와 언어의 추론에 의한 죽은 사상이 아니라는 것을 현실주의 정책사상으로 체계화하면서 그 가능성을 설명해야 할 필요성이 크다는 의미이다. 따라서 현실주의 정책사상은 정책이론으로서의 실천지식과 정책실제로서의 현실을, 실천성을 중심으로 사상적 체계를 구성하면서 정책이론과 실제의 조화의 가능성을 간접적으로 제안하는 것이라고 할 수 있다.

정책학에서도 예외없이 정책의 이론과 실제의 문제를 계속 논의하면서 고민하고 있다(Morgan, 2017; Nemec, 2017). 필자를 포함하면서 많은 경우에 정책학의 현실과 미래의 정향에서 정책이론과 현실의 괴리현상을 좁히기 위한 다양한 방법이나 이론, 즉 실천적인 정책이론의 정립과 구성 등을 논의하고 있다[2]. 특히 한국정책학의 학문적인 집단 정체성을 대표하는 한국행정학회와 한국정책학회 등에서도 정책이론과 현실의 문제점을 계속해서 고민하면서 논의하고 있다[3].

---

2) 하나의 예로서 필자는 정책이론과 현실과의 조화를 추구하기 위한 정책이론의 중도론적 접근방법을 불교 중관철학의 중도사상(인연과 결과와의 공존인 연기(緣起)사상과, 생사를 중심으로 하는 존재의 불생불멸(不生不滅)의 공(空)사상과, 유교의 중용(中庸)사상(중(中)이란 치우치거나 넘치지 아니하고 또한 부족하거나 모자라지 아니한다는 것을 지칭하며 용(庸)이란 현실적인 활용이다(中者 不偏不倚無過不及之名 庸平常也)(『中庸章句』) 등을 기반으로 하여 다차원 정책이론을 구성하기도 했다. 즉 정책현실이 복잡하고 다차원적이기 때문에 정책이론은 정책현실의 다차원성(multi-dimensionality)을 설명할 수 있고 여기에 적용될 수 있어야 한다는 전제를 제시하면서 정책의 다차원성을 정책과정-공간, 정책결정자-대상자, 정책목표-수단, 정책비용-혜택 등으로 구성하기도 했다(2001. 『다차원 정책론: 실체와 적용』. 서울: 법문사)(제5장에서 균형주의 정책사상의 개념을 설명하면서 다차원정책이론을 자세히 소개하였다).
3) 예를 들면 정책이론을 현실에서 어떻게 실천할 것인가 하는 문제에서부터 시작해서 실천적인 방안이나 논리, 정책이론의 현실적 적용가능성 등을 찾아 볼 수 있다. 그러나 역시 중심적인 주제를 정책이론의 현실적인 가능성과 타당성 및 적실성 등으로 요약할 수 있다(한국행정학회(www.kapa21.or.kr) 자료검색; 한국정책학회(www.kaps.or.kr) 학회자료실).

정책이론과 현실(실제)의 괴리현상이라는 사회과학의 영원한 과제이면서도 동시에 해결의 방법(론)이 다양하고도 복잡하다는 사실을 인정하면서 현실주의 정책사상은 정책이론 - 실제의 이원론을 해소하거나 또는 부정하는 입장에서가 아니다; 국가주의를 중심으로 하는 정책사상이 사상적인 논리체계에만 집중되는, 소위 철학적으로 체계화된 이론적 탐구의 영역인 정책사상을 실천적 관점에서, 즉 정책학의 중심이론으로서의 타당성과 적실성을 실천성이라는 키워드로 체계화시켜야 할 필요성이 크다는 것을 강조한 것이다. 이와 같은 실천성에 의한 현실주의 정책사상이 정책사상 대계의 하나의 사상으로 연계되고 구성될 수 있어야 정책이론과 현실의 괴리현상이나 이원론적 비판에 맞서면서 동시에 정책학의 존재의 가치이면서도 학문적 책무라고 할 수 있는 정책현실에 대한 사상적 프리즘을 간직하고 있다는 것을 주장할 수 있을 것이다.

정책사상의 대계를 실천적 관점에서 탐구한다고 해서 정책사상 이론은 실천이론이라고 하는 것은 아니다. 실천이론을 정의하는 입장에 따라서 물론 다양하게 정책사상을 이해할 수 있다. 그러나 정책이론을 현실에 적용하는 방법이나 기술로 실천이론을 정의한다면(Hill and Morf, 2000: 210; Hetherington, 2011: 10; Bereiter, 2014: 5) 정책사상은 실천이론이 아니라는 것이다. 실천적 입장에서 정책사상을 조명한다는 것은 사변적이고 철학적 논리에 집중되는 정책사상을 정책현실의 관점에서 어느 정도로 현실적인 타당성과 적실성을 가질 수 있을 것인가 하는 것을 정책의 실천성(policy practicality)으로 설명할 수 있는 사상적 체계를 구성한다는 의미이다[4]. 자세한 것은 제2절의 현실주의 정책사상의 개념구성에서 설명한다.

셋째, 정책의 지식체계로서의 정책사상에는 구체적인 실천요소가 필요하다.

---

4) 그래서 정책사상에서 현실주의를 'the principle of practicality'로 번역하였다. 실천성(實踐性)을 'practicalism'과 'practicality'로 동시에 표기하기도 하지만 'practicality'는 실천성의 이념을 보다 강조하는 것으로 본다면 'practicalism'은 실천성의 현실적 가능성이나 실체 등을 보다 강조하는 개념으로 구분해 볼 수 있다. 그러나 많은 경우에 두 용어를 구별하지 아니하고 사용하기도 한다. 보다 자세한 것은 다음의 현실주의 정책사상의 개념구성에서 설명한다.

이것을 설명할 수 있는 하나의 사상으로 현실주의 정책사상이 필요할 것이다.

정책사상도 정책의 지식체계이다. 즉, 국가주의에서 시작되면서 전개되는 다양한 사상들이 정책의 사상으로 연결되고 귀결되는 이론적 사고를 체계화한 것이다. 특히 그 중에서도 정책의 물리적이면서도 정신적인 인과관계의 총합적인 균형작용에 의한 정책인과의 정의로운 분배와 동시에 정상적인 분포곡선과 같이 설명될 수 있는 균형을 설명하는 균형주의 정책사상 등은 정책현실에서 실증적으로 검증될 수도 있다. 따라서 균형주의 정책사상의 실천요소를 비교적 발견하기 쉬울 수 있다.

그러나 국가주의에 의한 정책개입의 정당성을 실천하고자 하는 실천요소나 선도주의에서 정책의 선의 구성요소인 좋음이나 옳음, 정의, 상호인정과 배려 및 전통가치, 제7장에서 설명하게 될 물아주의 정책사상에서 물아의 상호관계 등은 현실적으로 검증하거나 발견하기 어려운 개념이거나 이론이다. 어렵다는 것은 추상적이고 철학적인 정책사상을 현실의 경험사회에서 자연과학과 같이 검증하면서 실천하기 어렵다는 의미이다. 그렇다고 철학적 사고체계인 정책사상의 실천적인 과제를 포기하거나 외면한다는 것은 아니다.

그래서 현실주의 정책사상이 더욱 필요한 것이다. 즉 앞서 두 번째의 필요성에서 간단히 언급했듯이 현실주의는 정책사상의 실천성을 주장하지만 정책사상의 현실적인 실천기법이나 방법으로 실천이론을 정의하는 것이 아니다. 대신에 정책사상의 이론과 현실의 조화로운 관계를 정책사상의 이론과 현실이 각각 독립적으로 분리되어 있기 보다는 상호간에 인과적이고 체계적이며 사상적으로 연계되어 있다(Feldman and Worline, 2016: 308－309; Loveday, 2016: 1150－1151)는 것을 설명하는 정책사상이다.

현실주의의 핵심적인 개념인 실천성을 다음의 현실주의 개념구성에서 자세히 설명하겠지만 여기서는 실천성을 중심으로 하는 현실주의 정책사상이 왜 정책사상의 이론에서 필요한가 하는 것을 밝히고자 하는 수준에서 간단히 설명해 볼 수 있다. 즉 실천성의 개념적 구성요소를 실천지식과 실천지혜, 실천판단, 실천책무 등으로 설명할 필요성을 밝히는 정도이다.

또한 현실주의의 실천성의 네 가지 구성요소의 필요성을 철학하기나 철학실천과 비교하여 설명할 때 보다 자세히 논의하기로 하고 여기서는 우선 하나의 예로서 유교사상의 실천요소를 간단히 소개할 수 있다. 통치사상의 전형인 왕도정치를 수행할 수기치인 또는 수신론은 추상적이고 도덕적이며 윤리적인 개념을 실천하는 덕목이나 요소를 다음과 같이 밝히기도 했다. 먼저 수신론의 실천덕목으로 대표적으로 『대학』의 8조목 중 정심(正心), 성의(誠意), 치지(致知), 격물(格物) 등을 들 수 있다. 그리고 『중용』의 신독(愼獨)인 "도는 항상 존재하는 것이기 때문에 군자는 보고 듣지 아니한다고 해도 홀로 삼가야 하며 소문나지 아니한다고 해도 두려워해야 한다"[5]는 것을 들 수 있다. 또한 『맹자』의 호연지기(浩然之氣)도 여기에 해당된다고 할 수 있다. 이와 같은 수신론의 실천덕목이 『논어』에서 총망라되고 있다고 할 수 있다.

예를 들면 네 가지 하지 말아야 할 것(사무:四毋)(무의(毋意:마음대로 하지 말 것); 무필(毋必:필연적이라고 단정하지 말 것); 무고(毋固:고집 부리지 말 것); 무아(毋我:내가 최고이며 내가 아니면 안된다는 아집을 버릴 것)(자한), 세 가지 경계해야 할 것(삼계:三戒)(혈기가 불안정한 청소년시절의 색기, 혈기가 강성한 장년시절의 투쟁, 혈기가 쇄하는 노년시절의 욕심(계시), 세 가지 두려워해야 할 것(삼오:三畏)(천명과 대인 및 성인의 가르침 등을 두려워 함)(계시)(여기에 더하여 후배를 두려워 함(후생가외:後生可畏)(자한)도 있다) 등을 들 수 있다.

2) 현실주의 정책사상의 개념적 정의

현실주의는 국가주의를 중심으로 하면서 시작되는 선도주의와 균형주의, 정책사상의 귀결에 해당되는 물아주의 등을 정책의 실천성으로 설명하면서 그의 이론적 체계를 정립하는 정책사상이다. 그래서 현실주의는 정책의 실천성을 중심개념으로 하고 있다. 이에 따라서 현실주의를 정책의 실천성을 철학적으로 설명하

---

5) "道也者 不可須臾離也 可離 非道也 是故 君子 戒愼乎其所不睹 恐懼乎其所不聞"(『中庸』).

는 이론적 체계의 정책사상이라고 개념적으로 정의해 볼 수 있다. 따라서 현실주의의 이론적 체계는 물론 실천적 사고를 철학적인 기반으로 하고 있다.

그래서 현실주의는 정책사상의 철학적인 이론체계를 실천적으로 사고하는 것이라고 할 수 있다. 현실주의 정책사상의 필요성을 설명하면서 <각주 1>에서도 지적했듯이 현실주의 정책사상이 그 자체로서 정책사상의 실천적인 방법이나 기법 또는 정책현장에 적용될 실천지식이나 실천사고를 직접적으로 설명하거나 논의하는 것은 아니다. 대신에 정책의 본질에 관한 철학적 사고를 정책이론으로 체계화하고자 하는 정책사상으로서 정책의 현실에서의 실천가능성 및 적실성 등과 같은 실천성 개념을 중심으로 실천논리를 탐구하는 실천이론이라고 할 수 있다.

현실주의 정책사상을 개념적으로 이와 같이 정의하면서 그의 키워드는 실천성이라고 했다. 실천성은 앞서 <각주 4>에서도 간단히 저적했듯이 실천이론의 핵심적인 개념이다. 실천성을 의미하는 용어를 영어권에서는 ‘practicalism’과 ‘practicality’ 등으로 구별하고 있지만 한자문화권에서는 두 용어를 구별하지 아니하고 사용하기도 한다.

예를 들면 이상과 현실을 비교하면서 현실을 ‘practicalism’으로 번역하기도 한다(신우철, 2011). 실용주의나 실용(성)을 ‘practicalism’(寺沢節雄, 1985; 常亚琪, 2016) 또는 ‘practicality’(백형배 외 2인, 2011; 김성원, 2012; 송현동, 2013; 薩本弥生·昆野領太, 2016; 莫秀吉. 2017) 등으로 영역하기도 한다. 그리고 철학사상은 실천성을 ‘practicality’(김민수, 2006; 김종석, 2017)라고 하기도 한다. 물론 한자의 어의적 의미에 따라서 ‘practicality’와 ‘practicalism’을 구별하는 이유나 내용을 밝히지 아니해서 정확하게 알 수 없지만 한자 언어권에서는 이것이 혼용되고 있음을 알 수 있다.

영어문화권에서도 실천성의 의미로 ‘practicality’와 ‘practicalism’을 동의어로 사용하기도 한다. 그러나 보다 많은 경우에 실용주의 사상에 큰 영향을 미친 Charles Pierce의 실험에 의한 과학주의 정향이나 John Dewey의 사회정향적인 도구주의보다는 William James의 주관주의적 실천주의 즉, 사물이나 사건에의 실천적 함의가 무엇인가 하는 실천적인 특성을 설명하는 개념으로 'practicalism'을 의미한다고 볼 수 있다(Wiener, 1956: 65; Dousa, 2010: 66-67). 그래서 'practicalism'을 어떻게 행동할 것인가, 무엇을 할 것인가 하는 방법에 관한 지식이나 논리로 이해하는 경향이 강하다(Hetherington, 2011: 232; 2017).

이와 같은 실천의 방법과 지식을 강조하는 실천성의 지식을 정치적인 편의에 의한 천박한 'practicalism'이라고 비판하기도 한다(Taylor, 2011: 18). 그러나 오래전부터 실천적인 욕구의 결과를 설명하는 하나의 실체로 'practicalism'을 이해하면서(Fite, 1901), 사물이나 사건에 관한 그 자체의 지식(knowledge-that)을 방법에 관한 지식(knowledge-how)으로 환원하는 개념이라는 주장도 있다(Hetherington and Lai, 2012: 376-377; Hetherington, 2015: 569). 따라서 'practicalism'은 사상적으로 실용주의적 입장에서 과학이나 실험 등과 같은 경험주의에 대항할 수 있는 현실적인 행동과 행위를 발현할 수 있는 실천지식의 이데올로기적 입장을 대변하는 대표적인 개념이라고 할 수 있다(Smyth, 1977).

반면에 'practicality'는 실천이성으로 대표되는 칸트의 실천철학을 중심으로 하는 실천성 개념에 해당된다고 할 수 있다. 즉 주관적이지만 도덕적이고 윤리적인 정당성을 판단하는 것이 객관적인 도덕적 의무와 정당성의 근거가 될 수 있다는 등의 논쟁이 실천철학 또는 실천이론으로 대표되면서 'practicality' 용어를 많이 사용하고 있다(Boatright, 1973; Cohen, 1969; Feldman and Worline, 2016; Yao, 2017). 그래서 'practicality'를 지배하는 논리로 과학적인 탐구의 대상이 아닌 직접적인 경험에 의한 지식으로 관습 또는 전통 등에 관계되어 있는 행위자의 마음에 의존하는 개념으로 정리하기도 했다(Pouliot, 2008). 특히 지식이나 관습 또는 권위, 사고 등에 의하여 처방되거나 규정되는 행동이며 이것을 정당화하는 개념으로 'practicality'를 이해하기도 한다. 그래서 도덕적이고 윤리적 판단의 정당성과 처방을 그의 주요 원리로 제시하기도 했다(Eggerman, 1974; Janssen 외 2인, 2015: 180).

'Practicality'를 이념적 개념이면서도 동시에 행동이나 행위 중심의 실천개념이라고 요약해 볼 수 있다. 따라서 국가주의에서 비롯되는 여러 가지의 사상들이 그 자체로서 이념적이고 철학적인 사고체계를 가진 정책사상의 이론이기 때문에 현실주의 정책사상에서 실천성을 'practicalism'으로 설명하기보다 'practicality'로 이해하는 것이 타당할 것 같다. 동시에 제1절에서 현실주의의 필요성을 지적하면서 정책사상이 사변적 논리와 사상적 논쟁의 늪 속에서 탈출할 수 있는, 즉 정책사상의 이론과 현실의 보이지 아니하는 격차와 분리를 좁히거나 해결하고자 하는 정책이론으로서 현실주의에 관한 실천적 사고가 필요하다고 한 것과 같은 맥락에서, 여기에 해당되는 개념으로 'practicality'가 보다 더 타당할 것 같다.

특히 국가주의를 중심으로 하는 정책사상은 정책을 통한 국가의 정책개입의 정당성을 확보하고 설명할 수 있어야 한다는 전제에서 출발하고 있다. 정책은 그 자체로서 정책의 존재에 관한 지식과 이론이 필요하다. 선험적인 지식뿐만 아니라 경험적이고 과학적인 지식의 실천을 통한 정책의 존재를 정책개입이라는 현실에서 타당하고 정당해야 한다는 것으로 이해할 수 있다. 정책은 공공적인 문제나 사건을 설명하거나 해결할 수 있는 처방전을 제시하면서 이것이 정책현장에서 증명되어야 하는, 즉 정당해야 하는 숙명을 가지고 있다. 이와 같은 정책사상 대계의 전제와 논리적 구성을 설명하고자 하는 현실주의의 실천성은 'practicality'라고 할 수 있다.

그렇다고 실용주의적 사상에 초점을 두는 실천방법과 지식을 설명하는 'practicalism'을 현실주의 정책사상이 지나치고자 하는 것은 아니다. 현실주의와 실용주의를 비교하면서 조금 더 논의하겠지만 정책사상으로서의 현실주의는 각각의 구체적인 다양한 정책사상을 현재의 정책현실에서 실천하는 실천방법이나 지식체계의 실천성(practicalism)이라기보다, 정책사상의 실천적 지식이나 이론체계를 정립하기 위한 실천철학의 실천성(practicality)이기 때문에 'practicalism'보다 'practicality'의 실천성을 강조한 것뿐이다.

그럼에도 불구하고 실천성으로 이해하는 'practicality'와 'practicalism'은 실천철학의 중심개념이다. 특히 이론철학이나 사변철학 등을 구별하면서 실천철학의 철학적 논거나 존재의 가치 등을 철학하기나 철학실천 등으로 설명할 때 이와 같은 실천성의 개념이 자주 등장한다. 그렇지만 이 두 가지의 용어를 확연히 구분하거나 또는 구분하는 연구나 논쟁은 비교적 약하다. 더구나 두 가지의 용어를 선택하는 기준이나 방법 등도 밝혀진 것이 없다. 정책사상 대계에서는 정책사상의 구체적인 실천방법이나 이념에 관한 논쟁이 아니기 때문에 두 개념의 의미에 큰 차이를 두고자 하는 것은 아니지만 현실주의의 이념적 사고체계에 보다 타당한 개념으로 'practicality'를 실천성의 개념으로 정리하면서 현실주의 정책사상의 개념적 요소를 먼저 <그림 6-1>과 같이 구성하고자 한다.

〈그림 6-1〉 현실주의 정책사상의 개념구도

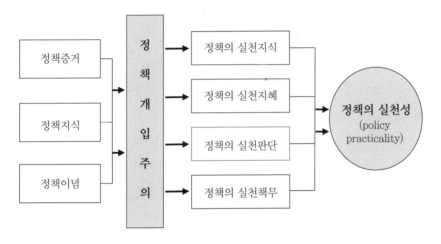

<그림 6-1>에서 정리된 것과 같이 현실주의 정책사상의 개념적인 정의를 다음의 두 가지로 요약할 수 있다.

첫째, 현실주의 정책사상은 국가주의의 정책개입에서 출발하면서 그 개념을 구성하고 있다. 특히 국가개입주의가 정책개입으로 현실화될 때의 정당성은 사회적이고 공공적인 정당성을 가져야 한다고 했다. 물론 개인주의적 입장에서 국가의 정책개입도 당연히 정당해야 한다. 그러나 정책은 국가의 공식적인 공권력 작용이며 통치행위이다. 따라서 정책에 의한 개인의 자유롭고도 자율적인 판단과

결정에 국가가 개입하거나 간섭하는 것은 개인의 이해관계뿐만 아니라 사회적이고 공공적으로 정당하고도 정의로우며 좋아야 한다는 사회적 정당성에 기초하고 있다. 이와 같은 사회적인 정당성을 구체적이고 실천적으로 구성한 정책사상이 선도주의이다. 특히 정책의 선(善)인 좋음과 옳음, 정의, 인정과 배려 및 전통가치 등을 국가주의 정책사상이 선도하고 실현하는 사상을 선도(善導)주의라고 했다. 물론 정책의 정신적이거나 물리적인 정책인과의 균형을 달성하고 있어야 한다는 균형주의 정책사상도 필요하다.

제3장의 국가주의에서 정책개입의 사상적 기준을 세 가지로 설명하였다. 정책개입의 정당성은 물론 정책의 선의 실천과 효과에 따라서 결정되지만 우선 사상적으로 정책개입은 증거와 지식 및 이념에 따라서 그의 정당성이나 존재의 가치, 정책개입의 필연성을 설명할 수 있어야 한다고 했다. 즉 정책개입은 '증거없는 정책 없다'는 격언과 같이 정책의 사실이나 가치의 판단에 관한 증거주의에 따라서 진행된다. 동시에 증거에 기반을 둔 정책개입도 지식에 기반을 두어야 한다. 물리적인 정책인과에 관한 지식뿐만 아니라 정신적인 정책인과의 지식에 기반을 두고 있어야 한다. 여기에 더하여 정책은 이념이고 사상이다. 때문에 정책을 지배하고 있는 이념적 정향에 따라서 정책개입은 정당화된다고 했다. 즉 증거와 지식은 정책개입에서 섬과 같으며 이념은 정책의 존재와 방향을 결정하고 변화시킬 수 있는 강과 같다고 했듯이, 정책개입은 우선적으로 정책의 지식과 증거 및 이념에 따라서 결정된다.

정책의 지식이나 증거 및 이념은 그 자체로서 정책개입의 정당성을 확보하거나 정책현실에서의 타당성이나 적실성을 담보하기 어렵다. 정책증거나 정책지식은 정책개입의 이론적인 체계에 초점을 둔 것이다. 즉 실천이론이라기보다 이론적 탐구에 초점을 둔 것이다. 또한 이념은 신념체계로서 사상적 정향이지만 정책개입의 실천에 의한 정책사상의 현실적 타당성이나 정당성을 설명하기에 한계가 있다.

정책개입에서 정책지식과 증거 및 이념과의 관계에 관한 유명한 논쟁인 게티어 문제(Gettier problem)를 여기서 간단히 지적해서 정책지식이나 이념 및 증거가 현실주의 정책사상의 기본적인 개념으로 전이되어야 한다는 것을 조금 더 설명해 볼 수 있다. Edmund Gettier(1963)는 이념이 비록 정당하고도 참이라고 할지라도 그것을 믿게 한 정보나 자료, 추론 등은 거짓이나 잘못일 수 있다; 따라서 전통적으로 인정되고 있었던[6] 정당하고도 참이라고 하는 이념(신념)(JTB: Justified True Belief)은 지식이 되기 어렵다. 따라서 'JTB'를 물리적인 과학적 인과주의에 의한 지식이라고 항상 주장하기 어렵다고 했다. 동시에 증거도 항상 지식이 아니라는 것이다(Comesana, 2010). 즉 증거는 조작되거나 불안전할 수 있다. 동시에 거짓이나 오류를 가진 증거가 있을 수 있다. 때문에 증거 그 자체는 지식, 적어도 과학적인 인과지식이 아니라는 주장이다.

정책의 실천지식에서 조금 더 자세히 논의하겠지만 증거나 이념(신념), 지식은 전통적으로 인간의 인식작용이나 판단에 필요하고도 중요한 요소이다. 그러나 실천성에서, 현실에서의 행동이나 행위의 정당성이나 적실성을 판단하기에는 한계를 가진 개념이기도 하다. 즉 지식과 행동의 관계나 맥락은 더 이상 게티어 문제라기보다 주관적인 신념이나 가치의 판단에 관한 문제라는 것이다. 즉 현실에서의 합리적이고 이성적인 행동은 주관적 신념의 문제이지 지식의 문제가 아니라는 주장(Hawthorne and Stanley, 2008; Piller, 2015)이 실천적인 탐구과제로 등장하고 있다. 따라서 정책개입의 현실적인 과제로서 정책지식이나 증거 또는 정책이념이 정책개입의 현실에서 어떻게 판단되고 설명될 것인가 하는 실천적인 탐구의 과제로 변이되고 전향되어야 현실주의 정책사상의 개념적인 구성요소로 설명될 수 있을 것이다.

둘째, 정책증거나 지식 및 이념에 의하여 전환되고 전향되는 정책개입을, 즉 국가주의를 중심으로 하는 정책개입의 사상적인 정당성과 그 이론체계를 실천적 사고에 의한 실천적인 이론체계로 설명하고자 하는 것이 실천주의 정책사상이다. 그래서 정책의 지식 및 증거, 이념 등을 현실주의 정책사상은 정책의 실천지식과

---

6) 전통적으로 지식을 플라톤이 정의한 바와 같이, JTB(Justified True Belief)의 지식은 정당화된 올바른 신념, 즉 명제가 참이라고 믿으며 그 명제가 실제로 참이며 이와 같이 생각하고 믿고 있는 것이 정당화된다면 이와 같은 경우에만 명제가 지식이 된다는 것이다(한상기, 2001: 134).

정책의 실천지혜, 정책의 실천판단, 정책의 실천책무 등 네 가지로 보다 구체적인 실천성 개념으로 전환하여 설명하게 된다.

따라서 정책의 실천지식을 비롯한 이와 같은 네 가지의 실천개념을 제2절에서 자세히 설명하기로 하지만 여기서는 현실주의 정책사상을 개념적으로 정의하면서 <그림 6-1>과 같이 구성한 개요만을 설명한 것이다. 국가주의를 중심으로 하는 정책사상은 이론적 탐구에 의한 지식을 체계화한 것이다. 마찬가지로 현실주의 정책사상도 이론적 지식의 체계이다. 그러나 현실주의는 이론적 탐구에 의한 정책사상의 지식을 실천적 타당성과 적실성을 가진 실천적인 지식체계로 재정립하고자 하는 것이다.

실천성의 'practicalism'과 'practicality'를 구분하면서 지적했듯이 현실주의의 실천성 개념은 정책사상을 현실에 실천하고 적용할 수 있는 실천방법이나 기술을 논의하고 구체화하는 지식체계가 아니다. 대신에 'practicality' 개념과 같이 정책사상의 대계가 정책현실에서의 처방과 그것을 정당화할 수 있는 이론적 체계를 가진 실천이론이라는 것을 설명하는 정책사상이다. 그래서 <그림 6-1>과 같이 현실주의의 실천개념을 구성하는 정책의 실천지식과 실천지혜, 실천판단 및 실천책무는 정책의 실천성으로 총결된다는 것을 현실주의 정책사상이 개념적으로 체계화한 것이다.

2. 현실주의 정책사상의 개념구성

1) 정책의 실천지식

정책의 실천지식(practical knowledge)은 현실주의 정책사상의 실천성에 기초가 되는 정책의 지식체계이다. 그러나 단순한 정책지식이 아니라 실천적 관점에서, 즉 정책현실에서 정책의 이론이 타당하고도 적실하다는 것을 주장할 수 있는 실천성의 지식이다. 따라서 정책의 실천지식은 정책사상의 대계를 구성하는 각각의 사상을 정책의 실천성에 초점을 둔 지식체계로 구성한 것이다. 그렇다고 정책사상의 구체적인 이론체계인 국가주의나 선도주의, 균형주의, 물아주의 등을 정책의 현장에서 실천하는 실천의 방법이나 기술을 설명하는 것이 아니라 정책사상의 현실적 맥락을 어떻게 이해하고 구성할 것인가 하는 철학적 사고에 관한 실천지식이다.

지식이나 앎(知), 배움(學), 실행(行) 등을 어떻게 정의하고 이해할 것인가 하는 것은 동서와 고금을 막론하고 현실과 이론의 세계뿐만 아니라 일상적인 인간의 생활에서도 항상 어려운 과제로 등장되고 있다. 일상적으로 무엇을 안다고 할 때의 앎으로서 지식과 시비와 장단, 미추(美醜)와 선악(善惡), 호불호(好不好) 등을 판단하고 결정할 때의 인식의 준거기준이나 방법으로서의 지식, 사유 공간에서의 희유나 자기만족 또는 본성에 관한 깨달음 등에 관한 지식 또는 일반적으로 자신의 존재를 알기 위한 배움에서의 지식 또는 인격지나 덕성지(이영찬, 2011: 9) 등을 지식이라고 할 수 있다. 그래서 이와 같은 지식이 결여된 것을 무식(無識)이라고 했다.

그러나 지식을 일반적 수준으로 정의하기는 매우 어렵다. 왜냐하면 지식은 사유체계의 작용이기 때문에 인식의 대상이지만 주관적이면서도 비정형적으로 존재하는 것이기 때문이다. 또한 지식은 인간의 안이비설신의(眼耳鼻舌身意)의 여섯 가지 인식기관의 작용으로 사물의 실체를 직접적으로 탐지하거나 경험할 수 있는 물리적 실체를 가지고 있지 않기 때문이다. 그럼에도 불구하고 지식은 항상 존재하고 있다. 이것을 현실에 적용하거나 사용하는 것은 그만두고서라도 지식은 그 자체로서 인간의 품격과 가치에 관한 요소이기도 하다. 그래서 공자(孔子)도 지식인은 미혹하지 아니하며(지자불혹:知者不惑)(『논어』, 자한) 지식의 즐거움과 멋을 알고 있기 때문에 역시 세상에 혹하거나 인(仁)의 성품을 빼앗기지 아니한다(지자이인:知者利仁)[7]라고 했다.

---

7) 지자이인(知者利仁)을 주자는 "지자는 인(仁)의 멋과 즐거움을 알고 있기 때문에 자신의 덕과 인격을 지키는 일들을 변화시키지 아니한다. 비록 이인(利仁)의 깊고 얕음은 다를 수 있지만 외부인이나 환경이 지식인의 이인(利仁)을 빼앗을 수 없다"(知者則利於仁而不易所守 蓋雖深淺之不同 然 皆非外物所能奪矣)(『論語集註』, 里仁)라고 주석하였다.

정책의 실천지식에 관한 기초적인 내용으로 서양철학에서 논쟁되고 있는 이론지식과 구별될 수 있는 실천지식을 현실주의 정책사상의 실천성을 구성하기 위한 선행 이론으로 우선 정리하면서, 여기에 더하여 유교사상에서의 지식론과 실천지식을 현실주의 정책사상의 실천지식에 필요한 선행 개념으로 정리하고자 한다. 물론 유교사상에서 실천지식과 지혜, 판단 등을 분명히 구분해서 설명하기 어렵지만 서양철학의 실천지식과 비교하면서 실천지식을 설명하고자 한다.

(1) 서양철학에서의 실천지식

실천지식론에서 먼저 실천 또는 실제(practice)의 개념은 일상적으로 이론과 대칭되는 개념이라고 할 수 있다. 이론은 실제를 설명하거나 예측하는 것인 반면에 실제 또는 실천은 현실에서의 사건이나 일의 진행이나 행함(行: doing)이라고 할 수 있다(Kustermans, 2016: 177). 이와 같은 실제나 실천에 관한 지식인 경험지나 인식지 또는 선험지 등과 같은 실천지식은 사건이나 일의 진행에 관한 지식이다. 그러나 의식이나 목적없이, 마치 나뭇잎이 바람에 흔들리거나 사계절이 변화하는 것과 같은 자연적 변동이나 변화의 진행이나 행함에 관한 지식이 아니라 의식이나 목적에 의한 행동이나 변화에 관한 지식이라고 할 수 있다(Pouliot, 2008: 270; Campbell, 2018: 159).

지식은 앎이라는 그 자체로서도 지적인 활동의 유희나 만족감 또는 성취욕구에 해당된다고 할 수 있다. 동시에 지식은 그 자체로서 실천적이고 실제적인 추론을 하고 있다. 그래서 앞서 아리스토텔레스와 칸트의 실천지식을 간단히 지적하면서도 실천지식의 현실적인 판단능력과 책무를 아리스토텔레스는 실천지혜로, 칸트는 실천판단으로 설명하면서 역시 지식의 실천적인 추론을 중요시했다고 할 수 있다.

일반적으로 지식을 정의하거나 구분할 때 이론지식(knowing-that)과 실천지식(knowing-how)으로 나누기도 한다. 이와 같은 구분은 아리스토텔레스 이후부터 전통적인 구분이기도 하다. 즉 이론지식은 사물의 본질이나 인과관계의 증명된 앎이다. 실천지식은 실천적 추론에 의한 방법이나 목적 등에 관한 도구적이면서도 쓸모있는 앎으로 구분한 것이다(손민호, 2006: 2; Hager, 2000: 282; Pouliot, 2008: 270 – 271; Hetherington, 2015: 567).

특히 'practicality'의 실천성을 설명하면서 'practicalism'과 크게 구별하지 아니하는 입장에서 실천지식과 이론지식(이것을 표상지식[8]이라고도 한다)을 구체적으로 <각주 9>의 표와 같이 이론지식인 'knowing – that'과 실천지식인 'knowing – how' 등으로 구분하기도 했다[9]. 이와 같은 구분의 핵심은 이론지식은 합리적이고 추상적인 반면에 실천지식은 사리에 타당하면서도 맥락적이라고 한 것이다(Pouliot, 2008: 270).

실천지식에서의 논쟁의 핵심은 역시 현실세계에서 관찰하고 경험할 수 있는 이론지식을 실천지식으로 전환 또는 환원하는 문제이다. 그리고 양자(兩者)의 관계에 관한 문제도 포함된다. 그래서 실천지식을 현장에 적용하기 위해서 실천지식을 실천적인 방법이나 기술에 관한 지식뿐만 아니라 실천적인 지도나 안내의 지식이라고 하기도 했다(Bereiter, 2014: 4)[10].

---

8) 표상지식(representational knowledge)은 자신의 머릿속에서 밑그림으로 외부세계의 현상이나 사건을 미리 설정해 두고 이것을 지식으로 구성하고 형성할 수 있다는 인식론에서 주장하는 지식이다(윤유석, 2016: 218 – 220). 그래서 인식 주체들의 구상능력이나 방법 등을 강조하는 미학(美學)은 이것을 구상주의라고 하기도 한다. 그러나 철학에서는 주체가 인식적으로 그려내고 설명하는 것과 그 사물의 속성을 대표하는 것을 동일시하고 있다는 표상주의로 이해하고 있다(Berger, 2018: 161).

9)

	이론지식(knowing – that)	실천지식(knowing – how)
인식상태	의식적, 의도적 인식의 언어로 표시	묵시적, 불분명한, 자동적 인식
학습형태	공식적인 구도인 과학, 관찰, 학습 등에서 학습	실천과정에서의 경험적이지만 말할 수 없는 학습
실제와의 관계	지식은 실제보다 선행된다, 실제의 뒤편에 숨어있다.	지식은 실천 속에 있다, 실천 속에 구속되어 있다
추론양태 유형	명시적인 정당성, 정신에서 현상으로 관찰	묵시적이고 자명한 현상에서 정신으로 행함(行)
잘 알려진 범주	이론, 구도, 모델, 계산, 추론	상식, 경험, 직관, 기술

(출처: Pouliot, 2008: table 3, p.271).

그럼에도 불구하고 실천지식은 현실의 세계에서 관찰하기 어려운 지식이다 (Anscombe, 1969: 2-3; Moran, 2004). 따라서 목적과 의도에 의하여 추론되고 인식되는 지식이라는 주장이 우세하기도 하다. 그래서 이와 같은 논쟁에서 두 가지를 동시에 주장하는 입장도 있다. 즉 실천지식은 현실적으로 무엇을 하고 있는가 하는 행함(行)에 관한 지식일 뿐만 아니라 의도된 행동이나 행위의 지식이라고 하는, 소위 세티아 논쟁(Setiya argument)의 주장이다(Setiya, 2008; 2009; Paul, 2009). 따라서 현실적인 행함에 관한 지식이기 때문에 실천지식도 관찰할 수 있는 지식이라고 하는 논쟁의 여지를 제공하고 있기도 하다.

이와 같은 세티아 논쟁에서도 실천지식은 자기지식(self-knowledge)을 설명할 수 없다는 문제가 있기도 하다. 즉 자신의 의도와 목적에 의한 지식이 그것과 관계없는 지식이거나 또는 타인의 의도나 그것과 관계없는 지식과는 차이가 있다는 사실을 설명하기 어렵다는 비판도 제기된다(Schwenkler, 2011: 138-139; Renz, 2017: 254). 즉 관찰할 수 없는 지식이라는 문제보다 관찰에 관계없이 자신의 실천지식과 타인의 실천지식에 차이가 있다면 이것은 지식이라기보다 여론이나 생각, 세계관, 이념이나 이상에 관한 개인의 이해관계의 문제라고 하는 주장(Stanley, 2005: 3-5; Derose, 2007)이 실천이론에서 또한 논쟁의 대상이 되고 있다. 자기지식에 관한 것은 동양사상에서 자세히 설명되고 있기 때문에 뒤편의 유교사상의 지식론에서 좀 더 자세히 언급하고자 한다.

서양철학에서의 이론지식과 실천지식의 논쟁을 요약하면 세 가지 현상과 관계되어 있다고 볼 수 있다. 즉 사실적 판단의 준거기준으로서 앎의 영역에서만

---

10) Carl Bereiter의 실천적인 안내에 관한 실천지식은 전문디자이너나 교사 등에게만 해당되는 제한적 지식이라는 비판도 있다(Janssen 외 2인, 2015). 그래서 제4장의 선도(善道)주의에서 선도를 정책의 선을 주장하고 선창하는 의인화된 개념으로 설명하면서 정책안내 등과의 차이점을 지적하였다. 여기서도 실천지식이 안내나 지도의 역할을 한다는 것과 선도주의의 선도(善導) 개념과는 차이가 있다는 것을 다시 언급하고자 한다. 왜냐하면 실천지식을 실천책무로 판단한 이후에 그의 실천성을 확인하고 설명할 수 있어야 실천지식이 선도주의가 주장하는 선도(善導)와 같이 현실주의 정책사상으로 정책의 현실을 안내하고 지도할 수 있기 때문이다.

자신의 관점을 주장하고 전개할 수 있는 인식지식과, 인식의 양상으로서의 지식인 논리적 사유와 양립할 수 있는 이론지식, 실천적 추론에 의한 실천지식으로 현실세계에서 실천하고자 하는 의도나 목적에 타당하고 적합한 실천지식 등이라고 할 수 있다(Hawthrone, 2004: 477; Levin, 2008: 359-360; Campbell, 2018: 159).

일반적으로 지식이라고 하면 현실세계에서 관찰하고 경험하여 그 인과관계를 주장할 수 있는 경험지(經驗知)나 관찰지(觀察知), 인과지(因果知) 등으로 알려져 있다. 그리고 경험하거나 관찰할 수 없지만 인식적으로 사유하고 체계화할 수 있는 비경험적 지식인 인식지(認識知)나 선험지(先驗知) 등도 지식으로 분류된다. 경험적 지식은 과학주의의 전통적인 지식이다. 반면에 인식지는 수학이나 논리학 등에서 출발하는 철학적 사고에 의한 지식이다. 선험지는 경험이나 인식 이전의 본능적인 앎이나 행함에 관한 지식이다.

이론지식은 실제를 설명하거나 예측하는 지식이다. 따라서 이론지식도 경험지나 비경험적인 선험지 등으로 구분할 수 있지만 일반적으로 과학주의에 의한 경험세계에서의 인과관계인 물리적 인과의 경험지식을 지칭한다고 할 수 있다. 이에 반하여 비경험적인 인식지나 선험지는 논리나 인식세계에서의 추론에 의한 인과관계(정신적 인과)나 논증관계에 의하여 체계화된 지식이다. 대표적으로 인식세계의 추론을 개념적으로 체계화한 지식인 철학지식을 들 수 있다. 물론 정책사상의 지식도 넓게는 철학지식에 속한다고 할 수 있다. 그러나 철학지식이지만 정책의 현실세계에서의 타당성을 갖춘 지식이며 정책개입에 의한 정당성을 설명하고 확보할 수 있는 현실적 적실성을 강조하는 지식이다. 따라서 정책사상은 실천지식의 특성도 강조하고 있다. 그렇기 때문에 이것을 이론적으로 체계화하는 것이 현실주의 정책사상이다[11].

---

11) 실천철학을 설명하면서 철학을 기초이론으로 설명하지 아니하듯이 실천지식에서 지식론(theory of knowledge)을 설명해야 할 필요성은 크지 않다. 그러나 현실주의 정책사상의 실천성의 기초개념을 설명하기 위한 기초적인 이론으로 현실주의 정책사상에서 실천지식의 실천성의 이해에 도움이 되는 범위 내에서 지식의 개념이나 이론인 지식론을 서양철학을 중심으로 간단하게 언급하고자 한다. 물론 유교에서의 지식론도 실천지식이 중심이 되고 있지만 유교의 실천지식을 설명할 때 자세히 설명하기로 한

제2장의 정책사상의 연구방법에서 인간의 사고작용이나 내용을 전통적인 실험방법으로 측정하고 설명하는 사고실험을 설명하면서, 사고실험은 정책사상의 창조적인 인식적 추론을 설명하기에 한계가 있다고 했듯이[12) 정책사상은 이론지식에서도 선험지식이며 철학지식에 속한다고 할 수 있다. 동시에 정책사상의 지식체계는 실천지식의 특성도 가지고 있다. 특히 현실주의 정책사상의 실천성을 이론적으로 설명하고자 하는 정책의 실천지식은 서양철학, 특히 실천철학에서 중점적으로 논의되고 있는 아리스토텔레스로부터 시작된다고 해도 과언이 아닌 실천지식을 기초로 하고 있다.

다. 서양철학 중심의 지식론은 과학적 인과관계의 지식과 비과학적 인식지로 크게 구분되면서 지금까지도 이론과 실제의 이원론에 관한 논쟁으로 계속되고 있다고 요약할 수 있다. 또한 서양의 지식론은 철학의 한 분과로 발달하고 있다. 특히 아리스토텔레스 이후의 지식을 실천과 이론 및 지식과 지혜 등으로 구분하면서 지식을 사물의 철학적이고 인식론적 지식인 '*episteme*'와 동의어로 사용하기도 한다. 이와 같은 지식론은 인식론(epistemology)에서 설명되고 있다. 즉 앞서 '게티어 문제'를 간단히 지적했듯이, JTB(Justified True Belief)는 더 이상 지식이 되기 어렵다는 논쟁이 1960년대 초반부터 진행되었다. 지식의 성격, 지식증거나 신념의 정당성, 참이거나 거짓에 대한 신념, 지식이 정당화된 신념의 원천이나 범위 등과 같이 심리학이나 논리학 등과 관련되어 지식을 설명하는 것이 인식론의 핵심으로 등장하고 있다(Russell, 1914: 583-584; Stone, 2000). 그러나 한편으로 수학이나 논리학, 고대철학 등에서도 지식론이 오래전부터 크게 발달되고 있었다. 예를 들면 플라톤의 지식(명제의 형식으로 인간에게 전달되는 복합체(최순옥, 2015: 203), 분석과 종합의 출발점이라고 하는 유클리드 기하학의 대명사인 유클리드(Euclid of Alexandria)(B.C. 300)의 지식(증명이 필요없는 공리에 기초한 자명한 전제)(Cator, 1928: 210), 헤겔의 친구이자 스승인 독일 현실주의(German idealism) 철학자인 셸링(Friedrich Wilhelm Joseph Schelling) (1775-1854)의 지식(나는 안다)(Dewing, 1910: 154), 로크의 지식론(관념에 대한 동의나 또는 반박이나 동의하지 아니한다는 것을 인식하는 것뿐이다)(Rickless, 2008: 83) 등을 찾아 볼 수 있다. 그러나 아직까지 지식이나 인식론 등을 정확하게 구분하기 어려운 것이 사실이다. 또는 지식을 정의하는 것도 매우 다양하다.

12) 사고실험에 의한 지식은 철학지식의 정신적 인과관계의 대표적인 지식이지만 분석철학은 사고실험 방법에 의한 철학지식의 한계에 주의해야 한다는 지적을 많이 받고 있다. 즉 실험에 의한 인간의 인식적 추론 과정이나 결과를 과학적으로 해석하거나 비판하는 잘못을 경계해야 한다는 지적이다(Dohrn, 2018). 그러나 철학지식을 현실의 경험세계에 적용하는 철학상담이나 철학하기 등에서는 사고실험이라고 부르지 아니하고 철학적 사고실험이라고 하기도 한다(김선희, 2012; Nimtz, 2010). 이에 관한 자세한 것은 제3절에서 현실주의 정책사상을 철학하기와 비교하면서 설명한다.

아리스토텔레스는 이론지식과 실천지식을 분명하게 구분하면서 이론지식(*theoria*)은 의견이나 진술이 아니라 우주의 실상, 즉 사물에 관한 이론적이고 철학적인 지식(*episteme*)인 반면에, 실천적인 추론에 의한 실천지식은 현실적인 활동이나 행동에서 무엇을 어떻게 할 것인가 하는 지식으로서 실천지혜(*phronesis*)라고 하기도 했다. 그래서 많은 경우에 실천적인 추론에 의한 윤리적이고 도덕적인 판단을 할 수 있는 행동에 필요한 지식인 '*phronesis*'는 아리스토텔레스의 실천지로 잘 알려져 있다.

지식(知)과 지혜(智)를 구분하는 입장에서 보면 아리스토텔레스의 '*phronesis*'는 현실주의 정책사상의 개념적 구성요소인 실천지혜에 해당될 수 있다. 그래서 이것을 다음의 정책의 실천지혜에서 자세히 설명하기로 하고 여기서는 정책의 실천지식에 보다 더 타당한 아리스토텔레스의 실천지식으로 먼저 '*techne*'는 기술이나 소질 등에 관련된 지식이며, 사물을 만들거나 창조하는 지식을 '*poiesis*'라고 한 것을 지적하고자 한다[13]. 그래서 아리스토텔레스의 실천지식을 크게 실천지혜를 의미하는 '*phronesis*'와 가시적인 목표의 달성이나 사물의 생산에 관한 지식인 '*poiesis*'로 구분하기도 한다(홍윤경, 2012: 196; Dunne, 1993: 9 – 10; Hager, 2000: 282)[14].

실천지식은 또한 칸트철학의 핵심적인 주제이기도 하다. 물론 칸트철학은 실천과 이성, 진리와 이론의 판단 등에 관한 논쟁이나 설명을 핵심으로 하고 있지만 칸트의 실천이론도 그의 실천철학의 주제어라고 할 수 있다. 칸트는 실천지

---

13) 아리스토텔레스의 지식 논의는 실천지혜로 이해되는 '*phronesis*'와, 이론지식으로 이해될 수 있는 '*theoria*' 등으로 대별되고 있다. 그러나 일반적으로 지적 활동의 덕목으로 철학적인 최고의 지혜라고 할 수 있는 '*sophia*'와 선험적이고 직관적 이해나 인식의 지식인 '*nous*' 등도 있다(Tubbs, 2004: 553).
14) 홍윤경(2012: 197)이나 Joseph Dunne(1993: 237) 등은 아리스토텔레스의 실천적 지식을 '*techne*'와 '*phronesis*'라고 했다. 그러나 일반적으로 현재의 기술에 해당될 수 있는 지식을 '*techne*'라고 할 수 있다. 따라서 사물의 실천과 생산에 관한 지식인 '*poiesis*'에 필요한 지식을 '*techne*'라고 할 수 있다. 그렇다면 아리스토텔레스의 실천적 지식은 '*techne*' 대신에 광의의 개념인 '*poiesis*'라고 하는 것이 보다 더 타당할 수 있다(Tubbs, 2004: 553).

식을 경험에서 발생되는 것이 아니라 이성적인 추론의 역량에서 발생되는 합리적 것이라고 했다. 그래서 실천지식의 역량을 이해하고 인식하는 것이 인간의 의지 이며 의지에 의한 실천지식은 실천적인 판단에 달려있다고 했다. 나아가 실천판 단은 실천적인 원칙에서 발생된다고 보았다. 따라서 실천적인 판단은 조건지울 수 있는 인간의 의지를 만들어가는 인식의 형태인 정언명령15)이라는 것을 전제 로 하고 있다고 했다(Kant, 1996: 46 – 47; Engstrom, 2012: 58 – 59).

현실주의 정책사상의 필요성에서, 이론과 현실의 괴리현상을 극복하거나 줄 여야 하는 필요성으로 정책사상의 현실적인 타당성과 적실성을 실천성으로 설명 하였다. 여기서 칸트의 실천이론을 간단히 좀 더 소개하고자 한다. 칸트에 의하면 그는 이론을 실천원칙이나 규칙을 종합한 것이라고 했다. 이론은 궁극적으로 인 간의 이성과 의지에 관한 정언적인 명령을 판단하는 것으로 보았다. 따라서 칸트 의 실천지식은 실천철학의 출발점이면서 종착점으로 실천판단에 따라서 실천지 식의 실천성이 결정된다고 할 수 있다.

다음의 제2절에서 정책의 실천판단을 설명하면서 칸트의 실천지식에 관한 정언명령의 귀결을 언급하기로 하고 여기서는 칸트의 실천지식은 그의 "이론과

---

15) 칸트철학에서 정언명령 또는 정언명법(categorical imperative)은 최고의 도덕원칙을 의미한다. 물론 칸트가 하나의 정식(定式)이나 명제로 정언명령을 제시한 것이 아니라 (강병호, 2014: 54), 도덕법칙에의 의무에 대한 기초, 도덕법칙 그 자체에의 순응, 보 편적인 실천철학, 도덕성의 최상의 원칙 정립 등을 설명하면서 이와 같은 그의 제목 을 "순수 실천이성의 비판(*Critique of Pure Practical Reason*)"이라고 하지 아니하고 "도덕 형이상학의 정초(*Groundwork of the Metaphysics of Morals*)"라고 했다(Kant, 1996: 43 – 48). 그러나 일반적으로 칸트의 정언명령은 절대적이고 일반적인 도덕법칙 으로서 실천이성의 자율에서 존재한다. 이것을 자연적인 환경이나 타율적인 강제나 명 령에서 구할 수 없다. 왜냐하면 도덕법칙은 절대적이고 필연적이기 때문이다. 그래서 정언명령을 첫째, 도덕적인 인간의 자율성을 근본으로 하는 보편적 의지(보편성 정 식), 둘째, 인간의 존재가치와 인격이 그 자체로서 목적이며 절대적 가치(목적의 절대 가치 정식) 등으로 정형화되어 있다고 설명하기도 한다(임미원, 2001: 163 – 171; 나종 석, 2003: 94 – 95). 그래서 영어권에서는 정언명령의 정식을, "원칙에 따라서 행동하 면서 동시에 그것은 하나의 일반적 법칙이 된다"라고 풀이하고 있다. 즉 원칙에 따라 서 행동하고 판단하는 것이 최상의 원칙으로서 자신의 이해관계로 승화되는 의무감으 로 내재화 된다고 했다. 따라서 주저할 수 없는 의무에 따라서 인간의 행동은 진실로 도덕적 가치를 가질 수 있다고 했다. 따라서 이와 같은 원칙은 하나의 일반적인 도덕 법칙이 된다고 설명하고 있다(Kitcher, 2004: 556: Yudanin, 2015: 596).

실제"라고 알려진 논문에서 설명한 바와 같이, 준수하고 순응하며 행동해야 할 이론이나 원칙에 관한 삶의 문제를 실천이라고 했다는 것만 지적하고자 한다. 그래서 현실, 즉 실천이나 실제는 지켜야 할 원칙이나 순서 등으로 결과에 영향을 미치는 문제라고 했다. 물론 철학적으로 칸트의 실천지식에 관한 논의는 선과 도덕에 관한 실천의지와 판단, 자유의지와 내적 갈등, 실천지식의 실천에 내재하는 갈등구조 등을 자세히 설명해야 하지만(허정훈, 2001; 김창원, 2006; O'Neill, 2007a) 이론적으로 정확하면서도 올바르다고 할지라도 실천에서 무용지물이 되는 것을 찾아내고 발견하여 판단할 수 있는 실천적이고 이성적인 판단에 근거하는 지식이 이론이며 이것이 실천지식으로 총합된다는 것을 실천철학으로 설명한 것이라고 할 수 있다.

나아가 서양철학 중심의 지식론에서 실천지식의 추론이나 연역을 제2장의 정책사상의 연구방법에서 설명한 환원주의(reductionism)와 구별해서 이해할 필요가 있다. 실천지식의 추론이나 연역은 지식의 실천적인 가능성이나 기술적인 방법을 연역하고 추론해야 한다는, 소위 이론지식을 실천지식으로 변환시키거나 연역하는 것을 설명하고자 한다16). 즉 현실주의 정책사상의 방법론에서, 환원주의는 정책사상의 실천적인 가능성이나 기술적인 실천지식이라기보다 정책현실에서 정책사상의 실천적인 적실성이나 타당성 그리고 철학적인 사상으로서의 정당성 등을 물리적인 정책세계에서 이해할 수 있도록 설명하는 방법론이라고 할 수 있다.

환원주의는 본질적으로 마음의 작용을 물리적인 현상으로 관찰하고 실증할 수 있도록 전환 또는 변환시킨다는 정신철학의 주요 방법론이다. 그래서 정책사상이라는 정신적인 정책의 사상이나 철학을 정책의 물리적인 세계로 변환할 수 있어야 한다는 명제를 수용하는 것이 환원주의이다. 그러나 정책사상의 방법론으로 이해하는 환원주의는 국가주의를 중심으로 하는 정책의 개입주의와 선도주의

---

16) Stephen Hetherington(2011: 219; 2015: 567)은 'practicalism'을 이론지식을 일반적인 실천지식으로 연결하는 개념적 환원주의에 의한 실천성이라고 하기도 했다. 그러나 현실주의 정책사상은 이것을 'practicality'와 구분한다고 앞서 지적했다.

및 균형주의, 물아주의 등의 정책사상을 정책의 현실에서 실천하는 기술이나 방법으로, 즉 일대일(一對一)로 변환하는 것을 설명하는 것은 아니다. 대신에 정책의 실제를 그 자체로서 독립적으로 설명할 수 있고 그 중심적인 개념은 실천성이며 그의 이론적인 타당성과 적실성 등을 현실주의 정책사상이 설명하고 구도화할 수 있는 방법론이라고 할 수 있다.

정책사상의 실천지식의 핵심인 현실주의의 실천지식은 철학적 사고를 체계화한 선험적이고 인식적인 지식이다. 그래서 정책사상의 지식체계를 정책현실에서 관찰하고 경험하는 경험지식 또는 문제의 해결지식이나 기술 등의 지식이 아니라 정책실제의 세계를 국가주의가 중심이 되어 선도하고 균형화하면서, 인간을 포함하는 물아(物我)의 상호교섭에 관한 정책사상으로 인식하고 추론하는 지식이다. 때문에 정책사상은 본질적으로 사상적 지식인 이론지식이지만 이것을 단순히 실천지식으로 환원하거나 또는 변환한다는 것은 아니다. 대신에 이론지식인 정책사상의 실천적인 타당성이나 적실성 등이 정책현실의 실천적 관점에서 유의미하고 적실하다는 것(Wiener, 1956: 65) 등을 설명하는 것이다[17].

지식은 현상의 세계만을 설명하거나 밝히는 것은 아니다. 앞서 안이비설신의(眼耳鼻舌身意)의 작용에 의하여 인식하며 이해할 수 있는 범위 내에서의 지식은 관찰이 가능한 지식이며 이것을 과학적인 검증지나 인과지라고 했다. 특히 의식작용에 의한 감성적이며 가치판단적이고 도덕적인 지식은 검증이나 관찰이 불가능하지만 현상의 세계를 기초로 해서 미래를 예측하고 설명하는 역할을 하기도 한다. 특히 정책사상은 철학적 사고를 이론적으로 체계화하는 이론지식이지만 경험지라기보다 비경험적인 인식지식이나 선험지식인 경우가 많다.

비경험적인 지식인 정책사상을 실천지식으로 설명하고자 하는 현실주의에서

---

17) 이것을 실천적 합리성(김기현, 2004: 23; Svavarsdottier, 2008: 2)이라고 하는 것이 보다 정확할 것 같다. 그러나 정신철학에서 실천적 합리성을 메타이론(검증이나 논증을 필요하지 아니하는 이론적 주제의 합리성에 관한 이론)으로만 설명하면서 규범적이고 윤리적인 내용을 설명할 수 없는 점이 문제라고 하는 비판도 있다(Schroeder, 2010). 다음의 정책의 실천판단에서 실천적 합리성을 조금 더 자세히 설명한다.

실천지식을 현상에의 적용과 분석을 위한 기술이나 방법의 'knowledge-how'의 지식으로 설명하기에는 한계가 있다고 했다. 따라서 현실주의 정책사상에서의 실천지식을 실천이나 실제에서 성공적이고 바람직한 문제의 해결방법(Meagher and Wilson, 2002: 659; Clarke and Winch, 2004: 509-511), 현상에 관한 일반적 지식을 현실에 적용하기 위한 개념적인 환원이나 추론(MacGregor, 1906: 204; Hawthrone, 2004: 477), 실천적인 욕구나 필요성, 목적이나 의도에 의해서 발생된 결과인 실제를 설명하는 실천지식(Fite, 1901: 197-198; Anscombe, 1969: 1; Habgood-Coote, 2018: 1703) 등과 같은 성격은 약하다. 대신에 실제에 초점을 둔 개념적 진단에 의하여 제시되는 정책사상의 실천적인 타당성과 적실성 및 정책의 현실세계에서의 정당성을 이론적으로 체계화하고자 하는 실천성을 설명하는 실천지식이라고 정리할 수 있다.

현실주의 정책사상에서 이와 같은 의미의 실천지식을 정책의 세계에서 실천지혜와 더불어 실천적인 판단에 따라서 정책사상의 일반적인 지식으로서의 가치나 요소로 확인할 수 있을 것이다. 나아가 정책의 실천책무에서도 현실주의의 구성요소를 현실화할 수 있을 것이다. 이와 같은 주장을 뒷받침할 수 있는 하나의 대표적인 것으로 캐나다의 후기 홉스학파의 도덕론자인 David Gauthier(1963: introduction)가 주장한, 실천적인 추론은 실천적인 문제에 관한 도구적인 합리성을 가진 것이지만 실천적 추론은 실천판단에 뒷받침을 받아야 한다; 더욱이 실천판단도 욕구나 욕망, 목적 등과 같은 선택의 선호나 최적의 비용-효과 분석표와 같은 판단에 더하여 도덕적인 조건을 고려하고 판단할 수 있는 책무적인 실천추론도 필요하다고 한 것을 들 수 있다.

(2) 유교사상에서의 실천지식

전통적으로 서양철학에 비교해서 동양철학에서 지식에 관한 논쟁이나 관점은 매우 다양하면서도 풍부하다고 할 수 있다. 그 중에서도 유교에서의 지식론은 현실세계에서의 유용성뿐만 아니라 인격적인 덕성의 수련과 실행에 관한 실천지식이 중심이 되고 있다(이영찬, 2011: 5; 한예원, 2013: 38; Tongqi 외 2인, 1995: 727). 그러나 앞서도 지적했듯이 유교의 지식론을 실천론에 한정한다고 하더라도 실천지식이나 실천지혜 및 실천판단 등을 명확히 구분해서 설명하기 어렵다(이영찬, 2011: 8). 따라서 현실주의 정책사상에서의 실천성의 개념을 실천지식과 지혜 및 판단, 책무 등으로 구성하고자 하는 목적에 따라서 유교의 지식론을 검토해 보고자 한다.

유교지식론은 실천지식이다. 서양철학에서 실천의 지식(knowledge)과 지혜(wisdom) 및 행동(action) 등을 구분하는 것과 같이 유교사상에서 이것을 분명하게 구분하고 있지 아니하다. 그럼에도 불구하고 지식과 행동과의 관계는 지식실천에 의한 수신의 덕목 등으로 유교사상이 상세하게 설명하고 있다(Lai, 2015).

먼저 유교의 지식은 공자(孔子)가 분명히 밝히고 있듯이 배움(學)의 지식이다. 이때 지식과 지혜를 구분할 것인가 하는 문제는 논쟁적이지만 일단 여기서는 지식(知, knowledge)으로 이해하면 지식은 배움의 지식이다. 그러나 배우는 것에서 그치지 아니하고 현실에서 활용하고 적용하는 학이시습(學而時習), 즉 학습(學習)을 강조하고 있다. 그래서 공자의 지식론의 핵심은 역시 배움이지만 실천하고 실습하는 실천지식이라는 사실을 알 수 있다.

『논어』의 학이시습에 관한 다양한 논쟁이나 연구는 많다. 특히 배움인 학(學)을 지식(식:識)과 깨달음(각:覺)과 본받음(효:效)으로 이해하는 것이 다수적이다(이철승, 2009: 327). 따라서 배움을 본받음으로 해석하는 주자의 견해(『논어집주』, 학이)도 쉽게 이해될 수 있다[18]. 그러나 배움을 깨달음이라고 하는 각(覺)은 개념적으로 정의하는 수준에 따라서 달라질 것이다. 깨달음을 사물의 이치나 작용을 선각자나 선생으로부터 배워서 알게 되었을 때, 즉 알았을 때를 의미한다면 학(學)을 각(覺)이라고 할 수 있다.

그러나 깨달음을 철학적 수준에서, 인간 본질의 존재의 가치나 성품의 진면

---

18) 공자의 학이시습(學而時習)에 관한 자세한 설명으로 제2장의 정책사상의 내용과 연구 방법의 <각주 38>과 후기의 <각주 1> 등을 참조할 수 있다.

목을 배우거나 또는 배우지 아니하고서도 스스로 지각하고 인식하는 것으로 정의한다면 배움과는 큰 차이가 있다. 배운다고 깨달아지는 것은 아니다. 깨달음은 배움에 도움을 받을 수 있고 배움도 깨달음에 도움을 줄 수 있다. 그러나 깨달음은 배움과는 어의적이거나 사변적으로 큰 차이가 있다. 그래서 공자의 학(學)은 어느 한 분야의 지식이나 기술 또는 독서의 지식이나 인격의 완성 등에 한정된 배움이 아니라 현실에 적용되는 기술적인 지식의 학이면서, 독서에 의한 인간의 성품에 관한 지성(知性)의 학, 도를 배우고 익히는 도학으로서 학을 총합적으로 이해한 것이라고 할 수 있다(심승환, 2010: 82; 임헌규, 2015: 10).

특히 공자의 군자수신론에서 보면 공자의 배움은 단지 실천적이고 구체적인 기술의 수준이 아니다. 학(學)의 최종적인 길은 도(道)에 있다고 이해할 수 있다. 그와 같은 예로서 『논어』의 군자불기(君子不器)(위정), 위대하고 박학해서 감히 이름지울 수 없다(박학이무소성명:博學而無所成名)(자한), 아침에 도를 알면 저녁에 죽어도 좋다(조문도 석사가이:朝聞道 夕死可矣)(이인), 군자는 배움으로서 도에 이른다(군자학이 치기도:君子學以 致其道)(자장) 등을 들 수 있다. 그러나 일반적으로 공자에서 배움의 개념은 다의적이면서도 총섭적이라고 할 수 있다. 즉 성인의 수준에서 배움의 궁극적인 목표는 도(道)이지만 군자불기와 같이, 현실에서도 배움의 기능과 역할이 다양하고도 능동적이라는 것을 공자가 시기와 장소에 따라서 방편적으로(expedience) 설명한 것으로 이해하는 것이 보다 더 타당할 것 같다. 물론 이때에도 배움은 위기지학(爲己之學)으로서 수진의 기본 덕목이다(뒤편에서 자세히 설명한다).

나아가 유교의 학습에 의한 지식을 공자는 또한 선천적인 지식과 후천적으로 배우고 익힌 지식으로 구분하기도 했다. 공자는 지식을 "아는 것은 안다고 하고 모르는 것은 모른다고 하는 것"[19]이라고 정의하면서 자신도 선천적으로 아는 사람이 아니라 후천적으로 배우고 익힌 지식인이라고 했다[20].

---

19) "誨女知之乎 知之爲知之 不知爲不知 是知也"(『論語』, 爲政).
20) "子曰 我非生而知之者 好古 敏以求之者也"(『論語』, 述而). 여기서 '옛것을 좋아한다'(호

마찬가지로 노자(老子)도 "알면서도 알지 못한다고 하는 것은 괜찮다. 그러나 알지 못하면서 안다고 하는 것은 병이다"[21]라고 해서 이것을 지병(知炳)이라고 하였다. 그러나 동시에 공자는 "선천적으로 아는 자는 최상급이며 배워서 아는 자는 그 다음이고 필요하거나 또는 곤란함에 당해서 배움은 또 그 다음 단계이다. 이와 같은 상황에서도 배우지 않는다면 하급에 불과하다"[22]고 했다. 따라서 이것은 사람의 기질과 자질에 따라서 배움의 지식의 등급을 분류한 것이라고 할 수 있다.

그리고 공자의 학습에 의한 지식을 기본으로 하는 맹자(孟子)의 지식론도 언급할 필요가 있다. 즉 맹자의, 공자가 구분한 생이지(生而知)에 해당될 양능(良能)과 양지(良知)를 들 수 있다. 맹자는 "배우지 아니하고서도 할 수 있는 능력을

고:好古)는 뜻을 조금 더 분명히 이해할 필요가 있다. 공자는 대단히 겸손하게도 나면서부터(선천적으로) 아는 사람이 아니라 옛것을 부지런히 탐구해서 지식을 구하는 사람이라고 했다. 즉 온고지신(溫故知新)(과거의 학문과 지식을 숙지해서 새로운 것이나 미래를 안다는, 전통적으로 이론의 기능이고 역할이라고 할 수 있다)이 될 수 있어야 남을 가르칠 수 있는 스승이 될 수 있다(溫故而知新 可以爲師矣)(『論語』, 爲政)는 공자의 지적과 같이 학습이 스승의 선결조건임을 강조하였다고 할 수 있다. '호고(好古)'는 또한 새로운 이론이나 주장을 창작하기보다 역사나 성현의 가르침이나 기록 등을 기술(述而不作 信而好古)(述而)할 뿐이라는 내용에서도 공자의 지식론을 이해할 수 있다.

21) "知不知上 不知知炳."(『老子』, 知病). 그러나 역시 무위사상의 주창자답게 노자는 "성인은 여기에 해당될 수 없다. 왜냐하면 성인은 병을 병으로 알고 인정하고 있기 때문"(聖人不炳 以其炳炳 是以不炳)이라고 했다. 즉 부정의 부정이 곧 절대긍정이 될 수 있는 경지를 이야기했다고 할 수 있다.

22) "孔子曰 生而知之者 上也 學而知之者 次也 困而學之 又其次也 困而不學 民斯爲下矣"(『論語』, 季氏). 공자의 생이지(生而知)보다 더욱 분명하게 인간의 능력에 관한 등급(인간 등급은 공자가 아니라 주자가 각주에 붙인 용어이다(言人之氣質不同 大約有此四等)(『論語集註』, 季氏)을 설명하는 불교 용어가 있다. 즉 언어나 문자로 설명하기 이전에 알아듣고 이해하는 것은 상사(上士: 최상급)이고 언어나 문자 등을 듣고 현장에서 즉시 이해하거나 아는 사람은 중사(中士: 중간)이며 언어와 문자 및 가르침 등을 부지런히 익히고 연습(학습)해서 아는 사람은 하사(下士:하급)라고 했다. 그렇다면 공자의 학습(學習) 주장이 하급 정도를 교육하는 수준인가 하는 의문이 있을 수 있다. 그러나 공자는 "아침에 도(진리, 영원한 가르침)를 깨달으면 저녁에 죽어도 좋다"(朝聞道 夕死可矣)(『論語』, 里仁)(주자는 "조석이라고 한 것은 시간적인 가까움을 말한 것뿐이다(朝夕所以甚言其時之近); 사물의 마땅한 이치를 깨달은 도는 살아서는 순하고 죽어서는 편안하다(道者 事物當然之理 若得聞之 則生順死安)(『論語集註』, 里仁)고 했다)고 한 것을 미루어 보면 공자 자신에게는 생이지(生而知)나 학습지 등과 같은 구분이 해당될 수 없다는 것을 알 수 있다. 단지 후학을 교육하기 위한 다양한 방법이나 방편으로 인간의 학습 능력이나 특성을 이와 같이 구분해서 설명한 것으로 이해하는 것이 타당할 것 같다.

양능이고 생각하지 아니하고서도 아는 것을 양지"[23]라고 했다.

맹자의 배우지 않고도 할 수 있다는 양능(良能)은 본능적인 지식이나 지혜에 의한 행동능력이나 기질로 이해할 수 있다. 그러나 이것은 생각하지 않고도 안다는 양지(良知)와 선천적으로 아는 선험지와는 차이가 있다. 먼저 '여(慮)'라는 생각은 사(思)와 상(想)의 생각과는 차이가 있다. 여러 가지 조건이나 상황을 고려하면서 사리와 이치뿐만 아니라 이해관계 등을 분별하는 현실적 고려를 '여(慮)'라고 한다면 사·상(思·想)의 생각은 창작이나 논리 등을 구성하거나 상상하는 인식적이고 철학적 개념이라고 할 수 있다(심승환, 2010: 91-92). 그래서 공자도 배우기만 하고 생각(사:思)(창조적이고 구성적이며 윤리적이고 도덕적인 생각)하지 아니하면 사물의 이치에 밝지 아니하다, 즉 얻음이 없다; 반대로 생각만 하되 배움이 없으면 위태하다고 했다[24]. 그래서 맹자의 양지를 현실적인 이해관계나 사리 및 이치 등을 배우지 않고도 알고 판단하며 행동하는 지식으로 이해해 볼 수 있다. 왜냐하면 맹자는 어린아이가 부모를 사랑하거나 형을 공경하는 것 등을 예로 설명하면서 인간 본성의 성품이 선하다는 성선설을 설명하고 있기 때문이다.

공자가 지적한 생각에 의한 배움의 지식이라야 완성된 지식이라는 것을 이해할 수 있다. 그러나 지행합일(知行合一)의 실천철학을 양명학(陽明學)으로 집대성한 왕양명(王陽明, 본명은 王守仁)(1472-1528, 중국 명나라)도 생각하거나 배우지 않고도 아는 것을 양지(良知)라고 종합하기도 했다(선병삼, 2011: 41; 최재목, 2012). 그는『대학』의 8조목의 하나인 치지(致知)를 실천하는 덕목으로 양지(良知)를 지식의 능력과 행위의 일치에 의한 생명적 공감의 지식으로 해석하면서(정갑임, 2003; 최재목, 2012: 51-52) 생각하거나 배우지 않고도 아는 것[25]이라고 했다.

---

23) "孟子曰 人之所不學而能者 其良能也 所不慮而知者 其良知也; 孩提之童無不知愛其親者 及其長也 無不知敬其兄也"(『孟子』, 盡心章句 上).

24) "學而不思則罔 思而不學則殆"(『論語』, 爲政). 주자는 "배우기만 하고 생각하지 아니하는 것은 이치에 어두워져서 얻을 수 없다고 했다. 그리고 생각만 하고 배우지 아니하는 것은 실천적인 지식이 될 수 없기 때문에 위태하다"(不求諸心 故 昏而無得 不習其事 故 危而不安)(『論語集註』, 爲政)라고 주석했다. 『論語』에서 공자의 배움과 실천 등을 심승환(2010)과 임헌규(2015) 등이 매우 상세하게 종합하고 있다.

나아가 왕양명은『대학』의 격물치지(格物致知)를 이해하고 실천할 수 있는 지식을 치양지(致良知)라고 했다. 아는 지식은 선천적이거나 후천적 경험이나 노력에 의한 지식인 양지의 수준에서 지식의 최고 수준인 치(致)의 양지, 즉 배우거나 생각하지 아니하고서도 아는 지식인 치양지를 주장했다고 볼 수 있다. 치양지를 달성하기 위한 수양, 즉 공부 방법으로 그는 네 가지인 사구교(四句教)를 제시하였다. 즉『대학』의 치지(致知)를 치양지(致良知)의 개념으로 해석하면서 정심과 성의 및 격물치지를 실천할 수 있는 내외적인 실천방법을 제시한 것이다. 즉 선도 악도 생각하지 아니하는 마음의 체인 인간의 본성에 관한 지식의 공부이다; 선과 악의 뜻을 발하는 마음의 움직임에 관한 것으로 마음의 현실적인 작용을 살피고 이해하는 공부이다; 나아가 선도 알고 악도 잘 아는 지식을 공부하면서 현실에서 발생되는 선악의 다양한 실체를 이해하고 대응할 수 있는 지식을 공부하는 것이다; 선을 위하여 악을 제거하는 격물의 공부로서 인간 본성의 중심인 선에 집중할 수 있는, 악을 제거한다는 악과의 투쟁에서 승리하거나 악을 멀리할 수 있는 실천방법이다(이상훈(2001: 337-343; 황갑연, 2007: 422).

격물과 치지는『대학』에서 밝히고 있는 수신의 덕목이지만 동양사상의 실천지에서 보면 사물의 본질적 이치를 지극히 궁구하면(격물:格物) 최고의 지식수준에 도달할 수 있다는, 즉 치지(致知)로 이해할 수 있다. 그래서 주자도 앎(지:知)을 식(識), 즉 가부나 선악시비 등을 판단할 수 있는 행동지식이나 실천지라고 했다[26]. 더욱이 왕양명도 양지에 최고를 의미하는 '치(致)'를 접두사로 붙여서 치양지라고 명칭했을 수도 있다. 그러나 양명학에서 치양지(致良知)는 현실적인 실천의 지식을 강조하기보다 지행합일(知行合一)에 의한 인간의 성품을 완성하는 지식이라고 할 수 있다[27].

---

25) "不待慮而知 不待學而能 是故謂之良知"(『王陽明全集』券26 續編 1, 大學問). 이와 같은 양지를 맹자가 이미 말했다고 왕양명도 지적했다. 참고로『孟子』의 <盡心章句 上>에서 설명된 양지는 '생각(고려)하지 않고도 하는 것'(所不慮而知者)이다.
26) "知猶識也 推極吾之知識 欲其所知 無不盡也 格至也 物猶事也 窮至事物之理 欲其極處 無不到也"(『大學章句』, 古之節旨).
27) 왕양명이 "후배 학자들이 사물의 본질적 이치에 밝지 못하다고 하지만 궁극적인 이치

또한 유교사상은 사람을 중심으로 하는 배움에 의한 지식을 구분하기도 한다. 물론 모든 지식은, 특히 실천지식은 실천의 주체인 인간의 행동이나 행위에 초점을 두고 있지만 지식의 주체인 자신의 인성과 성품의 개발과 발전, 즉 수신(修身)에 초점을 두는 위기지학(爲己之學)과 세상에 보이기 위한, 소위 출세나 이해관계에 초점을 두는 위인지학(爲人之學) 등으로 구분해서 설명하기도 한다.

위기지학(爲己之學)과 위인지학(爲人之學)의 근원은 "옛날의 학자는 자기를 위해서 배웠으나 지금의 학자는 남을 위해서 배운다"[28]라고 하는 공자의 배움의 주체와 근본에 관한 지적에 있다. 먼저 자기를 위한다는 것은 이기주의적 욕망에 의한 배움이 아니라 정자(程子)가 지적했듯이 도를 얻고자 하는 배움이다. 반대로 위인(爲人)의 배움은 남을 위하여 봉사하고 헌신하고자 하는 배움이 아니라 남에게 인정받기 위한 배움이다.

특히 주자는 학자인 배우는 사람은 세상의 일을 위기지학의 일로서 마땅히 해야 할 것이라고 했다. 그렇지 아니하고 세상의 명예나 이익을 구한다면 위기지학의 모든 배움도 위인지학의 것이 된다고 했다. 예를 들면 "세상 사람들이 조금만 글을 읽고 나면(독서) 곧잘 시문이나 짓기나 좋아한다; 이것이 위인지학의 대표적인 예"[29]라고 했다. 그래서 공자는 "남이 나를 알아주지 아니한다고 해도 노여워하지 아니하며"(학이), "남이 나를 알아주지 아니한다고 근심하지 말고 내가 남을 모르는 것을 걱정해야 한다"(학이)라고 했을 정도로 유교사상에서 위기지학

를 분명히 밝힌 이후에는 성인이 알지 못하는 것이 없고 행하지 못함이 없는 것을 안다면 단지 편의적(방편적)으로 초학자나 하수들을 위해서 강설하여 그 이치를 알 수 있게 한 것뿐이다. 이와 같은 이치에 차이가 있을 수 없다"(後儒不明格物之說 見聖人無不知 無不能 便欲於初下手時講求得盡 豈有此理)(『王陽明全集(新編本)』, 卷 1 語錄1, 傳習錄 上)라고 한 것에서 보더라도 그의 치양지를 실천기술이나 방법의 지식만으로 이해해서는 안 될 것이다.

28) "子曰 古之學者爲己 今之學者爲人"(『論語』, 憲問). 정자의 해석은 주자가 『論語集註』에서 인용한 것으로, 수신해서 도학을 완성하는 옛날의 학자는 자신의 입신출세나 입신양명(立身揚名)이 아니라 종국적으로 사물의 성장과 발전을 위하는 것이라고 했다. 그리고 남에게 자랑하고 표시하기 위한 배움은 끝내 자신을 죽이게 된다고 했다(古之學者 爲己 其終至於成物 今之學者 爲人 其終至於喪己).

29) "大抵以學者而視天下之事 以爲己之事之所當然而爲之 (중략) 以其可以求知於世而爲之 亦爲人耳 如世上人纔讀書 便安排這箇好做時文 此又爲人之甚者"(『大學或問』).

은 모든 배움의 기본이 되고 있다.

위기지학의 근본은 역시 공자가 비유하여 이야기했듯이 비록 수신에 의한 인(仁)의 본질을 깨닫고 실천하고 있지만(공자는 이것을 "아래에서 배워서 위로 이른다"라고 했다) 세상이 알아주지 아니한다고 할지라도 하늘은 나를 알아준다고 한 것과 같이[30], 위기(爲己)의 배움은 남이나 세상이 아니라 자신의 본성과 자질에 관한 배움이다. 그래서 앞서 간단히 지적했지만 유교사상에서는 지식의 지(知)와 지혜의 지(智)를 분명하게 구분하지 아니하면서 배움은 곧 자신을 깨닫고자 하는 도의 배움으로 생각하고 있다고 할 수 있다.

그래서 실천지식을 중심으로 하는 유교사상의 지식론에 필요한 선행조건을 몇 가지로 제시하기도 했다(이영찬, 2011: 12-18). 즉 『대학』에서 수신의 방법론으로 격물(格物)을 이야기하듯이 사물의 본질적 이치를 분명히 이해하는 객관적 지식이 필요하다는 것이다. 그리고 격물의 지식이 객관적이고 과학적인 수준에서 도덕적으로 정당하다고 하는 수준으로 수용될 수 있어야 한다고 보았다. 즉 객관적이고 과학적인 격물의 지식이라고 하더라도 인간의 도덕적 본성인 시비와 선악 등의 판단작용과 합치될 수 있어야 유교의 지식이 될 수 있다는 설명이다.

나아가 실천지식으로서 도덕적이고 윤리적으로 내재된 지식이라고 하더라도 현실에서의 행함으로 실천될 수 있어야 한다는 조건도 있다. 이것은 앞서 실천성 (practicality)의 개념을 설명하면서 자세히 지적했지만 참된 이치에 합당할 수 있

---

30) 남이 나를 알아주지 아니하는 것을 조금 더 자세히 설명할 필요가 있다. 왜냐하면 공자는 나를 알아주는 사람이 없다고 탄식하듯이 이야기했기 때문이다(子曰 莫我知也夫). 그래서 제자 자공이 공자에게 질문을 했다. "감히 어찌 선생님을 몰라보겠습니까? 라고 하니 공자가 하늘도 원망하지 않고 사람도 탓하지 아니한다. 아래에서 배우고 위로 이른다. 나를 알자주는 자는 하늘"(子貢曰 何爲其莫知子也 子曰 不怨天 不尤人 下學而上達 知我者 其天乎(『論語』, 憲問)이라고 대답했다. 여기서 '상달(上達)'(위로 이른다)을 공자는 "군자는 상달하고 소인은 아래로 이른다"(君子上達 小人下達(憲問)라고 하는 것에서도 알 수 있듯이, 위기지학(爲己之學)의 학자는 군자이기 때문에 남의 인정여부에 개의치 아니한다는 것을 익히 알 수 있다. 특히 주자는 공자의 아래로 배우고 위로 이른다(하학상달:下學上達)의 뜻은 말이나 생각으로 미루어 알 수 없는 것이다(의재언표:意在言表). 그래서 일반사람은 알 수 없고 오직 하늘만이 묘한 이치를 안다고 했다(人不及知而天獨之祉妙). 이것이 또한 배움의 근본(학지요:學之要)이라고 했다(『論語集註』, 憲問).

다는 객관적이고 과학적인 신념뿐만 아니라 도덕적인 가치에도 일치될 수 있다는 신념을 지식이라고 한다면 시작과 마침을 분명히 아는 것을 행함이라고 하는 주장(홍원식 외 3인 옮김, 2008: 662-663)도 이해할 수 있다. 그래서 공자도 실천성을 행하는 지식을 다음과 같이 제시했다.

"효도와 공손, 언행의 성실, 만인을 사랑하는 것 등을 먼저 실천하는 것이 중요하다. 그 이후에 여력이 있으면 배우면 된다. 또한 인간사회의 기본적인 질서이고 예(禮)인 삼강오륜 등을 실천할 수 있다면 비록 배움이 없다 해도 그것도 또한 배움이라고 말할 수 있다"[31].

특히 순자(荀子)는 인간의 본성이 악하다는 성악설의 대표적인 유학자로서 중국의 전국시대 말기에 혼란한 정치와 다양한 사상(제자백가:諸子百家)의 폐단, 특히 맹자의 성선설을 신랄하게 비판하면서 행함이 없는 지식을 다음과 같이 비판하였다.

"저자거리의 누구든지 우임금 같은 성인이 될 수 있다. 왜냐하면 일념과 전심으로 엎드려 학문과 기술을 익히고 오랫동안 사색하고 숙고하며 끊임없이 적선하면 즉시 하늘과 땅의 신령에 통달해서 하늘과 땅의 일에 참여할 수 있다. 따라서 사람이 이와 같은 노력을 쌓고 행하면 마침내 성인이 되는 것과 같다"[32]. 그러나 모든 사람이 우임금과 같은 성인이 되지 못하는 것은 노력, 즉 성인이 될 수 있는 지식과 양식을 실천하지 않기 때문이다. 마치 모든 사람은 천하를 두루 다닐 수 있는 발을 가지고 있지만 실제로 그렇게 한 사람이 일찍이 없었던 것과 같다. 우임금처럼 인의의 법도와 이치에 따라서 능히 실천하지 아니하기 때문에 우임금과 같은 성인이 될 수 없다"[33].

---

31) "入則孝 出則弟 謹而信 汎愛衆 而親仁 行有餘力 則以學文 子夏曰 賢賢 易色 事父母 能竭其力 事君 能致其身 與朋友交 言而有信 雖曰未學 吾必謂之學矣"(『論語』, 學而).
32) "今使塗之人者 以其可以知之質 可以能之具 本夫仁義之可知之理 可能之具 然則其可以爲 禹 明矣 (중략) 伏術爲學 傳心一志 思索熟察 加日縣久 積善而不息 則通於神明 參於天 地矣 故聖人者 人之所積而致也"(『荀子』, 惡性).
33) "足可以徧行天下 然而未嘗有能徧行天下者也"; "皆有可以能仁義法正之具 然則其可以爲

또한 순자는 혼란한 몽상과도 같은 제자백가의 사상이나 학파의 폐단을 다음과 같이 구체적으로 지적하면서 실천을 중시하였다.

"지금 세상에는 삿된 학설과 간사한 말과 문장으로 천하를 어지럽히고 있다. 거짓말과 좀스럽고 간사한 행동으로 세상을 혼란하게 하고 있다. 그래서 시비를 가리고 혼란을 다스릴 사람이 어디에 있는지를 알지 못하게 하고 있다. 방종하고 방자하며 뽐내기가 마치 금수와 같아서 예(禮)에 따라서 통치할 수 없다. 그럼에도 불구하고 그들의 주장에는 이치가 있는 듯하고 말에는 조리가 있는 것처럼 해서 어리석은 대중을 미혹하게 하고 있다"[34]. 마치 묵자(墨子)가 실용에만 집착하다가 문식(文飾)의 미와 예를 알지 못했던 것과 같다. 송자(宋子)가 자신의 어리석은 욕망에 가려져 진실한 얻음을 알지 못했으며, 신자(慎子)는 법치주의에 집착하여 현자의 가치를 알지 못했고, 신자(申子)는 자신의 재주와 세력에 갇히어 지식(知)의 힘을 알지 못했고, 혜자(惠子)는 미사여구에 집착하면서 실체를 알지 못했으며, 장자(莊子)는 천도(天道)에 막히어 인간의 도(인도: 人道)를 알지 못한 것과 같다"[35].

(3) 현실주의 정책사상에서 실천지식의 특성

현실주의 정책사상에서 실천지식은 정책의 실천성(practicality)을 구성하는

禹明矣"(『荀子』, 惡性).

34) "假今之世 飾邪說 文姦言 以梟亂天下 矞宇嵬瑣 使天下渾然 不知是非治亂之所存者有人矣 縱精性 安恣睢 禽獸行 不足以合文通治 然而其持有故 其言之成理 足以欺惑愚衆"(『荀子』, 非十二子).

35) "墨子蔽於用而不知文 宋子蔽於欲而不知得 慎子蔽於法而不知賢 申子蔽於執而不知知 惠子蔽於辭而不知實 莊子蔽於天而不知人"(『荀子』, 解蔽). 여기서 인용된 제자백가의 사상가인 묵자(墨子)는 노나라 사람으로 송나라의 대부가 된 겸애 사상가이다. 송자(宋者)는 맹자와 같은 시대의 송나라의 사상가이며, 신자(慎者)는 신도(慎到)라고 하며 조나라 출신으로 도교와 법가를 융합한 사상가이다. 신자(申子)는 신불해(申不害)라고 하며 한나라의 재상이며 법가 사상가이다. 혜자(惠子)는 혜시(惠施)라고 하며 송나라 사람으로 위나라에서 재상을 역임한 장자사상의 원류 역할을 한 사상가이다. 장자(莊子)는 무위자연주의 학파의 대표자로 『장자』의 저술로 잘 알려진 송나라 사상가이다 (김학주 옮김, 2016. 『순자』, 714; www.ko.wikipedia.org. 검색일: 2017년 5월 15일).

요소이다. 나아가 국가주의에 의한 정책개입의 현실에서 정책사상의 실천적인 타당성과 적실성을 설명하는 개념이기도 하다. 즉 국가의 정책개입을 현실세계에서 정당화할 수 있는 문제들을 철학적으로 사고하고 그것을 정책사상의 이론으로 체계화하고자 하는 정책사상의 실천적인 지식이다. 그래서 앞서 실천성을 설명하면서, 현실주의 정책사상의 실천성은 정책현실에서의 실천기술이나 방법을 설명하는 실천이론이 아니라고 했다. 이와 같은 실천성을 중심적인 개념으로 하는 정책의 실천지식의 특성을 네 가지로 정리해 볼 수 있다.

첫째, 서양철학에서 강조하는 실천지식은 현실에서 무엇을 어떻게 실현하고 적용할 것인가 하는 목적이나 의도에 의한 도구적이면서도 목적적이다. 유교사상에서의 지식론도 실천지식이다. 그러나 좁은 의미의 기술이나 경험적 반복이나 실천에 의하여 습득하는 실천지식이라기 보다 마치 군자는 어느 한 분야나 항목에서 필요한 기술과 이론을 가진 식자가 아니라 현실을 종합적으로 성찰하고 이해하면서 상황과 조건에 따라서 지식을 활용하고 실천할 수 있는, 맥락적 지자(知者)(손민호, 2006: 6)라고 하는 의미와 같은 실천지식이라고 할 수 있다.

그래서 군자들의 지식실천을 창조적 실천이론이라고 해서 학습에 의한 실천이론과 구분해서 설명하기도 했다(杜保瑞, 2015: 83-87). 특히 순자(荀子)는 그 당시의 농경사회에 해당될 적절한 비유를 들면서 실천지식을 다음과 같이 설명하였다.

> "농사군은 밭일에 정통하지만 농사일을 지도하고 관리하는 관리가 될 수 없다; 상인은 시장의 장사에 정통하지만 시장관리인이 될 수 없다; 그러나 이것을 직접 할 수 없지만, 즉 사업이나 일에 익숙하지는 아니하지만 사물의 이치와 법칙에 정통하고(이물물:以物物), 사물의 본질적인 기능과 역할을 잘 알고 이해하는 (겸물물:兼物物) 사람이다. 따라서 그들은 농사나 장사, 공장의 일을 관리하고 다스릴 수 있다"[36].

---

36) "農精於田 而不可以爲田師 賈精於市 而不可以爲賈師 工精於器 而不可以爲器師 有人也 不能此三技 而可使治三官 曰 精於道者也 非精於物者也 精於物者以物物 精於道者兼物物"(『荀子』, 解蔽). 사실 사물의 이치에 정통하는 지식은 현실적으로 가장 적합한 실천지식의 대표격이라고 할 수 있다. 사물의 활용이나 기능, 성질, 자격이나 구성요소

현실주의 정책사상에서 실천지식도 이와 같다고 할 수 있다. 현실주의 정책사상의 실천지식이라고 해서 복잡하고 다양한 정책의 이론을 실천할 수 있는 실천방법이나 기술을 이용하고 활용할 수 있는 실천지식이 아니다. 즉 정책의 다양하고 구체적인 이론이 정책현실에서 어떻게, 어느 정도로 이용되면서 적용되는가 하는 정책이론과 실천의 이원론적 논쟁을 해결하고자 하는 실천지식이 아니다. 그렇다고 하더라도 현실주의 정책사상의 필요성을 설명하면서도 이야기했듯이 정책이론이 먼저이고 실천은 그 다음이라는 주장도 아니다. 대신에 정책현실에서 타당하고 적절한 정책이론이 될 수 있는 이론적인 패러다임과 방법론을 사변적 수준에서 철학적으로 사고하고 정리한 정책지식을 실천지식이라고 한 것이다.

현실주의 정책사상의 실천지식은 또한 공자가 설명하는 위기지학(爲己之學)의 자구적 이해에 의한 수신의 이론과도 차이가 있다. 물론 정책학의 다양한 이론을 습득하여 이것을 현실에 활용하고 적용하여 정책을 성공시키면서, 즉 정책의 목적을 달성하여 그 가치를 실현하는 것이 중요할 것이다. 그래서 입신양명(立身揚名)의 출세를 위해서 정책학의 지식을 배운다고 하기는 어렵지만, 정책과제나 문제에 대한 과학적이면서도 창조적인 분석능력과 기술을 배우고 이것을 실천할 수 있는 실천능력과 자질을 배우는 것은 필요하다. 이것은 유교사상이 설명하는 부정적 의미의 위인지학은 아닐 것이다. 긍정적 의미의 위인(爲人)에 해당될 실천지식, 즉 정책의 현실에 필요하고 타당한 지식을 배우고 익히는 것이 비록 수신의 항목은 아니라고 하더라도 정책을 통한 국가주의의 정책개입을 사상적이거나 과학적으로 정당화하고 동시에 정책의 선을 실천할 수 있는, 즉 선도할 수 있는 실천지식과 같다고 할 수 있다. 나아가 정책과제나 문제의 해결과 성공

등을 경험적이거나 사변적으로 정확하고도 분명하게 안다고 하는 지식은 실천지식의 대명사라고 할 수 있다. 그러나 사물의 역할과 기능을 이해한다는 지식은 사물의 본질에 관한 속성과 역할을 도(道)의 차원에서 이해하면서 그에 순응할 수 있다는 지식은 아니다. 이것은 사물의 근원과 본질에 관한 지혜의 활용과 판단에 관한 지식일 것이다. 그래서 뒤편의 정책의 실천지혜와 실천판단에서 이와 같은 지혜의 지식을 설명할 수 있어야 현실주의 정책사상의 실천성을 조금 더 잘 이해할 수 있을 것이다.

에 의한 인간의 행복과 존엄성을 실천하는 지식일 것이다. 따라서 정책사상의 현실주의가 이와 같은 실천지식을 설명하고 그것을 체계화하는 것으로 실천지식의 가치를 주장할 수 있다.

둘째, 동서양의 배움의 실천지식에 관한 문제를 현실주의 정책사상의 실천지식이 간과할 수 없을 것이다. 특히 실천지식은 행함(行:doing)에 관한 문제에 초점을 두고 있는 것은 사실이다. 그래서 동양사상, 특히 유교사상의 지식은 실천지식이라고 했다. 그래서 공자를 위시해서 모든 사상가들은 행함에 의한 실천이 없는 지식은 혹세무민할 수 있다고 했다. 물론 지식은 현실세계에서의 실행이나 그의 효능 또는 타당성 등과 관계없이 개인의 지적 성장이나 앎에 의한 성취감의 중요한 원천이 될 수 있다. 특히 자기(自己)지식과 같은 인식적인 양상에 의한, 자신의 이해관계에 충실한 지식은 객관적이고 공개적일 수 없다. 또한 표상(表相)지식과 같이(<각주 8>) 자신의 생각과 능력에서 창조하고 창안하여 이론을 구성하고자 하는 지식은 이념이나 사유의 자유일 뿐만 아니라 창조지식의 주요한 원천이 되고 있음도 사실이다.

현실주의 정책사상의 실천지식이 자기지식이나 표상지식을 부정하는 것은 아니다. 단지 배움의 지식에서 배운다는 것은 개인적 수준에서의 창조하는 지식과 차이가 있다는 것을 이해하고자 한 것이다. 물론 배우면서 사고하지 아니하면, 즉 창조할 수 있는 인식적 양상이 없으면 지식을 자기화하면서 실천할 수 있는 학문적 이득이 없다고 공자가 지적하였지만 배움과 실천이라는 관계에서, 정책의 실천지식은 행함에 관한 지식을 강조하지 아니할 수 없다. 그렇다고 현실주의 정책사상이 정책현실에서 곧바로 실천하는 배움의 지식을 강조하는 것은 아니다. 대신에 정책의 실천에 초점을 두고 정책이론이나 사상의 실천성을 철학적으로 사고하면서 체계화하고자 하는 것을 설명하고 배우는 지식으로 이해한 것이다.

셋째, 맹자의 양능(良能: 배우지 아니하고도 할 수 있다)과 양지(良知: 생각하지 않고도 안다)에 의한 왕양명의 치양지(致良知: 사물의 이치를 알고 이것을 실천하는 최고의 지식) 등이 현실주의 정책사상의 실천지식에 관한 함의를 논의해 볼 수 있다[37].

정책은 살아 움직이는 생명체와 같다. 시대와 조건에 따라서 변화무쌍한 정책현실에 필요하고도 타당한 지식을 배움에만 의존할 수 없을 것이다. 동시에 정책의 현실은 복잡하고 다양하다. 특히 정책의 이해관계에 의한 인간의 판단과 결정이 조삼모사(朝三暮四)와 같이 끊임없이 바뀌는 것이 현실이다. 그래서 정책을 배우고 가르치는 것이 무용지물이라고 하는 비판은 굳이 정책학뿐만 아니라 실천과 응용의 영역을 가진 사회과학의 숙명이라고 할 수 있다. 그래서 이론－실제 이원론은 영원한 수수께끼라고 하기도 했다.

학습에 의한 정책학의 지식이 실천지의 중심인 것은 사실이다. 또한 이것이 정책학의 학문적 정체성을 위한 기본적인 지식이다. 이것이 정책학이 탄생되고 발달된 근본적인 이유이고 목적이기도 하다. 그럼에도 불구하고 정책현실에서의 실천지식, 특히 양지나 양능 또는 치양지 등은 매우 중요한 지식이 되고 있음도 사실이다. 물론 공자가 선천적인 생이지(生而知)를 강조하지는 아니했지만, 그러면서도 생이지를 최상급의 지식이라고 하기도 한 사실에 따라서 현실주의 정책사상의 실천지식은 배움만의 지식뿐만 아니라 정책현실에서 경험하거나 관찰하면서 얻어지는 지식, 즉 현장지식이나 실무능력 또는 현장감각 등의 지식도 실천지식으로 중요하다고 할 수 있다.

그러나 이와 같은 배움과 관련없는 현장지식이나 또는 선천적인 정책지식을 실천지식으로 체계화하는 과제는 어려운 문제이다. 현실주의 정책사상의 실천지식을 앞서 정의한 바와 같이 실천의 렌즈에 초점을 두고 정책의 현실을 철학적으

---

37) 양지(良知)나 치양지(致良知) 등과 같은 지식은 지식과 지혜를 구분하면서 실천지식에서 설명하였지만 본질적으로 단순한 기술이나 논리의 앎의 수준이 아니라 사물의 본질에 관한 지혜에 해당될 것이다. 왜냐하면 배움이나 경험 또는 생각 등에서 발생되는 지식이 아니라 사물에 대한 인간의 본성적이며 직감적이고 순수한 이성적 판단에 의한 지식이 양지나 치양지 등이기 때문이다. 그럼에도 불구하고 이것을 정책의 실천지식에서 설명한 이유는 지혜의 지(智)가 아니라 지식의 지(知)로 표기한 사실이기 때문이다. 또한 현실주의의 실천성에서는 실천지식과 실천지혜를 구분하여 설명하기 때문에 일단 지식에서 설명한 것이다. 뒤편의 정책의 실천지혜를 설명할 때 조금 더 언급하고자 한다.

로 조명하여 그 내용을 정책사상의 이론으로 체계화하는 것이라고 하였다. 그러나 구체적인 현장지식을 정책지식으로 체계화하는 것이 아니라, 정책현실과의 차이나 마찰 또는 괴리가 크지 않다는 것을 설명하고 체계화할 수 있는 지식이라는 사실에 초점을 둔 것이다. 때문에 현실주의 정책사상에서의 실천지식은 현장에서의 실무지식이나 또는 현장을 경험하고 지도관리하는 지식이 아니라 실천성에 초점을 둔 지식이라고 할 수 있다. 그래서 앞서도 보았듯이 현실주의 정책사상의 지식은 서양철학에서 주장하는 이론지식과 실천지식을 이분법적으로 구분하는 실천지식이라기보다 실천지식의 이론적 체계를 정립하는 지식으로서, 이론지식의 특성을 융합한 실천지식이라고 할 수 있다.

넷째, 제2장에서 국가주의 정책사상을 국가개입주의로 재조명하면서 개입주의를 사상적으로 지식주의와 증거주의 및 이념적 정향 등으로 설명하였다. 이것을 현실주의 정책사상의 실천성을 설명하는 실천적 지식과 관련하여 설명할 필요가 있다. 지식주의는 지식이 증거로 활용되거나 또는 논리적이거나 철학적인 사고작용에 의한 논증이나 판단 등과 같은 정책지식이 정책개입을 정당화할 수 있는 주요한 기준이 될 수 있다고 했다. 그렇다고 현실주의 정책사상에서 실천지식이나 실천지혜, 실천판단을 지식주의라고 한 것은 아니라고 했다. 왜냐하면 과학주의에 의한 지식이 정책현실에서 적용되고 활용되면서 다양한 이해관계의 현실을 조정하고 타협할 수 있는 광의의 지식인 연성지식(soft knowledge)을 지식주의로 이해한다고 했기 때문이다.

그리고 국가중심이나 우월 및 독점주의 등에 의한 개입주의를 사상적으로 정당화할 수 있는 요소로 지식과 증거뿐만 아니라 이념, 즉 정책개입의 현실을 정당화할 수 있는 지배적인 사고체계나 철학적 정향 등을 통칭하는 이념도 또한 설명되어야 한다고 했다. 이와 같은 지배적인 이념으로 국가의 정책적 우월주의와 독점주의 및 국가중심주의를 설명했다.

현실주의 정책사상은 정책개입의 이념적인 정당성을 지식주의로만 설명하기에는 한계가 있다는 사실에서 출발하고 있다. 앞서 <그림 6-1>에서 정책증거와 정책지식 및 정책이념에 의하여 정당화된 정책개입주의를 도식화했지만 선도주의 정책사상에서 제시된 정책의 선(善)으로 정책의 지식이나 증거 및 이념 등이 먼저 정당화되고 실천되어야 할 것이다. 동시에 물리적이고 정신적인 정책인과의 균형주의에 관한 지식이나 이념도 포함되어야 한다. 따라서 정책의 지식과 증거 및 이념은 그 자체로서 정책의 선이나 정책균형 등을 담보하거나 실천할 수 없다. 국가주의의 정책개입을 정책의 선으로 선도(善導)할 수 있는 선도주의나 정책인과의 균형주의 등에 의하여 지식이나 증거 등은 현실주의의 실천성으로 정합되고 조정되어야 한다. 그래야만 국가주의를 시작으로 하는 정책사상의 대계를 현실주의로 연결할 수 있을 것이다.

또한 정책지식이나 증거 등은 현실주의에서 실천지식의 개념적 정의에 따라서 정책의 실천지식으로 가능할 수 있도록 설명되어야 한다. 마찬가지로 정책이념은 정책의 실천판단에 따라서 현실주의로 설명될 수 있어야 한다. 정책의 실천지식은 지식주의의 실천적인 타당성과 적실성을 설명하면서 동시에 정책현실에서 정책개입의 정당성을 지식 그 자체가 아니라 지식의 실천성으로 전환하여 설명하는 것이다. 따라서 실천지식은 독립적이거나 분리된 개념적 요소라기보다 실천지혜와 실천판단, 실천책무 등과 종합되면서 현실주의 정책사상의 실천성을 구성하게 될 것이다.

2) 정책의 실천지혜

정책의 실천지혜를 실천지식과 구별하여 설명하면서 실천지식은 실천지혜와 더불어 다음에 설명하게 될 실천판단으로 체계화될 수 있을 때 현실주의의 실천성을 사상적으로 구성하는 개념적 요소가 될 것이다. 물론 정책의 실천책무도 실천판단에 의한 실천지식과 실천지혜를 현실적으로 실천하는 실천성이기 때문에 현실주의의 실천적 개념구도에서 설명해야 할 요소이다.

실천지혜의 실천성을 설명하기 이전에 지식의 지(知)와 지혜의 지(智)의 구분에 관한 입장을 여기서도 정리할 필요가 있다. 특히 현실주의 정책사상은 정책의 실천지식과 실천지혜를 구분하여 개념구도를 설정하고 있기 때문이다. 일반적으로 서양사상의 지식론은 지식과 지혜를 분명하게 구분해서 이해하고 있다고 했지만 유교사상의 지식론에서는 이것을 구분하지 아니하고 있다고 했다(이용형, 2007: 267: Hetherington and Lai, 2012: 382; Tu, 2016: 70－71).

(1) 유교사상에서 지식과 지혜

유교의 지식론에서 지(知)는 복잡하고 다의적인 개념이라서 분명하게 지(智)와 구별하기 어렵다는 것을 우선 이해할 수 있다. 왜냐하면 공자도 지(知)와 지(智)를 분명히 구분하지 아니하였으며 후대의 많은 학인들도 지혜와 지식의 구분을 논의하지 아니했기 때문이다. 또한 지식(지혜나 판단을 포함하는 광의의 개념)을 얻고 쌓아가는 배움을 지식이나 깨달음, 본받음 등으로 이해하거나 배움과 겸행하는 수신의 실천덕목으로 이해하기 때문이라고 할 수 있다.

특히 주자는 대표적으로 지식과 지혜를 구분하지 아니하는 대신에 깨달음과 구분하여 설명하기도 했다. 즉 "지(앎)는 사물(일)로 말미암아 아는 것이고 깨달음은 이치로 말미암아 얻는 것이다. 그래서 앎은 사물의 발생과 이치 등의 인과관계를 아는 것이고 깨달음은 마음으로부터 요달(了達)해서 홀연히 스스로 사물의 이치를 얻는 것이다. 깨달음은 『대학』에서 사물의 이치를 온전히 아는 것으로, 문득 두루 통하지 아니함이 없다"[38]라고 했다. 그래서 그는 "배움은 깨달음이다. 즉 이전에 모르던 것을 배워서 깨닫는다"고 했다(장기권 역주, 『논어』, 82). 여기서 깨달음을 배워서 얻게 되는 것과 같다고 한다면 앞서 심중(心中)에서 스스로 활연히 아는 것을 깨달음이라고 하는 것과 차이가 있기도 하다. 그래서 『대학장구』에서 지(知)는 아는 것이라고 해서 깨달음과는 구별하기도 했다.

또한 순자도 앞서 실천지식에서 설명했듯이 실천이 없는 제자백가의 지식론

---

38) "先知者 因事而知 先覺者 因理而覺 知者 因事因物皆可異知 覺 則是自心中有所覺悟 (중략) 是自悟之覺 似大學說格物致知 豁然貫通處."(『朱子語類』, 券第58; 『孟子』, 萬章章句 上).

쟁을 비판하면서 지식을 학문의 지식(경서 읽기에서 시작해서 예(禮)에서 끝난다. 이것이 도덕의 근본법칙이다. 물론 성인이 되고 죽어야 학문은 끝이 난다고 했다), 스승에게서 배우거나 성현의 길을 따라서 얻는 지식, 자연에서의 경험적 지식을 활용하여 얻는 지식(군자는 사물을 잘 이용할 줄 아는 사람이다) 등[39]으로 구분해서 설명하였다(이규상, 2014: 433 - 436). 그러나 순자도 분명하게 지(知)와 지(智)를 구분하지는 아니했지만 "군자의 배움은 귀로 들어와 마음에서 잘 다잡아서 온몸에 퍼져서 고요함과 움직임으로, 즉 행동의 실천으로 형체를 가지게 된다"[40]라고 해서 실천하는 학문지식의 종국적 목적이 성인이 되는 지식, 즉 지혜라는 것을 암묵적으로 인정하고 있다고 할 수 있다.

맹자는 지식을 사물의 마땅한 이치를 아는 것이라고 했지만 생각하지 아니하고도 아는, 소위 선천적이고 생래적인 양지(良知)를 사물의 당연한 이치를 설명하는 『대학』의 격물치지의 지식으로 이해하기도 했다. 즉 맹자가 사물의 당연한 이치를 아는 자는 알지 못하는 것이 없다(무부지:無不知)고 했지만 일의 완급의 순서를 가릴 수 있어야 한다고 하기도 했다(『맹자』, 진심장구 상). 그렇다면 지(知)는 역시 지혜와 같은 수준이라고 이해할 수 있어야 맹자가 주장하는 양지와 지자(知者)의 뜻을 이해할 수 있기도 하다. 마찬가지로 격물치지(格物致知)에서의 지(知)를 주자가 앎이라고 했지만 역시 주자는 본질적으로 사물의 궁극적인 이치에 도달한 지식이라고 했다. 때문에 지혜의 지(智)의 수준으로 이해해도 무리는 없을 것이다.

그래서 맹자는 지식의 실천으로 호연지기(浩然之氣)를 설명했다. 호연지기를 한마디로 정의하기 어렵지만 맹자의 기록을 해석하면, '호(浩)'는 지극히 크고 강한 것을 의미하지만 사람의 기(氣)가 그렇지 않다는 것으로 이해할 수 있다. 사

---

39) "學惡乎始惡乎終 曰其數則始乎誦經 終乎讀禮 其義則始乎爲士 終乎爲聖人 眞積力久則入 學至乎沒而後止也"; "學莫便乎近其人"; "君子非生異也 善假於物也"(『荀子』, 勸學).
40) "君子之學也 入乎耳 著乎心 布乎四體 形乎動靜"(『荀子』, 勸學). 반대로 "소인은 귀로 들으면 곧바로 입으로 나온다. 귀와 입과의 사이는 네 치밖에 안 된다. 때문에 칠 척이나 되는 몸을 아름답게(군자답게) 할 수 없다"(小人之學也 入乎耳 出乎口 口耳之間 則四寸耳 曷足以美七尺之軀哉)"(『荀子』, 勸學)고 했다.

람의 기는 의(義)에 의지하고 기초해서 행동하고 판단하면 자연적으로 기(氣)(품성, 인품, 자질, 위의(威儀), 신사다운 행동 등)가 쌓인다는 뜻으로 이해할 수 있기도 하다(『맹자』, 공손추장구 상).

호연지기는 조작된 목적이 아니라 의(義)에 의한 행동과 판단을 항상 생각하지만 순리에 따르는 행동지식이라고 할 수 있다. 즉 맹자의 유명한 알묘자(揠苗者: 벼를 뽑아 올린 사람)의 비유에서 지혜의 뜻을 비유적으로 이해할 수 있다.

> "송나라 사람이 벼가 빨리 자라지 아니하는 것을 걱정해서 벼를 뽑아 올려주었
> 다. 그래서 집에 와서 내가 벼가 자라는 것을 도와주었다고 했다. 그의 아들이
> 달려가서 보니 벼가 모두 말라 죽어 있었다. 모든 사람이 벼가 빨리 자라기를 바
> 라고 노력하고 있지만 그대로 내버려두는 것은 벼가 자라도록 김매기를 하지 아
> 니하는 것과 같고, 억지로 자라도록 하는 사람은 벼를 뽑아 올려준 사람과 같다.
> 이와 같은 조작하는 행동은 이익됨이 없을 뿐만 아니라 해를 미치게 된다"[41].

알묘자 비유는 지식으로 행동하지만 지혜롭지 못한 사람의 지식의 한계와 위험을 잘 지적하고 있다. 특히 장자는 이와 같은 지식은 투쟁이나 재앙의 도구이기 때문에 경계해야 한다고 했다[42].

물론 지식과 지혜를 동시적으로 설명하는 것이 때때로 모순적이거나 또는 용어 선택의 문제이거나 아니면 불분명한 용어에 문제가 있기 때문일 수도 있다. 그러나 사상적 이해의 수준에서 볼 때 유교사상에서 지식과 지혜의 구분의 문제는 실천지식이나 이론지식의 논쟁 그 자체로써 큰 실익이 없다는 것을 지자(知者)와 인자(仁者)의 구분에서 조금 더 자세히 이해해 볼 수 있기도 하다. 그러나 잠정적인 결론이지만 유교사상에서 성인의 대명사인 군자(君子)를 굳이 지자와

---

41) "宋人有閔 其苗之不長而揠之者 (중략) 予助苗長矣 其子趨而往視之 苗則槁矣 天下之不
　　助苗長者寡矣 以爲無益而舍之者 不耘苗者也 助之長者 揠苗者也 非徒無益 而又害之"
　　(『孟子』, 公孫丑章句 上).
42) "知者也 爭之器也 二者凶器"(『莊子』, 內篇, 人間世). 여기서 두 가지 중의 하나는 명성
　　(이름 냄)이라고 했다.

인자로 구분한다면 지자가 군자인가 아니면 인자가 군자인가, 군자는 지자이면서 동시에 인자인가 하는 등의 의문이 생길 수 있다. 그러나 군자, 지자, 인자는 설명하는 대상이나 내용에 따라서 표기된 것으로 각각의 대칭 명사로서 동의어적인 특성을 가지고 있다는 전제에서 지자와 인자를 때와 조건에 따라서 구별해서 이해한 것으로 볼 수 있다. 물론 지자나 인자의 구별을 설명이나 이해의 편의에 따른 구분이라고 잠정적으로 이해하는 것이 지식과 지혜를 구분해서 이해할 실익이 크지 않다고 주장하는 것은 아니다.

지자(知者)와 인자(仁者)의 구별에서, 먼저 공자는 인간의 이상적이고 모범적인 모형은 군자(君子)이며 이와 대칭되는 반대적인 유형의 인간상을 소인(小人)이라고 하였다. 군자론이나 소인 등에 관한 것은 현실주의 정책사상에서 굳이 자세히 논의해야 할 필요성이 크지 않지만 지식이나 지혜의 실천성에 초점을 두면서 군자와 지자 및 인자에 관한 구분을 간단히 설명할 필요성은 있다. 왜냐하면 실천지식이나 지혜를 판단하는 실천판단과 이에 따라서 실천적인 책임감에 의한 정책을 실천하는 실천책무를 이해하기 위해서는 유교사상에서 지자(知者)와 인자(仁者) 등에 관한 기본적인 개념을 이해해야 하기 때문이다.

앞에서 잠정적으로 결론을 이야기한 군자는 지자(知者)이면서 동시에 인자(仁者)인가, 아니면 지자와 인자를 구별하는 편의적 설명에 의한 것일 뿐인가 하는 문제로 되돌아 오면, 먼저 하나의 예로서 공자는 『논어』에서 "지자는 혹하지 아니하고 인자는 근심하지 아니한다(자한; 헌문). 지자는 산을 좋아하고 인자는 물을 좋아한다(옹야). 지자는 인(仁)을 이롭게 활용하지만 인자는 인에서 편안하다"(이인)라고 했다. 그러면서 공자는 "오직 인자만이 사람을 미워할 수도 있고 사랑할 수 있다(이인). 그래서 군자가 인(仁)을 잃어버리면 그 이름조차 올릴 수 없다"(이인)라고 했다.

여기서 이해한다면 인자가 되어야 군자가 될 수 있다. 나아가 사람을 사랑하고 미워할 수 있는, 즉 세상살이의 이방인이나 한계인이 아니라 세상과 더불어 살 수 있는 인간형이 될 수 있다는 것으로 이해할 수 있다. 그럼에도 불구하고 공자는 지자를 인자와 대칭하면서 지자는 인(仁)을 이롭게 활용하는 사람이고 인자는 인(仁)에서 편한 사람이라고 했다. 동시에 인자는 물을 좋아하고 지자는 산을 좋아한다고 했다. 이것을 자구적 의미로 이해해서는 적어도 현실주의 정책사상의 실천지식이나 지혜에 큰 의미가 없을 것이다(뒤편의 실천판단 <각주 51>에서 조금 더 자세히 설명한다).

요약하면 공자가 인자와 지자를 구별하면서 군자라는 이상적인 인간형의 실천성을 설명한 것은 사실이다. 특히 산과 물로 비유하여 인자와 지자를 구분하여 설명한 것은 인간 세상살이는 산수간(山水間)에 있다, 즉 '산수간에 나절로' 하듯이 산수는 세상살이의 모습이고 환경일 것이다. 그러나 인자만이 물을 좋아하고 지자는 산을 좋아해야 할 특별한 이유나 조건이나 특성이 있는 것은 아니다. 그래서 산은 산이요 물은 물이라고 한 것과 같이 산과 물에 근본적인 뜻과 의미가 있는 것이 아니다; 세상의 본질적인 모습이나 기능과 역할 및 특성을 있는 그대로 이해하면서 알 수 있는 것이 곧 진리의 길이라는 것을 공자나 성인들이 비유하여 설명한 것에 불과하다. 물론 그 과정에서 '산은 산이 아니고 물은 물이 아니다'라고 할 수도 있다. 그러나 이것은 산과 물이라는 대상의 경계에 집착하거나 그것에만 함몰되는, 소위 자신의 이해관계에서만 판단하고 행동하는 소인(小人)의 병을 제거하고 치유하기 위한 방편적 비유일 뿐이다.

유교사상은 실천지혜를 실천지식과 분명하게 구별하지 아니하지만 실천지식의 실천성을 설명하는 개념적 요소로 본다면 실천지혜는 기술적이고 방법론적 지식이나 또는 과학적 증거나 현실적인 경험에만 의존하는 지식주의나 증거주의 등과 같은 좁은 의미의 지식론을 극복하고자 한다는 것을 알 수 있다. 그래서 지자와 인자를 구별해서 설명하기도 하지만 본질적으로 모든 사물의 궁극적인 이치를 통달하면서(이물물:以物物), 이것의 특성과 소양에 따라서 다양하게 이해하고 이용할 수 있다(겸물물:兼物物)는 순자의 지적이 보다 타당하다고 할 것이다. 나아가 유교사상에서의 실천지혜를 맹자가 비유한 벼를 뽑아 올리는 자와 같은 어리석음의 지식이나, 장자가 경계한 투쟁의 도구로 이용하는 지식이 아니라 지식이 곧 지혜의 수준과 동의어로 이해되고 있다는 것을 비유적으로 설명한 것으로 이해할 수 있다. 물론 지식이나 지혜를 분명히 구분하지 아니하고 양지나 양능, 치양지, 격물치지 등과 같은 명칭을 사용한 것도 이해할 수 있다.

(2) 서양사상에서 실천지혜

유교의 동양사상과 대조적으로 서양사상에서 실천지혜의 개념이나 철학적 탐구는 매우 다양하고도 활발하다. 특히 지혜(wisdom)에 관한 철학적이거나 이론적이고 실천적인 논쟁이나 연구는 고전적이면서도 끊임없이 계속되고 있다. 그렇다고 동양사상에서 지혜의 개념이나 실천덕목 등이 무시되거나 도외시되고 있다는 것은 아니다. 오히려 동양사상은 그 자체가 종교적이거나 사상적으로 지혜와 실천을 중심으로 하는 도덕철학이고 윤리사상이다.

반면에 서양철학은 지혜를 철학의 중심으로 논의하는 전통에서부터 실천중심의 지혜를 설명하고 있다고 요약할 수 있다. 지혜의 주제어는 지식론이나 윤리학 등과 같은 철학적 사유의 고유한 영역으로 철학사상가를 중심으로 진행되고 있다. 왜냐하면 철학은 지혜를 추구하고 사랑하기 때문이다. 따라서 지혜의 중심적인 주제는 신의 창조물로서 인간이 신의 뜻과 의지를 알고 따르는 지식으로 생각하고 있다. 그래서 지혜는 인위적이거나 조작적인 것이 아니라 자연적인 것이라는 주장(Sutton, 1888)에서부터 시작해서 철학사전에서 소개되는 모든 용어를 '지혜의 말'이라는 한마디로 요약할 수 있다는 주장(Carlson, 2012) 등에 이르기까지 지혜는 철학의 중심적인 주제임에 틀림없다. 그럼에도 불구하고 무엇이 지혜인가 또는 지혜를 어떻게 측정할 수 있을 것인가 하는 등을 이념적이거나 철학적으로 정의하거나 설명하는 것은 매우 다양하다(Judith, 2008: 399; Walsh, 2015: 278).

먼저 아리스토텔레스의 실천지혜는 본질적으로 선(善)을 추구하는 인간의 행복(*eudaimonia*)[43]을 최종적인 가치로 하는 실천윤리의 덕목과 같은 윤리학의

---

43) 그리스어 '*eudaimonia*'의 어의적 의미를 영어권에서 'happiness'로 번역하고 있다. 이에 관한 자세한 것으로 김미진(2009)의 논문에서 <각주 2>를 참조할 수 있다.

철학적 주제라고 할 수 있다(김미진, 2009: Sherman, 2002: Schwarts and Sharpe, 2010: 5-6). 물론 아리스토텔레스는『윤리학』(Ethika Nikomacheia)에서 구체적으로 행복을 도덕적인 선한 삶을 위한 영감적인 관조, 덕의 실천지혜 등과 같이 복잡하게 설명하고 있지만(천병희 옮김, 2013) 실천지혜의 개념이 그의 사상의 중심을 형성하고 있다. 따라서 아리스토텔레스의 실천지혜의 개념이 등장하면서 지혜는 철학적 사고의 중심주제로 자리잡고 있다고 할 수 있다.

그러나 또한 서양철학에서 지혜를 이론적 지혜와 실천적 지혜로 구분하면서, 특히 아리스토텔레스의 실천지혜를 집중적으로 논의하면서 철학적인 지혜에의 관심과 논의는 주변부나 하찮은 것으로 취급되고 있다는 비판이 종종 발견되기도 한다(반성택, 2012; Walsh, 2015). 그래서 30년 이상 실천지혜를 연구하고 논의하면서도 아직도 이론적인 지혜인 'sophia'를 기다린다는 논문의 제목 (Trowbridge, 2011)도 발견된다. 그러나 결론적이지만 실천지혜가 동서양을 막론하고 지혜론의 중심적인 주제임은 사실이다. 그 이유는 정확하게 밝혀지고 있지 아니하지만 선과 덕의 실천을 통한 인성의 완성과 같은 군자나 성인이 될 수 있다는 인간완성의 목적을 실천지혜가 제시하고 있기 때문일 것이다.

지혜를 주제어로 하는 연구는 일반적으로 서양철학에서 이론적 지혜 (sophia)와 실천적 지혜(phronesis) 등 두 가지로 구분하여 설명하는 것이 보편적이라고(Baehr, 2012; Reeve, 2012: 3장, 5장; Hacker-Wright, 2015: 984)[44] 앞서 지적했다. 그러나 서양철학은 지혜를 이론적 지혜와 실천지혜 및 철학적 지혜 등으로 구분하여 설명하는 것이 유교사상보다 조금 더 분석적이라고 할 수 있다. 따라서 현실주의 정책사상의 실천지혜에서는 철학적 지혜를 더하여 세 가지로 구분해서 설명하기로 한다. 왜냐하면 지혜는 본질적으로 실천을 전제로 하는 개념이지만 이것을 철학적으로 사유하고 숙고해서 이론적 체계로 추론하거나 구

---

44) 지혜의 하위 유형으로 직감적 지혜(intuitive wisdom: 인생의 본질적 문제에 관한 본능적인 직관), 개념적 지혜(conceptual wisdom: 인생의 본질적 문제에 관한 정확하면서도 종합적인 이해), 초개념적 지혜(transconceptual wisdom: 사물의 실체에 관한 보다 심층적인 초개념적 직관) 등으로 구분한 것도 있다(Walsh, 2015: 283-284).

성해야 하는 형이상학적 개념이기 때문이다. 그래서 아마도 공자는 "배우기만 하고 사고하지 아니하면 배움에만 집착하여 사물의 본질적 작용과 속성을 스스로 체득하고 체감할 수 있는 능력을 얻을 수 없기 때문에 배움 이상의 학문의 이익을 얻을 수 없다"(『논어』, 위정)라고 했을 것이다.

첫째, 철학적 지혜(philosophical wisdom)는 철학의 지혜를 밝히는 것이라고 간단하게 정의할 수 있다(Mis, 2001: 34). 그러나 구체적으로 철학의 지혜의 속성이나 내용을 밝히기는 간단하지 아니할 것이다. 그럼에도 불구하고 서양철학, 물론 동양철학도 마찬가지지만 철학의 지혜를 철학은 중심 주제어로 취급하고 있는 것은 사실이다.

철학의 또는 철학적 지혜는 인간 세상과 생명에 관한 지혜, 즉 인간존재에 관한 근본적인 문제를 궁구하는 것이라고 할 수 있다(Lorence, 2001: 15). 그래서 이것은 인간에 관한 지혜이며, 신이나 하늘 등과 같은 종교적이거나 신학적 의미의 지혜와는 차이가 있다(김형수, 2017: 52-53; Mis, 2001: 36; Yao, 2006: 319-320). 때문에 철학을 지혜의 사랑이라고 했지만 철학이 곧 지혜 그 자체는 아니다. 마찬가지로 철학자는 지혜를 사랑하고자 하지만 지혜로운 사람은 아니다. 그래서 철학은 인간에게 신의 영역이나 능력과 같은 계시를 제공할 수 없을 뿐만 아니라 세상살이에 필요한 초월적인 지식이나 처방을 제공할 수도 없다. 철학은 인간 세상의 모습과 사람들의 삶에 관한 존재의 본질을 설명하고 이해하는 것(이명곤, 2017: 128)일 뿐, 주술을 부리는 방책이나 부적과 같은 것을 제공하거나 설명하는 것은 아니다.

그래서 철학의 지혜를 자아 초월적인 존재로서 인간을 이해하면서 동시에 현상에 관한 직관적인 앎이라고 정리하기도 한다(Trowbridge, 2011). 그래서 아리스토텔레스는 그의 『윤리학』에서 철학적 지혜를 인간의 본성에서 가장 가치로운 것을 직관과 학문으로 인식하는 것이라고 했다. 또한 그는 철학의 지혜는 생성이나 산출이 아닌 가장 중요한 진리에 대한 최고의 학문적인 인식이라고 했다. 그래서 인간의 행복추구의 실천적인 방법 등을 설명하지는 아니했지만 건강 자체가 건강한 삶을 가져오게 하듯이, 철학적 지혜 그 자체는 본질적으로 행복의 원천이 된다고 했다(천병희 옮김, 2013: 231-244). 또한 철학적 지혜는 직관이나 영감 등에 의한 인식이기 때문에 언어나 문자 등으로 설명하거나 이해하기 어렵다고 했다(Mis, 2001: 42; Pouliot, 2008: 257). 그래서 철학적 지혜를 형이상학이나 자연신학의 최고봉으로서 신의 존재의 빛이나 가치를 밝히는 지식의 창조라고 했다(Sutton, 1888: 139; Erb, 2012: 161).

철학의 지혜를 신이나 인간을 이분법적으로 구분하면서 신의 영광이나 빛에 의한 그림자인 인간 세상을 밝히는 직관이나 인식으로 이해하거나 또는 인식적인 겸손으로서, 누가 더 지혜로운가 하는 비교분석 등과 같은 이원적인 지혜의 구분은 의미가 없을 수도 있다(Gericke, 2011: 1-2). 따라서 철학적 지혜는 경험적 지식이나 이론적이고 인식적인 지식에 의한 사물의 인과관계를 증명하고자 하는 지식 또는 지혜에 의한 경쟁과 비교의 기준이나 평가의 지혜라기보다 지식이나 이론적 지혜의 복합적인 다양성을 정당하고도 정의로우며 공정하게 논의하고 해결하고자 하는, 겸허하면서도 개방된 마음을 가지는 도덕적이고 창조적인 지혜라고 할 수 있다(김형철, 1999: 31; Perry, 1948: 262). 이것은 지혜의 실천과제의 문제가 아니라 절대적 조건인 인간에 대한 존경심과 상호인정이라는 지혜의 본성에 관한 문제일 것이다.

둘째, 분석철학을 중심으로 하는 서양철학에서 이론적 지혜(theoretical wisdom)는 지혜의 개념적 정의와 지혜를 인식하거나 발견하는 문제에 초점을 두고 있기도 하다(Ardelt, 2004: 304-305). 그래서 일반적인 수준으로 통용될 지혜를 정의하기는 어렵다고 하지만 많은 경우에, 지혜를 이론적 수준으로 정의하거나 그의 공통적인 요소 등을 제시하고 있기도 하다.

대표적으로 지혜를 인생의 불확실성이나 고난의 문제 등에 관한 전문적인 지식이나 판단, 조언 등으로 정의하면서 동시에 감성적이고 사회적인 상황적 요소에 관한 현자의 행동이나 판단 등을 이론적 지혜라고 보고 있다. 특히 이론적 지혜를 실천적 지혜를 위한 하나의 전제요소로 생각하면서 이론적 지혜는 그 자체로서 답을 제공하지는 아니하지만 답을 얻을 수 있는 상황을 만들 수 있다고 보았다. 왜냐하면 실천적 지혜는 이론적 지혜로 설명되는 사물의 본성에 따라서 현실에서, 목적이나 이상을 추구하기 위한 행동이나 가치있는 선택이기 때문이라고 했다(Lorence, 2001: 16; Baehr, 2012: 90).

또한 이론적 지혜는 과학적 지식을 추구하는 인간의 정신작용이지만 지혜의 덕(德)이라고 했다(Reeve, 2012: 58; Tu, 2016: 71). 즉 최고 수준의 인식적인 선이나 수월성으로 사물을 이해하고 설명하는 개념으로서 아리스토텔레스의 'sophia' 즉, 사물의 실체에 관한 존재론적 개념으로 이론적 지혜를 설명하기도 한다(김요한, 2013; Baehr, 2012: 83; Walker, 2013: 763). 그래서 앞서도 소개했듯이 'phronesis'를 실천적 지혜로 이해하면 이론적 지혜와 더불어 지혜의 양대 논쟁의 중심주제가 될 것이다[45].

이론적 지혜의 개념적인 이해나 정의에서 도출되는 공통적인 특성을(보다 정확하게는 지혜의 개념적 정의라고 할 수 있다) 정서적인 규제나 중요도의 인식, 도덕적 추론, 동정심, 겸손, 이타주의, 인내, 변화와 불확실성 등에 대한 대응 능력 등으로 요약하기도 하였다(Hall, 2010: part 2). 그리고 좀 더 구체적으로 친사회적 태도와 행동, 생명에 관한 사회적이고 실용적인 지식, 정서적 항상성(恒常性), 자아성찰, 가치비교주의, 불확실성이나 불명확함 등을 효과적으로 수용하는 것 등으로 제시하기도 했다(Walsh, 2015: 282). 조금 더 분석적이고 실증적인 입장에서 개인적 수준에서 인성을 개발하는 개념으로서 지혜를 현실적으로 측정하고 실증하기 위해서 인식적 지혜, 성찰적 지혜, 정서적 또는 자비로운 지혜 등

---

45) 철학계나 신학 또는 정치신학 등에서는 여기서 이론적 지혜로 이해하고 있는 'sophia' 와 'phronesis'(실천적 지혜 또는 실천지) 등을 다양하고도 심층적으로 논의하고 있다. 이것은 마치 동양사상에서 공자의 사상이 정치나 사회 및 철학 등 모든 분야에서 아마도 영원히 논의될 과제인 것과 같이 아리스토텔레스의 충실한 후손인 것처럼, 아리스토텔레스의 'phronesis'와 'sophia'를 다변적이며 해석적으로 논의하는 것으로 볼 수 있다(Walsh, 2015: 278). 그러나 『정책사상 대계』에서는 현실주의 정책사상의 실천성의 개념적 구성요소를 이해하는 수준에서 서양의 분석철학에서 지혜를 보편적으로 아리스토텔레스의 개념적 이해에 충실하다고 할 수 있는 'phronesis'를 실천적인 지혜로, 'sophia'를 이론적인 지혜로 구분하여 이해하고자 한다.

으로 구분하기도 했다(Ardelt, 2003: Thomas 외 3인, 2015).

　이와 같이 세분화된 지혜는 그 자체로서 균형적 개념이 될 수 없다는 비판이 있다. 즉 지혜는 이론적으로 다양성과 환경을 균형화할 수 있는 인식이다. 즉 개인의 내부적인 지혜의 균형일 뿐만 아니라 개인이나 타인간에 현재의 상황을 수용하면서 새로운 상황을 선택해서 공통의 선을 달성하기 위한 가치를 탐색하고 조정하는, 즉 묵시적 지식을 적용하는 것이 지혜라고 했다(Sternberg, 1998). 또한 지혜의 공통적인 요소를 이론적으로 설명하고 체계화할 수 있다. 그러나 이것은 지혜의 규범적 가능성이나 윤리적 덕성 등을 설명하기 어렵다. 또한 인간에 관한 평등사상을 고려할 수 없는, 지혜인이라는 현자에만 초점을 둔다면 엘리트주의에 치우칠 위험이 있다고 비판하기도 했다(Walker, 2013: 766-777).

　그러나 이와 같은 정의된 지혜를 어떻게 개념적으로 인식하고 발견할 것인가 하는 것도 문제이다. 즉 고전이나 종교적인 경전 등에서 지혜를 찾을 것인가 아니면 현자나 성인 또는 군자라고 일컬어지는 수많은 위대한 사람을 관찰하고 살피면서, '지혜란 이것이다'라고 할 수 있는 요소나 전통을 찾아낼 것인가 하는 문제이다. 동시에 지혜를 경험적으로 측정하기도 했다(Mou, 2001: xi; Ardelt, 2014)[46]. 그러나 지혜를 실증하는 것이 분석철학이나 심리학 등에 한정되어 있기도 하다. 또한 이것을 리더십의 자질이나 또는 박애정신 등의 측정과 구별하기 어려운 점도 있다. 그래서 이론적 지혜를 실천적 지혜나 지식을 이론적으로 이해하는 것으로 정리하는 경우가 있다. 왜냐하면 창조적이고 직관적이며 유연한 지

---

46) Monika Ardelt 등(Thomas 외 3인, 2017)은 지혜를 측정하기 위하여 인식적 지혜(cognitive wisdom: 인생의 이해능력, 개인적이거나 인간관계의 사건에 관한 보다 심층적인 이해), 성찰적 지혜(reflective wisdom: 자아 중심적인 주관주의를 벗어나기 위한 자각이나 직관 등의 개발), 정서적(자비로운) 지혜(affective(compassionate wisdom): 타인에 대한 긍정적 감정과 태도) 등으로 구분하여 미국인 1,546명을 대상으로 지혜를 측정하기도 했다. 그러나 이와 같은 세 가지 지혜의 범주를 측정하기 위한 조작적 수준의 설문이나 질문내용이 과연 지혜의 본질을 측정하고 설명할 수 있을 것인가 하는 명목측정 그 자체에 의문이 제기되고 있다. 예를 들면 성찰적 지혜를 측정하기 위해서 '인간관계에서 곤혹스러운 일이 있으면 나는 일반적으로 역지사지(易地思之)를 잠시나마 생각한다'는 항목에서, 역지사지의 생각이나 태도가 지혜인가 아니면 인간의 성품이며 습관적 태도인가 또는 관용인가 하는 의문이 있을 수 있다.

혜의 실천은 신뢰할 수 있고 가치로운 지식의 생산과정이나 이성적인 추론능력 등을 분명히 할 수 있기 때문이라고 하기도 했다(O'Sullivan, 2005).

셋째, 지혜를 이해하고 설명하는 철학적이거나 이론적 문제보다는 아마도 지혜의 실천에 관한 실천적 지혜(practical wisdom)가 실천이론에서 중요하고도 현실적이라고 할 수 있다. 그래서 고대로부터 지금까지 서양철학에서는 적어도 지혜에 관한 논쟁이나 논의는 실천적 지혜를 중심으로 하고 있음을 알 수 있다.

특히 실천적 지혜로 아리스토텔레스의 '*phronesis*'를 중심적인 개념으로 설명하고 있다. 그러나 아리스토텔레스의 '*phronesis*'를 실천적 지혜47)로 일반적으로 이해하기도 하지만(반성택, 2012; 전재원, 2012; Schwartz and Sharpe, 2010: 5; Finnigan, 2015: 674) 합의된 견해를 찾기 어려운 난해한 개념이라서 (Schiller, 1917: 645) '프로네시스'로 음역한 경우도 있다(이양수, 2015). 그리고 지식과 지혜를 구분하지 않고 '*phronesis*'를 실천적 지혜나 실천지로 번역하는 경우도 있다(차미란, 2013). 동시에 실천적인 유용성과 타당성 및 정당성 등에 초점을 둔 실천적인 지식이면서 지식의 윤리적 정당성이나 공동체의 선(善) 등에 관한 실천지식으로 이해하기도 한다(홍윤경, 2012: 198; Tubbs, 2004: 553; Wiggins, 2012: 99 – 100). 그래서 아리스토텔레스의 윤리학, 즉 『윤리학』 (Nicomachean Ethics)을 설명할 때 주제어로 '*phronesis*'가 항상 등장하고 있기도 하다(편상범, 2014; Schwartz, 2016).

또한 공자의 지식사상과 비교하면 '*phronesis*'를 배움과 실천이 조화된 군자의 실천덕목으로 이해할 수도 있을 것이다(Bradshaw, 1991: 558; Schwartz and Sharpe, 2010: 12; Davies, 2019). 물론 이것이 자기지식이라고 할 수 있는 수신을 위한 배움인 위기지학(爲己之學)이 될 수 있을 것인가 하는 문제(Veith,

---

47) 아리스토텔레스의 실천적 지혜인 그리스어인 '*phronesis*'가 라틴어로 '*prudentia*'로 번역되었다가 이후에 영어의 'prudence' 또는 'practical wisdom' 등으로 소개되고 있기도 하다(Cowan, 2017: 8). 그러나 아리스토텔레스의 '*phronesis*' 용어가 일상적으로 사용되면서 행동의 지혜(wisdom in action)로 널리 이해되고 있기도 하다(Keen and Cummings, 2010: 1005; Cantrell and Sharpe, 2016: 331).

2013)는 유교의 지식 성격과 관련하여 논쟁적일 수도 있다.

일반적으로 서양의 분석철학에서 실천적 지혜를 정확하게 개념적으로 정의하기는 어렵다. 왜냐하면 언어나 문자로 지혜를 설명하기 어려운 한계가 있기 때문이라는 주장(Walsh, 2015: 279)이 가장 설득력이 있다. 그럼에도 불구하고 아리스토텔레스는 분명하게 개념을 정의하기보다는, 물론 이에 관하여 다양한 논의와 논쟁이 있지만 실천적 지혜가 있는 사람을 중심으로 선을 실천하고 행동할 수 있는 이성적이고 참된 마음가짐으로 숙고와 이성적 절제 등을 제시하고 있다(천병희 옮김, 2013: 30 – 31). 그래서 아리스토텔레스의 실천지혜를 실천하는 단계를 숙고, 선택과 결정 및 실천 등으로 설명하기도 한다(손병석, 2003: 23 – 32). 특히 아리스토텔레스의 숙고는 도덕적인 숙고이다. 즉 자신의 삶에 관한 도덕적인 입장을 확고하고도 포괄적으로 정립하면서 상황과 조건에서 최선의 행동을 결정하고 선택하여 실천하고자 하는 사유과정 전체를 의미하기도 한다고 했다(김도형, 2016: 115; Nieben, 2011: Finnigan, 2015)[48].

이와 같이 아리스토텔레스 이후에 실천적 지혜를 설명하거나 논의하면서 'phronesis'를 언급하지 아니하는 것이 없을 정도이다. 그러나 일반적 수준에서 실천적 지혜를 이론적 지혜와 비교하여 설명하기도 한다(Baehr, 2012: 84 – 88). 즉 이론적 지혜는 실체의 필수적인 특징이나 진리나 정당성 등과 같은 인식적 가치나 규범적 추론 등을 설명하는 것인 반면에 실천적 지혜는 인간의 행위나 영향에 관련된 사물의 특성에 따른 도덕적 임무, 올바른 행위 등과 같은, 즉 도덕규범이나 가치 등으로 선을 추구하는 목적론적 추론 등을 설명하는 것이다. 따라서

---

48) 아리스토텔레스를 심층적으로 연구하지 아니하는 입장에서 그의 『윤리학』의 내용이나 철학적 함의 등을 이야기하는 것이 조심스럽고도 위험할 수 있다. 한 가지 예로서 아리스토텔레스의 실천적 지혜에 관련된 숙고를, 특히 그의 『윤리학』의 전체적인 이해나 또는 그의 행복 등에 관한 논쟁에서 보면 개인적 숙고에 의한 실천적 지혜는 인간의 최고의 삶인 행복 그 자체가 아니라 행복을 추구하고 달성하기 위한 행위에 관한 것이다; 인간은 도덕적인 숙고에 따를 뿐만 아니라 이성에 따라서도 행동한다는 비판적 논쟁 등도 많다(김도형, 2016; Cammack, 2013). 따라서 『정책사상 대계』에서 인용하면서 설명하는 아리스토텔레스의 논점이나 내용은 여러 가지 주장 등을 정리하여 소개하는 정도에 불과하다.

이론적 지혜는 신념이 정확하거나 올바른가 하는 문제에 관심이 있지만 실천적 지혜는 올바르게 숙고하고 행동하는가 하는 문제에 관심이 있다. 그래서 실천적 지혜를 세속적인 지혜와 초세속적 지혜로 구분하면서 개인적 삶의 본질적이고 중심적인 문제에 노련하면서도 자애적으로 대응하는 세속적인 지혜가 현실적으로 필요하다고 했다(Walsh, 2015: 279 - 285).

특히 실천적 지혜를 현자나 성인의 개인적 자질이나 수기치인과 같은 인격 형성과 품성에 관한 것뿐만 아니라 공공생활에서 지혜의 실천에 초점을 둔 이론이라는 주장이 실제로 현실주의 정책사상의 실천지혜에 보다 시사하는 바가 클 것이다. 그래서 규제와 인센티브 등과 같은 시장경영의 전략은 그 자체로서 부족하다; 대신에 상황을 인지하고 적절하고 타당한 감정과 욕망을 이해하면서 정확하게 선택하고 행동하기 위하여 숙고하는, 개인적 수준에서보다 제도적인 수준에서 공적으로 논의되고 사회적으로 실천되는 실천지혜가 더욱 중요하다고 하기도 했다(Schwartz and Sharpe, 2010: 5 - 11; Schwartz, 2011: 4 - 5).

공공분야에서 이와 같은 실천지혜의 실천에 관한 하나의 예를 들 수 있다. 2005년에 카트리나(Katrina) 태풍이 미국 뉴올리언스 주를 강타한 자연재난에서 얻을 수 있는 실천지혜로 다양한 집단을 효과적으로 응집할 수 있는 공동선의 구축, 현명하게 선택한 소수의 구성원에게 공유된 규칙과 전술을 수행할 수 있도록 하는 사회행동의 동반관계 구축과 상호간에 분담하는 책임감, 가치로운 사회적 결과를 도출할 조직이나 연합, 네트워크의 다양한 구성방법, 시민단체 등을 포섭하는 개방적인 행동네트워크의 구성으로 만인을 위한 선의 추구 등을 지적하기도 했다(Cowan, 2017: 8 - 9).

또한 실천학문적 성격이 강한 법학이나 경영학 또는 리더십 등에서 실천지혜를 설명하기도 한다. 예를 들면 법률가에게 단순히 현실적으로 현명하게 행동할 수 있는 능력만이 아니라 덕과 자질로서의 규범적인 실천지혜가 필요하다; 즉 남의 입장에 동의하는 수준이 아니라 이해하면서 의사결정을 할 수 있는 공감이나 타인을 격려하고 동기를 부여할 수 있는 동정심, 공감과 동정심으로 남과 나를 구분하는 이원적인 관계가 아닌 관련성 등을 실천하는 덕의 사표(師表)나 관할자로서 실천지혜를 이해하고 교육해야 한다고 했다(Cantrell and Sharpe, 2016; Jones, 2017). 그리고 실천경영으로서 단기적이고 장기적인 관점에서 환경에 적응하기도 하면서 동시에 환경을 구성하기도 해서 개인적 이해와 공공의 이해를 균형화할 수 있는 지식과 감성, 사고 및 동기 등을 실천할 수 있는 능력이 실천지혜이고 이것을 교육하고 습득해야 한다고 보았다(Billsberry and Birnik, 2010; Roos, 2017; Bachmann 외 2인, 2018). 특히 관리와 경영철학에서 유교의 실천지혜를 배우자는 주장이 최근에 대두되고 있기도 하다(Bettignies 외 4인, 2011).

(3) 현실주의 정책사상에서 실천지혜의 특징

첫째, 제2차 세계대전이 종식된 직후에 Chicago대학교의 Charner Perry(1948)는 지식, 특히 경험주의에 의한 과학적 지식의 한계와 문제점을 치유하거나 보완할 수 있는 것은 도덕적이고 정치적인 지혜라는 사실을 일반적으로 잘 인식해야 한다고 애원하듯이 역설했다. 물론 과학이 인간의 삶의 질과 가치를 풍부하게 하고 다양성을 제공하면서 인간존재의 가치를 크게 향상시키고 있지만, 인간의 이성과 본성에 기초하고 있는 도덕적이고 감성적인 가치나 이해관계, 이념적 성향에 의한 정치적인 문제 등을 합당하게 설명하고 판단할 수 있는 기초를 제공하기 어렵다고 했다.

그렇다면 그것은 무엇이겠는가? 그는 우리가 개방된 마음으로 눈을 뜨고 가슴을 바꾸어야 한다. 즉 과학이나 이성도 만능이 아니다. 실천의 장(場)은 다르다. 과학이나 이성만으로 해결되는 것이 아니다. 건전한 상식과 판단을 기초로 하는 철학적 지혜가 더욱 필요하다고 했다. 이와 같은 사실을 우리들은 인식하고 있음에도 불구하고 여전히 현실은 전쟁과 갈등, 집단이나 인종, 종교, 이념, 세대, 심지어 성별간의 갈등과 폭력 등으로 계속되고 있다. 그 이유는 인간의 무지와 지적인 편견, 상대방에 원초적으로 가지는 적대적인 의식 때문에 종교적이거나 도덕적인 훈계나 권고는 더 이상 무용지물이 되어 버렸다. 마찬가지로 종교도 자신의 종교적 교리에 순응해야만 세상은 행복해 진다고 아우성이다. 그래서 그는 도덕적이고 철학적이며 정치적인 지혜가 과학적 지식이나 지혜보다 매우 중요하며 더욱 실천적이라고 했다.

그러면 도덕적이고 철학적인 지혜를 어떻게 현실에서 실천할 것인가 하는 실천지혜를 그는 시간과 장소에서의 인간의 상식을 강조했지만(Perry, 1948: 274) 현실주의 정책사상의 실천지혜에서 상식뿐만 아니라 이론적이면서도 실천적인 다양한 지혜가 필요할 것이다. 그래서 현실주의 정책사상의 실천성의 두 번째 구성요소로 설명하는 실천지혜는 동서양의 실천지혜를 근간으로 하고 있다. 동시에 정책이론과 사상을 실천적 관점에서(실천지혜) 철학적으로 사고하고(철학적 지혜) 이것을 이론화하고자 하는 것, 즉 이론적 지혜로 설명하였다. 즉 정책사상을 정책의 본질에 관한 철학적 사고를 이론적으로 체계화하는 것으로 정의한 것에 따라서 실천지혜를 이와 같이 세 가지로 구분해서 논의한 것이 정책의 실천지혜의 첫 번째 특징이라고 할 수 있다.

둘째, 현실주의 정책사상에서 실천지혜를 이론적이고 철학적이며 실천적인 지혜 등으로 구분한 것과 같이 실천지혜를 현실에서 이와 같이 분명하게 구분하고 실천하기는 어려울 것이다. 마찬가지로 실천지식과 실천지혜를 구분해서 이것이 현장적인 판단으로 연결되어, 실천의지에 따라서 정책의 책무로 완성될 것이라는 논리적 연결고리를 발견하기도 어렵다. 왜냐하면 정책의 현실에서는 이와 같은 논리적 순서나 단계로 진행되기보다 복합적이면서도 통합적으로 실천지혜가 작용하기 때문이다.

또한 정책에서의 실천지혜를 격물치지(格物致知)나 치양지(致良知) 등과 같이 지혜를 깨달음의 경지로 이끌어서 성인이 되어야 한다는 것으로 이해하기도 어렵다. 대신에 실천지혜는 맹자가 비유해서 설명한 벼를 뽑아 올리는 어리석음(알묘자:揠苗者)을 벗어나는 호연지기(浩然之氣)와 같은 지혜, 공자의 군자불기(君子不器)와 같은 수신하고 호학(好學)하여 사물의 본성과 이치에 따라서 이용하거나 응용하면서 안민(安民)을 실천하고자 하는 군자의 현실적인 행동에 관련된 것이라고 할 수 있다. 이와 같은 군자는 잡다한 일들이나 다양한 기술적인 지식에는 무식하지만 순자가 지적한 바와 같이, 사물의 이치와 본성을 잘 이해하고 정통하면 일의 순리적 결정과 실천에 필요한 지혜를 얻을 수 있고 이에 따라서 관리하거나 다스릴 수 있다는, 실천지식이 실천지혜와 연계되는 것으로 실천지혜를 이해할 수 있다. 따라서 실천지혜는 통합적이고 종합적인 개념이라는 것을 현실주의 정책사상은 강조하게 된다.

그래서 아리스토텔레스도 행복을 추구하는 인간의 절대적인 존재를 이해하면서 숙고하고 이에 따라서 판단하고 결정할 수 있는 실천지혜를, 물론 철학적인 지혜보다 열등하다고 할 수도 있지만 덕의 본성을 깨닫고 실현하는 도덕윤리학의 근원이라고 설명하였을 것이다. 또한 실천지혜나 철학적이고 이론적 지혜 등은 인간의 본성을 깨닫게 하는 미덕의 일부분일 뿐이다. 특히 실천지혜의 실천은 행복과 선을 위하는 행동에 직접 관계되는 이성적이고 참된 마음의 자세에 달려 있다는 아리스토텔레스의 주장도 군자는 지자(知者)이면서 동시에 인자(仁者)라는 공자의 군자행동 규범과 맥을 같이 한다고 할 수 있다.

특히 현실주의 정책사상의 실천지혜에서 공자의 지자와 인자의 이분법적 구분은 큰 의미가 없다고 앞서 지적했다. 지자와 인자의 구분은 산수간(山水間)에, 즉 인간의 세상살이에서 실천하는 실천지혜를 다양하게 변용한 방편적 설명이라고 했다. 그래서 인자는 물을 좋아하고 지자는 산을 좋아한다고 하는 공자의 진정한 뜻은 인자와 지자의 구별이나 산과 물을 구분하고자 하는 것이 아니라 산수라는 세상살이에서 군자의 다양한 모습을 설명하고자 한 것이다. 그래야만 인자나 지자 등은 인(仁)을 현실적으로 실천하는 실천인이 될 수 있을 것이다.

지자(知者)가 인(仁)을 활용하면서 그 가치를 이익되게 하면서 동시에 인(仁)으로서 편안하다, 즉 인(仁)에서 편안함을 실천하는 것을 인자(仁者)라고 했을 것이다. 편안하다는 것은 활용이나 이익이 전제되어야 한다. 특히 안민(安民)이나 안락행(安樂行), 안락국(安樂國) 등과 같은 동양사상의 용어에서도 이해되듯이 편안하다는 것은 정신적이거나 육체적인 휴식의 편안함이 아니다. 대신에 사물의 본질적 속성을 자세히 그리고 명확히 이해하고 그것을 활용하면서, 세상의 이익이나 편익과 정의를 위한 공평무사의 일들을 불편함없이 또는 무리없이 실천하고 있는 현재의 모습이나 상태를 편안함으로 이해한 것이다. 이것이 이인(利仁)이면서 동시에 안인(安仁)의 행동철학이라고 할 수 있다.

그래서 맹자도 지자(知者)는 알지 못하는 것이 없고 인자(仁者)는 사랑하지 아니하는 것이 없다고 했다. 나아가 공자는 능근취비(能近取譬)라고 했다[49]. 즉 "내가 서고자 하면 남을 먼저 서게 하고 내가 도달하고자 하면 남을 먼저 도달하게 하라고 한 것"(『논어』, 옹야)을 군자의 실천행동의 규범으로 이해할 수 있다. 이것이 현실주의 정책사상의 실천지혜의 주제어이기도 하다.

셋째, 서양의 분석철학과 같이 지혜를 이론적, 실천적 또는 철학적 지혜 등으로 구분하는 것은 잘못이라는 비판도 있다(Yao, 2006: 319-320). 그러나 현실주의 정책사상에서 실천지혜를 서양의 분석철학적 입장보다, 세상과 인간에 관한 천명(天命)을 밝히면서 동시에 현실적인 실천의 문제 등을 종합적으로 관조하고 숙고하면서 실천하는 복합적이고 다차원적인 개념으로 이해할 필요가 있다.

특히 개인적인 의사의 결정이나 조직이나 집단, 가족 또는 정부, 국가 등과 같은 공공의 의사결정에서 지금 현재의 이 자리와 이 위치에서 또는 불확실하면서도 불분명한 미래를 위한 의사를 결정하고 실천해야 할 지혜는 현장의 실천지혜이다. 단지 실천지혜가 철학적이거나 이론적 지혜와 구분되면서 인간의 의사결정과 판단의 지혜로 작용하거나 활용되지 아니한다는 것이 문제이다. 특히 구분하는 그 자체가 무의할 뿐만 아니라 구분될 수 없는 지혜의 경우도 많다. 이것을 통합하여 실천지혜라고 서양철학은 분석적으로 설명하기도 했다. 그리고 동양사상은 구체적으로 실천지혜라고 명칭하지는 아니했지만 격물치지나 양지, 치양지 등으로 지혜를, 물론 지(知)로 명칭하고 있다는 것을 앞서 실천지식에서 설명했다.

현실주의에서 실천지혜는 분석적이고 분파적으로 지혜를 이해하기보다 세상과 생명에 관한 초월자나 신의 지혜가 아니라 인간과 더불어 살아가는 실천적 지

---

49) 제4장의 선도(善導)주의 정책사상에서 공동체사회의 선을 다함께 발견하고 주창하며 실천하고자 하는 공자의 능근취비(能近取譬) 사상을 설명하였다.

혜이다. 이와 같은 지혜는 배우기 이전의 선천적인 것일 수도 있다. 그러나 인류의 모든 성인들은 배우고 실천하면서 후천적으로 얻고 깨달은 지혜를 주장하고 강조하였듯이, 학문과 수신으로 종합되는 이론적 지혜에 의해서 실천성으로 실천지혜는 체계화되어야 할 필요성이 크다. 그래서 공자가 "군자는 하늘의 뜻(천명: 天命: 사물(인간을 포함한)의 본성과 진리)을 알아야 하며 예(禮: 인간생활의 법도와 지켜야 할 행동가치)를 모르면 설 수 없다, 즉 인간답지 못하다. 그리고 말을 알지 못하면 사람의 됨됨이를 알아 볼 수 없다"[50]라고 한 것도 역시 생명의 지혜를 이론적으로 알고 실천할 수 있는 실천지혜의 종합적 성격을 강조한 것이라고 할 수 있다.

넷째, 서양의 분석철학에서 설명하는 실천지혜의 측정이 현실주의 정책사상의 실천지혜에 제공하는 함의를 지적할 필요성도 있다. 물론 구체적인 실천지혜를 지적하기보다 일반적으로 지혜의 측정이나 지혜의 개념적인 정의에서 찾아 볼수 있는 공통적인 요소를 측정하고자 한 것이지만 측정하기 위한 변수의 구성이

---

50) "孔子曰 不知命 無以爲君子也 不知禮 無以立也 不知言 無以知人也"(『論語』, 堯曰). 여기서 '불입(不立)'을 주자는 "눈이나 귀 또는 수족을 어디에 두어야 할지 모른다"(則耳目無所加 手足無所措)"(『論語集註』, 堯曰)라고 했다. 즉 눈뜨고 볼 수 없거나 듣기 민망한 행동이나 마주서서 악수하거나 인사하듯이 정상적으로 사람을 대하기 어려운 상황이라고 할 수 있다. 또한 공자의 말을 아는 것(지언:知言)에 관한 논의나 논쟁은 다양하다. 자세한 것은 여러 문헌을 참고하기로 하고(정용환, 2012; 남기호, 2013; 이소동, 2014) 여기서는 공자의 지언(知言)을 요약해서 다음과 같이 설명하고자 한다. 공자는 사람을 사랑하는 것(애인:愛人)을 인(仁)이라고 했고 사람을 아는 것(지인:知人)을 지(知)라고 했다. 공자가 다시 인사(人事)(올곧은 사람을 비뚝한 사람위에 등용하면 삐딱한 사람도 능히 똑바른 사람이 될 수 있다(子曰 擧直錯諸枉 能使枉者直)(『論語』, 顏淵)(이것은 백성을 따르게 하는, 즉 정치 인사의 요체라고 공자는 위정(爲政)에서도 강조하고 있다) 문제에 대답한 것에 비추어 볼 때, 사람을 안다는 것은 인간에 관한 본성적 자질과 후천적인 교육 및 학습 등에 의한 인간품성과 가치 등을 판단할 수 있다는 것으로 이해할 수 있다. 사람을 아는 것의 기초는 역시 지언(知言), 즉 말을 아는 것이라고 할 수 있다. 말 그 자체의 의미나 의도뿐만 아니라 말하는 사람의 태도나 품격, 말의 숨은 뜻 등을 알 수 있다는 것은 그 사람의 됨됨이, 즉 군자다움을 아는 것이라고 할 수 있다. 특히 맹자는 그의 제자 공손추가 "어떤 점에서 선생님은 뛰어나다고 할 수 있는가 라는 질문에, 나는 말을 안다 또한 호연지기를 잘 선양한다"(敢問夫子惡乎長 曰 我知言 我善養吾浩然之氣)(『孟子』, 公孫丑 上)라고 대답한 것에서도 지언(知言)은 군자의 사람됨에 관한 현실적인 지혜의 판단과 능력이라고 할 수 있다.

나 내용을 보면(<각주 46> 참조) 이것은 지혜를 현실적으로 이해하고 실천하는 문제에 관한 질문으로 구성되어 있다. 동시에 지혜의 공통요소도 도덕적인 판단이나 겸손, 정의적 감성이나 인내, 친사회적 태도나 행동 등과 같은 실천윤리적 성격이 강하다.

현실주의 정책사상의 실천적 지혜도 경험적으로 검증하고 측정할 수 있다. 나아가 이것을 현실주의 정책사상의 실천성이라고 주장할 수도 있다. 그러나 정책은 국가의 정치적인 의사결정의 실체이다. 동시에 공적인 이해관계에 관한 통치행위로서 정책현실에서 강제되거나 실행되어야 하는 실천적 개념이다. 이와 같은 정책의 세계에서 실천성을 현실적으로 체감하고 검증할 수 있는 측정의 수단이나 방법도 필요할 것이다.

그러나 정책사상으로서의 현실주의는 정책의 실천지혜를 정책의 현장에서 경험적으로 실천하는 안내책자(policy manual)나 지침서(policy guideline)가 아니다. 물론 이와 같은 실천지혜의 측정에 관한 연구나 분석적 방법론도 필요하다. 또한 앞으로 자세히 연구되고 논의되어야 할 분야이다. 그러나 현실주의 정책사상은 실천지혜를 정책의 실천성에 초점을 둔 철학적 사고체계를 정책사상의 이론으로 체계화하는 것으로 이해하고 이것을 논의한 것이다. 마찬가지로 앞서 간단히 소개한 것과 같이 법학이나 경영학에서 논의하고 있는 실천지혜의 덕목이나 교육 등과 같은 실천적 지혜가 아니라 현실주의는 실천지혜의 철학적인 사고체계에 의한 실천성을 중심적인 개념으로 정립하는 정책사상 이론이다.

3) 정책의 실천판단

정책의 실천판단은 정책의 실천지식과 지혜를 기초로 하는, 정책의 결정과 실행에 관한 선택과 결정에 초점을 둔 현실주의 정책사상에서 실천성의 세 번째의 개념적 요소이다. 특히 정책의 실천판단은 정책의 실천지식과 실천지혜를 이분법적으로 구분해서 실천지식에서 출발해서 실천지혜가 발생되거나 실천될 수 있다고 주장하지 아니한다. 또한 정책의 실천판단이 순차적으로 진행되어 결국 정책책무에 의한 정책행동이 진행된다는 시간적 순서인 시차(時差)에 의한 단계적 활동으로 실천판단을 구분한 것도 아니다. 즉 정책의 실천지식→정책의 실천지혜→정책의 실천판단→정책의 실천책무→정책의 행동 등과 같은 단계적 순서에 따라서 진행되는 논리적이거나 현실적인 과정이론의 단계적인 활동으로 실천판단을 이해한 것이 아니다.

정책의 실천판단과 지식과 지혜를 구분하는 서양의 분석철학적 논리와 추론보다 종합적이고 현실적인 실천적 사고에 의한 실천성을 중심적인 개념으로 하고 있는 실천판단이다. 이에 따라서 현실주의 정책사상은 실천성을 중심으로 정책의 실천지식과 지혜와 판단과 책무가 총결된다는 것을 개념적으로 체계화할 수 있을 것이다(<그림 6-1> 참조).

(1) 판단의 개념적 이해

정책사상 대계는 정책개입을 통한 국가개입주의를 출발점으로 하고 있다. 정책개입은 정책 그 자체가 정치적 과정이나 통치행위로서 법률적이고 정치적인 정당성을 우선 가지고 있어야 한다. 동시에 정책의 현실세계에서 정책개입은 개인적 수준에서 뿐만 아니라 사회적이고 공공적으로도 정당성을 확보할 수 있어야 한다. 그래야만 국가중심주의와 우월주의 및 국가독점주의에 의한 국가주의의 정책사상은 현실적으로 가능할 수 있다고 했다. 그러나 이와 같은 국가개입주의가 정당성을 확보한다는 그 자체만으로 정책사상이 완결되거나 종결되는 것은 아니다. 여기에 더하여 정책의 선을 선창하고 창도하면서 공동체사회의 정의와 옳음, 좋음, 인정과 배려, 전통가치 등과 같은 정책의 선을 실현하고자 하는 선도주의와, 물리적이고 정신적인 정책인과를 계속적으로 균형화시키는 균형주의 정책사상으로 연결되면서 최종적으로 인간과 사물과의 상호간의 교섭관계를 설명하는 물아주의 정책사상으로 총결되어야 한다.

또한 정책의 실천판단이라고 해서 정책사상을 실천적 관점에서 그의 현실적인 타당성이나 가능성 또는 현실과 이론의 이원론적 괴리현상을 치유하고자 하는 실천이론의 가능성을 판단하거나 설명하고자 하는 것은 아니다. 물론 실천판단의 초점은 실천성에 있다. 그러나 정책의 실천판단은 국가주의를 시발로 하는 정책 사상의 실천성을 철학적으로 사고하고 이것을 실천이론으로 체계화하는 지식과 지혜의 실천적 판단에 관한 논의이다.

예를 들면 정책개입은 개인적이거나 사회적으로 정당성을 가져야 한다, 즉 정당성이 있어야 한다고 했다. 동시에 정책개입의 사회적인 정당성을 실천적으로 이해하기 위해서 사회적 정당성의 구성요소인 사회적 선이나 정의, 평화, 건강과 행복, 국가의 보편적 이익 등과 같은 실천적인 기준이나 요소를 설명하였다. 이때 현실적으로 이해하고 실행하면서 경험해 볼 수 있도록 조작한 사회적 정당성의 실천성의 기준이나 요소 등을 실증적인 지식이나 증거 또는 이념 등으로 증명하거나 검증할 수도 있다. 그러나 더욱 중요한 것은 사회적 정당성이 있어야 정책 개입의 국가주의는 정당성을 가질 수 있다고 했을 때 '정당성이 있어야 한다' 또는 '확보되어야 한다'는 등의 전제를 제시하면서 정당성의 요건이나 구성요소로 사회적 선 등을 제시하고 설명한 것을 기억할 것이다.

물론 정당성은 개념 그 자체부터 정치적이고 법률적인 정당성(legitimacy) 뿐만 아니라 정책의 수단과 목표에 의한 정당성, 정책의 존재 그 자체의 정당성(justification) 등을 판단하거나 시비를 논쟁하기 어려운 개념이기도 하다. 그러나 동시에 정당성의 실천적 관점에서 정당성이 있어야 하고 정당성을 확보하는 것을 어떻게, 누가 판단할 것인가, 나아가 정치적이고 사회적이면서도 윤리적이고 도덕적으로 정당하고도 타당한가 하는 것을 어떻게 판단할 것인가 하는 판단의 문제가 현실주의 정책사상의 실천성에서 설명하는 정책의 실천판단의 중심적인 주제이고 논쟁거리라고 할 수 있다.

사회적이고 공공적인 정당성이 아닌 개인적 수준에서의 정당성을 온정주의적 정책개입의 위해(危害)의 원칙에서 볼 때, 국가가 개인의 자유롭고도 자율적인 판단과 결정에 개입하거나 간섭하는 정책개입은 정당성을 가질 수 있다. 즉 왜 정당한가 하는 정당성을 판단하거나 논쟁할 가치나 필요가 없는 경우라고 할 수 있다. 왜냐하면 개인의 결정과 판단이 개인에게 신체적이거나 정신적으로 위험이나 해악을 초해할 것으로 국가가 판단하고 결정하여 개입하거나 간섭한 것이기 때문이다. 이때 국가의 판단과 결정은 정당하다고 개인뿐만 아니라 사회적으로 수용된 것이다.

그러나 사회적 선이나 평화, 정의, 행복 등과 같은 사회적 정당성은 그 자체로서 정책의 선인가 아니면 정책에서 규정된 이념이고 목표이면서 수단인가 하는 등과 같은 문제가 있다. 나아가 국가는 통치작용으로 부여받는 정책을 행정절차와 규정에 따라서 집행하면 이것은 정당한 것으로 보편적으로 수용되어야 하는가 하는 문제도 있다. 즉 구체적인 정책문제나 과제에서 정책의 현실적인 타당성과 적실성을 경험적으로 판단할 수 있는, 이론적이거나 사상적인 준거나 철학적이고 도덕적인 기준이나 근거에 따른 국가의 통치행위인가 하는 판단의 문제이기도 하다.

국가주의를 시작으로 하는 정책사상에서 현실주의는 국가개입주의 뿐만 아니라 선도주의나 균형주의 등의 실천성을 설명하고 이해할 수 있는 실천지식과 동시에 실천판단의 준거 틀에서도 실천성을 이론적으로 체계화하고자 하는 것이다. 특히 정책의 실천판단은 정책 그 자체의 법률적이고 정치적인 정당성을 판단하는 것뿐만 아니라 정책개입의 사회적이고 도덕적이며 가치적인 정당성을 철학적인 수준에서 판단하는 것이다.

실천판단의 판단이론을 설명하기 이전에 우선 현실주의에서 실천판단의 판단과 정책개입의 정당성의 정당성과의 개념적 관계를 정리해 볼 필요성도 있다. 왜냐하면 앞서 정책개입의 정당성이 있어야 한다고 했을 때 '있어야 한다'거나 또는 균형주의에서 정책인과는 '균형화되어야 한다' 등의 문제를 판단이라고 할 수 있기 때문이다.

제3장에서 국가개입주의의 정당성을 설명하면서 정치적이고 법률적으로 부여받은 정책 그 자체의 정당성(이것을 'legitimacy'의 정당성이라고 했다)을 정책현장에서도 실천적으로 정당하고 타당한가 하는 정당성(justification)과 구분해서

설명했다. 나아가 정책을 통한 국가개입이나 간섭이 정책현실에서 정당하게 수용되고 있는가 하는 정당성이 중요하다고 했다. 따라서 정책개입의 정당성을 정책의 내용과 목표 및 수단 등이 정책의 존재가치를 사회적으로 정당화할 수 있는가 하는 규범적이고 가치판단적인 것으로 본다고 했다. 이와 같은 정당성에서 정책의 사회적 목적과 선이나 정의를 위한 정당성도 중요하지만 정책실천과 현장에서의 정당성, 즉 실천적 정당성도 중요하다고 했다.

이때 실천적 정당성으로 사회적 선이나 정의 및 평화 등과 같은 사회적 정당성의 충족요건이나 개인의 성숙이나 위해의 방지, 감사의 원칙 등과 같은 개인적 수준의 충족요건을 판단하고 결정하면서 그것이 충분하고도 타당하다는 것을 설명하는 것을 판단(judgment)이라고 할 수 있다. 또한 정책현장이라는 실천적 관점에서 판단하고 설명하는 정당성도 중요하다. 이와 같은 실천에 초점을 둔 판단을 특히 실천판단(practical judgment)이라고 할 수 있다. 이것이 정책개입의 정당성의 판단이면서 동시에 현실주의 정책사상에서 실천성의 실천판단이라고 할 수 있다.

마찬가지로 제5장의 균형주의 정책사상도 정책의 선이 물리적일 뿐만 아니라 정신적으로 균형되는 분배의 정의를 하나의 실천적인 철학으로 설명하였다. 이때 정책의 물리적이거나 정신적인 원인과 결과의 중론적인 균형, 즉 양변에 치우치거나 모자람이 없지만 그렇다고 기하학적인 중간의 개념이 아닌 이변처중(二邊處中)에 의한, 때와 조건에 따른 분배의 정상상태를 실천하는 균형감각을 중심으로 한다고 했다. 이때의 균형감각의 정상상태를 판단하는 것을 실천판단이라고 할 수 있다. 즉 균형주의의 정상상태의 판단을 실천판단으로 설명하고자 하는 것이다.

이와 대조적으로 판단의 정당성이 문제되기도 한다. 즉 정당성이론으로 설명되고 있듯이 판단의 정당성은 개인적 수준이나 또는 조직이나 집단적인 수준에서 의사나 정책을 결정하기 위한 증거나 이론, 이념 등을 평가한다는, 소위 판단을 정당화하는 이론이다(Munck and Zimmermann, 2015: 113; Jost, 2019: 265). 판단이론(judgment theory)과 반대적으로 정당성이론(justification theory)은 판단을 정당화하고자 하는 이론이라고 할 수 있다. 예를 들면 칸트의 도덕원칙인 정언명령에 따라서 결정한 도덕적 판단을 정당화시킬 수 있어야 도덕성숙의 최종단계에 도달했다고 할 수 있다(Hauser 외 6인, 2007: 1; Audi, 2015); 또는 인식적인 경험에 의해서 개념적 판단이나 추론을 정당화시킬 수 있다는 정당성 (Wellman, 1976: 532; Almang, 2014) 등이다. 따라서 도덕적인 판단이 근거하고 있는 원칙이나 인식적인 경험 등이 판단의 정당성을 설명한 것이라고 할 수 있다.

판단(judgment)과 정당성(justification)의 개념적인 양자 관계는 고전철학 에서부터 시작해서 심리학이나 윤리학, 도덕철학, 법학이나 정치학 등과 같은 다 양한 분야에서 다양한 접근방법으로 설명되고 있다. 따라서 판단이론의 '판단' 중 심과 정당성이론의 '정당성'을 중심으로 여러 가지 논쟁과 논법이 철학적이거나 실증적으로 소개되면서 연구되고 있다. 동시에 판단과 정당성의 우선관계에서 설 명하기보다 분야나 사건에 따라서 양자의 상호작용의 관계, 즉 판단에서 정당성 으로 판단을 우선시하거나 또는 정당성에서 판단으로 정당성을 우선시하면서 양 자관계를 설명하기도 한다(Colburn, 2012; Kornprobst, 2014).

판단의 정당성은 판단의 현실적인 시비나 윤리적인 선악, 인식적이거나 논 리적인 사고의 정합성, 철학적이거나 이론적인 준거 틀, 정치적이거나 법률적인 준거기준 등의 정당성에 관한 이론이 중심적이다. 따라서 현실주의 정책사상에서 정책의 실천성을 설명하고자 하는 실천판단은 정책사상, 즉 국가주의에 의한 정 책개입의 개인적이거나 사회적인 정당성이 있어야 한다거나 또는 정책의 물리적 이거나 정신적인 인과는 균형되어야 한다는 등과 같은 정책사상의 실천성을 판단 하고 설명한다는 것이다. 따라서 현실주의 정책사상에서 실천판단은 판단이론에 충실하다고 할 수 있다.

이와 같은 판단이론에 의하면 실천판단에서 판단을 지식과 지혜를 전제로 하는 실천적이고 인식적인 작용으로 이해할 수 있다. 특히 개념적 속성에서 이해 할 때 판단은 현장중심적이고 실천적이라고 할 수 있다. 앞서 정책의 실천지식과 실천지혜에서 설명한 것과 같이 유교의 지식의 지(知) 개념이 앎이라는 지식의 의미뿐만 아니라 앎에서부터 시작된 행동거지나 시비, 선악과 장단, 호불호(好不

好) 등을 판단할 수 있는 판단의 지식을 의미하기도 한다고 했다. 그래서 행동의 지혜를 영어권에서 사려와 분별력에 의한 신중함(prudence)으로 이해하고 있는 것도(Mulvaney, 1991: vii; Cowan, 2017: 8) 지식 개념이 단순히 알고 있다는 것에 기초해서 행동이나 선택을 판단하고 결정할 수 있다는 의미를 가지고 있다고 할 수 있다. 그래서 판단의 신중함을 현실에서 욕구와 욕망을 해결하거나 목표를 달성할 수 있는 실천판단으로 설명하기도 한다(Gauthier, 1963: 43-44).

물론 실천지식이나 지혜가 실천적인 행동으로 탈바꿈되어야 실천판단은 가능하다(Lai, 2015: 69). 그러나 지식을 포함한 지혜는 그 자체로서 철학적이고 사상적인 관조의 능력과 자질이면서 동시에 실천적 문제를 총합적으로 정리하고 이해하는 종합적 개념이다. 지식과 지혜 및 행동을 이분법적으로 분리해서 설명하는 것은 인간 세상과 생명에 관한 지혜의 본질을 이해하기 어렵게 한다는 주장(Mis, 2001: 36-37; Yao, 2006: 319; Tu, 2016: 71)에서 본다면 지식이나 지혜는 본질적으로 판단과 실천에서 구별되기 어려운 개념이라고 할 수 있다. 즉 지식이나 지혜는 실천적인 추론이나 숙고에 의한 판단과 행동을 잉태하고 있다는 주장(Cohen, 2004: 483; Hawthorne, 2004: 477)이 보다 타당하다.

그래서 공자나 맹자의 말을 아는 것(지언:知言)이나 사람을 안다(지인:知人) 또는 지자(知者)나 인자(仁者) 등과 같은 개념은 본질적으로 지식과 지혜를 구분하기 어려운 현실을 직시한 것이라고 할 수 있다. 나아가 이것은 판단의 행위나 능력 등을 지식이나 지혜와 구분하거나 분리해서 설명하기 어렵다는 것을 능변한다고 할 수 있다.

예를 들면 앞서 정책의 실천지혜의 특징을 설명하면서 생명의 지혜를 이론적으로 공부하고 이것을 실천할 수 있는 지혜를 총괄하는 개념이 실천지혜라고 했다. 특히 공자는 "말을 알지 못하면 사람의 됨됨이를 알 수 없다"(『논어』, 요왈)라고 했듯이, 말을 안다는 것은 말의 의미나 내용을 안다는 것을 의미하기도 하지만 말하는 사람의 의도나 말의 명시적이거나 묵시적인 의미뿐만 아니라 말을 하는 사람의 인격이나 성품, 학식이나 교양정도, 예의범절, 상황이나 사건에 타당하고 적절한 단어의 선택이나 사용방법, 말하는 사람의 태도 등을 보면서 그의 사람 됨됨이,

즉 군자나 소인 등을 판단할 수 있다는 의미이기도 하다. 그래서 사람을 알아본다고 하는 것은 사람의 됨됨이를 판단하는 실천지혜의 판단작용이라고 할 수 있다.

사람의 성격이나 됨됨이를 판단하는 전통적인 신언서판(身言書判)을 인간다움이나 인간의 품격을 판단하는 기준이라고 한다면(이학준, 2003: 104－105) 먼저 그 사람의 신체, 즉 현재의 모습을 보고 다음으로 그 사람의 말(내용이나 태도, 단어선택, 모습 등등)을 보고 그 이후에 그 사람의 글을 보면 된다고 하는 것이다. 그래서 공자는 "지자는 혹하지 아니하고(지자불혹:知者不惑)(『논어』, 자한), 인(仁)으로 인간의 본성과 성품에서 사람을 판단하거나 교육하여 이로움을 얻는다(인자이인:知者利仁)"(『논어』, 이인)라고 했고, "지자는 움직임이고 즐거움인 반면에 인자는 고요함과 목숨"이라고 한 비교에서 보더라도[51] 지식은 곧 현실에 미혹되지 아니할 판단의 근거이고 기준이라고 할 수 있다. 또한 인(仁)에만 안주하는 것이 아니라 현실적으로 활용할 수 있는 판단이며, 현실세계에서 지식의 실천과 적용에 의한 움직임이나 즐거움 등을 판단할 수 있는 것으로 이해할 수 있다. 물론 인자(仁者)도 판단에 의하여 지식과 지혜를 활용하고 적용하는 것은 마찬가지일 것이다.

---

51) "知者 動 仁者 靜 知者 樂 仁者 壽"(『論語』, 雍也)의 의미도 다양하게 해석될 수 있다. 특히 주자는 "고요함과 움직임은 체(體), 즉 사람의 상태를 의미한다고 했고 인자는 고요하여 항상(恒常)하기 때문에 수(壽)(목숨)"(動靜 以體言 樂壽 以效言也 動而不括故 樂 靜而有常故 壽)"(『論語集註』, 雍也)라고 해석하기도 했다. 그러나 공자의 근본적인 이치는 마음의 법(심법:心法)이라는 사실을 직시한다면 지자와 인자의 구별자체가 무의미할 것이다. 동시에 정(靜)과 동(動)은 하나라고 할 수 있다. 즉 정중동(靜中動)이고 동중정(動中靜)이라는 것은 지자와 인자를 구분해서 방편적으로 설명한 것으로 이해할 수 있다. 특히 인자(仁者)는 수(壽)라고 한 것을 장수(長壽)한다고 하는 것으로 이해한다면 이것은 문자에 한정된 해석이다. 인자의 수(壽)는 사람의 본성과 사물의 이치를 지혜롭게 아는, 즉 인간 생명인 목숨(壽)이 유한하면서도 동시에 하늘로부터 부여받은 목숨의 중요함과 고귀함을 잘 알고 이것을 인간 세상과 생명에의 진리로 이해하면서 천명인 목숨에 순응하는 것으로 이해하는 것이 공자의 본래적 뜻에 조금 더 가깝다고 할 수 있다. 만약 인자(仁者)가 장수한다면 장수하는 사람은 인자이고 일찍 죽는 사람, 즉 요절하거나 또는 사건이나 사고 등 불의의 일로 일찍 죽는 사람은 인자가 아니라는 모순적 해석에 빠질 수 있다. 마찬가지로 지자가 즐거움이라고 한다면 희로애락의 인생사에서 항상 즐거움만 있을 수 없다. 고락(苦樂)은 생사의 본질이라는 것을 지자는 잘 알고 있다는 의미에서 공자가 인자와 지자를 방편적으로(expedience) 구분해서 지적한 것이라고 할 수 있다.

또한 주자는 안다는 것을 "각자의 처지와 위치에 따른 사물의 각각의 차이점이나 특성 등을 아는 것"(『주자어류』, 권제58)이라고 한 것도 각각 사물의 본질적 특성을 아는 것뿐만 아니라 이에 기초해서 각 사물의 특성을 판단할 수 있다고 한 것으로 이해할 수 있다. 또한 정책의 실천지식에서 설명한 것과 같이 순자(荀子)가 "사물의 본질에 정통하면 구체적인 안내책자에 따라서 작업이나 일을 할 수 없다고 해도 그와 같은 일들을 관리하고 다스릴 수 있다고 한 것"(『순자』, 해폐)(원문은 <각주 36> 참조)을 보더라도, 사물에의 정통이란 사물의 본질을 알고 그의 역할이나 기능과 상태 등을 명확하게 판단할 수 있다는 뜻으로 이해할 수 있다.

아리스토텔레스는 실천지혜와 판단을 구별했다. 즉 판단은 실천적인 지혜를 소유하거나 또는 획득하는 것이 아니라 실천적인 지혜의 소유나 작용을 이해하는 것으로 보았다. 실천적인 지혜는 명령적인 반면에 판단은 분별이나 고려와 같은 순수한 의미의 판단이다. 따라서 판단력이 있다는 것은 실천적인 지혜를 판단할 수 있는 능력을 의미한다고 했다(천병희 옮김, 2013: 240-241). 아리스토텔레스의 이와 같은 주장만 보면 실천지혜를 판단할 수 있는 능력이나 자질을 판단이라고 할 수 있다. 따라서 판단은 실천지혜보다 상위의 개념이나 범주에 속하는 초세속적 지혜(Walsh, 2015: 279)라고 할 수 있기도 하다.

현실주의 정책사상에서 실천판단의 판단은 실천적 추론에 의한 정책의 과정이나 목표의 합리성으로 설명되기도 한다. 그러나 실천적 추론은 합리성만으로 만족될 수 없고 실천적인 판단으로 보강되어야 한다. 즉 정책의 결정에 의한 정책의 실천을 유도하고 지도할 수 있어야 할 것이다(Gauthier, 1963: 40-50; Manzer, 1984: 578-579)[52]. 그래서 체제사고(system thinking) 이론으로 유명

---

52) 실천판단에서 실천적 추론을 전제와 가정에서 결론을 유도하고 발견하고자 하는 행위나 행동의 성공이나 과정 등이라고 이해한다면(전재원, 2015: 264-265) 실천적 합리성은 행동이나 선호의 목적과 정당성을 이해관계의 최적 개념으로 설명하는 것이라고 간단히 이해할 수도 있다(장춘익, 2002: 318-319). 그러나 실천적 추론과 실천적 합리성 등은 논쟁적인 주제이다. 실천철학에서 이것을 중심적인 주제어로 논의하고 있다. 그래서 제3절의 현실주의 정책사상의 특성을 실천철학과 비교해서 설명할 때 실천적인 추론과 실천적 합리성 등을 실천판단과 관련하여 조금 더 설명하고자 한다.

한 Geoffrey Vicker(1894 – 1982)는 인간의 생태 체제내에서 의사결정의 다양한 구성요소들이 시간과 환경에서 상호작용의 균형적인 상태를 정책결정이라고 했다. 즉 정책결정을 정책의 사실과 인과관계의 지식을 판단하는 현실판단과 정책의 목표와 가치에 관한 가치판단, 목표와 수단과의 괴리현상을 극복할 수 있는 정책수단에 관한 도구판단 등을 구성요소로 하는 공감판단(appreciative judgment)으로 설명한 Vicker의 사고체계에 의한 정책결정을 곧 판단의 예술이라고 했다(Adams 외 2인, 1995: xvii – xx).

(2) 실천판단의 정책사상적 특징

첫째, 서양철학에서 실천판단은 칸트철학 중심이면서 동시에 실천철학의 중심사상이라고 할 수 있다. 사실상 칸트의 실천철학은 이론과 실제(현실)와의 괴리현상에서부터 시작해서 실천지식 및 실천적 추론 등과 같은 다양하면서도 때로는 모순적인 내용도 가지고 있다(McCarty, 2006: 65).

그러나 칸트의 실천철학의 핵심적인 주제는 역시 실천판단이라고 할 수 있다(Hager; 2000: 287; O'Neill, 2007a: 159). 그는 "이론과 실제"에서 실천판단을 다음과 같이 설명했다.

"이론과 실제를 이해하기 위해서는 실천자들이 이론과 실제(현실)를 구별할 수 있는 판단의 예술이 전제되어야 한다. 왜냐하면 판단은 소전제를 판단할 수 있는 또 다른 이론을 항상 가지고 있지 않기 때문이다. 그래서 이론에만 의존해서는 될 일이 없다는 것을 인식하는 이론가들은 점점 실천가로 되어 간다. 왜냐하면 이론만으로는 판단이 부족하기 때문이다. 예를 들면 물리학자나 법학자는 학창시절에는 공부를 잘 했지만 전문적인 의견을 발표해야 할 때는 당황하는 것과 같다"(Kant, 1996: 279).

그래서 칸트는 "일반적으로 판단은 보편적 법칙에서 구체적인 법칙으로 사고하는 능력이다. 일반적인 법칙을 주어진 것이라고 한다면 판단은 구체적인 법칙을 포괄할 수 있는 결정력이라고 할 수 있다. 그러나 주어진 구체적인 법칙에서 일반적인 법칙을 찾아야 한다면 판단은 단순히 성찰일 수 있다"(Kant, 2000: 67)라고 했다. 나아가 이와 같은 성찰적 판단이나 결단력 등과 같은 이론적인 판단은 실천이 될 수 없다. 그래서 행동이나 행위를 지도하는 하는 것이 아니라 그 맥락을 이해하는 가운데서 판단이 필요하다. 그래서 실천판단은 구체적인 법칙이 주어지지 아니했을 때 완성된다고 보았다(O'Neill, 2007a:159 – 160).

요약하면 칸트는 판단은 모든 철학의 기본적 요소를 제공한다, 즉 순수이성 비판에서는 이론적 판단을, 실천이성 비판에서는 실천적인 판단을, 판단력 비판에서는 판단의 인식비판적 분석이나 세계에 대한 신학적이고 목적론적 담론 등을 제공한다고 했다. 따라서 이와 같은 칸트의 3대 이성비판에서도 그의 판단 개념이 설명되고 있다(김석수, 2013: 148; Di Maria, 2019).

일반적으로 실천지혜의 부활이 판단이라고 하는 주장에서 보면(Smith, 1999) 실천판단을 실천할 수 있는 원칙은 정서적인 반응이나 태도를 포함하는 행동을 기술해야 할 것이다. 나아가 단순한 진술적인 기술이 아니라 행동에의 입장이나 태도로 밝혀야 할 것이다. 특히 이와 같은 원칙은 실천행동을 담당할 적절한 기관이나 도메인을 구체적으로 밝혀야 한다는 주장에도 관심을 기울어야 한다(O'Neill, 2001: 15 – 17; O'Neill, 2007b: 393). 물론 심리학 등에서 이와 같은 실천원칙에 의한 실천판단을 현실에서 검증하기도 했다(Carrington, 1949; Baldock 외 2인, 2014). 또한 작업현장에서의 실천판단의 특징으로 상황판단과 상황에 대응하는 인간의 반응인 인적 요소의 특징을 통합하는 판단, 기존의 판단논리에 충실한 전통적인 생각에 도전하여 세상을 변화시킬 수 있는 판단 등을 주장하기도 했다(Hager, 2000: 289 – 293). 특히 공공분야에서 흔히 발생하는 해결하기 극히 어려운 사악한 문제(wicked problems)에는 깊은 사고작용을 통한 경험적 이야기에서부터 시작해서 노련한 실천판단이 중요하다는 주장도 있다(Thiele and Young, 2016).

둘째, 동양사상에서는 서양사상과 대조적으로 실천판단을 구체적으로 지적하거나 논의한 것이 적다. 그러나 앞서 현실주의 정책사상의 필요성에서 이론과 실제의 조화로서 실천성을 설명하면서 실천적인 하나의 정책이론으로, 불교와 유교의 중도 및 중용사상에 기초해서 필자는 다차원 정책이론을 구성하였다는 것을 <각주 2>에서 지적한 바와 같이, 동양사상에서 중도(中道) 또는 중용(中庸)이 실천판단의 대표적인 사상이라고 할 수 있다.

이와 관련하여 제5장의 균형주의 정책사상에서 정책의 물리적이고 정신적인 인과의 균형을 설명하는 기본적인 철학으로 유교의 중용과 불교의 중도사상을 자세히 설명하기도 했다. 중용이나 중도사상은 양변의 중간이라는 기하학적 중도나 중립의 중도(the middle way)가 아니다. 시간과 공간 등의 다양한 조건과 상태에 따라서 합리적이고 타당하며 정의로운 입장을 취한다는 의미의 중도라고 했다. 여기서 입장을 취한다, 즉 입장을 정리한다는 것은 현실의 조건과 상황에 타당하고 적절하다는 것을 숙고하고 판단하며 이에 따라서 행동하거나 결정한다는 의미이다. 즉 실천지혜에서 지적한 행동의 지혜이다. 또한 앞서 지적한 실천원칙으로 진술적인 기술이나 처방이 아니라 행동에의 입장이나 태도를 밝히는 것을 중도사상이라고 할 수 있다.

실천판단에서 보면 중도사상의 핵심은 중간이나 중간의 점이 아니라 때와 조건에 따른 시의적절하고 타당하며 정의로운 입장을 결정하고 판단하는 것이다. 이것을 『중용』의 시중(時中) 사상으로 조금 더 자세히 설명할 수 있다. 『중용』에서 "군자는 중용이고 소인은 중용에 반한다. 군자가 중용이라고 하는 것은 군자가 시중이기 때문이다"[53]라고 했다. 군자가 시중이라고 한 것을 주자는 "군자가 중용으로 그 체를 삼는 이유는 군자는 덕이 있기 때문이다. 중(中)은 정해진 체가 없다. 때와 조건에 따라서 존재하는 것이기 때문에 이것을 평상의 이치라고 할 수 있다. 군자는 중(中)이 자신에게 있음을 알기 때문에 남이 보지 아니해도 능히 삼가하고 경계하며 남이 듣지 아니한다고 해도 두려워하고 조심한다. 따라서 시

---

53) "仲尼曰 君子 中庸 小人 反中庸 君子之中庸也 君子而時中"(『中庸』).

중이 아니됨이 없다"[54]라고 했다.

『중용』에서 밝힌 공자의 시중(時中)을 여러 가지로 해석하거나 주석하지만 정책의 실천판단의 관점에서 시중을 때에 적절하고 타당하며 올바른 결정과 판단의 행동이라고 할 수 있다(이찬, 2017: 79). 왜냐하면 『중용』에서 "중(中)은 편파적이거나 치우치지 아니하며 넘치거나 또는 모자람이 없는 것이고, 용(庸)은 평상으로서 변하지 아니하는 것이라고 했다. 또한 중을 희로애락 등과 같은 인간의 세상살이의 감정을 나타내지 아니하는 것이며 희로애락이 발현되더라도 모두가 중의 절도이며 화합"[55]이라고 했기 때문이다. 따라서 시중은 중의 시(時)로서 중이 나타나거나 또는 나타나지 아니하는 경우에도 모두가 중이기 때문에 군자의 판단과 그의 행동은 중용에 어그러짐이 없는 것으로 이해할 수 있다. 그래서 군자를 시중이라고 한 것이다.

맹자는 공자의 가르침인 군자의 시중(時中)사상을 배우겠다고 했다. 즉 맹자는 "고대의 성인(백이와 이윤)을 공자와 비교하면서 세상의 형편이나 통치자가 누구인가 하는 것 등에 관계없이 공자는 벼슬을 할 수 있으면 하고 그만두어야 하면 그만두고 오래해야 한다면 하고 빨리 떠나야 한다면 떠났다. 물론 백이나 이윤 등과 같은 분도 성인이었고 나는 그와 같은 행을 하지는 못했지만 나의 소원은 공자를 배우는 것"[56]이라고 했다. 여기서 시대적인 환경이나 조건 또는 통

---

54) "君子之所以爲中庸者 以其有君子之德 而又能隨時以處中也 (중략) 蓋中無定體 隨時而在 是乃平常之理也 君子 知其在我 故 能戒謹不睹 恐懼不聞 而無時不中"(『中庸集註』)

55) "中者 不偏不倚無過不及之名 庸 平常也; 喜怒哀樂之未發 謂之中 發而皆中節 謂之和" (『中庸章句』).

56) 제자인 공손추(公孫丑)가 고대의 여러 성인들도 공자와 같은 성인이지만 대체적으로 미약했다고 하면서 맹자에게 당신의 입장을 묻는 질문에 대답을 하지 아니하자, 백이(伯夷: 숙제(叔齊)의 형으로 주나라 녹을 먹지 않는다고 하면서 수양산에서 굶어 죽은 사람)와 이윤(伊尹: 상나라 탕왕 때의 재상)(우재호 옮김. (『맹자』. 을유문화사), 2007: 217)을 구체적으로 지적하면서 맹자의 입장을 다시 묻자, 맹자는 "벼슬을 할 만하면 하고 그만 둘만 하면 그만둔다. 오래 동안 공직에 있어야 한다면 있고 일찍 그만 두어야 한다면 일찍 그만둔다. 이와 같은 공자의 가르침(시중:時中)을 나는 잘 행하지 못하지만 공자의 사상을 배우겠다"(曰 不同道 非其君不事 非其民不使 治則進 亂則退 伯夷也 何事非君 何使非民 治亦進 亂亦進 伊尹也 可以仕則仕 可以止則止 可以久則久 可以速則速 孔子也 皆古聖人也 吾未能有行焉 乃所願 則學孔子也)(『孟子』, 公孫丑章句

치자가 누구인가 하는 것 보다는 어느 시대나 군주이든지 공직에 종사하여 국가와 백성을 위하는 일을 할 수 있으면 하고 또 오래 할 수 있으면 한다. 또한 공직을 수행할 수 없으면 하지 아니한다; 한다고 해도 일찍 그만두어야 한다면 그만둔다는 공자의 사상을 맹자가 백이와 이윤 같은 성인과 비교하여 설명한 것은 공자의 실천적인 판단과 행동이 곧 시중사상이기 때문이다.

즉 벼슬살이(사:仕)를 해야 할 때와 그만두어야 할 때 그리고 오래하거나 또는 일찍 떠나야 할 때를 알고 판단해서 그에 따라서 행동하는 공자를, 군주가 좋거나 싫다고 해서 그의 부름에 따라서 벼슬을 하거나 또는 세상의 정치와 인심이 벼슬하기에 좋다거나 나쁘다고 해서 그에 따라서 결정하고 판단하는 것과 같은 하달(下達: 욕망을 추구함)과는 비교할 수 없다. 그래서 공자와 같이 때와 조건과 상태에 따라서 합리적이고 적절하며 타당한 판단에 의한 행동을 하는 것, 즉 시중의 도를 실천하는 공자를 맹자는 배우고 따르겠다는 것으로 이해할 수 있다.

요약하면 시중의 사상을 현실에서 공자가 실천했다는 사실이다. 그래서 맹자는 공자를 시중의 성인이라고 했다. 나아가 시중의 성인의 집대성(集大成)으로 비유했다. 즉 현재의 관현악단의 연주와 같이 팔음(八音)을 연주하기 이전에 종을 쳐서 알리고 연주가 끝날 때 경쇠를 치는 것과 같다고 했다[57]. 즉, 일의 순리적인 절차에 의한 행동이나 결정을 판단하는 것을 시중사상의 핵심으로 맹자가 지적하였다[58].

上)라고 대답했다.

[57] "孔子 聖之時者也 孔子之謂集大成 集大成也者 金聲而玉振之也"(『孟子』, 萬章章句 下).

[58] 주역(周易)의 시중(時中)을 설명하면서 시의적절하다는 행동의 실천성만을 강조하는 것은 잘못이라는 주장을 하기도 한다. 즉 주역에서 시중은 일시적이거나 표피적인 것이 아니라 지속적이지만 단지 숨거나 드러남이 있을 뿐이라는 설명이다(이난숙, 2011: 278). 시중사상의 본질은 이와 같다고 할 수 있지만 시중을 실천판단의 실천성에서 설명할 때, 때에 적절하고 타당하며 올바른 결정과 판단에 의한 행동을 강조하여 시중을 설명할 수 있을 것이다. 이것이 시중사상을 실천적으로 이해하는 것이라고 할 수 있다. 그러나 인격의 수양을 중심으로 설명한다면 시중이 행동의 출처론이라는 주장(이상호, 2004: 347)을 이해할 수 있기도 하다.

(3) 현실주의 정책사상에서 실천판단의 특성

첫째, 정책개입의 정당성을 판단하거나 정책인과에 의한 정책균형 등의 실천성을 판단한다는 판단의 문제가 현실주의 정책사상의 주요 주제라고 했다. 그렇지만 이것은 실천판단의 이론에 속한다고 할 수 있다. 그러나 동시에 판단의 정당성에서 보면 인식적이거나 도덕적이고 가치적인 판단은 그 자체로서 완벽하거나 완전하지도 아니하며 또한 정당하지도 않을 수 있다. 따라서 판단을 정당화할 수 있어야 한다는 정당성이론도 판단이론에서는 논의되고 있다고 했다.

현실주의 정책사상에서 실천판단은 정책사상의 실천성을 철학적 사고로 체계화하면서 이론화하는 것이다. 이때 정당성이론으로 설명하는 판단의 정당성이기보다, 정책개입의 정당성이나 균형주의에서 설명하는 정책인과의 균형적인 배분 등을 실천성으로 판단하는 판단이론에 초점을 두고 있다. 따라서 현실주의 정책사상에서 실천판단은 판단 개념을 철학적 논조로 하는 칸트의 실천철학이나, 때에 적절하고 올바른 결정과 판단이라고 하는 공자의 시중(時中)사상에 철학적 뿌리를 두고 있다고 할 수 있다.

마찬가지로 현실적인 행동과 결정이라는 실천에 초점을 둔 실천판단도 판단 그 자체의 정당성이 아닌 실천성을 판단한다는 것이다. 동시에 칸트의 정언명령에 의한 판단과 같이 정언명령에 따라서 도덕적 결정을 정당화시킬 수 있을 때, 도덕적인 성숙의 최종단계에 도달했다는 도덕적 판단도 정책사상의 실천판단이라고 할 수 있다(Hauser 외 4인, 2007).

특히 도덕적인 기준이나 정보에 의한 도덕적 판단의 정당성도 논의의 주제이기도 하다(Kalis, 2010: 94). 동시에 정책의 선악이나 시비, 정의, 인정과 배려, 전통가치 등과 같은 정책의 선을 판단하는 것도, 무엇이 정책의 선의 가치판단을 정당화시킬 수 있을 것인가 하는 실천적인 설명이 필요할 것이다. 즉 정책의 선은 누구의 가치이며, 무엇이 가치로운가 하는 것에 초점을 둔 가치판단을 비판하거나 논쟁할 수도 있다는 것이다(Pennycook 외 4인, 2014; Lankoski 외 2인, 2016).

또한 공명정대함을 기준으로 한 정치적 판단의 정당성을 논의하고 설명할수도 있다. 예를 들면 공명정대함이 정치적 판단에서 과연 가능한가 또는 바람직한가 하는 것을 이론적이거나 철학적으로(Button and Garrett, 2016) 또는 실천적으로 논의할 수 있을 것이다. 또한 정치적 편의성이나 이념성향, 정치적 사건등에 의한 정책의 정치적 판단의 정당성을 Hannah Arendt가 주장하듯이[59], 나의판단을 타인의 관점에서 확장된 사고방식으로 이해하면서 과거의 판단의 정당성을 수정하거나 개선할 수도 있을 것이다(이은아, 2005: 176; Degerman, 2019).

도덕적 판단이나 정치적 판단, 가치판단 심지어 철학적 이론이나 이념에 의한 판단 등의 정당성을 현실이나 실천에 초점을 두면서 판단은 필수적으로 실천성이라고 할 수 있을 것이다(Svavarsdottir, 2009: 299). 그래서 실천이론이 밝히고 있듯이 또한 철학이나 이론으로서는 정확하고 올바르지만 실천적으로 무용지물이 될 수 있다는 칸트의 지적과 같이, 현실에서의 타당성과 적실성을 시중(時中)사상에서 설명하면서 철학적 체계를 수립하고자 하는 실천판단이 판단이론의중심적인 주제이고 과제인 것은 사실이다.

그러나 현실주의 정책사상의 실천판단의 판단이론은 정책지식이나 이론 또는 정책의 증거 등의 타당성이나 적실성 등을 판단하거나 평가하는 정책판단이나정책평가 등과는 차이가 있다. 정책판단(policy judgment)은 정책 자체의 문제점이나 정책의 결정과정이나 제도, 정책에 관련된 다양한 유형의 정보와 자료, 지식과 증거의 의한 정책의 성공이나 실패 등을 정책평가의 정보와 패러다임에 따라서 정책을 계속할 것인가 또는 정책을 종결할 것인가, 종결한다면 부분적인가

---

59) 독일 출신 유태인으로 1941년에 미국으로 망명한 정치학자 Hannah Arendt(1906–1975)는 정치사상이론, 특히 정치판단을 실용주의적 입장에서 해석하거나 칸트의 판단력비판에 기초하는 정치판단 이론자로 잘 알려져 있다. 그러나 『The Life of Mind』의 1권의 '사고'와, 2권의 '의지'를 출간한 후에 제3부에 해당될 판단의 정신력에 관한 것은 발표하지 못하고 사망하면서 Arendt의 판단이론, 특히 정치판단이론은 매우 불분명한 것이 될수밖에 없었다(장한일, 2004: 252). 그럼에도 불구하고 정치사상 연구에서 Arendt의 정치판단에 관한 여타 정치학자나 심리학자, 철학자 등의 연구는 많이 발견되고 있기도하다. Arendt의 정치판단이론에 관한 보다 자세한 것은 『한나 아렌트 정치판단이론: 우리시대의 소통과 정치윤리』(김선욱, 2002. 서울: 푸른숲)를 참조할 수 있다.

아니면 전면적인가 하는 등의 정책의 운명에 관한 판단이라고 할 수 있다. 물론 정책평가나 판단에의 초점을 정책의 윤리적 성격이나 가치문제의 설명에 둘 수 있고, 정책목표의 달성도나 정치적인 이해관계에 의한 정치적 영향에 관한 문제 등에 초점을 둘 수 있다. 그래서 정책의 과학적이고 정량적인 증거나 정보에 초점을 둔 과학적 평가에 의존하는 객관적 판단, 정치적 의사결정에 의존하는 정치적 판단 등과 같이 정책판단을 여러 가지로 설명하고 이해할 수 있다[60].

둘째, 현실주의 정책사상의 실천판단은 실천지식과 실천지혜에 따라서 순차적으로 진행되는 인식작용이나 행동판단 등은 아니라고 했다. 앞서 <그림 6-1>과 같이 정책의 실천성을 구성하는 요소로 실천의 지식과 지혜 및 판단과 책무 등을 나열하였다. 따라서 실천성의 구성요소인 실천판단은 정책지식이나 증거 및 이념 등에 의한 국가개입주의의 정당성이나 정책의 선의 실천성, 정책인과에 의한 정책균형을 현실적으로 판단하는, 즉 판단에 관한 실천이론이라고 요약할 수 있다.

판단에 관한 실천이론이지만 현실에서의 판단과 행동이 그리 간단하거나 명쾌하지는 아니할 수도 있다. 예를 들면 실천적인 지혜의 부활이 판단이라고 했지만 현실이나 행동으로 지혜를 부활하는 것을 기술하거나 설명하기는 매우 어렵다. 또한 행동에서의 지혜도 이와 마찬가지이다.

공자의 시중(時中)사상을 때와 조건에 타당하고 적절하며 올바른 판단과 행동이라고 했다. 그러나 무엇이 타당하고 적절하며 올바른 것인가 하는 것을 시시때때에 정확하고 분명하게 판단하는 것은 개인이나 집단의 인식수준이나 교양, 인성, 선천적인 본성이나 후천적인 교육과 훈련 등과 같은 다양한 요소에 의존할 수밖에 없다. 특히 시중의 중(中)은 희로애락을 나타내기 이전이지만 그러나 모든 인간은 희로애락을 의식적이거나 무의식적으로 표현하고 있다. 만약 그렇지 않다면 그는 목석과 같은 송장이거나 미친자(광자:狂者)[61]일 것이다. 송장이나

---

60) 정책판단에 관한 논의나 연구는 희박하지만 정책평가를 판단하는 정책의 논쟁을 이해할 수 있는 이론이나, 합의나 의견의 일치 등과 같은 사회적인 요소를 인식과정으로 설명하는 방법 등을 정책에 적용하여 설명하는 사회판단이론(Adelman 외 2인, 1975; Dhami and Mumpower, 2018) 등에서 정책판단을 조금 배울 수 있기도 하다.

광자는 합리적 이성을 가진 인간이라고 할 수 없다. 그럼에도 불구하고 중용의 가르침에 의한 중(中)을 현실적으로 실천하기 위해서 희로애락을 나타내지 아니한다면 그는 인간이 아니다. 그래서 희로애락을 나타내지만 역시 중(中)의 이치에 맞아야 한다. 따라서 중용은 희로애락과 같은 세상사에서 한쪽으로 치우치거나 넘치지 아니하는 실천적인 지침이라고 할 수 있다.

그러나 여전히 의문은 남는다. 시중(時中)은 때와 조건에 항상 합한다는 중용사상이다. 그래서 맹자도 공자와 같은 성인을 시중이라고 했다. 왜냐하면 환경이나 조건, 통치자 등에 구애받지 아니하고, 즉 간택(簡擇)하지 아니하고 벼슬을 할 수 있으면 하고 그만둘 때가 되면 그만 둔다고 했기 때문이다. 그러나 언제 그리고 어떻게 벼슬을 할 때와 그만 둘 때를 판단하며, 그와 같은 판단은 시중사상에 어그러짐이 없는 타당하고 적절하며 올바른 판단이었는가 하는 것을 이론적으로나 현실적으로 설명하거나 이해하기는 어렵다. 그래서 공자나 맹자도 그 이상은 말하지 아니한 것이다.

현실주의 정책사상의 실천판단도 이와 같다고 할 수 있다. 즉 정책개입이나 정책인과의 균형주의 등의 정당성을 실천적으로 판단한다는 것을 철학적으로 체계화하는 것뿐이다. 따라서 구체적인 정책개입의 사례나 또는 정책당사자의 행동규범으로 안내책자를 제공하는 것과 같은 실천판단의 행동요령이나 기술은 될 수 없다.

셋째, 판단을 실천적인 행동을 지도하거나 안내하는 현실적인 작용으로 이해할 때, 즉 현실적인 처방에 의한 행동을 정당화하는 것으로 판단을 이해할 때

---

61) 여기서 미친 자(광자:狂者)는 공자가 지적한 광자(狂者)가 아니다. "공자는 중도를 실천하는 사람을 얻어서 함께 할 수 없다면 광자(狂者)나 견자(狷者: 고지식한 사람)를 택하겠다. 왜냐하면 광자는 진취적이고 견자는 하지 않는 일이 있는 사람이기 때문이라고 했다"(子曰 不得中行而與之 必也狂狷乎 狂者進取 狷者有所不爲也)"(『論語』, 子路). 주자는 광자를 뜻이 매우 높지만 행(行)을 가리지 못하는(잘못하는) 사람이고(狂者 志極高而行不掩), 견자를 지식은 약하지만 지키고자 하는 것이 있는 사람(狷者 知未及而守有餘)이라고 했다(『論語集註』, 子路). 맹자도 공자의 『논어』의 구절을 인용하면서, "광자는 그 뜻은 높고도 높지만 그러나 고인의 덕이나 도만 이야기한다. 행을 보면 말과 일치하지 아니하는 사람"이라고 했다(其志嘐嘐然 曰 古之人 古之人 夷考其行 而不掩焉者也); 견자는 광자의 다음 등급의 사람으로 행실이 바르지 않는 것을 싫어하는 선비(不屑不潔之士 是狷也 是又其次也)"(『孟子』, 盡心章句 下)라고 했다.

현실주의 정책사상에서 실천판단은 지식이나 지혜 등을 구분하는 이분법적인 사상이 아니라 정책사상을 실현하고자 하는 종합적인 사상이라고 할 수 있다(Kant, 1996: 279; Mulvaney, 1991: 3). 사고 그 자체는 실천력이 아니다. 그러나 사고는 다양한 유형의 행동으로 그 형태를 구성할 수 있다. 이때 사고나 사상을 행동으로 전환 또는 변환시키는 현실적 개념을 실천판단이라고 할 수 있다.

실천판단의 판단 개념을 설명하면서 공자의 말을 안다는 지언(知言)이나, 사람 됨됨이를 알아본다는 지인(知人) 등의 실천성은 축적된 지식이나 지혜의 작용에 의한 인식적 판단작용이라고 할 수 있다. 그러나 이와 같은 판단은 경험이나 학습 등에 의한 지식이나 지혜 및 선천적인 직관이나 사고 등의 분절된 상태에서의 판단이 아니라 종합적으로 융합된 인식작용이라고 할 수 있다. 그래서 서양철학에서 지혜를 축적된 지식으로 설명하는 것이나(Marshall and Simpson, 2014), 특히 행정학에서 축적된 지식인 지혜의 실천을 개인과 사회와의 관계에서 설명하는 것(Rooney and McKenna, 2008) 등을 지언(知言)과 지인(知人)의 실천으로도 이해해 볼 수 있다.

실천판단은 사실이나 진실 등을 단순히 구별하거나 판단하는 것이 아니다. 선도주의 정책사상에서 정책의 선과 같은 옳음이나 정의, 좋음, 인정과 배려, 전통가치, 균형주의 정책사상의 정책인과의 균형판단 등과 같은 정책사상의 타당성이나 적실성 등을 판단하는 것이다. 이것은 물리적이고 가시적이라기보다 철학적이고 인식적인 특성이 강하다. 그럼에도 불구하고 중용을 실천하는 시중사상과 같이 중(中)의 실천적 판단이 일상에 작용하고 있다는 사실도 설명하고자 하는 것이 현실주의 정책사상의 실천판단의 특성이다.

4) 정책의 실천책무

정책의 실천성을 <그림 6-1>과 같이 구성하면서 실천책무는 국가주의를 중심으로 시작하는 국가개입주의나 선도주의, 균형주의 및 물아주의(제7장) 등의 사상적 연계를 실천성의 개념적 정의에 따라서 현실주의로 종합하는 실천성의 한 개념이라고 할 수 있다. 그래서 정책의 실천책무는 정책지식과 증거 및 이념에 의한 국가의 정책개입의 정당성이 있다는 것을 또는 정책의 지식이나 증거에 해당될 수 있는 정책의 물리적이거나 정신적인 인과가 균형되어 있다는 것 등을 실천의 관점으로 판단한 것을 행동으로 확인하고 확정하는 현실주의 정책사상의 철학적 사고활동이다.

그렇지만, 앞서도 지적했듯이 실천책무는 정책의 실천지식과 지혜에 의한 판단에 따라서 순차적으로 진행되는 논리적 단계가 아니다. 정책의 실천성, 즉 정책사상의 현실적 타당성과 적실성이라는 실천적인 지식체계를 정책의지와 책임에 관한 철학적 책무(philosophical commitment)로 설명하는 것이라고 할 수 있다(Blake, 2010: Hutchinson, 2011: 999). 철학적 책무이지만 실천적 책무에 관한 의지이고 책임이다. 때문에 사변적이고 논리적인 책무이론인 목적론이거나 결정론적 행위이론은 아니다. 또한 철학적 책무라고 해서 철학의 현실에의 실천과 적용을 통한 철학적 치유와 상담, 특히 정책에의 철학을 적용하는 사회적이고 공공적인 임무 등에 초점을 두는 철학하기나, 공적인 활동가로서 올바른 철학을 이해하면서 공동의 선이나 정의를 위하여 철학을 실천하는, 소위 공공철학하기 등과 같은 철학실천과는 다르다. 왜냐하면 정책의 실천성은 정책사상의 지식이나 이론체계를 정립하기 위한 하나의 실천철학의 이론이지만 이것을 정책현실에 작용하는 정책사상의 안내책자나 기술이 아니기 때문이다. 따라서 현실주의 정책사상의 실천성에서 실천책무의 사상적 특징을 두 가지로 구분해서 설명할 수 있다.

첫째, 실천책무는 실천판단을 종결하는 의미를 가지고 있다. 물론 판단은 개념적으로 현장에서의 실천을 전제로 하고 있다고 했다. 동시에 실천의 지식이나 지혜를 행동으로 변환 또는 전환시키는 또는 시켜야 하기 때문에 실천판단은 행동에서의 지혜인 사려와 분별에 의한 판단과 행위의 신중함으로 이해되고 있다고 했다. 또한 지식이나 지혜는 실천적인 추론이나 숙고에 의하여 판단과 결정에 의한 행동을 전제로 하고 있다고 하기도 했다.

그렇다면 굳이 실천성에서 행동에의 의지나 책임성 등과 같은 실천책무를 다시 논의할 필요성이 있는가 하는 의문이 생길 수 있다. 그러나 실천책무를 의지에 의한 실천가능성의 자기 확인이나 확신이라고 개념적으로 정의한다면, 물론 실천성의 요소로서의 실천책무를 이해하기 위한 수준에서 조작적인 정의이지만, 실천판단이나 지혜에서 행동하는 실천의 의지에 의한 실천의 힘이라는 것을 설명할 수 있는 실천책무의 개념도 중요하다고 할 것이다.

실천의 힘 또는 실천력은 행동하는 힘이다. 이것은 의지에 의한 판단력과 결단력에 대한 책임성이 뒷받침되어야 가능할 것이다(Lynch, 2013: 343). 의지를 철학이나 심리학 등에서도 정의하기 어려운 인간의 인식작용이라고 설명하지만 또한 형이상학적 개념을 굳이 과학적 검증이 가능한 개념으로 정의하고자 하는 자연주의 오류와 같은 개념이라고 했다. 그러나 의지(will)는 인간이 지각하고 이해하는 현실이나 생각을 확인하면서 중개하는 자기실현이라고 하는 개념적 정의(이정환, 2010: 25; Bradley, 1902: 29)를 일단 수용할 수 있다. 이에 따라서 실천성에 초점을 두면 의지는 숙고에 의한 판단이나 결정을 자발적인 행동으로 연계하는 인간의 정신능력 작용이라고 하는 개념(Bradley, 1903: 146-147; Zhu, 2004: 248)도 또한 중요할 것 같다. 특히 의지의 개념적 이해에서 의지의 결핍(*akrasia*)을 판단의 실현을 방해하는 자기통제나 행동상태의 결여라고 정의하면(Guevara, 2009: 525; Sebo, 2014: 589), 이것을 의지의 실천성의 허약함이고 책무의 반대적 개념이라고 할 수 있다.

실천의 힘은 실천적 가능성의 한계를 극복할 수 있는 정신적이고 육체적인 노력의 결과에 의해서 나타나는 에너지라고 할 수 있다. 즉 실천의 가능성을 실천적 지식이나 지혜에 의한 또는 실천판단의 사고작용이나 판단의 선택 등으로 실현할 수 있다는 것을 스스로 확인하는 것이다. 이것을 실행할 수 있는 에너지는 실천의 힘, 즉 실천력이라고 할 수 있다. 따라서 인식적 개념이기보다 형이상학적 개념인 실천가능성은 논리적 일관성이나 물리적 법칙, 자연적인 능력, 축적된 역사 등에 따라서 그의 정도가 결정될 수 있다. 이와 같은 실천가능성에 따라서 구체적인 정책에서 낙관적인가 아니면 비관적인가 하는 실천판단의 운명을 결정할 수 있기도 하다(Jensen, 2009: 168-169).

따라서 실천책무를 실천이라는 행동으로 전환하고자 하는, 즉 자기실현의 의지를 낙관적인 실천가능성인 실천의지로 확인하고 개입하는 것이라고 다시 정리할 수 있다. 실천력은 의지에 따라서 결정될 수 있다. 동시에 의지와 관계없는 역사적이거나 물리적인 환경이나 조건 등에 따라서도 결정될 수 있다. 그래서 실천책무를 실천력과 구별해서 이해하는 것이 현실주의 정책사상의 실천성에 보다 타당할 것 같다.

의지나 실천가능성 등은 현실의 경험사회에서 검증하거나 실험하여 측정할 수 있는 실천적 개념이나 인식개념이라기 보다 형이상학적 개념이다. 이에 따라서 실천책무도 실천력을 현실에 발현한다는 목적론적이거나 또는 인과법칙에 의하여 나타나는 결과에 지배당한다는 결정론적 개념은 아니다[62]. 대신에 실천의지에 의한 실천가능성을 자기가 확인하고 확정하는 철학적 사고를 체계화하는 개념이라고 할 수 있다(Allen and Clough, 2015: 3-4). 정책의 실천책무를 이와 같이 이해하는 것은 정책의 본질에 관한 철학적 사고를 이론적으로 체계화하는 것으로 정책사상을 정의하면서 이에 따라서 정책사상의 실천적 체계를 이론화하고자 하는 실천성의 정의에 보다 타당한 수준이라고 할 수 있다.

둘째, 유교사상에서 실천책무는 실천의지와 같은 의미로 널리 이해되고 있음을 알 수 있다(조현규, 2001; 이정환, 2010). 앞서 실천지식에서 공자를 중심으로 하는 사상은 본질적으로 실천론이고 현실중심주의라고 했다. 그래서 유교사상의 실천지식이나 실천지혜 및 실천판단 등을 서양의 분석철학과 같이 이분법적으

---

62) 철학이나 심리학 등은 의지(will 또는 volition)를 일반적으로 두 가지로 구분하여 설명하고 있다. 먼저 목적론적 의지이다. 목적에 따라서 판단하고 결정하는 행동의 자아인식(Lazarick 외 3인, 1988: 15)을 의지라고 했다. 그리고 결정론적 의지를 모든 사건이나 선택은 이전에 존재하고 있는 원인에 의하여 결정되는 인과성에 의한 의지라고 했다. 때문에 이것은 자유의지와 양립되기 어렵다는 설명이다(이명숙, 2005: 156; Muller and Placek, 2018) 그러나 실천책무의 기초개념인 의지를 실천가능성을 자아 인식하는 형이상학적 개념으로 이해하기 때문에 목적론이나 결정론의 의지와는 차이가 있다.

로 구분해서 설명하거나 이해하기 어렵다고 했다. 그러나 유교사상에서 지식이나 지혜 등과 판단에 의한 행동이나 실천과의 관계는 수신의 덕목에 해당된다고 할 정도로 매우 구체적이면서도 동시에 실천적으로 자세히 설명하고 있다고 했다. 따라서 공자를 중심으로 하는 유교 사상가나 철학자는 본질적으로 철학적 책무로서 철학의 실천을 통한 왕도정치와 같은 이상적 통치자를 위한 실천책무를 강조하였다(Blake, 2010: 668).

먼저 『맹자』의 첫머리부터, 맹자는 양혜왕(梁惠王)이라는 통치자를 만나서 국가의 이익이나 권력안보에 타당하고 적절한 사상이 아닌 인의(仁義)에 의한 왕도정치의 사상을 실천적으로 역설한 것을 들 수 있다. 즉 왕도정치라는 이상정치가 사상적인 논리나 철학적인 사변이 아니라 "시와 때에 맞추어 농사를(전쟁으로 징병하지 않고) 지어서 곡식이 풍족하고 치산치수(治山治水)로 생선과 목재를 넉넉하게 생산한다면 가족이나 일가친척, 이웃 등을 봉양하면서 죽은 자를 장사지내는 등의 일상적 생활에 백성의 불만이 없을 것이다. 이것이 왕도정치의 시작"[63]이라고 했다. 즉 맹자는 왕도정치라는 철학적 책무에 따라서 통치자가 현실적으로 매우 쉽게 실천할 수 있는 실천방법을 구체적으로 설명했다고 할 수 있다.

이와 같은 왕도정치의 실천성을 맹자는 다시 우물파기인 굴정(掘井)에 비유했다. 즉 "아무리 깊이 우물을 팠다고 하더라도 땅속에서 물이 나오지 아니한다면 쓸모없는 우물"[64]이라고 한 것과 같이, 왕도정치의 이념이나 사상도 실천의지에 따라서 실천가능성을 확인하고 이것을 실천할 수 있어야 함을 비유적으로 설명했다고 할 수 있다

그래서 공자도 왕도정치를 실현하는 치자가 되고자 하는 군자를 "눌변(訥辯)이지만 행동은 민첩한"사람으로 묘사했다. 특히 "그의 제자인 자로(子路)는 배

---

63) "不違農時 穀不可勝食也 數罟不入洿池 魚鼈不可勝食也 斧斤以時入山林 材木不可勝用也 穀與魚鼈不可勝食 材木不可勝用 是使民養生喪死無憾也 養生喪死無憾 王道之始也"(『孟子』, 梁惠王章句 上). 농경사회에서 제때에 농사를 지을 수 있게 하거나 물고기를 남획하지 않고 입산관리를 잘 하는 등과 같은 생산정책의 기본철학을 실천책무로 설명한 것이라고 할 수 있다

64) "孟子曰 有爲者辟若掘井 掘井九軔而不及泉 猶爲棄井也"(『孟子』, 盡心章句 上).

운 것을 실천하지 못했다면 또 다른 가르침을 듣기를 두려워했다"[65])고 할 정도로 배움의 실천성을 강조했다. 또한 하늘의 도에 해당되는 성실함(성:誠)을 설명하면서 공자는 『중용』에서 "널리 배우고 자세히 물으며 신중하게 생각하고 명확하게 분별하며 독실하게 행(行)한다"[66])라고 했다. 이와 같은 것을 학이시습(學而時習)이라고 『논어』의 첫 장에서부터 강조했듯이 배움의 앎을 실천하고자 하는 실천의지의 자기확신에 의한 실천책무를 달성하지 못한 상태에서, 배우기만 한다면 소용없는 학문이 될 수밖에 없다는 것을 강조한 것이다.

실천책무에는 실천의지를 실천의 낙관적 가능성으로 확인하고 이에 따라서 현실에 적용하고자 하는 용기(勇氣)도 필요할 것이다. 앞서 정책의 실천판단에서 공자의 시중(時中)사상과 순자의 사물에 정통하는 겸물물(兼物物)과 이물물(以物物) 사상 등은 사물의 본질과 본성을 정확하고 정밀하게 판단하는 힘에 의하여 때와 곳에 타당하고 정확한 행동철학을 강조했다고 하였다. 이것은 실천판단을 실천의지의 자기 확인에 의한 실천책무와 구별해서 이해한 것이지만 판단의 작용과 판단력에 의해서 실천하고자 하는 의지의 작용과 같은 철학적 책무라고 이해할 수도 있을 것이다. 그렇지만 철학적 책무에는 다양한 형태의 기능적인 작용에 대한 이해, 즉 본질과 본성에 따라서 그의 역할과 기능도 다양하다는 사실과 나아가 책무를 실현하는 현실적인 지혜로운 용기도 필요하다는 것을 장자(莊子)가 다음과 같이 비유하여 설명하였다.

> "양여(들보)로 성(城)을 뚫을 수 있지만 구멍을 막을 수 없는 것은 각 도구의 쓰임새가 다르기 때문이다. 하루에 천리를 달리는 준마이지만 쥐를 잡는 데는 살쾡이나 족제비만도 못한 것은 각각의 타고난 기술이 다르기 때문이다. 올빼미는 밤에 벼룩을 잡고 털끝도 살필 수 있지만 낮에는 눈을 부릅떠도 언덕이나 산도 보지 못하는 것은 각각의 본성이 다르기 때문이다"[67]).

---

65) "君子 欲訥於言 而敏於行"(里仁); "子路 有聞 未之能行 唯恐有聞"(『論語』, 公冶長).
66) "博學之 審問之 愼思之 明辨之 篤行之."(『中庸』).
67) "梁麗可以衝城 而不可以窒穴 言殊器也 騏驥驊騮 一日而馳千里 捕鼠不如狸狌 言殊技也

이와 같이 쓰임새나 용도, 타고난 천성이나 특성에 따른 각각의 소질과 본성에 따라서 다양한 용도와 목적에 타당하고도 적합한 것을 시의적절(時宜適切)하게 판단하고 실천하는 것이 실천책무의 중심 사상일 것이다. 이것이 곧 또한 시중(時中)사상의 실천이고 사물의 이치와 작용에 정통하는 겸물물(兼物物) 사상의 실천이다.

동시에 아무리 시중이나 겸물물 등에 의한 시의적으로 타당하고 장소적으로 적합하며 올바른 판단과 결정을 한다고 해도 실천을 위한 판단을 현실에 구현하고자 하는 의지를 실현할 수 있는 힘과 능력이 없으면 실천성에 부합되기 어렵다. 따라서 이와 같은 능력을 순자(荀子)는 지식과 지혜와 재능 등으로 구분하면서 이것이 합해진 것을 실천능력이라고 했다. 즉 "지(앎)는 사람의 위치를 아는 것이며 지혜는 앎이 합쳐진 것이다. 따라서 지혜는 사람의 위치에 따라서 할 수 있는 타고난 재능이며 이것이 합쳐진 것을 능력"[68]이라고 했다. 따라서 능력은 지식이나 지능과 선천적인 재능 등이 총합된 개념으로서 실천적 책무를 감당할 수 있는 변수라고 할 수 있다.

또한 실천책무에서 힘과 능력에 따라서 실천의지를 실천할 수 있는 것을 용기(勇氣)라고 할 수 있다. 대표적으로 순자(荀子)는 용기를 상중하 3등급으로 분류했다.

"상급의 용기는 인(仁)이 있는 곳이면 빈궁함도 거리낄 것이 없고 인이 없는 세상이면 부귀도 소용없다. 세상이 그를 알아주면 천하와 더불어 동고동락하지만 세상이 그를 알아주지 아니하면 하늘과 땅사이에 당당히 홀로 써서 두려워하지 아니한다. 중급의 용기는 예를 공경하지만 그 뜻은 검박하다; 믿음이 중하다는 것을 알고 있다; 재화에 농락당하지 아니한다; 현자를 과감히 추천하지만 못난 사람(불초자:不肖子)도 과감히 끌어내어 그만두게 하는 것이다. 하급의 용기는

鵾鵲夜撮蚤 察毫末 晝出瞋目 而不見丘山 言殊性也"(『莊子』, 秋水).
68) "所以知之在人者 謂之知 知有所合 謂之智 智所以能之在人者 謂之能 能有所合 謂之能"(『荀子』, 正名).

몸을 가벼이 여기면서 재물은 귀하게 생각하고 화를 당할 일을 쉽게 하면서도 구차스럽게 변명해서 모면하고자 하며 시비와 마땅함 등과 같은 사정을 고려하지 아니하고 남을 이기고자 하는 마음만 있는 것이다"[69].

즉 진정한 용기인 상급의 용기는 역시 인의(仁義)의 중심사상을 실천하고자 하지만 세상을 원망하거나 비웃지 아니하고, 동고동락하는 여민동락(與民同樂)의 사상을 실천할 수 있는 군자의 용기를 지적한 것이라고 할 수 있다.

이에 반하여 장자(莊子)는 직업에 따른 일반인이나 성인(聖人)의 용기를 구분하면서 현실적인 환경에서 발휘되는 용기를 그 당시의 모습과 상태가 그러했기 때문에, 즉 시세적연(時勢適然)이라고 했다.

"어부가 물길로 가면서 용을 피하지 아니하는 것은 어부의 용기이다. 육로로 가면서 외뿔소나 호랑이를 피하지 아니하는 것은 사냥꾼의 용기이다. 흰빛이 번듯이는 칼날이 눈앞에 왔다 갔다 해도 죽음과 삶을 같이 보는 것은 열사의 용기이다. 궁함에는 운명이 있음을 알고 통함에는 때가 있음을 알며 큰 어려움을 당해서도 두려워하지 아니하는 것은 성인의 용기이다"[70].

어부나 사냥꾼과 같은 직업인의 용기는 자신의 책무를 완수하기 위한 힘의 용기이다. 그리고 의지를 완수하기 위하여 생사를 무릅쓰는 열사의 용기는 시세

---

69) "天下有中 敢直其身 先王有道 敢行其意 上不循於亂世之君 下不俗於亂世之民 仁之所在 無貧窮 仁之所亡 無富貴 天下知之 則欲與天下同苦樂之 天下不知之 則傀然獨立天地之 間而不畏 是上勇也 禮恭而意儉 大齊信焉而輕貨財 賢者敢推而尚之 不肖子敢援而廢之 是中勇也 輕身而重貨 恬禍而廣解苟免 不恤是非然不然之情 以期勝人爲意 是下勇也"(『荀子』, 惡性).

70) "時勢適然 夫水行不避蛟龍者 漁父之勇也 陸行不避兕虎者 獵夫之勇也 白刃交於前 視死 若生者 烈士之勇也 知窮之有命 知通之有時 臨大難 而不懼者 聖人之勇也"(『莊子』, 秋水). 이에 앞서 장자는, 공자가 위나라 사람에게 포위되었지만 태연자약하게 거문고를 타는 모습을 보고 제자인 자로가 어떻게 이와 같이 할 수 있는가를 묻자 공자가 궁함을 피하고자 함이 오래되었지만 아직 벗어나지 못한 것은 운명이고 통함을 추구한지도 오래되었지만 아직 통함을 얻지 못한 것은 시운이라고 한 것을 요순과 걸주시대에 비교하여 시세적연(時勢適然), 즉 시절의 때에 따라서 그렇게 된 것이라고 하는 이야기를 먼저 하면서(『莊子』, 秋水) 용기를 위와 같이 네 가지로 구분해서 설명했다.

가 그러했기 때문에 그에 잘 적응하는 용기이다. 마찬가지로 성인의 용기도 시와 때에 주어진 가난과 운명을 있는 그대로 수용하면서 아무리 어렵과 힘들다고 하지만 두려워하지 아니하는 것이다. 따라서 시와 장소에서 주어진 임무에 대한 두려움 없는 용기는 지식과 지혜의 부활이라는 판단에 의한 결단력을 실천하고자 하는 실천책무의 개념적 요소라고 할 수 있다.

또한 공자도 두려워하지 아니한 것을 용기라고 했다. 즉 "인자(仁者)는 근심하지 아니하고 지자(知者)는 미혹되지 아니하며 용자(勇者)는 두려워하지 아니한다"[71]라고 했다. 이것을 주자는 "지자가 불혹하는 것은 이치에 밝기 때문이다. 인자가 근심하지 아니하는 것은 이치가 사사로움을 이길 수 있기 때문이다. 용자가 두려워하지 아니하는 것은 기(氣)가 도의에 위배되지 아니하기 때문"[72]이라고 주석했다.

더구나 공자는 "덕이 있는 사람은 이치에 타당한 말을 하는 사람이지만 말을 잘 한다고 해서 덕자(德者)가 될 수 없다. 그러나 인자는 반드시 용감하다. 그러나 용자가 반드시 어질다고 수 없다"[73]라고 했다. 주자는 이것을 주석하기로 "덕이 있는 사람은 천리에 순응하면서 인간 세상과 화합하는 마음이 가득해서 그의 아름다움이 외부로 나타나기 때문이다. 말을 잘하는 사람은 혹 구변이 있어서 (아첨) 립 서비스(구급:口給)만 잘 할 뿐이다. 마찬가지로 인자(仁者)는 그의 마음에 사사로움이 없기 때문에 의로움을 대하면 반드시 실천하는 용기가 있지만 용감한 자는 단지 혈기가 강할 뿐"[74]이라고 했다. 그래서 공자는 용감한 자에게 반드시 인(仁)이 있다고 말할 수 없다고 했다.

요약하면 유교사상에서 실천책무는 실천의 판단과 결정을 실행할 수 있는 현실적인 철학적 책무를 강조한다고 할 수 있다. 그와 같은 책무는 왕도정치를 실현하고자 하는 실천의지와 실천능력 및 용기에 달려 있다고 했다. 사물의 각각

---

71) "子曰 知者不惑 仁者不優 勇者不懼"(『論語』, 子罕; 憲問).
72) "明足以燭理故 不惑 理足以勝私故 不優 氣足以配道義故 不懼"(『論語集註』, 子罕).
73) "有德者 必有言 有言者 不必有德 仁者 必有勇 勇者 不必有仁"(『論語』, 憲問).
74) "有德者 和順積中 英華發外 能言者 或便佞口給而已 仁者 心無私累 見義必爲 勇者 或 血氣之强而已"(『論語集註』, 憲問).

의 기능과 역할에 의한 특성과 기술에 정통하면서 동시에 시기나 장소와 조건에 따라서 타당하고 적절한 판단과 결정에 의한 시세적연(時勢適然)한 용기와 능력을 강조했다고 할 수 있다. 특히 지식이나 지능 및 판단 등을 총합할 수 있는 능력을 실천책무의 중심적인 구성요소로 설명한 것이다.

유교사상의 실천책무는, 물론 통치자인 군주의 통치능력에 따라서 백성의 안위와 행복이 결정된다는 왕도정치의 실천능력이나 실천지혜에 초점을 둔 사상이다. 그러나 현실주의 정책사상에서 정책의 결정권한과 힘을 가진 국가중심주의에 의한 실천책무는 주권재민의 민주국가의 국가주의이다. 따라서 유교사상이 밝히고 있는 군주의 왕도정치의 실현을 위한 군주 중심의 철학적 책무는 현실주의 정책사상의 실천성에 의한 정책을 실현할 수 있는 실천지식이나 지혜 및 판단에 기초한 실천의지나 용기 등과 같은 실천책무의 철학적 사고로 재구성하면서 이해해야 될 것이다.

3. 현실주의 정책사상의 비교 특성

현실주의 정책사상은 국가주의를 시작으로 하면서 선도주의와 균형주의로 연계되고 물아주의로 종결되는 일련의 정책사상의 실천적인 사고체계를 이론화한 것이라고 했다. 실천적인 사고이기 때문에 실천적인 탐구의 관점에서 현실주의의 실천성을 정책사상의 실천적인 타당성이나 적실성 등을 판단하고 결정하는 실천주의로 이해하였다. 특히 정책의 지식이나 증거 및 정책이념 등을 기초로 하면서 국가개입주의의 정당성이나 정책인과의 균형적 배분 등을 판단하고 결정하는 판단이론(judgment theory)으로서, 실천지식과 지혜 및 실천판단을 정책의 실천성의 중심적인 요소로 설명하였다. 여기에 더하여 실천책무는 실천의 판단과 결정을 실천의지와 실천가능성으로 확인하고, 용기와 능력에 따라서 행동의 형태로 구성시키는 실천성의 요소라고 했다. 이와 같은 현실주의 정책사상의 개념적 요소와 구성을 앞서 <그림 6-1>과 같이 정리하고 요약하였다.

지금까지 논의하고 설명한 현실주의 정책사상의 사상적 특성을 현실과 실천이라는 주제어를 중심으로 하는 실천이론이나 사상과 비교하면서 이해해 볼 필요도 있다. 왜냐하면 현실주의 정책사상은 정책사상의 실천성에 관한 철학적인 사고를 이론적으로 체계화하고자 하기 때문이다.

실천이나 현실이라는 주제어를 중심으로 하는 이론이나 사상 또는 논쟁은 다양하다. 그 중에서 현실주의 정책사상의 철학적 사고체계와 사상적인 맥락을 공유한다고 할 수 있는 실천철학과 실용주의, 철학실천 또는 철학하기 등과 비교하면서 정책사상으로 현실주의의 특성을 설명하고자 한다[75]. 실천성이나 실천,

---

75) 현실주의 정책사상의 특성을 리얼리즘(realism)과 비교하여 설명하지 아니하는 이유를 여기서 간단히 언급할 필요가 있다. 'Realism'을 현실주의나 사실주의, 실재론 등으로 번역하거나 리얼리즘으로 음역하면서 정책사상의 현실주의와 어의적으로 구별할 필요성이 있다. 그러나 현실주의 정책사상을 실천주의 중심의 여타의 사상이나 이론과 비교하여 설명하면서 리얼리즘과 비교할 필요성은 희박하다고 본다. 왜냐하면 정치적 리얼리즘(현실주의), 과학적이고 도덕적 리얼리즘, 철학적, 실천적 리얼리즘 등으로 다양하게 'realism'을 설명하면서 그의 실천성의 공통적인 개념을 발견하기 어렵기 때문이다. 대표적인 예로서 철학적 리얼리즘은 사물을 인간의 인식이나 개념, 이념 등에 관계없이 독립적으로 존재하는 존재론적으로 설명하는 입장이다(신정원, 2006; Kasavin, 2015). 과학적 리얼리즘은 과학적으로 기술하고 설명하는 사물은 현실적으로 존재한다고 본다. 따라서 이와 같은 실체는 객관적이기 때문에 인간의 마음의 상태와는 관계없다고 했다(Finn, 2017; Park, 2017). 그리고 정치적 리얼리즘(현실주의)은 국제정치 현상을 설명하는 이론으로서 국가가 국제정치의 중심적인 행위자로서, 국가를 지배하거나 통제할 초국가를 인정하지 아니하는 무정부상태를 국제정치 체제로 이해하고자 한다. 즉 국가는 자국의 이익을 최대화하기 위한 힘을 행사하는 합리적 행위자로 설명하고 있다(노양진, 2000; 이재영, 2006). 따라서 현실주의 정책사상과의 비교기준인 실천성의 사상적인 맥락을 공유하고 있는가 하는 점에서 볼 때, 각 분야의 구체적인 리얼리즘의 공통적인 요소로 관찰하거나 설명할 수 있는 실체를 발견할 수 없으면(De Caro, 2015), 비록 철학적으로 리얼리즘의 실체는 존재론적으로 독립되어 있다고 주장할 수 있지만 실천성의 개념으로 현실주의 정책사상의 실천가치나 판단으로 설명하거나 성찰하기 어렵다고 할 수 있다. 또한 실천의 렌즈로 설명할 실천논리는 현실에의 타당성이나 적실성을 판단하는 철학적 사고체계에 초점을 두고 있다. 때문에 리얼리즘의 과학적 관찰이나 실체를 인식작용과 관계없는 실체로서의 존재론이라는 관점(Sankey and Ginev, 2011)과 비교하여 설명하기도 어렵다. 특히 국제질서의 무정부상태에서 국가중심주의는 국익의 최대 추구자로서의 국가의 존재가치를 주장하지만(Giuranno and Mosca, 2018: 325), 정책사상의 국가중심주의는 통치작용인 정책의 결정권한과 힘이 국가에 귀속된다는 배타적이고 독점적인 통치작용으로 국가주의를 설명한 것이다. 따라서 현실주의 정책사상의 국가주의와 정치적 리얼리즘의 국가주의에

실제 등의 개념에 관한 것은 앞서 현실주의 정책사상을 개념적으로 정의하면서 설명하였지만 실천철학, 철학하기, 실용주의 등의 실천이론을 선택한 기준을 조금 더 설명할 필요가 있다.

실천성을 중심으로 하는 현실주의 정책사상의 주제어에 따라서 실천철학, 철학하기, 실용주의 등과 같은 실천주의에 기초하는 이론이나 사상을 선택한 기준으로 실천과 현실이라는 사상적 맥락을 공유한다는 것을 들 수 있다. 이와 같은 사상적인 맥락을 공유하는 이론으로 먼저 실천철학은 실천 또는 현실이나 실제를 중심으로 실천적인 추론에 의한 실천적 합리성에 초점을 두고 있기 때문이다. 그리고 실용주의는 현실적인 가능성을 판단하고 결정할 수 있는 실천성을 강조하기 때문이다. 또한 철학하기나 철학실천은 사회적 실천에 철학사상의 뿌리를 두고 있기 때문이다. 따라서 실천철학, 철학하기, 실용주의 등은 실천의 논리적인 정당성이나 실용성 등을 실천의 논리에서(Spielthenner, 2007), 실천의 렌즈를 통하여(Feldman and Orlikowski, 2011) 나아가 실천의 가치판단이나 정당성(Wellman, 1976; Hutchinson, 2011) 등을 실천성으로 논쟁하고 논의하는 실천주의 사상이나 이론이기 때문이다(Velleman, 1985).

1) 실천철학과의 차이점

현실주의 정책사상의 실천성에서 사상적인 맥락을 공유한다는 관점에서 현실주의 정책사상과 실천철학을 비교해서 설명하는 수준에서 실천철학(practical philosophy)을 행동과 관련된 철학(Dabney, 1984: xiii; Weinberger, 2002: 283)이라고 이해할 수 있다. 행동과 행동력에 초점을 둔 철학이기 때문에 실천철학은 지적 이념이나 사상에 관한 고담준론을 중심으로 하는 강단(講壇)철학이라기보다 현실사회에서의 선과 도덕, 시비선악의 윤리 등을 중심으로 하는 강호(江湖)철학이라고 할 수 있다(황경식, 2001: 84; 박병준, 2012: 2; Haldane, 2018: 8).

서 개념적인 공통점을 찾기 어렵다.

그래서 서양철학에서는 전통적으로 실천철학은 아리스토텔레스의 도덕철학을 강조하는『윤리학』에서부터 칸트의 실천판단, 헤겔의 윤리적 정당성 등에 이르기까지 선하고 올바른 삶의 본질과 그것을 추구할 수 있는 방법 등을 중심으로 설명하는 철학으로 알려져 있다(Alznauer, 2012; Sticker, 2016). 그래서 이것을 오늘날 실천철학의 부활이라고 부르기도 한다(Toulmin, 1988).

실천철학은 인간의 본성에 관한 실천적이고 현실적인 지식을 철학적 사유로 체계화는 과업에 초점을 두고 있다. 즉 인간 본성의 실천철학이기 때문에 실천철학은 인간 세상의 사회적 실천에 근원적인 뿌리를 가지고 있다(Cotton and Griffiths, 2007: 545-546). 그래서 주제나 내용보다 실천적인 접근방법에 초점을 두고 있다(Berman, 2017: 478; Schoellner, 2017: 121). 특히 사회적 실천영역이 정치이면 정치의 실체에, 정책이면 정책의 실체와 실천적 접근방법 등에 뿌리를 가지고 있다고 할 수 있다. 그 하나의 예로서 실천영역이 교육이라면 실천철학을 교육의 실체에 관한 철학적 고찰이라고 정의하는 것(김현주, 2008: 93)도 이와 같다.

앞서 실천지혜에서 설명한 아리스토텔레스의 *phronesis*를 사려와 분별에 의한 신중함(prudence)으로 이해하는 것을 실천지혜의 판단을 전제로 하는 실천철학의 핵심적 개념이라고 할 수 있다(Cressey, 1938: 319). 마찬가지로 공자의 시중(時中)사상이나, 순자의 사물에의 정통사상인 겸물물(兼物物)과 이물물(以物物)도 실천철학의 중심적인 주제이기도 하다. 또한 장자가 말하는, 때와 장소 및 상황의 조건 등에 따라서 행동이나 행위의 실천이 타당하고 적실하다고 하는 시세적연(時勢適然) 등과 같은 실천책무도 실천철학의 주제어라고 할 수 있다.

전통적으로 실천철학의 과제나 중심적인 주제어로 실존이나 행위, 의지, 가치, 실체, 개성, 전통과 국가 등을 주장하기도 했다(由良哲次, 1939). 나아가 윤리와 도덕생활을 중심으로 하는 윤리학을 실천철학의 영역이라고 하기도 했다(西晋一郎, 1930). 따라서 실천철학을 때로는 철학의 현실적인 실천이나 상담 등과 같은 철학하기와 구별하지 아니하는 경우도 있다(Shapcott, 2004: 271). 특히 동양사상은 실천철학의 실천적 가능성으로 교육실천에 초점을 두고 있기도 하다(곽덕주 외 2인, 2009; 신춘호, 2010). 또한 응용 또는 실천윤리학으로 철학자의 일상적인 실천철학의 윤리를 설명하거나(황경식, 2001; Haldane, 2018) 실천철학을 도덕철학(Grapotte, 2016)이나 사회철학(김석수, 2008) 등과 구별하지 아니하는 경우도 있다.

서양사상의 실천철학과 달리 동양사상, 즉 유교사상은 본질적으로 실천철학이라는 것을 앞서 실천지식에서부터 설명하였다. 공자의 학이시습(學而時習)과 같이 배우고 익힌 것을 현실에서 실천하는 것이 군자의 제일의 행동지침이라고 할 정도로(심승환, 2010: 86; Tongqi 외 2인: 727) 동양사상은 곧 실천철학이라고 해도 크게 어긋남이 없을 정도이다. 이와 같은 실천철학의 사상적 맥락인 이론과 실제의 이분법적 분리사상을 극복하고자 하는 것을 현실주의 정책사상의 필요성에서부터 강조하였다.

따라서 실천철학이라는 관점에서 동양의 유교사상을 다시 종합하기보다 여기서는 현실주의 정책사상을 동양사상의 실천성과 비교할 수 있는 수준에서 장자(莊子)와 노자(老子)가 지적하는 실천철학의 실천성, 즉 현실에서의 타당성과 적실성의 철학적 사고체계를 간단히 예시할 수 있다. 왜냐하면 실천철학의 실천성의 사상적 맥락에서 볼 때 장자나 노자의 무위사상은 실천이나 실제의 개념을 구체적으로 언급하지는 아니했지만 실천성의 본질적 속성을 비유적으로 잘 설명하고 있기 때문이다.

먼저 장자(莊子)는 다음과 같이 비유적으로 설명했다.

"천하의 모든 사람들이 미혹되고 혼란스러운 것은 사물의 본성의 실상이 항상 편안하다는 것을 모르기 때문이다. 그래서 눈 밝은 것을 좋아하면 색(色:경계)을 탐하게 되며 귀 밝기를 좋아하면 소리를 탐하게 된다. 인(仁)에 취하면 덕을 어지럽히는 것이요 의(義)에 취하면 이치를 거스른 것이며 예에 취하면 기교의 모습일 뿐이다. 즐거움에 취하면 음탐하는 모습이 되며 성인에 집착하면 예교(art)의 모습일 뿐이다. 지식에 취하면 흠결이나 허물의 모습이다. 이와 같은 사물의 본성을 잘 알 것 같으면 눈과 귀, 인이나 의, 예나 악, 성인이나 지식 등은 있어도 되고 없어도 되는 것일 뿐이다"76).

나아가 성인(聖人)을 탐하거나 집착하게 되면 인간의 인위적인 한계인 기교나 기술이라는 모습에 집착하게 된다; 그러면 사물의 본성을 올바로 이해할 수 없다고 경고하면서, 장자는 또다시 최고의 이상형인 성인의 무위의 실천성, 즉 실천철학을 다음과 같이 설명하였다.

"성인은 천하를 살피지만 조작이 없고 덕을 달성하지만 구속되지 아니하고 도로 나아가지만, 즉 도로서 세상을 밝히지만 도모하지 아니하며 인을 이해하고 실천하려고 노력하지만 자만하지 아니하고, 의를 위하지만 쌓고자 하지 아니하고 예에 따르지만 피하거나 꺼리지 아니하고, 일을 맡지만 핑계되지 아니하고 법도에 맞지만 혼란스럽지 않다. 그리고 백성을 믿지만 가벼이 여기지 아니하며 사물에 따르지만 본성을 버리지 아니한다"77).

따라서 성인은 상대적인 개념인 시비장단이나 호불호(好不好) 등과 같은 개념의 어의적이거나 기교적이며 인위적인 특성의 본질을 바로 이해하기 때문에 이와 같은 이분법적 개념에 구속되거나 집착되지 아니하고 사물 본래의 특성과 존재의 가치에 정통한다고 할 수 있다. 이와 같이 사물에 정통하면 자유자재로 활용하고 적용할 수 있다는 유교의 실천철학의 실천성을 장자가 강조한 것이다. 따

---

76) "天下將不安其性命之精 (중략) 而亂天下也 天下之惑也. 而且說明邪 是淫於色也 說聰邪 是淫於聲也 說仁邪 是亂於德也 說義邪 是悖於理也 說禮邪 是相於技也 說樂邪 是相於淫也 說聖邪 是相於藝也 說知邪 是相於疵也 天下將安其性命之精 之八者 存可也 亡可也"(『莊子』, 在宥). 여기서 편안함(안:安)을 정신적이거나 육체적인 편안함이 아니라 본성에 정통하면 사물 각각의 역할과 본성을 있는 그대로, 생긴 그대로, 하는 그대로 바로 볼 수 있기 때문이라고 이해할 수 있다. 왜냐하면 앞서 장자가 인간의 의식작용에 의한 인위적인 작위에 의한 판단이나 행동 등은 곧바로 천하를 혼란스럽고 무질서하게 한다고 했기 때문이다.

77) "故聖人 觀於于天而不助 成於德而不累 出於道而不謀 會於仁而不恃 薄於義而不積 應於禮而不諱 接於事而不辭 齊於法而不亂 恃於民而不輕 因於物而不去"(『莊子』, 在宥).

라서 장자는 군자의 인의예지(仁義禮知)의 실천성의 패러다임을 쉽게 실천할 수 있는 방법을 ˙설명한 것이라고 할 수 있다[78].

마찬가지로 노자(老子)도 "도는 항상 무위이지만 이루지 못함이 없다. 도는 항상 들어나 있는 것이 아니라 보이지 않고 들리지 않지만 언제나 필요한 때와 장소에서 실천되고 있다"[79]라고 했다. 그래서 선도주의 정책사상에서 선(善)의 개념을 설명하면서 노자는 최고의 선은 물과 같이 만물을 성장시키고 이롭게 하지만 다투지 아니하듯이 성인, 즉 보이지 않고 들리는 않는 도나 상선(上善)을 현실세계에서 실천하는 "사람은 무위로서 일하며 말없는 행동으로 가르친다. 만물을 생성시키지만 말이 없다. 생(生)하게 하나 소유하지 않고 행동하지만 의존하지 아니하고 공(功)을 이루지만 차지하지 아니한다. 공을 내세우거나 차지하지 아니하지만 그 공이 성인을 여의는 법이 없다"[80]라고 했다.

이와 같은 성인의 실천은 드러나지 아니하는 도와 같이 무위이지만 그의 행동은 필요와 장소 및 때에 따라서 실천의 타당성과 적실성을 항상 만족하게 한다고 하는 것으로 요약해 볼 수 있다. 지금까지 이해한 실천철학에 따라서 현실주의 정책사상과의 차이점을 네 가지로 정리해 볼 수 있다.

첫째, 실천철학은 실천에 뿌리는 둔 사상으로, 이론과의 격리나 괴리현상 등을 실천이론으로 설명하고자 하는 학문적 정향을 가지고 있다. 반면에 현실주의 정책사상은 실천의 렌즈를 통한 현실 정책을 조명하고자 하지만 국가주의를 중심

---

78) 장자사상은 익히 알려진 바와 같이 만물의 본성을 하나로 보는 무위(無爲)사상이지만 허무주의나 또는 비판적 염세주의, 비관주의 등이 아니라, 때와 장소와 상황적 조건에 순응하면서 만물의 성장소멸의 주인공이라는 것을 설명한 것이다(차옥숭, 1993; Pokorny, 2017: 424). 이와 같은 무위사상을 장자는 단적으로 "무위를 시험삼아 이야기하고자 한다. 즉 하늘이 무위이니 맑고 땅이 무위이니 편안하다. 따라서 무위인 하늘과 땅이 서로 합할 때, 즉 조화될 때 만물이 변화한다. 그 빛은 황홀하다. (중략). 만물은 다양하고 다종하지만 무위로부터 증식한다. 따라서 천지는 무위하여 이루지 아니하는 것이 없다"(請嘗試言之 天無爲 以之淸 地無爲 以之寧 故兩無爲相合 萬物皆化 芒乎笏乎 (중략) 萬物職職 皆從無爲殖)(『莊子』, 至樂)라고 했다.
79) "道常無爲 而無不爲"(爲政); "道者萬物之奧"(『老子』, 爲道).
80) "是以聖人處無爲之事 行不言之敎 萬物作焉而不辭 生而不有 爲而不恃 功成而弗居 夫唯弗居 是以不去"(『老子』, 養身).

으로 하는 정책개입이나 정책인과에 의한 정책균형의 현실적인 타당성과 적실성, 정책의 선의 실천적 정당성 등을 철학적으로 설명하고자 한다. 따라서 실천철학은 윤리학이나 도덕철학과 같이 인간의 행위에 관련된 사상적 담론을 중시한다면 현실주의 정책사상은 정책개입이나 정책균형 및 정책의 선 등의 사회적 정당성을 실천적으로 판단하고 결정하는 실천성의 판단을 중심으로 하고 있다.

둘째, 실천철학이나 현실주의 정책사상도 실천성을 사상적으로 공유하지만 실천철학의 실천성은 'practicalism'인 반면에 현실주의 정책사상의 실천성은 'practicality'이다.

앞서 현실주의 정책사상을 개념적으로 정의하면서 실천성의 'practicalism'과 'practicality'의 차이에 큰 의미를 부여하지는 아니했지만 현실주의 정책사상의 실천성을 'practicality'로 정의하고 설명했다. 즉 행위에 관한 실천지식의 방법이나 이념을 대변한다고 할 수 있는 'practicalism' 보다도 실천주의의 도덕적이고 윤리적인 정당성과 처방을 강조하는 칸트의 실천철학에 기울어진, 정책사상의 실천적 지식이나 이론체계의 정당성과 타당성을 강조하는 'practicality'의 실천성을 현실주의 정책사상이 설명했다. 따라서 실천철학의 실천성은 방법이나 실용에 초점을 두고 있는 반면에 현실주의 정책사상의 실천성은 현실에 타당하고 적절한 정책사상을 판단하는 실천이념에 초점을 두고 있다.

셋째, 동양사상에서 설명하는 실천철학은 본질적으로 실천성을 이념적으로 설명하면서 동시에 구체적인 행동이나 행위의 선악과 시비 등의 행동철학과 윤리도 강조하고 있다. 여기서 본다면 현실주의 정책사상과 같이 현실이나 실제 및 실천의 중심주제에 대한 사상적인 맥락을 공유하는 것으로 이해할 수 있다. 그래서 실천철학을 소개하면서 유교사상은 전통적이고 본질적으로 실천철학이라고 할 수 있다고 했다.

그러나 실천철학이라고 하는 동양사상의 실천성의 본질적 속성은 수기(修己)에 의한 사상적이고 윤리적인 성인의 도를 원칙으로 하고 있다. 즉 군자(君子)나 성인 중심의 인의예지의 실천성이라고 할 수 있다. 반면에 현실주의 정책사상은 군자나 성인 중심의 정책사상이 아니라 정책의 권한과 힘이 국가에 귀속되고 있다는 국가주의이다. 따라서 국가행위는 정책의 결정과 집행에 의한 국가개입주의로 귀결되고 있다. 이것은 개인의 판단과 결정에 개입하고 간섭하는 정책개입으로 실천되고 있다. 이와 같은 국가개입은 개인적이고도 사회적으로 정당해야한다. 동시에 정책의 물리적이거나 정신적인 인과는 균형적이어야 한다. 마찬가지로 정책의 선을 실천하고 선도하는 선도주의도 국가개입주의에서 정당해야 한다. 이와 같은 정책개입의 타당성과 적실성을 현실적으로 판단하는 판단이론으로서의 실천성을 중심으로 하고 있다. 따라서 현실주의 정책사상의 실천성은 개인적이거나 집단적인 개념이 아니라 국가의 정책개입을 실천적으로 판단하고 그의 정당성을 설명하는 철학적 개념이기 때문에 동양사상의 실천성 개념과 차이가 있다.

넷째, 실천철학의 중심적인 개념인 아리스토텔레스의 'phronesis'나, 공자의 시중(時中)사상, 순자의 사물에의 정통사상, 장자나 노자의 함이 없지만 하지 못함이 없는 무위(無爲)사상 등도 현실주의 정책사상의 실천성의 철학적 개념에 포함될 수 있다. 그러나 현실주의 정책사상은 보다 더 현실적이고 판단적이다. 즉 국가주의의 정책개입의 정당성이나 정책인과의 균형주의, 정책의 선 등을 정책이라는 현재에서 판단하여 그의 타당성과 적실성을 주장하는 사상이다. 동시에 국가주의의 정책의 선(善)을 선도하고 실천하는 정책사상으로 현실에의 적합성이나 타당성도 설명하는 사상이다. 그렇다고 실천철학의 'phronesis'나 시중, 겸물물, 무위 등의 사상이 체화된 인간의 인식작용과 노력이 현실적으로 작용하고 있다는 사실을 부정하는 것은 아니지만 현실주의 정책사상은 국가개입주의에 의한 정책 정당성의 판단이론으로서 실천성을 우선시하고 있다.

2) 철학실천 또는 철학하기와의 차이점

철학실천이나 철학하기 또는 철학상담, 철학치료, 철학치유, 임상철학 등과 같은 다양한 용어의 대표적인 또는 총괄적인 것으로 철학실천(philosophical practice)을 이해하고자 한다(이진남, 2010: 128). 물론 각 용어의 차이점과 특성도 찾아 볼 수 있지만(Gruengard, 2018: 2213) 현실주의 정책사상과의 차이점을 밝힌다는 수준에서 철학실천은 일상적인 현실생활과 철학을 중심주제로 하고 있다고 볼 수 있다(Jacquette, 2002: 303; Achenbach, 2018: 2171). 때문에 철학의 실천인 철학실천으로 대표해서 이해하고자 하는 것이다. 그러나 결론적이지만 현실주의 정책사상도 현실이나 실천을 중심주제로 하고 있지만 정책사상의 실천적 사고의 철학적 체계의 이론에 초점을 두고 있기 때문에 철학의 현실적 실천과 적용에 초점을 두는 철학실천과는 차이가 있다.

또한 철학실천은 개인적 수준이나 학문적 영역, 특히 교육학, 심리학 등에서 다양하게 논의되고 있지만 일반적으로 철학을 응용하거나 적용하는 철학하기나 상담 또는 치유 등에 초점을 두고 있는 경우가 대부분이다. 마찬가지로 공공성을 기초로 하는 행정학이나 정치사상, 유교사상 등도 공공분야에서의 철학하기나 실천을 설명하기도 한다.

예를 들면 공공분야에서의 공공문제나 집단적 의사결정에서의 철학의 지식과 행동을 공공철학하기로 설명하면서 이와 같은 좋은 공공활동에 필요한 규범적 사유의 원칙으로 공공의식의 함양과 발휘, 공적인 감수성의 신장, 공적 고민과 상상력의 함양, 공공학습과 훈련, 분석적이면서도 균형적이고 종합적인 판단을 할 수 있는 능력과 자세, 온몸을 바쳐 공공활동을 수행할 수 있는 온몸주의, 합리적 비판과 성찰 등을 제안하기도 했다(박정택, 2007: 4장). 그리고 국가의 목적과 철학이 올바르고 정당한가 하는 가치판단에 관한 철학적인 사유와 실천을 공공철학으로 정의하면서 국가의 공권력 작용과 판단의 정당성 및 관계와 공감, 공유책임을 강조하는 것과 같은 공공분야에서의 철학실천을 설명하기도 했다(권향원·공동성, 2015; 임의영, 2017).

물론 공자를 중심으로 하는 유교사상의 본질적 특성은 사상의 실천인 철학실천이라고 할 수 있다. 즉 유교사상도 군자라는 개인적 인격체의 완성과 더불어 깨달음이라는 성인의 철학과 철학하기에 초점을 두고 있다고 할 수 있다. 그럼에도 불구하고 군자나 성인의 철학실천은 개인 삶의 만족이나 행복이라기보다 국가라는 통치조직을 통한 일반 다수의 복지와 행복, 즉 복리민복(福利民福)을 추구한다는 공공성을 본질로 하고 있다. 그래서 공자를 비롯한 유교의 전통적인 사상가들도 통치자인 군왕의 철학실천에 의한 백성의 안녕을 중시했다. 이 점에서 본다면 플라톤의 철인정치도 단순히 철인의 왕이라는 이상적인 통치자가 아닐 것이다. 대신에 철학을 교육받고 실천하는 통치자로서 현실적인 가능성을 판단하고 결정할 수 있는 정치철학의 실천을 주장했다는 플라톤 정치철학의 해석(Waterfield, 2016)을 이해할 수 있기도 하다.

유교의 철학적 신념인 왕도정치의 이상(理想)정치나 인격의 완성과 깨달음이라는 성인의 철학하기 등을 현실주의 정책사상과 비교하기 위해서 유교사상의 철학실천이나 상담, 철학하기 등을 굳이 구체적으로 논의할 필요성은 크지 아니할 수 있다. 그러나 서양사상의 철학실천과 비교한다는 의미에서도 유교사상에서 철학실천의 전형적인 모형을 소개한다는 의미에서 몇 가지 대표적인 것을 예시해볼 수 있다.

먼저 공자는 철학실천의 전형(典型)을 다음과 같이 예시했다.

> "그의 제자(자금)가 공자가 어느 나라에 가든지 반드시 정치상담을 한다는 소문을 듣고, 이것은 공자가 상담을 먼저 요청한 것인가 아니면 군주가 자발적으로 공자를 찾아 모시면서 정치상담을 요청한 것인가 하는 의문이 있다고 하자, 자공이라는 제자가 답하기로 공자는 따뜻하고(溫) 선하며(良) 공손하면서도(恭) 검소하게(儉) 그리고 겸손하게(讓)(온량공검양: 溫良恭儉讓) 군주의 통치방법과 인(仁)의 정치를 알리고자 한 것뿐이다. 권모술수나 부국강병 등의 책략을 가지고 임금에게 접근한 타인과는 다르다"[81].

---

81) "子禽問於子貢曰 夫子 至於是邦也 必聞其政 求之與 抑與之與 子貢 曰 夫子 溫良恭儉讓以得之 夫子之求之也 其諸異乎人之求之與"(『論語』, 學而). 정치상담, 권모술수, 부국강병 등의 용어는 장기근(2002)의 『논어: 개정증보판 신완역』(서울: 명문당)의 해석(95쪽)을 참조한 것이다.

이와 같은 공자의 철학실천은 철학하기와는 차이가 있다. 인생의 정신적 고민이나 생활의 갈등을 해결하거나 벗어날 수 있는 치료나 치유로서의 철학의 이론이나 방법, 철학의 콘텐츠 등을 설명하거나 이해시켜 주면서 현실에서의 철학의 힘과 효능을 추구하는 손님(내담자 또는 의뢰자)과 철학자의 이원적인 관계에 의한 철학상담이나(노성숙, 2009: 49; 이진남, 2010: 132; 김석수, 2015: 306), 철학의 대중화나 임상철학 등을 실천하기 위한 철학카페나 토크 쇼 등과 같은 철학과 실천의 연결방법을 설명하는 것(박만준, 2014; 박대원, 2014) 등과는 차이가 있다. 그래서 주자는 공자의 철학실천 또는 철학상담의 차이점을 다음과 같이 이야기했다.

"공자가 일찍이 군주의 통치방법이나 전략 등을 밝히고 구하고자 하지 아니하지만 공자의 덕스러움이 온량공검양(溫良恭儉讓)이기 때문에 당시의 군주가 공자를 믿고 공경하여 스스로 찾아와서 정사를 상담한 것이다. 따라서 타인과 같이 무엇을 얻고자 하는 것은 아니다. 공자와 같은 성인이 지나가면 모든 사람들이 감화되고 성인이 머무는 곳은 신묘해진다. 이와 같은 공자의 뜻과 덕을 헤아리거나 알기는 매우 어렵다. 그래서 배우는 자는 마음을 가다듬어 열심히 배워야 할 뿐이다"[82].

또한 철학의 섣부른 실천행을 꾸짖는 이야기를 장자(莊子)가 다음과 같이 인용하기도 했다.

---

[82] "言夫子未嘗求之 但其德容如是 故 時君敬信 自以其政就而問之耳 非若他人必求之而後得也 聖人過化存神之妙 未易窺測 (중략) 學者所當潛心而勉學也)(『論語集註』, 學而). 여기서 성인이 지나가면 감화되고 머무르는 곳이 신묘해진다는 것은 "군자가 지나가면 사람들이 감화를 받게 되고 그가 머무는 곳은 신묘해진다. 따라서 높고 낮음과 천지가 하나 되어 살아간다. 이와 같은 군자의 덕행과 감화를 어찌 적다고 할 것인가"(夫君子所過者化 所存者神 上下與天地同流 豈曰小補之哉)"라고 하는 『孟子』의 盡心章句 上에서 유래된 것이다. 이것을 "나의 이름을 듣는 자는 지옥, 아귀, 축생과 같은 삼악도를 면하고(聞我名者免三途) 나의 모습을 보기만 해도 해탈을 얻게 한다(見我形者得解脫)"(行禪祝願文)는 불교사상과 비교해서 이해할 수 있기도 하다.

"공자의 제자 안회(顏回)가 공자를 뵙고 위(衛)나라로 가서 위나라 군주(젊으면서 독단적이고 자신의 과오를 깨닫지 못하고 경망스럽게 정치를 하며 백성을 죽음으로 내몰면서 온 나라에 죽은 자가 마치 연못에 잡초가 가득하듯이 해서 백성들이 안절부절 하지 못하는 위나라)에게 선생님의 가르침인 '정치가 올바른 나라를 떠나고 혼란스런 나라에는 나아가 실천한다'는 것을 실천하기 위해서 위나라로 간다고 했다. 이에 공자는 만약 위태로운 위나라로 간다면 그대는 죽임을 당할 수도 있을 것이다. 왜냐하면 도는 잡스럽지 아니해야 한다. 잡스러우면 번잡해지고 번잡하면 탁해지고 탁해지면 근심이 생긴다. 근심이 있으면 남을 구제하지 못한다, 즉 도를 실천할 수 없다. 예로부터 지극한 사람은 먼저 자신에게 도를 갖추고 그 이후에 남에게 갖추게 하였다. 자신도 아직 부족하기 그지없으면서 어느 겨를에 포학한 군주를 선도할 것인가"[83].

이에 따라서 순자(荀子)는 매우 현실적으로 군자가 철학을 실천하는, 소위 상담하는 방법을 다음과 같이 상세히 지적하였다.

"고약한 물음에는 답하지 말며 고약한 자에게는 묻지도 말고 그들의 말을 귀담아 듣지 말아야 한다. 다툼의 기운이 강한 자에게는 시비를 논하지 말아야 한다. 반드시 도에 합당할 만한 연유가 있는 후에 그들을 가르치고 인도할 것이며 도를 추구하는 자가 아니면 즉시 피해야 한다. 따라서 예절이 갖추어진 후에야 그와 더불어 도의 실천을 이야기할 수 있고 말이 순리에 맞아야 그와 더불어 도의 원칙을 이야기할 수 있다. (중략) 더불어 이야기할 수 없음에도 불구하고 그와 더불어 말한다면 시끄러움일 뿐이고 이야기할 수 있음에도 말하지 아니한다면 숨기는 것이다. 남의 기색을 관찰하지 아니하고 말한다면 눈이 멀었다고 할 것이다. 따라서 군자는 시끄럽지 않고 숨기지 않으며 눈멀지 아니하고서 정중하게 순리에 따라서 처신한다"[84].

---

83) "顏回見仲尼 請行 曰 奚之 曰將之衛 曰奚爲焉 曰回聞衛君 其年壯 其行獨 輕用其國 而不見其過 輕用民死 死者以國量乎 澤若蕉 民其無如矣 回嘗聞之夫子 曰治國去之 亂國就之 醫門多疾 願以所聞 使其則 庶幾其國有瘳乎 仲尼曰 譆 若殆往而刑耳 夫道不欲雜 雜則多 多則擾 擾則憂 憂而不救 古之至人 先存諸己 以後存諸人 所存於己者未定 何暇至於暴人之所行"(『莊子』, 人間世).
84) "問楛者 勿告也 告楛者 勿問也 說楛者 勿聽也 有爭氣者 勿與辯也 故必由其道至 然後

그래서 제자 안연은 그 자리에서 공자에게 선생님의 말씀을 따르겠다, 즉 실천하겠다고 했다(『논어』, 안연). 좀 더 구체적으로 공자도 안연의 질문에 "예의 나 법도에 어긋나는 일들이나 사건을 보지 말고 듣지 말며 말하지 말고 나서지(행동) 말아야 한다"[85]라고 했다. 물론 순자도 "군자는 덕의 존귀함을 잘 보전해야 한다. 올바르지 않는 것을 보려고 하지 말고 들으려고도 하지 아니하며 말하지 말아야 한다. 나아가 마음으로 생각할 필요가 없다"라고 했다[86].

서양사상에서의 철학실천도 유교사상의 철학실천과 크게 다르지 않다. 그러나 일상의 생활에서 철학적 사고의 이론이나 사유방법, 철학이 추구하는 이념이나 목적, 인간사에서 철학이란 무엇인가 하는 등의 철학적 과제를 정신세계, 좁게는 심리현상에 적용하고 응용하면서 인간다움을 실천하고자 하는 것을 강조하고 있다. 그래서 심리학뿐만 아니라 정신철학에서도 철학하기나 철학상담 등과 같은 다양한 용어에 관계없이 철학의 실천이 이론적이거나 실천적으로 논의되고 있다.

이와 같은 철학실천의 주요 이슈나 과제로서 철학이 실천되어야 하는 이유(철학적 물음), 학문적이고 이론적 수준에서 철학과 현실적 세상에서의 철학의 실천과의 차이점이나 그 이유, 철학의 사회적이고 문화적이며 정치적인 책임성, 철학실천의 학문적이거나 이론적 정체성, 철학실천의 현실적인 실천방법과 기술에 관한 차이점과 공통점 등을 들 수 있다(김재철 옮김, 2016: 93-94; Mehuron, 2013: 1226; Fatic, 2014; Sandu, 2015: 1619).

좀 더 구체적인 것으로 철학실천의 현실적인 과제뿐만 아니라 학문적인 정체성 과제 등은 지리적이거나 문화적이고 역사적인 배경이나 전통에 따라서 다양하다. 물론 앞서 공자를 중심으로 하는 유교사상에서의 철학실천의 현실적인 실

接之 非其道 則避之 故禮恭而後可與言道之方 辭順而後可與言道之理 (중략) 故未可與言而言 謂之傲 可與言而不言 謂之隱 不觀氣色而言 謂之瞽 故君子 不傲 不隱 不瞽 謹順其身"(『荀子』, 勸學).

85) "顏淵曰 請問其目 子曰 非禮勿視 非禮勿聽 非禮勿言 非禮勿動"(『論語』, 顏淵). 물론 이것이 그의 제자 안연(顏淵)에게 인의 실천 항목을 말한 것이지만 인(仁)은 공자사상의 핵심 주제어이기 때문에 유교철학의 실천으로 이해해도 무리는 없을 것이다.

86) "使目非是無欲見也 使耳非是無欲聞也 使口非是無欲言也 使心非是無欲慮也"(『荀子』, 勸學).

천을 소개하기도 했지만 동시에 서양 중심의 상담심리학이나 정신철학 등에서 다양한 사례나 임상내용이 발표되고 있다. 그 중의 한 가지 대표적인 것으로, 한국과 중국 및 일본의 동아시아 3국은 유교사상과 문화를 공통적으로 보존하고 있으면서도 동시에 서양철학의 이론이나 방법론 등에 익숙하기도 한 국가이기 때문에 철학실천의 비교연구에 상당히 흥미로울 수 있는 사례를 찾아 볼 수 있다.

먼저 한국의 사례로 2009년에 창립된 한국철학상담학회의 학술활동과 BK21$^+$(Brain Korea 21 Plus)의 연구주제에 의한 소수 대학의 활동으로 철학실천을 소개하였다(Rhee, 2017). 중국의 철학실천으로 대학 중심의 철학상담이나 치유활동(Pan, 2017) 또는 유교, 특히 공자나 장자의 전통적인 가르침을 철학상담 사상으로 소개하기도 했다(Xia, 2017). 마찬가지로 일본도 철학실천의 전통과 방법으로 대중과의 철학소통의 철학카페, 어린이와의 철학대화, 기업인과의 철학소통, 철학교육 등의 철학상담의 방법이나 내용을 소개하였다(Kono, 2017). 따라서 이와 같은 연구발표는 철학실천을 철학상담으로 보고 있다. 그러나 유교문화권이라는 문화적이고 사상적이며 역사적인 특성에 의한 철학실천의 독창적인 것을 발견하기 어렵다.

철학실천이, 특히 철학상담이나 철학하기로 대표되고 실천되면서 학문적인 입장에서 비판이나 우려의 목소리도 있다. 예를 들면 철학상담은 본질적으로 철학적 사유나 사고의 이론적 속성을 경시할 가능성이 크다. 때문에 대학의 철학연구나 교육에 타당하지 않다는 비판이나, 대중과의 철학적 교감이나 소통을 강조하는 상담이나 치유에 치중하게 되면 철학의 상업화로 인한 철학의 본질적 가치가 왜곡될 수 있다는 것을 지적하기도 하였다(박병기, 2010; 김석수, 2015: 311－312; Sandu, 2015: 1622－1624; Douglas, 2016: 130).

현실주의 정책사상을 철학실천 또는 철학하기와 비교해서 이해하면서, 왜 하필이면 철학이 현실에서 철학을 실천하거나 또는 해야 하는가 하는 중요하면서도 대답하기 어려운 자문(自問)을 하게 된다. 여타의 사회과학이나 자연과학 또는 응용학문이거나 순수학문 등과 같은 분야에서 현실에서의 실천을 과제로 하는 철학하기나 철학실천과 같이 다양하고도 풍부하게 그리고 진지하게 논의되거나 주목받는 것은 없었다.

철학은 본질적으로 모든 학문의 모태이면서 지식의 본원지라고 할 수 있다. 이와 같은 철학이 거리에서부터 그리고 다종한 세상살이의 영역에 이르기까지 철학을 해야 한다 또는 해주기를 소망한다는 것은 그만큼 철학이 인간사에서 중요하다는 것을 반증하는 것이기도 하다. 동시에 철학이 현실의 세상살이에 그만큼 둔감하다는 것을 보여주는 것이기도 하다. 결론적이지만 철학은 인간들의 삶의 양태이면서 동시에 살아가는 삶 그 자체라고 할 수 있다. 그렇기 때문에 Gerd Archenbach 철학자는 철학실천소를 거리에 열고(김재철 옮김, 2016: 87) 대중의 가슴아픈 사연에 귀 기울이고자 했을 것이다. 이것이 아마도 철학하기의 실천적인 본성일 것이다.

그러나 앞서 간단히 결론으로 지적했듯이 철학실천으로 총괄되는 철학하기나 상담 등은 다음과 같은 점에서 현실주의 정책사상과 차이가 있다.

첫째, 무엇보다도 먼저 현실주의 정책사상은 실천 또는 실제의 관점을 통한 정책사상의 실천적 사고를 철학적 사고로 체계화하는 것이다. 이에 반하여 철학실천은 이미 그리고 체계화된 철학의 이론이나 방법을 현실에서 적용하고 실천하여 정신적이거나 육체적인 부조화나 이상(異常)을 치유하고자 한다. 때문에 철학실천은 기존 철학의 이론이나 진리를 널리 세상에 알리고자 하는 목적을 가지고 있다. 동시에 인간들의 애환이나 소망에도 관심과 걱정을 가지는 구세(救世)적인 이상을 가지고 있기도 하다.

현실주의 정책사상은 국가주의 정책개입의 정당성이나 정책의 선의 실천가능성, 정책인과의 물리적이거나 정신적인 정책균형 등을 판단하고 그의 책무 등을 설명하는 판단이론적 성격이 강한 정책사상이다. 정책사상이 정책의 현실을 외면하거나 등한시하는 것이 아니라는 것을 현실주의가 강조하기는 하지만 지금 정책현장에서 무엇을 실천할 것인가 하는 실천의 방법론이나 매뉴얼이 아니다. 물론 현실주의 정책사상도 철학실천의 이상적인 가치나 목표를 공유할 수 있다.

그러나 이론적이고 사상적인 체계에 초점을 두고 있다.

둘째, 현실주의 정책사상을 유교사상의 철학실천과 비교해서 그의 차이점을 밝히는 것도 필요하다. 유교사상은 본질적으로 철학하기이다. 특히 공맹(孔孟)을 중심으로 하는 유교사상의 철학실천은 통치자인 군주에 의한 왕도정치의 이상형의 실천에 초점을 두고 있다. 물론 군자의 수신에 의한 인격적 완성에 의하여 성인이 되고자 하는 개인주의적 성격의 실천적인 경향도 있지만 군자나 성인은 제세치민(濟世治民), 즉 백성을 다스리면서 세상을 행복하게 하는 것이 그들의 존재가치이다(이것을 내성외왕(內聖外王)이라고 한다). 따라서 유교의 철학실천은 공공성이 강하다고 할 수 있다. 이 점에서 본다면 현실주의 정책사상도 국가의 통치권력 작용을 중심으로 하는 정책사상이기 때문에 공공성을 공유한다고 할 수 있다.

그러나 유교의 철학실천도 철학상담이나 철학하기 등과 같은 방법론을 사용한다. 물론 공자와 같은 성인의 경우는 이와 다르다는 것을 주자가 분명히 밝히기도 했지만 소크라테스식의 대화법에 의한 철학의 교육이나 상담을 진행했다는 것을 유교경서나 어록, 기록 등에서 찾아 볼 수 있다. 그러나 앞서 장자나 순자가 설명했듯이 대화나 상담이 아닌 군자의 처신이나 행동거지에 관한 내용, 즉 군자의 행동강령이라고 할 수 있는, 소위 군자의 행동윤리에 초점을 둔 것이다. 따라서 이것은 현재의 철학상담이나 치유 등과는 차이가 있다.

특히 정책의 선을 주창하고 선도하면서 정책개입의 정당성이나 타당성 및 적실성 등을 실천적으로 판단하고 결정하는 선도주의의 실천성도 정책사상의 현실적 실천을 철학적으로 체계화한 것이지, 정책주창자나 정책결정자 또는 정책전문가 등의 행동강령이나 실천요령 등을 제시한 것은 아니다. 이 점에서 본다고 하더라도 현실주의 정책사상과 유교의 전통적인 철학실천과는 차이가 있다.

3) 실용주의와의 차이점

실용주의는 사물이나 사건의 본질적 속성이나 기능 또는 작용의 올바름이나 타당성, 정당성, 수용성 등을 경험적 확인과 사용에서 검증하거나 결정하고자 하는 것을 철학적으로 설명하는 사상이다. 이와 같은 사상적 체계를 이론적으로 정밀하게 구성하기 시작한 것은 아마도 19세기 후반부터 미국심리학을 중심으로 하는 실천철학에서부터 시작되었다고 할 수 있다(Dousa, 2010: 65). 그래서 실용주의라고 하면 '프라그마티즘(pragmatism)'으로 음역될 정도로 실용주의는 미국 중심의 실천철학의 한 유형이라고 할 수 있다(김용수, 2010: 4; 이유선, 2010: 52)[87].

동시에 실용주의는 일상적인 생활에서의 유용성이나 가능성 또는 기능적인 입장을 설명하는 용어이기도 하다. 즉 실사구시(實事求是)인 사물의 실천이나 실제가 정답이라는 설명이다. 그래서 실제로 사용하면서 그 값을 가진다는 의미로 이해되고 있다. 그래서 철학적이고 사상적인 실용주의와 현실적인 생활용어의 실용주의를 구분해야 한다는 주장도 있다(이유선, 2010: 52). 그러나 이와 같은 주장에 따른다고 확인할 수는 없지만 미국 중심의 실용주의 사상이나 철학이론 또는 학파를 의미하는 철학(이념)으로서의 실용주의와, 실천적 과제나 작용을 설명하는 실천성의 실용주의(은재호, 2008: 2; Fite, 1901: 197) 또는 통치기술로서의 실용성(이광석, 2009: 42) 등을 구분하고 있다.

그러나 진리나 이론을 논리적이고 심리적인 입장에서 설명하고자 하는 철학적 실용주의와, 현실에서의 실천으로 이용과 후생을 강조하는 실용주의가 실천주의 사상이 출발할 때부터 혼합되면서 양자를 구분하고자 하는 실용주의파나, 실용주의의 논리적이고 진리적 정체성에 의구심을 가지고 떠나버리는 파들이 발생하게 되었다는 설명(Strong, 1908: 257)은 실용주의를 이해할 수 있는 하나의 단서가 될 수 있다.

그래서 미국 중심의 실용주의, 특히 초기의 철학적 실용주의도 순수한 의미의 철학사상이라고 하기는 어려울 것 같다. 왜냐하면 미국실용주의(이때에는 철

---

87) 한자문화권인 중국이나 일본에서도 'pragmatism'의 용어가 한국과 같이 실용주의나 프라그마티즘 등으로 혼용되고 있음을 알 수 있다. 특히 일본학계에서는 음역인 '프라그마티즘'이 보다 많이 사용되고 있는 반면에(https://ci.nii.ac.jp) 중국학계에서는 일반적으로 한자용어인 실용주의로 이해되고 있다(http://gb.oversea.cnki.net).

학과 실천성을 혼합하여 사용하는 용어이다)를 출발시키고 발달시킨 세 명의 철학자(Charles Peirce, William James, John Dewey)[88]이면서 실용주의의 창시자로 알려진 Charles Peirce(1839–1914)의 실용주의는 실험주의와 실천성이었기 때문이다. 즉 현실적 경험세계에서의 검증가능성의 원칙을 주장하는 실증주의의 실험주의와, 실천적으로 타당한 정향을 설명하는 실천성이 그의 실용주의의 2대 원칙이었기 때문이다(김명환, 2011: 373; Wiener, 1956; Smyth, 1977: 93).

동시에 미국 심리학의 아버지로 불리는 William James(1842–1910)의 실용주의 사상도 미국실용주의의 양면성을 보여 주고 있다. 그는 진술의 진실이나 의미는 실천적인 결과에 의해서 판단되어야 한다는 철학주의적 실용주의를 주장했지만 현실에서 우리들이 인식하고 있는 실제의 개념은 실천적 욕구나 욕망의 산물이라고 했다. 나아가 미래의 실제의 개념도 역시 실천적인 필요성을 만족시킬 수 있어야 한다고 하는 실천성(practicalism)을 실용주의의 핵심적인 주제어로 설명했기 때문이다(Fite, 1901; James, 1909: 184–186). 그래서 진리의 믿음이나 진실은 현실에서 실제를 설명할 수 있다는 William James의 현금가치의 비유(cash–value metaphor)는 유명하다(James, 1909: v; Cotkin, 1985: 37).

미국 실용주의를 설명하면서 여기서 John Dewey(1859–1952)의 실용주의적 철학도(물론 실천성을 포함하여) 살펴보아야 한다. Dewey의 사상적 체계나 이론은 방대하지만 교육철학자이고 사회개혁 철학자이며, 기능심리학의 아버지로 널리 알려진 그의 실용주의 사상은 실천적인 문제해결로서의 인식철학에 기초하고 있다고 할 수 있다(Turnbull, 2008: 50). 따라서 지식은 문제를 해결할 수 있거나 또는 하기 위한 탐구의 도구라고 했다. 그래서 그는 지식과 도구를 동시에 취급하면서 불확실한 문제를 해결하는 실천적인 유용성이나 효용성을 전제로 해

---

88) 3대 철학자를 중심으로 하는 미국실용주의의 철학적 시초와 발달 그리고 Richard Rorty(1931–2007)를 중심으로 하는 신실용주의(*neo–*pragmatism)(서양의 분석철학 중심을 비판하면서 실용주의의 사회적이고 정치적 정향의 도구론주의를 강조)(Rorty의 신실용주의에 관한 자세한 것은 이유선(2010) 또는 James Tartaglia(2010)의 논문 등을 참조할 수 있다) 등을 자세히 설명한 이광석(2009)의 논문에서 <각주 1>을 참고할 수 있다.

야 과학적 객관주의가 될 수 있다고 보았다. 우리가 아는 것인 지식은 우리가 의도적으로 구성한 것이다; 또한 도구적인 통제수단을 얻는다고 해서 그것이 곧 지식의 종착지는 아니다; 이것은 단지 현실을 이해하기 위한 증거의 유형에 불과하다; 의도적인 이념을 통제하고 설명하는 작업과 진리는 하나이며 같은 것이다; 이것은 인과법칙의 원인도 아니고 진리의 증거도 아니며 단지 본성일 뿐이라고 하였다(Dewey, 1938: 160; 1977: 102-104). 즉 실용적이라는 의미는 결과의 기능이며 전제의 타당성을 검증하는 필수적인 것이라고 보았다. 때문에 Dewey의 이와 같은 철학적 사고체계를 실용주의라고 하기보다 도구론주의 또는 결과론주의라고 하는 것이 타당하다는 입장(강용기, 2014; Dicker, 1971)도 있다.

특히 Dewey의 문제해결 중심의 실천사상인 사회적이고 정치적인 정향의 실용주의가 행정학이나 정책학 등의 문제지향적 학문발달에 영향을 미치기도 했다. 물론 그의 실천적인 유용성을 강조하는 검증주의가 정책학의 이해에 타당하지 않다는 주장도 있다(Kaufman-Osborn, 1985: 845-847). 그러나 미국정책학의 아버지로 불리는 Harold Lasswell(1951: 12)은 정책학의 출발점으로 잡고 있는 "정책정향"(the policy orientation)이라는 논문에서, 정책과학은 전통적인 형이상학이나 신학보다는 실천성을 재구성하고 평가할 수 있는 Dewey와 같은 실험학파들에 영향을 받고 있다고 했다. 나아가 미국행정학의 초기이론과 행정국가론을 집대성한 Dwight Waldo(1913-2000)는 실용주의를 정확하게 파악하고 이해하기는 매우 어렵지만 행정학과 실용주의는 추상적인 이론 중심의 합리주의를 반대하고 경험주의, 실험주의, 실천가능성 등을 공유할 수 있는 실용주의의 허나 실 또는 참이나 거짓 등과 같은 질문이 아니라 실천주의의 이념을 추구하고 있다고 했다(Waldo, 1948: 83-84).

진리는 과학주의적 객관성이 아니라 현실의 필요성과 세속적인 욕구에 의한 현금가치와 같다는 철학으로서의 실용주의와, 현상이란 실천적인 욕구의 결과이며 실천적인 문제해결과 그 결과를 강조하는 실천성으로서의 실용주의를 미국실용주의의 양대 논쟁으로 이해할 수 있다면, 동양사상에서의 실용주의는 공자를 중심으로 유교사상의 본질이면서도 동시에 행동철학이라고 할 수 있다. 왜냐하면 앞서 정책의 실천지식에서 지적한 바와 같이 유교사상은 본질적으로 실천지식과 행동을 강조하기 때문이다. 따라서 유교사상의 실용주의도 사상적일 뿐만 아니라 실천성에 초점을 둔 복합적 의미의 실용주의라고 할 수 있다.

특히 이(理)와 기(氣), 성품의 본성과 감성의 정(精)을 이분법적으로 구분하는 주자(朱子) 중심의 형이상학인 성리학(性理學)이 아니라, 유교의 본질적 이상이고 철학인 안민(安民)을 위한 이용(利用)과 후생(厚生)의 윤리적이고 행동적인 특성을 강조하는 실학(實學) 또는 실학사상은 실용주의의 실천성과 공통점을 가지고 있다고 할 수 있다(안재순, 2007: 106). 이와 같은 실학사상의 핵심을 실체달용(實體達用)의 학문이라고 했다. 즉 우주의 만물과 인간의 마음을 실(實)과 허(虛)로 설명하면서 마음의 실체가 현실사회에서 활용되는 경세제민(經世濟民)의 경세학(經世學), 즉 세상을 이롭게 다스리는 학문으로 발달되었다고 했다(김용수, 2010: 6-8).

동시에 실천성 개념을 중심으로 하는 유교의 실용주의의 사상적 맥락을 현실주의 정책사상과 비교적인 관점에서 앞서 유교사상에서 설명할 수 있는 정책의 실천지식이나 실천지혜, 판단 또는 책무 등과 같은 실천성을 실용주의로 설명할 수 있기도 하다. 즉 실천의 이념이나 윤리적이고 도덕적인 정당성을 강조하는 유교의 실천성을 다음의 두 가지 예로서 보다 분명히 이해할 수 있다. 먼저 장자(莊子)는 육체적으로 눈이나 귀가 밝다는 사실은 현실세계를 인식하는 작용이다; 따라서 지식도 지식 그 자체에만 얽매일 것이 아니라 현실의 실천에서 지식의 귀와 눈이 될 수 있어야 한다는 유교의 실천성을 다음과 같이 비유적으로 설명하였다.

"해와 달이 비추고 있음에도 불구하고 횃불을 끄지 않거나 때에 맞추어 비가 내림에도 불구하고 수고스럽게도 아직도 논에 물을 대고 있다면 이것은 헛수고에 불과하다; 눈먼 사람은 문장(그림이나 글)을 남과 더불어 볼 수 없고 귀먹은 사람은 남과 더불어 종소리나 북소리를 들을 수 없다. 어찌 몸에만 귀머거리나 장님이 있겠는가! 지식에도 이와 같이 장님과 귀머거리가 있다"[89].

또한 순자(荀子)도 앞서 정책의 실천지식에서 제자백가의 몽상과도 같은 비현실적 사상을 신랄하게 비판하면서 누구든지 천하를 다닐 수 있는 발을 가지고 있지만 실천한 사람이 없다고 하면서(<각주 33>) 다음과 같이 비유적으로 설명했다.

"듣지 못하는 것은 듣는 것만 같지 못하다. 듣는 것은 보는 것만 같지 못하다. 보는 것은 아는 것만 같지 못하다. 아는 것은 행하는 것만 같지 못하다. 배움이 행함(doing)에 이를 때, 즉 합치될 때 배움의 끝이 있다고 할 것이다. 행해야 사물의 이치나 원리와 본성에 밝으며, 밝으면 곧 성인이라 할 것이다. 인과 의를 기본으로 해서 시비를 마땅히 가리며 말과 행동을 갖추어(언행일치:言行一致) 터럭만한 어긋남도 없는 성인의 도는 별다른 것이 아니라 행함, 즉 실천하는 것이다"[90].

유교나 미국 중심의 실용주의의 사상적이고 실천적인 내용을 분명하고 완전하게 이해한 것은 아니지만 앞서 지적한 바와 같이 현실주의 정책사상을 비교적 입장에서 이해하기 위한 범위내에서 제한적으로 이해한 것에 불과하다는 것을 전제로 하면서, 물론 실천철학이나 철학하기도 등도 마찬가지이지만 현실주의 정책사상과의 차이점을 몇 가지로 정리할 수 있다.

첫째, 실용주의를 철학적 사상으로 이해하는 범위에서, 현실주의도 실용주의와 마찬가지로 국가의 정책개입의 정당성이나 정책인과의 균형주의 등을 실천성을 중심으로 철학적으로 체계화하는 정책사상이다. 또한 실용주의의 기본철학인 진리나 참의 본성은 과학적 검증이나 증명에만 한정될 것이 아니라 현실의 본성을 인식하고 이에 따른 인간의 필요성과 욕망에 의해서 진리와 진실은 밝혀질 수

---

89) "日月出矣 而爝火不息 其於光也 不亦難乎 時雨降矣 而猶浸灌 其於澤也 不亦勞乎"; "瞽者無以與乎文章之觀 聾者無以與乎鐘鼓之聲 豈唯形骸有聾盲哉 夫知亦有之"(『莊子』, 逍遙遊).
90) "不聞不若聞之 聞之不若見之 見之不若知之 知之不若行之 學之於行之而止矣 行之 明也 明之爲聖人 聖人也者 本仁義 當是非 齊言行 不失毫釐 無他道焉 已乎行之矣."(『荀子』, 儒效).

있다는, 소위 현금가치의 중요성을 강조하는 사상에서 현실주의 정책사상도 국가개입주의의 정당성 등을 실천적으로 판단하고 나아가 실천책무를 담당한다는 정책사상으로 전개된 것임을 알 수 있다. 따라서 실용주의와 현실주의 정책사상의 사상적 동기나 전제는 크게 차이가 없다.

그러나 Dewey와 같은 문제 중심의 실천사상이나 정치적이고 교육적인 정향에서의 실용주의 철학과 현실주의 정책사상은 차이가 있다. 즉 실천지식으로서 해결이나 탐구의 도구론적 성격을 강조한 실용주의 사상이나 또는 실천적 욕망의 결과에 따라서 진리를 이해해야 한다는 결과론적 입장의 실용주의 사상에서, 현실주의 정책사상의 본원도 정책학의 문제중심적(policy problem-oriented) 입장을 공유하기 때문에 실용주의적 사상을 도입할 수 있을 것이다. 그럼에도 불구하고 현실주의는 정책(학)의 사상이다. 즉 문제해결이나 지식창출의 중심축을 어디에 두고 있는가 하는 것보다, 정책의 본질인 공권력에 기초하는 통치작용인 국가주의 정책권력과 그의 작용의 정당성과 실천성 등을 철학적으로 사고하고 체계화하는 하나의 정책사상이다. 따라서 현실주의는 구체적으로 문제 중심이나 도구주의 또는 결과주의 등을 전제로 하고 있는 것은 아니다.

둘째, 실천중심의 실용주의에서 보면 현실주의 정책사상도 실천성 개념을 공유한다고 할 수 있다. 즉 실학의 이용과 후생의 실천성, 실천성을 검증주의와 실험주의 등으로 주장하는 미국실용주의의 창시자라고 하는 Peirce의 입장, 실천적 욕구와 욕망의 산물로 실제를 이해하고 실천적인 필요성을 주창하는 James의 심리학적 실천성, Dewey의 실천적인 문제해결의 도구론적 실천성 등과 같은 것으로 실용주의의 실천성을 정리하였을 때 이것은 현실주의 정책사상의 실천성과 사상적인 맥락을 공유한다고 할 수 있다. 왜냐하면 현실주의의 실천성도 단순히 실천방법이나 방향에 관한 지식체계가 아니라 정책개입의 정당성이나 정책인과의 균형주의 등을 실천의 관점에서 설명하는 사상적인 체계이기 때문이다.

그럼에도 불구하고 실용주의의 실천성은 실용이라는 일상적 용어에 초점을 두고 있다. 그러나 현실주의 정책사상은 실용, 즉 이용과 후생 및 실천적인 필요성이나 욕망을 전제로 하는 것이 아니다. 대신에 실천 또는 실제의 렌즈를 통하여 정책사상의 현실적인 지식이나 지혜, 판단 및 책무 등을 설명하는 실천이론이면서 판단이론이라고 할 수 있다. 따라서 현실에 응용하거나 사용하고 적용하여 그의 효능이나 적용에 따라서 진리를 검증한다는 실용주의적 입장과는 차이가 있다. 즉 실용주의의 실천성과 현실주의 정책사상의 실천성은 개념적으로 차이가 있다.

셋째, 이용이나 후생 실학 또는 실학사상이나 실체달용(實體達用)의 경세학 등으로 발달된 동양사상의 실용주의를 유교사상의 본원이라고 주장하기는 어렵다. 물론 앞에서 장자나 순자의 배움의 지식과 현실과의 괴리현상의 지적이나 공자의 배우고 실습하는 학이시습(學而時習) 등을 구체적으로 예시하였지만 경세학 등은 지식(배움, 지혜, 판단 등을 포함하는 광의의 개념)을 현실에서 실천하는 실천하기 또는 철학실천의 입장을 강조한 것으로 이해할 수 있다. 이것은 앞서 철학실천에서도 지적했듯이 유교사상의 행동강령적인 성격이 강한 것으로 이해할 수 있다. 그러나 현실주의 정책사상은 국가중심의 국가개입주의의 행동이나 윤리강령이 아니라 실천성을 철학적으로 사고하고 그의 이론을 체계화하고자 하는 정책사상이라고 할 것이다.

정책사상 대계
政策思想 大系

제 7 장
물아주의

제 7 장

물아주의

1. 물아주의 정책사상의 발원

물아(物我)주의는 정책사상 대계를 총결하는 정책사상이라고 할 수 있다. 동시에 정책사상으로 물아주의는 전통적으로 인간(human, person, man 등을 통칭하는 개념으로 일단 인간이라고 했다)을 중심으로 하는 정책사상에서 인간뿐만 아니라 비인간(非人間)으로 통칭할 수 있는 사물(事物)과의 상호간의 교섭의 관계를 설명하는 인간중심주의(human-centeredness) 정책사상이라고 할 수 있다.

물아주의 정책사상은 우주의 중심인 인간의 존엄성과 가치를 절대적 이념으로 하는 전통적인 정책학이나, 인간과 인간 이외의 비인간(非人間)을 구별하지 아니하는 일원론적 동물주의나 생태사상 등에서 논의하는 인간과 비인간은 동형(同形)이면서 동성(同性)이라고 하는 주장 등을 수용하는 것은 아니다. 대신에 아

(我)인 인간과 물(物)인 인간 이외의 사물이나 대상인 비인간 등은 본질적 가치나 수단적이거나 외연적 가치 등에서 각각의 속성과 특성을 가진 독립적인 존재라는 사실에서 출발하고 있다. 이에 따라서 각각은 각각의 존재가치에 충실하지만 타의 존재를 무시하거나 방해하지도 아니한다. 동시에 물아주의는 상호간에 항상 원만하게 교섭의 관계를 형성하면서 하나의 공동체를 구성하고 있다고 본다. 그래서 물아(物我)는 각자의 충실한 존재자이면서 동시에 공동체의 구성자로서, 필요와 조건에 따라서 원만히 상호간에 포용하고 화합한다는 사실을 전제로 하는 정책사상이다.

물아주의는 정책세계에서 정책을 결정하고 창조하면서 동시에 정책을 실현하는 실현자이고 판단자인 인간을 중심으로 하는 정책사상이다. 때문에 인간은 우월적이고 독점적으로 인간뿐만 아니라 비인간의 판단과 결정에 개입하거나 간섭하고 있음을 설명하는 정책사상이다. 그러나 인간은 인간만의 이기적 목적이나 존재가치를 위하여 인간 이외의 존재자를 이용하거나 지배하는 것이 아니라, 천지만물의 조화로운 상호교섭의 원칙에 따라서 정책의 창조자이고 실천자이며 판단자의 역할을 하고 있다. 이와 같은 인간중심주의의 철학적 사고를 체계화하는 것이 물아주의 정책사상의 핵심적인 주제이다.

국가주의를 시작해서 선도주의, 균형주의, 현실주의 등으로 정책사상의 대계를 구성하면서 물아주의는 이와 같은 사상을 총합하는 결론적 성격이 강한 정책사상이다. 동시에 서구의 전통적인 인간중심의(anthropocentric) 사상적 스펙트럼에 인간 이외의 비인간도 동등하게 설정하는 정책사상이라고 할 수 있다. 물론 물아주의 사상이 인간중심적이지만 비인간을 제외하거나 분리시키는 인간-비인간 이원주의(human-nonhuman dualism) 사상은 아니다. 따라서 정책학뿐만 아니라 정책사상으로서 인간에 관한 새로운 이념과 패러다임을 제공하는 정책사상이다.

그래서 제1절의 제목을 물아주의 정책사상의 발원(發源)이라고 했다. 즉 물아주의 정책사상은 전통적인 국가중심주의에서부터 시작하는 인간중심주의의 정책사상을 집대성하면서 동시에 인간과 비인간의 동시적이고 일체적인 개념을 전제로 하는 정책사상이다. 마치 20세기 후반부터 성장발전하고 있는, 도도히 흐르는 정책학의 사상적 물줄기의 근원을 찾아 가듯이 이기적인 인간 중심에서 탈출하여, 인간 이외의 비인간을 포함하는 물아(物我)의 인간중심주의적(human-centered) 정책사상이라는 것을 강조하는 의미로 발원이라고 했다.

전통적인 정책학, 특히 1950년대 초반부터 미국을 중심으로 시작되는 Harold Lasswell정책학의 기본사상은 인간중심주의이다. 그러나 그의 정책사상에서 인간중심주의는 인간이 우주의 중심이고 절대적인 목적이라는, 소위 서구의 인간중심주의(anthropocentrism)(송명규, 2018: 61; Korolev, 2014: 17)에 기초하고 있다.

근대적인 미국정책학의 창시자로 불리고 있는 Lasswell은 분명하게 그의 정책사상을 인간중심이라고 했다. 즉 인간이 우주의 중심이며 우주의 중심에 있는 개별 인간의 자율성과 자유로운 선택을 존중하는 인간의 존엄성이 그의 사상적인 진수이며 핵심이라고 했다[1]. 또한 근대 정책학이 시작되는 최초의 논문으로 알려져 있는 "정책정향"에서 정책학, 보다 정확하게는 정책과학(policy sciences)의 목표는 인간의 존엄성(1951: 15)이라고 했다. 인간의 존엄성(human dignity)을 Lasswell 정책사상의 핵심적인 지표이고 가치인 계몽, 부(富), 복리, 기술, 권력, 애정, 존경, 청렴강직 등과 같은 가치는 모든 인간들의 상호작용과 폭넓은 참여에 의하여 공유되는 것이라고 했다. 특히 이와 같은 가치는 참여와 상황, 기본적인 가치, 전략, 결과나 영향 등에 의하여 과거와 현재 그리고 미래의 결과를 특성지우는 것이다. 따라서 이와 같은 목표지향은 구체적인 상황에서 인간의 행위나 표현의 정도에 따라서 결정된다고 했다(Lasswell and McDougal, 1992: 740-741).

그럼에도 불구하고 Lasswell의 정책사상의 중심은 인간임에 틀림없다. 특히

---

1) Myres McDougal(1906-1998) 교수는 Lasswell의 Yale대학교 법학대학원 및 정치학과의 동료교수로서 Lasswell 교수와 더불어 30년 이상을 공동으로(Lasswell도 초기에 정책학을 주조하고 창안할 당시에 법학에서의 정책을 연구할 절실한 공동연구자가 필요했다고 했다(1971: 17) 법과 정책 등을 연구하면서 Lasswell 서거 1년 이후에 발표한 글, "Harold Dwight Lasswell (1902-1978)(1979)에서 Lasswell 교수의 학문적인 정향에 관한 사상이나 철학을 정리하였다.

그는 인간(man)과 자원환경(resource environment)과의 균형을 설명하였다. 즉 축적된 지식은 인간의 다양한 욕구를 충족할 자연환경을 변화시키면서 환경은 인간에게 제공할 원천재료로서 간단없이 변화되고 있다고 보았다. 인간은 끊임없이 자연의 재화인 물이나 사막, 산맥 심지어 우주시대를 가능하게 하는 지리적 한계를 정복해 왔다고 했다(Lasswell and McDougal, 1992: 801-802). 이와 같은 인간중심의 정책과학을 연구하는 방법론으로 Lasswell은 문제해결을 위한 범학제적이고 맥락적인 방법을 강조했다는 사실은 잘 알려져 있다.

『정책사상 대계』의 제2장에서 정책사상의 연구경향을 소개하면서 Lasswell이 정책학을 주조할 당시의 그의 정책사상, 즉 정책사고(policy thinking)를 자세히 설명한 것을 기억할 것이다. Lasswell의 정책사상은 인간중심에서 인간의 존엄성을 실천하고 보호하는 민주주의의 정책학, 문제해결 중심의 정책학, 종합과학적이고 맥락적인 사상이라는 것은 분명하다. 나아가 인간의 존엄성을 실현할수 있는 구체적인 가치체계를 공유할 내용으로 앞서 나열한 계몽 등 여덟 가지를 설명했다는 것도 유명하다[2].

제3절에서 물아(物我)의 개념을 설명할 때 다시 언급하겠지만 초기 정책사상의 표본이라고 할 수 있는 Lasswell의 정책사상이 인간중심주의라고 해서 환경윤리나 철학 등에서 크게 논쟁거리가 되고 있는, 인간이 자연과 만물의 지배자로서 인간만의 이기적 욕망과 욕구를 위하여 비인간으로 대칭되는 사물이나 환경을 이용하거나 악용한다는 부정적인 인간중심 사상은 아니다. 그렇다고 더구나 인간중심주의를 부정하거나 비판하는 생태중심주의도 아니다.

Lasswell은 당시의 제2차 대전에 의한 세계질서의 파괴에 따른 인간생명의 무자비한 희생이나 두려움과 공포로부터 인간가치를 해방시킬 수 있는, 즉 인간의 존엄성과 가치를 지키고 향상시킬 수 있는 사상적이고 실천적인 이론이나 방

---

2) Lasswell의 정책사상과 그의 여덟 가지 구체적인 공유사상의 가치지표에 관한 것은 제2장의 정책사상의 내용과 방법에서 <각주 34>나, McDougal 교수와 공저한 유작(遺作)인 『자유사회를 위한 법리』(Jurisprudence for a Free Society: Studies in Law, Science and Policy)의 제3편의 정책사고(policy thinking) 등을 참조할 수 있다.

법이 필요하다고 역설하였다(Lasswell, 1943: 73-74; Dorsey, 1988: 41-42). 즉 국가의 의사를 결정하고 실천할 수 있는 보다 더 과학적이고 정밀한 이론과, 인간의 본질과 가치를 민주적으로 존중할 수 있는 휴머니즘(humanism)의 인간 선언을 Lasswell정책사상은 강조하고 있다. 왜냐하면 Lasswell 자신도 민주적인 가치와 정향을 가진 정책학을 강조했기 때문이다. 즉 정책학이 탄생되고 발전되는 것을 정치발전의 맥락에서 보아야 한다고 했다. 새롭게 탄생하는 정책엘리트 계층은 막대하고 강력한 권력과 권위를 소유할 수 있다; 때문에 이들의 직무를 철저히 분석하고 그들에게 특별한 책임, 즉 민주사회의 가치를 소유하고 공통의 가치를 수호하면서 그에 봉사할 수 있는 책임을 부여해야 한다고 했다(Lasswell and McDougal, 1943: 207-208; Lasswell, 1970: 14). 따라서 인간의 가치와 존엄성을 존중하고 지킬 수 있는 인본주의적 인간중심 사상이 그의 정책사상의 핵심이라고 할 수 있다.

『정책사상 대계』의 제2장인 정책사상의 내용과 연구방법에서 정책사상의 연구경향을 인근의 학문분야의 사상연구와 비교하여 설명하면서 각각의 학문분야에 따라서 사상연구는 매우 다양하면서도 복잡하다고 했다. 더욱이 정설로 통용되거나 수용될 수 있을 정도로 학문분야의 사상을 개념적으로 정의할 수 없을 정도로 사상의 정의는 각인각설(各人各設)이라고 하였다. 그렇다고 각 학문분야의 사상을 정의할 필요가 없다는 것은 아니다. 대신에 정의하기 어려우면서도 동시에 개념적으로 정의를 해야 할 필요성이 필연적이기 때문에 매우 다양하다는 사실 등을 소개하기도 했다.

여기서 살펴야 할 것으로 제2장의 정책사상이 내용과 방법, <각주 39>에서 구체적으로 언급하였지만 사상을 정의하면서 인간이나 사람 또는 인간의 입장 등과 같은 인간중심주의에서 각 학문분야의 사상을 정의하고 있다는 사실이다. 예를 들면 '인간'의 정치적 삶에 대한 일관적이고 체계적인 이해를 제공하는 것으로 정치사상을 정의한다거나, '인간'이 교육에 관해 지니고 있는 생각의 총체를 교육사상으로 정의하거나, '사람'이 행정에 대하여 갖는 견해나 관점을 행정사상으로, 법적 사실에 대해서 '사람'이 품고 있는 관념 내지 의식을 법사상으로, '인간'의 경제적 선택사고와 이념에 관한 이론을 경제사상 등으로 정의한 것 등을 들 수 있다.

물론 인간 이외의 인간과 비인간을 사상 정의의 중심주제어로 설정한 것도 발견할 수 있다. 즉 한국인의 인간관, 자연관, 신관(神觀) 등과의 정치적인 상관관계를 인간의 입장에서 논리적으로 전개한 일련의 학문적 체계를 정치사상으로 정의한 것이다. 즉 인간과 자연과 신(神)의 정치적인 상관관계에서 누구의 관점을 주안점으로 할 것인가 하는 점에서 정치사상의 연구내용이나 범위가 설정될 수 있다는 주장이었다(김한식, 2004: 60-67; Schemper, 2008: 3). 그렇지만 역시 인간이 중심이면서 그 연구의 범위를 자연이나 신으로 확대한 인간중심적 입장3)이라는 점은 변함이 없다. 마찬가지로 자연환경체제에서 인간과 비인간과의 정치관계를 설명하는 생태정치학(political ecology)도 본질적으로 인간을 중심으로 하면서 비인간과의 관계에서 정치작용을 설명하는 인간중심적 입장이라고 할 수 있다(Loftus, 2019: 172)4).

---

3) 확대한 인간중심적 입장이라고 해서 뒤편에서 고전적이고 전통적인 서구의 지배적인 세계관으로 설명되는 인간중심주의를 수정하고자 하는 확장된 인간중심주의(윤용택, 2005: 93; Attfield, 2011; Kopnina 외 3인, 2018 :109-110)가 아니다. 단지 정치사상의 연구 범위와 대상을 인간뿐만 아니라 자연이나 신(神)까지도 포함하자는 의미로 확대 또는 확장되었다고 하였다. 따라서 인간과 자연과의 관계나 인간과 신과의 관계를 설명한 것에서도 알 수 있듯이 인간과 비인간의 동형(同形)이나 동성(同性)의 본질적 사상을 제시하거나 인간이란 무엇인가 하는 문제를 설명한 것은 아니다(김한식, 2004: 61-67).

4) 생태정치학((political ecology)(Tetreault, 2017), 생명정치론(biopolitics)(김환석, 2013), 정치생태론(팀 헤이워드, 1995) 등으로 알려져 있는 생태정치학은 인간과 비인간인 사물과의 관계에서, 사회물질적 세계에서의 정치나 인간과 자연환경과의 관계에서 발생되는 에너지나 물질의 교환작용으로서의 정치 등을 설명하고 있다. 그러나 물아주의 정책사상과 같은 정치사상이라기보다 환경주의에 의한 정치의 대상이나 내용으로 인간 이외의 자연이나 동물, 생물, 식물 등을 사회적 물질(social materials)(김환석, 2013: 35)로 취급하거나 접목하는 자연과학과 정치학의 융복합론(interdisciplinary studies)의 특성이 강하다고 할 수 있다. 그러나 생태정치학은 환경문제를 정치적 이슈나 쟁점으로 설명하는 비정치적 생태론과는 차이가 있다. 여기서 사회적 물질세계라는 의미를 인간의 인식과 정신작용도 물질의 상호작용의 결과로 설명하는 물질주의(materialism) 입장에서, 자연과 동식물 등과 같은 비인간과 인간과의 상호작용을 사회물질이라고 설명한 것으로 이해할 수 있기도 하다(Wunderlich, 2016; 780). 생태정치 또는 생명정치론은 전통적인 인간중심적 정치이론에서 벗어나면서(물론 환경철학이나 문화인류학 등에서

이와 같이 각 학문분야의 사상연구나, 특히 정치사상이나 생태정치론 등에서 비인간 등을 논의하고 있다. 그러나 하나의 공통적인 것은 인간, 즉 사람을 중심으로 하는 사상이나 이론이라는 점이다. 물론 각 분야의 사상을 정의하면서 구체적으로 인간관, 즉 인간의 개념적인 정의나 종(種)의 분류에 의한 생물학적 인간에서부터 시작해서 마음(심:心)과 몸(신:身)과의 관계에 의한 인간, 종교적 인간, 사고와 인지능력에 의한 만물의 중심체로서 인간 등과 같은 '인간이란 무엇인가' 하는 것을 구체적으로 정의하거나 설명한 것을 찾기 어렵다는 사실도 있다.

그러나 각 학문분야에서 사상을 정의하면서 인간을 중심주제어로 하는 이유는 우주의 자연환경과 사물을 인간의 욕망과 가치에 따라서 지배하거나 정복한다는 인간중심주의(anthropocentrism)의 인간을 전제로 한 것은 아닐 것이다. 대신에 우월적 존재자인 하늘이나 신 또는 신앙적인 종교적 지배자 등으로부터 자유로운, 즉 도덕적 이성과 합리성에 의한 자신의 존재가치를 스스로 판단하면서, 타의 존재를 상호간에 동등하게 인정하고 교호(交互)할 수 있는 독립성과 자율성을 가진 존재로서의 인간(person 또는 man)을 전제로 하는 인간중심의 휴머니즘(humanism)일 것이다[5].

인간 그 자체에 관한 철학적 사고체계를 의미하는 인본주의적 인간중심주의가 각 학문에의 사상을 정의하는 중심주제어라고 이해할 수 있다면, 더욱이 정책사상 또는 정책사고로 정책학을 탄생시킨 Lasswell정책학의 정책사상을 인간중심주의가 아닌 인본주의(humanism) 사상으로 이해하고 설명하는 것이 보다 타당하다고 할 것이다.

인간을 중심에 두는 정책사상이 정책학이 주창되고 창립될 때부터, 즉

주장하는 인간중심주의는 아니다), 동물이나 식물 혹은 로봇인간으로 대표되는 사물인터넷(IoTs) 등과 같은 비인간도 동시에 정치이론에 중요한 주제라는 포스트 휴머니즘(post-humanism) 사상을 기반으로 하고 있다고 할 수 있다.

5) 인간이란 무엇이며, 누구인가, 인간은 사람을 의미하는가 하는 등에 관한 질문이나 문제는 사상연구에서 매우 중요하고도 핵심적인 과제이다(백종현, 2015; 김환석, 2018; Bibeau, 2011; Pruski, 2019). 제2절의 정책사상에서 '인간이란 무엇인가'에서 이와 같은 문제를 자세히 논의한다.

Lasswell을 중심으로 시작되었다는 것은 분명한 사실이다. 물론 인간중심이 인본주의적 사상이며, 인간의 독선적이고 이기적인 욕망충족이나 우월성이라는 인간중심주의적 사상이 아니라는 것을 다행히도 정책학의 근대적 창시자인 Lasswell 정책학에서 발견할 수 있음은 다행이다.

그럼에도 불구하고 정책사상이나 정책이론으로 인간을 중심적인 주제로 하거나 인간의 본성적인 존재가치나 존엄성 등을 진지하고도 깊이있게 연구하거나 논쟁한 것이 희박하다는 것은 놀랄 만한 사실이다. 물론 Lasswell을 출발로 하는 정책학이 1950년대부터 미국을 중심으로 정책학 또는 정책학운동으로 불릴 정도로 폭발적으로 발전하면서 정책학의 학문적 성숙과 발전이 급격히 달성되었지만, 정책사상에서 보면 인간이나 인간의 존재 등에 관한 주제를 중심으로 정책사상을 설명하거나 연구한 것을 거의 찾아보기 어렵다[6]. Lasswell이 정책학을 초기에 창립하고 주조하면서 그나마 인간의 문제를 사상적으로 폭넓게 제시한 것이 정책학의 사상, 즉 정책사상으로 볼 때 아마도 시작이면서 마침이 될 정도이기도 하다. 물론 그와 같은 이유의 하나로 정책사상 그 자체에 관한 연구나 교육도 초보적이기 때문이다.

정책학의 학문적 성숙과 발전에서 볼 때 전통적인 Lasswell정책학에 대한 도전이나 비판 또는 나아가 새로운 정책학이 희망하는 다양한 학문적이고 실천적인 시도나 노력 또는 사상적 정향을 가진 이론이나 논쟁이 많이 발견되고 있다. 그러나 결론적으로 Lasswell정책학의 이론적 정향이나 사상(물론 철학이나 이념이라고 해도 될 것이다)을 근간으로 하지 아니하는 것이 없다는 것도 사실이다.

예를 들면 Lasswell을 재초대해야 한다는 주제이지만 Lasswell이 초기 정책학을 탄생시키면서 강조하는 민주주의, 즉 과학적 기술과 전문성에 의한 전문적 능력과 자질을 가진 정책집단이 시민의 행복과 복지 및 애정에 대한 사상적 기준

---

6) 1950－1970년대의 정책학운동(policy sciences movement)에서 정책사상 연구가 없었던 것은 아니지만 정책사상을 개념적으로 정의하면서 체계화한 연구는 없었다는 뜻이다. 마찬가지로 정책사상(policy thought)이나 정책사고(policy thinking) 등을 통칭하더라도 정책사상에 관한 연구는 정책학계에서 매우 희박하다는 사실이다. 자세한 것은 제2장 4절의 정책사상의 연구경향을 참고할 수 있다.

이 되어야 한다는 민주주의 정책학에 대한 Lasswell의 구체적인 지적이 약하다는 입장이나(Farr 외 2인, 2006) 이에 대한 반론(Brunner, 2008), Lasswell정책학을 어떻게 계속해서 유지하고 발전시킬 것인가(Pielke Jr., 2004; Pelletier, 2004, Wallace, 2004), 국가중심의 정책학을 세계화시대에 타당한 정책학으로 전환하고자 하지만 Lasswell정책학(보다 정확하게는 정책과정론)의 새로운 정향을 만들자는 주제(Evans, 2009), 새로운 정책학의 시대가 왔다고 하면서도 Lasswell정책학 또는 정책사상에서 한 발짝도 나아가지 못한 현실에서 복잡한 의사결정의 과정에 심리학을 적용하자는 주장(Cairney and Weible, 2017) 등을 찾아 볼 수 있다. 그래서 이와 같은 논쟁이나 주장은 Lasswell정책학을 발전시키거나 대체하기보다는 Lasswell정책학이 남긴 유산을 역사적으로 해석하거나 논쟁하는 정도에 불과하다는 또 다른 주장(Farr 외 2인, 2008)이 더욱 설득력이 있을 정도이다. 그래서 Lasswell정책학을 재초대하거나 또는 비판적 입장에서 그의 정책학의 미래의 지속가능성 등을 제안하고 있지만 아마도 Lasswell정책학이 영원히 떠오르는 (emerging)[7] 수준에서 그치고 말 것이 아닌가 하는 의구심이 있다는 지적도 (Brewer, 2017) 음미해 볼 만하다.

초기의 Lasswell을 중심으로 하는 정책학에서 새로운 정책학이나 미래의 정책학의 학문적 수준이나 교육 등에서 Lasswell정책학을 발전적으로 구체화하고자 하는 노력이나 논의의 핵심적 요소는 역시 인간이 중심이 되는 인간존엄성 사상이 지배적이고 이것을 실현하는 것이 중요하다는 주장으로 요약해 볼 수 있다 (Brewer, 2017: 6). 따라서 정책학의 사상, 보다 정확하게는 Lasswell을 시작으로 하는 인간의 존엄성을 주제어로 하는 정책사상은 인본주의(humanism)에 충실한 정책사상이라고 할 수 있다.

정책사상 대계에서 정책사상도 물론 인간이나 인간의 존엄성 및 민주주의

---

7) '떠오르는'(emerging) 용어는 『Policy Sciences』 학술지 창간호(1970)에 Lasswell의 논 문제목인 "The Emerging Conception of the Policy Sciences." 1(1)에서 유래한 것으로 볼 수 있다.

등과 같은 초기의 Lasswell을 중심으로 하는 정책사상을 기초로 하고 있다. 그럼에도 불구하고 정책사상 대계에서 이것을 설명하지 아니한 이유로, 앞서 제2장의 정책사상 연구경향에서 지적하였듯이 국가주의나 선도주의, 균형주의, 현실주의 등과 같은 『정책사상 대계』의 정책사상이 인간중심의 민주주의(국가주의에서), 실용주의나 행태주의(현실주의에서) 등과 같은 사상이 설명될 수 있기 때문이라고 했다. 동시에 인간의 존엄성에 관한 정책사상은 물아주의 정책사상에서 설명될 수 있다. 왜냐하면 물아주의 정책사상은 인간을 포함한 삼라만상의 모든 존재들이 상호간에 연계된 공존의 세계를 형성하고 있기 때문이라고 할 수 있다.

또한 정책사상은 정책학사(history of policy studies)를 포함하는 광의의 개념이지만 필자는 정책사상의 내용과 연구방법(제2장)에서 정책학사를 정책사상과 구별하였다. 왜냐하면 정책학사는 정책학의 학문적 기원이나 발달 또는 정책학자들의 학문적 정향의 변천, 정책학의 정체성 등을 시간(시대)이나 학파, 학자 등을 기준으로 설명하는 정책학의 이론이기 때문이다. 그리고 정책사상사(history of policy thought)도 정책학의 발전과 학문적 정향에서 사상을 역사적 접근방법으로 설명하는 이론이기 때문이다. 보다 자세한 것으로 제2장의 정책사상사와의 차이점을 참고할 수 있다.

정책사상 대계에서 정책사상을 정의하면서 인간이나 사람 등과 같은 용어를 사용하거나 의도적 목적을 가진 용어로 취급하지 아니했지만 지금부터는 정책사상에서 왜 물아주의를 발원(發源)적 정책사상인가 하는 점 등을 밝히면서, 인간중심주의에 의한 물아주의 정책사상을 개념적으로 정의하고 이에 따라서 사상적 특성을 계속해서 논의하고자 한다.

정책사상을 정책과 정책학의 본질을 철학적으로 사고하고 이것을 이론적으로 체계화하는 것으로 정의하였다. 『정책사상 대계』에서 정책사상의 정의에 관한 자세한 것은 제1장을 참조하기로 하지만, 여기서 언급할 것은 위의 정의에서 인간이나 인간중심 등과 같은 개념이나 용어를 사용하고 있지 않다는 사실이다. 앞서 간단히 소개했듯이 인간이나 사람 등과 같은 인간중심주의에서 정책사상을 정의한 것이 아니라 정책의 본질에 관한 철학적 사고, 이론적 사고, 체계적 사고 등으로 정책사상을 정의한 것이라는 사실이다.

물론 정책의 본질은 인간의 존재가치를 높이고 실천하는 인간 중심적임을 부정하는 것은 아니다. 동시에 정책은 인간의 존재가치인 존엄성의 실천과 존경을 전제로 하고 있는 것도 부정할 수 없다. 이와 같은 전제에서 본다면 정책사상 대계의 정책사상은 전통적인 정책학이나 특히 Lasswell을 중심으로 하는 초기의 정책학의 사고체계와 다르지 않을 수 있다.

그러나 물아주의 정책사상은 정책사상을 정의하면서부터 인간이나 사람이라는 주제어에 한정되거나 구속되는 사상은 아니다. 그렇다고 존엄성이나 인간으로서의 향유하고 보장받아야 되는 인간의 권리인 인권(人權) 등을 최고의 가치로 존중하면서, 인간이나 사람의 존재를 무시하거나 경시하는 것도 아니다.

물아주의 정책사상은 국가를 중심으로 하는 우월적이고 독점적으로, 개인이나 집단의 자유롭고도 자율적인 판단과 결정에 개입하는 국가주의 정책사상에서 시작되고 발전되면서 선도주의나 현실주의, 균형주의 등과 같은 정책사상은 인간이나 사람이라는 생물학적 종(species)의 영역이나 또는 철학적이고 사변적인 인간개념의 범주에 한정되거나 포획되는 사상이 아니다. 즉 물아주의 정책사상은 국가주의를 중심으로 하는 정책사상이 인간이나 비인간 등과 같은 이분법적 사고나 비판에 고착된 사상이 아니다. 대신에 정책의 본질에 관한 철학적 사고를 정책이론으로 체계화하고자 하는 사상으로서 모든 사물(이것을 물(物)의 개념으로 설정한다면)과 인간(이것을 아(我)의 개념으로 본다면)을 하나의 범주인 총체성(totality)이나 전체성 또는 전일성(全一性: oneness 또는 sameness)(Wiggins, 2001; 2005) 등과 같은 개념으로 설명하는 정책사상이라고 할 수 있다. 물론 전일성 또는 동일성이라고 해서 인간과 비인간인 물(物)이 같다고 하거나 평등하다고 하는 것은 아니다.

동시에 물아주의 정책사상은 인간 중심의 인간존엄성이나 국가중심의 국가주의에 고착되거나 한정된 사상이 아니다. 물아주의는 인간을 중심으로 하는 정책의 본질적 작용이 국가의 공권력에 의한 통치작용이나 행위로 정책을 결정하거나 실현하는 국가주의 정책사상이지만, 이것이 인간이나 국가의 이해관계나 상호작용에만 한정된 것이 아니라는 것을 설명하는 정책사상이다. 따라서 인간이나 국가 중심의 정책사상을 물아주의로 총결하는 사상이지만 동시에 전통적인 인간 중심의 또는 국가 중심의 사상적인 이분법적 편협에서 탈피하면서, 정책의 본질에 관한 철학적 사고를 확대하고 확장하는 정책사상이라고 할 수 있다. 이와 같은 의미에서 물아주의를 정책사상의 발원(發源), 즉 새로운 시작의 근원이라고 할 수 있다.

국가주의 정책사상은 본질적으로 정책을 국가의 공권력 작용으로 보고 있다. 국가가 정책의 결정권과 실행능력을 사실적이고도 법적으로 독점하면서 국가는 개인의 자유롭고도 자율적인 의사결정에 개입하는 개입주의를 특징으로 설명하고 있다. 동시에 국가는 정치적 과정과 절차에 의하여 구성되는 정부를 대표자로 내세우면서 국가능력, 구체적으로 정책능력의 우월성을 전제로 하고 있다.

이때에 국가주의는 인간 중심에 의한 인간의 존엄성이나 인권 등과 같은 가치를 존중한다는 명백하고도 구체적인 목적이나 지표를 설정하기보다 정책을 통한 국가의 정책개입의 정당성을 좋음, 옳음, 정의, 인정과 배려 및 전통가치 등과 같은 정책의 선(善)을 실천하고 주창하는 선도(善導)주의 정책사상으로 확보하고자 한다. 이에 따라서 국가주의는 사회적이거나 개인적으로 정당성을 확보할 수 있다고 설명하고 있다.

물론 정치적이거나 법률적인 정당성도 중요하지만 정책은 본질적으로 그 자체로서 개인을 포함하는 공동체사회의 공공선이나 공동선 또는 일반의지나 정의 등을 실천할 수 있는 현실적인 정책의 지식과 지혜, 판단과 책무 등과 같은 실천사상을 설명하는 현실주의 정책사상도 있다. 또한 정책의 본질인 정책을 통한 목표의 달성이나 문제의 해결에 필요한 정책의(of the policy), 정책에 의한(by the policy) 물리적이거나 정신적인 정책인과를 균형화하고자 하는 균형주의 정책사상도 정책현실에서 실현되어야 한다.

국가주의를 시작으로 하는 이와 같은 정책사상의 연계성에서 보더라도 정책사상 대계의 정책사상은 인간이나 비인간의 사회적 연결작용이나 상호간의 영향관계 또는 기술이나 교환수단의 변화에 의한 비인간인 행위체와의 상호작용 등과 같은 인간 대 비인간의 이분법적 사상을 전제로 하지 아니한다. 또한 인간 중심에 종속적이거나 또는 대등한 관계 등과 같이 비인간을 인간과 비교하면서 인간의 존엄성 가치나 권리를 절대적으로 주장한다거나 그 가치를 실현하고자 하는 사상도 아니다.

국가주의에 의한 정책의 선이나 정책인과의 균형을 현실적으로 실현하면서 인간만이 정책현실의 무대에서 주인공이나 중심주체가 아니라고 본다. 물론 비인간과 구별되는 인간이지만 정책의 본질에서, 인간이 중심적이면서 우월적이고 독점적 위치에서 인간뿐만 아니라 비인간의 자율적이고 자유로운 판단과 결정에 개입하는 인간개입주의를 설명하는 정책사상이 물아주의이다. 따라서 물아주의 정책사상은 국가주의에서 시작된 정책사상을 총합하고 총결하지만 인간을 중심에 둔 비인간과의 이분법적 사고인, 인간 대 비인간의 구별이 아니라 정책의 본질과 현실에 따라서 때로는 인간과 인간, 인간과 비인간, 문화(문명)와 자연, 사물(物)과 인간인 아(我) 등이 독자적으로 존재한다; 그렇지만 상호의존적이다; 의존하지만 상호간에 장애나 훼손될 수 없는 조화로운 교섭의 관계를 형성하고 있다는 것을 설명하는 정책사상이다.

이와 같은 물아주의의 총합적이고 발원적인 정책사상의 특성을 제4절에서 치산치수(治山治水) 정책을 예시하면서 설명하겠지만, 제5장의 균형주의 정책사상을 실천적으로 이해하기 위해서 예를 든 인구정책을 다시 보면서 물아주의 정책사상의 특성을 여기서 발원적 수준에서 조금 더 설명해 볼 수 있다. 왜냐하면 무엇보다도 물아주의 정책사상에서는 인간이 중심적인 주제이기 때문이다. 특히 균형주의 정책사상을 사례로 설명한 인구정책을 다시 보면 인구는 인간에만 한정된 인간 중심의 정책이다. 따라서 인구정책의 정책사상은 인간의 존엄성과 인권, 인간의 본질적 가치 등을 중점적으로 설명하는 철학적 사고이다.

동시에 인구정책의 인구는 인간의 존엄성에 의한 인간의 자유롭고도 자율적인 의사결정과 판단에 국가가 개입하고자 하는 개입주의 정책의 전형이다. 따라서 인간 이외의 비인간의 존재의 가치나 입장을 고려하거나 개입시키고자 하는 정책이 아니다. 그럼에도 불구하고 인구 수의 감소나 증가 등과 같은 수량적 목표를 달성하기 위한 인구정책은 인간 이외의 비인간으로 구성된 환경작용이나 생태현실을 또한 고려하거나 설명할 수 있어야 정책을 성공시킬 수 있는 범(凡)생태정책이기도 하다.

인구의 숫자나 구성은 신(神)의 작품으로 알려져 있다. 물론 인구는 인간을 초월하는 신이나 또는 국가의 개입과 판단에 의한 산물이 아니다. 대신에 인간에 의한 인간의 의사결정의 산물이라는 자연주의(naturalism) 인구사상을 부정하기 어렵다. 그렇지만 인구현상은 개인의 존엄성이나 자율, 사생활의 문제이면서 동시에 이의 결과산물이다. 이것을 때때로 인간은 신의 섭리라고 했을 뿐이다.

인간의 기술능력이나 노력에 따라서 상당한 수준으로 신의 영역에까지 인간이 개입하거나 간섭하여 인구현실을 조정하거나 조작하고자 하는 기술중심주의의 인구정책도 등장하고 있다. 그러나 정책의 본질에서 인구정책은 인간의 의사결정에 의한 신의 창조물이라는, 인간과 신(이때의 신을 우주질서의 본성을 가리키는 개념이라고 일단 이해하고자 한다)과의 관계를 이분법적으로 구분하거나 분리하는 정책이 아니라 총합적 관계로 이해하고 설명할 수 있는 정책일 것이다. 그래서 균형주의 정책사상에서 인간과 인간의 상호작용에 의한 인간 스스로의 환경과 조건에 가장 타당하고 합리적인 결정의 현재 산물로 인구정책을 이해하였다. 동시에 인간과 비인간의 상호작용에 의하여 발생될 수 있는 존엄성이나 자율성 등과 같은 변수에 의한 현재의 인구산물을 균형주의 사상으로 설명하였다.

인구정책은 인간의 수와 구성에 관한 정책이기 때문에 당연히 정책의 본질적 중심에는 인간이 있다. 그러나 인간의 존엄성에 의한 자율적이고 자유로운 판단의 결과물에 의한 인구현상은 인간과 연계되는 다양한 요소들과 상호 복합적으로 연결되거나 연계되어 있다는 사실도 중요하다. 예를 들면 출산의 전제인 결혼,

결혼의 전제인 인간의 정신적이고 육체적인 성숙, 인간의 출산결정은 인간만이 아닌 환경과 경제, 가족사회의 전통이나 사회적 관습, 경제적이고 물리적인 조건의 조화, 임신 또는 피임 등에 관련된 기술적이고 의료적 요인 등과 같은 다양하고도 복잡한 비인간적 생태나 환경과의 조화에 의한 산물이 현재의 인구현상이다. 그래서 인구정책의 사상은 인간이 중심이지만 인간만이 정책사상의 주체가 아니라 인간을 중심으로 하는 모든 사물과의 조화로운 관계에 의한 산물을 현재의 인구 수나 구성비로 이해한 것이다.

물아주의 정책사상은 인간의 우월적이고 독점적인 사고체계에 의한 인간개입주의를 전형으로 하고 있다. 그렇다고 인간이 모든 사물을 인간의 이기적 목적과 존립을 위하여 존재한다고 보지 아니한다. 인간은 천지와 자연의 일부분이지만 인간 중심의 정책세계의 독점적인 개입자로서 개인이나 사회 및 사물과의 조화로운 질서와 행복, 정의를 실천하는 주재자(主宰者)로 인간을 이해한 것이다 (전병술, 2003: 748; 황갑연, 2004: 220; 김세정. 2008: 100).

제6장의 현실주의 정책사상에서 실천지식을 설명하면서 순자(荀子)가 지적한 제자백가의 사상이 이분법적 편협성에 함몰되면서 총섭적인 실천지식을 제공하지 못했다는 비판을 소개하였다. 즉 "실용만을 강조하거나 고집하면 문장이나 형식의 아름다움과 예의를 알지 못하며 미사여구와 같은 미적 요소에만 집착하면 사물의 실체를 파악하기 어렵다. 마찬가지로 천도(天道)에만 집착하면 희로애락의 인간세상에서 부대끼며 살아가는 인간사인 인도(人道)를 알 수 없다"[8]라고 했다. 또한 현실주의 정책사상을 실용주의와 비교하여 그 특성을 설명하면서, 장자(莊子)도 눈이나 귀 같은 신체에 결함이 있다면 남과 더불어 볼 수 없고 들을 수 없기 때문에 견문이나 식견이 부족하거나 편협될 수 있다고 하면서 지식에도 장님이나 귀머거리가 있다는 비유를 소개하기도 했다[9].

---

8) "墨子蔽於用而不知文 宋子蔽於欲而不知得 慎子蔽於法而不知賢 申子蔽於埶而不知知 惠子蔽於辭而不知實 莊子蔽於天而不知人"(『荀子』, 解蔽).
9) "日月出矣 而爝火不息 其於光也 不亦難乎 時雨降矣 而猶浸灌 其於澤也 不亦勞乎"; "瞽者無以與乎文章之觀 聾者無以與乎鐘鼓之聲 豈唯形骸有聾盲哉 夫知亦有之"(『莊子』, 逍遙遊).

인간 중심의 정책사상이나 이론에만 귀와 눈을 고정한다면 물아주의 정책사상이 발원하는 물아(物我)의 교섭관계로 정책의 본질을 설명하고자 하는 정책사상을 이해하거나 수용하기 어려울 수 있다. 따라서 인간중심적 정책사상이라고 해서 인간의 존엄성과 존재의 가치에만 함몰되거나 집착하게 되면 인간 이외의 사물의 섭리와 질서에 대한 통찰력과 이해력을 잃어버리게 되면서, 정책사상 대계는 반쪽 수준의 정책사상이 되고 말 것이다.

물아주의는 인간중심적인 전통적인 정책사상을 총결하면서 동시에 인간을 포함하는 사물의 존재적 가치를 철학적으로 설명하고 체계화하고자 하는 정책사상이다. 따라서 그의 근원을 시작하는, 즉 발원(發源)하는 정책사상이라고 전제하면서 물아주의 정책사상을 개념적으로 정의하고 그의 특성을 찾아 볼 필요가 있을 것이다. 물아주의의 개념적 정의와 특성을 설명하기 이전에 먼저 정책사상에서 인간이나 비인간 등과 같은 '인간이란 무엇인가' 하는 주제를 먼저 철학적으로 정리하고 설명하고자 한다. 이에 따라서 물아주의에서 물(物)과 아(我) 및 물아(物我) 등과 같은 기본적인 개념이나 사상적인 정향 등을 동서양 철학을 중심으로 정리하고자 한다.

2. 정책사상에서 인간이란 무엇인가?

1) 인간이란 무엇인가?

인간이란 무엇이며, 인간의 정체성이나 실체는 무엇인가 하는 질문이나 문제는 인간에게 주어진 영원한 숙제이면서 수수께끼 같은 주제임에 틀림없다. 그래서 철학을 중심으로 하는 모든 학문과 신학, 종교 및 일상적인 생활에 이르기까지 인간은 틀림없이 인간임에도 불구하고 '인간이란 무엇인가' 하는 질문을 받으면 누구든지 당황하거나 때로는 무시하기도 한다. 그래서 고래(古來)로부터 '인간이란 무엇인가' 하는 화두(話頭)는 해결될 것 같지 아니하면서도 동시에 그 답을 찾아보지 아니할 수도 없는 인간에게 주어진 숙명적인 질문이다.

특히 인간이란 무엇인가 하는 문제를 연구의 주제와 목적에 따라서 회피하거나 무시할 수 없다면 인간에 관한 주제를 반드시 언급하거나 설명해야 하는 연구주제의 숙명론적 의무도 있다. 정책사상 대계는 정책의 본질에 관한 철학적 사고를 정책이론으로 체계화하는 것이다. 때문에 정책사상에서 인간과 사물과의 관계성을 철학적으로 사고하고 정책이론으로 정립하고자 하는 물아주의 정책사상에서 인간의 문제를 간과하거나 회피할 수 없기에 이르렀다. 앞서 물아주의의 발원에서도 설명했듯이 인간뿐만 아니라 비인간도 인간과 동등하다는 철학적 사고를 기초로 하면서, 비록 정책사상이라는 제한된 범위와 관점이라고 할지라도 인간이란 무엇인가를 설명할 수 있어야 정책사상은 적어도 온전한 정책이론이 될 수 있다고 했다.

정책사상에서 인간에 관한 주제는 인간의 육체적인 모습이나 정신적인 양상, 생물학적 발달, 사회적이거나 집단적(가족을 포함하는) 관계 또는 종교적이거나 신학적 인간, 법률적 인간[10] 등을 설명하거나 분석하고자 하는 것은 아니다. 또한 본 연구자의 능력이나 범위에서도 도저히 이것은 불가능한 일이다. 대신에 정책사상에서 인간이란 무엇인가 하는 주제를 설명하기 위한 제한된 수준에 따라서 인간을 이해하면서 인간과 나아가 비인간의 존재와 가치를 설명하는 정도에 불과하다는 점을 우선 밝히고자 한다.

---

10) 법률적 인간에 관한 것으로, 정책은 일반적으로 법령화되면서 정책내용이 구체화되기 때문에 여기서 한국의 법, 특히 민법에서 정하고 있는 인간을 간단히 살펴 볼 필요가 있다. 민법(법률 제14965호) 제2장은 인(人)을 특별히 정의하거나 개념화하지 아니하고 생존하는 사람의 권리와 의무의 주체가 될 수 있는 능력으로 인간을 이해하고 있다. 이에 따라서 권리의 개념을 주제로 하면 법률에 의하여 권리와 의무의 주체가 될 수 있는 인간인 법인(法人)도 법률적인 인간이 될 수 있다. 그러나 법인은 법률에 의하여 탄생되었기 때문에 일반적으로 생물학적 인간 개념과는 다른 인간, 즉 비인간(非人間)으로 구분될 수 있다. 마찬가지로 사자(死者)도 권리와 의무의 주체가 될 수 없기 때문에 인간이 아닌 비인간이다. 특히 사자의 생전의 법률행위나 의사의 표시 등은 사망과 동시에 소멸한다는 대법원의 판결(2008년 11월 20일: 2007다27670(전원합의체) 등에서 사자(死者)는 인간이 아니다.

인간을 어떻게 이해할 것인가 하는 것은 인간을 정의하는 것도 포함될 수 있지만 정의 그 이상으로 인간에 관한 현실적이면서도 사상적인 질문이다. 왜냐하면 인간이 인간 스스로를 이해하면서 내가 무엇이며, 누구인가 하는 질문에 대답해야 하기 때문이다. 동시에 인간을 몇 개의 개념이나 단어로 정의한다는 것은 물론 가능할 수도 있지만 인간을 정의할 수 있는 개념을 잘못 이해하거나 또한 구성하게 되는 오류를 범할 수 있기 때문이다. 예를 들면 대표적으로 정치적 동물이나 경제적 동물로서의 인간, 사회적 집단생활의 공생자나 협동자로서의 인간, 도구의 제작과 이용자로서의 인간, 이성과 감성을 동시에 갖춘 정신적 존재로서의 인간 등과 같은 정의에서 보면, 정치적 행위를 하는 것이 인간뿐만 아니라 비인간인 동식물 등에서도 발견되거나 증명되고 있다면 이와 같은 정의는 인간의 정체성을 동물과 구별하기 어렵게 할 수도 있을 것이다(임지현 옮김, 1997: 33).

이와 같은 이유를 설명하거나 또는 오류를 피하고자 하는 의도인지는 모르지만 경제학에서 합리적 인간, 인간중심의 경영, 인간존중의 사회제도 등과 같은 많은 논쟁도 인간을 개념적으로 정의하지는 아니했다. 추론적이지만 인간이 인간을 정의한다는 것 그 자체로서 한계를 가질 수밖에 없기 때문에 인간을 굳이 개념적으로 정의해야 할 필요성이 크지 아니했다고 볼 수도 있다. 또한 인간의 인식을 표식(標識)하는 언어와 그것을 구성하는 개념을 사용하여 인간을 정의한다는 것 그 자체가 인간을 온전히 설명하거나 이해하기 어렵다는 부정적인 입장도 있었을 것이다. 이것이 부정인간학(negative anthropology)으로 주창되고 있기도 하다(오용득, 2009; Ogilvie, 2018; Saage, 2018: 237).

인간이 인간을 개념적으로 정의하고자 하면서, 인간이 인간을 개념화하는 대상체로 만들거나 인간 자체를 제한한다는 이와 같은 부정인간학의 주장이 이해되기도 한다. 마치 부정신학(negative theology)과 같이 언어나 그것을 구성하는 개념을 사용하여 신을 정의하거나 설명해서는 신의 존재나 초월적 가치를 결코 설명하기 어렵다고 하는 주장과 같다. 즉 언어의 한계를 극복할 수 있는 신의 계시와 같은 묵상이나 침묵, 부정적인 진술 등을 통해서 신을 직관하는 것이 중요하다. 그래야 신과 합일할 수 있다고 설명하는 종교적 신비주의를 강조하는 계시신학 또는 부정신학 등이 인간이라는 제한된 모습에서 신의 존재를 이해할 수 있는 보다 현실적이고 효과적일 수도 있을 것이다.

부정인간학의 개념이나 논쟁도 다양하지만 신의 개념을 정확히 정의하거나 분석하지 아니하면서 신의 존재나 가치를 설명하거나 신에 대한 부정적 진술을 사용하거나 또는 침묵하면서, 즉 신을 정의하거나 분석하기보다 더욱 더 효과적이고 진실하게 언어의 한계를 벗어날 수 있는 부정이나 침묵을 통하여 초월적 신을 설명할 수 있다는 부정신학(윤원준, 2015; Kars, 2018)과 같은 맥락에서 부정적인 인간학을 주장할 수도 있을 것이다. 따라서 인간의 생각이나 사유를 인간이 이해하고 사용하는 언어적 개념으로는 신의 존재를 절대로 설명하거나 이해할 수 없다는 전제를 주장하는 부정신학(전광식, 2009) 등과 같은 패러다임을 공유하고 있는 부정인간학이라고 해서 인간의 존재나 존엄성 등을 부정하는 것은 아니다. 대신에 언어적 이해에 의한 개념구성에 제한을 받게 될 용어를 사용하여 인간을 개념화하거나 분석하기보다 인간에 의한 보이지 않는 지배나 타자와의 관계, 인간의 소멸이나 멸종 등과 같은 신비주의적 인간관을 설명하는 것이 보다 더 효과적으로 인간을 이해할 수 있다는 주장을 어느 정도 이해할 수 있기도 하다.

물아주의 정책사상에서 인간과 비인간이 동등하거나 또는 평등하다는 일차원적인 평등주의가 아니라는 사상적 기초를 이해하기 위한 개념적인 수준에서 먼저 인간의 개념을 찾아 볼 필요가 있다. 인간을 영어로 'human' 또는 'human being'으로 표기하기도 한다. 그러나 일반적으로 인간을 타 동물과 비교하여 인간의 고유한 특성이나 자질에 의한 인간의 정체성을 설명할 경우에는 인간(person) 또는 학명을 의미하는 *'homo sapiens'*로 표기하고 있다[11]. 이것은 동

---

11) 개념적으로 인간을 정의하면서 인간의 분류학 명칭인 *'homo sapiens'*를 인간의 종(種)을 지칭하는 고유 이름으로 이해할 수 있다. 이것은 1758년에 Carl Linnaeus(1707-1778)(Carl von Linne)가 부여한 것으로 라틴어로 현자(wise man)를 의미한다고 했다 (www.wikipedia.org). 따라서 이것은 인간 신체의 해부학적 또는 생물학적 특징과 진화론적 발전, 심리적이고 행태론적 특성, 고고인류학적 변천과정이나 특성 등을 설명하는 학명(學名)이다. 그러나 일반적으로 인간을 여타의 동식물 등과 구별하여 사고작

물(animal)과 인간을 구별하는 개념이다.

인간을 사전에서 정의한 경우에는 인간을 사람(person)과 동의어로 보거나 아니면 사람이 사는 세상이라고 하고 있다. 동시에 생각이나 언어, 도구의 사용, 자격이나 인품 등등으로 열 한가지나 되는 뜻을 가진 명사로 인간을 사전적으로 정의하기도 했다(『국립국어원 표준국어대사전』). 또한 한자에서는 인간(인:人)을 무려 20여 가지로 정의하였다. 그 중에서도 가장 먼저 도구의 제작과 사용능력 및 언어를 사용하면서 행동하고 사유하는 고등동물로서, 인(仁)이나 의(義)와 같은 도를 정립하면서 만물을 다스릴 수 있는 능력자이고 신령스런 영혼을 가진 자 등으로 정의하고 있다(『한어대사전』). 이와 같이 사람과 인간을 총칭할 때를 'human being(s)'의 명사를 사용하고 있기도 하다(『네이버 영어사전』).

특히 철학적으로 인간을 정의할 때 전통적으로 이성적 동물로서 짐승적인 동물과 구별하기도 한다. 그러나 'person'으로서 인간을 정의하면 현상학적이거나 철학적인 인격개념으로 인간을 이해하기보다 일이나 기능 등을 중심으로 인간을 이해하게 된다. 따라서 존재로서의 인간을 이해하기 어렵게 된다. 그래서 동물 또는 인간동물(human animal)이라는 개념이 인간의 실존적 이해에 더욱 타당하다는 주장을 하게 되기도 된다(La Barre, 1954; Olson, 2007: 23-26; Blatti and Snowdon, 2016: 2). 이와 같은 동물주의(animalism)는 인간과 동물은 같다(sameness)고 주장한다(Wiggins, 2001: 1장; Wiggins, 2005: 447). 따라서 심리적 존재자로서 인간을 정의한다면 'person'이라고 해야 한다고 했다(Olson, 1997:

용과 판단의 수월성, 도구의 제작과 사용, 사회관계에서의 도덕과 윤리 등 인간에게만 고유한 특성을 부여해서 보통명사로 이해하는 만물의 영장으로서 인간을 의미할 때 'homo sapiens' 용어를 사용하기도 한다. 그렇다고 서구의 인간중심주의에서 주장하는 것과 같이 인간이 만물을 배타적으로 이용하는 독점적 우월성을 강조하는 용어라기보다, 학문적으로 인간을 분류하는 분류체계의 학명으로 이해하는 것이 인간의 이해에 보다 타당할 것 같다. 또한 Charles Darwin(1809-1882)은 자연도태에 의한 진화된 종의 기원으로 'homo sapiens'를 설명하지는 아니했지만(1910) 'homo sapiens'를 진화된 종의 명칭으로 이해할 수 있다. 그러나 역사학이나 사회진화론 등에서 종의 분류학으로 인간을 설명하기에 모순이나 한계가 많다고 하는 비판(Tanghe, 2017; Streeck, 2018)에도 귀 기울일 필요가 있다.

108). 그럼에도 불구하고 심리적 인간으로서 동물과 구별하는 것이나 다양한 기준에 따라서 인간의 특성을 동물주의와 구별하는 것 자체가 기능적 기준에 의한 구분일 뿐이다; 즉 존재적 기준에 의하여 인간과 동물을 구분하여 인간을 정의하는 것이 될 수 없다는 비판도 많다(Nichols, 2010; Blatti, 2012; Yang, 2015).

한계적인 속성을 가진 개념으로 인간을 정의하는 일을 부정하는 부정인간학의 수준은 아니지만 인간을 개념적 속성으로 정의하기보다 '인간이란 무엇인가'하는 인간관(人間觀)에서 인간을 이해하는 것이 정책사상에는 보다 더 타당할 수도 있다. 인간관에서 인간을 이해하는 대표적인 것으로 인간의 존엄성과 인권을 주제로 하는 논쟁을 들 수 있다. 그러나 이것을 정책사상에서 인간을 정의하는 인간중심주의에서 언급하기로 하고, 여기서는 인간의 존재에 관한 질문에의 철학적 대답으로 인간을 이해하는 수준으로 인간관에 의한 인간의 정의를 조금 더 검토해 보고자 한다.

먼저 동양사상에서 인간을 만물이나 사물의 중심적인 주체로 설명하고 있다는 것을 우선 들 수 있다. 사전적으로는 인간의 인(人)을 하늘과 땅 사이에 존재하는 사물 중에서 최고자라고 했다. 또한 사람은 천지의 덕의 산물이며 음양의 교섭에 의한 존재이고 귀신의 회합(會合)이며 오행(화수목금토:火水木金土)의 기운에 맞추어 꽃이 핀 것과 같은 수월적 존재라고 보고 있다. 동시에 사람은 천지의 마음(心)이고 오행의 의로움이다. 금수와 초목이 천지만물의 소생이지만 오직 사람만이 천지의 마음이라고 했다[12](『설문해자』, 2013: 365; 『한어대사전』). 물론 인간을 사람 인(人)으로 설명했지만 사회적 관계를 이해하고 실현하고자 하는 관계 속의 존재로서 인간(人間)을 이해할 수 있다는 성리학적 인간관을 설명한 것도 참조한다면(최봉영, 1999: 35 – 38; 『한어대사전』) 인간이 곧 사람임을 알 수 있기도 하다.

---

12) "天地之性最者也 『禮運』 曰 人者 其天地之德 陰陽之交 鬼神之會 五行之秀氣也 又曰 人者 天地之心也 五行之端也 (중략) 按禽獸艸木皆天地所生 而不得爲天地之心 惟人爲天地之心"(『說文解字』).

특히 유교사상에서 인간관은 매우 방대하고도 중요하기 때문에 다음의 정책사상에서 인간을 중심으로 하는 독점적이고 우월적이며 개입주의적 인간의 이해에서 자세히 설명하기로 한다. 여기서는 우선 서양철학에서(물론 철학뿐만 아니라 다양한 학문영역에서도) 인간의 이해는 매우 다양하면서도 복잡하다는 사실을 찾을 수 있다. 그러나 물아주의 정책사상에서 인간을 이해하고 설명하기 위한 범위 내에서 보면 가장 먼저 칸트의 인간관을 간단히 언급할 필요가 있다. 왜냐하면 칸트철학에서 인간에 관한 문제를, 나는 무엇을 할 수 있고 무엇을 해야만 하고 무엇을 바랄 수 있는가 하는 전제에서 인간이란 무엇인가 하는 것이 중심적인 주제였기 때문이다(황원영 옮김, 1976: 9; 김창래, 2006: 198).

칸트에게서도 인간이란 무엇인가 하는 질문은 만만치 않았을 것이다. 그래서 인간이란 시간적이거나 공간적으로 우주의 구성체에서 중간자적인 생명체라고 보았다. 즉 칸트는 영원히 존재할 수 없으면서도 동시에 지구상에서 가장 신령스런 동물로 존재하는 생명체로 일단 인간을 이해한 것으로 볼 수 있다(황원영 옮김, 1976: 13). 그래서 칸트는 인간의 본성(human nature)에 초점을 두고 인간은 지구에서 자연의 최종 목적이라고 했다(김양현, 1998; Frierson, 2013: 9-10). 그렇다고 해서 인간이 자연을 절대적이면서도 초월적으로 지배하거나 탐욕하는 인간중심주의가 아니라, 도덕적 행위를 존중하고 실천할 수 있는 인간이 자연의 궁극적인 목적이라는 도덕성을 중심으로 하고 있다. 즉 인간을 정점으로 하는 목적론적이고 도덕적인 인간중심주의가 인간의 책임과 의무를 정당화할 수 있다는 것이 칸트의 인간관이다(박필배, 2007; Newton, 2017). 이것이 칸트의 인간관 또는 인간주의이며 인간이 지켜야 할 의무로 설정하고 있다. 이것을 두고 아마도 칸트철학의 윤리학적 특성을 지적하고 있다고 할 수 있다(강병호, 2017). 또한 실용적 관점에서 현존의 목적에 따라서 도덕적 목적을 보편적 쓸모에 따라서 실천하는 인간학으로 칸트의 인간관을 이해한 것이라고 할 수 있기도 하다(백종현 옮김, 2014: 15).

2) 인간학에서 인간이란 무엇인가?

학문적 관점에서 인간학(人間學)으로 불리고 있는 인류학(anthropology)에서 인간에 관한 이해나 설명은 다양하면서 복잡하다. 예를 들면 인간학을 'human science'로 번역하거나 이해하는 경우(안지호, 2013; Thomas, 2012; Foschi, 2018), 'human studies' 또는 'study of human'13), 'human being,' 'studies of humanism'14), 'humanistic study'(권혁남, 2010) 등과 같이 다양하다. 그러나 인간학을 인류학과 같은 'anthropology'로 일반적으로 이해하고 있기도 하다. 물론 이와 같이 인간학을 인류학과 같은 의미로 이해하는 정확한 이유를 발견하기는 어렵지만 영어권에서는 인간의 연구나 설명인 'human studies'나 'human literature' 등과 같은 용어가 없다는 것을 단적인 이유로 들 수 있기도 하다(Giustiniani, 1985: 각주 9)15). 또한 역사적이면서 사상적이고 생물학적이거나 사회문화적으로, 인간이란 무엇인가 하는 것을 인류학이 설명하고 있(었)기 때문에 아마도 인간학을 인류학으로 번역하고 이해했을 수도 있(었)을 것이다.

인류학적 인간학의 설명 이외에도 인간에 관한 연구나 논의로서 신학적 인

---

13) 가톨릭대학교(성심교정) 인간학연구소는 당 연구소가 발행하는 학술지 명칭을 『인간연구』(Journal of Human Studies)라고 해서 'anthropology'의 인간학이 아닌 온전한 전체로서 인간(이것을 필자는 'entire human being'을 의미하는 것으로 이해하고자 한다)을 탐구한다고 하였다. 그럼에도 불구하고 연구소의 영어 명칭을 'Institute of Anthropology'로 하고 있기도 하다. 한국에서 인간학이나 인간연구의 중심으로 자리잡고 있는 가톨릭대학교 인간학연구소는 1978년에 설립된 종교교육연구소를 1998년에 인간학연구소로 개칭하였다. 본 연구소는 특정한 학문분야나 신학 등에 한정되지 아니하고 인간학에 기반을 둔 범학제적 연구를 중점적으로 수행하면서, 2000년에 창간한 『인간연구』 학술지를 년 2회 발간하고 있기도 하다(https://cukire.jams.or.kr, 검색일: 2018년 12월 25일).
14) 휴머니즘(humanism)을 인간에 관한 철학적 사고체계라고 보편적으로 이해한다면, 인간 그 자체나 또는 온전한 전체로서의 인간에 관한 연구 등과는 거리가 있다고 할 수 있다. 즉 'studies of humanism'은 인간을 철학적으로 설명하는 철학적 인간학으로 이해하는 것이 보다 타당할 것 같다.
15) 1980년대부터 Springer Nature(독일) 출판사에서 발간하는 『Human Studies』 학술지가 인간학에서 다양한 논쟁의 연구를 발표하고 있는 사실을 본다면 영어의 어휘 부족이라는 주장도 큰 의미가 없을 수 있다.

간학, 미학적 인간학, 동물학적 또는 생물학적 인간학, 철학적 인간학 등으로 복잡하고 다양하다. 물론 철학적 인간학이나 생물학적 인간학도 'anthropology'로 표기하기 때문에 인류학적 인간의 이해라고 할 수 있다. 그러나 물아주의 정책사상의 인간관의 수준에서 인간관 또는 인간학으로 대표되거나 대조될 수 있는 생물학적 인간학과 철학적 인간학을 비교해서 조금 더 설명할 필요가 있다.

이것을 설명하기 이전에 인간학에서 신학적 인간학도 간단하게나마 살펴보고자 한다. 왜냐하면 신학적 인간학(theological anthropology)도 인간의 이해에 우선 중요하고도 필수적일 수 있기 때문이다. 특히 신학의 명제를 중심으로 탐구하는 하느님과 인간과의 관계, 실천신학으로서의 영성신학, 인간에 대한 하느님의 계획, 하느님의 창조물로서의 인간의 존재가치 등을 설명하기도 한다. 이것을 신학적 관점에서 이론을 탐구하면서 인간의 경험과 역사를 설명하는 신학적 인간학이라고 할 수 있다(성염 옮김, 1974: 80 – 81; Cameron, 2005). 또한 인간의 이해를 전제로 재구성되는 인간학적 신학(anthropological theology)(윤주현, 2014; Fountain and Lau, 2013)도 발달하고 있다.

따라서 앞서 지적한 인간의 신비주의적 요소를 강조하는 부정인간학 또는 부정신학 등과 같이 제한된 개념을 가진 언어로 인간이 인간을 설명하는 방법에서, 하느님(신)의 존재와 비교하면서 인간의 특성과 한계, 인간이 인간다울 수 있는 영성(靈性)의 문제, 사후의 세계에서 인간의 위상 등을 이해하면서 동시에 인간의 본질이나 존엄성을 각종 종교적 교리나 사상 등으로 설명하는 인간학적 신학도 인간의 이해에 필요할 수 있다. 그래서 물아주의 정책사상의 기초사상으로 종교사상에서 사물과 인간과의 관계 등을 인간중심적이거나 또는 사물과 인간을 범아일여의 사상으로 설명하는 베단타철학이나 화엄불교철학의 법계사상 등을 뒤편에서 설명하면서 종교나 신학에서 인간의 이해를 조금 더 논의하고자 한다. 그러나 어디까지나 정책사상에서 인간의 이해는 신학이나 종교사상에 의한 인간의 이해가 아니다. 인간이 중심이 된 정책세계에서 인간을 철학적으로 이해하고 이론적으로 체계화하여 물아주의 사상으로 정립하고자 하는 인간의 이해에 불과하다는 것을 밝히고자 한다.

첫째, 인간학에 의한 인간의 설명과 이해가 다양하지만, 먼저 생물학적 인간학(biological anthropology)은 인간의 생명체로서 지금과 같은 존재의 모습을 이해하면서 타 생명체와의 관계 등으로 인간을 이해하고자 한다. 그래서 여타 생명체와의 관계에 초점을 두기 때문에 때로는 사회생물학적 인간학으로 생물학적 인간학의 범위를 확대하기도 한다. 특히 인간의 행위나 판단 및 타 생명체와의 관계설정 등에서 인간만의 고유한 특성이나 특징이 사회적이고 자연적으로 진화되거나 변천되었으며, 이와 같은 특징이 인간의 유전자 형질을 구성한다고 보고 있다. 한 예로서 인간이란 합리적 이성과 판단능력의 DNA(Deoxyribonucleic acid)를 소유한 종인가 아니면 동물의 한 종인가 하는 생물학적, 인문학적, 문화인류학적 관점에서 인권(人權)을 이해하고 개념화하는 것도 인권을 중심으로 하면서도(Vaisman, 2018; Evans, 2016) 인간 생명체의 특성을 설명하고자 하는 사회생물학적 인간의 이해라고 할 수 있다.

그러나 생물학적 인간학은 일반적으로 인간의 고유한 특성을 다음과 같이 정리하고 있다(박만준, 2006: 202-204). 즉 인간은 생태학적이고도 해부학적으로 인간만의 특성을 가진 종이다. 따라서 생식과 생리, 행동도 이에 따라서 특별하게 진화되었다고 본다. 특히 영장류의 생물학적 기호, 지능발달과 진화에 의한 개인의 성숙이나 사회적 관계와 유대의 발달, 혈연적 유대관계, 근친상간의 금지와 금기, 분업과 협동에 의한 만족과 행복, 이성에 의한 인간윤리와 도덕성의 실천능력 등을 인간의 특성이라고 했다.

이와 같이 인간의 특성이나 자질 또는 행태 등과 같은 인간의 특성(personal identity)의 변천과 변화 및 진화되는 것을 중심으로 인간을 이해하는 것이 생물학적 인간학의 전통적인 접근방법이다(이대희, 2009: 3장; Lindee, 2012; Willermet, 2016). 그러나 인간의 활동이나 행위의 시간과 공간을 사회적으로 설명하면서 사회관계의 장(場)에서 인간의 변화와 변동을 문화와 문명과 인간, 적응과 도태, 교환과 호혜, 도구(기술을 포함한)와 인간생활 등을 사회생물학적으로 설명하는 인간의 이해도 현대 문화인류학의 근간이 되고 있다(임지현 옮김, 1997; 이자경 옮김, 2002; Bruner, 2013).

생물학적 인간학을 지구상에서 다종다양한 생명체에서 인간이라는 종의 특성과 발달, 지리적이면서도 역사적이고 문화적인 차이점이나 집단 생활문화의 양식, 도구의 제작과 사용에 따른 문화와 인간과의 관계, 사회적 동물로서 인간 대 인간의 관계 등을 설명하는 인간학이라고 요약할 수 있다. 따라서 인간을 타 생명체와의 비교적 특성을 강조하는 경향이 강하다. 그래서 때로는 인간을 만물의 영장이라고 하기도 한다. 그리고 때로는 인간도 동물이라고 하는 동물주의적 보편성으로 인간을 설명하기도 한다. 나아가 인간은 자연이나 만물로부터 고립된 독자적 존재가 아니라 자연만물과의 상호작용에 의한 복잡체계의 구성요소라고 하는 유기체적 총체성(totality in the organism)으로 인간을 이해하기도 한다.

특히 동양사상에서 설명하는 생물학적 인간관의 대표적인 경우로 인간의 신체적 특징과 발달 등으로 설명하는 만물일체(萬物一體)의 인간관에 의한 인간의 이해를 들 수 있다. 즉 인간의 팔다리의 사지(四肢)와 오장(五臟)을 하늘의 기능과 작용으로 연결하여 설명하면서 하늘과 인간이 상호간에 감응하고 교감한다는 천인상응(天人相應) 또는 천인일체(天人一體) 인간관을 생태학적으로 설명하고자 했다. 그래서 인간의 형태(形)와 기(氣) 및 정신(神)이 결합하여 자연과 상응하면서 직접적으로 연계되는 천지만물과 인간의 일체사상을 생물학적 인간학으로 이해할 수 있다고 보았다(최일범, 2010). 그러나 동양사상은 생물학적 인간학을 철학적 인간학과 별개로 분리하여 독립적으로 설명하기보다, 즉 생태적 인간을 인간다움의 인간을 설명하는 철학적 인간과 구별하기보다 동일시하는 접근방법을 강조했다고 할 수 있다.

둘째, 철학적 인간학(philosophical anthropology)은 생물학적이거나 생태학적으로 인간을 구별하기보다 생물학적 인간학이 주장하는 근원적인 문제점이나 지배적인 사상 등을 비판하면서 인간 그 자체를 중심으로 설명하는 접근방법이라고 할 수 있다. 예를 들면 진화론에 의한 인간에서 실존주의적 이해 또는 인간의 본성에 의한 인간 그 자체의 이해를 강조하는 휴머니즘 사상, 진화의 동물성에 대응하는 인간성(humanity)으로 인간을 이해하는 경우, 생물학적 유물론에 대응하는 인간의 고유성이나 휴머니즘, 삶과 죽음이라는 생사의 실체와 본질을 사유하는 인간존엄성으로 인간을 이해하는 경우, 마음과 신체와의 관계에 초점을 두는 정신철학이[16] 유물론과 유심론의 세계관으로 인간을 설명하는 경우(손봉호·강영안 옮김, 1977; 최명관 옮김, 2008: 53-57; Schacht, 1990: 156) 등과 같이 다양하게 인간을 이해하고자 한다. 따라서 모든 철학이나 사상사에서 빠짐없이 등장하는 플라톤을 시작으로 아리스토텔레스 등등의 서양철학의 대표적인 철학자들이 설명하고 이해하는 '인간이란 무엇인가' 하는 것 등이 철학적 인간학의 대표적인 이론이라고 할 수 있다(이면호, 2003; 유원기, 2008; Jaffe, 2016).

따라서 대표적인 사상가나 철학자, 특히 서양세계에서 사상가를 중심으로 하는 그들의 사상이나 철학을 설명하는 경우도 하나의 전통적인 철학적 접근방법이라고 할 수 있다. 이와 같은 접근방법은, 물론 인간학에 한정되지만 철학자들이 인간을 이해하고 설명하는 것이다. 특히 서양철학적 관념이나 사상적 틀 속에서 인간을 이해한 것이라고 할 수 있다. 마찬가지로 공자를 포함하는 동양사상의 대표적인 철학자나 사상가들의 인간학도 동양사상적 틀이나 관점에서 인간을 설명한 철학적 인간학의 대표격이라고 할 수 있다.

철학적 인간학에서 인간을 이해하고 설명하는 것은, 물론 복잡하고 다양하면서도 설명하고자 하면 할수록 더욱 더 미궁에 빠질 위험이 있는 인간의 이해일 수도 있다. 때문에 철학자나 사상가들의 인간의 이해에만 함몰된다면 진정한 인간 존재의 모습을 스스로 설명하고 이해할 수 있는 우리들의 창조적 상상이나 자아성찰의 기회를 제약하거나 빼앗아 버릴 위험성도 있을 것이다. 따라서 정책사상에서 인간의 이해는 뒤편에서 설명할 것이지만 사상가나 철학자들의 인간의 이

---

16) 정신철학(mental philosophy, philosophy of mind)에서 정신과 신체와의 관계(mind-body problem) 또는 심·물(心物)관계를, 정책인과의 균형론을 설명하는 제5장의 균형주의 정책사상에서 자세히 설명하였다(보다 자세한 것은 필자의 『정책균형이론』(2008) 제4장 1절의 정책의 인과관계 편을 참조할 수 있다).

해에 집착되거나 고무될 필요는 없다고 본다. 물론 참고의 가치는 무궁하다. 따라서 정책의 현실과 이론에서 인간 중심적이고 우월적이며 독점적이고 개입적인 정책세계의 중심체로서 인간을 이해하고 설명하는 것이 더욱 필요할 것이다. 물론 이것은 정책사상에서 인간의 이해일 뿐 온전한 인간으로서(entire human being) 인간을 전체적으로 그리고 본질적으로 이해하고 설명한 것은 아니다.

생물학적으로 보면 인간은 결핍과 불완전한 존재이기도 하다. 그래서 현실 세계에서 본능적으로 이와 같은 생물학적 부족분을 보충할 수사학적 논쟁을 중심으로 하는 것이 철학적 인간학일 뿐이라는 비판적 입장(지주호, 2008; Ross, 2017)도 이해할 수 있다. 그러나 철학적 인간학은 인격 또는 인간인격(통칭해서 'personalism'이라고 할 수 있다)의 개념을 중심으로 인간을 이해하고 설명하는 것이 특징이다(홍석영, 2008; 김남호, 2017; Harre, 2000). 인격의 개념을 중심으로 한다면, 특히 동양사상은 근원적으로 철학적이고 도덕적이며 윤리적인 인간관에서 인간 본성의 개발과 수련, 즉 수신(修身)에 따라서 인간다움을 설명하는 인격 인간학인 철학적 인간학의 대표적이라고 할 수 있다(Eliyu and Daming, 2001)[17].

인간이란 무엇인가 하는 그 자체가 인간에 관한 철학적 질문이기 때문에 철학적 인간학을 굳이 여타의 접근방법과 구별할 이유나 필요가 없다는 주장도 일리가 있다(김창래, 2006: 202–206; Latour, 2010: 607–608). 그러나 인간인격 중심의 철학적 인간학은 인간의 본질에 관한 형이상학적 질문을 중심으로 하는 존재론적 설명이라고 할 수 있다. 즉 '인간이란 무엇인가'(what is human?)하는 질문이 아니라 '인간이란 무엇이 되어야 하는가'(what is it to be a human?)라고 하는 존재론적 가치에 초점을 둔 인간학이라고 할 수 있다(Rickman, 1960; 12; Thomas, 2012).

그러나 이에 대한 답은 인간이 인간을 성찰하면서 바라보는 하나의 철학적 인간관일 뿐이지 과학적 이론이나 논리적 지식체계를 구성한 이론이 될 수 없다

---

17) 동양사상에서 이해하고 설명하는 인간관에 관한 것은 제2절의 인간중심주의, 제3절의 아(我)의 개념적 이해 등에서 좀 더 자세히 설명하고자 한다.

는 주장(최명관 옮김, 2008: 16-18; Zaner, 1966: 59)도 철학적 인간학에 주는 시사점이 크다고 할 수 있다. 그래서 서양철학의 본류인 분석철학보다 현상학이나 윤리학, 사회문화적 구조에 의한 인간의 속성을 설명하는 인류학(Schacht, 1990; Feber, 2015) 또는 동양사상의 천인(天人) 사상이나 인간주의 등에서 철학적 인간학이 발달되고 있다.

물론 인간을 개념적으로 정의한다고 해서 인간을 보다 잘 이해할 수 있는 것도 아니지만 인간을 이해하고 설명하고자 하는 대표적인 접근방법인 생물학적이거나 철학적인 인간학도 결론적이지만 인간을 온전히 그리고 완벽하게 설명하기 어렵다는 사실이다. 그리고 동서고금의 철학자나 사상가들의 인간에 관한 이해나 설명은 인간의 본성과 인간다움 등을 성찰하고 돌이켜 살펴 볼 수 있는 기회를 제공할 정도의 수준이지 인간이 인간을 온전히 이해하고 살필 수 있는 이론이나 지식은 될 수 없다는 지적도 타당할 것 같다. 그렇다면 결론적으로 인간학에서 인간의 이해는 생명체로서의 인간과 인격체로서의 인간을 다양한 접근방법이나 패러다임 또는 이념 등에 따라서 설명한 인간관이라고 할 수 밖에 없을 것이다.

3) 비(非)인간에 의한 인간의 이해

인간이 인간을 이해하고 설명하면서 가장 흔하게 비교하는 기준이나 대상으로 인간이 아닌 비인간(非人間: nonhuman)을 들고 있다. 인간은 항상 인간을 일상적인 대상으로 관계하는 인간 대 인간의 관계 속에서 살고 있다. 그래서 '인간이란 무엇인가' 하는 현실적이거나 철학적이든지 또는 동물학적이거나 생물학적 질문을 접하면서 우선적으로 인간이 아닌 비인간을 인간과의 관계의 기준으로 비교해서 설명하면서 인간을 이해하는 경향이 강하다.

비인간은 인간이 아닌 만물(萬物)이라고 할 수 있다. 전통적으로 종교사상[18] 등에서 설명하는 비인간이라기보다 인간을 제외한 모든 사물(事物)을 칭한

---

18) 종교사상의 대표적인 불교사상에서도 인간이나 비인간 등의 개념을 밝힌 것은 없다(고

다고 할 수 있다. 물론 인간도 동물이라고 하는 동물주의에서는 인간도 동물(human animal)이기 때문에 굳이 인간과 비인간을 구별하면서 인간을 이해할 필요는 없겠지만 정신세계만을 가지고 있는 신이나 또는 동식물과 무정물 등은 분명히 인간이 아닌 비인간이다.

예를 들면 동물(애완동물 포함), 식물, 무정물, 신(god or deity), 사자(死者, the dead), 법에 의하여 탄생된 법인(法人), 아바타(avatars), 사이보그(cyborg)나 인간형 로봇(humanoid robot), 원소로 구성되는 물질이나 바이러스, 바람이나 공기, 물, 바다, 강하천 등을 포함하는 산하대지(山河大地)의 모든 유정물(有情物)과 무정물(無情物) 등은 비인간이다(Cerulo, 2009: 541-543; Johnson, 2015). 동시에 지구를 포함한 천체계의 구성도 비인간의 범주에 들 수 있다.

특히 지구상에 존재하는 인간을 포함한 비인간을 유정물과 무정물로 간단하게 이분화하기도 한다. 인간을 포함한 생명체는 유정물이며 그 이외를 무정물로 분류한 것이다. 또한 인공지능으로 탄생되는 기계인간(mechanical, machine man)도 무정물에 속하는 비인간이다. 기계인간이 지능형이나 감성형 등으로 인간의 인식능력이나 판단작용을 학습하고 모방하여 때로는 인간을 능가할 수 있다고 하더라도[19], 즉 인간과 동등한 수준의 인식능력이나 판단 또는 감성 능력 등

___

옥, 2007: 46). 그러나 만물의 본성은 생사나 물리적 조건 등에 구속될 수 없는 영원한 실상이라는 일승(一乘)사상을 직설적으로 설명하는 불교 대승경전인 『妙法蓮華經』(약칭해서 法華經)은 서품에서부터 시작해서 인·비인(人非人), 즉 인간과 비인간을 동시에 지칭하는 용어를 많이 사용하고 있다. 불교에서 인간이 아닌 비인간은 6도중생으로 설명되는, 즉 본성을 깨닫지 못한 중생세계에서 인간을 제외한 천인(天人), 아수라(阿修羅: 투쟁과 다툼의 중생), 아귀(餓鬼: 굶주림의 귀신들), 축생(畜生), 지옥(地獄)에 갇혀있는 중생 등이라고 할 수 있다. 그러나 법화경 사상은 인간뿐만 아니라 비인간도 인간과 동등한 조건과 자격에 의하여 깨달음의 세계를 얻을 수 있다는 평등사상을 설명하고 있다. 왜냐하면 붇다가 깨닫고 증득한 진리의 세계는 모든 중생들의 진리와 조금도 차이가 없다. 동시에 그렇게 될 수 있는 방법과 길을 법화사상이 제시하고 있기 때문이다(欲令一切衆 如我等無異, 普欲令衆生 亦同得此道)(『妙法蓮華經』, 方便品).

19) 구글 딥마인드에서 개발한 인공지능 바둑기계인 알파고(Alphago)가 바둑9단 인간(이세돌)을 이겼다는 사실(시사상식사전, 2016년 7월 12일), 세계 바둑랭킹 1위인 중국의 커제(柯洁)가 구글의 인공지능인 알파고에 졌다는 사실(『Fortune』, 2017년 5월 25일), 중국이 개발한 텐센트의 인공지능 바둑이 세계의 최강 바둑기사인 커제에게 승리했다

을 인정받고 실천할 수 있다고 하더라도 본질적으로 기계적 장치에 의한 인간에 의하여 창조된 창조물이다. 때문에 기계인간은 신(조물주)이 창조한 유정물이 아니 무정물로 구분된다.

정책사상에서 비인간은 정책의 현실에서 인간이 아닌 사물을 의미한다. 즉 정책을 만들고 실천하는 정책의 현장에서 정책이슈나 정책과제의 대상(subjects)이나 주제(themes)가 될 수 있는 범위에서 인간이 아닌 비인간을 의미한다고 할 수 있다. 특히 물아주의 정책사상은 물(物)과 아(我)의 상호간의 교섭관계를 설명하는 물아(物我)사상이다. 자세한 것은 제3절에서 논의하겠지만 물아(物我)주의 정책사상을 전개할 수 있는 범위나 한계내에서 위에서 열거한 비인간의 특성을 조금 더 설명할 필요가 있다.

먼저 동물은 비인간의 대표적인 유형이다. 특히 애완동물 또는 반려동물로 불리는 동물은 인간과 동물과의 생활관계의 중심을 차지하고 있다. 정책은 인간을 중심으로 하는 활동이지만 그 대상이나 주제 또는 정책목표나 수단이 동물인 경우에 인간활동의 중심에서 비인간인 동물이 등장하고 있다. 따라서 동물을 인간과의 이원적인 구별이나 또는 인간의 이해관계에 의한 목적이나 수단으로 활용하거나 지배하는 인간중심주의적 사상이 아니라 정책사상으로 물아주의는 인간과

는 사실(www.betanews.net, 2018년 1월 28일) 등을 보도하면서 기계인간이 인간의 인식과 판단능력을 능가한다고 회자되기도 했다. 그러나 바둑판을 개발하고 바둑 게임의 운영법칙과 질서 등을 개발하고 조작한 것은 인간이다. 동시에 알파고 프로그램을 개발하고 게임이 가능하도록 한 기계적이고 기술적이며 전술적인 장치나 전략도 인간의 작품일 뿐이다. 어디까지나 인간이 개발하고 창안한 무대내에서 기계가 승리한 것이다. 이것은 마치 말(馬)과 인간이 달리기 경주나 마라톤 경기를 하면서 말이 승리했다는 사실에서 동물이 인간의 신체적 경주(競走) 능력을 능가했다고 하는 것과 같다고 할 수 있다. 인간은 기계를 창조하면서 인간과 기계와의 생활이나 유희 또는 생산 등과 같은 현실에서, 인간은 자신의 창조물의 승리를 보면서 인간 자신의 무한한 도전과 그의 가능성 등의 승리에 환호하거나 도취하는 것뿐이라고 할 수 있다. 동시에 특히 정책세계에 한정한다고 하더라도 불확실성으로 가득한 미래의 사회적 사건의 대응이나 비전의 제시 등과 같은 인간의 판단력과 직관력 등에서, 물론 어느 정도의 수준까지는 가능할 수 있지만 인간을 대신하거나 대체할 기계인간이나 비인간은 존재하기 어렵다. 그래서 맹자도 바둑을 두는 것은 그저 작은 기술이나 꾀(數)에 불과하다고 했다(今夫弈之爲數 小數也)(『孟子』, 告子章句 上).

비인간인 동물과의 상호간의 교섭관계를 설명하면서 동물을 이해하는 것뿐이다.

다음의 제3절에서 아(我)의 개념을 이해하면서 조금 더 자세히 논의하겠지만 물아주의에서의 동물의 이해는 생태중심주의적 입장이 아니다. 인간과 비인간인 동물을 일원적으로 이해한다거나 또는 인간의 이기적 목적에 의하여 인간이 동물을 착취하거나 이용한다는 인간중심주의 사상을 무조건 비판하는 것은 아니지만 단지 비인간인 동물은 인간중심의 정책세계에 등장하는 다양한 종류의 하나일 뿐이라는 것이다. 차라리 인간은 동물과 더불어 각각의 고유한 속성이나 특성과 활동에 의하여 구별되는 존재일 뿐이라는 유기체철학이 주장하는 것과 같이 자연의 공동체로서 동물을 이해하는 것이라고 할 수 있다. 즉 인간중심주의의 경계를 초월하여 비인간을 사고할 수는 있지만 인간이 중심체라는 사상을 벗어나서 행동할 수 없다는 전제를 수용하면서(허남결, 2011: 79) 동물인 비인간을 정책세계에서 이해하고자 한다.

마찬가지로 뒤편의 정책사상에서 인간개입주의를 설명할 때 조금 더 자세히 논의할 것이지만, 하나의 예로서 동물보호법(법률 제14304호)에서 밝히고 있는 동물정책은 동물보호의 기본원칙이나 동물복지 등을 국가의 기본책무로 규정하고 있다. 국가의 기본책무라는 것은 국가중심주의의 전형인 국가주의에 의한 정책개입이라고 할 수 있다. 국가주의의 정책개입은 동물복지나 동물보호이지만 역시 정책의 주체는 인간이다. 즉 정책을 실행하고 판단하는 정책체제는 인간의 활동이다.

그렇다고 인간이 동물과 같은 수준에서 행동하고 판단한다는 의미의 인간개입주의가 아니다. 인간의 사고에 의한 동물의 본성적 모습이나 성질 등을 자연의 대상인 동물 그 자체의 생존이나 목적을 실현한다는 인간의 동물에의 개입이라고 할 수 있다. 이때 인간은 인간의 이기적인 목적이나 용도에 의하여 동물세계에 개입하거나 또는 동물과 인간이 일원적으로 동등하다는 평등사상에 따라서 동물세계에 간섭하는 것은 아니다. 단지 동물도 자연세계에서 생존의 고유한 권한과 가치를 가지고 있다는 사실을 인정하고 수용하면서 그 가치를 실현하기 위해서 개입하거나 간섭하는 것이 물아주의 정책사상에서 인간의 개입주의라고 한 것이다.

비인간인 동물에 관한 인간개입주의에 의한 인간관도 물론 식물인 비인간에도 그대로 적용될 수 있다. 식물은 유정물인 아닌 무정물로 분류되기도 한다. 그러나 유정 또는 무정이라는 정신세계의 작용에 초점을 두면서 식물은 무정물이기 때문에 인간은 무차별적으로 지배하고 이용한다는 것이 아니다. 마치 생물다양성법(법률 제14513호)에서 규정하고 있듯이 국가나 지방자치단체의 책무인 국가주의뿐만 아니라 일반 국민의 책무로서, 비인간인 생물의 다양성을 보존하면서 지속가능한 상태를 유지하여 생물체의 건전한 이용을 계속할 수 있는 법률적이거나 도덕적이고 윤리적인 책임을 인간에게 부여하고 있다. 여기서도 인간은 비인간인 생물체를 착취하거나 또는 인간과 구별될 수 없는 신의 창조물로서 인간과 동등하다고 설명하는 것은 아니다. 단지 인간이 중심이 되면서 생명체의 다양성과 영속적인 이용가능성이나 보존 또는 자연물로서의 역할과 기능을 다할 수 있도록 정책을 통한 인간의 비인간에의 개입과 간섭으로 비인간인 생물체를 이해한 것이다.

그리고 신(god or deity)도 인간이 아닌 비인간이다. 인간은 오감(五感)의 작용이나 육식(六識) 기능을 가지고 있지만 신에게는 없다. 따라서 인간과 신과의 상호작용 관계를 설명하기 어렵다. 따라서 신으로 통칭되는 귀신(鬼神)이나 유령, 조상신 등등의 실체를 인간이 인간세계에서 경험적으로 확인할 수 없다. 특히 동양사상에서는 귀(鬼)를 사자(死者)의 영혼으로 이해하고 신(神)은 천상의 신이나 자연신, 일월성신, 천제 등과 같은 인간 이외의 신비적 능력을 가진 상상세계의 존재로 이해기도 한다(『중국사상문화사전』). 또한 죽은 자인 사자(死者)를 사람이라고 하지 않는 것처럼 사자는 인간이 아닌 비인간이다. 사자를 시신의 사자와 죽은 후의 영혼을 의미하는 사자인 귀(鬼) 등으로 구별할 수 있지만 영혼의 사자를 조상신이라고 하기도 한다[20].

---

20) 제6장의 현실주의 정책사상의 실천지식에서도 언급하였지만 귀신(鬼神)이나 신(神)에 관하여 공자(孔子)의 지적을 여기서 다시 참조해 볼 필요가 있다. 즉 그의 제자 자공이 "선생님은 문장(文章: 덕이 외부로 나타나는 것으로 위의(威儀)와 문사(文辭: 고전의 학문)(『論語集註』, 公冶長)을 말씀하시지만 인간의 본성이나 천지의 이치인 천도(天道) 등을 말씀하시지 아니했다"(子貢曰 夫子之文章 可得而聞也 夫子之言 性與天道 不可得而聞也)(『論語』, 公冶長)라고 한 것이나, "자로가 귀신을 섬기는 것을 묻자 공

정책세계에서 신은 없다. 동시에 현존하는 인간이 신에게 예속되거나 또는 신의 사자(使者)가 아니다. 신은 신이지 인간이 아니다. 즉 비인간이다. 그럼에도 불구하고 일상생활이나 사상에서 종교적인 숭배의 신이거나 신화에 등장하는 신, 귀신 세계에서의 신령이나 유령, 조상신(祖上神) 등을 인간이 항상 인식하면서 행동하기도 한다. 동시에 종교의 자유를 헌법이 보장하고 있다. 즉 누구든지 자신의 종교에서 신과의 관계를 숭배하거나 또는 배척할 신성한 불가침의 자유를 가지고 있다. 또한 죽은 자의 사자(死者)는 장사법(葬事法)(법률 제15269호)에서 장사의 방법이나 시설의 설치와 조성 및 관리 등의 대상이 되고 있다. 그리고 6·25 전사자 유해의 발굴을 위한 특별법(법률 제15045)에서 참전 중에 사망하거나 실종된 자 등은 사자로써 정책의 대상이기도 하다.

따라서 인간과 신과의 관계에서 신을 부정하거나 무시할 수 없는 것이 현실이기도 하다. 동시에 정책은 신으로부터 자유로운가 하는 질문에 항상 그렇다고 대답하기도 어렵다. 즉 정책은 신을 정책의 대상이나 목표로 하지 아니하지만 많은 경우에 인간은 신과의 관계에서 신의 세계를 부정하거나 또는 무시할 수 없는 경우도 많다. 그래서 인간을 신이라는 비인간과의 관계에서 이해하는 것이 종교

자는 사람도 섬기지 못하면서 감히 귀신 섬김을 말하는가; 또한 자로가 감히 죽음에 대해서 묻자 공자는 삶도 모르면서 어찌 죽음을 이야기하는가"(季路 間事鬼神 子曰 未能事人 焉能事鬼 敢問死 曰 未知生 焉知死)(『論語』, 先進)라고 하면서 자로를 나무랐다. 이에 주자는 귀신과 사람 섬김 및 生과 死 등에 관한 공자의 이와 같은 답변을 명쾌하게 주석하였다. 요약하면 "귀신 섬김은 제사에 관한 것이고 죽음은 사람에게 반드시 있는 일로서 반드시 알아야 할 일이다. 그러나 정성과 공경으로 사람을 섬길 수 없으면 제사를 모시는 귀신도 섬길 수 없다. 마찬가지로 시작을 근원으로 하는 生을 알리지 못하면 반드시 마침으로 돌아가는 死도 알지 못한다. 저승과 이승, 생사 등은 두 가지 이치가 아니다"(問事鬼神 蓋求所以奉祭祀之意 而死者 人之所必有 不可不知 皆切問也 然 非誠敬足以事人 則必不能事神 非原始而知所以生 則必不能反終而知所以死 蓋幽明始終 初無二理)(『論語集註』, 先進)라고 했다. 이것을 정자는 "生과 死는 낮과 밤의 도리이며 生의 도리를 알면 死의 도리도 알 것이고 사람 섬기는 도리를 다하면 귀신 섬기는 도리도 다할 것이다. 생사(生死)와 귀신과 사람은 하나이면서 둘이고 둘이면서 하나이다"(晝夜者 生死之道也 知生之道 則知死之道 盡事人之道 則盡事鬼之道 死生人鬼 一而二 二而一者也)(『論語集註』, 先進)라고 했다. 이와 같은 정자의 주석은 불교철학의 현재에서 생과 사, 사람과 귀신 등이 구별되는 현상을 직시하면서도 生이 生이 아니고 死도 死가 아니지만 生과 死의 허상의 본질인 실상은 생사가 둘이 아니며(생사불이:生死不二) 불생불멸(不生不滅)이라고 한 사상과 같다고 할 수 있다.

뿐만 아니라 정치사상적으로 많이 발견되고 있다(김한식, 2004: 61-62; Pankenier, 2015; Athanasiadis, 2018). 그러나 아직까지 정책사상에서 신과 인간과의 관계를 논의하면서 정책에서 인간을 이해하는 경우는 매우 희박하다. 즉 어떤 유형의 신이든지 종교의 사상이나 이념, 이것을 총합하여 종교사상이라고 한다면 종교사상이 정책사상의 기초적인 이념이나 기원이 될 수 있다는 논쟁은 미국정책학의 출발인 Lasswell정책학에서부터 발견되고 있기도 하다[21].

비인간의 또 다른 대표적인 것으로 인간형 로봇이나 사이보그, 아바타 등으로 대표되는 컴퓨터 기계의 기술발달과 인공지능의 진보에 의한 기술인간, 기계인간, 유사인간 등을 들 수 있다. 특히 인간형 로봇은 인간의 지능적 능력이나 감성능력과 거의 유사한 때로는 인간을 능가할 수 있는 수준으로 발달하고 있는 비인간이기도 하다. 그래서 인간사회의 구성원처럼 이것을 조물주의 창조에 의한 인간을 의미하는 자연종 인간과의 공생체라고 하기도 한다(신성환, 2011; 정대현, 2017; Sciutti 외 3인, 2018). 따라서 비인간으로서 로봇이 인간과 상호간에 사상적이거나 윤리적으로 그리고 사회적이고 현실적으로 상호작용(human-robot interaction)하는 관계 등이 논쟁의 중심을 차지하고 있다(정면걸 외 2인, 2017; Vasalya 외 2인, 2018; Bell, 2018).

하나의 예로서 인공지능 관료(artificial intelligence bureau)가 정책을 결정

---

21) Harold Lasswell은 그의 정책사상(policy thinking)인 인간의 존엄성을 구체적으로 실천할 수 있는 가치체계를 8가지(힘, 계몽, 부, 복리, 기술, 애정, 존중, 청렴)로 설명하면서(제2장의 정책사상의 내용과 방법에서 <각주 34> 참조), 신학이나 형이상학의 이름으로 사회적으로 공유할 수 있는 종교적 가치를 비록 경험적으로 증명하거나 설명하기 어렵지만 정책사상의 가능성이나 근원을 밝히는데 필요하다고 했다. 이와 같은 Lasswell의 주장은 그의 정책사상 논의에서 간단하지만 유교의 인간성에 관한 성악(性惡)과 성선(性善)의 이분법적 개념이나 수기치인, 불교사상인 인간과 우주관에 의한 존재의 일원론(oneness)이나 8정도(八正道)인 정견:正見(right view), 정사유:正思惟(right intention), 정어:正語(right speech), 정업:正業(right conduct), 정명:正命(right livelihood), 정정진:正精進(right effort), 정념:正念(right mindfulness), 정정:正定(right concentration(Lasswell이 영어로 표기한 것을 인용하였다(786쪽) 등이 종교적 실천에 해당될 수 있다고 했다. 더구나 로마 가톨릭교나 켈빈주의 등의 종교적 가치도 정책가치의 실천에 필요한 사상적 원천이 될 수 있다고 했다(Lasswell and McDougal. 1992: 759-780). 따라서 정책사상의 기원으로 종교사상을 Lasswell이 처음 밝혔다고 할 수 있다.

하고 실천하는 지능정부시대에 마이스터(meister) 유형의 공무원과 상호작용을
할 수 있다는 인사혁명을 예측하기도 한다(김동원, 2016; 최용인, 2017). 물론 인
공지능은 고도화된 데이터분석이나 문제의 진단과 대안 등을 제시하거나 실천할
수 있을 것이다. 그러나 이것은 정책의 사상이나 이념 등에 의한 정책목표를 달
성하기 위한 정책수단의 설계나 방법 또는 집행 등에 관한 정책능력이며 이슈일
것이다. 따라서 인공지능 공무원이 아무리 마이스터형 공무원이라고 하더라도 인
간인 공무원을 대체하거나 또는 인공지능 정부가 인간으로 구성된 정부를 대신하
여 정책을 실천하기는 어려울 것이다(이진호 · 이민화, 2017; Kamensky, 2018).

　　가상공간에서의 비인간이지만 컴퓨터 사용자(특히 게임 등에서)가 자신의
모습을 부여한 물체인 아바타 또는 'cybernetic organism'의 준말인 사이보그
(cyborg)도 단순히 기계인간이 아니라 유기체(사람을 포함하는)와 컴퓨터기계가
하나가 되어서 유기체적 조절작용인 정신이나 감성작용까지도 할 수 있는 비인간
으로 급속히 발달하고 있다. 이와 같은 기계인간 또는 인조인간은 포스트 휴머니
즘이나 트랜스 휴머니즘 등에서 인간과 인간 이상의 인간 또는 인간 이하의 인간
(more－than 또는 less－than human) 등과의 인간관계나, 사회적 융합인간 등
과 같은 다양한 논쟁의 주체가 되고 있기도 하다22).

---

22) 제3절과 4절 등에서 물아(物我)의 개념을 포스트 휴머니즘과 비교해서 설명하겠지만
　　기술의 발달이나 인간의 지능과 인식능력의 확장, 정보가치의 증가 등에 따라서 인간
　　은 더 이상 전통적인 인간관이 주장하는 만물의 영장이 아니라는 논쟁이 매우 활발하
　　다. 특히 물질주의 세계에서 인간은 가장 우수하고도 특권을 가진 실체가 아니다. 그
　　렇다고 인간이 인조인간이나 비인간 등과 같이 정신과 육체적으로 동일하다거나 동등
　　하지도 않다. 또한 인간을 대체하거나 밀어내면서 비인간이 지구세계의 중심체가 될
　　것은 더욱 아니다. 대신에 인간은 인공지능이나 인지과학, 컴퓨터를 이용하는 놀라운
　　인조인간형의 출현 등으로 전통적인 인간이 아닌 포스트 휴먼(post－human)의 등장
　　을 수용하고 인정하면서 그와의 관계를 사회적인 것(the social)으로 이해해야 한다는
　　논의가 포스트 휴머니즘을 중심으로 논쟁이 진행되고 있다. 반면에 트랜스 휴머니즘
　　(trans－humanism)은 전통적인 인간관에서 포스트 휴먼의 출현과 실체를 사회적인 것
　　으로 인정하면서 그와 상생할 수 있는 인간관을 전제로 하고 있다. 따라서 트랜스 휴
　　머니즘은 휴머니즘과 포스트 휴머니즘(post－humanism)의 중간이나 과도기적 단계의
　　인간을 설명하는 사상이나 이념적 정향을 가진 철학적 사고나 이론이라고 할 수 있다.
　　로봇을 중심으로 하는 고도로 발달된 기술적 정향과 사고능력, 인지 등을 인간과 접목
　　하면서 트랜스 휴머니즘은 전통적인 인간의 한계와 제한을 인간 스스로가 극복할 수

특히 인간 이상(以上)론(more－than－human theory)은 행위자－네트워크
이론에서 발달된 논쟁이다. 즉 인간과 비인간과의 상호작용에 의하여 현재의 인
간의 조건은 기술인간이나 기타 비인간의 감성과 능력 및 정보패턴의 확장 등과
같이 공동체를 구성하면서, 인간은 더욱 더 향상되고 진보될 수 있다는 인간과
비인간의 네트워크화 된 사회성(networked sociality)을 설명하고 있다. 특히 인
간 이상론은 포스트 휴머니즘의 주장으로 인간중심주의나 생태중심주의 등에서
벗어나서 인간과 기계(특히 인공지능) 및 자연 등과 같은 비인간을 포함하는 공
동체사회를 구성하면서 현재의 인간의 수준이나 능력을 초월하는 보다 진보한,
보다 우수한(정신적으로나 신체적으로) 인간으로 재탄생될 수 있다고 주장하기도
한다(민병원, 2018: 165; Wilson and Haslam, 2009: 247－256; Lugosi, 2018).

그리고 비인간의 유형으로 인간의 삶의 조건을 구성하고 결정할 수 있는 자
연환경이나 생태조건 나아가 우주세계, 심지어 외계인 등을 포함하는 유정물이나
무정물 등도 간단히 언급할 필요가 있다. 물아주의 정책사상의 관점에서 이와 같
은 비인간도 인간을 이해하는 중요한 대상이 될 수 있다. 하나의 예로서 건강한
인류의 영원한 소망에 항상 등장하는 2020년에 겪은 전 세계적인 신종코로나바
이러스 등과 같은 바이러스는 국가의 정책개입주의를 정당화하는 비인간의 유형
이다(예: 감염병예방법에 의한 대상). 그리고 산과 강, 물과 바람, 바다, 바다에
서식하는 모든 유무정물 등은 인간의 삶을 조건지우는 비인간의 실체라고 할 수
있다. 그래서 통치작용의 주체로서 국가가 형성되고 정부가 구성되면서 치산치수
(治山治水) 및 강이나 바다(예: 물관리기본법의 수자원, 재선충방제특별법에 의한
소나무, 해양생명자원법에 의한 해양생물체 등) 등은 국가주의에 의한 정책개입
의 불변하는 정책대상이면서도 동시에 정책의 목표가 되고 있기도 하다.

있고 동시에 기술 중심에서 발생된 윤리적이거나 사회적인 문제점 등을 해결할 수 있
다고 하기도 했다. 그러나 동시에 인간의 기술에의 예속이나 지배당함에 의한 인간 본
성의 상실이나 파괴 등으로 인간사회는 생태적으로나 사회적으로 매우 위험한 위치에
처하게 될 것이라는, 소위 생명보수주의 또는 새로운 인간중심주의 등과 같은 비판적
입장도 있다.

비인간에 의한 인간을 이해하면서 한 가지 더 언급해야 할 것으로 인간은 인간이지만 인간의 가치와 능력이나 존엄성에 결함이나 결점을 가진 인간인 잉여인간, 부채인간, 하찮은 인간 또는 인간쓰레기 같은 인간(superfluous man, redundancy 등)의 개념을 들 수 있다. 잉여인간은 인간이지만 비인간은 아니다. 따라서 노동시장이나 인력개발, 불법체류자 등의 이민정책이나 사회적 차원에서 쓸모없는 인간이라고 하는 잉여인간에 관한 논의가 많다(정수남, 2014: 286; 심승현, 2016). 그렇지만 비인간의 능력에 초점을 두는 역량중심 접근방법이나 인간중심주의적 지배이론을 반대하는 생태중심주의 등에서도 잉여인간을 구체적으로 설명하지 아니하고 있다.

잉여인간을 정확하게 정의하거나 범주화하기는 어렵다. 그러나 일반적으로 사회적으로나 개인적으로 존재가치가 없는, 즉 쓸모없는 인간(김승진 옮김, 2010), 자신의 인생에서 운명적으로 생의 목적과 가치가 상실된 환멸적 인간(Porus, 2016: 125), 인성과 존엄성은 없지만 그렇다고 동식물 등과 같은 비인간도 아닌 인간(the man at(on) the margin)(손창섭, 2005: 259; Cannon, 1997; Swanson and Castellanos, 2015: 61) 등을 잉여인간으로 볼 수 있다.

그럼에도 불구하고 국가주의에서 시작하는 물아주의 정책사상에서 잉여인간도 물아(物我)의 개념에 해당된다. 예를 들면 잉여인간의 한 유형이라고 할 수 있는 노숙인도 국가나 지방자치단체(이것도 국가주의의 정책주체이다)에게 적절한 주거시설이나 환경 및 보호시설 등을 제공해 줄 것을 요구할 수 있는 권리를 주장할 수 있다. 동시에 자활하기 위해서 성실히 노력해야 한다는 책임도 그들에게 부여되고 있기도 하다(노숙인복지법(법률 제14882호), 제4조).

인간과 비인간을 대비하면서 인간을 이해하는 것은 앞서 지적했듯이 인간과 비인간과의 관계를 설명하면서 인간을 이해하는 것이다. 제5장에서 균형주의 정책사상을 인구정책에서 간단히 설명하면서, 인간과 인간 및 비인간과의 상호작용으로 설명한 경우와 같이 인간과 비인간과의 상호작용에 의한 균형주의를 사랑과 애정이라는 인간의 감성과, 사생활에 기초한 존엄성과 가치 등으로 비인간과의 상호작용에 의하여 상승시키거나 승수시킬 수 있다는 정책사상으로 설명한 것을 기억할 것이다. 즉 인간의 존엄성의 가치가 점점 상승되고 있는 현실에서 인구정책은 단순히 인구 숫자나 인구 구성비에 의한 증감의 문제가 아니라 개인들의 균형감각에 의한 존엄성 실천을 위한 인구정책이 균형주의 정책사상에서 필요하다고 한 것을 기억할 것이다.

물론 전통적인 인간의 이해는 인간 대 인간의 관계에 초점을 두고 있다. 그러나 인간뿐만 아니라 다양한 비인간의 존재의 인정과 나아가 그들과의 관계에서도 인간을 이해할 수 있어야 인간 본래의 모습이나 존재의 가치인 존엄성이나 인권, 자유로운 삶의 주체로서의 인격인간 등을 설명할 수 있을 것이다. 특히 문화나 문명, 자연과의 이원관계가 아닌 동질관계에서 인간에 관한 이해나 설명이 보다 보편적일 수 있을 것이다. 물론 인간과 비인간의 관계를 사회적이거나 개인적 또는 감성적 관계 등으로 설명하면서 인간을 이해하는 것을 포스트 휴머니즘이라고 단정할 수 없다. 그러나 전통적인 휴머니즘이 주장하는 과학주의와 경험주의에 한정되어 신(神)이나 종교적 예속으로부터 자유로운 인간을 설명하고자 하는 실증주의적 휴머니즘은 인간과 비인간 또는 그들의 관계 등을 동시에 설명하기 어려울 것이다.

인간과 비인간과의 대표적인 관계이론으로 행위자-네트워크 이론(actor-network theory), 상호영향자론(interactionist theory), 기술변화론(technological change theory), 시간관점이론(time-perspective theory 또는 temporality theory)(Cerulo, 2009: 533-541), 역량 혹은 능력접근방법(Nussbaum, 2007; 2011), 인간 이상(以上)론(more-than-human theory) 등을 들 수 있다.

먼저 인간과 비인간과의 관계론의 대표적인 행위자-네트워크이론은 1980년대부터 발달된 이론으로 행위자의 행위성을 중점적으로 설명하고 있다. 즉 인간만이 자유의지에 의한 이성적 판단과 사고 및 소통능력을 가진 것이 아니다. 비인간도 행위자이다. 따라서 인간과 비인간의 이질적인 것을 연결할 수 있는 동일한 분석 틀이나 서술 네트워크 등을 설명해야 한다는 주장이다(김환석, 2012:

44-46). 그리고 상호영향자론은 인간의 마음작용과 의지에 따라서 인간은 비인간과 사회적 상호작용을 할 뿐만 아니라 비인간도 마음작용을 한다. 때문에 상호간에 비인간의 조건을 인간이 먼저 고려하고 그들과의 사회적 교환관계를 해야 한다는 주장이다.

기술변화론은 상호영향자론과 같이 기술발달에서 탄생된 비인간인 로봇이나 아바타, 사이보그 등과 인간과의 교감능력의 증가에 의하여 인간과의 사회적 교환관계를 할 수 있다는 주장으로 트랜스 휴머니즘의 입장을 강하게 반영하기도 한다. 반면에 시간관점이론은 현재의 사회적 상호작용도 중요하지만 상황이나 조건에 따라서 인간이나 비인간이 과거나 미래의 실체로서 상호작용을 할 수 있다는 주장이다(Cerulo, 2009: 536-541). 역량 또는 능력접근방법은 대표적으로 Martha Nussbaum(2007; 2011)이 설명하듯이 인간의 능력지수를 비인간에게도 확장하여, 모든 유정물인 비인간도 인간과 동등한 역량이나 능력을 가지고 있다는 주장이다. 역량 또는 능력접근방법에 관한 자세한 것은 <각주 24>를 참조할 수 있다. 그리고 인간 이상(以上)론은 앞서 설명하였다.

전통적으로 인간과 비인간의 관계를 인간의 태도와 행위 또는 감성이나 경제적 효용가치에 의한 판단대상 등으로 설명하고 있다. 그러나 위에서 설명한 인간-비인간 관계론은 비인간과의 사회적이거나 개인적 상호작용에서 뿐만 아니라 비인간의 역할이나 판단, 대상, 비인간의 인식적인 주체 등과 같이 인간과 비인간의 일대일(一對一)의 동등한 관계를 설명하는 것이 특징적이다. 그럼에도 불구하고 역시 인간을 정점이나 구심점으로 하는 인간중심의 이원론적 성격이 강하다고 할 수 있다. 즉 인간은 어디까지나 인간인 반면에 인간이 창조하거나 유형화한 인간이든지 또는 만물의 영장을 주장하며 권위를 강조했던 인간중심에서 소홀히 또는 부주의했던 동식물이나 무정물 등과 같은 비인간과 인간과의 이분법적 구분을 전제로 하면서, 인간과 비인간과의 관계(non-human relations)를 주장한 것이라고 할 수 있다.

물아주의 정책사상은 물(物)과 아(我)의 이원적 관계가 아니다. 물아(物我)

의 상호교섭의 조화로운 관계를 정책사고로 체계화하는 사상이다. 때문에 인간중심적이지만 만물의 영장이라는 정신적이거나 생물학적 우월주의나 권위주의에서 인간중심을 주장하는 것은 아니다. 대신에 비인간을 포함한 사물과의 공동체사회를 구성하면서 그들의 존재적 가치를 존경하고 포섭하는 인간으로서의 아(我)의 개념을 설명하는 사상이다. 때문에 물아주의 정책사상은 위에서 설명하고 있는 인간과 비인간과의 관계론과 차이가 있다. 그러나 인간 이상(以上)론이나 포스트휴머니즘에서 주장하는 포스트 인간(post-human)인 자연이나 인간, 기계, 사물 등과 공동체를 구성하는 요소나 인자로 진보 또는 향상된 인간을 이해하는 것과 같다고 할 수 있다. 이와 같은 비인간의 이해는 물아주의 정책사상에서 아(我)인 인간을 이해할 수 있는 인간관이라고 할 수 있다.

4) 정책사상에서 인간이란 무엇인가?

정책학이 학문적으로 태동하면서부터 지금까지 정책학에서 인간의 의미나 개념을 설명하거나 또는 '인간이란 무엇인가' 하는 연구주제가 제시된 것은 희박하다. 앞서 소개하였듯이 정책학을 창안하고 주조한 Lasswell을 중심으로 하는, 소위 Lasswell정책학에서도 인간에 관한 이야기는 없다. 마찬가지로 인간의 존엄성에 초점을 둔 인간성이 Lasswell정책사상의 핵심적인 주제임에도 불구하고 Lasswell 이후 정책사상이나 정책이론 등에서 인간을 주제로 하는 연구나 논쟁을 찾기 어렵다. 물론 Lasswell은 보편적인 공적 가치체계로서의 인간의 존엄성을 자세히 논의하기도 했지만 정책사상을 포함하는 정책학에서 인간 그 자체에 관한 논의나 논쟁을 하지 아니했다.

앞서 인간이란 무엇인가 하는 설명에서 인류학(anthropology)을 인간학으로 부르거나 번역하면서 인간학과 인류학을 구별하지 아니하면서 인간을 설명한다고 했다. 그러나 전통적으로 인류학적 인간학이든지 또는 인간 그 자체의 이해를 전제로 하는 생물학적이거나 철학적, 종교적 인간학이든지 인간에 관한 이해는 부족했다고 했다.

더구나 정책학, 특히 정책사상에서 인간을 이해하는 인간관은 제한적이라고 했다. 나아가 인간의 활동과 경험을 총체적이면서도 비교적으로 설명하는 인류학, 특히 응용인류학의 접근방법이나 이론이 정책의 이론이나 현실에 접목되거나 활용되어야 한다는 지적이 정책학의 발달초기부터 시작되었던 것은 사실이다 (Barkun, 1973; Stull and Moos, 1981; Hackenburg, 1985). 그러나 미국 중심의 인류학이 미국 원주민이나 민족연구 등에 초점을 두면서 인간의 이해를 전제로 하는, 문자 그대로 인간학(science of man)이라고 할 수 있는 인류학이 정책학이나 정책실천에 기여할 수 있는 기회를 잡지 못했다는 비판이 지금까지도 계속되고 있다(Wedel and Feldman, 2005).

마찬가지로 한국의 정책학에서 한 지붕 두 가족 같은 행정학 또는 행정사상에서도 인간을 주제로 하는 연구나 논쟁을 발견하기 어렵다. 그러나 몇 가지의 예외적인 논의를 발견할 수 있음은 다행스럽다고 할 수 있다. 예를 들면 결합욕구와 상호의존성에 의한 인간들의 관계망에 관한 독일사회학 이론을 소개하면서 행정학에서 인간학(human science)의 가능성을 주장한 연구(안지호, 2013), 정책을 존재론적으로 해명하면서 정책을 시작하고 발동시키는 원초적 요소로 인간의 의식능력을 설명한 연구(사공영호, 2013), 인간을 중심으로 정책을 설계해야 보다 좋은 정책을 산출할 수 있다는 설명(Quicksey, 2017), 인간에 관한 현상을 연구하는 사회과학에서 인문학의 중요성을 강조하는 인본주의적 정책과정을 주장하는 연구(목진휴, 2002; 小木曾陽子, 2016; 岡部廣明, 2018), 인간의 권리와 존엄성으로 대표되는 인간존재의 원칙에 따라서 인간 중심의 정책을 설계하고 실행하는 정책이론이 필요하다는 주장(구유리, 2016), 구체적으로 인간을 중심으로 하는 교통정책의 새로운 방법을 제안하는 연구(이수영, 2001; 김혜란, 2010) 등을 들 수 있다. 그러나 '인간이란 무엇인가' 하는 것을 논의하거나 적어도 인간의 개념 정도만이라도 구체적으로 지적한 것이 없다는 점은 아쉽다고 할 수 있다[23].

언어적으로 이해하기에 한계가 분명히 존재하게 될 개념을 구성하여, 인간이 인간을 개념화하여 인간을 이해하거나 설명한다는 것 자체가 한계를 가지고 있다. 그래서 인간을 개념적으로 정의하거나 분석하지 아니하고 대신에 인간이라는 종(種)의 인간 — 인간의 관계나 비인간인 사물과의 관계, 인간의 인식능력 양태, 생물학적인 진화나 진보의 과정, 집단인간으로서 인간의 모습 등을 설명하거나 묘사하는 것 등이 보다 더 인간이 인간을 잘 이해할 수 있기도 하다. 그러나 이와 같은 인간의 설명은 이론적으로 체계화되기 어렵다. 그렇지만 인간이란 무엇인가 하는 것을 현실적이면서도 사상적인 논쟁으로 체계화하여 이론으로 정의하고자 하는 사상연구인 정책사상에서는 인간의 개념적 논의나 정리는 매우 중요하고도 필요하다.

정책사상은 정책학의 학문적 정체성을 확보하는 정책이론이다. 무릇 모든 학문분야도 마찬가지지만 정책학의 학문적 사상체계를 구성하는 정책사상은 정책학의 학문적 발달과 성숙에 필수적이라는 것을 정책사상 대계는 정책사상을 정의하면서부터 강조해 왔다. 따라서 정책사상의 인간관인 인간이란 무엇이며, 그 실체는 무엇인가 하는 것은 일반적으로 인간이란 무엇인가 하는 사상적 질문과

---

23) 미국에서 탄생되고 발달된 정책학이 중국이나 일본에서도 학문적이거나 실천적으로 크게 발달하고 있는 사실을 볼 때, 중국이나 일본의 정책학 연구에서도 '인간이란 무엇인가' 하는 개념적 정의나 이해를 시도하는 연구나 논의를 발견할 가능성이 있을 것 같았다. 그러나 물론 필자의 제한적 능력 때문이지만 일본이나 중국의 학술지 검색사이트(대표적으로 CiNii(일본), cnki.net(중국) 등에서 정책학이나 정책사상에서 인간 또는 인간의 이해나 정의에 관한 연구문헌을 검색해도 인간을 개념적으로 정의하면서 인간 중심의 정책이론이나 사상을 설명하는 연구를 발견하기 어려웠다. 마찬가지로 인권 정책이나 인적 자원론(human resource management) 등에서도 인간을 정의하거나 논의한 것을 찾기 어려웠다. 물론 인간중심적 정책에서도 인간이란 무엇인가 하는 것을 전제하거나 설명한 것을 찾을 수 없었다. 앞으로 정책사상에서 '인간이란 무엇인가' 하는 주제를 중국이나 일본 등을 포함해서 비교해서 연구하는 것도 비교정책학 뿐만 아니라 정책학의 학문발달에 중요하고도 흥미로운 주제가 될 것으로 생각된다. 하나의 참고로 필자는 2010년에서 2013년까지 한국연구재단의 지원을 받아 중국과 일본 및 한국의 정책학의 정체성을 비교연구하면서, 구체적으로 중국과 일본의 정책학 연구의 경향을 분석하기도 했다. 그때에도 일본이나 중국에서 정책사상이나 철학 연구가 매우 흥미롭고도 활발하게 진행되고 있다는 사실을 학술검색사이트를 통하여 확인하는 정도의 수준에 불과하였지만 『정책사상 대계』에서와 같이 국가주의를 시작으로 하는 정책사상에서 물아주의를 설명하기 위한 전제로 정책사상에서 '인간이란 무엇인가' 하는 것을 설명하거나 전제한 연구를 발견할 수 없었다.

같이 매우 중요하다.

정책의 본질에 관한 철학적 사고를 정책이론으로 체계화하는 정책사상에서도 그의 중심적 주제어는 역시 인간이다. 즉 인간이지만 인간만이 만종(萬種)이나 만물(萬物)의 으뜸자로서 그들의 욕망과 이해관계에 따라서 만물을 지배하고 정복할 수 있다는 편협한 또는 독선적 인간관(人間觀)은 아니다. 그렇다고 폐쇄적인 인간중심주의에서 개방적인 인간중심으로 확장되어, 인간과 동물들이 어느 정도의 수준에서 공유할 수 있는 본성을 상호간에 감응하면서 인간의 윤리적 책임을 확보할 수 있다는 타협적인 입장(소병철, 2017)도 아니다.

인간만이 합리적 선택이나 결정을 할 수 있는 인지능력이나 판단적 사고 등을 소유하고 있는 유일한 존재가 아니라는 사실을 지식의 수준이 아니라 생활의 현실에서 체득하는 인간관에 의하여 인간을 이해하는 것을, 물아주의 정책사상에서 우선적으로 인간이란 무엇인가에 대한 하나의 전제로 제시하고자 한다. 따라서 정책사상에서 인간은 정책을 발견하고 창안하면서, 정책이 추구하거나 목표로 하고 있는 가치와 이념 등을 인간과 만물이 더불어 살아가는 공동체의 세상에 실현할 정신적이고 물리적 능력과 판단을 가진 생명체라고 일단 개념적으로 이해 또는 정의해 보고자 한다. 이와 같이 정의하는 인간을 정책사상에서는 정책인(政策人)이라고 통칭할 수 있다.

이와 같은 개념적 이해는 어디까지나 필자의 정책사상에서의 인간관에 불과할 뿐이다. 동시에 정책사상 대계에서 물아주의 정책사상을 구성하기 위한 조작적 수준의 정의이다. 물론 이것은 연구범위와 한계를 설정하는 매우 중요한 논의의 시작점이라고 할 수 있다. 그럼에도 불구하고 정책사상에서 이와 같은 인간의 정의는 능력 또는 역량 중심적인 접근방법(capability approach)에 의한 인간의 이해(Bonvin and Laruffa, 2018)라는 비판을 받을 수 있다[24].

---

24) 인간의 역량 또는 능력접근방법이 설명하는 역량의 개념은 정책역량 또는 국가역량(state capacity), 정부주의(governmentalism) 역량 등의 개념과는 차이가 있다. 제2장의 국가주의에서 국가역량을 정책역량(policy capacity)으로 설명하면서, 정책의 내용과 권한을 독점적으로 지배할 수 있는 국가의 실질적인 정책결정의 권한과 통치능력

그러나 물아주의 정책사상은 정책을 창안하고 창조한다는 주재자(主宰者)나 창조자(creator)로서의 능력과 정책을 결정하고 집행할 수 있는 실행자(doer)의 역량, 국가를 중심으로 정책을 통한 국가개입의 정당성이나 정책인과의 정책균형이나 정책의 선을 주창하고 선도하면서 국가주의를 실행하고자 하는 선도적 판단자(judge)의 능력이나 역량 등에 초점을 둔 인간을 전제로 하면서 인간을 이해하고 있다고 요약할 수 있다.

물아주의 정책사상에서 인간을 앞서와 같이 정의하면 인간의 특성도 역시 국가주의 정책사상에서 밝혀질 수 있다. 왜냐하면 법률과 정치적인 정당성을 가진 정책을 결정하고 실행할 국가의 정책역량의 독점과 우월에 의한 국가중심주의(state-centeredness)에 정책인이 있기 때문이다. 자세한 것은 제2장의 국가주의의 정의를 다시 참고할 수 있겠지만 국가중심주의는 독점적이고 우월적인 정책의 결정권한과 집행 및 통치권이 국가에 귀속된다는 사상이다. 따라서 현실적으로 국가주의가 작동하고 실현되는 것은 정책을 통한 국가의 의사결정과 힘인 정책역량에 달려있다. 따라서 이와 같은 정책역량은 국가능력으로서, 개인의 판단과 결정에 간섭하거나 개입하는 국가개입주의의 주체는 정책인이다. 이것을 물아

을 의미한다고 했다. 또한 정부의 능력이란 국가와 정부를 구분하지 아니하고 정부의 기능과 역할을 설명하는 정부론 등에서 설명하는 개념이라고 했다. 그러나 인간을 이해하고 정의하는 역량접근방법은 전통적으로 후생경제학이나 인적자원관리 등에서 설명하지 아니한 분야로서, 개별적 인간이 일할 수 있는 능력을 지수화해서 측정(measurement of capabilities)하는 것을 강조하고 있다. 예를 들면 인간개발지수, 성관련 개발지수, 성 불평등 지수 등을 측정하면서 개별 인간의 생명, 신체적 건강이나 청렴, 감각이나 사고, 감정, 실천이성, 연대감, 놀이, 정치적이거나 물질적 환경의 통제 능력 등과 같은 핵심적 능력 등을 인권적 접근방법으로 설명하고 있다. 그리고 철학이나 윤리학 등에서는 차등의 원칙을 주장하는 John Rawls의 사회적 정의나 공리주의적 평등 개념을 비판하면서, 인간의 잠재적이고 현재적인 능력의 불평등이나 다양성(개인적이거나 환경적 다양성, 가족관계나 사회적 관계의 다양성 등)을 인정하고 이것을 개발하거나 실현시킬 수 있는 윤리적 의사결정이나 분배를 설명하고 있다(목광수, 2010: 221-223; Sen, 1993: 35-38; Martins, 2007: 38-41). 특히 Martha Nussbaum(2007: 6장; 2011)은 아리스토텔레스의 모든 사물의 존경심과 경외의 설명에 자극받아, 인간을 중심으로 하는 접근방법을 확장해서 동물이나 식물 등을 포함하는 모든 유정물(有情物)도 인간과 동등한 역량의 권한과 자격을 가지고 있다고 했다. 그러나 이와 같은 역량 또는 능력접근방법에서도 인간이나 비인간 등을 구별할 수 있는 개념적인 기준이나 정의(定義) 등을 발견하기 어렵다.

주의 인간관에서 다시 생각해 볼 필요가 있다.

물아주의 정책사상에서도 국가주의와 같이 인간이 정책의 중심에 있음을 강조하고 있다. 이것을 인간중심주의(human-centeredness)라고 표기하고자 한다. 물론 인류학이나 환경학 또는 생태공학 등에서 논쟁이 되는 인간중심주의(anthropocentrism)가 아니다. 대신에 인간이 정책세계에서 중심적 역할과 역량을 수행하고 있다는 의미의 인간중심주의, 즉 'centrality of man'이다. 따라서 인간이 정책의 중심이면서 동시에 국가와 같이 인간도 정책을 독점적으로 지배하고 관리하며 실천할 수 있는 종(種)이라는 사실을 인간독점주의(human monopoly)로 이해하고자 한다. 나아가 인간이 정책을 독점적으로 지배할 수 있는 정신적이고도 물리적인 실천능력이나 판단을 소유하고 있기 때문에 이것을 인간우월주의(human supremacy 또는 supremacy of man)라고 할 수 있다.

그렇다고 인간만이 만물의 영장으로서 우주의 중심에서 사물을 지배하거나 통제 및 이용한다는 독점주의나 영적 우월성을 가진 생물학적인 유일한 종(種)이라는 우월주의는 물론 아니다. 대신에 정책을 통하여 국가가 개인이나 집단의 자유롭고도 자율적인 판단과 결정에 개입하듯이 인간도 정책을 독점적이고 우월적으로 지배하고 통제하고 활용하면서 인간은 인간을 포함한 사물(事物)의 성장소멸(成長消滅)이나 생육보전(生育保全), 이용이나 존재의 가치의 신장(伸張)이나 변이(變移) 등에 개입하거나 간섭하고 있다. 이것을 총칭해서 인간개입주의(human intervention)라고 부를 수 있다. 물아주의 정책사상에서 정책인(政策人)인 인간의 이해를 이제 이와 같은 네 가지 범주로 구분해서 보다 자세히 설명할 수 있다.

(1) 인간중심주의

물아주의 정책사상에서 인간중심주의(human-centeredness)는 인간이 정책세계나 영역에서 중심자의 역할을 한다는 의미이다. 따라서 인간학이나 인류학 또는 환경윤리나 생태론 등에서 설명하는 인간이 만물의 중심자이고 지배자라는

'anthropocentrism'의 인간중심주의가 아니다. 또한 정책세계에서 인간이 중심체이면서 인간이 아닌 비인간은 인간활동이나 역할의 종속체이거나 보조자 또는 이방인에 불과하다고 하는 주장은 더욱 아니다. 제3절에서 물(物)과 아(我)의 개념을 설명하면서 좀 더 분명하게 논의하겠지만, 물아주의 정책사상에서 인간은 정책의 중심적 활동체이지만 동시에 만물과 더불어 공존하는 만물일여(萬物一如) 사상을 전제로 하는 인간이다. 즉 정책사상에서 인간중심주의는 인간에 의한 인간의 지배나 독점이 아니다. 동시에 인간에 의한 비인간, 특히 생태나 자연을 독점적으로 지배하거나 착취하는 인간도 아니다. 또한 앞서 정책사상에서 인간이란 무엇인가를 설명하면서 정책결정이나 과정에서 인간의 권리나 존엄성 및 편의성 등을 중심으로 하는, 즉 인간중심적인 정책설계나 방법에 의존하는 인간중심과도 차이가 있다.

정책사상에서 인간중심주의를 조금 더 분명히 설명하기 위해서 인류학이나 인간학 또는 환경철학 등에서 논쟁되고 있는 인간중심주의와 생태중심주의를 간단히 비교해서 정리해 볼 필요가 있다. 먼저 인간중심주의(anthropocentrism)는 전통적으로 서구의 지배적인 사상(DWW: Dominant Western Worldview) (Catton and Dunlap, 1980: 16-25)이라고 하는 것이 보다 정확할 것 같다. 왜냐하면 물아주의의 개념을 설명하면서 지적하겠지만 전통적으로 유교이념을 중심으로 하는 동양사상에서는 인간이 만물의 중심체로서, 인간의 목적과 욕구인 이해관계에 따라서 만물을 착취하거나 지배한다는 등과 같은 사상을 발견하기 어렵기 때문이다; 단지 인간은 만물에서 수승(秀昇)하고 귀중한 존재이지만 동시에 만물이나 자연과의 상생과 조화를 강조하는 인간이기 때문이다(신동인, 1994; 이도흠, 2017).

서구 중심의 인간중심주의가 주장하는 지배적인 사상은 유교의 인간사상과 다르다. 즉 DWW사상은 인간의 존엄성을 절대적인 가치로 인정하면서 합리적인 사고와 인식능력에 의한 판단작용을 하는 이성(理性)이나 합리성에 의한 인간 중심이다. 동시에 인간은 만물의 영장으로서 만물을 지배하고 관리하면서 인간의 욕망과 이익을 추구한다는 인간의 우월주의와 자연 지배사상이다. 따라서 인간은 진화하고 진보하면서 인간 이외의 사물과 인간을 구별하는 인간-비인간의 이원론적 사상이다. 또한 자연사물이나 기계 등과 같은 비인간은 인과법칙에 지배당하는 수동적 객체라고 하는 기계론적 결정론에 의한 인간중심이다. 요약하면 주관주의와 이기주의 및 개인주의를 중심으로 하는 인간관이 서구의 인간중심주의라고 할 수 있다(허남결, 2011: 81-86; Rust, 2009; Korolev, 2014).

자연의 이용과 활용 또는 지배나 착취 등과 같은 개념을 인간과 연계시키면서 서구의 인간중심주의는 1970년대 초부터 시작되는 환경윤리나 철학논쟁의 비판적 대상이 되고 있기도 하다. 즉 모든 사물은 인간의 목적을 위한 수단이며 인간이 중심이라는 인간중심주의 사상은(Attfield, 2011: 29) 자연을 독점적으로 지배하고 이용한다는 인간중심적 사고를 반대하거나 비판하는 생태중심주의(ecocentrism)와의 치열한 논쟁을 불러오면서, 환경철학이나 환경이념 등의 비판적인 주제나 소재로 널리 알려지게 되기도 했다(송명규, 2018; 61-66; Kortenkamp and Moore, 2001; Hoffman and Sandelands, 2005).

20세기부터 급격히 진행된 개발이나 발전 중심의 경제적 후생이론이나 복지이론이 강조되면서 그의 역작용이나 부작용 등이라고 할 수 있는 환경파괴나 오염, 기후변화 등에 의한 자연환경이나 생태계의 변동 등과 같은 환경과제나 문제가 대두되었다. 이에 따라서 환경운동이나 환경권리, 환경복지, 건강하고 지속가능한 지구촌 생태계를 위한 환경정의 등과 같은 환경철학이나 환경윤리 등의 담론과 방법론이 이론적이거나 실천적으로 생태주의 또는 생태중심주의라고 하는 사상적 주류를 형성하게 되었다(이재돈, 2018; 박광국, 2018).

이에 따라서 인간과 생태의 이원론적 사상이 현실적이거나 이론적으로 대립하고 논쟁하면서(박필배, 2007; 김용환, 2013; Cocks and Simpson, 2015; Hemmingsen, 2015; Kopnina, 2016; Liu 외 5인, 2016), 인간학의 전통인 인류학이나 사회학 또는 심리학, 종교사상, 신학 등에서 설명하는 인간과 자연 및 비인간 등과의 관계를 논의하는 것이 뒷전으로 밀리게 되기도 했다. 즉 '인간이란 무엇인가' 하는 중요하고도 가치있는 논의들이 인간중심주의와 생태중심주의의 논쟁에 묻히어 버리기도 했다. 더군다나 정치학이나 경제학 등의 사상연구에서도 인간과 인간의 본질에 관한 인간학이 발전되지 못하고 있었다. 따라서 정책학이나 정책사상에서도 이와 같이 인간을 설명하는 논의가 매우 희박하다는 것을 미루어 짐작할 수 있다. 그렇다고 환경철학이나 환경논쟁을 비판하는 것은 아니다. 단지 정치학이나 정책학 등의 사상연구에서 인간의 이해가 허약하다는 그 인유(因由)를 말한 것뿐이다.

인간중심주의를 비판하는 대표적인 사상이 생태중심주의라고 했다. 생태중심주의는 인간이 우주의 중심도 아니며 만물의 영장류도 아니라는 것이다. 인간도 단지 환경이나 생태의 구성원으로서 그들과 공유하면서 살아가는, 독특한 존재가 아니라 보통의 유형이나 동물일 뿐이라는 주장이다. 즉 인간중심이 아닌 환경이나 생태중심으로 인간을 설명하는 사상이다.

생태중심주의는 이성과 합리성을 가진 인간의 우월적인 지배사상을 반대하면서 인간과 비인간의 이원론적 구분이나, 비인간은 물질의 인과법칙에 따르는 수동적 객체라는 기계론적 결정주의 등을 비판하고 있다. 동시에 인간과 비인간의 평등사상을 주창하며 이성적 판단과 사고에 의한 인간의 주관주의적 한계를 인식해야 한다고 보았다. 과학적 인과법칙에 종속되는 기계론으로 인간을 이해할 수 없다는 것이다. 즉 인간을 포함한 자연만물은 물질이나 기계가 아니다. 영혼이나 사상 등을 인과법칙에 의한 과학이론으로 측정하거나 설명할 수 없다. 그래서 인간과 비인간, 인간과 자연을 구분하기보다 모든 생명이나 가치가 우주질서에 연결되어 있기 때문에 인간은 자연의 한 부분에 불과하다는 것이다. 즉 인간과 비인간의 공생사회에서(biosphere) 자연을 포함하는 모든 존재의 가치와 존엄성이 존중되고 보장되어야 한다는 주장으로 생태중심주의를 요약할 수 있다(조정옥, 2004; 조용개, 2006; Baxter, 1996; Hovardas, 2013; McDonald, 2014).

그러나 생태중심주의에서 인간중심주의를 비판하는 것이 오해되었을 수도 있다는 지적도 있다. 예를 들면 인간중심주의가 환경파괴나 개발이익을 선도한 주범적인 사상이나 이론이 아니다; 즉 인간이 인간만을 위해서 행동한다는 주장은 어불성설이다; 동시에 환경보전이라면 인간을 제외하면서 생물다양성[25] 등의 보전을 설명하기 어렵다는 주장 등이다(이상명, 2008: 418-419; Keulartz, 2012; Kopnina 외 3인, 2018: 109). 특히 생태중심주의가 인간의 본성과 이성적 사고능력 등을 무시할 가능성이 있다. 더구나 생태환경이나 생태운동으로 생태사상이 정치화되면서 유전학이나 생물학, 동물학, 심층생태주의 등과 같은 사상을 선동하는, 특히 가이아 가설(Gaia hypothesis)[26] 등과 같이 인간을 동물주의의 동물로 취급할 수 있다는 비판 등도 있다(구승희 옮김, 2002; Donahue, 2010: 53-55).

또한 아리스토텔레스나 칸트 등의 인간에 관한 이해를 제시하면서, 서구의 전통적인 인간중심 사상이 탐욕스런 이기주의 사상으로 잘못 이해되어서는 안 된다는 논쟁도 많다. 물론 아리스토텔레스도 인간 중심의 지배적인 철학이나 인간과 동물과의 인지능력의 차이 등을 이야기했지만 만물은 그 자체로서 생존의 본질적 목적을 가지고 있다고 했다(조대호, 2010; Ducharme, 2014; Baracchi, 2017). 동시에 칸트도 인과론적 자연법칙만으로 인간을 이해하기에는 한계가 있

---

25) 생물다양성은 생물다양성협약(CBD: Convention of Biological Diversity)에서 구체적으로 규정되고 있다. 이 협약은 1992년 5월에 케냐의 나이로비(Nairobi)에서 합의되고 채택된 국제조약으로 생물체의 다양성 보전, 생물 다양성 구성요소의 지속가능한 이용, 유전자원의 이용 등을 실천하기 위하여 168개 국가와 기관이 서명하면서 1993년 12월에 발효되었다. 한국은 154번째 회원국으로 1994년 10월에 가입하였다. 나아가 생물다양성협약을 이행하기 위해서 육상 및 수생 생태계와 이들의 복합생태계를 아우르는 생물체의 다양성을 보전하고 지속가능한 이용을 추구하는 생물다양성법(법률 제14513호)을 2016년에 제정하였다(https://ko.wikipedia.org, 검색일: 2019년 1월 22일).
26) 가이아 가설(Gaia hypothesis)은 1970년대에 화학자인 James Lovelock과 미생물학자인 Lynn Margulis 등이 12가지의 가설을 주장한 것이다. 대표적으로 지구와 모든 창조물은 거대한 유기체(the biota)와 같이 자체의 상승적인 조절체계를 가진 복잡한 체제로서 지구상에서 생명의 조건을 유지하고 영구화할 수 있다. 이와 같은 총 체제(total system)를 그리스 신화에 등장하는 대지의 여신의 이름을 따서 'Gaia'라고 불렀다(Lovelock, 2006: 2-3장). 그러나 가이아 가설은 인간의 사회적이고 윤리적이며 이성적인 판단이나 책임을 언급하지는 않았다. 그래서 인간은 가이아의 세계에서 단지 환경이나 자연을 이용하여 살아가는 하나의 생물체에 불과하다고 보았다. 따라서 지구상에서 인간의 활동범위의 경계를 분명히 하면서 필요한 환경가치를 보존하기 위한 노력을 해야 한다는 정도의 수준으로 인간을 이해하고 있다(한면희, 1999: 358-359; Lovelock, 2006: 3장). 그래서 Murry Bookchin은 '가이아'라는 만물의 어머니이면서 창조자인 지구에 기생하는 지식을 가진 벼룩으로 인간을 취급하는 가이아 가설은 과학주의의 허상에 의한 반인간주의라고 비판하기도 했다(구승희 옮김, 2002: 60).

다고 보았다. 즉 인간은 스스로의 목적을 달성할 수 있는 유일한 존재로서 자연의 최종 목적이다. 인간은 자신의 의지와 판단에 따라서 자유롭게 목적을 설정하고 달성하는 존재이지만, 인간의 도덕성에 의한 자신의 가능성 이외에 어떤 조건도 필요하지 않다고 하는 인간중심주의를 설명한 것이라고 할 수 있다(김양현, 1998: 110－116; 박필배, 2007: 234－236; Frierson, 2013: 1편 1장)[27].

그러나 일반적으로 인간이 자연과 만물의 중심적 위치에서 도덕적이고 윤리적인 책임과 의무를 다하면서 자연 만물의 고유한 본성과 특성을 실천할 수 있는, 즉 인간과 자연(비인간을 포함하는)의 조화를 설명할 수 있는 패러다임이 필요하다고 할 수 있다. 이에 따라서 생태적 인간중심주의(김양현, 2004) 또는 인간중심적 생태철학(김용환, 2013), 인간중심주의를 넘어설 수 있는 심층생태주의(deep ecology) 등과 같은 다양한 연구들이 진행되고 있다. 뿐만 아니라 인간중심주의 자체에서도 우주의 만물에서 인간만의 중심적 사고체계에 대한 반성과 성찰의 대안으로, 확장된 인간중심주의 등이 제기되고 있기도 하다.

환경윤리나 환경철학에 논쟁의 뿌리를 두고 있다고 할 수 있는 인간중심주의와 생태중심주의의 이념도 중요하지만 물아주의 정책사상에서 물아(物我)의 개념정립에 필요한 범위에서, 확장된 인간중심주의와 심층생태주의를 조금 더 자세히 살펴 볼 필요가 있다. 먼저 확장된(extended 또는 enlarged) 인간중심주의는 인간의 이기적 목적과 이해관계에 의한 자연의 착취와 지배라는 부정적인 이념을 제거하고자 한다. 동시에 생태주의의 장점인 인간과 비인간의 구분이나 차별이 아닌 공생체 사상을 수용하면서 인간중심주의를 수정하고자 한다(윤용택, 2005). 여기에 더하여 동양사상의 생태론적 이념인 인간은 삼라만상과 일체이면서 이것을 보존하고 실천하는 상생의 유기체적 자연관(김세정, 2006: 152; 박이문, 2011; 최재목,

---

27) 칸트 윤리학의 기초를 인간중심주의로 전제한다면 인간의 자연에 대한 책임과 의무를 정당화시킬 수 없다는 주장도 있다(김양현, 2014). 왜냐하면 도덕적 책임과 의무는 인간의 일이기 때문이라고 했다. 더구나 칸트는 가축이나 짐승 등을 가족처럼 취급해야 한다고 보았다. 따라서 칸트의 인간중심주의는 배타적이거나 종족 중심의 인간중심이 아니라 인간의 실천이성이나 능력에 의해서 도덕적인 의무와 책임의 정당성을 설명하는 도덕적 인간중심주의라고 할 수 했다.

2012)을 서구 중심의 인간중심주의의 대안으로 제안할 수 있다는 의미에서 이것을 확장된 인간중심주의라고 하기도 했다(김치완, 2011: 255; 허남결, 2011: 80).

유교사상을 중심으로 하는 인간의 이해를 제4절의 물아주의 정책사상의 특성을 설명하면서 조금 더 구체적으로 인간과 생태와의 관계에서 살펴보겠지만 특히 인간중심주의나 생태중심주의의 대립이나 경쟁만으로 환경문제가 해결될 수 없다는 입장에서, 유교의 생태주의 사상을 제안하고 강조하는 연구들이 많이 발견되고 있다는 것만 지적하고자 한다. 인간과 자연 만물의 상응이나 일체 사상과 동시에 인간과 만물의 생명가치의 평등사상 등을 수용하지만 인간은 수신을 하고 세상을 다스리면서(수기치인:修己治人), 자연과 만물의 본질적 가치를 원만히 실현할 수 있다고 보았다. 즉 도덕적이고 윤리적 책임인 천명(天命)이 인간에게 있다는 유교의 생태론적 휴머니즘을 주장한 것이다(최일범, 2010; 배수호, 2013; He, 2018)[28].

두 번째로 심층생태주의(deep ecology)에 의하면(원병관, 2008; 김우창, 2014: 4장; Coric, 2012; Witoszek and Muller, 2017) 기계기술의 발달과 인간의 인지능력의 증대로 환경파괴나 훼손이 심화되었다; 때문에 인간의 삶의 방법을 심층적으로 변화시켜야 한다는 주장이다. 그래서 자연을 착취하거나 지배하는 인간이 아니다. 자연친화적인 생태적 세계관으로 변화되어야 한다. 이것을 얕은 (shallow) 생태주의라고 했다. 따라서 인간은 환경과 분리되거나 유리된 고독한 존

---

28) 특히 유교의 생태주의는 서구의 인간중심주의와 생태주의의 내용을 동시에 가지고 있다는 전제에서 환경이나 생태문제를 해결할 사상적 대안으로 유교의 수기치인(修己治人)을 제시한 연구가 있다. 즉 유교사상에서 인간은 모든 생명체와 같이 인간-우주의 동형이고 동성이며 하늘과 인간의 합일체라고 했다. 따라서 수기치인에 의한 생태주의는 정책세계에서 실천될 수 있을 것이라고 보았다(배수호, 2013). 그러나 인간에게만 생태계의 가치를 실현할 수 있는 능력과 책임을 부여하는 생태윤리관은 너무 이상적이라는 비판도 있다(황갑연, 2004; 김세정, 2006). 여기에 더하여 이성적이면서도 감성적인 인간의 한계를 도덕법칙의 원칙을 준수하고자 하는 자유의지에 의하여 극복할 수 있을 때 실천적으로 가능하다는 칸트철학을 수용해야 한다는 주장이나, 조선시대의 성리학의 논쟁인 이(理)와 기(氣)의 실천원리도 필요하다는(기우탁, 2006; 조남호, 2014) 등과 같은 다양한 논의나 쟁점이 나타나고 있기도 하다. 또한 미국행정학에서도 생태행정론의 가능성을 생태친화적이고 생태중심적으로 찾아보기도 했다(Luton, 2001). 그러나 이와 같은 논의와 연구는 환경철학이나 환경행정에서 생태주의 논쟁을 중심으로 하는 전통적인 환경이념의 패러다임을 넘어서기 어려운 한계를 보여주기도 했다.

재가 아니다. 모든 사물과 현상이 인간과 더불어 상호간에 연결되어 의존하는 네트워크를 설명하면서 모든 생명체의 본질적 가치를 인정하고 인간은 이와 같은 생명체에 참여하는 하나의 가닥에 불과하다는 주장이다. 그러나 심층생태주의는 천지만물은 인간에 의하여 파괴되었다는 환경철학의 논쟁을 중심으로 하고 있다.

물아주의 정책사상에서 인간중심주의는, 앞서 지적했듯이 서구사상의 인간중심주의나 생태주의가 아니다. 동시에 환경철학이나 이념을 시작으로 하면서 환경이나 생태, 인간 또는 비인간 등과의 관계나 네트워크 등을 설명하는 생태의 파괴나 보존에 초점을 두는 환경철학도 아니다. 마찬가지로 인간중심주의의 부정적 이념을 생태론으로 치유하고자 하는 확장된 또는 수정된 인간중심주의도 아니다. 그렇다고 심층생태이론과 같이 인간을 만물의 생명체와 동일하다는 유기체적 일원론도 아니다. 더구나 인간이 최종 목적이라고 하면 목적과 수단을 오해할 가능성도 있는 칸트철학의 인간론에 의한 인간중심주의도 아니다.

정책사상에서 인간중심주의는 정책세계에서 인간이 중심인 정책인을 설명하고자 하는 물아주의 정책사상에서의 인간에 관한 사상이다. 정책세계에서 인간이 중심이라고 해서 인간만이 유일한 존재로서 존엄성의 가치를 인정받아야 된다는 것은 아니다. 동시에 인간만이 유일한 권리나 의무의 주체로서 모든 책임을 부여받아야 된다는 것도 아니다. 인간은 삼라만상의 일부이면서 동시에 각각의 위치와 역할에서 자연 만물의 존재의 본질적 가치를 이해하고 인식할 수 있는 수승(秀昇)한 존재자로 보는 것이다. 이것이 정책세계에서 이해하는 인간중심주의의 기본 사상이다. 여기서 수승하다는 의미를 다시 설명하면 인간이 최고의 가치를 지난 종(種)으로서 유일한 존재이며 최종 목적이 아니다. 대신에 인간이 삼라만상이나 천지만물의 존재가치의 값을 부여하면서 이것을 정책세계에서 실현하거나 보존할 수 있는 유일한 존재라는 사실을 강조한 것이다. 따라서 자연이나 만물로 표기할 수 있는 물아(物我)의 실존적 가치와 그의 실천에 대한 책임과 의무 등은 인간을 중심으로 하고 있다고 본다. 이것이 정책사상에서 인간중심주의라고 정리할 수 있다.

(2) 인간독점주의

물아주의 정책사상에서 인간독점주의(human monopoly)는 인간이 자연이나 만물의 영장이고 중심체로서 만물을 독점한다는 것은 아니다. 그렇다고 서구의 생태중심주의가 주장하는 것과 같이 인간은 동물의 한 종(種)으로서 비인간과 동등하고도 평등하며 이성과 판단에 의한 인간의 주관주의적 독선이나 독점을 경계해야 한다는 주장도 아니다.

물아주의 정책사상에서 인간독점주의는 인간이 정책세계의 중심에 있으면서 동시에 정책세계의 주재자(主宰者)라는 사실을 이해하고 설명하는 것이다. 마치 국가주의 정책사상에서 국가가 정책의 정보와 지식, 전문성, 인적, 물적 자원과 D/B 등을 독점적으로 소유하면서 독점적으로 정책을 결정하고 실천하는 국가독점주의와 같다고 할 수 있다. 앞서 정책사상에서 인간을 정의하면서 인간은 정책세계에서 인간과 자연 및 만물이 살아가는 공동체사회의 가치와 이념 등을 실현할 수 있는 정신적이고 물리적 능력과 판단을 가진 생명체라고 하였다. 여기서도 보듯이 인간이 이와 같은 공동체사회의 주체라는 것은 정책세계를 독점하는 주체라는 사실을 지적한 것이라고 할 수 있다.

인간은 정책세계의 주체이며 주재자이지만 자연과 만물로 통칭할 수 있는 비인간과 존재적 가치에서 평등하거나 동등하다는 사실을 인정하고 있다. 그러나 만물평등이나 동등사상에만 고착한다면 이것은 소위, 서구의 생태주의 사상과 같을 것이다. 대신에 인간은 비인간을 총괄하고 총섭하는 주체로서 정신적이고 물리적인 능력이나 자격과 판단을 함양하고 수련하여, 인간다움을 실현할 수 있는 인간으로서 정책세계를 독점하는 인간이다. 여기서 인간다움은 인간만이 합리적이고 이성적인 판단과 지적 능력을 가졌기 때문에 정책세계를 독점적으로 지배하거나 이용한다는 것이 아니다. 인간다움은 인간의 존엄성과 권리를 실천하기 위해서 자연과 만물인 비인간의 존재의 가치를 이기주의에 따라서 훼손하거나 침해한다는 것도 아니다. 대신에 나의 인간다움을 완성하면서(성기:成己) 동시에 만물의 만물다움을 완성하는(성물:成物), 소위 『중용』에서 설명하는 성기성물(成己成物) 사상과 같은 인간다움이라고 할 수 있다(제3절의 물(物)과 아(我)의 개념적 이해에서 조금 더 자세히 설명한다). 이때의 인간을 정책세계에서 정책을 독점하거나 지배할 수 있는 인간으로 이해한 것이다. 이것이 정책사상에서 인간독점주의이다.

이와 같은 의미의 인간독점주의를, 앞서 칸트철학이나 유교의 생태주의 사상에서 주장하고 있는 것과 같이 인간과 천지만물이 일체이면서 조화롭지만 인간의 수기치인에 의한 인간다움을 완성하여, 만물의 가치를 실현할 수 있는 주체로서 도덕적이고 윤리적인 책임과 의무를 다할 수 있는 인간관으로 정리할 수 있기도 하다. 그래서 유교의 인간관은 서구의 인간중심주의와 생태중심주의의 사상을 동시에 가지고 있다고 하기도 했다(최일범, 2010; 배수호, 2013). 마찬가지로 인간이 자연의 최종 목적인 것과 같이 인간이 자연과 만물의 독점적인 지배자이지만 동시에 인간다움의 책임과 의무에 의해서 이와 같은 최종 목적은 정당화될 수 있다는, 칸트의 수단 – 목적론(김양현, 1998; 2014; 강병호, 2017: 218 – 219; Krijnen, 2017)과도 맥을 공유한다고 할 수 있다. 그래서 정책사상에서의 인간독점주의는 인간의 도덕적이고 윤리적인 완성노력과 실천에 의한 정책세계의 독점적인 지배자라고 할 수 있다.

제2장에서 국가주의 정책사상을 설명하면서 국가의 우월적인 정책권한과 역량 때문에 국가독점주의가 가능할 수 있다고 했다. 그러나 동시에 국가독점주의도 국가의 경제적 관계의 주종으로 등장하는 국가자본주의, 국가권력과 생산수단이나 자원을 독점하는 국가사회주의, 복지사업에 국가지배의 정당성을 두는 국가복지주의 등과는 다르다고 했다. 마찬가지로 인간독점주의도 인간이 아닌 비인간의 생명체에 대한 복지나 또는 사물이나 자연에 대한 경제적 독점을 통한 인간의 욕구의 충족, 인간을 포함한 모든 사물과의 공동체에서 자연과 사물을 경제적이고 사회적 가치를 가진 자원으로 취급하여 독점한다는 등과 같은 인간독점주의가 아니라는 것을 강조하고자 한다.

(3) 인간우월주의

정책세계에서 인간이 국가와 같이 정책을 독점적으로 지배하고 관리할 수 있는 정신적이고 물리적 실천능력이나 판단을 가지고 있다는 인간독점주의에 따라서 인간우월주의를 이해해 볼 수 있다. 앞서 인간이란 무엇인가 하는 질문은 인간이 인간에게 질문하고 그 해답을 찾아야 하는 하나의 숙명적인 과제라고 했다. 왜냐하면 『한어대사전』에서 인간을 정의한 것과 같이 사람(人)은 화수목금토(火水木金土)라는 오행의 기운에 따라서 꽃이 핀 것과 같은 신령스러운 수월적(秀越的) 존재라고 했기 때문이다. 또한 이와 같은 인간이 비인간과 다른 인간다움은 인(仁)과 의(義)의 도덕적 실천자질과 수양능력에 따라서 만물을 다스릴 수 있는 능력이 있기 때문이라고 했다.

또한 조선시대 아동교육의 학습도서인 『동몽선습』에서 "인간은 자연과 만물에서 가장 귀한 존재이다; 그 이유는 오륜(五倫)이라는 윤리적 덕목을 수련하고 실천하고 있기 때문이라고 했다. 그래서 맹자는 오륜을 알지 못하거나 실천할 수 없으면 금수와 같다"[29]고 했다. 즉 인간이 비인간, 특히 동물과 다르다고 하는 것을 인간이 인간의 본질적 가치인 가족과 이웃, 국가 등 개인적일 뿐만 아니라 사회적 관계에서 윤리적이고 도덕적인 책임을 다할 수 있을 때 가능하다는 것으로 이해할 수 있다. 특히 순자(荀子)도 인간과 비인간을 구별하면서 인간의 수월성을 다음과 같이 설명했다.

> "물과 불은 기운이 있지만 생명이 없다. 초목은 생명이 있지만 앎인 지식이나
> 지각이 없다. 금수인 동물은 지식이나 지각과 같은 앎은 있지만 정의와 평등,
> 올바름, 좋음 등을 인식하고 구별할 수 있는 능력인 의(義)가 없다. 그러나 인
> 간은 기운과 생명, 앎과 또한 의(義)를 마땅히 가지고 있다. 그래서 온 세상에
> 서 인간이 가장 귀한 존재하다"[30].

---

29) "天地之間萬物之衆 惟人 最貴 所貴乎人者 以其有五倫也, 是故 孟子曰 父子有親 君臣有
義 夫婦有別 長幼有序 朋友有信 人而不知有五常 則其違禽獸不遠矣"(『童蒙先習)』).

그러나 선진(先秦)유학의 대명사로 불리는 주희와 왕양명의 사상을 중심으로 하는 성리학(性理學) 또는 신유학(neo-Confucianism)의 인간관은 인간을 자연과 사물의 한 종류인 인물(人物)로 이해하기도 한다(최봉영, 1999: 34; Sarkissian, 2018: 818). 동시에 인물(人物)은 인간과 비인간을 통칭하면서 일반적으로 걸출하거나 특이한 인간을 지칭할 때 사용되는 용어이기도 하다. 그래서 인간을 비인간인 물건과 비교하면서 구별하지 아니하는 경우도 많다(자세한 것은 물아(物我)의 개념을 설명할 때 지적하기로 한다). 그러나 앞서 서구의 인간중심주의가 설명하는 인간의 수월성이나 지배자 등과 같은 이념이 생태주의가 강조하는 인간-비인간의 평등사상을 접목하면서 인간다움이 전제되어야 정책사상에서 인간중심주의가 정립될 수 있다고 보았다.

특히 인간의 능력은 정책을 독점적으로 지배하고 관리할 수 있는 정책능력인 국가능력과는 차이가 있다는 것을 앞서 정책사상에서 인간을 정의하면서 지적하였다(<각주 24>). 대신에 인간학에서 인간능력은 일할 수 있는 후생경제학적 개념인 능력지수나 잠재적이거나 현재적인 능력의 불평등과 다양성 등을 인정하고 개발할 수 있다는 철학적 인간학이 주장하는 능력이라고 할 수 있다. 물론 이와 같은 능력 접근방법에도 문제는 있다고 했다. 그러나 정책사상에서 인간능력은 정책의 창조적인 주재자이고 실행자이며 선도적 판단자의 능력이라고 하였다.

인간우월주의는 만물 중에서 인간이 정신적이거나 신체적으로 항상 우수하고 우열하다는 생물학적 우월사상은 아니다. 동시에 인간과 인간과의 상호작용이나 관계에서 구성되는 사회적 제도와 조직, 절차 또는 관습 등과 같은 사회적인 것에서 인간만이 비인간에 비교해서 수월성이 있다는 것도 아니다.

여기서 사회적인 것(the social)을 간단히 살펴 볼 필요가 있다. 앞서 인간과 비인간과의 관계이론인 행위자-네트워크 이론은 인간과 비인간의 이질적인 요소를 동일한 분석이나 서술적 패러다임으로 설명한다고 했듯이 사회적 사실은

---

30) "水火有氣而無生 草木有生而無知 禽獸有知而無義 人有氣有生有知 亦且有義 故最爲天下貴也"(『荀子』, 王制).

기타의 사회적 사실이나 사물로만 설명될 수 있다는 사회적인 것을 해체하면서, 인간이 중심이 되는 사회를 확장하여 비인간 사회와 다양하게 연합할 수 있어야 진정한 사회적인 것이 될 수 있다고 주장하였다. 즉 인간이 중심인 전통적인 사회적인 것과 과학기술이나 자연만물이 중심인 비사회적인 것을 통합하여 이것을 사회적인 것으로 범주를 확대하거나 확장하자는 주장이다(서이종, 2011: 148-152; 김환석, 2012: 38-40; Durkheim, 1938). 물론 이와 같은 논의는 인간우월주의를 비판할 수도 있을 것이다.

물아주의 정책사상에서 인간우월주의는 정책세계에서 인간의 정책능력(policy capacity)이 비인간보다 우월하다는 입장을 견지하고 있다. 따라서 자연생태계 중심의 자연적인 것(the natural)이나 개인의 심리적이고 행태적인 개인적인 것(the individual) 등과 같은 비사회적인 것이 사회적인 것과 통합되어 인간의 정책능력이 보다 더 우수해질 수 있다면, 물아주의 정책사상은 사회적인 것의 확장이나 확대를 수용할 수도 있다.

정책사상에서 인간우월주의는 종합적 개념이라고 할 수 있다. 예를 들면 과학기술에 의하여 탄생된 인간형 로봇이나 아바타, 사이보그 등과 같은 비인간이 인간보다 정신적이거나 신체적으로 어느 한 분야나 기능에서 우수하거나 탁월하다고 해서 이것만으로 인간우월주의를 부정하기 어렵다. 인간은 인간뿐만 아니라 비인간을 총체적으로 포섭하면서 동시에 비인간의 본질적이거나 외연적인 가치를 통합하는 정책세계에서의 정책의 창조자이면서 수행자라고 할 수 있다. 이와 같은 의미에서 인간우월주의를 종합적 개념이라고 한 것이다.

그렇다고 인간이 신체적이거나 정신적으로 동물이나 식물 또는 기계인간보다 능력이나 판단이 항상 우수하다는 의미의 인간우월주의가 아니다. 만약 그렇다면 인공지능 바둑기계인 알파고(Alphago)는 분명히 인간보다 우수했기 때문에 인간은 그에게 정책인의 자리를 내어 주어야 할 것이다. 그러나 인간은 바둑경기만 하는 인간이 아니다. 바둑을 두면서 음악을 듣고 동시에 맛있는 피자를 먹으면서 옆 친구와 이야기를 하기도 한다. 이 와중에도(알파고에서 본다면) 인간은 커피를 마시거나 담배를 피우기도 한다. 동시에 인간이나 비인간들과 전화통화를 하면서 축구경기를 시청하기도 한다.

이와 같은 종합적 상황과 조건에서 최상의 결정과 판단을 하고 정책을 실천할 수 있는 사물은 인간 이외에 아직까지 없다. 이때의 인간을 특히 자연산 인간 (natural man)이라고 할 수 있다. 물론 신(神)의 세계에까지 그 범위를 확대한다면 인간의 최고 가치나 우월주의를 장담할 수 없다. 그러나 신에게는 신체적인 물리적 형상이 없다. 때문에 물리적이고 정신적인 조건이 융합되는 정책세계에서 신의 능력이나 조건은 매우 한정적일 수밖에 없다. 물론 이와 같은 인간의 우월성이 정책의 선(善)과 정당성으로 증명되고 정당화될 수 있어야 함은 당연하다. 이것을 국가주의 정책사상에서 국가우월주의와 정책개입주의의 정당성 등으로 자세히 설명하였다.

(4) 인간개입주의

국가주의 정책사상에서 국가는 정책을 통하여 개인이나 집단의 자유롭고도 자율적인 판단이나 결정에 개입하거나 간섭하는 국가개입을 설명하였다. 동시에 국가의 정책개입은 개인적 수준뿐만 아니라 사회적으로 정당성을 가지고 있어야 한다고 구체적으로 분류하여 설명하였다. 물아주의 정책사상에서 인간은 정책의 창조자이고 실천자이며 판단자라는 인간우월주의를 주장하였다. 앞서 지적했듯이 그렇다고 인간만이 자연을 지배하고 관리한다는 인간독점주의나 우월주의를 주장하는 것은 아니라고 했다. 국가의 정책개입과 같이 인간도 정책을 독점적이고 우월적으로 결정하고 실천하면서 인간과 비인간을 포함하는 자연이나 사물의 본래적이거나 외연적인 가치 등을 신장하거나 확장하고자 한다. 국가주의 정책사상에서 국가개입주의가 정당화되듯이 인간이 중심이 되어 독점하는 정책세계에서 인간의 판단과 결정이, 때로는 인간만의 탐욕스런 이익이나 가치에 초점을 두고 있기도 하지만 일반적으로 천지만물의 각자의 가치를 실현하기 위하여 인간은 만물에 개입하거나 간섭하고 있다. 이것이 인간개입주의이다.

정책사상에서 인간을 이해하면서 인간은 만물을 다스릴 수 있는 능력자(인지소능자 치만물:人之所能者 治萬物)『한어대사전』)라고 정의한 것을 다시 인용할 필요가 있다. 만물을 통치한다는 것이 착취하거나 지배하는 것으로만 이해할 수 없다. 마치 국가의 정책결정과 판단 또는 집행이 국가의 공권력에 의한 통치행위이지만 착취국가나 약탈국가 등과 같은 수탈적 성격의 국가주의를 의미하는 것이 아니다. 일반적으로 국가는 법률적 정당성을 기본으로 해서 정치적이고 사회적인 정당성에 따라서 정책을 통한 개인이나 집단의 의사결정과 판단에 개입하고 간섭한다. 마찬가지로 인간도 정책세계에서 사물의 개인적이거나(온정주의적 성격의 정당성) 공공적인 정당성(사회적 정당성인 공공의 선, 사회정의, 평화, 공공의 건강과 행복, 사물의 보편적 이익 등)을 확보하면서 정책을 통하여 개입하거나 간섭하게 된다.

국가주의 정책사상의 실체를 개입주의, 보다 구체적으로 정책을 통한 국가의 개입인 국가개입으로 설명하면서 개입의 개념이나 개입주의 등을 제2장의 국가주의에서 자세하게 설명하였다. 즉 국가가 정책을 결정하고 실천하면서 공공의 이익이나 행복, 사회적인 평화나 정의 등과 같은 사회적 정당성뿐만 아니라 개인의 정신적이거나 신체적으로 현존하는 또는 잠재적인 위해의 방지나 성숙 등과 같은 개인적 정당성에 따라서 개인이나 집단의 결정과 판단에 개입하거나 간섭하는 개입주의의 정당성을 지적했다. 나아가 정책의 지식이나 증거 및 이념 등과 같은 사상적이거나 이론적이며 사실적인 정보와 판단에 의한 현실주의적 정책사상에 따라서도 국가개입주의의 정당성을 진단하고 판단하게 된다고 했다.

따라서 국가개입주의는 현실주의 정책사상에서 설명하는 정책의 실천성(policy practicality)으로 연계되고 있다고 했다. 정책의 실천지식이나 실천지혜, 실천판단, 실천책무 등과 같은 실천성의 요소들이 정책현실에서, 정책의 이념과 목적을 달성할 수 있는 수단적 가치뿐만 아니라 정책의 본질적인 존재가치를 실현할 수 있다는 현실주의 정책사상에서도 국가개입주의의 정당성을 설명하였다.

이때 정책의 본질적 가치에서 가장 기본적이면서도 원천적인 질문에 해당될 정책에서의 인간이란 무엇인가 하는 문제를 물아주의 정책사상에서 구체화하면서, 정책에서 인간은 인간과 자연만물의 공동체에서 정책가치와 이념 등을 실천할 수 있는 정신적이고 물리적 능력을 가진 생명체로 정의하고 이해한다고 했다. 그래서 인간은 정책의 가치를 주창하고 선도(善導)할 수 있는 판단자로서 정책을 창조하고 실행하는, 즉 국가주의 정책사상을 선도하는 선도(善導)주의 정책사상을 제안하였다. 그래서 국가를 만들고 운영하고 있는 인간이 국가의 공식적이고 권위적인 정책을 통하여 인간과 비인간의 판단과 결정에 개입하고 간섭하는 현실을 물아주의 정책사상에서 인간개입주의라고 할 수 있다.

여기서 한 가지 재미있는 그리고 매우 현실적이면서도 구체적인 사실로 등장하는 질문이 있다. 인간이 아닌 비인간, 특히 사이보그나 인간형 로봇 등과 같은 기계인간이 자연인인 인간과 같은 국가의 주체, 즉 시민이 될 수 있을 것인가 하는 문제이다. 헌법 제1조 2항에서 대한민국의 주권은 국민에게 있다고 했다. 그러나 국민이 자연인인 인간만을 의미하는지 아니면 비인간도 포함되는지는 불분명하다. 물론 아직까지 지구촌의 어느 국가나 나라에서도 비인간이 국가를 구성할 수 있는 인간이 될 수 있다는 헌법이나 법률적 규정은 없다.

그러나 극단적 생태주의나 동물주의, 포스트 휴머니즘 등에서 주장하듯이 포스트 휴먼(post-human)은 자연인의 인간뿐만 아니라 비인간도 포함될 수 있다는 주장이나 설명이 현실적으로 가능해진다면, 헌법에서 규정된 인간의 개념이 매우 혼란스럽게 될 수도 있을 것이다. 이때에 당해서 기계인간이 독자적으로 그들의 국가를 구성하고 헌법을 만들어서 대한민국의 주권은 국민에게 있다고 한다면 국민은 자연인간인가, 기계인간인가, 아니면 양자를 구분할 수 없는 인간인가 하는 등의 문제가 발생할 수도 있을 것이다(백종현, 2015: 148-149). 앞서 비인간의 유형인 기계인간을 설명하면서 트랜스 휴머니즘이나 포스트 휴머니즘의 인간이 인간 이상론이 아닌 인간 이하론(less-than human)의 인간일 경우(Harper and Raman, 2008; Philo, 2017), 즉 인간은 비인간과의 네트워크의 상호작용에 의하여 비인간의 수준이나 능력이 인간을 초월하거나 또는 그 반대인 경우에, 인간은 비인간에 의한 정책의 개입을 그저 바라만 보고 있어야 할 것인가 하는 비애(悲哀)적인 질문도 가능할 것이다.

인간개입주의는 인간이 정책세계에서 정책인으로 독점적이라는 사실을 전제로 하고 있다. 동시에 인간의 수월성을 인정하고 있다. 그리고 인간은 자연이나 사물의 본질적이거나 외연적 가치판단과 결정에 개입하는 인간개입주의의 인간이라고 했다. 이와 같이 물아주의 정책사상에서 인간의 이해를 간단히 하나의 정책사례에서 설명해 볼 수도 있다. 앞서 비인간에 의한 인간의 이해에서 예를 든 것과 같이 인간이 인간의 판단과 결정에 개입하고 간섭하는 사례보다 비인간에게 개입하는 사례로, 소나무 재선충병 방재특별법(제16232호, 약칭 재선충방제법)에 의한 산림정책을 들 수 있다.

재선충방제법에서 소나무나 재선충은 비인간인 식물이거나 벌레 등이다. 이 것은 자연적인 것으로 자연과 사물이다. 인간은 소나무를 해치는 재선충을 구제(驅除)하여 식물인 소나무를 보호하거나 보존하고자 한다. 이것은 재선충을 방제하는 산림정책을 통한 국가의 정책개입의 전형이다. 동시에 인간이 비인간에 개입하는 인간개입주의이기도 하다. 즉 인간이 판단하고 결정하여 소나무의 존재가치를 보존하고 보호하기 위해서 재선충을 박멸하고자 하는 인간개입주의이다. 이 것이 정책의 목표달성을 통한 정책가치의 실현이다.

그럼에도 불구하고 환경윤리나 철학 또는 생태주의 사상은 소나무와 재선충의 가치는 동등하다고 논쟁할 수 있다. 천지간의 자연만물은 본래적으로 자신의 역할과 기능에 충실할 존엄성을 가지고 있다. 인간은 그와 같은 자연세계의 질서에 인간의 이기주의적 목적에 따라서 개입하거나 간섭하여 그 질서를 파괴하거나 해손(害損)할 수 없다고 할 수 있다. 그러나 국가의 치산치수 정책은 국가개입주의의 전형이다. 소나무의 재선충 방제정책은 인간이 직접 개입하는 치산치수 정책의 전형이다. 정책의 목적은 산림자원인 소나무의 보호와 보존이다. 때문에 재선충의 입장에서는 생존이 걸린 인간개입주의이지만 소나무의 입장에서는 인간의 개입 덕분에 자신의 무궁한 발전을 기약할 수 있다.

물론 인간과 비인간 등이 더불어 살아가는 공동체사회를 인간 세상이라고 본다면(정영훈, 2016a: 172) 재선충이나 소나무도 공동체의 한 구성요소로서 공공의 공적인 이해관계의 질서와 윤리기준에 순응해야 한다. 마치 널리 인간을 위한다는 홍익인간(弘益人間) 사상이 인간에만 한정된다면, 즉 인간의 조건이나 삶에 영향을 미치는 존재자 중에서 인간의 우선적인 목적과 정당성에만 한정된다면(박병섭, 2009; 정영훈, 2016b) 이것은 지극히 인간 중심의 이기주의적 사상일 수 있다.

그러나 비인간에게까지 정책의 영역을 확장하지 아니할 수 없는 정책현실에서 정책사상을 주장하고자 한다면, 특히 생태학적 관점에서 유교사상인 천지만물일체설(一體說)을 수용한다면(김세정, 2006; 최일범, 2010; 배수호, 2013; He, 2018) 홍익인간의 이념에 따라서 소나무는 살리고 재선충을 살충해야 한다는 논리는 서구의 인간중심주의 사상을 대표하는 격이라고 할 수 있다. 대신에 예상하거나 의도하지 못한 또는 보이지 아니했거나 원하지 아니한 정책의 진행이나 결정과정에서 인간중심주의와 생태주의가 상호간에 진화되면서 설명할 수 있는 방법 등을 개발하고 실천할 수 있다면(배수호, 2013; Gerrits, 2010), 소나무와 재선충 상호간에 충돌되는 존재의 가치를 조화시킬 수 있는 산림정책을 실천할 가능성도 있을 것이다. 따라서 정책에서 인간을 이해하고 정의하면서 인간개입주의를 중심으로 하는 인간에 관한 문제를 설명할 수 있는 지배적인 사상은, 적어도 위에서 예를 든 재선충 방제정책을 포함하는 정책세계를 설명할 수 있는 현실적인 정책사상이 될 수 있어야 할 것이다.

물아주의 정책사상에서 인간을 이해하는 인간개입주의나 인간중심주의 및 인간의 독점과 우월주의 등을 이제 물아주의의 물(物)과 아(我) 및 물아(物我)의 개념과 사상적 특징을 설명하면서 조금 더 자세히 이해할 수 있다.

3. 물(物), 아(我), 물아(物我)의 개념적 이해

물아주의 정책사상은 국가주의를 출발로 하면서 선도주의, 균형주의, 현실주의 등의 정책사상을 총결하는 사상이라고 앞서 제1절의 물아주의 정책사상의 발원을 설명할 때 지적하였다. 정책사상 대계에서 정책사상은 인간이란 무엇인가 하는 것에서 출발하고 있다. 인간은 생물학적인 하나의 종(種)으로서 만물의 영장이나 우주의 중심체로서 자연이나 천지만물을 지배하고 통제하며 관리하는 인간중심주의적 인간이 아니다. 동시에 만물평등이나 동등사상에 따라서 인간과 자연환경의 모든 생명체는 하나로 연계되면서 인간도 동물의 한 종족이라는 생태주의적 인간관도 아니다. 대신에 정책을 발견하고 창조하는 정책의 창조자이면서 동시에 정책을 현실세계에 실천하는 실행자이고 정책의 선이나 실천지혜와 책무를 판단하는 판단자로서, 인간뿐만 아니라 비인간을 포함하는 공동체 세상을 실현할 정신적이면서도 물리적인 능력과 판단을 가진 정책인으로 인간을 이해하고 있다.

정책세계의 중심에 있는 인간을 인간중심주의(human-centeredness)로 설명하였다. 즉 천지만물에서 인간도 하나의 종이지만 정책의 이념이나 목적과 가치를 실현할 수 있는 수승한 존재자라고 했다. 나아가 국가주의의 국가중심과 같이 정책세계를 독점적이고 지배적으로 관리하고 실천하는 인간이기 때문에 인간에 의한 독점주의라고도 했다. 인간이 정책세계를 독점적으로 관리하고 지배할 수 있는 물리적이거나 정신적인 능력과 자질을 소유한 우월적인 인간관에 기초해서, 인간은 인간뿐만 아니라 비인간의 개인적이거나 공동체적 이익과 목적을 위하여 그들의 판단과 결정에 개입하거나 간섭하는 인간개입주의 등으로 정책사상에서 인간을 이해하였다.

정책사상은 전통적으로 인간 중심의 존엄성과 권리의 실현을 이상적인 목표로 하고 있다. 물론 이때의 인간 중심은 이기주의적 인간관이 아니다. 대신에 우월적 존재자인 하늘이나 신 등과 같은 지배로부터 자유로운 또는 정책엘리트의 독선적이고 독단적인 이기주의에 의한 인간성의 파괴나 침해 등으로부터 자유로운 인본주의적인 인간관이다. 그럼에도 불구하고 정책사상에서 인간을 중심적인 주제로 하는 연구나 논의는 매우 희박하다는 사실도 간과할 수 없다고 했다. 물론 여타의 사상연구도 인간, 즉 사람을 중심으로 하는 사상이라고 했지만 역시 '사람(인간)이란 무엇인가' 하는 것을 철학적이거나 생물학적, 종교학적 등의 관점에서 진지하게 고민하고 논의한 것은 드물다고 했다.

앞서 제1절에서 지적했듯이 정책사상이 반쪽사상이 되지 아니하기 위해서는 서구의 인간중심주의적 사상이나 또는 앞서 지적한 정책세계에서의 인간중심주의 등에만 함몰되어서는 안 된다고 했다. 물아주의 정책사상은 인간과 비인간을 아우르는 자연의 섭리나 사물의 이치와 질서에 대한 통찰력이나 이해력을 바탕으로 국가주의에서 시작된 정책사상을 철학적으로 사고하고 정책이론으로 체계화하고자 하는 총결적 정책사상이라고 했다.

그래서 인간과 비인간을 총섭적으로 설명하고자 하는 하나의 용어로 물아와 물아주의라는 정책사상을 발원(發源)한다고 했다. 발원이라는 것은 지금까지 인간 이외의 사물이나 존재에 대한 사상적 설명이 허약하면서 동시에 인간에 관한 물음을 소홀히 한 것을, 이제 물아주의 정책사상에서 인간과 비인간 등을 철학적 수준에서 이해하고 그의 이론적 체계를 수립하고자 하는 시초이기 때문이라고 했다. 앞서 인간이란 무엇인가 하는 것을 설명하면서 완벽하거나 온전한 수준은 아니라고 하더라도 정책사상에서 인간을 이해하면서, 이에 기초해서 정책사상에서 인간을 인간의 중심주의와 독점주의, 우월주의, 개입주의 등으로 설명하였다.

인간이 인간을 설명하고 체계화한다는 것 자체가 인간중심적이고 인간주관적일 수 있다. 그러나 인간 이외에 어떠한 생명체도 인간을 설명할 수 없다는 사실에서, 즉 인간이 인간을 이해하고 설명할 수밖에 없다는 사실을 전제하면서 정책사상에서 인간을 이해한 것이다. 이에 따라서 인간의 본질적 가치인 존엄성이나 인권 또는 인간의 이해관계에만 편협된 사상이나 이념에 함몰되거나 집착되지 아니할 수 있는 인간주의가 되어야 정책사상은 반쪽사상이라는 비판을 면할 수 있다고 강조하기도 했다. 이것을 인간과 비인간과의 물아(物我)의 개념과 사상으로 설명하는 물아주의 정책사상이라고 할 수 있다. 그래서 먼저 물(物)과 아(我) 및 물아(物我)의 개념부터 찾아보면서 이에 기초해서 물아주의 정책사상을 개념적으로 정의라고 그의 개념적 특성 등을 설명하고자 한다.

1) 아(我)의 개념적 이해

물(物)과 아(我) 및 물아(物我)의 개념은 철학적이면서도 생물학적이다. 동시에 사회적 개념이면서 생태학적 개념이라고 할 수 있다. 전통적으로 서양사상에서보다 동양사상, 즉 유교를 중심으로 이념적이고 철학적인 개념으로 물(物)과 아(我), 특히 물아(物我)의 개념이 다양하게 설명되고 있다.

그러나 서양사상에서도 사물의 본성이나 이치 등으로 물(物)과 아(我)를 분석적이고 과학적으로 논의하고 있다. 특히 아(我)는 인간을 이해하는 개념이라고 할 수 있다. 제2장의 정책사상의 방법론으로 환원주의를 설명하면서 언급했듯이 정신철학계에서 마음과 신체의 작용이나 관계를 설명하면서, 아(我)인 인간의 마음의 세계가 물리적 세계인 신체와 연계되는 현상을 아(我)의 개념으로 설명하고 있다고 볼 수 있다. 즉 물리적 세계의 인과관계를 정신적 세계로까지 확대하여 설명하기 위해서 아(我)인 인간의 마음이 물리세계로 환원될 가능성이나 방법을 설명하는 환원주의(reductionism)를 소개했다. 즉 환원주의는 인간인 아의 마음의 작용과 실체를 물질세계로 설명하는 물리주의(physicalism), 즉 과학적 검증에 의한 인과론을 설명할 수 있다고 전제했다. 그러나 정신과 물질을 구분하는 환원주의의 이분법에 대항하여 정신과 물질이 같다는 일원론적 입장에서, 인간정신의 자율성과 자유의지 등의 정신주의(mentalism)를 설명하고자 하는 정신인과론도 아(我)를 설명하고 있기도 하다.

환원주의나 이에 대항하는 비(非)환원주의 또는 정신인과론 등은 인간인 아의 신체적이고 물질적인 작용이나 조건이 아닌 인간의 정신에 관한 마음연구라고 할 수 있다. 즉 정신작용에 의한 인간인 아(我)의 존엄성이나 존재가치는 신체적인 조건도 중요하지만, 자율과 판단 등과 같은 인간의 고유한 심성을 외면해서는 불가능하다는 것을 강조한 것으로 이해할 수 있다. 이와 같은 마음과 물질의 일원적 관계는 동양사상인 유식학이나 연기론 등에서도 잘 설명되고 있다.

물아주의에서 아(我)를 정신작용의 아(我)이면서 동시에 물리적인 신체조건과 작용을 포함하는 개념으로 이해하고자 한다. 물론 인간의 신체적이고 물리적인 조건을 정신과 대칭되는 개념으로 물질 또는 물(物)로 이해할 수 있다. 그러나 정책사상에서 인간은 신체적 조건이 존재하지 아니하는 정신세계만의 인간을 인간으로 이해하지 아니한다. 즉 물리적 조건이 없는 인간은 비인간의 하나인 귀신이나 유령 또는 신이다. 비인간인 귀신이나 신은 정책의 창조자이면서 실천자이고 판단자가 되기 어렵다. 비록 정신세계에서의 인과법칙에 따라서 정책을 진행하고 결정할 수 있다고 해도, 물리적이고 정신적인 세계가 복합적으로 구성되어 있는 현실의 정책세계에서는 인간이 아닌 비인간이 정책을 담당하거나 책임질 수 없다.

따라서 정책사상에서 아(我)를 정신과 물질이 온전히 구성되어 있는 인간으로 이해한다면 환원주의의 심·물(心物) 이원론은 설명력이 약하다고 할 수 있다. 그렇다고 일원론이 주장하는, 정신세계의 인과법칙이 물리세계인 신체를 지배하거나 조정한다는 정신주의의 인간의 이해에도 문제가 있다고 본다. 그러나 앞서 설명한 잉여인간과 같이 신체적이거나 정신적으로 인간의 가치나 능력 또는 존엄성 등에서 결함이나 결점을 가진 존재가치나 쓸모없는 인간도 정책사상에서 아(我)의 개념에 포함된다. 단지 정책의 현실에서 정책세계의 주체인 정책인으로서의 자격이나 능력이 제한적이기 때문에 종종 정책사상은 정신적이고 신체적으로 온전한 인간을 아(我)의 인간으로 이해했을 뿐이다.

물아주의 정책사상을 개념적으로 정의하면서 물과 아의 개념을 찾기 위한 수준에서 본다면 동양사상에서 아(我)의 개념이 보다 정확하고 풍부하다고 할 수 있다. 더구나 인간중심이나 생태중심이 아닌 인간이해의 수준이라면 동양사상,

특히 유교는 초월적인 신이나 귀신 등과 같은 비인간이 아닌 인간의 아(我)를 중심으로 하고 있기(한정길, 2003: 250; 송영배, 2007: 6; 박은희, 2018: 598) 때문에 보다 중요하다고 할 수 있다.

먼저 유교사상의 핵심자인 공자는 인간인 아(我)를 소인(小人)과 군자(君子)로 구분하기도 했다. 또한 맹자는 소인과 대인(大人)으로 인간을 구분했다[31]. 그러나 각자의 능력과 소질에 의한 공동체의 역할에 의한 구분이거나 또는 군자나 대인을 아의 이상형으로서, 인간은 스스로 수련과 노력에 의한 수신(修身)에 의하여 대아적인 인간으로 변화되어야 인간다움의 인격체로 형성될 수 있다는 것을 강조한 인간의 이해로 볼 수 있다. 그래서 뒤편의 성기성물론에서도 설명하듯이 수신에 의한 인격체의 완성은 자연과 사물에까지 조화로운 물아(物我)의 사상을 실천할 수 있다고 했다.

제6장의 현실주의 정책사상에서 실천지식을 설명하면서 앎(지식)을 공자는 사람을 아는 것(지인:知人)이라고 했듯이 유교사상의 최고의 덕목인 인(仁)을 묻자 공자는 사람을 사랑하는 것(애인:愛人)이라고 했다[32]. 사람을 안다는 것은 인

---

31) 주자는 위선자(爲善者)가 군자이고 위악자(爲惡者)는 소인이라고 구별했듯이 공자는 마음이 너그럽고 평등한 사람은 군자인 반면에 소인은 늘 울상이고 초조한 사람이라고 했다(君子 坦蕩蕩 小人 長戚戚)(『論語』, 述而). 왜냐하면 군자는 수신으로 항상 의(義)를 실천하고자 하지만 소인은 이해관계에 따라서 행동하고 판단하기 때문이라고 했다(君子 喩於義 小人 喩於利)(『論語』, 里仁). 그러나 맹자는 제자의 질문에, 똑같은 인간이지만 대체(大體: 마음에 의한 인간본성이 선을 추구하는 것)를 따르면 대인이고 소체(小體: 눈과 귀와 같은 육식에 좇아서 외부 사물에 가려져 본성을 알지 못하는 것)를 좇으면 소인이라고 했다(公都子問曰 鈞是人也 或爲大人 或爲小人 何也 孟子曰 從其大體爲大人 從其小體爲小人, 曰 鈞是人也 或從其大體 或從其小體 何也 曰 耳目之官不思 而蔽於物 物交物 則引之而已矣 心之官則思 思則得之 (중략) 先立乎其大者 則其小者不能奪也 此爲大人而已矣)(『孟子』, 告子章句 上). 그래서 대인과 소인의 할 일이 따로 있다. 즉 대인은 노심자(勞心者: 정신적 노동을 하는 자)로서 사람을 다스리고, 소인인 노력자(勞力者: 육체적 노동을 하는 자)는 대인의 다스림의 대상이 된다고 했다(有大人之事 有小人之事 (중략) 勞心者治人 勞力者治於仁)(『孟子』, 滕文公章句 上).

32) "樊遲 問仁 子曰 愛人 問知 子曰 知人"(『論語』, 顔淵). 여기서 공자의 사람을 아는 지인(知人)을 인간다움의 구별이라고 이해하는 이유로, 사람의 품성이나 덕의 가치를 알 수 있는 세 가지 단계를 제시하기도 했기 때문이다. 즉 시기소이(視其所以: 사람의 외부적인 행동이나 언행을 보는 것)에서, 관기소유(觀其所由: 행동이나 언행의 동기나 이유 등을 관찰하는 것)를 거쳐, 찰기소안(察其所安: 행동이나 언행이 그 자의 진실한 마음인가 하는 것을 자세히 살핌) 단계를 거치는 것이다. 이에 따라서 주자는 사람인

간의 본성과 근본가치에 의한 인간다움을 구별한다는 의미이며 사람을 사랑한다는 것은 인간 중심의 인의 실천사상이라고 할 수 있다. 인간 중심이라고 해서 인간의 이기적 목적과 이해관계에 의한 중심이 아니다. 마치 주자가 이기주의적 자기를 극복하고 수련해서 자연사물의 본질적 이치인 예(禮)로 돌아오는 것(극기복례:克己復禮)이라고 했듯이[33] 인간본성에로의 귀환(歸還)을 인간 중심으로 이해한 것이다.

또한 현실주의 정책사상에서 실천지식을 설명하면서 지적한, 유교사상은 비인간인 신(神)(물론 조상신도 포함된다)이나 심지어 하늘(天)까지도 인간 중심에서 이해되어야 한다고 했다. 그리고 앞서 비인간인 신(神)을 설명하면서 <각주 20>에서 언급했듯이 공자는 그의 제자인 자로(子路)가 귀신을 섬기는 것을 묻자 "사람도 섬기지 못하면서 감히 어찌 귀신 섬김을 말하는가"라고 힐책하면서, "귀신을 공경하지만 가까이 해서는 안 된다"[34]라고 했다. 이것을 주자는 "먼저 정성과 공경으로 사람을 섬길 수 없으면 제사를 모시는 귀신도 섬길 수 없다"라고 했고, 정자는 "사람 섬기는 도리를 다하면 귀신 섬기는 도리도 다할 수 있다"[35]라고 주석한 것 등이 인간 중심인 아(我)의 중요성을 지적한 것이라고 할 수 있다. 특히 공자는 퇴청하여 마구간에 불이 났다는 말을 듣자마자 사람의 안위를 물었지 말인 동물에 관한 것은 묻지 아니했다는 일화와 같이[36] 인간인 아의 문제가 우선적임을 공자사상이 잘 보여주기도 했다. 그러나 공자가 동물의 안위를 묻지 아니했다고 해서 동물의 생명에 대한 무시나 편견 등이 있다고 지적할

아(我)의 행동이나 언행에서 위선자(爲善者)를 군자라 했고 악을 저지르는 자(위악자: 爲惡者)를 소인이라고 했다(『論語集註』, 爲政)는 것을 앞서 지적했다.

33) "顏淵 問仁 子曰 克己復禮"(『論語』, 顏淵). 주자는 극기복례(克己復禮)를 "자기(己)의 사욕을 이기는 것이 극(克)이며, 하늘의 이치인 천리에 규정된 예절로 되돌아가는 것을 복(復)이라고 했다(克 勝也 己 謂身之私欲也 復 反也 禮者 天理之節文也)"(『論語集註』, 顏淵).

34) "季路 問事鬼神 子曰 未能事人 焉能事鬼 敢問死 曰 未知生 焉知死"(先進); "敬鬼神而遠之"(『論語』, 雍也).

35) "非誠敬足以事人 則必不能事神," "盡事人之道 則盡事鬼之道"(『論語集註』, 先進).

36) "廐焚 子退朝曰 傷人乎 不問馬"(『論語』, 鄕黨).

수 있다. 그러나 주자는 "공자가 동물인 말을 사랑하지 아니하는 것이 아니라 단지 사람의 안위에 관한 근심이 많아서 미처 동물인 말에 대해서 묻지 못한 것뿐"이라고 주석하기도 했다[37].

유교사상에서 아(我)의 개념을 이해하면서 중요하면서도 논쟁의 여지가 큰 전통적인 주제가 하늘(天)과 인간과의 관계에 관한 문제이다(손흥철, 2002: 316; 김수일, 2011: 3; 이연정, 2016: 196). 물론 천지만물과 인간의 일체사상을 주장한다면 굳이 하늘과 인간을 구분해서 설명할 필요가 없지만 그러나 인간은 하늘이 아니다. 하늘도 인간이 아니다. 그렇다고 하늘이 비인간인 것도 아니다. 특히 정책세계에서 하늘은 비인간과 마찬가지로 인간이 존경하거나 공경할 또는 두려워할 대상이나 사물도 아니다. 하늘이 천신(天神)과 같은 다양한 신의 유형으로 형상을 가지면서 정책세계를 지배하는 절대자나 또는 운명의 결정자도 아니다. 단지 인간 중심에 의한 독점과 우월 및 개입주의를 중심으로 하는 인간의 정책세계에서 하늘(天)은 높은 창공의 하늘이 아니라, 인간의 윤리가치를 지배하는 절대적 선이나 존엄 등을 이르는 형이상학적 개념(김수일, 2011: 9)이라고 할 수 있다.

그렇지만 유교를 중심으로 하는 동양사상에서 천(天)과 나아가 하늘과 인간과의 관계를 이해하는 것이 물아주의 정책사상에서도 철학적 사고의 기초가 될 수 있다. 먼저 공맹(孔孟)의 유교사상은 인간이 우주의 중심, 즉 자연과 만물의 중심사상이라고 할 수 있다. 그래서 공자는 "제자들에게 자상히 도(道)의 본질을 이야기하지 아니하는 이유로 하늘은 말이 없지만 사계절이 분명하고, 온갖 사물이 잘 자라고 있다. 따라서 하늘이 무슨 말을 하겠는가"[38]라고 했듯이 하늘을 설

---

37) "非不愛馬 然 恐傷人之意多 故 未暇間"(『論語集註』, 鄕黨).
38) "子曰 天何言哉 四時行焉 百物生焉 天何言哉"(『論語』, 陽貨). 이것을 주자가 해석하기로, 계절의 변천이나 만물의 생성 등과 같은 자연의 이치나 법칙을 말이나 문자로 표현하기 이전에 알 수 있듯이 성인의 신묘한 도는 말이나 언어로 설명할 수 없기 때문에 공자가 하늘을 비유하였지만 제자인 자공이 이것을 알지 못한 것뿐이라고 했다(四時行 百物生 莫非天理發見 流行之實 不待言而可見 聖人一動一靜 莫非妙道精義之發 亦天而已 (중략) 惜乎 其終不喩也)(『論語集註』, 陽貨). 즉 진실한 이치는 언어나 문자로 전하거나 설명되는 것이 아니라 그 자체로서 현현(玄玄)하는 것을 자각(自覺)하는 것뿐이다. 단지 성인은 이것을 다양한 모습과 방법인 방편으로 일러 줄 뿐이라고 하는

명하지 아니했다. 마찬가지로 "하늘에 죄를 범하면 빌(기도) 곳이 없다"[39]라고도 했다. 여기서 본다면 하늘은 인간이나 비인간 등과 같은 정신적이거나 물리적 형상의 체가 아니라, 인간이나 사물의 본질적 진리나 이치를 언어나 문자 등으로 표현하기 어려운 것을 인간이 이해할 수 있는 범위에서 비유한 하나의 고유명사와 같은 것으로 이해할 수 있다. 왜냐하면 공자는 "나에게 잘못이 있다면 하늘이 용서하지 아니할 것이다"[40]라고 했기 때문이다.

나아가 맹자(孟子)도 하늘을 인간과 물리적이거나 정신적으로 대응하는 실체적 존재로 보지 아니했다. 왜냐하면 "자신의 마음에 의한 본성적 가치를 알게 되면 즉시 하늘을 알게 된다. 그래서 자신의 본성인 인간성품을 보존하고 수신하는 것이 하늘을 섬기는 것"[41]이라고 했기 때문이다. 그래서 "하늘은 인간에게 말이나 문자로 설명하는 것이 아니다. 말없는 행동이나 일로서 하늘의 뜻인 인간의 본성과 가치를 보여 줄 뿐이다. 따라서 인간의 뜻이나 의지와 관계없이 저절로 이루어지는 것이 하늘"[42]이라고 했다. 즉 하늘은 인간의 생각이나 소망 등과 관계없지만 절대적인 존재자로서 인간을 지배하거나 관리하는 것도 아니다. 인간의 본성을 바로 알면 이것이 곧 하늘임을 지각할 수 있다는, 즉 인간본성의 주체를 대명사화 해서 하늘을 말한 것으로 이해할 수 있다.

그러나 순자(荀子)는 인간의 본성을 알면 즉시 하늘을 알 수 있다는 맹자의 주장과는 반대로 오직 성인만이 하늘을 알려고 하지 '아니한다'고 했다.

지적은 유교뿐만 아니라 도교이나 불교 등의 사상에서도 이미 일반적으로 잘 알려지고 있다. 왜냐하면 공자도 아침에 도를 들으면(깨달으면) 저녁에 죽어도 좋다고 했듯이(朝聞道 夕死可矣)((『論語』, 里仁), 자연의 이치는 물리적인 인간의 생사를 초월한 것이라고 할 수 있다. 그렇다고 인간의 물리적 조건이나 작용을 초월하거나 무시하는, 즉 현실세계의 실상(이것을 주자는 '유행지실'(流行之實)이라고 표현했고, 불교의 대승 철학을 설명한 『妙法蓮華經』은 '도는 그 자체로서 변함없지만 세상만사와 항상 함께 한다'(是法住法位 世間相常住)(方便品)고 했다) 등과 유리된 것이라고 한다면 이것은 도가 아니고 삿됨(사:邪)이라고 할 것이다.

39) "獲罪御天 無所禱也"(『論語』, 八佾).
40) "子所否者 天厭之 天厭之"(『論語』, 雍也).
41) "盡其心者 知其性也 知其性 則知天矣 存其心 養其性 所以事天也"(『孟子』, 盡心章句 上).
42) "天不言 以行與事示之而已矣 (중략) 莫之爲而爲者 天也"(『孟子』, 萬章章句 上).

"하늘은 작위(인위적 함)가 없어도 이루어지고 구하지 아니해도 얻어지는 것이다. 이것이 하늘의 직분이다(천직:天職). 진실한 사람은 하늘이 비록 심원하다고 해도 생각을 더하지 아니하고 하늘이 비록 위대하다고 해도 하늘의 능력에 더하려고 하지 아니한다. 하늘이 비록 정밀하다고 해도 더 관찰하지 아니한다. 이것을 일러서 하늘과 더불어 천직을 논쟁하지 아니한다. 하늘에는 시절의 변화가 있고 땅에는 사계절의 변화에 의한 재화가 있으며 인간에는 그 다스림이 있다. 이것을 일러서 인간이 능히 하늘과 땅의 일에 간섭하거나 개입한다고 한다. 이와 같은 개입을 제쳐두고 하늘의 일인 천직(天職)에 인간이 개입하기만을 바란다면 미혹한 일이다"[43].

사실 순자는 『순자』 17편의 천론(天論)에서 하늘을 매우 자세히 설명했다. 즉, 사람과 하늘을 분명히 구분할 수 있어야 덕이나 도가 극치에 이른 지인(至人), 즉 성인이 될 수 있다고 보았다. 왜냐하면,

"하늘에는 불변의 도가 있다. 대성군주의 대명사인 요임금 때에만 하늘이 있었던것도 아니며 폐왕군주의 대명사인 걸왕 때에 하늘이 없었던 것도 아니다. 농사에 충실하여 절용(節用)하면 하늘이 감히 가난하게 할 수 없고 신체를 보양하고 때때로 운동하면 하늘도 병들게 할 수 없듯이 도를 수신하고 연마하여 언행이 일치한다면 하늘도 감히 인간에게 화를 줄 수 없다. 시기마다 인간이 세상을 다스림은 같을지라도 재난이나 재앙은 같지 않다고 해서 하늘을 원망할 수 없다. 단지 인간들이 그렇게 한 것이다"[44].

순자의 하늘과 사람을 구분하는 것이 하늘이라는 비인간의 존재를 물리적 실체로 설명한 것은 아니다. 대신에 시대와 장소 및 인간에 관계없이 영원히 변

---

43) "不爲而成 不求而得 夫是之謂天職 如是者 雖深 其人不加慮焉 雖大 不加能焉 雖精 不加察焉 夫是之謂不與天爭職 天有其時 地有其財 人有其治 夫是之謂能參 舍其所以參 而願其所參 則惑矣 (중략) 唯聖人爲不求知天"(『荀子』, 天論).

44) "天行有常 不爲堯存 不爲桀亡 應之以治則吉 應之以亂則凶 彊本而節用 則天不能貧 養備而動時 則天不能病 脩道而不貳 天則不能禍 (중략) 受時與治世同 而殃禍與治世異 不可以怨天 其道然也 故明於天人之分 則可謂至人矣"(『荀子』, 天論).

함없는 자연의 운행질서나 법칙으로 존재하는 것을 천(天)으로 설명한 것이다. 그래서 순자는 이것을 천유상도(天有常道)라고 했다. 즉 인간은 단지 주어진 시대와 조건에 따라서 세상을 다스리는 존재자로서 하늘의 이치와 직분을 다할 수 있을 때 복을 받을 수 있다. 그러하지 아니하다면 재앙을 부를 뿐이다. 이것은 인간의 문제일 뿐이라고 할 수 있다(이종성, 2003: 83-85). 따라서 순자의 하늘과 인간의 구분에서도 정책을 통한 국가공권력의 통치작용인 정책세계에서 사람이 중심인 인간중심주의의 개념을 이해할 수 있다.

그러나 물아주의 정책사상에서 보면 하늘 그 자체의 철학적 개념보다 인간과의 관계인 천인(天人)관계가 보다 중요하다고 할 수 있다. 왜냐하면 아(我)인 인간과 사물을 총칭하거나 또는 통칭하는 물(物)과의 관계를 이해할 수 있는 철학적 기초가 필요하기 때문이다.

앞서 공자나 맹자는 하늘과 인간과의 관계를 분명히 밝히지 아니했다. 그러나 공자는 인간의 수신에 의한 군자됨을 강조한 인간중심주의 관계를 지적했다고 할 수 있다. 역시 맹자도 마음을 수련하여 자기의 본성을 아는 것이 하늘이라고 했기 때문에 인간중심주의라고 할 수 있다. 마찬가지로 순자도 하늘과 사람을 구분하는 것이 맹목적으로 하늘을 신성시하거나 또는 종교적이거나 미신적인 숭배의 대상이 하늘이 아니라는 것을 강조한 인간중심주의 사상을 설명했다고 할 수 있다.

그럼에도 불구하고 공맹(孔孟)을 중심으로 하는 유교는 도덕적이고 의리적인 천도(天道)와, 인간의 의와 인의 인도(人道)의 합일을 주장하기 때문에 이것을 하늘의 뜻에 따르는 순천(順天)이라고 할 수 있다. 마찬가지로 노장(老莊)의 도가(道家)는 무위자연이기 때문에 자연과 인간이 무위(無爲)가 될 수 있는 합일사상이라고 할 수 있다. 이것을 현대적 의미의 천일합일 사상으로 이해하면 인간이 하늘에 예속된다거나 지배당하는 운명론이나 숙명론이 아닌, 인간의 윤리적 원칙과 행동인 인도(人道)가 하늘의 도와 합치된다는 의미로 해석할 수 있다(손홍철, 2002: 330-332; 구리나 2017: 82).

그러나 유교사상에서 천인합일(天人合一)은 인간을 하늘이라는 자연법칙이나 도덕원칙에 종속시키게 된다는 주장도 있다. 즉 인간이나 자연만물의 운명을 결정하는 주재자(主宰者)가 하늘이기 때문에 인간의 행위나 판단 등을 하늘의 도에 종속시키고자 하는, 즉 인간사회의 도덕적 정당성의 수단으로 천인합일을 주장할 수 있다고 했다(정재현, 2006: 각주 3; 팽요광, 2015). 동시에 하늘과 사람이 상호간에 교통(交通)하면서(mutual responsiveness)(Tu, 2012: 389) 하늘은 인간사에 간섭한다(참:參). 따라서 이에 대응하여 인간은 천도를 따르고 실천할 수 있을 때, 즉 감응(感應)할 수 있을 때 천인합일이 가능하다. 이것을 종교사상이나(김오륜, 2007: 187; 정해왕, 2013: 187-188) 정치적인 통치의 정당성을 확보할 수 있는 사상으로 천인합일을 제시하기도 했다(서보근, 2013; 김상래, 2017).

하늘과 사람이 하나 됨을 주장하는 천인합일(天人合一)이나 천인감응(天人感應) 사상을 또한 인간을 우주의 중심에 둔 인간 중심 사상으로 설명할 수 있다. 물론 하늘과 인간의 합일이나 구분 등은 동양사상의 근간임에 틀림없다. 특히 인간은 천명을 받아 하늘을 대신하거나 대리하여 인간 세상에 천명을 올바르게 실천하면서 일체 만물을 위하여 인간이 존재한다는 천명설이나, 사람이 곧 하늘이라는 인내천(人乃天)[45] 또는 인간을 널리 이롭게 한다는 홍익인간(弘益人間) 등의 사상도 천인합일에 사상적 기초를 두고 있다(정재현, 2006; 김수일, 2011; 정영훈, 2016b).

특히 『중용』에서는 하늘의 법칙과 운행의 도가 인간에게 합일될 가능성과 방법을 제시하고 있기도 하다. 여기서 합일(合一)이라고 해서 인간이나 하늘이 각각의 실체나 존재론적 가치를 망각한 체, 제3의 새로운 또 하나의 실체를 구성

---

45) 천도교인 동학의 중심사상인 인내천(人乃天)을 사람이 곧 하늘로 해석하기보다, 인간의 본성적 자질과 존엄성이 절대적인 선과 정의를 지칭하는 하늘과 다르지 않다는 것을 강조하는 인간중심주의나 인본주의 사상으로 이해할 수 있다. 즉 사회적이고 정치적인 구조에서 나타나는 인간관계의 갈등이나 모순에 의한 인간의 경시나 경멸을 경계하고 모든 인간을 하늘과 같이 섬겨야 한다는(사인여천:事人如天) 인간중심주의적(서구의 인간중심주의가 아니다) 사상이라고 할 수 있다(조극훈, 2017: 60). 따라서 인내천 사상은 전통적인 정책학에서 주장하는 인간존엄성의 보장과 보호라고 하는 정책이념이나 가치와 맥을 같이 한다고 할 수 있다.

하거나 창조한다는 의미가 아니다. 또한 천도에 인도를 합일시킨다고 하는 인간의 하늘에의 예속이나 지배도 아니다. 그렇다고 앞서 지적한 바와 같이, 자유의지와 불가침의 존엄성을 가진 인간을 자연의 섭리와 법칙에 종속시키고자 하는 논쟁은 종교적이거나 도덕윤리적 이념이거나 또는 정치적인 목적을 가지고 있다는 비판을 그대로 수용하는 것도 아니다. 대신에 정책사상에서 하늘과 인간과의 관계를 다음의 물아주의를 정의하고자 하는 연구목적이나 패러다임에 한정하면서, 『중용』에서 설명하는 천인관계로 조금 더 자세히 이해해 보고자 한다.

『중용』은 "하늘의 명인 천명은 성(性)이고 이와 같은 성(性)을 따름을 도(길)라고 했다[46]. 이 길에 따라서 수도(修道)(이때의 도는 본성의 마땅한 길로서의 도이다[47])하는 것을 가르침"이라고 했다[48]. 물론 이때의 가르침은 성인의 가르침이다. 여기서 성(性)은 곧 하늘이 명령한 자연이나 사물(물론 인간을 포함한)의 마땅한 이치나 법칙(理)이라고 하는 주자의 해석(성즉리:性則理)(『중용장구』)을 수용한다면 하늘은 인간세계를 지배할 수 있는 절대자가 될 수도 있다.

그러나 『중용』에는 내가 완성된 인간이 될 수 있으면서 동시에 천지와 자연만물도 완성된 법칙인 도에 도달하게 할 수 있다는 성기성물(成己成物) 사상이 있다. 뒤편에서 물아주의 정책사상의 특징을 설명하면서 이것을 좀 더 자세히 설명하기로 하고 여기서는 하늘과 인간의 관계에서 볼 때 『중용』은 인간의 진실된 개념으로 성(誠)을 제시했다고 할 수 있다. 왜냐하면 "진실함인 성(誠)은 하늘의 도이다. 이와 같은 성(誠)을 이루고자 하는 것은 인간의 도(성자 천지도 성지자 인지도: 誠者 天之道 誠之者 人之道)"라고 했기 때문이다. 여기서의 천도인 성(誠)과 인도(人道)인 성지(誠之)의 관통을 천인합일로 설명하기도 했다(이연정, 2016: 208-211).

---

46) "도는 마치 길과 같다"(道 猶路也)(『中庸章句』)라고 하는 주자의 주석에서 보듯이, 자연이나 사물 및 인간사회의 보편적 질서와 법칙이라고 할 수 있는 도(道)가 아니라 이때에는 길(路)로 이해하는 것이 타당할 것 같다.
47) 여기서의 도를 주자는 "사람이나 사물이 자연적 이치와 법칙인 성(性)을 따르면서 일상생활에서 마땅히 실천해야 할 길이 있다. 이것을 일컬어 도라 한다"(人物 各循其性之自然 則其日用事物之間 莫不各有當行之路 是則所謂道也)『中庸章句』)라고 했다.
48) "天命之謂性 率性之謂道 修道之謂教"(『中庸』).

그럼에도 불구하고 인간이 진실함(성:誠) 때문에 하늘의 도에 얽매이거나 종속되는 것으로 해석하기는 어렵다. 왜냐하면 "성(誠) 그 자체는 노력하지 아니하지만 중도에 합치되며, 생각하거나 탐구하지 아니하고서도 마땅히 중도에 수용된다. 이때에 당한 인간은 성인이다. 따라서 인간으로서 성인이 되고자 하면 이와 같은 사실을 잘 알아서 이것을 굳건히 지키고 확립할 수 있어야 한다"49)라고 했기 때문이다. 이것을 주자는 "인간은 생각하거나 탐구하지 아니하면 알 수 없고 노력하지 아니하면 도를 성취할 수 없다. 때문에 반드시 잘 선택해서 굳게 다잡은 다음에야 비로소 성인이 될 수 있고 성신(聖身)을 이룩할 수 있다"50)라고 주석하였다.

『중용』에서 설명하는 진실함(성:誠)은 비록 하늘의 도라고 말할 수 있지만 그것을 알고 깨달으며 실천하는 것은 인간의 영역이고 과제라고 할 수 있다. 물론 성인에게는 굳이 이와 같은 인간성의 완성인 성기(成己)가 필요없거나, 해당될 필요도 없지만 성인도 인간이라면 인간의 도와 합치될 수 있어야 할 것이다. 그래서 인간은 정성으로 자신을 완성하면서 동시에 사물도 완성시키는 성인의 존재와 다르지 않다는 것으로 성기성물(成己成物)을 이해한다면 뒤편에서, "성(誠)의 덕(德)인 진실을 완성하는 성기(成己)의 인(仁)과, 사물을 완성시키는 성물(成物)의 지혜(智)에 따라서 안과 밖으로 조화된 도가 이룩될 수 있다"51)라고 하는 것도 이해할 수 있다.

그래서 주자도 『중용』의 중도(中道)를 "천지만물이 본질적으로 나와 일체이다. 따라서 나의 마음이 바르면(正) 천하의 마음도 바를 것이고(正), 나의 기운이 순하면(順) 천하의 기운도 또한 순할 것이다"52)라고 해석하였다. 따라서 『중용』

---

49) "誠者 不勉而中 不思而得 從容中道 聖人也 誠之者 擇善而固執之者也"(『中庸』).
50) "未能不思而得 則必擇善然後 可以明善 未能不勉而中 則必固執而後 可以聖身 此則所謂人之道也"(『中庸章句』).
51) "成己 仁也 成物 知(智)也 性之德也 合內外之道也"(『中庸』). 이때 '안과 밖의 도와 일치될 수 있다'(合內外之道)는 의미를 인간으로서 자신의 이룸인 인(仁)이나(이것을 內라고 본다면) 이에 따른 사물의 이룸인 지혜가(이것을 外라고 한다면) 조화된 것으로 이해할 수 있다. 물론 자구적인 해석으로 합(合)을 하나되는 것으로 이해해서 합일(合一)이라고 할 수도 있다.
52) "蓋天地萬物 本吾一體 吾之心正 則天地之心亦正矣 吾之氣順 則天地之氣亦順矣"(『中庸章句』).

에서 설명하는 천명으로서의 성(性)과 천명을 실천하는 천도로서의 진실함(성: 誠) 나아가 양자를 조화시키는 실천철학인 중도(中道) 등도 역시 형이상학적인 개념이다. 즉 공자가 '하늘이 무슨 말을 하며 하늘이 어디에 있는가'라고 하는 것과 같은 중도의 천명의 성(性)과 인간의 진실함의 성(誠) 등이 보이지 않는 개념이지만, 인간 세상에서 보면 인간이 이해하고 깨닫고 실천할 수 있는 인간 중심의 사상적 개념이라고 할 수 있다.

그렇다면 천인합일이나 천인감응 또는 천인상응(天人相應) 등도 하늘과 인간이 각각의 존재자로 실체를 가진 사물로서 하나가 된다는 것을 주장하는 것은 아니다. 물론 인간과 하늘의 신체적인 구성과 감각형성이 같다는 사실에서 인간은 하늘의 뜻과 의지에 순응해야만 생명을 온전히 보전할 수 있다는 주장을 할 수도 있다53). 물론 이것은 초기의 천(天)사상으로 정치적이거나 종교적인 정당성을 제공하기도 했을 것이다.

그러나 인간이 본성체인 자신의 존재적 가치와 존엄성을 인식하고 깨달으면서 동시에 나라는 개인적 주체뿐만 아니라 천지 삼라만상 모두가 본질적 속성일(이것을 기(氣)라고 할 수 있다) 뿐만 아니라, 개체적인 작용이나 기능으로서(이것을 용(用)이라고 할 수 있다) 동등하고도 평등하다는 사실에서, 인간과 하늘은 합일(合一)의 경지 또는 상호간에 서로의 가치를 이해하고 존중하는 감응(感應)의 상태가 될 수 있다는 것을 주장한 것으로 이해하는 것이 보다 더 타당하다. 그렇지 않다면 하늘은 보이지 아니하는, 즉 인간이 감지하거나 숙지할 수 없는 절대적인 존재자로 인간의 상벌과 운명을 결정짓는 신비적이고 종교적인 대상이 될 뿐이다. 더구나 하나의 객체적인 구분에 의한 상징물이나 아니면 인간의 상상속에 존재하는 형이상학적 이데올로기에 불과할 수 있다. 마찬가지로 인간도 하늘

---

53) 예를 들면 서보근(2013: 57)은 동중서(董仲舒)가 인간에게 희로애락이 있듯이, 하늘에도 춘하추동이 있다는 것을 지적하면서 천인합일을 설명하기도 했다. 즉 하늘과 사람은 하나이다. 왜냐하면 사계절의 기후 특징을 하늘과 사람이 모두 가지고 있기 때문이라고 했다. 마찬가지로 최일범(2010: 44)도 동중서의 주장인, 인간의 신체기관은 하늘과 통한다. 즉 하늘에 사계절이 있듯이 인간에게도 사지(四肢)가 있다. 따라서 하늘에 순응하지 아니하면 생명을 거스르게 된다고 설명하기도 했다.

이라는 대명사를 사용하여 인간다움의 이상형을 제시할 수 없다면 인간은 만물의 주인공으로서 정책세계에서 인간이 중심이 되어 만물의 성장소멸에 간섭하거나 개입할 수 없을 것이다. 그래서 순자(荀子)가 하늘의 일인 천직(天職)에 인간이 개입하거나 간섭하기만을 원한다면 이것은 잘못된 것, 즉 혹(惑)이라고 했다.

물아주의에서 아(我)는 정책을 주재(主宰)하는 인간이다. 즉 정책사상에서 인간을 정의한 바와 같이 정책의 창조자이며 실천자이고 판단자로서의 인간인 정책인(政策人)이다. 물론 정책인이 항상 자아의 완성인 인(仁)의 성취로 설명할 수 있는 성기(成己)의 기(己)의 자아에 해당된다고 할 수 없다. 그러나 유교의 수기치인 사상의 중심인 기(己)의 자아 개념에 해당되는 인간이라고 할 수 있다. 특히 자연과 사물에 대한 자기(己)인 인간과의 이원론적 사고에 집착하는 소아적 인간관에서 벗어나서, 자기(己)와 자연만물과의 조화에 의한 대아(大我)적 인간으로 스스로 변혁하고자 하는 수신형(修身形) 인간으로 정책인(政策人)을 이해한 것이다. 왜냐하면 수신(修身)한 인간은 자기(己)와 천지만물과의 조화로운 그리고 균형잡힌 사상을 할 수 있으며 실천할 수 있는 인간이기 때문이다(배수호, 2013: 11－15; 이상득, 2015: 270).

2) 물(物)의 개념적 이해

사상연구에서 물(物)의 개념은 복잡하면서도 다의적이다. 일반적으로 물(物)은 물건이라는 의미로 사물을 통칭하는, 즉 인간이 인식하는 모든 사물을 포함하는 외적인 물리세계를 의미한다(윤사순, 2006: 11; 이정환, 2016: 6). 특히 과학철학이나 정신철학계 등에서는 정신세계와 이원적으로 구분될 수 있는 현실의 경험사회에서 검증할 수 있는 물리주의의 대상으로 물(物)을 정의하기도 한다. 또한 인물(人物)이라는 단어가 의미하듯이, 인간을 포함하는 자연사물의 모든 존재를 철학적이고 사상적으로 표현할 때 물(物)이라는 개념을 사용하기도 한다.

물아주의 정책사상에서 물(物)은 아(我)인 인간과의 구분에 의한 물질세계의 물리적 실체이다. 동시에 물·아(物我) 상호간의 교섭에 의한 비인간의 총체를 의미하는 형이상학적 개념이기도 하다. 그렇다고 물이 비인간을 대칭하는 개념인 것은 아니다. 물의 개념에는 인간도 포함되는, 앞서 인물과 같은 용어처럼 철학적 개념이기도 하다. 따라서 형이상학적인 철학적 개념이면서도 동시에 물리주의의 실체적 개념이기도 한 물(物)을 우선 존재론으로서 물과, 동양사상에서 설명하는 격물론(格物論)과 애물론(愛物論), 『중용』의 성(誠)사상 등으로 구분해서 이해해 보고자 한다.

물의 개념적인 이해는 어디까지나 정책사상에서 물아주의를 구성하고 설명 하기 위한 수준임을 다시 언급하고자 한다. 특히 동양사상에서 물(物) 개념은 인 간을 포함한 모든 사물의 본질적 이치나 진리인 도의 세계를 의미하기도 한다. 때문에 물리주의의 물질이나 정신철학의 심·물(心物) 이원론에서 설명하는 물의 개념과는 크게 차이가 있다. 그래서 물(物)은 본질적으로 동양사상에서 물(物)과 아(我)를 동시에 사용하는 물아(物我)의 개념과 크게 차이가 없다고 할 수 있다. 그러나 물아주의 정책사상을 정의하기 위한 수준에서 물(物)과 물아(物我)를 일단 구분해서 설명하기로 한다.

첫째, 존재론으로서 물(物)은 인간을 포함한 모든 사물의 본성체를 설명하는 개념이기도 하다. 이와 같은 물의 개념에는 당연히 인간도 포함된다. 그래서 앞서 인물(人物)이란 단어가 있다고 했듯이 인물은 인간이면서도 사물이나 자연의 실 체를 분명하게 인식하고 이것을 현실세계에서 실천할 수 있는, 소위 군자나 또는 성인, 시대나 영역이나 분야 등에서 탁월한 사람 등을 의미하기도 한다. 그러나 사람과 물건을 통칭하는 단어(『국립국어원 표준국어대사전』)이기도 하다. 특히 성리학적 인간관에서 인간을 자연사물인 물(物)의 한 종류로 지칭할 때 인물이라 고 하기도 한다(최봉영, 1999: 34).

물리주의(physicalism)에서 설명하는 물은 인간의 인식작용에 의한 안이비 설신(眼耳鼻舌身)의 다섯 가지 감각기관의 작용의 대상이 되는 사물이다. 물론 여기에 인간도 포함될 수 있다. 또한 인간을 물리세계의 하나의 대상으로 인간을 관찰하고 설명한다면 인간도 물의 한 유형이라고 할 수 있다. 동시에 정신철학이나 인지심리학 등에서 인간의 정신작용이나 기능 등을 육체인 물질과의 관계 등으로 설명한다면, 물은 정신작용을 제외한 신체적 인간이라고 할 수 있다.

그러나 물건이나 사물 등과 같은 맥락이 아니라 자연만물과 같이 우주에 존재하는 모든 것을 물(物)이라고 주장한다면, 물은 형이상학적인 철학적 개념이라고 할 수 있다. 대표적으로 주자(朱子)는 육체적인 인간은 물이다. 동시에 외부경계를 인식하고 판단하는 인간의 마음도 물이라고 보았다. 나아가 육체적이고 정신적인 인간이 관계하는 인간관계도 물이며, 인간관계의 구성적 요소나 체제(system)도 물이라고 했다. 주자는 또한 형이상학적인 도(道)나 천명인 성(性)도 물이라고 했다. 따라서 물은 사물이나 물건을 지칭하는 물리적인 형상이면서 동시에 마음과 육신을 포함하는 인간과, 인간이 지향하는 최고의 도덕윤리의 가치인 도와 성 등과 같은 모든 것을 지칭하는 일물(一物)이라고 했다. 역시 주자는 개인적 수준에서 뿐만 아니라 사회적이고 문화적이며 국가적인 일(사:事)도 물이라고 했다54). 따라서 개인적이거나 국가적인 일들이 물이면 주자에게서는 물(物)이 곧 정책이라고 할 수 있다. 왜냐하면 정책은 국가의 일인 국사(國事)이기 때문이다. 동시에 앞서 하늘(天)의 개념을 설명하면서 주자는 천지만물이 본질적으로 나와 일체라고 했기 때문에(<각주 52>) 물과 나인 인간을 일물로 설명한 것이라고 할 수 있다.

둘째, 맹자(孟子)의 애물론(愛物論)에서 물(物)사상을 이해할 수 있다.

맹자의 애물사상은 덕치주의의 핵심사상이다. 따라서 그의 애물사상은 사실상 공자로부터 출발했다는 주장(김세정, 2014: 187)은 일리가 있다. 즉 공자는 "인간의 완성을 향한 군자는 도를 완성하겠다는 확고한 의지를 바탕으로 덕을 함양하면서, 인(仁)을 판단기준으로 해서 예(禮), 악(樂), 서(書) 등과 같은 예절이

---

54) 주자의 물(物)사상은 김재경(2006: 173-174)의 논문, "주자철학에서 물의 의미에 대한 소고: 물에 대한 존재론적 구조의 분석과 관련된 하나의 시도"에서 설명한 것을 참고한 것이다.

나 행동을 유유자적하게 한다"라고 했다. 동시에 "낚시를 하지만 그물로 고기를 잡지 않으며 주살로 잠자는 새를 사냥하지 않는다"55)라고도 했다. 따라서 공자는 인간의 의식주 활동이 중요하지만 자연만물의 생태적인 건강과 균형에 의한 사물에의 인애(仁愛) 사상을 보여주었다고 할 수 있다.

맹자는 공자의 이와 같은 인애사상을 확대해서 백성을 사랑할 뿐만 아니라 모든 사물을 사랑한다는 애물을 다음과 같이 이야기했다.

"군자는 물(物)을 사랑하지만 인(仁)으로 대하지 아니한다. 사람(백성)을 인(仁)으로 대하지만 친(親)하지 아니한다. 그러나 친친(親親)하면서 백성을 인으로 대하면(인민:仁民) 곧 모든 사물을 사랑하게 된다"56). 일체만물을 내가 다 갖추고 있으며 나를 돌이켜 반조할 수 있으면 진실됨의 성(誠)이 된다57). 그래서 성인인 군자가 지나가는 곳에는 천지만물이 감화되고 군자가 머무는 곳은 신기하다. 위로는 하늘과 아래로는 땅이 하나 된다. 이와 같이 만물을 보(補)하는 것이 어찌 가볍다고 할 것인가"58).

---

55) "子曰 志於道 據於德 依於仁 遊於藝"; "子釣而不綱 弋不射宿"(『論語』, 述而).
56) "君子之於物也 愛之而弗仁 於民也 仁之而弗親 親親而仁民 仁民而愛物"(『孟子』, 盡心章句 上).
57) "萬物皆備於我矣 反身而誠"(『孟子』, 盡心章句 上). 여기서 맹자가 말한 성(誠)을, 앞서 아(我)의 개념적 이해에서 설명한 천지만물의 도인 천명은 성(性)이며 천명을 인간세상에 실천하고자 하는 것(성지자:誠之者)은 인간의 도라고 한 것을 기초로 해서 맹자의 반신이성(反身而誠)을 이해한 것이다.
58) "夫君子所過者化 所存者神 上下與天地同流 豈曰小補之哉"(『孟子』, 盡心章句 上). 여기서 신(神)의 뜻을 조금 더 자세히 이해할 필요가 있다. 맹자는 "그 사람이 하고자 하는 것은 선(善)이다. 모든 선이 이미 자기화 된 것은 믿음(信)이다. 믿음이 충실한 것은 미(美)다. 충만한 믿음의 광명이 찬란한 것은 위대하고(大) 위대하고 만물이 감화된 것은 성(聖)이다. 이와 같은 성(聖) 또는 성인의 알 수 없는 경지를 일러서 신기하다(神)"(可欲之謂善 有諸己之謂信 充實之謂美 充實而有光輝之謂大 大而化之之謂聖 聖而不可知之之謂神)(『孟子』, 盡心章句 下)라고 했다. 이것을 미루어 보면 성인인 군자의 감화를 잠시라도 받은 자나, 군자와 함께 한 만물이나 장소 등에서는 인간세계의 불평등이나 천지만물의 다양성 등이 다함께 흐르는(동류:同流) 공동체사회를 만들 수 있다는 것으로 이해할 수 있다. 이것을 신(神)으로 표현한 것이다. 또한 맹자가 말한 도와주고 길러주는 '보'(補)는 감화하여 잘 기르고 육성한다는 『중용』의 화육(化育)과 같은 의미라고 할 수 있다(『중용』의 성(誠)사상 참조).

그렇지만 이와 같은 애물론(愛物論)도 일의 완급과 선후에 따라야 한다고 했다. 왜냐하면 "지자(知者)는 모르는 것이 없지만 선후나 완급에 따라서 일을 처리하듯이 인자(仁者) 또한 모든 사물을 사랑하지 아니함이 없지만 가까운 사람이나 성현을 위하는 것이 급선무다. 왜냐하면 요순같은 성인도 사물을 두루 알 수 없기 때문에 완급에 따라서 일을 처리한다"[59]라고 했기 때문이다. 이것은 애물론의 현실적 실천성을 지적한 것이기도 하다.

맹자의 애물론은 역시 군자나 성인의 완성된 수준의 사상이라고 할 수 있다. 그러나 물아주의 정책사상에서 공자의 현실주의적인 실천의 비유와 달리, 애물론은 물과 아의 이원적 구분을 초월하고 있다고 할 수 있다. 그렇다고 내가 곧 만물이고, 만물이 곧 나라고 하는 단순한 수평적 평등 개념으로 맹자의 애물론을 이해하는 것은 아니다. 대신에 아(我)인 인간이 만물을 갖추고 있다는 인간중심적 사고이면서 동시에 만물을 사랑하고 보살피는 성인의 경지에서 인간의 개입주의적 사상이라고 할 수 있다. 그럼에도 불구하고 정책사상에서 정책인은 성인이 아닌(물론 성인일 수도 있지만) 보편적 인간으로서, 정책세계를 관리하고 지배하는 인간이기 때문에 맹자의 애물론을 실천하기에 어려움과 한계가 있을 수 있다.

셋째, 중용의 성기성물(成己成物), 줄여서 인간세계의 진실됨인 성(誠)사상으로 물의 개념을 이해해 볼 수 있다.

앞서 인간인 아(我)의 개념을 설명하면서 간간히 언급했지만 『중용』에서 "진실됨(성:誠)은 물(物)의 시작이면서 끝이다, 즉 본질이다. 만약 성이 존재할 수 없으면 물도 없다. 그래서 군자는 성을 가장 중요하게 여긴다. 따라서 성(誠)은 스스로 이룰 수 있을 뿐만 아니라 사물을 이루게 하기도 한다. 스스로 완성하는 성기(成己)는 인(仁)이며 사물을 완성하는 성물(成物)은 지혜"[60]라고 했다. 이와 같이 성(誠)을 완성할 수 있어야 인간이나 사물의 진리의 세계를 이해하고 실

---

59) "仁民而愛物 孟子曰 知者無不知也 當務之爲急 仁者無不愛也 急親賢之爲務 堯舜之知而 不偏物 急先務也"(『孟子』, 盡心章句 上)

60) "誠者 物之終始 不誠 無物 是故 君子 誠之爲貴 誠者 非自成己而已也 所以成物也, 成己 仁也 成物 知(智)也."(『中庸』).

천할 수 있다고 보았다[61]. 이것을 요약해서 『중용』의 성기성물론 또는 성(誠)사상이라고 한 것이다. 때문에 성기(成己)와 성물(成物)의 관계에서 보면 인간은 모든 사물과 연계되어 있는 총체성이다(정대현, 2005: 113-114). 또한 천지만상의 존재의 근원을 제시하는 천도(天道)로 하늘의 뜻인 천명을 일컫는 성(性)을 인간 세계에서 진실로 실천하는 것(성:誠)이다(황종환, 2000: 509-514). 따라서 성기성물은 나의 이룸과 만물의 이룸이 동시이기 때문에 인간을 포함한 공동체사회의 공동선(정대현, 2008: 214-215)을 설명할 수 있는 사상이 될 수 있다.

그러나 『중용』의 성(誠)사상을 총체성으로 이해할 수 있는 성기성물론이라고 해서 나와 사물이 동시에 일체라고 하는 일원적 총체성으로 이해하는 것은 아니다. 그렇다고 나를 중심으로 이루어야 사물이 완성될 수 있다는 극단적 이기주의도 아니다(정대현, 2008: 215-216). 앞서 주자가 『중용』의 "희로애락을 발현하지 아니하는 것이 중(中)이며 발현하지만 편벽되거나 치우침이 없는 것을 화(和)라고 한다. 그러나 중과 화가 완벽한 중화(中和)가 되면 천지가 각각의 위치를 지키면서 만물이 생육된다"[62]라고 하는 것을 천지만물이 본질적으로 나와 동체(개천지만물 본오일체:蓋天地萬物 本吾一體)라고 주석했다고 지적했다. 따라서 이것을 해석하면서 성기와 성물이라고 해서 나와 사물이 일체라는 일체설을 물아주의 사상은 수용하기 어렵다고 했다. 왜냐하면 성기성물이 상호간에 조화되는 비추고 막는 차조(遮照)를 설명할 수 있다면 천지만물이 본질적으로 나와 일체라는 사상을 수용할 수 있다. 그러나 차조(遮照)와 동시(同時)의 개념은 불교의 중도 사상이나 화엄의 일즉다(一則多) 사상 등에서 설명하는 개념이다. 때문에 중용의 성(誠)사상만으로 일체설을 주장하기에는 한계가 있다고 할 수 있다[63]. 이

---

61) "唯天下至誠 爲能盡其性"(『中庸』).
62) "喜怒哀樂之未發 謂之中 發而皆中節 謂之和,,,(중략), 致中和 天地位焉 萬物育焉"(『中庸』).
63) 중용의 성기성물론(成己成物論)을 영어로 번역한 글을 참조하면(예: "realization of myself and realization of all others are one and not two"(Chung, 2016), "interconnected realization of self and all others"(권명진, 2014: 69), "realizing self and realizing others"(윤사순, 2006: 17), 물론 번역의 한계와 어려움에 연유하는 것으로 이해하지만 성기(成己)인 인간과 성물(成物)의 사물과의 이원적인 관계를 전제로

에 관한 보다 자세한 것은 물아주의의 개념에서 설명하기로 한다.

넷째, 『대학』 사상의 핵심인 격물론(格物論)에서 물(物)의 개념을 조금 더 자세히 이해해 볼 수 있다.

『대학』의 격물치지(格物致知) 사상에 의하면 물은 사물(事物)이며, 격(格)은 각 사물의 위치와 때에 따른 품격이나 마땅한 위상을 설명한 것이다. 사물의 본성에 의한 근원적 가치와 성품을 궁구하여 그 진실된 이치를 이해하는 것을 치지(致知)라고 하면서 사물의 물(物)에는 근본(本)과 끝(末)이 있고, 일(事)에는 시작과 마침이 있다고 했다. 이와 같은 본말(本末)과 시종(始終)의 선후(先後)를 알아야 도에 근접할 수 있다[64]고 하는 것이 『대학』의 격물사상의 핵심이다.

물아주의의 물(物)을 격물론으로 이해하고자 할 때 여기서 매우 중요한 것으로 사물의 본말과 시종의 선후를 안다는 것이다. 사물에 인간이 포함될 것인가 하는 것은 『대학』에서 분명하게 밝힌 것이 없기 때문에 해석이 다양할 수 있다. 그러나 『대학』의 근본 이치인 도는 인간과 사물을 포함하는 천지만물에 관한 각각의 존재의 가치를 분명히 알 수 있는 명덕(明德)을 밝혀서 인간세상을 이롭게 하고 선하게 하는 것이다(서근식, 2018: 360). 때문에 사물에는 인간이 포함된다고 보는 것이 현실적인 정책세계에 보다 타당한 해석이라고 할 수 있다.

그렇다면 인간뿐만 아니라 동식물이나 무생물에 이르기까지 모든 비인간의 존재의 가치를 밝혀서(본:本), 그들을 위하는 덕이 될 수 있어야(말:末) 성기성물의 완성이 될 수 있을 것이다. 마찬가지로 일, 즉 정책세계에서 국가의 의사결정과 실천인 정책에 시작과 끝이 있다는 것이다. 국가의 당면문제를 해결하거나 미래의 사업을 결정하고 집행하는 정책에는 반드시 시작과 종결이 있어야 함은 정책과정론의 대전제이다. 따라서 주자가 해석했듯이[65] 물(物)이나 일(사:事)에서 존재의 가치를 이해하고 분석하는 본(本)과 시작이 우선적이고, 이에 따라서 천지

하면서 성기성물을 이해하고 있음을 찾아 볼 수 있다.
64) "致知 在格物"; "物有本末 事有終始 知所先後 則近道矣"(『大學』).
65) "明德爲本 新民爲末 知止爲始 能得爲終 本始所先 末終所後"(『大學章句』).

만물에 미치는 긍정적이거나 부정정인 결과 등을 객관적이면서도 공정하고 정의
롭게 평가하거나 판단하여 정책의 존재가치를 밝히는 것을 그 다음이라고 할 수
있다. 그래서 주자의 일과 물(物)의 선후관계를 이해하고 실천하는 것을 마치 정
책의 우선순위(policy priority)를 잘 이해하고 실천하는 것과 같다고 할 수 있다.

따라서 『대학』의 격물론은 물(物)을 일(사:事)과 구별하고 있다. 그러나 맹
자의 애물론에서 일의 완급과 선후를 중시한다는 사상이나 『중용』에서 인간의
진실함(성:誠)을 완성한 이후에 물의 존재를 이해한다는 사상 등에서 볼 때, 사물
에의 선후관계를 맥락적으로 이해하고 실천할 수 있다는 『대학』의 격물론을 이
와 같이 연계해서 이해할 수도 있다[66].

정책사상에서 물(物)을 개념적으로 이제 정리할 필요가 있다. 우선적으로 정
책세계에서 물(物)은 정책의 대상이라고 할 수 있다. 정책대상에는 인간도 물론
포함된다. 보다 많은 경우에 정책의 대상은 인간중심적이라고 할 수 있다. 즉 인
간에 의한(by the human), 인간을 위한(for the human) 정책이 지배적이다. 때
문에 정책에서의 대상은 인간이 절대적이다. 뿐만 아니라 정책은 인간이 아닌 비
인간인 동식물이나 무정물인 체제나 제도, 법령, 사상이나 이념으로 대표될 수 있
는 철학이나 윤리 등과 같은 매우 포괄적인 것을 대상으로 하기도 한다. 따라서
정책사상에서의 물은 사람과 물건을 통칭한다는 표준국어대사전의 용어정리가
보다 더 타당하다고 할 수 있다.

서양중심의 물리주의나 과학주의에서, 인간이 인식하고 경험할 수 있는 객
관적인 실체나 실물로서의 물을 이해하는 것은 정책사상, 특히 물아주의 사상에
서는 한계적이다. 대신에 동양사상의 애물론(愛物論)이나 성기성물의 성(誠)사상,
격물론(格物論) 등은 물을 사와 물, 즉 사물(事物)로 설명하고 있다. 즉 일과 동
시에 객관적인 실체를 포함하는 개념으로 설명하고 있다. 또한 사물에는 인간도

---

66) 주자도 『大學或問』에서 대학의 명덕(明德)과 치지격물(致知格物)이 개인주의적 독선이
나 명리(名利)에 치중된다면 성기성물을 잘못 이해하거나 잘못 실천하게 될 수 있다
고 했다(於是 乃有不務明其明德 而徒以政教法度 爲足以新民者 又有愛身獨善 自謂足以
明其明德 而不屑乎新民者 (중략) 其能成己成物而不謬者 鮮矣).

포함되고 있다. 즉 사물의 본질적인 존재의 가치와 이치를 궁극적으로 이해하고 실천하는 것은 인간이다. 그러나 역시 물(物) 세계의 하나로 인간을 이해하고 있다는 것이다. 그렇다면 이것은 정책사상에서 물아(物我)를 개념적으로 이해할 수 있는 하나의 전제가 될 수 있다.

정책사상에서 아(我)인 인간을 정책의 창조자이면서 실천자이고 판단자로 이해한다고 했다. 그러나 인간을 인간과 천지만물인 비인간이 원만히 조화되면서 살아가는 공동체사회를 실현할 정신적이거나 물리적 능력과 자격을 가진 생명체로 이해하였다. 이에 따라서 정책세계에서의 인간은 정책대상자이면서도 주재자(主宰者)로서 정책세계를 인간중심적으로 독점하여 지배하고 관리하는, 정책을 통한 인간과 비인간의 정책세계에 개입하거나 간섭하는 존재라고 정의하였다. 이와 같은 정책인(政策人)의 정의에서, 정책의 대상이면서도 동시에 정책의 존재를 가능하게 하는 물(物)은 단순한 물리주의의 물(物) 뿐만 아니라 인간을 포함하는 개념이라고 할 수 있다. 인간과 인간을 포함하는 정책대상이나 주체로서의 물(物)이 물아(物我)의 개념으로 정리되면 물아주의 정책사상을 정의하고 이해하기 위한 보다 구체적이고 체계적인 개념으로 정립될 수 있을 것이다.

3) 물아(物我)의 개념적 이해

정책사상은 물(物)과 아(我)인 인간을 이원적으로 이해하지 아니한다고 했다. 그렇다고 물과 아를 하나의 총합적인 개념이나 일체라는, 주자(朱子)의 표현대로 천지만물은 본질적으로 나와 일체라고 하는 것도 아니라고 했다. 물아주의 정책사상은 정책을 통한 국가주의에서 시작되는 선도주의와 균형주의 및 현실주의 등의 정책사상에서, 인간이란 무엇인가 하는 본질적이면서 현실적인 문제를 철학적으로 사고하면서 이것을 정책이론으로 체계화하는 정책사상의 귀결에 해당된다고 했다. 따라서 물과 아를 구분해서 설명한 것을 이제 물아(物我)라고 하는 통합된 또는 일반적인 철학적 개념으로 정리하면서 물아주의를 개념적으로 정의해 볼 필요가 크다.

물아(物我)는 인간과 사물과의 관계를 이해하는 사상이라고 할 수 있다. 그러나 현실적으로 특히 정책학을 중심으로 하는 정책세계에서는 물아는 이론적이거나 실천적으로 널리 알려진 개념이 아니다. 그러나 유교를 중심으로 하는 동양사상이나 종교사상인 인도의 베단타 철학이나 불교의 일물(一物)사상, 서양의 유기체철학 또는 포스트 휴머니즘 등에서 물아(物我)나 범아(梵我) 등의 개념은 중요한 주제로 논의되고 있다. 따라서 이와 같은 기본적인 철학사상을 정리하면서 이에 기초해서 물아의 개념을 우선 정리해 보고자 한다.

첫째, 유기체철학(philosophy of organism)은 존재의 관계를 설명하는 사상이다. 때문에 물아주의의 물과 아의 관계를 이해할 수 있는 기초철학이 될 수 있다. 특히 유기체철학은 유기체(organism)라는 생물이 모든 생물과의 관계속에서 대립이 아닌 조화되는 하나로 설명하고 있다. 때문에 유기체철학은 하늘과 인간의 합일을 주장하는 유교의 천인합일(天人合一) 사상과 대비되어 설명되기도 한다(박상환, 2009; Sumner, 1910).

결론적이지만 천인합일이라고 해서 인간을 지배하고 통제하는 절대자인 하늘에 인간이 수신하고 조복하여 절대적 힘이나 관계를 얻고자 하는 것이 아니다. 대신에 인간의 본질적 가치인, 『중용』의 하늘의 마땅한 이치인 천명의 성(性)이나 천명을 실천하는 인간의 진실함의 완성인 성(誠)의 경지를 달성하는 것으로 천인합일을 이해할 수 있다. 따라서 모든 생명체가 하나의 유기체적인 구조속에서 변화와 변동에 의하여 계속적인 조화의 생성과정을 설명하는 유기체철학은 동양사상의 천인합일 사상과 상통할 수 있을 것 같다.

존재 그 자체를 과정으로 설명하는 Alfred Whitehead(1861 – 1947)(1978: 10장)의 과정철학(process philosophy)에서 보면, 생명체는 시간적으로 과거와 현재 및 미래의 연속과정에서 전이되면서 진화되는 과정 속에 있다. 동시에 공간적으로 자타(自他)가 분리된 것이 아니라 동시적으로 타의 존재를 파악하고 합생(合生)하는 과정을 이해할 수 있다. 때문에 유기체철학을 자타의 상호작용에 의한 시간과 공간적으로 변화되는 변증법적 사상이라고 할 수 있다(정윤승, 2016: 387; 성정민, 2017: 26 – 27; Laubichler, 2000).

유기체철학이 설명하는 유기체로서 인간을 포함한 자연은 고립되거나 독립적인 것은 없다, 즉 시간과 공간에 걸친 상호작용 과정이 마치 신진대사 과정과 같다는 지적(박상환, 2009: 7; Michelini 외 2인, 2018)에서 보면, 유기체철학이 형이상학적 사변철학을 부정하거나 불신하는 것은 아니라고 할 수 있다. 오히려 유기체의 과정철학은 합리적 논리성과 적합성뿐만 아니라 경험적인 적용가능성이나 적절성 등을 동시에 설명할 수 있는 개념이라고 하는 주장(박상태, 2005; Sumner, 1922)이 보다 타당할 수 있다. 그래서 논리실증주의를 앞세우는 서구의 과학주의에 대항하여 유기체철학은 과정이나 변화에 의한 생명체의 유기체적인 관계를 형이상학적인 사변철학으로 설명하는 장점이 있다고 할 수 있다. 특히 국가주의의 설명에 도움이 될 수 있는 것으로 생명체가 아닌 국가를 유기체로 설명하거나 또는 인간(person)으로 설명한다면(McCloskey, 1963), 국가주의는 인간 공동체의 생명과 행복을 인간과 비인간과의 상호간에 공유할 수 있다는 공동체사상이라고 할 수 있다. 그렇다면 서구의 인간중심주의적 사상을 신봉하는 국가주의의 한계를 극복할 수 있다는 주장(Gerrits, 2010)도 가능할 수 있다.

물아(物我)의 개념으로 이해한다면 물(物)과 아(我)는 유기체의 현실적 존재로서, 과정과 과정속의 변화를 시간적이면서도 공간적인 변증법으로 설명하는 사변철학의 개념에 해당될 수 있다. 더욱이 생명체인 유기체의 상호작용은 합성작용에 따라서 하나라는 주장에 따른다면 물과 아의 일원론도 주장할 수 있다. 그러나 물아주의를 개념적으로 정의하면서 논의하겠지만 물과 아의 변증법적 생성과정에 의한 새로운 물아의 탄생과 같은 일원적 사고 그 자체를 부정하는 것은 아니다. 그러나 물아(物我)라는 변증법적인 제3의 새로운 개념이나 실체가 과정이거나 변화이든지, 탄생된다고 하는 것은 아니다. 물(物)은 영원히 물이다, 동시에 아(我)도 영원한 인간(물론 비인간도 포함된다)이다. 각자의 존재론적 가치와 역할을 독자적이고 독립적으로 보존하고 수행하면서도 각자는 상호간에 원만히 교섭하고 있다는 상호교섭의 사상적 틀 속에서 물아(物我)를 물아주의 정책사상의 개념으로 설명하고 있다.

둘째, 포스트 휴머니즘(post-humanism)은 만물의 영장체로서 인간은 우주자연의 중심적인 역할을 하고 있다는 인간중심주의 사상을 비판하면서, 인간과 비인간과의 관계에서 인간이 아닌 포스트 인간(post human)의 존재를 중심적으로 설명하는 서양철학의 인간학이라고 할 수 있다(Cuadrao, 2017; Glazier, 2018).

하늘이나 신 또는 신격화된 존재에 대한 경외와 존경심이 인간의 운명과 우주의 질서를 결정한다는 종교나 신화의 세계에서 탈출하여, 이성과 합리적 판단에 따라서 자연을 이용하고 응용할 무한한 능력과 기술을 가진 인간에 관한 철학적 사고체계를 구축한 휴머니즘(humanism)의 인간관을 부정하면서, 포스트 휴머니즘은 철학적이거나 이성적일 뿐만 아니라 과학적 합리주의의 황금률에 따라서 인류사회의 부와 행복을 갈망하던 휴머니즘이 그토록 부정하거나 탈출하고자 했던 신을 포함한 모든 비인간을 인간중심주의적으로 이해하고자 했다.

휴머니즘을 신봉하면 인간은 자연만물에서 고립되거나 추방될 수 있다고 포스트 휴머니즘은 보았다. 따라서 신(神)을 포함한 모든 유형의 비인간도 전통적인 인간으로 이해되고 존경받았던 인간과 동등하고도 차별이 없다는 사실을 인정하게 하는, 하나의 사회적인 실체로서의 인간학을 철학적이거나 종교적 또는 기술문명사적으로 설명하고자 하였다. 이것을 통칭하여 포스트 휴머니즘이라고 할 수 있다(Papadopoulos, 2010; Roden, 2010; Nsonsissa, 2016).

특히 인공지능(AI)의 발달에 의한 기계인간이나 인조인간 등으로 불리는 인간형 로봇이나, 사이보그 또는 유사인간의 등장과 발달에 의한 전통적인 인간과 포스트 인간과의 과도기적인 인간을 지칭하는 트랜스 인간(trans-human)이 등장하면서 탈인간중심주의(post-anthropocentrism) 또는 반인간중심주의(anti-humanism) 등과 같은 사상도 포스트 휴머니즘의 사상 속으로 귀속되고 있기도 하다(김환석, 2018; Porpora, 2017).

앞서 <각주 22>에서 간단히 언급했듯이 전통적으로 인간이 물질세계의 지배자로서 특권적 위치를 누리고 있다는 휴머니즘의 인간철학을 전적으로 부정하거나 무시하기보다, 포스트 휴먼은 인간 이상(以上)의 인간(more-than-human)으로서 기술의 발달에 의한 기계인간뿐만 아니라 동식물의 비인간까지를 아우르는 사상적 진폭을 확장하는 인간철학이라고 할 수 있다. 예를 들면 인간과 포스트 휴먼이 선이나 정의의 개념을 공유할 수 있다면(이원봉, 2013; 성신형, 2018) 인간의 존재론적 가치와 존엄성을 확대할 수 있다는 주장(이을상, 2017; Pruski, 2019)도 이에 근거하고 있다.

신의 존엄성이나 경외감 또는 형이상학적 가치체계나 사상적 맥락을 떨쳐버리고 자유로운 의지와 본성적 존엄성을 가진 인간의 가치를 찾아야 한다는 휴머니즘이 주장하는 과학적 이상이나, 합리적 판단의 중심주체이고 전형인 인간을 중심으로 하는 휴머니즘의 인간학을 인류는 지난 세기의 말까지 하나의 진리나 사실로 믿어 왔다. 그러나 트랜스 휴머니즘을 거치면서 그리고 인간이 더 이상 우주의 중심에서 지배자나 착취자가 될 수 없다는 사상적이거나 생태적인 운동이, 특히 인간형 로봇 등의 등장과 함께 하면서 인간은 더 이상 우주만물의 지배자가 아니라는 것을 포스트 휴머니즘이 깨닫게 되었다고 할 수 있다. 그렇다고 포스트 휴머니즘은 인간이 기계나 기술인간 또는 비인간에 비하여 왜소하거나 한정적이라는 부정적인 인간학도 아니다. 대신에 철학적이고 실천적으로 인간의 이해의 영역과 범위를 확대한 포스트 휴머니즘은 인간학의 사상적 진보를 이룩하고 있다고 할 수 있다(이창익, 2017; 우정길, 2018; Valera, 2014; Wennermann, 2016; Wexler, 2018).

포스트 휴머니즘이 전통적인 인간과 포스트 휴먼의 공생적인 선의의 관계를 형성할 수 있다는 주장을 믿는다면, 포스트 휴먼이 추구하는 존재론적인 가치와 목적은 전통적 휴머니즘과 다르다는 사실을 인정하지 아니할 수 없을 것이다(Dydrov, 2018). 따라서 정책세계를 설명하는 물아주의 정책사상도 인간 이상이나 인간 이하의 인간 또는 부정적인 인간, 잉여인간 등과 같은 인간과 포스트 인간의 이원적인 구분이나 정의에 얽매일 필요는 없을 것이다. 정책세계에서 인간은 독점적이면서 우월적 인간으로서 정책을 창조하고 실천하며 정책을 판단하는 정책세계의 주재자(主宰者)로써 인간과 비인간에 개입하는 인간이다. 생명체뿐만 아니라 무정물에 이르기까지 정책세계에서 인간은 사물과 인간을 이원적으로 분리해서 인간의 우월적 독점에 의한 인간중심을 주장하는 것은 아니다. 대신에 인간인 아(我)와 물(物)은 물아의 개념으로서, 물과 아는 상호간에 장애나 방해받을 수 없는 독립적이고 개체적인 실체로서 조화의 상태를 달성하는 개념으로 설명한 것이다. 그렇다면 휴먼과 포스트 휴먼, 트랜스 휴먼 등과 같은 복잡한 사상적 체계를 연결하면서 인간을 이해하고자 하는 서양사상의 인간학을 조금 더 쉽게 정책사상으로 이해할 수 있기도 하다.

셋째, 유교사상에서 논의되는 물아의 개념을 이해하면서 정책사상으로서 물아주의를 정립해 볼 수 있다.

유교에서의 물아(物我)사상을 앞서 아(我)인 인간이나 물(物)의 개념을 설명한 것에서도 그의 개념을 어느 정도 가늠해 볼 수 있다. 왜냐하면 아(我)는 물리적인 자연인만이 아니라 하늘과 땅사이의 존재자로서 만물의 개념에 포함되기 때문이다. 그래서 천인합일이나 순자의 천론(天論) 또는 『중용』의 성(誠)사상 등에서 보듯이, 인간은 만물의 이치와 원칙을 깨닫고 실천하면서 천지만물이 본질적으로 나와 일체라고 하는 모든 사물과의 둘이 아닌 불이(不二)의 관계속에서 인간이기 때문일 것이다. 마찬가지로 애물론이나 성기성물론, 격물론 등으로 물(物)사상을 설명했듯이, 사물은 인간과 유리된 사물이나 사건이 아니라 인간도 역시 물(物)세계의 한 개념으로 이해되고 있기 때문이다.

물(物)과 아(我)를 이원적이거나 또는 일원적으로 설명하고 이해하는 차원이 아니라 물과 아의 관계적 측면에서, 동양사상에서 물아(物我)를 설명하는 것을 여기서 조금 더 참조해 보고자 한다. 왜냐하면 정책사상에서 물아주의는 물과 아의 상호간의 교섭관계를 철학적 사고체계로 이해하면서, 정책세계에서 인간중심에 의한 독점주의와 우월주의 및 인간의 개입주의에 따른 물아주의를 정의하고자 하기 때문이다.

먼저 성리학의 인물(人物) 개념은 앞서 지적했듯이, 인간과 사물인 물(物)을 구별하지 아니하고 인간을 물의 개념으로 이해한다고 했다. 성리학(性理學)은 남송(南宋)시대의 주자(朱子)가 집대성한 신유학(*neo*−Confucianism)이라고 할 수 있다. 따라서 유교사상과 밀접한 관계를 가진 도교나 불교철학에 영향을 받은 일물(一物)사상이나 물아일체의 무위(無爲)사상과 같은 요소를 제거하고, 인간을 중심으로 하는 인간사회의 삶과 운명을 지배하는 실체로서 이(理)의 현실적 실천을 위한 윤리규범이나 내적인 자각을 강조하는 사상이라고 요약할 할 수 있다(최봉영, 1999: 31; 김기현, 2007: 68; 조남호, 2014: 162; Song and Cheng, 2014). 따라서 인간에 의한 인간의 실현을 중심으로 하는 인본주의(人本主義) 사상이 성리학의 핵심이라고 할 수 있다.

성리학에서 인간은 인간뿐만 아니라 인간을 포함한 모든 사물과의 관계 속의 관계자로 인간을 이해하고자 했다. 더구나 마음인 심(心)과 육체인 물(物)이 하나로 통합되어 있는, 소위 심·물(心物) 일원론적 사상을 전개했다고 할 수 있다. 하늘과의 관계에서 천명을 부여받은 인간은 순자가 지적했듯이 물리적이고 육체적인 생명과 정신적인 능력인 지식과 정의, 평등 및 의(義)를 살피고 실천할 수 있는 인물(人物)이라는 것이다(최봉영, 1999: 35−36; 임옥균, 2007; 임헌규, 2009). 따라서 앞서 물(物)의 개념에서 보았듯이 주자가 해석하고 설명하는 『대학』의 격물론(格物論)에서도 물은 인간을 포함하는 사물이다. 따라서 사물의 이치와 품격을 궁구하여 진실한 이치를 터득하는 격(格)의 위상에 도달하면, 일(사: 事)에의 시작과 마침, 물(物)에의 본말(本末)을 알 수 있다는 것과 같이 사물과의 관계론이 성리학의 중심적인 사상이라고 정리할 수 있다.

성리학의 물아사상은 인본주의 사상으로 해석될 수 있다. 물론 이것은 서양의 휴머니즘의 인본주의가 아니다. 즉 합리적 이성과 판단에 의한 과학의 원리와 실천에 따라서 인류의 행복과 복리를 위해서는, 신이나 하늘 등과 같은 절대적 존재자가 아닌 인간이 중심이라는 인본주의와는 차이가 있다. 대신에 인간을 천지만물의 중심에 두는, 즉 인간을 중심으로 하는 사물과의 관계에서, 각각의 역할과 위치에 관한 분명하고도 명쾌한 이치를 얻을 수 있는 인간이 사물의 선후와 본말을 알고 실천할 수 있다는 것이 성리학의 인간관이다. 그래서 인간의 본성에 초점을 두면서 인간을 지구상에서 최종 목적으로 본 칸트의 도덕철학과 비교하면서 성리학의 인간중심 사상을 설명하기도 한다(기우탁, 2006). 물아주의에서 물아(物我)도 인간중심주의이다. 그러나 성리학에서처럼 인간이 격물(格物)의 경지를 달성한 인간으로써 사물의 주인공이 될 수 있어야 한다는 것은 아니다. 정책세계의 주인공이고 주재자로서 사물의 본질적 가치를 원만히 실현할 수 있는 정책인을 전제로 할 뿐이다.

성리학의 인물(人物)을 일반적으로 군자로 이해할 수 있다. 그러나 순자(荀子)가 설명하는 사물의 이치와 본질을 이해하고 실천하면서 판단할 수 있는 군자는 아닐 것이다. 물아의 개념에서, 실천적이고 판단적인 지식이나 지혜를 가진 인간이 사물을 접하고 다스릴 수 있다는 인간을 군자로 이해한다면 여기서 물아의 통합적 개념을 찾아 볼 수 있기도 하다. 제5장의 현실주의 정책사상의 실천지식에서도 인용한 바와 같이 비록 기술적이고 구체적인 일들을 할 수 없다고 해도 사물의 이치와 가치의 본질을 알 수 있다면, 즉 모든 사물의 본질적 이치를 이해하게 되면(이물물:以物物) 각 사물의 쓰임새와 그의 가치를 막힘없이 추구할 수 있다(겸물물:兼物物)는 순자의 군자론을 설명한 것을 기억할 것이다. 이와 같은 순자의 물물(物物)사상은 곧 물과 아를 아우르는 개념이라고 할 수 있다. 즉 막힘없이 소통될 수 있는 물과 아의 통칭개념이라고 할 수 있다. 왜냐하면 순자는 만물의 각자의 입장이나 가치가 다르다(이:異)는 사실만을 주장하거나 몰입하게 되면 상호간에 장애되거나 가려져서 본질을 알 수 없다고 했기 때문이다[67]. 앞서 물아주의 정책사상의 발원에서도 지적한 바와 같이 장자가 하늘의 도인 천도(天道)에 집착하다가 인간세상의 실체와 가치인 인도(人道)를 알지 못하면서 천도와 인도가 서로 간에 막히는 것과 같다고 순자가 비판했듯이, 순자의 물물(物物)사

---

67) "凡萬物異則莫不相爲蔽 (중략) 精於物者以物物, 精於道者兼物物"(『荀子』, 解蔽).

상은 물아주의 정책사상을 설명하는 물(物)과 아(我)의 막힘없는 상호간의 교섭 관계의 기초사상이 될 수 있다[68].

동양사상에서 물아의 총체적인 물물(物物)사상은 아마도 노자와 장자를 중심으로 하는 노장(老莊)사상에서 전통적으로 잘 논의되고 있다고 할 수 있다. 왜냐하면 노장사상의 물은 격물론이나 애물론 또는 순자의 이물물이나 겸물물 등의 물(物)을 불교철학의 일물사상이나 공(空)사상과 같이, 물과 아를 동시에 초월하는 개념으로 설명하고 있기 때문이다(이정환, 2016: 7). 그렇지만 노장사상의 물(物)은 물아일체로서 제3의 새로운 세계나 패러다임을 설정하는 일체사상은 아니다. 마찬가지로 불교의 일물(一物) 사상도 일즉다(一則多)의 화엄사상으로서 깨달음의 경계에서, 물과 아가 각각의 입장에서 원만히 조화되는 실상세계를 설명하는 사상이다. 따라서 노장사상의 물이나 불교의 일물사상은 전통적인 물물(物物)사상과 차이가 있다.

먼저 장자(莊子)의 물 사상을 보면 장자는 만물이 각각의 역할과 기능과 가치를 다하는 것(행:行)을 도라고 했다. 따라서 "도에서 만물을 보면 귀천이 없지만 각각의 물의 입장에서 보면 스스로는 귀하고 상대방은 천하다. 그러나 인간이 중심이 되고 있는 세상사에서 귀천은 자기에게 달려 있다. 따라서 차별에 의해서 만물을 본다면 만물은 천차만별(이것을 대소(大小)로 구분했지만)이다. 그러나 세상의 쓰임과 목적에 따라서 스스로 있다고 한다면 만물은 있지 아니하는 것이 없을 것이고, 없다고 한다면 만물은 없지 않는 것이 없다"라고 했다[69]. 그래서 그는

---

68) 양명학(陽明學)이 성리학에 포함된다는 주장(조남호, 2014)을 따르면 양명학은 불교나 노장사상에서 주장하는 천지만물 일체설을 만물일체(萬物一體)로 수용하면서, 사상적으로 격물(格物)과 치양지(致良知) 등을 만물일체 사상으로 설명하고 있다고 볼 수 있다(한예원, 2001; 최재목, 2012). 따라서 여기서 설명한 성리학의 격물에 의한 물아의 개념으로 양명학의 주장을 이해할 수 있기도 하다. 또한 치양지(致良知)를 격물을 이해하고 실천할 수 있는 최고의 지식이라고 한다면 물아 개념을 설명할 수 있는 지식수준으로 이해할 수도 있을 것이다(제6장의 현실주의 정책의 실천지식 참조). 그러나 여기서는 양명학의 물아 사상을 생략하였다. 또한 한국의 조선시대의 성리학은 이(理)와 기(氣)의 논쟁에 초점을 두면서 사물의 본질적 가치나 실천적 목적과 활용 등을 소홀히 했다고 할 수 있다. 때문에 성리학에서 물아의 개념을 정리하면서 조선성리학은 제외하였다.

"천지는 나와 동시에 생겼으며 만물은 나와 하나이다. 이미 하나임에 더 이상 무슨 말이 필요하겠는가"[70]라고 하면서 무언(無言)의 무위(無爲)를 강조하고 있다.

장자의 물아는 사물과 아인 인간의 총체적인 몰입이나 제3의 새로운 개념을 도라고 한 것은 아니다. 대신에 물과 아의 본성적 자질과 특성이 인간이 중심이 되고 있는 세상에서 실천되는 개념으로 물아를 설명한 것이라고 할 수 있다. 물론 이와 같은 물아세계에서 아인 인간이 중심이라고 하는 것은 사실이다. 중심이라고 해서 서구의 인간중심주의적인 사물의 지배자나 착취자가 아니다. 대신에 인간의 인식이나 차별과 목적, 활용에 의하여 유무나 귀천, 대소 등으로 만물이 존재한다는 뜻으로 인간 중심을 설명한 것이다.

이와 같은 장자의 물아사상은 『장자』의 호접지몽(胡蝶之夢)[71]과 포정해우(庖丁解牛)[72], 산목(山木) 등의 일화로 잘 알려져 있다. 여기서는 산목(山木) 일화를 소개하면서 장자의 물아사상의 실천적 도의 본질을 이해해 볼 수 있다.

"장자가 산을 산책하다가 가지와 잎이 무성한 큰 나무를 보았다. 벌목하는 사람
이 그 나무를 보더니 그냥 지나쳤다. 그 나무를 베지 아니하는 이유를 물으니
벌목군은 쓸모없는 나무라고 했다. 그래서 장자는 그 나무는 재목감이 되지 못

---

69) "行於萬物者 道也"(天地); "以道觀之 物無貴賤 以物觀之 自貴而相賤 而俗觀之 貴賤不在
   己 以差觀之 因其所大而大之 則萬物莫不大 因其所小而小之 則萬物莫不小 (중략) 以功
   觀之 因其所有而有之 則萬物莫不有 因其所無而無之 則萬物莫不無."(『莊子』, 秋水).
70) "天地與我竝生 而萬物與我爲一 旣已爲一矣 且得有言乎"(『莊子』, 齊物論).
71) 호접지몽(胡蝶之夢): 옛날 옛적에 장자가 꿈속에서 자신이 한 마리 나비(호접:胡蝶)가
   되었다는 이야기이다. 꿈에서 유쾌하게 날아다니는 나비가 곧 자신인 장자임을 알지
   못하다가 홀연히 꿈을 깨어 보니 분명히 자신이었다. 꿈속에서 장자가 나비였는지, 나
   비가 장자이었는지를 알 수 없었지만 꿈을 깬 이후에 장자와 나비는 분명히 각각이었
   다. 이것을 일러서 장자인 인간과 나비인 사물과 구분이 없는 변화, 즉 때로는 나비이
   며 때로는 장자인 모습의 변화를 물화(物化)라고 했다("昔者莊周夢爲胡蝶 栩栩然胡蝶
   也 自喻適志與 不知周也 俄然覺 則蘧蘧然周也 不知周之夢爲胡蝶與 胡蝶之夢爲周與 周
   與胡蝶 則必有分矣 此之爲物化")(『莊子』, 齊物論).
72) 포정해우(庖丁解牛): 문혜(文惠)왕을 위해서 포정이라는 사람이 소를 잡는데(해우:解
   牛), 칼을 잡는 손놀림이나 자세가 마치 상림(桑林)이라는 음악에 맞추어 춤을 추듯이
   경수(經首)라는 음악의 가락에 따라서 움직이듯이 하였다("庖丁爲文惠君解牛 手之所觸
   肩之所倚 足之所履 膝之所踦 砉然嚮然 奏刀騞然 莫不中音 合於桑林之舞 乃中經首之
   會")(『莊子』, 養生主)라는 내용이다.

하기 때문에 제 수명을 다하며 살 수 있구나 라고 생각했다. 산행을 마치고 친구 집에 들렀다. 반가워하는 친구는 거위를 잡아서 장자를 대접하려고 종을 불렀다. 일하는 머슴이, 한 마리는 잘 울고 한 마리는 잘 울지 못하니 어느 것을 잡을까 하고 주인에게 여쭈었다. 그 주인은 잘 울지 못하는 거위를 잡도록 했다. 다음 날, 장자의 제자가 장자에게 어제 산의 나무는 재목감이 되지 못했기 때문에 천수를 다할 수 있었고, 지금의 거위는 울지 못하는, 즉 자신의 기능과 역할을 다하지 못한 거위였기 때문에 죽임을 당했다. 여기에 당해서 선생님(장자)의 입장은 무엇입니까?(장하처:將何處) 라고 제자가 물었다. 이에 장자는 재목감(쓰임새)이 되는 것과 되지 못하는 것 사이(間)에 있겠다 라고 웃으면서 대답했다. 쓰임새 있는 것과 없는 것과의 사이(間)는 비슷하지만 도가 아니다. 따라서 사이(間)의 얽매임에서 벗어나지 못한 것이다[73]. 만약 도와 덕을 따라서 유유자적할 수 있다면 중간에 얽매이지 아니할 것이다"[74].

---

73) 여기서 사이 '간(間)'을 이것과 저것의 중간적이거나 타협적인 수준으로서, 소위 간주관주의적으로 이해할 수 있기도 하다. 간주관주의(intersubjectivity)는 이념이나 가치 등과 같은 형이상학적 개념을 사회적이거나 공통적인 합의점으로 도출하는 전통적인 과학주의 방법론이다. 그러나 사물의 본성적 가치를 이해하고 깨닫는 도의 세계에서 간주관주의는 사회적 합의 그 이상의 본질을 발견하기 어려운 방법론일 뿐이다. 따라서 장자의 사이(간:間)는 중용(中庸)이나 시중(時中)사상에서 설명하는 중(中)의 개념에 더 가깝다고 할 수 있다. 도의 세계에서 사이(間)는 상차상조(相遮相照: 상호간에 비추면서도 동시에 막는)이면서 비춤과 막음이 동시적인 차조동시(遮照同時)의 경계를 설명한 불교의 중도(中道)사상에서 보다 더 명확하게 이해될 수 있다. 이것을 노자의 하늘과 땅 사이(間)를 풀무에 비유하여 설명한 것에서(天地之間 其猶橐籥乎(『老子』, 虛用) 하늘과 땅 사이(間)에 만물이 생성된다는 것으로 해석할 수도 있을 것이다(오태석, 2014: 169).

74) "莊子行於山中 見大木 枝葉盛茂 伐木者止其旁 而不取也 問其故曰 無所可用 莊子曰 此木以不材 得終其天年 夫子出於山 舍於故人之家 故人喜 命豎子殺雁而烹之 豎子請曰 其一能鳴 其一不能鳴 請奚殺 主人曰 殺不能鳴者 明日 弟子問於莊子曰 昨日山中之木 以不材得終其天年 今主人之雁 以不材死先生將何處 莊子笑曰 周將處乎材與不材之間 材與不材之間 似之而非也 故未免乎累 若夫乘道德而浮游 則不然"(『莊子』 山木). 산목 일화에서 보듯이, 장자의 학문적이고 인간적인 진솔함과 겸손을 익히 알 수 있다. 제자의 질문에 장자가 대답한, 쓰임새(재목감)가 있다는 것과 없다는 것과의 사이(간:間)에 있겠다는 것은 분명한 도의 경지를 간파한 대답은 아닐 것이다. 그래서 장자도 이것은 답, 즉 도가 아니라고 했다. 장자와 제자와의 문답은 도의 세계에서 통용되고 이해될 수 있는, 소위 선문답(禪問答) 같은 것이라고 할 수 있다. 그와 같은 질문을 할 수 있는 제자가 있다는 사실에서 당시의 장자학파의 학문적이거나 도의 경지를 어느 정도 가늠해 볼 수 있다. 여기에 더하여 장자가 자기의 제자들에게 그의 답이 천지만물의 운행에 맞는 답이 아니라고 하면서, 도와 덕을 숭상하고 그 길을 따라서 유유자적(이것이 매우 중요한 의미를 가진 비유이다)할 수 있다면 사이(間)의 얽매임에서 벗어날

장자의 산목(山木) 일화에서, 사물의 쓰임새라고 하는 것은 각 사물의 본질적 가치를 인간이 인식하고 판단한 것이다. 따라서 쓰임새나 재목감 등은 인간중심에 의한 쓰임새이고 재목감이다. 마찬가지로 호접지몽이나 포정해우의 일화도 물(物)과 아(我)인 인간이 일체(하나)의 경지에서 각각의 역할과 본성이 조화되면서, 각각의 역할과 기능을 다하고 있다는 것을 역시 인간중심으로 판단한 것이다. 그러나 호접지몽이나 산목의 사이(간:間)와 같이 물(物)은 물(物)이며 아(我)는 아(我)라는, 분명하게 구별하는 것을 망각하지 아니하면서 물과 아의 조화로움을 설명하는 것이 장자의 물아의 개념이라고 요약할 수 있다.

장자와 달리 노자(老子)의 물아사상은 함이 없는 무위(無爲) 또는 물학(物學)이라고 할 수 있다. 제5장의 선도(善導)주의 정책사상에서 설명했듯이 노자는 최고의 선(善)은 물(水)과 같다고 했다(상선약수:上善若水). 왜냐하면 물은 만물을 이롭게 하지만 자신의 공적이나 성과를 다투지 아니하기 때문이라고 했다. 이때 물(水)도 물(物)이다. 그러나 앞서 물(水)의 본질적 가치는 만물의 이용에 응하면서도 자신의 본성을 조금도 상실하지 아니하는 것이라고 했다. 따라서 물은 영원한 물일 뿐 이듯이, 노자도 물(水)의 이와 같은 본성을 무위(無爲)로 설명했을 것이다. 그래서 노자는 무위(無爲)를 다음과 같이 설명했다.

"만물은 성장소멸의 주인공이지만 말하지 아니하며 만물을 생육하지만 가지지 아니하고 하는바 없이 일하고 공을 이룩하지만 그에 집착하지 않는다. 그러나 공과나 성과에 집착하지 않기 때문에 항상 그와 함께한다"[75]. 도는 항상 무위이다. 그러나 하지 아니함이 없다. 그래서 만물은 스스로 변화한다. 왜냐하면 도는 자연만물을 생성하고 덕을 기르며 성장하고 보호하지만 그것을 소유하려

수 있다고 했다. 즉 장자가 "명예나 비방도, 용이나 뱀도 때와 더불어 만물로서 조화될 수 있을 때 만물의 근원을 즐긴다고 하면서, 모든 사물이나 인간이 각각의 위치와 격식에서 원만히 조화되면서 동시에 사물 그 자체만으로 사물이라고 할 수 없는 수준에 도달할 때 사이에 얽매임이 없을 것이다"(無譽無訾 一龍一蛇 與時俱化 而無肯專爲一上一下 以和爲量 浮游乎萬物之祖 物物而不物於物 則胡可得而累耶)(『莊子』, 山木)라고 하기도 했다.

75) "萬物作焉而不辭 生而不有 爲而不恃 功成而弗居 是以不去."(『老子』, 養身).

고 하지 아니하며, 간섭하거나 관리하고자 아니한다. 이것을 일러서 현묘한 덕
(현덕:玄德)이다"[76].

이것은 물아의 무위사상을 도의 실현에 의한 현묘한 덕으로 다시 설명한 것
이라고 할 수 있다. 특히 노자가 말한 스스로 변화한다는 자화(自化)를, 인간을
포함한 자연의 온갖 사물은 자신만의 고유한 생성과 성장 및 소멸 등의 질서와
법칙을 지키면서도 타 사물에 방해되거나 간섭하는 일이 없다는 것으로 이해할
수 있다. 이와 같은 노자의 무위의 물학(物學)은 뒤편에서 설명할 물아주의에서
물과 아의 상호교섭론의 기초사상이 될 수 있을 것이다.

넷째, 베단타 철학과 불교철학의 일물(一物) 사상 등에서 물아의 사상적 근
원을 찾아 볼 수 있다.

먼저 베단타 철학(Vedanta philosophy)에서 잘 알려진 범아일여(梵我一如)
사상에서 물아(物我)의 개념을 찾아 볼 수 있다. 베단타는 힌두교 사상의 한 부류
로서 소우주인 아(我)의 본성인 아트만(Atman)은 대우주의 본성인 범(梵:
Brahman)과 일치한다는 동등(equal to)사상이며, 아(我)와 범(梵)의 일원론이라
고 할 수 있다. 특히 우주천지와 자연사물의 실체의 근원인, 즉 존재라고 할 수
있는 범(梵)인 브라만을 탐구하고 깨달으면, 신체적인 육신과 정신적인 마음의
생명체를 가진 인간의 본성인 아트만은 하나가 될 수 있다. 따라서 이와 같은 주
장은 육체적 인간인 가아(假我)와 영혼인 진아(眞我)를 구별하는 심·물(心物) 이
원론을 전제로 하고 있다는 비판도 있지만(정승석, 2011: 183－188), 인간에 내
재된 범(梵), 즉 브라만을 알 수 있는 최상의 인간은 성인의 경지에 오를 수 있다
는 것으로 범아일여 사상을 이해할 수 있다. 따라서 인간의 본성체인 아트만(the
innermost Self)과 대우주의 본질인 브라만(the universal Self)이 절대적으로 동
일하다는 것이 범아일여의 핵심적인 사상이다(서행정, 2003: 85; Majithia, 2007:

---

76) "道常無爲 而無不爲"(爲政); "故道生之 德畜之 長之 育之 成之 熟之 養之 覆之 生而不
有 爲而不恃 長而不宰 是謂玄德."(『老子』, 養德).

231; Ganesh and Wesley, 2017).

범아일여(梵我一如) 사상은 생사에 속박된 인간이지만 브라만과 일체를 이루면서 인간인 아트만은 불생불멸의 경지를 달성할 수 있다는 전통적인 인도의 힌두교를 대표하는 철학적 개념이다. 특히 『우파니샤드』(오의서:奧義書: Upanishads)의 힌두교 경전의 중심 사상이다. 아(我)는 인간의 속성체이지만 우주만물의 본성체인 범(梵)의 세계에서 보면 아와 범을 차별하거나 구별할 수 없다는 사상의 결정체가 범아일여라고 할 수 있다. 그래서 인간이 아닌 신(神)이나 기타 비인간 등도 범(梵)의 세계에서는 구별될 수 없다. 때문에 인간을 이해할 수 있는 범위를 크게 확장시킨 사상이라고 할 수 있다(장성모, 2010: 61). 따라서 인간중심적 사고에서 만물의 평등사상에 의한 물아의 개념을 개척할 수 있는 사상적 기반을 범아일여 사상이 제공했다고 할 수 있다.

불교철학의 일물(一物)사상은 종교사상이지만 보다 정확하게는 깨달음의 세계를 설명하는 유식론이나, 하나이면서 만상이고 동시에 만상이 곧 하나라고 하는 일즉다, 다즉일(一則多, 多則一) 사상으로 알려진 10보입(普入) 화엄사상(『화엄경』, 보현행원품)이라고 할 수 있다. 따라서 일물(一物)을 불교에서는 다양한 용어로 이해하기도 한다. 예를 들면 일심(一心)이나 일여(一如), 일이(一異), 일상일미(一相一味), 일체지(一切智), 일승(一乘) 등으로 표현하기도 한다. 그러나 깨달음의 세계에서는 물아의 구별이나 차별뿐만 아니라 '하나'라고 하는 대명사도 허용될 수 없는 대원경지(大圓鏡智)를 의미한다고 할 수 있다(은정희 역주, 1990).

그래서 『선가귀감』에서는 "한 물건이 있다. 그렇지만 불생불명이다. 따라서 이름조차 없을 뿐만 아니라 형상도 알 수 없다"[77]라고 했다. 그러나 『육조단경』은 '본래무일물'(本來無一物: 본질적으로 일물도 없다)이라고 해서 일물이라는 이름과 모양인 명상(名相)도 부정해 버렸다. 그렇지만 이름이나 형상으로 얻을 수 없다는 의미는 본질적으로 일물이 없다는 것을 암시한 것이다. 때문에 불교사상

---

[77] "有一物於此 從本以來 昭昭靈靈 不增生 不增滅 名不得 相不得"(『禪家龜鑑』).

에서 일물(一物)은 공(空)사상을 설명하는 기본개념으로 이해되기도 한다. 결론적으로 불교사상의 일물(一物)은 사상적이면서도 깨달음의 성품을 지칭하는 개념이라고 할 수 있다[78].

정책세계에서의 물아는 분명히 각각 존재하는 이름과 형상을 가진 개념이다. 동시에 이름과 형상으로 각각의 실체를 주장하지만 물과 아의 개체적인 독선이나 고립된 존재를 주장하는 것은 아니다. 정책인(政策人)으로서 아(我)이지만 언제든지 정책대상이 될 수 있다. 동시에 인간이 아닌 비인간으로서 물(物)도 언제든지 조건과 상황인 맥락에 따라서 정책주체나 객체의 위치를 점할 수 있는 개방적이고 유연적인 개념이라고 할 수 있다. 그래서 불교사상의 총섭적인 개념으로 이해되는 일물사상을 정책사상에서 물(物)과 아(我)의 이원론이나 일원론 등을 동시에 수용하거나 부정할 수 있는 개방적인 사상으로 이해할 수 있을 것이다.

4. 물아주의 정책사상의 개념과 특성

1) 물아(物我)의 상호교섭론

제3절에서 물아의 개념을 이해하면서 간간히 지적하기도 했지만, 물아주의 정책사상에서 물아(物我)는 물(物)과 아(我)의 변증법적 상호작용에 의한 제3의 새로운 개념은 아니라고 했다. 정책세계에서 물아주의는 인간이 중심이 되어 독점적으로 모든 사물에 개입하는 인간중심주의라고 했다. 따라서 물아주의에서 인간은 정책인으로써 정책을 창조하고 실행하면서 정책의 장단점이나 효과 및 결과 등을 판단하는 인간이라고 했다. 물아라고 해서 인간과 사물을 통칭하는 개념의

---

78) 성리학에서 설명하는 이기일물론(理氣一物論)의 일물과 불교의 일물(一物)은 다르다. 이(理)와 기(氣)는 윗입술과 아랫입술이 다물어진 상태와 같은, 일체 또는 상호간에 괴리가 없는(불상리:不相離) 것으로 비교하여 일물을 일체(一體)로 설명하기도 했다 (정병련, 1995: 475; 홍군, 2015: 52). 그러나 불교의 일물은 이름이나 형상으로 설명할 수 없는 깨달음에 관한 도의 체인 도체(道體)를 지칭하는 개념이다.

물아가 아니다. 대신에 정책세계를 주재하는 인간이 인간을 포함한, 일(事)과 비인간을 합친 용어인 사물(事物)을 사물 그대로의 상태를 독자적으로 인정하면서도, 각각의 사물은 상호간에 의존하고 있지만 방해나 장애가 아닌 원만한 상태로의 조화를 유지하고 있다는, 즉 상호간에 교섭하고 있다는 의미로 물(物)과 아(我)를 물아(物我)로 이해한다고 했다.

따라서 물아주의에서 사물(事物)과 인간 상호간의 관계에 초점을 두는 물아(物我)를 설명할 상호교섭론(mutual interpenetration)을 좀 더 구체적으로 이해할 필요가 있다.『정책사상 대계』의 서문 <각주 2>에서 밝혔듯이 상호교섭론은 필자의 다차원 정책이론의 핵심사상이다. 각각 대칭적인 특성을 가진 정책과정과 정책공간, 정책결정자와 정책대상자, 정책목표와 정책수단, 정책비용과 정책혜택이라는 정책의 다차원성(multi‒dimensionality)은 상호간에 독립적인 실체를 가진 개념이지만 장애나 방해가 아닌 의존의 상태에서 각각 조화되고 있다는 사상이다. 상호교섭론은 상호간에 막으면서도 비추는 상차상조(相遮相照)와, 막음과 비춤이 그러나 항상 동시적이라는 차조동시(遮照同時)의 중도사상 또는 중론(中論)(madhyamika philosophy)[79]과, 화엄철학(Hua‒yen philosophy)의 4법계론(theory of Four(realm)‒dharmadhatus)[80] 등과 같은 사상적인 기초를

---

[79] 중론 또는 중도사상(Madhyamika Philosophy or Theory)은 불교의 핵심철학이고 동양사상의 진수인 중관철학의 공(空)사상과 반야(般若)사상을 통칭하는 사상이기도 하다. 또한 중론은 사상적이고 철학적이며 논리적인 불교철학과 종교적인 불교교리가 혼합되어 있는 불교사상의 집합체라고 할 수 있다. 이에 따라서 중론의 철학체계를 인식론적 체계와 존재론적 체계 그리고 가치론적 체계 등으로 분류하여 볼 수도 있다. 인식론적 체계는 연기설의 인식론적 근거가 되는 중도사상이고, 존재론적 체계는 인간의 현상과 존재에 대한 불교의 세계관을 설명한 것이다. 그리고 가치론적 세계는 붓다의 가치관인 실천철학에 관한 내용을 담고 있다. 그러나 이것은 인도 승려인 용수(龍樹:Nagarjuna): AD150‒250)의『中論』의 구체적인 내용을 후대 학자들이 현대의 철학체계에 맞추어 분류한 것이라고 할 수 있다. 특히 용수의 중론사상은 연기(緣起)사상과 공(空)사상 등을 자세히 밝혀서, 모든 실제적이고 실존하는 개념들이 역설적인 모순을 가지고 있음을 논파하고 이를 총체적인 관점에서 비판한 것이라고 할 수 있다. 즉 연기의 내용이 곧 공성(空性)이라는 것이다. 따라서 공성을 정확하게 이해하면 그의 핵심인 중도를 보다 정확하게 알 수 있다는 뜻이다. 특히 용수의『中論』의 두 게송을 보면 이것을 보다 명확하게 이해할 수 있다(不生亦不滅 不常亦不斷 不一亦不異 不來亦不出 能說是因緣 善滅諸戲論 我稽首禮佛 諸說中第一)(觀因緣品).

가지고 있다[81].

이와 같은 사상이나 철학에 관한 자세한 것은 필자의 『다차원 정책론: 실체와 적용』의 제3장인 다차원 정책론의 기초철학 등을 참조하기로 하고 여기서는 물아주의를 개념적으로 정의하고 그의 특성을 찾아 볼 수 있는 수준에서 상호상즉, 상호의존, 상호무장애, 상호교섭 등과 같은 기본적인 개념을 설명하고자 한다. 이에 따라서 먼저 화엄철학의 4법계론(法界論)을 간단히 소개할 필요가 있다 (『다차원 정책론』: 119 – 129).

4법계론은 네 가지의 법계인 사법계와 이법계, 이사무애와 사사무애 법계 상호간의 관계를 설명한 것이 특징적이다[82]. 먼저 사(事)법계는 구체적인 현상이나 개별적인 사건 또는 사물 등이 다양하면서도, 고유한 독자적인 모습과 개체성을 갖추면서 존재하고 있는 현실세계 또는 현상적인 경험의 세계라고 할 수 있다. 철학적인 용어로는 현상의 세계나 객관의 세계라고 할 수 있다. 그러나 현실세계는 스스로 독립적으로 존재할 수 있는 것이 아니라 조건들에 의해서 상호의존적으로 존재하는 유사존재성의 세계이다. 따라서 상호의존적으로 존재하기 때

---

80) 화엄철학(Philosophy of Hua – yen Buddhism)은 『大方廣佛華嚴經』(Mahavaiplya – buddha – gandavyuha – sutra), 약칭하여 『華嚴經』(Avatamsaka sutra)을 중심으로 하는 불교의 대표적인 대승사상이다. 화엄철학을 때로는 화엄학 또는 화엄사상, 화엄종 (Hua – yen school) 등으로 다양하게 부르기도 한다. 화엄철학은 대단히 방대하고 이를 정확하게 이해하기 어려운 것도 사실이다. 화엄철학은 실제로 화엄경을 기초로 하여 불교의 중심사상인 법신불 사상과 보살 및 유심(唯心)사상, 법계연기와 정토사상 등 불교철학의 중심적인 내용을 담고 있는 방대하면서도 체계적인 내용으로 구성되어 있다. 따라서 화엄철학을 여기서는 필자의 다차원 정책론뿐만 아니라, 물아주의 정책 사상의 물아의 기초사상으로 이해하기 위한 제한된 범위에서 존재론적인 관점에서, 인간존재의 본질과 사물의 진리와 그의 작용을 설명하고 있는 법계연기사상의 핵심인 4법계론(法界論)에 한정하여 이해한 것에 불과하다.

81) 물아의 상호교섭론에 관한 설명은 필자의 『다차원 정책론: 실체와 적용』(2001)의 제3장의 내용을 재정리하면서 요약한 것이다. 관련되는 참고문헌은 생략하였으며 물아주의 정책사상에서 첨가하여 인용하는 참고문헌만 기록하였다.

82) 4법계론 또는 4종(種)법계론(Theory of Four Dharmadhatus)은 화엄경에 직접적이고 구체적으로 명시된 이론이 아니라 화엄학자들, 특히 중국의 화엄학자나 승려들이 화엄경의 법계연기에 관한 다양한 내용들을 체계적으로 정리하고 발달시킨 이론이다. 그래서 때로는 4법계이론이 중국 화엄종의 창시자라고 할 수 있는 두순(杜順)(557–640)의 『법계관문』(法界觀門)에서부터 구체적으로 제시되었다는 설도 있다. 그러나 여러 화엄학자들의 노력에 의해서 4법계론이 형성되었다고 보는 것이 보다 타당할 것 같다.

문에 사(事)의 세계는, 특히 종교적 의미에서 그 자체의 본질을 스스로 파악할 수 있는 자성(自性)을 가지지 못한 무자성(無自性)의 세계라고 할 수 있다.

이(理)법계는 현상의 사물이나 사건의 존재가치나 질서 또는 실존의 법칙 등이 밝혀지는 세계이다. 과학주의의 입장에서 과학적인 검증을 거친 이론의 세계로 이법계를 이해할 수 있지만, 종교사상인 화엄철학에서 이(理)는 모든 존재의 질서와 가치를 포용하는 자성의 본질이라고 할 수 있다. 따라서 경험적 검증을 거친 이론이나 법칙만으로 이해할 수 없는 수많은 조건과 모습이 있게 된다. 왜냐하면 사(事)의 세계와 이(理)의 세계를 구분해서 이해하는 것이 아니라, 이와 사가 전체로서 하나의 세계관을 형성하는 불가분의 상호의존적인 세계로 이해하고 있기 때문이다. 따라서 모든 존재의 근본을 설명하는 세계이지만 아직까지 이(理) 그 자체만으로 이(理)의 세계를 확정적으로 결정하기 어려운 것도 사실이다.

세 번째의 이사무애(理事無礙) 법계는 이(理)와 사(事)가 상호간에 독자적이고 독립적이기 때문에, 서로가 의존하고 독립하여도 아무런 장애나 방해가 될 수 없는 불가분의 단일체(the inseparable unity)를 설명하는 법계이론이다. 따라서 현실의 세계가 곧 이론의 세계이며 동시에 이론의 세계는 현실세계와 유리되거나 분리되어서 존재할 수 없다는 것을 설명하는 법계사상이 이사무애라고 할 수 있다. 즉 이(理)와 사(事)가 융합하지만 동시에 각자의 모습으로 흩어지기도 하고 또한 공존하면서 소멸하기도 한다. 그러나 상호협력하면서 충돌하기도 하는 모습을 설명하는 것이 이사무애의 법계사상이다.

마지막으로 사사무애(事事無礙) 법계가 4법계론의 핵심적인 개념이라고 할 수 있다. 사법계나 이법계 또는 이사무애는 사사무애를 설명하고 이해하기 위한 기초적인 개념이라고 할 수 있다. 요약해서 법계사상에서 사(事)가 서로 융통하고 조화되는 무장애법계를 사사무애법계로 지칭하기도 한다. 이사무애(理事無礙)에서는 현상의 세계인 사가 본질적 실존세계인 이의 세계로 환원되는 과정에서 (환원주의가 주장하는 환원이 아니다), 상호간에 방해와 걸림이 없으면서 또한 의존하는 것을 강조하였지만, 사사무애(事事無礙) 법계에서는 사(事)와 이(理)가 상호교섭하면서 서로간에 아무런 장애나 방해가 될 수 없는 없는 무장애의 모습을 설명하고 있다. 따라서 무장애이기 때문에 사사무애법계 그 자체를 입증하기 위한 어떤 논증이나 방법론도 필요없다고 보았다. 또한 사법계나 이법계, 이사무애법계는 그 자체로서 독립적인 실체를 가지고 있는 것이 아니다. 그러나 사사무애(事事無礙) 법계만이 독자적인 실체로서, 사의 세계는 이의 세계와 서로 다른 양태나 성질이 아닌 양자의 세계를 자유롭게 왕래할 수 있는 세계라고 할 수 있다. 나아가 사와 이의 세계는 반복적인 동질성과 상호의존성을 조화롭게 포용하고 있는 세계를 설명할 수 있는 법계사상의 최후의 단계라고 할 수 있다.

사(事)와 이(理)의 세계는 각자의 다양한 세계와 모습을 가지고 있고 그 작용도 천차만별이다. 그럼에도 불구하고 어떻게 이와 사의 세계들이 상호간에 장애나 방해가 될 수 없는가 하는 문제가 적어도 현실적으로 제기될 수 있다. 이와 같은 문제에 대하여 징관(澄觀)은 사의 세계가 형성되면서 이의 세계를 포섭하는, 즉 하나가 곧 전체가 되는 연기사상으로 설명하기도 했다. 결론적이지만 이의 세계가 사의 세계를 포용하고 포섭하기 때문이라고 했다[83]. 포용은 이사무애의 단계를 사사무애가 동시에 설명할 수 있을 때 가능하다, 즉 이사무애의 단계를 거치면서 이법계와 사법계가 사사무애에 와서 상호간에 조화되는 법계론의 단계가 생성될 수 있다고 했다[84].

다차원 정책이론의 다차원성과 마찬가지로 물아주의 정책사상에서 물(物)과 아(我)도 대칭적인 특성을 가진 개념이라고 할 수 있다. 그렇다고 정(正)과 반(反), 고저와 장단, 음과 양, 주체와 객체 등과 같은 이분법적인 개념은 아니다 (김태흡, 1930: 2). 더군다나 물과 아의 총합에 의한 새로운 제3의 개념으로서 물아(物我)의 개념을 이해한 것은 더욱 아니다. 물론 앞서 동서양의 여러 사상에서

---

83) "第二明事事無礙法界 爲經旨趣 義分齊中 當廣分別 今但略名 亦分爲二初一對明 無礙所有 所以事事不同而得無礙者 以理融事故 於中初句 明依理成事 故一與多"(『演義鈔』卷1, (이도업, 1998: 247–248에서 재인용).

84) 법계사상의 중심인 사사무애(事事無碍) 법계의 실상을 화엄철학에서는 육상원융론(六相圓融論)(harmonious interpenetration of six categories)이나 십현연기설(十玄緣起設) 등으로 자세히 설명되고 있기도 하다(자세한 것은 『다차원 정책론』의 제3장 참조).

물과 아 및 물아 등의 개념을 설명하면서 언급했듯이 물아(物我)는 종교적인 범아일여 사상과 같이 육체적인 인간과 영혼의 일체설이나, 본래 한 물건도 없다는 일물(一物) 등의 깨달음의 세계를 지칭하는 것도 아니다. 마찬가지로 천지의 만물이 본질적으로 나와 같다거나, 만물을 내가 갖추고 있기 때문에 나를 갈고 닦아서(수신:修身), 인간세계의 진실됨인 성(誠)을 실천하여 하늘의 마땅한 이치인 천명의 성(性)을 달성하면서 동시에 만물을 사랑하고(애물:愛物) 성숙케 한다는 성기성물(成己成物) 사상의 사물과 인간의 관계도 아니다. 마찬가지로 인간과 사물을 구별하지 아니하는 동물주의나 또는 성리학적인 인물(人物)사상의 물과 아의 개념과도 차이가 있다고 했다.

물아주의 정책사상에서 물아는 만물이 각자의 역할과 기능을 다하는 것을 도(道)로 설명하는 노장(老莊)사상에 보다 가깝다고 했다. 특히 만물의 본성을 무위(無爲)의 작용으로 설명하는 노자의 사상은 물아주의에서 매우 중요하다고 했다. 그리고 유기체철학이 설명하는 인간을 포함하는 유기체의 조화되는 존재의 관계가 물아의 사상적인 기초가 될 수 있다고 했다. 또한 물아사상은 비춤과 막힘이 장애없이 동시에 진행되는 차조(遮照)를 동시에 설명하는 불교의 중론에서도 기초적인 사상을 배운다고 했다. 특히 화엄철학의 4법계론에서 현실적인 존재인 사물의 경험적이고 실천적인 세계인 사(事)법계와, 사법계의 존재론적 가치를 밝히는 이(理)법계 나아가 이와 사의 독립적이면서도 상호간에 의존적이라는 이사무애(理事無礙)의 법계 그리고 이(理)와 사(事)와의 상호간에 교섭하면서 장애나 방해가 아닌, 원만한 교섭의 상태를 설명하는 사사무애(事事無礙) 사상에서 물아의 사상적인 기초를 발견하고 있다고 했다.

특히 4법계론(法界論)에 따라서 물아(物我)주의를 상호교섭론(相互交涉論: mutual interpenetration)으로 요약할 수 있다. 왜냐하면 먼저 사(事)법계에서 설명하는 법계의 실상은 물과 아의 존재론적인 본질을 설명할 수 있기 때문이다. 현실세계에서 존재하는 만물은 인간뿐만 아니라 유정 및 무정물 등과 같은 비인간도 각각의 독자적인 모습과 개체적인 특성과 역할에 의한 그 자체의 존재론적 가치와 목적을 가지고 있다는 사상에서 출발하고 있기 때문이다. 이것을 화엄철학에서 상호상즉(相互相卽: mutual identity) 또는 동시구기(同時俱起: simulta−neous arising)라고 하기도 했다. 이것이 물아주의의 개념적인 이해에 가장 중요한 기초사상이라고 할 수 있다.

각각의 존재론적 가치와 목적을 가진 인간과 자연 만물이 그러나 사법계에서 각각 상호간에 분명히 의존(mutual dependence)하고 있다는 사실도 물아주의의 개념에 중요하다. 왜냐하면 다양하고 고유한 영역과 활동을 가지고 있는 모든 존재들이 자신들의 존재가치를 확인하면서도 동시에 타 존재의 가치나 그의 영역을 부정하거나 무시하는 것이 아니다. 대신에 각각의 존재의 가치를 상호존중하면서 조화의 상태를 이루고 있다는 것을 설명할 수 있기 때문이다. 이와 같은 조화를 달성하고 있기 때문에 자신의 존재를 자각하면서도 타의 존재가치를 절대적으로 인정하지 아니할 수 없는, 즉 자신이 존재하면서 동시에 타의 존재에도 조금의 방해나 장애가 될 수 없다는 상호간의 무장애 또는 동시무애(simultaneous non−obstruction)를 설명할 수 있다.

앞서 물과 아의 개념을 구분해서 설명하면서 언급했듯이 이와 같은 각 사물의 상호간의 무애의 세계를 순자(荀子)는 사물의 본질을 이해하면 각 사물의 쓰임새와 그의 가치를 막힘없이 추구할 수 있다는 이물물과 겸물물(以物物, 兼物物)로 설명하면서, 만물이 각자의 위치나 가치의 차이에만 몰입하게 되면 상호간에 방해나 장애가 될 수 있다고 했다. 나아가 『중용』도 만물이 상호간에 돕고 기르면서 해치지 아니하는 실천적인 도를 설명했다. 그래서 주자(朱子)도 천지만물이 본질적으로 나와 일체라고 주장했으며, 맹자는 일체의 만물을 내가 구비하고 있다고 했다. 나아가 장자(莊子)는 이와 같은 만물의 행(行)을 도라고 불렀고, 노자(老子)는 만물이 성장소멸의 주인이지만 말하지 아니한다고 했다. 이와 같은 인간과 사물과의 무애한 사상을 총결해서 공자는 '하늘이 무슨 말을 하던가'라고 반문했다는 것을 기억해 볼 필요가 있다.

법계론에 보는 물과 아는 온전히 독자적인 모습과 실체를 가진 물과 아이다.

그러나 동시에 상호간에 무애라고 하는 사상에서 물과 아가 각각이면서 의존적이라고 하는 대칭적인 개념도 이해할 수 있다고 했다. 즉 현실의 사의 세계와 그 존재론적 가치와 법칙 등이 밝혀지는 이의 세계가 이원론적인 관계가 아니라 상호간에 의존하는 세계라는 사실을 확인하는 것이다. 이때에 물과 아의 각각의 독립적인 실체에서 이제 물아의 총섭적인 개념으로 전환되는 것을 이해할 수 있다. 즉 물과 아가 영원히 구분되는 것이 아니라 상호간에 의존하면서 존재하지만 각각의 위치와 역할에서 손상이나 우열 또는 차별 등이 있을 수 없다는 사실을 사사무애의 법계가 설명하듯이, 물(物)과 아(我)가 이제 물아(物我)의 상호교섭의 개념으로 설명될 수 있어야 물아주의를 개념적으로 정의할 수 있는 기초사상이 될 수 있을 것이다.

물아가 사사무애와 같이 상호간에 교섭한다는 조화의 사상을 전개하고 전제할 수 있어야 정책사상으로서 물아주의의 특성을 발견할 수 있을 것이다. 사사무애에서 사사(事事)라는 단어가 아(我)인 인간을 제외한 사물이라는 의미는 아니다. 물물(物物)이라고 하는 것과 같이 사와 이의 세계가 분명히 독자적인 실체이지만, 사는 이와 구별되거나 차별되는 세계가 아니라는 사실을 강조하기 위한 용어로 사용된 개념을 사사(事事)라고 한 것이다. 앞서 사사무애 법계를 설명하면서 강조했듯이 사와 이의 세계가 그 자체로서 독자적인 실체를 가지고 있지만 그러나 여기서 고립되거나 종결되는 세계가 아니다. 대신에 양자의 세계는 서로간에 자유롭게 왕래할 수 있으면서 또한 의존하지만, 조화롭게 양자의 세계가 상호간에 포용되고 있는 상호교섭 사상이(유흔우, 2008; Chang, 2012)(물론 제3의 새로운 세계가 등장하는 것은 아니다) 물아를 이해하는 중심개념이라고 했다. 이것이 물아주의의 기초사상이다[85].

물과 아인 물아(物我)의 상호교섭도 물과 아의 이분법이나 제3의 새로운 개

[85) 과학기술분야에 사사무애(事事無碍) 사상을 적용하는 하나의 예로서 전기과학자(김기채, 2004)는 전기전자 기기의 잡음(noise)을 완전히 제거해야 한다는 단편적 사고는 부적절하다; 잡음도 자연세계의 한 구성요소이기 때문에 잡음과 공존할 수 있는 지혜를 사사무애에서 배울 수 있다고 했다.

념인 물과 아가 합쳐진 개념이나 패러다임 또는 실체가 아니다. 물(物)은 영원히 물(物)이며 아(我)는 영원히 불멸하거나 불변하는 아(我)이다. 동물이 어느 순간에 인간으로 변형되는 것은 아니다. 인조인간이 어느 날 자연인간이 되는 것도 아니다. 인간형 로봇을 시작으로 하는 기계인간이나 인조인간은 인간이라는 용어를 사용하지만 자연인간은 아니다. 단지 인간이 발견하고 창안하면서 제작한 비인간의 한 유형일 뿐이다. 물론 짐승만큼도 못한 인간이라고 비난받을 수 있지만 잉여인간이라고 해서 어느 순간 짐승이나 아바타가 되는 것은 아니다. 즉 비인간이 인간이 되고 인간이 비인간이 될 수 없다. 따라서 물과 아가 상호간에 교섭한다는 이와 같은 철학적 사고체계가 물아주의를 개념적으로 정의할 수 있는 기초이론에 해당된다.

물아의 사상적 기초를 상호교섭론으로 설명하는 방법론은 제2장의 정책사상의 연구방법에서 설명한, 물리적 세계의 상호간의 관계를 정신적 세계로까지 확대하여 이해하고자 하는 환원주의 방법을 사용하고 있음을 거듭 밝힌다. 나아가 인간의 정신세계의 인식작용을 단계적으로 설명하는 유식론 접근방법이나, 사물의 존재론적 성장소멸을 설명하는 연기론 등에도 방법론적인 뿌리를 두고 있다는 사실을 여기서 다시 지적하고자 한다.

2) 물아주의의 개념 정의

정책사상으로서 물아주의는 정책세계에서 아(我)인 인간과 물(物)로 통칭될 수 있는 비인간(여기에는 무정물도 포함된다)과의 상호관계에 초점을 둔 사상이다. 따라서 물아주의를 정책세계에서 인간과 비인간과의 상호교섭의 관계를 철학적으로 설명하고 이론적으로 체계화하는 인간중심적 정책사상이라고 정의해 볼 수 있다[86]. 이와 같이 정의하는 물아주의 정책사상의 철학적인 기본 요소는 세

---

86) 여기서 정의한 물아(物我)주의를 영역(英譯)하면, "the principle of mutual interpenetration between policy human and non‑human in the human‑centered policy world"라고 할 수 있다. 즉 이것을 "human and all beings have their

가지로 구성되어 있다.

첫째, 정책세계에서의 물아주의이다.

인간인 아(我)와 인간 이외의 사물을 통칭하는 물(物)과, 물과 아의 변증법적인 합(合)에 의한 제3의 새로운 개념이 아닌 물과 아의 통칭적인 개념이라고 할 수 있는 물아(物我)의 개념을 설명하면서 언급했듯이, 물아주의는 정책세계를 철학적으로 설명하면서 이것을 정책이론으로 체계화하는 정책사상이라고 했다. 그러나 철학적이거나 종교적인 인간학이나 물학(物學) 또는 성리학의 인물(人物) 사상, 베단타 철학의 범아일여 사상에 의한 물아, 불교의 일물(一物) 사상에 의한 물아, 나아가 정신적 몰입상태를 은유적으로 설명하기도 하는 물아 등의 개념이나 사상과 물아주의의 물아는 차이가 있다.

위에서 언급한 사상은 물아주의 정책사상을 정립하고 정의하기 위한 중요한 기초이론이나 철학이다. 또한 이것을 물아주의의 선행 사상이나 연구 등으로 검토하기도 했다. 특히 물과 아의 본질적인 가치나 특성 등이 인간을 중심으로 인간세상에서 실천되고 있다는 것을 설명하는 도(道)나 성품, 격물이나 애물, 자연, 천도, 무위(無爲) 등과 같은 철학적 사상은 물아주의 정책사상에 중요한 기본적인 철학이고 사상임에 틀림없다고 했다.

그럼에도 불구하고 물아주의는 정책세계를 설명할 수 있어야 한다. 정책세계(policy world)는 앞서 정책사상 대계의 근간인 국가주의에서부터 시발하면서 선도주의 및 균형주의, 현실주의 등과 같은 정책사상이 설명하고 있는 세계이다. 따라서 물아주의는 정책세계를 철학적으로 체계화한 사상이면서 동시에 정책세계에 적용하고 설명해야 하는, 정책의 장(場)에서 정책인(policy human 또는 person)이 활동하는 세계를 설명하는 사상이다.

---

intrinsic values and identities unobstructed or unimpeded by each other toward mutual interpenetration"으로 풀어서 설명해 볼 수도 있다. 그러나 이와 같은 영역(英譯)은 물아주의 정책사상의 본질적 특성을 설명하기에 어의적 한계를 가지고 있다. 그래서 『정책사상 대계』를 영어본으로 발간할 때 이와 같은 어의적 한계를 극복하는 것도 하나의 과제이기도 하다.

물아의 세계관을 유정물이나 무정물의 활동이나 존재를 설명하는 형이상학적 개념에만 한정한다면 당연히 정책세계를 물아의 세계와 구분하여 설명할 필요가 크지 아니할 것이다. 그러나 정책세계는 법률적이고 정치적인 정당성을 가진 국가가 중심주체로서, 공권력 작용인 정책을 결정하고 실행하면서 현실적으로 정책을 통하여 추구하는 가치나 목적을 달성하기 위한 세계이다. 동시에 개인이나 집단(이것을 인간이라고 할 수 있다) 또는 비인간(무정물을 포함하는 사물(事物)(affairs and things) 등의 자유롭고도 자율적인 판단과 결정에 정책으로 개입하거나 간섭하는 정책세계이다. 이와 같은 국가주의의 정책개입은 정책의 선(善)을 실천하고 유지할 수 있어야 한다. 나아가 정책의 물리적일 뿐만 아니라 정신적인 정책인과의 균형도 계속적으로 유지할 수 있어야 한다. 마땅히 정책사상은 정책현실에서 정책의 실천지식과 실천지혜, 실천판단 및 실천책무 등과 같은 정책의 실천성을 담보할 수 있어야 한다. 따라서 정책사상은 정책세계를 설명하는 사상이며 실천하는 사상이다. 마찬가지로 인간과 비인간 상호간의 조화에 의한 교섭의 세계를 설명하는 물아주의 사상도 정책세계를 설명하면서 정책세계에서 실천되는 사상이다.

둘째, 정책세계에서 물아(物我)의 상호교섭 관계를 설명하는 사상이다.

물아의 개념에서 설명했듯이, 물아주의는 인간인 아(我)와 인간뿐만 아니라 사물을 지칭하는 물(物)이 상호간에 원만하게 교섭하면서 각각의 본질적 가치와 역할이 침해받거나 방해받을 수 없는 불가침의 신성한 존재물이라는 사실에 기초하고 있는 정책사상이다. 각각의 사물은 본질적으로 존재할 가치가 있다. 즉 사물은 사물의 역할과 기능을 다할 수 있는 실존적인 존재물이며 존재자이다. 그렇기때문에 4법계론이나 중론에서 현실의 세계(事)와, 현실의 이치나 법칙을 설명하는 이(理)의 세계는 그 자체로서 독자적이고 독립적인 고유한 실체이면서도 상호간의 원만한 조화의 관계를 유지하고 있다고 했다. 정책사상으로 물아주의는 정책세계에서 물과 아를 차별적인 이원적 사상이 아니다. 물(物)과 아(我)의 조화로운 교통과 소통의 관계에서 조화와 균형을 유지하거나 달성하는 것을 설명하는 정책사상이라고 할 수 있다.

셋째, 물아주의는 인간중심적(human-centered) 정책인 또는 정책주재자를 전제로 하는 정책사상이다.

물아주의 정책사상은 정책세계에서 인간이 중심적인 정책사상이라고 했다. 이때의 인간을 정책인 또는 정책주재자라고 할 수 있다. 앞서 물아주의 정책사상의 발원과 정책사상에서 인간을 이해하면서 지적했듯이 물아주의 사상이라고 해서, 인간과 사물이 원만하게 조화되고 융화되면서 인간도 없어지고 동시에 사물도 사라지는 것을 의미하지 아니한다고 했다. 그리고 실존하는 실체이든지 개념으로서 새로운 물아가 등장하여 정책세계를 지배한다는 사상은 아니다.

정책세계의 주인공이며 주재자인 인간은 정책을 지배적으로 관리하고 조정하며 결정한다는 사실을 전제로 하고 있다. 여기서 인간은 만물의 영장으로서 그들만의 이기적인 목적이나 가치를 실현하기 위하여 만물을 착취하거나 이용한다는, 서구의 인간중심주의적인 냉소적이거나 부정적인 인간형이 아니다. 그렇다고 생태중심주의가 주장하듯이 인간과 비인간, 인간과 자연을 구분하지 아니하면서, 모든 생명이나 가치가 우주질서에 연결되어 있기 때문에 인간은 자연의 한 부분에 불과하다는 인간의 이해도 아니다. 즉 인간과 비인간의 공생사회에서 자연을 포함함 모든 사물의 존재의 가치와 존엄성이 보장되어야 한다는 생태적 인간관을 수용하지만, 인간도 독특한 존재가 아니라 보통의 유형이나 동물이라는 동물주의적인 인간관도 물아주의에서 수용되기 어렵다고 했다.

물아주의 정책사상에서 인간은 인간을 포함하는 모든 사물, 즉 천지만물이 각각의 존재적 가치와 실현을 조화롭게 추구하고 실현할 수 있다는 사상에서 출발하고 있다. 앞서 정책사상에서 인간을 정의했듯이 그러나 물아주의의 인간인 정책인이나 정책주재자는 정책의 창조자이면서 동시에 정책을 실천하는 실천자이다. 정책의 창안과 실천으로 정책의 선이나 가치 및 정책인과의 균형 등을 판단하고 수정하는 판단자이기도 하다.

그래서 정책인은 정책세계를 독점하는 인간 독점적이고 우월적이라고 보았다. 마치 국가주의 정책사상에서 국가정책을 독점적으로 결정하고 실천하는 국가독점주의와 같이, 물아주의 정책사상에서 인간도 정책세계를 독점하고 있다는 사실에서 인간독점주의라고 한 것이다. 그렇다고 인간만이 정책세계에서 정책의 가치와 이념 등을 인간과 자연 및 만물이 살아가는 공동체에서 실현할 수 있는 정신적이고 물리적 능력과 판단을 가진 우월한 생명체라고 하는 독선적인 인간관이 아니다. 인간우월주의는 정책세계에서 인간의 정책능력이나 판단작용 및 실천능력 등이 비인간보다 우월하다는 의미의, 소위 만물을 통치하고 관리할 능력이나 역량(인지소능자 치만물:人之所能者 治萬物)이 우수하다는 뜻이다. 왜냐하면 앞서 강조했듯이 인간은 천지만물의 일부이면서 동시에 삼라만상의 각각의 위치와 역할에서의 모든 존재자나 존재물의 본래적 가치를 이해하고 인식할 수 있는 뛰어난 존재라는 것을 정책세계에서 이해하고 인정하는 것으로 인간우월주의를 이해하고 있다고 했다.

우월적이고 독점적인 정책세계의 주재자로서 인간은, 국가개입주의와 같이 정책세계에서 인간과 자연만물의 공동체사회의 정책가치와 이념 등을 실천할 수 있는 정신적이고도 물리적 능력을 가지고 있다는 것이다. 즉 정책의 가치를 주창하고 선도(善導)할 수 있는 판단자이며 정책을 창조하고 실행하는 실천자라는 의미이다. 따라서 국가를 구성하여 운영하고 있는 인간이 국가의 공식적이고 권위적인 정책을 통하여 인간과 비인간의 판단과 결정에 개입하거나 간섭하고 있다. 이것을 철학적으로 사고하고 설명하는 것이 인간개입주의이다.

정책세계에서 물(物)과 아(我)의 상호간의 교섭관계를 인간중심주의(human-centeredness)로 설명하는 물아주의 정책사상의 개념을 <그림 7-1>과 같이 정리해 볼 수 있다.

〈그림 7-1〉 물아주의 정책사상의 개념도

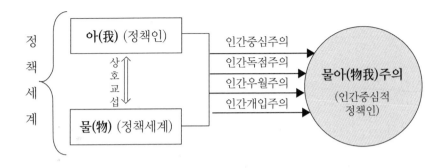

3) 물아주의 정책사상의 특성

제1절에서 물아주의 정책사상이 발원하게 되는 사상적 논거를 설명하였다. 그리고 정책사상에서 '인간이란 무엇인가' 하는 것을 설명하면서 정책학의 출발과 발달에서 학문적인 정체성이나 가치를 근원적으로 고찰하는 사상적 출발과 인유 (因由) 등을 설명하였다. 또한 물아주의 정책사상을 정의하고 그의 사상적 요소를 구체적으로 지적하기도 했다. 이것을 요약하면 물아주의 정책사상의 특징이라고 할 수 있지만 여기서는 위의 내용이나 주장 등을 다시 요약하고 정리하면서, 물아주의 정책사상의 이론적이고 실천적인 내용을 좀 더 강조하는 수준에서 물아주의 정책사상의 특성을 세 가지로 구분해서 설명하고자 한다.

첫째, 물아주의 정책사상은 정책이론이나 정책사상에서 인간이란 무엇인가 하는 근원적이고 발원적인 질문을 하면서 시원(始原)적 수준이지만 인간을 이해할 수 있어야 정책사상이 정립될 수 있다는 사실을 설명한다는 것을 가장 우선적인 특성으로 들 수 있다.

무엇보다도 먼저 물아주의 정책사상에서 아(我)인 인간은 정책인이며 주재자이다. 인간을 포함하는 자연사물이나 천지만물의 주인공이면서 주재자로서, 인간은 정책세계를 우월적인 입장에서 독점적으로 지배하면서 인간과 사물의 세계에 개입하는 인간개입주의를 설명하는, 즉 인간중심적(human-centered) 정책사상이라고 할 수 있다.

앞서 개인적이거나 국가적인 일들도 모두 물(物)이라고 하는 주자(朱子)의 물(物) 개념을 이해하면서 국사(國事)인 정책도 나와 일체라는 논리적인 귀결을 얻어낼 수 있기도 하다. 즉 정책이 곧 나와 일체가 될 수 있다. 동시에 나는 정책인으로서, 즉 정책의 창조자이면서 실천자이고 판단자로서 모든 사물이나 사건을 통칭하는 물(物)과 같다고 할 수 있다. 물인 나, 즉 아(我)인 인간이 역시 물(物)인 인간이나 비인간을 포함하는 자연의 사물이나 사건인 물(物)을 창조하고 관리하며 추구하는 목적이나 이상을 실천하면서 그의 과정이나 결과를 물(物)의 존재론적 가치의 공헌도나 기여도를 판단하는 판단자라고 할 수 있다.

이와 같은 주자의 물(物)사상을 수용한다면 정책세계의 인간관은 물(物)사상의 인간이라고 할 수 있다. 동시에 인간에 의한 정책은 사건으로서 역시 물(物)이라는 결론을 이어 갈 수 있다. 그렇다면 물아주의 정책사상을 굳이 물아(物我)라고 하기보다 '물'(物)주의 정책사상이라고도 해도 될 것이다.

그러나 물아주의 정책사상은 물의 개념에서 아(我)를 포함한 천지만물을 일체(一體)로 이해하지 아니한다. 물과 아는 분명히 각각의 독립된 객체로서 고유한 존재론적 가치나 목적을 가지고 있다고 본다. 즉 사(事)의 세계와 이(理)의 세계는 상호간에 독자적인 실체를 소유하는 독립체라고 보는 것과 같다고 할 수 있다. 그러면서 동시에 각각의 물과 아는 상호간에 의존하면서 각각의 고유한 실체의 본질을 각자 수용하거나 실천하고 있다. 즉 각각의 존재를 부정하거나 방해 또는 훼손하는 장애물로 작용하지 아니하고, 자연만물이 성장하고 소멸하는 세계에서 조화롭게 상호간에 의존하면서 교섭하는 실체라고 하는 사상에 기초하고 있다. 이에 따라서 물과 아의 상호교섭의 관계에 의한 물아주의 정책사상을 설명하고 주장하는 것이다.

전통적으로 정책학이나 정책사상(물론 최근에 논의되기 시작하고 있지만)은 인간 또는 정책인을 분명하게 정립하거나 설명하지 아니했다. 물론 정책학 초기의 Harold Lasswell을 중심으로 하는 정책사상도 인간의 존엄성 및 민주주의 등과 같은 사상을 기초로 하고 있다. 그러나 Lasswell이 분명하고도 구체적으로 인간 이외의 사물의 존재적 가치를 언급하지 아니했다. 그의 정책사상은 기술과 문명의 발전 및 전쟁 등에 의하여 무시되거나 훼손된 인간의 존엄성을 보장하고 지킬 수 있는 정책사상이다. 따라서 전통적으로 정책의 본질은 인간의 존재의 가치를 높이고 실천하는 인간중심적이면서 동시에 인간의 존재가치인 존엄성의 실천과 존경을 전제로 하는 정책사상이었다.

따라서 정책세계에서 인간이란 무엇인가에 대한 본질적인 고민이나 논의가 생략되고 있었다고 할 것이다. 물아주의 정책사상은 인간을 포함한 삼라만상의 모든 존재들이 상호간에 연계되고 교섭하는 공존의 정책세계에서 인간이 정책을 독점하는 정책인이나 주재자로서 인간을 이해하고 있다. 이에 따라서 물과 아 및 물아 등의 개념을 탐구하고 이것을 사상적인 기반으로 해서 물아주의의 정책사상을 정의하고 제안한 것이다.

그렇다고 물아주의 정책사상이 인간이나 사람이라는 주제어에 한정되거나 구속되는 사상은 아니다. 물아주의 정책사상은 국가주의를 중심으로 하는 정책사상으로, 인간이나 비인간 등과 같은 이분법적 사고나 비판에 고착된 사상이 아니다. 모든 사물과 인간의 상호교섭적인 관계에서 정책의 본질적 가치를 설명하고자 하는 정책사상이다.

국가주의에 의한 정책의 선(善)이나 정책인과의 균형을 현실적으로 실현하면서 인간만이 정책현실의 무대에서 주인공이 될 수 없다는 것을 설명하는 사상이 물아주의이다. 단지 정책의 본질에서 본, 사물의 주체와 작용에 의한 중심체가 인간에 있다고 본 것이다. 즉 인간이 중심이면서 우월적이고 독점적 위치에서, 인간뿐만 아니라 비인간의 자율적이고 자유로운 판단과 결정에 개입하는 인간개입주의를 설명하는 사상이라고 할 수 있다. 따라서 물아주의 정책사상은 국가주의에서 시작된 정책사상을 총합하고 총결하지만 인간을 중심에 둔 비인간과의 이분법적 사고인, 인간 대 비인간의 구별이 아닌 정책의 본질과 현실에 따라서 때로는 인간과 인간, 인간과 비인간을 포함하는 사물(事物)과, 인간인 아(我) 등을 상호교섭의 조화로운 관계로 설명하는 정책사상이라고 할 수 있다.

둘째, 정책사상에서 인간을 이해하면서, 인간이 고립적인 존재로서 자연만물의 절대적인 지배자나 관리자가 아니다. 대신에 인간을 포함한 만물과 상호간에 조화로운 관계를 유지하는 인간중심주의적 인간관이 물아주의 정책사상의 특징이다.

정책세계에서 인간이 중심에 있는 것은 사실이다. 그러나 지금까지 정책학은 인간의 존재를 주어진 당연한 것으로 보면서 인간을 관심의 주제에 두지 아니했다. 정책사상 뿐만 아니라 인근 학문의 사상연구에서도 인간을 중심으로 하는 사상이라고 정의하면서도 인간 이외의 사물, 즉 비인간 등은 설명하지 아니하고 있다. 그래서 앞서 물아주의 정책사상의 발원에서도 언급했듯이 인간을 포함하는 개념인 사물을 물아(物我)로 총칭하면서 물아를 사상적으로 이해하고 설명할 수 있어야 한다고 했다. 그렇지 못하면 인간중심주의에 의한 정책사상은 인간의 존엄성과 존재의 가치에만 함몰되거나 집착하게 되는, 소위 서구의 인간중심주의나 휴머니즘 등과 같은 한계에 의하여 반쪽 수준의 정책사상이 된다고 하였다.

물아주의는 인간 중심적인 정책사상이다. 동시에 인간을 포함하는 만물을 지칭하는 물아의 개념을 전제로 하는 사상이다. 물아는 정책세계에서 독자적이고 독립적인 실체를 가진 물아이지만 상호간에 의존하면서 방해되거나 장애되는 것이 아니라 원만하게 조화의 상태를 달성하는 상호교섭론에 의한 개념이라고 했다. 따라서 물아주의 정책사상의 인간관은 인간중심주의이지만 정책을 창조하고 실천하면서 정책을 판단하는 인간과 비인간과의 상호교섭을 추구하는 정책인이라고 할 수 있다.

셋째, 물아주의 정책사상의 물아(物我)는 정책세계에서 활동하는 모든 사물의 각자의 형상과 이름을 통칭하는 개념이라고 할 수 있다.

물아의 개념을 설명하면서 종교적인 범아일여(梵我一如) 사상이나 일물(一物)사상과는 다르다고 했다. 이와 같은 일물 또는 범아는 깨달음의 세계에서 물과 아를 하나 또는 동등하다는 것으로 설명하는 사상이다. 물론 물과 아의 총합에 의한 새로운 제3의 개념은 아니지만 일물이나 범아는 이원적 상대성을 비판하면서 새로운 세계를 추구하고 있는 것은 사실이다. 마찬가지로 천지만물이 본질적으로 나와 같다거나, 만물을 내가 갖추고 있기 때문에 나를 수신하여 인간의 진실함인 성(誠)을 실천해서 만물을 사랑하고(애물:愛物) 성숙케 한다는 성기성물(成己成物)이나, 인간과 사물을 구별하지 아니하는 동물주의나 또는 성리학적인 인물(人物)사상과 물아주의의 물아의 개념과는 차이가 있다고 했다.

물아주의 정책사상에서 물아는 만물이 각자의 역할과 기능을 다하는 것을 도(道)로 설명하는 장자의 사상이나, 만물의 본성을 무위(無爲)의 작용으로 설명하는 노자의 사상, 인간을 포함하는 유기체의 조화로운 존재의 관계를 설명하는 유기체사상 등에 좀 더 가깝다고 할 수 있다. 그리고 비춤과 막힘이 장애없이 동시에 진행되는 차조(遮照)와 동시(同時)를 설명하는 불교의 중론사상, 현실세계인 사(事)와 현실의 존재론적 이치를 설명하는 이(理)의 세계가 상호간에 무애하면서 교섭하는 조화의 세계를 설명하는 화엄철학의 법계사상 등이 물아주의의 물아의 개념에 보다 더 가까운 기초철학이라고 할 수 있다.

4) 치산치수 정책에서 이해하는 물아주의 정책사상

물아주의를 정책세계에서 물(物)과 아(我)의 상호간의 교섭관계를 인간중심주의적으로 설명하는 정책사상이라고 정의하였다. 물아주의는 정책세계에서 인간을 중심으로 하는 정책인을 설명하는 정책사상이다. 그래서 하나의 정책세계를 대표할 수 있는 치산치수(治山治水) 정책에서 물아주의를 이해해 볼 수 있다. 특히 물아주의 정책사상을 발견하기 어려운 산림정책과, 어느 정도의 수준에서 이것을 발견할 수 있는 물관리정책을 대조적으로 설명하면서 물아주의 정책사상의 특성을 조금 더 현실적으로 설명하고자 한다. 치산(治山)정책의 대표적인 법령인 산림기본법(법률 제15079호)과 치수(治水)의 물관리기본법(법률 제15653호)을 중심으로 물아주의를 설명해 보고자 한다.

먼저 산림기본법은 대한민국 산림정책의 근간에 관한 법으로 2001년 4월에 제정되고 공포된 법이다. 이 법령에 의한 산림정책은 산림학계나 실무계 등의 오랜 숙원사업과도 같았다고 했지만(정광수, 2002: 13) 한국 산림정책의 근본이 2000년대부터 정립되었다는 것은, 물론 구체적인 산림정책이나 산림행정 분야의 다양한 법령이 있었지만 산림정책의 기본정향과 목적을 구체적으로 정립하는 것이 쉽지 않다는 것을 보여주는 것이라고 할 수 있다.

한국의 산림정책은 전통적으로 국가가 산림정책의 주체인 국가중심주의적인 특성을 가지고 있다. 따라서 2001년에 제정된 산림기본법도 이와 같은 국가중심주의의 정책사상을 전제로 하고 있다. 동시에 임업 및 임업인에 의한 경쟁력있는 임업산업이나 산림경영을 추진하고자 하면서 민간단체의 적극적인 정책참여와 동반자 역할을 강조하는 소위, 정책거버넌스를 강조하고 있다고 할 수 있다(이종열, 2013: 275-276; 산림기본법 제2조 등).

물아주의 정책사상에 의하면 산림기본법에 의한 산림정책은 인간 중심의 이해관계에 의한, 인간에 의한 산림관리와 경영 및 개발 등에 초점을 둔 정책이라고 할 수 있다. 따라서 인간과 더불어 비인간인 동식물이 산림, 즉 푸른 숲과 산을 공유하고 있지만 인간 이외의 사물에 관한 정책프로그램을 가지고 있지 아니한 산림정책이라고 할 것이다.

물론 산림관련 다양한 법령 등에서 각종 동물이나 식물 등과 같은 비인간에 관한 국가중심주의적 정책이 실천되고 있다. 그러나 대한민국 산림에 관한 기본계획이고 실천지침인 산림기본법에서 인간과 비인간의 조화로운 상호교섭 사상에 의한 물아주의 정책사상을 발견하기는 어렵다고 볼 수 있다.

구체적인 경우로서 산림의 보전과 이용의 조화를 강조하고 있지만(법 제5조) 역시 지속가능한 산림경영, 즉 임업의 시장경쟁력이나 생산성 등이 후세대에서도 계속될 수 있어야 한다는 것이 산림정책의 기본사상으로 정립되어 있다. 더구나 산림복지나 산림문화(법 제3조 3; 20조)도 인간의 산림복지와 문화에 한정되고 있다. 여기에 더하여 산촌주민이라는 매우 한정적인 산림복지 사업도 추진하고 있다(법 제7조). 따라서 인간의 욕망과 가치추구를 우선적인 정책목적이나 가치로 설정하고 있다.

산은 산이다. 산에는 수풀이나 나무, 기타 동식물과 헤아릴 수 없는 생명체가 자리하면서 살아가고 있다. 동시에 산림은 이와 같은 동물과 식물 등 생명체의 서식처이고 보금자리이기도 하다. 마찬가지로 인간도 산림에 의지해서 살아가고 있다. 그렇다면 산림기본법의 기본사상은 인간과 인간을 포함하는 모든 사물이 공유하고 혜택을 향유하면서 동시에 산림의 지속가능하고 건강한 생태자원을 보존할 수 있는 정책의 기본방향이나 철학이 명시되어야 할 것이다. 그러나 산림기본법에 의한 산림정책에는 물아주의가 주장하는 인간중심적이면서 동시에 인간의 이해관계뿐만 아니라 비인간의 본질적인 존재의 가치와 목적을 조화롭게 실천할 수 있는 정책사상을 발견하기 어렵다고 할 수 있다.

다음으로 한국의 치수(治水)정책인 물관리기본법은 2018년 5월에 국회에서 통과되었고 2019년 6월부터 시행되는 물의 통합관리에 관한 기본법이다. 특히 물정책의 기본적인 이념과 목적 및 정책정향 등을 수량과 수질, 물재난 등을 통합적으로 관리하는 통합물관리에 의한 물일원화 정책을 제시하고 있는 것이 특징적이다(김성수·윤익준, 2015; 김철회, 2018). 나아가 물의 순환체계에서 인간과 비인간 간의 생태적인 조화에 의한 물관리의 가치를 달성할 수 있는 물관리 철학을 밝히고 있기도 하다. 여기서 본다면 한국의 물정책은 물아주의 정책사상의 기본적인 사상인 물아(物我)의 상호 교섭관계를 반영하고 있다고 할 수 있다.

물관리기본법은 우선적으로 물이 자연생태계에서 순환되는 물의 순환개념을 도입하고 있다. 즉 빗물이 지표수나 지하수로 다시 강물이나 호수, 댐, 저수지 등과 같은 다양한 물로 변형되었다가 대기 중에 증발하여 다시 빗물로 변화되는 물순환이라는 생태적인 순환사상을 전제로 하고 있다. 이와 같은 물순환 과정에서 인간뿐만 아니라 자연생태계는 그들의 생명체의 근원인 물을 이용하게 된다. 여기서 인간만이 유일하게도 물순환 생태를 보전하고 유지할 수 있는, 즉 물관리 정책역량을 기본적으로 가지고 있다고 전제하고 있다. 나아가 물정책의 기본계획, 즉 물정책을 결정하고 실천할 국가의 정책책무인 국가중심주의도 분명히 밝히고 있다. 따라서 물정책에서도 물순환의 생태적 과정에서 국가개입주의 정책사상도 찾아 볼 수 있다. 즉 물을 사람뿐만 아니라 동식물 등의 모든 생명체가 합리적으로 이용하고 보존할 수 있도록 국가가 정책주체로서 관리해야 한다는 국가주의 사상도 동시에 발견되고 있다.

물관리기본법은 물의 순환과정에서 지구촌의 생명체가 공존할 수 있는 생물체의 서식공간으로서 물의 기능과 가치를 관리하는 물의 생태계, 즉 수생태계의 보전가치를 밝히고 있다(법 제10조). 따라서 인간이 정책인으로서 물관리를 지배적으로 독점하지만 동시에 수생태계의 보전과 보호를 인간이 책임져야 하는, 인간인 아(我)와 수생태계인 물(物)이 조화로운 세계를 유지해야 한다는 물아주의의 상호교섭 관계를 읽을 수 있다. 이것이 물관리기본법에 의한 물아주의 정책사상의 철학적 사고라고 할 수 있다.

이와 더불어 또 하나의 중요한 물아의 상호교섭의 사상으로, 물의 순환과정에서 모든 형태나 유형의 물이 상호간에 균형이나 조화를 달성할 수 있는 물정책을 시행해서(법 제 12조), 물의 정상적인 기능을 유지해야 한다(법 제9조)는 물관리정책의 기본적인 정향을 찾아 볼 수 있다. 즉 인간이나 비인간인 모든 생명체가 이용하고 활용하는 대상이나 가치로서의 물뿐만 아니라 물도 하나의 생명체와 같다는, 즉 물 그 자체도 본질적인 존재의 가치를 가지고 있다는 천지만물 중의 하나의 사물(事物)라는 사실을 물관리기본법이 제시하고 있다. 이것이 인간중심적(human-centered) 물아주의 사상이면서 동시에 인간이 물의 존재를 보존하고 그의 가치를 유지하면서, 모든 사물이 조화로울 수 있는 상호간의 교섭관계라는 물아주의 정책사상의 철학에 해당된다고 할 수 있다.

물정책은 전통적으로 물의 이용과 활용에 의한 서구의 인간중심주의적 이해관계를 기초로 하는 정책이었다. 동시에 물환경 정책과 같이 건전하고 지속가능한 물 생태계의 보전을 강조하는 생태중심주의적 물정책이기도 했다. 이것이 수량(水量)과 수질(水質)을 동시에 관리하고 이용하고자 하는 한국의 경우에 통합물관리정책으로 추진되고 있다.

그러나 물관리기본법은 물의 경제성이나 공공성, 즉 물은 모든 생명체의 근원이라는 사실 뿐만 아니라, 물의 가치에 따라서 물을 이용하고 활용하는 인간과 비인간 등의 물이용 권리에 관한 균형을 중시하는 균형주의 정책사상도 가지고 있다. 이것이 물의 경제적인 수자원(water resource)과 환경적인 수생태(water ecology) 간의 조화와 균형이라는 한국의 물정책 사상을 보여 준 것이라고 할 수 있다.

물아주의 정책사상에서 보면 물도 만물(萬物)의 하나이다. 즉 물은 존재론적인 물이다(ontological water). 물은 천지만물의 근원이고 생명선이라고 하는 사실을 무위와 같은 도의 본성에 비유하여 노자가 설명한(김시천, 2012; 배수호·한준섭, 2012)87) 물은 물 자체의 존재를 비유한 것이기도 하다. 즉 사물로서 물은 영원히 존재하는 물이다. 그러나 인간이나 비인간이 존재론적으로 영원히 존재하는 물을 각각 이용하거나 활용하면서 물의 이용적 가치를 매기는, 소위 가치론적 물(axiological water)도 물관리정책에서 인간중심주의적이고 인간독점적이라고 할 수 있다.

그러나 이와 같은 가치론적 물에 물 그 자체의 본질적 가치(intrinsic value)를 설명하는 존재론적 물도 포함되면서 상호간에 교섭되는 조화의 사상을 물아주의 정책사상이 발견하고 설명할 수 있을 것이다. 즉 물(水)이 인간이나 생명체를 위하여 존재할 뿐만 아니라 물은 물로서 존재한다는 사실이 물관리 정책에서 물아주의 정책사상의 핵심이라고 할 수 있다.

물은 물이요, 산은 산이라고 하는 깨달음의 수준에서 설명하는 물이나 산의

---

87) 노자의 무위(無爲)사상을 물의 존재론적 특성인 "스스로 그러함, 모든 생명의 근원, 높은 곳에서 낮은 곳으로 흐르는 물, 물의 보편성 및 편재성, 물의 역설적인 위력, 물의 여성성, 물의 자정능력 및 치유능력, 물의 형평작용, 물의 포용성 및 무차별성, 물의 비작위성 및 비인위성" 등으로 요약하여 설명한 연구도 찾아 볼 수 있다(배수호·한준섭, 2012).

개념은 종교적이거나 신비주의적이기 때문에 존재론적 물이라고 보기 어렵다. 그러나 존재론의 물 세계에 인간이 개입하고 간섭하지만 물과의 조화로운 세계를 추구하는 물아주의 정책사상은 물의 존재론을 매우 중요한 사상으로 설명하고자 한다. 즉 물은 경제적인 재화나 공동체사회의 공유제(common pool)로서의 물이라고 하는 가치론적 물 뿐만 아니라, 존재론으로서의 물을 인간이나 비인간 사회에서 상호간에 조화될 수 있다는 것을 설명하는 정책사상이 물아주의이다. 이와 같은 정책사상인 물아주의를 발견하고 설명할 수 있는 정책사례로서 한국의 물관리기본법이 대표적이라고 할 수 있다.

치신치수 정책사례에서 이해하는 물아주의 정책사상을 결론으로 요약하면서, 앞서 제6장의 현실주의 정책사상의 실천성의 한 요소인 실천지혜에서 공자가 지자(知者)와 인자(仁者)를 구별하여 설명한 것을 치산치수의 물아주의 사상에서 다시 검토해 볼 필요가 있다. 공자는 "지자는 물을, 인자는 산을 좋아한다"(知者樂水 仁者樂山)(『논어』, 옹야)고 했다. 공자의 이와 같은 물과 산의 비유는 산과 물의 본질적 차이가 아닌 각 사물의 본모습 그대로의 기능과 역할을 설명한 것이라고 할 수 있다.

따라서 물아주의 정책사상을 치산치수의 정책으로 이해하면서 "산은 산이요, 물은 물이다"라고 하는 경구적인 비유가 종교적인 깨달음을 은유하는 것과는 차이가 있을 것이다. 물론 정책세계가 이와 같은 깨달음의 세계와 교섭할 수 있을 것인가 하는 것은 의문이다. 그러나 산과 물은 기능이나 역할에서 또는 자연 그대로 독자적이고 독립적인 존재의 가치를 가진 사물이다. 그렇지만 형상을 가진 무형물로서 본성적으로 산이나 물은 영원히 불변하는 산도 아니고 물도 아닐 수 있다. 따라서 산은 산이 아니고, 물은 물이 아니라고 할 수 있다.

그러나 현재의 실존하는 모습에서 산은 산으로서, 물은 물로서 천지간에 만물체로서 존재하고 있다. 즉 허상으로서 산과 물이 실상의 수준에서는 산과 물이 아니지만 허상과 실상이 원만히 조화되어 있는 사사무애(事事無碍)의 세계에서는 산과 물은 상호교섭의 상태를 유지하는, 즉 산은 산이고 물은 물이라고 할 수 있다. 물론 이것은 종교적인 깨달음의 세계를 은유하는 표현이지만 정책세계는 깨달음의 세계와는 다르다. 즉 정책은 정책현실에서 정책인이 인간중심적으로 추구하는 목적과 가치를 실현하고자 한다. 그러나 물과 산은 그 자체로서 정책인인 인간과 상호간에 교섭하고 교류하면서 조화의 세계를 추구하는 있다는 상호교섭의 관계도 정책세계에서 설명하고자 한다면 물아주의가 그의 기본적인 정책사상이 될 수 있을 것이다.

후 기

국가주의를 필두로 해서 선도(善導)주의와 균형주의 및 현실주의로 연계하면서 물아(物我)주의로 총결하는 정책사상을 구성하고 집필하면서 후기(epilogue) 또는 발문(跋文) 편을 추가해서 『정책사상 대계』를 완결하고자 한다.

후기(後記)에서 굳이 정책사상의 정의나 방법론, 각각의 구체적인 사상 등을 요약하거나 정리할 필요는 없을 것 같다. 왜냐하면 책을 읽는 재미나 유익함 등과 같은 독서의 즐거움이 매우 허약한 『정책사상 대계』의 내용을 재차 요약하게 되면 제방의 동도의 선학이나 후학들 또는 실무자 등과 같은 독자들에게 지루함이나 피곤함을 조금이라도 덜어드릴 수 없기 때문이다. 대신에 독자들의 정책사상에 대한 회고(回顧)에 도움이 될 수준 정도로 정책사상의 정의와 각 사상들의 키워드를 간략하게 아래와 같이 정리할 필요는 있을 것 같다.

정책사상은 정책세계에서 정책(학)의 본질에 관한 철학적 사고를 이론적으로 체계화하는 것이다. 이와 같은 정책사상을 연구하고 설명할 방법론으로 물리세계를 설명하는 방법이나 이론 등을 정신세계로까지 확대하고자 하는 환원주의나 창조적 활동을 결집하는 디자인 사고와 사고실험, 논리적 일관성과 적실성을 갖추기 위한 체계적 사고 등을 이용하였다. 이에 따라서 정책사상을 다섯 가지의 원칙이나 원리에 따라서 하나의 큰 틀인 대계(大系)로 구성하였다.

먼저 국가주의 정책사상의 주제어는 국가중심주의(state-centeredness)에 의한 국가개입이다. 정책세계에서 국가의 우월적이고 독점적인 공권력 작용인 정책활동의 정당성을 설명하는 것이 국가중심주의이다. 국가중심주의에서 시작되는 정책사상은 정책의 선(善)을 추구하고 실천하는 선도(善導)주의로 정책개입의 정당성을 확립할 수 있어야 현실적일 뿐만 아니라 사상적인 국가개입주의에 의한 정책개입이 가능해 질 수 있을 것이다. 나아가 선도하는 정책의 선은 그 자체로서 정당하지만 정책을 중심으로 하는 물리적이고 정신적인 정책인과의 균형을 유지하고 실천할 수 있는 균형주의 사상으로 뒷받침될 수 있어야 정책사상은 국가주의에서 시작되면서 그의 실천적인 맥락을 이어 갈 수 있을 것이다. 이와 같은 정책사상의 실천성은 정책의 실천지식, 실천지혜, 실천판단, 실천책무 등과 같은 철학적 사고로 정리되는 현실주의 정책사상으로 체계화되어 있다.

마지막으로 정책사상 대계를 총결하거나 귀결하는 물아주의는 인간중심주의(human-centeredness)의 정책인(政策人)을 전제로 하고 있다. 즉 인간은 우주만물의 중심체로서 정책을 창조하고 실천하면서 정책의 선과 균형 등을 판단하는 판단자이다. 그렇다고 인간만의 이기적인 목적과 조건을 충족하기 위해서 천지만물을 지배하거나 착취하는 인간형이 아니다. 정책인으로 인간중심주의는 인간의 우월적이고 독점적인 정책능력을 바탕으로 하면서, 인간뿐만 아니라 인간을 포함하는 비인간인 모든 사물에 개입하고 간섭하지만 각 사물과의 원만하고도 조화로운 상호간의 교섭관계를 추구하는 인간이다. 따라서 본질적으로 인간의 존엄성이나 존재론적 가치에만 머무르는 정책사상이 아니라, 인간을 포함하는 자연만물의 존재의 존엄성과 가치를 설명하고자 하는 정책주재자(政策主宰者)를 설명하는 것이 물아주의 정책사상이다. 이와 같은 요약은 제2장의 정책사상의 내용과 연구방법의 <그림 2-1>의 '정책사상 대계의 체계도'로 정리되어 있다.

무릇 모든 학문과 마찬가지로 정책학에서 정책사상은 학문적 정체성과 이론적 체계를 갖추면서 정책학의 중심이론을 구성하는 정책학의 기초이론이다. 그럼에도 불구하고 정책학의 학문적 정체성이나 이론은 아직까지 여타의 인근 학문에 비교하여 사상이나 철학을 심도있고 다양하게 연구할 수준 정도로 성숙되지 못한 것이 사실이다. 왜냐하면 정책학의 학문적인 탄생과 발전의 역사가 60-70여년 정도에 불과하기 때문이다. 더구나 지역적으로도 미국을 중심으로 하는 미국정책학이 정책학의 중심터로 자리잡고 있다. 그래서 정책학사, 정책사상사 등과 같은 정책사상 연구의 기초이론에 해당될 정책학의 학문적 수준과 정체성은 미약하다고 할 것이다. 그러나 21세기를 맞이하면서 미국뿐만 아니라 동서양의 사상이나 철학을 바탕으로 하는 정책사상 연구는 비록 미동(微動)의 수준이지만 학문적이거나 실천적으로 다양하게 논의되면서 연찬되고 있기도 하다.

서문에서도 언급했듯이 정책사상 대계는 이와 같은 작은 수준의, 하나의 시발적인 연구로서 정책사상이나 철학 연구에의 무한한 가능성과 폭넓은 주제를 심도있게 접근하기 시작했다고 할 수 있다. 특히 제방의 선학자(善學者)의 도움과 지도편달이라는 한없는 학은(學恩)이나 한국연구재단의 연구비 등과 같은 재정적인 지원을 받으면서, 동서양의 철학적 사상이나 이념 등을 기초로 해서 국가중심주의를 시원으로 하면서 구성되는 정책사상의 대계를 인간중심주의로 총결하는 물아주의 등으로 설명하면서 정책사상의 이론이나 논쟁을 이제 정책학계에 조금이나마 알릴 수 있게 되었다.

정책사상의 다섯 가지 원리의 핵심적인 주제어인 국가주의의 국가, 선도주의의 선(善), 균형주의의 균형, 현실주의의 실천성, 물아주의의 물아(物我)와 인간 등과 같은 개념을 철학적으로 이해하고 정리하는 일들이 필자에게는 어렵고도 험난한 과정이기도 했다. 그러나 그 와중에서도 특히, 동양사상에서 이와 같은 주제어를 연구한 선행연구에 많은 도움과 지침을 얻을 수 있었음을 천명하면서 깊이 고개숙여 감사를 드리고자 한다. 이와 같은 선행연구는 정책사상을 공부하고 집필하게 할 수 있는 캄캄한 어둠속을 밝히는 등불과도 같았다.

특히 학술지에 발표하는 일반적인 논문을 작성하는 일과 같은 지면적인 제약이나 게재 가능성 등에 대한 심리적 부담을 떨쳐 버리면서 필자는 육체적이고 정신적인 힘이 다할 때까지 두려움과 경이로움이 가득한 망망한 창해(蒼海)에 돛을 달고 마음껏 항해하듯이, 청운(靑雲)이 가득한 장천(長天)을 나르는 붕조(鵬鳥)와 같이 『정책사상 대계』를 구성하고 집필할 수 있는 학술적인 기회와 혜택을 누릴 수 있게 되었다. 이것은 학문적으로 필자의 천복(天福)임에 틀림없다. 천지만물(天地萬物)에게 고개숙여 깊이 감사드릴 뿐이다.

『정책사상 대계』를 출판의 수준정도로나마 완성하면서 필자는 또 하나의 학문적 여정을 헤쳐 나가고자 한다. 한자문화권에서 한글로 편집되고 출간되는 정책사상을 조금 더 널리 알린다는 소박한 의미에서 보더라도 『정책사상 대계』의 영문판의 필요성은 매우 크다. 그럼에도 불구하고 유교경전을 중심으로 하는 유교사상이나 기타 동양사상을 영어로 설명한다는 것이 필자의 번역 능력이나 번역 그 자체의 어의적 문제 등에 의하여 매우 제한적이다. 특히 한자 언어의 감각과 뜻을 영어로 표기해서 전달하는 것 자체뿐만 아니라 학술적이거나 또는 독서의 즐거움 등에도 한계가 된다는 것은 주지의 사실이다[1].

　이와 같은 한계점이나 어려움 등을 익히 수용하면서도 제방의 선학자의 도움과 지지를 감히 앙망(仰望)하면서 『정책사상 대계』의 영문판을 완간하고자 한다. 특히 복잡하게 인용하거나 참고한 동양사상의 원전(原典) 내용이나 또는 구체적인 주석 등을 재정리하면서 정책학계에서 이해될 수 있는 수준으로 재구성해서 『The Principles of Policy Thought』를 이 책에 뒤이어 출판하고자 한다. 그리고 하나의 사족으로 영문판에서는 크게 문제될 것은 없지만 『정책사상 대계』에서 인명표기에 관한 것이다. 일반적으로 잘 알려진 사상가나 철학자(예: 소크라테스, 칸트, 공자, 맹자)를 한글표기에 맞추어 정리한 반면에 기타의 연구자나 학자 등은 영문표기법에 따라서 정리했다는 점을 여기서 밝히고자 한다.

　광대(廣大)하면서도 무변(無邊)한 학문의 세계에서 어설픔과 미숙함이 가득한 정책사상을 주장하고 논의하면서 이것을 세상에 발표할 수 있는 기회를 가지는 그 자체만으로도 필자에게는 필설(筆舌)로 다할 수 없는 학문적인 영광임에 틀림없다. 이와 같은 학술적인 기회와 혜택에 조금이라도 보답할 수 있는 길은

---

1) 하나의 예로서 『논어』의 첫 내용인 학이시습(學而時習), 즉 학습(學習)을 영역(英譯)하는 경우를 들 수 있다. 공자가 말한 학습이라는 용어의 의미는 영역의 수준으로 가늠하기 어려울 정도로 그 뜻이 심오(深奧)하다. 공자에서의 '학(學)'은 세상의 명리와 이익을 구하는, 자신이나 가문의 명예나 부귀를 위한 배움인 위인지학(爲人之學)이 아니다. 대신에 도덕과 윤리 및 성품을 갈고 닦는 인간다움, 즉 군자(君子)가 되기 위한 배움인 위기지학(爲己之學)의 수신학(修身學)이다. 수신을 하는 군자는 널리 세상을 이롭게 하고 나아가 만인(萬人)을 다스리는 치국(治國)과 평천하(平天下)를 실천할 수 있다. 이것이 배움의 실천인 '습(習)'이라고 할 것이다. 이것을 'Learning and practicing; it is my great or utmost pleasure!'라고 영역할 수밖에 없다고 한다면 공자의 학습사상의 사상적 맛(taste)과 격(class)을 전달하기에 한계가 있음을 익히 알 수 있을 것이다.

정책학의 이론적이고 실천적인 세계에 정책사상 대계가 조금이나마 기여하는 것뿐이다. 동도(同道)의 선학자(善學者)와 실무계에 옷깃을 여미면서 지도편달을 감히 부탁드린다.

마지막으로, 정책사상 대계에서 논의되고 제안되는 다섯 가지의 원리 또는 원칙은 필자가 정책사상을 연구하여 정책이론으로 체계화하기 위한 조작적 수준에 해당되는 가설적(hypothetical)인 것이다. 특히 선도(善導)주의나 물아(物我)주의 등과 같은 용어는 정책학계나 기타 관련 학계에서도 생소한 것이다. 물론 국가주의도 국가론이나 기타 정치사상에서 또는 일반적 의미의 국가주의자의 국가주의와는 그 개념 구성이나 의미가 다른 정책 개념이다. 즉 국가의 정책역량과 통치작용에 의한 국가중심주의 사상을 정의하고 설명한 정책사상의 한 원칙이다. 따라서 이 책에서 설명하는 정책사상의 원칙(principles)이나 이론(보다 정확하게 'theses')은 정책학이나 정책사상의 일반적 수준이 아니라 아직까지 논쟁적이고 가설적인 것이다.

참고문헌

강병익. (2017). "한국 정당의 복지정치유형: 정책역량과 동원전략을 중심으로."『정치 · 정보연구』. 20(2): 27-60.

강병호. (2014). "정언명령의 세 주요 정식들의 관계: 정언명령의 연역의 관점에서."『철학』. 120: 53-74.

강병호. (2017). "칸트적 의무론: 인본주의적 가치와 옳음의 우선성."『범한철학』. 84: 201-224.

강봉원. (2009). "한국 고대국가 형성에 있어서 관개수리 역할의 재고: 영천 청제를 중심으로."『역사와 담론』. 52: 1-42.

강성률. (2017). "칸트철학에 있어서 최상선과 최고선 개념의 역할에 대한 연구." 한국초등도덕교육학회 하계학술대회발표논문.

강성훈. (2008). "플라톤의『국가』에서 선분 비유와 동굴 비유."『철학사상』. 27: 165-200.

강승식. (2006). "분할정부에 대한 기본적 이해."『공법학연구』. 7(4): 213-234.

강신택. (2013).『행정사상과 연구의 논리: 한국행정의 역사적 맥락에서』서울: 조명문화사.

강용기. (2014). "실용주의와 행정학: 듀이(J. Dewey)의 도구주의와 탐구논리를 중심으로."『한국자치행정학보』. 28(1): 117-132.

강응만 · 김태룡. (2013). "정책갈등의 요인과 해소전략: 강원도 원주시 사례를 중심으로."『한국정책연구』. 13(2): 137-154.

강정인. (2007). "한국정치사상 어떻게 할 것인가? 반성과 대안."『사회과학연구』. 15(2): 8-48.

강지영. (2008). "칸트 윤리학의 맥락에서 본 최고선에 대한 논의들."『철학사상』. 30: 201-226.

강진웅. (2014). "'문화적 전환' 이후의 국가론: '실재'와 '상상'의 앙상블로서의 국가."『한국사회학』. 48(1): 173-204.

강희원. (2005). "법철학이라는 말에 대한 법철학적 일고찰."『경희법학』. 39(3): 237-261.

고려대학교 민족문화연구소. (1965).『한국문화사대계 2, 3, 4』: 정치 · 경제사 (상)(중)(하).

고려대학교 민족문화연구소. (1978).『한국현대문화사대계 6』: 정치·경제사.

고옥. (2007). "중생계에서의 인간의 지위와 권리." 『종교문화비평』. 12: 33-50.

고원. (2006). "박정희 정권 시기 농촌 새마을운동과 '근대적 국민 만들기'." 『경제와 사회』. 69: 178-201.

고종욱·서상혁. (2003). "분배 및 절차공정성이 지방공무원의 직무태도에 미치는 영향." 『한국지방자치학회보』. 15(4): 117-36.

곽덕주·나병헌·유재봉. (2009). "실천철학으로서의 교육철학하기: Wilfred Carr의 견해를 중심으로." 『교육철학』. 45: 27-51.

구리나. (2017). "성리학의 이상으로서의 천인합일." 『도덕교육연구』. 29(1): 71-93.

구승희 옮김. (2002). 『휴머니즘의 옹호』. 서울: 민음사 (Bookchin, Murray. (1995). *Re-enchanting Humanity: A Defense of the Human Sprit Against Antihumanism, Misanthropy, and Primitivism*. New York: Cassell.

구연상. (2015). "순자의 악 개념에 대한 철학적 분석." 『한국동서철학회논문집』. 78: 121-142.

구유리. (2016). "공공정책 수립 및 서비스실행에 있어 인간중심 디자인 역할에 대한 고찰." *Archives of Design Research*. 29(4): 167-183.

구춘권. (2004). "유럽연합과 국가성의 전환: 조절이론의 네오그람시안적 확장을 통한 접근." 『국제정치논총』. 44(4): 291-318.

구춘권. (2006). "코프라티즘의 전환과 노동관계의 유럽화." 『국제정치논총』. 46(4): 241-265.

구춘권. (2008). "유로자본주의의 형성에 대한 조절이론적 설명." 『국제정치논총』. 48(4): 141-164.

구현우·우양호. (2012). "1950년대 약탈국가론 그리고 연속과 단절: 경제적 자원에 대한 국가의 통제권을 중심으로." 『행정논총』. 50(1): 243-277.

권기헌. (2012). 『정의로운 국가란 무엇인가: 민주주의 정책학과 성찰적 국정관리』. 개정판. 서울: 박영사.

권명진. (2014). "성기성물(成己成物)의 가치와 여성주의적 구현." 『페미니즘 연구』. 14(2): 29-69.

권용혁. (2014). "자유주의와 공동체주의: 개인과 공동체의 관계 재구성 시도" 『사회와 철학』. 28: 105-130.

권정안·복대형. (2018). "『예기』 대동사회에 대한 고찰." 『한문고전연구』. 36: 357-385.

권정호. (2014). "조선조 위민정치와 복지사상의 탐색." 『한국동양정치사상사연구』. 13(2): 81-120.

권향원·공동성. (2015). "공공철학으로서의 행정학: 한국 행정개혁의 사상적 빈곤과 편향에 대한 비판적 검토와 교훈." 『한국행정학보』. 49(2): 25-60.

권혁남. (2010). "분노에 대한 인간학적 고찰." 『인간연구』. 19: 77-105.

균터 휄트너. (2011). "『정다산의 철학사상, *The Philosophical Thought of Tasan Chong*』을 읽고."『다산학』. 18: 353–358.

금하연·오채금 편. 『설문해자』. (2013). 漢 許愼 원저, 淸 段玉裁 주. 영양: 일월산방.

기우탁. (2006). "조선조 성리학의 인성론 탐구: I. Kant의 인간학과의 비교 철학적 이해를 중심으로."『유교사상연구』. 27: 239–262.

김경희. (2012). "국가와 공공선/공동선: 절대선과 개별선 사이의 마키아벨리."『정치사상연구』. 18(1): 33–336.

김계동. (2001). "한반도 분단전쟁에 대한 주변국의 정책: 세력균형이론을 분석틀로."『한국정치학회보』. 35(1): 345–63.

김관옥. (2016). "미국과 중국의 외교패권경쟁: 재균형외교 대 균형외교."『국제정치연구』. 19(1): 1–22.

김광수. (2003). "심리철학과 정신의 자율성."『철학적 분석』. 7: 1–27.

김구. (2005). "지식행정 활동의 요구수준과 진단을 통한 수요예측에 관한 연구: 의사결정나무분석을 이용하여."『한국행정학보』. 39(4): 299–322.

김규환. (2016). "국내 학술지 저작권 및 오픈액세스 정책안내 시스템 모형연구."『한국도서관·정보학회지』. 47(4): 265–288.

김기채. (2004). "화엄사상의 사사무애와 EMC/EMI."『전자파기술』. 15(1): 93–96.

김기현. (2004). "이론적 합리성과 실천적 합리성."『철학사상』. 22: 3–32.

김기현. (2007). "성리학의 인간관과 생활예절."『유교사상연구』. 29: 65–97.

김남호. (2017). "인격, 인간인격, 그리고 인격 동일성."『인간연구』. 34: 189–212.

김대중. (2014). "정책증거의 활용에 대한 고찰: 우리나라 도로 네트워크 정책을 중심으로." 한국행정학회 동계학술대회 발표논문.

김도영·배수호. (2016). "현대사회에서 유교적 공공성(儒敎的 公共性)의 적용가능성 연구."『한국행정학보』. 50(3): 249–275.

김도일. (2014). "주자의『대학』해석에 있어서의 실천의 문제: 왜 止於至善은 독립된 강령인가?"『퇴계학보』. 136: 289–318.

김도형. (2016). "숙고(bouleusis)의 영역: 실천적 지혜(phronesis) 개념을 중심으로."『철학사상』. 60: 115–145.

김도희. (2013). "공공정책갈등의 제3자 중재개입의 역할과 한계: 울주군청사 이전갈등사례를 중심으로."『지방정부연구』. 17(1): 31–54.

김동노. (2012). "국가와 사회의 권력관계의 양면성: 국가 자율성과 국가역량의 재검토."『사회와 역사』. 96: 261–292.

김동노. (2014). "개인주의, 공동체주의, 그리고 한국사회의 공공성."『사회이론』. 34: 77–108.

김동원. (2016). "인공지능 관료제와 제4차 인사행정혁명." 한국행정학회 60주년 동계학술대회 발표논문.

김동춘. (2002). "유교와 한국의 가족주의: 가족주의는 유교적 가치의 산물인가?" 『경제와 사회』. 55: 93 – 118.

김명환. (2011). "실용주의 행정학의 정립과 유용성에 대한 탐색." 『한국행정학보』. 45(2): 373 – 397.

김미숙. (2002). "연기설에서의 시간과 인과의 문제." 『불교학보』. 39: 157 – 173.

김미영. (2016). "음양론과 여성철학: 유교 노동관을 중심으로." 『한국여성철학』. 26: 153 – 175.

김미진. (2009). "아리스토텔레스 윤리학의 행복 개념." 『동서사상』. 6: 1 – 20.

김민수. (2006). "인권의 국제적 실천성에 대한 연구." 『사회과학연구』. 12(2): 75 – 96.

김병섭. (2016). "공익이론의 재구성." 한국행정학회 하계학술대회 발표논문.

김삼수. (1965). "한국사회경제사: 제공동체 및 그와 관련된 제문제." 『한국문화사대계』. 『정치·경제사(중)』. 고려대학교 민족문화연구소: 537 – 584.

김상기. (2014). "동아시아의 국가건설: 군사분쟁, 국가능력, 민주주의의 상관관계." 『한국정치학회보』. 48(2): 205 – 356.

김상돈. (2007). "정치제도불신의 인과구조에 대한 지역연구: 정책불신의 매개효과분석." 『지역연구』. 23(2): 3 – 33.

김상래. (2017). "董仲舒의 천인합일설과 그 윤리적 함의." 『퇴계학연구』. 30: 275 – 300.

김상원. (2014). "사회자본, 공중보건, 그리고 사회안전." 한국정책학회 추계학술대회 발표논문.

김석근·김용천·박규태 옮김. 『중국사상문화사전』. (2001). 溝口雄三·丸山松幸·池田知久 엮음. 서울: 도서출판 책과함께.

김석수. (2008). 『한국 현대 실천철학』. 파주: 돌베개.

김석수. (2013). "칸트 윤리학에서 판단력과 덕이론." 『칸트연구』. 31: 145 – 176.

김석수. (2015). "우리의 철학과 철학실천." 『철학탐구』. 40: 303 – 343.

김선미. (2003). "NGO의 정책적 영향력: 금융실명제 실시의 사례분석." 『한국정치학회보』. 37(5): 99 – 125.

김선욱. (2007). "근본악과 평범한 악 개념: 악 개념의 정치철학적 지평." 『사회와 정책』. 13: 31 – 50.

김선희. (2012). "철학적 사고실험을 적용한 상담사례 분석: 죽음과 의미상실의 문제를 중심으로." 『철학연구』. 97: 171 – 204.

김선희. (2016). 『철학상담 방법론: 철학적 사고실험과 자기치유』. 파주: 아카넷.

김성배. (2012). "한국의 근대국가 개념 형성사 연구: 개화기를 중심으로." 『국제정치논총』. 52(2): 7 – 35.

김성수·윤익준. (2015). "물관리기본법상 거버넌스 체계에 관한 소고." 『법과 정책연구』. 15(3): 973 – 1000.

김성원. (2012). "교양교육의 실용성 문제에 관한 재고."『교양교육연구』. 6(2): 43−77.

김성준. (2012).『공공선택론: 정치·행정의 경제학적 분석』. 서울: 박영사.

김성준·오정일. (2012).『비용편익분석의 이해』. 대구: 경북대학교출판부.

김성철 역주. (1996).『중론』. 서울: 경서원.

김세균. (1989). "마르크스 국가관."『철학』. 31: 49−76.

김세정. (2006). "동양사상, 환경·생태 담론의 현주소와 미래."『오늘의 동양사상』. 14: 145−163.

김수동. (2011). "논어에서의 배려 실천 고찰."『인격교육』. 5(2): 5−36.

김수일. (2011). "동양문화의 정초로서 선진유학의 천일합일 사상."『글로벌문화연구』. 2(1): 1−29.

김숙자·김현정. (2012). "전통적 가치의 현대적 재해석을 통한 유아인성교육 프로그램 개발방향 모색."『아동교육』. 21(3): 19−34.

김승권. (2006). "사회복지적 관점에서 본 한국의 적정인구."『한국인구학』. 29(1): 241−268.

김승진 옮김. (2010).『하찮은 인간, 호모 라피엔스』. 서울: 이후 (Gray, John. (2002) *Straw Dogs: Thoughts on Humans and Other Animals.* New York: Farrar, Straus and Giroux).

김시천. (2012). "가장 좋은 것은 물을 닮았다!『노자』, 물의 생태학에서 정치학으로."『본질과 현상』. 27: 115−146.

김연수. (2015). "좋은 행정을 위한 방법론의 방향성 연구." 한국행정학회 하계학술대회 발표논문.

김양현. (1998). "칸트의 목적론적 자연관에 나타난 인간중심주의: 목적론과 판단력 비판을 중심으로."『철학』. 56: 97−120.

김양현. (2004). "생태적 인간중심주의 인권과 자연권의 조화를 위한 이론틀의 모색."『민주주의와 인권』. 4(1): 75−92.

김영미. (2008). "마을의 근대화 경험과 새마을운동."『정신문화연구』. 31(1): 271−299.

김영아. (2014). "칼 슈미트의 정치신학과『햄릿』."『안과 밖』. 36: 41−69.

김영욱. (2017). "일반의지의 수학적 토대와 비관주의: 루소『사회계약론』2권 3장의 해석문제."『한국정치연구』. 26(1): 27−51.

김영평·정인화. (2004).『유교문화의 두 모습: 한·중 공무원 비교를 통한 아시아적 가치』. 서울: 아연출판부.

김영희. (1992). "한스 켈젠의 국가론."『사법행정』. 33(12): 37−43.

김오륜. (2007). "天人合一與生成變易: 中國傳統文化的精髓和硬核."『동양사회사상』. 16: 263−283.

김옥희 옮김. (2011).『번역어의 성립: 서구어가 일본 근대를 만나 새로운 언어가 되기까지』. 서울: 마음산책.

김요한. (2013). "아리스토텔레스 형이상학 K(11권) 1－2에 제시된 소피아의 개념에 관한 연구."『범한철학』, 68: 77－101.

김용수. (2010). "중국적 실용정신의 기원과 그 변용."『동서사상』. 8: 1－22.

김용환. (2013). "환경문제와 인간중심적 생태철학: 지속가능한 개발과 환경자원의 관리."『인문과학연구』. 36: 351－374.

김우진. (2015). "유교의 공과 사 개념에 대한 재검토."『동아인문학』. 31: 353－381.

김우창. (2014).『깊은 마음의 생태학: 인간중심주의를 넘어서』. 서울: 김영사.

김은경·문영민. (2016). "제4차 산업혁명에 대한 경기도의 대응방향."『GRI정책연구』. 2016－69.

김은희. (2018). "칸트 성윤리의 구조와 재구성: 섹스 본성론, 정언명령, 호혜성을 중심으로."『철학사상』. 68: 93－128.

김인. (2014). "공동체주의와 덕의 추구."『도덕교육연구』. 26(1): 119－140.

김일. (2008). "EU의 다층적 거버넌스에 대한 민주적 정통성." *OUGHTOPIA: The Journal of Paradigm Studies*. 23(2): 93－111.

김재경. (2006). "주자철학에서 物의 의미에 대한 소고: 物에 대한 존재론적 구조의 분석과 관련된 하나의 시도."『동양철학연구』. 46: 169－202.

김재철 옮김. (2016).『철학실천: 철학실천의 개념과 심리치료와의 관계』. 대구: 경북대학교출판부.

김재현. (2016). "중국에서의 철학 개념의 번역과 수용."『시대와 철학』. 27(2): 39－68.

김종석. (2017). "성호 이익의 철학사상에 있어서 실천성의 의미."『국학연구』. 33: 131－164.

김종식. (2003). "공자와 리더십."『한국행정사학지』. 12: 189－213.

김주영. (2008). "현행 헌법상의 국가 개념에 관한 고찰."『법학논총』. 20: 101－131.

김주환. (2010). "이명박 정부의 대북정책: 민족주의의 거세와 공세적 국가주의로의 전환."『동향과 전망』. 79: 315－352.

김주희. (2015). "한국 성매매산업 내 부채관계의 정치경제학."『한국여성학』. 31(4): 217－252.

김준혁. (2017). "정조의 창덕궁 내원 군신동행과 연회 정치."『한국동양정치사상사연구』. 16(2): 117－150.

김진. (2001). "최고선 수행의 돈오점수적 구조."『철학논총』. 25(3): 3－27.

김진. (2009). "계몽주의의 신화 해석: 칸트의 신정론과 반유대주의."『철학논총』. 57: 141－167.

김진선. (2016). "윤리적 가치개념으로서 선과 악의 한계와 활용."『윤리연구』. 108: 329－355.

김진영 · 신용덕. (2011). "행동경제학 모형과 그 정책적 응용에 관한 시론적 연구." 『한국정책학회보』. 20(1): 1−26.

김진호. (2007). "한국교회의 신앙적 식민성이라는 문법: 정치적 개입주의와 정교분리 신앙사에서." 『대한기독교서회, 기독교사상』. 51(11): 67−77.

김창래. (2006). "인간의 원상(idea)에 관한 연구: 철학적 인간학의 근본 개념으로서의 상과 형성." 『철학연구』. 75: 195−220.

김창원. (2006). "실천적 행위에 내재한 근본적인 갈등구조: 칸트의 실천철학을 중심으로." 『철학연구』. 75: 289−313.

김철호. (2006). "주자의 선 개념과 그 도덕교육적 함의." 『윤리교육연구』. 9: 81−102.

김철회. (2018). "2018년 물관리체계 개편, 변화와 유지의 영향요인은 무엇인가? 옹호연합모형(ACF)과 정책창도자모형(PEM)의 통합모형을 중심으로." 『행정논총』. 56(4): 1−32.

김춘남. (1987). "梁啓超의 국가사상." 『동국사학』. 21: 73−91.

김춘식. (1996). "왕권신수설과 천명사상의 비교연구." 『한국정치학회보』. 30(3): 27−46.

김충렬. (2004). "주역과 음양오행." 『주역철학과 문화』. 2: 7−36.

김치완. (2011). "동양적 생태담론 가능성에 대한 사상사적 고찰: 대안적 패러다임론과 오리엔탈리즘적 접근에 대한 비판적 관점을 중심으로." 『역사와 실학』. 44: 249−277.

김태수. (2015). "사립대학에 대한 정부개입의 추이와 최근동향의 의의: 대학평가제도를 중심으로." 서울행정학회 동계학술대회 발표논문.

김태윤. (2017). "성리학 명제에 대한 분석적 추론: 선(善)에 대한 명제를 중심으로." 『국학연구』. 33: 165−194.

김태형. (2017). "한국 다문화 교육정책의 변화방향 모색." 『한국산학기술학회논문』. 18(10): 624−633.

김태흡. (1930). "물아상호의 관계." 『불교사(불교)』. 68: 2−7.

김판석 · 권경득. (2000). "한국정부의 목표관리제(MBO) 도입: 이론조명과 현실적 문제점." 『한국행정논집』. 12(3): 429−453.

김한곤 · 서정연. (2012). "대학생의 결혼과 출산의 인식과 태도: 경북지역을 중심으로." 『민족문화논총』. 52: 175−206.

김한식. (2004). "한국정치사상 연구를 위한 틀." 『동양정치사상사』. 3(1): 37−78.

김항제. (2002). "통일정치사상의 정립을 위한 국가 개념연구." 『통일사상연구』. 3: 71−90.

김향 옮김. (2010). 『정치신학: 주권론에 관란 네 개의 장』. 서울: 그린비.

김현주. (2008). "교육철학의 성격과 역할: 실천철학을 지향하며." 『교육철학』. 41: 93−118.

김형기·이성호. (2007). "한국의 적정인구 추세에 관한 연구."『국토계획』. 42(5): 259−260.

김형렬. (2003). "정책은 철학이다."『한국정책논집』. 3: 1−22.

김형수. (2017). "쿠자누스의『지혜론』에 나타난 지혜 개념."『중세철학』, 23: 47−80.

김형철. (1999). "지식정보사회에서의 철학적 지혜의 역할."『철학논총』. 18: 29−46.

김혜란. (2010). "고품격 도시발전을 위한 유럽의 교통정책 방향: 인간을 중심으로 하는 새로운 해법을 찾아서."『국토정책Brief』. 통권304: 1−8.

김혜정. (2006). "지방정부의 정책혁신을 위한 지역 역량."『한국정책학회보』. 15(3): 73−99.

김호동. (2011). "고려·조선초 언양 김씨 가문의 관계진출과 정치적 위상."『한국중세사연구』. 30: 244−298.

김환석. (2011). "생물학적 환원주의와 사회학적 환원주의를 넘어서."『사회과학연구』. 23(2): 143−172.

김환석. (2012). "사회적인 것에 대한 과학기술학의 도전: 비인간 행위성의 문제를 중심으로."『사회와 이론』. 20: 37−66.

김환석. (2013). "생명정치의 사회과학, 어떻게 할 것인가?"『경제와 사회』. 통권97: 13−38.

김환석. (2018). "새로운 사회학의 모색(1): 탈인간중심주의."『경제와 사회』. 통권 117: 236−261.

김효전. (2008). "번역과 근대한국: 법학과 국가학 문헌을 중심으로."『개념과 소통』. 창간호: 25−78.

나종석. (2003). "정언명법과 칸트 윤리학의 기본특성에 대한 고찰."『철학연구』. 62: 93−112.

나종석. (2011). "민주주의, 민족주의 그리고 한반도에서의 국민국가의 미래."『사회와 철학』. 22: 1−34.

남기호. (2013). "『맹자』수양론과 교육적 실천방안."『교육문화연구』. 19(3): 5−32.

남상화. (2010). "정당성의 내용과 행태적 작용기제에 대한 연구."『한국사회와 행정연구』. 20(4): 93−104.

노성숙. (2009). "철학실천으로서의 철학상담." 한국철학상담치료학회 학술대회 발표논문: 37−57.

노양진. (2000). "실재론과 반실재론을 넘어서."『철학적 분석』. 1: 78−97.

류수영·이경묵. (2009). "군자적 리더십의 개념 및 측정도구 개발연구."『한국심리학회보:일반』. 28(1): 209−237.

뤄양. (2009). "공자의 충서사상 논고."『동서사상』. 6: 93−126.

맹주만. (2012). "롤스와 샌델, 공동선과 정의감."『철학탐구』. 32: 313−348.

명성준·홍준혁. (2010). "다산 정약용의 행정사상에 비추어 본 행정개혁안의 고찰."『사회과학연구』. 17(3): 83−111.

목광수. (2010). "역량 중심접근법과 인정의 문제: 개발윤리와의 관련 하에서 고찰." 『철학』. 104: 215–239.

목영해. (2002). "배려윤리와 유교윤리의 공통점과 그 함의." 『도덕교육연구』. 14(1): 45–69.

목진휴. (2002). "공공정책과정에 대한 인문학의 기여에 관한 연구: 효율성과 인간성의 조화를 중심으로." 인문사회연구회 인문정책연구총서 2002–4.

문광삼. (2015). "미국연방대법원의 사법우월주의와 권력의 균형문제." 『미국헌법연구』. 26(3): 1–39.

문세영·구민경·Spencer Nam·유승준. (2012). "의료기기 분야 정부 R&D 정책조정을 위한 전략분석 프레임." 한국행정학회 동계학술대회 발표논문.

문태현. (2003). "담론이론과 공공정책의 정당성." 『한국정책학회보』. 12(4): 125–145.

미우라 히로키. (2010). "교육정책을 둘러싼 이념갈등과 공적 정당화: 고교평준화정책의 사례에서 사법 및 입법심의의 역할." 『한국정치학회보』. 44(4): 159–187.

민병원. (2018). "포스트 휴머니즘과 인공지능의 국제정치: 계몽주의와 인간중심주의를 넘어서." 『한국정치학회보』. 52(1): 147–169.

민병태 옮김. (1963). 『정치사상사』. 서울: 을유문화사 (Sabine, George H. (1959). *A History of Political Theory*. Holt, Rinehart and Winston).

민영성·박희영. (2015). "아동의 포경수술과 그 정당성." 『서울법학』. 22(3): 299–338.

박광국. (2018). "환경정의를 구현하는 정책." 『생태문명 생각하기: 내 삶을 바꾸는 환경철학』: 576–606. 한국환경정책·평가연구원 엮음. 서울: 크레파스북.

박대원. (2014). "임상철학의 정체성 연구: 임상철학의 규정에 대한 국내외 자료연구." 『동서철학연구』. 73: 395–422.

박만준. (2006). "새로운 인간학." 『철학논총』. 43: 187–209.

박만준. (2014). "철학의 대중화는 가능한가? 거리의 철학과 삶의 지혜." 새한철학회 추계학술대회발표논문: 44–71.

박명규. (2001). "한말 사회 개념의 수용과 그 의미 체계." 『사회와 역사』. 59: 51–82.

박문성. (2011). "『만인』(Everyman)에 극화된 선행(善行)의 의미." 『인간연구』. 20: 137–169.

박병기. (2010). "철학실천의 위험성: 철학상담과 소크라테스대화의 경우." 『철학사상』. 37: 245–273.

박병기·지준호·김철호. (2013). "전통적 가치와 시민의식." 『윤리연구』. 93: 37–59.

박병석. (2014). "중국 고대 국가의 민 관념: 정치의 주체인가 대상인가?" 『한국동양정치사상사연구』. 13(2): 1–80.

박병섭. (2009). "단군조선과 한국고유철학(1): 상호존중(서로주체성)의 원리." 『단군학연구』. 20: 89–141.

박병준. (2012). "철학과 철학실천: 철학적 인간학적 관점에서 바라 본 철학상담."『해석학연구』. 30: 1 – 30.

박병호. (1979). "서: 법제사상편." 성균관대학교 대동문화연구원.『한국사상대계 III』: 정치·법제사상편.

박상섭. (2008).『국가 · 주권』. 서울: 도서출판 소화.

박상원. (2015). "정책사례에 적용된 시스템 사고의 유용성."『사회과학담론과 정책』. 8(2): 71 – 89.

박상태. (2004). "동아시아의 인구사상: 홍량길과 맬서스의 비교."『한국인구학』. 27(1): 171 – 201.

박상태. (2005). "유기체철학의 방법론으로서의 사변철학."『화이트헤드연구』. 10: 6 – 44.

박상현. (2015). "계몽주의와 역사주의: 스코틀랜드 역사학파의 이론적 역사를 중심으로."『사회와 역사』. 106: 283 – 314.

박상환. (2009). "천인합일적 사유의 인식론적 고찰."『동서철학연구』. 53: 5 – 23.

박선목. (1996). "가족주의와 가정주의에 대한 고찰."『인문총』. 48: 123 – 140.

박성우. (2005). "행복(eudaimonia)의 정치: 아리스토텔레스의『니코마코스 윤리학』과『정치학』에 나타난 철학적 삶과 정치적 삶의 의미."『한국정치학회보』. 39(5): 111 – 131.

박승현. (2003). "노자의 무위지치에 대한 연구."『중국학보』. 48: 579 – 596.

박영강 · 이강웅 · 강재호. (2004). "지방정부의 목표관리와 성과예산의 연계에 관한 연구."『지방정부연구』. 7(4): 51 – 74.

박은희. (2018). "유가 사상과 주체사상의 관계론적 의미: 인간과 인민을 중심으로."『한국학연구』. 48: 597 – 620.

박이문. (2011). "세계의 중심이동과 동서 철학의 균형."『아시아리뷰』. 1(2): 7 – 22.

박인숙. (2003). "20세기 미국사와 코프라티즘적 접근."『국제지역연구』. 7(2): 111 – 37.

박재술. (2005). "유교자본주의 담론을 통해 본 공공선."『철학연구』. 29: 131 – 165.

박재주. (2015). "선한 삶의 의미와 선 학습의 방법에 관한 아리스토텔레스의 관점."『윤리교육연구』. 38: 1 – 24.

박정택. (2007).『일상적 공공철학하기』1. 서울: 한국학술정보.

박정희. (2018). "물리주의 인과론과 정신인과."『철학논총』. 94: 245 – 259.

박종대 · 박지혜. (2014). "한국 다문화정책의 분석과 발전방안 연구."『문화정책논총』. 28(1): 35 – 63.

박종연 옮김. (2006).『논어』. 서울: 을유문화사.

박종윤 옮김. (2010).『우리는 모두 짐승이다: 동물, 인간, 질병』. 서울: 이음 (Torrey, E. Fuller and Robert H. Yolken. (2005). *Beasts of the Earth: Animals, Humans, and Disease*. New Brunswick: Rutgers University Press).

박종현. (2015). "17-18세기 울산지역 향임층의 가문구성과 지역 내 위상." 『지역과 역사』. 36: 177-205.

박진완. (2017). "유럽연합의 기본권 헌장 상의 좋은 행정에 관한 권리." 『법학논고』. 59: 21-61.

박찬승. (2002). "20세기 한국 국가주의의 기원." 『한국사연구』. 117: 199-246.

박철현. (2014). "증거에 기반한 형사정책의 발전과 국내 적용방향." 『형사정책연구』. 25(2): 123-157.

박치환. (2014). "개입 가치로서 공공선과 그 이면: 글로벌 공공선에 대한 비판적 해석을 중심으로." 『해석학연구』. 34: 3-34.

박필배. (2007). "인간중심주의와 생태주의: 환경문제해결을 위한 새로운 대안 모색." 『칸트연구』. 20: 215-238.

박희봉. (2013). 『좋은 정부, 나쁜 정부: 철인정치에서 사회자본론까지, 철학자가 말하는 열 가지 정부 이야기』. 서울: 책세상.

박희봉·이희창·전지웅. (2008). "한·중·일 3국의 가치변화 성향분석: 신세대와 기성세대간 비교." 『한국행정논집』. 20(2): 501-532.

반성택. (2012). "소크라테스의 너 자신을 알라와 아리스토텔레스의 실천적 지혜." 『철학과 현상학 연구』. 54: 51-88.

방선주. (1960). "시「생민」신역: 周祖卵生論." 『사학연구』. 8: 37-58.

배병룡. (2015). "조직 정당성, 정당화, 그리고 제도화." 『한국자치행정학보』. 29(1): 243-272.

배병삼. (2003). "한국정치사상 연구의 동향과 전망: 정치학계의 연구성과를 중심으로." 『국학연구』. 3: 113-208.

배병삼. (2013). "유교의 공과 사." 『동서사상』. 14: 95-120.

배석원 옮김. (2001). 『윤리학에 대한 3가지 도전: 환경주의·여성주의·문화 다원주의』. 서울: 서광사.

배수호. (2013). "유학의 수신론 관점에서 바라 본 생태적 의식 전환 및 실천에 관한 소고: 행정학적 함의를 찾아서." 『한국행정학보』. 47(3): 1-22.

배수호. (2019). 『한국적 지역공동체 사례연구: 복내이리송계(福內二里松契)』. 파주: 태학사.

배수호·한준섭. (2012). "노자 도덕경에서 물에 대한 은유 및 관점: 수자원정책 및 관리에 주는 함의와 시사점을 중심으로." 『한국행정학보』. 46(2): 293-314.

배수호·공동성·정문기. (2016). "유교사상의 거버넌스에의 실제 효용과 적용가능성에 관한 소고." 『한국행정학보』. 50(2): 271-299.

배준구. (2017). "지방분권의 대선공약과 향후 과제." 서울행정학회 춘계학술대회 발표논문.

백도근. (1995). "유가에 있어서 국가의 의미."『철학논총』. 11: 307 – 327.

백도형. (2004). "기능적 환원주위와 인과적 세계관: 김재권과 암스트롱의 실재론." 『철학적 분석』. 9: 1 – 31.

백도형. (2008). "환원과 속성: 자율성과 통합."『철학사상』. 29: 107 – 124.

백종현 옮김. (2014).『실용적 관점에서의 인간학』. 한국의 칸트전집 제16권. 서울: 아카넷.

백종현. (2015). "인간 개념의 혼란과 포스트휴머니즘 문제."『철학사상』. 58: 127 – 153.

백완기. (2007). "한국행정과 공공성."『한국사회와 행정연구』. 18(2): 1 – 22.

백은진. (2015). "무엇을 위한 역사교육이어야 하는가? 국가교육과정, 정부의 역사교육정책, 국가주의 비판 담론에 대한 분석."『역사교육연구』. 22: 287 – 324.

백종국. (2006). "공동체주의의 개념적 유용성에 대하여."『한국정치연구』. 15(1): 141 – 161.

백종현. (2012). "칸트에서 가능한 세계의 최고선."『철학연구』. 96: 39 – 70.

백형배 · 유동상 · 강인호. (2011). "지방공무원 시험의 실용성에 관한 연구: 7,9급 일반행정직 지방공무원 인식조사를 중심으로."『지방정부연구』. 15(3): 145 – 160.

백훈승. (2008). "계몽주의와 낭만주의의 종합자 헤겔."『범한철학』. 48: 167 – 189.

변창흠. (2013). "도시의 혼종성; 뉴타운사업의 정책실패 악순환 구조분석."『공간과 사회』. 44: 85 – 128.

사공영호. (2013). "정책: 존재론적 해명."『행정논총』. 51(2): 61 – 93.

사공영호. (2015).『제도와 철학: 제도와 정책의 현상학 · 언어철학적 비판』. 서울: 대영문화사.

사득환 · 박상진. (2013). "정책패러독스(Policy Paradox)와 합리적 선택의 실패: 국민기초생활보장제도를 중심으로."『한국행정과 정책연구』. 11(1): 1 – 26.

서근식. (2018). "『大學』 해석을 통해 본 주자의 격물치지론."『동양고전연구』. 33: 359 – 384.

서보근. (2013). "중국 董仲舒 사상과 유교통치의 부활." 제26차 동북아세아문화학회 발표논문: 55 – 64.

서세영. (2017). "순자의 악 개념과 악인에 관한 연구."『온지논총』. 51: 75 – 101.

서영석. (2010). "정의(dikaiosyne)와 좋음(agathon)에 관한 논의."『한국동서철학회 논문집』. 55: 33 – 51.

서이종. (2011). "막스 베버의 사회학과 비인간들."『사회와 이론』. 통권19: 145 – 176.

서정갑 옮김. (1977).『정치사상강좌』. 서울: 법문사 (Friedrich, Carl J. (1967). *An Introduction to Political Theory*. Joanna Cotler Books).

서창원. (2005). "『역의 신학』의 사회 정치신학 모색."『신학과 세계』. 52: 70 – 96.

서창원. (2010). "사회정치신학의 새로운 방향."『신학과 세계』. 68: 62 – 94.

서행정. (2003). "베단따 철학의 형이상학적 의미."『남아시아연구』. 9(1): 83 – 113.

선병삼. (2011). "구양덕의 양지 본체론과 치양지 공부론."『양명학』. 29: 41−69.

선우미정. (2006). "공자의 예(禮)사상:『논어』를 중심으로."『한문고전연구』. 12: 243−268.

설민. (2016). "현상학적 지각이론과 초월론적 현상학에서 (외부)세계의 문제."『철학사상』. 59: 157−190.

성경륭. (2003). "국가 균형발전의 비전과 과제."『지방자치정보』. 144: 5−17.

성균관대학교 대동문화연구원. (1976).『한국사상대계 II』: 사회·경제사상편.

성균관대학교 대동문화연구원. (1979).『한국사상대계 III』: 정치·법제사상편.

성신형. (2018). "포스트휴먼 시대를 위한 사회정의론: 임마누엘 레비나스 정의론을 중심으로."『윤리연구』. 118: 85−106.

성염 옮김. (1974). "신학적 인간학."『신학전망』. 24: 74−86.

성유보·차남희 옮김. (1983).『정치사상사』. 서울: 한길사 (Sabine, George H. and Thomas L. Thorson. (1973). *A History of Political Theory*. Fourth Edition. New York; Holt, Rinehart and Winston).

성정용. (2010). "고대 수리시설의 발달과정으로 본 의림지의 특징과 의의."『중원문화연구』. 14: 103−126.

성지연. (2004). "유가철학의 기와 선: 맹자, 주자, 다산, 혜강을 중심으로."『윤리교육연구』. 5: 151−175.

성지은·송위진. (2008). "정책조정의 새로운 접근: 정책통합." STEPI Working Paper Series WP2008−01.

성창원. (2016). "좋음에 대한 책임−전가적 설명의 두 측면."『철학연구』. 92: 117−141.

소병철. (2017). "인간중심주의적 동물윤리의 가능성에 관한 소론."『철학논집』. 49: 109−139.

소진광. (2018). "공간정의 관점에서의 지역격차와 지역균형발전."『한국지역개발학회지』. 30(4): 1−26.

소진광. (2020).『시간과 공간의 상호작용: 한국의 새마을운동 사례』. 서울: 박영사.

손민호. (2006). "실천적 지식의 일상적 속성에 비추어 본 역량(competence)의 의미: 지식기반사회? 지식기반지식!"『교육과정연구』. 24(4): 1−25.

손병석. (2003). "아리스토텔레스에게 있어서 실천지의 적용단계: 숙고와 선택결정에서 제기되는 판단과정의 위치설정 문제를 중심으로."『철학연구』. 48: 21−43.

손봉호·강영안 옮김. (1977).『몸·영혼·정신: 철학적 인간학 입문』. 서울: 서광사 (van Peursen, Cornelis A. (1966). *Body, Soul, Spirit*. Oxford University Press).

손영미·박정열·김가영. (2006). "일과 삶의 균형정책의 도입에 관한 연구: 공공부문을 중심으로." 한국행정학회 동계학술대회 발표논문.

손영식. (2016). "묵자의 국가론: 상동(尙同), 겸애(兼愛), 천지(天地)를 중심으로."『대동철학회논문집』. 76: 194−222.

손정희. (2016). "심(心)과 물(物)의 관계로 본 완물상지(玩物喪志)의 철학적 쟁점." 『철학사상』. 62: 53-81.

손창섭. (2005). 『잉여인간』, 2판, 서울: 민음사.

손홍철. (2002). "천인합일의 성리학적 특성과 의미."『동서철학연구』. 23: 315-334.

송명규. (2018). "자연관(생태중심주의 vs. 인간중심주의)이 친환경행동 의도에 미치는 영향."『환경정책』. 26(1): 59-85.

송영배. (2007). "유가의 인본주의와 인치의 법리적 함의."『철학사상』. 27: 3-33.

송정민. (2017). "A. N. Whitehead의 유기체철학에 비추어 본 지식교육 개념의 확장." 『교육철학연구』. 39(1): 23-49.

송현동. (2013). "융복합 시대의 종교학: 인문과 실용."『종교연구』. 73: 177-204.

송형석·쾨르너. (2014). "루만의 사회체계이론으로 본 위기주제의 사회적 기능."『사회와 이론』. 25: 41-72.

송혜진. (2012). "세종의 음악정치 목적과 방법고찰."『동양예술』. 20: 187-220.

시모사다 마사히로. (2012). "중국 지식인이 생각한 선: 도연명과 백낙천을 중심으로." 『한문학보』. 27: 287-313.

신동인. (1994). "老·莊을 바탕으로 한 인간중심주의: 청하의 시 세계."『비평문학』. 8: 279-301.

신민철·배준식·이정용·곽윤석. (2016). "서울시의회 정책역량 강화를 위한 지원제도 개선방안." 서울연구원 2016-PR-25.

신성환. (2011). "감각과 인식의 욕망기관으로서의 인조인간 형상연구."『문학과 영상』. 12(2): 395-429.

신승규. (2013). "학교폭력 재발방지를 위한 선도프로그램에 관한 연구." 한국콘텐츠학회 춘계종합학술대회 발표논문: 189-190.

신영명. (2010). "『안민가』의 정치사상."『우리문학연구』. 10: 63-86.

신우철. (2011). "우리 헌법사에서 기본권의 의미: 그 이상과 현실의 교직."『역사비평』. 96: 61-108.

신유섭. (2007). "근대정치이념의 미국적 적용: 건국 초기 문헌을 통해 본 미국의 전통보수주의."『한국정치학회보』. 41(2): 121-140.

신정근. (2008). "공자의 인문주의 국가."『중국학보』. 44: 409-423.

신정원. (2006). "영화의 사실주의에 대한 철학적 고찰."『미학』. 46: 91-126.

신춘호. (2016). "실천의 실천으로서의 교육철학."『도덕교육연구』. 28(3): 55-74.

신태환 감수. (1995). 『경제학대사전』. 서울: 서음출판사.

심승현. (2016). "잉여인간에 관한 인문학적 소고: 발달장애인 삶을 중심으로."『장애아동인권연구』. 7(1): 1-22.

심승환. (2010). "공자의 교육사상에 나타난 배움(學)과 사고(思)의 관계에 대한 고찰.”『교육철학』. 47: 79 – 108.

안성재. (2016). “老子가 말하는 流通의 기본.”『수사학』. 27: 177 – 197.

안외순. (2009). “좋은 삶과 맹자의 인정론.”『동양고전연구』. 37: 441 – 471.

안재순. (2007). “실학의 인간관과 윤리적 특성.”『유교사상연구』. 29: 99 – 126.

안지호. (2013). “인간학으로서의 행정학을 위하여: 엘리아스의 결합태(figuration) 개념을 중심으로.”『한국사회와 행정연구』. 23(4): 167 – 189.

안치민. (2003). “사회정책사상과 불평등 문제.”『사회복지정책』. 16: 7 – 25.

안효성. (2004). “‘일의관지(一以貫之)’에 대한 새로운 고찰: 충서(忠恕)에서 서(恕)로.”『중국철학』. 12: 111 – 134.

양영철. (2004). “지방분권특별법 제정과 분권적 국가발전 전략.”『국토』. 269: 16 – 23.

양은석. (2002). “자연주의 두 얼굴: 과학주의 대 반과학주의: 후기 비트겐슈타인과 콰인의 철학관을 중심으로.”『철학』. 73: 127 – 48.

어용숙 · 김묘성. (2017). “응급실 간호사의 감정노동과 감성리더십, 소진의 관계: 직원중심 감정노동과 직무중심 감정노동 비교.”『한국산학기술학회논문지』. 18(9): 136 – 145.

염수균 옮김. (2005).『자유주의적 평등』. 서울; 한길사 (Dworkin, Ronald. (2000). *Sovereign Virtue: The Theory and Practice of Equality*. Cambridge: Harvard University Press).

오근창. (2013). “일반의지의 두 조건은 상충하는가? 루소와 자유롭고도 강제됨의 역설.”『철학사상』. 50: 67 – 98.

오성. (2006). “플라톤의『국가』를 통해 살펴 본 본질주의.”『철학연구』. 34: 77 – 95.

오수웅. (2017). “루소의 일반의지와 공동심의: 의회 심의의 기준과 원리.”『한국정당학회보』. 16(1): 137 – 164.

오영섭. (2010). “안중근 가문의 독립운동 기반과 성격.”『교회사연구』. 35: 221 – 265.

오용득. (2009). “부정인간학 시론.”『석당논총』. 45: 1 – 31.

오재록 · 윤향미 · 박치성. (2014). “서남권 화장장 입지 갈등 사례연구: 정책 정당성이론을 중심으로.”『한국행정연구』. 23(3): 111 – 130.

오태석. (2014). “부정과 초월의 해석학.《노자》.”『한중인문학포럼 발표 논문집』: 143 – 186.

우정길. (2018). “포스트휴머니즘 인간관에 대한 비판적 성찰: 기능과 욕망의 관점에서.”『교육철학연구』. 40(2): 75 – 99.

우창빈. (2013). “행복을 추구하는 행복정책은 가능한가? 행복을 목표로 하는 공공정책의 이론, 논란, 가능성과 조건들.” 2013년 한국정책학회 춘계학술대회 발표논문

원병관. (2008). “동양사상과 심층생태학.”『동서비교문학저널』. 18: 157 – 182.

유미림. (2004). “지배의 정당성의 관점에서 본 맹자의 정치사상.”『한국정치학회보』.

38(1): 67-86.

유승무. (2009). "동양사상 속의 행복개념과 한국사회의 행복현상."『사회와 이론』. 15: 267-295.

유원기. (2008). "아리스토텔레스의 철학적 인간학."『가톨릭신학과 사상』. 62: 56-84.

유종상·하민철. (2010). "국무총리실의 정책조정 성과연구:「정책조정백서」의 조정과제와 조정전략을 중심으로."『한국정책학회보』. 19(3): 345-380.

유철규. (2007). "산업정책의 과제와 새로운 접근의 모색."『아세아연구』. 50(1): 49-81.

유호근. (2007). "국가개입의 정치경제: 아시아 NIEs의 기술정책을 중심으로."『사회과학연구』. 23(2): 55-75.

유흔우. (2008). "화엄의 사사무애와 성리학의 천인합일 비교연구."『불교학보』. 49: 143-168.

윤건. (2012). "증거기반 공공기관 개혁정책 수행을 위한 과제." 한국행정학회 하계학술대회 발표논문: 1-30.

윤경준·김정해·조성환·이혜영. (2010). "기후변화정책 조정체계의 대안모색."『한국행정학보』. 44(2): 169-191.

윤대엽. (2015). "제도적 재량권과 정부의 정책능력: 4대강 사례를 중심으로."『의정연구』. 46: 102-134.

윤보석. (2003). "정신의 자율성과 인과성."『철학적 분석』. 8: 63-91.

윤사순. (2006). "유학의 이상인 성기성물의 현대적 가치."『유교사상연구』. 26: 5-18.

윤상우. (2014). "현대자본주의의 위기와 재구조화: 세계화·정보화·자본주의의 등장과정."『사회과학논총』. 16: 125-151.

윤상철. (2011). "자모자(子某子)의 용법에 관한 연구."『유교문화연구』. 16: 203-231.

윤순갑·김명하. (2004). "석주 이상룡의 사회진화론 수용과 국가주의."『대한정치학회보』. 12(2): 313-339.

윤영근. (2012). "증거기반 정책과 정책품질관리제도." 한국행정학회 하계학술대회 발표논문: 1-26.

윤영근. (2013). "정책의 질 관리를 위한 정책증거의 유형연구."『국가정책연구』. 27(1): 37-64.

윤용택. (2005). "환경철학에서 확장된 인간중심주의에 대한 고찰."『범한철학』. 38: 91-119.

윤원준. (2015). "해체와 부정신학."『한국기독교신학논총』. 98: 149-176.

윤유석. (2016). "표상주의, 변증법, 역사성: 헤겔의 경험 개념에 근거한 표상주의 비판."『철학사상』. 61: 217-244.

윤재풍. (2005). "다산의 행정사상에 관한 연구." 한국행정학회 추계학술대회 발표논문.

윤주현. (2014). "영성의 바탕으로서의 신학적 인간학."『신학전망』. 187: 244-270.

윤태웅·임승빈. (2012). "4대강 개발사업의 정책갈등 사례 비교에 관한 연구."『한국 정책과학학회보』. 16(3): 29-59.

윤형식 옮김. (2008).『진리와 정당화』. 서울: 나남 (Habermas, Jurgen. (1999, 2004 expanded edition). *Wahrheit und Rechtfertigung: Philosophische Aufsatze*. Frankfurt and Main: Suhrkamp).

은재호. (2008). "프랑스 사례를 통해 본 행정이념과 실용주의: 신자유주의의 수용과 전유를 통한 대안적 복지국가 모델의 건설과정." 한국행정학회 동계학술대회발표논문.

은정희 역주. (1991).『원효의 대승기신론 소·별기』. 서울: 일지사.

은희녕. (2016). "안호상의 국가지상주의와 민주적 민족교육론."『중앙사론』. 43: 101-148.

이광석. (2009). "영국 복지행정의 이념과 실용주의: 이념의 굴절을 중심으로."『한국 행정학보』. 43(1): 41-68.

이건. (2012). "증거기반 정책과정에서 서베이방법론의 역할 탐색." 한국행정학회 하계학술대회 발표논문.

이경재. (2009). "성매매특별법 시행 4년에 대한 평가와 제언."『형사정책연구』. 20(1): 701-730.

이계만·안병철. (2005). "정부개입방식의 제도론적 접근: 보건의료와 정보통신정책의 비교를 중심으로."『한국정책과학학회보』. 9(2): 1-25.

이관후. (2015). "정치적 정당성에 기초에 대한 비판적 검토: 법, 동의, 정의, 토의를 중심으로."『현대정치연구』. 8(2): 97-123.

이군선. (2014). "풍산 홍씨 문중의 가문의식: 홍량호와 홍경모를 중심으로."『한문교육연구』. 43: 467-502.

이규상. (2014). "순자의 실천적 지식론."『동서철학연구』. 73: 423-441.

이기백. (1979). "I. 고대 정치사상."『한국사상대계 III: 정치·법제사상편』. 서울: 성균관대학교 대동문화연구원: 29-57.

이기훈. (2015). "퇴계 선(善)의 이중성과 유일성."『동아인문학』. 33: 477-503.

이나미. (2003). "일제의 조선지배 이데올로기: 자유주의와 국가주의."『정치사상연구』. 9: 61-92.

이나영. (2015). "성판매자 비범죄화를 위한 시론: 성매매특별법을 둘러싼 쟁점과 여성주의 대안 모색."『페미니즘연구』, 15(1): 211-247.

이난숙. (2011). "『주역』시중의 의역학적 고찰."『인문과학연구』. 31: 269-292.

이남석·이현애 옮김. (2004).『페미니즘 정치사상사』. 서울: 도서출판 이후 (Shanley, Mary L. and Carole Pateman. edited. (1990). *Feminist Interpretations and Political Theory*. Philadelphia: Pennsylvania State University Press).

이남용. (2004). "디지털 저작권과 프라이버시의 경합과 균형."『정보보호학회지』.

14(6): 46−52.

이남인. (2017). "본능적 지향성과 가치경험의 본성: 가치론의 현상학적 정초."『철학사상』. 63: 63−95.

이대희. (2009). 『인간이란 무엇인가』. 대구: 정림사.

이덕로·송기형·홍영식. (2017). "좋은 정부에 대한 인식에 관한 연구."『한국행정논집』. 29(1): 27−52.

이도업. (1998). 『화엄경 사상연구』. 서울: 민족사.

이도흠. (2017). "인간과 자연의 공존의 장애에 대한 불교적 대안."『인간연구』. 34(여름): 65−91.

이도희·유영설. (2017). "좋은 국가, 그곳에서 살고 싶다!: Q방법론을 활용하여."『한국콘텐츠학회논문지』. 17(12): 545−557.

이동규. (2016). "동아대학교 석당인재학부 공공정책학 전공교육 재설계사례: 정책기업가 양성을 위한 도전, 노력, 그리고 경험적 근거를 중심으로." 한국행정학회 60주년기념 하계학술대회 발표논문: 240−276.

이동희. (2012). "사회기술로서의 법과 형식적 법치국가: H. Kelsen의 이론을 중심으로."『법학연구』. 15(2): 59−84.

이면호. (2003). 『인간이란 무엇인가: 유토피아 철학사상』. 서울: 교우사.

이명곤. (2017). "루이 라벨의 존재에 대한 체험과 철학적 지혜의 의미."『인간연구』. 34: 127−155.

이명남. (2002). "분점정부와 정치효율성 관계의 비교연구."『한국동북아논총』. 25: 227−51.

이명숙. (2005). "결정론과 도덕적 책임의 양립 가능성."『범한철학』. 36: 155−179.

이민수. (2011). "공동체의 정의와 개인의 선은 정합 가능한가? 롤즈의 정의론을 중심으로."『철학연구』. 94: 263−288.

이민호. (2009). "정책의 정당성 논의를 위한 차별성 기준의 적용: 중소기업 정책자금 지원정책 사례를 중심으로."『행정논총』. 47(3): 275−307.

이병규. (2015). "지역균형발전의 헌법적 고찰."『공법학연구』. 16(2): 29−53.

이상명. (2008). "환경권과 생태중심주의에 대한 시론."『한양법학』. 19(3): 415−431.

이상목. (2014). "의사의 책임윤리의 토대로서 선행과 신뢰."『철학논총』. 77: 213−231.

이상익. (2002). "유가에 있어서 최고선의 문제."『철학』. 73: 27−52.

이상익. (2003). "유교에 있어서 가족과 국가."『정치사상연구』. 9: 93−115.

이상익. (2006). "정의관의 충돌과 변용: 근대 한국의 정의관."『정치사상연구』. 12(2): 34−58.

이상익. (2015). "인간의 존엄성에 대한 새로운 접근법."『한국철학논집』. 45: 265−300.

이상형. (2012). "선 윤리는 어떻게 가능한가?"『사회와 철학』. 23: 225−250.

이상호. (2004). "『주역』에서의 시중의 문제."『동양철학연구』. 39: 343-378.

이상호·박동준·박균열. (2016). "국가 정체성 인식과 전통적 가치 지향, 그 현대적 계승."『윤리연구』. 106: 129-158.

이상훈. (2001). "왕양명의 致良知 이후 공부 전개와 귀결: 心意知物과 그 실천공부 및 四句敎를 중심으로."『한문학논집』. 19: 321-343.

이선. (2006). "서구선진국의 조합주의의 정책적 시사점."『법학논총』. 16: 95-122.

이선미. (2002). "조절이론의 사회이론적 비판: 구조와 행위의 통합관점에서."『한국사회학』. 36(5): 29-57.

이성로. (2002). "체제론의 시각에서 본 행정위기의 가능성."『한국행정논집』. 14(2): 259-281.

이성림. (2016). "정치신학에 대한 비판과 규범적 전망."『기독교사상』. 686: 44-55.

이소동. (2014). "《맹자 공손축 상》지언구의 의미연구."『중국문학연구』. 57: 287-306.

이송호. (2001). "미국과 프랑스의 정책조정시스템 비교."『행정논총』. 39(2): 69-102.

이수범·김남이. (2013). "정책이해도 및 관여도가 공중의 정책태도, 정보탐색과 구전의 도에 미치는 영향: 제주도 디지털전환 시범사업을 중심으로."『한국광고홍보학보』. 15(3): 220-254.

이수영. (2001). "환경보전과 인간존중의 교통정책."『국토』. 통권231: 42-49.

이승종. (2003). "분권과 균형발전."『지방행정연구』. 17(3): 73-100.

이승환. (2001). "한국 및 동양 전통에서 본 공(公)과 공익(公益)."『철학과 현실』. 50: 24-35.

이승환. (2004a). 『유교 담론의 지형학』. 파주: 도서출판 푸른숲.

이승환. (2004b). "한국 가족주의의 의미와 기원, 그리고 변화가능성."『유교사상연구』. 20: 45-66.

이승훈. (2006). "1970년대 농촌주택개량사업: 주생활의 변화와 농민들의 대응."『정신문화연구』. 29(4): 233-264.

이신화. (2012). "국가실패와 보호책임(R2P)의 북한 적용가능성."『한국정치학회보』. 46(1): 257-281.

이양수. (2015). "리쾨르와 비판적 프로네시스."『철학탐구』. 37: 191-235.

이연정. (2016). "천인합일을 통해서 본 인식과 실천공부의 결합."『유학연구』. 34: 193-218.

이영문. (1994). "도덕교육의 원리로서의 선의 개념."『도덕교육연구』. 6: 105-118.

이영찬. (2005). "온라인 소매기업의 선점효과와 성장전략에 관한 동태적 분석."『대한경영학회지』. 18(5): 1927-1969.

이영찬. (2007). "유교의 사회제도 사상: 가족, 국가, 신분제도를 중심으로."『한국학논집』. 34: 271-318.

이영찬. (2011). "유교의 지식론."『동양사회사상』. 23: 5－37.

이용규·정석환. (2007). "공조직에서 조직공정성이 구성원의 혁신행동에 미치는 영향."『정부학연구』. 13(1): 7－34.

이용형. (2007). "『논어』에 대한 이론적 이해: 인과 예를 중심으로."『윤리문화연구』. 3: 243－279.

이원봉. (2013). "생명윤리와 포스트휴머니즘: 포스트휴먼의 존엄성에 관한 논쟁을 중심으로."『환경철학』. 16: 235－259.

이원호. (1998).『교육사상사』. 서울: 문음사.

이유선. (2010). "실용주의 철학에 대한 이론적 고찰."『동서사상』. 8: 51－84.

이은아. (2005). "한나 아렌트의 정치적 판단이론."『철학연구』, 33: 169－193.

이을상. (2017). "트랜스휴머니즘의 윤리: 도덕적 생명향상."『인문과학연구』. 35: 231－259.

이인경. (2013). "동양의 이상향 도화원의 특징과「도화원기」의 예술경계."『동양학』. 54: 1－23.

이자경 옮김. (2002).『생물학적 인간, 철학적 인간』. 서울: 푸른숲. (Luc, Ferry and Jean—Didier Vincent. 2000. *Qu'est－ce que I'homme?*).

이장희. (2003). "정명론의 명실(名實)관계에 대한 고찰."『철학논총』. 32(2): 73－88.

이재돈. (2018). "생태문명으로의 전환."『생태문명 생각하기: 내 삶을 바꾸는 환경철학』: 18－41. 한국환경정책·평가연구원 엮음. 서울: 크레파스북.

이재영. (2006). "현실주의와 신현실주의의 결합방향 모색."『동북아연구』. 11: 5－37.

이재훈. (2017). "데카르트 윤리학에서 행복과 최고선의 문제: 인간의 완전성과 행복."『철학』. 132: 31－56.

이정은. (2008). "간성과 이성의 관계를 통해 본 칸트의 악 개념."『시대와 철학』. 19(3): 63－102.

이정환. (2010). "주희 수양론에서 실천주체와 실천의지: 두 마음의 이율배반을 중심으로."『철학사상』. 40: 25－66.

이정환. (2016). "중국 북송대 물아(物我)관계에 대한 재정립과 미적 태도: 구양수와 소식의 즐거움(樂)과 우의(寓意)를 중심으로."『미학』. 82(3): 1－37.

이종근. (2014). "수메르 법전승과 성서의 왕권신수설."『한국기독교신학논총』. 92(1): 29－55.

이종기·이상우·이봉규. (2009). "융합시대의 통신과 방송의 보편적 서비스 정립방안에 관한 연구."『한국언론학보』. 53(3): 128－145.

이종민. (2017). "21세기 중국 문명국가의 길을 찾아서: 공자와 대동사회의 꿈을 중심으로."『중국현대문학』. 83: 223－252.

이종성. (2003). "순자 철학의 인간 중심주의적 특질."『동양철학과 현대사회』. 77－195.

이종수. (2010). "공동체주의의 이론적 전개와 자유주의와의 논쟁고찰: 자치공동체의 이론적 토대확장을 위한 재해석."『지방정부연구』. 14(3): 5－22.

이종수. (2013).『대한민국은 공정한가?』. 서울: 대영문화사.

이종열. (2013). "산림행정 패러다임의 역사적 변천과정에 대한 평가."『한국정책연구』. 13(3): 261－279.

이종은. (1985). "경제상황과 배분적 정의."『한국정치학회보』. 19: 231－245.

이좌용. (2006). "심성과 인과성."『철학적 분석』. 14: 171－87.

이주연. (2011). "크로스오버 방송프로그램의 탐색적 연구: KBS 열린음악회를 중심으로(1993－1999)."『문화산업연구』. 11(1): 89－110.

이주하. (2013). "국가중심적 거버넌스에 대한 시론적 연구: 산출 지향적 정당성과 북지국가의 거버넌스."『국정관리연구』. 8(1): 27－52.

이진남. (2010). "철학상담의 어제와 오늘, 그리고 미래."『철학실천과 상담』. 1: 121－148.

이진영. (2016). "동북아시아의 세력균형, 1945－2001: 평화의 경로 또는 분쟁의 원천?"『국제정치논총』. 56(4): 7－48.

이진호 · 이민화. (2017). "4차산업혁명과 국가정책 방향연구." 한국경영학회 통합학술대회 발표논문.

이찬. (2016). "행복감과 좋은 삶:『맹자』의 양혜왕 장의 독락과 여민동락의 이해를 중심으로."『철학연구』. 115: 1－29.

이찬. (2017). "좋은 삶과 시의적 판단:『논어』「미자」의 무가무불가와『맹자』의 집대성이해를 중심으로."『철학연구』. 56: 65－97.

이창원 · 전주상. (2003). "갈등당사자의 상대적 지위와 개인간 갈등의 관리방식."『한국행정학보』. 37(2): 1－19.

이창익. (2017). "인간이 된 기계와 기계가 된 신: 종교, 인공지능, 포스트휴머니즘."『종교문화비평』. 31: 209－254.

이창환. (2011). "게임이론 관점에서 본 개인의 배반이 집단이익에 미치는 영향."『정보과학회논문지: 소프트웨어 및 응용』. 38(9): 491－496.

이철승. (2009). "『논어』학이 1장에 나타난 배움과 익힘의 논리와 의미: 주희와 왕부지의 관점을 중심으로."『중국학보』. 59: 323－341.

이철승. (2015). "현대사회에서 인은 어떻게 실천되어야 할까? 공자의 先難後獲의 논리를 중심으로."『유교사상문화연구』. 61: 225－247.

이학준. (2003). "스포츠철학의 교수방법 탐구: 신언서판 중심의 교수법."『대한체육학회지』. 42(6): 99－106.

이한우. (2016). "베트남의 탈사회주의 개혁과 체제정당화."『민주주의와 인권』. 16(2): 399－432.

이한유. (2012). "소득분배상의 공정과 평등개념의 고대 그리스, 중국 경제사상사적 기원."『국제경제연구』. 18(1): 131−158.

이해영. (2003a).『정치지도자의 정책리더십』. 서울: 집문당.

이해영. (2003b). "1950−70년대의 정책학의 역사."『한국정책학회보』. 12(2): 259−282.

이해영. (2007). "한국정책사의 정립에 관한 기초연구: 한국정책학회 창립(1992년) 이전을 중심으로."『한국정책학회보』. 16(2): 1−28.

이해영. (2016). "정책개입의 정당성 이념논의: 인구정책을 중심으로."『현대사회와 행정』. 26(2): 113−148.

이해영·허만용·신영균. (2011). "중국 정책학에 관한 연구경향분석."『한국거버넌스 학회보』. 18(1): 321−346.

이혜령. (2016). "양반은 말해질 수 있는가: 식민지 사회적 상상의 임계, 신분제."『민족문학사연구』. 62: 79−119.

임미원. (2001). "칸트의 정언명령과 인간존엄사상: 근대 보편성 인권관념의 기초."『법사학연구』. 24: 161−177.

임예준. (2014). "국가실패에 따른 법적 공백에 관한 고찰."『국제법학회논총』. 59(4): 233−258.

임옥균. (2007). "익재 고제봉의 학문론과 성리론: 성리학개념의 二而日, 一而二的 관계설정을 중심으로."『간재학논총』. 7: 123−151.

임의영. (2017). "공공성의 철학적 기초."『정부학연구』. 23(2): 1−29.

임일환. (2009). "자연주의적 오류와 내표성."『미학』. 57: 101−158.

임종명. (2012). "해방직후 이범석의 민족지상·국가지상론."『역사학연구』. 45: 151−190.

임지현 옮김. (1997).『인간이란 어떤 것인가·1: 현대문화인류학 입문』. 서울: ㈜문학사상사 (K. Bock, Philip (1969). *Modern Cultural Anthropology: An Introduction*. New York: Knopf).

임충규·김연희·노용호. (2011). "논습지 생태관광 자원화 방안 연구: 상주 공검지 사례를 중심으로."『한국지역지리학회지』. 17(3): 313−331.

임헌규. (2009). "성리학적 심신관계론."『퇴계학과 유교문화』. 45: 405−437.

임현규. (2011). "동양 유교의 보편적 가족주의의 이상과 논리." 대한철학회 학술대회 발표논문.

임헌규. (2015). "『논어』에서 學의 의미."『동방학』. 33: 177−205.

임형록·신유형. (2010). "시나리오 접근법을 이용한 시장선점우위 규명과 시차효과 분석."『전문경영인연구』. 13(3): 151−180.

임형백. (2013). "한국의 지역균형발전정책, 1972−2012."『한국도시행정학보』. 26(3): 315−339.

장동진. (2006). "서양 정의이론의 동아시아 수용: 롤즈 정의이론의 한국적 이해."『정치사상연구』. 12(2): 80−152.

장성모. (2010). "「우파니샤드의 지혜」: 힌두문화와 도덕교육."『도덕교육연구』. 21(2): 33-67.

장영백. (2002). "변화에 대한 고대 중국인들의 관념과 공자사상의 핵심: 알고 좋아하고 즐기는 삶을 위하여."『중국어문학논집』. 20: 523-540.

장영희. (2017). "공자의 군자론과 仁의 리더십:『논어』의 군자론을 중심으로."『동악어문학』. 70: 125-158.

장왕식. (2009). "악의 실재성에 대한 과정신학적 이해: 화이트헤드 철학에 기초하여."『화이트헤드 연구』. 19: 133-170.

장용석·조문석·정장훈·정명은. (2012). "사회통합의 다원적 가치와 영향요인에 관한 탐색적 연구: 국가주의, 개인주의, 공동체주의, 세계시민주의를 중심으로."『한국사회학』. 46(5): 289-322.

장준갑. (2007). "케네디 행정부의 대한정책(1961-1963): 간섭인가 협력인가?"『미국사연구』. 25: 133-157.

장춘익. (2002). "실천적 합리성은 목적 합리성과 다른 독자적인 지위를 갖는가."『철학연구』. 56: 313-335.

장한일. (2004). "아렌트(Hanna Arendt)의 판단이론의 보완성에 대한 고찰."『동아시아연구』. 8: 251-271.

장현근. (2000). "가 개념의 유래와 사회화."『전통과 현대』. 14: 16-28.

장현근. (2004). "도덕군주론: 고대 유가의 성왕론."『한국정치학회보』. 38(1): 49-66.

장현근. (2009). "민(民)의 어원과 의미에 대한 고찰."『정치사상연구』. 15(1)』131-157.

장현근. (2010). "公(public)·共(common) 개념과 중국 진·한 정부의 재발견: 예·법이 분화와 결합."『정치사상연구』. 16(1): 31-258.

장훈. (2001). "한국 대통령제의 불안정성의 기원: 분점정부의 제도적, 사회적, 정치적 기원."『한국정치학회보』. 35(4): 107-27.

전광석. (2009). "Theologia Negativa: 부정신학의 역사와 의미."『석당논총』. 45: 33-71.

전병술. (2003). "동양철학의 인간중심적 환경윤리."『중국학보』. 47: 737-752.

전병술. (2010). "리더십 관점에서 본 맹자와 순자."『양명학』. 26: 61-90.

전선숙·김영훈·신창호. (2012). "악에 대한 이해와 교육의 필요성: 순자와 한나 이렌트의 사유를 중심으로."『동양고전연구』. 48: 253-287.

전성표. (2006). "배분적 정의, 과정적 정의 및 인간관계적 정의의 관점에서 본 한국인들의 공평성 인식과 평등의식."『한국사회학』. 40(6): 92-127.

전세영. (2003). "퇴계의 군주론 연구."『한국정치학회보』. 37(1): 7-28.

전세영. (2005).『율곡의 군주론』. 파주: 집문당.

전영평·장임숙. (2008). "소수자로서 탈북자의 정책개입에 관한 분석: 정체성, 저항성, 이슈확산성을 중심으로."『정부학연구』. 14(4): 239-268.

전재원. (2012a). "아리스토텔레스와 행복한 삶."『철학논총』. 68(2): 409-423.

전재원. (2012b). "아리스토텔레스와 실천적 진리."『철학논총』. 70(4): 405-421.

전재원. (2015). "실천적 추론의 연역논리학적 함의."『철학논총』. 79(1): 263-281.

전종익. (2014). "공동체로서의 국가와 정부."『서울대학교 법학』. 55(4): 273-312.

정갑임. (2003). "왕양명의 지의 성격."『양명학』. 10: 41-67.

정광수. (2002). "산림기본법 제정 이후의 산림법령 정비방향." 한국임학회 학술연구 발표논문집. 13-24.

정국헌. (2004). "조절이론의 확산과 세계화: 포드주의와 주변부 포드주의,"『한독사 회과학논총』. 14(1): 273-90.

정대현. (2005). "성기성물(成己成物): 대안적 가치를 향하여."『범한철학』. 36: 97-125.

정대현. (2008). "차이 요구와 연대 확장의 양면적 문법: 공동선으로서의 성기성물(成 己成物) 방법론."『범한철학』. 50: 195-219.

정대현. (2017). "특이점 인문학: 특이점 로봇은 인간사회의 구성원이다."『철학』. 131: 189-216.

정만희. (2012). "선거구획정의 기본문제: 국회의원 선거구획정의 문제점에 관한 비교 법적 검토."『공법학연구』. 13(3): 117-54.

정면걸·김민규·김광옥. (2017). "인간-로봇 상호작용에 관한 연구: 상호작용 방법 과 조건을 중심으로." Proceedings of HCI Korea 발표논문.

정병기. (2004). "서유럽 코프라티즘의 성격과 전환: 통치전략성과 정치정체성."『한 국정치학회보』. 38(5): 323-43.

정병련. (1995). "一齊 李恒의 이기일물설 변증."『유학연구』. 3: 831-888.

정병석. (2005). "주역의 삼재지도와 천생인성."『유교사상연구』. 24: 211-235.

정병석·엄진성. (2011). "도덕감정을 통해 본 공자의 인."『철학논총』. 64: 3-21.

정석환·주영종. (2005). "시스템다이내믹스 방법론을 이용한 정책파급효과분석: 성매 매특별법을 중심으로."『한국행정학보』. 39(1): 219-36.

정성욱. (2002). "제3자 효과: 인간 이성의 한계와 매스커뮤니케이션."『스피치와 커뮤 니케이션』. 1: 47-79.

정성훈. (2016). "공동체주의 공동체의 한계와 현대적 조건에서 현실적인 공동체." 『도시인문학연구』. 8(2): 133-154.

정수남. (2014). "잉여인간, 사회적 삶의 후기자본주의적 논리: 노숙인·부랑인을 중심 으로."『한국사회학』. 48(5): 285-320.

정승모. (2011). "족보에 나타난 성씨의 이거(移居)와 지역의 역사."『한국학논집』. 44: 267-298.

정승석. (2011). "영혼에 관한 인도철학의 세 가지 관점."『가톨릭신학과 사상』. 67: 164-196.

정신동 옮김. (1991).『조절이론: 위기에 도전하는 경제학』. R. 브와예 저. 서울: 학민사.

정연식. (2002). "꽌시(關係)의 정치학: 중국의 수혜주의에 대한 비판적 고찰."『국제지역연구』. 5(4): 199 – 221.

정영훈. (2016a). "홍익인간 사상에 대한 새로운 해석."『고조선 단군학』. 34: 149 – 186.

정영훈. (2016b). "홍익인간 사상의 인본주의."『민족문화논총』. 64: 111 – 149.

정용환. (2005). "맹자의 선천적이고 직관적인 선(善)의 실행 가능성."『철학』. 82: 23 – 47.

정용환. (2012). "도덕 지식의 주관적 정당화 조건: 맹자의 고자 의외설 비판."『철학논총』. 69: 485 – 509.

정윤승. (2016). "화이트헤드 유기체 철학에서 사회(society) 개념과 그 특징에 관한 연구."『동서철학연구』. 82: 383 – 410.

정재현. (2006). "동아시아 사유와 철학: 유가 천인합일론을 중심으로."『동양철학연구』. 47: 279 – 301.

정정길. (2002). "정책과 제도의 변화과정과 인과법칙의 동태적 성격: 시차적 접근방법을 위한 제언."『한국정책학회보』. 11(2): 255 – 272.

정정화. (2002). "개발과 보전을 둘러싼 부처간 정책갈등."『한국정책논집』. 2: 185 – 96.

정하영. (2004). "중국의 꽌시문화에 대한 시론."『중국학연구』. 27: 355 – 379.

정해왕. (2013). "董仲舒의 천인감응설과 그 정치성."『동양문화연구』. 16: 185 – 220.

정호순. (2007). "1970년대 새마을희곡에 나타난 국가주의."『어문연구』. 35(2): 325 – 350.

정호표. (2006). "교육에서 온정주의적 간섭과 자유의 문제."『교육철학』. 29: 119 – 135.

정흥모. (2005). "국가사회주의 동구의 복지체제에 대한 연구."『국제지역연구』. 9(2): 207 – 236.

조극훈. (2017). "동학·천도교의 개벽사상과 인내천 정신."『동학학보』. 42: 57 – 88.

조남호. (2014). "성리학의 보편적 인간성과 차별적 민족성."『동서철학연구』. 73: 161 – 189.

조대호. (2010). "동물과 인간의 차이와 연속성: 아리스토텔레스의 생물학과 윤리학의 점진주의에 대하여."『범한철학』. 59: 99 – 128.

조동문. (2002). "국가사회주의 실패와 대안체제의 가능성: 평등과 효율성에 기초한 민주적 시장사회주의의 모색."『동향과 전망』. 52: 98 – 127.

조명래. (2002). "사회과학의 등장배경으로 계몽주의의 재조명."『공간과 사회』. 18: 161 – 179.

조성민·양승목. (2005). "신문법과 간섭주의: 국가개입의 논리와 한계."『언론정보연구』. 42(1): 91 – 125.

조성환. (2008). "유토피아 사상과 국가주의: 중국 근대 정치사상의 주제론적 분석."『정치사상연구』. 14(2): 136 – 156.

조영훈. (2016). "국가중심이론에 대한 평가: 테다 스카치폴을 중심으로."『공공정책연구』. 33(1): 71-92.

조용개. (2006). "생태중심주의 환경윤리의 철학적 함의와 교육적 대안."『환경철학』. 5: 33-62.

조원일. (2002). "유가정치사상의 이상과 현실."『양명학』. 8: 205-227.

조원일. (2013). 『(공자의) 철학사상: 동아시아 인문주의의 원형이 된 고대 중국의 사상가』. 광주: 전남대학교 출판부.

조은수. (2011). "불교와 환경, 과연 동행자인가: 이론적 가치와 실천적 전망."『인간·환경·미래』. 6: 65-84.

조정옥. (2004). "서양 철학사에서 생태중심적 원리의 모색."『철학과 현상학연구』. 22: 155-180.

조찬래. (2012). "고대정치철학에서 정치공동체 관념의 변화양상에 관한 연구."『사회과학연구』. 23(3): 63-79.

조창희·오형석·이화룡. (2013). "학교건축 디자인 지표의 사용자 참여설계 적용에 관한 연구."『한국교육시설학회논문집』. 20(3): 3-12.

지주호. (2008). "인간학으로서 수사학."『수사학』. 9: 5-32.

진달용. (2014). "신한류의 문화정치: 국가의 역할에 관한 소고."『문화와 정치』. 1(1): 7-30.

차미란. (2013). "지식과 도덕: 아리스토텔레스 실천지(phronesis) 개념의 성격과 한계."『도덕교육연구』. 25(1): 39-64.

차옥승. (1993). "노장사상의 무위 개념에 대한 연구."『종교학연구』. 12: 85-103.

차정식. (2012). "성서의 복지사상과 그 현대적 적용."『기독교사상』. 통권 648호: 30-38.

채영택·최외출. (2012). "신문사설의 보도 프레임분석을 통한 1970년대 새마을운동에 관한 연구."『한국비교정부학보』. 16(1): 247-270.

천병돈. (2005). "유가의 예에 대한 Complex(II): 선악 개념을 중심으로."『양명학』. 14: 51-84.

천병희 옮김. (2013). 『니코마코스 윤리학』. 고양: 도서출판 숲.

천선영. (2001). "세계화인가, 세계사회인가: 사회를 다시 묻는다."『한국사회학』. 35(3): 31-49.

최명관 옮김. (2008). 『인간이란 무엇인가』. 개정판, 서울: 도서출판 창. (Cassirer, Ernst. (1944). *An Essay on Man: An Introduction to a Philosophy of Human Culture*. New Haven: Yale University Press).

최봉영. (1999). "성리학적 인간관과 인본주의."『동양사회사상』. 2: 31-77.

최상용. (2004). "플라톤의 중용사상."『정치사상연구』. 10(1): 129-150.

최성철. (2017). "악의 근대성? 지그문트 바우만의 홀로코스트 해석에 대한 재고찰."

『독일연구』. 36: 83－120.

최소인·정제기. (2017). "나는 무엇을 희망해도 좋은가? 최고선의 요청." 『철학논총』. 87(1): 467－488.

최순옥. (2015). "지식의 선결문제로서 허위판단에 관한 고찰: 플라톤의 [소피스트]편을 중심으로." 『도덕윤리과교육』. 46: 201－219.

최식인. (2005). "저출산력시대의 인구교육 방향." 『사회과교육』. 44(2): 59－81.

최영진. (2008). "유교 국가론에 있어 통치 주체와 객체의 문제." 『동양철학연구』. 53: 144－175.

최용인. (2017). "인공지능(AI)이 결정하는 정책의 미래: 지능정부와 인간의 공존." 『Future Horizon』. 35: 2

최은영. (2007). "중국 꽌시(關系)문화의 의미와 그 변용." 『담론201』. 10(2): 259－296.

최일범. (2010). "생태학적 관점에서 본 동양사상의 인간관." 『양명학』. 27: 37－59.

최일성. (2011). "라이시테, 프랑스 민주주의 공고화와 이념적 토대: RMI(Revenu Minimun d'Insertion)법안의 국가개입주의 성격에 대한 정치학적 연구 시론." 『한국프랑스학논집』. 76: 175－214.

최재목. (2012). "양명학을 통해서 읽는 세상과의 어울림: 天地萬物一體無間, 여성성, 섬세의 정신의 재음미." 『양명학』. 33: 5－38.

최재목. (2017). 『양명학의 새로운 지평: 숨은 얼굴 드러난 얼굴』. 서울: 지식과 교양.

최종고. (1987). "동양법사상사의 과제와 방법." 『한국사상사학』. 1: 33－66.

최종고. (2003). "동아시아 법철학에서 자유주의와 공동체주의." 『법철학연구』. 6(2): 351－372.

최종렬. (2004). "계몽주의, 대항계몽주의, 반계몽주의." 『사회와 이론』. 5: 123－181.

최호택·정석환. (2015). "정책수단의 관점에서 생활임금제의 타당성: 시스템사고를 중심으로." 『한국콘텐츠학회논문지』. 15(12): 185－192.

콘도 고이치. (2006). "신라말기의 왕토사상과 사회변동." 『정신문화연구』. 29(1): 179－207.

팀 헤이워드. (1995). "정치생태학의 의미." 『창작과 비평』. 23(4): 112－137.

팽요광. (2015). "二程理學 天人感應論略析." 『유교문화연구』. 23: 133－142.

편상범. (2014). "아크라시아와 무지: 『니코마코스 윤리학』 7권 3장을 중심으로." 『철학사상』. 52: 97－139.

하미승·강황선·김구·한세억. (2006). "정부조직의 지식행정지수 개발." 한국행정학회 동계학술대회발표논문.

하은아. (2015). "디자인 유형분석을 통한 다자인 사고체계 구축." 『한국과학예술포럼』. 20: 475－487.

한국국학진흥원. (2005). 『한국유학사상대계 II』: 철학사상편(상).

한국국학진흥원. (2006).『한국유학사상대계 V』: 교육사상편(상).

한국국학진흥원. (2008).『한국유학사상대계 VIII』: 법사상편(상).

한국정신문화연구원. (1990).『한국사상사대계 1』.

한국정신문화연구원. (1993).『한국사상사대계 6』.

한국정치사상학회. (1996). "한국정치사상학회 설립취지문."『정치사상연구』. 1: 211-224.

한면희. (1999). "가이아 가설과 환경윤리."『철학』. 59: 349-371.

한상기. (2001). "게티어 문제와 인식적 정당성."『동서철학연구』. 22: 133-151.

한상기. (2015). "자연주의적 오류와 자연화된 인식론."『범한철학』. 79: 493-516.

한상수. (2011). "플라톤의 혼합국가론."『공법학연구』. 12(3): 155-180.

한상진. (2003). "탈전통의 유교 검증과 한국사회의 문화변동."『사회와 이론』. 3: 13-38.

한세억. (2010a). "지식정책의 독자성 탐색에 관한 소고."『공공정책과 국정관리』. 4(2): 3-30.

한세억. (2010b). "좋은정부와 지성적 기반."『사회과학담론과 정책』. 3(2): 127-152.

한승연. (2008). "정책수단으로서 행정지도의 변화: 무에서 비공식적 수단으로."『한국행정사학지』. 23: 131-160.

한승준. (2009). "지자체 다문화정책 추진체계 구축방안에 관한 연구."『한국사회와 행정연구』. 20(2): 269-291.

한예원. (2001). "양명학의 萬物一體觀에서 본 생명윤리."『양명학』. 6: 129-148.

한예원. (2013). "동아시아 세계의 知의 지형도: 유교적 교육체계론과 근대적 실천지."『인문연구』. 69: 37-68.

한정길. (2003). "원시유가의 도덕적 인간관."『양명학』. 10: 239-277.

한표환. (2004). "국가균형발전특별법 제정과 상생적 국토발전전략."『국토』. 269: 6-15.

함재학. (2016). "국민주권과 정치신학: 헌법이론의 탈주술화는 요원한가?"『법철학연구』. 19(2): 177-206.

허남결. (2011). "불교생태학의 인간주의적 실천원리: 불교적 인간중심주의를 제안하며."『윤리연구』. 83: 77-98.

허범. (2002). "정책학의 이상과 도전."『한국정책학회보』. 11(1): 293-311.

허재윤. (1986).『인간이란 무엇인가? 철학적 인간학에 대한 연구』. 대구: 이문출판사.

허정훈. (2001). "칸트에 있어서 이성의 실천원리와 자유의지의 관계."『제주대학교 백록논총』. 3: 123-147.

홍군. (2015). "이기일물론과 이기지묘설: 정암(整庵)과 율곡(栗谷)의 이기론 비교."『율곡학연구』. 31: 43-65.

홍석영. (2008). "현대의 철학적 인간학: 인격주의를 중심으로."『Catholic Theology and Thought』. 62: 85-114.

홍성민. (2016). "四端七情에서 中節의 의미와 善의 근거."『유교사상문화연구』. 65: 39−70.

홍성수. (2016). "시차이론과 시간의 개념."『한국정책연구』. 16(3): 1−18.

홍성태. (2011). "리더십의 사회학: 리더십, 권력, 사회적 관계."『경제와 사회』. 92: 141−168.

홍승표. (1999). "깨달음의 사회학을 위한 시론." 한국사회학회 사회학대회 발표요약 집, 2권: 441−449.

홍원식·황지원·이기훈·이상호 옮김. (2008).『성리학의 개념들』. (1989). 서울: 예문 서원 (蒙培元.『理學範疇系統』. 北京: 人民出版社).

홍윤경. (2012). "실천적 지식의 두 가지 유형에 관한 고찰: 테크네와 프로네시스를 중심으로."『교육철학』. 47: 193−215.

홍윤기. (2006). "한국 포퓰리즘 담론의 철학적 검토: 현실능력 있는 포퓰리즘의 작동 편제와 작동문법탐색."『시민사회와 NGO』. 4(1): 7−41.

황갑연. (2003). "자연생태계의 조화와 인간 책임론: 유교철학을 중심으로."『철학논 총』. 33: 407−425.

황갑연. (2007). "주자와 양명 도덕론의 종합 가능성에 관한 연구: 格物致知와 致良知 를 중심으로."『한국양명학회 학술대회(제4회 하곡학 국제학술대회) 발표논문집』: 421−440.

황경식. (2001). "실천철학으로서의 윤리학의 전망."『철학연구』. 54: 79−92.

황병익. (2012). "<안민가>의 창작 배경과 의미 고찰."『정신문화연구』. 35(3): 177−209.

황영주. (2012). "초기 근대국가 형성에서 국가와 자본주의."『국제관계연구』. 17(1): 267−297.

황원영 옮김. (1976).『인간이란 무엇인가』. 왜관: 분도출판사 (Dessauer, Friedrich. (1959). *Was Ist Der Mensch*. Frankfurt: Verlag Josef Knecht).

황용주. (2011). "한국의 언어관리 정책."『국어문학』. 50: 23−45.

황유경. (2016). "사고실험으로서의 문학허구."『미학』. 82(4): 221−256.

황재홍. (2011). "불확실성과 합리성 그리고 정부개입: 케인즈와 하이에크."『경제학 연구』. 59(4): 147−166.

황종환. (2000). "선진유학에 있어서 誠의 천도족 원리성과 인도적 실천성."『유학연 구』. 8: 507−543.

황희숙. (2016). "생명공동체와 공동선."『철학논집』. 47: 67−88.

『帝王世紀』. (未詳). 臺北: 禮文印書館.

『中文大辭典』. (1980). 第一次修訂版, 普及版. 中文大辭典編纂委員會 編. 台北: 中國文 化學院出版部.

『漢語大辭典』. (1989). 上海: 上海中華印刷廳.

『說文解字』. (2013). 영양: 일월산방 (許愼 원저, 段玉裁 주, 금하연·오채금 공편).

蔡仁厚. (2008). "王陽明良知學中的工夫指點:『傳習錄·答陸原靜書第三書』疎解."『陽明學』. 4: 113－128.

吳光·錢明·董平·姚延福·編校. (2010). 『新編本 王陽明全集, 第三册』. 杭州: 浙江古籍出版社.

杜保瑞. (2015). "實踐哲學的檢證邏輯."『哲學與文化』. 42(3): 77－96.

賴錫三. (2016). "『莊子』「天人不相勝」的自然觀: 神話與啓蒙之間的跨文化對話."『青華學報』. 46(3): 405－456.

常亚琪. (2016). "浅析实用主义对当代大学生的影响及对策."『法制与社会』. 2016(05).

莫秀吉. (2017). "年鉴实用性述论."『中国年鉴研究』. 2017(02).

西晋一郎. (1930). 『實踐哲學槪論』. 東京: 岩波書店.

由良哲次. (1939). 『實踐哲學の基本問題: 意志及び個性の哲學』. 東京: 理想社出版部.

高橋正衛. (1974). 『解說: 國家主義運動 3』. 東京: みすず書房.

寺沢節雄. (1985). "E.アイスナー研究 : アメリカ美術教育史における実用主義と創造主義について."『静岡大学教育学部研究報告. 教科教育学篇』. 17: 45－54.

傅中將姬. (2011). 『稱讚淨土佛攝受經』. 東京: 西東書房.

夫伯. (2013). "夏目漱石の国家主義に対する態度についての一考察(1)."『日本學報』. 95: 101－121.

薩本弥生·昆野領太. (2016). "實用性のある衣生活教育のあり方: 必要とされる生活技術の提案."『横浜国立大学教育人間科学部紀要』. 18: 52－70.

小木曾 陽子. (2016). "人間理解を意図し´ 根拠·判断を問う発問で構成する授業の試み (特集 物事を多面的·多角的に考える道徳授業 : 平成30年に向けた道徳授業改善プロジェクト."『道徳と特別活動』. 33(6): 24－27.

岡部光明. (2018). "社会を理解するための三部門モデル: 人間理解に関する理論的補強."『明治學院大學國際學研究』. 53: 19－36.

Achenbach, Gerd. (2018). "What Matters? What Is Important in Truth? What Is Crucial in the End? Leading Principles in Philosophical Practice." *Philosophical Practice: Journal of the American Philosophical Practitioners Association*. 13(3): 2171－2181.

Adams, Guy B. (2011). "The Problem of Administrative Evil in a Culture of Technical Rationality." *Public Integrity*. 13(3): 275－286.

Adams, Guy B., Bayard L. Catron, and Scott D.N. Cook. (1995). "Forward to the Centenary Edition of the Art of Judgment." in *The Art of Judgment: A Study of Policy Making*. Sir Geoffrey Vickers Centenary Edition. Thousand Oaks; California: SAGE Publications: xiii－xxiv.

Adelman, Leonard, Thomas R. Stewart, and Kenneth R. Hammond. (1975). "A Case History of the Application of Social Judgment Theory to Policy Formulation." *Policy Sciences.* 6(2): 137−159.

Aikins, Stephen K. (2009). "Political Economy of Government Intervention in the Free Market System." *Administrative Theory & Praxis.* 31(3): 403−408.

Allchin, Douglas and Alexander Werth. (2017). "The Naturalizing Error." *Journal of General Philosophy of Science.* 48(1): 3−18.

Allen, Pamela M. and Sharyn Clough. (2015). "Philosophical Commitments, Empirical Evidence, and Theoretical Psychology." *Theory and Psychology.* 25(1): 3−24.

Almang, Jan. (2014). "Perception, Non−Propositional Content and the Justification of Perceptual Judgments." *Metaphysics.* 15(1): 1−23.

Altman, Morris. (2006). *Handbook of Contemporary Behavioral Economics: Foundations and Developments.* Edited. New York: M.E. Sharpe.

Alznauer, Mark. (2012). "Ethics and History in Hegel's Practical Philosophy." *Review of Metaphysics.* 65(3): 581−611.

Amenta, Edwin. (1991). "Reviewed Work(s): State Responsiveness and State Activism: By Jerald Hage, Robert Hanneman and Edward T. Gargan." *American Journal of Sociology.* 96(6): 1557−1559.

Anacker, Katrin B. (2016). "Planning for States and Nation−States in the U.S. and Europe." *Journal of Regional Sciences.* 56(2): 363−365.

Anderson, Elisabeth. (2018). "Policy Entrepreneurs and the Origins of the Regulatory Welfare State: Child Labor Reform in Nineteenth−century Europe." *American Sociological Review.* 83(1): 173−211.

Anderson, Wilda. (2011). "Is the General Will Anonymous? Rousseau, Robespierre, Condorcet." *MLN.* 126(4): 838−852.

Andrews, Matt. (2010). "Good Government Means Different Things in Different Countries." *Governance.* 23(1): 7−35.

Angelides, Christodoulis and Gerald Caiden. (1994). "Adjusting Policy−thinking to Global Pragmatics and Future Problematics." *Public Administration and Development.* 14(3): 223−239.

Anscombe, G.E.M. (1969). *Intention.* Second edition. New York: Cornell University Press.

Anzia, Sarah F. and Terry M. Moe. (2016). "Do Politicians Use Policy to Make Politics? The Case of Public−Sector Labor Laws." *American Political Science Review.* 110(4): 763−777.

Ardelt, Monika. (2003). "Empirical Assessment of a Three−Dimensional Wisdom Scale." *Research on Aging.* 25(3): 275−326.

Ardelt, Monika. (2004). "Where Can Wisdom Be Found: A Reply to the Commentaries by Baltes and Kunzmann, Sternberg, and Achenbaum." *Human Development.* 47(5): 304−307.

Aron, Raymond. (1965). *Main Currents in Sociological Thought 1: Montesquieu, Comte, Marx, Tocqueville; The Sociologists and the Revolution of 1848.* Translated by Richard Howard and Helen Weaver. Middlesex; England.

Ashworth, Michael. (2017). "Affective Governmentality." *Social & Legal Studies.* 26(2): 188−207.

Athanasiadis, Harris. (2018). "God and Government: Martin Luther's Political Thought by Jarrett A. Carty." *Toronto Journal of Theology.* 34(1): 149−150.

Atkins, Judi. (2010). "Moral Argument and the Justification of Policy: New Labour's Case for Welfare Reform." *British Journal of Politics and International Relations.* 12(3): 408−424.

Attfield, Robin. (2011). "Beyond Anthropocentrism." *Royal Institute of Philosophy Supplement.* 69: 29−46.

Au, Al K. C. and Kwok Leung. (2016). "Differentiating the Effect of Informational and Interpersonal Justice in Co−Worker Interactions for Task Accomplishment." *Applied Psychology: An International Review.* 65(1): 132−159.

Audi, Robert. (2015). "Kantian Intuitionism as a Framework for the Justification of Moral Judgments." *Mercer Law Review.* 66(2): 365−386.

Austerlitz, F and E Heyer. (2018). "Neutral Theory: From Complex Population History to Natural Selection and Sociocultural Phenomena in Human Populations." *Molecular Biology and Evolution.* 35(6): 1304−1307.

Ayto, John. (2011). *Dictionary of Word Origin: The History of More Than 8,000 English−language Words.* Revised edition. New York: Arcade Publishing Co.

Azmanova, Albena. (2012). "Social Harm, Political Judgment, and the Pragmatics of Justification." in *Philosophical Dimensions of Human Rights: Some Contemporary Issues.* Published online on 3, October 2011: 107−123.

Bachmann, Claudius, Andre Habisch, and Claus Dierksmeier. (2018). "Practical Wisdom: Management's No Longer Forgotten Virtue." *Journal of Business Ethics.* 153(1): 147−165.

Back, Youngsun. (2018). "Virtue and the Good Life in the Early Confucian Tradition." *Journal of Religious Ethics.* 46(1): 37−62.

Baehr, Jason. (2012). "Two Types of Wisdom." *Acta Analytica.* 27(2): 81−97.

Bahm, Archie J. (1947). "Discussion: Rightness Defined." *Philosophy and Phenomenological Research.* 8(2): 266−268.

Baker, Lynne R. (2017). "Naturalism and the Idea of Nature." *Philosophy.* 92(3):

333−349.

Baker, Samuel. (2017). "The Metaphysics of Goodness in the Ethics of Aristotle." *Philosophical Studies.* 174(7): 1839−1856.

Baldock, D., J. Miller, and S. Banks. (2014). "A−24 Difference Between Patients with AD and Patients with FTD on a Test of Practical Judgment." *Archives of Clinical Neuropsychology.* 29(6): 512.

Bang, Henrik, Richard C. Box, Anders Hansen, and Jon Neufeld. (2000). "The State and the Citizen: Communitarianism in the United States and Denmark." *Administrative Theory & Praxis.* 22(2): 369−390.

Baracchi, Claudia. (2017). "In Friendship: A Place for the Exploration of Being Human." *International Journal of Philosophical Studies.* 25(3): 320−335.

Barasch, Alixandra. (2014). "Incentives for Good Behavior and Good Behavior as Incentives." *Advances in Consumer Research.* 42: 12−16.

Barbera, Salvador and Danilo Coelho. (2018). "On the Advantages and Disadvantages of Being the First Mover Under Rules of <italic>k</italic> Names." *International Journal of Economic Theory.* 14(1): 51−60.

Barker, Derek W.M. (2013). "Oligarchy or Elite Democracy? Aristotle and Modern Representative Government." *New Political Science.* 35(4): 547−566.

Barkun, Michael. (1973). "Anthropology and Policy Studies." *Policy Studies Journal.* 2(1): 30−35.

Barnard, Chester I. (1938). *The Functions of the Executive: 30th Anniversary Edition,* Cambridge, Massachusetts; Harvard University Press.

Barrett, John H, (1970). *Individual Goals and Organizational Objectives: A Study of Integration Mechanism,* Michigan: University of Michigan Press.

Bartlett, Robert C. (2008). "Aristotle's Introduction to the Problem of Happiness: On Book I of the Nicomachean Ethics." *American Journal of Political Science.* 52(3): 677−687.

Bason, Christian. edited. (2014). *Design for Policy.* New York: Routledge.

Baumgartner, Frank R. and Bryan D. Jones. (1993). *Agendas and Instability in American Politics.* Chicago: University of Chicago Press.

Baumol, William J. (1965). "Informed Judgment, Rigorous Theory and Public Policy." *Southern Economic Journal.* 32(2): 137−145.

Baxter, BH. (1996). "Ecocentrism and Persons." *Environmental Values.* 5(3): 205−219.

Baylis, Charles A. (1952). "Intrinsic Goodness." *Philosophy and Phenomenological Research.* 13(1): 15−27.

Baz, Avner. (2008). "Being Right, and Being in the Right." *Inquiry.* 51(6): 627−644.

Beerbohm, Eric and Pyan W. Davis. (2017). "The Common Good: A

Buck-Passing Account." *Journal of Political Philosophy*. 25(4): e60-e79.

Beetham, David. (2013). *The Legitimation of Power*. Second edition, New York: Palgrave Macmillan Co.

Belfield, Clive and Henry M. Levin. (2005). "Vouchers and Public Policy: When Ideology Trumps Evidence." *American Journal of Education*. 111(4): 548-567.

Bell, Genevieve. (2018). "Making Life: A Brief History of Human-Robot Interaction." *Consumption, Market & Culture*. 21(1). 22-41.

Bereiter, Carl. (2014). "Principled Practical Knowledge: Not a Bridge But a Ladder." *Journal of the Learning Sciences*. 23(1): 4-17.

Berg, Anne. (2015). "The State of Autonomy." *Scandinavian Journal of History*. 40(1): 48-69.

Bergem, Ingeborg M. and Ragnar M. Bergem. (2019). "The Political Theology of Population and the Case of the Front National." *Philosophy & Social Criticism*. 45(2): 186-211.

Berger, Jacob. (2018). "A Defense of Holistic Representationalism." *Mind & Language*. 33(2): 161-176.

Bergner, Raymond M. and Abby Ramon. (2013). "Some Implications of Beliefs in Altruism, Free Will, and Nonreductionism." *Journal of Social Psychology*. 153(5): 598-618.

Berman, Sanford I. (2017). "General Semantics and Practical Philosophy." *ETC: A Review of General Semantics*. 74(3/4): 478-481.

Bertalanffy, Ludwig von. (1969). *General Systems Theory: Foundations, Development, Applications*. New York: George Braziller Inc.

Besley, Timothy and Torsten Persson. (2010). "State Capacity, Conflict, and Development." *Econometrics*. 78(1): 1-34.

Bettignies, Henri-Claude de, Po Keung Ip, Xuezhu Bai, Andre Habisch, and Gilbert Lenssen. (2011). "Practical Wisdom for Management from the Chinese Classical Traditions." *Journal of Management Development*. 30(7/8): 623-628.

Bezemer, Dirk L. (2012). "The Economy as a Complex System: The Balance Sheet Dimension." *Advances in Complex Systems(Supplement)*. 15: 1-22.

Bibeau, Gilles. (2011). "What Is Human in Humans? Responses from Biology, Anthropology, and Philosophy." *Journal of medical and Philosophy*. 36(4): 354-363.

Billsberry, Jon and Andreas Birnik. (2010). "Management ad a Contextual Practice: The Need to Blend Science, Skills and Practical Wisdom." *Organization Management Journal*. 7(2): 171-178.

Bird, Colin. (1993). "Mutual Respect and Neutral Justification." *Ethics*. 107(1): 62-96.

Blake, Susan. (2010). "*Mengzi* and Its Philosophical Commitments: Comments on

Van Norden's *Mengzi.*" *Journal of Chinese Philosophy.* 37(4): 668−675.

Blangiardo, Gian C. and Stefania Rimoldi. (2013). "The Role of Families in the Population Crisis." *International Review of Sociology.* 23(3): 504−521.

Blatti, Stephen. (2012). "A New Argument for Animalism." *Analysis.* 72(4): 685−690.

Blatti, Stephen and Paul E. Snowdon. (2016). *Animalism: New Essays on Persons, Animals, and Identity.* New York: Oxford University Press.

Boatright, John R. (1973). "The Practicality of Moral Judgments." *Philosophical Quarterly.* 23(93): 316−334.

Boer, Ronald. (2019). "Marx's Ambivalence: State, Proletarian Dictatorship and Commune." *International Critical Thought.* 9(1): 109−127.

Boettke, Peter. (2012). "Is State Intervention in the Economy Inevitable?" *Policy.* 28(2): 38−42.

Bohlken, Anjali T. (2010). "Coups, Elections and the Predatory State." *Journal of Theoretical Politics.* 22(2): 169−215.

Bonner, Lesley. (2003). "Using Theory−based Evaluation to Build Evidence−based Health and Social Care Policy and Practice." *Critical Public Health.* 13(1): 77−94.

Bonotti, Matteo. (2015). "Food Policy, Nutritionism, and Public Justification." *Journal of Social Philosophy.* 46(4): 402−417.

Bonvin, Jean−Michel and Francesco Laruffa. (2018). "Human Beings as Receivers, Doers and Judges." *Community, Work & Family.* 21(5): 502−518.

Born, Richard. (2000). "Policy−Balancing Models and the Split−Ticket Voter, 1972−1996." *American Politics Quarterly.* 28(2): 131−162.

Bostrom, Nick. (2005). "In Defense of Posthuman Dignity." *Bioethics.* 19(3): 202−214.

Botelho, Andre. (2014). "Political Sociology: State−Society Relations." *Current Sociology.* 62(6): 868−885.

Bouchard, Michel. (2011). "The State of the Study of the State in Anthropology." *Reviews in Anthropology.* 40: 183−209.

Bou−Habib, Paul. (2016). "Gaus on Coercion and Welfare−State Capitalism: A Critique." *Political Studies.* 64(3): 651−665.

Bovaird, Tony. (2014). "Attributing Outcomes to Social Policy Interventions: Gold Standard of Fool's Gold in Public Policy and Management." *Social Policy & Administration.* 48(1): 1−23.

Boydston, Jo A. (1977). *Essay on Pragmatism and Truth 1907−1909: The Middle Works of John Dewey 1899−1924.* Volume 4. Carbondale; Illinois: Southern Illinois University Press.

Boyer, Robert. (1995). "Introduction." in *Regulation Theory: The State of the Art.*

Edited by Robert Boyer and Yves Saillard, English translated by Carolyn Shread, New York: Routledge.

Bozeman, Barry. (1979). *Public Management and Policy Analysis*. New York: St. Martin's Press.

Bradley, Ben. (2012). "Goodness and Justice." *Philosophy & Phenomenological Research*. 84(1): 233−243.

Bradley, F. H. (1902). "I.−The Definition of Will." *Mind, New Series*. 11(44): 437−469.

Bradley, F. H. (1903). "I.−The Definition of Will." *Mind, New Series*. 12(46): 145−176.

Bradshaw, Leah. (1991). "Political Rule, Prudence and the Woman Question in Aristotle." *Canadian Journal of Political Science*. 24(3): 557−573.

Brady, David and Ryan Finnigan. (2014). "Does Immigration Undermine Public Support for Social Policy?" *American Sociological Review*. 79(2): 17−42.

Brannigan, Michael C. (2010). *Striking a Balance: A Primer in Traditional Asian Values*. Revised edition. Lanham; Maryland: Lexington Book.

Brannmark, Johan. (2009). "Goodness, Values, Reasons." *Ethic Theory & Moral Practice*. 12(4): 329−343.

Breuilly, John. (2017). "Modern Empires and Nation−States." *Thesis Eleven*. 139(1): 11−29.

Brewer, Garry D. (1974). "The Policy Sciences Emerge: To Nurture and Structure a Discipline." *Policy Sciences*. 5(3): 239−244.

Brewer, Garry D. (2017). "There at the Beginning: We're Still Emerging Maybe Forever." *Policy Sciences*. 50(1): 1−7.

Brickhouse, Thomas. (2014). "Aristotle on Corrective Justice." *Journal of Ethics*. 18(3): 187−205.

Brissey, Patrick. (2015). "Reflections on Descartes' Vocation as an Early Theory of Happiness." *Journal of Early Modern Studies*. 4(2): 69−91.

Broadbent, Alex. (2011). "Causation and Responsibility: An Essay in Law, Morals, and Metaphysics." *Ethics*. 121(3): 669−674.

Broadie, Sarah W. (1986). "Practical Thinking in Aristotle and in Hume." *Nous*. 20(1): 70−71.

Brown, James R. (2010). *The Laboratory of the Mind: Thought Experiments in the Natural Sciences*. Second Edition. London: England; Routledge.

Brown, Tim. (2008). "Design Thinking." *Harvard Business Review*. 86(6): 84−92.

Bruner E. (2013). "The Species Concept as a Cognitive Tool for Biological Anthropology." *American Journal of Primatology*. 75(1): 10−15.

Brunkhorst, Hauke. (2010). "Democracy Under Pressure the Return of the Dialectic of Enlightenment in the World Society." *Civitas: Revista de Ciencias*

Socias. 10(1): 153－171.

Brunner, Ronald. (2008). "The Policy Scientist of Democracy Revisited." *Policy Sciences.* 41(1): 3－19.

Bubbio, Paolo. (2013). "Kant's Sacrificial Turns." *International Journal for Philosophy of Religion.* 73(2): 97－115.

Buchanan, James M. (1996). "Foundational Concerns: A Criticism of Public Choice Theory." in *Current Issues in Public Choice.* Edited by Jose Casas Pardo and Friedrich Schneider, Brookfield: Edward Elgar Publishing Co.

Buchanan, James M. and Gordon Tullock. (1962). *The Calculus of Consent: Logical Foundations of Constitutional Democracy.* Ann Arbor: University of Michigan Press.

Burles, Regan. (2016). "Exception and Governmentality in the Critique of Sovereignty." *Security Dialogue.* 47(3): 239－254.

Button, Mark E. and Jacob Garrett. (2016). "Impartiality in Political Judgment: Deliberative Not Philosophical." *Political Studies.* 64(supplement 1): 35－52.

Cairney, Paul and Christopher M. Weible. (2017). "The New Policy Sciences: Combining the Cognitive Science of Choice, Multiple Theories of Context, and Basic and Applied Analysis." *Policy Sciences.* 50(4): 619－627.

Calder, Todd. (2013). "Is Evil Just Very Wrong?" *Philosophical Studies.* 163(1): 177－196.

Callander, Steven. (2011). "Searching the Good Policies." *American Political Science Review.* 105(4): 643－662.

Callard, Agnes. (2017). "Everyone Desires the Good: Socrates' Protreptic Theory of Desire." *Review of Metaphysics.* 70(4): 617－644.

Cameron, Charles. (2005). "An Introduction to 'Theological Anthropology'." *Evangel.* 23(2): 53－61.

Cammack, Daniela. (2013). "Aristotle's Denial of Deliberation about Ends." A conference paper on the American Political Science Association: 1－44.

Campbell, Lucy. (2018). "An Epistemology for Practical Knowledge." *Canadian Journal of Philosophy.* 48(2): 159－177.

Candel, Jeroen and Robert Biesbroek. (2016). "Toward a Procedural Understanding of Policy Integration." *Policy Sciences.* 49(3): 211－231.

Cannon, Kelly. (1997). *Henry James and Masculinity: The Man at the Margin.* New York: Palgrave Macmillan.

Cantrell, Deborah J. and Kenneth Sharpe. (2016). "Practicing Practical Wisdom." *Mercer Law Review.* 67(2): 331－381.

Capra, Fritjof. (1995). "Deep Ecology: A New Paradigm." in *Deep Ecology for the 21st Century: Readings on the Philosophy and Practice of the New*

Environmentalism. Edited by George Sessions, Boston: Shambhala: 19−25.

Carlson, Erik. (2016). "Good in Terms of Better." *NOUS.* 50(1): 213−223.

Carlson, John W. (2012). *Words of Wisdom: A Philosophical Dictionary for the Perennial Tradition.* Notre Dame; Indiana: University of Notre Dame Press.

Carment, David. (2003). "Assessing State Failure: Implications for Theory and Policy." *Third World Quarterly.* 24(3): 407−427.

Carrington, Dorothy H. (1949). "Note On the Cardall Practical Judgment Test." *Journal of Applied Psychology.* 33(1): 29−30.

Carter, Rosemary. (1977). "Justifying Paternalism." *Canadian Journal of Philosophy.* 7(1): 133−145.

Cartwright, Nancy. (2009). "Evidence−based Policy: What's To Be Done about Relevance? For the 2008 Oberlin Philosophy Colloquium." *Philosophical Studies.* 143(1): 127−136.

Cartwright, Nancy, Andrew Goldfinch, and Jeremy Howick. (2009). "Evidence−based Policy: Where Is Our Theory of Evidence?" *Journal of Children's Service.* 4(4): 6−14.

Caso, Ramiro. (2016). "Vindicating Chance: The Reductionism/Non−reductionism Debate." *CRITICA: Revista Hispanoamericana de Filosofia.* 48(142): 3−33.

Castaneda, Hector−Neri. (1990). "Practical Thinking, Reasons for Doing, and Intentional Action: The Thinking of Doing and the Doing of Thinking." *Philosophical Perspectives.* 4: 273−308.

Cator, Gerald. (1928). "The Euclidean Theory of Knowledge." *Mind: New Series.* 37(146): 210−214.

Catton, Jr., William R. and Riley E. Dunlap. (1980). "A New Ecological Paradigm for Post−Exuberant Sociology." *American Behavioral Scientists.* 24(1): 15−47.

Cecof, Caroline, and W. Kip Viscusi. (2015). "Judicial Review of Agency Benefit−Cost Analysis." *George Mason Law Review.* 22(3): 575−617.

Cerulo, Karen A. (2009). "Nonhuman in Social Interaction." *Annual Review of Sociology.* 35: 531−552.

Chan, Kin−Man and Weijun Lai. (2018). "Foundations in China: From Statist to Corporatist." *American Behavioral Scientist.* 62(13): 1803−1821.

Chan, W.T. (2015). "The Role of Systems Thinking in Systems Engineering, Design and Management." *Civil Engineering Dimension.* 17(3): 126−132.

Chang, Ae Soon. (2012). "A Note on the Concept of Sunyata in Huayan Teaching." *International Journal of Buddhist Thought & Culture.* 19: 23−38.

Chang, Gordon G. (2015). "Shrinking China: A Demographic Crisis." *World Affairs.* 178(1): 35−41.

Chen, Sheying. (2002). "State Socialism and the Welfare State: A Critique of Two Conventional Paradigms." *International Social Welfare*. 11(3): 228−242.

Chen, Hsiang−Ju, Yuan−Hui Tsai, Shen−Ho Chang, and Huo−Hsiung Lin. (2010). "Bridging the Systematic Thinking Gap Between East and West: An Insight into the Yin−Yang−based System Theory." *Systematic Practice & Action Research*. 23(2): 173−189.

Chen, Linda. (2018). "Corporatism Reconsidered: Howard J. Wiarda's Legacy." *Polity*. 50(4): 601−611.

Chen, Yongxi and Linggiao Song. (2018). "Correction to China: Concurring Regulation of Cross−border Genomic Data Sharing for Statist Control and Individual Protection." *Human Genetics*. 137(8): 617.

Cheng, Hong, Dezhuang Hu, Chengyu Xu, Kai Zhang, and Hanbing Fan. (2017). "Does Government Paternalistic Care Promote Entrepreneurship in China? Evidence from the China Employer−Employee Survey." *China Economic Journal*. 10(1): 61−75.

Cheng, Kam−Yuen, Thomas Ming, and Aaron Lai. (2012). "Can Familism Be Justified?" *Bioethics*. 26(8): 431−439.

Child, Richard. (2011). "Statism, Nationalism and the Associative Theory of Special Obligations." *Theoria: A Journal of Social & Political Theory*. 58(129): 1−18.

Chung, Daihyun. (2016). "Intergrationality: A Metaphysical Basis for the Concept of Causation." 『철학적 분석』. 34: 1−20.

Clarke, Linda and Christopher Winch. (2004). "Apprenticeship and Applied Theoretical Knowledge." *Educational Philosophy & Theory*. 36(5): 509−521.

Clayton, Philip. (2004). "Natural Law and Divine Action: The Search for Expanded Theory of Causation." *Zygon*. 39(3): 615−636.

Cocks, Samuel and Steven Simpson. (2015). "Anthropocentric and Ecocentric." *Journal of Experiential Education*. 38(3): 216−227.

Cogan, John M. (2002). "Some Philosophical Thoughts on the Nature of Technology." *Knowledge, Technology, & Policy*. 15(3): 93−99.

Cohen, Andrew. (2016). "Corrective vs. Distributive Justice: The Case of Apologies." *Ethical Theory & Moral Practice*. 19(3): 663−677.

Cohen, Avner. (2010). "Myth and Myth Criticism Following the Dialectic of Enlightenment." *European Legacy*. 15(5): 583−598.

Cohen, Mendel F. (1969). "VI: The Practicality of Moral Reasoning." *Mind, New Series*. 78(312): 534−549.

Cohen, Stewart. (2004). "Knowledge, Assertion, and Practical Reasoning." *Philosophical Issues*. 14(1): 482−491.

Colburn, Jamison E. (2012). "Reasons as Experiments: Judgment and Justification in the Hard Look." *Contemporary Pragmatism*. 9(2): 205−239.

Colmo, Christopher A. (2005). "Education and the Family in Plato's Republic." A conference paper in Midwestern Political Science Association. Chicago, Illinois.

Comesana, Juan. (2010). "Is Evidence Knowledge?" *Philosophy & Phenomenological Research*. 80(2): 447−454.

Conroy, James C., Robert A. Davis and Penny Enslin. (2008). "Philosophy as a Basis for Policy an Practice: What Confidence Can We Have in Philosophical Analysis and Argument?" *Journal of Philosophy of Education*. 42(S1): 165−182.

Considine, Mark. (2012). "Thinking Outside the Box? Applying Design Theory to Public Policy." *Politics & Policy*. 40(4): 704−724.

Cook−Huffman, Celia. (2002). "Paths for Peace Studies." *Peace Review*. 14(1): 41−47.

Cooper, Richard N. (2014). "The Other Population Crisis: What Governments Can Do About Falling Birth Rates." *Foreign Affairs*. 93(5): 179−180.

Corcoran, Kevin. (2007). "From the Scientific Revolution to Evidence−based Practice: Teaching the Short History with a Long Past." *Research on Social Work Practice*. 17(5): 548−552.

Coric, Dragana. (2012). "Deep Ecology: Creation of Theory, Principles and Perspectives." Proceedings of Novi Sad Faculty of Law. 46(4): 349−367.

Cornwell, James F.M. and David H. Krantz. (2014). "Public Policy for Thee, But Not for Me: Varying the Grammatical Person of Policy Justifications Influences Their Support." *Judgment and Decision Making*. 9(5): 433−444.

Cotkin, George. (1985). "William James and the Cash−Value Metaphor." *ETC: A Review of General Semantics*. 42(1): 37−46.

Cotton, Tony and Morwenna Griffiths. (2007). "Action Research, Stories and Practical Philosophy." *Educational Action Research*. 15(4): 545−560.

Cowan, Michael A. (2017). "Inclusiveness, Foresight, and Decisiveness: The Practical Wisdom of Barrier−Crossing Leaders." *New England Journal of Public Policy*. 29(1): 1−10.

Crane, Judith and Ronald Sandler. (2017). "Natural, Artifactual, and Moral Goodness." *Journal of Ethics*. 21(3): 291−307.

Cressey, Paul. (1938). "A Study in Practical Philosophy." *Journal of Higher Education*. 9(6): 319−328.

Cronin, Ciaran. (2003). "Kant's Politics of Enlightenment." *Journal of the History of Philosophy*. 41(1): 51−78.

Cuadrado, Jose A. (2017). "Post−humanism and Crisis of the Humanism." *Acta Philosphica*. 26(2): 267−284.

Curzon, Hannah Fay and Andreas Kontoleon. (2016). "From Ignorance to Evidence? The Use of Program Evaluation in Conservation: Evidence from a Delphi Survey of Conservation Experts." *Journal of Environmental Management.* 180: 466−475.

Dabney, R. L. (1984). *The Practical Philosophy: Being The Philosophy of the Feelings, of the Will, and of the Conscience, with the Ascertainment of Particular Rights and Duties.* Harrisonburg; Virginia: Sprinkle Publications.

Dahl, Robert A. (1961). *Who Governs? Democracy and Power in an American City.* New Haven: Yale University Press.

Dahl, Robert A. (1984). *Modern Political Analysis.* Fourth edition, Princeton: Prentice−Hall, Inc.

Daniel, Terry and James Parco. (2005). "Fair, Efficiency and Envy−Free Bargaining: An Experimental Test of the Brams−Taylor Adjusted Winner Mechanism." *Group Decision & Negotiation.* 14(3): 241−264.

Daniele, Vittorio. (2013). "Does the Intelligence of Populations Determine the Wealth of Nations?" *Journal of Socio−Economics.* 46(October): 27−37.

Dar, Shaheen S. (2017). "Disciplinary Evolution of Peace and Conflict Studies: An Overview." *International Journal on World Peace.* 34(1): 45−79.

Darwin, Charles. (1910). *The Origin of Species: By Means of Natural Selection.* London: John Murray, Albemarle Street.

Davies, Melanie. (2019). "Practical Wisdom and Democratic Education: Phronesis, Art and Non−traditional Students." *Widening Participation & Lifelong Learning.* 21(1): 145−151.

Davison, W. Phillips. (1983). "The Third−Person Effect in Communication." *Public Opinion Quarterly.* 47(1): 1−15.

De Caro, Mario. (2015). "Realism, Common Sense, and Science." *Monist.* 98(2): 197−213.

De Pierris, Graciela. (2002). "Causation as a Philosophical Relation in Hume." *Philosophy & Phenomenological Research.* 64(3): 499−546.

Degerman D. (2019). "Within the Heart's Darkness: The Role of Emotions in Arendt's Political Thought." *European Journal of Political Theory.* 18(2): 153−173.

Demeny, Paul. (2011). "Population Policy and the Demographic Transition: Performance, Prospects, and Options." *Population and Development Review.* 37(Supplement): 249−274.

Demopoulos, William. (2003). "On the Rational Reconstruction of Our Theoretical Knowledge." *British Journal of the Philosophy of Science.* 54(3): 371−403.

Dent, Harry S. (2013). "The Demographic Cliff: How to Survive and Prosper

During the Great Deflation of 2014–2019." *Kirkus Reviews.* 81(24): 225.

Derose, Keith. (2007). "Book Review: Knowledge and Practical Interests." *Mind.* 116(462): 486–489.

Desmond, William. (2015). "On Evil and Political Theology." *Political Theology.* 16(2): 93–100.

Dewey, John. (1938). *Logic: The Theory of Inquiry.* New York: Henry Holt and Company.

Dewing, Arthur S. (1910). "The Significance of Schelling's Theory of Knowledge." *Philosophical Review.* 19(2): 154–167.

Dhami, Mandeep K. and Jeryl L. Mumpower. (2018). "Kenneth R. Hammond's Contributions to the Study of Judgment and Decision Making." *Judgment and Decision Making.* 13(1): 1–22.

Di Hu and Matthew S. Mingus. (2013). "The Struggle Between Traditional and Adopted Public Service Values in China." *Public Administration Quarterly.* 37(1): 129–141.

Di Maria, Ted. (2019). "Kant on Practical Judgment." *International Philosophical Quarterly.* 59(2): 219–235.

Dias, W. P. S. (2008). "Philosophical Underpinning for Systems Thinking." *Interdisciplinary Science Reviews.* 33(3): 202–213.

Diaz, Clive and Sian Drewery. (2016). "A Critical Assessment of Evidence–based Policy and Practice in Social Work." *Journal of Evidence–Informed Social Work.* 13(4): 425–431.

Dicker, George. (1971). "John Dewey: Instrumentalism in Social Action." *Transaction on the Charles S. Peirce Society.* 7(4): 221–234.

Diggs, B.J., (1973). "The Common Good as Reason for Political Action." *Ethics.* 83(4): 283–293.

Dijk, van Teun A. (2006). "Ideology and Discourse Analysis." *Journal of Political Ideologies.* 11(2): 115–140.

Dimock, Marshall E. (1958). *A Philosophy of Administration.* New York: Harper & Row, Publishers.

Dodds, Susan. (2007). "Depending on Care: Recognition of Vulnerability and the Social Contribution of Care Provision." *Bioethics.* 21(9): 500–510.

Dohrn, Daniel. (2018). "Thought Experiments Without Possible Worlds." *Philosophical Studies.* 175(2): 363–384.

Donahue, Thomas J. (2010). "Anthropocentrism and the Argument from Gaia Theory." *Ethics & The Environment.* 15(2): 51–77.

Dorsey, Gary L. (1988). "The McDougal–Lasswell Proposal to Build a World

Public Order." *American Journal of International Law*. 81(1): 41-51.

Douglas, Helen. (2016). "To Change Our Thinking: Philosophical Practice for Difficult Times." *South African Journal of Philosophy*. 35(2): 123-131.

Dousa, Thomas M. (2010). "Classical Pragmatism and Its Varieties: On a Pluriform Metatheoretical Perspective for Knowledge Organization." *Knowledge Organization*. 37(1): 65-71.

Dror, Yehezkel. (1970). "Prolegomena to Policy Sciences." *Policy Sciences*. 1(1): 135-150.

Dror, Yehezkel. (1971). *Design for Policy Sciences*. New York; American Elsevier.

Dror, Yehezkel. (1994). "Basic Concepts in Advanced Policy Sciences." in *Encyclopedia of Policy Studies*. Second edition, revised and expanded. Edited by Stuart S. Nagel. New York: Marcel Dekker, Inc.: 1-30.

du Gay, Paul. (2012). "Leviathan Calling: Some Notes on Sociological Anti-statism and Its Consequences." *Journal of Sociology*. 48(4): 397-409.

Ducharme, Alain. (2014). "Aristotle and the Dominion of Nature." *Environmental Ethics*. 36(2): 203-214.

Duckitt, John and Boris Bizumic. (2013). "Multidimensionality of Right-Wing Authoritarian Attitudes: Authoritarianism-Conservatism-Traditionalism." *Political Psychology*. 34(6): 841-862.

Dufficu, Rory. (2017). "Symptoms of Stasis: The Limits of Capitalism." *Overland*. 226: 46-50.

Duke, George. (2017). "Political Authority and the Common Good." *Political Studies*. 65(4): 877-892.

Duleba, Alexander. (2016). "The New Normal in Russian Foreign Policy Thinking." *New Perspectives: Interdisciplinary Journal of Central & European Politics & International Relations*. 24(1): 122-127.

Dunleavy, Patrick. (2018). "Build a Wall. Tax a Shed. Fix a Debt Limit: The Constructive and Destructive Potential of Populist Anti-statism and Naive Statism." *Policy Studies*. 39(3): 310-333.

Dunn, William N. (2018). *Public Policy Analysis: An Integrated Analysis*. Sixth Edition. New York: Rutledge.

Dunne, Joseph. (1993). *Back to the Rough Ground: Practical Judgment and the Lure of Technique*. Notre Dame; Indiana: University of Notre Dame Press.

Durand, Rodolphe, Olga Bruyaka, and Vincent Mangematin. (2008). "Do Science and Money Go Together? The Case of the French Biotech Industry." *Strategic Management Journal*. 29(12): 1281-1299.

Durkheim, Emile. (1938). *The Rules of Sociological Method*. Translated by Sarah A.

Solovay and John Muller. Edited by Goore E. G. Catlin, New York: Free Press.

Dworkin, Gerald. (1972). "Paternalism." *The Monist*. 56: 64−84 (Reprinted in *Philosophy, Politics and Society*. Fifth series. Edited by Peter Laslett and James Fishkin, 1979. New Haven: Yale University Press: 78−96).

Dworkin, Gerald. (2005). "Moral Paternalism." *Law and Philosophy*. 24(3): 305−319.

Dworkin, Ronald. (1981). "What Is Equality? Part 1: Equality of Welfare." *Philosophy and Public Affairs*. 10(3): 185−246.

Dydrov, Artur. (2018). "Coexistence Between Human and Posthuman in Transhumanism: The Basic Scenarios." *International Multidisciplinary Scientific Conference on Social Sciences & Arts*. 5: 457−463.

Easton, David. (1957). "An Approach to the Analysis of Political Systems." *World Politics*. 9(3): 383−400.

Edelman, Paul H. (2016). "Evenwel, Voting Power, and Dual Districting." *Journal of Legal Studies*. 45(1): 203−221.

Edwards, Sharon. (2003). "Critical Thinking at the Bedside: A Practical Perspective." *British Journal of Nursing*. 12(19): 1142−1151.

Egan, David. (2016). "Literature and Thought Experiments." *Journal of Aesthetics & Art Criticism*. 74(2): 139−150.

Eggerman, Richard W. (1974). "Moral Theory and Practicality." *Ethics*. 84(2): 174−179.

Ehrlich, Paul A. (2015). *The Annihilation of Nature: Human Extinction of Birds and Mammals*. Baltimore: Johns Hopkins University Press.

Ehrlich, Paul R. (1968). *The Population Bomb: Population Control or Race to Oblivion?* New York: Buccaneer Books, Inc.

Eisend, Martin. (2017). "The Third−person Effect Advertising: A Meta−analysis." *Journal of Advertising*. 46(3): 377−394.

Eliyu, Gregory and Zhou Daming. (2001). "Editors' Introduction: Chinese Anthropology's Personality." *Chinese Sociology and Anthropology*. 33(4): 3−6.

Engelhardt, Jeff. (2017). "Mental Causation Is Not Just Downward Causation." *Ratio*. 30(1): 31−46.

Engstrom, Stephen. (2012). "Book Symposium: Summary of the Form of Practical Knowledge." *Analytic Philosophy*. 53(1): 58−60.

Erb, Heather M. (2012). "The Varieties of Wisdom and the Consolation of Philosophy." *Logos: A Journal of Catholic Thought & Culture*. 15(3): 161−189.

Etzioni, Amitai. (1968). *The Active Society: A Theory of Societal and Political Processes*. New York: Free Press.

Etzioni, Amitai. (1991). "The Good Polity." *American Behavioral Scientist*. 34(5): 549−562.

Etzioni, Amitai, (1996). "The Responsive Community: A Communitarian Perspective: 1995 Presidential Address." *American Sociological Review.* 61(1): 1−11.

Etzioni, Amitai, (2014). "Communitarianism Revisited." *Journal of Political Ideologies.* 19(3): 241−260.

Evans, John H. (2016). *What Is Human? What the Answers Mean for Human Rights.* New York: Oxford University Press.

Evans, Mark. (2009). "Editorial: New Directions in the Study of Policy Transfer." *Policy Studies.* 30(3): 237−241.

Ezrow, Natasha and Erica Frantz. (2013). "Revisiting the Concept of the Failed State: Bringing the State Back In." *Third World Quarterly.* 34(8): 1323−1338.

Fadakinte, M.M. (2013). "The State: A Conceptual Jungle?" *Journal of Alternative Perspectives in the Social Sciences.* 5(3): 551−580.

Fagan, E. J., Bryan D. Jones, and Christopher Wlezien. (2017). "Representative Systems and Policy Punctuations." *Journal of European Public Policy.* 24(6): 809−831.

Farhang, Sean and Miranda Yaver. (2016). "Divided Government and the Fragmentation of American Law." *American Journal of Political Science.* 60(2): 401−417.

Farr, James, Jacob S. Hacker, and Nicole Kazee. (2006). "The Policy Scientist of Democracy: The Discipline of Harold D. Lasswell." *American Political Science Review.* 100(4): 579−587.

Farr, James, Jacob S. Hacker, and Nicole Kazee. (2008). "Revisiting Lasswell." *Policy Sciences.* 41(1): 21−32.

Fatic, Aleksandar. (2014). "Philosophical Practices a New Paradigm in Philosophy." *Philosophical Practice.* 9(3): 1411−1412.

Feber, Jaromir. (2015). "Reflections on the Methodological Backgrounds of Philosophical Anthropology." International Multidisciplinary Scientific Conference on Social Sciences & Arts: 683−688.

Feinberg, Joel. (1986). *Harm To Self.* New York: Oxford University Press.

Feldman, Daniel C. (2003). "Sense and Sensibility: Balancing the Interests of Authors, Reviewers, and Editors." *Journal of Management.* 29(1): 1−4.

Feldman, Martha and Wanda Orlikowski. (2011). "Theorizing Practice and Practicing Theory."*Organization Science.* 22(5): 1240−1253.

Feldman, Martha and Monica Worline. (2016). "The Practicality of Practice Theory." *Academy of Management Learning & Education.* 15(2): 304−324.

Ferraiolo, Kathleen. (2017). "State Policy Activism vis Direct Democracy in Response to Federal Partisan Polarization." *Publius: Journal of Federalism.*

47(3): 378-402.

Ferrera, Maurizio. (2017). "Impatient Politics and Social Investment: The EU as Policy Facilitator." *Journal of European Public Policy*. 24(8): 1233-1251.

Finn, Suki. (2017). "The Role of Existential Quantification in Scientific Realism." *Philosophy*. 92(3): 351-367.

Finnigan, Bronwyn. (2015). "Phronesis in Aristotle: Reconciling Deliberation with Spontaneity." *Philosophy & Phenomenological Research*. 91(3): 674-697.

Fiorina, Morris P. (2003). *Divided Government*. Second edition, New York: Pearson Education, Inc.

Fishbeyn, Bela. (2015). "When Ideology Trumps: A Case for Evidence-based Health Policies." *American Journal of Bioethics*. 15(3): 1-2.

Fisher, Arnout, R.H., Meike, T. A. Wentholt, Gene Rowe, and Lynn J. Frewer. (2014). "Expert Involvement in Policy Development: A Systematic Review of Current Practice." *Science & Public Policy*. 41(3): 332-343.

Fite, Warner. (1901). "Review of Pragmatism." *Psychological Review*. 8(2): 197-198.

Fleischacker, Samuel. (2004). *A Short History of Distributive Justice*. Cambridge: Harvard University Press.

Flint, Colin and Peter Taylor. (2007). *Political Geography: World-economy, Nation-state and Locality*. Fifth edition, London: Prentice Hall.

Forst, Rainer and Jeffrey Flynn. (2012). *The Right to Justification*. New York: Columbia University Press.

Foschi, Renato. (2018). "Magic and Loss: Hidden Sources in the History of Human Sciences." *History of Psychology*. 21(3): 291-294.

Foucault, Michel. (2001). "Governmentality." in *Power: Essential Works of Foucault, 1954-1984*. Volume 3. Edited by James D. Faubion, London: Allen Lane: 201-222.

Fountain, Philip and Sin Wen Lau. (2013). "Anthropological Theologies: Engagements and Encounters." *Australian Journal of Anthropology*. 24(3): 227-234.

Fox, Mark D. and Margaret R. Allee. (2005). "Values, Policies, and the Public Trust." *American Journal of Bioethics*. 5(4): 1-3.

French, Peter, Yin-Yu Ho, and Lan-Suen Lee. (2002). "A Delphi Survey of Evidence-based Nursing Priorities in Hong Kong." *Journal of Nursing Management*. 10(5): 265-273.

Frierson, Patrick R. (2013). *Kant's Questions. What Is the Human Being?* New York: Routledge.

Fritz, Paul and Kevin Sweeney. (2004). "The (de)Limitations of Balance of Power Theory." *International Interactions*. 30(4): 285-308.

Frohlich, Norman. (2007). "A Very Short History of Distributive Justice." *Social Justice Research*. 20(2): 250−262.

Frye, Harrison P. (2016). "The Relation of Envy to Distributive Justice." *Social Theory & Practice*. 42(3): 501−524.

Gabriel, Satya, Stephen Resnick, and Richard Wolff. (2008). "State Capitalism versus Communism: What Happened in the USSR and the PRC?" *Critical Sociology*. 34(4): 539−556.

Gallas, Alexander. (2014). "The Silent Treatment of Class Domination: Critical Comparative Capitalisms Scholarship and the British State." *Capital & Class*. 38(1): 225−237.

Galzer, Amihai and Lawrence S. Rothenberg. (2001). *Why Government Succeeds and Why It Fails*. Cambridge: Harvard University Press.

Game, Annilee and Jonathan Crawshaw. (2017). "A Question of Fit: Cultural and Individual Differences in Interpersonal Justice Perceptions." *Journal of Business Ethics*. 144(2): 279−291.

Ganesh, Kirthana and Mareena S. Wesley. (2017). "The Conceptualization of Meaninglessness in Advaita Vedanta." *International Journal of Existential Psychology & Psychotherapy*. 7(1): 1−8.

Garren, David J. (2006). "Paternalism. Part I." *Philosophical Books*. 47(4): 334−341.

Garren, David J. (2007). "Paternalism. Part II." *Philosophical Books*. 48(1): 50−59.

Garrison, Ellen G., Patrick H. DeLeon, and Brian D. Smedley. (2017). "Psychology, Public Policy, and Advocacy: Past, Present, and Future." *American Psychologist*. 72(8): 737−752.

Gauthier, David. (1963). *Practical Reasoning*. Oxford: Clarendon Press.

Gavaler, Chris and Nathaniel Goldberg. (2017). "Alan Moore, Donald Davidson, and the Mind of Swampmen." *Journal of Popular Culture*. 50(2): 239−258.

Gaventa, John. (1980). *Power and Powerlessness: Quiescence and Rebellion in an Appalachian Valley*. Chicago: University of Illinois Press.

Gaventa, John and Bruno Martorano. (2016). "Inequality, Power and Participation: Revisiting the Links." *IDS Bulletin*. 47(5): 11−29.

Gendler, Tamar S. (2007). "Philosophical Thought Experiments, Intuitions, and Cognitive Equilibrium." *Midwest Studies in Philosophy*. 31(1): 68−89.

Gericke, Jacobus W. (2011). "The Concept of Wisdom in the Hebrew Bible: A Comparative−Philosophical Analysis." *Verbum et Ecclesia*. 32(1): 1−6.

Gerring, John. (2003). "Causation: A Unified Framework for the Social Sciences." A paper presented at the annual meeting of the American Political Science Association, Philadelphia, 2003.

Gerring, John. (2017). "Qualitative Methods." *Annual Review of Political Science*. 20(1): 15－36.

Gerrits, Lasse. (2010). "Public Decision－making as Coevolution." *Emergence: Complexity & Organization*. 12(1): 19－28.

Gerth, H. H. and C. Wright Mills. (1948). *From Max Weber: Essays in Sociology*. Translated, edited and with an introduction. London: Routledge & Kegan Paul Ltd.

Gettell, Raymond. (1923). "The Nature of Political Thought." *American Political Science Review*. 17(2): 204－215.

Gettier, Edmund L. (1963). "Is Justified True Belief Knowledge?" *Analysis*. 23(6): 121－123.

Giddy, Patrick. (2014). "Virtues in a Post－traditional Society." *Acta Academica*. 46(2): 18－34.

Giest, Sarah. (2017). "Big Data for Policymaking: Fad or Fast Track?" *Policy Sciences*. 50(3): 367－382.

Gieve, John and Colin Provost. (2012). "Ideas and Coordination in Policymaking: The Financial Crisis of 2007－2009." *Governance*. 25(1): 61－77.

Gilbert, Jeremy and Andrew Goffey. (2015). "Post－post－fordism in the Era of Platforms." *New Formations*. 84/85: 184－208.

Gilbert, Jess and Carolyn Howe. (1991). "Beyond State vs. Society: Theories of the State and New Deal Agricultural Policies." *American Sociological Review*. 56(2): 204－220.

Giuranno, Michele G. and Manuela Mosca. (2018). "Political Realism and Models of the State: Antonio de Viti de Marco and the Origins of Public Choice." *Public Choice*. 175(3/4): 325－345.

Giustiniani, Vito R. (1985). "Homo, Humans, and the Meanings of Humanism." *Journal of the History if Ideas*. 46(2): 167－195.

Glass, Gene V. and A. G. Rud. (2012). "The Struggle Between Individualism and Communitarianism: The Pressure of Population, Prejudice, and the Purse." *Review of Research in Education*. 36: 95－112.

Glazier. Jacob W. (2018). "Tricking Posthumanism: From Deleuze to (Lacan) to Haraway." *Critical Horizons*. 19(2): 173－185.

Glenn, Evelyn. (2000). "Creating A Caring Society." *Contemporary Sociology*. 29(1): 84－94.

Glover, Rodney. (2002). "Balancing Security and Privacy in the Internet Age." *HR Focus*. 79(8): 13－15.

Goetzel, Alberto. (2000). "Consumptions and Concerns: A Delicate Balance." *Journal of Forestry*. 98(10): 19－21.

Goldie, Mark. (2019). "The Ancient Constitution and the Languages of Political Thought." *Historical Journal.* 62(1): 3−34.

Gomes, Jaime, Gianvito Lanzolla, and Juan Pablo Maicas. (2016). "The Role of Industry Dynamics in the Persistence of First Mover Advantages." *Long Range Planning.* 49(2): 265−281.

Gostin, L.O. and K.G. Gostin. (2009). "Special Issue: A Broader Liberty: J. S. Mill, Paternalism and the Public's Health." *Public Health.* 123(3): 214−221.

Gourgouris, Stathis. (2016). "Political Theology as Monarchical Thought." *Constellations: An International Journal of Critical & Democratic Theory.* 23(2): 145−159.

Grampp, William D. (1965). "On the History of Thought and Policy." *American Economic Review.* 55(1/2): 128−135.

Grant, Aimee. (2015). "Beyond Evidence−based Policy in Public Health: The Interplay of Ideas." *Social Policy & Administration.* 49(5): 672−674.

Grapotte, Sophie. (2016). "Reflections on Moral Philosophy: Principles of First Practical Philosophy." *Revue Philosophique De Louvain.* 114(3): 582−584.

Gray, John. (2006). "Beyond Good and Evil." *New Statesman.* 135(4797): 56.

Greenhalgh, S. (2018). "Making Demography Astonishing: Lessons in the Politics of Population Science." *Demography.* 55(2): 721−731.

Greenhalgh, Trisha and Jill Russell. (2009). "Evidence−based Policy Making: A Critique." *Perspectives in Biology & Medicine.* 52(2): 304−318.

Grimm, Sonja and Julia Leininger. (2012). "Not All Good Things Go Together: Conflicting Objectives in Democracy Promotion." *Democratization.* 19(3): 391−414.

Grinin, L. (2014). "Sovereignty." *Value Inquiry Book Series.* 276: 422−423.

Gruengard, Ora. (2018). "Philosophical Biography: Its Relevance to Philosophical Practice." *Philosophical Practice: Journal of the American Philosophical Practitioners Association.* 13(3): 2213−2221.

Grumley, John. (2019). "The Dialectic of Enlightenment Reconsidered." *Critical Horizons.* 20(1): 71−87.

Guevara, Daniel. (2009). "The Will as Practical Reason and the Problem of Akrasia." *Review of Metaphysics.* 62(3): 525−550.

Gunning, J. Patrick. (2005). "How To Be a Value−free Advocate of Laissez−faire." *American Journal of Economics and Sociology.* 64(3): 901−918.

Gurtler, Gary M. (2003). "The Activity of Happiness in Aristotle's Ethics." *Review of Metaphysics.* 56(4): 801−835.

Gutmann, James. (1919). "Political Thought in Reconstruction." *Journal of Philosophy, Psychology and Scientific Methods.* 16(4): 85−89.

Habgood—Coote, Joshua. (2018). "Knowledge—how Is the Norm of Intention." *Philosophical Studies*. 175(7): 1703—1727.

Hackenburg, Robert A. (1985). "Bringing Theory Back In: Steps Toward a Policy Science of Applied Anthropology." *American Behavioral Scientist*. 29(November/December): 205—228.

Hacker—Wright, John. (2015). "Skill, Practical Wisdom, and Ethical Naturalism." *Ethical Theory and Moral Practice*. 18(5): 983—993.

Hager, Paul. (2000). "Know—how and Workplace Practical Judgment." *Journal of Philosophy of Education*. 34(2): 281—296.

Haldane, John. (2018). "Ethics, Aesthetics, and Practical Philosophy." *Monist*. 101(1): 1—8.

Hale, Ben, (2011). "The Methods of Applied Philosophy and the Tools of the Policy Sciences." *International Journal of Applied Philosophy*. 25(2): 215—232.

Hall, Stephen S. (2010). *Wisdom: From Philosophy to Neuroscience*. New York: Vintage Books.

Hanberger, Anders. (2003). "Public Policy and Legitimacy: A Historical Policy Analysis of the Interplay of Public Policy and Legitimacy." *Policy Sciences*. 36(3): 257—278.

Handfield, Toby. (2014). "Rational Choice and the Transitivity of Betterness." *Philosophy and Phenomenological Research*. 89(3): 584—604.

Hanna, Nathan. (2007). "Socrates and Superiority." *Southern Journal of Philosophy*. 45(2): 251—268.

Hansson, Sven. (2004). "Welfare, Justice, and Pareto Efficiency." *Ethical Theory & Moral Practice*. 7(4): 361—380.

Harmon, Michael M. (1995). *Responsibility as Paradox: A Critique of Rational Discourse on Government*. Thousand Oaks: SAGE Publications.

Harper, Ian and Parvathi Raman. (2008). "Less Than Human? Diaspora, Disease and the Question of Citizenship." *International Migration*. 46(5): 3—26.

Harre, Rom. (2000). "Personalism in the Context of a Social Constructionist Psychology." *Theory & Psychology*. 10(6): 731—750.

Hart, Julian T. (2005). "No Evidence Is Without Ideology." *BMJ: British Medical Journal*. 331(7522): 964.

Hauser, Marc, Fiery Cushman, Loane Young, R. Kang—Xing Jin, and John Mikhail. (2007). "A Dissociation Between Moral Judgments and Justification." *Mind & Language*. 22(1): 1—21.

Hawthorne, John. (2004). "Precis of Knowledge and Lotteries." *Philosophical Issues*. 14(1): 476—481.

Hawthorne, John and Tason Stanley. (2008). "Knowledge and Action." *Journal of Philosophy*. 105(10): 571−590.

Hayward, Clarissa Rile. (2017). "Responsibility and Ignorance: On Dismantling Structural Injustice." *Journal of Politics*. 79(2): 396−408.

He, Chengzhou. (2018). "New Confucianism, Science and the Future of the Environment." *European Review*. 26(2): 368−380.

He, Tai−sen. (2017). "I Make You Risk−averse: The Effect of First−person Pronoun Use in a Lottery Choice Experiment." *Economics Letters*. 153: 39−42.

Heath, Hayden and Richard G. Smith. (2019). "Precursor Behavior and Functional Analysis: A Brief Review." *Journal of Applied Behavior Analysis*. 52(3): 804−810.

Held, Virginia. (1975). "Justification: Legal and Political." *Ethics*. 86(1): 1−16.

Hemmingsen, Michael. (2015). "Anthropocentrism, Conservatism, and Green Political Thought." *Value Inquiry & Book Series*. Eight. 282: 81−90.

Henderson, Steven R. (2015). "State Intervention in Vacant Residential Properties: An Evaluation of Empty Dwelling Management Orders in England." *Environmental & Planning C: Government & Policy*. 33(1): 61−82.

Hermandez, Michael M. and Mayra Y. Bamaca−Colbert. (2016). "A Behavioral Process Model of Familism." *Journal of Family Theory & Review*. 8(4): 463−483.

Hetherington, Stephen. (2011). *How To Know: A Practicalist Conception of Knowledge*. West Sussex; UK: Wiley−Blackwell.

Hetherington, Stephen. (2015). "Technological Knowledge−that as Knowledge−how: A Comment." *Philosophy & Technology*. 28(4): 567−572.

Hetherington, Stephen. (2017). "Knowledge as Potential for Action." *European Journal of Pragmatism and American Philosophy*. 9(2): 1−19.

Hetherington, Stephen and Karyn Lai. (2012). "Practicing to Know: Practicalism and Confucian Philosophy." *Philosophy*. 87(3): 375−393.

Hidalgo, Javier. (2009). "Against Statism." A conference paper in Northeastern Political Science Association.

Hill, Darryl B. and Martin E. Morf. (2000). "Undoing Theory/Practice Dualism: Joint Action and Knowing from Within." *Journal of Theoretical and Philosophical Psychology*. 20(2): 208−224.

Hindess, Barry. (2008). "Government and Discipline." *International Political Sociology*. 2(3): 268−270.

Hindess, Barry. (2017). "The Concept of the State in Modern Political Thought." *Australian Journal of Politics and History*. 63(1): 1−14.

Hittinger, John. (2013). "Plato and Aristotle on the Family and the Polis." *Saint Anselm Journal*. 8(2): 1−22.

Hobbes, Thomas. (1914). *Leviathan.* Introduction by A.D. Lindsay. London; J. M. Dent & Sons Ltd.

Hodges, Donald C. (1958). "Judicial Supremacy." *Journal of Philosophy.* 55(3): 101−111.

Hoffman, A and L Sandelands. (2005). "Getting Right with Nature: Anthropocdentrism, Ecocentrism, and Theocentrism." *Organization & Environment.* 18(2): 141−162.

Hoipkemier, Mark. (2018). "Justice, Not Happiness: Aristotle on the Common Good." *Polity.* 50(4): 547−574.

Holmwood, John. (2011). "Sociology after Fordism: Prospects and Problems." *European Journal of Social Theory.* 14(4): 537−556.

Holt, Justin P. (2017). "Modern Money Theory and Distributive Justice." *Journal of Economic Issues.* 51(4): 1001−1018.

Hong, Ki−Won. (2019). "Culture and Politics in Korea: The Consequences of Statist Cultural Policy." *International Journal of Cultural Policy.* 25(1): 1−4.

Hovardas, Tasos. (2013). "A Critical Reading of Ecocentrism and Its Meta−scientific Use of Ecology: Instrumental Versus Emancipatory Approaches in Environmental Education and Ecology Education." *Science & Education.* 22(6): 1467−1483.

Howlett, Michael. (2014). "From the Old to the New Policy Design: Design Thinking Beyond Markets and Collaborative Governance." *Policy Sciences.* 47(3): 187−207.

Hubbard, Paul. (2016). "Where Has China's State Monopolies Gone?" *China Economic Journal.* 9(1): 75−99.

Huemer, Michael and Ben Kovitz. (2003). "Causation as Simultaneous and Continuous." *Philosophical Quarterly.* 53(213): 556−567.

Hughes, Tyler and Deven Carlson. (2015). "Divided Government and Delay in the Legislative Process." *American Politics Research.* 43(5): 771−792.

Hunt, David. (2015). "Neoliberalism, the Developmental State and Civil Society in Korea." *Asian Studies.* 39(3): 466−482.

Huppert, Felicia A. (2014). "The State of Wellbeing Science: Concepts, Measures, Interventions, and Policies." in *Wellbeing: A Complete Reference Guide, Interventions and Policies to Enhance Wellbeing* (Wiley Clinical Psychology Handbooks, vol. VI). Edited by Huppert and Cary L. Cooper, West Sussex, UK: John Wiley & Sons, Ltd.: 1−49.

Hurka, Thomas. (2010). "Right Act, Virtuous Motive." *Metaphilosophy.* 41(1/2): 58−72.

Hurlstone, Mark J., Stephan Lewandowsky, Ben R. Newell, and Brittany Sewll. (2014). "The Effect of Framing and Normative Messages in Building Support for Climate Policies." *PLOS ONE.* 9(12): 1−19.

Hutchinson, Phil. (2011). "Commentary: the Philosopher's Task: Value−Based Practice and Bringing to Consciousness Underlying Philosophical Commitments." *Journal of Evaluation in Clinical Practice*. 17(5): 999−1001.

Hutton, Eric L. (2006). "Character, Situationism, and Early Confucian Thought." *Philosophical Studies*. 127(1): 37−58.

Ikeda, Sanford. (1997). *Dynamics of the Mixed Economy: Toward a Theory of Interventionism*. New York: Routledge.

Inglehart, Ronald and Wayne E. Baker. (2000). "Modernization, Cultural Change, and the Persistence of Traditional Values." *American Sociological Review*. 65(1): 19−51.

Israel, Jonathan. (2006). "Enlightenment! Which Enlightenment?" *Journal of the History of Ideas*. 67(3): 523−545.

Jacquette, Dale. (2002). "Philosophy and Practical Life." *American Philosophical Quarterly*. 39(4): 303−306.

Jaffe, Aaron. (2016). "From Aristotle to Marx: A Critical Philosophical Anthropology." *Science & Society*. 80(1): 56−77.

James, William. (1909). *The Meaning of Truth: A Sequel to Pragmatism*. New York: Longmans, Green, And Co.

Janssen, Fred, Hanna Westbroek, and Water Doyle. (2015). "Practicality Studies: How to Move from What Works in Principle to What Works in Practice." *Journal of the Learning Sciences*. 24(1): 176−186.

Jaworski, William. (2016). "Why Materialism Is False, and Why It Has Nothing To Do with the Mind." *Philosophy*. 91(2): 183−213.

Jensen, Mark. (2009). "The Limits of Practical Possibility." *Journal of Political Philosophy*. 17(2): 168−184.

Jensen, Richard. (2003). "Innovative Leadership: First−mover Advantages in New Product Adoption." *Economic Theory*. 21(1): 97−118.

Jensen, Cristy A., Richard Krolak, and Anne C. Cowden. (1990). "Implementing Title III: Assessing Opportunities for State Activism." *Public Budgeting & Finance*. 10(3): 54−62.

Jessop, Bob. (2007). "Statism," *Historical Materialism*. 15(2): 233−242.

John, Peter and Shaun Bevan. (2012). "What Are Policy Punctuations? Large Changes in the Legislative Agenda of the UK Government, 1911−2008." *Policy Studies Journal*. 40(1): 89−108.

John, Sunderland. (1970). "Ph.D. Programs in Policy Sciences: Who, When, Where, What, and Why?" *Policy Sciences*. 1(4): 469−482.

Johnson, Elizabeth R. (2015). "Of Lobsters, Laboratories, and War: Animal Studies and the Temporality of More−than−human Encounters." *Environment & Planning D: Society & Space.* 33(2): 296−313.

Johnson, Jeffrey. (2016). "The Question of Information Justice." *Communication of the ACM.* 59(3): 27−29.

Johnson, Valerie and Caroline Williams. (2011). "Using Archives to Inform Contemporary Policy Debates: History into Policy." *Journal of the Society of Archivists.* 32(2): 287−303.

Jones, Bryan D. (1994). *Reconceiving Decision−making in Democratic Politics: Attention, Choices, and Public Policy.* Chicago; Illinois: University of Chicago Press.

Jones, Mark L. (2017). "Developing Virtue and Practical Wisdom in the Legal Profession and Beyond." *Mercer Law Review.* 68(3): 833−875.

Jost, John T. (2019). "A Quarter Century of System Justification Theory: Questions, Answers, Criticisms, and Societal Applications." *British Journal of Social Psychology.* 58(2): 263−314.

Judis, John B. (2009). "Anti−statism in America." *New Republic.* 240(21): 18−20.

Judith, Glueck. (2008). "Current Perspectives on the Concept of Wisdom and Its Development." *International Journal of Psychology.* 43(3/4): 399.

Kalis, Annemarie. (2010). "Improving Moral Judgment: Philosophical Considerations." *Journal of Theoretical and Philosophical Psychology.* 30(2): 94−108.

Kamensky, John. (2018). "Artificial Intelligence and the Future of Government." *Government Executive.* 2018.5.1.; 7.

Kang, Young Sun. (2012). "Murder upon Request or with Consent in Terms of Paternalism." *Korea University Law Review.* 11: 151−165.

Kant, Immanuel. (1996). *Practical Philosophy.* Translated and edited by Mary Gregor, Cambridge; UK: Cambridge University Press.

Kant, Immanuel. (2000). *Critique of the Power of Judgment.* Edited by Paul Guyer and translated by Paul Guyer and Eric Matthews, Cambridge; UK: Cambridge University Press.

Kaplan, Abraham. (1963). *American Ethics and Public Policy.* New York: Oxford University Press.

Kappel, Klemens. (2017). "Fact−dependent Policy Disagreements and Political Legitimacy." *Ethical Theory & Moral Practice.* 20(2): 313−331.

Karlsson, Kristina and Claes Nilholm. (2006). "Democracy and Dilemmas of Self−determination." *Disability & Society.* 21(2): 193−207.

Karo, Erkki and Rainer Kattel. (2016). "Innovation and the State: Towards an Evolutionary Theory of Policy Capacity." 한국정책학회 추계학술대회 발표논문.

Kars, Aydogan. (2018). "What Is Negative Theology? Lessons form the Encounter of Two Sufis." *Journal of the American Academy of Religion.* 86(1): 181−211.

Kasavin, Ilya. (2015). "Philosophical Realism: The Challenges for Social Epistemologists." *Social Epistemology.* 29(4): 431−444.

Kaufman−Osborn, Timothy V. (1985). "Pragmatism, Policy Science, and the State." *American Journal of Political Science.* 29(4): 827−849.

Kavale, Kenneth A. and Mark P. Mostert. (2003). "River of Ideology, Islands of Evidence." *Exceptionality.* 11(4): 191−209.

Kaye, Michael. (1941). "The Individual and Goodness." *Ethics.* 51(4): 439−462.

Keen, Jim and Tom Cummings. (2010). "Practical Wisdom." in *Political and Civic Leadership: A Reference Handbook.* Edited by Richard A. Couto, London; SAGE Publications.

Kelsen, Hans. (2009). *General Theory of Law and State.* Translated by Anders Wedberg, Princeton: The Lawbook Exchange, Ltd.

Kersh, Rogan. (2012). "Books Review: Rethinking the State." *Public Administration Review.* 72(4): 622−624.

Kettunen, Pauli. (2018). "The Concept of Nationalism in the Discussions on a European Society." *Journal of Political Ideologies.* 23(3): 342−369.

Keulartz, Jozef. (2012). "The Emergence of Enlightened Anthropocentrism in Ecological Restoration." *Nature & Culture.* 7(1): 48−71.

Keynes, John M. (1964). *The General Theory of Employment, Interest, and Money.* San Diego: A Harvest/HBJ Book.

Kibblewhite, Andrew and Peter Boshier. (2018). "Free and Frank Advice and the Official Information Act: Balancing Competing Principles of Good Government." *Policy Quarterly.* 14(2): 3−9.

Kim, Jaegwon. (2005). *Physicalism, or Something Near Enough.* Princeton: Princeton University Press.

Kim, Jaegwon. (2011). *Philosophy of Mind.* Third edition, Boulder; Colorado: Westview Press.

Kim Sunhyuk, Han Chonghee, and Jang Jiho. (2008). "State−Society Relations in South Korea After Democratization: Is the Strong State Defunct?" *Pacific Focus.* 23(2): 252−270.

Kimura, Kan. (2007). "Nationalistic Populism in Democratic Countries in East Asia." *Journal of Korean Politics.* 16(2): 277−299.

Kinder, David. (2014). "Why Anthropocentrism Is Not Anthropocentric." *Dialectical Anthropology.* 38(4): 465−480.

Kiraly, Gabor, Alexandra Koves, and Balint Balazs. (2017). "Contradictions Between Political Leadership and Systems Thinking." *Journal of Cleaner*

Production. 140(part 1): 134−143.

Kirigia, Joses M., Charles O. Pannenborg, Luis G. Amore, Hassen Ghannem, Carel Ijsselmuiden, and Juliet Nabyonga−Orem. (2016). "Global Forum 2015 Dialogue on From Evidence to Policy−thinking Outside the Box: Perspectives to Improve Evidence Uptake and Good Practices in the African Region." *BMC Health Services Research.* 16(Supplement 4): 305−314.

Kitcher, Patricia. (2004). "Kant's Argument for the Categorical Imperative." *Nous.* 38(4): 555−584.

Kjaer, Poul F. (2017). "European Crises of Legally−constituted Public Power: From the Law of Corporatism to the Law of Governance." *European Law Journal.* 23(5): 417−430.

Knepper, Timothy D. (2014). "The End of Philosophy of Religion?" *Journal of the American Academy of Religion.* 82(1): 120−149.

Knight, Kathleen. (2006). "Transformation of the Concept of Ideology in the Twentieth Century." *American Political Science Review.* 100(4): 619−626.

Kono, Tetsuya. (2017). "Recent Development of Philosophical Practice in Japan." *Philosophical Practice.* 12(2): 1935−1946.

Konvitz, Milton R. (1936). "Coherence Theory of Goodness." *International Journal of Ethics.* 47(1): 87−104.

Kopel, Michael and Clemens Loeffler. (2008). "Commitment, First−mover, and Second−mover Advantage." *Journal of Economics.* 94(2): 143−166.

Kopnina, Helen. (2016). "Of Big Hegemonies and Little Tigers: Ecocentrism and Environmental Justice." *Journal of Environmental Education.* 47(2): 139−150.

Kopnina, Helen, Haydn Washington, Bron Taylor, and John J Piccolo. (2018). "Anthropocentrism: More than Just a Misunderstood Problem." *Journal of Agricultural & Environmental Ethics.* 31(1): 109−127.

Kornprobst, Markus. (2014). "From Political Judgments to Public Justifications (and vice versa): How Communities Generate Reasons Upon Which To Act." *European Journal of International Relations.* 20(1): 192−216.

Korolev, A.D. (2014). "Anthropocentrism." *Value Inquiry Book Series.* 276: 17−21.

Kortenkamp, Katherine V. and Colleen F. Moore. (2001). "Ecocentrism and Anthropocentrism: Moral Reasoning about Ecological Commons Dilemmas." *Journal of Environmental Psychology.* 21(3): 1−12.

Korsgaard, Christine M. (1983). "Two Distinctions in Goodness." *Philosophical Review.* 92(2): 169−195.

Kotterman, James. (2006). "Leadership Versus Management: What's the Difference?" *Journal for Quarterly & Participation.* 29(2): 13−17.

Krane, Dale. (2007). "The Middle−tier in American Federalism: State Government Policy Activism During the Bush Presidency." *Publius: Journal of Federalism.* 37(3): 453−477.

Krasevac, Edward L. (2003). "Goodness and Rightness" Ten Years Later: A Look Back at James Keenan and His Critics." *American Catholic Philosophical Quarterly.* 77(4): 535−548.

Krause, George A. and Benjamin F. Melusky. (2012). "Concentrated Powers: Unilateral Executive Authority and Fiscal Policymaking in the American States." *Journal of Politics.* 74(1): 98−112.

Krause, Monika. (2010). "Accounting for State Intervention: The Social Histories of Beneficiaries." *Qualitative Sociology: Special Issue on Knowledge in Practice.* 33: 533−547.

Kraut, Richard. (2010). "What Is Intrinsic Goodness?" *Classical Philosophy.* 105(4): 450−462.

Krijnen, Christian. (2017). "Teleology in Kant's Philosophy of Culture and History: A Problem for the Architectonic of Reason." *Value Inquiry Book Series.* 299: 115−132.

Kristinsson, Axel and Arni D. Juliusson. (2016). "Adapting to Population Growth: The Evolutionary Alternative to Malthus." *Cliodynamics: The Journal of Theoretical & Mathematical History.* 7(1): 37−75.

Kroedel, Thomas. (2008). "Mental Causation as Multiple Causation." *Philosophical Studies.* 139(1): 125−143.

Kroner, Richard. (1936). "Philosophy of Life and Philosophy of History." *Journal of Philosophy.* 33(8): 204−212.

Kryshtanovskaya, Olga. (2010). "Russia's State Capitalism." 『사회과학연구』. 22(2): 283−304.

Kurlantzick, Joshua. (2016). *State Capitalism: How the Return of Statism Is Transforming the World.* New York: Oxford University Press.

Kustermans, Jorg. (2016). "Parsing the Practice Turn: Practice, Practical Knowledge, Practices." *Millennium: Journal of International Studies.* 44(2): 175−196.

Kwak, Sunjoo. (2017). "'Windows of Opportunity,' Revenue Volatility, and Policy Punctuations: Testing a Model of Policy Change in the American States." *Policy Studies Journal.* 45(2): 265−288.

La Barre, Weston. (1954). *The Human Animal.* Chicago: University of Chicago Press.

Lacy, Dean, Emerson M. Niou, Phillip Paolino, and Robert A. Rein. (2019). "Measuring Preferences for Divided Government: Some Americans Want Divided Government and Vote to Create It." *Political Behavior.* 41(1): 79−103.

Lai, Chen. (2015). "Practical Wisdom in Confucian Philosophy." *Journal of*

Philosophical Research. Special Supplement: 69−80.

Lam, David. (2011). "How the World Survived the Population Bomb: Lessons from 50 Years of Extraordinary Demographic History." *Demography* 48(4): 1231−62.

Lane, David. (2006). "From State Socialism to Capitalism: The Role of Class and the World System." *Communist and Post−Communist Studies*. 39(2): 135−152.

Lankoski, Leena, N. Craig Smith, and Luk Van Wassenhove. (2016). "Stakeholder Judgments of Value." *Business Ethics Quarterly*. 26(2): 227−256.

Laski, Harold J. (1935). *The State: In Theory and Practice*. London: George Allen and Unwin, Ltd.

Lasswell, Harold D. (1936). *Politics: Who Gets What, When and How*. New York: Peter Smith.

Lasswell, Harold D. (1943). "Memorandum: Personal Policy Objectives." *Policy Sciences*. 36(1): 73−76.

Lasswell, Harold D. (1948). *Power and Personality*. New York: W·W·Norton & Co.

Lasswell, Harold D. (1951). "The Policy Orientation." in *The Policy Sciences: Recent Developments in Scope and Method*. Edited by Daniel Lerner and Lasswell, Stanford: Stanford University Press: 3−15.

Lasswell, Harold D. (1970). "The Emerging Conception of the Policy Sciences." *Policy Sciences*. 1(1): 3−14.

Lasswell, Harold D. (1971). *A Preview of Policy Sciences*. New York: American Elsevier.

Lasswell, Harold D. (1971). "In Collaboration with McDougal." *Denver Journal of International Law & Policy*. 1: 17−19.

Lasswell, Harold D. and Myres S. McDougal. (1943). "Legal Education and Public Policy: Professional Training in the Public Interest." *Yale Law Journal*. 52: 203−295.

Lasswell, Harold D. and Myres S. McDougal. (1992). *Jurisprudence for a Free Society: Studies in Law, Science and Policy*. 2 volumes. New Haven: New Haven Press.

Laszlo, Ervin. (1972). *Introduction to Systems Philosophy: Toward a New Paradigm of Contemporary Thought*. New York: Harper Torchbooks.

Latour, Bruno. (2010). "Coming Out as a Philosopher." *Social Studies of Science*. 40(4): 599−608.

Laubichler, Manfred D. (2000). "Symposium: The Organism in Philosophical Focus: An Introduction." *Philosophy of Science*. 67(proceedings): S256−S259.

Lausen, Fabian. (2014). "Reductionism as a Research Directive." *Journal of General Philosophy of Science*. 45(2): 263−279.

Lawler, P. (2005). "The Good State: In Praise of Classical Internationalism." *Review of International Studies*. 31(3): 427−449.

Lazarick, Donna L., Sanford S. Fishbein, Maureen A. Loiello, and George S.

Howard. (1988). "Practical Investigations of Volition." *Journal of Counseling Psychology*. 35(1): 15−26.

Le Amine, Loubna. (2015). *Classical Confucian Political Thought: A New Interpretation*. Princeton; New Jersey: Princeton University Press.

Lee, Harry and David Zhang. (2013). "A Tale of Two Population Crises in Recent Chinese History." *Climate Change*. 116(2): 285−308.

Lee, Jeehyun, Jiwon Ahn, Jieun Kim, Heong Min Kho, and Hyo Yon Paik. (2018). "Cognitive Evaluation for Conceptual Design: Cognitive Role of a 3D Sculpture Tool in the Design Thinking Process." *Digital Creativity*. 29(4): 299−314.

Lehane, Mike. (2008). "Politics and Health Do Not Go Together." *Nursing Standard*. 22(21): 26.

Lehmbruch, Gerhard. (1979). "Consociational Democracy, Class Conflict, and the New Corporatism." in *Trends Toward Corporatist Intermediation*. Edited by Philippe Schmittewr and Lehmbruch, London: SAGE Publications Ltd.

Lemieux, Pierre. (2015). "The State and Public Choice." *Independent Review*. 20(1): 23−31.

Leon, P. (1933). "I. The Rightness of Goodness(I)." *Mind: A Quarterly Review of Psychology and Philosophy*. 42(165): 1−16.

Levin, Janet. (2008). "Assertion, Practical Reason, and Pragmatic Theories of Knowledge." *Philosophy & Phenomenological Research*. 76(2): 359−384.

Lewis, J. P. (2017). "What Is Government Good At? A Canadian Answer." *Governance*. 30(4): 734−735.

Liberto, Hallie and Fred Harrington. (2016). "Evil, Wrongdoing, and Concept Distinctness." *Philosophical Studies*. 173(6): 1591−1602.

Lindee, Susan. (2012). "The Biological Anthropology of Living Human Populations: World Histories, National Styles, and International Networks." *Current Anthropology*. 53(supplement): 3−16.

Linker, Maureen. (2005). "When Worlds Collide: The Global Exportation of Anti−Enlightenment Scholarship." *Social Theory and Practice*. 31(3): 451−461.

Little, Dan. (2001). "Causation in Meso−history." Internet Material from University of Michigan, Dearborn.

Little, Adrian. (2012). "Political Action, Error and Failure: The Epistemological Limits of Complexity." *Political Studies*. 60(1): 3−19.

Liu, Xinyu, Gengyuan Liu, Zhifeng Yang, Bin Chen, and Sergio Ulgiati. (2016). "Comparing National Environmental and Economic Performance through Energy Sustainability Indicators: Moving Environmental Ethics Beyond Anthropocentrism toward Ecocentrism." *Renewable & Sustainable Energy Reviews*. 58: 1532−1542.

Lloyd, Vincent and David True. (2017). "What Is the Political Theology Canon?" *Political Theology*. 18(7): 539−541.

Loftus, Alex. (2019). "Political Ecology I: Where Is Political Ecology?" *Progress in Human Geography*. 43(1): 172−182.

Loizzo, Joseph. (2006). "Renewing the Nalanda Legacy." *Religion East & West*. 6: 101−120.

Lorence, Wlodzimierz. (2001). "Wisdom and Philosophy in a Hermeneutical Approach to Philosophy." *Dialogue and Universalism*. 11(7/8): 15−31.

Loveday, Vik. (2016). "Embodying Deficiency Through Affective Practice: Shame, Relationality, and the Lived Experience of Social Class and Gender in Higher Education." *Sociology*. 50(6): 1140−1155.

Lovelock, James. (2006). *The Revenge of Gaia: Earth's Climate Crisis and the Fate of Humanity*. New York: Basic Books.

Luban, David. (1987). "Political Legitimacy and the Right to Legal Services." *Business & Professional Ethics Journal*. 4(3/4): 43−69.

Lugosi, Peter. (2018). "More−than−human Netnography." *Journal of Marketing Management*. 34(3/4): 287−313.

Luton, Larry S. (2001). "Symposium: Ecological Philosophy and Public Administration Theory: Is an Ecocentric Public Administration Possible?" *Administrative Theory & Praxis*. 23(1): 7−9.

Lutz, Mark A. (2002). "Social Economics, Justice and the Common Good." *International Journal of Social Economics*. 29(1/2): 26−46.

Lynch, Frederick R. (2016). "America's Road to Post Familialism." *Society*. 53(2): 211−217.

Lynch, Michael P. (2013). "Epistemic Commitments, Epistemic Agency and Practical Reasons." *Philosophical Issues*. 23(1): 343−362.

MacGregor, D. H. (1906). "The Practical Deductions of the Theory of Knowledge." *International Journal of Ethics*. 16(2): 204−227.

MacIver, R.M. (1973). *Social Causation*. Gloucester: Peter Smith.

MacLean, Stephen M. (2011). "Public Choice Theory and House of Lords Reform." *Economic Affairs*. 31(3): 46−48.

Majithia, Roopen. (2007). "Sankara on Action and Liberation." *Asian Philosophy*. 17(3): 231−249.

Malthus, Thomas. R. (1970). (original, 1798). *An Essay on the Principle of Population and a Summary View of the Principle of Population*. Edited with an Introduction by Antony Flew, New York: Penguin Books.

Mantzoukas, Stefanos. (2007). "The Evidence−Based Practice Ideologies." *Nursing*

Philosophy. 8(4): 244−255.

Manzer, Ronald. (1984). "Public Policy−making as Practical Reasoning." *Canadian Journal of Political Science.* 17(3): 577−594.

Mara, Suzana A. (2015). "Administrative Systems and Entropy." *Annals of the Constantin Brancusi University of Targu Jiu: Letters and Social Sciences Series.* 1: 40−57.

March, James G. and Herbert Simon. (1958). *Organizations.* New York: John Wiley & Sons, Inc.

Marchi, Giada, Giulia Lucertini, and Alexis Tsoukias. (2016). "From Evidence−based Policy Making to Policy Analytics." *Annals of Operations Research.* 236(1): 15−38.

Marciano, Alain. (2007). "Economists on Darwin's Theory of Social Evolution and Human Behaviour." *European Journal of the History of Economic Thought.* 14(4): 681−700.

Mark, Considine. (2012). "Thinking Outside the Box? Applying Design Theory to Public Policy." *Politics & Policy.* 40(4): 704−724.

Marris, Robin. (1999). "Keynesian Economics in the Twenty−first Century." *Economic Affairs.* 19(1): 24−29.

Marshall, Nick and Barbara Simpson. (2014). "Learning Networks and the Practice of Wisdom." *Journal of Management Inquiry.* 23(4): 421−432.

Martins, Numo. (2007). "Ethics, Ontology and Capabilities." *Review of Political Economy.* 19(1): 37−53.

Mason, Gregory H. (2002). "Peace Studies in the Next Half−Century." *Peace Review.* 14(1): 15−19.

Mattei, Franco and John S. Howes. (2001). "Competing Explanations of Split−ticket Voting in American National Elections." *American Politics Quarterly.* 28(3): 379−408.

Mattson, David J. and Susan G. Clark. (2011). "Human Dignity in Concept and Practice." *Policy Sciences.* 44(4): 303−319.

McCall, Bradford. (2017). "Causation, Vitalism, and Hume." *Philosophy & Theology.* 29(2): 341−351.

McCarty, Richard. (2006). "Maxims in Kant's Practical Philosophy." *Journal of the History of Philosophy.* 44(1): 65−83.

McCloskey, H. J. (1963). "The State as an Organism as a Person, and as an End in Itself." *Philosophical Review.* 72(3): 306−326.

McDonald, Hugh P. (2014). "Epilogue: Environmental Philosophy as a System: From Environmental Ethics to Environmental Philosophy." *Value Inquiry Book*

Series. 273: 385−389.

McDougal, Myres S. and W. Michael Reisman. (1979). "Harold Dwight Lasswell (1902−1978)." *American Journal of International Law.* 73(4): 655−660.

McIlwain, C. H. (1933). "A Fragment on Sovereignty." *Political Science Quarterly.* 48(1): 94−106.

McWilliams, Wilson C. (2006). "Introduction." in *The Active Society Revisited.* Edited by McWilliams, Lanham: Rowman & Littlefield Publishers: 1−12.

Meagher, Gabrielle and Shaun Wilson. (2002). "Complexity and Practical Knowledge in the Social Sciences: A Comment on Stehr and Grundmann." *British Journal of Sociology.* 53(4): 659−666.

Mehuron, Kate. (2013). "Book Review." *Philosophical Practice.* 8(2): 1226−1228.

Meier, Kenneth J. (2009). "Policy Theory, Policy Theory Everywhere: Ravings of a Deranged Policy Scholar." *Policy Studies Journal.* 37(1): 5−11.

Merelman, Richard M. (1971). "The Development of Policy Thinking in Adolescence." *American Political Science Review.* 65(4): 1033−1047.

Merelman, Richard M. (1973). "The Structure of Policy Thinking in Adolescence: A Research Note." *American Political Science Review.* 67(1): 161−166.

Metcalf, Robert. (2004). "Balancing the Sense of Shame and Humor." *Journal of Social Philosophy.* 35(3): 432−447.

Meyer, Matt. (2016). "Peace Studies and Justice: A State of the Field Address." *Juniata Voice.* 16: 107−114.

Meynell, Hugo. (2017). "Metaphysics and the End of Philosophy." *Heythrop Journal.* 58(4): 693−694.

Michelini, Francesca, Mattias Wunsch, and Dirk Stederoth. (2018). "Philosophy of Nature and Organism's Autonomy: On Hegel, Plessner and Jonas' Theories of Living Beings." *History and Philosophy of the Life Sciences.* 40(3).

Micheli, Pietro, Sarah J., Sabeen, H. Bhatti, Matteo Mura, and Michael B. Beverland. (2019). "Doing Design Thinking: Conceptual Review, Synthesis, and Research Agenda." *Journal of Product Innovation Management.* 36(2): 124−148.

Midgley, Gerald. (2008). "System Thinking, Complexity and Philosophy of Science." *Emergence: Complexity & Organization.* 10(4): 55−73.

Midgley, James. (2008). "Book Review: The State after Statism: New State Activities in the Age of Liberation." *Journal of Sociology & Social Welfare.* 35(2): 177−178.

Milinski, Manfred. (2016). "Reputation, a Universal Currency for Human Social Interactions." *Philosophical Transactions of the Royal Society: Biological Sciences,* 371(1687): 1−9.

Mill, John Stuart. 1859(2009). "On the Liberty of Thought and Discussion." in *The*

Basic Writings of John Stuart Mill. New York: Classic Books America: 19−61.

Milton, Michael A. (2010). "Statism, Reagan and Religious Liberty." in *Statism: The Shadows of Another Night.* Edited by Charlie Rodriguez, Tanglewood Publishing: 59−66.

Mintrom, Michael. (2016). "Design Thinking in Policymaking Processes: Opportunities and Challenges." *Australian Journal of Public Administration.* 75(3): 391−402.

Mintrom, Michael and Joannah Luetjens. (2017). "Creating Public Value: Tightening Connections Between Policy Design and Public Management." *Policy Studies Journal.* 45(1): 170−190.

Mirus, Christopher V. (2012). "Aristotle on Beauty and Goodness in Nature." *International Philosophical Quarterly.* 52(1): 79−97.

Mis, Andrzej. (2001). "Philosophy and Wisdom." *Dialogue and Universalism.* 11(7/8): 33−44.

Mises, von Ludwig. (1998). *Interventionism: An Economic Analysis.* Indianapolis: Liberty Fund.

Mises, von Ludwig. (2011)(original in 1929). *A Critique of Interventionism.* Alabama: Ludwig von Mises Institute.

Mitchell, Timothy. (1991). "The Limits of the State: Beyond Statist Approaches and Their Critics." *American Political Science Review.* 85(1): 77−96.

Moore, George E. (1903). *Principia Ethica.* London: Cambridge University Press.

Moore, Dwayne. (2017). "Mental Causation, Compatibilism and Counterfactuals." *Canadian Journal of Philosophy.* 47(1): 20−42.

Moran, Richard. (2004). "Anscombe on 'Practical Knowledge'." *Royal Institute of Philosophy.* Supplement. 43−68.

Morev, Mikhail V. and Vadim Kaminskiy. (2013). "Issues of State−Society Relations." *Economics & Social Change: Facts, Trends, Forecasts.* 6(30): 186−202.

Morgan, M. Granger. (2017). *Theory and Practice in Policy Analysis.* New York: Cambridge University Press.

Morgenthau, Hans J. (1993). *Politics among Nations: The Struggle for Power and Peace.* Brief edition, revised by Kenneth W. Thompson, Boston: McGraw−Hill.

Mou, Bo. (2001). *Two Roads to Wisdom: Chinese and Analytic Philosophical Traditions.* Edited. La Salle; Illinois: Open Court.

Mualem, Ahuva. (2014). "Fair by Design: Multidimensional Envy−Free Mechanisms." *Games & Economic Behavior.* 88: 29−46.

Muasher, Marwan. (2013). "Freedom and Bread Go Together." *Finance &*

Development. 50(1): 14−17.

Muller, Jozef. (2018). "Practical and Productive Thinking in Aristotle." *Phronesis.* 63(2): 148−175.

Muller, Laurance D., Amitabh Joshi, and Daniel J. Borash. (2000). "Does Population Stability Evolve?" *Ecology.* 81(5): 1273−1285.

Muller, Thomas and Thomasz Placek. (2018). "Defining Determinism." *British Journal for the Philosophy of Science.* 69(1): 215−252.

Mulvad, Andreas. (2018). "China's Ideological Spectrum: A Two−dimensional Model of Elite Intellectuals' Visions." *Theory & Society.* 47(5): 635−661.

Mulvaney, Robert J. edited, (1991). *Practical Knowledge: Yves R. Simom.* New York: Fordham University Press.

Munck, Gerardo L. (2001). "Game Theory and Comparative Politics: New Perspectives and Old Concerns." *World Politics.* 53(2): 173−204.

Munck, Jean and Benedicte Zimmermann. (2015). "Evaluation as Practical Judgment." *Human Studies.* 38(1): 113−135.

Nazam, Fauzia and Akbar Husain. (2014). "Conceptual Definition and Standardization of the Spiritual Values Scale." *Indian Journal of Positive Psychology.* 5(4): 411−414.

Need, Daniel. (2016). "Book Review: Max Weber's Theory of the Modern State: Origins, Structure and Significance." *Political Studies Review.* 14(1): 64−65.

Nemec, Patricia B. (2017). "The Long Road from Policy to Practice." *Psychiatric Rehabilitation Journal.* 40(2): 260−262.

Nettl, J. P. (1968). "The State as a Conceptual Variable." *World Politics.* 20(4): 559−592.

New, Bill. (1999), "Paternalism and Public Policy." *Economics and Philosophy.* 15(1): 63−83.

Newman, Jon O. (1984). "Between Legal Realism and Neutral Principles: The Legitimacy of Institutional Values." *California Law Review.* 72(2): 200−218.

Newman, S. Perry, Jr. (1972). "General Systems Theory: An Inquiry into Its Social Philosophy." *Academy of Management Journal.* 15(4): 495−510.

Newman, Joshua, Anthony Perl, Adam Wellstead, and Kathleen McNutt. (2013). "Policy Capacity for Climate Change in Canada's Transportation Sector." *Review of Policy Research.* 30(1): 19−41.

Newton, Alexandra. (2017). "Kant on Animal and Human Pleasure." *Canadian Journal of Philosophy.* 47(4): 518−540.

Nieben, Karen M. (2011). "Deliberation as Inquiry: Aristotle's Alternative to the Presumption of Open Alternatives." *Philosophical Review.* 120(3): 383−421.

Niebuhr, Reinhold. (1943). "Politics and the Pursuit of Goodness." *Nation.* 156(8):

281－282.

Nichols, Peter. (2010). "Substance Concepts and Personal Identity." *Philosophical Studies*. 150(2): 255－270.

Nimtz, Christian. (2010). "Philosophical Thought Experiments as Exercises in Conceptual Analysis." *Grazer Philosophische Studien*. 81(1): 189－214.

Nishida, Mitsukuni. (2017). "First－mover Advantage Through Distribution: A Decomposition Approach." *Marketing Science*. 36(4): 590－609.

Nordlinger, Eric A., Theodore J. Lowi, and Sergio Fabbrini. (1988). "The Return to the State: Critiques." *American Political Science Review*. 82(3): 875－901.

Northrop, F.S.C. (1942). "The Criterion of the Good State." *Ethics*. 52(3): 309－322.

Nozick, Robert. (1974). *Anarchy, State, and Utopia*. New York: Basic Books, Inc.

Nsonsissa, Auguste. (2016). "Ethical and Philosophical Remarks on the Post－humanism." *Societies*. 131(1): 51－60.

Nussbaum, Martha C. (2007). *Frontiers of Justice: Disability, Nationality, Species Membership*. Belknap Press: An Imprint of Harvard University Press.

Nussbaum, Martha C. (2011). "Capabilities, Entitlements, Rights: Supplementation and Critique." *Journal of Human Development & Capabilities*. 12(1): 23－37.

O'Brien, Karen. (2010). "The Return of the Enlightenment." *American Historial Review*. 115(5): 1426－1435.

O'Brien, Patirck R. (2017). "The Historical Presidency: A Theoretical Critique of the Unitary Executive Framework: Rethinking the First－mover Advantage, Collective－action Advantage, and Informational Advantage." *Presidential Studies Quarterly*. 47(1): 169－185.

Ogilvie, Bertrand. (2018). "Negative Anthropology? Extermination as the Starting Point of the Reconsideration of Philosophical Anthropology." *FILOZOFIA*. 73(1): 51－62.

Olsen, Kristian. (2018). "Subjective Rightness and Minimizing Expected Objective Wrongness." *Pacific Philosophical Quarterly*. 99(3): 417－441.

Olson, Eric T. (1997). *The Human Animal: Personal Identity Without Psychology*. New York: Oxford University Press.

Olson, Eric T. (2007). *What Are We: A Study in Personal Ontology*. New York: Oxford University Press.

O'Neill, Onora. (2001). "Practical Principles and Practical Judgment." *Hastings Center Report*. 31(4): 15－23.

O'Neill, Onora. (2007a). "Experts, Practitioners, and Practical Judgment." *Journal of Moral Philosophy*. 4(1): 154－166.

O'Neill, Onora. (2007b). "Normativity and Practical Judgment." *Journal of Moral

Philosophy. 4(3): 393−405.

Ostrom, Elinor. (2005). *Understanding Institutional Diversity*. Princeton: Princeton University Press.

O'Sullivan, Terence. (2005). "Some Theoretical Propositions on the Nature of Practice Wisdom." *Journal of Social Work*. 5(2): 221−242.

Ozonoff, David. (2005). "Legal Causation and Responsibility for Causing Harm." *American Journal of Public Health*. 95(supplement 1): 35−38.

Padilla, Yolanda C. and Rowena Fong. (2016). "Identifying Grand Challenges Facing Social Work in the Next Decade: Maximizing Social Policy Engagement." *Journal of Policy Practice*. 15(3): 133−144.

Pakaslahti, Arvi. (2016). "Betterness, Injustice and Failed Athletic Contests." *Journal of the Philosophy of Sport*. 43(2): 281−293.

Pan, Tianqun. (2017). "Philosophical Practice in China." *Philosophical Practice*. 12(2): 1914−1920.

Pankenier, David W. (2015). "Weaving Metaphors and Cosmo−political Thought in Early China." *T'oung Pao*. 101(1/3): 1−34.

Papadopoulos, Dimitris. (2010). "Insurgent Posthumanism." *Ephemera: Theory and Politics in Organization*. 10(2): 134−151.

Parietti, Guido. (2017). "On Meaning and Impossibility of the Political Theology." *Cultura−Rivista Di Filosofia Letteratura Storia*. 55(1): 149−167.

Park, Seungbae. (2017). "The Unificatory Power of Scientific Realism." *Disputatio: International Journal of Philosophy*. 9(44): 59−73.

Park Yong Soo. (2003). "Globalization and Korea: Decline of the Nation−State?" *Korea Observer*. 34(2): 327−344.

Parsons, Talcott. (1951). *The Social System*. London; Routledge & Kegan Paul Ltd.

Patriarca. S. (2003). "The Power of Large Numbers: Population, Politics, and Gender in Nineteenth−century France." *Journal of Modern History*. 75(2): 424−426.

Paul, Sarah K. (2009). "Intention, Belief, and Wishful Thinking: Setiya on Practical Knowledge." *Ethics*. 119(3): 546−557.

Pawson, Ray and Geoff Wong. (2013). "Public Opinion and Policy−making." *Social Policy & Administration*. 47(4): 434−450.

Peaslee, Robert J. (1934). "Multiple Causation and Damage." *Harvard Law Review*. 47(7): 1127−1142.

Pelletier, David. (2004). "Sustainability of the Policy Sciences: Alternatives and Strategies." *Policy Sciences*. 37(3/4): 237−245.

Pennycook, Gordon, James A. Cheyne, Nathaniel Barr, Derek Koehler, and

Jonathan A. Fugelsang. (2014). "The Role of Analytic Thinking in Moral Judgments and Values." *Thinking & Reasoning.* 20(2): 188−214.

Pepper, Stephen C. (1922). "The Boundaries of Society." *International Journal of Ethics.* 32(4): 420−441.

Perkins, Franklin. (2004). "Goodness and Justice: Plato, Aristotle, and the Moderns." *Journal of Chinese Philosophy.* 31(1): 137−140.

Perry, Charner. (1948). "Discussion: Proposed Sources of Practical Wisdom." *Ethics.* 58(4): 262−274.

Petrie, Jon. (2000). "The Secular Word HOLOCAUST: Scholarly Myths, History, and 20th Century Meanings." *Journal of Genocide Research.* 2(1): 31−63.

Phillips, Benjamin L., Gregory P. Brown, and Richard Shine. (2010). "Life−history Evolution in Range−shifting Populations." *Ecology.* 91(6): 1617−1627.

Philo, Chris. (2017). "Less−than−human Geographies." *Political Geography.* 60: 256−258.

Philpott, Daniel. (2007). "Explaining the Political Ambivalence of Religion." *American Political Science Review.* 101(3): 505−525.

Picinali, Federico. (2016). "Generalizations, Causal Relationships and Moral Responsibility." *International Journal of Evidence & Proof.* 20(2): 121−135.

Pielke, Roger A. Jr. (2004). "What Future for the Policy Sciences?" *Policy Sciences.* 37(3/4): 209−225.

Piller, Christian. (2015). "Practical Philosophy and the Gettier Problem: Is Virtue Epistemology on the Right Track?" *Philosophical Studies.* 172(1): 73−91.

Pokorny, Lukas. (2017). "Zhang Zai's Philosophy of Qi: A Practical Understanding." *Religious Studies Review.* 43(4): 424−425.

Porpora, Douglas V. (2017). "Dehumanization in Theory: Anti−humanism, Non−humanism, Post−humanism, and Trans−humanism." *Journal of Critical Realism.* 16(4): 353−367.

Porus, Vladimir N. (2016). "A Superfluous Man." *Russian Studies in Philosophy.* 54(2): 113−128.

Pouliot, Vincent. (2008). "The Logic of Practicality: A Theory of Practice of Security Communities." *International Organization.* 62(2): 257−288.

Poveda, Cesar A. (2017). "The Theory of Dimensional Balance of Needs." *International Journal of Sustainable Development & World Ecology.* 24(2): 97−119.

Pressley, Cindy L. (2011). "Creating and Applying Thought Experiments in Public Administration." *Administrative Theory & Praxis.* 31(4): 549−565.

Pruski, Michal. (2019). "What Demarks the Metamorphosis of Human Individuals to Posthuman Entities?" *New Bioethics.* 25(1): 3−23.

Qi, Xiaoying. (2017). "Social Movement in China: Augmenting Mainstream Theory with Guanxi." *Sociology*. 51(1): 111−126.

Quade, Edward S. (1970). "Why Policy Sciences?" *Policy Sciences*. 1: 1−2.

Quicksey, Angel. (2017). "How Human−centered Design Contributes to Better Policy." *Harvard Kennedy School Review*. 17: 55−60.

Rae, Gavin. (2016). "The Theology of Carl Schmitt's Political Theology." *Political Theology*. 17(6): 555−572.

Rappa, Antonio L. and Sor−hoon Tan. (2003). "Political Implications of Confucian Familism." *Asian Philosophy*. 13(2/3): 87−102.

Rawls, John. (1975). "Fairness to Goodness." *Philosophical Review*. 84(4): 536−554.

Rawls, John. (1999). *A Theory of Justice*. Revised edition, Cambridge: Belknap Press of Harvard University Press.

Rawls, John. (2001). *Justice as Fairness: A Restatement,* Cambridge: Belknap Press of Harvard University Press.

Rebdelein, Robert and Evsen Turkay. (2016). "When Do First−movers Have an Advantage? A Stackelberg Classroom Experiment." *Journal of Economic Education*. 47(3): 226−240.

Reeve, C.D.C. (2012). *Action, Contemplation, and Happiness: An Essay on Aristotle*. Boston; Massachusettes: Harvard University Press.

Renault, Emmanuel. (2007). "From Fordism to Post−fordism: Beyond of Back to Alienation?" *Critical Horizons*. 8(2): 205−220.

Renz, Ursula. (2017). "XIII: Self−knowledge as a Practical Achievement." *Proceedings of the Aristotelian Society*. 117(3): 253−272.

Rescher, Nicholas. (2002). *Fairness: Theory and Practice of Distributive Justice*. New Brunswick: Transaction Publishers.

Rhee, Young E. (2017). "Philosophical Practice in South Korea." *Philosophical Practice*. 12(2): 1947−1951.

Riain, Sean O. (2000). "States and Markets in an Era of Globalization." *Annual Review of Sociology*. 26: 187−213.

Rickless, Samuel C. (2008). "Is Locke's Theory of Knowledge Inconsistent?" *Philosophy and Phenomenological Research*. 77(1): 83−104.

Rickman, H. P. (1960). "Philosophical Anthropology and the Problem of Meaning." *Philosophical Quarterly*. 10(38): 12−20.

Robey, J.S. (2011). "Book Review: Taking Local Control: Immigration Policy Activism in U.S. Cities and States." *Choice: Current Reviews for Academic Libraries*. 48(6): 1165.

Robins, Lisa. (2009). "Insiders versus Outsiders: Perspectives on Capacity Issues to Inform Policy and Programmes." *Local Environment*. 14(1): 45−59.

Robinson, Edward H. (2013). "The Distinction Between State and Government." *Geography Compass.* 7/8: 556－566.

Robinson, Scott E. (2004). "Punctuated Equilibrium, Bureaucratization, and Budgetary Changes in Schools." *Policy Studies Journal.* 32(1): 25－38.

Roden, David. (2010). "Deconstruction and Excision in Philosophical Posthumanism." *Journal of Evolution & Technology.* 21(1): 27－36.

Rogers, Katherine and Wesley Sterling. (2012). "The Science of Wellbeing." *Nursing Standard.* 26(47): 64.

Rooney, David and Bernard McKenna. (2008). "Wisdom in Public Administration: Looking for Sociology of Wise Practice." *Public Administration Review.* 68(4): 709－721.

Roos, Johan. (2017). "Practical Wisdom: Making and Teaching the Governance Case for Sustainability." *Journal of Cleaner Production.* part 1, volume 140: 117－124.

Rosen, Shlomo Dov. (2018). "A Theory of Providence for Distributive Justice." *Journal of Religious Ethics.* 46(1): 124－155.

Rosenstock, Linda and Lore Jackson Lee. (2002). "Attacks on Science: The Risks to Evidence－Based Policy." *American Journal of Public Health.* 92(1): 14－18.

Ross, Alison. (2017). "Between Luxury and Need: The Idea of Distance in Philosophical Anthropology." *International Journal of Philosophical Studies.* 25(3): 378－392.

Rotheram－Borus, Mary J., Dallas Swendeman, and Kimberly D. Becker. (2014). "Adapting Evidence－Based Interventions Using a Common Theory, Practices, and Principles." *Journal of Clinical Child & Adolescent Psychology.* 43(2): 229－243.

Rourke, Francis E. (1984). *Bureaucracy, Politics, and Public Policy.* Third edition, Boston: Little, Brown and Company.

Rousseau, David. (2014). "Systems Philosophy and the Unity of Knowledge." *Systems Research and Behavioral Science.* 31(2): 146－159.

Rowland, Richard. (2016). "Reasons as the Unity Among the Varieties of Goodness." *Pacific Philosophical Quarterly.* 97(2): 200－227.

Rowlands, John. (2011). "Need, Well－being and Outcomes: The Development of Policy－thinking for Children's Services 1989－2004." *Child and Family Social Work.* 16(3): 255－265.

Ruiz－Aliseda, Francisco. (2016). "Preemptive Investments Under Uncertainty, Credibility and First Mover Advantages." *International Journal of Industrial Organization.* 44: 123－137.

Russell, Bertrand. (1914). "Definitions and Methodological Principles in Theory of Knowledge." *Monist.* 24(4): 582－593.

Rust, Mary-Jayne. (2009). "Nature as a Subject: Exploring Anthropocentrism." *Journal of Holistics Healthcare*. 6(3): 31-35.

Ryan, John A. (1916). *Distributive Justice: The Right and Wrong of Our Present Distribution of Wealth*. New York: Macmillan Co.

Saage, Richard. (2018). "Human Enhancement and the Anthropology of the Entire Human Being." *NanoEthics*. 12(3): 237-246.

Sabine, George H. (1920). "The Concept of the State as Power." *Philosophical Review*. 29(4): 301-318.

Sadurski, Wojciech. (2006). "Law's Legitimacy and Democracy-plus." *Oxford Journal of Legal Studies*. 26(2): 377-409.

Saeki, Manabu. (2013). "The Myth of the Elite Cue." *Public Opinion Quarterly*. 77(3): 755-782.

Sammut, Jeremy. (2016). "When Ideology Trumps Reality." *Policy*. 32(2): 21-35.

Sandu, Antonio. (2015). "Philosophical Practice and Values Based Ethics: Rethinking Social Action and Core Values." *Philosophical Practice*. 10(3): 1618-1631.

Sanford, Jonathan J. (2017). "Aristotle on Evil as Privation." *International Philosophical Quarterly*. 57(2): 195-209.

Sanky, Howard and Dimitri Ginev. (2011). "The Scope and Multidimensionality of the Scientific Realism Debate." *Journal of General Philosophy of Science*. 42(2): 263-283.

Sardoc, Mitja and Michael F. Shaughnessy. (2001). "An Interview With Iris Marion Young." *Educational Philosophy and Theory*. 33(1): 95-101.

Sarkissian, Hagop. (2018). "Neo-Confucianism, Experimental Philosophy and the Trouble with Intuitive Methods." *British Journal for the History of Philosophy*. 26(5): 812-828.

Satryo, Pujiyono, Jamal Wiwoho, and Wahyudi Sutopo. (2017). "Implementation of Japanese Traditional Value in Creating the Accountable Corporate Social Responsibility." *International Journal of Law & Management*. 59(6): 964-976.

Savery, Barnett. (1937). "The Unique Quality Goodness: A Myth." *International Journal of Ethics*. 47(2): 210-223.

Schacht, Richard. (1990). "Philosophical Anthropology: What, Why and How." *Philosophy and Phenomenological Research*. 50(supplement): 155-176.

Schattschneider, Edward E. (1935). *Politics, Pressures and the Tariff: A Study of Free Private Enterprise in Pressure Politics, as Shown in the 1929-1930 Revision of the Tariff*. Englewood Cliffs: Prentice-Hall, Inc.

Scheffler, Israel. (1954). "On Justification and Commitment." *Journal of*

Philosophy. 51(6): 180−190.

Scheines, Richard. (2002). "Computation and Causation." *Metaphilosophy.* 33(1/2): 158−180.

Schemper, Mark. (2008). "Seeking Protection in the Gods': Locke, Livy, and Political Thought." A conference paper in the Midwestern Science Association.

Schiller, F. C. S. (1917). "Aristotle and the Practical Syllogism." *Journal of Philosophy, Psychology and Scientific Methods.* 14(24): 645−653.

Schmidt, James. (2015). "The Counter−Enlightenment: Historical Notes on a Concept Historians Should Avoid." *Eighteenth−Century Studies.* 49(1): 83−86.

Schmitter, Philippe C. (1979). "Still the Century of Corporatism?" in *Trends Toward Corporatist Intermediation.* Edited by Schmittewr and Gerhard Lehmbruch, London: SAGE Publications Ltd.

Schoellner, Karsten. (2017). "Practical Philosophy." *Philosophical Investigations.* 40(2): 121−138.

Schroeder, Timothy. (2010). "Practical Rationality Is a Problem in the Philosophy of Mind." *Philosophical Issues.* 20: 394−409.

Schwab, Klaus. (2016). *The Fourth Industrial Revolution.* New York: Crown Business.

Schwartz, Barry. (2011). "Practical Wisdom and Organizations." *Research in Organizational Behavior.* 31: 3−23.

Schwartz, Barry and Kenneth Sharpe. (2010). *Practical Wisdom: The Right What To Do the Right Thing.* New York: Riverhead Books.

Schwartz, Daniel. (2016). "The Limits of *Eudaimonia* in the *Nicomachean Ethics.*" 『서양고전연구』. 55(3): 35−51.

Schwenklder, John. (2011). "Perception and Practical Knowledge." *Philosophical Explorations.* 14(2): 137−152.

Sciutti, Alessandra, Martina Mara, Vincenzo Tagliasco, and Giulio Sandini. (2018). "Humanizing Human−Robot Interaction: On the Importance of Mutual Understanding." *IEEE Technology & Society Magazine.* 37(1): 22−29.

Sebo, Jeff. (2014). "Multiplicity, Self−Narrative, and Akrasia." *Philosophical Psychology.* 28(4): 589−605.

Sen, Amartya. (1985). *Commodities and Capabilities.* Amsterdam: North−Holland.

Sen, Amartya. (1993). "Capability and Well−being." in *The Quality of Life.* Edited by Martha C. Nussbaum and Amartya Sen, New York: Oxford University Press: 30−53.

Sen, Amartya. (2012). "The Reach of Social Choice Theory." *Social Choice & Welfare.* 39(2/3): 259−272.

Setiya, Kieran. (2004). "Hume on Practical Reason." *Philosophical Perspectives.* 18:

365 – 389.

Setiya, Kieran. (2008). "Practical Knowledge." *Ethics*. 118(3): 388 – 409.

Setiya, Kieran. (2009). "Practical Knowledge Revisited." *Ethics*. 120(1): 128 – 137.

Shadish, William R., Thoms D. Cook, and Donald T. Campbell. (2001). *Experimental and Quasi – experimental Designs for Generalized Causal Inference*. Second edition, Boston; Massachusetts: Cengage Learning.

Shapcott, Richard. (2004). "IR as Practical Philosophy: Defining a Classical Approach." *British Journal of Politics & International Relations*. 6(3): 271 – 291.

Sherman, Thomas P. (2002). "Human Happiness and the Role of Philosophical Wisdom in the Nicomachean Ethics." *International Philosophical Quarterly*. 42(4): 467 – 494.

Short, Jeremy C. and G. Tyge Payne. (2008). "Dialogue: First Movers and Performance: Timing Is Everything." *Academy of Management Review*. 33(1): 267 – 270.

Shoshana, Avi. (2011). "Governmentality, Self, and Acting at a Distance." *Social Identities*. 17(6): 771 – 791.

Siaroff, Alan. (1999). "Corporatism in 24 Industrial Democracies: Meaning and Measurement." *European Journal of Political Research*. 36: 175 – 205.

Sik Hung Ng and Michael W. Allen. (2005). "Perception of Economic Distributive Justice: Exploring Leading Theories." *Social Science & Personality: An International Journal*. 33(5): 435 – 453.

Simberloff, D. (2014). "The Balance of Nature: Evolution of a Panchreston." *Plos Biology*. 12(10): e1001963.

Simmons, A. John. (1999). "Justification and Legitimacy." *Ethics*. 109(4): 739 – 771.

Simom, Herbert A. (1996). *The Sciences of the Artificial*. Third edition, Boston: Massachusetts Institute Technology Press.

Simon, Herbert A, (1997). *Administrative Behavior*. Fourth edition, New York: Free Press.

Sinha, Ashish and Basavana G. Goudra. (2013). "Bigger and Bigger Challenges: Evidence – based or Expert – opinion Based Practice?" *Journal of Anaesthesiology Clinical Pharmacology*. 29(1): 4 – 5.

Siskin, Clifford and William Warner. (2011). "If This Is Enlightenment Then What Is Romanticism?" *European Romantic Review*. 22(3): 281 – 291.

Siwek, S.L. Paul. (1951). *The Philosophy of Evil*. New York: Ronald Press Company.

6, Perri. (2002). "Can Policy Making Be Evidence – based?" *MCC: Building Knowledge for Integrated Care*. 10(1): 3 – 8.

Skocpol, Theda. (2008). "Bringing the State Back In: Retrospect and Prospect." *Scandinavian Political Studies*. 31(2): 109 – 124.

Skrypietz, Ingrid. (2003). "Book Review: Regulation Theory and the Crisis of Capitalism." *Capital Class.* 79: 170−75.

Sluga, Hans. (2014). *Politics and The Search for the Common Good.* Cambridge, UK; Cambridge University Press.

Smith, George H. (1895). "The Theory of the State." *Proceedings of the American Philosophical Society.* 34(148): 181−334.

Smith, Gregory B. (2007). "What Is Political Philosophy: A Phenomenological View." *Perspectives on Political Science.* 36(2): 91−102.

Smith, James W. (1948). "Intrinsic and Extrinsic Good." *Ethics.* 58(3): 195−208.

Smith, Richard. (1999). "Paths of Judgment: The Revival of Practical Wisdom." *Educational Philosophy & Theory.* 31(3): 327−342.

Smith, Steven. (2010). "Intrinsic Value, Goodness, and the Appeals of Things." *International Philosophical Quarterly.* 50(2): 167−181.

Smol'yakov, E. (2010). "Conflict Individual−Pareto Equilibria." *Differential Equations.* 46(1): 142−149.

Smyth, Richard. (1977). "The Pragmatic Maxim in 1878." *Transactions of the Charles S. Peirce Society.* 13(2): 93−113.

Solovyov, Vladimir. (1918). *The Justification of the Good: An Essay on Moral Philosophy.* Edited by Boris Jakim and translated by Nathalie A. Duddington, New York: Macmillan Company.

Song, Michael, Y. Lisa Zhao, C., and Anthony Di Benedetto. (2013). "Do Perceived Pioneering Advantages Lead to First−mover Decisions?" *Journal of Business Research.* 66(8): 1143−1152.

Song, Pan and Chung−Ying Cheng. (2014). "A Study on Chinese Confucian Classics and Neo−Confucianism in the Song−Ming Dynasties." *Journal of Chinese Philosophy.* 41(supplement): 757−761.

Spangenberg, Joachim H. (2010). "The Growth Discourse, Growth Policy and Sustainable Development: Two Thought Experiments." *Journal of Cleaner Production.* 18(6): 561−566.

Spengler, Joseph J. (1949). "Laissez Faire and Intervention: A Potential Source of Historical Error." *Journal of Political Economy.* 57(5): 438−441.

Spielthenner, Georg. (2007). "A Logic of Practical Reasoning." *Acta Analytica.* 22(2): 139−153.

Sprague, Elmer. (2013). "Hume, Causation, and Agency." *European Legacy.* 18(4): 414−419.

Squintani, Francesco. (2006). "Mistaken Self−Perception and Equilibrium." *Economic Theory.* 27(3): 615−641.

Sreenivasan, Gopal. (2000). "What Is the General Will?" *Philosophical Review*. 109(4): 545−581.

Stanley, Jason. (2005). *Knowledge and Practical Interests*. Oxford: Oxford University Press.

Steelman, Toddi A, (2001). "Elite and Participatory Policymaking: Finding Balance in a Case of National Forest Planning." *Policy Studies Journal*. 29(1): 71−89.

Stephens, Anne, Ann Taket, and Monica Gagliano. (2019). "Ecological Justice for Nature in Critical System Thinking." *Systems Research & Behavioral Science*. 36(1): 3−19.

Stephenson, Carolyn M. (2017). "Defining Peace." *International Studies Review*. 19(1): 138−139.

Sternberg, Robert J. (1998). "A Balance Theory of Wisdom." *Review of General Psychology*. 2(4): 347−365.

Stewart, Jon. (2018). "Hegel's Theory of Recognition and Philosophical Anthropology and the Ethical Challenges of a Globalized World." *Philosophical Forum*. 49(4): 467−481.

Sticker, Martin. (2016). "Experiments in Ethics? Kant on Chemistry and Practical Philosophy." *Idealistic Studies*. 46(1): 41−64.

Stilz, Anna. (2011). "Nations, States, and Territory." *Ethics*. 121(2): 572−601.

Stoker, Gerry and Mark Evans. (2016). *Evidence−based Policy Making in the Social Sciences: Methods That Matter*. Bristol: Policy Press.

Stone, Diane. (2000). "Think Tank Transnationalisation and Non−profit Analysis, Advice and Advocacy." *Global Society: Journal of Interdisciplinary International Relations*. 14(2): 153−172.

Stone, Jim. (2000). "Skepticism as a Theory of Knowledge." *Philosophy and Phenomenological Research*. 60(3): 527−545.

Stookey, Sarah. (2008). "The Future of Critical Management Studies: Populism and Elitism." *Organization*. 15(6): 922−924.

Streeck, Wolfgang. (2018). "From Speciation to Specialization: On the Origin of Species by Means of Natural Selection, Charles Darwin." *Social Research*. 85(3): 661−685.

Strong, C. A. (1908). "Discussion: Pragmatism and Its Definition of Truth." *Journal of Philosophy, Psychology and Scientific Methods*. 5(10): 256−264.

Stull, Donald D. and Felix Moos. (1981). "A Brief Overview of the Role of Anthropology in Public Policy." *Policy Studies Review*. 1(1): 19−27.

Suarez, Fernando F. and Gianvito Lanzolla. (2008). "Considerations for a Stronger First Mover Advantage Theory." *Academy of Management Review*. 33(1): 269−270.

Sumner, Francis B. (1910). "The Science and Philosophy of the Organism." *Journal of Philosophy, Psychology and Scientific Method.* 7(12): 309−330.

Sumner, Francis B. (1922). "The Organism and Its Environment." *Scientific Monthly.* 14(3): 223−233.

Sundell, Knut, Haluk Soydan, Karin Tengvald, and Sten Anttila. (2010). "From Opinion−based to Evidence−based Social Work: The Swedish Case." *Research on Social Work Practice.* 20(6): 714−722.

Sunk, Alexander, Peter Kuhlang, Thomas Edtmayr, and Wilfried Sihn. (2017). "Developments of Traditional Value Stream Mapping to Enhance Personal and Organizational System and Methods Competencies." *International Journal of Production Research.* 55(13): 3732−3746.

Sunstein, Cass R. (2013). "The Storrs Lectures: Behavioral Economics and Paternalism." *Yale Law Journal.* 122(7): 1826−1899.

Sutherland, William J. and Mark Burgman. (2015). "Policy Advice: Use Experts Wisely." *Nature.* 526(7573): 317−318.

Sutton, W.A. (1888). "Wisdom." *Irish Monthly.* 16(177): 139−142.

Svavarsdottir, Sigrun. (2008). "The Virtue of Practical Rationality." *Philosophy and Phenomenological Research.* 77(1): 1−33.

Svavarsdottir, Sigrun. (2009). "The Practical Role Essential to Value Judgment." *Philosophical Issues.* 19(1): 299−320.

Svensson, Bo. (2001). "Partnership for Growth: the Public−Private Balancing in Regional Industrial Policy." *International Review of Sociology.* 11(1): 21−35.

Swanson, David and Noel Castellanos. (2015). "Man on the Margins." *Christianity Today.* 59(4): 61.

Swedberg, Richard. (2011). "Thinking and Sociology." *Journal of Classical Sociology.* 11(1): 31−49.

Swinburne, Richard. (2014). "Time and Causation." *American Philosophical Quarterly.* 51(3): 233−245.

Synder, Scott and Darcie Draudt. (2015). "First Mover Responses to North Korean Instability: The Intervention−Legitimacy Paradox." *International Journal of Korean Unification Studies.* 24(2): 99−126.

Tanghe, Koen B. (2017). "A Historical Taxonomy of Origin of Species Problems and Its Relevance to the Historiography of Evolutionary Thought." *Journal of the History of Biology.* 50(4): 927−987.

Taormina, Robert J. and Rail M. Shaminov. (2016). "A New Measure of Traditional Values Across Cultures: China and Russia Compared." *Psychological Thought.* 9(2): 197−221.

Tartaglia, James. (2010). "Did Rorty's Pragmatism Have Foundations?" *International Journal of Philosophical Studies.* 18(5): 607−627.

Tausch, Arno. (2016). "Towards New Maps of Global Human Values Based on World Values Survey." *Journal of Globalization Studies.* 7(1): 56−65.

Taylor, Paul C. (2011). "Is It Sometime Yet?" *Contemporary Pragmatism.* 8(2): 17−29.

Taylor, P. J. (1996). "Embedded Statism and the Social Sciences: Opening Up to New Spaces." *Environment & Planning A.* 28(11): 1917−1929.

Tetreault, Darcy. (2017). "Three Forms of Political Ecology." *Ethics & The Environment.* 22(2): 1−23.

Thaler, Richard H. and Cass R. Sunstein. (2009). *Nudge: Improving Decisions About Health, Wealth, and Happiness.* Revised and expanded edition, New York: Penguin Books.

Thiele, Leslie P. and Marshall Young. (2016). "Practical Judgement, Narrative Experience and Wicked Problems." *Theoria: A Journal of Social & Political Theory.* 63(3): 35−52.

Thies, Cameron G. (2010). "Of Rulers, Rebels, and Revenue: State Capacity, Civil War Onset, and Primary Commodities," *Journal of Peace Research.* 47(3): 321−332.

Thoma, Johanna. (2016). "On the Hidden Thought Experiments of Economic Theory." *Philosophy of the Social Sciences.* 46(2): 129−146.

Thomas, James P. (1996). "Populism, Social Representation and the Limits of Squatter Resistance: A Korean Case." *Asia Journal.* 3(2):23−45.

Thomas, Michael J., Katherine J. Bangen, Monika Ardelt, and Dilip V. Jeste. (2017). "Development of a 12−Item Abbreviated Three−dimensional Wisdom Scale(3D−WS−12)." *Assessment.* 24(1): 71−82.

Thomas, Owen C. (2012). "Theological Anthropology, Philosophical Anthropology, and the Human Sciences." *Theology & Science.* 10(2): 141−151.

Thompson, Michael J. (2017). "Autonomy and Common Good: Interpreting Rousseau's General Will." *International Journal of Philosophical Studies.* 25(2): 266−285.

Thompson, Simon. (2000). "From Statism to Pluralism: Democracy, Civil Society and Global Politics." *Social Policy & Administration.* 34(1): 138−140.

Thorpe, Jodie. (2018). "Procedural Justice in Value Chains Through Public−private Partnership." *World Development.* 103: 162−175.

Tiernan, Anne. (2007). "Building Capacity for Policy Implementation." in *Improving Implementation.* Edited by John Wanna, Canberra; Australian National University Press: 113−120.

Tirole, Jean. (2017). *Economics for the Common Good.* Princeton; New Jersey:

Princeton University press.

Tongqi, Lin, henry Rosemont, Jr., and Roger T. Ames. (1995). "Chinese Philosophy: A Philosophical Essay on the State−of−the−Art." *Journal of Asian Studies*. 54(3): 727−758.

Toulmin, Stephen. (1988). "The Recovery of Practical Philosophy." *American Scholar*. 57(3): 337−352.

Tredwell, R. F. (1962). "On Moore's Analysis of Goodness." *Journal of Philosophy*. 59(25): 793−802.

Tribe, Laurence H. (1972). "Policy Science: Analysis or Ideology?" *Philosophy and Public Affairs*. 2(1): 66−110.

Trowbridge, Richard H. (2011). "Waiting for Sophia: 30 Years of Conceptualizing Wisdom in Empirical Psychology." *Research in Human Development*. 8(2): 149−164.

Tubbs, Nigel. (2004). "Theory and Practice: The Politics of Philosophical Character." *Journal of Philosophy of Education*. 38(4): 551−569.

Tu, Keguo. (2016). "The Confucian Virtue of Wisdom and Human Development." *Confucian Academy*. 2016(1): 70−89.

Tu, Weiming. (2012). "A Spiritual Turn in Philosophy: Rethinking the Global Significance of Confucian Humanism." *Journal of Philosophical Research*. 37(supplement): 389−401.

Tulloch, Doreen M. (1958). "Ontological Goodness." *Philosophical Quarterly*. 8(33): 317−327.

Turnbull, Nick. (2008). "Dewey's Philosophy of Questioning: Science, Practical Reason and Democracy." *History of the Human Sciences*. 21(1): 49−75.

Turnpenny, John, Claudio M. Radaelli, Andrew Jordan, and Klaus Jacob. (2009). "The Policy and Politics of Policy Appraisal: Emerging Trends and New Directions." *Journal of European Public Policy*. 16(4): 640−653.

Tweedie, Jack. (1994). "Resources Rather Than Needs: A State−centered Model of Welfare Policymaking." *American Journal of Political Science*. 38(3): 651−673.

Ungureanu, Valeriu. (2017). "Nash Equilibrium Set Function in Dyadic Mixed−strategy Games." *Computer Science Journal of Moldova*. 25(1): 3−20.

Vaisman, Noa. (2018). "The Human, Human Rights, and DNA Identity Tests." *Science, Technology & Human Values*. 43(1): 3−20.

Valera, Luca. (2014). "Posthumanism: Beyond Humanism?" *Cuadernos de Bioetica*. 25(85): 481−491.

Vasalya, Ashesh, Gowrishankar Ganesh, and Abderrahmane Kheddar. (2018). "More Than Just Co−workers: Presence of Humanoid Robot Coworker

Influences Human performance." *Plos One.* 13(11): 1−19.

Veith, Jerome. (2013). "Concerned with Oneself as One Person: Self−knowledge in Phronesis." *Epoche: A Journal for the History of Philosophy.* 18(1): 17−27.

Velleman, J. David. (1985). "Practical Reflection." *Philosophical Review.* 94(1): 33−61.

Ventris, Curtis. (2013). "Reexamining the Foundations of Public Administration and Policy: The Legacy of Ralph Hummel." *Administration Theory & Praxis.* 35(1): 154−162.

Vita, Luis W. (1973). "The Meaning and Direction of Philosophical Thought in Brazil." *Philosophy and Phenomenological Research.* 33(4): 531−546.

Vlaicu, Sorina. (2003). "Punctuated Equilibrium: How the Balance of Power Between Congress and Presidency Shifted Over Time." A conference paper in the American Political Science Association.

Wagaman, M. Alex. (2014). "The Relationship Between Empathy and Attitudes Toward Government Intervention." *Journal of Sociology & Social Welfare.* 41(4): 91−112.

Waldo, Dwight. (1948). *The Administrative State: Study of the Political Theory of American Public Administration.* New York: Ronald Press Company.

Walker, Matthew D. (2013). "Rehabilitating Theoretical Wisdom." *Journal of Moral Philosophy.* 10(6): 763−787.

Wall, Steven. (2010). "Neutralism for Perfectionism: The Case of Restricted State Neutrality." *Ethics.* 120(2): 232−256.

Walla, Alice. (2015). "Kant's Moral Theory and Demandingness." *Ethical Theory & Moral Practice.* 18(4): 731−743.

Wallace, James D. (1969). "Practical Inquiry." *Philosophical View.* 78(4): 435−450.

Wallace, Richard. (2004). "Orienting to the Policy Sciences' Sustainability Problem." *Policy Sciences.* 37(3/4): 227−235.

Wallner, Jennifer. (2008). "Legitimacy and Public Policy: Seeing Beyond Effectiveness, Efficiency, and Performance." *Policy Studies Journal.* 36(3): 421−443.

Walsh, Francis M. (2008). "The Return of the Naturalistic Fallacy: A Dialogue on Human Flourishing." *Heythrop Journal.* 49(3): 370−387.

Walsh, Roger. (2015). "What Is Wisdom? Cross−cultural and Cross−disciplinary Syntheses." *Review of General Psychology.* 19(3): 278−293.

Walter, G. (2008). "Individuals, Populations and the Balance of Nature: The Question of Persistence in Ecology." *Biology & Philosophy.* 23(3): 417−438.

Walter, Sven and Heinz−Dieter Heckmann. (2003). *Physicalism and Mental Causation.* Essex: Imprint Academic.

Walzer, Michael. (1983). *Spheres of Justice: A Defense of Pluralism and Equality.*

New York: Basic Books.

Wang, Xuebo and Junsen Zhang. (2018). "Beyond the Quantity−Quality Tradeoff: Population Control Policy and Human Capital Investment." *Journal of Development Economics*. 135: 222−234.

Waterfield, Robin. (2016). "Plato's Political Philosophy." *Heythrop Journal*. 57(1): 174−175.

Waters, C. Kenneth. (2008). "How Practical Know−how Contextualizes Theoretical Knowledge: Exporting Causal Knowledge from Laboratory to Nature." *Philosophy of Science*. 75(5): 707−719.

Weaver, Kevin and Theresa Vescio. (2015). "The Justification of Social Inequality in Response to Masculinity." *Sex Roles*. 72(11/12): 521−535.

Wedel, Janine R. (2017). "From Power Elites to Influence Elites: Resetting Elite Studies for the 21st Century." *Theory, Culture & Society*. 34(5/6): 153−178.

Wedel Janine R. and Gregory Feldman. (2005). "Why an Anthropology of Public Policy?" *Anthropology Today*. 21(1): 1−2.

Weinberger, Ota. (2002). "The Language of Practical Philosophy." *Ratio Juris*. 15(3): 283−293.

Weller, Robert P. and Keping Wu. (2017). "On the Boundaries Between Good and Evil: Constructing Multiple Moralities in China." *Journal of Asian Studies*. 76(1): 47−67.

Wellman, Carl. (1976). "The Justification of Practical Reason." *Philosophy and Phenomenological Research*. 36(4): 531−546.

Weninger, Csilla and Ee Moi Kho. (2014). "The (Bio)politics of Engagement: Shifts in Singapore's Policy and Public Discourse on Civic Education." *Discourses: Studies in the Cultural Politics of Education*. 35(4): 611−624.

Wennermann, Daryl J. (2016). "The Concept of the Posthuman: Chain of Being or Conceptual Saltus?" *Journal of Evolution & Technology*. 26(2): 16−30.

Wenzelburger, Georg, Pascal D. Konig, and Frieder Wolf. (2019). "Policy Theories in Hard Times? Assessing the Explanatory Power of Policy Theories in the Context of Crisis." *Public Organization Review*. 19(1): 97−118.

Westphal, Kenneth. (2016). "Enlightenment, Reason and Universalism: Kant's Critical Insights." *Studies in East European Thought*. 68(2/3): 127−148.

Wexler, Steven. (2018). "Human, All Too(Post) Human: The Humanities After Humanism." *Science & Society*. 82(4): 597−600.

White, George W. (2004). *Nation, State, and Territory: Origins, Evolutions, and Relationships*. Volume 1. Lanham: Rowman & Littlefield Publishers, Inc.

Whitehead, Alfred N. (1929). *The Function of Reason*. Boston; Massachusetts:

Princeton University Press.

Whitehead, Alfred N. (1978). *Process and Reality*, Corrected edition, edited by David R. Griffin and Donald W. Sherburne, New York: The Free press.

Wiener, Philip P. (1956). "Peirce's Experimentalism and Practicalism." *Philosophical Studies.* 7(5): 65−68.

Wiggins, David. (2001). *Sameness and Substance Renewed.* New York: Cambridge University Press.

Wiggins, David. (2005). "Precis of Sameness and Substance." *Philosophy and Phenomenological Research.* 71(2): 442−448.

Wiggins, David. (2012). "Practical Knowledge: Knowing How To and Knowing That." *Mind.* 121(481): 97−130.

Wight, Colin. (2004). "State Agency: Social Action Without Human Activity?" *Review of International Studies.* 30(2): 269−280.

Wigley, Simon. (2012). "Book Review: Population and Political Theory: Philosophy, Politics and Society 8: Edited by James S. Fishkin and Robert E. Goodin." *Political Studies Review.* 10(3): 442−443.

Wilhelm, Mark O. and Rene Bekkers. (2010). "Helping Behavior, Dispositional Empathic Concern, and the Principle of Care." *Social Psychology Quarterly.* 73(1): 11−32.

Willermet, Cathy. (2016). "Biological Anthropology in 2015: Open Access, Biocultural Interactions, and Social Change." *American Anthropologist.* 118(2): 317−329.

Williams, David L. (2005). "Justice and the General Will: Affirming Rousseau's Ancient Orientation." *Journal of the History of Ideas.* 66(3): 383−411.

Williams, Neil. (2002). "Evidence and Policy: Towards a New Politico−administrative Settlement." *Political Quarterly.* 73(1): 86−99.

Williamson, Timothy. (2007). "Philosophical Knowledge and Knowledge of Counterfactuals." *Grazer Philosophische Studien.* 74(1): 89−123.

Wilson, A J. (2014). "Competition as a Source of Constraint on Life History Evolution in Natural Populations." *Heredity.* 112(1): 70−78.

Wilson, James Q. (1989). *Bureaucracy: What Government Agencies Do and Why They Do It.* New York: Basic Books.

Wilson, Samuel and Nick Haslam. (2009). "Is the Future More or Less Human: Differing Views of Humanness in the Posthumanism Debate." *Journal of the Theory of Social Behavior.* 39(2): 247−266.

Witoszek, Nina and Martin L. Muller. (2017). "Deep Ecology Life After Life." *Worldviews: Global Religious Culture and Ecology.* 21(3): 209−217.

Wittman, Donald. (2000). "The Wealth and Size of Nations." *Journal of Conflict Resolution*. 44(6): 868−885.

Wood, Geoffrey and Mike Wright. (2015). "Corporations and New Statism: Trends and Research Priorities." *Academy of Management Perspectives*. 29(2): 271−286.

Woods Jr., Thomas E. (2010). "Introduction." in *Back on the Road to Serfdom: The Resurgence of Statism*. Edited by Woods, Jr., Wilmington: ISI Books.

Woolaver, Hannah. (2014). "State Failure, Sovereign Equality and Non−intervention: Assessing Claimed Rights to Intervene in Failed States." *Wisconsin International Law Journal*. 32(3): 595−620.

Wu, Zhenhyu. (2018). "Classical Geopolitics, Realism and the Balance of Power Theory." *Journal of Strategic Studies*. 41(6): 786−823.

Wunderlich, Falk. (2016). "Varieties of Early Modern Materialism." *British Journal of the History of Philosophy*. 24(5): 797−813.

Xia, Weiguo. (2017). "Philosophical Practice in Mainland China." *Philosophical Practice*. 12(2): 1952−1965.

Yada, Manjit S., Rajan Varadarajan, and Venkatesh Shankar. (2008). "First−mover Advantage in an Internet−enabled Market Environment: Conceptual Framework and Propositions." *Journal of the Academy of Marketing Science*. 36(3): 293−308.

Yamaguchi, Tomomi. (2013). "Xenophobia in Action: Ultranationalism, Hate Speech, and the Internet in Japan." *Radical History Review*. 117: 98−118.

Yan Jin. (2010). "Emotional Leadership as a Key Dimension of Public Relations Leadership: A National Survey of Public Relations Leaders." *Journal of Public Relations Research*. 22(2): 159−181.

Yang, Eric. (2015). "Unrestricted Animalism and the Too Many Candidates Problem." *Philosophical Studies*. 172(3): 635−652.

Yang, Michael V. (2016). "A Critique of Confucius' Philosophy." *Asian Philosophy*. 26(4): 354−374.

Yao, Xinzhong. (2006). "Introduction: Wisdom in Comparative Perspective." *Journal of Chinese Philosophy*. 33(3): 319−321.

Yao, Yun. (2017). "On the Connotation of the Practicality of Kant's Moral Principle." *Universitas: Monthly Review of Philosophy and Culture*. 44(8): 69−84.

Ye, Shengquan, Zewei Ma, Ting Kin Ng, and Erin Yiqing Lu. (2018). "Chinese Proverb Scale: Development and Validation of an Indigenous Measure of Chinese Traditional Values." *Asian Journal of Social Psychology*. 21(3): 156−177.

Yelle, Robert. (2006). "Christian Polemics Against Jewish Ritual Law as a Precursor of Religious Freedom in Modern Law." A conference paper of Law and Society, 2006 annual meeting: 1

Young, Iris M. (1990). *Justice and the Politics of Difference*. Princeton: Princeton University Press.

Yudanin, Michael. (2015). "Can Positive Duties Be Derived from Kant's Categorical Imperative?" *Ethical Theory & Moral Philosophy*. 18(3): 595−614.

Zamagni, Stefano. (2017). "The Common Good as a Central Category in Economics." *Japan Mission Journal*. 71(3): 167−182.

Zaner, Richard M. (1966). "An Approach to a Philosophical Anthropology." *Philosophy and Phenomenological Research*. 27(1): 55−68.

Zhu, Jing. (2004). "Understanding Volition." *Philosophical Psychology*. 17(2): 247−273.

Zhu, Yujiao and Liang Gao. (2017). "Remanufacturing Strategy Considering Green Consumers and Environmental Policy Guidance." *Journal of Advanced Manufacturing Systems*. 16(4): 385−406.

Summary[1]

THE PRINCIPLES OF POLICY THOUGHT

DEFINITIONAL CLARIFICATIONS

Policy thought is the philosophically and theoretically organized thinking on the nature of policy and policy itself. This working definition of policy thought is to determine, (1) its definitional clarifications; (2) its principles or general thesis that should display an intellectual configuration of the study of policy thought, (3) its disciplinary and practical significances in policy studies, and (4) its methodological questions for the inquiry of policy thought.

As putting the working level of definition, it characterizes tripartite intellectual underpinnings in the study of policy thought. In the first place, policy thought could be defined in a simple terms as an intellectual reasoning and logical interpretation, in which it relies on the philosophical understanding to the nature of policy and policy itself. This philosophical examination seeks to sources and/or geneses of policy thought, in which the principles of policy thought could be inquired. In short, the first critical factor in the definition of policy thought would be the philosophical thinking to the nature of policy and its practice.

At large, classic and contemporary philosophical studies in policy sciences and/or studies have been under the title and/or subject of policy 'thinking,' not 'thought.' As an iconic example, the founding father of the modern policy sciences, Harold Lasswell put it into the policy thinking without any terminological clarification between thinking and thought. Since then, the vocabularies of thinking and thought have been used to be an interchangeable and reciprocal or two−way notion in policy studies.

Thereafter, in the disciplinary and practical concerns of policy thought, I examine and propose a recalling consideration on the terminological differentiation between policy thinking and thought. In the first knowledge, the terminological dissimilarity between 'thinking' and 'thought' could be shortly clarified as this; 'thinking' refers to on−going activities about conceptual and philosophical

---

1) 영문요약은 『정책사상 대계』의 영문판(*The Principles of Policy Thought*)의 'Introduction' 을 정리한 것이다.

understandings on subject; whereas, 'thought' is to be defined as a systematically conceptualized ideological pattern or scheme originated from 'thinking'. Thus, the defined terms of policy thought in this book could belong to the conceptual category of thought, as a systematized policy thinking on philosophical themes of intrinsic policy values and ideas.

Moreover, policy thought would be discerned from the concepts of philosophy and of philosophical practice or doing. Philosophy is both an academic and a practical language to understand reasoning systems and natures of knowledge and ideology. On that account, in the study of policy thought, philosophy could be the thinking system on the policy nature, in which the philosophical understanding is a conceptual hinge to contextualize policy thought. Whereas, philosophical practice or doing pursues the application of philosophies into ways of working and lives in society. However, policy thought does not contend to do educating and counselling policymakers. Rather it is to do reasoning systematic philosophical thinking for the development of policy thought.

It might be said that policy thought is philosophical clarifications on 'what policy is.' Since the logical stream of this definition, the natures of policy would suggest or encourage questions on philosophical and normative ideas such as 'who is policy presider; why policy is necessary in a society or constellation of societies; how policy is justified in both theory and practice, what citizen does comply and respect policy; and then what policy goodness is.' However, the first question on 'what is human in policy' emerges to the survey of policy thought because it could not avoid to seek answers to this philosophical understanding and systematic thinking on human or the policy one.

In those philosophical and fundamental issues and questions on the nature of policy and policy itself, the prerequisite philosophical thinking shall be the query on human and the policy human. Not only might the policy human prove to be essential for reflecting upon the philosophical and historical horizons of policy studies, but it might also help us to open the narrow－minded understanding; human is the only species to have entitled to exploit ecological and natural neighbors and resources, the well－known the theory of anthropocentric human.

Thus it calls for reformation in understanding human in both academic and practical policy societies. The English vocabulary of 'policy' is rooted into the Greek word '*polis*'(city－state), in which the full－fledged informed citizens are responsible for self－governing on, and how the state would be run. This semantic source of the policy concept could suggest to philosophical and political discussions and arguments in policymaking and its practices. The citizen humans who have participated and governed the operations of the state can be called the policy human who create, do, and judge eventually the state policymaking power and authority. By doing so, the policy human have interpenetrated and intercorrelated with the existence and activity of non−human, the so−called thing(s) in the policy world.

The state and the statism might be the leading theory as a departing point or origin for the study of policy thought. As a policy concept, the state policy power is to be worked through the state policy intervention which is destined to be justified by both socio−philosophically and practically. The state having with this policy justification intervenes or interferes every person's autonomous and free−will decision or choice because believing that the state possesses more policy−relevant information and knowledge to make and perform collective decisions over the individual ones with monopolistic policy power. The state monopolized policymaking authority and power to intervene individual people's everyday life theoretically come to terms with the policy statism.

As policy thought, the policy statism would seek to answer on why and what the extent the state intervenes the citizen's decisions, that is to be the policy justification in the state−led policy intervention. This philosophical analysis on the state policy intervention would trigger the consecutive ontological questions for formulating the following principles of policy thought in this book−lengthy arguments.

Even the state−centered policy intervention would be justified, the next philosophical and practical question is followed by, 'the state has been and is to be always good and righteous.' If the state could not be capable of protecting and ensuring the society's common goal and good, rather of securing the state's own interests by misleading and/or deceiving its peoples, and if the state could engender national as well individual citizen's dignity and esteem intentionally or unintentionly, the philosophical and practical question would come into force on, how we can respond and rectify the disoriented and sometimes wicked policy power and authority.

Thus, the state−oriented policy intervention would act in harmony with the following principle of the policy goodness, in which politically and legally justified policy shall be good, right, justifiable, and mutually cared and recognizable. This principle of policy thought has always embraced by philosophical ideals of benevolent polity from the philosopher of king and/or Junzi(君子) that strive to bring benefits to common people.

As further philosophical thinking for advancing the principles of policy thought, the policy goodness would be destined to be balanced by mental and physical causations between policy itself and its actual performances measured by problem−solving and goal achievement. This balancing principle could let practical thinking on the balanced principle of policy goodness justified by the state−centered policy intervention. It comes after that, we further argue, the practical orientation to policy thought has to contemplate the fact that policy thought shall be rooted and supported in practical matters by finding out practicalities of knowledge, wisdom, judgment, and commitment.

Arising from the principles of circularly integrategrated policy thought through the philosophical understandings, a concluding idea justly comes up to the nature of 'what is human' in the policy world; the policy human intervene human and non−human activities by exerting monopolistic and superb mental and physical capability; the policy human actually manage and control over policymaking power. This human intervention as a principle of policy thought, however, could be clearly determined by the philosophical observation, in which human would mutually interpenetrate with non−human, that is, thing(s) in policy realms. And therefore, what I draw the philosophical concept of policy human would be a being distanced from human character derived from the anthropocentric theory of the human−dominance of the nature.

Policy thought shall be the categorized theoretical thinking on the nature of policy. The theoretical thinking could outline the premises of the principles of policy thought in being reliance upon the philosophical thinking. Thus, the philosophical examinations and inquiries on the policy natures could be theorized as the principles or thesis of policy thought.

Policy thought itself can be a theory. Nonetheless, in many cases, policy thought could not obtain the theory status because the philosophical arguments and understandings by policy scholars and/or thinkers would be their individual reasoning, valuations, ideological and intellectual inclinations, and even their empirical and mental recognitions on the natures, characteristics, and ideas of policy. It might be called, thus, an individual theorem and/or thesis rather than a scientifically verified one.

We recognize this argument. Further, it could not be afraid of accepting this individual policy thesis as *a* or *the* policy philosophy, discourse, and even thought. We have learned throughout in this book that the definitional meanings of the basic terms of policy thought would be revisited on the concept and thesis of policy thought, in which individual policy thought could be transformed and transferred to be, at least, the policy thought principle or thesis locale.

I wish to state an outline on these themes. I convince that the theoretical thinking of policy thought would be unsuccessful, if it depends solely on the standard scientific inquiry. It is undeniable that policy theories largely depend on evidence—based methods, thus even in practice, there is no policy without an evidence. So it could be abundant to find evidence—based policymaking and its theory buildings in policy studies and its applied social sciences.

Yet, it also claims that the theoretical thinking clarified by the definition of policy thought shall be based upon logical and creative reasoning for finding out theses from the philosophical and mental inquiries on the policy natures. Not only, thus the theoretical perspectives and arguments could refer to the scientific knowledge and its evidenced—based judgments, but it also entwines philosophy— and ultimately thought—based demonstration and judgment. Thus, both theoretical and practical relevances of policy thought would be destined to the thought—based arguments and inquiries, in which methodologically, in turn, it is certain to the philosophical approach.

Policy thought is defined as a well—formed thought system that could be construed from the philosophical and theoretical thinking on the natures of policy and its learning. The integrated circular of the principles of policy thought could be interconnected by originating from the principle of policy statism, in which its justification of state—centered policy intervention shall be followed by the principle of the policy goodness. In turn, its principles could come through the principles of the policy balance, and the policy practicality. Finally, the principle of mutual interpenetration between the policy human and non—human could bring forward the whole thesis of policy thought into a concluding phase. This could be called the systematized thinking for the conceptual configurations evolved from the philosophical and theoretical knowledges on policy and policy practices.

The definitional clarification of policy thought in this book, as the philosophical and theoretical thinking by the well—formed system on the nature of policy, I am expectedly convincing that the definitional characteristics would be the intellectual sources and enlightenment for developing and configurating the principles of policy thought. This working definition of policy thought must be fully acknowledged and opened to intellectual dialogues and criticism in policy associations. However, the policy thought principles would not be any culturally bounded and/or ideologically inclined ones. Thereafter, for advancing the themes of policy thought, logical foundations and ideas have been derived from the Confucian and/or oriental philosophies. And deservedly, western philosophies such as from Plato and Aristotle to contemporary philosophical scholars have been the major intellectual sources for this study. Furthermore, the large parts of current literatures reviewed for this work of policy thought have been surveyed from the western, supposedly American sources. But it does not mean that this work is judged by American ideology and philosophy.

If this study of policy thought might be circumscribed by the Confucian and/or American policy ideologies and ideas, it would fall into the tier of *second* thought theory. Yet policy thought opened and argued in this book—typed work shall be the *first* or *proto*—thought. Further, what I have explained and suggested in this work is, of course, a limited argument and logical analysis or explanation to policy thought, I shall not employ and/or borrow the philosophical terminologies, semantics, and ideologies that have been accustomed to other fields of the thought studies such as political, economic, and legal ones. Furthermore, as another pretext, so far, any form of theoretical and critical studies of policy thought is oftenly unavailable.

The individual principle of policy thought might be subjected to the empirical verification. However, we simply know that policy thought is the *pre*—theoretical. Policy thought originated and constructed in this book would not leave any suspicion that it was not a reconstructed and reformed thesis or theme based on the classic and contemporary policy philosophies and/or ideologies. Addedly, it was not collecting and rearranging the diverse publications and/or arguments on the studies of policy philosophy and its ideas. Conversely, the policy thought principles have largely been derived from and convinced by philosophical diagnosis and critical thinking on the nature of policy. Besides, the principles could provide ideological and thinking contexts for the contemporary and upcoming researches of policy thought and philosophy. Thus, the study of policy thought in this book could be a *pre*–theoretical appearance sustained by hermeneutics and its methodological reflections from the Confucian as well the western philosophies referring to policy thought and thinking. Thus, the principles of policy thought would not be the *second*–thought idea or theory.

As the *proto*–thought in the philosophical thinking to the policy nature, the policy thought principles definitely draw a line between the history of policy thought. The study of policy thought itself has contrived to outline and develop thesis or principles which are in quest of the critical and fundamental theses for the scientific and collective disciplinary identities of policy studies, not the disciplinary description of the history of policy ideas and theories.

As well understood that, the history of policy thought would largely weave theses on chronological descriptions of the policy thinking and philosophies. Furthermore, it would deal with policy scholars' and philosophers' personal ideologies and orientations for understanding and theorizing policy, the so–called policy anthology. In short, the history of policy thought could handle with a part of the developing and espousing theories and theses of policy scholars and philosophers. Moreover, it endeavors to theorize the chronological policy ideas and affairs.

It is also defendable that policy thought is contending to explain the theories and inquires of policy philosophy focusing on philosophical applications into policy practices. While acknowledging that policy philosophy could be able to study key concepts and vocabularies of policy thought as such policy goodness and humanity, policy philosophy in general could be a sorted subdiscipline into questions on axiological, ethical, and ideological nature of policy, in which normatively and ethically justified decisions shall be formulated and implemented into actions. By an extension, policy thought is, however, the philosophical and theoretical thinking theory issued from the studies of policy philosophy.

I specified this conceptual differentiation between philosophy and thought. As arguably, the practical and theoretical distinction between philosophical thought and philosophy has been a controversial question because philosophical thought has long been sought to combat against superstition and blind faith or belief to god and religion by building solid ways of reasoning and rational thinking, that is philosophy. Philosophy itself, nonetheless has been a standing academic discipline, while philosophical thought has forced to limit the studies of regional thinking, individual philosopher's or thinker's ideas and/or thinking, and even an academic discipline, it might be displaying unclear and non—agonizing query over even the semantic division between the parallel concepts of philosophy and philosophical thinking. If we might plunge into this philosophical controversy, policy thought in this book could be reviewed as the philosophical thought in policy studies as by the extension of the differentiated philosophy from thought. But for the sake of semantic and analytical clarity, I defined the terminology of policy thought as the well—formed systematized philosophical thinking on both ontological and practical validations of the policy nature. Drawing upon the distinction from policy philosophy and policy thought, I settled on the title of this book, policy thought, not philosophy.

THE PRINCIPLES OF POLICY THOUGHT

It has shown the definitional attributes of policy thought, it could be given notes on the principles, in which they would be a kind of philosophical theme or thesis in the policy thought study. The principles of policy thought could extend over theoretical and philosophical domains. That is the critical point because it could argue for and avoid a criticism, likely that these principles might be the collection of varied policy philosophies and ideas, namely the policy anthology.

No doubtedly, and in conceivably, there have been much debates about what the agreeable, or, at least commonly acceptable definitions and theoretical principles of policy thought are. It is questionable, therefore, whether or not the five principles of policy thought in this book could be immune from this critical understanding or reviewing. With developing and suggesting those principles, the themes and premises of the principles shall be opened to policy circles. By an understanding of the dynamics of the full—fledged shape of policy thought, it would be a greater and more systematic thinking on the nature of policy rather the summation of each part of the policy thought principle. Thereby, I could call it the configuration of the five principles into the holistic paradigm, as illustrated in Figure 1.

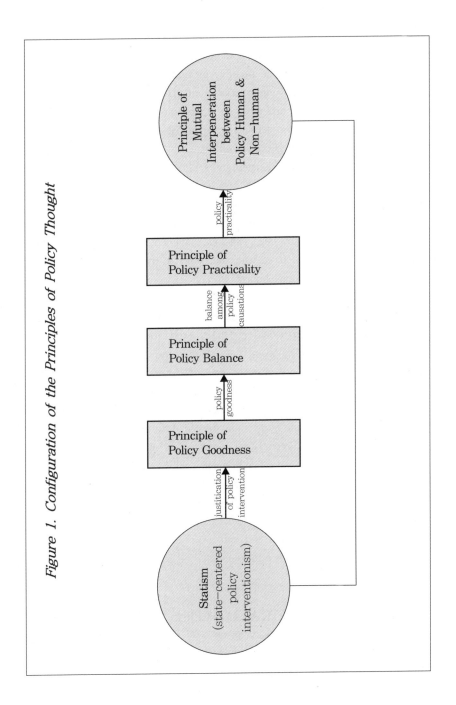

Figure 1. Configuration of the Principles of Policy Thought

As shown in this figure, policy thought would be constituted into five principles; the state—monopolized policymaking power and authority, the so—called policy statism shall be possibly grounded upon justification debates accrued from the policy intervention; soon after that, even if we pronounce the policy statism as the starting and devising principle to the following ones, it still be morally and socially approved and accepted by the principle of the policy goodness; in turn the policy goodness as betterness and rightness, *et cetera* be practically and philosophically evaluated and weighed by both mental and physical causations emerged from policy itself and its applications because policy theory has been originated from the vocational history of getting things done. Therefore, the principles and themes of policy thought shall be based on the policy practicalities as practical knowledge, wisdom, judgment, and commitment; those principles, however, must be faced with and could be coped with an unquenched question on human and non—human in policy, in which the policy human interconnect and interpenetrate with all things even in the world of human—centered policy monopoly and intervention into things. The policy thought principles, however would not be viewed about, how policy thought eventually works out in the policy field. Rather the principles could provide philosophical and theoretical answers or consciousness for developing and formulating policy thought and its theoretical orientations.

I briefly sketched the main theses of the principles of policy thought featured in this figure, I would like a little bit to know their analytic themes and concepts, and basic philosophies of the interrelated configuration of its principles. In each assigned chapter in this book, the five principles will be explored by following the defined policy thought and its methodology. We can begin to see in chapter by chapter not merely what the arguments on the core concepts and themes of each principle could be examined, but also what philosophical and theoretical questions in the principles could be addressed and answered. The prevailed themes and philosophies undertaken in each principle would be corroborated to debates in the study of policy thought.

DISCIPLINARY AND PRACTICAL CONCERNS OF POLICY THOUGHT

An unprecedented rate of development and change of policy theories and inquiries has rapidly outdated traditional and conventional modes of policy thinking and/or thought. Whether or not we cannot exactly find out what are the existing theories of policy thought and thinking, the policy thought studies have transformed some intellectual changes of policy studies in both theory and practice. In moving to the twenty−first century, philosophical and theoretical formulations for policy thought are being evidently asked to respond to leading ideas and innovations manifested from the Fourth industrial revolution accelerated by the Internet of Things(IoTs) and humanoid robots, which would be the more−than−human to interact human and non−human in real time.

Although we confess that a connection between philosophical thinking and practical matters is an exercise fraught with predicaments, and also we fully concede that the study of policy thought does not always aim to gets things done, policy thought as the core theory for identifying and collateralizing policy studies as a discipline in applied social sciences could reconcile changed and/or changing policy reality. Further, it could provide philosophically and theoretically reasoned and introspected themes or principles to policy actors who actually deal with theory−practice dialectical dilemmas. The principles of policy thought, meanwhile, would be doubtful of compromising over the dispute between philosophically idealized principles and practically charged policy world.

Yet, as a counteracting point, policy thought could be particularly important to policy practitioners who have experienced their works bearing little resemblance to refined and modeled policymaking theories, and who have been convinced policy outcomes reflecting much broader processes and ideas than the works of specialized knowledges. On a more closer examination, we could find that the principles of policy thought depict a distinct and clear perspective; what is seen as policy practices depends on the philosophical configurations and conceptualizations of the nature of policy and policy itself. Without any principled policy idea and theory, that is policy thought to policy actors and practitioners, policymaking and its process, and the continued implementing and its outputs could be perplexed by a tangled web of political and practical compromises as the world has profoundly and costly experienced the coronavirus pandemic in 2020.

The principles of policy thought put forward in this book in themselves have possibly bounded to the *pre*−experimental theory. However, the principles would be also the practical contemplations and configurations because they have been developed from the corridor with newly−gained intellectuals. Thus the principles could be being sensible to the power of nature and imagination into policy reality. What is more, it would be used or applied to as a philosophical and theoretical tool which is fitting into the practical policy jungle in contemporary and typically coming periods of human and non−human interactions for competing with policy authority and power.

Just as the same, the policy thought principles could not ignore or avoid the traditional values and philosophies under some titles of policy or administrative thinking and philosophy such as universally declared human dignity and rights, democracy, a thought−through and viable pattern of survival and influence for good policy and technique, and human thought as dominant or emerging styles in policy problem−solving technologies and principles.

As the father of the scientific management, for an example, Frederick Taylor firmly believed that the management principal objectives exist the maximum prosperity for both employer and employee. Thus, Taylor's idea of economic wellbeing has been deemed as the way of philosophical life in the era of more than a century ago. As of now, in the era of humanized all things characterized by artificial intelligence and robotic technology, the principles of policy thought also could be subjected to the philosophical evaluation to this practical world.

As the second note of policy thought in theoretical and equally in disciplinary first−order issue, policy thought would be a fundamental theory for securing the disciplinary identity of policy studies as a given metaphor by Confucius's(Kongzi) referring on the Polaris seated its place and is surrounded by a crowd of other stars.

We noted that concerned scholars to the emerging conception of the policy sciences brewed by the Lasswellian schools in the 1950s have criticized ceaselessly the deficient of the principled and founded philosophical theory in this academia. Even if we simply understand the pressing pedagogical obligations of university−level policy education and training at that time, policy sciences and/or studies has been necessarily an alchemist's mixture of intellectual fields covered and theorized by philosophy towards to nurture and structure an identified social science.

As we take a closer look on the disciplinary history of policy studies, it would critically impose to the intellectual underpinning and the disciplinary identity in policy studies. There is doubt that it hardly assert the disciplinary identity in any branch of learning without theorized thought and its intellectual origins. On that account, the principles of policy thought suggested and initiated to the policy community in this book would be a fostering theory for nurturing the disciplinary character of policy studies as a branch of social sciences. In other words, the policy thought principles would act as the core theory, after that the scientific and collective disciplinary distinctiveness of policy studies could be retained. In precis, policy thought and its principles would combine both concurrent and existing research streams with long−standing arguments into the philosophical and *pre*−theoretical themes and thesis.

METHODOLOGICAL QUESTIONS IN THE STUDY OF POLICY THOUGHT

It seems to know what kinds of methods are entailed in initiating those principles for its analytical understandings. It is also briefly positioned to, what kinds of criteria or standards are pertinent to validate the categorization of the five principles.

As the first issue, it should be expected, and of course it might be welcomed given the contextuality and configurations for the development of policy thought, methodological issues and their applications would be dialogued. As mostly be understood, the principles of policy thought are *pre*−theoretical. Thus, the research methods to build the set of human philosophical and theoretical activities on the nature of policy could be ideational and normative characters. Therefore, it would be deserved an exceptional analysis that the intuitively reasoned argument and inquiry, the so−called philosophical methodology could make for the prevailing and overall research strategy for this metaphysical subject.

The philosophical methodology largely depends with common sense, thought experiment, philosophical explanation, philosophy of science, and simplicity. In these methodological bounds, deep and powerful methods against certain conceptual learning for discovering and structuring philosophical knowledge could be literary interpretation and thoughtful investigation. This approach pursues specifically the attainment of a kind of overview of philosophically problematic concepts and their complex interrelations. When viewed in light of methodological questions in philosophy, it is disputed on; whether philosophers can handle with a special kind of methodological expertise, and what such expertise would entail to develop enough a kind of philosophical knowledge and theory. For learning philosophy itself, it restricts to the methodological inquiry on how we can discover what we believe be known as truth, belief, and knowledge.

For the world of policy and its affairs, philosophical methodology has often sought to contending principles or general ideas by employing ideology−based argument and inquiry, in which it has divided into epistemological and ontological perceptions to policy divisions. In noteworthy, the reasoned decision has greatly impacts on human and its activity. Thus, it usually undertakes to explain the epistemological consideration on what can be known and how can be knowledged. And secondly, it asks the ontological questions on the politics of knowledge and evidence to what is the nature of reality. Therefore, the quality of public policymaking could be improved through designed and explained by both epistemological and ontological inquiries to policy empowerment and justification.

In short, the epistemological hermeneutics takes its position to the meaningful interpretation of valid information on human values and its judgments. Whereas, the ontological approach seeks to explain the reasoned arguments and accounts of the nature of policy as well as the basic categories of being and their relations to the principles of policy thought as a holistic prototype. The arguments for evolving the principles of policy thought in this book typically depend upon references to the dispositions of these two philosophical methods. The choice of the method is, afterwards, determined by human beliefs and cognition rather than by objective and empirical verifications.

In the second place of the methodological issue, I would make my position on an elusive but an unavoidable question of criteria or standards to put forward the five principles of policy thought. Should I always engage in critical thinking about this policy thought study is a controversial. However, with an opportunity to make a clarity for the developmental process of the principles of policy thought, I stably contend that, whether it is a methodological or an epistemological question, there is no clear empirical and scientific criteria to categorize and to configurate the five principles. Rather, intrinsically, the state and the policy human in the policy world as for the criteria or standards could be classified for initiating the principles because policy thought was defined as the philosophical and theoretical thinking on the nature of policy and policy itself. The core nature of policy is the state activity characterized by the policy intervention or intereference ideologically and practically to human decision and choice. Therefore, constructing and structuring the principles of policy thought could be creative and heuristic process undertaken by logical and critical thinking for reducing policy themes into the principles.

It is clear that the theoretical proposal of the policy thought principles in this book might be provocative and challenging to policy circles. This being so, the introduction of this work to the policy community would be faced with rigorous and critical debates from policy scholars. However, the presentation of policy thought shall be grounded upon the disciplinary characteristics as well as its intellectual identity of policy studies. And being mentioned again, the study of policy thought in here is philosophically and logically embedded upon epistemological interpretation and ontological orientations by reviewing numbers of philosophies, teachings, and ideas in West and East, in which there would be commensurated with each principle of policy thought.

Lee, Hae Young Ph.D.

Professor of Public Policy at Yeungnam University, South Korea
President(2014 year) of the Korean Association of Public Administration
Chairman(2014−2018 years) of the Korean Government Evaluation Commission

찾아보기